南北归一

渤海小吏 著

上

中国大百科全书出版社

图书在版编目（CIP）数据

南北归一：全三册 / 渤海小吏著 . -- 北京：中国
大百科全书出版社，2024.2
　ISBN 978-7-5202-1498-8

　Ⅰ.①南… Ⅱ.①渤… Ⅲ.①中国历史—魏晋南北朝
时代—通俗读物 Ⅳ.① K235.09

中国国家版本馆 CIP 数据核字（2024）第 028650 号

出 版 人　刘祚臣
策 划 人　赵　易
责任编辑　赵春霞　宋　杨　张　琦
责任校对　张　琦　宋　杨
责任印制　魏　婷
出版发行　中国大百科全书出版社
地　　址　北京市阜成门北大街 17 号
邮政编码　100037
电　　话　010-88390767
网　　址　http://www.ecph.com.cn
印　　刷　三河市宏达印刷有限公司
开　　本　710 毫米 ×1000 毫米　1/16
印　　张　88.75
字　　数　1189 千字
印　　次　2024 年 4 月第 1 版　2024 年 4 月第 1 次印刷
书　　号　ISBN 978-7-5202-1498-8
定　　价　218.00 元（全三册）
审 图 号　GS（2024）0616 号

总目录

序

一、盈亏

天之道，损有余而补不足。

高者抑之，下者举之，有余者损之，不足者与之。

自古阴后则晴，月盈必缺，夏日烈火如炬，秋雨一至渐转凉；寒冬凛冽若刀，寒梅香后即春来大地。天道讲生灭，论因果，好循环。

人之道，则损不足而补有余。

"朱门酒肉臭，路有冻死骨"，富者愈富至家连阡陌，贫者愈贫至无立锥之所。贫者于十字街头耍钢钩，钩不到亲人骨肉；富者在深山老林挥棍棒，打不散无义宾朋。

有余者，夺更多之不足；不足者，丧仅剩之有余。

十万枯骨捧出一个名将，千万性命打出一个王朝。韩、白、卫、霍，每个人的背后皆是白骨累累；秦皇汉武史篇的每一字，又献祭了多少"韩、白"。

愈不足者愈献祭，愈有余者愈登天。人道悖于天，何故？盖因利尔。天下熙熙皆为利来，天下攘攘皆为利往。利者，为财，为资，为货，为产。综之，钱也。

钱者，味甘，大热，有毒，失之贫弱，得之富强。无翼而飞，无足而走，能召神灵，能通鬼气，能乱人双眼，能迷人心性，能刮弱者之肺腑，能吸贫者之骨髓，能搭通天之梯，能建帝王之厦。

钱多者处前，钱少者居后。处前者为君长，在后者为臣仆。君长者丰衍而有余，臣仆者穷竭而不足。

钱有万好，却集天地之煞气，钱货积而不散，命不可扛时，有五贼之灾生。何为五贼？

天降水来淹你，火来烧你，地来陷你，旱来饥渴你；

魔降耳目疾、口舌疾、脏腑疾、手足疾来缠你；

官降冤狱、充公、罢产、刑杀来霸你；

贼盗烧杀淫掠来夺你；

不肖子孙败德丧家倾覆你。

究其因，何故？万千人虽无奈献祭于你，万千人亦时刻嫉恨仇杀于你。是故人道有尽，终归于天道循环。自古无不落之日，自古亦无不灭之朝。

人若"逆天而动"，欲"长盛不衰"者，当顺人道，奉天理。顺人道者，当明这世间万事万物不过一"利"字；奉天理者，当知这生、灭、起、落、悲、欢、离、合，不过盈亏之循环。

人生于世，因利迷心性；人生之日，亦含五行生克之理。无论至强之甲木还是至弱之癸水，皆需阴阳平衡方可入贵。人欲贵，需损有余而补不足。

甲木者为天干之首，参天至阳，然脱胎需丙火炼，成材需庚金劈；甲木至阳，欲贵者要被刀劈斧剁，炙烤煎熬。

庚金者掌天地肃杀之权，主人间兵革之变，在天为风霜，在地为金铁，天下刚健为最，然需壬水淘洗方显清澈，丁火烧锻方成利器。

庚金至刚，欲贵者需被大浪淘沙，炉中锻造。阳极则焚，刚极易折，阳刚不可放纵，损其有余方可为栋梁之材。

甲木地润天和之时方能植立千古，庚金文武平衡之日才可为国之利器。

何为贵人？"自身之命"遇"调和之运"；身弱者得帮扶方担财官；身强者得耗泄方发富贵。

损有余而补不足，此为贵也。人之发福，暗合天道，论及为人，亦是此理。

欲长盛不衰者，需常思盈亏之理，常怀施舍之心，常克奢靡之欲，常秉谦卑之行。以自谦，免他辱；以自亏，免灾祸；以自舍，免他夺。

万物刚猛过头则为伤，阴柔到底则为损，至阳至刚者必逢克制损毁，至阴至柔者必有刚猛杀气夺其造化。阴极生阳，阳极转阴，万物终归平衡，亦从平衡走向下一个盈亏。

这天下大势，亦如此。

二、盛衰

自孝公图强，商鞅定制，弱秦自西北金气之地杀伐而来。始皇奋六世余烈兼并天下，同天下之文，定天下之轨，统天下之度量。

汉武雄图霸北，定华夏版图疆域，犯强汉者虽强必戮，冒天威者虽远必诛。

至此华夏气运刚猛至于顶。

然月盈必亏，天道平衡，王莽篡汉，因太后王政君寿过四朝，成、哀二帝纵淫断袖，导致阴盛阳衰。

后虽光武中兴，然天运自长夏转至冰期，凛冬将至，西北羌乱百年，北境群狼南下，大势不可抵挡。

汉祚日衰，国主无寿，外戚弄权，天子欲强，竟需宦官帮衬，刚强转阴柔，自党锢之祸始，终至皇权崩塌，天下大乱。

魏武挥鞭扫北让华夏刚猛最后现于北境，孔明只手补天燃烧了炎汉最后的倔强，世运自丞相诸葛亮西行后开始余阳转至阴。

千百年至阴至损者无过于司马氏，禅代妥协于门阀，衍生之魏晋风流，乃华夏另一种面目。男儿无种妖风起，文章无根哗天下。

雄非雄，敷粉柔弱；文非文，虚论清谈；贵非贵，行散服药；富非富，奢靡浪荡；八王之乱，胡马南下，终至华夏尊严沦丧。

秦汉第一帝国时代归于尘土，中原大地开始等待它的新主人续写下一个盛世。

北国厮杀凶猛，刚猛过甚；南国清谈依旧，柔弱已极。冥冥中，无形之手开始损北境有余杀气，补南国柔弱之躯。

国运之阴柔虽如附骨之疽深入江左，然自永嘉之乱衣冠南渡之日起，大量北人不断南下为南土注入武魂，阴极癸水已悄然潜生甲木之参天阳刚。

北人南下，实为六朝盛衰之总纲！

三、晋祚

307 年九月，"王与马"渡江，江左高度自治，"王与马"在三年多的时间里无力改变此局面。

311 年三月，司马越在内忧外患中死去，越府十余万人随后被石勒团灭，中原崩盘。

五月，晋廷封司马睿为镇东大将军，兼督扬、江、湘、交、广五州诸军事。司马睿迎来了政治身份的第一次大飙升。

六月，洛阳陷落，晋怀帝被抓，司空荀藩传檄四方，推司马睿为盟主。司马睿突然间由江左的一个边缘宗室成为天下人的众望所归。

短短两个月，司马睿的政治身份迎来了连续两轮的大飙升。

荀藩的四方传檄如信号弹一样，黄河两岸的士人和百姓纷纷开始了避难之旅，黄河以南的关东人士无论士人还是庶民，都开始投奔江左"灯塔"，过江的人数急剧上升，史载"时海内大乱，独江东差安，中国士民避乱者多南渡江"。在战火中结交、斗争中成长、战火肆虐下冲出重围的大大小小的"祖逖们"开始南下。

这一轮超大规模的北人南下，实际是东晋朝廷能够在江南立足的真正底气。无此海量人口注入，东晋政权在这散装的江左将注定"恰似一江春水向东流"。

北人南下，使司马睿对南方有了话语权，使淮河长江沿岸有了御敌的真正力量。大量南迁的流民军成了后面这一个世纪的武力担当。

这股武力担当中最重要的一支力量的将领，就是身兼"高门身份"和"流民帅背景"的郗鉴，他最终驻扎在京口，控制着广陵集团。

不仅淮河南岸成了流民军集散地，襄阳周围也开始出现大量的雍、秦流民，所谓"永嘉之乱，三辅豪族流于樊沔，侨于汉侧；晋江左立，胡亡氐乱，雍、秦流民多南出樊"。大量流民的涌入和积聚，形成了"襄阳多杂姓"的局面。

在动荡与冲击下，大量实力较强的南阳土豪纷纷南迁江陵以避祸乱。随着北境胡马的逼近，襄阳由于地处前线，而且朝廷并没有要求襄樊流民军不准过江，因此，大量逃奔到襄阳的北人继续渡汉水，南下荆州。

结果襄阳在永嘉移民潮过后变成了"过路财神"，人口留不住，开始"民户流荒"，以至于三十年后，尚书殷融建议撤除襄阳地区的行政序列。

不断南下江陵的这股人口大潮，最终被一个猛人巩固了，又被另一个猛人利用了。巩固的猛人是陶侃，利用的猛人是桓温。

三十年的桓温弄权，本质上是南阳沔北的豪族和流民不断南下江陵的结果。

对涌进来的北人的整合与利用，决定着南国的气运。

桓温自360年开始至370年，不断往下游进攻，逼宫晋廷，这个时间节点，其实是前燕政权存在的最后十年，也是南下的中原流民最少的十年。

前燕虽说最终亡于宗室争权和军人贪腐，但却也是"五胡"政权中唯一一个和汉民族进行良好合作的政权。

前燕入关后，北人南下之势骤减。北人不南下，南方的新鲜血液不增加，使得江左后继乏力，再加上郗鉴等老一辈人的离去，江左渐成散沙，桓温得以凭荆襄之力肢解了京口，暴力镇压，剿平了豫州。

桓温北伐做了嫁衣裳后，前燕亡。

桓温死后，前秦开始迅速霸北，北境再次出现剧烈动荡，河北地区的流民也再次开启了南下运动。

377年十月，谢玄被任命为兖州刺史，开始招募劲勇，重新组建起了一支武装，大名鼎鼎的北府兵就此登上历史舞台。

这支北府兵，是当年南下流民军的延续，是桓温暴力肢解京口后的余脉，也是最新南下北人的重要归所。

在奔向权力王座的路上，桓温带出了东晋一朝一系列的武力担当，桓冲、桓豁、桓石虔、毛虎生、桓伊、朱序，乃至北府军的创始人谢玄等一大批将领，都是在桓家军校培养出来的。

桓大司马用一生的时间经营着南方中国，这位一生实干不犯错的南国柱石给这条千里江防注入了极其可贵的精干务实之气！

中原民族面对史上扑来的最汹涌的异族浪潮，自夷陵到京口，在这千里江防上开始展现出全民族的同仇敌忾！

最终从这股京口余脉中，精选出了八千武魂，在天时地利人和的情况下，于寿春城下摧毁了苻坚的美梦。

淝水之战后，东晋北伐开始，与此同时又一次大规模的北人南下启动。继永嘉之乱后，最大规模的人口南迁开始了，因为关中成为"民族试炼窟"，关东成为"复国修罗场"，北国全乱了。

北府军虽然星散中原但最终回归了京口，大量的北人南下又为其提供了新的血液，因此又在重组后成为舞台上的主角。

北人南下更为直接的表现，就是襄阳再次成为接纳北方流民的主要地区，随着流民的不断涌入，以襄阳为中心的雍州地区逐渐形成了"旧民甚少，新户稍多"的局面，也渐渐形成了新的武力集团。集团的代表人物，就是和桓玄一起掺和晋末政治的杨佺期。

晋末伴随着北国崩盘与门阀后继无人，东晋皇族得以成功收权，在司马曜与司马道子两兄弟浪荡二十年后，东晋武力的格局最终演化为了四个方面：西面的桓玄荆州集团和杨佺期襄阳集团，东面的刘牢之北府集团和横行三吴的孙恩集团。

西面的桓玄及荆州集团利用种种手腕消灭了杨佺期的襄阳集团，新兴的襄阳力量进入了蛰伏期，在短时间内上升的这个武力集团内部还有太多需整合的工作要做，因此暂时下了牌桌。

东面的北府集团在三吴被祸害后捧出了时代之光的刘裕，暂时击沉了孙恩集团。

北府军作为东晋末期的最强雇佣兵军团在一次次左右江左命运后却没有意识到自己已经拥有了当家做主的权力，刘牢之在接二连三的政治投机后，最终使北府军内部分崩离析，失去了自己的主动权。

百年江左的存在之因，是匈奴汉、羯赵、鲜卑燕、氐秦、拓跋魏都没有找到华夏多民族融合的共生密码，这导致在冰与火的摧残下，北方勇士不断南下，筑成了新的长城。

北境要走的路还很长，还没有来到统一的那个时代。

四、南北归一

晋立足江左的原因之一，是"五胡"更迭下避难江左的人口涌入。

宋代晋的底蕴之一，是气吞万里如虎的京口北府军。

齐代宋的核心之一，是青齐豪族南下被利用，做了萧道成的嫁衣裳。

梁代齐的根本原因之一，是雍州豪族终于做好了全方位武装的萧衍的战衣。

南梁崩塌后陈霸先成立陈朝，南朝又拖了四十年，不过是因为五岭之南积攒了百年的赌本，陈朝抓住了最后的机会上了时代的牌桌。

纵观上述五朝，除南陈为南人北上外，朝代更迭皆为北人南下之力。

一旦北人停止南下，一旦北国能够调理夷夏纷争之气，做好兼容并包之基，这南北分割的大乱世，也就到头了。

拓跋珪在慕容垂和苻坚的"养育"、熏陶下长大，最终冷血地兼并掉了母体，"离散部落"找到了北国百年杀伐下异族融合的专属密码。

但这还不够，因为华夷隔阂依旧，戎夏矛盾重重。在遥远的西北，还有下一个百年的破局密码等待拓跋氏的挖掘。

在苦寒的东北，则有一位让整个北国点石成金的姑娘即将在半个世纪后拿到属于她的命运的号码牌。

当华夷可以合作，当南北王朝都出现疑惑，当黄河与淮河再次联通，当凛冬的寒风变成春晓的梦想时，南北归一所需要的天时地利与人和，也就成熟了。

这是南北离合的中轴，也是南北聚散的主线。

南北归一的序章，要从一个迎来二十年人生大运的京口猛虎开始……

第 **1** 战

气吞万里如虎

一、每段英雄之旅的开始，都是不拼就死的悲哀

"时来天地皆同力，运去英雄不自由"，这句话是唐代诗人罗隐在《筹笔驿》中写诸葛亮的。气势和韵味都足，但对诸葛亮来说其实有点不对。

因为丞相诸葛亮这辈子都没体会过那种"时来天地皆同力"的快感，这辈子所有努力的结果几乎都是进二退一的无奈，跟了刘备后，他这辈子就没睡过踏实觉。

刘备这辈子就活了个拧巴，生生从大东北让别的集团力量追赶到了大西南，稍微嘚瑟了那么一下，就"永安"了。蜀汉的气运，其实连四川都没跟它同力过，更别提天地了。

这句诗，其实更适合楚霸王项羽、韩兵仙韩信。这哥俩都有着山崩海啸式席卷天下的功业，也有着大海决堤似的人生落差。

我们即将提到的这个人，其实也是如此。

如果说一个"大运"为十年的话，恰巧助你的十年大运到了，那么很多时候你的人生会顺到不敢想象；一旦转到一个十年"厄运"，你会有着与前十年截然相反的境遇。

本战的主人公桓玄就体验了这样一次长达十年的人生落差。

公元 402 年三月，桓玄逼宫，这可谓东晋开国以来面对的最虚弱

的一次逼宫，但他竟然成功了，或者说这是东晋开国以来最神奇的一次变戏法，成功地遮蔽住了所有人的眼睛。

之所以这么说，主要是体现在战斗力上。桓玄统一荆州乃至逼宫江左，就没打过几场堂堂之战。

简要回顾一下桓玄"得天下"的全过程。

399 年荆州暴雨，洪灾肆虐，时任荆州刺史的殷仲堪开仓放粮，赈济饥民，这导致荆州后勤储备空虚。桓玄随后迅速派兵袭取了巴陵，抢走了仅剩的存粮。

殷仲堪派弟弟率七千水军讨伐桓玄，被桓玄派郭铨、苻宏在西江口打败。

桓玄挺进巴陵，吃着殷仲堪的军粮围点打援，杨广和殷道护带兵驰援，被桓玄以逸待劳一次次地打败，江陵军心震骇。江陵城中无粮，士兵已经开始吃胡麻了，桓玄进逼离江陵仅仅二十里的零口，至此，殷仲堪终于想起来亲家杨佺期了。[①]

杨佺期说："你那里没粮守不住。"让殷仲堪放弃江陵。殷仲堪则说自己有的是粮，于是杨佺期带着八千精兵就赶来了，随后知道自己被殷仲堪忽悠了，他根本没有军粮，因此心情堕到了谷底。荆州军彻底指望不上了，自己这八千人和粮食也带少了，杨佺期丧气道："这一次必败无疑了！"

第二天，杨佺期率领无士气而且还饿着肚子的大军攻打郭铨部，居然一度将郭铨逮捕，关键时刻桓玄援军杀到，襄阳军被击溃，杨佺期单枪匹马跑回襄阳。

在襄阳，桓家的威名很好使，当年杨佺期就曾狐假虎威地靠着假

---

① 《资治通鉴·晋纪三十三》：玄顿巴陵，食其谷。仲堪遣杨广及弟子道护等拒之，皆为玄所败。江陵震骇。城中乏食，以胡麻廪军士。玄乘胜至零口，去江陵二十里，仲堪急召杨佺期以自救。

冒桓玄的旗号成功接收雍州。

桓玄在大胜后迅速派出了向襄阳方面的追兵，杨佺期这位光杆司令根本没办法组织起襄阳的防守力量，很快被逮捕处死，首级被送到了建康，挂在了朱雀门上。

雍州势力并没有被杨佺期统一，也没有组成联盟，杨家只是其中最大的一股，襄阳内部需要处理的问题还有很多。

桓玄统一荆襄主要靠的是天灾断粮、祖上在荆襄的威名以及殷仲堪的"弱才"操作。

也不能说桓玄一仗都没打，但打殷仲堪的七千人和被亲家算计的杨佺期八千人，实在说明不了什么问题。和杨佺期的一战，已经是桓玄当皇帝前的最后一战了。谁也没想到，后面居然会那么顺利。

江东地区在 401 年年底终于平灭了孙恩集团，仅仅在平乱不久之后，402 年正月初一，司马元显正式下诏讨伐桓玄。

司马元显这招就很不靠谱，因为三吴早已被祸害得残破不堪，再加上桓玄早就封闭了长江上游的水道，建康无粮，军需极成问题。①

即便如此，桓玄一上来心是很虚的，仍然想收缩一切力量死保荆州。②

结果他的长史卞范之给他分析明白了三件事：

1. 你现在威名很大，牌子很唬人。

2. 司马元显乳臭未干刚二十一岁，上位后一直在瞎打手里的牌。

3. 刘牢之已经背叛过朝廷一次了，在三吴平乱中口碑极差。

你只要把兵开过去然后明码标价，那就是等着看他们自己土崩瓦

---

① 《资治通鉴·晋纪三十四》：东土遭孙恩之乱，因以饥馑，漕运不继。桓玄禁断江路，公私匮乏，以桴、橡给士卒。

② 《资治通鉴·晋纪三十四》：玄谓朝廷方多忧虞，必未暇讨己，可以蓄力观衅。及大军将发，从兄太傅长史石生密以书报之；玄大惊，欲完聚江陵。

解了，怎么能把敌人引到咱们自家门口呢？

桓玄随后开始东进，虽然开始也是非常忐忑的，但直到过了寻阳都没看见司马元显的阻击军队，顿时觉得稳了。[①]

二月二十八，桓玄抵达了父亲桓温曾多年屯驻的姑孰，派部将冯该等围城历阳，司马休之坚守，被桓玄切断洞浦道路，偷袭烧掉了豫州舰船。（逼宫过程中唯一的军事行动。）

豫州刺史司马尚之只能率领九千步兵在洞浦摆开战阵，派武都太守杨秋驻扎横江，但杨秋一枪没放直接投降了桓玄。

司马尚之还没开战就被接二连三的坏消息打垮了信心，军队也开始自我崩溃，四散奔逃，他自己在涂河被抓。

司马休之在无援后也是一枪没开直接突围出城，豫州陷落。

桓玄在围城后放了一把火，就兵不血刃地来到北府军面前了。

刘牢之因为被司马元显看不起，桓玄又开出了高价码，最终选择了倒向桓玄。桓玄随后开进建康，司马元显就被绑在船头当猴耍了。

统一荆州，桓玄好歹还打了两仗，一路东下逼近建康时，准确地说，桓玄就放了一把火，剩下的城池全都是兵不血刃就拿下了。

桓玄这人厉害吗？从玩政治斗争的角度来讲，从拿捏人心的角度来讲，是个极品材料。

司马家的衰落给了他钻空子的机会不假，但从最初布局殷仲堪这位"弱才"进荆州，到和殷仲堪、杨佺期的"三国杀"中夺回祖业，再到诱降刘牢之，无一不体现了他对政治走向的判断能力和对人心理的把控能力。

另一方面，则是谁也不知道桓玄的战斗力真正有多强。

东面孙恩军团的战斗力我们相当清楚，孙恩的乱军一路滚雪球般

---

① 《晋书·桓玄传》：玄既失人情，而兴师犯顺，虑众不为用，恒有回旆之计。既过寻阳，不见王师，意甚悦，其将吏亦振。

地将整个三吴摧毁，北府军曾经出动过高雅之部，但几乎被孙恩团灭。

孙恩还一度带领十余万人、战舰千艘，准备玩掏心战术，去突袭建康。结果被带着一千人长途奔袭的刘裕在蒜山（今江苏镇江西）动员起了百姓阻击，一通反冲锋，大量贼军被打入长江，孙恩仓皇逃到船上。[①]

孙恩其实是很厉害的，就是比较背，碰上刘裕了。孙恩死后，他的集团被他妹夫卢循接手，卢循和他的姐夫徐道覆带着从刘裕手下逃出来的士兵和从广州发展的士兵进行反扑，这股力量是可以把北府军打败的，要是刘裕从山东晚回来一个月，局面最终会变成什么样，是很难说的。

那么西面呢？西面其实一直在放"桓玄牌"烟幕弹。

当然，桓玄是知道自己有几斤几两的，无论是开始打算死保荆州，还是后来的志忑东下，还是没开打就招降刘牢之，乃至后面对阵刘裕的一系列操作，他自己从头到尾都知道。

但他玩政治斗争确实是天才，准确地说，桓玄甚至真的靠放烟幕弹差点儿就坐住了这天下。

不过一招大意后，有个带着几百人就敢冲向几万人的猛人最终穿过了他的烟幕弹。毕竟这个猛人以一敌百都经历过，桓玄的变戏法真的有那么可怕吗？

桓玄进入建康后"被"任命都督中外诸军事、丞相、录尚书事、扬州牧，兼任徐、荆、江三州刺史，加授黄钺，司马家能给的都给了。

时隔三十年，桓家再次掌握了东晋的权柄朝纲。

桓玄刚控制建康，总掌大权，立刻就对北府军这股他控制不了的力量用快刀斩乱麻的方式进行肢解，第一时间任命刘牢之为会稽内史。

---

① 《宋书·武帝纪》：高祖倍道兼行，与贼俱至。于时众力既寡，加以步远疲劳，而丹徒守军莫有斗志。恩率众数万，鼓噪登蒜山，居民皆荷担而立。高祖率所领奔击，大破之，投巇赴水死者甚众。恩以彭排自载，仅得还船。

刘牢之醒悟过来了，说："这么快就要夺我的兵权了，大祸要来了。"①

其子刘敬宣骗过桓玄回到了刘牢之身边，劝他带兵突袭桓玄。刘牢之拿不定主意，自己已经成"吕布"了，还有机会赢得北府军的信任吗？于是去询问刘裕。

刘裕说："您拥有北府精锐数万却望风归降，桓玄现在声威震动天下，您打算去广陵匡扶社稷又怎么可能做到呢！我刘裕要解甲归田回京口了！"②

刘牢之的外甥何无忌问刘裕道："我怎么办才好？"

刘裕说出了自己的判断："我看刘牢之难逃一死，你可以跟我回京口，桓玄如果守臣节咱们就投靠他，如果不守臣节咱们背靠京口匡扶社稷！"

这是官面上的话，大概率还是史官编的话。什么"桓玄守节就伺候，篡位就跟他翻脸"，这绝对不是一个苦出身、从尸山血海中搏功名出来的人能有的觉悟。

好在何无忌和刘裕私下关系非常要好，刘裕随后说了几句心里话："如今正是桓玄安抚天下之际，一定会任用我们的。"史料原文所谓："今方是玄矫情任算之日，必将用我辈也。"

这才是实话。

刘裕是什么意思呢？刘牢之没有前途了，已经臭大街了，多次做出了错误的判断，不配再做咱们北府军的代言人了，在孙恩之乱中一次次力挽狂澜的刘裕一定会有前途的。

---

① 《晋书·刘牢之传》：元显既败，玄以牢之为征东将军、会稽太守，牢之乃叹曰："始尔，便夺我兵，祸将至矣！"

② 《资治通鉴·晋纪三十四》：裕曰："将军以劲卒数万，望风降服，彼新得志，威震天下，朝野人情皆已去矣，广陵岂可得至邪！裕当反服还京口耳。"

相比桓玄，刘牢之的那个位置才是刘裕"彼可取而代之矣"的目标。后来也确实如刘裕所料，桓玄派兄弟桓修执掌京口战区，刘裕成了桓修的中兵参军。[1]

此时刘裕早早回到京口，就是和刘牢之撇清关系。你自己臭了，不要再毁了我的前途。

何无忌虽说是刘牢之的外甥，但也是刘裕的好兄弟，所以刘裕要喊走自己的兄弟，怕他在这艘船上跟着刘牢之一块沉下去。

刘牢之在被刘裕否定后，召集各将领商量回到江北讨伐桓玄。结果北府诸将都和刘裕一个心思：你臭大街了别拉上我们。

参军刘袭说："不义之至莫过于谋反，将军最早反王恭，近来反司马元显，现在又要反桓玄，您接连三叛，怎么还能立于天地之间！"说罢出帐，其他将领也一哄而散。[2] 都是去桓玄那里报到的意思。

刘牢之派刘敬宣去京口接家属，但过了约定日期也不见儿子回来，刘牢之以为儿子是被自己的参军刘袭给杀了，最终心理崩溃，上吊自杀。

刘牢之死后，除了刘敬宣、高雅之等刘牢之的亲属逃走了之外，剩下的北府众将全都投奔了桓玄。

这就是北府军分崩离析的现状，桓玄又得到了一个命运馈赠的大礼包，局面太好，简直超出了他的想象。

很快，又一个大礼包送来，桓玄入建康后，孙恩以为能占个便宜，再次从海上而来，但早已输没了赌本的他被临海太守辛景打败，几乎丧失了所有的家底，孙恩跳海而死，结束了自己的一生。

他的妹夫卢循接了他的道旗，被余众推为盟主，桓玄刚刚上位，

---

① 《宋书·武帝纪》：桓玄从兄修以抚军镇丹徒，以高祖为中兵参军，军、郡如故。

② 《晋书·刘牢之传》：参军刘袭曰："事不可者莫大于反，而将军往年反王兖州，近日反司马郎君，今复欲反桓公。一人而三反，岂得立也。"语毕，趋出，佐吏多散走。

为了避免扩大矛盾选择了息事宁人，以卢循为永嘉太守。

卢循在第一次叛乱阶段性的失败后也选择了和解，接受了桓玄作为名义上的领导。没过两个月，卢循想再次搞事情，但刚刚进入东阳境内就再次被大魔王刘裕打跑。

注意，此时刘裕已经相当听从桓玄的指挥，完成自己角色的过渡了，史料原文是："卢循自临海入东阳，太尉玄遣抚军中兵参军刘裕将兵击之，循败，走永嘉。"刘裕二话没说就帮桓家打卢循去了。

不管怎样，在晋末的这个超级大乱局中，从目前来看，最大的赢家是桓玄。但实际上，老天另有真正想捧的角儿！

孙恩掀起的这次大乱，其实是刘裕后来能够气吞万里如虎的最关键原因。

进入4世纪末，司马氏从门阀手里短暂地拿回了帝国大权，但随后出现了司马曜和司马道子兄弟间的君相之争，这哥俩在争权的过程中，江陵本土的老牌门阀桓家、襄阳地区的流民集团以及京口北府军团全部复活，并进入了牌局。

在不断的斗争中，这三方的力量不断增大，最终挤掉酒鬼爹司马道子上位的司马元显为了增强自身的实力，下诏让东方各郡解除奴籍，把"自由人"迁到建康由他领导。

东面是北府军，西面是荆襄兵，司马元显的朝廷根本没有稳定的兵力来源。唯一能依仗的，就是三吴地区。兵和钱，都得从这里出。

司马元显想把三吴大户手里藏匿的人口全部抓过来，结果他的这一"废奴"政策把三吴的地方势力给激怒了。①

随后孙恩武装利用了这种乱局，将三吴地区祸害得天翻地覆，非道教世家的高门全部弃郡逃走，会稽、吴郡、吴兴、义兴、临海、永嘉

---

① 《晋书·简文三子传》：又发东土诸郡免奴为客者，号曰"乐属"，移置京师，以充兵役，东土嚣然，人不堪命，天下苦之矣。

等地豪族和百姓拉起队伍响应孙恩，三吴地区仅仅十天便聚集了几十万人。①

凭孙恩自己的能力，再过十年都弄不出这样大的动静，但司马元显一个政策就办到了。孙恩利用了司马元显，也坑了桓玄。

因为孙恩大乱三年后，江东上下对于接连不断的天灾人祸和兵火已经忍耐到了极致，桓玄虽然干掉了东晋的皇权，却在这个特殊的时机接了一个相当不好维护的盘。

此时整个江东地区基本处于粮荒状态，桓玄既然接盘了，就需要拿粮食来安抚住所有人，需要有个当老大的样子。

在过去，即便建康遭遇了兵火，富庶的三吴地区基本上都能在灾后负担起江东地区的渡劫重任。但现在三吴地区在孙恩大乱后残破不堪，三吴买不起单了，而桓玄明显也掏不出这个钱。

更可怕的是，三吴地区在桓玄打进来的这年还发生了大饥荒，罕见的大饥荒犹如老天派来的"灭霸"，使整个三吴地区的人口腰斩。会稽郡算是受灾最轻的，减员仍然达到了十之三四，杭州人民表示自古至今都没出现过这么高的死亡率；像临海、永嘉这种北府军和孙恩军拉锯严重的郡县基本上都是"百里无鸡鸣"，大量的地方实力派在这连年的兵祸搜刮和毁灭性的天灾大旱下，用罕见的天价都买不到粮食而最终被饿死。②

本来困难伴随着机遇，老百姓不希望再起干戈了，只希望能好好活下去，桓玄面临着相当有利的政治土壤。但桓玄上位后没有解决好江

---

① 《晋书·孙恩传》：因袭会稽，害内史王凝之，有众数万。于是会稽谢针、吴郡陆瑰、吴兴丘尪、义兴许允之、临海周胄、永嘉张永及东阳、新安等凡八郡，一时俱起，杀长史以应之，旬日之中，众数十万。

② 《资治通鉴·晋纪三十四》：三吴大饥，户口减半，会稽减什三、四，临海、永嘉殆尽，富室皆衣罗纨，怀金玉，闭门相守饿死。

东地区老百姓的活命问题，而是奔着改朝换代的方向绝尘而去，史书中说此时桓玄开始失去朝野的拥护。[①] 桓玄不仅没能解决灾后重建及吃饭问题，还安排了更多改朝换代的排场工程。

孙恩集团发动叛乱后的最终受益人，是平乱的刘裕。他从一个名不见经传的武官变成三吴的拯救者，在一系列过硬的平叛战绩中树立起了极高的威信。

此时一心想当个好将军的刘裕还不知道，时代已经开始推着他往身不由己的方向一路狂奔了。

刘牢之上吊半年后，这年十月，桓玄突然实施了斩首行动，杀掉了吴兴太守高素、将军竺谦之及兄竺朗之、刘袭及弟刘季武等一大批刘牢之一系的北府旧将。[②]

逃过了第一轮暗杀的刘袭之兄冀州刺史刘轨邀之前逃走的司马休之、刘敬宣、高雅之等共据山阳打算进攻桓玄，失败后逃走。[③]

随后北府众将兵分两路，刘轨、刘敬宣和司马休之等人投奔了南燕；袁虔之、刘寿、高长庆、郭恭等人投奔后秦。

桓玄并不相信刘牢之旧将们的忠心和表态，而是选择了对刘牢之一系进行一网打尽，随后收了北府的兵员，配给了自己麾下的诸将。

更关键的是，桓玄的手法相当棒，刘轨北逃后，冀州刺史这个岗位给了北府系另一派的老将军孙无终。

403 年正月，卢循派姐夫徐道覆入寇东阳，结果二月再次被刘裕

①《晋书·桓玄传》：自祸难屡构，干戈不戢，百姓厌之，思归一统。及玄初至也，黜凡佞，擢俊贤，君子之道粗备，京师欣然。后乃陵侮朝廷，幽摈宰辅，豪奢纵欲，众务繁兴，于是朝野失望，人不安业。

②《资治通鉴·晋纪三十四》：太尉玄杀吴兴太守高素、将军竺谦之及谦之从兄朗之、刘袭并袭弟季武，皆刘牢之北府旧将也。

③《资治通鉴·晋纪三十四》：袭兄冀州刺史轨邀司马休之、刘敬宣、高雅之等共据山阳，欲起兵攻玄，不克而走。

打跑。

注意，此时北府大佬孙无终和刘裕这帮都还是"乖宝宝"，步调一致听从桓玄的指挥，北府军是分派系的。

但刘裕被调动南下后不久，二月丁巳，桓玄做了人生中几乎是迄今为止的唯一一次堪称败笔的事儿！他也许是太过自信了，在调走刘裕后，杀了冀州刺史孙无终。

当年北府建军时，史书上是这样记载的："谢玄北镇广陵，时苻坚方盛，玄多募劲勇，牢之与东海何谦、琅邪诸葛侃、乐安高衡、东平刘轨、西河田洛及晋陵孙无终等以骁猛应选。玄以牢之为参军，领精锐为前锋，百战百胜，号为'北府兵'，敌人畏之。"

史书记载得很有水平，彭城刘牢之、东海何谦、琅邪诸葛侃、乐安高衡、东平刘轨、西河田洛、晋陵孙无终，这基本意味着各地流民帅的兵力源头。

刘牢之的根子在彭城（今江苏徐州）；

何谦的根子在东海（今江苏东海）；

诸葛侃在琅邪（今山东临沂）；

刘轨在东平（今山东东平）；

高衡在乐安（今山东淄博）；

田洛在西河（今山西汾阳）；

孙无终在晋陵（京口，今江苏镇江）。

高衡和田洛后来史书无载，剩下的这几个北府大佬从地图上看，是这样的。（见图1-1）

看出什么来了吗？

当年京口被桓温打散后，大量势力都逃离了广陵京口的核心圈，京口老家仅仅剩了孙无终一脉。

刘裕是哪里人呢？"彭城刘裕，生而母死，父翘侨居京口"。别看刘裕祖籍是彭城，但他居于京口。"初为冠军孙无终司马"，从军后做的

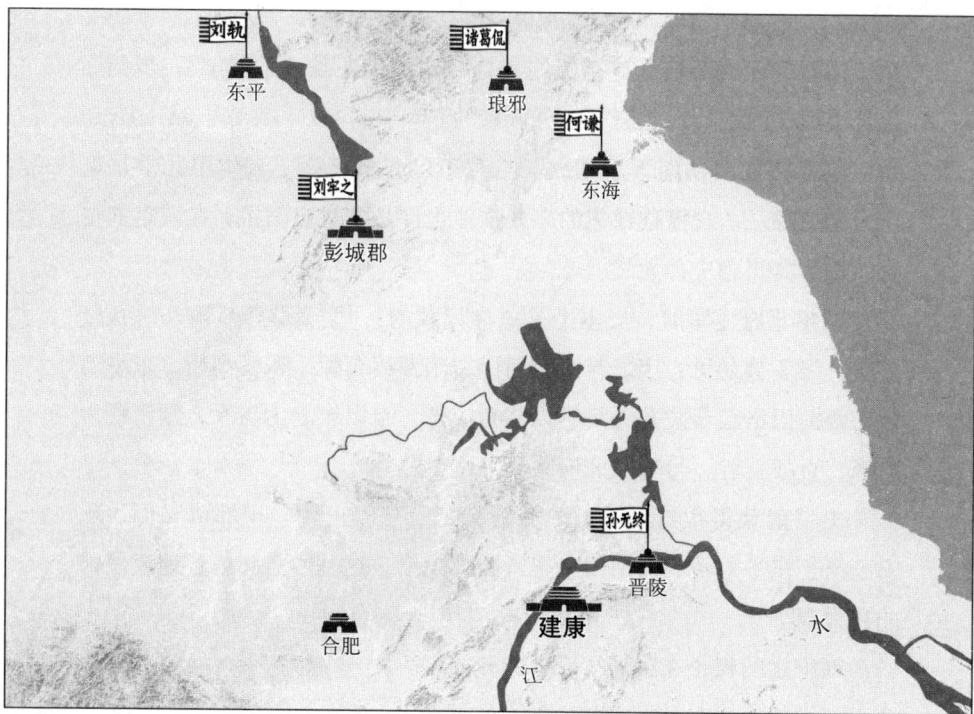

图 1-1　北府军大佬势力来源分部

是京口大佬孙无终的司马。也就是说，刘裕从职业生涯开始，根子就是京口的。

孙恩起来后，刘裕因为好用而且同是彭城人，被刘牢之要了过来。看似刘裕是刘牢之的人，但实际上刘裕的根子是在长江之南的京口，刘牢之等北府诸将的根子是在江北。所以刘牢之在一看不对劲后派刘敬宣去京口接家人，要往江北的广陵跑。

两个月前，桓玄突然袭击，干掉一大批刘牢之系统的北府旧将。北府军江南系的孙无终后来接收了冀州刺史，刘裕这个"海警队长"也干得好好的，根本没有任何想法。

结果就在刘裕前脚南下去剿匪的时候，起家时的老领导、京口系的大旗孙无终被桓玄弄死了。刘裕会怎么想呢？桓玄要对自己这个派系下手了，自己这条命不安全了。

也是在这个时间点，刘裕真正开始有想法了。从此，一个本想踏踏实实打一辈子匪盗的大将，开启了气吞万里如虎的一生。

英雄之旅之所以会开启，在于时代给了他们基础过关的装备，然后就狠狠地在他们身后踹一脚。

我们在史书中看到的那些开国的皇帝们，其实他们扛起反叛的大旗大多都是被逼的，都是被一步步挤对到了不拼就死的份上的。比如说，一直被包装成"大晋忠臣"的刘裕。

二、京口一千八百勇士

公元 403 年八月，逼宫成功仅仅一年多后，桓玄收到了一个巨大的噩耗：帮他守荆州老家的亲哥哥桓伟死了。

桓温生了六个儿子，长子桓熙与二子桓济在桓温死后和四叔桓秘准备谋杀桓冲，结果失败，被徙至长沙，从此退出历史舞台。

三子桓歆，史书说他被封了个临贺公，其他事迹史书无载。四子桓祎是个傻子，所谓"祎最愚，不辨菽麦"。

桓玄只有桓伟这么一个靠谱的亲哥哥能帮上忙。桓玄目前就一个儿子，叫桓昇，仅五六岁；桓伟这个早死的哥哥还没给他生侄子。

总之，桓玄目前在他爹桓温这一支上，连大带小就他一个能用的。

这世道，你没兄弟没儿子怎么篡位啊，那么多要紧岗位，谁跟谁真能一条心呐！

再来排一下干桓玄这份"事业"的亲疏与可靠性：亲儿子＞亲兄弟＝小舅子＞女婿＞从兄弟。没兄弟没儿子，再好的戏也出不来。

桓伟死后，桓玄面临着荆州的托付问题，算来算去，桓玄打算让桓冲之子桓修去接班。

从事中郎曹靖之劝桓玄，说："如果这样安排，桓修和桓谦这兄弟二人一内一外就权倾天下了，司马家当年的教训还不深刻吗？"

桓玄最终派了三叔桓豁之子桓石康去做了荆州刺史。

桓伟的死，让桓玄面临着篡位这临门一脚踢不踢的问题。按理讲不能踢，因为身边没人了，史书中载："玄所亲仗唯伟，伟既死，玄乃孤危。"桓玄最重要的依靠，就是他这个素质过硬、血缘过硬的亲哥哥。

所谓时也命也运也，干最大的事就要承担最大的风险，其中有一个环节不过硬，就有极大概率满盘皆输。

这天下毕竟不是桓玄打下来的，他的一次逼宫成功对比汉高祖、光武帝的马上得天下毕竟差距太大。荆州大本营是他的命脉之源，他必须选择最能倚靠的自己人去把守。

在人生修炼的过程中，人要琢磨明白一件事，就是别相信人，要相信人性。

人的关系永远是时好时坏的，今天是海誓山盟，明天就是互撕分手，今天和你好得能赌咒发誓，明天背后一刀捅死你的也是他。你不知道为什么就得罪他了，也许跟你都没关系，但一个误会，他就扭过头来杀你全家了。

后来跟着刘裕杀桓玄的人中，就有本来想跪舔桓玄的人，就是单方面觉得前途没了，扭头就改拿刀砍桓玄去了。

最紧密的关系只能用最大的利益和无法背叛的威慑来绑定，这是人性。

通常豪门夫妻离婚得少，不管双方关系破裂成什么样，只要还能过得去就还会在一起，因为双方绑在一起的利益太大了，撕扯不开，而且至少一方掌握着能致对方于死地的"核武器"，所以双方能凑合就凑合着。

当你不能深度绑定他的利益，当你没有让对方不敢翻脸的筹码，就不要把你最关键的底牌翻给他看！看人不要相信当前的感觉，要相信人性，相信那些过几十年都不会变的人性密码。

要么是自己的儿子多，要么是自己的亲兄弟多，如今这两个条件既然都不成熟，那么桓玄就应该缓缓节奏了。

桓玄最大的优势是什么呢？年龄！今年他刚三十五岁。桓玄已经不仅仅是"出名要趁早"那么幸运了，他爹六十岁才站在了权柄之巅，他比他爹提早了二十五年。

反正他还有大把时间，再等儿子长大些，再扩充后宫集团多生出几个孩子来，再将江东地区的权力结构捋顺些，这都是他需要稳步解决的问题。

刘裕手握权柄远比桓玄晚，刘裕四十四岁的时候也才迎来了第一个儿子。

刘裕对于自己人的问题理解得就远比桓玄要透，自己一直把着军权和枢纽位置京口，直到长子刘义符长大后才将镇京口的任务给了他，还千叮咛万嘱咐，说："这是咱家龙兴之地，千万给爹守好了。"[1]

刘裕在政变成功后的第一件事就是先后纳了七位后宫帮他忙生产，这七位后宫也都帮刘裕生了儿子。刘裕换房本之前，布置分别是：二弟镇京口，二子镇石头城，三子镇荆州，四子镇寿阳。

但桓玄决定不等了，而且桓玄的小圈子也等不了了。桓伟死后不到一个月，桓玄启动了禅代程序。

九月，以桓谦（桓冲子）为侍中、卫将军、开府、录尚书事；王谧为中书监，领司徒；桓胤（桓冲孙）领中书令；加桓修（桓冲子）散骑常侍、抚军大将军。

封自己为相国，总百揆，封南郡、南平、宜都、天门、零陵、营阳、桂阳、衡阳、义阳、建平十郡为楚王，扬州牧，领平西将军、豫州

---

① 《宋书·武帝纪》：以世子为徐、兖二州刺史。下书曰："吾倡大义，首自本州，克复皇祚，遂建勋烈。外夷勍敌，内清奸轨，皆邦人州党竭诚尽力之效也。情若风霜，义贯金石。"

刺史如故，加九锡备物，楚国置丞相以下官，一遵旧典。没有三劝辞让的排场，直接就加九锡了。

十月，桓玄上表请求归藩，逼连饭都不会自己吃的弱智皇帝晋安帝作手诏请留他。随后又说钱塘临平湖突然开通不再淤塞，江州下了场雨就使百官集贺。

这么幼稚的制造祥瑞的行为，为了避免让读者觉得是编的，我们直接引用史料，《资治通鉴·晋纪三十五》记载："又诈言钱塘临平湖开，江州甘露降，使百僚集贺，用为己受命之符。"

十一月，桓玄加自己的冠冕为皇帝规格的十二旒，加车马、仪仗、乐器，以楚王妃为王后，楚国世子为太子。

十一月十八，卞范之写好禅让诏书命临川王司马宝逼晋安帝抄写。

十一月二十一，由王导之孙王谧奉玺绶，晋安帝禅位于楚王，随后桓玄迁晋安帝至永安宫，又迁太庙的晋朝诸帝神主至琅邪国。

百官到姑孰劝进，十二月壬辰，桓玄登基称帝，改元"永始"，封晋安帝为平固王，不久迁于寻阳。

短短一个季度，桓玄跑完了所有的禅代程序。

六天后，桓玄入建康宫，刚刚坐上御座，结果座塌了。

好在姐夫殷仲文脑子快，说："您圣德深厚大地兜不住。"把桓玄哄乐了。

史书对桓玄登基自然是一大堆黑材料，比如说爱自作聪明，专找细枝末节不抓重点呀；比如说控制不住自己"满世界旅游"呀；比如说大兴土木建宫殿呀；比如说为人急躁，没有人君之相呀。

总之就是为了说最后的一段总结："于是百姓疲苦，朝野劳瘁，怨怒思乱者十室八九焉。"老百姓都想弄死他。

孙恩祸乱三吴后，从经济基础上来说，桓玄此时并不具备改朝换代的可能性，他掌权后有点劳民伤财了。

"怨怒思乱者十室八九"肯定夸张了，因为桓玄最终不是被农民起义推翻的，老百姓还没来得及表态大局就定了，但客观来讲，桓玄的篡位鼓舞了一直等桓玄篡位的刘裕：他终于等来了自己起事的政治借口！

孙无终被杀后不久，刘裕的好哥们、刘牢之的外甥何无忌就找到了刘裕，说："北府扛旗的下一个人就是你了，桓玄下一刀也该砍向你了，咱们赶紧从山阴起兵，不能坐以待毙。"

前山阴令、会稽土豪孔靖在刘裕一次次来到会稽剿匪后，与刘裕建立了相当深厚的友谊，刘裕就此事和孔靖商量，孔靖给出了相当到位的分析：

1. 山阴离建康太远，造反这事拖得时间越长成功率越低，此非用武之地。

2. 桓玄还没篡位，你现在没有反叛的理由，你一个小小的军官举不起政治大旗。京口大本营才是你该回去的地方，桓玄篡位才是你动手的时机。

金子般的见识，刘裕听从了，没有搭理何无忌的鼓动，而是开始北返。

403 年六月，剿匪有功的刘裕加官为彭城内史。①

注意，这是桓玄给刘裕加官，是兼任彭城太守的意思，不是刘裕被调彭城去了。

刘裕最早的官职是因为大败孙恩升为了建武将军、下邳太守。②

刘牢之死后桓修接手京口，桓玄又任命刘裕为桓修的中兵参军，原来的建武将军和下邳太守不变。③

---

① 《宋书·武帝纪》：二年正月，玄复遣高祖破循于东阳。循奔永嘉，复追破之，斩其大帅张士道，追讨至于晋安，循浮海南走。六月，加高祖彭城内史。

② 《魏书·岛夷刘裕传》：恩北寇海盐，裕追胜之，以功稍迁建武将军、下邳太守。

③ 《宋书·武帝纪》：桓玄从兄修以抚军镇丹徒，以高祖为中兵参军，军、郡如故。

这次又给刘裕加了个彭城内史的官。不是说刘裕要去彭城上任了，此时大量北府军的前将领们在南燕，桓玄绝对不会放心这位战斗英雄去彭城的。

结合此后刘裕的动员能力，极大概率他在此次北回后兵权就被夺了，本人也闲置起来了。

自403年六月加封彭城内史直到这年的十二月，刘裕行踪不详。

只知道在桓玄篡位前期，桓谦就桓玄即将登基的有关事项对刘裕进行了试探，与他进行了谈话。[1]

刘裕从桓温桓玄父子所建功勋、晋室缺德等方面阐述，拥护桓玄上位，代表北府军表了决心。[2]

桓谦以"你说行就肯定行"进行了愉快收尾。桓谦此时的官职，是侍中、卫将军、录尚书事。

桓谦是不会去地方征求一个地方官员的意见的，这也就意味着，刘裕灭了海贼北归后，有一段时间是在首都建康的。

结合后面刘裕起义时有京城方面安排的内应来看，刘裕大概率北归后就滞留在了京城，直到表现过关后才被派回了京口。

即便回到了京口，刘裕也被架空了，因为后面他起义时，刘裕"中兵参军"这个岗位的作用一丁点儿也没体现出来。

桓玄称帝后，镇京口的桓修入朝，刘裕也被带了过来。刘裕此次前来，是桓玄要亲自收买拿下他。

桓玄对王谧说："刘裕此人风骨非凡，是个人杰啊！"刘裕在建康的这段时间，每次见桓玄，桓玄都给了他相当殷厚的赏赐。

---

[1] 《资治通鉴·晋纪三十五》：桓谦私问彭城内史刘裕曰："楚王勋德隆重，朝廷之情，咸谓宜有揖让，卿以为何如？"

[2] 《资治通鉴·晋纪三十五》：裕曰："楚王，宣武之子，勋德盖世。晋室微弱，民望久移，乘运禅代，有何不可？"

桓玄的皇后刘氏会看相，对桓玄说："刘裕龙行虎步，气概不凡，不是你能收买的，将来恐怕终不为人下，不如早早除掉。"桓玄道："这小子我留着有大用，将来想打回中原必须靠他，等关中、河北平定后再来商议这事儿。"①

刘裕临走前，桓玄再次示好，下诏曰："刘裕作战勇猛，每次都以寡击众，十灭其八。诸将力战，多被重创。自元帅以下至于将士全都给予表彰，以嘉勋烈。"②

桓玄之所以在刘裕来到建康后才宣布对半年前剿灭海贼的全军进行奖励，是因为原本刘裕手下的北府军已经都被调到建康了，都被桓玄分配给自己麾下的众将了，此次封赏，是他桓玄给的恩赐，而不是东晋朝廷，刘裕也仅仅是军功章上的一个名字而已。

桓玄的眼光没问题，手腕也很棒，他做了个笼子几乎将刘裕困了起来。但谁也没有想到，即便他几乎拿走了刘裕的所有，刘裕这只老虎还是有办法！

刘裕不仅等来了桓玄篡位这个起事的借口，还等来了一次神奇的人事安排：桓玄以桓修之弟桓弘为青州刺史，镇广陵；刁逵为豫州刺史，镇历阳。

一个广陵、一个历阳，这两个关键地方都突然间换人了。

京口、广陵、历阳，是建康东西两个方向最关键的三个军镇。（见图1-2）

恰巧在即将镇广陵的桓弘身边，刘裕有两枚关键的棋子！

---

① 《资治通鉴·晋纪三十五》：玄后刘氏，有智鉴，谓玄曰："刘裕龙行虎步，视瞻不凡，恐终不为人下，不如早除之。"玄曰："我方平荡中原，非裕莫可用者；俟关、河平定，然后别议之耳。"

② 《宋书·武帝纪》：玄乃下诏曰："刘裕以寡制众，屡摧妖锋，泛海穷追，十殄其八。诸将力战，多被重创。自元帅以下至于将士，并宜论赏，以叙勋烈。"

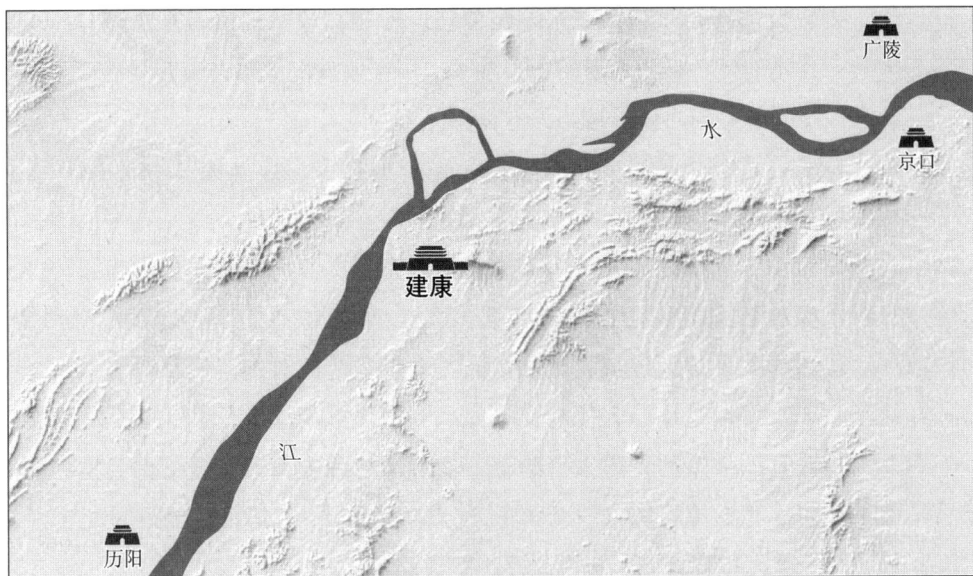

图 1-2　三军镇位置示意图

　　刘裕觉得时机到了，诈伤不能骑马，与何无忌坐船率先回了京口，启动了造反计划，找来了他的"复仇者联盟"，来看看史料原文，有一堆重要名字："至是桓修还京，高祖托以金创疾动，不堪步从，乃与无忌同船共还，建兴复之计。于是与弟道规、沛郡刘毅、平昌孟昶、任城魏咏之、高平檀凭之、琅邪诸葛长民、太原王元德、陇西辛扈兴、东莞童厚之，并同义谋。"

　　来看看上面的这帮人。

　　1.刘道规，是他幼弟，从小就倜傥大气，是辅佐刘裕可以排第三的助手，此时为桓弘的中兵参军，和桓弘去广陵上任。[①]

　　2.刘毅，彭城沛人，重要的实力派。

<hr />

　　① 《宋书·武帝纪》：时桓修弟弘为征虏将军、青州刺史，镇广陵。道规为弘中兵参军。

刘毅目前居于京口，曾祖刘距曾任广陵相，叔父刘镇官至左光禄大夫，其兄刘迈，是殷仲堪的中兵参军，当年殷仲堪被桓玄骑着马端着枪来回吓唬羞辱的时候，敢当面怼桓玄的人。[①]

桓玄打进建康后，刘迈又上门去跪舔桓玄了，甚得桓玄的欢心，成为桓玄的刑狱参军。

刘毅作为当地豪族，少有大志，不以家人产业为主，入仕时为州从事，后来成了桓弘身边的军事官员。

他和前面说的刘道规，是刘裕的关键棋子，此时这哥俩都要去广陵了。[②]

刘毅是顶级赌徒，跟人打赌动不动就一把牌上百万，名气大到桓玄都听过。桓玄专门评价过京口的这支队伍，说："刘裕足为一世之雄，刘毅家无担石之储，赌博却敢一掷百万。"

刘毅有个好哥们，是十处敲锣九处有他的何无忌。

何无忌曾试探着问过刘毅："桓氏强盛，其可图乎？"

刘毅说："桓家失道，强弱颠倒易如反掌，就是愁没有人带着干啊！"

何无忌道："不见得不是高门大姓就出不来英雄啊！"

刘毅道："我生平所见，只有刘裕能扛这面旗了！"

何无忌笑而不答，得到刘裕同意后，开始将刘毅拉入了起义集团。

3. 何无忌，刘牢之的外甥兼参谋，一直鼓动刘裕造反的核心人物。

4. 魏咏之，家世贫困，早年种地为生，家庭条件不好却好学不倦，时任兖州主簿，早年与刘裕建立友谊，是刘裕的心腹。[③]

---

① 《晋书·刘毅传》：玄曾于仲堪厅事前戏马，以槊拟仲堪。迈时在坐，谓玄曰："马槊有余，精理不足。"

② 《魏书·岛夷刘裕传》：桓修弟思祖镇广陵，道规刘毅先为之佐。

③ 《晋书·刘毅传》：咏之早与刘裕游款，及玄篡位，协赞义谋。

5.檀凭之，高平人，初为司马道子的骠骑行参军，后来转为桓修的长流参军，领东莞（京口东南）太守，加宁远将军，是实权派。与刘裕之前共过事，又数次随刘裕东讨孙恩，情好甚密，属于刘裕集团的骨干人物。

此人和刘毅是一个级别的，虽然才能声望不如刘毅，但官望和震慑力却高于刘毅。在刘裕最核心的谋反班子中，除了弟弟刘道规之外，就是何无忌、魏咏之、檀凭之三人。①

6.诸葛长民，琅邪阳都人，大概率是北府刚成立时的大佬诸葛侃的宗人，有文武才干，但作风不好，曾为桓玄参军平西军事，后因为贪污被免，此时任豫州刺史刁逵左军府参军，恰巧去历阳上任。②

7.孟昶，平昌人，桓弘主簿，家财颇丰，因为在桓玄那里被刘毅的哥哥刘迈说了坏话，觉得自己跟随桓玄不会有前途了，就被刘裕发展成他的心腹了。③

孟昶很有可能是被刘裕设局算计的。

刘毅的哥哥刘迈也是刘裕安排在建康的内应，刘迈前面刚毁完孟昶，刘裕后脚就去找失意的孟昶了。

为什么要找孟昶呢？一是因为孟昶首先是广陵的主簿，是配合刘道规、刘毅弄死桓弘的关键人物。二是因为家里有钱，需要他散家财支

---

①《晋书·刘毅传》：义旗之建，凭之与刘毅俱以私艰，墨绖而赴。虽才望居毅之后，而官次及威声过之，故裕以为建武将军。裕将义举也，尝与何无忌、魏咏之同会凭之所。

②《晋书·诸葛长民传》：诸葛长民，琅邪阳都人也。有文武干用，然不持行检，无乡曲之誉。桓玄引为参军平西军事，寻以贪刻免。及刘裕建义，与之定谋。

③《资治通鉴·晋纪三十五》：平昌孟昶为青州主簿，桓弘使昶至建康，玄见而悦之，谓刘迈曰："素士中得一尚书郎，卿与其州里，宁相识否？"迈与昶不善，对曰："臣在京口，不闻昶有异能，唯闻父子纷纷更相赠诗耳。"玄笑而止。昶闻而恨之。既还京口，裕谓昶曰："草间当有英雄起，卿颇闻乎？"昶曰："今日英雄有谁，正当是卿耳！"

持最初的起义。①

再来看一下孟昶与桓玄翻脸的关键原因：孟昶被刘迈诋毁后，深深叹息自己的前途没了，一句"桓玄雅重昶而刘迈毁之，昶知，深自惋失"，孟昶就拔刀了。

你说桓玄冤不冤，你说人心有多可怕。

8. 太原王元德、陇西辛扈兴、东莞童厚之，这三人都是建康的官员，属于内应。

看完上述关键人物，再来看一下刘裕的安排：

1. 京口方面，刘裕本人坐镇，参谋是刘牢之的外甥何无忌，其内应为长流参军檀凭之、兖州主簿魏咏之。

2. 广陵方面，刘道规为桓弘中兵参军，孟昶是州主簿，刘毅率京口的私兵前去渡江支援。②

3. 历阳方面，是时任豫州刺史刁逵麾下的左军府参军诸葛长民。

4. 建康方面是镇北将军王元德、河内太守辛扈兴、振威将军童厚之，聚众攻桓玄为内应。

看上去是四个方面，主力其实就是京口和广陵，更准确地说，广陵地区的发难其实仅仅是免除后顾之忧，最终的引爆点只有京口。

广陵和京口地区的起义军骨干中，除了刘毅和孟昶外，也都是刘裕的亲戚和发小，几乎都和北府有渊源，级别都在参军或主簿。

刘裕干了一件什么事呢？以北府军中级将校为核心，发动了一场哗变。

———————

① 《晋书·列女传》：孟昶妻周氏，昶弟颛妻又其从妹也。二家并丰财产。初，桓玄雅重昶而刘迈毁之，昶知，深自惋失。及刘裕将建，与昶定谋，昶欲尽散财物以供军粮，其妻非常妇人，可语以大事，乃谓之曰……遂倾资产以给之，而托以他用。

② 《宋书·武帝纪》：时桓修弟弘为征虏将军、青州刺史，镇广陵。道规为弘中兵参军，昶为州主簿。乃令毅潜往就昶，聚徒于江北，谋起兵杀弘。

桓玄在逼宫成功后因为对刘牢之集团的超级能量心有余悸，所以相继对当年淝水之战中势不可当的北府大佬动手，打算除掉这群高级将领，摧毁北府军的建制和凝聚力。刘牢之、何谦、高衡、刘轨、孙无终这帮第一代将领在政治弄潮中已经全部落马，北府兵随后被分配到了桓玄的麾下。

但桓玄算漏了一个人。

貌似北府军高层都被清洗了，貌似兵员都被打散肢解了，但北府军的战斗英雄仍在！这个人一旦扯起大旗，让当年的北府军又看到那毁天灭地的恐怖力量，是否还会受桓玄的控制呢？

更重要的是，桓玄仓促篡位也给了以刘裕为首的北府军中级将领圈层——这个能将北府军再次组织与凝聚起来的群体，在北府军的骄傲和不满被消磨掉之前——抓住了最后的起事时机！

公元404年二月乙卯，刘裕以游猎之名吹响了集结号，骨干者二十七人，跟随的士兵有一百多人，很是惨淡：

> 乙卯，高祖托以游猎，与无忌等收集义徒，凡同谋何无忌、魏咏之、咏之弟欣之、顺之、檀凭之、凭之从子韶、韶弟祗、隆、道济、道济从兄范之、高祖弟道怜、刘毅、毅从弟藩、孟昶、昶族弟怀玉、河内向弥、管义之、陈留周安穆、临淮刘蔚、从弟珪之、东莞臧熹、从弟宝符、从子穆生、童茂宗、陈郡周道民、渔阳田演、谯国范清等二十七人；愿从者百余人。

别笑，继司马师阴养的三千死士之后，一场更传奇的政变即将上演！

注意第一个细节，刘裕是桓修的中兵参军，按理讲是掌握京口城内的军政军务和军府亲兵的。但刘裕大概率是指挥不动的，否则就不用费劲出城去吹集结号了，直接在城内发动政变后把弟兄们喊进来就可以了。

刘裕极大概率被桓修架空或者控制住了，指挥不动京口城内的队伍，从后面的发展来看，桓修的队伍极大概率是荆州兵，反正不可能是北府军。

转过天来的清晨，京口城门刚刚打开，政变就发生了：何无忌穿着传诏官服谎称有旨意冲入了城内，剩下的一百多人跟着冲了进去，闹腾的声音很大，把城里人给弄蒙了，纷纷惊散而走。何无忌率人迅速干掉桓修，并砍头示众。①

刘裕哭得很"伤心"，随后为桓修大办白事。

这个过程再次证明作为中兵参军的刘裕是控制不了桓修亲兵的，他痛哭流涕就是一种表演，为了安抚桓修兵众的人心。

桓修的司马刁弘听到桓修被干掉的消息后，带着队伍前来报仇。

桓修的兵其实主要在刁弘手上，东晋时，诸将军开府，府置司马一人，位次将军，掌本府军事。

这个时候战斗英雄出来吓唬人了。刘裕登城现身道："江州刺史郭昶已经去寻阳接我们的皇帝了，我等奉密诏剪除逆党，桓玄的脑袋都已经搬家了，你们难道不是大晋之臣吗？这是要干什么！凭你们跟我刘裕拼，有这个实力吗？"

刘裕的这段话唬住了刁弘，他只好带兵退下。②

注意，此时桓修的兵主要在刁弘手中，刘裕手上能用的兵就是那一百多人，城里还有大量桓修的亲兵。这其实比诸葛丞相的空城计还

---

① 《宋书·武帝纪》：丙辰，诘旦，城开，无忌服传诏服，称诏居前。义众驰入，齐声大呼，吏士惊散，莫敢动，即斩修以徇。

② 《资治通鉴·晋纪三十五》：裕登城，谓之曰："郭江州已奉乘舆返正于寻阳，我等并被密诏，诛除逆党，今日贼玄之首已当枭于大航矣。诸君非大晋之臣乎，今来欲何为！"弘等信之，收众而退。

悬，只有一百多人啊！

京口告捷的同时，广陵方面也过江会合来了。

乙卯日夜，桓弘的主簿孟昶说明天是个打猎的好日子，劝桓弘次日出猎。次日天还没亮，孟昶就以出猎之名开了城门，随后刘道规、刘毅等五六十人闯入，砍了正在喝粥的桓弘，收众过江。①

注意，广陵方面，核心成员也仅仅是五六十人，在桓弘被杀后，裹挟了广陵能带来的队伍过江了。（其实也没有多少人。）

刘毅等率众过江后，刘裕下令诛杀了桓修的司马刁弘。②

京口城中，北府诸将校共推刘裕为盟主，传檄建康，表明剿灭桓玄集团的态度，以孟昶为长史，总摄后事；檀凭之为司马，随后募集了百姓愿从者千余人开始向建康出发。③

那么，刘裕此次西征去推翻桓玄，手上一共有多少人呢？我们来梳理一下。

公元406年，在取得初步的胜利后，刘裕列出了超级详细的封赏名单，原文如下：

> 昔天祸皇室，巨狡纵篡，臣等义惟旧隶，豫蒙国恩，仰契信顺之符，俯厉人臣之愤，虽社稷之灵，抑亦事由众济。其翼奖忠勤之佐，文武毕力之士，敷执在己之谦，用亏国体之大，辄申摄众军先上，同谋起义，始平京口、广陵二城。臣及抚军将军毅等二百七十二人，并后赴义出都缘道大战，所余一千五百六十六人，又辅国将军长民、故给事中王元德

---

① 《宋书·武帝纪》：孟昶劝弘其日出猎。未明开门，出猎人，昶、道规、毅等率壮士五六十人因开门直入。弘方啖粥，即斩之，因收众济江。

② 《宋书·武帝纪》：毅既至，高祖命诛弘。

③ 《宋书·武帝纪》：以孟昶为长史，总摄后事；檀凭之为司马。百姓愿从者千余人。

等十人，合一千八百四十八人，乞正封赏。

1. 广陵和京口参加起义的元勋，是二百七十二人。

大概率就是京口城的二十七个军官和一百多名士兵，以及广陵城的五六十人。

2. 后来跟着参加西征建康的，是一千五百六十六人。

这里面有几百人是从广陵带过来的所谓"收众而来"，剩下一千多人，就是从京口招募的"百姓愿从者"。

3. 历阳的诸葛长民，以及作为建康内应而死掉的王元德等十人。

总共一千八百四十八人。换句话说，刘裕是拉着不到两千人的队伍去推翻桓玄集团的。

这意味着什么呢？

1. 桓玄对刘裕的防范相当到位，刘裕根本没法从桓修这里"借鸡下蛋"，用桓修的士兵帮他造反。

史书中说得很清楚，这一千八百人中，有千余人是普通百姓。这也就意味着，即便刘裕等人杀了桓修和桓弘，但仍然裹挟不动军府中的士兵或者说根本不敢用。

这只有一种可能，就是京口和广陵的士兵全都是桓家军，而且刘裕跟桓修的这段时间根本培养不出自己的势力。

2. 这是史上最强赌徒天团。

此时京口城中的北府军将们没有一个脑子正常的，如果有一个人正常，也不至于狂成这样，几百个北府将士带着临时凑起来的一伙士兵就去推翻桓玄集团了。

但历史就是这样幽默，这场本该在史书中用"三月，彭城内史刘裕聚党徒千余作乱京口，玄灭之"这句话记载的，因为六朝第一杀神的加持和一场神奇的东风，最终书写了别样的传奇，彻底拉开了南朝的序幕！

三、覆舟山，猛虎啸，东风破

刘裕从京口往西赶的时候，已经猜出来即将面临的极其艰苦的战斗。因为他已经得到了消息，建康方面大概率指望不上了。他不是去偷袭的，而是去与桓玄大军正面交锋的。

像造反这种事，没有狠人坐镇是干不成的，刘裕甚至一度后悔自己把摊子铺得太大了，还不如直接就布局京口、广陵二镇呢。

倒计时，离约定的时间还有几天，刘裕派心腹周安穆去建康告诉刘毅的哥哥刘迈举事的时间。

其实建康城中的人根本不用通知时间，刘裕杀过来后建康城内就会知道，这帮内应再突然袭击，放个火开个城门搞个暗杀什么的效果最好。

但刘裕为什么要单单告诉刘迈呢？因为刘迈此时的官职是刑狱参军，掌管监狱，能把犯人都放出来制造混乱，所以需要提前根据具体时间去布置。

到了真要玩命的时候，刘迈怂了，全身由内到外地打哆嗦，周安穆看到刘迈给吓成这样，估计迟早要走漏风声，因此飞马而归。恰巧这个时候，桓玄任命刘迈为竟陵太守，刘迈不知道如何是好，选择了鸵鸟心态，准备去上任。①

这样做，将来两头都好交代：刘裕造反失败了，自己和他一点关系都没有；刘裕造反成功了，自己是被桓玄临时调整岗位的，要是赖着不走容易被看出异常，从而走漏风声。

就在刘迈要走的当夜，桓玄给刘迈送了封信，问道："北府近来还太平？你最近见刘裕，你们哥俩聊什么了？"②

刘迈以为桓玄知道了造反的事，于是挣扎了一夜，早晨自首去了。

桓玄听到消息后，犹如晴天霹雳一样，心虚了，先是封刘迈为重安侯，不久又琢磨明白了这是刘迈自己供出来的，毕竟刘迈先放走了周安穆，直到自己去信询问之后他才说这事，随后杀了刘迈，清洗了刘裕安排在建康的王元德、辛扈兴、童厚之等人，急召桓谦、卞范之等商量对付刘裕的办法。

桓谦等都说："赶紧派兵镇压。"

桓玄说："刘裕手下都是精锐死士，他干的是谋大逆的活儿，背水一战会跟咱们玩命的。咱们的主力是水军，派过去根本不够他打的，万一输了让他们涨了士气咱们就悬了。还是屯兵覆舟山，等他们走二百里，消耗他们的体力，磨磨他们的锐气，我们按兵不动不与交锋，刘裕等求战不得，自然散走。"③

桓谦等人都不同意桓玄的建议，都觉得桓玄胆小得莫名其妙，刘

---

① 《宋书·武帝纪》：迈外虽酬许，内甚震惧。安穆见其惶骇，虑事必泄，乃驰归。时玄以迈为竟陵太守，迈不知所为，便下船欲之郡。

② 《资治通鉴·晋纪三十五》：是夜，玄与迈书曰："北府人情云何？卿近见刘裕何所道？"

③ 《宋书·武帝纪》：玄曰："不然。彼兵速锐，计出万死。若行遣水军，不足相抗，如有蹉跌，则彼气成而吾事败矣。不如屯大众于覆舟山以待之。彼空行二百里，无所措手，锐气已挫，既至，忽见大军，必惊惧骇愕。我案兵坚阵，勿与交锋，彼求战不得，自然散走。"

裕已经被关进笼子了，还能闹出啥动静！因此没完没了地请战，最终桓玄派手下虎将顿丘太守吴甫之、右卫将军皇甫敷去迎击刘裕。

按理讲，桓玄的思路是没错的，对刘裕的战斗力分析也相当到位：就算刘裕走了两百里，气喘吁吁地来了，我们都不能跟他打，要等着刘裕内部士气低落和粮草出问题。打就得露馅，士气就得崩，说什么也不能打，刘裕的战力太强必须等他自己内部崩溃。

自打知道刘裕造反了，桓玄就开始高度忧虑，所谓"玄自闻军起，忧惧无复为计"。

身边人对桓玄说："一群低级军官，也没多少人，有什么可怕的！"

桓玄道："你们根本不了解那股力量有多么可怕，刘裕是这世上数一数二的雄才；刘毅赌博，是那种可以豁出全部财产的亡命之徒；何无忌是刘牢之的外甥，酷似其舅，这三人造反，怎么能让人不哆嗦！"[1]

刘裕率军出征，狂走一百多里后，于三月戊午日行军至江乘，遇到了前来讨伐的桓玄骁将吴甫之。

吴甫之带的兵算是桓玄手下的特种部队了，不过明显不如对面的刘裕自带狂暴技能来得凶猛。刘裕扛着长刀冲锋，冲垮了楚军，吴甫之被阵斩。

刘裕乘胜进军至罗落桥（今江苏南京石埠桥），皇甫敷率数千人前来逆战，刘裕和檀凭之各带一队迎战，檀凭之那一队兵败众散，本人被杀，压力全部来到了刘裕身上。

刘裕迎来了造反最危急的时刻，史载皇甫敷率军将刘裕团团围住，刘裕倚树死战，皇甫敷要刺刘裕时，刘裕大眼珠子一瞪，骂出了长坂坡前张飞的感觉，皇甫敷被吓退。不久刘裕的后援赶来，皇甫敷中箭跌

---

[1] 《宋书·武帝纪》：玄曰："刘裕足为一世之雄，刘毅家无担石之储，摴蒲一掷百万；何无忌，刘牢之甥，酷似其舅。共举大事，何谓无成。"

倒，刘裕拿刀把皇甫敷砍了。[①]

刘裕这是用的什么战术呢？

总共就一千八百人，他分了三部，"以正合，出奇（读 jī，预备队）胜"。他和檀凭之各带一队顶在了前面，把皇甫敷的几千人全部引过来，后备军做奇兵。

战斗全程和电影《投名状》中的舒城之战一样，这也是刘裕造反历程中最凶险的一战。

皇甫敷带来的这几千人都是桓玄的精锐，上来就把檀凭之砍死了，还差点就把刘裕干掉。但刘裕将敌军全都引出来了。

后备军及时出现，搅动战局，"擒贼先擒王"，射中了皇甫敷。刘裕紧接着跟上收人头，桓军逃散。

战后，刘裕将檀凭之所领之兵分配给其侄檀祗。

此时刘裕距离建康城，仅仅还有八十里。（见图1-3）

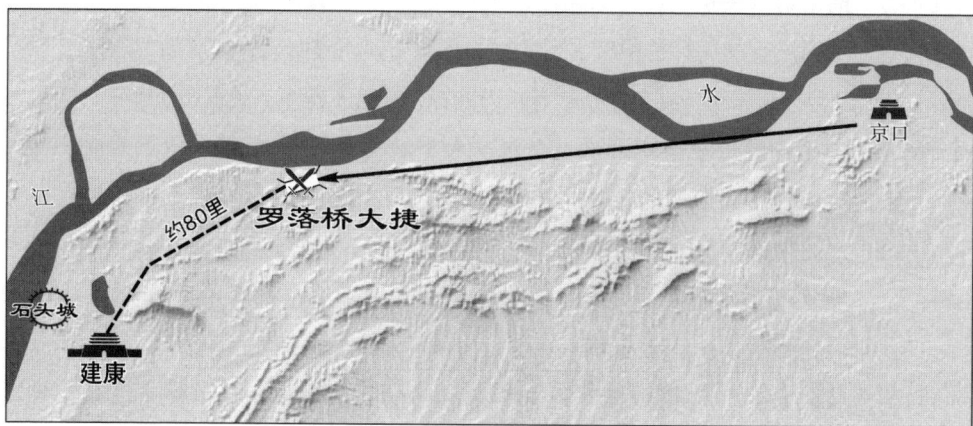

图1-3　罗落桥大捷示意图

---

① 《资治通鉴·晋纪三十五》：裕进战弥厉，敷围之数重，裕倚大树挺战。敷曰："汝欲作何死！"拔戟将刺之，裕瞋目叱之，敷辟易。裕党俄至，射敷中额而踣，裕援刀直进。

刘裕与何无忌等密谋造反之时，曾经有相面的术士给他们这帮人看相，表示大贵之日马上就要到了，只有檀凭之没有此相。

刘裕与何无忌道："咱们风雨同舟，事成皆富贵，老檀不该无此相啊！"

其实相面的术士已经将天机泄露给了檀凭之，说："你这几天有兵灾，一定要躲躲。"但檀凭之为了刘裕，义无反顾地率兵出征。檀凭之战死后，刘裕开始对讨桓成功深信不疑。

阻击军失败后，桓玄派桓谦和游击将军何澹之屯东陵，后将军卜范之屯覆舟山西，众合二万人。

血战罗落桥后的转天，刘裕军食毕，将余粮全部丢弃，破釜沉舟，行军至覆舟山东。

覆舟山，在今天南京九华山公园，因临湖一侧陡峻，如一只翻了的船，古称覆舟山。过了山就是建康城了。

刘裕玩了个计：上回是正奇之变，这次在正奇基础上又玩了把虚虚实实。

他到紫金山后，命羸弱之兵登山，大张旗帜为疑兵，数道并进，旗帜布满山谷。用大量的树木当掩护，再放上旗帜，让建康城的人不知道兵力有多少，既吓唬他们，又起到疑兵作用。

桓军侦察兵回去说道："反贼都在山上大张旗帜，不知有多少人。"

桓玄心里没底，又派遣武卫将军庾赜之率最后的精锐预备队前去援助诸军。

吓唬完人后，刘裕搞了个突然袭击，在桓军以为刘裕在紫金山的时候，刘裕与刘毅等带着所有精锐突然出现，分为数队，猛突桓谦战阵。刘裕身先士卒，将士皆破釜沉舟死战，无不以一当百，呼声震天动地。

桓谦的士卒多是北府兵源，本来就知道刘裕是北府英雄，所以根本没有斗志。①

那一天，风很大，风向东北。

刘裕的士兵在冲锋的时候疯狂投掷火把，风助火势，烟尘冲天，喧声震天，建康城里听得一清二楚，众人大骇，桓谦诸军大溃败。②

桓玄在建康城听到了覆舟山的鼓噪，看到了那冲天的大火，坐着早就在石头城下预备好的快艇，带着子侄、心腹们西归了。

转天，刘裕进入石头城，设立临时办事处，总统百官，把桓温的牌位从太庙中拿出来烧了，把诸晋帝的牌位重新立于太庙。

随着中国史上非常传奇的中层军官发动政变成功，以刘裕为核心的京口一千八百勇士永远载入了史册！

以司徒王谧为首，百官议推刘裕领扬州刺史，此时刚刚翻身的刘裕认为自己名望还不够，于是再三推辞，最终推王谧为录尚书事，领扬州刺史。

王谧之所以被刘裕推为扬州刺史，核心原因也是报答当年的赏识之恩。

当年王谧曾做过一段时间的中军长史，和还没发迹的刘裕有过交集，在那个门阀时代，只有王谧对刘裕很照顾，并对刘裕说："你将来会是一代英雄的。"

刘裕被推举为军事一把手，使持节，都督扬、徐、兖、豫、青、冀、幽、并八州诸军事，领军将军、徐州刺史。刘裕从这一刻开始，就再也没将镇京口的徐州刺史这个职位交给外人。

刘毅为青州刺史，何无忌为琅邪内史，孟昶为丹阳尹，刘道规为义昌太守。

----

① 《资治通鉴·晋纪三十五》：谦等士卒多北府人，素畏伏裕，莫有斗志。

② 《晋书·桓玄传》：于时东北风急，义军放火，烟尘张天，鼓噪之音震骇京邑。刘裕执钺麾而进，谦等诸军一时奔溃。

刘裕东面取得胜利的时候，西面押送诸葛长民的官员正走到了当利县。

诸葛长民在历阳不知什么原因失期未发，消息败露后，刁逵抓到了诸葛长民，用槛车送往建康。

刘裕得胜后，诸葛长民被押送人员放了出来，回攻历阳，刁逵弃城而走，被部下抓住后灭族。

刘裕以魏咏之为豫州刺史，镇历阳，诸葛长民为宣城内史。

扬、豫二州被拿下，造反取得了阶段性的成功，刘裕集团接下来的安排分为两部分：

刘裕本人镇抚建康，几乎所有文书事务的具体性工作，刘裕都托付给了刘穆之。[①]这位刘穆之，是刘裕这辈子最关键的帮手，没有之一！

在京口发动政变成功的当天，刘裕就对何无忌说："现在一击得手，急需一个大总管，谁适合做？"

何无忌推荐了世居京口的刘穆之。当时刘穆之在给建武将军、琅邪内史江敳做主簿。

刘裕说："此人我也识得，带着我的信速去请他。"

刘穆之得信后思索再三，决定跟刘裕蹚造反的浑水。

刘裕道："现在刚刚举起义旗，急需一位后勤总管，你觉得谁合适？"

刘穆之道："你的军府初建，主簿参机要，领府事，马虎不得，仓促间没有比我再合适的了。"

刘裕笑道："你要是愿意，我这事就成了。"刘裕比刘备的命好得多，出道就迎来了自己的"孔明"。

---

① 《资治通鉴·晋纪三十五》：裕始至建康，诸大处分皆委于刘穆之，仓猝立定，无不允惬。裕遂托以腹心，动止咨焉；穆之亦竭节尽诚，无所遗隐。

刘家人创业特别有意思，通常都能顺利找到顶级后勤总管，而且这个大总管没入伙之前，刘家的事业是做不大的！

刘邦是出道第一天老天就给他配齐了沛县最强造反天团，当世最强大的总管就是他身边那个叫萧何的功曹。

刘秀就更别提了，人生的转折点是上谷、渔阳两地的加盟，做主送给他当世最强"坦克军"幽云突骑的叫寇恂，自身就是顶级大总管，所谓"昔高祖保关中，光武据河内，皆深根固本以制天下"，说的就是寇恂在河内的功劳。河内那种各路军阀随便溜达的地方都让寇恂弄成了"奶牛工厂"，整个关东更是哪里出了问题就把寇恂派到哪里，结果"药到病除"。

刘备就惨了点，虽然让曹操撵了一辈子，但最终还是给他配了丞相诸葛亮。丞相缺位，刘备发不了家。

到了刘家第四次创业时，老天又给刘裕配了他的"萧何"——刘穆之，这就是冥冥中要帮他做大做强的节奏。

刘裕最终能走得那么远，有一半的功劳在帮他足兵足食还总理政务的刘穆之身上。

其实能做成一番大事业的人都需要辅助的人，不管你作为领导有多厉害，你能够把场子撑起来，对外有着强大的竞争力，你背后都需要发动机，需要有人能给你拉来钱，捋顺系统，搞明白法务、股权、税收……

这个人到你身边越早，越是主动加入你的团队，通常也就意味着你干的这番事业动静会越大，是那种"时来天地皆同力"的事业。萧何对"老刘"，寇恂对"小刘"，刘穆之对"中刘"，都有这个意思。

诸葛丞相得让刘备玩命去请，还来得那么晚，其实也意味着"惨刘"这辈子很艰辛，拼死拼活，产业也不大。

这个道理贯通古今。

大事业在开篇的时候一定有运气的成分与一系列人才的助力。如果你发现总是遇不到让你眼前一亮的人，这基本上说明三件事：

1. 你还需要修炼，没入"大总管们"的眼。

2. 你所开创的事业的潜力可能不够大，要调整自己的预期。

3. 人呢，有时候不能和命争，曹操是个熊孩子，但他有个能给他擦屁股的爹，然后又得到了大总管荀彧的垂青。有时候别难为自己，人生的剧本多种多样，平安喜乐地过一辈子也挺好。

刘穆之以惊人的才干，对自司马元显时代就已经宽弛不立的朝纲进行了整肃，刘裕又以超高的威信在刘穆之旁边以身作则，为其保驾护航。[①]

内外百官开始被刘裕慑服，短短时间里，朝廷的权威再次被树立了起来，所谓"内外百官皆肃然奉职，不盈旬日，风俗顿改"，刘裕成了总话事人。

瞧见没有，刘穆之从前就是个小郡功曹，上来就能操持宰相的活，还能干到点上；再看刘裕，之前就是个中级军官，现在不怒自威，能让满朝的门阀看到他浑身哆嗦。

不仅是一个人做事业的格局和事业适用于这个道理，还有很多方面，比如三岁看大，七岁看老。

---

① 《资治通鉴·晋纪三十五》：时晋政宽弛，纲纪不立，豪族陵纵，小民穷蹙，重以司马元显政令违舛。桓玄虽欲厘整，而科条繁密，众莫之从。穆之斟酌时宜，随方矫正；裕以身范物，先以威禁。

四、火候不到，众口难调；火候过了，事情就焦

刘裕拿下建康后，过去被桓玄收编的北府军重新回到了刘裕等人的手里，一部分由刘裕率领，镇守建康，还有不到一万人，刘裕安排由刘毅为首，何无忌、刘道规等为辅，率领这些人逆流而上追击桓玄。

没错，不到一万人，有数据支撑，《资治通鉴·晋纪三十五》："毅等兵不满万人，而玄战士数万，众惮之，欲退还寻阳。"

士兵数量比刚造反时的一千八百勇士多太多了，刘裕看着西征的队伍，欣慰地表示：这富裕仗咱还从来没打过。

桓玄已经好几天不吃饭了，很痛苦，到了寻阳后逼着晋安帝继续跟他走，留何澹之、郭铨、郭昶之三将守溢口（今江西九江西古溢水即今龙开河的入江口）。

痛苦了几天后，桓玄开始着手干一件事：写《起居注》。

桓玄在船上开始进行自己的《起居注》的创作，详细地描述了刘裕谋反后，自己是怎么算无遗策，诸将是怎么不听他的话。桓玄光顾着"编小作文"了，根本没工夫跟下属讨论接下来怎么办。《起居注》写完后，桓玄以官方名义发文，向天下宣示自己败得有多么无奈。①

---

① 《资治通鉴·晋纪三十五》：玄于道自作《起居注》，叙讨刘裕事，自谓经略举无遗策，诸军违节度，以致奔败。专覃思著述，不暇与群下议时事。《起居注》既成，宣示远近。

桓玄无非想维护自己的形象，表示自己的决策是无比圣明的，让下属们别担心，他桓玄依旧是算无遗策，刘裕的成功是侥幸的，只要在他的指挥下是不用担心乱贼的。他要保住荆州的军心。

但实际上，桓玄这种刻意的行为会让手下产生一种感觉：你输不起，你不担责。

三月庚寅，桓玄挟安帝到达江陵，开始用严刑峻法整顿队伍，打算重塑威名，但这种立威通常要在大胜之时，大败后往往是抚慰，没打过败仗的桓玄不懂得这个道理，为自家的崩盘又推了一把。

桓玄现在应该干什么呢？把北府军描述成烧杀淫掠的魔鬼呀，说自己被这帮魔鬼陷害了，这帮魔鬼马上就要来抢咱们的荆州了，咱们得团结起来保卫荆州……

把对手妖魔化！大败之后，首先想的不是追责，而是止损。

追责和整顿是认输之后重新做的事，这会让队伍短暂休克的，因为重塑威望、组织关系、正循环文化都需要时间，都有很多具体步骤。如果想迅速翻盘，要调动起来所有剩下的资源，绑着他们和你一块再去冲锋，只能靠强力靠对敌人的妖魔化，再试一次，尝试稳住阵线，给重塑竞争力争取时间。

目前桓玄没有资格进行内部整顿和重新立威，因为他没有潼关、剑阁、阳平关帮他拖住对手，他没有重新启动的时间，还跟北府军共饮一条长江水。

殷仲文多次劝谏，桓玄怒道："就是因为诸将没有出息，天象不给力，所以才迁回祖宗发祥之地！结果现在有一帮无耻之人窃窃私语诽谤朝政，要让他们长长记性，不能给他们脸！"[1]

桓玄安全抵达江陵后，派武卫将军庚稚祖、江夏太守桓道恭率数

① 《资治通鉴·晋纪三十五》：殷仲文谏，玄怒曰："今以诸将失律，天文不利，故还都旧楚；而群小纷纷，妄兴异议，方当纠之以猛，未可施之以宽也。"

千人去帮何澹之等共守溢口。

桓玄增兵的同时，早先逃跑的北府军遗老们开始南归。

当初桓玄翻脸，北府军遗老们投奔了南燕，受到了慕容德的热情欢迎，因为慕容家再起的恩人们来了，当年淝水英雄尚在！刘轨甚至被安排成了司空，相当受宠信。

刘敬宣对天文有研究，看天象发现晋必复兴，有一天又梦见自己吞下了一个大丸子，醒来后无比兴奋，认为"丸"与"桓"声音近同，桓家被他吞了，看来注定他要兴复京口，于是和高雅之结交了青州大姓崔氏、封氏，又勾结了鲜卑豪帅兔遝，打算干掉慕容德后推司马休之为主。[1]

说句实在话，这很不地道。你可以找慕容德借兵去讨伐桓玄，慕容德要是不借，你可以恳请南下到淮泗招兵；或者你老老实实等着江东有变，你再投奔故国。结果你逃命而来，慕容德收留了你，还对你无比信任，你却想算计慕容德，鸠占鹊巢。

高雅之打算邀请刘轨共同谋划，刘敬宣说："刘轨已经老了，干不动了，不能给他说啊！"

刘敬宣在分析形势方面从来都是靠谱的，因为刘轨在刘敬宣他爹刘牢之被杀的时候就已经放弃抵抗了，刀口舔血一辈子了，不想折腾了，这要不是桓玄翻脸，要斩草除根，他是绝对不会再逃出来的。

如今他就剩块"北府英雄"的老牌子了，恰巧慕容德又认这块牌子，就算政变成功，自己能在新朝拿下比"司空"更高的职位吗？

高雅之觉得几十年的战友情比做司空好使得多，但刘轨让他失望了。

还是那句话，别相信感情，要相信人性。归根到底就是利益的捆绑，对老年人你要么给他们推销保健品，要么就给他们讲人之将死要关

---

[1] 《宋书·刘敬宣传》：敬宣素晓天文，知必有兴复晋室者。寻梦丸土服之，既觉，喜曰："丸者桓也。桓既吞矣，吾复本土乎。"乃结青州大姓诸崔、封，并要鲜卑大帅兔遝，谋灭德，推休之为主，克日垂发。

爱自己。让一个老年人拿着退休金去跟你买百分之九十五的概率血本无归的理财产品，怎么可能让老年人心甘情愿地把钱交给你呢！

最终阴谋泄露，刘敬宣和司马休之逃跑成功，刘轨和高雅之被杀。

不地道的刘敬宣逃了，不过上天真的很幽默，虽然南燕此时没逮住这个忘恩负义者，但十一年后老天爷又把他带回来了，然后在南燕的首都广固，刘敬宣被暗杀了。因为刘敬宣又支持杀了此时此刻想推举鸠占鹊巢的司马休之。

风水轮流转，人的立场也永远在变，没有永远的朋友，只有永恒的利益。

刘敬宣与司马休之逃到了淮、泗地区后听说桓玄已败，于是来归附刘裕。刘裕以刘敬宣为晋陵太守，给司马休之开了个空头支票，监荆、益、梁、宁、秦、雍六州诸军事，领荆州刺史。

慕容德听说桓玄被打跑，开始全国点兵打算打过长江，但自己的大运没拼过刘裕的大运。近七十岁的慕容德生病了，燕马下江南永远失去了可能。①

此时关中后秦的压力开始增大，北魏的拓跋珪也在忙着搞汉化，对反对汉化者进行大清洗，刘裕相当幸运，没有北方的军事压力，因此能够专心向西。时来天地皆同力，说的就是这个意思。

纵观刘裕的一生，他堪称整个时代的幸运儿，时代的演化带来了一大堆低垂的果实，被这个龙虎英雄一个个摘了下来。

在北面摘桃的是拓跋珪，《两晋悲歌》中我们详细讲了慕容垂奋斗了一生，他又传心法又传内功，将河北、山西大地端给了拓跋珪。

在南面摘桃的是刘裕，在遍地糜烂的黄河以南，刘裕靠着天生的武勇和北府军的战力，终于拉开了南朝的新篇章。

---

① 《资治通鉴·晋纪三十五》：南燕主备德闻桓玄败，命北地王钟等将兵欲取江南，会备德有疾而止。

四月，何无忌、刘道规军至桑落洲，不久楚军何澹之等引舟师逆战。

两军交战前，何无忌观察何澹之的旗舰上羽仪旗帜甚盛，于是道："此舰肯定不是敌军旗舰，打算诈我们呢，我们赶紧攻击。"

众将道："何澹之不在其中，拿下也没有意义。"

何无忌道："现在对方人多，咱们人少，作战从来都没有全部获胜的道理，必然有舍有得，何澹之既然不在此船，则战士必弱，我以劲兵攻之必然拿下；拿下旗舰则贼兵丧气而我军气盛，破贼必矣！"

刘道规道："说得好，打！"

刘道规说完直接带队冲了出去，拿下了旗舰，并开始嚷嚷"何澹之已被抓"！

何澹之军中惊扰，北府军以为真的抓到了何澹之，随后士气大盛，大破桓军，何无忌等乘胜攻克湓口，进据寻阳。

桓玄到了荆州，就命所有荆州兵向江陵集结，未到一月聚众两万，楼船、器械甚盛。

四月底，桓玄带着祖上的所有筹码急匆匆率诸军挟晋帝东下，亲自去增援江州战场，但很遗憾，何澹之大军已经被击溃，桓玄的大军再次出师未捷，就在士气上挨了一闷棍。

刘毅、何无忌、刘道规、孟怀玉也率众继续西上。五月癸酉，双方相遇峥嵘洲（今湖北武汉新洲双柳）。

西征军人不满万，看到桓玄的阵仗后开始心虚了，打算回寻阳。[①]

这是场信心之战，如果西征军不战而逃，桓玄很有可能就缓过了这口气，局面也很有可能变回桓玄逼宫司马元显之前的样子，双方在上下游对峙，桓家在荆州根基深厚，剿灭桓玄大概率就将变成持久战。

---

① 《资治通鉴·晋纪三十五》：毅等兵不满万人，而玄战士数万，众惮之，欲退还寻阳。

这个时候，刘裕的弟弟刘道规起到了极其关键的作用。

刘道规道："不能退！现在彼众我寡，强弱异势，如果我们畏懦不进，一定会被人家咬住撵着打，就算我们退回了寻阳又怎能守得住，桓玄不是真英雄，他这一路的表现都证明他胆怯着呢！敌军刚刚败逃，军心未稳，我们应当乘胜而战，狭路相逢勇者胜，两阵决战，将雄者克，不在众也！"

刘道规演讲完就点兵杀出去了，刘毅等无奈，也只能跟着冲出去。[1]

本来桓家此战仍然是有巨大优势的，而且打得是看家底的水战，但桓玄上辈子应该是得罪风婆婆了，因为在决战的关键时刻，继覆舟山纵火案后，又刮东风了。

刘毅这帮人又开始顺风放火，人借火势奋勇争先，桓玄军瞬间就崩溃了，桓玄自烧辎重夜遁。[2]这就是气运啊！天要灭桓玄。两场东风，烧没了桓家五十年的家底。

桓玄逃跑后，大将郭铨向刘毅投降，姐夫殷仲文以去别的船收集散卒的名义离开了桓玄，逃回建康，投降了刘裕。

桓玄逃回江陵后手下劝其再战，桓玄知道大势已去，决定奔汉中去投桓希，但此时已经没有人听他的了。

峥嵘洲大败后的第七天夜里，江陵城中大乱，桓玄与亲信百余人乘马出城西而走，刚到城门，他的心腹就按捺不住拿他脑袋换饭票的冲动开始砍他了。

结果暗杀行动一击不中，桓玄的"逃跑小分队"开始互砍，桓玄最终仅仅和卞范之逃到了船上。

桓玄打算投奔汉中，却收到了蜀中的邀请函，益州刺史毛璩诱桓玄入蜀。毛璩的爹是毛虎生，是当年桓温的老部下，桓玄同意了。

---

[1] 《资治通鉴·晋纪三十五》：道规曰："不可……"因麾众先进。毅等从之。

[2] 《资治通鉴·晋纪三十五》：毅等乘风纵火，尽锐争先，玄众大溃，烧辎重夜遁。

毛璩之弟宁州刺史毛璠刚刚过世，毛璩派其兄孙毛祐之与参军费恬率数百人送丧归江陵。

五月壬午，遇桓玄于枚回洲。送丧的毛祐之随后开始了此行真正的任务，打算弄死桓玄。

最后一刻没有离开桓玄的，是他的男宠丁仙期、万盖等，他们以身体做了桓玄最后的盾牌。

益州督护冯迁拔刀站在了桓玄面前，桓玄说出了人生中的最后一句话："汝何人，敢杀天子！"

冯迁道："我杀的是天子之贼！"随后一刀砍了桓玄，并斩桓石康、桓浚、庾赜之，抓了桓玄之子桓昇送到江陵斩于闹市，刘毅等人收到桓玄人头，挂在船头送到了建康。

至此，桓温断根了。

桓温本该有着令人敬仰的身后之名，在成王败寇之后，他却渐渐成为《世说新语》中的调侃对象，成为谢安的可笑陪衬，成为史料中自己埋汰自己的遗臭万年的典型。

人们似乎忘记了在华夏尊严沦丧的时代，有个人曾经打得前秦和前燕都几乎到了崩盘的边缘；有个人曾用半生之力为千里江防灌注了务实精干之气；有个人在人生的最后时刻，面对登峰造极的诱惑，仍然还有克制的能力。

这个人从生到死，都牢牢掌握着自己的人生选择权，然后一辈子没走错一步棋。

在另一个空间，桓温会怎样看待这个从小被称为"灵宝"的幼子呢？

他也许会自责一声道："你投胎太晚了，爸爸没有机会好好带带你，耽误了你的天人之资。"

与此同时，桓温也会埋怨一声道："你觉得爸爸当年是当不了皇帝吗？你知道爸爸临终前为什么要把位置交给你五叔呢？"

江陵城头，远望残阳如血，一个家族的时代，过去了……

五、北府军的基因

江陵崩溃，桓玄伏法后，刘毅等认为大事已定，紧绷的弦就松下来了，再加上风向又由不久前的顺风变成了逆风（唉，桓玄这命啊），所以耽误了行程，桓玄死后十天诸军仍然没能开到江陵。[1]

戍守巴陵的桓玄故将王稚徽派人告诉藏于华容浦的桓振说刘毅军发生内乱，桓家已经反攻成功。

桓振随后以这个名义带着余党二百人袭击江陵，躲在沮中（今湖北南漳县西蛮河流域一带）的桓谦也聚众响应，桓家最后的剩余火种不久将再次攻陷江陵。

桓振入城后骑马直至晋帝行宫，在殿前问桓玄子桓昇所在。听说桓昇死了，桓振怒目向晋安帝道："我桓家哪里对不起你司马家，让你们如此屠灭！"

晋安帝的兄弟琅邪王司马德文赶紧道："别着急别着急，坐坐坐，咱们同是天涯沦落人，这哪里是我们兄弟的意思啊！"

桓振打算杀了晋安帝哥俩，桓谦苦苦劝阻最终保了下来，随后桓

---

[1] 《资治通鉴·晋纪三十五》：毅等既战胜，以为大事已定，不急追蹑，又遇风，船未能进，玄死几一旬，诸军犹未至。

振为桓玄举哀，立丧庭，谥曰武悼皇帝。

转天桓谦等率群臣奉玉玺对安帝道："主上禅让是尧舜之举，现在楚祚不终，百姓之心复归于晋，这天命您赶紧拿回去吧。"

桓振是桓豁之孙，当年桓家第一虎将桓石虔之子。他本来是桓家这个时代最英勇的虎将，但因为年少凶横，当年在给桓玄做江夏相的时候被罢黜了。① 不知是由于脾气太大还是别的什么原因，桓玄篡位后一直没用这孩子。

其实这孩子是桓家唯一自带杀气的将军，后来西征路上的愣头青刘道规听说桓振现身后进行了这样的评价："振勇冠三军，难与争锋。且可息兵养锐，徐以计策縻之，不忧不克。"

桓振自己站在江陵城头也发出了无比悲凉的慨叹："叔叔你当年早不用我才有今日之败，要是你还在，我为先锋，天下咱还能再打回来！现在就我守在此地，哪还能有未来呀！"

这也许就是气运吧。

桓家在江陵死灰复燃后，何无忌、刘道规攻桓谦于马头，攻桓蔚于龙泉，皆破之。何无忌打算乘胜直下江陵，刘道规劝道："桓氏世居西楚，现在又交还了玉玺，桓振勇冠三军，我们还是息兵养锐，徐图良计吧。"

何无忌不从，随后与桓振战于灵溪，西征军迎来了自起义后的第一次败仗，死千余人后退还寻阳。

四川兵本来也想痛打桓家落水狗的，听说北府军居然败了，于是也退回去了。

刘敬宣已被刘裕任命为了江州刺史，在寻阳上任后做好了一系列后勤储备，最终西征军在寻阳站稳了脚跟，士气复振。②

---

① 《晋书·桓彝传桓振附传》：振字道全。少果锐，而无行。玄为荆州，以振为扬武将军、淮南太守。转江夏相，以凶横见黜。

② 《资治通鉴·晋纪三十五》：刘敬宣在寻阳，聚粮缮船，未尝无备，故何无忌等虽败退，赖以复振。

西征军退还后，何无忌与刘毅等上书请罪，刘裕命刘毅节度诸军，免其青州刺史一职。

六月，毛璩遣将攻汉中，斩桓希，毛璩自领了梁州，统一了两川。

十一月，刘毅、何无忌、刘道规再度自寻阳西上征讨桓振。

夏口重镇，桓振遣镇东将军冯该守东岸，扬武将军孟山图据鲁山城，辅国将军桓仙客守偃月垒，众合万人，水陆相援。

刘毅攻鲁山城，刘道规攻偃月垒，何无忌遏中流，打了一上午，二城俱溃，生擒孟山图、桓仙客，冯该逃至石城。

十二月，刘毅等进克巴陵。

405年正月，雍州豪族开始加入反桓队列，东晋南阳太守鲁宗之发兵袭襄阳，桓蔚被赶回江陵。

正月初七，西征诸军至马头，桓振挟晋安帝屯据江津，遣使请求用安帝交换，自己割据江、荆两州。桓振明显高看了晋安帝的价值。

正月初九，鲁宗之率兵南下，打到了离江陵城北不远的纪南城。

桓振留桓谦、冯该守江陵，率军与鲁宗之决战，大破之。

很遗憾，桓家战神只有一个，桓振离开后，刘毅等人在豫章口将冯该击败，桓谦弃城逃跑。

刘毅诸军入江陵后剿灭了卞范之等桓氏余党，桓振回师望见城中火起，知道江陵已陷，随后军队溃散，桓振逃亡山野；桓谦、桓怡、桓蔚、桓谧、何澹之、温楷等最后的桓家人及余党全都逃到了后秦。

正月十六，天下大赦，改年号为"义熙"，独不赦桓氏一族，因桓冲有忠于王室之功，特赦其孙桓胤，任命鲁宗之为雍州刺史，任命毛璩为征西将军及都督益、梁、秦、凉、宁五州诸军事，任命毛璩弟毛瑾为梁、秦二州的刺史，毛瑗为宁州刺史，将西面的地盘划分完毕。

毛家貌似在桓玄被灭后成为二号既得利益者，但实际上他家崩得比桓家还利索。

桓家在荆州扎根了五十年，即便桓玄死后仍然折腾了那么久，毛家几乎是在一丁点的风吹草动下就完成了崩盘。

毛璩听说桓振攻陷了江陵，就率军三万东下准备讨桓；与此同时派其弟西夷校尉毛瑾、蜀郡太守毛瑗从外水出发，参军巴西谯纵、侯晖从涪水出发。

蜀人不想出川远征，涪水那一路的侯晖到了五城水口就与同郡老乡阳昧谋划发动叛乱。

此时的参军谯纵算是巴西郡首望，深得蜀人拥戴，为人谦和谨慎，在侯晖、阳昧的"逼迫"下，谯纵被推为盟主。据说谯纵又是投江又是磕头表示坚决不能干。

侯晖把谯纵绑在车上回军涪城杀了毛瑾，共推谯纵为凉、秦二州刺史。

毛璩率军到达略城后听说军中叛乱飞马赶回成都，遣参军王琼带兵前去讨伐。

结果"表面不想要，身体却很实诚"的谯纵派弟弟谯明子痛击官军，而且几乎是全歼。①

随后谯军反推成都，益州营户李腾开城门迎谯军，毛璩全族被屠灭，谯纵自号成都王，从弟谯洪为益州刺史，命弟谯明子为巴州刺史，驻守东线门户白帝城，蜀中自此大乱。

之前死活不想干，现在又迅速把兄弟们都安排在了关键位置，谯纵明明白白就是打算霸占益州。

一面寻死觅活，一面称成都王。

对了，这位谯纵有位挺有名的族人前辈。当年吃着蜀汉的饭，然后说蜀汉哪里都落后的《仇国论》作者，谯周。

别高兴太早，谯家也蹦跶不了多久，谯家更大的意义，是给京口猛虎刘裕的功劳簿上再添上一笔而已。

---

① 《资治通鉴·晋纪三十六》：遣参军王琼将兵讨之，为纵弟明子所败，死者什八九。

405 年二月，江陵交接给了司马休之，之前刘裕给他空口画过饼；刘毅、刘道规留屯夏口；何无忌奉晋安帝东还。

刘裕之前之所以安排司马休之为荆州刺史，是因为要借着司马家的招牌去光复荆州。现在司马家已经失去了利用价值，让司马休之上任江陵不过就是名正言顺地让他被挤对回来。

三月，四处打游击的桓振再度跳了出来，自郧城袭江陵，刚刚上任的司马休之战败，投奔襄阳，桓振再次自称荆州刺史。

但这次桓振实在是没有力量了，被刘怀肃在沙桥咬住，刘毅也派广武将军唐兴助阵，官军阵斩桓振，江陵彻底被平定。荆州刺史随后被刘裕名正言顺地给了心腹魏咏之。

历经了一年的时间，占据荆襄五十年的桓家势力被彻底拔除了。

自京口至江陵，北府军撬动这个盘子所用的资源有多少呢？

刘裕起义之初，不过一千八百人，哪场仗都是以寡击众。收复建康后，虽然被肢解的北府军被收回，但最终刘毅、刘道规、何无忌等也就带着不到一万人就把桓玄的老窝给端了。

北府军的基因，从出生那一天起就是以寡击众。

当年洛涧战场上，北府军以五千精锐涉水上岸，就冲垮了两万前秦大军。

淝水战场上，面对三十万劲敌，趁着秦军后退，八千北府精锐强渡淝水随后改写了中国的历史走向！

当年为何会出现北府军？北府军为何能够所向披靡无坚不摧？因为这是当年华夏抗虏的种子，是华夏文明面对亡国危机和百年国仇家恨下愤怒的吼声！

这样一支队伍，天生的军魂就是敢于亮剑，以寡击众！从出生那一天起，就有这样的使命！

时光荏苒，岁月穿梭，当北府军沦落到被老将们当筹码一样地押来押去，甚至不惜给人家做小的时候，这支队伍的军魂就被玷污了。生来是斩魔利器，却沦为了抬轿的轿杆。

当京口猛虎刘裕带着这支队伍南下剿灭祸害三吴数十万人的孙恩集团时，北府军的基因又被唤醒了，斩妖剑再度焕发出了被垢尘埋没许久的血影寒光！

英雄顶梁，神兵斩妖，这积弱萎靡的江左，终于有点精气神了。

405年三月十三，在外飘零了一年多的晋安帝抵达建康。仅仅五百天过去，沧海桑田！

三月十九，安帝封赏诸将，刘裕辞让封赏，多次申请归镇京口。在百官上表不能走，安帝亲自去家里恳请后，刘裕的面子摆足，仍然回镇京口了。

四月，刘裕回镇京口，安帝再次请刘裕回来无果，最终任命刘裕都督扬、徐、兖、豫、青、冀、幽、并、江、荆、司、梁、益、宁、雍、凉十六州诸军事；徐、兖二州刺史。[①]

刘裕虽然以退为进，抓来了全部军权，但他为什么要在政变成功后退出建康呢？因为自古可以同患难，不能同享福，此时政变已经成功，建康即将成为风暴眼，有人的地方就分左中右的问题该出现了。

凭什么刘裕现在是旗帜人物？凭什么他总握大权？有的重要股东开始不开心，比如说刘毅。

起义的时候，刘毅是和刘裕麾下二把手檀凭之一个级别的，因为檀凭之官威比较高，所以刘裕安排檀凭之为集团二把手。[②]

檀凭之战死后，刘毅开始成为北府军实质意义上的刘裕之下的第

[①]《宋书·武帝纪》：是月，旋镇丹徒。天子重遣大使敦劝，又不受。乃改授都督荆、司、梁、益、宁、雍、凉七州，并前十六州诸军事，本官如故。于是受命解青州，加领兖州刺史。

[②]《晋书·檀凭之传》：义旗之建，凭之与刘毅俱以私艰，墨绖而赴。虽才望居毅之后，而官次及威声过之，故裕以为建武将军。

二人。

覆舟山纵火案的时候，在史书上，刘裕之后就是刘毅了，后来的西征，刘毅也是名义上的总指挥，所谓"诏大处分悉委冠军将军刘毅"。

刘毅认为自己的功劳很大，需要更大的平台，觉得刘裕自从拿下建康后就一直搁那里杵着，什么功劳也没有，就在那指挥我们，凭什么！

一山不容二虎，有的人是注定做不了合作者的。

刘毅在起事之前曾经为刘敬宣的宁朔参军，当时就传出了雄杰之名。

刘敬宣对刘毅的评价是："非常之才，我们肯定会给他安排到合适岗位上的，此人外表宽厚，但心胸狭窄，自视极高不能容人，他日一旦掌权，定会犯上取祸！"① 刘毅自此深恨刘敬宣。

那个年份是公元 398 年，转过年来，刘敬宣就开始刻意结交在和孙恩集团对战中崭露头角的刘裕了。②

刘敬宣的眼光相当棒，无论是当年每次建议他爹做抉择，还是看人的最终结局，都是一眼看到底。

当年就知道刘裕行，刘毅成不了大器，等南下回归后就找准了自己的人生方向——我大哥是刘裕。

刘裕对于刘敬宣的表态很看重，安排这位老上级的公子去做江州刺史，此时刘毅等还在西线拼杀，刘敬宣就对刘裕说："我不能先于刘

---

① 《资治通鉴·晋纪三十六》：敬宣曰："夫非常之才自有调度，岂得便谓此君为人豪邪！此君之性，外宽而内忌，自伐而尚人，若一旦遭遇，亦当以陵上取祸耳。"

② 《宋书·刘敬宣传》：是时四方云扰，朝廷微弱，敬宣每虑艰难未已，高祖既累破妖贼，功名日盛，故敬宣深相凭结，情好甚隆。

毅等得到任命啊！"①

刘裕不同意，让他赶紧上任！你看得出来这小子不是省油的灯，难道我看不出来吗？我得把你顶前头去，看着你俩闹矛盾，我才好从后面见招拆招，控制刘毅这把刀啊！

刘毅后来派人对刘裕说："刘敬宣并未参加京口会议和随后的西征，应该对平乱中的猛将劳臣们论功行赏，这帮看戏的应该搁后面排着，要是您不忘过去的恩情，给他一张饭票就完了，现在您居然把郡守的高官给了他，又安排他去打理江州，这让我们很不理解。"②

刘敬宣听说后赶紧辞职，刘裕又把他安排到了宣城内史的岗位上。

刘裕就是在等刘毅表态，刘敬宣他爹是刘牢之，他本人也是北府军中有着相当深厚的派系土壤的代表，刘裕通过栽培刘敬宣，与不容刘敬宣的刘毅进行博弈，拿下了北府军内部的一票。

405年六月，桓玄的余党桓亮、苻宏等拥众寇乱成了流窜土匪，裹胁百姓，多次为祸地方。刘毅、刘道规、檀祗等分别带兵，在荆、湘、江、豫等州展开了联合剿匪，取得了决定性成功。

此战之后，刘毅学刘裕的以退为进的策略，申请回家守孝，最终带着自己的班子做了豫州刺史镇守历阳，和京口的刘裕分庭抗礼。③

双方随后暗中展开斗法。

北青州刺史刘该叛变，勾结北魏为援，清河、阳平两郡太守孙全拉起队伍响应，北魏豫州刺史索度真、大将斛斯兰南犯徐州，围攻

① 《资治通鉴·晋纪三十六》：及敬宣为江州，辞以无功，不宜授任先于毅等。

② 《资治通鉴·晋纪三十六》：毅使人言于裕曰："刘敬宣不豫建义。猛将劳臣，方须叙报，如敬宣之比，宜令在后。若使君不忘平生，正可为员外常侍耳。闻已授郡，实为过优；寻复为江州，尤用骇惋。"

③ 《晋书·刘毅传》：至是，军役渐宁，上表乞还京口，以终丧礼……不许。诏以毅为都督豫州扬州之淮南历阳庐江安丰堂邑五郡诸军事、豫州刺史，持节、将军、常侍如故，本府文武悉令西属。

彭城。

刘裕派其弟南彭城内史刘道怜、东海太守孟龙符带兵平叛，斩杀了刘该和孙全，北魏败而退走。

七月，刘裕趁着剿灭桓氏、挫败北魏兵峰的时机，遣使节向后秦求和，并要求姚兴归还南乡诸郡。

刘裕让姚兴归还的那些郡县，是姚兴趁桓玄逼宫东晋改朝换代的时候占据的。

此时的后秦已经开始由盛转衰，经历了和北魏几乎丧权辱国式的一场大败，被拓跋珪在河东狂屠一通，所有的"关中群狼"都看出来姚家的虚弱，因此开始伺机而动。

刘裕看准了什么呢？看准了这一年战无不胜的北府军，在危机四伏的姚兴眼里是不能得罪的。刘裕在拿声望去融资，逼着姚兴割肉。

最终姚兴同意了刘裕的要求，割南乡、顺阳、新野、舞阴等十二郡归于晋，理由是刘裕做的是大善事，起于细微却能诛讨桓玄，兴复晋室，对内整顿政务，对外勘定疆土，他怎么能因为舍不得数郡而不成全此天下之大善呢！

讨好之情溢于言表。

虽然还是有洛阳和淮北重镇等关键郡县没有退回来，但姚兴给了刘裕一个台阶下，刘裕也得到了自己想要的东西——声望的继续加成：我一张纸就唬得秦主退了十二郡的土地，你们都给我老实点！

但从这里也能看出刘裕的赌徒性格，他一个刚刚上位一年多的军官型领导，第一次外交事件就是逼敌国皇帝退地，姚兴万一不理他呢？万一姚兴把在拓跋珪那里受到的屈辱报复到刘裕这里呢？

拓跋珪的强力，姚兴反抗不了，但刘裕这个小军官也敢跟姚兴吆五喝六！

姚兴要是不退给刘裕地呢？恐怕刘裕就得带队杀出去，逼迫姚兴退地了，否则他面子上过不去，刘毅这帮人也会起哄，但此时刘裕真的做好准备了吗？

是人口减半的三吴能支撑刘裕的北伐呢？还是刚刚被反复推平的荆州能撑起刘裕的雄心呢？

即便把握很大，但在己方做出相应准备和预案前，这种收益极高但下限极低的政治操作都是不能用的，我们不能因为刘裕赌了一辈子一直在赢就说这是值得学习的。

魏咏之上任荆州不久就过世了，江陵令罗阴发动兵变袭击了江陵，拥奉太原王氏的王慧龙为盟主。

刘裕乘刚刚逼姚兴退地之威绕开了刘毅，直接命弟弟刘道规为荆州刺史，都督荆、宁等六州诸军事去平叛，将荆州继续控制在自己的手里。

刘裕镇守京口大本营，还牢牢控制住了军权；刘毅则大打名士牌，之前的门阀系统中的士人开始大量投奔刘毅，唯独扬州主簿、吴郡大族的张邵代表家族表态不去。

"毅爱才好士，当世名流莫不辐凑，独扬州主簿吴郡张邵不往"，其实已经相当说明刘毅势力增长之快了。

刘裕在政变成功后根本就没打算走门阀的关系，殷仲文背叛桓玄后打算靠着原来吹拉弹唱的高士技能再度发挥用武之地，对刘裕说："现在朝廷没有音乐团，咱们得重新抓起来啊。"

刘裕说："现在没工夫弄那玩意，而且我也不懂音律。"

殷仲文说："这没事啊，好听着呢，您听了就喜欢了，喜欢了就了解了。"

刘裕道："就因为了解了会沉迷，所以我才不听那玩意！"刘裕算是对这帮门阀了解得通通透透。

艺术这东西，真的不适合大人物。

1. 首先它是没有明确规则的，时间长了就容易飘在天上异想天开，没法落地。

2.上行下效，艺术这东西容易巧立名目，上面开个小口子，底下就会开个大口子。

艺术就是艺术，政治就是政治，政治家不能被艺术腐蚀掉应该具备的政治韬略。

刘裕用清醒的态度守住了自己的底线，自然而然，门阀士族们随之倒向了张开怀抱欢迎他们的同是北府大佬的二号人物刘毅。

407年春，主打军功牌的刘裕上疏荐襄城太守刘敬宣率领五千士兵讨伐蜀地，命刘道规为征蜀都督。刘裕希望通过自己的派系成功西征为自己加码。

半年多后，十二月底，扬州刺史王谧去世了。

针对扬州刺史的职位，刘毅开始和刘裕进行正面交锋。刘毅不希望刘裕入朝辅政，打算运作中领军谢混为扬州刺史。[1]不用说，谢混是刘毅的人。

还有一种折中方案，就是刘毅希望刘裕在京口兼管扬州，把朝中的政务交给孟昶。[2]孟昶是起义元老，当年的青州主簿，跟刘毅都是最早跟桓弘的。

总之，刘毅方面明确表态，不希望刘裕入朝。

408年正月，晋帝特派尚书右丞皮沈带着这两个方案去京口征求刘裕的意见。

刘裕的主簿刘穆之针对此事，和刘裕开了个小会，说道："朝廷对国家朝政失去控制已久，天命其实早已转移，现在朝廷仰仗您兴复了国祚，您勋高位重，但看今日的形势，您绝不能再去谦让，去做个守藩之将！

"刘毅、孟昶诸公，都是和您一同起于布衣，当年都是共立大义搏

---

① 《资治通鉴·晋纪三十六》：刘毅等不欲刘裕入辅政，议以中领军谢混为扬州刺史。
② 《资治通鉴·晋纪三十六》：或欲令裕于丹徒领扬州，以内事付孟昶。

富贵的，但举事之时都有自己的算计，因为您的威望才推举您做盟主，却并非他们真的心服口服和您定了君臣名分，等到了力量相当之时，一定会和您动刀的！

"扬州是根本所在，绝不能把它拱手与人，上一次交给王谧不过是刚入朝时的权宜之计，这次再给别人恐怕就将受制于人了。扬州权柄一旦失去，再想得到就没有理由和机会了，将来之危，不可想象。

"如今朝议如此，您自己直接选自己也不合适，因为扬州地区干系重大为国之根本，宰辅之位关系重大，不能这么不庄重，等我尽快亲自入京与大家交换意见。等您到了建康，就没人敢提议这个职位让给别人了。"

刘穆之说这么多就提醒刘裕一件事：经过两年多的演化，现在斗争已经趋于激烈，局势已经明朗，刘裕手握军权是一派，门阀和刘毅结成了一派，水底下的鱼都浮出来了，现在我们要抢占先机控制中枢了！

不久朝廷征刘裕为侍中、车骑将军、开府仪同三司、扬州刺史、录尚书事，徐、兖二州刺史如故。

刘裕牢牢地抓住了江左的所有关键权力，但有个坏消息传来：刘敬宣的伐蜀进展不利，军中瘟疫流行，战损比超过了一半，最终只能带兵退回。刘敬宣被免官，削去三分之一封地，荆州刺史刘道规也从督统贬降为建威将军。

九月，作为推荐人的刘裕因为刘敬宣的西征战败而请求辞职，诏降为中军将军，开府如故。

刘毅打算用重刑惩处刘敬宣，被刘裕护住。[①]

挤对死了刘敬宣，今后谁还敢给刘裕卖命，因此刘裕暗示好兄弟何无忌为自己解围。何无忌对刘毅开炮道："你怎么能因私怨而撼伤天下公义！"这句话把刘毅给噎住了。

---

① 《资治通鉴·晋纪三十六》：刘毅欲以重法绳敬宣，裕保护之。

409 年正月二十一，为了安抚刘毅，朝廷提拔刘毅为卫将军、开府仪同三司。

此时此刻，虽然刘裕录尚书事兼扬州刺史还掌控着全局，但刘毅"卫将军"的官阶已经高于刘裕的"中军将军"了。再加上门阀集团又都倒向了刘毅，局面对刘裕很不利。

恰巧这个时候，有个不长眼的人给了刘裕一个爆发的理由。

409 年正月初一，在山东的南燕朝堂上，南燕国主慕容超大会群臣，以"皇家歌舞团"的人数不够为由打算去抓些晋人补充进来。①

南面的大老虎刘裕面临政治僵局，正需要灭个国立立威呢！

年仅二十五岁的慕容超以为不气盛不是年轻人，但很遗憾，这是他过的最后一个好年了。

------

① 《资治通鉴·晋纪三十七》：春，正月，庚寅朔，南燕主超朝会群臣，叹太乐不备，议掠晋人以补伎。

六、"却月阵"前身闪耀山东战场

南燕政权传到了第二代慕容超手里，要到头了。

慕容超是慕容暐十三子北海王慕容纳之子，慕容纳在当年国破后跟着宗族到了长安，被苻坚任命为广武太守，几年以后，慕容纳辞官定居张掖，和幼弟慕容德关系极好。

383年，淝水之战打响前夕，慕容德留下金刀，将家人托付给了慕容纳，随慕容垂南征。

金刀对于慕容家来讲，有着极高的政治信用，也伏脉千里地预言了两次慕容氏短暂复国后面临人才凋零的无奈。

慕容垂在山东闹起来后，关中也打响了鲜卑复仇战，前秦张掖太守苻昌把慕容纳和慕容德诸子全部诛杀。

慕容纳之母公孙氏因老免去一死，慕容纳之妻段氏有孕没有被处决，被曾经慕容德施恩的狱吏偷偷放走，生下了遗腹子慕容超。

慕容超十岁时，奶奶公孙氏去世，临终前把金刀传给慕容超道："如果将来有机会你能回到东土，把这把刀还给你叔叔慕容德。"

后来慕容超长大，一路装疯卖傻，艰难到达广固，见到了慕容德，出示了金刀信物。

金刀是慕容氏最不祥的东西。

两把金刀，分别让后燕失去了一个能解开所有困扰难题的接班人，又使南燕亡国的不自量力之人坐稳了位子。

慕容德老而无子，最终确定慕容超为太子。405年慕容超继位后，他的一系列表现就不细说了，总之表现得很不怎么样，而且在做了四年皇帝后率军南下，惹了大老虎刘裕。

刘裕正面临刘敬宣西征不给力以及刘毅招揽门阀系统立山头的政治夹击，慕容超居然给他送出兵理由。

409年二月，慕容兴宗、斛谷提、公孙归等将率骑兵在淮河沿岸大肆抢掠，掠男女两千五百人而去。

三月，刘裕上表伐燕，朝臣都觉得不可轻动，只有左仆射孟昶、车骑司马谢裕、参军臧熹认为伐燕必克，劝刘裕出征。

刘裕此次北伐，赌上了自己的前途。他刚刚被降了军号，如果自己出师再不利，刘毅势力的舆论攻击会铺天盖地，届时北府军的首领可能就要换人了。

刘裕留孟昶监中军留府事后，四月己巳，水军自建康出发，自广陵溯淮水。

五月，军至下邳。

此时此刻，南燕政权还不知道刘裕灭燕的决心，最初的预判就是对方老大带兵来找回场子。直到看到刘裕在下邳的军事行动，南燕才开始感觉到一丝不祥。

刘裕自下邳后没再走水路，而是上岸留下辎重步行至琅邪，所过地方全部筑起工事，留兵戍守，建立后勤通道。①

入齐有三条路。

一条自下邳北上，走沂水进入山东。（见图1-4最右黑线）

① 《资治通鉴·晋纪三十七》：五月，至下邳，留船舰、辎重，步进至琅邪，所过皆筑城，留兵守之。

一条自泗水走汶水随后插入鲁郡走泰山路线插入山东。(见图1-4中间黑线)

一条自泗水走桓公渎然后进入济水随后从北面插进山东。(见图1-4最左黑线)

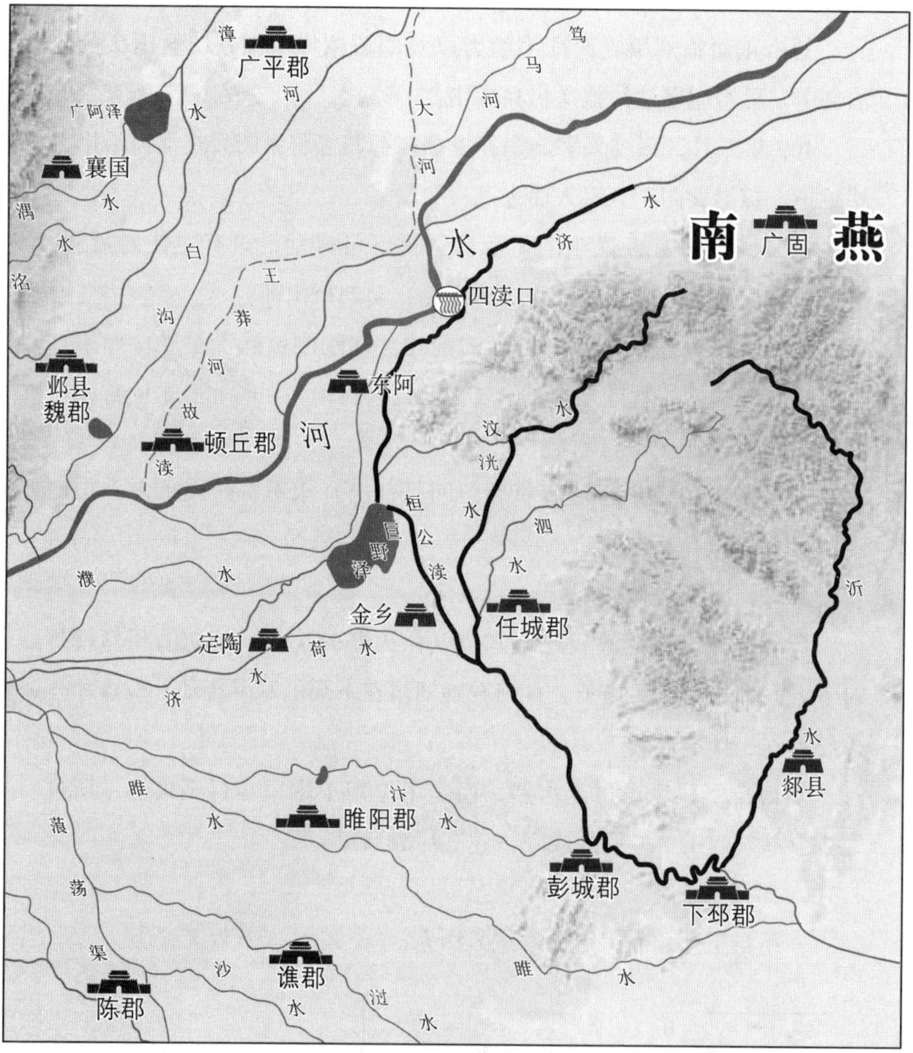

图1-4 进攻南燕路线图

晋军舰队到达下邳后，按照以往桓温北伐的经验，应继续驶往彭城，溯泗水北上，此时已经是五月，即将进入雨季，晋水军应该一路走泗水、汶水，收复鲁中地区，然后再逐步往燕都广固（今山东青州）打；或者由泗水入济水，绕道山东北部往南打。

总之，船在手，辎重给养随身带，随便穿插着打，怎么样都可以随心搭配资源，自泗水北上也是自桓温时代就已经成为晋军北伐的惯例套路。

虽然下邳以北还有沂水航道，但百年以来都没有大规模的航运，河道淤塞，无法承担军队兵源与给养的运输，想走这条水路是需要大规模修整航道的。由刘裕在下邳上岸也可以看出来，当时沂水河道是淤塞的。

而且齐南还有山脉的天险，又有自战国时代就修建的齐国长城，所以燕军最不担心的就是晋军从南面过来。（见图1-5）

直到此时，燕军对晋军的判断极大概率还是上面的那个思路，不认为晋军会走步道。

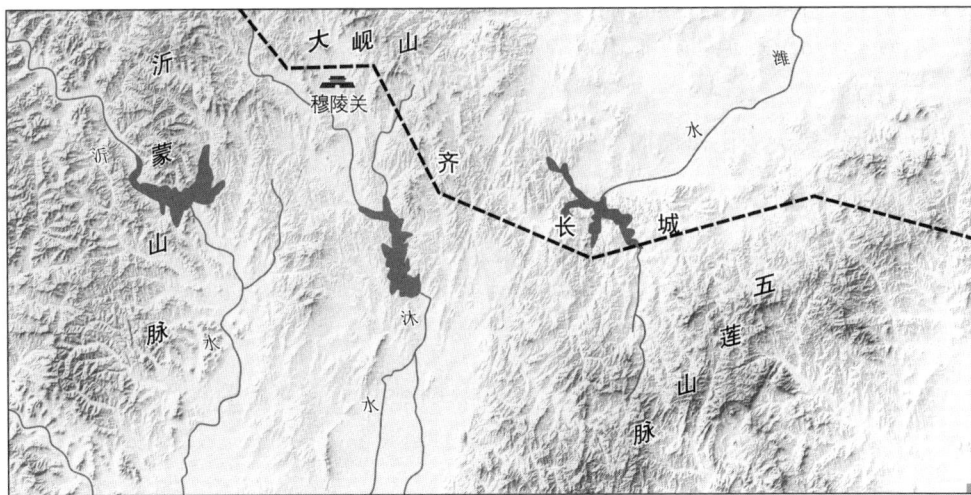

图1-5　齐南地形图

早在出征之前，就有谋士对刘裕说："燕人必不敢和我大军接战，如果燕人堵住了大岘山天险，咱们根本过不去，就算燕贼不以山险阻拦，仅仅坚壁清野，我们的大军深入燕地后，都会因为给养困难，连退军都成问题。"

刘裕说："这个我已经仔细考虑过了，鲜卑人生性贪婪，从不做长远打算，出来抢的时候贪得无厌，轮到自己割肉的时候是下不了狠心坚壁清野的。燕贼只会认为我们孤军深入不能持久，大概率守临朐，或者退守广固，绝不会据险要封大岘，我们只要进入大岘山，则全军破釜沉舟人无退心必然死战，敌军绝不会坚壁清野防备我们，我向你们保证。"[1]

刘裕此次北伐的思路是什么呢？

如果通沂水河道，就会给燕军留下足够长的应对时间，很可能被燕军封住大岘山拖成持久战，所以自下邳迅速下船，全军步行挺进山东是首选。

一路扎进大岘山就是看准了山地陡峭、林木茂密，不适合燕军的骑兵冲击，燕军如果想发挥用武之地，只能在过了大岘山后的平原地带等待晋军。

走过大岘山离广固就很近了，只要一战得胜就能对燕军形成巨大的威慑。

就算退一步，晋军战败，在大岘山区退军也是步兵的优势，而且刘裕出军的时机也计算得恰到好处，四月出军，五月到琅邪，六月进齐地，正是当地麦熟之时。

刘裕就是在赌南燕的小家子气，如果燕人并没有坚壁清野，只要

---

[1]《宋书·武帝纪》：刘裕曰："我揣之熟矣。鲜卑贪，不及远计，进利克获，退惜粟苗。谓我孤军远入，不能持久，不过据险临朐，退守广固。我一得入岘，则人无退心，驱必死之众，向怀贰之虏，何忧不克。彼不能清野固守，为诸君保之。"

出了大岘山击败燕军后就能就地征粮。

前面说的这些都是最理想的利好状态，实事求是地说，这对刘裕来讲其实是极大的考验。往好了说这是兵贵神速，从南燕角度讲，这也是以逸待劳。

北府军要步行五百里求战，而且时间上根本不充裕，这两条对主将调动军队的士气与战斗力、保持大军后勤物资的畅通运输都是严峻的挑战。

而且这一切都是建立在刘裕设想的基础上，其实选择权真的不在刘裕手上。最核心的一点，南燕军如果真的封锁大岘山，不想和刘裕打，刘裕根本就进不来；就算南燕军放刘裕进来了，刘裕千里行军，没有水路配合，给养相当成问题，如果南燕军坚壁清野等刘裕粮尽，那么刘裕有可能让对方把他憋死在山东半岛。

刘裕又在赌。但刘裕真的命好，他就是能赌赢，总有一群愚蠢之人跟刘裕上桌玩牌。

听说刘裕步军疾行，奔着大岘山而来，燕国朝堂展开辩论，征虏将军公孙五楼给了三个建议：

1.晋军轻锐果敢，利在速战，不可争锋，我们最好堵住大岘山，不让他们进入，旷日延时，沮其锐气，然后咱们选精骑两千，沿海道向南绕过山区绝其粮道，再命段晖率兖州之众沿山东麓而下从腹背击之，此为上策。

2.命各地长官依险自守，除了能够有效控制的资源外全部烧毁，坚壁清野，饿死他们，这样用十天半月的时间咱们就能展开战略反扑，此为中策。这个中策其实就是当年前秦对付桓温的策略。

3.纵贼入大岘山后出城逆战，此为下策。

慕容超对公孙五楼提出的三个建议道：

1.今年天象吉利，咱们齐地能不战自胜。

2.咱们青州殷实，人口众多，现在紧急收割粮食已经来不及了，我们据五州之地，齐鲁之固，有战车万乘、铁马上万，我作为一国之君，手里握着这么有实力的底牌，贼人千里远来，咱们却坚壁清野示弱，实在是太没面子了。

3. 把他们放进来，来的不过是南人步兵，我们用铁骑干掉他们！

总之，完全就是一副"不气盛不是年轻人"的态度。

辅国将军广宁王贺赖卢苦谏，慕容超不从，太尉桂林王慕容镇道："您要是觉得咱们的骑兵干掉刘裕的步兵就像玩一样，那么咱们应该出大岘山，在南部平原跟他打，就算赢不了他，咱们还能封山自守，不能把敌军放进来，自弃天险啊！"

慕容超不听，以逸待劳全歼刘裕之急迫心情已经溢于言表。

慕容镇出了朝堂，说道："慕容超既不能逆战驱敌于国境之外，又小家子气不肯徙民清野，坐视敌军直插我们的心腹，跟刘璋一样，今年国家必灭，我死定了。"

慕容超听到后大怒，抓了慕容镇，随后开始征调莒城和梁父二地兵力回广固备战，修城防，征调兵马，等着刘裕上门。

一边赌对方只要给一个出战的机会，他就能一拳打倒慕容超！一边则希望对方赶紧来，他兵马强壮好好招待招待刘裕！

两个超自信的男人即将相遇。

六月十二，刘裕军至东莞（今山东沂水县），此时慕容超刚刚派麾下六将率步骑五万进入临朐城。[1]（见图1-6）

多么懈怠的应敌策略！此时刘裕已经走了接近四百里，距离大岘山出口仅仅还剩一百里。

晋军过了大岘山，发现燕兵没来添乱，刘裕举手指天道："大事成了！"

---

[1] 《晋书·慕容超载记》：其夏，王师次东莞，超遣其左军段晖、辅国贺赖卢等将步骑五万，进据临朐。

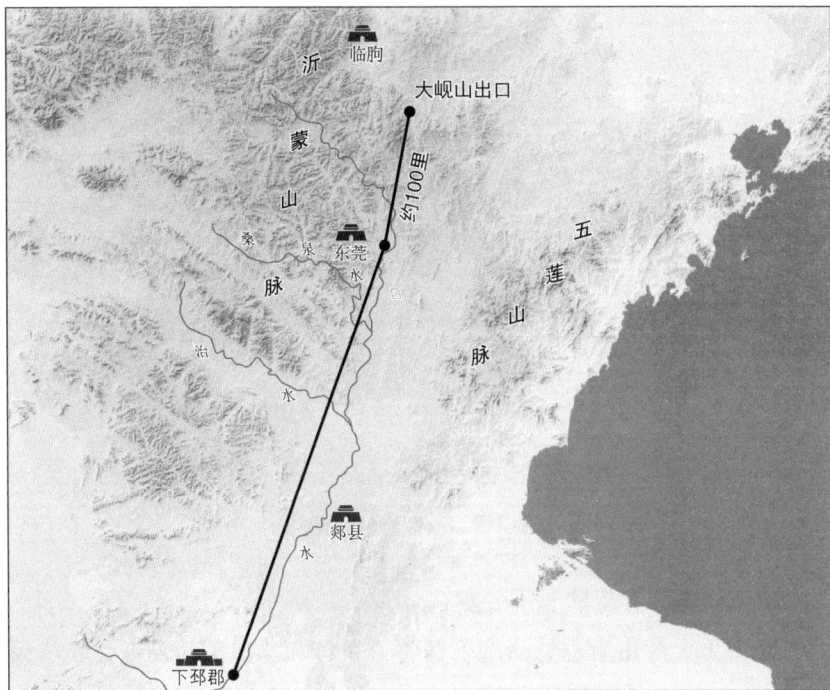

图 1-6　刘裕灭燕之战前锋位置对比图

左右问刘裕："还没见着敌军，您怎么就这么有信心？"

刘裕道："兵已过险，士有必死之志；敌未坚壁清野，咱们未来给养就有着落，现在局面已经在咱们手中控制着了！"

还没开打，刘裕已经单方面感谢慕容超的战备了。

慕容超听说晋兵已经进入大岘山，突然犯嘀咕了，留老弱守广固，带着最后的步骑四万精锐亲自前来支援。一边跑步前进一边给前线的公孙五楼传达最高指示："赶紧占住城外四十里的巨蔑水（弥河，见图1-7），断了晋军的水源。"[①]

---

① 《宋书·武帝纪》：临朐有巨蔑水，去城四十里。超告五楼曰："急往据之，晋军得水，则难击也。"

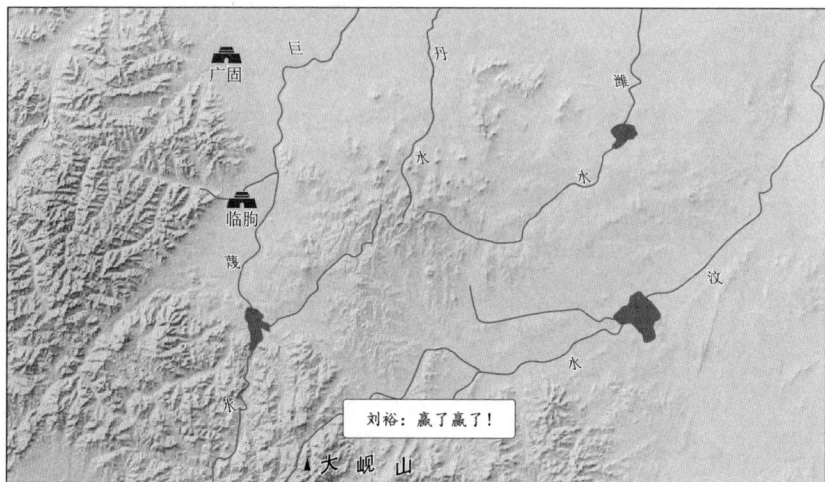

图 1-7　巨蔑水位置图

也不知道慕容超早干什么去了。

刘裕出大岘山后也急命麾下猛将孟龙符和沈田子为先锋，率骑兵前往争夺水源，就这样，两支鸡飞狗跳的队伍相遇了。

晋军孟龙符领骑兵居前，奔往争之，初战高捷，击退了燕将公孙五楼。

场面比较惊悚，孟龙符如刘裕附体般，一个人冲散了燕军的先锋队，史料记载如下："军达临朐，与贼争水，龙符单骑冲突，应手破散，即据水源，贼遂退走。"

孟龙符冲得比较猛，后面的将士们没有他的马跑得快，燕军很快发现对方就一个人扎进来了，随后调数千骑兵围殴孟龙符。孟龙符力战身亡。

孟龙符虽然战死，但他极具震撼的亮剑精神极大地鼓舞了北府军，最终沈田子率领士兵击破公孙五楼，成功夺下巨蔑水的控制权。[①]

---

①　《宋书·沈田子传》：义熙五年，高祖北伐鲜卑。田子领偏师，与龙骧将军孟龙符为前锋。慕容超屯临朐以距大军，龙符战没，田子力战破之。

渡过了巨蒾水后，刘裕开始展示自己敢来打擂台的核心技术。

刘裕将四千辆战车分为两翼并列成排前行，战车全部批着防护弓箭的布幔，驾车者是执槊的步兵，步兵和弓兵在车阵的保护下前行，又有轻骑兵为游军随时补位，军令严肃，军阵齐整。[①]（见图1-8）

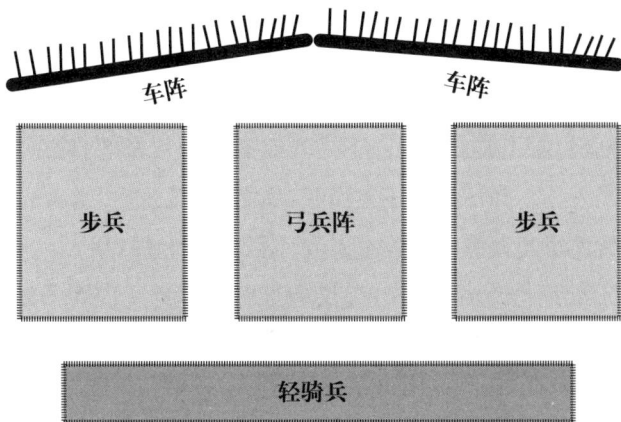

车阵　车阵

| 步兵 | 弓兵阵 | 步兵 |

轻骑兵

图 1-8　刘裕灭燕会战布阵图

这个车阵就是类似于一个移动的加强盾牌方阵，车的吨位大，能够阻止骑兵冲击，然后步兵在车后面拿长枪扎人，弓兵在车阵后面放箭。

八年后，这个军阵被刘裕衍生出了变种，在中国战争史上留下了浓墨重彩的一笔。

刘裕率军行至离临朐城南数里时，南燕的万余铁骑冲击而来。

刘裕命兖州刺史刘藩，并州刺史刘道怜，谘议参军刘敬宣、陶延寿，参军刘怀玉、慎仲道、索邈等北府诸将全部上阵，全力击敌。

也不怪慕容超有跟刘裕打擂的自信，大战打了一天，双方仍然未

①《宋书·武帝纪》：众军步进，有车四千两，分车为两翼，方轨徐行，车悉张幔，御者执槊，又以轻骑为游军。军令严肃，行伍齐整。

分胜负，这时刘裕的参军胡藩建言："南燕此时已经倾巢出动，他们分不出兵了，临朐城中的守军一定很少，我愿领一支奇兵走小路去夺临朐城，这是当年韩信背水一战的杀招！"[1]

刘裕于是派遣胡藩及谘议参军檀韶、建威将军向弥带着最后一支预备队绕到燕军后面进攻临朐，号称是自海道增援的晋军。

向弥作为大将卷甲先登，奇兵顺利攻克临朐城，斩其牙旗，全部接收了慕容超的辎重。[2]

慕容超听说后方被偷袭，于是开始撤军，刘裕亲自播鼓助阵下令总攻，燕军大败，慕容超奔还广固。晋军缴获其玉玺、车辇、豹尾等一系列御用品，斩其大将段晖等十多人，燕军被彻底打崩。

刘裕乘胜追击直到广固，仅仅一日后又攻克了广固的外城，慕容超裹挟了外城居民退保小城，刘裕于是筑三丈高的长围、挖三道地沟围困慕容超。

等确保慕容超跑不出来后，刘裕开始消停下来，下令停止南方本土的运粮安排，吃着慕容超的粮食招降纳叛，安排投诚者的入职工作。[3]

城里的慕容超派韩范和张纲向后秦请求救兵，又赦免了战前被抓起来的慕容镇，任命他为都督中外诸军事，把他请来相见后谢罪求良策。

慕容镇说："您自己御驾亲征让人家打崩了，上下离心，百姓丧胆，我听说秦国现在也是内忧外患，他们是不会来救咱们的，现在逃回来的将士还有几万，不如散尽国库里的金银激励大家去决一死战，如果天命还眷顾我们，一定能破敌；如果天命不在，我们这样战死也是美名

---

① 《资治通鉴·晋纪三十七》：日向昃，胜负犹未决。参军胡藩言于裕曰："燕悉兵出战，临朐城中留守必寡，愿以奇兵从间道取城，此韩信所以破赵也。"

② 《资治通鉴·晋纪三十七》：向弥擐甲先登，遂克之。《宋书·武帝纪》：韶率建威将军向弥、参军胡藩驰往，既日陷城，斩其牙旗，悉虏超辎重。

③ 《宋书·武帝纪》：停江、淮转输，馆谷于齐土。抚纳降附，华戎欢悦，援才授爵，因而任之。

流传，总比关起门来等死要强啊！"

司徒慕容惠说："不对，晋军此时大胜，气势超原来百倍，我们用惨败之卒根本打不过他们，秦国虽然与赫连勃勃互相僵持不休，但不至于连救我们的兵都抽不出来，等等后秦的救兵吧。"

其实无论是死马当活马医，还是等待救兵消磨晋军士气，都算有道理的，因为局面已经这样了，谈不上有更好的选择了。

赌徒慕容超在见识与亲历北府军的战斗力后，决定等后秦的援军，说什么也不出来了。

慕容超在一年多以前，为了把自己的母亲迎回来，称藩后秦，作为大哥的姚兴也不是没使劲，派使者威胁刘裕道："慕容氏是我的好邻居，我现在洛阳屯兵十万，你要是不撤，我就发兵了。"

刘裕把后秦的使节叫到面前说道："你回去告诉姚兴，我灭燕后会休兵三年，然后就挥师北上夺取洛阳关中！他要是想今天就送命，赶紧让他来。"

刘穆之听说后秦的使者来了，赶紧飞马前来，但晚了一步，使者被刘裕吓唬走了。刘裕把与后秦使者说的话跟刘穆之说了，刘穆之道："您平时事情无论大小都和我商量，这事关系重大，咱们得研究下再回复，您怎么就这么贸然回答了呀！您不仅吓唬不住他，还会激怒他，万一广固还没攻下，羌人又过来添乱，咱们怎么对付啊？"

刘裕笑道："这是用兵之道，不是你能明白的，所以才不告诉你。兵贵神速，他要是真想救燕，一定是害怕我们知道，怎么可能事先通知我们，咬人的狗都不叫，姚兴在说大话，晋兵已经二十年没有北伐了，现在出兵就平了齐地，他吓都吓死了，怎么可能敢出来惹我们。"

其实刘裕赌错了。

姚兴这人最要面子，还是挤出了一万步骑兵，然后和洛阳军团一块前去救南燕，但就在这个节骨眼上，姚兴被赫连勃勃突袭了，只好派人将这一万兵追了回来去打关中战役了。韩范悲哀叹道："看来是天要灭燕啊！"①

什么叫天运呢？刘裕遇到的这种运气就是。什么叫天选之子呢？刘裕就是。

刘裕这辈子所立的战功的确没话说，但其实他每次军功的背后都有天运的相助与加持。

他对刘穆之说的那些胸有成竹的判断其实是错的，姚兴本来就是要来救南燕的，而且是先礼后兵的套路，才不是刘裕所谓的"咬人的狗不叫"。

如果不是时代的突然变故帮他横拦竖挡，解决了很多对手，他不会每把牌都赌赢的。

诸葛丞相当年在街亭，如果千里驰援的张郃在上陇的路上哪怕拉上一天的肚子，马谡都将被诸葛亮提前在军前正法，最终蜀汉可能扭转乾坤。

因为诸葛亮听说了马谡的布置，就知道坏事了，于是紧赶慢赶地往街亭奔，还剩数里的时候听到了噩耗：马谡已经被张郃打花了！再回顾下史料中那句让人扼腕击节的话："袁子曰：'亮之在街亭也，前军大破，亮屯去数里。'"

就差一步！

我一度对于攀登珠峰那一整套复杂精密的准备工作相当有兴趣，觉得相当震撼的是在登山前，当地的夏尔巴人会祈求山神把山打开，祈求山神让渺小的人类进去能看看。

当你登顶成功，夏尔巴人也会跟你说一句顶级的人生哲理：当你登顶成功，不是你征服了山，而是山脉在等你。

越大的事，越艰难的事，其实都是尽人事后等着上天的裁决。

面对慕容超的死硬，投降刘裕的南燕尚书张俊建言献策道："燕人

---

① 《晋书·慕容超载记》：时姚兴乃遣其将姚强率步骑一万，随范就其将姚绍于洛阳，并兵来援。会赫连勃勃大破秦军，兴追强还长安。范叹曰："天其灭燕乎！"

把希望寄托在去后秦求救的韩范身上，您要是把韩范抓来绕城巡行一圈，南燕必降！"

韩范当年和姚兴同为中书舍人，有交情，所以韩范是否能带兵来代表着后秦的最终态度。刘裕于是上表韩范为散骑常侍，然后手书招降他。

有人劝韩范投奔后秦，韩范道："刘裕起于布衣，灭桓玄，复晋室，今兴师伐燕，所向披靡，此乃天授，非人力也。燕亡后就是秦了，我被侮辱一次就可以了。"随后投降刘裕。

刘裕带着韩范绕城巡视，城中守军的士气彻底崩溃。

不久，慕容超的心腹尚书略阳垣遵和其弟京兆太守垣苗跳出城墙向东晋投降，刘裕给出了相当优厚的待遇，命他们为行参军。

不久齐地大族封融也出城投降。

十月，南燕旧臣段宏自魏投奔刘裕。

十二月底，金星犯虚宿和危宿，南燕灵台令张光劝慕容超出城投降，慕容超亲手把他杀了。

410年正月，尚书令董诜劝慕容超出降。慕容超大怒，把他囚禁起来，再次表明自己守城的决心。

南燕贺赖卢、公孙五楼挖地道想要出袭晋军，但不好使，广固围城太久，人都吃不上饭，城中百姓大半都患了软脚病，越来越多的人逃出广固城投降刘裕。

慕容超乘辇登城，尚书悦寿再劝慕容超道："上天助纣为虐，我们的将士已经疲惫不堪，人数大大减少，现在穷守孤城，外援也毫无希望，大数已尽，命该如此，尧舜碰上这个局面也没有办法，您怎么就不能变通一下呢！"

慕容超继续表达了要全城给他陪葬的倔强："兴废是天命，说得没错，但我宁可挥剑而死，也不愿忍辱求生！"你自己倒是挥剑出去死啊，你怎么还坐着轿子让别人替你死呢！

二月丁亥，刘裕动员全军总攻。

有人说："今天是往亡日（二月以惊蛰后十四日为往亡日），不吉利。"

刘裕道："我往彼亡，如何不利！"

晋军四面攻城，悦寿开城投降，慕容超也没能兑现他死社稷的承诺，脚底抹油，带着几十人逃跑，但最终还是被逮了回来。

刘裕拿不投降的事数落他，慕容超一副镇定自若的样子，一句话不说。

刘裕对于广固半年不降这事比较愤怒，打算坑杀全城男人，将女人全部赏给将士们。韩范劝阻道："晋室南迁，中原动荡，士人百姓无依无靠，自然只能依附外族。既然做了人家的臣民，就得给人家拼命，现在王师刚刚从外族手里解救他们，怎么能活埋啊，这让百姓将来怎么看待您呢，我担心西北的百姓不再盼着您去解救他们了。"[1]

刘裕被韩范点醒，随后道歉，但仍然杀了南燕王公及以下三千多人，放了剩下的一万多人，拆毁了广固的城墙，将慕容超押回了建康斩首。[2]

刘裕刚刚拿下南燕没几天就传来了恐怖消息：卢循、徐道覆集团闹腾起来了，局势恶化，相当危急。

二月初五拿下广固，二月二十六，刘裕匆忙带兵南归。慕容超其实再坚持半个月，刘裕就会成为热锅上的蚂蚁！但老天爷就是给了刘裕这半个月的时间。

这半个月，产生了很多衍生效应，最终在沧海横流中显出了谁才是滚滚长江浪花拍打下的真正英雄！

---

① 《资治通鉴·晋纪三十七》：裕忿广固久不下，欲尽坑之，以妻女赏将士。韩范谏曰："晋室南迁，中原鼎沸，士民无援，强则附之，既为君臣，必须为之尽力。彼皆衣冠旧族，先帝遗民；今王师吊伐而尽坑之，使安所归乎！窃恐西北之人无复来苏之望矣。"

② 《资治通鉴·晋纪三十七》：裕改容谢之，然犹斩王公以下三千人，没入家口万余，夷其城隍，送超诣建康，斩之。

七、热情洋溢的背后是侮辱性极强不说一个脏字的表演

刘裕北伐南燕不久，始兴相徐道覆就劝妻弟卢循乘东晋空虚袭击建康，卢循没听。

卢循逃到广东后向刘裕认怂，还给刘裕送过礼，叫"益智粽"。刘裕还的礼叫"续命汤"。这道汤直接就把卢循从很精神的小伙子吓唬成了老年人，在广东开启了遛鸟吃早茶的退休生活。

徐道覆看到卢循胆怯了，于是亲自来到番禺做他的工作："我们住在五岭之南，难道你已经认命了吗？难道打算子子孙孙住在岭南吗？我们在这里忍着，不过是因为刘裕强大，现在刘裕围城齐地，远在千里，什么时候回来还不一定呢，我们用希望归乡之兵去突然袭击何无忌、刘毅这等小辈易如反掌，不趁这个时机起事妄想平安度日，朝廷从来都是把你当作心腹大患的，等刘裕平定齐地后休息个一年半载召你进京，或者刘裕亲自率兵翻过五岭，到时候咱们怎么抵挡？如今的机会一定不能错失，如果我们抢先攻下建康摧毁其根基，刘裕就算杀回来也没有办法了！你要是不同意，那我就率我始兴的本部兵直接进攻寻阳！"

卢循本来不同意起事，因为已经被刘裕打怕了，但他跟姐夫是一条船上的蚂蚱，看到徐道覆如此坚决最终只能同意。

汉武大帝派军去广东时我们讲过南下的水路图（见图 1-9），想走水

路翻过岭南进入广东只能走灵渠，剩下的骑田岭和大庾岭是分水岭，船过不去。

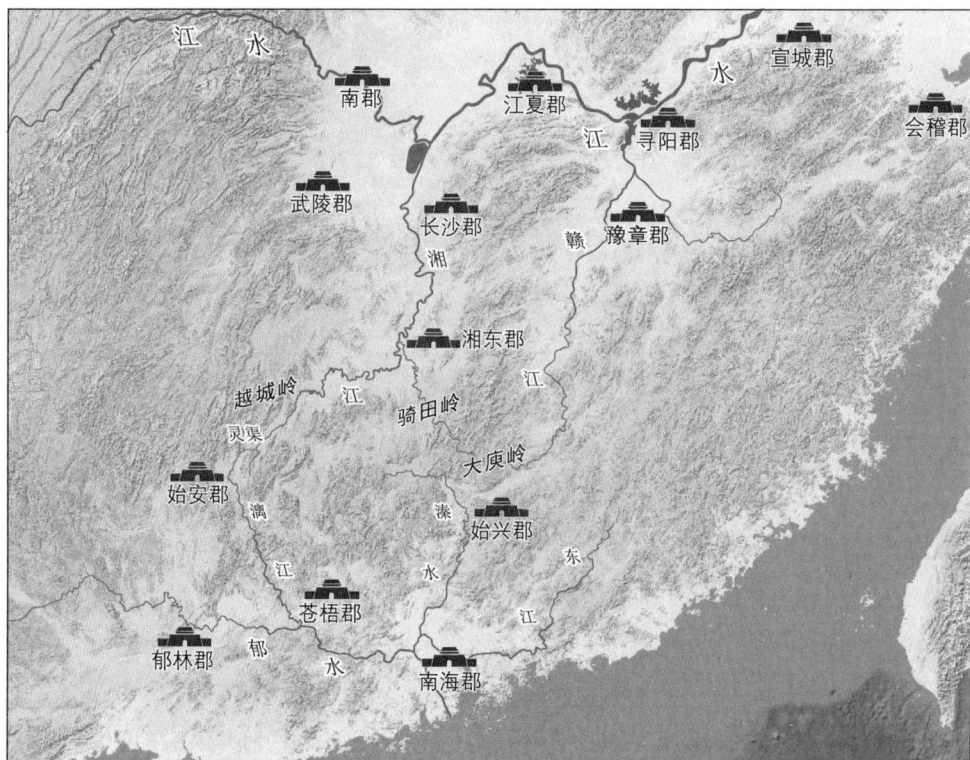

图 1-9　湘江、赣江、珠江水系示意图

　　当年孙权死活都要跟关二爷争长沙、桂阳、零陵三郡，最重要的原因就是要夺取湘水，以保证和交、广二州的水路联通。最终孙权、刘备划湘水为界，刘备以土地换和平后，孙权才算暂时消停下来。

　　湘水是南入交州、广州的生命线，所以按照从广州往南打的惯常思维，卢循大概率闹不出什么风浪，因为他肯定会从荆州防区出来，到时候调重兵去堵他就可以了。

　　但卢循集团却没有按常理出牌。卢循确确实实率主力走西江、灵渠进入湘江去进犯长沙。但徐道覆却率军翻过大庾岭，进犯南康、庐陵、豫章，发动突然袭击，各地官员纷纷弃城而逃。徐道覆顺赣江直下，船只器械异常充足。[①]（见图1-10）

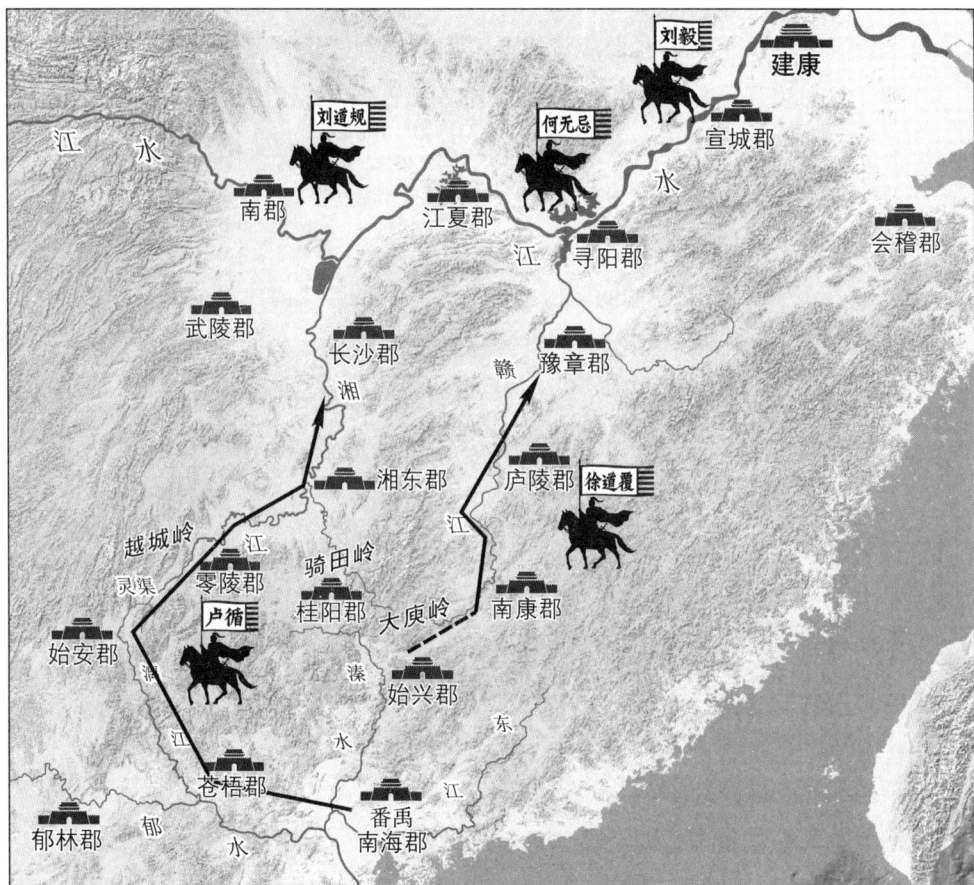

图 1-10 卢循两路起兵示意图

---

① 《资治通鉴·晋纪三十七》：道覆冠南康、庐陵、豫章，诸守相皆委任奔走。道覆顺流而下，舟械甚盛。

徐道覆的这一路最终实现了相当可怕的突袭效果，并在一个起义元老的轻敌下，决定了北府三巨头的未来并产生了衍生效应。

江州刺史何无忌听说战况后兵发寻阳去迎战徐道覆，长史邓潜之劝道："此战关系国家安危，非同小可，听说妖贼舰队精良，气势浩大，又在赣江上游，我们应该挖开南塘的堤坝泄洪，赣江水位自然下降，从而让贼兵的大船搁浅，然后我们坚守豫章、寻阳，他们一定不敢置我们于不顾顺流而下。我们养精蓄锐，等他们兵疲师老后再发动总攻，这是万全之策。现在咱们着急去，想一局定胜负，万一失利，后悔就来不及了。"

参军殷阐说："卢循的队伍是由过去三吴的强盗团伙组成的，都是经验丰富的老兵痞，在始兴招募的溪族兵也都是力大敏捷的土著，不该轻视他们。您应该留在豫章屯守，召集所有能战之兵汇聚豫章后我们再出战。如果仅仅依靠现在的兵力就去决战，您将来一定后悔。"

两个谋士的策略总结起来是一句话："你并不需要创造困难而上，现在明明有很多更好的选择，手里还有不少牌，你为什么不武装好自己再上擂台？"何无忌不听。

三月二十，何无忌与徐道覆在豫章遭遇，徐道覆命数百名强弩手登西岸小山占领了高点，然后射击何无忌的船队。

突然间西风骤起，何无忌所乘的小船被吹到了东岸，徐道覆军又乘风开动大船进逼晋军，何无忌军溃散。

退路被徐道覆截断，何无忌没有辱没自己的名字，拿着苏武节面对越来越多的徐道覆军督战握节至死。

何无忌这辈子一直比较缺心眼，干什么都只知道往前冲，从来不拐弯，绝大多数时候都"硬刚"过去了，但这回没"刚"过去。

北府的军官就是一个赌徒集团，孟龙符自己猛冲送人头，何无忌轻敌强开战，这都是在多次幸运获胜后开始产生幸存者偏见所导致的。

勇猛这种品质，一定得配脑子。

刘裕确实猛，但每次都是在现有条件下把准备工作做到了极致。

罗落桥之战，刘裕自己冲锋是不假，但那只是诱饵，引出了所有楚军后，派出了自己的预备队来搅局收人头。

覆舟山纵火，刘裕大军锣鼓喧天鞭炮齐鸣，在紫金山漫山遍野插旗子玩疑兵之计。

在山东对抗骑兵，刘裕弄了四千辆车子，组成移动长城往前拱，他可没直接只身冲锋，用步兵抗骑兵。

将军教导士兵从来都是要他们一不怕苦二不怕死，告诉他们：当你勇敢的时候枪子儿都绕着你跑，但通常不教他们：为什么那么多人冲锋时枪子儿没绕开，将军自己却能全身而退。

你不能光听他怎么说，就去盲目崇拜与模仿，你得思考、揣摩他那些不想让人看到的东西，他大张旗鼓教导的、展示的，都是他希望你去做的。

勇敢是你做事过程中的要素，而不是你做事的理由。

北府军三号人物被杀后，守豫州的二号人物刘毅开始整军备战，但这个时候刘毅却突然间患了重病，起不来床了，整个朝野失色。[①]

整个江东开始隔着大江高唱"你快回来"，朝廷甚至一度打算卷铺盖渡江去投奔刘裕，看着贼兵并没有长驱直入才没有成行。[②] 刘裕要是再不回来，朝廷百官就得让人家撵进大海了。

二月初五拿下广固，二月中旬收到战情，刘裕仓促间任命韩范为都督八郡军事、燕郡太守，封融为渤海太守。二月二十六，刘裕匆忙带兵南归。

---

① 《晋书·刘毅传》：及何无忌为卢循所败，贼军乘胜而进，朝廷震骇。毅具舟船讨之，将发，而疾笃，内外失色。

② 《晋书·刘毅传》：朝议欲奉乘舆北就中军刘裕。《资治通鉴·晋纪三十七》：于是中外震骇，朝议欲奉乘舆北走，就刘裕；既而知贼未至，乃止。

刘裕把刘穆之留在了山东，在豪族势力较弱的琅邪，又让京口系心腹大将檀韶为太守，随时盯着山东的动向。

后来刘穆之回去要帮刘裕平卢循，走之前以韩范、封融阴谋造反为借口，把他们全杀了。

史书上并没有记载韩范、封融谋反的任何证据，而且刘穆之虽然是给刘裕出主意的人，但要杀掉刘裕任命的青齐两地的高官绝对是不敢自己做主的，应该是得到了刘裕的授意。韩、封二人的被杀是因为他们的身份太特殊，刘裕对他们不放心。

总体来讲，所谓此时的山东大族，基本上都是河北大族迁过来的。

山东地界早在石虎时代就已经被屠平了，这些年又一直是各方利益集团的拉锯区，因此人口繁衍的比例一直很低，并没有产生大的本土势力。后燕崩盘后，出于对拓跋人的厌恶，相当一部分河北大族随慕容德南迁，毕竟"五胡"中与河北大族合作关系最好的还是慕容家。

尽管韩范在劝阻刘裕将广固屠城的时候强调这帮汉人为少数民族政权服务的无奈，但刘裕托付治理山东的韩、封二人一定要另当别论，因为他们都是慕容鲜卑的铁杆。

韩范的爷爷在前燕时代就做到了司空，韩范本人是南燕尚书令，其弟韩卓为尚书仆射；韩范降晋后刘裕命他劝降广固，他仍然比较矜持，表示说不出口。

封融家族更是在南燕混到了大家族的至高地位：封孚为太尉，封嵩为左仆射，封恺为御史中丞，封憨为西中郎将。

和慕容超一条心的广固城的既得利益集团，城破后被刘裕团灭了三千人，刘裕却放过了平民阶层。

虽然有相当部分是被无辜残杀的人，但刘裕也彻底摧毁了南燕的死忠集团。

毕竟围城了那么久，跑出来了这么多人，外援不会来了他们不是不知道，大量的投诚人员劝降他们不是没听见，他们怎么就负隅顽抗呢？那么大概率就是死硬分子。

当然，不能将河北豪族一棍子打死，有和慕容氏关系深厚的韩氏、封氏，也有像崔氏、张氏这样的河北大族，他们对比拓跋魏政权与慕容政权后，两害相权取其轻，决定南下。

最著名的就是清河崔氏，崔家其实从开始就得到了拓跋珪的礼遇，崔宏和崔逞都属于最早和北魏合作之人，但崔逞在河北易主之时仍然命四个儿子南投慕容氏，自己带着小儿子在北魏这里效力，[①]力争做到对河南、河北分别押注。

事实上崔逞就是高瞻远瞩，河北的崔氏在拓跋焘发起的政治风暴中被连根拔起后，最终就是靠着南迁的这支崔氏分支重新登上了历史舞台。（清河大房、清河小房、南祖崔氏这三支都是崔逞南下的血脉。）

像崔氏、张氏这帮南迁的大族其实并没有在南燕朝堂上得到较高的政治待遇，在河北享受的那些荫户、免役等特权甚至还被剥夺了，这都导致了这些大族在一定程度上会有想法。

相对于鲜卑这种政权，刘裕是汉人，代表着华夏正统，更重要的是，百年过去了，从来没有一个汉人能像刘裕这样带着汉家的子弟兵打得气吞万里、天下闻名！

这种民族自豪感导致大量迁居山东的河北大族及当地的本土百姓更希望刘裕来解救他们。

毕竟这帮身处高位的鲜卑人被打倒后，总会空出来大量的职位。如作为慕容超心腹的略阳垣遵、垣苗，清河张纲、张俊等先后归顺刘裕，甚至张纲还成为攻城器具的主要制作者，当刘裕围困广固时，还出现了"北方之民执兵负粮归裕者，日以千数"的箪食壶浆场面。

虽然河北大族表现得很热情，但刘裕始终并不放心这片土地，在

---

① 《魏书·崔逞传》：逞之内徙也，终虑不免，乃使其妻张氏与四子留冀州，令归慕容德，遂奔广固。逞独与小子颐在平城。

刘裕灭南燕后长达五十多年的时间里，青州刺史出了二十个，其中没有一个是当地豪族，刘宋皇权自始至终对这片土地的豪族有一种防备之心，青齐豪族在刘宋政权中并没有获得太高的政治地位。

其实山东地区位于南北政权之间，从地理上来讲投奔北魏和投奔东晋都可以选择，虽然刘裕并没有预想中的那么友好，但青齐豪族通常也只是默默接受，并没有返回河北原籍。

这是时代赐予刘裕的又一个恩惠，北面的北魏对汉人更不友好，合作方式相当粗暴，沟通态度相当野蛮，当时河北的情况基本上是这样的："拓跋氏乘后燕之衰，蚕食并、冀，暴师喋血三十余年，而中国略定。其始也，公卿方镇皆故部落酋大，虽参用赵魏旧族，往往以猜忌夷灭。"

当年桓玄篡晋后，司马休之和刘敬宣等人的首选本来是投奔拓跋珪的，但半路上听说北方士族代表崔逞被搞死了，理由还特别神奇。

崔逞开始很受拓跋珪的器重，让他总领三十六曹，居门下省，不久又授任御史中丞。

398年，姚兴趁着东晋内乱发兵侵犯襄阳，东晋守将郗恢派使者向北魏常山王拓跋遵求援，拓跋遵把这事汇报给了哥哥拓跋珪。

拓跋珪看到郗恢的信中有一句"贤兄虎步中原"，觉得不拿他当回事，有悖君臣体统，于是让崔逞、张衮在回信中对东晋皇帝也不用敬语。

崔逞在信中回复了"贵主"，这激怒了拓跋珪，说："我让你政治骂街，你说'贵主'是吧！"[1] 因为这件事，崔逞被赐死。

北魏君臣对中原士族其实一直是一种说翻脸就翻脸的心态，想弄死他们时能玩出很多花样。

崔浩几乎是北魏的规划师啊，但当他有一定势力后，北魏君主杀他就像杀条狗一样，游行示众还不算完，还让几十个人往刑车里

---

① 《魏书·崔逞传》：太祖怒曰："使汝贬其主以答，乃称贵主，何若贤兄也！"

撒尿！

士可杀不可辱，北魏政权刻薄寡恩至此。

北魏这种没有底线、让人摸不准套路的政治手段让司马休之等人相当害怕，最终放弃了投奔北方。

拓跋珪听说有东晋皇族和北府大将打算投奔他来，结果都跑别处去了，就命人探寻原因。

最终听说是因为自己残暴的名声让汉人相当害怕，拓跋珪也是从这件事之后才开始顾忌自己形象和民族影响而有所收敛的。[1]但名声臭了再修补就不容易，北魏前期几乎失去了所有汉人的人心，他们不再投奔与加入。

青齐豪族虽然在南面一直爬不上去，但最起码能守好在山东的本土势力，不至于对北面的那群拓跋人提心吊胆，两害相权取其轻，刘裕虽然并没有给予青齐豪族向上的平台和政策，但也不用担心这股势力被争取走。

这就是时代的恩赐，刘裕摘了太多时代的低垂果实了。

虽然青齐豪族并没有在刘宋一朝站上潮头，但却在不断地发展与繁衍中积聚着自己的能量。六十多年后，当北魏的铁蹄南下，青齐豪杰们无可奈何地被逼南迁，最终团结在了一个人手上，开创了下一个王朝。

北人南下，为六朝兴衰之总纲！

讲完刘裕的后顾之忧，我们来看一下南方的匪情。

此时的南方战况几乎是一天一个变化，刘裕回军下邳，放下辎重，让后勤部队走水路，自带精锐跑步赶回建康。[2]

---

① 《魏书·崔逞传》：太祖初闻休之等降，大悦，后怪其不至，诏兖州寻访，获其从者，问故，皆曰："国家威声远被，是以休之等咸欲归阙，及闻崔逞被杀，故奔二处。"太祖深悔之，自是士人有过者，多见优容。

② 《资治通鉴·晋纪三十七》：刘裕至下邳，以船载辎重，自帅精锐步归。

到了山阳，听说何无忌兵败战死的消息，刘裕急得下令全军卸甲急行军，自己与几十个骨干飞马赶到长江北岸打听消息。①

有个路人说："敌人还没到，如果我们的刘公能回来，就没什么可害怕的了。"

听到百姓对自己的信任，刘裕下令迅速过江，但此时风浪太大，众人都说这样的天气过不了大江。

刘裕道："如果老天助我，风浪就会平息；如果不助我，早死早超生也挺好。"船刚刚启动，风果然就停了。②

他刘家从来自带"风控"技能。斩白蛇的"老刘"，战昆阳的"小刘"，烧赤壁的"惨刘"，都是兴于大风，这回加个"猛刘"。

刘裕过江来到京口后算是真神归位，整个江东开始迅速安定下来。

四月初二，刘裕入建康，因江州沦陷，于是上表交回印信，安帝下诏拒绝接受。

刘裕召青州刺史诸葛长民、兖州刺史刘藩（刘毅从弟）、并州刺史刘道怜各率兵入卫建康。

等刘裕回来，刘毅的病也好了，他打算带兵出征。刘裕给刘毅去了一封书信，说道："我和这帮妖贼有着丰富的交战经验，这些年一直在追赶他们，等我修船整军后就去灭他们，你先缓缓，等我灭了这帮妖贼，防守上游的重任全都给你。"随后又派刘毅从弟刘藩前去制止。③

刘裕说这话有多损哪！翻译一下就是：你就是个玩嘴把式的胆小鬼，看我回来了病就好了。你双腿也别打哆嗦了，我灭他们很轻松，你

---

① 《资治通鉴·晋纪三十七》：至山阳，闻何无忌败死，虑京邑失守，卷甲兼行，与数十人至淮上，问行人以朝廷消息。

② 《资治通鉴·晋纪三十七》：裕大喜。将济江，风急，众咸难之。裕曰："若天命助国，风当自息；若其不然，覆溺何害！"即命登舟，舟移而风止。

③ 《晋书·刘毅传》：会毅疾瘳，将率军南征，裕与毅书曰："吾往与妖贼战，晓其变态。今修船垂毕，将居前扑之。克平之日，上流之任皆以相委。"又遣毅从弟藩往止之。

继续在那里躺着吧，我把天下打下来，给你分红。

这就是刘裕看准了刘毅的脾气，故意气他呢。

刘裕刚刚灭南燕归来，威望达到顶点。对刘毅来说，其实也是面临超级机遇的到来，何无忌死了，正好给他一个力挽狂澜的机会，结果他病了，最后搞得刘裕过江就像拯救东晋王朝一样。现在倒好，刘裕拿话故意激怒他。

刘毅大怒，对弟弟刘藩道："我过去是让着他，谦虚一下，你真以为我不如刘裕嘛！"投书于地，率水军两万从姑孰出征。①

刘裕大为惊喜，自己不仅赢得了时间，还间接解了弟弟刘道规的荆州之围。

本来卢循是负责攻打湘州、荆州地区的，而且在长沙已经击败了刘道规，军至巴陵，打算去打江陵了，这个时候徐道覆派来了使节，说道："刘毅军势很盛，这是决定成败之战，赶紧过来帮我，这一战我们要是赢了，攻打江陵根本不是事！"②

本来刘裕的心腹何无忌被杀，刘道规守荆州守得很费劲，刘毅可以力挽狂澜以拯救东晋，这样也就能抵上刘裕灭南燕的功劳了，他们俩还是并驾齐驱。

但刘毅一病，局势全变了：刘裕成了众望所归的拯救者，自己是个腿肚子转筋的胆小鬼，这回是"黄泥巴进裤裆，不是屎也是屎了"。

愤怒的刘毅有理说不清，只好逆流而上，攻打徐道覆。卢循接到徐道覆命令的当天就从巴陵出发与徐道覆会合，然后顺流而下死磕

---

① 《资治通鉴·晋纪三十七》：毅怒，谓藩曰："往以一时之功相推耳，汝便谓我真不及刘裕邪！"投书于地，帅舟师二万发姑孰。

② 《资治通鉴·晋纪三十七》：循之初入寇也，使徐道覆向寻阳，循自将攻湘中诸郡。荆州刺史刘道规遣军逆战，败于长沙。循进至巴陵，将向江陵。徐道覆闻毅将至，驰使报循曰："毅兵甚盛，成败之事，系之于此，宜并力摧之；若此克捷，江陵不足忧也。"

刘毅。

五月初七，刘毅与卢循在桑落州开战，结果却证明了"北府军虽然很猛但还是要看谁来带"。"吃饭睡觉打海盗"的刘裕在建康，在广东的卢循就吓得一动也不敢动。刘裕一走，好家伙，卢循逮谁干谁。

在这次和北府二号人物刘毅的对战中，卢循将刘毅打崩溃了。刘毅狼狈弃船，带着几百人逃出战场，剩下的北府军全做了俘虏，山一般的军事辎重被卢循全部缴获。[①]

刘毅与刘裕的比较根本没悬念了，不管刘毅是大意轻敌还是真打不过卢循，这回"一键三连"，坐实了刘毅"胆小鬼、抗命、打不过"的罪过。

刘毅也许至死都会想起410年三月底到四月初他得的这场莫名其妙的大病。仅仅半个月的时间，天时、地利、人和，全都变了。干工作啊，超长待机的身体永远是个核心指标。

"请病假"作为一个人躲灾和以退为进时的备用武器有两个关键点：

1. 你不能总用，"年富力强"是个超级关键的评语。

2. 就算用了，你也不能真病，要随时能回来。

你请病假，是为了后退一步把局势看得更清楚，把各方面势力捋明白，把不该背的锅提前躲过去，眼睛要时刻盯着局势，与正常上朝相比一点也不轻松。

总之，千万锻炼好身体，不该病的时候病了，哪怕就住半个月的院，也许十几年的布局就被别人摘桃了！

至于刘毅就什么也别说了，刘裕都开始有"指挥长江"的气象了，他生病不生病都没戏。

---

① 《资治通鉴·晋纪三十七》：五月，戊午，毅与循战于桑落洲，毅兵大败，弃船，以数百人步走，余众皆为循所虏，所弃辎重山积。

八、建康保卫战

之前卢循自荆州东下支援徐道覆，开到寻阳的时候听说刘裕回来了还不信，这回抓了好多俘虏随机问，都印证了刘裕回来的消息，卢循开始哆嗦了。[1]

作为被刘裕日常按地上摩擦的受害者，卢循打算退寻阳取江陵做第二个"桓家"，但姐夫徐道覆明显心更大，欲望更强烈，他要搏一把。

两人争吵多日后，卢循再次从了他姐夫。

作为一个机会主义者，徐道覆的眼光是相当敏锐的，刘裕从山东出发征伐南燕已经围城半年多了，二月底才传来他拿下广固的消息，此时就算他快马加鞭赶回来手上也没兵，就是个光杆司令！

徐道覆自从刘裕北上后对局势的所有判断都相当准确，此时的建康城中人心慌乱，最早一波跟刘裕回来的北伐军刚刚经历了长途奔袭，在大半年的远征和赶路后伤病情况相当严重，留下戍卫建康的守军也不过几千人。卢循连克江、豫二州后军队已经暴涨到了十几万人，战船首尾浩荡绵延百余里。逃回建康的败兵也极力渲染卢循舰队的强大，给自

---

① 《资治通鉴·晋纪三十七》：初，循至寻阳，闻裕已还，犹不信；既破毅，乃得审问，与其党相视失色。

己的无能找借口。①

孟昶和诸葛长民打算拥晋帝过江，刘裕不同意，孟昶多次劝谏，刘裕说："我们的重镇接连倾覆，强贼步步紧逼，百姓惊惧，人心已经散了。只要我们现在迁都，那么大势必然土崩瓦解！江北从来就是战略缓冲地，就算我们逃到江北，也只不过是再妥协一些时日罢了！现在我们可用之兵虽然少，但仍然足够打一次决战，赢了最好，输了死社稷也算为国无憾了！我绝不会逃窜到荒山野岭去保全自己这条命，我决心已定，都别再说了！"

在何无忌和刘毅迎战徐道覆之前，孟昶判断他们一定失败，这次他又判断刘裕肯定完蛋，再加上他是起义元老，所以作为预言家他已经相当有市场了。

朝野上下开始悲观看待刘裕的战略决策，满朝文武只有龙骧将军虞丘在廷议上驳斥了孟昶等人。

孟昶比较容易冲动，当初参加起义是因为刘迈在桓玄那里说他坏话，他就觉得自己的前途没了，然后刘裕的一句话就把他给激得起义了。这回公开跟刘裕唱反调，而且很有群众市场但被刘裕驳回了，他脑子一热，玩起了鱼死网破这招，直接求刘裕赐死自己。

刘裕怒道："等我打完这一仗，你再死也不晚！"

孟昶比较有性格，和当年对桓玄的思路一样，不仅判断自己没有未来了，就算有未来也得罪刘裕了，随后直接写了封政治遗书："当初刘裕北伐的时候满朝文武都不同意，只有我赞成，现在因北伐而导致强贼趁虚而入让国家陷入危机，这是我的罪过，我一死以谢天下。"写完

---

① 《宋书·武帝纪》：毅败问至，内外汹扰。于时北师始还，多创痍疾病。京师战士，不盈数千。贼既破江、豫二镇，战士十余万，舟车百里不绝。奔败还者，并声其雄盛。

就喝药而死。[1]

孟昶这招鱼死网破，直接把刘裕刚刚灭国的功勋说成了朝廷的败亡之始。

如果在单位里你碰到这种人，那么你怎么干都没戏，全世界只有他干出来的才叫成绩，唯一的方法就是彻底打掉这种人的话语权。

北府军的山头现象相当严重，何无忌和刘毅都是北府军的诸侯，都是不听朝廷号令的地方军阀，都能根据自己的意志去决定军事行动。

孟昶这位老将军在朝廷里坚决与刘裕分庭抗礼，哪怕最终产生的效果是最大程度地降低己方的团结、动摇己方军心也在所不惜。

自405年剿灭桓家余孽后，刘裕随后十年的政治操作与兴兵征伐其实都是在和当年的这帮北府军将领进行权力的博弈。

当朝廷没有一个绝对的中枢去控制一切的时候，一个政权是谈不上稳固的。

当然，只要赛道够长，总会把那些不够资格登上最高舞台的人一个个筛出去，比如勇猛成性的何无忌，来了对手就不管不顾地往前冲；比如心高脸皮薄的孟昶，一句话不对就押上全部跟你玩同归于尽。

这种人退场只是时间问题，因为太主观、太唯心的算法并不是这个世界运行的规则。

人的一生有高峰和低谷，运气不可能永远站在你这一边，你总需要那些在低谷时刻也能帮你渡劫的算法。不要总玩死磕，想站得久就要避实击虚。

李世民说："我看了所有的兵法和史书，说到底，打仗的核心密码不过是'想尽办法让敌人判断失误，我们去避实击虚'而已。"

---

[1] 《资治通鉴·晋纪三十七》：昶知裕终不用其言，乃抗表自陈曰："臣裕北讨，众并不同，唯臣赞裕行计，致使强贼乘间，社稷危逼，臣之罪也。谨引咎以谢天下。"封表毕，仰药而死。

知道敌人的优势，就不要和他拼；知道自己的弱点，就把自己的命门藏好了；知道敌人的劣势，想办法把他的劣势放大；知道自己的优势，把好钢都用在刀刃上，去单点突破。

兵无常势，水无常形，要根据自身和对手的优缺点随时随地调整，"敌进我退，敌驻我扰，敌疲我打，敌退我追，把朋友搞得多多的，把敌人搞得少少的，然后集中优势兵力各个歼灭"！

危机关头，看看刘裕是怎么做的。

五月初八，东晋大赦天下，刘裕以当年京口起义的待遇进行募兵，在起义已经成功多年后，再次给了士兵一次入股的机会。[①]

刘裕利用自己的战神口碑，也利用公元406年一千八百四十八人复国大战之后的大封赏作为政治背书，将自己的朋友搞得多多的。

刘毅败后，豫州主簿袁兴国反叛，据历阳以应敌，琅邪内史魏顺之派手下谢宝讨斩之，随后袁兴国手下司马袭击谢宝，魏顺之不救而退，刘裕震怒，斩首魏顺之。

魏顺之是刘裕铁杆心腹的魏咏之之弟，刘裕通过砍了个犯错的嫡系镇住了北府全军，完成了对军队的集权。[②]

谋士们建议应该分兵把守各交通要道，刘裕说："不能分兵，对方兵多，我们兵少，分出去就让对方把我们的手指头一根根给掰折了，而且一次又一次的失利会让我们的军心与士气跌到谷底。我们现在将所有兵力聚集在石头城随机应变，既能够让敌人无法探测我们的具体实力，又能够集中力量凝聚成一个拳头，那些交通要道等咱们从山东南归的队伍都到齐了之后再讨论吧。"

刘裕集中兵力握成一个拳头，避免暴露自己的弱点，等待敌人露出破绽然后各个歼灭。

---

① 《资治通鉴·晋纪三十七》：己未，大赦。裕募人为兵，赏之同京口赴义之科。

② 《宋书·武帝纪》：顺之，咏之之弟也。于是功臣震慑，莫敢不用命。

战神就单纯勇猛吗？看看刘裕的三步走，他这只老虎已经成精了。

虽然刘裕极力准备，但卢循军队的速度太快了，五月初七，桑落州刘毅现眼。五月初八，刘裕紧急征兵。

仅仅六天后的五月十四，卢循就已经顺流而下军至秦淮河口了！

仓促间，刘裕用木栅栏等工事阻住查浦（长江入秦淮河口，今清凉山南），建康内外戒严，琅邪王司马德文都督宫城诸军事屯兵中堂；刘裕率主力驻扎石头城。（见图1-11）

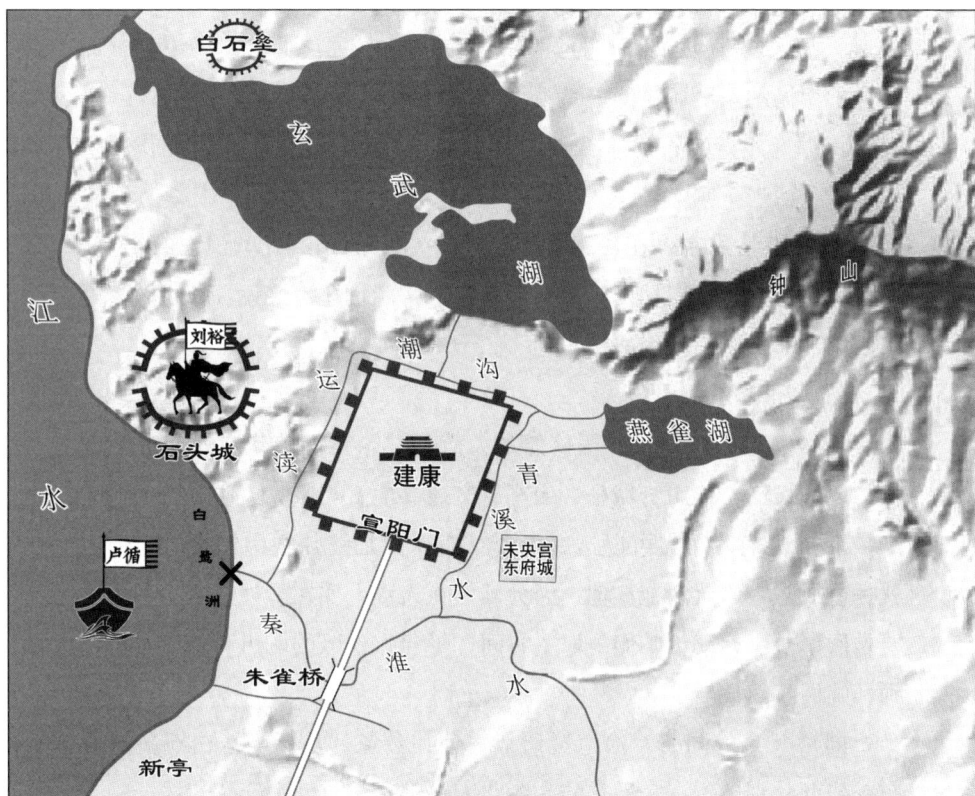

图 1-11　建康保卫战示意图

事实上直到五月十五刘毅才从步道带着残兵爬回了建康，从战场上逃出来的几百败兵此时还剩几十人。要知道这还是因为刘裕战神的名号让卢循犹豫了几天的意外之福！如果灭了刘毅，卢循立刻就顺流而下，恐怕三天前就已经兵临城下了！

刘裕的战神名号不仅帮他争取了几天时间，还间接地争取来了百姓帮他打烟幕弹。

长江边，许多百姓看热闹一样地参观卢循军。

刘裕在城头看到此景，觉得好奇，于是问参军张劭什么原因。张劭道："您要是还没回来，百姓早就打铺盖卷跑了，现在却像看耍猴的一样看卢循的军队，这明显是不害怕他们啊！"

卢循开始疑惑，建康百姓的信心都是从哪里来的？难道北伐军主力都已经回来了吗？

刘裕随后和诸将在参谋会上说出了自己的预判："贼兵如果走新亭，那么锋芒不可阻挡，咱们得避其锋芒，胜负还不好说。如果贼军停泊西岸，那么咱们就稳赢了。"

新亭在哪里？

新亭又名中兴亭，吴国修筑的，故址在今江苏南京市西南三十五里，地近长江，依山为城垒，为军事交通要地。（见图1-12）

刘裕说的话其实可以这么解释：卢循要是登陆跟咱们死磕，咱们就得避战坚守，玩命拖住他，因为咱们在人数上实在是处于劣势。卢循要是回军西岸，就给咱们争取了时间，等北方伐燕的队伍和各地援军赶到，咱们就能反攻了。

刘裕开会的同时，徐道覆请战，分兵数道，从新亭至白石垒的所有登陆点分别破釜沉舟后登陆，各路人马都是主攻，去死磕刘裕。

徐道覆继续坚信自己的判断，刘裕此时就是个空架子，手下兵力空虚，顾头顾不了尾！

卢循面对的是：一面是自发兵之后就算无遗策的姐夫，一面是自

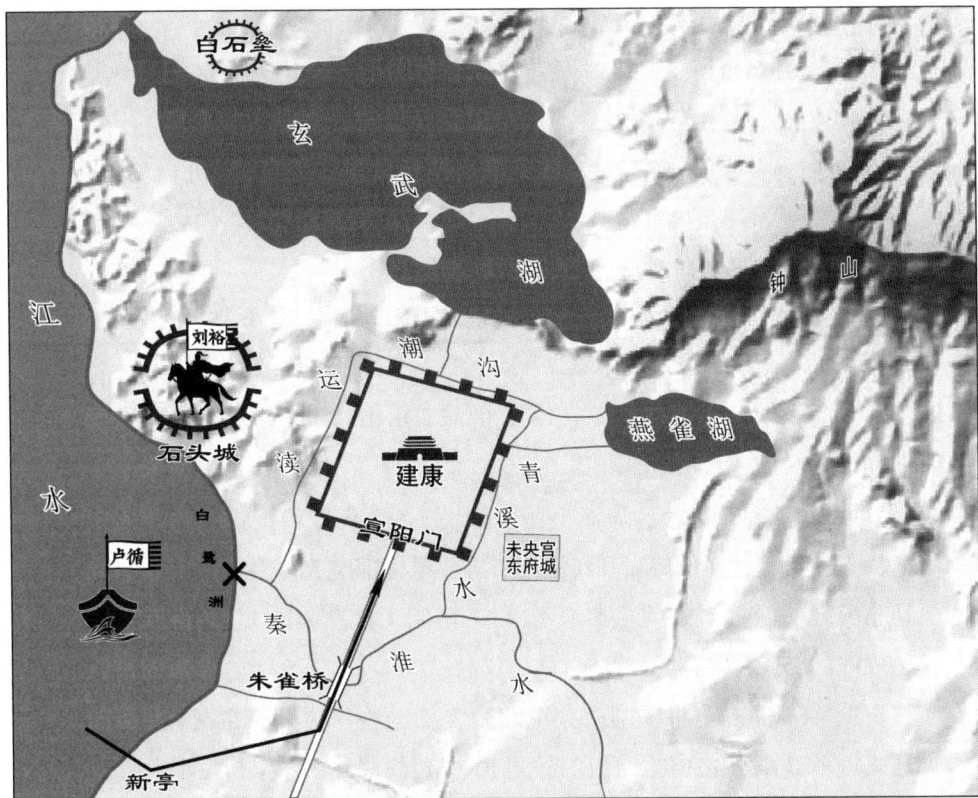

图 1-12 新亭位置示意图

出道之日起就暴打自己的阎王，但最终姐夫没干过阎王。

卢循对徐道覆说："我们大军未至，孟昶便望风自裁，从大势来看，官军在几天内就会发生内乱、自我崩溃，现在赌上所有一把决胜负并非必胜之道，而且蚁附攻城损伤太大，我看不如按兵不动让他们来打咱们。"

也许是卢循掌握着最终控股权，也许是卢循手下众将被刘裕打怕了，即将面对这位战神多少有点肝颤，最终徐道覆在已经出发后被拽了回来。

徐道覆叹道："我终将被卢公所误，我要是有幸能为真英雄驱使，天下何愁不被平定啊！"

卢循给刘裕留了几天时间，就是这短短的几天让卢循永远失去了一生中唯一一次可能击败刘裕的机会。

刘裕登石头城观察敌情，开始看到徐道覆带兵往新亭方向移动，脸色都变了，这是史书记载刘裕唯一的一次失态，原文道："裕登石头城望循军，初见引向新亭，顾左右失色。"

后来看到徐道覆被卢循拽回蔡洲（今江苏南京西南长江中沙洲，今已并入南岸）后才踏实下来。

通过这次的"顾左右失色"，真的能看出来刘裕此次面对的危机有多严重。

几天后，刘裕终于等来了主力军回归，随后开始正式布局建康城防，大砍树木，在石头城和秦淮河口等要道全部竖起栅栏，同时命人尽快整修越城，另筑查浦（秦淮河口）、药园（覆舟山南）、廷尉三座堡垒戍守。（见图1-13）

刘裕安排冠军将军刘敬宣屯北郊，辅国将军孟怀玉屯丹阳郡西，建武将军王仲德屯越城，广武将军刘默屯建阳门外，派宁朔将军索邈率领鲜卑装具突骑千余匹，披五色虎班甲自秦淮河北至新亭飞奔扬尘。

效果很好，卢循军看完比较心虚。

卢循等了半天发现刘裕不来打他，于是派十余舰来攻拔石头城外的栅栏工事，希望自己出动后建康和三吴地区有响应他们的百姓，结果被刘裕安排的"大炮级"神弩将来船都射沉了。

卢循放弃了攻栅栏工事，随后设伏兵于南岸，派老弱兵乘船驶向白石垒，声称大军全部要自白石垒登陆。

沈林子对刘裕说："妖贼不见得说的是真的。"

刘裕道："石头城险且淮水工事险固，留你在这里防守没问题。"

刘裕随后带领刘毅和诸葛长民北上围堵白石垒方向，留参军徐赤特戍秦淮河南岸，命坚守勿动。

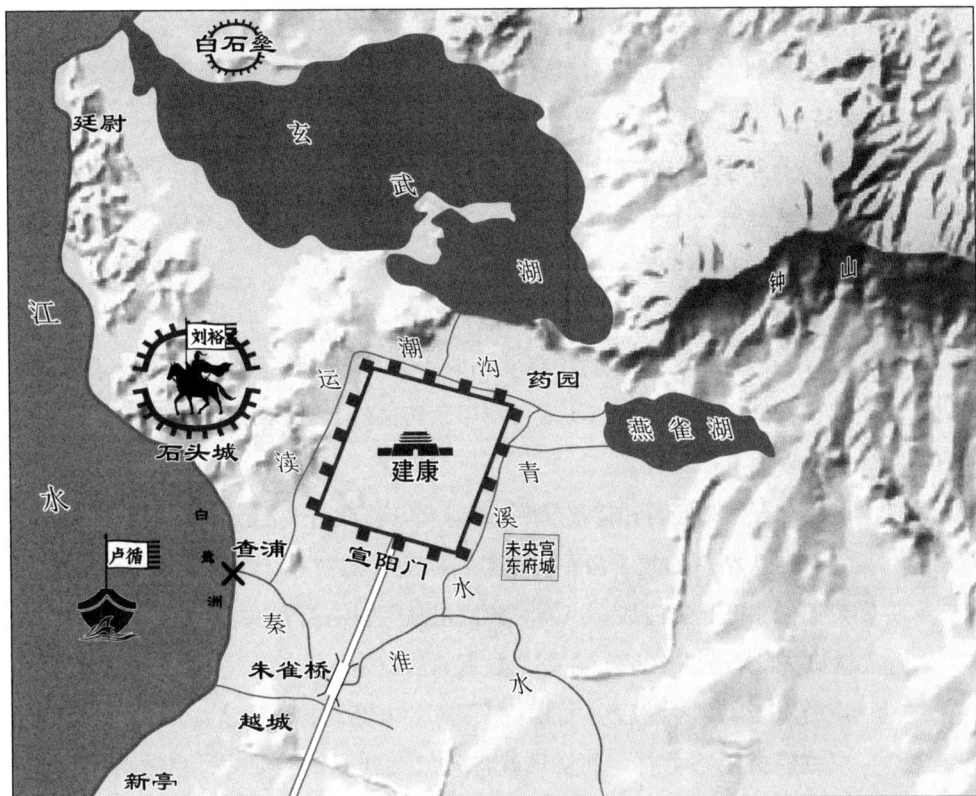

图1-13 刘裕布防图

刘裕之所以带着刘毅和诸葛长民这两个大佬走，就是怕自己走了以后这两人自由发挥，结果没想到他还是算漏了一招。大将军都走了，他留的那个小参军开始自由发挥了。

五月二十九，卢循火烧查浦将船开进了秦淮河，随后进军到张侯桥。徐赤特点兵要出去与卢循交战。沈林子道："贼兵扬言去白石城却几次来我们这里挑战，因为这里才是他们的主攻方向，我们人少不能出击，要坚守险要等大军回来！"

徐赤特不从，出城后卢循的伏兵突然出现，把他打得大败，自己乘船逃回了秦淮河北，沈林子和刘钟只好据栅力战。①

卢循的数千精兵猛攻秦淮南岸的晋军，一种坚决拿下的气势。

刘裕又一次来到了人生中的至暗时刻。

卢循要是紧急再动员出一支敢死队，要是再坚决一点打过了秦淮河，也许就是另一个结局了。

刘裕听说自己走后卢循出兵南岸就判断出白石垒那边不是重点了，于是率军回援。

大家都担心被贼兵偷过，认为应该全军直扑南岸战场，但刘裕分兵两部，自己带大部队回石头城，解甲吃饭洗澡，休息一通后，才率兵列阵于南塘。②

另一部，由朱龄石和褚叔度率领千余鲜卑步兵过秦淮河前来增援。③

面对装备精良的数千敌军，朱龄石所率领的鲜卑步兵小分队结阵，将步槊长长地挺起来迎战。卢循军此次出战并没有带长兵器和战车，因此无法破朱龄石的长槊阵，在死伤数百人后退走。④

卢循偷袭不成，随后引兵去了丹阳郡，开始劫掠周边诸县。

双方僵持了一个月，刘裕早就将人口撤到了秦淮河北，卢循劫掠无所得，秦淮河防线也打不过去，于是对徐道覆说："此次出征已经很长时间了，我们还是先回寻阳攻打荆州，三分天下得其二之后，咱们再慢慢攻克建康吧。"

---

① 《资治通鉴·晋纪三十七》：赤特不从，遂出战；伏兵发，赤特大败，单舸奔淮北。林子及将军刘钟据栅力战。

② 《宋书·武帝纪》：公率诸军驰归，众忧贼过，咸谓公当径还拒战。公先分军还石头，众莫之晓。解甲息士，洗浴饮食之，乃出列陈于南塘。

③ 《宋书·朱龄石传》：循选敢死之士数千人上南岸，高祖遣龄石领鲜卑步槊，过淮击之。《宋书·武帝纪》：命参军褚叔度、朱龄石率劲勇千余人过淮。

④ 《宋书·武帝纪》：群贼数千，皆长刀矛铤，精光曜日，奋跃争进。龄石所领多鲜卑，善步槊，并结陈以待之。贼短兵弗能抗，死伤者数百人，乃退走。

七月初十，卢循从蔡洲撤回寻阳。

历时两个月的建康保卫战圆满成功。

七月十四，刘裕派遣辅国将军王仲德、广川太守刘钟、河间内史蒯恩、中军谘议参军孟怀玉等人率兵追击卢循。

刘裕一面部署追击军，一面回到京口开始大规模地选拔水军，派建威将军孙处、振武将军沈田子率三千水军走海道去攻打广州。

将士们都认为海上行军艰难遥远，而且此时分兵打广州也不是当务之急，但刘裕全局一把抓，对孙处下达了死命令："朝廷大军一定会在十二月初打败贼兵，给你四个月的时间，你一定要捣毁其老窝，让贼兵无家可归！"①

建康解围了，但江陵的刘道规却陷入了"复仇者联盟"的包围。

先是西蜀谯纵任命桓谦为荆州刺史、谯道福为梁州刺史，率二万人东进，与此同时又派人去后秦请兵伐晋，姚兴派前将军苟林率骑兵南下搅局。

江陵方面自从卢循东下后信息就被切断了，也不知这几个月建康的情况怎么样，盗贼开始蜂起，民心动摇。

刘道规派王镇之率天门太守檀道济、广武将军到彦之去援助建康，结果王镇之率军到了寻阳后被已经南下的后秦军苟林击败，卢循随后任命苟林为南蛮校尉并分兵助之，让他乘胜讨伐江陵，并欺骗他说："徐道覆已经攻克了建康。"

桓谦一路东进，再次成功召集了桓家遗老遗少及拥护者两万人前来投奔，桓谦屯兵枝江，苟林屯兵江津。此时江陵城中波云诡谲，士民多怀异心。

---

① 《资治通鉴·晋纪三十七》：众皆以为"海道艰远，必至为难，且分撤见力，非目前之急"。裕不从，敕处曰："大军十二月之交必破妖虏，卿至时，先倾其巢窟，使彼走无所归也。"

一时间，和北府军之前有仇的所有势力都云集在江陵城下。

桓家要报灭门绝宗之仇；

谯纵要报刘敬宣伐蜀之仇；

后秦要报刘裕外交侮辱之仇；

卢循要报无数次被刘裕暴打之仇。

他们都拿江陵当软柿子，都以为北府诸将中能称之为杀神的仅刘裕一人而已。

很快他们就会后悔了，因为刘裕的弟弟比他哥还猛。他们这回连跑的机会都没有了。

九、老伙计们，安心上路

　　所有仇家一时间都云集在江陵城下，所幸的是刘道规在卢循封锁长江航道前就已经知道哥哥灭了南燕，胜利回到了建康。

　　刘道规知道从来只有他哥砍别人的份，于是信心满满地把将士们集结到一起，说道："桓谦就在附近，听说不少人都有投靠他的打算，我们这帮东来的北府军足以成事，现在打算去投奔桓谦的我绝不拦着！"

　　刘道规不是那种忽悠人然后帐外安排刀斧手的虚伪小人，当夜就打开了城门，一直到早晨也没有关闭！

　　这份大气镇住了此时心里慌乱的士兵和百姓，大伙意识到桓家曾是几千北府军的手下败将。

　　重兵压境下，雍州刺史鲁宗之也率数千人自襄阳赶赴江陵。刘道规的幕僚们说："鲁宗之的真实想法不可预测。"但刘道规却判断鲁宗之没问题，说："此人和刘毅关系不浅，当年还杀过桓家的人，跟咱们是一条船上的。"

　　刘道规随后单刀赴会，前去迎接鲁宗之，还安排他独守江陵，自己带兵出去打桓谦。

　　将士们说："您出去打桓谦，胜负未卜，苟林就在不远的江津观察我们的虚实，如果他前来攻城，鲁宗之不一定能守住，如果出现闪失，咱们就无法挽回了。"

刘道规道："苟林蠢弱无谋不会攻城的，我打桓谦就是去散散步，收收人头，苟林还在那里犹豫的时候我已经回来了。桓谦一败，苟林必定吓破胆，哪里还敢攻城，况且鲁宗之独守此城，责任明确，不至于推诿扯皮，怎么可能连几天都撑不住！"[1]

刘道规起水陆两军来战桓谦，桓谦也倾其所有，双方会战枝江。

在檀道济的一通冲锋后，桓谦军就像一群没有受到训练的乌合之众，很快就大败了，桓谦单舟投奔苟林，被刘道规追上砍了。

刘道规颇有曹孟德的风范，烧了所有在桓谦大营中发现的内应投诚信件，安定了江陵人心。[2]

刘道规消灭桓谦后调头来打苟林，苟林不战而逃。刘道规派谘议参军刘遵率众军追击，九月，斩苟林于巴陵。

桓家的另一支桓石绥因为卢循起兵，自己也在洛口拉起一支队伍，自号荆州刺史，微阳令王天恩自号梁州刺史，二人攻占了西城，结果没高兴多久就被梁州刺史傅韶派其子魏兴太守傅弘之彻底剿灭，就此，桓氏一族彻底灭绝了。

刘裕和刘道规兄弟分别扛过了最艰难的时刻，刘毅坚决要求追击、征讨卢循。长史王诞偷偷地对刘裕说："刘毅既然已经战败，失去了筹码，就不能再让他掌兵权了。"

刘裕深深认同，十月十四，刘裕率兖州刺史刘藩、宁朔将军檀韶、冠军将军刘敬宣等北府军主将向南进军追击卢循，命刘毅监太尉留府，

---

[1] 《资治通鉴·晋纪三十七》：道规曰："苟林愚懦，无他奇计，以吾去未远，必不敢向城。吾今取谦，往至便克；沈疑之间，已自还返。谦败则林破胆，岂暇得来！且宗之独守，何为不支数日！"

[2] 《资治通鉴·晋纪三十七》：初，谦至枝江，江陵士民皆与谦书，言城内虚实，欲为内应；至是检得之，道规悉焚不视，众于是大安。

把后方的杂事全交给了他。

徐道覆在桓家做完炮灰后率军三万直指江陵，突然抵达破冢（江陵城南），此时鲁宗之回军襄阳，临时追召来不及了，而且相传卢循已经击破建康，徐道覆是前来上任刺史的，但江、汉本地大族都感恩于刘道规焚书之义，不再有二心。

徐道覆作为偷袭鬼才，这次虚张声势却没能成功。刘道规分兵给刘遵，让他作为预备队，自率主力在豫章口（为古夏水通长江口）出战徐道覆。

刘道规前锋军不利，在徐道覆压上全部军队后，作为奇兵的刘遵从外围突然拦腰横击徐道覆军，大败徐军，杀了一万多人，跳水者无数，徐道覆几乎全军覆没，他坐一条船逃出战场。[①]

复盘下刘道规这仗是怎么打的。

先是分兵给刘遵，让其藏进夏水，自己顶前面去。然后刘道规打不过徐道覆，节节败退，徐道覆追赶刘道规之时，刘遵从夏水航道窜出来出击徐道覆。（见图1-14）

此战，刘道规出神入化地演绎了何为"以正合，出奇胜"的战术，彻底获得了将士们的拥护。[②]

也许是此战让上天发现往刘裕家派的大神太多了，已经出现了生态失衡，刘道规在帮哥哥刘裕扛过了最艰难的一口气后，即将走到生命的尽头。

十二月初二，孙处的海军突然杀到广州，当天大雾弥漫，叛军根本没有任何准备，晋军顺利拿下广州，孙处尽杀卢循一党，随后安抚百姓，并分遣沈田子诸将进击岭南诸郡。

---

① 《宋书·刘道规传》：前驱失利，道规壮气愈厉，激扬三军，遵自外横击，大破之。斩首万余级，赴水死者殆尽，道覆单舸走还盆口。

② 《资治通鉴·晋纪三十七》：初，道规使遵为游军，众咸以为强敌在前，唯患众少，不应分割见力，置无用之地。及破道覆，卒得游军之力，众心乃服。

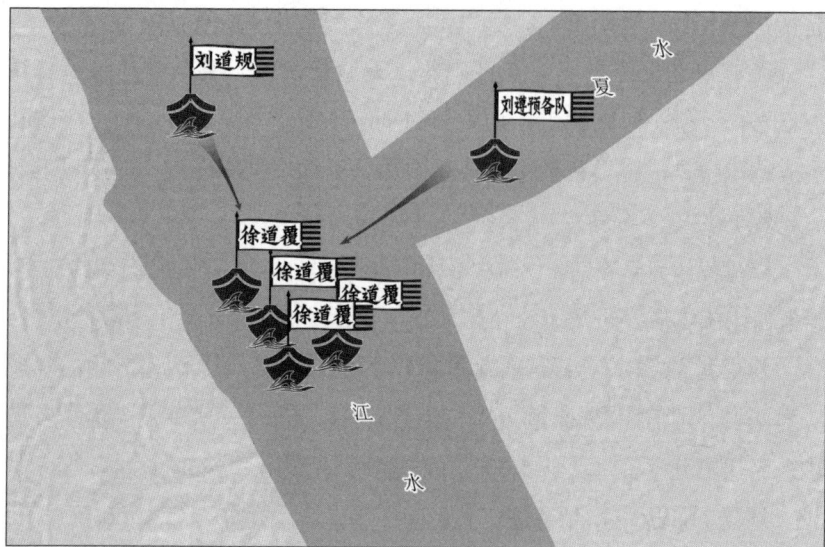

图 1-14　刘道规败徐道覆示意图

　　同一天，刘裕率大军屯于雷池严阵以待，从江陵败回的卢循和徐道覆率数万人涌满大江，前来和刘裕决战，舰队前后看不到头尾。

　　刘裕尽出轻型战船，率全军与卢循开战，分出一部分步骑埋伏在长江西岸当预备队，刘家哥俩的兵法都是一个师傅教的。

　　右军参军庾乐生乘舰不进，被刘裕斩首示众，于是水军踊腾争先，全都拼了。

　　在此战中，刘裕的大炮级神弩再次立功，击沉各种敌舰。刘裕根据风向、水流将卢军逼向西岸。①

　　早就埋伏在那里的步军开始扔火具，玩了一把火烧雷池，彻底击垮了卢循。刘裕留辅国将军孟怀玉守雷池，随后亲率大军追击卢循。

　　卢循大败后逃回寻阳打算回豫章，听说刘裕追来了，于是全力在

---

　　① 《宋书·武帝纪》：军中多万钧神弩，所至莫不摧陷。公中流蹙之，因风水之势，贼舰悉泊西岸。

左里（今江西都昌县西北左里镇）构筑栅栏等工事阻截刘裕的追兵。

卢循为什么要从豫章方向走呢？因为北府军的大船最多追到分水岭那里，他还是能退保广州老家的。（见图1-15）

十二月十八，刘裕大军至左里。

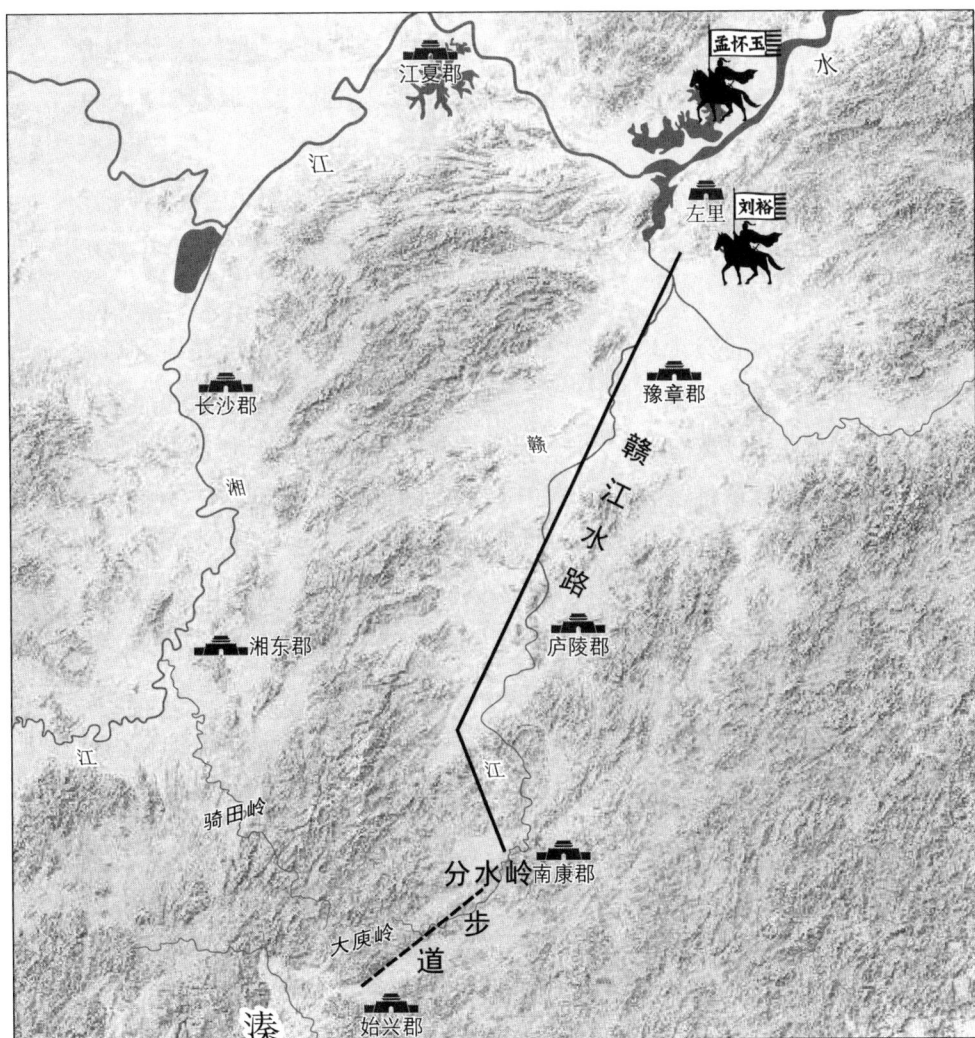

图1-15　卢循败退路线

刘裕挥旗指挥军队准备战斗，拿着的麾竿突然折断，指挥旗落入水中，将士们开始担心起来。

刘裕笑道："都别担心，我的幸运符号比较特殊，当年覆舟山之战时我的指挥旗也折了，结果把桓玄打得一败涂地，这次是又来报喜了，此战必胜！"

刘裕的一系列不败神话随着年份的深入开始越来越强烈地加持北府兵的信心。只要刘裕在军中，将士们就可以随便吹牛，说跟着老大的安排打就完了！

北府军被刘裕施魔法后，嗷嗷叫着往前冲，卢循军虽然拼命抵抗，但最终仍然一败涂地，卢循坐船逃走，被杀、被淹死的卢循军有一万多人。

刘裕受降部分士兵，宽恕被强行入军的无辜壮丁，继续派遣刘藩、孟怀玉轻军追击卢循。

卢循收拢逃散的士卒，得了几千人回广东，徐道覆逃回始兴固守。

刘裕派建威将军褚裕之代理广州刺史后回返。

411 年正月十二，刘裕回到建康向朝廷发"新年贺词"，三月，刘裕受太尉、中书监。

至此，刘家对朝廷的控股权没有悬念了，这天下是刘裕、刘道规哥俩打下来的了！

回到五岭之南，卢循发现算盘打空了，因为刘裕并没有因为需要翻山越岭而行军困难重重就放过他们；徐道覆回到始兴后只剩了一两千人，兵疲不可再用。孟怀玉死死咬住徐道覆，直追到始兴城下，徐道覆守城数日后被干掉。

卢循败兵退回番禺开始围城，孙处坚守二十多天后，沈田子对刘藩说："番禺城虽然险要坚固，但本来却是贼军的老窝，现在被卢循围困时间久了，城里也许会出现变乱，况且孙处军少力弱，不可能坚持太久，要是被他们重新夺回城池，他们就又该死灰复燃了。"

四月，沈田子带兵援救番禺，此时卢循军已经被刘裕将士打崩了，习惯性溃败，又被杀了一万多人，卢循逃跑，沈田子与孙处一起追击，在苍梧、郁林、宁浦等地多次追击，再败卢循。由于孙处病倒，卢循乘机逃奔交州。

四月二十四，卢循与交州刺史杜慧度开战，杜慧度采用火攻，卢循一败涂地，投水自杀，杜慧度将其枭首后加上卢循的爹、儿子等七个人的人头派人送到建康。

道家的精髓是教人向善，劝人学好，敬天爱人，结果被孙恩、卢循生生衍化成了邪教！晋末几乎祸乱整个南方的孙卢集团终于被"护法金刚"刘裕彻底打败了。

412 年四月，剿灭卢循集团一周年纪念日的时候，刘道规因身体有病请求解职回京，刘裕批准。

刘道规身体确实有毛病，回建康后闰八月病逝。天之道，损有余而补不足，不能再让刘裕开挂了。

刘道规死后，刘裕着手处理早先已经明确不听话的刘毅。手段很高端，"欲使其灭亡，必先让其疯狂"，刘裕把荆州的位置给了刘毅。

刘毅性格非常固执，刚愎自用，总念叨自己当年参加起义时的功勋和刘裕是不相上下的，当了豫州刺史后一直闷闷不乐，觉得此地小，非用武之地，他堂堂元勋被安排在了这个位置，倒是刘裕三兄弟分别安排在扬州、荆州、彭城，都是关键城市，自己却被边缘化了，因此常常愤怒，说自己没遇到刘邦、项羽这样逐鹿中原的上司。

等到刘毅"意外"接手荆州后，内心的愤懑与不满再也按捺不住了，他开始动了图谋刘裕的心思，先是上表说："荆州编户不过十万，军械实力不够，广州虽然也残破，但仍能挤出钱来，把交州、广州也给我吧。"[1]

---

[1] 《晋书·刘毅传》：毅表荆州编户不盈十万，器械索然。广州虽凋残，犹出丹漆之用，请依先准。

刘裕批准，加刘毅都督交、广二州。

刘毅随后又奏请任命结交的门阀哥们郗僧施为南蛮校尉后军司马，任命毛修之为南郡太守，刘裕再次同意，随后改派刘穆之填补郗僧施丹阳尹的位置。

双方都将自己人带到了自己的地盘，打算中分东晋。

刘毅上表请求回京口去向祖坟辞行，刘裕前往倪塘，打算在刘毅走之前与他见一面。

宁远将军胡藩对刘裕进言："您觉得刘毅会永远做您的部下吗？"

刘裕沉默很久后说道："你觉得该怎么办？"

胡藩道："统百万大军，攻必克，战必取，这是刘毅佩服您的地方，至于博览群书，谈吐吟咏，他认为自己是北府头咖，所以那帮门阀士人都归附他了，我担心他终不为人下，不如趁此机会除掉他。"

刘裕还以为胡藩有什么妙计，听了半天，什么也没有，说："除掉他还非得现在啊，杀这种元老级的大人物，必须讲究名正言顺，上天欲使其灭亡，必先让其疯狂，不然我为什么要把荆州给他！我和刘毅都是元老，他还没露狐狸尾巴，现在不能除掉他。"[1]

刘毅抵达江陵后对刘道规的班底大换血，擅自抽调豫州原来的文武班子，把江州的老部下一万多人带到了荆州，并没有交接给新任的豫州刺史。[2]

这已经落下口实了，然后刘毅在这个节骨眼上又病了。

刘毅的小体格啊，就不能成大事，没有个好身体，刘毅凭什么对刘裕不服不忿啊，刘裕可是五十年没生病了！

不久刘毅病重，同党郗僧施等担心刘毅死后他们下场悲惨，于是

---

① 《资治通鉴·晋纪三十八》：吾与毅俱有克复之功，其过未彰，不可自相图也。

② 《资治通鉴·晋纪三十八》：刘毅至江陵，多变易守宰，辄割豫州文武、江州兵力万余人以自随。

劝说刘毅求朝廷派从弟兖州刺史刘藩来江陵做他的副手以备万一。①

九月，刘毅上书，请求刘藩过来当副手。

其实刘毅病不病刘裕都要除掉他了，因为刘毅私自带走豫州的班子，就是想谋反呀！他现在病了，还想把弟弟要到江陵去。

刘裕假装同意了刘毅的请求，刘藩赴任前要从广陵过来拜见皇帝，九月十二，刘藩进入建康，刘裕紧急公布了刘毅的罪状，指出刘毅阴谋与刘藩、谢混等人一起妄图颠覆朝廷，随后命刘藩和谢混自杀。

九月十三，刘裕迅速下令大赦，安抚建康人心，保证不找后事，和刘毅有关的门阀士人不用担心。

随后命前会稽内史司马休之为都督荆、雍、梁、秦、宁、益六州诸军事，荆州刺史，和当年反攻桓玄时是一个套路，将司马家顶在了前面。这不是刘毅和刘裕之争，是刘毅自绝于司马氏，自绝于国家。

命北徐州刺史刘道怜为兖、青二州刺史，镇守京口，和广陵隔岸相望，既保卫住了京口大本营和建康的东线安全，又能够对刘藩被杀后的广陵起到震慑作用，配合之前的大赦，起到安定人心的效果。

命原本要接任刘毅豫州刺史的诸葛长民监太尉留府事，将他从历阳调回了朝廷，防止他搞小动作，与此同时加封刘穆之为建武将军，给他兵，给他谋士，就是为了盯住诸葛长民。②

九月十五，杀了刘藩后的第三天，盯住了所有权力分支后，刘裕率军从建康出发了。逻辑缜密，没有一步废棋的霹雳手段，不愧是刘裕！

参军王镇恶请求交给他一百条船担任先锋。九月二十九，刘裕在

---

① 《资治通鉴·晋纪三十八》：会毅疾笃，郗僧施等恐毅死，其党危，乃劝毅请从弟兖州刺史藩以自副。

② 《资治通鉴·晋纪三十八》：裕疑长民难独任，乃加刘穆之建武将军，置佐吏，配给资力以防之。

姑孰任命王镇恶为振武将军，与龙骧将军蒯恩率一百条船为先锋。走前告诉王镇恶："如果敌兵可胜就进攻，如果拿不下，就找机会烧了他们的舰队，然后等着大军到来。"

王镇恶打着刘藩的旗号不分白天黑夜地加速前进，声言刘藩到来。

十月二十二，王镇恶军至豫章口，离江陵城还有二十里，于是下令主力军全部下船，每条船上只留一两个人，停船，在岸边立六七面旗帜，旗下置战鼓，告诉留在船上的人道："估计我们快到江陵城时你们就擂起战鼓打出大部队即将前来的样子。"又分派一队人马去火烧江津（今湖北荆州沙市区南长江中）的刘毅舰队。

都安排好后，蒯恩带兵于前，王镇恶亲自殿后，押着敢死队直扑江陵而去，告诉前面的军士："如果有人问，就说刘藩到了。"

王镇恶一路顺利，前行至离城还有五六里时，碰上了刘毅的心腹朱显之，他正准备去江津，问道："刘藩在哪里？"

士兵们说："在后面。"

朱显之从头看到尾也没看到刘藩，却看见军士扛着盾牌、旁排等作战工具，又远远看见江津已经起火了，突然又听到了江边擂鼓的声音，知道大事不好，赶紧跳上马背，拍马回城向刘毅报告，让刘毅立刻下令赶快关闭各个城门。

王镇恶看到露馅了，命令全军跑步前进，紧跟在朱显之后面，在城门关闭前全军跑进了江陵城。

王镇恶率军突然杀入江陵城，与城内士兵展开巷战，从中午战至傍晚，击溃城中军队，随后挖一个洞冲进了内城，派人将皇帝诏书和赦免刘毅的文件以及刘裕写给他的亲笔信交给刘毅。

刘毅看也不看便全部烧掉了，督促士卒拼力死战。

看到刘毅拼死抵抗，王镇恶使出了大招，命人高喊刘裕带兵亲至，吃完饭就到。

这句话类似于武侠小说里的"北冥神功"，狂吸敌人士气加到自己身上，刘毅的士兵开始彷徨，王镇恶军开始狂屠刘毅的士兵。

因为刘毅的兵也是北府将士，有很多兵和王镇恶的兵是亲戚，双方一边打一边对话，最终刘毅的兵得到越来越确凿的证据：大老虎刘裕真来了。于是刘毅督战也不好使了，人心散了，队伍没法带了。[①]

入夜，刘毅府前卫兵全部逃散，手下勇将赵蔡战死，刘毅半夜率最后的三百侍卫开北门突围出去。

刘毅夜走牛牧佛寺。

当初桓蔚战败时投奔了牛牧寺的僧人昌，昌把桓蔚藏了起来，随后僧人昌被刘毅杀了。

寺里僧人拒绝刘毅入内，僧人们道："我们的师父当年救人被你杀了，从此我们就不敢随便再救人了，您赶紧到别的地方去。"

刘毅叹口气道"报应不爽"，随后上吊自杀。

转过天，王镇恶将刘毅的尸体于江陵闹市中斩首，灭其族，刘毅兄刘模逃奔到襄阳，被雍州刺史鲁宗之斩杀。

刘裕到江陵后分荆州十郡设立湘州，将荆州的职权范围砍走了一半，随后交给了司马休之。

413 年二月，把荆州安排妥当后，刘裕从江陵东归，留守的诸葛长民与公卿每天都到新亭去等候，都说该到了，却总也看不到刘裕的身影。

刘裕刻意放慢了脚步。为什么要这样呢？因为对诸葛长民和刘裕来说，双方的想法是：你觉得他想杀你，他觉得你想杀他。

诸葛长民这些年仗着是北府元老，因此骄横放纵，贪婪奢侈，成了百姓毒瘤，他自己总担心被刘裕除掉。刘毅被杀后，诸葛长民极度恐惧

---

① 《资治通鉴·晋纪三十八》：城内人犹未信裕自来，军士从毅自东来者，与台军多中表亲戚，且斗且语，知裕自来，人情离骇。

地对身边的人道："前年杀彭越，今年杀韩信，我的大祸就要来了！"①

他找刘穆之探底，问道："大家传言太尉对我非常不满，这是为什么啊？"

刘穆之道："太尉逆流而上远征刘毅，把老母和幼子全都交给您照顾，如果对您有一点点的不信任，他怎么能这样做呢？"

诸葛长民听完，开始陷入了"精神分裂"，心想："刘爷您到底想干什么啊？"

诸葛长民的弟弟、辅国大将军诸葛黎民对诸葛长民道："刘毅的结局就是诸葛氏的下场，趁着刘裕没回来咱们先动手吧。"

诸葛长民犹豫不决，叹息道："贫贱的时候，常常想着富贵，富贵之后又一定会有危险。现在就是想当一个丹徒的百姓都当不了了！"

诸葛长民给冀州刺史刘敬宣写信道："刘毅狠毒暴戾，专横任性，他是自找灭亡，现在叛乱已灭天下将平，将来富贵之事，你我一同共之。"

诸葛长民没把话挑明，但这封信的内涵相当丰富：富贵不是刘裕给的，是咱哥俩共同获得的。

刘敬宣高度敏感，把诸葛长民当投名状了，先是回信道："我从改天换地后不称职地当过三州刺史、七郡太守，常常害怕福气享尽，祸患临头，我可不想富贵太圆满，最近一直琢磨怎么吃点亏，您说的富贵我受不起。"

刘敬宣跟诸葛长民撇清关系后又把信送给刘裕，刘裕道："刘敬宣没有辜负我。"

事业发展到最后时刻了，离功成名就还有一步之遥。

不以人的意志为转移的互相"开枪"的局面，终于到来了。

作为京口起义时的最后一个股东，诸葛长民，该上路了。

---

① 《资治通鉴·晋纪三十八》：诸葛长民骄纵贪侈，所为多不法，为百姓患，常惧太尉裕按之。及刘毅被诛，长民谓所亲曰："昔年醢彭越，今年杀韩信。祸其至矣！"

十、十年烽火扬州路

对于诸葛长民的小动作，盯梢的刘穆之都看在眼里，和太尉行参军何承天私下碰了面，问道："刘公这次能不能成功？"

何承天道："荆州是盘里的菜，真正需要担忧的是维护荆州稳定的工作。刘公平卢循后从左里回到石头城，侍卫的工作很随意，这次回来需要加倍谨慎。"

刘穆之道："你说到点上了。"

诸葛长民已经给刘敬宣写信了，对刘裕来说，就不能再留他了！

对付刘毅要欲擒故纵，是因为他背后还有门阀势力，毕竟涉及门阀问题要谨慎，要把这两伙势力拆开，让刘毅离开门阀大本营的建康，对付诸葛长民就没必要那么麻烦了。

413 年二月最后一天夜里，刘裕乘快艇过建康不入，飞速开到了京口。

三月初一凌晨，诸葛长民得到消息，大惊，急往晋见。

刘裕暗中藏武士于帐后，迎接诸葛长民入内，把众人屏退，与诸葛长民单独谈话。

在这最后的会面中，刘裕向诸葛长民说了这十年来的风风雨雨，以及所有背后不足为外人道的秘密，诸葛长民居然以为刘裕在和他交心，心情相当愉悦，所谓"凡平生所不尽者皆及之，长民甚悦"。

主动让他知道那些水面之下的暗箱操作，他不恐惧还"甚悦"，这都说明了他的智商真的上不了这种高级台面。会让他知道，就是因为他再也不能泄密了。刘裕最后的慷慨，是让他当个明白鬼。

诸葛长民在那里正乐着的时候，命运画下了休止符，杀手出来弄死了他。

刘裕随后命人将其尸体拉到廷尉那里，去找个法条定罪，又杀了其弟诸葛黎民和诸葛幼民、堂弟宁朔将军诸葛秀之。

至此，刘裕彻底消灭了京口起义时的所有异己股东，开始进行改革。

刘裕上奏："当年桓温为了富国强兵颁布了'庚戌'诏书，按照住所确定流亡百姓的籍贯，后来政策执行逐渐松弛，现在请求依桓温故例重新核查人口，按照百姓的现有居所重新确定籍贯。"

只有原居住在徐、兖、青这三个州现居住在晋陵的人不在这个限制之内，当年大量设立的"侨郡"被合并撤销。①

刘裕开展了轰轰烈烈的"义熙土断"，按照他的意思，除了京口的户籍比较特殊不能动之外，其他全都得清查。

此时的刘裕和桓温已经没有了区别。如果说有区别的话，就是他的年纪比桓温小，他的对手比桓温弱，他的天运比桓温强了太多。

土断工作轰轰烈烈开展的同时，蜀地被攻下的消息也传来了。

去年剿灭刘毅后，刘裕打算乘胜讨伐蜀地，江陵这战被王镇恶的先锋队直接就拿下了，大部队既然都出来了就别白跑一趟，去征伐蜀地吧。

刘裕选帅时看中了西阳太守朱龄石。朱龄石既有武勇，又熟悉各

---

① 《资治通鉴·晋纪三十八》：于是依界土断，唯徐、兖、青三州居晋陵者，不在断例；诸流寓郡县多所并省。

岗位官吏的情况，但大家都认为朱龄石的资历较轻，名望还小，论资排辈，根本轮不到他去伐蜀。[①]

刘裕表现出了强烈的任用朱龄石的态度：不退不换，就是他！

一些人把朱龄石评价为"资名尚轻，难当重任"，其实另有隐情，因为朱龄石是京口聚义的元老之一。

朱龄石祖籍沛县，世代将帅，伯父朱宪及朱斌都是当年桓温政敌豫州刺史袁真的手下。

桓温在寿春围城袁真时，袁真认为老朱家暗地勾结桓温，于是杀了朱宪与朱斌。

朱龄石的父亲朱绰逃出城归降了桓温。桓温平定寿春时袁真已经病死，朱绰开棺戮尸，桓温大怒，要斩首朱绰，最终被桓冲保下。朱绰随后父侍桓冲，桓冲死的时候，朱绰悲伤吐血而死。

桓温不毁政敌之尸，有德；桓冲救下刚烈之子，有恩；朱绰追随恩主而去，有义！

到了朱龄石这辈儿时，桓冲的几个儿子对他就跟亲兄弟一样，两家的关系非常好。

朱龄石后来作为桓修的抚军参军来到了京口，交了两个都是参军的朋友：中兵参军刘裕，长流参军檀凭之。

这两个朋友赌瘾奇大，但朱龄石从来没想到他俩的职业是赌命。在一个平平无奇的清晨，他一觉醒来发现从小玩到大的桓修被何无忌砍了，刘裕给他面子，让他为桓修哭了一通，随后封他做了自己的嫡系参军。

朱龄石就这样不清不楚地上了"贼船"，在随后的西征路上，朱龄石请求殿后避战以报桓家之恩，被刘裕以忠义之士看待。

---

① 《资治通鉴·晋纪三十八》：太尉裕谋伐蜀，择元帅而难其人。以西阳太守朱龄石既有武干，又练吏职，欲用之。众皆以为龄石资名尚轻，难当重任。

朱龄石与桓家的关系成为他向上升的职业天花板，直到建康保卫战，朱龄石带着千余鲜卑外援击败卢循的抢滩登陆——这是建康保卫战中最凶险的一次战斗——才开始崭露头角。

灭掉刘毅后，刘裕开始借朱龄石强烈表态：我就是要建自己的班子，别老跟我论资排辈，我说行的人才真的行，跟我混的人才有前途，想抱别人的大腿获得富贵都不靠谱！

412年十二月，刘裕任命朱龄石为益州刺史，统宁朔将军臧熹、河间太守蒯恩、下邳太守刘钟等前去讨伐蜀地，还分了大军一半的人——两万人——给朱龄石。

刘裕也不是全都撒手不管，臧熹是刘裕的小舅子，职位也比朱龄石高，名义上接受朱龄石的统领，但实际上就是个监军。

朱龄石走前，刘裕传授方略道："刘敬宣上次伐蜀到了黄虎（今四川射洪县洋溪镇）因为粮尽功亏一篑，这次敌兵仍会认为我们应该虚张声势走岷江方向，但实际主攻点还是涪江，所以他们一定会重兵防守涪城封锁涪江，如果我们进军黄虎就入了他们的套了。这次我们的大部队走岷江直取成都，派一支疑兵佯攻涪江。"（见图1-16）

刘裕担心计划泄露，就写了一封信装在盒子里交给朱龄石，在盒子边上写道："到白帝城再打开。"

伐蜀大军虽然已经开始行动，将士们却还不知道作战计划。

刘裕这个锦囊是什么意思呢？

其实并非史书中"虑此声先驰，贼审虚实"的解释，要是刘道规前去平蜀，刘裕就不用出这一招了，毕竟怎么打已经告诉你了，更没必要让大家都知道，你临时安排布置就完了，那样永远不会提前泄密。

但因为朱龄石的威望不够，入蜀那么多条江，凭什么主攻方向选岷江？刘裕担心诸将质疑朱龄石，他镇不住那群虎狼之将。

朱龄石等人带兵到白帝城后打开刘裕的锦囊，上面写的是："大部队全部从岷江进攻成都；监军臧熹从沱江进攻广汉，完全听朱龄

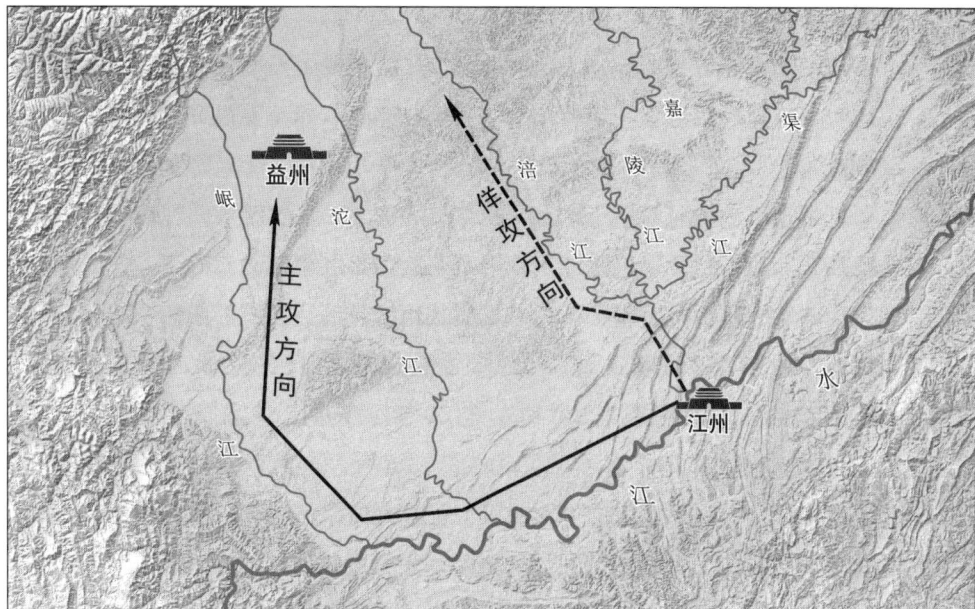

图 1-16　刘裕布置灭蜀路线图

石安排，让他自己做主；老弱残兵乘坐十几条高大战舰从涪水向黄虎进发。"①

刘裕都发话了，那肯定走岷江啊，于是诸军火速进军。由于晋军速度太快，谯纵没来得及在三江汇总的重庆堵住晋军，于是命令谯道福率主力守涪城防备内水来敌。

谯纵用"田忌赛马"的一招真是赌错了。

朱龄石率军一路穿插相当顺利，大军行至平模（今四川眉山彭山区江口镇）时才遇到了谯纵派来的秦州刺史侯晖、尚书仆射谯诜率领的一万多人，在江水两岸筑城阻击。再往前，晋军就快到今天的四川天府

①《资治通鉴·晋纪三十八》：朱龄石等至白帝发函书，曰："众军悉从外水取成都，臧熹从中水取广汉，老弱乘高舰十余，从内水向黄虎。"

新区了。

成都已经近在咫尺，朱龄石却对刘钟说："现在天气太热，敌兵防范严密，就算攻城也不一定能攻克，我想停止进攻养精蓄锐等待战机怎么样？"

刘钟道："不行，我们布疑兵于涪江就是为了乘虚而入，现在大军至此敌人已经丧胆，他们坚守不战不过是因为不敢应战，我们正应该趁此机会调动全部精锐出击，攻克平模后我们擂鼓前行，成都必然不战而降！如果现在暂缓进攻，敌军必然知道我们的虚实，随后调来涪城主力，到时候我们战不能战，后勤无着落，咱们这两万人就成为蜀地俘虏了！"

朱龄石听后，决定攻城。

战前参谋会上，诸将认为江北城险兵多，最好先攻南城。

朱龄石道："现在就算我们屠了南城，仍然拿不下北城，如果集中全军之力攻克北城，那么南城不战自降。"

七月，朱龄石率全军向北城猛烈进攻，向蜀地展现了江东人民的热情，顺利攻克北城后挥师南城，南城不战自溃。

打掉平模后朱龄石上岸向成都进发，沿路阻击的蜀地戍卫军听到晋军前来的消息后接连崩溃。

九月初五，谯纵弃成都出逃，尚书令马耽封存府库等待晋军接收。

九月初九，朱龄石入成都，除谯纵祖父这一支系不予赦免外，其余人都正常上班，尽快恢复生产。

谯纵逃出成都后投奔了从涪城赶来救援的谯道福，谯道福趁这个机会打算自立为王，对谯纵怒道："你把大业丢了，现在想到哪里去？你怎么能怕死到这个地步！"

说罢挥剑砍向谯纵，谯纵只好逃跑，发现没地方去，一赌气自杀了。

谯道福对手下说："国家的生死存亡其实命在于我，现在我还在，咱们还能进行一次决战。"随后把所有财宝分给士兵，打算与晋军决战。

将士们拿了钱后，却都离开了这个打算弑主的投机家。谯道福无奈，也只好逃跑了，他的胆量也没比谯纵大多少，不久他被晋军抓住斩首，蜀地就此平定。

享了八年福，然后被灭门，谯纵当初折腾的最大的历史意义，就是给刘裕的军功章上又添了一笔。

蜀地平定后，刘裕还有一个内部隐患没有拔除，就是当初灭刘毅时顶在前面的政治招牌司马休之。这位司马道子时代的司马氏宗亲在江陵很得民心。

也不知道此君是聪明还是愚蠢，刘敬宣自从回来后大事小事都得向刘裕打报告，你司马休之真以为自己能掀起什么风浪吗？就刘毅、谯纵这些人的下场，你还看不明白吗？

你得自污啊，你得天天给刘裕请示打报告啊，你得请求回去给刘裕当"看门大爷"啊！

司马休之的儿子司马文思在建康做人质，也不让老爹省心，他脾气凶暴，还爱结交匪帮，刘裕很是讨厌，心想："你小子想暗杀我吗？你不知道你的身份吗？"

414 年三月，有关部门报告司马文思擅自打死封国官吏，刘裕下诏杀了他的手下，单独赦免了司马文思。

司马休之辞官表态，刘裕驳了他的辞职信，把司马文思给他送了过去，让他亲自严厉训诫，其实就是让司马休之清理门户。[①]

结果司马休之仅仅上奏请废司马文思的爵位，并写信给刘裕谢罪求情。

---

① 《资治通鉴·晋纪三十八》：休之上疏谢罪，请解所任，不许。裕执文思送休之，令自训厉，意欲休之杀之。

你不体面，刘裕就要帮你体面。刘裕暗怒后命江州刺史孟怀玉兼任督豫州六郡，开始准备对司马休之下手。

415年正月，刘裕收捕司马休之次子司马文宝、兄子司马文祖，并赐死，随后加黄钺自领荆州刺史，正月二十七，刘裕自建康出发，命弟弟刘道怜监留府事，命刘穆之兼右仆射，朝事无论大小，都由刘穆之决定。

司马休之的司马张裕、南平太守檀范之听说后赶紧撇清关系逃回建康。

雍州刺史鲁宗之因为自己和刘毅有旧交情，认为终究不会被刘裕所容，便与其子竟陵太守鲁轨起兵响应司马休之。

二月，司马休之上奏，列举刘裕的罪状，同时也率军准备迎战。

刘裕派他女婿徐逵之统领参军蒯恩、王允之、沈渊子等为前锋出击江夏口。

结果多年无败绩的京口军遇到同样在边境中磨练战斗力的雍州兵后吃了大亏，徐逵之在破冢与鲁轨交战后被击破，徐逵之、王允之、沈渊子等全部被杀，只有蒯恩军压住了阵脚，这才避免了被鲁轨一口气灭掉他们所有人的结局。

刘裕军至马头（今湖北公安北长江南岸，与江津戍相对）听说女婿徐逵之战死，大怒，三月二十九，率众将过长江，准备登陆江北决战。

鲁轨与司马文思合军四万，依陡峭江岸排下战阵，刘裕军无人能抢攻先登。

刘裕看到将士都不给力，随后披甲打算自己当冲锋队，众将劝阻，刘裕大怒，太尉主簿谢晦死死抱住刘裕，刘裕拔剑道："撒手，要不我宰了你！"[1]

---

[1] 《资治通鉴·晋纪三十九》：裕自被甲欲登，诸将谏，不从，怒愈甚。太尉主簿谢晦前抱持裕，裕抽剑指晦曰："我斩卿！"

谢晦道："天下可以没有我谢晦，却不可以没有您！"

建武将军胡藩此时正率军在江津，刘裕派人叫胡藩抢攻登岸，胡藩刚有点犹豫，刘裕就命身边人去抓胡藩祭旗。[①]

看到刘裕斩将祭旗逼大伙拼命的日常操作朝自己来了，胡藩对刘裕派来的人赶紧说："我这就去冲锋，没空听你们嘚瑟！"

不死阵前就死阵后，胡藩亲自冲锋，克服极大的困难飞身抢出了滩头阵地，引导后军上岸，北府军登岸成功后，司马休之无法抵挡，接着全军崩溃，刘裕顺势攻克江陵。

司马休之、鲁宗之一齐向北逃走，逃至襄阳，鲁宗之参军李应之闭门不纳，刘裕的追兵又至，司马休之与鲁宗之父子只好投奔后秦。

司马休之是司马氏最后的指望，青、冀刺史刘敬宣的参军司马道赐是晋宗室的远亲，听说刘裕进攻司马休之后，便与同僚辟闾道秀、心腹王猛子阴谋，想刺杀刘敬宣，随后占据广固，来响应司马休之。

四月初三，刘敬宣遇害，但刘敬宣的手下随后成功平乱。

至此，司马氏最后的反扑力量也被刘裕拔除了，司马家最后的倔强之人司马道赐，还带走了刘牢之的儿子刘敬宣。

司马休之被赶走后，荆州被安排给了刘裕唯一的弟弟刘道怜。

此役过后，五十三岁的刘裕诏加剑履上殿，入朝不趋，赞拜不名，无论从年龄、朝廷威望还是战功勋劳，都是一家独大，成为北府全军毋庸置疑的舵手，放眼整个南方，他已经是"独孤求败"了，该歇歇了。

不过仅仅半年后，遥远的西北传来一个消息，后秦皇帝姚兴死了。

姚兴的死讯，刺激了太多人。因为后秦这个国家已经被他败坏得朽烂不堪。内有皇子、宗室、功臣的内讧，外有赫连勃勃日复一日地武装骚扰，此时的关中，如同娃娃抱金砖，危在旦夕。

---

① 《资治通鉴·晋纪三十九》：建武将军胡藩领兵在江津，裕呼藩使登，藩有疑色。裕命左右录来，欲斩之。

建康的刘裕在慨叹命运对他真的不错。姚兴早死两年，关中就是别人的了，此时距离他平掉最后一个异己司马休之刚刚半年。

但客观而言，此去关中三千里，中间关山险阻还有北魏虎视河北，刘裕看到了"娃娃抱着金砖"不假，但周边的政权是否允许他去欺负那个"娃娃"呢？

更重要的是，刘裕手中的家底是前无古人的单薄。

来看看刘裕登上历史舞台后这十六年激情燃烧的岁月吧。

399年十一月，孙恩祸乱三吴，刘裕出场，随后是两年的交战，401年十一月，孙恩被刘裕基本摧毁。在孙恩和刘牢之的共同祸害下，三吴残破不堪。[1]

402年正月，司马元显宣布讨伐桓玄，随后被桓玄反攻，也是在这一年，整个三吴继孙恩祸乱后遭到了毁灭性打击，人口腰斩，人口大面积饿死的情况出现。[2]

403年，桓玄不体恤民情，还大搞铺张，准备称帝。

404年，刘裕在京口聚义，打进建康，随后一年多时间北府军打入江陵拔除桓氏，至405年夏，扫灭匪患彻底平定荆州。

408年，刘敬宣伐蜀，打了一年。

409年，刘裕北伐南燕，打了一年。

410年，刘裕前脚灭了南燕，后脚就迅速南下救火，何无忌战死，刘毅被打残，北府军元气大伤，刘裕反击成功，这又打了一年。

411年，卢循、徐道覆伏诛。

---

[1] 《资治通鉴·晋纪三十三》：恩据会稽，自称征东将军，逼人士为官属，号其党曰"长生人"，民有不与之同者，戮及婴孩，死者什七、八……东土遭乱，企望官军之至，既而牢之等纵士暴掠，士民失望，郡县城中无复人迹。

[2] 《资治通鉴·晋纪三十四》：三吴大饥，户口减半，会稽减什三、四，临海、永嘉殆尽，富室皆衣罗纨，怀金玉，闭门相守饿死。

412 年，北府军两巨头火并，刘毅兵败自杀；朱龄石入蜀。

413 年，朱龄石灭蜀。

415 年，灭司马休之，铲除最后的异己。

在这十六年里，只有公元 406、407、414 年三年是没有战事的。

这十六年中，主要是江东与荆州的互相伤害，重要变量是孙恩、卢循等集团的无差别自爆，分支剧情是益州谯纵的割据。

放眼望去，东晋的版图是这样的：

扬州、江州因孙恩祸害连年战乱，残破；

荆州、湘州被江东方向反复攻克，残破；

交州、广州被卢循徐道覆裹挟，残破；

青齐地区不求有功但求无过，控制力弱；

益州被谯纵祸害多年，东晋征讨蜀地后百废待兴，混乱虚弱。

大名鼎鼎的北府军又如何，这支铁军已经征战快二十年了，老底子基本消耗殆尽，何无忌和刘毅可以被徐道覆暴打，刘毅和刘裕火并后北府军又经历了内耗，除了刘裕的铁杆外，北府军的高层和中层已经被全部清洗。

虽然 413 年刘裕启动了义熙土断开始抓人抓钱，但在遍地残破下，又能抓上来多少资源？

刘裕剿灭司马休之一役，北府军在没有刘裕临阵的加成时，面对同样有丰富战斗经验的雍州军讨不到一点便宜，死伤惨重，其实这已经说明北府军开始英雄气短。

此时此刻，除了气吞万里如虎的刘裕和征战近二十年的残破北府刘家军之外，整个南方如同纸糊的一般。

残血的擎天柱此时能量严重不足，但遥远的能量魔方恰到好处地在这个时刻出现，开始挑逗这个梦想改朝换代的男人！

十年斗争之路带来的集权给这只已经疲敝的京口老虎打了一针兴奋剂，背后的刘穆之，作为北府的发动机，对他说："去吧，去实现你的梦想吧！"

416年正月，刘裕加领平北将军、兖州刺史，都督南秦州诸军事，并开府置官。

至此，他一人已经都督徐州、南徐、豫、南豫、兖、南兖、青、冀、幽、并、司、郢、荆、江、湘、雍、梁、益、宁、交、广、南秦共二十二州。

三月，刘裕再加中外大都督，兼任司、豫二州刺史，收复中原和洛阳的信号枪打响。

前无古人的虚弱后方在刘穆之的长袖善舞下挤出了最后的北伐能量包。

八月，刘裕挥军北上！

时隔六百二十五年，又一个从江东来的英雄，带着他的江东子弟兵们，气吞万里，朝着关中虎啸而来！

第 **2** 战

刘老虎的西征梦

一、"东游记"开场

话说王莽篡汉之时，天降五行山，下压着一个神猴，不怕寒暑，不吃饮食，自有土神监押，教他饥餐铁丸，渴饮铜汁。自昔到今，冻饿不死，专等那东土的取经人。——《西游记》

此时距大圣灾消难满尚有二百年光景。

佛祖本待要送妙法上东土，叵耐那方众生愚蠢，毁谤真言，不识我法门之旨要，怠慢了瑜迦之正宗。怎么得一个有法力的，去东土寻一个善信，教他苦历千山，远经万水，到我处求取真经，永传东土，劝化众生，却乃是个山大的福缘，海深的善庆。

唐僧西天求经，实乃佛欲传经。

其实《西游记》之前还有个"东游记"。这位东游的"十世修行"好人，名叫鸠摩罗什。

整个南北朝时代，之所以会用如此巨大的篇幅来写佛教，佛教之所以会在上层建筑中占据如此关键的位置，其核心根源，在于此僧以极高的悟性和汉学修养完成了中国历史上规模最大的佛经翻译。

至唐，中国佛教八家宗派中，有六家皆因鸠摩罗什的译经得以创立。《金刚经》《维摩诘经》于禅宗；《阿弥陀经》于净土宗；《法华经》于天台宗；《十住毗婆沙论》于华严宗；《成实论》于成实宗；《中论》《百论》《十二门论》于三论宗。甚至可以说，如果没有鸠摩罗什的出现，中国的信仰乃至中华文化大厦很可能不是今天的样子。

那么为何鸠摩罗什的"东游记"没有如玄奘法师的"西游记"一样，出现各种神魔小说版本呢？有一种解释是，玄奘法师生于盛世，前往西方需要出现妖魔鬼怪作为磨难，而鸠摩罗什生活的这个时代，为"五胡"南北朝的中场，他这一路东行，遇到的人比妖魔可怕多了。

妖怪能害几个人？最大的魔，永远是人。

鸠摩罗什，天竺人，其家族世为国相。其父鸠摩罗炎，自幼有慧根、有大节，即将继承相位之时辞避出家，东渡葱岭来到西域。龟兹王闻其名，到城郊迎之，请为国师。

在龟兹，鸠摩罗炎遇到了自己的"女儿国"拷问。龟兹王有一个二十岁的"大龄剩女"妹妹，才大悟高、聪明机敏，诸国求婚，公主都不同意，直到见到鸠摩罗炎，这位公主觉得遇到了自己的"御弟哥哥"，随后龟兹王逼鸠摩罗炎娶他妹妹。

看透权力的鸠摩罗炎最终因种种原因没有守住自己的底线，娶了龟兹公主，还生了两个儿子。大儿子，就是鸠摩罗什。

据说鸠摩罗什入胎后，他本就聪慧的母亲继续大开智慧光芒。等鸠摩罗什七岁时，其母带着他出家了。

童子时就入佛门的鸠摩罗什展现出了极强的佛缘和天赋，入门后被教授了类似于今天净土宗的法门，一句"阿弥陀佛"念到底，就能念到一心不乱，随后开悟见佛。

鸠摩罗什得传一句偈，此偈有三十二字，每天念诵千遍，共三万两千字。后来鸠摩罗什在长时间诵偈后就一通百通，不管看什么经文都能明白地开悟了。①

---

① 《晋书·鸠摩罗什传》：罗什从师受经，日诵千偈，偈有三十二字，凡三万二千言，义亦自通。

"偈"是什么呢？就是佛经中讲经义的小句子，类似于诗句。

举个例子，鸠摩罗什翻译的《金刚经》中有很多名气非常大的四句偈，比如"凡所有相，皆是虚妄，若见诸相非相，则见如来"；"一切有为法，如梦幻泡影，如露亦如电，应作如是观"。

鸠摩罗什小时候天天念的就是这种经句。念到一种境界后就一通百通地开悟了，或者说是唤醒了以往多世的记忆从而大彻大悟。

关于宗教中一些不可思议的法门，很多人会简单地认为它是假的，涉及宗教的问题我们尽量不做评价，我们仅仅对事情大概有个了解，作为谈资的史书依据。

鸠摩罗什这种小小年纪就能通过诵偈子开悟的情况其实有很多先天的原因，并不具备普遍性，但我们尽量不要不屑地说"这就是糊弄人的"。

这种先天的高人通常命带剧本，像鸠摩罗什还不算最神奇的，他翻译的《金刚经》后来仅仅被禅宗六祖慧能听到有人诵读，慧能就开悟了。

别看慧能大师不识字，但不耽误他从此明心见性，能体悟出"菩提本无树，明镜亦非台，本来无一物，何处惹尘埃"这样高境界的佛学偈语。

这个世界很奇妙，我们以一种包容的心态看待就可以了。

鸠摩罗什十二岁的时候，其母带他到了沙勒国，国王对其母子相当看重，随后母子在沙勒修行传法一年。

鸠摩罗什在修行过程中受到了大量典籍的熏陶，博览五明诸论及阴阳星算，开始慢慢地成长，成为一个类似于《三国演义》中蜀汉丞相诸葛亮一样的人物，能够预言祸福吉凶，即所谓"博览五明诸论及阴阳星算，莫不必尽，妙达吉凶，言若符契"。

鸠摩罗什长大后性格率性豁达，不拘小节，和他一同修行的人经常疑惑此君是不是佛门中人，因为他从来没有被那么多的条条框框所约束。

佛门中的很多清规戒律，其实是辅助与规范教徒做一个好人的。比如说《西游记》中，唐长老常说"酒是佛门第一戒"，原因是什么呢？

古代有荤酒（有动物性成分），有素酒，其实从理论上来讲，吃素酒是不犯杀戒的，但为什么还是禁止呢？因为酒这东西乱人心性，定力差的人喝完了酒，"杀盗淫妄"就跟着来了。

本来平时挺怂的，酒壮怂人胆，就把自己看不顺眼的人给杀了，武松更是喝完酒能暴打大老虎。

本来手挺干净的，喝酒了看见好东西就会眼热，就顺手牵羊了；本来能控制住自己嘴巴的，喝完酒开始满世界吹牛。

其实今天的白酒、啤酒都是素酒，但酒这东西会助长人性中那些丑陋的东西，所以为了避免作恶，定酒为戒。

佛门还让僧人戒"荤腥"，所谓"荤"不是肉，"腥"才是肉。"荤"一般指的是葱、蒜、韭菜等素菜。为什么这些素菜也要戒？因为这些素菜生食旺肝火，熟食助淫欲，戒这些菜本质上也是为了防止僧人跟人打架。

其实在5世纪的时候，佛教中人仍然是能吃肉的。佛门定义"三净肉"可以吃。所谓"三净"是指没有看见被杀、听见被杀的声音以及专门为了招待自己而被杀死的动物。

原因在于出家人通常不事生产，经常要满世界化斋，万一施主是猎户，只有肉怎么办呢？

出家人的核心算法是顺遂众生，不能给人家添麻烦。你不能让施主专门去给你刷锅做顿素菜，施主家里剩了什么饭你就吃什么饭，所以肉是可以吃的。

我们说的这些，是让大家理解史书中一些佛门教规的"矛盾"之处。

佛法的核心原理就一条：不给这个世界带来坏的东西，而是给这个世界带来好的东西。

所谓人之初、性本善，真的吗？对，也不对。

人刚生下来的时候真是"五毒俱全"啊，充满了贪、嗔、痴、慢、疑。孩子小的时候看到好吃的东西就贪；看到不高兴的事情就嗔；愚痴的不明事理、是非不分；对自己不关心的人和事都轻慢；坐井观天，永远以自我为中心。

但我们仍然会说每个孩子生下来都是纯净的，都是人之初、性本善的。为什么呢？因为孩子的"五毒"是没有破坏性的，是没有杀伤力的，是影响不到别人的。人刚生下来的时候，是不会杀、盗、淫、妄、酒的。

为什么现在社会中的那些"巨婴"就没人说他们纯粹可爱了呢？因为"巨婴"们长大了，有能力放大那些"五毒"了，极大地影响了别人。

所谓的修行，是通过种种办法遏制从婴儿时期就自带的那些"人性的恶"，不断展现"人性中的善"。

佛教徒终生都在和人性中的"劣根性"做斗争，并以身作则展现给普罗大众人性中美好的一面。

只有明白这些，才能明白南北朝时期的佛法一旦传播得太快，为什么会出现事与愿违的结果。

因为一个合格的佛教徒，是需要长时间地"摒弃恶习"进行修炼的，一旦入门时间不够，僧团监管也不到位，却有大量的信徒突然间涌入寺庙、进入佛门，那就注定会出现一系列丑恶的事情。

鸠摩罗什开悟后到了一种新境界，对很多条条框框的戒律不以为意，专门以各种善巧方便的"大乘"方法去度化众生，渐渐收揽了大量的学徒。

所谓的"大乘为化"，就是大乘佛法。"乘"是船的意思，是佛法渡过苦海到彼岸的一种交通工具。

小乘佛法，就是一叶小舟，主要讲的是如何成就自己的"觉悟"；大乘佛法，则是一艘大船，主要讲的是如何帮助身边有缘人"觉悟"，渡到彼岸。

鸠摩罗什选择了讲经说法带徒弟的方式，大规模地普度众生，在二十岁的时候，由于名气太大了，龟兹王将"国宝"外甥迎回来让他传播佛法，龟兹成为西域世界的佛学灯塔。

鸠摩罗什成为国师后，其母貌似知道自己今生最重要的任务就要来了，于是宣布要远赴天竺，走前对儿子说出了心愿："我们学的这套法门，其能量不可思议，如今将此深教传往东土只有靠你了，但对你没什么利益，你能把这事办了吗？"①

没有佛祖给的成佛指标，没有"天大的福源，海深的善庆"，面对母亲加给自己的梦想，鸠摩罗什毅然决然地回答道："这是我今生的使命，若能使普度众生的佛教之花开遍华夏大地，多苦我也愿意。"

得到了儿子的承诺，鸠摩罗什的母亲到了天竺后就得道了。她的任务已经完成了。她生的这个孩子，最终为东方世界的文化融合完成了太多的突破。

万事万物要靠缘分，鸠摩罗什并没有主动去东方传道，而是继续在龟兹等西域地区扩大佛学的影响力，彻底影响了西域诸国君主。鸠摩罗什每次传道授业解惑时，诸王都长跪做鸠摩罗什的登台人梯。

鸠摩罗什也到达了他尊贵人生的顶点。因为西域诸国的体量放到中华大地也就是相当于一个县，县级的官员做出来的虔诚举动还不至于能影响到州郡一级的官员。鸠摩罗什的东土传经之路，才是他人生中的真正修炼之途。

此时正值"摆拍天王"符坚走上人生巅峰，他听说西域有这么一位高僧，希望在史书中的信仰领域能为自己浓墨重彩地写一大笔，于是有了引进人才的想法。

---

① 《晋书·鸠摩罗什传》：有顷，罗什母辞龟兹王往天竺，留罗什住，谓之曰："方等深教，不可思议，传之东土，惟尔之力。但于汝无利，其可如何？"

这个时候前秦史官上奏说："有一颗智慧星现于国界分野，当有大智慧圣人来中原辅助。"

想睡觉有人递枕头，382年九月，车师前部王弥寊、鄯善王休密驮远赴长安朝贡，希望改变自己的地位，表示愿意带领前秦将领征服西域。

此时前秦疆域已经东及大海，北定大漠，苻坚准备亲自南下，正在筹备战争，因此将远征西域的任务交给了吕光。

吕光统率七万步兵、五千铁骑征讨西域，临行前苻坚没有忘记自己的人才引进打算，对吕光说："得到鸠摩罗什后赶紧给我快马加鞭送过来。"①

383年正月，吕光自长安西征，于当年十二月抵达焉耆国（今新疆焉耆回族自治县，《西游记》中的乌鸡国）。焉耆国及其附属诸国纷纷请降，邻居龟兹国则带着自己的附属诸小国坚决抵抗。

在吕光军还没到的时候，鸠摩罗什就对舅舅龟兹王说道："我们的国运开始衰弱，现在有劲敌自东而来，恭顺迎接他们，然后把他们打发走就可以了，别跟对方开战。"

平时拿外甥当国师，但到了触及利益的时候，龟兹王明显把外甥扔一边去了，积极备战秦军。据说西域联军多达七十多万救援龟兹。这肯定是假的，西域地区靠自己肯定养不活这样的兵力。

总之，最后吕光赢了，西域三十余国都投降了。

龟兹王带着财宝跑路了，吕光立了他弟弟为王，随后开始统治西域，西域各国也带着当年的汉符节过来换秦符节，吕光相当风光。②

吕光拿下龟兹后见到了传说中的西域国宝鸠摩罗什，吕光到了西

---

① 《晋书·鸠摩罗什传》：乃遣骁骑将军吕光等率兵七万，西伐龟兹，谓光曰："若获罗什，即驰驿送之。"

② 《晋书·吕光载记》：光抚宁西域，威恩甚著，桀黠胡王昔所未宾者，不远万里皆来归附，上汉所赐节传，光皆表而易之。

域就不拿苻坚的话当回事了，也没办苻坚交代的快马加鞭送圣僧回国这事，他做的第一件事就是打压这位已经被西域奉为神明的圣僧。

吕光不仅安排人去奚落、折辱鸠摩罗什，还逼着鸠摩罗什娶自己的表妹，也就是龟兹王之女，鸠摩罗什苦苦推辞。但吕光一句话就把鸠摩罗什噎死了："你爹也是修行人，不还是有了你吗？你推什么推？"

先是逼鸠摩罗什喝酒，把他和他表妹关在一室，还是上史料原文吧："乃饮以醇酒，同闭密室。罗什被逼，遂妻之。"

无论多大的福气，多高的悟性，想成就一番事业就不可能不经受各种各样的劫难考验，鸠摩罗什一帆风顺的人生路上，此时遇到了第一次法难。

人在矮檐下，鸠摩罗什开始变换方法度化拿他找乐的吕光。你打压我不过是想巩固自己在西域的最高权威而已，那我就放低姿态为你服务，我答应了我母亲要去东土弘法，无论这东来的是善缘还是逆缘，我都会完成我的人生使命。

西域富庶，吕光打算留在龟兹，永久统治这里。鸠摩罗什道："此凶亡之地，不可久留，东去自有福地可居。"

吕光听了鸠摩罗什的预言后，召集官员商讨。文武官员一致希望回归中原。所谓的"此凶亡之地"，大概率是官员们不希望吕光当西域皇帝而已。

回军路上，中路置军于山下，将士们已经休息，鸠摩罗什道："在此必狼狈，宜徙军陇上。"吕光不搭理。

当夜大雨，洪水暴起，水深数丈，淹死了数千人，吕光开始重视鸠摩罗什。越往东走，吕光愈发重视鸠摩罗什这个预言大师的每一句话，整个凉州也将迎来千年来最混乱的割据时代。

拜吕光所赐，在前凉张家手下安稳和睦了百年的河西走廊，硬生生地分裂出了四个政权。

二、甘肃版"淝水之战"

吕光自龟兹率军走了半年后，于385年九月抵达宜禾（今甘肃酒泉瓜州县）。

吕光回军的这个时间点，关中已经打成了热窑，苻坚已经被姚苌勒死在五将山了，凉州刺史梁熙有了据凉州自立之心，不想让吕光进入河西走廊。高昌太守杨翰建议派兵在高桐谷口、伊吾关两险拒守，被梁熙拒绝。

梁熙和其兄幽州刺史梁谠合称为"二梁"，堪称当时北国文学的天花板，时人赞曰："关东堂堂，二申两房。未若二梁，环文绮章。"

顶级文学家梁熙觉得吕光不是什么好人，但和高级军事家吕光碰撞后，笔杆子明显没有刀剑好使。

吕光迅速进兵逼降高昌太守杨翰，敦煌太守姚静和晋昌太守李纯随后相继请降，等吕光深入凉州后，梁熙发檄文谴责吕光擅自回师，率五万将士与吕光对战，结果被吕光轻松拿下，最终武威太守彭济抓到了梁熙，作为投名状向吕光投降。吕光入主姑臧（今甘肃武威），自任凉州刺史、护羌校尉。

此时的河西军阀林立，吕光为了立威，听任主簿尉祐之言杀了南安姚皓、天水尹景等十多位当地名士，开始被河西视为野蛮的入侵者。^①这成为吕光人生中的最大败笔。

本来他就没有政治优势，他还杀了当地的望族，当地老百姓就会拿他当土匪了，今后他也只能靠武力镇压了。

半年后的386年二月，魏安人焦松、齐肃、张济等聚集数千人，迎立前凉国主张天赐之子张大豫为盟主，攻陷昌松郡。

张大豫击败了吕光猛将杜进，自号抚军将军、凉州牧，改年号为"凤凰"，派王穆向岭西各郡求援，随后建康太守李隰、祁连都尉严纯和阎袭全都起兵响应张大豫，军队发展到三万人。前凉本土豪族和老百姓根本就不服！

四月，张大豫不听劝阻，着急进兵和吕光决战，最终在姑臧城西被吕光击败，二万多人被杀，张大豫逃亡后被抓，于姑臧闹市被斩首。河西大族的第一波反扑浪潮被扑灭。

也是在这一年，吕光终于"等"来了苻坚被姚苌勒杀的确切消息。吕光表现得比较激动，愤怒哀号，下令三军为苻坚服丧，谥苻坚为文昭皇帝。

十月，吕光大赦天下，自称使持节、侍中、中外大都督、督陇右河西诸军事、大将军、邻护匈奴中郎将、凉州牧、酒泉公等，建年号为"太安"。

387年十二月，在凉州严重水土不服的吕光迎来了自己人生中最大的一次变乱，部下徐炅联合张掖太守彭晃叛乱，西平太守康宁杀湟河太守强禧自称匈奴王叛乱，王穆袭据酒泉自称大将军、凉州牧叛乱。这四人遥相呼应成立了"反光者联盟"。

经过了一年的艰难平叛，实力相对雄厚的吕光终于扫平了所有不服的势力，暴力镇压了河西地区的第二次反扑浪潮。

---

① 《晋书·吕光载记》：光主簿尉祐，奸佞倾薄人也，见弃前朝，与彭济同谋执梁熙，光深见宠任，乃谮诛南安姚皓、天水尹景等名士十余人，远近颇以此离贰。

389 年二月，据说麒麟出现于金泽县，身后还有百兽跟从，吕光以此祥瑞自称三河王，改元"麟嘉"，设置百官。

七年后，396 年六月，垂垂老矣的吕光继天王位，国号大凉，六十岁的吕光大赦天下，改元"龙飞"。

希望龙飞九天的吕光明显把年号起大了，兜不住福气了，很快他就迎来了奠定河西地区后面四十年格局的一战。他和他的先主一样，一战败后"天下"崩。

当年第一个反叛符坚的西秦这些年发展得很一般，一度归附后凉，但又屡次反叛，吕光称天王后兴兵讨伐西秦。

吕光先是遣太原公吕纂等统率步、骑共三万人进攻金城（今甘肃兰州西固区），西秦国主乞伏乾归率二万兵前去解救，救兵未至而金城被攻克。

吕光的兄弟天水公吕延也率军进攻临洮（今甘肃岷县）、河关（今甘肃积石山县），全部攻克，局面一片大好。

面对太过于轻易取得的胜利，吕延挥军疾进，结果被蛰伏了很久的乞伏乾归伏击，吕延战死，耿稚与将军姜显收集散逃的士卒，回到枹罕驻守，吕光退军回了姑臧。

吕家这一败，整个河西疯了。此战后，一个潜伏了百年的部族再次出现在了历史舞台上。

话说一百三十多年前，西北地区的秃发树机能第一个举起了反旗，给刚刚接班的司马炎沉痛一击。后来秃发部的"前浪"被烂船还有三斤钉的西晋镇压，秃发部被灭。

树机能死后，堂弟秃发务丸接班，务丸死后其孙秃发推斤接班，推斤死后其子秃发思复鞬接班，在秃发部冒头过早被灭的百年后，在第四辈秃发思复鞬时代，秃发部再次开始强盛，随后传到了第五代秃发乌孤手上。

394 年，河西第一暴力集团的老大吕光派使者任命相当有影响力的秃发乌孤为河西鲜卑大都统，封广武县侯。

秃发部首领们的老毛病又犯了，有点实力后又想当"前浪"，他们商议道："我们那么有实力，为什么要依附别人？"

秃发乌孤听后准备扬眉吐气地抵抗吕光了，结果大将石真若留劝阻大家道："我们的实力还没稳固，应该先顺着吕家，尤其吕家现在还没出现内部矛盾，吕家要是跟我们翻脸死磕了，我们是打不过吕家的，先别倔强了，别将来后悔都来不及，不如接受吕家的官职，遵天道，养实力，等待时机。"

历史不会重复，但会相似，要是没有石真若留的劝阻，秃发部极大概率又向祖宗致敬了，被吕光灭掉。

396年七月，吕光称天王后又派使者授秃发乌孤为征南大将军、凉州牧、左贤王。

秃发乌孤憋了两年再也憋不住了，对使者说："吕王凭着自己雄厚的军事实力占有此州，不修德政，诸子贪淫，三个外甥一个比一个混账，郡县土崩瓦解之势已经出现，百姓生活没有依靠，我怎能违背天下人的心愿受此不义爵位！帝王兴起，难道有永久的吗？无道就灭亡，有德就昌盛。我要顺天下人之望，做天下之主！"秃发乌孤留下了吕光给他的鼓吹羽仪，赏赐了使者，让他回去。

面对秃发部的叫嚣，吕光先是将矛头对准了屡次反叛的西秦，打算杀鸡给猴看，但随着吕延的大败，397年正月，秃发乌孤迅速自称大都督、大将军、大单于、西平王，大赦，改年号为"太初"，建立了南凉。

秃发乌孤在吕家刚刚显出颓势时就在广武集结部族，攻克了后凉刚刚拿下的金城。吕光派窦苟去平叛，结果在街亭（非马谡打败仗的街亭，在今甘肃永登县乌鞘岭）双方展开激战，后凉军大败。

此战后，后凉乐都、湟河、浇河三郡投降南凉，岭南羌胡数万落也归顺南凉，后凉将军杨轨、王乞基率户数千来奔，乌鞘岭以南已经失去控制，吕家暴力镇压下的河西走廊开始出现土崩瓦解之势。

西秦和南凉都按不住之后，吕光的噩耗仍然没有结束。

当初吕光入主河西，居于张掖的卢水匈奴部落的沮渠部归附了吕光，酋长沮渠罗仇被吕光任命为西平太守，其三弟沮渠麹粥被任命为三河太守。

讨伐西秦之战，沮渠罗仇部也被征调了，等吕延败死后，沮渠麹粥跟他哥哥沮渠罗仇合计："吕光的脑瓜子一直就不太正常，这些年来是非不分，现在他弟弟死了肯定会猜忌我们，我们肯定不会有好下场，与其坐等被杀，不如反了吧，吕家的气数也到了。"

沮渠罗仇说："你说得没错，但我们家世代忠孝大名传于河西大地，宁使人负我，我不忍负人。"①

看看河西大地百年的文明同化水平，"胡人"以中原的忠孝为人生观，前凉张氏功莫大焉！

结果吕家战败后土崩瓦解之势出现，吕光杀死了沮渠罗仇和沮渠麹粥。

沮渠罗仇被杀后，沮渠罗仇的侄子沮渠蒙逊为两位叔叔在故乡临松（今甘肃肃南县）办白事，会葬者万余人，沮渠蒙逊当众大哭道："吕王昏庸无道，滥杀无辜，我家祖祖辈辈虎视河西，现在我要诸部与我一起报我两个叔叔的仇，复我祖上的雄图大业，大家愿意跟随吗？"

部众皆称万岁，随后结盟起兵，攻下了临松郡，随后沮渠蒙逊的堂兄、时任后凉晋昌太守的沮渠男成也起兵响应，率部进军建康（今甘肃酒泉），劝说后凉的建康太守段业起兵反凉。

段业与吕光的尚书王祥、侍中房晷等官员关系一直不好，于是也

---

① 《资治通鉴·晋纪三十一》：罗仇曰："诚如汝言。然吾家世以忠孝著于西土，宁使人负我，我不忍负人也。"

同意起兵，沮渠蒙逊与沮渠男成合兵一处，因为年龄尚轻，爵位低，所以共推段业为盟主。

397年五月，段业自称大都督、龙骧大将军、凉州牧、建康公，建元"神玺"，建都骆驼城（今甘肃高台县南）。这也就是北凉的前身了。

段业自立为凉州牧后，以敦煌太守孟敏为沙州刺史，以凉州大姓、祖上历仕两汉魏晋及前凉的李暠为效谷县令。

398年，孟敏死了，敦煌郡推李暠为宁朔将军、敦煌太守，向段业称臣，随后段业任命李暠为安西将军、敦煌太守，兼护西胡校尉。

400年，北凉的晋昌太守唐瑶反叛，向敦煌、酒泉、晋昌、凉兴、建康、祁连六郡传发檄文，推举李暠为大将军、护羌校尉、秦凉二州牧、凉公，改元"庚子"，以敦煌为都城又建立了西凉。

401年，沮渠蒙逊杀了段业，正式建立了北凉，段业死后河西汉人大部分都归附了西凉的李暠。（见图2-1）

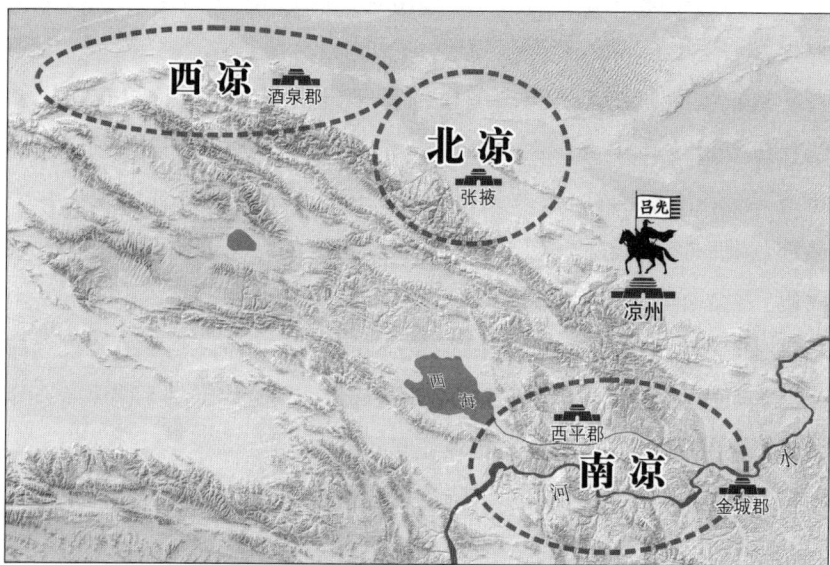

图2-1 四凉势力范围图

这些年，吕光仗着老底子暴力镇压各地，能过一天是一天，根本没有拾起前凉汉化的好底子，本来百年都没出现的民族矛盾问题在他的手下是各种炸雷，战败后面积本就不大的河西走廊几乎是瞬间崩盘又瞬间完成了重组。

匈奴分支的卢水胡建立了北凉，鲜卑分支的秃发部建立了南凉，河西汉人大族建立了西凉。

甘肃版"淝水之战"后各民族完成站队，吕光向他的先主符坚完成了致敬。

这些年，鸠摩罗什在吕光手中完完全全就是暴殄天物，鸠摩罗什的记载甚至出现了断档，直到后凉崩盘、北凉自立后，才看到吕光去请教鸠摩罗什，还是把他当预言的"水晶球"用，问平叛吉凶。鸠摩罗什在后凉即将到来的覆灭前相当艺术地对吕光说："此行应该不会占便宜。"[①]

鸠摩罗什似乎看到了吕光已经输急眼的未来，说得相当含蓄，因为后来吕纂是"仅以身免"跑回来的。

当场说破也许吕光当场就急眼了，反正吕光的人生快到终点了，犯不上得罪他。

其实吕光的问题问错了，他应该问问自己还要被背叛多少次。吕光的散骑常侍、太常郭黁见吕光年老多病，太子吕绍无能，庶长子吕纂凶悍，猜测吕光死后必然大乱，自己掌管机要多年也没什么好结果，于是联合尚书仆射王详推举了田胡王乞基为主，占据姑臧城东苑，抓了吕光的八个孙子作为人质，起兵反吕。吕光自己的班子都炸了。

399 年十二月，风雨飘摇即将走完人生之路的吕光传位太子吕绍，以吕纂为太尉，吕弘为司徒。

---

① 《晋书·鸠摩罗什传》：沮渠蒙逊先推建康太守段业为主，光遣其子纂率众讨之。时论谓业等乌合，纂有威声，势必全克。光以访罗什，答曰："此行未见其利。"

吕光死前交代三个儿子一定不要内讧，结果死后第五天，其庶长子吕纂就在兄弟吕弘的撺掇下反了，逼吕绍自杀，随后自立为天王。

吕弘虽然在逼宫中旗帜鲜明，但吕纂上位后就改封他为番乐公（今甘肃永昌），把他打发出了国都。吕弘大怒，也反了，和他哥哥打了三个月后，被捉回姑臧杀害。

401年二月，吕纂的堂兄吕超擅自出兵西秦，被吕纂紧急召回，面对不听指挥的吕超，吕纂大骂："我恨不得一刀砍死你。"

吕超看到吕纂都想动刀了，心想自己也别犹豫了，于是傍晚就亲自刺杀了吕纂。

其实吕纂也许能够避免被刺杀的噩运的，因为吕纂代立后有猪生了个一身三头的猪崽子，又有龙出东箱井中，不久又有黑龙升于九宫门。鸠摩罗什道："潜龙出游，猪妖现世，龙为阴类，出入有时，如今屡屡现世不是好兆头，必有下克上之变，您最好克己修德，以答天戒。"

都给他点明白了，但阎王劝不住该死的鬼，吕纂最终被吕超谋杀。

鸠摩罗什之所以罕见地给吕家人提醒，是因为吕纂死后，姑臧将变为人间炼狱。

吕超杀了吕纂后拥立了自己的哥哥吕隆为天王，吕隆是吕光的侄子，既没有继位的合法性也没有什么威望，由于心虚便开始大搞恐怖统治，随后杀掉了大量的豪族、名流乃至宗亲大臣。

整个姑臧地区人人自危，生产被严重破坏，米价飙升，人相食，饿死者十余万人，有几百人鼓起勇气请求吕隆开城允许自己逃荒，吕隆担心姑臧成为空城，将其全部坑杀，整个姑臧变成了人间地狱。①

---

① 《晋书·吕光载记》：姑臧谷价踊贵，斗直钱五千文，人相食，饿死者十余万口。城门昼闭，樵采路绝，百姓请出城乞为夷虏奴婢者日有数百。隆惧沮动人情，尽坑之，于是积尸盈于衢路。

吕家这些年像土匪一样统治后凉，掏空了富庶安定了百年的河西走廊。万幸河西仍然留下了大量的文明种子和经史典籍，最终从文化和政治制度上还是点燃了下个时代的烽火。

已经走向绝路的后凉即将迎来最后的对手，鸠摩罗什也即将走完自己困步于河西的十六年汉文化融合时光。

上天安排你在汉文明的绿洲修习这十六年，就是为了让你融会贯通汉文明，将来写出"过去心不可得，现在心不可得，未来心不可得"的心法，道出"凡所有相，皆是虚妄；若见诸相非相，即见如来"的境界。

401 年七月，后秦陇西王姚硕德向皇帝姚兴请示后率步骑六万从金城渡过黄河，直趋广武（今甘肃永登）进至姑臧，吕隆派弟弟吕超、吕邈迎战，结果吕邈被杀，战死万人。

九月，吕隆派使者出城投降。姚兴命其为镇西大将军、凉州刺史、建康公，继续镇守姑臧。不久，吕隆又与南凉和北凉互相攻杀，越打越艰难，后无力再战，向姚兴请求内迁。

403 年八月，吕隆率百官迁往长安，五凉中的第二凉后凉灭亡。

剩下的三凉政权中，秃发部建立的南凉于 414 年被西秦所灭；凉州大姓李氏建立的西凉于 421 年被沮渠部建立的北凉所灭。不过作为凉州的世代大姓，422 年西凉王室后裔，李暠的孙子李宝和舅舅们西渡流沙，在吐鲁番一带占据了伊吾县（今新疆哈密），建立了伊吾西凉，又称后西凉。李家逃出关去了。

439 年，最后一凉的北凉终于彻底凉了，被北魏吞并。

442 年，后西凉遣使投降北魏，李宝被北魏任命为都督西垂诸军事、镇西大将军、开府仪同三司、领护西戎校尉府，四品以下官职允许按照北魏制度自行任命。

444 年，李宝入平城，这支李氏在北魏汉化的关键改革期间大放异彩，后来成为唐代大名鼎鼎的七宗五姓之首。

西凉开国之主李暠的后代还有一支，虽然并没有李宝子孙显贵得早，却在时代的飘摇中阴差阳错地来到了一个叫作武川的军镇，并最终在南北朝的末期凭武运站到了浪潮之巅。

鸠摩罗什在凉州的十六年由于吕光父子对佛法无感、喜怒无常而掩盖了自己的光辉，既不弘道也不传法，在这片文化浓郁的土地上潜心修习汉文化的同时，静静等待着吕家太阳的落山，等后秦攻破姑臧后，深喜佛法的姚兴迎鸠摩罗什回到了长安，待以国师之礼。[①]

鸠摩罗什终于迎来了自己真正的人生使命，开始全身心地投入佛经的翻译工作中。

该说说后秦了，该说说这个用一己之力帮助鸠摩罗什完成有史以来的最大规模佛经翻译工作后，给刘裕点炮、增加历史排名的短暂王朝了。

---

① 《晋书·鸠摩罗什传》：罗什之在凉州积年，吕光父子既不弘道，故蕴其深解，无所宣化。姚兴遣姚硕德西伐，破吕隆，乃迎罗什，待以国师之礼。

三、象牙塔里的才情，试炼窟中的智慧

苻坚魂丧五将山后，我们就没再对当时的关中大乱进行细致描写，而是将重点放到了关东的慕容垂和使"五胡"归一的拓跋珪身上。

没再细写关中，主要是因为剧情不足。

苻坚被自己寄予厚望的龙骧将军姚苌活活勒死后，关中再次陷入大分裂的胡打乱闹阶段，苻家在关中的残余势力面对下作的姚苌极度愤怒，领头的苻登更是在军中为苻坚立像，和姚苌父子不死不休地连打了十年。

苻坚似乎也没有就此退出历史舞台，以鬼魂之躯和谋杀他的姚苌展开了"人鬼情未了"的厮杀。

苻登每次作战都向苻坚的神像请示，姚苌数次大败。厚颜无耻的姚苌输急了眼，随后掘出了苻坚的尸体进行鞭尸，扒了苻坚尸体上的衣服，然后用满刺的荆棘把苻坚裹起来，随便扔到了乱葬岗。

姚苌被苻登打得实在抬不起头来了，便觉得是苻坚的神像为苻登加持了功力，于是本着谁灵谁上的原则也在军中给苻坚立了像，还忏悔道："陛下啊，是我哥哥让我杀你复仇的，不是我的罪过啊，是您老人家命我以龙骧建业造反的，您别再缠着我了。"①

很快姚苌发现给符坚立像不灵，还是继续输，军营里还大闹灵异事件，姚苌随后又把符坚神像的头砍了，又"杀"了符坚一次。

总之，姚苌这个羌人首领被符登这个符坚的远房族孙近十年折腾得相当没面子。

393年十二月，姚苌不行了。

此时姚苌的后秦虽然已经占据了关中大部，但仍然和符登拼杀得难解难分，这也就是仗着羌人的体量比氐人多了太多，不然姚家在长安真待不住。

临死前，姚苌梦到符坚带着天将和鬼兵突入营中，姚苌带着宫人和鬼兵战斗，在交战中，被自己的禁军一矛捅进了阴部。姚苌发狂道："杀陛下的是我哥哥，非臣之罪，饶了我吧……"②

姚苌以一个相当丑陋的姿态留在了中国的史书上。因为"恩将仇报"和"刨坟掘墓"在华夏土地上永远不会被原谅。

按理讲这么缺德的人，后代应该不太可能有什么出息的人的。但在这个乱世，冥冥中一双无形的大手最终选择了姚苌之子——姚兴。

放眼当时的整个北国，慕容宝的文化水平倒是可以，但守不住这份家业；符登吃羌人肉，满脑子都是杀人；吕光更是不能指望；西秦是乞伏部落建立，拓跋珪喜怒无常地消灭一切没有近期收益的部落与势力，唯一有足够实力还看重文化发展的统治者，只有姚苌的这个儿子了。

姚兴是姚苌长子，姚苌出征时常被留在后方，统管政务，镇守长

---

① 《资治通鉴·晋纪二十九》："臣兄襄敕臣复仇，新平之祸，臣行襄之命，非臣罪也。符登，陛下疏属，犹欲复仇，况臣敢忘其兄乎！且陛下命臣以龙骧建业，臣敢违之！今为陛下立像，陛下勿追计臣过也。"

② 《晋书·姚弋仲载记》：梦符坚将天官使者、鬼兵数百突入营中，苌惧，走入宫，宫人迎苌刺鬼，误中苌阴，鬼相谓曰："正中死处。"……苌遂狂言，或称："臣苌，杀陛下者兄襄，非臣之罪，愿不枉臣。"

安，甚有威望。兵火大乱中，姚兴依旧与其太子班子的中舍人梁喜、洗马范勖等讲论经籍，不以兵难废学业。

姚苌死后，姚兴危机四伏，不仅苻登跳着脚地高兴，其镇阴密的叔叔姚硕德、镇安定的叔叔姚绪、戍卫长安的弟弟姚崇可能都有想法。其中姚硕德威望最高、兵力最强，姚兴这个班接得根本就不稳。

只要姚家发生内战，很难讲苻登不会复兴前秦，报仇成功。

姚兴福气很大，叔叔姚硕德有着"五胡"时代罕见的大局观，为打消姚兴的顾虑迅速轻身来到姚兴帐前表明态度，拥护、捍卫姚兴的统治地位。

自家的局面暂时稳定后，氐人的报仇大军来了，苻登打算趁后秦国丧一举消灭姚兴。苻登先后攻占姚奴、帛蒲，与此同时后秦的咸阳太守刘忌奴又乘乱来袭。

姚兴面临内忧外患，不敢有任何炫耀性的称呼，仅仅自称大将军，然后迅速率奇兵突袭咸阳将刘忌奴擒获，但此时苻登大军已到达距长安不足百里的废桥（今陕西西安鄠邑区西）。

此时前线的始平太守姚详据马嵬堡以拒来敌，苻登兵势甚大，姚兴担心姚详扛不住，于是自己带着精锐骑兵去找苻登，命尹纬率步兵前去支援姚详。

尹纬和姚详据守废桥以抗苻登，苻登急攻，尹纬将出战，姚兴派狄伯支飞马赶到，制止尹纬道："兵法中'不战而制人者'说的就是我们现在这种情况，苻登穷寇，将军宜持重，不可轻战！"

尹纬则直接顶回去，道："先帝刚死，人情忧惧，今天要是不迎面痛击贼寇则大势去矣！"然后不听号令出战。

说句实在的，苻登军势正盛，你刚刚国丧，士气堪忧，确确实实是应该消磨一下苻登的士气，养养自己士兵的战斗力。

但有时候命好真是挺重要的，姚兴继叔叔有大局观后再获意外之喜。

苻登谨慎了十年立志复仇，仇人一死觉得自己天下无敌了，放飞自我，轻敌远来，结果沿途无水，来到废桥又死活夺不下来据点，渴死者居然达到了十之二三，最终丧失战斗力，全军崩盘。[①]

废桥之战是姚兴人生中的最关键一战，此战神奇地毕其功于一役地打残了苻登，彻底消灭了和姚家拉锯了十年的敌对势力，并且凭借此战之威坐稳了接班人的位置。废桥战后，姚兴为姚苌发丧，并在槐里称帝，改元"皇初"。

苻登单人匹马逃奔雍城的弟弟苻广，结果苻广和守胡空堡（在今陕西彬县）的太子苻崇听说苻登大败后直接就溃不成军，全都出逃了。

氐人的士气和实力很强吗？这种一战而崩的节奏，其实也侧面反映了姚苌这十年所积累的实力。

394年四月，苻登逃奔平凉，收集残兵后进了马毛山，打算打游击。

六月，姚兴兴兵，目的是斩草除根，苻登派其子苻宗到西秦为人质求救，乞伏乾归派两万骑兵救援，结果西秦和前秦合力都没打过后秦，苻登死在了战场上。

战后姚兴离散了苻登部众为农户，随后又迁徙了边境阴密地区的三万户回长安，打包分了四个营户区，置四军统领。[②]

这种操作熟悉不熟悉？姚兴离散部落的措施，比拓跋珪统一河北后398年的世纪大混改早了整整四年！

"离散部落"在史书上的最早版本是376年苻坚灭代后对拓跋部的肢解操作。[③]

---

① 《晋书·苻登载记》：登争水不得，众渴死者十二三。与纬大战，为纬所败，其夜众溃，登单马奔雍。

② 《晋书·姚兴载记》：散其部众，归复农业。徙阴密三万户于长安，分大营户为四，置四军以领之。

③ 《晋书·苻坚载记》：散其部落于汉鄣边故地，立尉、监行事，官僚领押，课之治业营生，三五取丁，优复三年无税租。其渠帅岁终令朝献，出入行来为之制限。《南齐书·魏虏传》：分其部党居云中等四郡，诸部主帅岁终入朝，并得见犍，差税诸部以给之。

所谓"离散部落"，就是草原民族将各部落编户齐民，然后安置在指定地点，方便收租和徭役。[1]

将草原各族打散后又重新整合，是这个时代已知的唯一能够消灭民族仇恨的最好办法。

姚兴和拓跋珪都是上位后在第一时间就致敬了领路人苻坚。这两个少年都目睹了苻坚的种种手法，也都将这些套路纳入了自己的执政计划。

拓跋珪刚继位就急不可待地实施了离散部落，结果时机不成熟差点丢人现眼，直到398年年底拓跋珪鲸吞河北后才彻底离散了诸部成为编户，与此同时又把六州二十二郡的官员和豪族大户两千多家迁徙到了平城看管，东至代郡，西至善无，南至阴馆，北至参合陂的地区，全都划入京畿编户范围。

姚兴比拓跋珪真正实施离散诸部的计划早了四年。姚兴继位的基础也远比拓跋珪强得多，远没有拓跋珪一次次躲到娘家贺兰部的那种窘态，也没有叔叔跟他争位置，更不需要舅爷爷慕容垂的一次次救援，但姚兴最终在没什么厉害人物威胁的关中却打砸了手中的好牌。

原因是什么呢？成也风云，败也风云，命太好了。

姚兴前半生的路太顺了，赢的运气成分过高后，他开始笃定自己一路走来的人生算法，但这套算法却不太适合这个乱世。

苻登被杀后不久，其子苻崇投奔西秦，于湟中即位。

394年十月，流亡的君主苻崇被西秦踢了出来，又投奔了仇池杨氏，跟杨定合兵攻打西秦，最终两人先胜后败，双双被乞伏轲弹斩杀，前秦就此彻底灭亡，退出了历史舞台。

姚兴不久又消灭了盘踞在武功的墙头草窦冲，后秦扫清了陇东的所有割据势力。

---

[1]《晋书·苻坚载记》：立尉、监行事，官僚领押，课之治业营生，三五取丁，优复三年无岁租。其渠帅岁终令朝献，出入行来为之制限。

396 年，姚兴拿下上邽后将手伸过了陇山，任其叔姚硕德为秦州牧、领护东羌校尉，镇守上邽。同年年底，姚兴派叔父姚绪东渡黄河，借助汾阴大族薛氏，姚绪在龙门偷渡黄河成功后反攻蒲坂，将手伸向了河东地区。

397 年九月，姚兴弟姚崇攻击鲜卑薛勃部，把将手伸到了上郡。

399 年，趁着东晋内乱，姚兴开始东进中原，先后占领弘农、陕城。

在攻打洛阳时，河南太守辛恭靖派人向雍州刺史杨佺期求救，结果杨佺期满脑子都是桓玄的地盘，可怜的辛恭靖坚守百余天后洛阳城破，随后淮河、汉水以北的大量势力看到东晋朝廷气数已尽，也纷纷归附了姚兴。

400 年，西秦的乞伏乾归把首都从金城东移至苑川，逼近并挑衅姚兴，姚兴随后命令姚硕德率兵五万由南安峡攻打西秦。

乞伏乾归亲自出战，姚硕德由于深入敌境被断后勤给养，逼得姚兴也来倾国救援。

乞伏乾归将两万精锐中军埋伏在伯阳川，在侯辰谷安排四万人的外军为后继，亲率数千骑兵引诱姚兴进入包围圈。在自己熟悉的地盘设埋伏，拿自己当诱饵，后面还有大量预备队，本来挺好的兵法安排，就是让刘裕亲自来也会这么做。但老天要灭你时下个雾就把你的各种努力给否了。

乞伏乾归刚跟后秦军见面，还没来得及大杀四方，就忽然间大风起兮雾飞扬了，乞伏乾归直接与中军断了联系，然后在姚兴紧逼下逃到了外军阵地，外军此时还没做好准备，最终被扑上来的姚兴打败。

乞伏乾归最终仅仅率数百骑逃回苑川，失去了主帅的三万六千西秦军缴枪投降后秦。

没了兵的乞伏乾归辗转依附南凉，后投降了姚兴，但姚兴随后的做法却让人无法理解。他把乞伏乾归的部众都还给了他，随后命乞伏乾归回到他自己的地盘——苑川。乞伏乾归仅仅将过去部众的封号降级为偏将裨将后就继续作为一股成建制的势力过日子了。①

401 年，姚兴又摘桃了，打败了内忧外患下已经饿死十多万人的后凉，斩万人，降两万五千人，凉主吕隆困守孤城，随后西凉、南凉、北凉向后秦纳贡。

九月，后凉国主吕隆遣使投降，姚兴仅仅在吕隆交了五十多个人质后就命吕隆继续在本国降级当刺史了。②

此时此刻，貌似世界变成了三足鼎立，东面是一统河北的拓跋珪，南面是疯狂内战的东晋，西面就是他称霸西北的后秦了。

貌似风头无两的姚兴站在了人生的顶点，似乎他的好运永远用不完。

1. 内忧外患接班的时候，宗室内部赶上了"五胡"时代抽奖都抽不到的不杀侄子的军功叔叔。

2. 灭前秦，宿敌轻敌远来自己断水。

3. 灭西秦，天降大风敌军自己迷路。

4. 侵东晋，南面内战根本没人搭理自己。

5. 灭后凉，吕家自己内乱，已是强弩之末，成全了他的摘桃行为，随后连年的成功又唬得那三凉称藩上贡。

但仔细看看姚兴繁花锦簇的背后，除了离散了宿敌氐人之外，他成为第二个低配版的苻坚。甚至苻坚的"仁慈"他也根本没学到位，苻坚将所有被灭外族圈到了关中"民族园"，他却将战败的对手继续安排在了人家的老家。

也许他在以苻坚为教训，自己的核心内部不能有太多外族，但他

---

① 《晋书·乞伏乾归载记》：姚兴见而大悦，署乾归持节、都督河南诸军事、镇远将军、河州刺史、归义侯，遣乾归还镇苑川，尽以部众配之。乾归既至苑川，以边芮为长史，王松寿为司马，公卿大将已下悉降号为偏裨。

② 《资治通鉴·晋纪三十四》：九月，遣使请降于秦。硕德表隆为镇西大将军、凉州刺史、建康公。隆遣子弟及文武旧臣慕容筑、杨颖等五十余家入质于长安。

根本不看关中乱成了什么样子。

姚兴陷入了一厢情愿的幻想中：我能毁灭你，但我却放过你，还大度地让你继续做你的山大王，这叫兴灭继绝，你们是不是得感恩？

姚兴不是没有处理的办法啊，对待氐人那种离散部落的处置方法就挺好的啊，事实上从此以后关中的氐人再也没有以一个族群的方式闹出什么动静，都被姚兴渐渐离散同化了。

周边这群不服的势力，他虽然一个个降服了他们，却又一次次地放虎归山，他能永远有这个好运气吗？

他和拓跋珪，一个看懂了事物背后运行的规律，一个仅仅学了皮毛。他虽然读了一肚子的书，但他的人生跟拓跋珪比起来，差得太远。一个像象牙塔中的博士，一个是顶级教练（慕容垂与贺氏）言传身教后被社会熔炉试炼出来的"老"男孩。

两个人自幼面对的背叛和苦难的级别也完全不同。

拓跋珪五岁就亲身经历了亡国奴的屈辱，自幼看到的就是母亲交际花式地奔走，看到的是各种权力场上自己作为棋子被任意摆弄，看到的是利益集团与利益集团间没完没了地讨价还价与相互利用。

国难来临时，自己的"爷爷"拓跋什翼健被自己的母亲出卖，亡国，全家被迁往长安。随后自己替母受过，被流放到了四川。"爷爷"死后，他又被作为棋子调回关中，自己的妈又搭上了慕容家的舅爷爷。

对所有人貌似都很好的"摆拍爱好者"符坚崩盘后，全世界都背叛了他，那些俯首帖耳的老实人也都变成了要命的狼。自己艰难回到代北继位复国后，却面临一次次的内部背叛和逼宫。

以上的一切，发生在拓跋珪六岁到十六岁之间。

青少年的经历太刻骨铭心了，作为一个"天生的失败者"，拓跋珪明白，除了自己，谁也靠不住。信任圈子是一个圈圈向外的圆，这个圈子的界定，就是民族。除了本族铁杆之外，所有外族都需要被肢解，哪有什么恩义可言！

姚兴则远没有拓跋珪经历的那些苦难，他出生时虽然已经做亡国奴很多年了，但自己的族群没有被打散，爹还深受苻坚的器重，自己也加入了前秦侍卫队，受益于苻坚对好少年的培养环境，他不知道人性当中的那些阴暗究竟有多可怕。

他爹姚苌就是个缺德的人，做的那些事，史官都不好意思往史书上写，所以一辈子干什么都磕磕绊绊的，区区一个苻登都拿不下，还死得那么窝囊。

等到他接班后则是有着一路爆棚到难以置信的好运气，他爹十年搞不定的苻登被他一战杀了，更是以摧枯拉朽之势拿下了整个西北，干什么都顺！

所以姚兴会有幻想，会有虚荣心，会相信真心换真心，会觉得是因为自己宅心仁厚所以福大报大，永远有天运助他。

他青少年时的成长环境和一路无往不利的大运，让他开始忽略人性中的那些阴暗面，开始相信圣人的话是终结乱世的秘籍。姚兴这辈子都没能琢磨明白自己的一厢情愿永远换不来别人的感恩。

姚兴信佛，佛学造诣很深，但他极大概率没有如鸠摩罗什般开悟，没有融会贯通地琢磨明白什么时候该打什么牌。

进庙门的时候，迎面的都是笑口常开的弥勒佛；但弥勒佛的左右，却是怒目而视的四大金刚，为什么呢？

无论善恶，所有人来，弥勒佛都笑口常开，因为众生将来都是未来佛，都要得度；但妖魔鬼怪和极恶之人看到弥勒佛时，旁边的四大金刚也会让他琢磨琢磨，收敛自己的恶。

什么叫弃恶从善？其实就是通过种种方法，让他不敢作恶，不断压住人性中的恶，然后一点点做善事，慢慢放大人性中的光辉。

妖魔来了念经就能把他念死吗？不可能，要不为什么护法的韦陀菩萨，手里的法器是降魔杵呢？

一切众生都是未来佛。我相信，绝大多数众生都不是这辈子成佛。

成佛需要福、慧、缘具足，这明显不是芸芸众生这辈子都能达到的。但我也相信，这世界的普罗大众都可以通过人生之路的不断完善让自己在有限的生命当中趋利避害，越活越有智慧，越活越坦然。

鸠摩罗什觉悟了，他在西域毫不掩盖自己，大开智慧的光芒，成为西域各国的精神导师，但却可以在吕光来了之后一夜之间仿佛自己不存在一样。他从来没有对吕光说你要向善，你要学佛，你别杀人。因为他知道，这种话对吕光这种人说了也没用。

是他不知道众生皆有如来智慧与德行吗？他肯定知道，他没有对吕光这么做，肯定有他的道理。这辈子缘没到，吕光此生还没做好准备，将来再说吧，度吕光的也不一定是他。

他做的就是在力所能及的范围内影响更多的人，去潜心修习汉文化，为将来译经弘法的任务做储备。

他后来到了姚兴这里，并没有再像西域那样成为精神灯塔，而是头也不抬地投入经文翻译的工作中。

因为西域诸国的首领像中原的县一级的官员，姚兴却是州郡级别的官员，与县一级官员能做的事，和州郡级别的官员就做不了。州郡官员就算心胸广大能让鸠摩罗什踩着上法坛传法，但州郡官员身边的人却并不一定看得那么开，一个州郡的百姓舆情和一个县的百姓舆情也不可同日而语。

是鸠摩罗什不懂什么叫"众生平等"吗？他肯定懂，他的做法自然也有他的道理。

人很复杂，总在变，身份、利益、喜怒、境遇、天气、地理等，每个变量都会导致出现不同的结果，最终的输出结果就会不一样。

姚兴是皇帝，面对的是天下最大的利益争夺，他所处的是一个"非我族类其心必异"的杀红了眼的时代。他明明有机会通过制度根除那些将来打算咬死他的隐患人物的。

就算他说，是他的永远是他的，他倾心对待他们，将来姚家的江山就算被抢走了，也是他上辈子欠人家的，正好还清了。

那么他的臣民呢？泥沙俱下，覆巢无完卵，那时的老百姓欠他的吗？当了皇帝，就要让臣民挺直腰杆，远离伤害！他代表的不是他一个人，而是千万人！

当了政治家，就一定要遵守政治家的规则，要从利益、人性的角度去思考，用一系列的规章制度去说话。姚兴是羌人的皇帝，就要让羌人富强安康，要让外族无法伤害到自己的族人，他既然信佛就让外族在无法伤害羌人的前提下慢慢变成自己的同族，而不是把刀给人家配齐了，助长对方的"贼心贼胆"。

此时此刻，准确地来说，姚兴的好运貌似和桓玄是一致的，两人都是在同一个时间段开始兴起，几乎在同一个时间段到达顶点，随后开始走下坡路的。区别在于，桓玄仅仅是心急了，但他始终都是个相当成熟的政治家；姚兴的后半生，就像一个处理器被装了好几套操作软件，互相攻击，定期死机。

慈悲为怀的姚兴在402年迎来了他人生的下半场。

这年夏天，他和拓跋珪的北方一哥之战打响了。

四、生存纪录片导演对霸道总裁剧演员的碾压

402 年正月，北魏攻击了黜弗、素古延等几个依附后秦的部落。

原因在于姚兴自己有点飘，不捡钱就算丢的拓跋珪罕见地给姚兴送礼，高规格地派北部大人贺狄干向后秦进献一千匹马以给自己求亲。这是释放与后秦结盟的友好信号。

姚兴听说拓跋珪已经册立皇后了，觉得北魏拿他不当回事，于是拒绝了拓跋珪的通婚请求，还把拓跋珪的北部大人给拘留了。[①]

不同意就不同意，外交的事按外交套路走，闹什么情绪嘛！他不知道吗，他的人生经历和拓跋珪比起来就是儿童剧。

正月二十一，拓跋珪大规模阅兵，并命令并州数郡将粮草汇聚平阳乾壁城准备搞大动作。

二月，北魏常山王拓跋遵等率兵袭击依附姚兴的鲜卑没弈干部，军至高平，没弈干弃众，率数千骑兵带着一个叫刘勃勃的女婿逃奔姚兴。这位刘勃勃，是"五胡吕布"刘卫辰的儿子。这小子没有辱没自己爹的混账名声。

[①] 《资治通鉴·晋纪三十四》：初，魏主珪遣北部大人贺狄干献马千匹求婚于秦，秦王兴闻珪已立慕容后，止狄干而绝其婚。

魏军放弃了追击，将没弈干的物资全部缴获，带回了四万多匹马，其他各种牲畜九万多头，与此同时把没弈干的所有部众迁徙到了代郡。拓跋部又从地图上抹平了一个部落，并壮大了自己的地方势力。[①] 姚兴不好意思离散的部众都成了拓跋珪的编户了。

北魏平阳太守贰尘开始屡次侵犯后秦的河东，这样的行动非同小可，说明北境第一大国开始频繁与后秦搞摩擦，长安因此大震，关中诸城城门昼闭，后秦全国一级战备。

夏天，感觉被冒犯到的姚兴做好了战略动员准备，大规模地发动各地军队，派三弟姚平和尚书右仆射狄伯支率步、骑四万为先锋，自率主力殿后向河东扑来。

姚平在乾壁城（今山西襄汾县阎店村）激战两个多月后攻克，兵锋直指晋阳。

面对姚兴倾国而来，七月，拓跋珪派毗陵王拓跋顺、豫州刺史长孙肥带六万骑兵为先锋，自率主力殿后，也是倾国迎击后秦。

八月，拓跋珪军至永安，姚平派二百精锐骑兵侦察，结果全部被长孙肥抓住，又拖了些时间姚平才发现拓跋珪大军已经杀到，随后赶紧率军撤退，但八月初九还是在柴壁城（今山西襄汾县柴庄村）被魏军追上，只能守城自保。

姚兴率四万七千人去救援，准备占据汾水以西的天渡（今山西襄汾县西南汾河西岸），从此处打通粮道支援柴壁的姚平，但被拓跋珪抢先占据。随后拓跋珪下令没完没了地筑围墙防止姚平的突围和姚兴的进攻。

广武将军安同建言："汾水东有一地叫蒙坑（今山西临汾曲沃县北蒙城），东西绵延三百余里，无路相通，姚兴的援军定会从汾水西岸逼

---

① 《资治通鉴·晋纪三十四》：魏军追至瓦亭，不及而还，尽获其府库蓄积，马四万余匹，杂畜九万余口，徙其民于代都，余种分迸。

近柴壁，如果姚兴东临柴壁，则敌军声势相连就不好打了，不如现在我们搭浮桥截断南北汾水，再将大军挪到西岸筑墙，彻底断了秦军的念想。"[1]拓跋珪依计而行。（见图2-2）

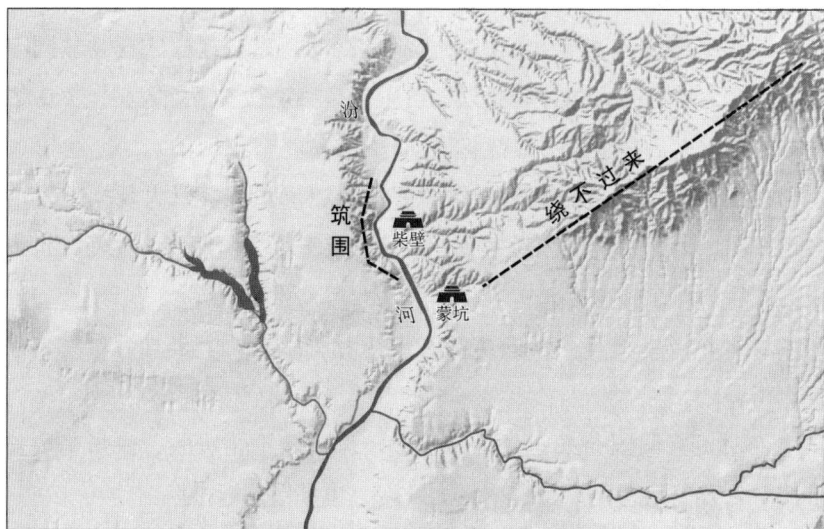

图2-2　北魏围柴壁示意图

姚兴带着主力抵达蒲坂后出现了强烈的畏战情绪，拖了很久才进军。[2]

八月底，两军终于相遇了。拓跋珪亲率步、骑三万在蒙坑之南迎击姚兴，打死一千多秦军后，姚兴狂撤四十多里，柴壁城内士气大跌。

---

① 《魏书·安同传》：从征姚平于柴壁，姚兴悉众救平，太祖乃增筑重围以拒兴。同进计曰："臣受遣诣绛督租，见汾东有蒙坑，东西三百余里，径路不通。姚兴来，必从汾西，乘高临下，直至柴壁。如此，则寇内外势接，重围难固，不可制也。宜截汾曲为南北浮桥，乘西岸筑围。西围既固，贼至无所施其智力矣。"

② 《资治通鉴·晋纪三十四》：兴至蒲阪（《魏书》为"蒲坂"，全书正文统一用"蒲坂"），惮魏之强，久乃进兵。

随后拓跋珪封锁各地险要，倒让姚兴不出战找到了理由。[1]（见图2-3）

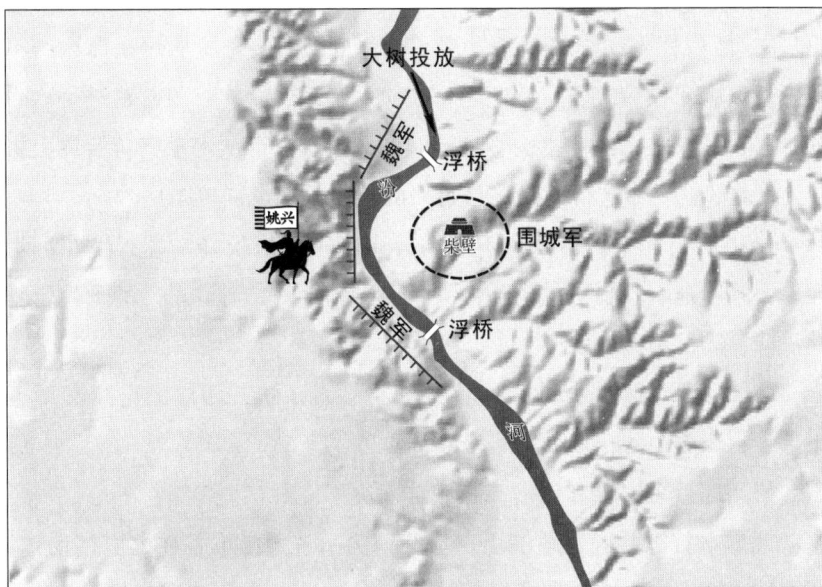

图2-3 北魏后秦对峙图

姚兴将主力驻扎在汾水以西，凭山势安营扎寨，面对魏军的东西联动，派秘密小分队从汾水上游砍了很多大树，把它们投放到河里，打算让树顺流而下，冲垮魏军的汾水浮桥，让魏军东西岸断联系。[2]结果投放的大树被北魏军直接从河中钩出来当做饭的劈柴了。

十月，姚平粮尽，箭矢也用光了。某天夜里，姚平城内全军从西南向外突围，姚兴也在汾水西岸列开阵势，点火擂鼓助威。

姚兴除了给对面官兵弄点打击乐助兴之外什么也做不了，希望姚

---

① 《资治通鉴·晋纪三十四》：甲子，珪帅步骑三万逆击兴于蒙坑之南，斩首千余级，兴退走四十余里，平亦不敢出。珪乃分兵四据险要，使秦兵不得近柴壁。

② 《资治通鉴·晋纪三十四》：兴屯汾西，凭垒为壁，束柏材从汾上流纵之，欲以毁浮梁。

平自己能冲出来；姚平则希望大部队先去攻击北魏包围圈给自己减压，结果在这天夜里，汾河两岸只互相传来没完没了的"你上啊，你倒是上啊！"，然后什么动作都没有。姚平看到自己的傻哥哥居然是那么的不负责任，黔驴技穷之下，决定全军跳汾水自杀，众将都跟着跳进了冰冷的汾水，结果被已经钩木头钩出经验的北魏军全都从水里当鱼给钓上来了。[①]北魏就要靠这帮落汤鸡打姚兴的脸呢，谁也别想跑！

众将被钓上来之后，剩下的两万多秦军缴枪投降，姚兴坐在汾水西岸眼睁睁地看着自己的士兵被"鱼竿"钓上来，看着自己的士兵屈辱地投降，随后情绪爆发了！

姚兴大哭。不对，应该是大嚎。将领带头嚎，西岸的全体秦军也跟着嚎，声震山谷，场面相当壮观。[②]

姚兴随后多次求和认输，拓跋珪坚决不许。

北魏本打算乘胜进攻蒲坂，最终因为听说柔然准备在北面搞动作，拓跋珪撤军，姚兴也得到了拯救。[③]

秦魏河东之战，是后秦由盛转衰的开始，姚兴这一战彻底暴露了他的成色。咋咋呼呼看着挺猛，闹半天就是个爱吹牛的，碰到厉害的对手，他"稳重"得是一动都不敢动。

403 年，后凉吕家请求内附，随后姚兴接手。

406 年，姚兴决定放弃姑臧，因为成本太高，不划算。

这年六月，秃发傉檀看出了姚兴的心不在此，为了讨好姚兴，献

---

① 《资治通鉴·晋纪三十四》：兴欲平力战突免，平望兴攻围引接，但叫呼相和，莫敢逼围。平不得出，计穷，乃帅麾下赴水死，诸将多从平赴水；珪使善游者钩捕之，无得免者。

② 《资治通鉴·晋纪三十四》：执狄伯支及越骑校尉唐小方等四十余人，余众二万余人皆敛手就禽。兴坐视其穷，力不能救，举军恸哭，声震山谷。

③ 《资治通鉴·晋纪三十四》：数遣使求和于魏，珪不许，乘胜进攻蒲阪，秦晋公绪固守不战。会柔然谋伐魏，珪闻之，戊申，引兵还。

上了三千匹马和三万头羊，表达了求进步的想法。

在南、北、西三凉中，秃发傉檀最会来事，姚兴于是下令将凉州刺史王尚调回长安，改任秃发傉檀为凉州刺史。消息传来，大量武威人士反对，赶紧派凉州主簿胡威赶到长安让姚兴收回任命留住王尚。

胡威见到姚兴后哭着狠狠地臊了姚兴一顿："我们拿下姑臧五年了，这五年虽然困守孤城，但一直能够自给自足，您为什么因为那点牲口就把这么重要的地方扔了呢？您要是真缺马，派人写个调令，我手下三千多户人家，每家我让他们出一匹马，早晨交代晚上就能办齐，当年汉武帝倾天下之力打通了河西，现在您无故放弃了这块战略要地，我担心将来西边边患就要压得您喘不过气来了。"①

姚兴后悔了，但想追回任命已经来不及了。因为秃发傉檀在接到任命后的第一时间率三万大军挤走了王尚。至此，后秦的势力彻底退出了河西走廊，失去了这片富庶产马的战略之地。

407 年，姚兴发现当初被他安排在老窝的西秦部众快压不住了，随后把西秦老大乞伏乾归调回了长安，命其嫡长子乞伏炽磐代任西夷校尉，掌控其众。②

还是这一年，姚兴感觉到国内也快镇不住了，开始战略收缩，想要结好北魏，便把贺狄干归还北魏，并陪送一千匹好马，交换被俘虏的狄伯支。这又惹怒了与拓跋珪有杀父之仇的刘勃勃。

刘勃勃大高个，长得帅，脑子聪明，自从投奔姚兴后，姚兴觉得此子是奇才，于是和他畅谈军国大事，宠爱得相当过分，甚至超过了勋

---

① 《资治通鉴·晋纪三十六》："……若军国须马，直烦尚书一符，臣州三千余户，各输一马，朝下夕办，何难之有！昔汉武倾天下之资力，开拓河西，以断匈奴右臂。今陛下无故弃五郡之地忠良华族，以资暴虏，岂惟臣州士民坠于涂炭，恐为圣朝旰食之忧。"

② 《资治通鉴·晋纪三十六》：秦王兴以乞伏乾归寝强难制，留为主客尚书，以其世子炽磐行西夷校尉，监其部众。

旧老臣。①

其弟姚邕曾经劝姚兴说，这小子不是个好人，别太恩宠亲近。但姚兴对刘勃勃大有期待，对姚邕说："这小子有济世之才，我正要和他平定天下，不能起疑心猜忌他。"

姚兴如当年对待西秦一样，打算任命刘勃勃为安远将军，让他协助没弈干镇守高平，并把朔方等地归附夷族部落和当年刘卫辰的老部下共三万人交给他统领，命他盯着北魏伺机而动。

姚邕坚持对他哥说万万不可。

姚兴说："你怎么看穿的这个人？"

姚邕说："这小子对上级傲慢无礼，对下属手段残忍，为人贪婪狡猾，不讲仁义，对任职没有责任，你要是太宠他了，恐怕将来他会成边患啊！"

姚兴被他弟弟暂时劝住了，但过了段时间，可能是刘勃勃的魅力太吸引姚兴了，姚兴最终又任命刘勃勃为安北将军、五原公，把北部的五个鲜卑部及"杂夷"二万余落交给他，命其镇守朔方。②

此时拓跋珪"离散部落"将其消化成自己编户的操作已经驾轻就熟，姚兴却还在大玩"兴灭继绝"，以期感动关中各少数民族。这就好比拓跋珪已经进化成了商鞅加持的虎狼之秦，姚兴却还玩称霸的春秋套路。

姚兴对刘勃勃有再造之恩，但"中山狼"刘勃勃刚一听说姚兴和北魏通使就翻脸了，并以此为由抢劫了柔然给姚兴上贡的八千匹马，集中了三万部众，以狩猎为名杀了当初收留他并把闺女嫁给他的老丈人没

---

① 《资治通鉴·晋纪三十六》：勃勃魁岸，美容仪，性辩慧，秦王兴见而奇之，与论军国大事，宠遇逾于勋旧。

② 《资治通鉴·晋纪三十六》：兴乃止；久之，竟以勃勃为安北将军、五原公，配以三交五部鲜卑及杂虏二万余落，镇朔方。

弈干，吞并其众。① 真不是人！

当初刘卫辰死后，刘勃勃被拓跋珪通缉，是没弈干顶着巨大的压力收留了他，还把闺女嫁给了他。②

他杀了老丈人后自称祖先是夏王朝之后，六月自封大夏天王、大单于，改年号为"龙升"，设文武百官，封其兄刘右地为丞相、代公；刘力俟提为大将军、魏公；刘叱于阿利为御史大夫、梁公；命其弟刘阿利罗引为司隶校尉，刘若门为尚书令，刘叱以为左仆射，刘乙斗为右仆射。

姚兴看得没错，刘勃勃确实是有能力的，他先是拿下了鲜卑薛干等三部，降万余人，随后又进攻后秦三城（今陕西延安东南）以北的几个边塞，斩杀后秦大将杨丕、姚石生等。

其部将在取得一些胜利后都劝他定都，他说："我们的伟业刚刚开始，实力还是弱，姚兴人心归附，关中暂时不是我们能据有的，如果定都，姚兴就找到了我们的聚焦点，我们不是他的对手，不如现在来去如风让后秦疲于奔命，用不了十年，岭北、河东将尽为我有，等姚兴死后，就他那几个儿子，根本不是我的对手。"

刘勃勃定了十年规划后开始寻找盟友，求婚南凉，想与之结盟，结果秃发傉檀看不起他，坚决不同意，毕竟就算他们是"蛮夷"，也不能与刘勃勃这样忘恩负义的人联姻。

十一月，刘勃勃率二万骑兵袭击秃发傉檀，屠支阳，杀一万余人，掠百姓二万七千口及数十万牲畜回师。

秃发傉檀大怒追击，结果犯了轻敌的错误，刘勃勃在阳武下峡谷

---

① 《资治通鉴·晋纪三十六》：勃勃闻秦复与魏通而怒，乃谋叛秦。柔然可汗社仑献马八千匹于秦，至大城，勃勃掠取之，悉集其众三万余人伪畋于高平川，因袭杀没弈干而并其众。

② 《资治通鉴·晋纪二十九》：卫辰少子勃勃亡奔薛干部，珪使人求之。薛干部帅太悉伏出勃勃以示使者曰："勃勃国破家亡，以穷归我，我宁与之俱亡，何忍执以与魏。"乃送勃勃于没弈干，没弈干以女妻之。

中凿开大量冰块，用冰与车辆堵死了峡谷的出口，带兵回击秃发傉檀，大败南凉军。此一战南凉实力大损，被杀一万余人，南凉的军事中坚将领战损率高达百分之七十，秃发傉檀仅与几个骑兵艰难逃出战场。①

看到南凉大败，姚兴动了心思，打算两面开花，派其子姚弼和原西秦老大乞伏乾归率步、骑三万人进攻秃发傉檀；又派左仆射齐难率骑兵二万讨伐刘勃勃。

吏部尚书尹昭劝阻道："此去遥远险峻，不如先让北凉和西凉讨伐南凉，我们没必要耗费自己的实力！"

姚兴继续不听，两路发兵，意思想全都要！408年七月，姚兴派姚显率骑兵二万作为各军后援，结果到了高平就听说南凉方向的姚弼战败了。

刚刚遭遇覆国级大败的南凉将准备摘桃的后秦暴打了一顿，双方互给台阶后休兵。

另一面，齐难的两万人，居然包括他自己在内，全部被刘勃勃俘虏了。

姚兴的两路大军全都一分钟就崩盘了，各部落看到后也决定不再跟随他了。

此战后，岭北的夷、汉归附刘勃勃者数以万计，刘勃勃皆置守宰以抚之。

之前投降的西秦在原本的根据地已成建制，别看姚兴把乞伏炽磐的爹扣了，但乞伏炽磐看到后秦的衰败，于这年十月召集诸部两万余人筑城，时刻准备跟姚兴撕破脸。②

十一月，刚刚大胜的南凉正式取消了对姚兴的称藩，复称凉王。

409年正月，姚兴再命弟姚冲为主帅、大将狄伯支为副，率四万骑

---

① 《资治通鉴·晋纪三十六》：追奔八十余里，杀伤万计，名臣勇将死者什六七。傉檀与数骑奔南山，几为追骑所得。

② 《资治通鉴·晋纪三十六》：乞伏炽磐以秦政浸衰，且畏秦之攻袭，冬，十月，招结诸部二万余人筑城于嵯峨山而据之。

兵去攻打引起这一切祸乱的源头刘勃勃。

结果姚冲并没有打算远征，而是破鼓乱人捶地率兵去夺他哥的王位了，副手狄伯支拒绝参与，被姚冲毒死了。

姚兴得到消息后迅速控制了局面，命其弟自尽，本来要打的刘勃勃没等他去讨伐，直接率骑兵二万来找他了，又掠取了平凉"杂胡"七千余户，进屯依力川（今甘肃平凉东南，东流入泾河）。

七月，乞伏乾归出逃成功，西秦复国。

短短的两年时间里，姚兴的秦国就土崩瓦解、分崩离析了。

姚兴决定亲征刘勃勃，行至贰城后不知道是没算计好还是出什么问题了，总之军需不足，分兵派姚详等人去督运粮草。

这时候刘勃勃突然乘虚而入来攻击人手不足的姚兴，吓得姚兴打算弃众逃往姚详那里。

右仆射韦华说："你现在不能怂啊，你跑了，我们的大军瞬间就崩溃了，你就算跑估计都跑不到姚详的军营那里。"

姚兴随后与刘勃勃开战，习惯性战败后，靠着左将军姚文崇等人的拼死力战才逃回长安。

刘勃勃随后乘胜攻克了后秦的敕奇堡、黄石固、我罗城，掠走了七千多户人家。

也是在这一年，姚兴被刘勃勃打得调回了本该东去救燕的大军，间接帮助刘裕渡过了第一个危机。

410年，西秦打回了自己的老家金城郡，又拿下了后秦的略阳、南安、陇西诸郡，徙民二万五千户于苑川及枹罕。

姚兴的后秦王朝风雨飘摇，仅仅八年，后秦已经缩水得不像样子了，除了东边没事之外，关中就快被曾经的小弟们占领了。

东边为什么还没事？因为东边的大老虎刘裕还没腾出手来。

正在和卢循集团以及北府内部互撕的刘裕一边忙活着眼下的事，一边听着不断传来的西北战况。老刘心里在默念，姚兴啊姚兴，你再帮老哥哥挺几年……

五、人言猛如虎

姚兴活了五十一岁，三十五岁之前，他是华夏大男主的人设配置，缺什么老天往下扔什么。

人生的后十六年，他更类似于《红楼梦》中强撑着的贾宝玉，亲手起高楼，亲手宴宾客，亲眼看到楼塌了。

他人生的最后十年，其实更像是在为两个人打拼：一个是为刘裕的改朝换代送上长安的政治宝石；一个是为弘法的鸠摩罗什撑起保护的穹顶。

402年，鸠摩罗什被姚兴接到了长安，随后被任命为国师，姚兴奉之若神，亲率群臣和僧人们听鸠摩罗什讲经。

在凉州的十六年里，鸠摩罗什已经修习了深厚的汉文化，借着姚兴的大力支持，开始寻找数百年传来的旧经翻阅，发现其中有大量的翻译错误，和佛陀原本之意相差甚远。

在给姚兴讲经的过程中，鸠摩罗什委婉地提出了重新翻译佛经的事情。姚兴派了八百多人的超大团队帮助鸠摩罗什去重新译经，还经典本来面目。

姚兴还配套了大量的基础建设，建了许多佛塔和寺院，吸引了数以千计的修行僧人，公卿以下皆信佛，整个后秦随之变成了佛国。[①]

鸠摩罗什在人生的最后十年，翻译了三百余卷经藏典籍，为我国的文化信仰大厦做出了不可磨灭的贡献，并极大地助力了儒释道三家融合的关键理论建设。

讲到这里，鸠摩罗什的故事就完了吗？我不是个断章取义者，那么重要的人物，只要史书中说的，我一定会讲。

鸠摩罗什在译经的过程中，曾经在某些方面做得并不如法。

一次鸠摩罗什在给大众讲经，有千余高僧正在旁听，鸠摩罗什突然走下法坛，对姚兴说："有两个小孩子登上了我的肩，我现在需要女人。"随后姚兴喊来了宫女，后来跟鸠摩罗什生了两个孩子。[②]

姚兴对鸠摩罗什道："您这种天神般的人物为我平生仅见，您应该多留下些孩子。"随后又逼着鸠摩罗什接受了十个女人。[③]从此鸠摩罗什就不住僧舍了，每次讲经译经后就直接回家，许多僧人开始效仿。[④]

鸠摩罗什见自己引领了佛教时代"新风尚"，托着一钵针喊来了所有僧人说道："你们要是也能跟我这样，那就也成个家。"随后开始吃针，吃完了什么事也没有，群僧惭愧叹服。[⑤]

在很多弘法的版本中，通常只提了姚兴给大师送女人的巨大罪状，

---

① 《资治通鉴·晋纪三十六》：大营塔寺，沙门坐禅者常以千数。公卿以下皆奉佛，由是州郡化之，事佛者十室而九。

② 《晋书·鸠摩罗什传》：尝讲经于草堂寺，兴及朝臣、大德沙门千有余人肃容观听，罗什忽下高坐，谓兴曰："有二小儿登吾肩，欲鄣须妇人。"兴乃召宫女进之，一交而生二子焉。

③ 《晋书·鸠摩罗什传》：兴尝谓罗什曰："大师聪明超悟，天下莫二，何可使法种少嗣。"遂以伎女十人，逼令受之。

④ 《晋书·鸠摩罗什传》：尔后不住僧坊，别立解舍，诸僧多效之。

⑤ 《晋书·鸠摩罗什传》：什乃聚针盈钵，引诸僧谓之曰："若能见效食此者，乃可畜室耳。"因举匕进针，与常食不别，诸僧愧服乃止。

然后解释鸠摩罗什为了抵抗姚兴的淫威最终演戏才每天讲经译经后回家，但从来不提《晋书》中同样引用的鸠摩罗什主动要宫女的那段。

如果把这两段连起来看，还会觉得真的是姚兴在逼他吗？鸠摩罗什讲经译经后回家真的仅仅是演戏吗？史书中明明白白记载的"一交而生二子"怎么解释呢？

《晋书》中对鸠摩罗什和佛法其实是相当推崇的，并不存在灭佛的倾向，而且也是官方的史料依据，吕光逼鸠摩罗什和自己表妹在密室那段也明明确确地写了鸠摩罗什的苦苦推辞。[①]所以对于鸠摩罗什的记载，大概率不是史官的加戏和编排。

我们并非诽谤僧人，只是就史论史地阐述下对史书中记载的理解，其实我个人倒觉得《晋书》中记载的鸠摩罗什一生，是一条真的修行之路。

我从来不怀疑真的有天生的圣人，生下来就什么都懂，什么都能悟明白，人生的所有欲望磨难都能一眼看穿，一辈子都能如荷花出淤泥而不染的那种十世修行的好人。

我也相信，即便大德如鸠摩罗什，自有弘法剧本如此，他在修行之路上仍然会有魔障。只要是魔，就有外魔和心魔。只要还披着人的皮囊，就一定会被心魔考验。

鸠摩罗什译出的经文古往今来造福了多少后人，对华夏文化起到了多少添助，这都是他的功德。我相信鸠摩罗什的功德一定大到了不可思议，但这不意味着他就不会遇到魔障，他就不会做一些并不如法的事情。

任何事物都是有两面的，这是这个俗世事物发展的必然规律。

---

① 《晋书·鸠摩罗什传》：光见其年齿尚少，以凡人戏之，强妻以龟兹王女，罗什距而不受，辞甚苦至。光曰："道士之操不逾先父，何所固辞？"乃饮以醇酒，同闭密室。罗什被逼，遂妻之。

姚兴是个顶级的好人，但他并不是个合格的政治家，因为当了羌人的皇帝，就要让自己的臣民吃得饱，穿得暖，这才是最大的善。

换到鸠摩罗什这里，他答应了母亲弘法于东土的心愿，他这一路东来经历了千难万险，他辛苦译经，这都是他作为一个出家人、一个伟大的僧人的责任，他起到了巨大的榜样作用。

后来玄奘法师西天取经，其实也是在向当年的榜样——鸠摩罗什致敬，古往今来鸠摩罗什的"大乘为化"引导了太多的高僧大德。

与此同时，他作为关中的僧人首望，那种和姚兴要女人的做法也是不如法的，无论他有怎样的深意和禅机，这并不符合他的身份与形象。

因为人言猛如虎！

如果说，鸠摩罗什在此之前还俗，以俗家弟子的身份继续带领僧众译经，与此同时成家，这无可厚非，因为身份变了。

但此时他的"尔后不住僧坊，别立解舍"，最终引得"诸僧多效之"。

无论鸠摩罗什这么做有多么深刻的含义，但这是个俗人的世界，我们终究还是要考虑"身份"所肩负的责任和影响力。

虽然鸠摩罗什给诸僧展示了吞针绝技，但诸僧会怎么理解呢？是修行到了级别，就能养家了？

就算诸僧真的心悦诚服了，但鸠摩罗什的故事传遍华夏大地后，真的还是那本来面目吗？这普罗大众都是俗人啊，最缺的就是境界和智慧。一件坏事，通常就会抹杀千百件好事所营造的美好。

俗人会说鸠摩罗什定有缘由与委屈呢，还是说后秦的僧人国师鸠摩罗什都娶妻生子，看来对于学佛之人来说，淫不算破戒呢？

俗世会将一个花边新闻炒到天际，也会忽略你曾做过的那些伟大的事，只会把目光聚焦在你做的不好的事上。

后面北魏的每个太后都笃信佛法，但与此同时男女关系都很混乱，都像比赛一样造佛像积福德，却没考虑到当时的国力是否能够承受。

佛寺、佛像都需要百姓们去造的啊，她们给老百姓足够的工钱了吗，还是作为徭役强行摊派下去的？她们保证老百姓足够的衣食住行了吗，还是老百姓饿肚子、挤出资源帮她们造像呢？

为了让自己虔诚地信仰佛教，让全国人都吃不上饭，这是积福还是造孽？太后们大规模地印经宣传佛法、积累福报，却很少真的翻阅经文、研究佛陀教旨。

鸠摩罗什死前，对诸僧道："如果我所译之经是如来本意，那我火化后，舌头就会变成舍利。"

事实上鸠摩罗什死后确实如他所说舌头变成了舍利，所谓"姚兴于逍遥园依外国法以火焚尸，薪灭形碎，惟舌不烂"。

译的都是真经。这是佛祖对他伟大一生的肯定。

与此同时，远在彭城的杯渡比丘听说鸠摩罗什在长安弘法后叹道："我与他一别三百余年了，相见之日仍然杳然无期，再见要到来生了。"

像得道的出家人通常都能感知过去与未来，比如鸠摩罗什的预言，比如杯渡比丘的回忆三百年前，但这句话其实掩藏着重大的线索。

这二位，还有来生。

通常来讲，修行的目的是五蕴皆空，是诸法空相，不生不灭，不垢不净，不增不减。换句话说：修行是为了不堕轮回，不再有来世。这二位高僧大德，看来来生还有剧本，还有尘缘未了。

包括鸠摩罗什的临终状态，似乎更是一个真实的修行人的状态，而不是很多弘法书中记载的那种神仙状态。鸠摩罗什临终前一段时间，突然觉得身体不行了，他不是随缘涅槃，而是说出了一段救命的咒，命所有能讲外国话的弟子为他诵咒延寿。

结果这段咒还没起作用，他的病就迅速恶化，身体不行了，鸠摩罗什和众僧告别，然后死于长安。

鸠摩罗什并没有"一切有为法，如梦幻泡影"地去无为随缘，而是有为地做了最后努力，他还希望再翻译一些无为之法。

鸠摩罗什其实是相当有血有肉的一名修行者，我们感恩他影响后世的莫大功德，我们也要正视他人生中的那些并不如法的事件。这其实才是对佛法的最大尊重。

佛祖从来没说过佛教弟子绝对不能犯错。佛祖永远说的是人要知过改过。

中国人的信仰，从来灵者为先，对于这片土地上的人，永远要讲理，要实在。

信仰灵了，引导千家万户的日子越过越好，自然法越昌道越盛。越是信仰的东西，越需要在阳光下暴晒，越需要弘扬真善美，有过就改。

圣人说的"不贰过"，同样错误不犯第二次境界太高，我们还是会被同样的石头绊倒，难道我们就没有慧根了吗？谁说的！

我们犯同样错误的频率尽量越来越少就好了呀，对身边人正向的引导越来越多，对社会正向做功的力量也越来越大，这应该是释迦牟尼佛当年日日讲经传道解惑希望给世人留下的宗旨。

对于芸芸众生，佛法讲的是什么？

问："如何过好此生？"

曰："日日过好当下。"

出家做榜样，在家修善果，佛在心中。

413年，鸠摩罗什涅槃。

姚兴也来到了人生的最后一站，他的帝国和他的身体一样开始迅速衰老。

413年，已经不担心姚兴打击报复的刘勃勃开始定都了，征发岭北胡人、汉人共十万，选址在朔方水以北、黑水以南造首都，以叱干阿利为将作大匠统领工程。

首领不是人，底下的人通常更不是人。这位工头命工匠用蒸过的土筑城墙，验收时铁锥如果能插进一寸就把工匠杀掉，把尸首砌进城墙。

这座拿人堆出来的高质量都城即便在风沙如此狂暴的朔方地区时至今日仍有遗址，可见其质量之高。

这种做事风格准确地击中了刘勃勃的兴奋点，此后更加信任叱干阿利。叱干阿利也展现出了更加涸泽而渔的生产方式，制造的兵器抽检时如果弓箭射不透铠甲，那么就杀弓箭部的工匠；如果射透了，就杀铠甲部的工匠。造了一堆神兵利器的结果就是宰了数千工匠。[①]

说句实在话，这样的生产方式连河北和江东都不敢这么用。

培养一个合格的工匠可不是培养一个农民和士兵那么简单，刘勃勃有多大的国力禁得起那么折腾？你可是在陕北高原上啊！

刘勃勃对自己期望很高，说他要统一天下，君临万邦，这座新造的都城叫统万！

起名上瘾的刘勃勃还要给自己改名，觉得自己祖先跟刘姓很不爽，于是改姓"赫连"，寓意自己是天的儿子，伟大的光辉与天相连。他家的旁支则改姓"铁伐"，寓意尖锐如铁，逮谁砍谁。[②]

赫连勃勃早早就说看不起姚兴的那几个孩子，为什么呢？其实问题还是出在姚兴自己身上。

姚兴作为一名好父亲，不合格的政治家，亲手导演了自己王朝的覆灭。

在他的"慈悲"与"平等"政策下，他生了十四个儿子，几乎每个能上场的儿子，都惦着继承他的家产。

---

① 《资治通鉴·晋纪三十八》：凡杀工匠数千，由是器物皆精利。

② 《资治通鉴·晋纪三十八》：勃勃自谓其祖从母姓为刘，非礼也。古人氏族无常，乃改姓赫连氏，言帝王系天为子，其徽赫与天连也；其非正统者，皆以铁伐为氏，言其刚锐如铁，皆堪伐人也。

六、我！刘裕！出场啦！

414 五月，姚兴突患重病，他的三子姚弼和太子姚泓对于继承权的争斗几乎演变成了内战。

姚兴的长子姚泓性格宽厚、才能平庸、体弱多病，在 402 年立姚泓为太子的时候姚兴就很犹豫，他更喜欢三子姚弼，但最终因为华夏统序立长不立贤的原则，姚兴还是立了长子姚泓。

立完长子，姚兴觉得太对不起三儿子了，于是对老三的宠信和待遇都直逼太子，姚弼在成长中野心渐起，开始想要夺嫡。

本来姚弼被姚兴安排为雍州刺史，镇守安定，后来通过一系列收买运作以及姚兴的默许，姚弼于 411 年调回长安任尚书令。进入长安后，姚弼开始不断结党造势，并通过给姚兴进谗言，打掉了太子一党的关键人物姚文宗，从此群臣对姚弼敢怒不敢言。

姚兴对这个儿子溺爱到了几乎所有要求都答应的地步，姚弼利用尚书令岗位的便捷性在姚兴的身边和机要部门安插了大量的心腹。

右仆射梁喜、侍中任谦、京兆尹尹昭承都提醒过姚兴这样宠爱姚弼是取祸之道，但姚兴装糊涂，不搭理这茬。大司农姚宝温、司徒左长史王弼则秘密上疏姚兴改立姚弼为太子，姚兴不表态，也不责罚他们。

姚兴真的是平等对待百官，以慈悲为怀吗？这些年修佛法参经卷，他真的悟明白了吗？当权力和欲望越大的时候，戾气越重，私欲也越重，要时时刻刻提防人性中的那些恶。谁说佛法的慈悲就是要做无目的的烂好人呢？

妖分善恶，善者领路成全其仙，恶者劝道归回正途；等妖成魔的时候，不去炼化降服他，就是对这世间最大的残忍。

姚弼本来是个挺好的孩子，姚兴为什么要一步步给他机会让他成魔呢？

姚兴是父亲不假，但他有还有一个身份——一邦人王地主。他对子嗣继承权的含糊与放任，就是对关中百姓最大的不负责任。

他这次重病的时候，几乎上演了后秦版"八王之乱"：太子姚泓一面亲自到内宫侍疾，一面布置太子的党羽统领禁军宿卫大内；另一边姚弼在自己府里埋伏了数千死士，打算姚兴一去世就去杀大哥；十一子姚裕给镇守蒲坂的二哥姚懿送密信，要他联络在外共同典兵的诸皇子，以讨伐姚弼之名进行逼宫；二子姚懿起兵蒲坂，四子姚洸起兵洛阳，六子姚谌起兵雍城，全乱了。

这些人逼宫真的是仅仅讨伐姚弼那么简单吗？事实上，此时姚弼并没有什么动作。为什么他们都急不可待地起兵了呢？

结合姚兴诸子的最终结局，其实说明了一个问题：姚兴对三子姚弼那么好，让姚弼觉得有希望的同时，剩下的孩子们也都愤愤不平。太子继位那是没办法，谁都说不出什么。既然老三能把太子拱下去，诸子和老三之间又有什么差距呢？

最终姚兴阳寿未尽挺了过来，所有抓到姚弼证据的重臣们开始向姚兴施压，催促他赶紧杀了他这个倒霉儿子，姚兴最终还是没舍得，仅仅免了姚弼的官，想以此堵住各地儿子们的嘴。[1]

---

[1]《资治通鉴·晋纪三十八》：会兴疾瘳，见群臣，征虏将军刘羌泣以告兴。梁喜、尹昭请诛弼，且曰："苟陛下不忍杀弼，亦当夺其权任。"兴不得已，免弼尚书令，使以将军、公还弟。

姚懿等人罢兵还镇后，专程进京面谏姚兴，要求惩治姚弼，其中五子姚宣态度最为坚决，表示"有我没他"。但姚兴还是顶住了压力，没动姚弼。

经过这次大病，姚兴不仅没有意识到自己溺爱姚弼的错误，还觉得姚弼成了自己的战友，甚至会想："太子的势力这么大吗？这么多人都在帮他喊打喊杀，我岂不是很危险。"

他没琢磨明白为什么这么多儿子要杀老三。不是因为剩下的孩子们跟太子有多好，而是嫉妒老三得到父亲那么多的爱！

千万别以为这仅仅是帝王家的历史，这也是很多普通人的人生。

姚弼被姚兴保护了起来，甚至415年三月，在姚弼的诬陷下，姚兴去杏城逮捕了之前喊打喊杀声势最大的姚宣。

415年，姚兴又病了，姚弼再一次称疾不朝，在府第聚兵。这个将反相写在脑门的傻子也不知是怎么让姚兴看上的。

姚兴这次也留了心眼，安排了眼线，结果发现自己寄予厚望的孩子真的是传说中的傻子。他先是杀了唐盛、孙玄等几个姚弼的党羽，随后召姚赞、梁喜、尹昭等人谋划，控制了姚弼，准备杀了这小子，彻底铲除他的势力。

等姚弼被抓过来，大儿子姚泓假模假式地一求情，姚兴又赶紧就坡下驴，大赦天下，连姚弼党羽也都保下了，还待姚弼如初。[①]

姚兴以为这是佛门不舍一人的慈悲精神，不断地给孩子机会，但他忽略了这孩子其实是个俗人。姚弼一党已经反意如此，姚兴不杀他们，将来太子继位也不会饶了他们。就算姚兴是心软，也应该将他们的权力收回来，怎么能"待弼如初"呢？此刻他的慈悲，就是逼姚弼他们最后一次鱼死网破。

---

① 《资治通鉴·晋纪三十九》：泓流涕固请，乃并其党赦之。泓待弼如初，无忿恨之色。

416 年正月，姚兴去华阴视察的路上又病了，赶紧回长安。

这一次，姚弼一党彻底爆发了。随驾的姚弼一党黄门侍郎尹冲开始谋划，要趁姚泓出城迎接姚兴的时候发动政变杀了太子。

姚兴居然让姚弼一党的骨干在这么心腹的位置，不知道他是出于什么考虑。

姚兴到达长安城外，姚泓准备去迎姚兴，结果身边的官员说："主上病危，奸臣在旁，您现在去也许会遭不测。"

此时后秦的皇位之争已经是打明牌了，各方早就都表态了，姚兴的两次"将死未死"也让矛盾彻底打了死结。

姚泓想出城迎接，但他的党羽死活不让他去，最终姚泓冒着大不敬的风险生生没有出城迎接父亲。

城外，尚书姚沙弥对尹冲说："太子不来，我们就把皇帝的车轿抬到姚弼的府第去，禁军听到皇帝在这里自然就都过来护驾了，太子那面就被我们架空了，况且我们因为姚弼早就被定性成叛逆了，注定没有未来！现在挟天子发动政变名正言顺，是终局之战了！"

尹冲担心姚兴再次挺过来，打算先随姚兴进宫再伺机发动叛乱，因此没有采纳姚沙弥的建议。[1]

姚兴这段时间不是不知道局面是怎么回事，毕竟自己差点就回不来了。他回宫后的第一时间就命太子姚泓录尚书事掌控政权，命东平公姚绍及右卫将军胡翼度率禁卫兵严防内外，派殿中上将军敛曼嵬抄姚弼的家，收了姚弼一党的兵器。[2]

姚兴的病越来越重，其妹南安长公主来探病，问哥哥话的时候已经没有回音了，于是姚兴十三子姚耕儿出宫告诉七哥姚愔道："皇上已

---

[1] 《资治通鉴·晋纪三十九》：冲以兴死生未可知，欲随兴入宫作乱，不用沙弥之言。

[2] 《资治通鉴·晋纪三十九》：兴入宫，命太子泓录尚书事，东平公绍及右卫将军胡翼度典兵禁中，防制内外。遣殿中上将军敛曼嵬收弼第中甲仗，内之武库。

经驾崩，到最后时刻了！"①

姚弼一党的姚愔随后与尹冲率死士进攻端门，与把守皇宫的禁军打上了。姚愔等人一度派精壮士兵登上门楼，沿着屋檐去实施斩首行动，到了马道被太子右卫率姚和都率东宫军围堵成功，随后乱党放火烧了端门。关键时刻，姚兴回光返照，最后一次雄起，来到了前殿，赐死姚弼。②

禁卫军看到姚兴后战斗力爆发，随后发动冲锋，乱党大败溃散，姚愔逃奔骊山，同党吕隆逃奔雍城，尹冲与其弟尹泓逃奔东晋。

第二天姚兴去世，姚泓封锁姚兴死讯，下令逮捕逃亡的姚愔和吕隆、尹元等乱党，随后全部杀掉。

乱党铲除后，姚泓为其父发丧，登帝位，改年号"永和"。

艰难继位的姚泓将自己的愿景寄希望于年号，但他爹的死讯实在是刺激了太多人。面对一个如此内乱朽烂的关中，统一南中国仅半年的刘裕，心动了。

如今后秦已经是艘破船了，却凭借当年趁火打劫桓玄占着关东大量的土地。更关键的是，后秦手里还掌握着长安和洛阳这两个政治地位非凡的都城。如今后秦的两京，就是刘裕改天换地路上最关键的两个低垂的果实。

刘裕不仅要夺回洛阳这个东京，还要拿下长安那个西京，完成司马氏和桓氏都没完成的壮举，来证明他才是真正的改天换地之人。

刘裕道："小吏，你写这么多，不就是想说整个西北这些年是怎么

---

① 《资治通鉴·晋纪三十九》：兴疾转笃，其妹南安长公主问疾，不应。幼子耕儿出，告其兄南阳公愔曰："上已崩矣，宜速决计。"

② 《资治通鉴·晋纪三十九》：愔等遣壮士登门，缘屋而入，及于马道。泓侍疾在谘议堂，太子右卫率姚和都率东宫兵入屯马道南。愔等不得进，遂烧端门，兴力疾临前殿，赐弼死。

烂的吗？"

小吏道："你知道多少人说你不去打河北、非得打关中的离谱操作吗？我不写关中怎么烂，怎么帮你打圆场啊！"

416年春，琅邪王司马德文请求率军去洛阳给祖先修坟，刘裕开始制造舆论。

五月，晋廷加刘裕领北雍州刺史，将后秦的一系列领土管辖权都给刘裕了，最大程度地方便他因地制宜地做部署。

此时的后秦，开始陷入大规模分崩离析的独立运动中，并州的数万落胡人叛秦，在平阳推匈奴人曹弘为大单于，攻打匈奴堡的姚成都。

镇蒲坂的姚懿平叛成功，抓了曹弘，徙一万五千落送往雍州。不过雍州很快就不是后秦的大后方了。

仇池氏王杨盛攻克祁山堡，向陇西逼近，后将军姚平率军增援陇上，杨盛撤军。姚平与上邽守将姚嵩展开追击，然后被伏击，姚嵩被杀。

赫连勃勃率四万骑兵来占便宜，二十余日攻下上邽，杀秦州刺史姚军都及将士五千多人并夷平了城墙，随后夏军又进攻阴密，杀守将姚良子及万余军，命其子赫连昌为雍州刺史，镇阴密。后秦征北将军姚恢放弃安定，逃奔回长安，安定人胡俨等率五万户向赫连勃勃投降。赫连勃勃又去雍城进攻后秦镇西将军姚谌，姚谌逃奔长安。

后秦在被一通暴打后终于开始反击了。东平公姚绍及征虏将军尹昭等率步、骑兵五万人罕见地打跑了赫连勃勃，并收复了安定，稳住了姚兴死后第一波赫连氏南下造成的危局。

后秦在等他的真主。

八月初一，东晋大赦，刘裕拿宁州上贡给他的琥珀枕头高调作秀，说琥珀可以疗外伤，命捣碎琥珀枕头给将士们治病。

刘裕命自己十一岁的世子刘义符为中军将军，监太尉留府事；任老搭档刘穆之为左仆射，兼监军、中军二府军司，入东府居住，总领朝廷内外一切事务；任太尉左司马徐羡之为刘穆之副手；命灭蜀有功的左将军朱龄石守卫皇帝及各机构，命姨表弟刘怀慎守卫建康城。

刘裕这一走，算是将身家性命全部托付给了当年自己起义时就风雨相随的那个主簿、现在实际上的王朝掌权者刘穆之了。

刘裕命运中最好的安排，在于老天给了他刘穆之，这是类似于丞相诸葛亮那样能够使国家足兵足食的人。

在刘裕北征燕，南诛孙恩，西灭桓氏、刘毅、司马休之的过程中，刘穆之在内总管朝廷政务，在外供应军需给养，不管多少政务，所有事他都能当机立断，高效得如一个机器人，从来没有耽误过事。

来自四面八方的各部门官员、各层级宾客，各种需求千头万绪，内外的文件和请示堆满了刘穆之的官署，他却能做到一边看请示文件，一边就手写下相应批示，与此同时还能听着下属禀报，然后给出相应指示，眼、耳、口、手全方位输出，每件事都处理得妥妥当当，从没出过差错。[1]

我们可不要学他，这都是天赋，练不出来的，一心一意处理好眼下的事就很不简单了，还是做完一件事再干一件事吧。

刘穆之还是个精力充沛的狂人，喜欢和来往宾客谈笑，从早到晚无论是干活还是饮宴，从来没有累的时候，就算偶尔有闲暇时间，还亲自抄书，勘定古籍错误。

刘穆之唯一的缺点，或者说为了保命留的唯一短处，就是享受生活、好排场。他曾对刘裕说："我出身贫贱，维持生计都难。自从您带我实现阶层跃迁后，我虽然想着节俭，但实在是控制不住自己，除了生

---

[1] 《资治通鉴·晋纪三十九》：宾客辐凑，求诉百端，内外谘禀，盈阶满室；目览辞讼，手答笺书，耳行听受，口并酬应，不相参涉，悉皆赡举。

活奢靡这方面，其他我没有对不起您的地方了。"①

这位聪明人，这次还是犯了个极其低级的错误。什么错误都能被原谅，政治失误就不好说了。因为背后牵扯的利益方太广，一旦让人起了疑心，通常就得做最坏的打算。

416 年九月，刘裕下令各路前锋军发动攻势。刘裕极其罕见地在即将入冬的枯水期选择了北伐，这和前面百年的东晋北伐套路完全不同。

过去无论是桓温北伐还是北府军收复失地，都是趁着春夏出击，刘裕明明在二三月就已经做了战争动员，却在即将入冬时才进行北伐，舍弃了南方最擅长的水路进攻。和灭燕那次一样，刘裕又一次不按常理出牌。军神自然有军神的打算。刘裕为何放弃了夏季北伐呢？

夏天出征，首先面临着越打越冷的问题，面临着先易后难的情况，士气会出问题。其次，此时无论夏天还是冬天，出击的选择意义都不大。

进入淮河之后，虽然通往黄河的支流众多，汴水、睢水、颍水都可以北上黄河，但这些条水道都是在石门水口从黄河水分出来的。（见图 2-4）

中原已经沦入胡人之手太多年了，当年前燕连怎么打击桓温都想好了：只要把黄河延伸到中原水系的石门水口堵死，黄河水引不进来，单单依靠汴水、睢水等河道本身的水量是达不到足以支撑北伐船队通航的水位的。

水战还是其次，主要是给养问题。千里远征要是指着牛车可费劲了，不仅效率太低，而且南边的水牛并不适合北方干燥的天气，南方也没有如此多的牛队拉着给养走几千里去远征。

所以与其寄希望于本就借不上的水力，不如秋冬备好冬装北上，

---

① 《资治通鉴·晋纪三十九》：性奢豪，食必方丈，且辄为十人馔，未尝独餐。尝白裕曰："穆之家本贫贱，赡生多阙。自叨忝以来，虽每存约损，而朝夕所须，微为过丰，自此外一毫不以负公。"

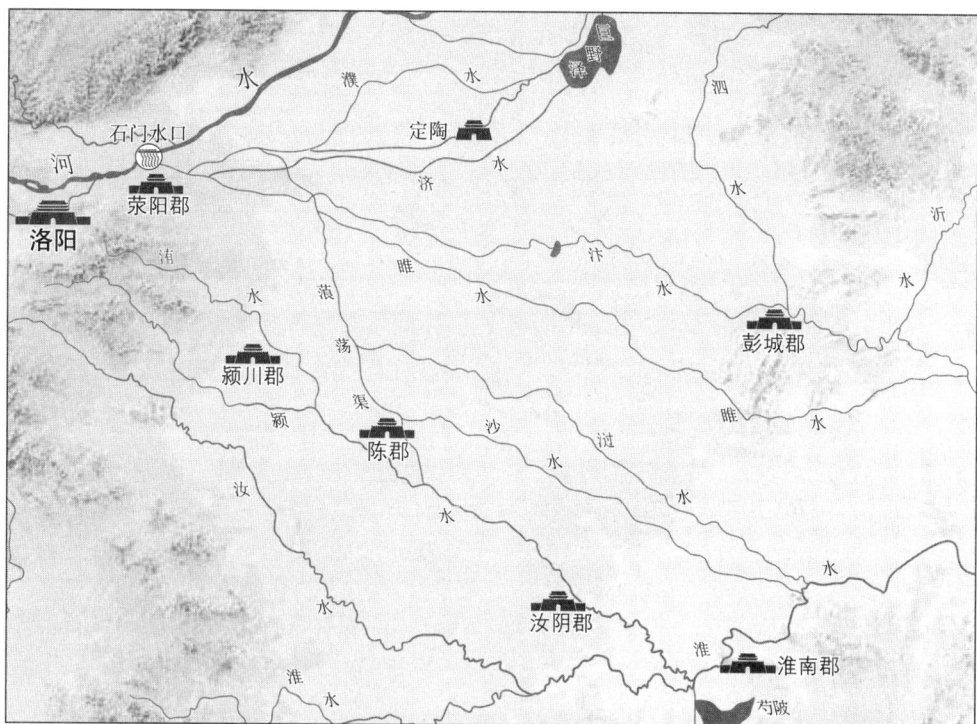

图 2-4　中原水系示意图

一面适应北方的严寒天气，一面趁这段时间将通往黄河的各水道修复，光复中原之后也到了来年春天，那时大军再齐发去直捣关中。

刘裕的作战计划是兵分三路：

东线：总督前锋诸军的王仲德承担了最艰难的方向，北上经过北魏的河南防区入黄河。朱超石率领一支别军去夺北魏的前哨据点阳城（今山东聊城东南），王仲德则亲自率军向北魏的兖州刺史治所，河南的最关键重镇滑台（今河南滑县）进兵。

刘裕的东线之所以要得罪北魏，是因为他要开通当年桓温第三次北伐时修建的桓公渎故道，进入黄河。（见图 2-5）

为了保证这条河道的畅通，需要得罪北魏。这一路最凶险，因为

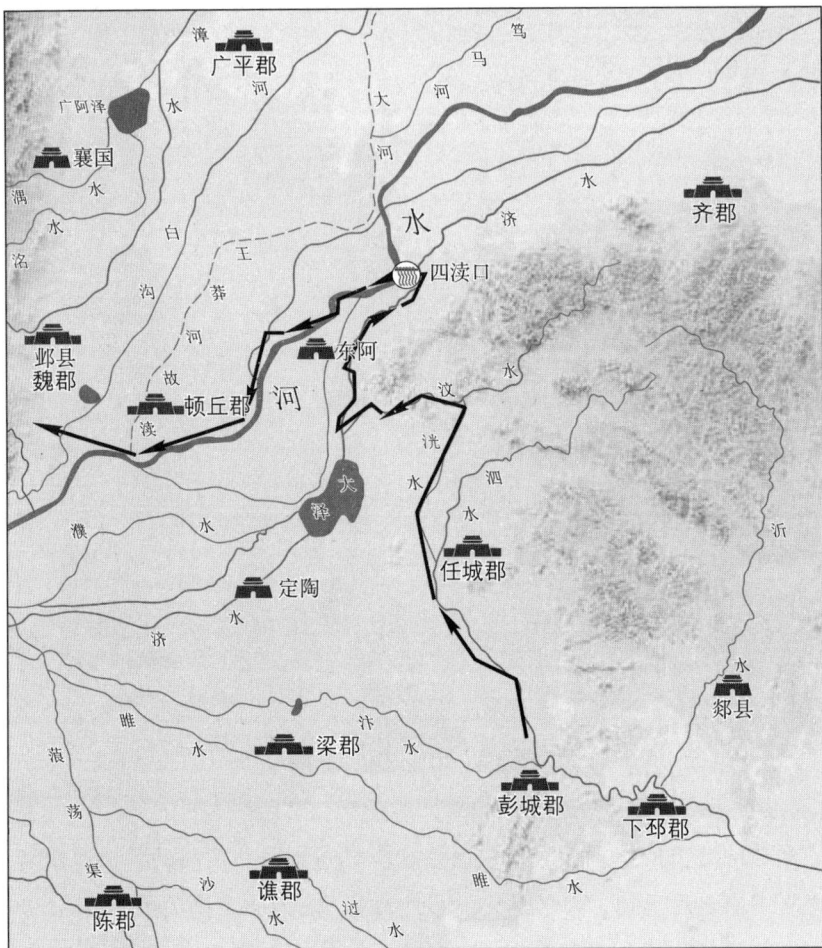

图 2-5　桓温北伐示意图

后台太强。

中线方面：沈林子和刘遵考从彭城出发，溯汴水前行，沿路收复汴水沿线，并开通当年袁真死活没有打开的石门水口，这样可以通黄河水道。[1]

---

[1] 《资治通鉴·晋纪三十九》：建武将军沈林子、彭城内史刘遵考将水军出石门，自汴入河。

西线方面：檀道济、王镇恶自寿春地区率步军，走颍水河道直指许昌洛阳。[1]（见图2-6）

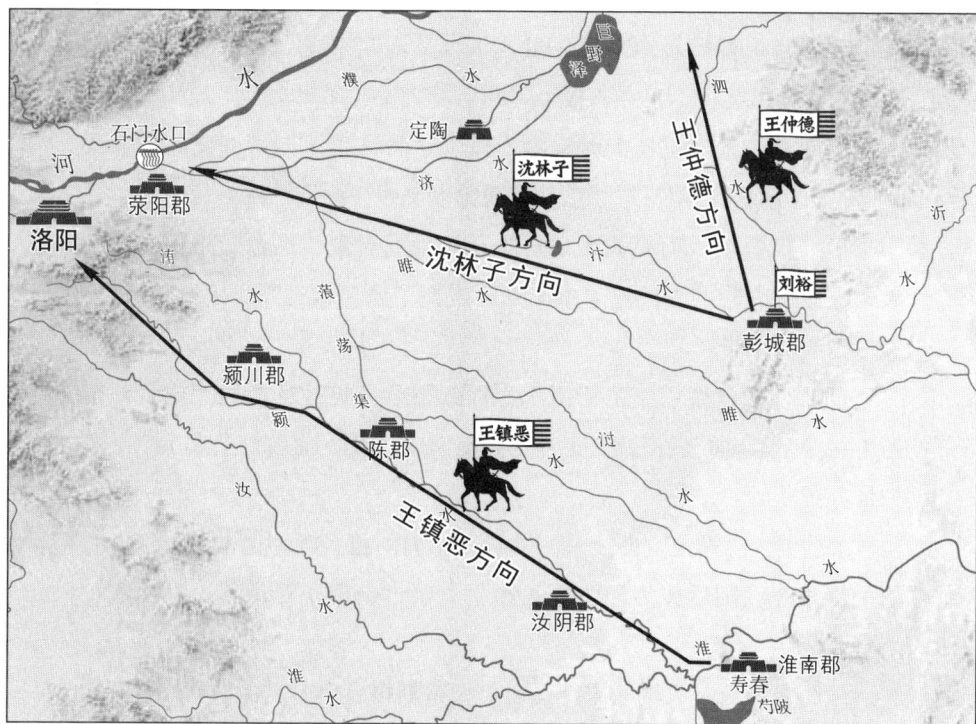

图2-6 刘裕北伐出兵方向示意图

刘裕还有一路安排，是沈田子和傅弘之自襄阳战区出发攻打武关。这一路纯是让后秦分兵的诱饵，所以在中原未定前并没有出发。

看完分兵线路图，我们分析下人员结构。

先说东路的王仲德，晚渡北人，太原祁县人，自称王允之弟、幽州刺史王懋的七世孙。

---

① 《资治通鉴·晋纪三十九》：丁巳，裕发建康，遣龙骧将军王镇恶、冠军将军檀道济将步军自淮、泗向许、洛。

淝水之战那年，王仲德十七岁，他跟他哥王元德在苻坚大败后也造反了，但被老谋深算的慕容垂击沉，王仲德重伤后跟哥哥王元德渡黄河到滑台，跟了和慕容垂撕破脸的丁零部翟辽。

几年后王仲德看出来翟辽没戏了，又南归东晋。太原王氏这时候在江左正显贵之极，王仲德投奔了同宗的王愉（王坦之子）。

但南方的太原王氏此时根本不搭理这种来路不明的同宗，王愉认为这是个假冒的亲戚，于是王仲德兄弟俩又投了桓玄。

桓玄代晋后，王元德是刘裕重点拉拢的对象，命他暗杀桓玄。结果在建康做内应的王氏兄弟由于刘迈走漏了风声被通缉，王元德被杀，王仲德成功跑路。

刘裕杀入建康后，王仲德作为被刘裕亲自拉拢的心腹，成了刘裕的中兵参军。刘裕伐南燕，王仲德担任北伐前锋，前后打了大小二十多场仗，皆获胜。

410年，卢循连败何无忌、刘毅，朝局不稳，王仲德做了稳定人心的关键表态，随后作为剿匪的先锋主力亲自击溃了徐道覆，论功冠于诸将。

偏将朱超石是灭蜀的朱龄石之弟，是刘裕京口起义的旧人。

来看中路，刘遵考是刘裕的族弟，沈林子和他兄弟沈田子都来自大名鼎鼎的吴兴沈氏。其父沈穆夫在孙恩祸国时从贼，做过前部参军，后来遭同宗沈预告密，祖父沈警和四位叔父都被处死，沈林子与兄弟们逃奔山中。

北府军南下剿匪，只有刘裕军纪严明。沈林子带着兄弟们向刘裕自首，被刘裕看上，从此收为心腹。

刘裕灭桓玄的时候，沈氏兄弟是京口起义的元勋，哥俩在起义成功后回吴兴给父叔报仇，杀了当年报信的仇人沈预，屠其宗族。打南燕、卢循、刘毅、司马休之，沈氏兄弟都是重要将领。

再看第三路的檀道济，他是当年京口起义元勋檀凭之的族人，这些年也是和刘裕出生入死。

西路的傅弘之是刘道规起义时的参军，刘道规早已过世，傅弘之自然而然成为弟弟留给刘裕的政治遗产。

再算上此时看家的朱龄石，刘裕的北伐梯队完完全全就是这些年他自己带出来的嫡系。这些人都具有京口起义的背景。

这里面唯一不是他自己人的，是王镇恶。

王镇恶是王猛的孙子，因为生于五月初五，爹妈一度打算把他送人，但被王猛拦下，专门赐名"镇恶"。（五月通常被称为"毒月"，端午节那天被北方人认为恶月恶日，生下来的孩子，男害父，女害母。）

前秦崩盘后，王镇恶随叔父王曜归顺了东晋，客居荆州，随后度过了默默无闻的二十多年。直到409年，时年三十七岁、任天门郡临澧县县令的王镇恶终于在刘裕灭燕的时候被推荐到刘裕那里。面试成功后刘裕感叹王猛之后应该为将，因此安排王镇恶做了身边参谋。

王镇恶因为跟对了人，个人发展开始进入快车道，从平卢循力战有功，到灭刘毅，王镇恶的才能充分展现，带着百船先锋就平了刘毅。王镇恶身先士卒，身中五箭，直到江陵平定后二十天，刘裕才率大军到达。

这是北伐诸将中，唯一一个没参加过京口起义的人。

跟人造反啊，参加的年份真的很关键，差一点都不行。

王镇恶有将才，同时也有着贫寒将领共同的一个问题，军贪很严重。这其实都不是大问题，因为刘裕考虑的是局面，只要把仗打赢了，把对手控制住了，其他就都是小事。

不过王镇恶的人生结局彻底印证了一个道理：不是自己人，或者说自己人也分层，一旦和更近一层的圈里人产生矛盾时，不管之前有多大的功劳，被杀就是分分钟的事，杀人者眼都不会眨一下。在逻辑推演中，王镇恶这样的人永远是最先被放弃的那一个。

你的意中人的确是个盖世英雄，但你猜中结局了吗？

七、刘裕版"背水一战"身后的博弈

北伐前的最后一次会上，北府军总指挥刘裕做出最高指示：各路先锋军的任务是开通进入黄河的航道并攻克洛阳，完成这个战略目标后就全部集结洛阳待命，等我主力军至后再一起兵发潼关。

八月，雄赳赳气昂昂跨过淮河的三路北伐军出发了。

九月，刘裕大军抵达彭城，随后静待汴水和桓公渎的河道开通消息。

王镇恶、檀道济挥军北上后就是一路受降，直到新蔡才遇到了抵抗，被檀道济攻克，杀掉守城将领，不久又顺利拿下许昌。

沈林子那路也相当顺利，攻破仓垣，后秦兖州刺史韦华投降，随后沈林子乘胜进占石门。

九月，王仲德率龙骧将军朱牧、宁远将军竺灵秀、严纲等开通了桓温故道，率水军进入黄河，逼近滑台，北魏兖州刺史尉建比较胆怯，率军弃城北渡黄河。王仲德进入滑台后召集大家，表示："我大晋本想用七万匹布帛向魏国借道，没想到魏将自己跑了。"[1]

---

[1] 《资治通鉴·晋纪三十九》：王仲德水军入河，将逼滑台。魏兖州刺史尉建畏懦，帅众弃城，北渡河。仲德入滑台，宣言曰："晋本欲以布帛七万匹假道于魏，不谓魏之守将弃城遽去。"

此时北魏已经来到拓跋珪之子拓跋嗣时代，面对北魏建国以来的第一次南方人挑衅，拓跋嗣不想忍，派叔孙建、公孙表从河内向枋头进军，堵住了黄河北上的水道，又亲自带兵渡黄河，在滑台城下杀了丛将尉建，弃尸于黄河，质问王仲德为何入寇。

王仲德派司马竺和之回答道："刘太尉派遣征虏将军王仲德从黄河进军洛阳，恢复帝室祖坟，你家守将自己放弃滑台逃走，我军才进入此空城驻扎，我们就要向西行军了，并非要破坏晋魏友谊。你们这是要干什么？又是扬战旗又是擂军鼓的。咱们都不挑事，好不好？"①

拓跋嗣又派使节叔孙建去彭城质问刘裕，刘裕谦逊地道歉道："洛阳是旧都，现在被羌人占了，我们想修祖坟很多年了，而且羌人还是我朝乱贼的'垃圾桶'，桓氏余孽，司马休之、鲁宗之父子都投奔于此，看着就来气。我们就是想跟你们借条道去讨伐这帮讨厌鬼，不敢有什么不利两国友谊的举动。"

面对东晋第一猛将所给的超预期台阶，找回面子的拓跋嗣也不愿意和刘裕开战，于是派镇守河内的猛将于栗磾在黄河北岸筑垒防备东晋，滑台的事两国就暂时搁置了。

拓跋嗣没开口要回滑台，因为要了就撕破脸了，刘裕跟他装傻的价码就是不提滑台这事，他不可能允许自己后勤之路的背后是敌军的城池。（见图 2-7）

至此，不仅淮河与黄河的联通恢复了，山东方面与中原的联系也因为济水的开通恢复了。北伐的先锋军离洛阳越来越近了。

此时的后秦朝堂上，秦东平公姚绍对姚泓说："晋兵已过许昌，安定孤远，赶紧收缩安定兵力和人口，这样能多出十万精兵来充实关中，

---

① 《资治通鉴·晋纪三十九》：仲德使司马竺和之对曰："刘太尉使王征虏自河入洛，清扫山陵，非敢为寇于魏也。魏之守将自弃滑台去，王征虏借空城以息兵，行当西引，于晋、魏之好无废也；何必扬旗鸣鼓以曜威乎！"

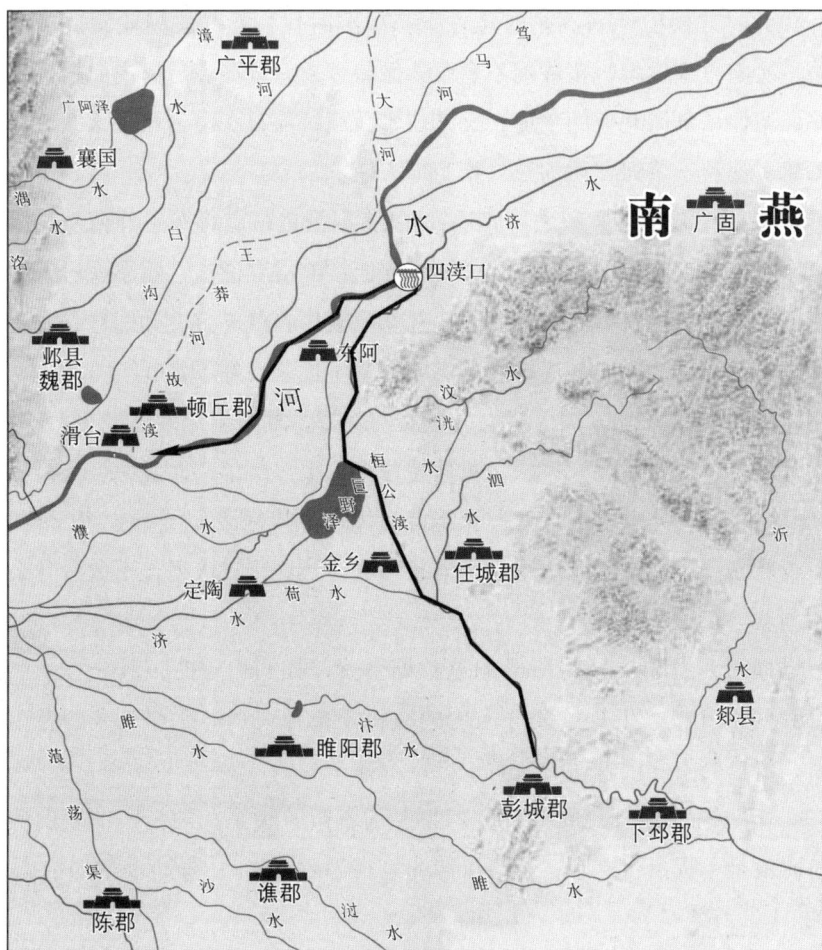

图 2-7　刘裕主力北上路线图

我们不至于亡国，已到危急存亡之秋，早做决定！"

左仆射梁喜则说："齐公姚恢一向有威勇之名，足以扛住赫连勃勃，没了安定，赫连勃勃很快就会南下关中，不能撤。"

亡国之秋，怎么选都是两瓶毒药。

在后秦犹豫的时候，后秦阳城、荥阳全部投降，王镇恶与檀道济已经军至成皋。

镇守洛阳的四弟姚洸向他哥求助，姚泓命越骑校尉阎生率三千骑兵、武卫将军姚益男率一万步兵去协助姚洸镇守洛阳，又派镇蒲坂的二弟姚懿渡过黄河，驻扎在了陕津做后援。

姚洸的宁朔将军赵玄建议固守金镛城，待援耗死晋军。姚洸的司马姚禹则与赵玄势不两立，并已经和檀道济勾搭上了，说坚守是示弱，要主动出击。最终姚洸派赵玄率一千余人向南守柏谷坞，派石无讳向东戍卫巩城。很快成皋天险不战而降，檀道济等长驱直入，石无讳逃了回来，赵玄战死，姚禹逃出城投奔檀道济。

十月二十，檀道济军至洛阳。

十月二十二，姚洸投降。

洛阳拿下后，十月底，建康方面迅速派司空、高密王司马恢之修复与拜谒东晋祖宗们的陵墓并设守灵团。

东都拿下了，陵墓也修了，刘裕在彭城开始了等待，但左等不来，右等也不来。

十二月，憋了一个多月的刘裕派左长史王弘回建康，暗示朝廷给他加九锡。

此时总揽朝政的是刘穆之，他这回真的是大意了。因为改天换地的事得三劝三辞，都有收复洛阳这样的政治符号了，他还不劝进，后面刘裕哪还有那么多借口来三劝三辞啊。

刘穆之人生中第一次与刘裕没有默契，没猜到刘裕的动机，没能主动给刘裕送去九锡的劝进，还让刘裕自己派人送信来，刘穆之吓得生病了。①

并非刘裕要对刘穆之玩隐诛，因为大量的后勤朝政都需要刘穆之总揽，此时还用得着他，刘裕就是敲打敲打他。但从刘穆之受到的惊吓程度可以看出来，刘裕其实是个猜忌心极强、手段极狠的人。

---

① 《资治通鉴·晋纪三十九》：时刘穆之掌留任，而旨从北来，穆之由是愧惧发病。

除了没有个好爹，刘裕各方面都和曹操挺像的。

你刘穆之到底怎么回事！你是我的人，还是晋的人？你是没有这政治敏感性，还是不希望我改天换地？你助我的这些年，是为了做晋的沉船忠臣，还是想做我的开国元勋？难道你的偶像是荀彧！

刘穆之知道，这颗不信任的种子，就此埋下了。今后说什么也很难挽回了，因为这个政治站队太关键，自己大意了。

通天大才一旦有一丝不被信任、出现裂痕，那就是深海中潜水艇玻璃有了裂痕，随时可能爆仓。

别太关注自己的进步，那都是上级捎带手的事，很多时候看上去极其费劲、千头万绪的一个工程，其实就是某个人一句话的事。但这个人为什么要为你说那一句话呢？他为什么要带你一起往前走呢？

都是聪明人，肯定是他没了你不行，你和他的未来利益高度绑定。要时刻关注自己跟随的人的进步，拥护的话一定要多说，总说，挂在嘴边。

十二月二十九，晋安帝下诏任刘裕为相国、总揽百官、扬州牧，食邑十郡加封宋公，赐九锡，位在诸侯王之上，领征西将军、司、豫、北徐、雍四州刺史如故。

刘裕第一轮推辞不受。

拿下洛阳后，西秦王乞伏炽磐也派使者来拜见刘裕，请求击秦以自效，刘裕授乞伏炽磐为平西将军、河南公。

老刘的面子给足了的同时，后秦的内斗也即将进入高潮阶段。

国家到了这步田地，姚懿终于露出狐狸尾巴了。姚懿的司马孙畅劝姚懿杀回长安夺取帝位，姚懿觉得他说得好，随后将大量军粮散给了河东地区的胡汉之民，借机收买人心。

左常侍张敞和侍郎左雅都劝他不要这样做，晋人已经拿下四州，西面贼寇也屯兵秦凉二州了，国家已经危如累卵了，现在却散发如此重要的军粮，将来可怎么办啊！

姚懿将这伙总是以"大局"为重的人打死了！当年姚懿逼宫姚弼真的是为了拥护太子吗？这小子其实预谋很久了，他不是不知道此时国家快完了，但只有这个时候他才能够过把皇帝瘾呀！

姚泓听说老二姚懿憋不住了，于是召叔叔东平公姚绍进宫密议，姚绍道："姚懿为人卑鄙，见识浅薄，一定是孙畅指使的，现在趁反意未露，赶紧把孙畅召进京来，派人换防，接手陕城，我再去潼关调遣指挥诸军。如果孙畅被调回长安，我便派姚懿统领其军抵抗晋军，如果不来，我马上就讨伐他。"

姚泓依计而行，刚一调动姚懿那边就直接称帝了。

姚懿下令把匈奴堡的粮食调来蒲坂，被镇将姚成都拒绝。无论姚懿怎么讨好，姚成都就是不答应。

姚成都向各城传檄文讨伐叛逆姚懿，姚懿也发动辖区诸城跟他造反，但除了临晋的几千户之外，根本没人响应，白拿粮食收买人心了。

姚成都击败了临晋叛军后，姚懿手下开始反叛，姚绍乘势率军迅速进入蒲坂，逮捕姚懿，扑灭了叛乱。

417 年正月，姚泓接受百官朝贺，结果过年变成了哭丧，君臣相对大哭。

在这种末日气氛下，被扔在安定的姚泓从弟姚恢在赫连勃勃的袭扰下决定不再独卧孤城，率安定居民三万八千户烧城南下奔长安而来，姚恢自称大都督、建义大将军，传檄诸县，自己要进京清君侧。言下之意是："这家让你当成这样，还是我来吧！"

扬威将军姜纪率部归降姚恢，建节将军彭完都放弃了阴密，逃归长安，姚恢一路势如破竹。军至新支，姜纪对姚恢说："朝廷重将和大军都在东方抵抗东晋，京师空虚，现在杀回去就一定能拿下！"姚恢没同意，继续一步一个脚印往前走。

姚谌出战被姚恢击败，长安大震，姚泓最终飞马传旨去调刚刚平完姚懿的叔叔东平公姚绍。

姚恢越走越顺，扶风太守姚俊等人相继归降，最终在灵台（在长安西北八里）才被姚绍诸军截住。

看到朝廷重兵前来，姚恢叛军开始心虚了，大将齐黄等人临阵反水，投降姚绍，姚恢大战后和三个弟弟被杀。

先是姚懿，后是姚恢，就在后秦同根"相煎何太急"愈演愈烈之时，417年正月，刘裕终于忍不住北上了。

其实416年九月刘裕就能北上了，那时王仲德率军就已经完成了对桓温故道的疏通，但毕竟走桓公渎需要路过大片北魏防区，黄河对面就是河北，始终在北魏眼皮子底下溜达，难免会造成争端。

刘裕在等汴水水道的开通。汴水入黄河往西北面是河内，南面是洛阳，会跟北魏减少很多接触。但是，开通汴水的工作实在有难度，刘遵考率军一度开通了石门水口，但新渠没多久就被冲塌，导致淤塞。①

上一次石门水道能用时，还是桓温356年的第二次北伐。如今半个多世纪过去了，不仅仅石门水口开不动，甚至连汴水故道都长满了树，晋军甚至还有专门的一个小分队去负责砍汴河故道中的树，否则船过不去，会搁浅的。②

刘裕在刘遵考工程队大干一百天后发现根本没戏，后秦家里头已经打翻天了，自己要是再等下去，赫连勃勃就摘桃了。刘裕只能选择走桓温故道北上了。

刘裕坐不住了，受到后秦内乱鼓舞的洛阳诸军也忍不了了。这些年在刘裕的教导下，晋军将领个个都英勇善战。将在外君命有所不受，刘裕决定不等大部队了，直接率军西进。

---

① 《水经注校证·济水卷》：义熙十三年，刘公西征，又命宁朔将军刘遵考仍此渠而漕之，始有激湍东注，而终山崩壅塞。

② 《水经注校证·汳水卷》注引《续述征记》曰：斜城东三里。晋义熙中，刘公遣周超之自彭城缘汳故沟，斩树穿道七百余里，以开水路，停泊于此。故兹坞流称矣。

第一个冲进战场的是王镇恶。王镇恶发挥了极强的主观能动性，率军进攻渑池，又派毛德祖袭击后秦弘农太守尹雅据守的蠡吾城，生擒尹雅，王镇恶一猛子直接捅到了潼关。

檀道济、沈林子等看到王镇恶已经打通了豫西通道，担心去晚了这功劳就没了，于是从陕城北渡黄河打算去打通豫北通道，攻陷襄邑堡，后秦河北太守薛帛逃奔河东，晋军一路打到蒲坂和匈奴堡（今山西临汾西南）时才遇到了顽强抵抗。（见图2-8）

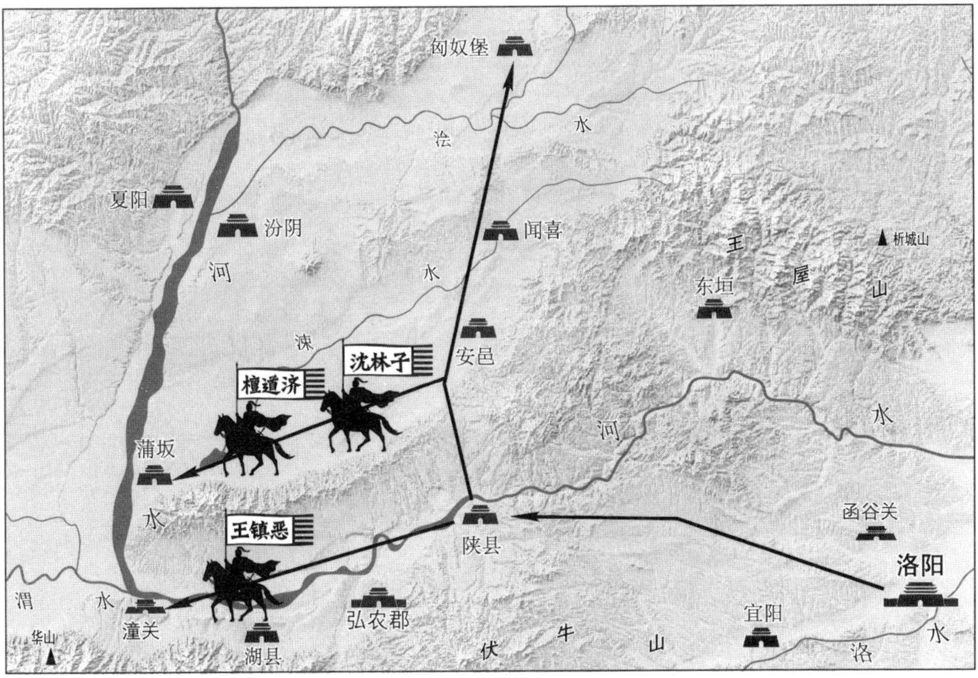

图2-8　东晋先锋示意图

东晋突击队们打疯了，姚泓赶紧命西面刚刚灭完火的后秦好叔叔姚绍为太宰、大将军，都督中外诸军事，假黄钺，改封鲁公，命他督武卫将军姚鸾等率步、骑兵共五万人镇潼关，又遣别将姚驴援蒲坂。

东晋的河东方面军打到蒲坂后，对方不投降了，沈林子对檀道济说："蒲坂城坚兵多，短时间内拿不下来，攻则损耗我们的家底，围又牵连日久耽误工夫，成鸡肋了，现在王镇恶在潼关势孤力弱，我们还是跟那小子会师合兵打潼关吧，潼关破后蒲坂将不战而降。"这哥俩便宜占不上，就南下去找王镇恶了。

三月，檀道济、沈林子军至潼关，姚绍看到晋军远来便引军出战，打算打他们一个立足未稳，结果却被沈林子暴打了一顿，斩俘数千，姚绍连潼关都没来得及退守，直接退到了定城（潼关西三十里，渭水之南）。[1]（见图2-9）

图 2-9 潼关、定城示意图

姚绍对手下说："晋军兵力不多，孤军深入，我们现在要断他们的粮道。"于是派姚鸾顺黄河而下，占住了豫西通道的主路，打算断绝晋军的粮道。结果三月初四夜，沈林子率精锐突袭姚鸾大营，阵斩姚鸾及

---

① 《资治通鉴·晋纪四十》：三月，道济、林子至潼关。秦鲁公绍引兵出战，道济、林子奋击，大破之，斩获以千数。绍退屯定城。

士卒数千人，武装占道计划失败。

姚绍又派姚赞驻军黄河口岸打算断晋军水道，结果又被沈林子打得很惨，后秦河北太守薛帛献河曲（今山西芮城县西南，黄河至此折而东流）而降。

总之，姚绍占住了定城，死活不敢再主动出击，晋军先锋们也在不断的反游击战中夯实了入关前的滩头阵地。

417 年三月，刘裕率主力终于走泗水、济水进入了黄河。

黄河此时已是双方的国界线，但刘裕很谦卑地向北魏提出了借路请求，希望北魏不要在黄河沿路添堵。

刘裕的借路请求和姚泓的求救同时来到了北魏朝堂。拓跋嗣大会百官，群臣说："潼关是天险，刘裕的水军根本打不进去，他肯定是想攻打河北，况且秦和我们是联姻之国（姚兴女送给了拓跋嗣），不能不救，我们应切断黄河航道，阻止晋军北上。"

崔浩则发表了不同看法："刘裕明显是蓄谋已久地去关中摘桃，如果我们切断黄河，刘裕一怒之下定会向我们进攻，届时我们就是替后秦挨打。现在北面柔然已经不断侵边了，南边还是不要再得罪刘裕了。不如借给刘裕水道，任其西上，我们出兵东部阻其退路，看情况而定。如果刘裕灭秦，我们卖给他面子；如果刘裕失败，我们的战略威慑也卖给了后秦面子。况且南北风俗不同，就算朝廷放弃恒山以南，刘裕也不会用吴越之众挥师北上。"

但一些主流官员还是说："刘裕西入潼关一定会担心我们断其归路，使他腹背受敌。刘裕要是北上，则不会担心秦兵从西面来捣乱，这一定有诈。他的主攻目的就是北上。"

北魏主流官员是从国家底线思维出发考虑的，确确实实刘裕出兵后秦的思路不可理解。自古没有先例。从没有南方政权把河北并州跨过去然后攻打关中的。

河北和中原之所以合起来叫关东，是因为这是一个整体，一定是关东合成一个整体后，才可能往西面进发。因为就算水道通了，到了三门峡刘裕的大船也照样过不去。

黄河的航道到了三门峡后，水流突然九十度大转向，与此同时还有鬼门、神门、人门三岛突然出现。所以关中和中原天然是弱联系的。

崔浩则是从刘裕的帝王心术算计的。此时此刻如果刘裕已经完成了改朝换代，那他绝对不会去抢关中，因为这绝对不是个好选择，拿下来也守不住，倒是北魏北面也有边患，往北打才是好选择。

崔浩仅仅是从刘裕的个人进步判断的。北魏主流官员也没错，甚至可以说非常棒。

兵者，国之大事，存亡之道，必须有底线思维，这说明此时朝政中务实的人占主流，并没有去赌。国家的存亡之事，绝对不能赌。永远要往最坏的方向准备预案。

拓跋嗣命司徒长孙嵩为督山东诸军事，又派振威将军娥清、冀州刺史阿薄干，率步、骑兵十万屯军黄河北岸。北魏没有阻碍刘裕，就是用大兵堵在北岸防着他北上，北魏做得没错。

三月初八，刘裕率领水军开进黄河，命左将军向弥为北青州刺史，把守入黄河的四渎口。随后就遇到了北魏军的"贴身紧逼"。

刘裕逼不得已地北上走了敏感线路，北魏逼不得已地屯重兵盯着刘裕一路向西。

在双方的逼不得已下，刘裕的北伐大剧迎来了高潮部分，刘裕这辈子的巅峰代表作，南北朝版本的"背水一战"，上演了。

八、硬刚版"背水一战"，刘裕入关

当初刘裕命诸军在洛阳等他，结果 417 年正月，前锋突击队就冲出去了。此后的时间都是靠吃后秦的军粮度日。[①]

两个月过去了，敌粮吃没了，后勤顶不住了，军心堪忧，将士们打算扔了辎重去找刘裕。[②]

要是退了，晋军的士气就很难说了。更重要的是，对刘裕绝对不好交代，他最爱做的事就是阵前杀中级将领吓唬人。

大家一合计，沈林子手按佩剑咆哮，暂时稳住士气，表明："我这趟来就是为了老大的进步，是打算把命扔在这里的！"既然有人表示一不怕苦二不怕死，局面就僵在这里了，王镇恶等派人请求刘裕的支援。

使者到了刘裕那里，他把使者喊到面前，打开战船的北窗，指着北岸的北魏大军道："我说让他们等我，他们几个不听我的话，现在你

---

① 《宋书·沈林子传》：时伪建威将军、河北太守薛帛先据解县，林子至，驰往袭之，帛弃军奔关中，林子收其兵粮。

② 《资治通鉴·晋纪四十》：初，裕命王镇恶等："若克洛阳，须大军到俱进。"镇恶等乘利径趋潼关，为秦兵所拒，不得前。久之，乏食，众心疑惧，或欲弃辎重还赴大军。

看看对岸，我怎么派出军队护送粮草过去！"①

老大表态了："你们自己闯的祸自己平，反正你们违了军令，事情搞砸了我会惩罚你们！"

好在王镇恶祖上是王猛，自己当年在豫西通道一带当流民时在当地多少有些面子。王镇恶亲自回到弘农向当地百姓集资，艰难拉来了粮草，暂时稳住了军心。②

至于这兵荒马乱的世道是不是真的有"百姓竞送义租"很难说，反正王镇恶及其将士们暂时饿不着了。

刘裕则艰难地拉着船队往西面赶，因为刘裕的船大且是逆流而上，这个季节又是北风，所以只能靠纤夫和士兵们拉。有时候风大浪急，到了将牵绳刮断的程度，船会被吹到北岸，船上的晋军就被魏军杀了。

派部队大规模渡河作战吧，一上岸敌军就跑，上船他们又回来，北魏军队像一群大苍蝇一样。

由于始终被北魏盯着，刘裕又得时刻防备北魏从其他方向偷偷渡河来偷袭，所以每天还要时刻准备着迎敌，导致布防的成本大幅度提高。这也最终逼得刘裕使出了车战的巅峰战法。

四月，刘裕派特种兵七百人，战车一百辆，登上黄河北岸，距河岸百步之处构筑了新月形战阵，以河岸为月弦，两端抱住黄河，每辆战车上布置七个武士，却月阵布成后阵中竖起了白旗。③

北魏看到了晋军仅仅几百人推着车出来又跑又跳，表示从来没见过，以为是"歌舞团"来慰问战士了，于是在那里老老实实地看完了表演。

---

① 《资治通鉴·晋纪四十》：裕呼使者，开舫北户，指河上魏军以示之曰："我语令勿进，今轻佻深入。岸上如此，何由得遣军！"

② 《宋书·王镇恶传》：流寓崤、渑之间。尝寄食渑池人李方家。《资治通鉴·晋纪四十》：镇恶乃亲至弘农，说谕百姓，百姓竞送义租，军食复振。

③ 《资治通鉴·晋纪四十》：夏，四月，裕遣白直队主丁旿帅仗士七百人、车百乘，渡北岸，去水百余步，为却月阵，两端抱河，车置七仗士，事毕，使竖一白毦。

却月阵竖起白旗后，朱超石率二千人迅速下船进入阵中，携大弩一百张，每战车增至二十人，并在车辕上安置了防箭彭排装甲。[①]

北魏军这个时候看明白了，闹半天这是要开辟滩头阵地了。

为避免晋军大规模登岸，魏军开始进攻，打算把晋军扼杀在萌芽状态。朱超石为了避免把魏军吓跑，先是拿小软弓射箭骄敌，北魏军开始大着胆子四面围至。

拓跋嗣听说晋军一个小分队上岸，迅速派长孙嵩率三万骑兵自四面八方冲了上来，打算肉搏攻阵。看到魏军主力扑来，晋军开始大功率地百弩齐发，又在阵内安排了弓兵吊射北魏，但随着魏军越来越多，弩兵火力压制不住了。[②]（见图2-10）

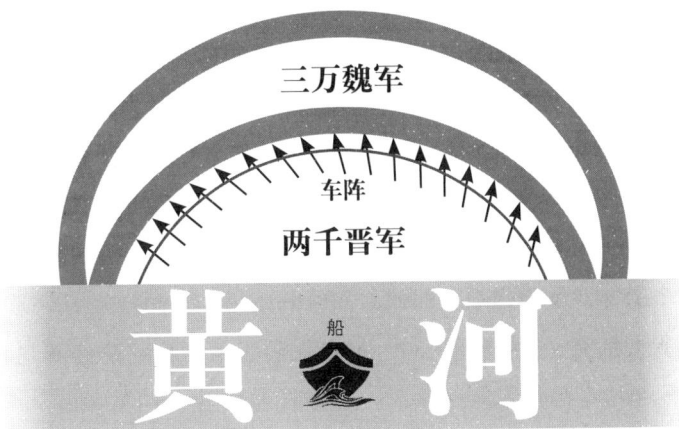

图2-10　却月阵对战效果图

由于背后是黄河，船动力不足，无法保证上船后就能跑，对岸的

---

① 《资治通鉴·晋纪四十》：裕先命宁朔将军朱超石戒严，白毦既举，超石帅二千人驰往赴之，赍大弩百张，一车益二十人，设彭排于辕上。

② 《宋书·朱龄石传朱超石附传》：嗣又遣南平公托（拓）跋嵩三万骑至，遂肉薄攻营。于是百弩俱发，又选善射者丛箭射之，虏众既多，弩不能制。

刘裕还拿着大砍刀在那里比画着，朱超石觉得还是跟北魏拼命得好。

面对越来越多的魏军，朱超石拿出了最后的秘密武器。上岸前，朱超石带了铁锤一千个和铁槊一千支。槊的发明就是为了造成最大贯穿伤害的，并不像戟那样还承担砍杀功能，而是为了捅完人方便拔出来，不至于卡在骨头和铠甲里。

晋军用聪明才智搞出了大炮变种。

朱超石将长槊的杆砍掉，截短为三四尺，然后做成大铁钉子，命士兵们将这堆大铁钉子架在车子的彭排缝隙中，随后以大锤锤击，人工发射大铁钉子。效果非常好，一个钉子就能钉死三四人。[①]

魏军看到动不动就三四个人变成串从阵中飞出来，场面相当骇人，于是军心溃散，将士四下奔逃，留下了大量的攻阵尸体，北魏冀州刺史阿薄干也死于冲阵过程中，北魏军败退，逃回畔城（今山东聊城西）。

朱超石率宁朔将军胡藩、宁远将军刘荣祖乘胜追击，但又被魏军给围住了，晋军奋战了一整天，杀魏军千余，终于杀退了魏军。[②]

刘裕又派振武将军徐猗之率五千人扑向越骑城，也被魏军给围了，晋军以长戟结阵对峙。不久朱超石赶来，魏军被吓跑了。[③]

说个题外话，为什么这时候晋军结阵就用长戟而不是用槊了呢？

因为戟的重要功能是防御，能卡住敌人，能稳住防守阵形；槊的重要功能是搅乱阵形，冲开缺口。

北魏的情报明显没做到位，当年南燕慕容超自信骑兵天下无敌，结果被刘裕四千辆大车首尾相连顶住，然后车挂布幔防箭，从里面出枪

---

① 《宋书·朱龄石传朱超石附传》：超石初行，别赍大锤并千余张槊，乃断槊长三四尺，以锤锤之，一槊辄洞贯三四虏。

② 《宋书·朱龄石传朱超石附传》：超石率胡藩、刘荣祖等追之，复为虏所围，奋击尽日，杀虏千计，虏乃退走。

③ 《宋书·朱龄石传朱超石附传》：高祖又遣振武将军徐猗之五千人向越骑城，虏围猗之，以长戟结阵，超石赴之，未至悉奔走。

扎骑兵。这其实就是最早的却月阵。

当你看到东晋推车出来后，你就得一级预警了，怎么还能看着晋军完成布阵呢？

不过此战也侧面说明了北魏军的韧性，被却月阵打崩了以后，还能在朱超石追击的时候再次围上来，连战一整天后才退军。

此战成色极高，无论黄河南北，双方都是铁军。只能说此时的刘裕已经到了独孤求败的境界，不滞于物，草木竹石皆可为剑，永远能因地制宜地玩出花样来。

刘裕以却月阵大胜北魏后，北魏放弃了对晋军的跟踪，刘裕开足马力向西赶，并于四月下旬开过了与北魏接壤的河段，来到了洛阳。

西线方向，秦军一直没有放弃断晋军粮道，从河东方向一直往黄河渡口派兵，打算断晋军水道，却被沈林子一再击败，一直是关中顶梁柱的姚绍被活活气死。姚赞接替姚绍后打算立威，主动出击对战沈林子，但再次被击败。

由于主力到了洛阳，北伐的先锋军终于吃到了祖国的粮食，伐秦进入了最后阶段。

刘裕来到洛阳后，开始寻找绕过定城秦军的方式，派参军戴延之率一支船队溯洛水而上，看看洛水上游有没有戏，与此同时命令荆襄的沈田子和傅弘之所部从武关道进入关中开辟第二战场。

五月底，东晋齐郡太守投降北魏，上书拓跋嗣："刘裕现在在洛阳，应该发兵断其归路，可不战而胜。"拓跋嗣表示认同。

拓跋嗣命长孙嵩、叔孙建各率精兵备战，如果刘裕再向西部深入，他们就从成皋渡黄河南下，进攻彭城、沛郡；如果刘裕推进很慢，则继续在岸上紧紧跟随。①

---

① 《资治通鉴·晋纪四十》：然犹命长孙嵩、叔孙建各简精兵伺裕西过，自成皋济河，南侵彭、沛；若不时过，则引兵随之。

这就是光说不练，后面魏军乖得很，根本没敢南下。震慑力真挺重要的，刘裕的背水一战打得北魏在他有生之年都不敢正眼向南看。

戴延之自洛水的探险失败后，七月，刘裕率军到达陕城（今河南三门峡），襄阳方面军沈田子、傅弘之等也率兵于此时打破武关，进驻青泥（今陕西西安蓝田），开辟了第二战场。[①]

姚泓命姚和都在柳城挡住沈田子。

刘裕听说沈田子已经打进了关中，于是命他本家兄弟沈林子率部翻山越岭前去支援，让他一定要死死钉住关中的滩头阵地！[②]（见图2-11）

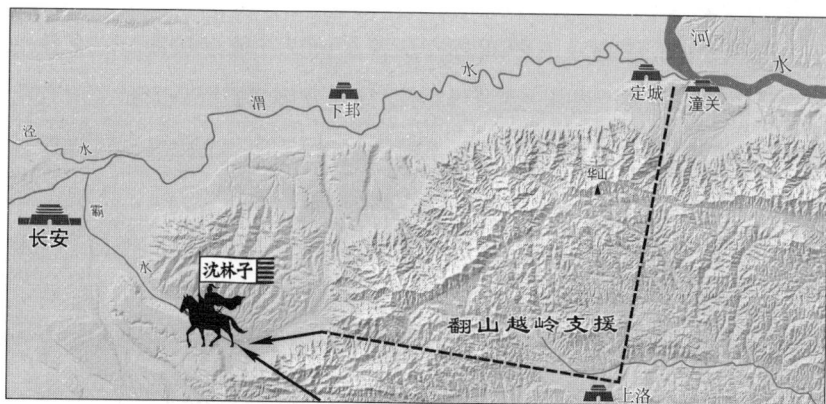

图 2-11　沈林子支援路线图

姚泓在叔叔死后打算御驾亲征，但又担心已经入关的沈田子，于是亲率最后的主力步、骑兵数万来到青泥，打算扫除后患。

沈田子的襄阳方面军本来是疑兵，才一千多人。[③] 这么点人就能打

---

① 《资治通鉴·晋纪四十》：秋，七月，太尉裕至陕。沈田子、傅弘之入武关，秦戍将皆委城走。田子等进屯青泥。

② 《资治通鉴·晋纪四十》：初，裕以田子等众少，遣沈林子将兵自秦岭往助之。

③ 《资治通鉴·晋纪四十》：田子本为疑兵，所领裁千余人。

破关中四塞之一的武关，可见此时后秦已经将全部能调的兵都派去东面的定城战场堵口子了。

沈田子听说姚泓亲征后打算出战，傅弘之因敌众我寡而劝阻他。沈田子最终说服了傅弘之，趁秦军刚到营地军阵未成，先打一家伙，自己率部为前锋，傅弘之殿后，他们就杀出来了。

在沈田子的封官承诺演讲后，千余晋军杀了后秦一万多人，姚泓的座驾和衣服以及一大堆御用物品被缴获。① 姚泓逃回灞上。

等沈林子的救援小分队紧赶慢赶到了青泥后，发现姚泓御驾亲征的大部队已经被千人敢死队给冲垮了，哥俩随后合兵紧追，关中郡县开始向沈田子送钱送物。②

八月初二，刘裕军至潼关，命朱超石为河东太守，与振武将军徐猗之在河北与薛帛会师，共攻蒲坂，但蒲坂依旧是后秦防守最好的重镇，姚璞与姚和都获得了罕见的胜利，徐猗之战败身亡，朱超石逃回潼关。

已在潼关苦战半年的王镇恶听说沈家兄弟入关了，知道自己的功劳马上就要没了，王镇恶决定拼了，从水路绕过定城的秦军，破釜沉舟，直奔长安！

王镇恶顿兵定城的时候一直没什么动作，他一直在等渭水水位的上涨和刘裕大部队的到来。只要刘裕的巨大威慑和牵制起到作用了，他就不再担心绕过定城后会被"包饺子"。

王镇恶造了一堆"蒙冲小舰"，所谓"蒙冲"有三个特点：

1. 以生牛皮蒙背，具有良好的防御性能。

2. 船中开弩窗，能够射击和近战攻击。

---

① 《资治通鉴·晋纪四十》：遂帅所领先进，弘之继之。秦兵合围数重。田子抚慰士卒曰："诸君冒险远来，正求今日之战，死生一决，封侯之业于此在矣！"士卒皆踊跃鼓噪，执短兵奋击，秦兵大败，斩馘万余级，得其乘舆服御物。

② 《资治通鉴·晋纪四十》：至则秦兵已败，乃相与追之，关中郡县多潜送款于田子。

3. 以桨为动力，不用纤夫拉扯。

八月，王镇恶申请自为先锋，率水军自渭水直突长安！

刘裕同意后，王镇恶坐着小船一路向西，后秦恢武将军姚难自香城引兵向西追击王镇恶，姚泓自灞上引兵还屯石桥为援，镇北将军姚强与姚难合兵屯泾水口，等着王镇恶。

王镇恶率水军溯渭水而来，由于他的蒙冲舰队没有纤夫能逆流而上，秦人没见过这种在船内划桨的船，以为神仙来了。[1]

在泾水渭水分明之处，王镇恶派毛德祖进击，大破之，姚强死，姚难奔长安。

八月二十三日凌晨，王镇恶军至渭桥，令将士们吃完早饭后全副武装登岸，最后上岸者斩。

全军登岸后，王镇恶破釜沉舟，任由舰队随波逐流地被渭水带走，随后展开战前动员："我们的家属都在江南，此地为长安北门，离家万里，所有的退路都没了，现在战胜则功成名就；不胜，则尸骨不能返回家乡，没有第三条路了！打好这最后一战吧！"

王镇恶身先士卒，作为敢死队长冲在最前面，破釜沉舟的晋军踊跃争先，在渭桥大败姚丕。姚泓率兵救援却被败兵冲散，不战自溃，姚泓单人匹马逃回皇宫。王镇恶从平朔门打入了长安，姚泓和姚裕等率数百骑兵逃奔石桥，东平公姚赞听说姚泓战败后紧急前往长安救援，却已经军心大乱，不战自溃。

八月二十四，姚泓携妻子儿女、文武百官前往王镇恶大营投降，王镇恶把他们交给属吏关押，随后对长安的六万多夷汉百姓进行安抚。

刘裕下令将后秦的所有祭祀品、浑天仪、测日的仪器、计程用的记里鼓、指南车等都送往建康，其余的金玉珍宝、绫罗绸缎等全部犒赏

---

[1] 《资治通鉴·晋纪四十》：镇恶溯渭而上，乘蒙冲小舰，行船者皆在舰内；秦人见舰进而无行船者，皆惊以为神。

三军。

后秦平原公姚璞、并州刺史尹昭献蒲坂投降；东平公姚赞率宗室一百余人前往刘裕大营投降，刘裕将其全部杀死，随后快马加鞭把姚泓押解到建康闹市砍头。

刘裕继续了南燕时的操作，灭其国，断其根。杀南燕皇族时尚能找到理由，因为慕容超玉石俱焚，到了最后一刻。但杀后秦宗室，刘裕这活儿干得相当不地道。

羌众十余万口直接吓得西奔陇西，沈林子一路追击，俘虏了一小部分，大部分羌人都充实陇西去了。①

这次朝廷方面没让刘裕着急，灭秦后第一时间再次下诏晋宋公刘裕为宋王，增封十郡，刘裕再辞。

刘裕打算迁都洛阳，被王仲德劝住："非常之事常人难以理解，一旦迁都必然举国震动，现在我们出征一年了，士卒们都功成思归，迁都之计，此时连讨论都不能讨论啊！"刘裕由此暂停了迁都的计划。

但王仲德说此时"今暴师日久，士卒思归"，刘裕并没有听进去。他打算再西征陇西，彻底打通西域地区。

就在刘裕踌躇满志之时，一个既喜又忧的消息传来了：十一月初三，刘裕的"孔明"，十四年以来足兵足食、总理万物的刘穆之，死了。

这绝对是让刘裕担忧的一件事。

刘裕听说刘穆之的死讯后震惊悲痛，哀号惋惜多日。②之所以悲痛，是因为他意识到，他气吞万里如虎的人生到此为止了。江左他是再也离不开了。

刘裕本来在做众将的工作，劝大家再添一把火，再努一把力，一起再搏一次，结果刘穆之这一死，刘裕根基大损，开始没有悬念地准备

① 《资治通鉴·晋纪四十》：羌众十余万口西奔陇上，沈林子追击至槐里，俘虏万计。
② 《资治通鉴·晋纪四十》：辛未，刘穆之卒，太尉裕闻之，惊恸哀惋者累日。

东归。① 刘穆之才是决定南国功业的那个天花板。

之所以说对刘裕是"喜",在于此时晋军士气已衰。国都灭了,财宝也都抢了,大家都恨不得回家封功受赏。再打下去,万一死了呢?财宝白抢了,军功白干了,家里的一切都是别人的了。

眼下已经有灭国的功勋了,差不多了,没人愿意再跟着拼了,即便是军神刘裕,真的能带着这样一支队伍再打出精气神吗?

杨广要是死在了四十二岁,他将是汉武帝式的人物;刘穆之若是不死,由着刘裕的性子,他真的能平稳着陆吗?

自 399 年十二月刘裕登上历史舞台,只有 406 年、407 年、414 年三年没有战事。这十八年中,主基调是江东、荆州的互相伤害,重要变量是孙恩、卢循集团的无差别自爆,分支剧情是益州谯蜀的割据。如今又加上了北府军远征关中一整年。完全就是刘穆之在后方拢着这个烂摊子,不断给刘裕打强心针。

所以刘穆之的死讯,在另一个维度,其实是保住刘裕不败人生的一件"喜事"。

无论刘穆之是否真的是病死的,这个聪明人死的时机都恰到好处。

1. 站好了最后一班岗,让刘裕如愿以偿地拿下了关中,用一辈子的功勋保住了家族的长期饭票。

2. 也将后面所有的"锅"推得一干二净,是刘裕篡的晋,跟刘穆之没关系。

3. 更重要的是,刘裕不会让他的寿命长过自己的,因为那次政治事件后两人之间已经有了裂痕,更因为对于他的能力刘裕根本不放心。

当年京口起义的元老们,如今就只剩刘裕一个人了。

与其等那种不体面的结局,此时此刻的戛然而止,对刘裕,对刘穆之,都是最完美、最体面的解脱。

---

① 《资治通鉴·晋纪四十》:始,裕欲留长安经略西北,而诸将佐皆久役思归,多不欲留。会穆之卒,裕以根本无托,遂决意东还。

九、注定悲哀的关中死局

刘穆之死后，晋廷一度打算命太尉左司马徐羡之代替刘穆之主理朝政。之所以这么安排，是因为刘裕走之前就任命了徐羡之为刘穆之的副手。[①]

徐羡之，东海郯人，中下士族出身，一开始为刘牢之的镇北功曹，后来成了桓修的抚军中兵参军。

桓修当时还有一位中兵参军，就是刘裕。徐羡之就这样被刘裕征服，自此"深相亲结"。京口起义后徐羡之就成为刘裕的重要心腹。

徐羡之的侄子徐逵之娶了刘裕的长女，徐羡之的长子徐乔之娶了刘裕的六闺女。刘穆之这么重要，刘裕可没和他成亲家。

刘裕北伐的时候，命徐羡之为刘穆之的副手，什么意思？就是让亲家盯着刘穆之。

此时朝廷已经被调教得相当服帖了，所以刘穆之死后，朝廷打算命徐羡之接班，但中军谘议参军张邵还是比较谨慎，道："现在情势危急，而且依人依才来看，最终确实是要委任徐羡之的，但世子尚小，并无专命之权，还是应该请示主公刘裕。"

---

① 《宋书·徐羡之传》：高祖北伐，转太尉左司马，掌留任，以副贰刘穆之。

朝廷任命的请示打到关中，刘裕并不看好徐羡之的能力，还是希望他发挥监督的作用，一度想委任王弘，但被谢晦劝阻，谢晦说："王弘为人不稳重，不如徐羡之。"

王弘是王导曾孙，谢晦是谢家人，这位门阀出身者的话是什么意思呢？

1. 从刘裕的角度出发，王弘是门阀出身，跟刘裕不是一个阶级，徐羡之是京口起义时代的老兄弟，关系靠得住。

2. 从谢晦的角度出发，门阀集团，谢晦将来要做总代表。

这位二十八岁的小伙子已经成为刘裕的重要谋主，将来他有更大的戏份。

刘裕最终决定任徐羡之为吏部尚书、建威将军、丹阳尹，代管留任事务，但过去由刘穆之全权处理的大事开始全部送到刘裕那里让他拿主意。

刘穆之这位大神一死，整个南国地动山摇，刘裕一天都不敢在关中耽搁了。

三秦父老听说刘裕要南归，很多人来到刘裕营前痛哭道："我们这帮活下来的汉人已经离开家乡百年了，直到今天才又见到汉人衣冠，刚高兴没几天，你怎么就走了。长安十陵是你刘家的坟墓，咸阳宫殿是你刘家的祖宅，还有比这里更适合你的地方吗！"

百姓们很质朴，意思是回什么江东，在这里当皇帝不好吗？那帮外族人来到这里撵都撵不走，这关中沃野留不住你吗？

刘裕也很伤感，表示确实留不住，因为他们没有地图和情报，不知道这地方有多危险，于是安慰他们道："我受朝廷命令不能擅自停留，因为知道大家的同根同族之情，所以我留下我的次子与文武贤才共守这里，希望你们好好相处。"

刘裕走前为了证明自己和关中百姓心连着心，任命十二岁的次子刘义真为都督雍、梁、秦三州诸军事，安西将军，领雍、东秦二州刺史，并安排了文武班子。

关中背景的是：太尉谘议参军、京兆人王修为长史；王镇恶为司马，兼冯翊太守。京口背景的是：沈田子为中兵参军，傅弘之为雍州治中从事史。

刘裕临走时的安排，并不合适。或者说无论他怎么选，都没有最优解。

1.从士气的角度来看，王镇恶、沈田子、傅弘之这帮人其实都是入秦的先锋军，功勋最大，抢来的东西最多。那时候又没有银行和票号，没办法把抢劫所得汇到家中，安排这帮收获颇丰的战士们守卫离乡万里的关中，他们的士气不会很高的。

2.从派系的角度来看，此次灭秦，王镇恶虽然是首功，但他不是京口系的人，更关键的是打得后秦崩溃的决定性一战，是京口系的沈田子开辟的关中滩头阵地。

这就说不清了，虽然破长安的是王镇恶，但京口系的人会认为是王镇恶"摘了桃子"，因此触了众怒。①

王镇恶是没什么政治智慧的，沈田子打进了关中，已经毁灭性地击溃了姚泓，他怎么能冲进去抢功呢？他拎得清自己几斤几两吗？他又有什么背景，敢这么出风头呢？

其实王镇恶不光争功问题，他还侵犯了众多将士的利益。他打进长安后，抢得实在太过分了，几乎把长安给刮干净了。②王镇恶也许是在学王翦找秦始皇要地皮来向刘裕表明自己没出息，但问题是，他没有请示刘裕就把长安给抢了。

---

① 《资治通鉴·晋纪四十》：关中人素重王猛，裕之克长安，王镇恶功为多，由是南人皆忌之。

② 《宋书·王镇恶传》：是时关中丰全，仓库殷积，镇恶极意收敛，子女玉帛，不可胜计。

自古以来都是君主不给，你就不能抢，更何况你怎么就知道老大那里没有亏空需要补呢？更关键的是，不仅仅是他一个人打进了关中，他都抢空了那剩下的兄弟们怎么办？各路大军入城后，都传言王镇恶军抢疯了，同样是出生入死，这会让别的队伍怎么想？这种夺人财路的嫉妒，是会出人命的。

南方诸将之所以几乎"同仇敌忾"地恨上了王镇恶，其实还有诸将底下弟兄们的呼声。

有人对刘裕打报告，说王镇恶私藏了姚泓的座驾这种政治属性极强的东西，是要造反。刘裕一调查，发现其实是王镇恶把辇的金银剔下来拿走了，把辇扔一边了，这才踏实了。

所有的小报告都不是无缘无故的，这种政治阴招说明王镇恶已经犯众怒了。

刘裕是掌握最多信息的那个人，他知道王镇恶的处境，如果他真的在乎这个人的话，是不会把他留在关中的。王镇恶在刘裕的眼中，就是个"普通工具人"，留他在关中，无非想借其祖上的威望来镇服关中；要是不听话，或者不会做人，继续犯众怒，那就卸磨杀驴吧。

刘裕南归前，战胜姚泓的沈田子和傅弘之多次对刘裕说："王镇恶老家就在关中，不可信任啊！"

刘裕道："我留你们这些老兄弟和一万精锐在这里，王镇恶如果图谋不轨，只能是自取灭亡，这事别再多说了。"

散了会，刘裕私下对沈田子说："钟会之乱最终没闹起来，是因为卫瓘的缘故，俗话说'猛兽不如群狐'，你们十多个都是自己人，难道还怕王镇恶？"[1]这句话，其实就是刘裕已经默许了沈田子的开火权。王镇恶的结局已经注定，不确定的只是为他刘家继续拉多久的磨而已。

---

① 《资治通鉴·晋纪四十》：裕私谓田子曰："钟会不得遂其乱者，以有卫瓘故也。语曰'猛兽不如群狐'，卿等十余人，何惧王镇恶！"

十二月初三，刘裕从长安出发。这次没有走来时路以免刺激北魏，而是开掘汴渠东归。

开掘汴渠是很难的事，但一旦最高长官出面，就不一样了。刘遵考死活打不开的石门水口，被刘裕换了个开凿地址，秦汉故渠就给通开了。[①]

刘裕此次灭秦，对南北政治格局的影响其实并不大，因为后秦亡国仅仅是时间问题，不是刘裕就是赫连勃勃灭掉他们，倒是对地理，尤其是对汴水和泗水的重新开通影响重大。

这奠定了后面一百年南来北往互相征讨的格局，也加速了北魏对阵南方政权的军事适应速度，更在某种意义上使得他亲手创造的刘宋王朝在他儿子手上完成了由盛转衰。

巴菲特总说自己死了以后就直接让后代去买股指基金，不再投资。投资是门艺术，教不会的，不是那块料，财富会以山崩地裂的速度流失。你赚不到认知范围以外的钱，赚到了也会凭实力亏掉。同理，你打不下军事能力以外的地盘，打下了也会凭实力丢掉。

其实淮河与黄河的再度联通，也有这样的意思。看上去对南方是重大利好，但投资的渠道变多后，继承者中就再也出不来像刘裕和桓温这样的人物了。

赫连勃勃在刘裕北上后就做出了判断：后秦必亡，刘裕也一定会回江南，将来他再夺关中就像去拿根草一样轻松。于是他就在那里厉兵秣马等着刘裕回家。

刘裕刚走，赫连勃勃就任命其子为都督前锋诸军事，率骑兵两万直取长安，命前将军赫连昌军至潼关断晋军后路，命王买德为抚军右长史，屯青泥；赫连勃勃亲率大军紧随其后。

418 年正月，夏军先锋部队已经行至渭阳，关中百姓夹道欢迎。

---

① 《水经注校证·济水卷》：义熙十三年，刘公西征，又命宁朔将军刘遵考仍此渠而漕之，始有激湍东注，而终山崩壅塞，刘公于北十里更凿故渠通之。

兵马交锋一个世纪了，屠各的刘曜、羯赵的石虎、氐秦的苻坚、鲜卑的慕容冲、羌秦的姚兴，哪位来了都能当爷，哪里还有什么民心。活着，活着，还是活着！

沈田子被夏军兵锋逼迫得只好退守刘回堡，随后求援王镇恶。

王镇恶回复道："刘公把他十二岁的孩子托付给我们，应当同心协力，要是像你这样拥兵不战，匪患怎么会自己平息！"

使者回去后，把这话跟沈田子说了。王镇恶说这话纯属没事找事，他这话就把事情定性成了是不是忠心为公的政治事件。沈田子本来就和王镇恶互不相容，听了这话是又愤怒，又害怕。①

王镇恶让沈田子"忿惧"了。"忿"不可怕，"忿"的人多了，没见过看谁不顺眼就扔炸弹的，但让手里有刀的人"惧"了，这就很可怕了。

不久，沈田子和王镇恶同时出兵北地，但此时晋军中已经开始传言："王镇恶打算杀掉所有南方人，然后自据关中造反了。"②沈田子已经做好了杀王镇恶的舆论准备。

正月十五，沈田子决定下手，怕王镇恶起疑，请王镇恶来到傅弘之大营共商战事，随后命族人沈敬仁杀了王镇恶，还声称奉刘裕密旨。③

王镇恶兄王基，弟王鸿、王遵、王渊，从弟王昭、王朗、王弘全部被杀，只有弟弟王康在大屠杀时逃脱，幸免于难。

其实从王镇恶的兄弟配置也可以看出来，刘裕大概率就是诚心将沈田子安排在这里的。

---

① 《资治通鉴·晋纪四十》：田子与镇恶素有相图之志，由是益忿惧。
② 《资治通鉴·晋纪四十》：未几，镇恶与田子俱出北地以拒夏兵，军中讹言："镇恶欲尽杀南人，以数十人送义真南还，因据关中反。"
③ 《资治通鉴·晋纪四十》：辛亥，田子请镇恶至傅弘之营计事；田子求屏人语，使其宗人沈敬仁斩之幕下，矫称受太尉令诛之。

从此处也再次印证了王镇恶的不懂政治。一个为将之人，自己手里能留那么多的亲兄弟吗？别扯什么打仗亲兄弟、上阵父子兵，为将了就不再有兵的属性！

在某些人的眼中，兄弟多就意味着随时能扩大把守重要岗位的网络，这王镇恶到底想干什么？

沈田子在傅弘之帐下动手后，吓得傅弘之赶紧报告刘义真，撇清责任。关系再好也是杀朝廷重将，毕竟没有刘裕的指示，风险太高。

刘义真也吓一跳，随后与长史王修披甲登横门观察军势。

不久，沈田子率数十人赶来报告，说王镇恶谋反，结果沈田子被长史王修逮捕。

王修和王镇恶都是关中人，沈田子没有任何证据就直接杀了王镇恶，让北人尤其是当地人的王修极度惊恐。王修以擅杀大将之名将沈田子迅速斩首，命冠军将军毛修之代王镇恶为安西司马。

傅弘之随后率部在池阳和寡妇渡两次大败夏军，斩杀俘虏甚多，证明了北府军的天下第一战力，击退了夏军，暂时稳住了局势。

正月二十六，刘裕军至彭城，听说王镇恶和沈田子都死了，于是上表将这件事定性为私人恩怨：沈田子突然发狂杀害了忠良，追赠王镇恶左将军、青州刺史。

"精神病人"沈田子因为功勋卓著也不再追究了。

王修擅自做主杀了沈田子也是大罪，但自己的儿子还需要王修去辅佐，因此王修也被放过。

总之，都是好将领，大伙瞧我的面子，就把这篇掀过去了。

六月，东晋第三次劝进，刘裕接受了相国、宋公、九锡之命，完成了质变。刘裕进步的同时，关中的二儿子杀了安排给他的长史王修。

起因是刘义真这个十二岁的孩子赏赐无度，王修经常限制他的赏赐，这就得罪了刘义真的左右，他们在刘义真面前陷害王修："王镇恶欲反，所以沈田子杀了他；王修杀沈田子说明他是王镇恶的同党，他也要造反啊！"

十二岁的孩子也觉得这个老限制自己的老头很可恶，于是派亲信杀了王修。王修死后，关中开始人心离散，各自为政，不再听长安号令。

其实如果在王修杀沈田子时，刘义真就杀了王修也行，毕竟当时他刚刚接手关中，现在王修半年多的长史当下来，基本上关中所有的行政命令都是王修安排的，更何况王修还是关中人。如今王镇恶和王修两个关中人都让江东人杀了，关中人会怎么想？

本来已经稳定了半年多的关中瞬间崩盘，王修死后的局势超出了刘义真的想象，刘义真将所有外军全部召回长安，以求自保。关中郡县相继投降于赫连勃勃，夏军一度夜袭长安。

赫连勃勃进据咸阳，长安樵采路绝，成为孤城，局势风声鹤唳。

刘裕听说后，急派辅国将军蒯恩前往长安召回刘义真，命灭蜀英雄朱龄石为都督关中诸军事、右将军、雍州刺史，替刘义真镇守长安。

出发前，刘裕对朱龄石说："你到了长安后要命令刘义真轻装疾行，出了关中才可放慢脚步。如果关中大势已去，你可与刘义真一道回来。"[1]刘裕的意思其实就一个要求，护送他儿子安全回来。

刘裕又命中书侍郎朱超石慰劳黄河、洛水军心民心，别把洛阳再给丢了！

十一月，朱龄石抵达长安。朱龄石真是个忠臣啊，他守长安吸引火力，让刘义真速归建康。

刘义真开始东归，但手下将士贪纵，沿途抢掠了大量的财宝和人口，然后缓慢东退。其实这根本由不得刘义真，他的手下都是功勋卓著的北府兵，无论前面的军功奖励还是沿路的抢劫，都注定走得不会太快，因为人为财死，从来舍命不舍财。

---

[1] 《资治通鉴·晋纪四十》：裕谓龄石曰："卿至，可敕义真轻装速发，既出关，然可徐行。若关右必不可守，可与义真俱归。"

三万夏军追击刘义真，傅弘之对刘义真说："宋公让你疾行，现在这么多辎重一日行不了十里，敌人追兵马上就到了，拿什么迎敌！赶紧弃车前行，才能幸免。"刘义真不同意。

不久夏军赶到，傅弘之、蒯恩在后面掩护，血战几天无法休息，终于在青泥，晋军扛不住了，傅弘之、蒯恩、毛修之都被夏将王买德生擒。

刘义真是第一个逃跑的，追他的时候已经入夜，夏军收兵，刘义真免于遇难。此时刘义真的左右亲兵都离散了，他自己藏在草丛里，被中兵参军段宏找到，随后两人骑一匹马逃出了关中。

十一月底，赫连勃勃筑坛于灞上，即皇帝位，改元"昌武"。

刘裕听说青泥大败后，不知儿子死活，决定马上北伐。侍中谢晦劝道："如今士卒已疲，不可再用，还是明年吧。"刘裕愤怒不从。

刘裕晚年已经开始因为自己的战无不胜产生骄傲自大之心，出现了一次又一次的错误判断。

看到上级"抽风"，郑鲜之随后上疏说了五个理由：

1. 就算是您亲征，急切之间也拿不下潼关。

2. 如果您为了北上洛阳去吓唬人，那就更没必要了。敌人现在虽然猖狂，但不敢过陕城。您要是到了洛阳待一段时间就回师，就会让魏、夏看穿我们的实力。

3. 如今诸州大水，灾荒频发，三吴群盗遍地，甚至开始攻打诸县，这都是因为我们连年征战，服徭役的重担快把百姓压死了。

4. 您这回就不要再动了，再动大概率后面就压不住了。

5. 您要是担心夏贼，就去和北魏结盟，跟北魏好了之后，河南必安。

综上所述，您现在退一步就是乞丐版的汉武帝，进一步就是下一个楚霸王，别再自寻死路了。

自打404年起义后，刘裕就没再闲着。他走的每一步，都是为自已的进步而压榨北府军和整个江东。如今宋国已立，那么大的河南与中原都拿回来了，这就可以了，别再自毁长城了。

正巧刘裕收到报告说儿子没事了，于是他决定不西征了。

对了，被俘虏的傅弘之不降，被赫连勃勃剥光后羞辱示众，好汉子傅弘之叫骂后自尽。

赫连勃勃将晋军尸首筑京观，号髑髅台，长安城内百姓驱逐朱龄石，朱龄石烧宫殿而奔潼关，得知龙骧将军王敬先驻守曹公垒（潼关东北），朱龄石前往投奔。安抚完毕的朱超石抵达蒲坂后，得知朱龄石在曹公垒，也投奔到那里。

赫连昌率军进攻曹公垒，断堡中水源后晋军无法再战。

城陷前朱龄石对朱超石说："我们兄弟俩要是都死在他乡，实乃大不孝，咱爹妈就活不了了。你快从小路逃走，我死于此，对国家也算有交代了。"

朱超石握着他哥的手说："人谁能不死，我绝不会舍兄长而去！"

朱氏兄弟二人与王敬先及刘穆之侄子右军参军刘钦之都被俘虏押送至长安，随后被赫连勃勃杀了。

王镇恶四十六岁，沈田子三十六岁，傅弘之四十二岁，朱龄石四十岁，朱超石三十七岁，每个都正当年、可独当一面的超级名将死在了注定悲哀的关中死局。

杀他们的究竟是谁呢？他们死后，也会迷茫。

知道刘义真平安后的刘裕登城哭了哭，表达了对死在关中的将士们的悲痛，然后回家了。[①]

宋公到手了，儿子平安了，剩下的，无所谓了。

---

① 《资治通鉴·晋纪四十》：会得段宏启，知义真得免，裕乃止，但登城北望，慨然流涕而已。

十、斜阳草树，寻常巷陌，人道寄奴曾住

418 年十二月十七，刚刚失去了关中的刘裕找了个稳定政局的办法——换皇帝。和桓温北伐大败后同样的操作。

刘裕根据谶语"昌明之后尚有二帝"（司马曜，字昌明，司马德宗之父），派中书侍郎王韶之在东堂勒死了司马德宗，拥立了其弟司马德文即皇帝位。

419 年正月初三，征宋公刘裕入朝，进爵为王，刘裕辞。

七月，刘裕接受宋王进爵之命。

八月，移镇寿阳。

九月，刘裕辞扬州牧，任命刘义真为扬州刺史，镇石头城。

刘裕的继母萧太妃对刘裕说："刘道怜是你从小患难与共的兄弟，让他任扬州刺史吧。"

刘裕道："我对道怜还有什么舍不得的！扬州是京师重地，国家的根本，事务繁多，道怜压不住！"

萧太妃道："既然那么重要，你怎么派你儿子当扬州刺史呢？你弟弟都五十了，难道还不如你那个不到十五的儿子吗？"

刘裕说："刘义真虽然名为刺史，但事无大小，都由我亲自决定，我要是这么夺道怜的权，他往后还怎么处事呢？"萧太妃不说话了。

史书上说，是因为刘道怜能力低下、贪污腐败不是那块料，所以刘裕不肯用他。真的是这样吗？

来看看刘道怜的履历，当年北府军夺取政权后不久，北魏南下入寇徐州，抓了钜鹿太守贺申，进围宁朔将军羊穆之于彭城，刘穆之告急，是刘道怜率众救援。军至陵栅，斩将；进至彭城，魏军退；随后刘道怜率孟龙符、孔隆及刘穆之等追击，几乎全歼了魏军。

刘裕还镇京口的时候，刘道怜一直镇守石头城盯着京师；刘裕伐燕的时候又"常为军锋"，广固城破，慕容超率亲兵突围逃走，也是刘道怜所部给抓回来的。

刘裕讨伐刘毅的时候，刘道怜看守京口大本营，讨伐司马休之的时候留守建康，江陵拿下后又都督荆湘益秦宁梁雍七州诸军事，帮着他哥镇守荆州。

刘道怜也许"贪纵"，但并非"愚鄙"。刘裕为什么不用刘道怜呢？因为这位萧太妃，并非他亲妈，刘道怜却是萧太妃的亲儿子。

刘裕侍母至孝，虽然是继母，但就算后来刘裕当皇帝时已经六十岁了，依然每天给老太太请安。不过刘裕相当拎得清，北伐回来后，就把刘道怜从荆州换回来了，安排三儿子刘义隆去接班。

他要打造自己的王朝了，刘道怜这个异母兄弟，是"外人"。

这也不是萧老太太第一次荐官。事实上只要太后守寡的时间足够长，总会给到王莽、谢安们足够的舞台。

萧家就有不少人因为她鸡犬升天。她有个宗亲，叫萧承之，此时正在四川当太守。再过八年，萧承之将迎来自己的小儿子。那个孩子，叫萧道成。

十二月底，刘裕加冕十二旒，建天子旌旗、出警入跸、乘金根车、驾六马等一系列天子殊礼，进太妃为太后，世子刘义符为太子。

420年四月，刘裕召诸臣宴饮，发表致辞："当年桓玄篡位，晋国已经被灭，我首倡大义，兴复帝室，南征北伐，平定四海，如今功业已成，进封九锡，现在年老体衰，人至暮年，崇极如此，物忌盛满，非可久安；我打算奉还爵位，归老京师。"

刘裕致完辞，诸臣纷纷开始了向刘裕学习的赛诗大会，但都没琢磨明白就差最后临门一脚的老刘是什么想法。

这一天天的酒白喝了，这都听不出来，到手的富贵都不表态。

等到宴会结束后，中书令傅亮回家半道上成为第一个猜明白密码的人，于是赶紧回去，敲开了老刘的门。①

傅亮就说了一句话："我现在应该回建康去办点事。"

刘裕知道这是猜出玄机的明白人，说道："需要给你派多少人？"

傅亮道："几十人足矣。"

傅亮出宫时已经入夜，只见彗星划过天空，拍腿叹道："我过去常不信天象，今天发现是靠谱的。"② 流星破空，要改朝换代了。

傅亮回去后没多久，晋恭帝司马德文召刘裕入京辅政。

六月初九，刘裕来到建康。

之所以隔了两个月刘裕才到，是因为前期铺垫需要时间。场面人，要体面。最大的场面也就需要最大的体面，来了就得一气呵成。

傅亮将草拟的退位诏书交给了司马德文，司马德文"开心"提笔道："桓玄之乱时我家的天下就丢了，是刘公兴灭继绝，又续了我家这二十年，今日禅位，我心甘情愿。"

这位提心吊胆了二十年的聪明人，太希望自己能活下去了，但他远没有刘协、刘禅、曹奂、孙皓、司马奕这些把皇位让出来的末代皇帝那么好的运气。

他遇到的这位爷，已经杀了桓玄、慕容超、谯纵、姚泓、司马德

---

① 《资治通鉴·宋纪一》：日晚，坐散。中书令傅亮还外，乃悟，而宫门已闭，亮叩扉请见，王即开门见之。

② 《资治通鉴·宋纪一》：亮出，已夜，见长星竟天，拊髀叹曰："我常不信天文，今始验矣。"

宗五位皇帝了。六月甲子，晋恭帝司马德文让位后回到了琅邪旧邸，百官叩拜辞别，秘书监徐广按流程痛哭。

三天后，刘裕于建康南郊登坛即皇帝位。

刘裕封晋恭帝为零陵王，优崇之礼，皆仿晋初故事，在故秣陵县为司马德文兴建王宫，派族弟刘遵考看押。

随后调整封爵，江左百年，刘裕上台前历代晋帝所封的数百个爵位此时仅仅还剩五家，分别是王导的始兴公、谢安的庐陵公、温峤的始安公、陶侃的长沙公、谢玄的康乐公，全部降爵为县公及县侯。刘裕掌权后封的爵位则不变，并于三天后开国进行了进爵封赏。

穷转富，富转穷，哪有百世的富家翁，百年风云过，最终台面上的贵族，不过还剩下那五家。

上述五公皆于国家危亡之时挽狂澜于即倒，为相稳朝局，为将不妄杀，知进退，克欲望，这是否能带给我们些许思考呢？

福不享尽，事不做绝。精三分，傻三分，留下三分给子孙。

在刘裕的开国封赏中，有一个人很特殊，就是刘穆之，刘裕追封他为南康郡公。

刘裕很想念这位老兄弟，常叹息道："刘穆之如果不死，当助我治天下。贤人死了，国事危殆，刘穆之这一死，别人对付我就容易多了。"[1]

有些公正的评价与怀念，只有死了之后，才会出现。

一个老刘（刘裕）在深夜慨叹另一个老刘（刘穆之）："老刘啊，你是个体面人！"

421 年四月初一，刘裕下诏，非先贤及为国立功立德之人的庙宇祠堂外，自蒋子文以下，所有不正规的民间祭祀的祠堂全部撤除。[2]

---

① 《资治通鉴·宋纪一》：上每叹念穆之，曰："穆之不死，当助我治天下。可谓'人之云亡，邦国殄瘁'！"又曰："穆之之死，人轻易我。"

② 《资治通鉴·宋纪一》：夏，四月，己卯朔，诏所在婬祠自蒋子文以下皆除之；其先贤及以勋德立祠者，不在此例。

刘裕做平民时曾有许多祥瑞之征，等大贵后史官去咨询，刘裕都不说。①

刘裕的人生起于"灭妖"，一辈子贯穿着和宗教的斗争。他将祭祀范围定性为"活着的时候带给国家社稷以及人民群众巨大贡献的人物"，死了以后异军突起的都不在此列。这里面的打击典型蒋子文是谁呢？是南京地区神灵中最厉害的一位。

以下记载，来源于《搜神记》（特此声明，我就是个翻译）。

蒋子文生前嗜酒好色，为人暴力，据他自己说他骨相清奇，死后会成神。②

东汉末年，蒋子文为秣陵尉，逐贼于钟山脚下时阵亡。

到了孙权时代，蒋子文开始显灵，骑白马现身闹市道："我当为此地土地神，保护此地百姓，赶紧给我立祠祭祀，否则我会惩治你们。"③

老百姓不可能就这么被吓唬住，就没给蒋子文办，有辙就让他想去！结果当年夏天江左大疫，蒋子文在百姓中开始产生影响力。④

很快蒋子文明白过来，办这事的思路错了。单纯指着老百姓是使不上劲的，得让皇帝知道有他这么一个人。

随后蒋子文又通过巫术传下来消息："我将保着你孙家，赶紧给我祭祀待遇，不然我开始放入耳之虫为灾啦！"吴老二孙权没搭理这事，我命由我不由天，后来开始出现大量要命的小虫子，老百姓相当恐惧，

---

① 《资治通鉴·宋纪一》：上性不信奇怪，微时多符瑞，及贵，史官审以所闻，上拒而不答。

② 《新辑搜神记·感应篇之三》：蒋子文者，广陵人也。嗜酒好色，挑挞无度。常自谓己骨清，死当为神。

③ 《新辑搜神记·感应篇之三》：及吴先主之初，其故吏见文于道头，乘白马，执白羽扇，侍从如平生。见者惊走，文进马追之，谓吏曰："我当为此土地之神，以福尔下民。尔可宣告百姓，为我立祠，……不尔，将有大咎。"

④ 《新辑搜神记·感应篇之三》：是岁夏大疫疾，百姓辄相恐动，颇有窃祠之者矣。

此时孙权仍然不信。[①]

蒋子文这回彻底明白了，号称能保佑君主也不是最能办事的路数，得让君主出血才好使，于是再次发力道："再不祭祀我，我就放火了！"然后那年大火频发，一天数十处起火，烧到了孙权他们家。[②]

损害到孙权等人的利益后，孙权赶紧表态，封蒋子文为中都侯，设立庙堂，还将钟山改名为蒋山，蒋子文从此消停了，老百姓的祭祀从此成为常态。[③]

蒋子文的高光时刻，是在淝水之战。

秦军第一次南下时，据说蒋子文大发神威帮晋军渡过难关，后来当地官府将他显灵的助战水塘命名为白马塘（今江苏淮安金湖县津南镇），还在塘边建了白马祠。之后，扬州、高邮也建了白马庙，专门祭祀蒋子文。

蒋子文因为助力国事，所以在江北多地都有祭祀他的祠堂。

到苻坚本人来后，司马道子继续求蒋子文办事，以相国之位求蒋神帮忙。随后苻坚看到八公山上草木皆兵，据说就是蒋神发的功。[④]

这事是不是挺无奈的呢？神仙的职位都是这么来的吗？其实吧，好多事确实没法说。所谓"灵者为先"，很多约定俗成的神仙其实都不是无欲无求的，也都不是得罪他，他还能大人大量原谅你的。

---

① 《新辑搜神记·感应篇之三》：未几文又下巫祝曰："吾将大启祐孙氏，官宜为吾立祠。不尔，将使虫人人耳为灾也。"……俄而果有小虫如鹿虻，入人耳皆死，医巫不能治，百姓逾恐。孙主尚未之信也。

② 《新辑搜神记·感应篇之三》：……又下巫祝曰："吾不祀我，将又以火吏为灾。"是岁火灾大发，一日数十处。火渐延及公宫。

③ 《新辑搜神记·感应篇之三》：时议者以为鬼有所归，乃不为厉，宜告飨，有以抚之。于是使使者封子文为中都侯，次弟子绪，为长水校尉，皆加印绶，为立庙堂。转号钟山为蒋山，……今建康东北蒋山是也。自是灾沴止息，百姓遂大事之。

④ 《晋书·苻坚载记》：初，朝廷闻坚入寇，会稽王道子以威仪鼓吹求助于钟山之神，奉以相国之号。及坚之见草木状人，若有力焉。

我们的神仙体系和人世间其实是一样的。

吴承恩写的《西游记》，是国人神化信仰传统的集大成者。（特此声明：以下是文学名著视角，我还是个翻译。）

佛祖要传经，思路是什么呢？

佛祖亲口传旨："怎么得一个有法力的，去东土寻一个善信，教他苦历千山，远经万水，到我处求取真经。"

这个"有法力的"，不是有多高的魔法值，而是得有高级办事思维和庞大的关系网络，最终是观音菩萨领的任务。

安排袁天罡去套路泾河龙王，需要能知道天庭的下雨信息。安排李世民的近臣魏徵去砍泾河龙王，需要能控制到天庭的基层执法官员。安排唐太宗地府还魂，需要能安排地府的一系列吓唬李世民的恐怖场面并能有面子地让李世民起死回生。

李世民在这个过程中被强烈地吓唬住了，于是产生了极大的需求，要想办法给自己消灾。随后又是砍龙王的魏徵推荐了唐僧这个内定取经人。菩萨推动了这一切后，自己现身进行官方认证，告知李世民法会的材料不成，此前造的那堆孽消不了，你得去取真经。皇帝很焦急，然后受李世民"袈裟五千两，锡杖二千两"重礼以及国师待遇的唐僧不得不去取经，保佑李世民统治的江山永固。

自始至终，这需求是被创造出来的。这其实是人世间的一整套办事流程：

1. 创造需求的最基本途径：恐惧和欲望。

2. 找最关键的人，或者说找能直接解决这事的人。

3. 全程不能直来直去，要兜个圈子，要引着路，最终让愿者上钩。

这事需要找皇帝，准确地说，要能把皇帝彻底吓唬住，就需要个"有法力"的。

蒋子文能不能光吓唬人不办事呢？也不行，我们的神话体系里也有个度。你降灾是为了让人祭祀你，你要是吃了祭品不办事还总吓唬人，那就成暴君了，老百姓都跑了，躲得远远的，谁还来祭祀你呢？

更重要的是，也会有比你更厉害的神仙来将你除掉，解救万民于水火，然后得到百姓心甘情愿的供奉。

无论是人还是"神"，你光拿好处不办事，最后自己也会成为祭品。几千年来，都是这个意思。

再往深里说一层，人间的所谓好皇帝，哪个上位前不是一将功成万骨枯。其实这和降灾让人祭祀，然后给百姓办事的套路是一样的。

还是那句话，天之道，损有余补不足，万事万物都有度。

大鹏鸟是佛祖的舅舅，势力大到了可以掌控一个国家，但过于嚣张了，同样要借着取经过关的名义把他逮起来，严加看管。

说这些是什么目的呢？不是要你去深究这成百上千年民间神灵们的阴暗面，那对我们的人生一点意义都没有。读书是要经世致用的。

看历史，看经典，别纠结那些细枝末节的东西，要和我们的生活对应上，运用上，办事要琢磨明白智慧的精髓。多想想唐僧取经的逻辑链条，别纠结为什么自己不是大鹏鸟。

什么事都有一个度，欲望的度，忍耐的度，开心的度，痛苦的度，在自己的合理范围内，好点坏点都允许，知道克制，知道改过，知道自己几斤几两就行，经济周期谁也没见永远是条直线的，永远是上上下下的曲线。

盛世就是这曲线上下波动平稳，长期向上；做个好人也是如此。

遇到事关民族大义、生死存亡的时候，属于到了我们的底线，该死磕时我们就要死磕，为国死难，为家死难。

剩下的事情没到民族大义、生死存亡级别的，能绕过去的坎儿就绕过去，碰见惹不起的人和事，要看得开，别傻傻地去死磕，去要说法，恶人自有恶人磨，能量不够之前，你是没办法降妖除魔的。

人这辈子就几十年，如果什么事都要较真，那这人生就过得太苦了。

佛祖说的"有法力"，可没派怒目金刚去威胁李世民，不换思想就换人。照样是菩萨绕了一大圈，最后是唐长老带着遥远东方的神秘期待上路了。

读书是为了经世致用，这句话能度难人脱苦，能消无妄之灾。琢磨明白这世界的规则，顺着走，别逆着行。对自己，别太较真，别太执着。

蒋子文后来在整个南朝时期不仅没被禁，而且上至帝王将相下至平民百姓，纷纷到蒋王庙祭祀求福。后来衍生出的阴间十殿阎罗第一殿秦广王，就是蒋子文。到了南齐时，蒋子文已经被封帝号，几百年后南唐又追谥他为庄武帝。

不是禁了吗？为什么又火起来了呢？

一个有求必灵，一个有仇必报。比如蒋子文被从神仙序列里开除没多久，一辈子不得病的刘裕身子骨就不行了。

刘裕看着自己这辈子辛苦打拼的家业，觉得东西两晋一百六七十年的国祚是个太可怕的隐患。

此时仍有大量司马氏宗室逃亡、依附于北方，如司马休之、司马楚之、司马道恭这些人都还活着，只要司马德文还在，北方的前朝余孽就永远有机会，国内的民间不服势力就永远有期待。

这些年，只要司马德文的妻妾生了儿子，就都被自己的舅哥们掐死了。[①]换句话说，司马氏这位末代皇帝，是没有子嗣的，唯一的兄弟也死了。

但司马德文太年轻了，今年刚四十岁，这些年又谨小慎微，没一丁点不良嗜好，不像他的酒鬼爹，刘裕担心自己熬不过司马德文。

司马德文退位后，刘裕就把毒酒交给了琅邪郎中令张伟，让他毒死这个废帝。张伟为晋自杀身亡。

司马德文是个聪明人，不是不明白自己的结局，退位后一直极度

---

① 《资治通鉴·宋纪一》：太常褚秀之、侍中褚淡之，皆王之妃兄也，王每生男，帝辄令秀之兄弟方便杀之。

小心，直到一年多后的九月，刘裕等不及了，直接命杀手们把毒药递到了司马德文面前。

司马德文提出了最后的请求："佛教教义中自杀而死者不能转世得人身，你们费心了。"于是众人闷死了司马德文，刘裕随后率文武百官哭了三天，后来又亲自送葬。

刘裕开了史无前例的头。他这个开启南朝的前浪，起了一个后浪走向变态循环的头。

前面的所有禅让，全是善待前朝退位皇帝的。当刘裕树立"榜样"后，南朝乃至后面北国的所有禅位，开始陷入了循环无尽的杀戮游戏。

刘宋自此也陷入了魔咒，每次皇位传承，必须是在大量的杀戮和流血后才会完成权力交割，而且一代比一代没有下限，一代比一代骇人听闻。

整个南朝会刷新我们对人性之恶的底线认知，也会让我们对这没完没了的残酷杀戮最终感到麻木。

此时的刘裕立国，是整个南朝的最高点了。后面的一百七十年，在一代代突破底线的迭代中，整个大江之南的能量和希望在一次次极致血腥的内斗后熄灭了。

他现在杀了司马德文，在不远的未来，他的娘家亲戚会对他的子孙几乎断根式团灭。

422年正月，刘裕调整了朝廷的重要岗位，以尚书令、扬州刺史徐羡之为司空、录尚书事，刺史如故；抚军将军、江州刺史王弘进号卫将军、开府仪同三司；太子詹事傅亮为尚书仆射，中领军谢晦为领军将军。下一届的执政集团基本成形了。

三月，刘裕病了，喊来了太尉刘道怜、司空徐羡之、尚书仆射傅亮、领军将军谢晦、护军将军檀道济，准备托孤。

大臣们想惯例性地求神灵们使使劲，但被刘裕制止了，毕竟自己刚定的政策，只是派侍中谢方明到宗庙焚香跟祖宗报告。

五月，刘裕不行了，这次他感觉大限将至，随后把刘义符召到床前进行最后的嘱咐：

1. 檀道济有才干谋略，没有野心，比他哥哥檀韶强多了，这是你的收揽对象，可以踏踏实实用。[①]

2. 徐羡之、傅亮，这两人我也给你看准了，没问题。[②]

3. 谢晦随我多次征战，善于随机应变，脑子里有东西，将来如果出现问题也一定是因为他。过段时间，你将他放到会稽、江州去当刺史，别放在身边搅和。[③]

刘裕临终，用自己一生的眼光给儿子打了包票，也告诉了他唯一需要警戒的那个人是谁。他儿子听了吗？

他这辈子算是大器晚成，少年时家里穷，青年时期娶了个媳妇，只生了个闺女。作为美好祝愿，给大闺女起名"刘兴弟"，后面他媳妇却再也生不出孩子来了。

他身处可怜的阶层，根本没机会纳妾，三十七岁才因为孙恩祸乱三吴而崭露头角，四十二岁掌握政权后才塌下心来想孩子的事，四十四岁才迎来了第一个儿子——刘义符。

这些年忙着南征北战，对孩子的教导实在是太过欠缺，这孩子真不是那块料。更关键的是，他的眼光真的就那么准吗？

司马懿当年在洛水发誓，也没有一个人能想到。曹家在另一个世界看到司马懿来报到时也会叹道："没想到居然是你。"

刘裕死前下了亲笔遗诏："朝廷只有一个政治中心，别弄出个别的办事机构，宰相监管扬州，配兵千人，将来要是大臣任机要，也要从建康的常备军中配给相应的禁军防备刺客。有征讨时，派大将带着建康的

---

① 《资治通鉴·宋纪一》：五月，帝疾甚，召太子诫之曰："檀道济虽有干略，而无远志，非如兄韶有难御之气也。"

② 《资治通鉴·宋纪一》：徐羡之、傅亮，当无异图。

③ 《宋书·武帝纪》："……谢晦数从征伐，颇识机变，若有同异，必此人也。小却，可以会稽、江州处之。"

中央军前去作战。后世若有幼年君主，朝事委托宰相，外戚别瞎掺和，尤其别掌握政权。"

"后世若有幼主，朝事一委宰相，母后不烦临朝"，老刘的这个制度性托孤是什么意思呢？他给儿子们娶的都是门阀的闺女，以此笼络门阀，但仅限于此。

刘义符娶了司马德文的闺女，刘义真娶了陈郡谢氏的女儿，刘义隆娶了陈郡袁氏的女儿。

可以联姻，但永不能让门阀再上权力的牌桌！

朝事委任宰相，宰相的人选在他看来，会不断在京口系产生。无论怎样，信任的最核心圈子，永远是当年在京口那个初春的清晨，那几百个豁出命跟他去闯的兄弟。

一晃，十八年了，这些年，整个江东的焦点，都在刘裕一人身上。该把舞台让给别人了。

422 年五月二十一，气吞万里如虎的宋武帝刘裕在吐尽了最后一口气后，于西殿驾崩了。

京口的关键位置，随着天下大势的分合以及真主的离去，也走过了自己的光辉岁月。

这二十年杀伐的风雨掠过，今天的京口只剩下残留的躯壳了。更深层的原因，是因为北人不再南下京口了。

京口之所以成为重镇的核心，在于本书开篇总纲我们就说过的：北方人口的大量涌入。

北府兵的第一轮凶猛涌起，是苻坚南下，华夷之间的矛盾达到了历史顶点。苻坚鲸吞北方这些年，大量没被吸收安抚的汉族人口被迫南下。东晋本身也在战前就同仇敌忾，将人口南迁渡过淮河。其中大量的流民最终聚集在了广陵、京口地区，成为谢玄组建北府军时的雄厚底蕴。

淝水之战后，北府军开启北伐，随后实力四散，谢家的突然退场也让北府军没了后台，所以最终又都撤回了广陵京口的祖源之地。

符坚崩盘后天下再次重组，襄阳和淮南再次涌入了大量的人口，这也搅得晋末建康和荆州风起云涌，为雍州豪族集团和北府集团提供了新鲜的血液。

最终刘裕是前面两拨北府军大量兵源涌入后的最大赢家，靠着这两批次流民的大规模涌入，打造了自己那万骨未枯的王冠。

数十万的人口涌入，捧出了气吞万里的刘老虎刘裕。

刘裕跃迁的最关键一步，就是将国界由淮河迅速推进到了黄河一线，并且长时间地稳固住了这个边界。

与此同时，北魏方面的日趋稳定，令河北地区进入百年和平。

其实中原地区的人口在这么多年南北来回拉锯之下，已经不是改变人口比例的关键因素了。河北地区的人口不南下，淮南京口的供给就断了。关中河东地区的人口不南下，襄阳雍州地区的供给就断了。

后秦末年，关中河东大乱，再次给南方输送了一波人口红利，最终使得襄阳地区的豪族力量进一步加强，并开始在刘宋一朝成为一股相当汹涌的政治力量。

流民聚集地的京口和广陵，不是南方本土愿意去拓展的地方，人家更愿意在建康京都地区和三吴发展，京口没有南方户口迁入。

北魏的河北稳定也最终使得曾经的流民黄金聚集地广陵京口，失去了它最关键的根基——外来人口输入。

刘裕自打起兵开始，就始终自领徐州刺史和都督，以保证自己对京口力量的直接控制，直到 416 年剿灭南面的所有敌人后，才任命长子刘义符为徐、兖二州刺史，而且专门嘱咐刘义符一定要谨慎行事，这是立家的根本，刘家能立业全是因为"邦人州党竭诚尽力之效"，京口就是我们"情若风霜，义贯金石"的大本营啊！①

---

① 《宋书·武帝纪》：以世子为徐、兖二州刺史。下书曰："吾倡大义，首自本州，克复皇祚，遂建勋烈，外夷勍敌，内清奸轨，皆邦人州党竭诚尽力之效也。情若风霜，义贯金石。"

临终之前，刘裕重点关照了两个地方，其中一个专门下遗诏嘱咐："京口要地，去都邑密迩，自非宗室近戚，不得居之。"京口依旧是老刘特殊的牵挂。

不过无论怎样安排，当年刘裕乘风破浪的那张旧船票再也无法带着他的后人们登上下个时代大潮的客船了。

京口的时代，就要过去了。

荆州的三子刘义隆在刘裕死前得到了重点削弱其地盘的关照，拆了荆州的十郡成立了湘州。

刘裕不希望老三给老大的接班造成隐患。

因为荆州这些年已经闷声发大财了，自415年平了司马休之以后，荆州就迎来了长期的安定休整，与此同时还获得了关中乱局所产生的大量人口的红利。

刘裕晚年，对整个国家的实力已经有了相当清晰的预判，遗诏中第二个重点关照的重镇就是荆州，非皇子不能居之，还得不停地轮换岗位。[①]

京口是"非宗室近戚，不得居之"，荆州是"诸子次第居之"。一个是宗室，一个是儿子，孰轻孰重，老刘自始至终都是最明白的人。

下一个时代，就要来了。

刘裕死后一年多，北魏拓跋嗣也因为嗑药死了。皇位传到了十六岁的拓跋焘手上。北境的气吞万里如虎者登场，也是时候将视角转回北国了。

北魏如何在整个中国史上留下浓墨重彩的一笔，如何成为我们所熟知的奠基盛唐的那个王朝魏的呢？

在于一个关键的女人。

这个女人是如何成为这个凶悍王朝的话事人的呢？

在于一个原本南辕北辙、违背人性的制度设计，最终一步步演化成狂扇当年制度设计者大嘴巴的事件。

子贵母死。

---

① 《南史·刘义宣传》：初，武帝以荆州上流形胜，地广兵强，遗诏诸子次第居之。

第 **3** 战

拓跋珪的心魔

一、代人集团登场，弱化版的"汉初丰沛集团"

人在巨大的刺激、创伤及愧疚下，通常会产生心魔。尤其青少年时期的经历，会极大地影响一个人成年后的行事思维。

很多时候，为了避免重复当年的故事，聪明人希望通过自己所做的制度性修补，杜绝那些让人不堪回首的故事重现。但"过来人的心有余悸"和"那些年的愧疚心魔"结合后，会产生一些让人难以理解的反人性操作，而绝大多数反人性的操作都会产生事与愿违的结果。

你凝视着深渊的时候，深渊也在凝视着你。

公元398年正月二十八，拓跋珪完成了对舅爷爷慕容垂遗产的暴力抢劫，自中山北归，亲自押着数十万河北人口回平城做农奴和技工。

虽然慕容家自北魏南下后就瞬间崩盘，到最后只剩下几座城池，但烂船也有三斤钉，拓跋珪的河北之战打得极其艰苦，经过一年多的征战，他带过来的三十万大军因为战损和疫情死伤过半。好在最终搏下来了，而且也确实如拓跋珪之前的冷血构想那样：分红的刺头少了，掠夺的资源多了，打天下的战友死了不少，战利品补充了一堆。①

---

① 《资治通鉴·晋纪三十一》：珪问疫于诸将，对曰："在者才什四、五。"珪曰："此固天命，将若之何！四海之民，皆可为国，在吾所以御之耳，何患无民！"

拓跋珪朝着唯我独尊又迈出了坚实的一步。

二月，拓跋珪来到繁峙（今山西应县东北），开始给迁徙来的农奴分配耕牛和耕田，进行大规模编户齐民。

繁峙位于大同盆地腹地，北面是平城，能全方位看管这几十万农奴，东边是太行山，能拦着防止他们逃跑，周边河道纵横，是拓跋珪进行"更选屯卫"和"计口受田"的最理想之地。

七月，拓跋珪迁都平城，营建宫殿，立社稷坛，筑造宗庙，每年春分、夏至、秋分、冬至及腊日祭祀五次。

至此，北魏进入平城时代。

拓跋部在部落有史以来最南、最东的地方定都，来到了距离河北平原最近的农耕与游牧接合地。

虽然早在刘琨时代拓跋部就将平城地区划入了势力范围，但石勒、石虎及慕容家凭借强权，始终占据着河北平原。

对当时的拓跋部来说，平城最多是个前哨阵地，没有什么战略安全可言。比如慕容垂的最后一击，他没有走飞狐陉，而是凿通小路，钻过太行山脉来偷袭，几乎在瞬间就打败了拓跋部第一勇烈拓跋虔。

拓跋部百年来的大本营都在盛乐，其背后就是阴山"母亲"。平城是东面锁钥，自并州、冀州北上和幽州西进都需要经过此地，一旦平城预警有大敌来袭，拓跋部就可以从盛乐带队及时跑到阴山北面。

当拓跋珪控制了整个黄河以东、以北后，再将阴山作为政治中心就不合适了。他需要第一时间就能控制并州的天下屋脊和河北的富庶平原，基于这一点，定都平城远比定都盛乐方便得力。（见图 3-1）

大家可能会有疑问，拓跋珪为什么不定都邺城呢？定都邺城不是也能很好地控制河北和并州吗？而且经过石赵和前后燕半个多世纪的打造，邺城对河北和山西的控制网络已经相当成熟了。

其实拓跋珪在拿下河北、来到邺城后，看着这个"五胡"时代的第一名城，一度想要据此为都，但因为内部阻碍势力太大，加之距离草

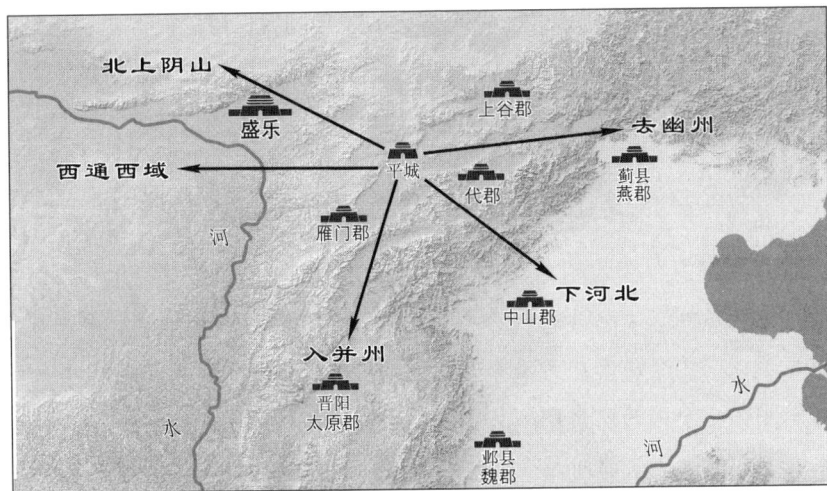

图 3-1　平城地理位置图

原大本营太远，最终作罢。

平城的经济潜力确实与邺城没法比，但它却有一个关键性的、无可取代的战略意义——离草原母亲比较近，是草原、并州、河北的最佳黄金分割点。

拓跋珪的犹豫和内部反对，最终让北魏走出了区别于之前四"胡"的可持续发展之路。平城，塑造了北魏 5 世纪的基因。

灭燕的巨大胜利，不仅让活下来的北魏军团抢得盆满钵满，也给拓跋珪带来了全族史无前例的巨大威望，利益的收买和军功的威望使拓跋珪能够强力推行十多年前失败的"离散诸部，分土定居"了。

八月，拓跋珪下令确定京师的区域划分，标明道路的名称和里程，统一重量和长度的计量单位。[①]

拓跋珪极有远见、极其清晰地进行了北魏版的"书同文、车同轨、

[①]《魏书·太祖纪》：八月，诏有司正封畿，制郊甸，端径术，标道里，平五权，较五量，定五度。

统一度量衡"，这是后来北魏崛起腾飞的民生制度保障。

十二月初二，拓跋珪正式即皇帝位，大赦天下，改年号为"天兴"，朝野上下全部束发汉化，建祖庙，定礼仪、祭祀之俗，采用崔宏之议，自称黄帝后人，崇土德。

北魏总规划师拓跋珪一步步突破了原有部落联盟的躯壳。

在这次改革中，拓跋珪彻底离散了诸部，使之成为编户。与此同时，他把六州二十二郡的官员和豪族大户两千多家迁徙到了新都平城，将东至代郡（今山西广灵县东北）、西至善无（今山西右玉县威远镇）、南至阴馆（今山西朔州朔城区）、北至参合陂（今内蒙古乌兰察布凉城东北）的地区，全部划入京畿范围。京师之外的八个方向则设置了八部帅，对未被离散部落分别加以监管。[①]（见图 3-2）

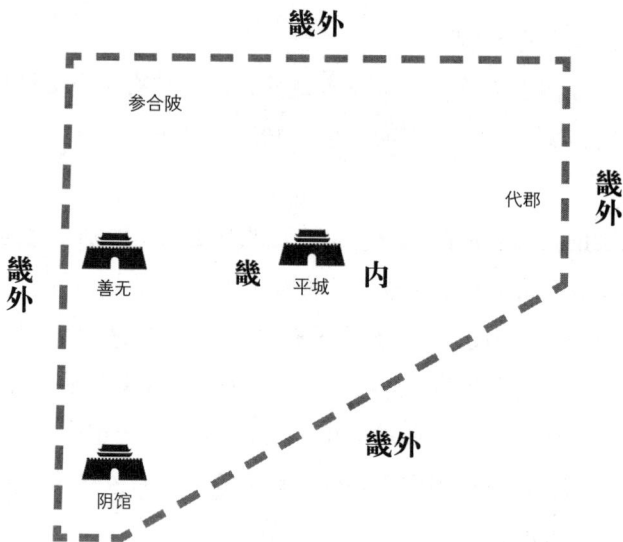

图 3-2　拓跋珪离散诸部设计图

---

① 《资治通鉴·晋纪三十二》：徙六州二十二郡守宰、豪杰二千家于代郡，东至代都，西及善无，南极阴馆，北尽参合，皆为畿内，其外四方、四维置八部师以监之。

这片土地，称之为"代"。这次开国大规划，奠定了北魏之后一个世纪的核心竞争力。

所谓"畿内"是屯田区。[①]

畿内的八个方向，各安排一个大夫管理屯田之民，八方各有属官，谓之"八部大夫"。[②] 畿内人口是北魏皇权直接统治下的"编户"，所以管理者被称为"大夫"。

畿外的八个方向，各安排一个"帅"进行政治军事监管。[③] 畿外人口是仍保持部落状态的游牧民，所以监督者被称为"帅"。

在畿内，安置的是关东新民和经"离散"后的原部落民，主要从事农业生产；在畿外，安置的是尚未被"离散"成功的游牧部落，继续从事游牧活动，比如为拓跋珪养殖战马。

平城往北，是纯游牧区；往南，是纯农耕区。以平城为中心的这片土地，最适合农牧过渡。

《魏书·官氏志》将北魏统治下的各部落划分为"宗族十姓""内人诸姓"和"四方诸部"三个成分。"宗族十姓"就是与拓跋氏同宗族的"帝族十姓"，"内人诸姓"是拓跋力微时代（220—277）的外族部落归附者，"四方诸部"是魏晋时与鲜卑拓跋部保持朝贡关系的四方部落。

所谓"内人诸姓"和"四方诸部"都是外人，都是图 3-3 中灰色的部落。

登国元年，也就是 386 年，拓跋珪在继代王位后第二个月就对图 3-3

---

① 《魏书·食货志》：天兴初，制定京邑，东至代郡，西及善无，南极阴馆，北尽参合，为畿内之田。

② 《魏书·官氏志》：四方四维面置一人，以拟八座，谓之八国。常侍、待诏待直左右，出入王命。

③ 《魏书·食货志》：其外四方四维置八部帅以监之。

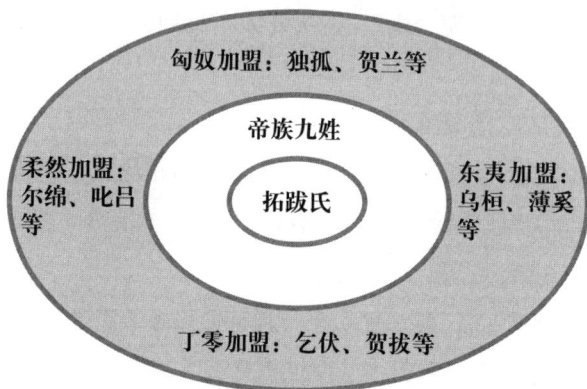

图 3-3　北魏部族构成示意图

最外一圈的"四方诸部"进行了部落离散，打算让这些部落做他的农奴。但他当时步子迈大了，效果极差，差点儿王位不保。

征战十二年后，拓跋珪从十六岁的那个少年，变成了二十八岁虎视狼顾的青年，这个兼并机器并没有忘记少年时在长安学到的那些先进的"汉化"心法。

对他来说，时间只不过是考验，种在心中的信念丝毫未减。自当年"幸定襄之盛乐，息众课农"后，拓跋珪一直没有忘记自己最初的理念；现在，他再次选择离散诸部，继续推进自己的理念。

灭燕后，除了战死与病死者，以及驻防河北并州的魏军之外，大量归附北魏的部落都没能再回到他们心心念念的草原。比如当年被外甥阴了的贺兰部，在随拓跋珪灭燕成功后，难逃兔死狗烹，被彻底离散了，自此分土定居，不听迁徙，其君长大人皆同编户，贺讷本人从此再也没得到过带领部众的机会。①

十二年来，拓跋珪灭独孤、并贺兰、屠铁弗、吞后燕，消灭压平

———————

① 《魏书·贺讷传》：讷从太祖平中原，拜安远将军。其后离散诸部，分土定居，不听迁徙，其君长大人皆同编户。讷以元舅，甚见尊重，然无统领。以寿终于家。

了一个又一个外族势力，最终携灭燕的大胜之威，彻底达到了离散诸部的目的。早在曹魏时期就控弦数十万却始终被中原蔑视的拓跋部，终于完成了国家机器的打造。

至此草原上最大规模的"诸部杂胡"被分解，过去的墙头草们从此被栽种在了土地上，再也不能见风使舵，各部落贵族的控制权被剥夺，这也预示着北魏在这轰轰烈烈的"五胡"时代成为最终的清盘胜利者。

前面的"四胡"，都没能解决各族"胡人"的身份同化与编户役使问题。

"五胡"第一棒是匈奴屠各，刘渊团结"六夷杂胡"，成立了"单于台"。在氐族背景的刘义被杀掉后，"六夷杂胡"投奔了石勒，匈奴汉国开始衰落。

"五胡"第二棒是"杂胡"羯赵，石勒团结了所有"杂胡"去奴役汉人，但"杂胡"中的氐、羌、乌桓等林立分明。石虎死后，群"胡"各怀异心，石虎的汉人养孙冉闵展开了报复性的大屠杀，羯赵就此退出历史舞台。

"五胡"第三棒是慕容鲜卑，慕容家靠着庞大的东北鲜卑人群体，团结了河北汉人，雄踞关东，但由于军贪和腐败朽烂而倒下了，没能来得及对关东"杂胡"进行汉化编户。

"五胡"第四棒是氐苻，虽然苻坚将关中建设成了"民族园"，但并没有最终将慕容鲜卑、姚羌等部落进行离散编户，仅仅在遥远的代北对拓跋部实行了部落离散的试点，最终在淝水之战后，未被离散的各民族各部落纷纷雄起，走向了复国的道路。

"五胡"第五棒是拓跋鲜卑，拓跋珪站在了"绝代双骄"苻坚和慕容垂的肩膀上，百年来第五次席卷了关东，但这一次拓跋珪完成了前面"四胡"未完成的艰巨任务。关东"杂胡"和草原诸部在一系列血与火的杀戮下，最终被拓跋珪锻造成了一个整体。至此，关东的大多数"杂胡"和北魏的归附诸部被逐渐改造成了编户。

民族战争的互相杀戮＋离散部落的编户农耕＝民族大融合。

有了编户之后，国家能够对劳动力和战斗力这几本账做到心中有数，拓跋珪可以进行重新整编，打造出属于朝廷控制、戍卫王畿的中央常备军，也就是从离散诸部中进行"更选屯卫"。

过去所有的"君长大人"，则转任朝廷的文武官员。

比如说，过去拓跋部有二十个部落，每个部落人数不等，有的五千人，有的一万人，各有首领，像贺兰部这样的还是超级大部落，自身就有五万落，而且还有随从小部落。现在拓跋珪将这二十个部落重新整编成了八个部，每个部都是两万人，然后由朝廷指定的官员管理。原来的首领可能负责基建去了，可能负责城防去了，也可能负责礼仪去了，或者还有像他舅舅贺讷那样威望太高的首领，直接被安排回家养老了。

这就把原来各部落的部众纷纷整编成了一个被朝廷控制的统一的组织，这个被整编的新组织就是后世所说的"代人集团"。

401 年，拓跋珪下令设置尚书三十六曹，每曹置代人令史一人，这是"代人"第一次出现于史书。

《魏书》列传中除了皇后、宗室、外戚等标题性传记外，被明确称为代人的占了总数的四分之一，算上皇室和宗室，代人的势力在《魏书》中要远远超过半壁江山。

所谓的"代人集团"，可以概括性地下一个定义：

1. 关系上：以拓跋本部"宗族十姓"和拓跋力微时代归附的"内人诸姓"，以及魏晋时期和拓跋部保持朝贡关系的"四方诸部"为核心主体。

2. 经历上：跟着拓跋珪参与了灭后燕之战的功勋集团。

总结起来就是，既要有军功，还得是有渊源的自己人。换句话说，就是北魏部族构成图中各部被拓跋珪统一成了"代人"。

那些被迁徙到平城的、被离散的河北汉人和"杂夷"都只能叫农奴，就是干活的，根本不配叫"代人"。

代人集团中不仅没有那些被迁徙到畿内的汉人和"杂夷"，也没有那些最新归附的部落酋民，因为他们都被安排在了"畿外"，被八部帅监督看管。

比如此时"畿外"的南部帅，就对辖区内一个主要负责养马的部落进行日常监管，这个部落的酋长，叫尔朱羽健。尔朱羽健之前带着一千七百名族人参加了拓跋珪的灭燕行动，但并没有被吸收到代人集团。①

他参加灭燕的奖励是不被兼并，政治优待什么的就别想了。

很多这种边缘性部落通常会被安排在一个地方做些专门性的工作，比如提供战马牛羊，这种部落的影响力不大，部落组织也没解散，并非国家常备武力，酋长也没有什么政治影响力。

代人集团则是有战利品的优先分配权和政治优先权的。

不过命运会自己寻找出路。一直没有政治通道的尔朱部传到第五代时，将出现一位功比孟德、祸比董卓的人物，他将彻底地改变中国的历史。

自拓跋珪定都平城，原来归附的各部落被编户后剥离了与原来酋长的关系，失去了原来的籍贯和家乡的草场，从此以"代人"的身份留在了以平城为核心的拓跋皇权周围。

这次大动筋骨的改革，其实吃亏更多的是各部落酋长。

后面无论是北伐柔然，还是南征刘宋，无论是西平夏凉，还是东讨北燕，世界还很大，代人集团都想去看看，看完之后还想去抢抢。

北魏由于完成了巨大力量的整编和改革，战斗凝聚力和资源调动能力对比周围的政权，几乎都是降维打击。此后每当北魏内部出现任何矛盾，解决问题的首要方法就是带着大家去抢。

这样既能宣泄矛盾，又能创造收入。但如果不是自己人，你都没

---

① 《魏书·尔朱荣传》：高祖羽健，登国初为领民酋长，率契胡武士千七百人从驾平晋阳，定中山。

资格去抢。

拓跋焘后来之所以能在继位后的三十年里完成对整个北境摧枯拉朽般的兼并，打出了几乎罕见的出征效率，本质上就是以汉人政权为内核的军队建制完成了对超级骑兵军团的凝聚打造。

拓跋皇权虽然能够对代人集团进行指挥和调动，但代人集团从形成之日起也成了北魏政权的核心，此后在北魏的所有政治大事件中都起到了举足轻重的作用。即便在孝文帝南迁之后，即便百年后从平城时代已经过渡到了洛阳时代，几乎所有的皇位更迭也都是"得代人集团者得天下"。

别看后面崔浩闹腾的动静好像有多大一样，但无论是拓跋嗣给拓跋焘安排的辅佐班底，还是拓跋焘给他儿子留下监国的辅政团队，崔浩都是一个光杆的汉人司令，剩下的大佬都出自代人集团。

据康乐先生统计，在北魏一朝，代人集团在朝堂文武要职中平均占有率为百分之八十八，在地方长官之职中的占有率为百分之八十；如果算上北魏南迁之前，这个数字则分别是朝堂百分之九十三、地方百分之八十六。

就算孝文帝后来坚持贯彻汉化成精了，但他南下最关键、最核心的基础，还是将从平城迁徙来的代人们全部填补到中央禁军。孝文帝嘴上再说汉化，也得分清谁是自己人。

被离散各部对原先部落的归属感逐渐被地域认同感取代，部落军融合成了朝廷军。朝廷和军队的军官指挥层都是原来的部落首领以及代人"后浪"。

这种情况其实有些类似于当年刘邦打完天下后的形势。刘邦打下天下后，这些老兄弟们虽然得到封地但谁也不愿意去，都留在长安享受大都会的繁华，他们的封地就是个给自己输血的钱袋子。

当然，放在今天，你也不愿意离开京城。

这些老兄弟都在长安，有的本人在官府任职，有的子孙在官府任职，有的虽然全家赋闲但后台依然强硬。因为大家你中有我，我中有你。我家儿子娶了你家闺女，我跟你爸是一起上过战场的，你妈的妹妹是我们儿子的三婶……

归根到底，这些打下江山的功臣元老都是一家子，一旦战友情和联姻走到了一起，几乎就成为世界上最坚不可摧的力量。

当年诸吕之变，在周勃和陈平两个大佬最终发动政变时，可以派亲信在极短的时间里把所有能找来的人手全部聚拢起来。因为大家都住得不远，因为打断骨头连着筋。

吕家被灭后，文帝、景帝用了两代人的时间将西汉的军功集团进行了分化，代表手段就是"列侯回封国"，让他们远离政治核心的长安，将这些动不动就要串个门、搞个联欢、回忆往昔岁月的老臣们和后代进行物理隔绝，避免他们在彼此的交流、抱头痛哭中消磨时间，联络感情，谈论时事，从而拆解弱化这个集团，做到皇权独大。

其实此时的北魏，有点儿类似于汉初的弱化版阶段。之所以说弱化，是因为各部落之间的感情并没有汉初时的"丰沛集团"那么深，但集团的构成、联姻的套路导致的演化思路，是同一个发展方向。

拓跋皇权是一头，代人集团是一头。

拓跋焘后来之所以能席卷北境，在于解决并协调好了代人集团的利益分配和政治出路；后面那些叱咤风云的太后们之所以能坐得稳当，在于获得了代人集团的鼎力拥护；西凉移民之所以最终开启了汉化，在于帮助皇权和代人们解决了钱袋子的增量问题。

他们能做成那些事，是因为客观上伺候好了那些人。崔浩之所以死时被侮辱得惨到了极致，在于他自始至终没看清自己的背景和族裔。

有人的地方就分派别。给少数民族的政权服务，你可能就是个随时可以被扔下车的工具人。是否体面，看你自己能不能找准定位。

"功狗"的体面，看主人的心情安排。"功人"的体面，呵呵，永远不存在。

二、拓跋珪到底有几个同母兄弟？

399 年正月，拓跋珪带着新组建的代人集团去拿高车练手了。

拓跋遵等三路大军从东路向长川进发，拓跋乐真等七路大军从西路向牛川进发，拓跋珪自己率后军从中路出馫水进发。

举国大练兵，手笔相当大。

二月初一，高车惨案发生。北魏军团狂屠高车三十余部，俘虏七万多人，并缴获三十多万匹马、一百四十多万头牛羊。

拓跋仪随后带了三万骑兵继续深入沙漠一千多里，又追击打败了七个高车部落，俘虏两万多人，缴获了五万多匹马和两万多头牛羊。拓跋珪俘虏了十万人口，每户都能分几匹马和十几头畜生，这一趟满载而归，没白出去。

从此，北魏的北境草原基本上就是代人集团的猎场，成建制的骑兵军团在优良武器的加持下来到草原，打仗就是杀多杀少的问题。

年底，当年被拓跋珪灭门的刘卫辰之子刘文陈前来投降，拓跋珪以同宗之女赐婚，拜其为上将军，赐姓宿氏。

当年杀你全家是为了扩充实力、消除隐患，和后燕死磕，现在拜你为上将军是为了招降你家旧部，毕竟赫连勃勃此时已经成了姚兴的小弟。

没多久，拓跋珪又组织了皇后大选，最终立皇后的方法是"冶金技能大比拼"，每位参选者要亲手铸一座金人，谁铸成小金人，谁就是皇后。[①] 不管参选者其他条件多么好，铸不成小金人就不行。

皇后这种级别的选举，参选人必须都得符合一定条件，能进入决赛圈要符合拓跋珪的选拔底线。也就是说，谁铸成了这个金人，谁就行。

结果拓跋珪罕见地将决赛安排在已经生下长子拓跋嗣的原独孤部首领刘头眷之女和慕容宝幼女之间展开。

独孤部之女入选还情有可原，而刚刚被灭掉的仇国之女为什么还能竞选皇后呢？

拓跋珪这么做有三个原因。

1.他向已经被赶到东北的后燕集团做出化干戈的姿态。后燕刚刚经历了大内乱，慕容宝被他舅爷爷兰汗杀死，慕容宝庶长子慕容盛随后又杀死了兰汗成功复国。慕容盛十四岁就从虎狼遍地的北境一路带着弟弟慕容会和小叔叔慕容柔回到慕容垂身边，远比他爹慕容宝强。

2.这是吸收安抚河北的一项政治举措，毕竟河北汉人这些年跟慕容政权有着千丝万缕的联系，让慕容家闺女当皇后，就是一种延续合作的表态。

3.最关键的一点，在拓跋珪的政治构想中，没打算给皇后安排什么政治权力。

结果就是慕容宝的闺女铸成了小金人，拓跋珪也大大方方地将慕容氏立为了皇后。后来拓跋珪还向姚兴求过亲，表明自己希望双方建立友好关系的想法。但是当时的姚兴比较自大，觉得拓跋珪立了亡国之女当皇后，再找他联姻就是在羞辱他，最终双方反目开启了秦魏之战。

战果就是，姚兴输得脸都丢尽了。在这个时代，除了京口刘裕之

---

① 《资治通鉴·晋纪三十三》：将立皇后，用其国故事，铸金人以卜之。

外，谁跟刚完成整合的代人集团对战基本都是找死。

总体而言，拓跋珪是少数能够拎得清主要矛盾的成功者。

创业成功之后，战无不克的拓跋珪并没有像苻坚那样去复制之前的成功，一味地去开疆拓土，而是在一次次鲸吞的胜利后能够停下脚步，知道自己下一步要做什么。

无论对北燕还是后秦，甚至是对刘卫辰的子嗣，拓跋珪的姿态都是和亲示好。知道什么时候停止，这个人有多可怕。

他将主要矛头瞄准了内部，开启了创始人夺取江山后永不落幕的兔死狗烹大戏。

400 年，拓跋珪处理了功臣派的李栗，理由是李栗对他不敬。李栗成了儆猴的那只鸡。[1]

李栗是拓跋珪当年众叛亲离时跟着他逃到贺兰部的二十一位元勋之一，属于最近最亲的人。[2]两个人当初好得都不行了，可以说在非血缘和联姻关系中，李栗是拓跋珪最重要的亲信。[3]

李栗不是个靠谄媚上位的人，他是立有大量军功的，征慕容宝时曾督五万骑兵为先锋。[4]

拓跋珪为什么要杀这个异姓兄弟呢？因为他能当个好"榜样"，杀他一个的效果可以顶杀一百个。

所有人在拓跋珪眼中都是工具人。拓跋珪要通过李栗的例子震慑

---

[1] 《魏书·李栗传》：栗性简慢，矜宠，不率礼度，每在太祖前舒放倨傲，不自祗肃，咳唾任情。太祖积其宿过，天兴三年遂诛之。

[2] 《魏书·李栗传》：李栗，雁门人也。昭成时，父祖入国。少辩捷，有才能，兼有将略。初随太祖幸贺兰部，在元从二十一人中。

[3] 《魏书·李栗传》：太祖爱其艺能。时王业草创，爪牙心腹，多任亲近，唯栗一介远寄，兼非戚旧，当世荣之。

[4] 《魏书·李栗传》：数有战功，拜左军将军。太祖征慕容宝，栗督五万骑为前驱，军之所至，莫不降下。

功臣集团：敢挑战我的权威，触碰我的利益，不管是谁，都得死！

李栗死后，拓跋珪开始树立人君权威。①

从杀李栗开始，拓跋珪进入了下一个人生阶段——他要巩固自己的家业。更准确地说，他要把自己的基业传到自己的儿子手里，他要和拓跋氏有史以来的继承法则开战。

404年九月，拓跋珪对开国功臣进行了分封调整。

拓跋珪在396年时做过一次分封设定，但当时还处于准备吞并后燕的创业阶段，比较粗糙。②当时的爵位有六种，即"王爵"和"公、侯、伯、子、男"五等爵。

这次调整，拓跋珪取消了五等爵中的"伯爵"和"男爵"，将之前超脱于五等爵的王爵并了进来，列爵四等，并规定了为官的品级：王爵为一品，封大郡；公爵为二品，封小郡；侯爵为三品，封大县；子爵为四品，封小县。③

王爵不再特殊，仅仅是最高品级的爵位，而且对王爵的含金量做了限定——一品官员。封王仅限于皇子和重大功勋者（非皇室者亦可），所谓"皇子及异姓元功上勋者封王"。之前没那么大功勋的宗室和藩王降为公爵，原来的公爵降为侯爵，后面依此类推。

拓跋珪通过这种规则设定，开始有意加强自己儿子的政治地位，边缘化宗室的政治力量。

此次分封调整，封王爵十人，公爵二十二人，侯爵七十九人，子爵一百零三人，共二百一十四个爵位。

---

① 《魏书·李栗传》：于是威严始厉，制勒群下尽卑谦之礼，自栗始也。

② 《魏书·官氏志》：皇始元年，始建曹省，备置百官，封拜五等；外职则刺史、太守、令长已下有未备者，随而置之。

③ 《魏书·官氏志》：九月，减五等之爵，始分为四，曰王、公、侯、子，除伯、男二号。……王封大郡，公封小郡，侯封大县，子封小县。王第一品，公第二品，侯第三品，子第四品。

两个月后，拓跋珪又命宗室和拓跋八部及各州郡设置"师"，也就是北魏的中正官，负责魏国的"九品中正制"。[①] 这是对两个月前那二百一十四个封爵者的巩固和肯定，以及对被降级人员的补偿，将来这些军功集团的后代入仕都会得到制度性优待通道。

此举打击的目标是宗室权威，笼络的目标是代人集团。

思路没问题。

此时此刻，拓跋珪的所有政治打法还都是逻辑严密、环环相扣的，但在坐稳江山后，他也开始吃五石散了。于是，拓跋珪温水煮青蛙式的兔死狗烹逐渐演变成了疯狂的"电锯惊魂"。

由于嗑药，在药性发作时拓跋珪本就冷酷的性情变得更加冷血，他开始急躁烦闷、喜怒无常。拓跋珪晚年天下灾异频现，各种预言家开始说他身边将有大灾发生，这让拓跋珪开始极度怀疑，慢慢地精神出现了问题，经常要么几天不吃饭，要么整夜不睡觉，开始回顾自己的一生，自言自语。

他不回忆还好，一回忆可要了命了。他想到了自己不端的人品和阴损的手段，开始以己度人地觉得身边所有人都不能相信。

每当百官上奏，他的大脑记忆就开始变得极好，只要过去曾有错有罪的，他想起来了一不顺眼就把人杀掉。没被杀的官员，只要谁面色稍变，或呼吸不匀，或步履不稳，或说话出错，他就认为这个人心里有鬼，不仅要杀，还得亲自杀，杀完了还得把尸体晾在天安殿前吓唬人。[②]

大家千万别拿他和刘邦比，刘邦只杀了几个诸侯王而已，当年白

---

① 《资治通鉴·晋纪三十五》：十一月，魏主珪如西宫，命宗室置宗师，八国置大师、小师，州郡亦各置师，以辨宗党，举才行，如魏、晋中正之职。

② 《资治通鉴·晋纪三十七》：每百官奏事至前，追记其旧恶，辄杀之；其余或颜色变动，或鼻息不调，或步趋失节，或言辞差缪，皆以为怀恶在心，发形于外，往往手击杀之，死者皆陈天安殿前。

马之誓的那群功臣老兄弟他可都没动。也别把错误推到嗑药上，因为两晋十六国时期嗑药的人太多了，没见几个嗑完药的疗效是找碴儿杀人。这就跟酒后乱性不能赖酒一样，实际是人喝点儿酒就开始借酒乱性。

五石散仅仅是他释放过去二十年所作所为反噬魔障的引子，不意味着他真是疯的，他只是把心中想杀的人给暴力加速化了。

皇帝大人患有噬杀性精神类疾病，还没有医院能接收，结果弄得整个平城被阴云笼罩，大臣们朝不保夕，都害怕被拓跋珪看见后杀掉。只有二十多岁的小伙子崔浩天天在拓跋珪身边恭谨勤奋，坚持不懈，有时候忙工作忙得连家都顾不上回。[①]

崔浩是个人精，他懂天象、知古今，此时也没有膨胀，他之所以敢在拓跋珪身边天天晃悠，是知道自己肯定没事。

他知道因为自己是个汉人官员，对拓跋珪根本没威胁。加之因为崔逞被杀后在南北方出现了不良影响，拓跋珪这些年无论嗑药嗑成什么样，也没怎么再去妄杀汉人士族。

拓跋珪就像"酒后乱性"一样拿嗑药打掩护，诛杀可能威胁他统治地位的"代人功臣集团"。

连拓跋珪都觉得自己实在是太阴险了，当年他舅爷爷慕容垂看他时怎么也不会想到他会是一匹如此阴险的中山狼，万一将来又有一个寄生虫可怎么办呢？

拓跋珪自己就是一路寄生干掉宿主的，算是一路摸爬滚打从暗黑领域直接登上了权力的顶峰，所以他看谁都觉得有潜质，看见什么装孙子的套路都觉得似曾相识。既然如此，那就都杀了吧。

他觉得自己身边最装孙子的是谁呢？是与他最亲近的几个早期元勋。

---

① 《资治通鉴·晋纪三十七》：是时，群臣畏罪，多不敢求亲近；唯著作郎崔浩恭勤不懈，或终日不归。

406 年六月，太尉穆崇死了，相关官员奏议穆崇谥号的时候，拓跋珪亲自查阅授予谥号的文件，看到描述"满嘴仁义道德却不能忠义守节"的"丁"字时，就说："这个太适合他了。"①

穆崇怎么惹他了呢？起因是穆崇和他视为左膀右臂的拓跋仪阴谋叛乱。②

穆崇派他儿子准备暗杀拓跋珪，最终却因拓跋珪的临时召见而意外中断。史载：拓跋珪因为穆崇和拓跋仪过去的功劳，悄悄压下了这件事没有追查。③

这次叛乱对于魏初政局的影响相当大，有必要说说，因为穆崇和拓跋仪这两个人实在太有代表性了。

先说穆崇，他此时在官阶上为北魏之尊。

当年刘显迎拓跋窟咄来抢拓跋珪的王位时，拓跋珪内部四分五裂。穆崇在得到了外甥于桓要谋杀拓跋珪的阴谋后，连夜将这一消息告诉了拓跋珪。拓跋珪诛杀了于桓等阴谋叛乱者，并赢得了时间，带着心腹北越阴山，再次投奔了舅舅贺讷的贺兰部。此时，穆崇属于患难建功的元勋。④

穆崇完整地经历了拓跋珪的整个创业过程，398 年北魏建立前夕，穆崇从河南战区调回朝中任太尉，迁封宜都公。

位高权重的从龙元臣穆崇为什么要冒风险反叛呢？这其实侧面说明拓跋珪此时清洗功臣的喜怒无常：都看出来你在大清洗，我们还是自

---

① 《魏书·穆崇传》：天赐三年薨。……及有司奏谥，太祖亲览谥法，至述义不克曰"丁"。太祖曰："此当矣。"

② 《魏书·拓跋仪传》：仪矜功恃宠，遂与宜都公穆崇谋为乱。

③ 《魏书·拓跋仪传》：伏武士伺太祖，欲为逆。崇子遂留在伏士中，太祖召之，将有所使。遂留闻召，恐发，逾墙告状，太祖秘而恕之。《资治通鉴·晋纪三十七》：初，魏太尉穆崇与卫王仪伏甲谋弑魏主珪，不果；珪惜崇、仪之功，秘而不问。

④ 《魏书·穆崇传》：告崇曰："今窟咄已立，众咸归附，富贵不可失，愿舅图之。"崇乃夜告太祖，太祖诛桓等，北逾阴山，复幸贺兰部。崇甚见宠待。

己寻找活路吧。

这次叛乱中，还有一个人，那就是拓跋仪。通过理顺穆崇为何要联合他阴谋叛乱，我们要揭开一个秘密。

我们先来看拓跋仪的履历。

拓跋仪相貌堂堂，美须髯，有韬略，少能舞剑，骑射绝人，拓跋珪回国继承王位的时候就一路侍从左右。386 年拓跋珪继位的时候赐爵九原公，之后他跟随拓跋珪破诸部，战功卓著。灭刘卫辰后，拓跋珪还将黄河以北的前后套平原作为"离散诸部"的试点，命拓跋仪在此搞屯田试点工作。[①]

随后灭并州，拓跋仪功大，迁尚书令；围中山，定河北，拓跋仪迁都督中外诸军事、左丞相，进封卫王；中山平定后，又是拓跋仪率兵逼走了邺城的慕容德。

拓跋珪刚走的时候，河北是交给拓跋仪全权处理的。[②] 后来拓跋仪又以丞相入辅，参与了北伐高车、西伐姚秦，也立了功。

张衮、许谦作为北魏建国初期拓跋珪身边主要的汉族谋士，开始入朝做官时听说拓跋仪善待士人，就先到拓跋仪那里报到了。[③]

这些汉人名士和拓跋仪谈论政务指点江山，然后拓跋仪将各地城池地貌成败要害一一讲明，许谦等人叹服道："平原公有不世之雄才大略，我们要当他小弟。"[④]

---

① 《魏书·拓跋仪传》：命督屯田于河北，自五原至棝杨（《北史》为"棝阳"，全书正文统一用"棝杨"）塞外，分农稼，大得人心。

② 《魏书·拓跋仪传》：太祖将还代都，置中山行台，诏仪守尚书令以镇之，远近怀附。

③ 《魏书·拓跋仪传》：先是，上谷侯岌、张衮，代郡许谦等有名于时，学博今古，初来入国，闻仪待士，先就仪。

④ 《魏书·拓跋仪传》：谦等叹服，相谓曰："平原公有大才不世之略，吾等当附其尾。"

拓跋珪称帝的劝进文件中，是时任左丞相、骠骑大将军的卫王拓跋仪领衔上书的。[1]

也就是说，无论从军功、威望，还是官阶来看，拓跋仪都是拓跋珪建立北魏的二号人物。

拓跋珪的喜怒无常让越来越多的代人聚集在了拓跋仪身边，准备颠覆这个精神不正常的帝王。

那么，为什么代人集团要团结在拓跋仪身边呢？仅仅因为他功勋太大吗？事情没那么简单。

拓跋仪在史书中的身份是拓跋什翼犍第三子秦王拓跋翰的儿子，并不具有正统的继承权，但他真实的身份是拓跋什翼犍和拓跋珪他妈生下来的正根！（关于拓跋珪、拓跋什翼犍和拓跋珪母亲的关系，《两晋悲歌》第15战有详细讲述。）

拓跋珪在创业之初不断强调他是拓跋什翼犍的嫡长孙，本质上是为了与复国成功的舅爷爷慕容垂扯上关系。拓跋寔只有拓跋珪这一个遗腹子，也就意味着拓跋珪是当世唯一一个与慕容垂有血缘关系的拓跋部继承人。

拓跋珪能复国，不过也是因为母亲家族贺兰部的鼎力相助及慕容垂后燕的背景而已。

此时慕容氏已经被打残了，所以这个嫡长孙身份就没那么金贵了，拓跋仪和他的继承权力本质上也就没什么区别了。因为拓跋仪也有着拓跋什翼犍的血脉，他是拓跋什翼犍和贺氏生的孩子，在大家眼中，他与拓跋珪是"同父"同母的亲兄弟。

贺氏这个女人相当不简单，被她公公收房后几乎独得恩宠。

我们首先来看一下，史书中明确记载拓跋珪他妈生的孩子有两个：

---

[1] 《魏书·太祖纪》：闰月，左丞相、骠骑大将军、卫王仪及诸王公卿士，诣阙上书曰："……臣等谨昧死以闻。"帝三让乃许之。

一个是拓跋珪，一个是拓跋觚。

证据在《魏书》里，书中明确说，贺后在少子拓跋觚当人质后因想儿子忧郁而死。[1] 这里面有很大的问题，《魏书》将拓跋觚的生父归到了秦王拓跋翰身上。

《魏书》记载拓跋翰是拓跋什翼犍的第三子，也是嫡次子，死于建国十年（347）。

371 年春之前，贺氏一直是拓跋珪他爹（拓跋寔）的女人，后来才被公公强占。376 年冬，代国被前秦消灭，贺氏被带到了长安。除非贺氏被鬼给配了，否则不可能跟这位早早就死了的小叔子有这么个孩子。

崔浩因国史之狱被杀后，北魏对早期历史进行了大量的删改，里面前后矛盾之处很多，为了掩盖拓跋珪他妈被公公收房的这段不伦历史，将贺氏的其他孩子安排给了鬼当爹的拓跋翰。

贺氏在拓跋珪他爹死后就只跟过她公公，所以拓跋觚他爹，是拓跋什翼犍。拓跋觚在史书中的记载不多，但关键点不少。

1. 拓跋觚从小勇略有胆气，跟哥哥拓跋仪一直就是拓跋珪的心腹。史料原文：勇略有胆气，少与兄仪从太祖，侍卫左右。（拓跋仪出现了。）

2. 拓跋觚是当年拓跋珪出使后燕的大使，在拓跋珪不听话后被慕容垂扣了，他半路跑了，但被抓回来了，而且慕容垂待其甚厚。《魏书·拓跋觚传》原文："使于慕容垂，垂末年，政在群下，遂止觚以求赂。太祖绝之。觚率左右数十骑，杀其卫将走归。为慕容宝所执，归中山，垂待之逾厚。"

拓跋觚为什么会被慕容垂"待之逾厚"呢？因为拓跋觚的血脉没问题，将来能代替拓跋珪去接手拓跋部，慕容垂打算再培养一个傀儡。

---

[1] 《魏书·献明皇后贺氏传》：后少子秦王觚使于燕，慕容垂止之。后以觚不返，忧念寝疾，皇始元年崩，时年四十六。

3. 后来拓跋珪讨伐中山时，拓跋觚被慕容麟拿来当投名状杀了，坚定了拓跋珪的抵抗之心。拓跋觚之所以能够起到投名状的作用，也侧面证明了他的血缘，他的哥哥是拓跋仪。

拓跋仪是谁的孩子呢？《魏书》中说他也是死在347年的秦王拓跋翰之子，这位可怜的拓跋翰再次鬼当爹了。

《魏书·刘库仁传》中有那么一段记载：建国三十九年，昭成暴崩，太祖未立，苻坚以库仁为陵江将军、关内侯，令与卫辰分国部众而统之……于是献明皇后携太祖及卫、秦二王自贺兰部来居焉。

当年贺寡妇在代国覆灭后身边带着三个孩子：拓跋珪、拓跋仪、拓跋觚。

《魏书·贺讷传》也印证了这件事：昭成崩，诸部乖乱，献明后与太祖及卫、秦二王依讷。"太祖"是拓跋珪，"卫"是卫王拓跋仪，"秦"是秦王拓跋觚。

这也就意味着，拓跋珪他妈在亡国之际、纷乱之时，一直带着拓跋珪、拓跋觚兄弟及"侄子"拓跋仪。

有疑问的是，如果拓跋仪真的和贺氏没有血缘关系，那么史书的写法应该是"献明后与太祖及秦（拓跋觚）、卫（拓跋仪）二王依讷"。但史书关于皇室血缘的记载是不敢开玩笑的，肯定是先把儿子放前面，而不是在两个儿子中间插入一个侄子。

拓跋翰死于347年，就算拓跋仪是拓跋翰的遗腹子，代国覆灭的时候也三十岁了，不可能让贺氏这个寡妇一直"携"着。当时贺氏仅仅二十六岁。

大家别着急，还有补充论据。《魏书》中留下了巨大破绽：后刘显使人将害太祖……后乃令太祖去之。后夜饮显使醉。向晨，故惊厩中群马，显使起视马。后泣而谓曰："吾诸子始皆在此，今尽亡失。汝等谁杀之？"

385年贺氏带着拓跋珪等人自慕容垂处来到代北复国，途中发现刘显要杀拓跋珪，随后贺氏主动陪刘显在晚上喝大酒，让拓跋珪趁机逃跑。第二天早晨醒来后，贺氏哭道："昨天晚上我的'诸子'还都在，现在都不见了，你们谁杀的？"

如果说就一个儿子，那就是"吾子始在此，今尽亡失"；如果说两个儿子，那就是"吾二子始皆在此，今尽亡失"。只有在两个以上时，才会是"吾诸子始皆在此，今尽亡失"。除了拓跋珪和拓跋觚，当时拓跋珪身边的第三个人，就是贺氏带在身边的拓跋仪，拓跋仪本传中也进行了印证，所谓"太祖幸贺兰部，侍从出入"。

综上所述，虽无直接确凿证据，但拓跋仪极大概率也和拓跋觚一样，是贺氏的儿子。

所以，目前来看，贺氏这几个孩子的爹分别是：

1. 长子拓跋珪——拓跋寔或拓跋什翼犍。

2. 次子拓跋仪——拓跋什翼犍。

3. 暂时以"？"代替（我没有笔误，这里诸子是多于三个的，还有一位三子，下一节揭晓）。

4. 幼子拓跋觚——拓跋什翼犍。

这样来看，以穆崇为首的代人集团团结在拓跋仪身边去颠覆拓跋珪政权就合情合理了。本来就是皇帝弟弟，还是居功至伟的二号人物。

自 371 年春丈夫死了被公公收房，到 376 年冬苻坚灭代，贺氏在五年半的时间里生了四个孩子。

这个贺氏当年政变出卖了拓跋什翼犍，想自己当代北女王，失败后又成为帮儿子拓跋珪复国成功的女设计师。拓跋珪妈妈的政治能量实在太大，又给他生了那么多能干的弟弟，而且最关键的是，拓跋部的继承规则是兄终弟及！

好兄弟，你不死，我睡不着啊……

三、隐秘的角落，坏小孩无法言说的"百年孤独"

穆崇死于406年，结合他的地位和影响，以及最终的那个谥号，大概率是隐诛。

从那一年开始，关于拓跋仪的所有记载也不见了，拓跋仪成了被重点看管对象。

注意，拓跋仪这个时候没死，为什么？

因为如果拓跋珪就此杀了拓跋仪，那么将来他儿子继位只是因为他没有兄弟了，所以才是儿子继位，而兄终弟及的百年老规矩依然没能画上一个句号，没有一个足够有震撼性的铁律效应。

拓跋珪一定要让拓跋仪这个功高无二的元勋弟弟亲口表示拥护自己的儿子登基，亲口承认太子继位的合法性，然后他才能死。

拓跋珪不是逮谁弄死谁吗？不是嗑药嗑得精神不正常吗？怎么到了拓跋仪这里就这么知道克制了呢？因为他从来也没疯，嗑药就是打掩护，和酒后乱性的那些"无辜们"是一个人设。

在这件事的一年后，即407年，拓跋珪找碴儿杀了宗室中大咖功勋拓跋遵，以此做铲除核心圈层的试点，试探众人的反应。

拓跋遵，是拓跋珪的堂兄弟，少而壮勇，不拘小节，也是拓跋珪创业时的原始股元勋，有佐命勋，赐爵略阳公。

参合陂之战，拓跋遵是率领七百勇士大战慕容宝的英雄。[①] 拿下河北后，拓跋遵镇渤海，迁州牧，封常山王，是404年改制后剩下的十王之一。

这位功高勋重的宗室成员因为喝多了对公主失礼被拓跋珪赐死，还被以平民规格下葬。[②]

同年，司空庾岳因为穿的衣服漂亮，行为举止比较气派，被拓跋珪以有"人君"之气为理由杀掉了。[③]

这就是赤裸裸的欲加之罪，庾岳也是早期的追随者，是拓跋珪军国大事的重要依靠，但这个人从来都是恭敬慎重的。[④] 庾岳谨慎到什么地步呢？作为河北南部的最高长官，府院里结的果子成熟了他都不敢吃，说："皇上都没吃，我怎么能先吃！"[⑤]

庾岳谨慎成这个样子，还是被拓跋珪以莫须有的罪名诛杀，原因是什么呢？

1. "岳为将有谋略，士众服其智勇，名冠诸将"，他是上马能治军的军神。

2. "及罢邺行台，以所统六郡置相州，即拜岳为刺史。秉法平当，百姓称之"，他是下马能管民的宰辅。

拓跋珪要杀了所有有影响力的开国元勋，因为他们对他将家产过

---

① 《魏书·常山王遵传》：慕容宝之败也，别率骑七百邀其归路，由是有参合之捷。

② 《魏书·常山王遵传》：遵好酒，天赐四年，坐醉乱失礼于太原公主，赐死，葬以庶人礼。

③ 《资治通鉴·晋纪三十六》：侯官告："司空庾岳，服饰鲜丽，行止风采，拟则人君。"珪收岳，杀之。

④ 《魏书·庾业延传》：岳独恭慎修谨，善处危难之间，太祖喜之。与王建等俱为外朝大人，参预军国。

⑤ 《北史·庾业延传》：邺旧有圆池，时果初熟，丞吏送之，岳不受，曰："果未进御，吾何得先食！"其谨如此。

户给自己的儿子产生了阻碍。

拓跋珪虽然已经称帝并建立起实施中原制度的王朝，但实际上还面临着草原民族转向中原制度的巨大思维惯性问题。

386 年复国时，拓跋部依旧是个松散的部落大联盟。谁也没想到仅仅十多年，到了 5 世纪初，北魏已经鲸吞了河北与并州，打败了姚兴，成为整个北境最可怕的集权国家。

整个国家机器已经发生了翻天覆地的变化，但人性和习俗的进化却很慢。什么汉化的规定，什么天命的规则，都不能阻止几百年演化来的约定俗成的规则。

在拓跋什翼犍之前，拓跋部的王位传承一直是兄终弟及制。到了拓跋珪继承王位时看上去是父死子继，但实际上是因为拓跋什翼犍的所有兄弟都死了。拓跋珪来到代北后，也并不是通过继承的方式登上王位的，而是出于诸部大佬的推举。[①]

拓跋珪之所以能被诸部推举，是因为他有长袖善舞的妈妈和那位厉害的舅爷爷慕容垂。大家觉得他有慕容垂的背景，所以才同意让他这个小毛孩子来当个挂名的王。

但这种风投是无法带给人信心的，从头到尾都是他妈妈在那儿长袖善舞。所以当拓跋什翼犍的另一个儿子拓跋窟咄被独孤部从南方迎回后，拓跋诸部就出现了巨大骚动。[②]

拓跋珪身边出现了大量的叛徒，拓跋珪将于桓等五人诛杀，其余莫题等七姓全部不再追究，但依旧无法稳住局面，他一度逃到了母亲家族贺兰部避难。拓跋珪的另一个舅舅贺染干明确反对他，北部大人叔孙普洛及诸乌丸投奔刘卫辰，直到慕容垂派了慕容麟来，才帮拓跋珪平定

---

① 《魏书·贺讷传》：于是诸部大人请讷兄弟求举太祖为主。……遂与诸人劝进，太祖登代王位于牛川。

② 《魏书·拓跋窟咄传》：刘显之败，遣弟亢泥等迎窟咄，遂逼南界，于是诸部骚动。

了这次叛乱。

为什么大家要反拓跋珪呢？当时和拓跋窟咄勾结、寻找下家的莫题曾说过一句特别有代表性的话："三岁牛犊怎么能拉得起重载的车！"[①]

此时拓跋珪十六岁，各部大人们的心思仍然是草原上的规矩，谁年富力强谁才好带我们去发家致富，你个小毛孩子怎么率领我们去纵横大漠？你口口声声说你有慕容垂的关系，我们可没看见！

最后慕容麟率六千援军赶到，拓跋部这才稳定了，拓跋珪听说慕容家出兵了才敢回到牛川。[②]

慕容麟那六千兵不算什么，关键是慕容垂的表态。拓跋诸部亲眼见证了拓跋珪真的能让慕容家出兵，是有实力的。

一切都要靠实力做背书。

拓跋珪也许才十六岁，但他的母族贺兰部力挺他，河北最强者慕容垂是他舅爷爷，还愿意为他出兵，这就够了。拓跋珪虽然是个牛犊子，但他背后有牛魔王。

所以说别看拓跋珪已经建立起中原王朝体制，但在最高权力的传承上，要走的路还很长，拓跋部约定俗成的"兄终弟及制的谁年富力强谁上位"依然有着强烈影响。

首领是要能代表拓跋联盟各部大人利益的。

按照拓跋部旧的兄终弟及的继承原则，拓跋仪实际上是理直气壮地具有皇位继承之权的，拓跋宗室内部也是认可的。更不要说拓跋仪当

---

① 《魏书·莫题传》：登国初，刘显遣弟亢泥等迎窟咄，寇南鄙。题时贰于太祖，遗箭于窟咄，谓之曰："三岁犊岂胜重载！"言窟咄长而太祖少也。

② 《魏书·拓跋窟咄传》：太祖虑内难，乃北逾阴山，幸贺兰部，遣安同及长孙贺微兵于慕容垂。贺亡奔窟咄，安同间行遂达中山。慕容垂遣子贺麟步骑六千以随之……既知贺麟军近，众乃小定。太祖自弩山幸牛川。

初这么玩命，其实也是在为自己创业：我哥拓跋珪死了以后，这基业本来就是我的！

拓跋珪因为认可拓跋部第一勇烈拓跋虔的功勋，于是封拓跋虔之子拓跋悦为宗师。拓跋悦就很牛，经常恃宠而骄地对身边的亲信说："等将来皇帝死了，我仅会避让卫王拓跋仪，除卫王外，谁敢站我面前？"①

这个猖狂的家伙之所以会这么说，其实是作为宗师在提前向拓跋仪表态、示好，而且拓跋仪确实外表威严，美须髯，为朝野内外所重。②

论血缘，拓跋仪是拓跋什翼犍与贺氏的儿子，跟拓跋珪一样；论功劳，拓跋仪是北魏建国的二号人物；论年龄，两兄弟相差不大。拓跋珪这几年搞大清洗，天天嗑药，跟神经不正常似的，大量功臣集团自然而然就都团结到了血缘、功劳、年龄都没得说的拓跋仪身边。

但拓跋珪利用完自己能干的好弟弟拓跋仪之后表示：对不起，你的戏份到头了。成王败寇，你我都没想到我们居然会这么成功。

408年，拓跋珪的孙子拓跋焘出生，拓跋珪于当夜喊来了已经被雪藏好几年、正史都没有记载的拓跋仪入宫。

拓跋珪问了句能吓死拓跋仪的话："你夜晚听到召唤，竟不奇怪也不畏惧吗？"③

拓跋仪说："我诚心，您圣明，我天天沐浴圣恩，晚上接诏命奇怪肯定有，但畏惧一点儿也没有。"

---

① 《魏书·拓跋虔传》：悦恃宠骄矜，每谓所亲王洛生之徒言曰："一旦宫车晏驾，吾止避卫公，除此谁在吾前？"

② 《魏书·拓跋虔传》：卫王仪，美髯，为内外所重，悦故云。

③ 《魏书·拓跋仪传》：世祖之初育也，太祖喜，夜召仪入。太祖曰："卿闻夜唤，乃不怪惧乎？"

拓跋珪把孙子出生的事告诉他后，拓跋仪当场就跳上了，然后跟拓跋珪喝大酒庆祝。[①] 史书中描写的这一夜，一定省去了一些内容。因为第二天拓跋珪召群臣进宫，赐了拓跋仪一堆东西。[②]

拓跋珪不会无缘无故在百官面前赐拓跋仪东西，一定是拓跋仪立功了。这也就意味着，拓跋仪把昨天晚上跳的舞又在群臣面前跳了一遍，然后表示拥护皇帝拓跋珪和未来的皇帝拓跋嗣，以及刚刚出生的第三代皇帝拓跋焘，祖祖辈辈都拥护。

拓跋珪通过拓跋焘的出生表达了自己子子孙孙都要继承皇位的想法，然后让拓跋仪这个大家眼中享有继承权的二号人物向满朝文武表态：我没资格，他的孙子有资格。在拓跋仪于官方场合表态拥护拓跋焘这个皇长孙后，他活下去的理由也就不存在了。

409 年八月，又有一个占卜天象的看出来了："马上就要有人谋逆了！"这对拓跋珪来说简直就是发令枪，然后他又杀了一堆公卿，打算以此向老天爷交差。但拓跋仪这个时候精神崩溃了，单骑逃跑，被拓跋珪抓住后赐死，以平民礼下葬。[③]

拓跋珪没有再像当年拓跋仪谋逆时那样给他机会。他的利用价值用完了，就该杀了，最后以庶人礼下葬，再诛了他的心。

拓跋仪心虚逃窜，愧对于我，枉我那么栽培他啊……

拓跋仪死后三个月，拓跋珪就要立北魏历史上的第一个太子了。他在开国后的这一切大杀戮，都是为了扭转整个拓跋部的继承传统：我不要兄终弟及，我要父死子继，谁也别抢我的家产！

---

① 《魏书·拓跋仪传》：太祖告以世祖生，仪起拜而歌舞，遂对饮申旦。

② 《魏书·拓跋仪传》：召群臣入，赐仪御马、御带、缣锦等。

③ 《魏书·拓跋仪传》：天赐六年，天文多变，占者云"当有逆臣伏尸流血"。太祖恶之，颇杀公卿，欲以厌当天灾。仪内不自安，单骑遁走。太祖使人追执之，遂赐死，葬以庶人礼。

在立太子的过程中，控制欲极强的拓跋珪又玩出了新花样。由于受到自己强势娘亲及拓跋部史上后族干政阴影的影响，拓跋珪定下了一个相当残忍的规矩：立子杀母。

《资治通鉴》记载，魏主珪将立齐王嗣为太子；魏故事，凡立嗣子辄先杀其母，乃赐嗣母刘贵人死。从此，这一制度成了拓跋部立太子的老规矩，太子拓跋嗣的母亲刘贵人成为第一个牺牲品。

其实这个"魏故事"纯属虚构，拓跋氏有一个算一个，在此之前就从来没有被立过什么太子，更不要说什么杀孩子妈妈。

拓跋珪杀完孩子妈妈之后是这么对太子拓跋嗣说的："当年汉武帝杀死钩弋夫人是为了防止母后干政及外戚作乱，如今立你继承国家大业，我也是仿古人之举，为了国家的长治久安。"[①]

如果这个规矩真是拓跋部的祖制，拓跋珪就不会上溯到五百年前，找汉武帝的例子打掩护了。而且就算汉武帝出狠招杀了钩弋夫人，也是因为刘弗陵当时年仅七岁不懂事，但拓跋嗣此时已经十八岁了。

拓跋嗣生性孝顺，再加上母亲突然被拓跋珪杀了这事太过于惊悚离奇，就只能在那里哭了，这让拓跋珪很愤怒。他无法理解把儿子妈杀了这事居然会让这小子不高兴，心想："你小子不知道我当年天天想杀了你那控制狂奶奶吗？"

自4世纪开始，拓跋部出过好几个厉害的太后。

拓跋猗卢（307—316年在位）统一了鲜卑三部，晚年国中内乱，小儿子拓跋比延受宠，大儿子拓跋六修就杀了他爹拓跋猗卢和小弟弟拓跋比延。拓跋六修的堂兄弟、上一任代王拓跋猗迤之子拓跋普根随后又杀了拓跋六修，夺得了继承权。

拓跋普根继位后仅几十天就死了，这个时候，拓跋猗卢的嫂子、

①《资治通鉴·晋纪三十七》：珪召嗣谕之曰："汉武帝杀钩弋夫人，以防母后豫政，外家为乱也。汝当继统，吾故远迹古人，为国家长久之计耳。"

拓跋猗迤之妻祁氏拿到了最高权力，立拓跋普根之子为王，结果没多久，这孩子也死了。之后，拓跋部推举了拓跋郁律（316—321年在位）为王。

拓跋郁律干得相当棒，继续了拓跋部雄踞北方的辉煌，西取乌孙故地，东兼勿吉以西，士马精强，雄于北方。结果这位英主，被刚才那位祁氏发动政变杀了。

这场政变规模极大，几乎将诸部大人一网打尽。[①] 这个女人的手段太高了。

祁氏后来立了自己跟拓跋猗迤的儿子拓跋贺傉（321—325年在位）为王，随后自己当了"女王"，当时后赵管代国叫"西代女国"。[②]

这位祁氏，大概率是拓跋珪他妈贺氏的偶像。

直到324年左右祁氏死了之后，政权才正式回到其子手中。之后王权几经更迭，又回到拓跋郁律之子拓跋翳槐（329—336年、337—338年在位）的手上。338年拓跋翳槐死的时候，指定当时在后赵当人质的二弟拓跋什翼犍继位。

但当时部落权力几乎被架空，诸部大人居然杀了不好控制的老三拓跋屈，要立老四拓跋孤。最后是拓跋孤亲自去后赵请回了拓跋什翼犍继位。

拓跋什翼犍之所以能继位，是因为后赵的十年人质背景及他妈妈的关系网，所谓"烈帝之崩，国祚殆危，兴复大业，后之力也"。

拓跋什翼犍的上位和拓跋珪的上位，其实本质上一模一样，完完全全一个套路，都靠厉害妈妈和强大的外族势力撑腰。

---

① 《魏书·平文帝拓跋郁律纪》：桓帝后以帝得众心，恐不利于己子，害帝，遂崩，大人死者数十人。

② 《魏书·惠帝拓跋贺傉纪》：未亲政事，太后临朝，遣使与石勒通和，时人谓之女国使。

这是进入4世纪拓跋部的第二位厉害太后。

到了拓跋什翼犍这一代，从慕容家娶来的媳妇（拓跋珪的亲奶奶慕容氏）开始管拓跋什翼犍的事，"后性聪敏多知，沉厚善决断，专理内事，每事多从"。

别听什么"专理内事"，这位慕容氏外事也没少掺和，早早就评价过刘卫辰，说他不是个好人得防备着。[1]

这是第三位。

到了拓跋珪他妈妈这里，全程我们也了解了，当初拓跋什翼犍被前秦军抓住，就是因为贺氏发动政变将拓跋什翼犍拿下，随后投降了前秦。

《晋书·苻坚载记》中，苻坚作为胜利者，对拓跋什翼犍的描写很客观："翼犍战败，遁于弱水。苻洛逐之，势窘迫，退还阴山。其子翼圭缚父请降。"拓跋什翼犍战败后退往阴山，拓跋珪发动政变，抓了他爹请降。

当时拓跋珪仅仅六岁，他怎么抓他爹？只可能是贺氏以拥立儿子拓跋珪的名义下的手。但贺氏没想到卖了自己丈夫后丢人现眼了，自己不仅没能变成代北女王，而且整个拓跋部核心成员都被迁徙到了长安。

拓跋珪还代母受过，跟着贺氏被流放到了四川。[2]但贺氏长袖善舞，经过了十年的斡旋，又带着拓跋珪复国了。

1. 搭上慕容垂的这条线，淝水之战后，跟着去了河北。

2. 进入代北后秒变交际花，陪刘显喝大酒，帮拓跋珪脱身。

3. 去娘家找哥哥拉赞助，支持儿子登上王位。

在拓跋珪的复国道路上，其母贺氏堪称居功至伟，但从拓跋珪的

---

① 《魏书·昭成皇后慕容氏传》：初，昭成遣卫辰兄悉勿祈还部落也，后戒之曰："汝还、必深防卫辰，辰奸猾，终当灭汝。"悉勿祈死，其子果为卫辰所杀，卒如后言。

② 《晋书·苻坚载纪》：以翼圭执父不孝，迁之于蜀。

视角出发，却并不那么认为。你虽然帮我重登了王位，但当年代国与前秦激战、内忧外患的时候，是你策动政变，出卖了我爷爷（爹）！

贺氏内外两面的"居功至伟"，让他对他妈妈充满了阴影。你能出卖你丈夫，哪天我不听话了，难保不会出卖我。况且你还给我生了三个弟弟！更可怕的是，你是有能力帮他们三人中的任何一个重新走一遍我走的路。

慕容垂死后仅仅两个月，贺氏就神秘地过早离开了。死法是"忧死"，所谓"后以觚不返，忧念寝疾，皇始元年崩"，也大概率是隐诛笔法。

在最可怕的敌人死后，拓跋珪第一个要处理的人，就是自己的妈妈。他妈妈帮他登上王位后，就只剩下隐患了，在拓跋珪眼里，贺氏是他那几个弟弟最可怕的谋反孵化器。

妈妈啊妈妈，您这"核武"不拆除，我睡不着啊！在你我的眼中，彼此都是工具人，天家无父子亲恩。愿赌服输。

拓跋珪离开故国时仅仅六岁，他的整个童年在四川、长安、中山等地迁徙，当他再次重返代北时已经十五岁了，而这段时间恰恰是一个人人生观形成的最关键时期。

在这近十年中，拓跋珪历经了颠沛流离的坎坷命运，看透了慕容家族的处心积虑，也深刻洞察了前秦能够称霸北方的汉化关键。这个乱世大舞台最终时势造枭雄，让拓跋珪站在了一个个巨人的肩膀上。他深刻地明白了那个道理："没有永恒的朋友，只有永恒的利益。"

如此有政治头脑和才干的母亲，使拓跋珪在童年到青年的成长过程中形成了巨大的阴影，再加上百年来自己国家出了太多这样的厉害太后，这一切最终导致拓跋珪在晚年立下"子立母死"的极端制度。

拓跋嗣回去后很想他娘，天天在哭，拓跋珪听说后召拓跋嗣进宫。

由于拓跋珪这几年给人的印象就是嗑药嗑得精神都不正常了，所以拓跋嗣身边人预判道："皇帝现在相当愤怒，您去了估计就得去地下见你妈了，您要不先找个地方躲躲，等皇帝不怒了再去？"拓跋嗣害怕逃跑了，心腹代人车路头、京兆人王洛儿两人跟随。

拓跋嗣跑了以后，拓跋珪盯上了老二拓跋绍。

拓跋绍他妈应该是拓跋珪的姨。拓跋珪有一次去贺兰部，看到他姨后喜欢上了，对他妈说我要纳我姨。

贺氏道："不行，太美的东西都不好，而且你有姨父了。"①

拓跋珪表示我就喜欢不好的东西，她有丈夫也不算什么事。他直接派人暗杀了他姨父，然后强占他姨，还生了拓跋绍。

这个不伦凶杀婚恋最终结出了喜感的果实，拓跋珪看到老大拓跋嗣跑了，于是准备立老二拓跋绍为太子。

老规矩，立太子先杀太子他妈。拓跋珪先是骂他姨，再将其囚禁，准备杀了她贯彻"子立母死"的制度。但因为天黑，刽子手下班了，没来得及动手。②

当年汉武帝杀钩弋夫人的过程也是先谴责，然后引持送于掖庭狱囚禁，最后杀死。③

这也是拓跋珪为自己这个荒谬手段找到理论并将其从此贯彻为制度的一套程序。

他姨争分夺秒抓住这一夜赶紧派人去找儿子拓跋绍："你快来救我。"

拓跋绍充分继承了他爹凶残冷酷的基因，父子两个一模一样，都是手狠心黑年纪轻轻就能干玩命的活。

---

① 《资治通鉴·晋纪三十七》：初，珪如贺兰部，见献明贺太后之妹美，言于贺太后，请纳之。贺太后曰："不可。是过美，必有不善。且已有夫，不可夺也。"

② 《资治通鉴·晋纪三十七》：戊辰，珪谴责贺夫人，囚，将杀之，会日暮，未决。

③ 《史记·外戚世家》：后数日，帝谴责钩弋夫人。夫人脱簪珥叩头。帝曰："引持去，送掖庭狱！"夫人还顾，帝曰："趣行，女不得活！"夫人死云阳宫。

十六岁的拓跋绍先是和宫里的宦官沟通，后与帐下死士跳墙进入宫中，来到天安殿，左右侍卫发现后喊了声："有贼！"拓跋珪夜里惊起，发现手边的兵器都不见了。此时老二拓跋绍冲进宫里，杀了他爹。

拓跋珪，这个为北魏成为5世纪霸主奠基的雄主，这个短短一生经历了其他人几辈子故事，人生剧本恐怕只有石勒与慕容垂能与之相提并论的"五胡"收官者，死在了三十九岁这一年。

纵观北魏各代帝王，拓跋珪亡于三十九岁甚至不能被称为壮年而亡，更加不能称为英年早逝，他已经是北魏一百四十八年国祚中，排名第二位的"长寿皇帝"了。

三十九岁的"长寿皇帝"，真的很讽刺。

在被二儿子的剑插入胸膛的一刹那，拓跋珪脑海中闪现出了最后一件事：太子没立成，到底是被这小子抢走的！坏了！我妈还给我生了一个弟弟！

四、两晋南北三百年第一谜案收网

409 年十月十四，宫门到中午也没有打开。

北魏的文武百官随后收到了去端门报到的旨意。

群臣来到端门后，看到门开了一条缝，拓跋绍从门缝中钻出来对百官说："我有叔父，也有哥哥，你们打算支持谁？"

这句话在史料中极其重要，上原文："绍称诏，集百官于端门前，北面立。绍从门扉间谓百官曰：'我有叔父，亦有兄，公卿欲从谁？'"

一句"我有叔父，亦有兄，公卿欲从谁"牵扯出来了拓跋珪他妈的最后一个秘密。

拓跋绍他哥拓跋嗣逃跑了没错，但他的两个叔叔拓跋觚和拓跋仪一个死于北魏建立前，一个死于两个月前，他哪来的叔父？我们先接着往下看。

拓跋绍的一句话让大臣们都蒙了，随后也都明白了：拓跋珪死了。大臣们迟疑了很久之后，位高权重的南平公长孙嵩说："听你的。"[①]

在这个政治极其敏感的时刻，每个人都噤若寒蝉，只有一个人大

---

① 《资治通鉴·晋纪三十七》：众愕然失色，莫有对者。良久，南平公长孙嵩曰："从王。"

哭而去，这个人便是秦王拓跋翰之子、拓跋仪的弟弟拓跋烈。[①]

拓跋翰的儿子、拓跋仪的弟弟，看这套路，他能是谁的儿子？

前面写到拓跋仪和拓跋觚都是拓跋翰鬼当爹，但实际却另有乾坤。再结合刚才拓跋绍的那句"我有叔父，亦有兄，公卿欲从谁"，甚至叔父还排在兄的前面，而且拓跋绍还是在门里心虚地说出那句话，这是什么意思呢？

拓跋烈，也是他奶奶的儿子，是他爸的亲兄弟。也就是说，贺氏在跟了拓跋什翼犍的五年半中，连着生了拓跋珪、拓跋仪、拓跋烈、拓跋觚四个孩子。

贺氏真是高产。这也侧面说明了拓跋什翼犍对贺氏的宠信，贺氏也因此才有机会发动政变推翻老拓跋，并代表部落联盟投降前秦。

至此，魏初被掩盖的最大疑云，乃至两晋三百年中这个最大乱世的最大谜团，终于解开了，一切逻辑链条都捋清楚了。

1. 长孙斤阴谋政变，谋杀拓跋什翼犍。拓跋珪他爹拓跋寔为了保护他爷爷杀了长孙斤，但自己也因重伤死去。[②]

2. 拓跋什翼犍本着"不浪费资源"的态度将儿媳妇收了房，几个月后，拓跋寔的遗腹子拓跋珪出生。

由于草原民族没有中原王朝那样详尽的《起居注》，也没人帮着算日子，所以拓跋珪出生后普遍被认为是拓跋什翼犍的儿子。

3. 时年二十一岁的贺氏在随后的五年把拓跋什翼犍彻底拿下，独得恩宠，又给拓跋什翼犍生了拓跋仪、拓跋烈、拓跋觚三个儿子。

4. 376年冬，前秦北伐，拓跋什翼犍大败后逃奔阴山，被晚年最为

---

① 《资治通鉴·晋纪三十七》：众乃知宫车晏驾，而不测其故，莫敢出声，唯阴平公烈大哭而去。烈，仪之弟也。

② 《资治通鉴·晋纪二十五》：代将长孙斤谋弑代王什翼犍，世子寔格之，伤胁，遂执斤，杀之。

宠信的贺氏发动政变抓住后出卖给了前秦。

贺氏本打算以拓跋珪等四子的名义及娘家贺氏的撑腰从此成为代北女王，但没想到包括她这个"功臣"在内的全部代国宗室都被迁徙到了长安。

5. 符坚认为这个女人不是个好人，于是将贺氏及她的四个孩子以不忠不孝之名流放蜀地。

6. 拓跋什翼犍死在长安后，贺氏和拓跋珪被符坚召回长安，准备给他们洗脑，让他们成为前秦好少年，为将来送回代北当傀儡做铺垫。

7. 贺氏在长安没闲着，攀上了长安管理者慕容垂，还跟慕容垂拍胸脯保证：拓跋珪是你外甥拓跋寔的遗腹子，你是拓跋珪这孩子的舅爷爷。

8. 淝水之战开打，慕容垂一系已经预感到前秦即将分崩离析，最终带上贺氏及其四子，作为自己将来布局代北时的重要棋子。

9. 贺氏及其四子跟随慕容垂复国成功，并作为后燕品牌冠名的傀儡，狐假虎威从中山奔赴代北。

10. 他们中途路过独孤部，首领刘显不放人，贺氏亲自陪酒打通关系，争取来了关键一夜，诸子得以逃跑，投奔了母族贺兰部。

11. 贺氏回娘家后又大发神威，拿下了贺兰部的投票权，在贺兰部的鼎力支持及后燕力挺背景的震慑下，拓跋珪于386年正月复国。

12. 同为拓跋什翼犍之子的拓跋窟咄被独孤部迎回来争王位。十六岁的拓跋珪身边出现了大量背叛者，风雨飘摇，拓跋珪只好逃奔母族贺兰部避难，并请求后燕救援。

13. 慕容麟带着六千兵来后，拓跋部开始正式归心，承认拓跋珪这个小牛犊是有实力的。

14. 拓跋珪后来在舅爷爷慕容垂的帮助下，灭独孤部、并贺兰部，统一了草原，然后反咬一口跟慕容垂翻脸，随后吞并刘卫辰，并在参合陂打垮、活埋了后燕的精锐。

15. 慕容垂死后，无敌手的拓跋珪将 4 世纪顶级大女主母亲贺氏隐诛。

16. 拓跋珪南下吞并了恩人舅爷爷慕容垂的遗产。

从出卖丈夫的虎狼寡妇，再到狼子野心的初生牛犊，这段历史如果完整地记录在史书上，就是史上最忘恩负义的中山狼母子组合。更不要说拓跋珪和他三个弟弟都是不伦的产物。

崔浩啊崔浩，你说你狂到什么地步了，居然敢写这种虎狼之史。

国史之狱后，北魏官方对官修史书做了大量掩盖，但要想人不知，除非己莫为，删改和掩藏是盖不住真相的。更不要说同时代的其他国家也在修史，史官一笔一画都记录着呢。

至少，在一千七百年后的今天，这个系列的读者都会知道你家当年的那些秘史。那是任何一个编剧都编不出来的荒唐人生……

艺术，源于生活，高于生活。这句话绝大多数时候没问题，但有的乱世剧本，其复杂度和剧本的天赐属性已经远远超脱了艺术的想象范畴。

史上最好的剧本和演员，永远诞生于乱世舞台。

拓跋绍心虚的问话及拓跋烈的大哭，代表着拓跋珪三弟拓跋烈和长子拓跋嗣此时的继承权仍然是高于拓跋绍的。

拓跋珪身死和继承权的混乱让北魏朝野变得动荡，大臣们开始有各种打算。

这个时候，仍然能看出来拓跋珪草创制度后时间尚短的一系列影响了。肥如侯贺护到安阳城北，点起了警报的烽火，居然喊来了已经被离散了多年的贺兰部人，与此同时，之前被离散的各部也都开始各自集结部众。[①]

---

① 《资治通鉴·晋纪三十七》：肥如侯贺护举烽于安阳城北，贺兰部人皆赴之，其余诸部亦各屯聚。

拓跋嗣听说他爹被杀后，赶紧从深山老林里往回赶，白天还是藏山里，晚上住在心腹王洛儿家，并散布自己已经回来的消息。

王洛儿后来替拓跋嗣多次前往平城与众大臣取得联系，夜里又找到了安远将军安同等人，文武官员随后开始出城迎接拓跋嗣。[①]

拓跋嗣来到城西时，禁军反水抓了拓跋绍，随后拓跋绍母子被杀。

那么，是什么造成如此大的反差呢？不是"从王"吗？怎么都去迎拓跋嗣了呢？

这是因为有人献上了关键助攻，拓跋珪的亲弟弟拓跋烈起到了相当重要的作用。

最开始拓跋绍谋逆后是没人敢有什么动静的，结果拓跋烈诈称替拓跋绍抓他哥哥后，成功出逃，然后以重要继承人的身份去迎立大侄子拓跋嗣，来报复这个夺取了自己继承权的二侄子。[②]

最终是拓跋珪最担心的兄弟，帮助自己处心积虑传位的儿子坐上了皇帝宝座。这一幕真有喜感啊！

十月十七，拓跋嗣继位，大赦天下，追尊母亲刘贵人为宣穆皇后，自己老爹时代被罢官的公卿们，全部解除了政治封禁。他下诏命南平郡公长孙嵩与北新侯安同、山阳侯奚斤、白马侯崔宏、元城侯拓跋屈等八人，坐在皇城止车门的右首，一起仲裁国家政事，时人称为"八公"。

朝局开始稳定，北魏皇权过渡到了第二代，但继承权的问题依旧没有解决。

拓跋绍是发动政变杀父夺位，这也意味着皇位并非有序传承下来的。

虽然拓跋嗣后来又杀了弟弟，通过政变夺回了皇位，但他仍然没

---

① 《资治通鉴·晋纪三十七》：王洛儿为嗣往来平城，通问大臣，夜，告安远将军安同等。众闻之，翕然响应，争出奉迎。

② 《魏书·拓跋烈传》：仪弟烈，刚武有智略。元绍之逆，百僚莫敢有声，惟烈行出外，诈附绍募执太宗。绍信之，自延秋门出，遂迎立太宗。

有走完拓跋珪最担心的那个闭环。

宗室们依旧对皇位充满想象，比如仅仅半个月后，之前只服拓跋仪的那个宗师拓跋悦就造反了。他打算亲自暗杀大侄子皇帝，结果被卫将军叔孙俊发觉后搜出凶器，拓跋悦被拓跋嗣赐死。

拓跋嗣的继位，其实仍然类似于推举大会，而非打破了几百年"兄终弟及"的传统，仍然未能真正让皇位实现"父死子继"。

拓跋嗣继位后，其实相当明白他爹拓跋珪对他能干的叔叔们痛下杀手是什么意思，因为他现在有着同样的迷茫。

继承权的问题，拓跋珪作为第一代统治帝王并没有夯实，于是这又成为拓跋嗣执政后的最大心魔。

一晃，十三年过去了，422年三月，河南王拓跋曜死了。他是拓跋珪的四儿子，时年二十二岁。死因不详，但他的死很重要。

拓跋珪一共生了十个孩子，此时除了拓跋嗣和老七拓跋连、老八拓跋黎之外，都已经死了。老七、老八年龄不详，但老六拓跋处文是403年出生的，也就意味着老七、老八不会大于二十岁，而且史书没有其事功记载，能力估计很差。

但这位四弟拓跋曜却不一般，他五岁时就能在拓跋珪面前射鸟了，长大后更是武艺绝伦，成为军中楷模。[①]

拓跋曜，成为拓跋嗣的"拓拔仪"。现在这个能干的弟弟死了，对于拓跋嗣来讲实在太重要了。

仅仅几天后的四月初二，皇长子拓跋焘被封为太平王，拜相国，加授大将军。又过了一个月，拓跋焘被安排临朝听政，仅仅三十一岁的拓跋嗣几乎全面放权了。在拓跋嗣的本传中，这样做的理由是拓跋嗣不学好，也嗑寒食散，要死了，不能理政。

---

① 《魏书·拓跋曜传》：河南王曜，天兴六年封。五岁，尝射雀于太祖前，中之，太祖惊叹焉。及长，武艺绝人，与阳平王熙等并督诸军讲武，众咸服其勇。

注意，拓跋家的史书中有个"寒食散"定律。通常只要出现需要掩盖或者解释不通的事，都以嗑药糊弄过去。

422年五月，拓跋焘的监国仪式在崔浩的主持下超级庄重：先是报告宗庙，随后任命拓跋焘为国家二把手，居正殿临朝监国，然后元老们分为左辅右弼，百官堂下听令。[1]

史书后面的记载显示了拓跋嗣的坚决放手，所有群臣拿不准的事上奏到他这里来时，他全都给推走："问你们国君去。"[2]

拓跋嗣给予拓跋焘的支持几乎是史无前例的。拓跋焘的监国根本不是中国历史上国君不在都城时才进行的监国，拓跋嗣一直没离开平城，他是完完全全地撒手，从此不管政事了，还把当时朝中最重要最得力的大臣全给了儿子。

拓跋嗣放手监国后就避居西宫，偶尔偷听儿子处理政务，特别高兴。他将辅政的六位大臣夸了一通，然后说："我就能满世界抢劫去了。"[3]

拓跋嗣之前表现得"嗑药要死"就是个幌子，他现在不仅不死，还要"游行四境，伐叛柔服，可得志于天下矣"。

拓跋嗣不是吹牛。在拓跋焘监国后，拓跋嗣根本就没歇着养病，恰恰相反，这位皇帝相当亲力亲为地开启了对刘宋长达一年多的大规模战役，南拓的力度相当大，他死前才战略性收官，其间他在平城只有

---

① 《魏书·崔浩传》：于是使浩奉策告宗庙，命世祖为国副主，居正殿临朝。司徒长孙嵩、山阳公奚斤、北新公安同为左辅，坐东厢西面；浩与太尉穆观、散骑常侍丘堆为右弼，坐西厢东面。百僚总己以听焉。

② 《魏书·崔浩传》：群臣时奏所疑，太宗曰："此非我所知，当决之汝曹国主也。"

③ 《魏书·崔浩传》：太宗避居西宫，时隐而窥之，听其决断，大悦，谓左右侍臣曰："长孙嵩宿德旧臣，历事四世，功存社稷；奚斤辩捷智谋，名闻遐迩；安同晓解俗情，明练于事；穆观达于政要，识吾旨趣；崔浩博闻强识，精于天人之会；丘堆虽无大用，然在公专谨。以此六人辅相，吾与汝曹游行四境，伐叛柔服，可得志于天下矣。"

两次。

1. 自 422 年十月甲戌至十月壬辰，十九天。

2. 自 423 年五月庚寅至六月丙辰，二十七天。

拓跋嗣总共在平城待了四十六天，相当于一年有三百多天都在外面。这可不是要死的节奏。

所以说，拓跋嗣以嗑药要死为理由放权给拓跋焘是另有隐情。那是他被拓跋焘架空了吗？也不是，因为后面他能操控战争，没有哪个被架空的皇帝是还有军权的。

权力是男人最好的补品。拓跋嗣在还能干的时候却主动放弃了权力，这种根本说不通的"变态"操作，是拓跋嗣决心在其任内彻底夯实"父死子继"皇权交接模式的一种"矫枉过正"。

他去汉人那里寻找经验了，父死子继这事，汉政权已经有了一整套成熟的解决方案。拓跋嗣找到了崔浩。

崔浩在拓跋珪时代就是近臣，亲身经历了那场政治风暴，并看懂了拓跋珪当年的心病。在针对拓跋嗣此时同样的问题时，崔浩给出了太子监国的解决方案。

《魏书·崔浩传》记载：太宗恒有微疾，怪异屡见，乃使中贵人密问于浩曰："《春秋》：星孛北斗，七国之君皆将有咎。今兹日蚀于胃昂，尽光赵代之分野，朕疾弥年，疗治无损，恐一旦奄忽，诸子并少，将如之何？其为我设图后之计。"

就是说，拓跋嗣有了小病，然后出现了各种灵异事件，于是派人找来了崔浩，问道："天象对我不利，我已经病了很多年了，始终治不好，要是我死了，我的孩子们都小，该怎么办呢？你得帮我想想办法。"

崔浩先是说了一堆"你死不了"的吉祥话，然后才说出了真实想法：

1. 自圣化龙兴，不崇储贰，是以永兴之始，社稷几危。

你家称帝接天命后，没立过太子储君的规矩，所以你爹死的时候这社稷差点儿危险了。

2. 今宜早建东宫，选公卿忠贤陛下素所委仗者使为师傅，左右信臣简在圣心者以充宾友，入总万机，出统戎政，监国抚军，六柄在手。若此，则陛下可以优游无为，颐神养寿，进御医药。万岁之后，国有成主，民有所归，则奸宄息望，旁无觊觎。此乃万世之令典，塞祸之大备也。

现在要早立太子，建东宫，选贤臣给太子当老师，然后给太子搭东宫团队，了解政务，让太子提前将权柄先拿到手里，这样的话您就能好好养病了。即使您过早离开我们，国家也有现成的接班人，没人敢打您家产的主意。

3. 今长皇子焘，年渐一周，明睿温和，众情所系，时登储副，则天下幸甚。立子以长，礼之大经。若须并待成人而择，倒错天伦，则生履霜坚冰之祸。自古以来，载籍所记，兴衰存亡，鲜不由此。

现在皇长子拓跋焘已经快十二岁了，素质过硬，也是众望所归，而且立长子自古合乎礼法，谁也说不出来什么。如果非得成年之后再选，也许就会生出灾祸，自古以来这种事可不少。

拓跋嗣同意了。

我们归纳下，其实崔浩说了三件事：

1. 你家乱过一次了，得赶紧立太子。

2. 赶紧搭建团队，给权力，让太子提前"成材"，断了你家兄弟们和宗室们的心思。

3. 立长子，合礼法，断了你的其他孩子的心思。

所谓太子监国，其本质就是皇帝不在国都的时候将最高政治权力赋予太子，使太子的继承权成为既定事实，既让太子得到了锻炼，又提前赋予太子皇威，阻止其他人有想法。

这里还隐藏了一件事，就是拓跋嗣和崔浩讨论这件事的时间。

拓跋焘生于 408 年，讨论这事时，崔浩说"今长皇子焘，年渐一周（十二岁）"，也就意味着讨论此事时为 419 年之前。拓跋焘正式监国的时间是 422 年五月。

从讨论到正式监国中间有三年的过渡时间，但《魏书·崔浩传》说拓跋嗣采纳崔浩的这个建议后马上就命拓跋焘监国了。这说明我们看到的又是删减版，崔浩这三年的工作被删除了，极有可能又有不可告人的秘密。

比如拓跋焘何时被立为的皇太子，整个《魏书》中没有具体记录。北魏史书中自拓跋焘之后的所有太子都明确地记载了确立时间，在拓跋焘的本传中则是这样记载的："泰常七年四月，封泰平王，五月，为监国。太宗有疾，命帝总摄百揆，聪明大度，意豁如也。"并没有提拓跋焘以皇太子的身份监国。

但在辅政的奚斤本传中却明确地说明了拓跋焘当时就是太子，对于太子监国这事，拓跋嗣不是临时起意，拓跋焘是从皇太子过渡到监国的，所谓"世祖之为皇太子，临朝听政，以斤为左辅"。

拓跋焘被立为皇太子是朝廷各势力重要博弈的结果，但这段历史删得比较干净，利益相关的重要人物拓跋烈（拓跋嗣三叔，死于 420 年）、拓跋熙（拓跋嗣三弟，死于 421 年）及拓跋曜（拓跋嗣四弟，死于 422 年）的表态全部没有。而且在拓跋嗣谋立拓跋焘为皇太子（419 年前）到拓跋焘正式全面监国（422 年）的三年中，这三位关键人物好巧不巧地都壮年而亡。

当然，拓跋家自从拓跋珪后就跟大马哈鱼产卵后会死一样，这中间大概率还是有着惊悚血腥的权力博弈，绝对不会轻松。

另外，崔浩所说的"太子监国"的制度真的靠谱吗？

肯定不靠谱，战国时代赵武灵王是怎么结束生命的，就是在自己还年富力强的时候把王位交给儿子了，自己打算全力负责军事任务，但最终被儿子活活饿死在了沙丘。

权力这东西，从来没有父子天恩。拓跋嗣在三十一岁壮年就交出了全部权力，其实就是未来的取祸之道。所幸的是，他在一年多的南征后"幸运"地死了，皇权和军权顺利过渡到了监国的儿子拓跋焘手里，并没有最后上演赵武灵王的悲剧。

如果他再活十年呢？就他那个儿子，一定会"帮"他死的。

说到底，拓跋嗣为什么如此事出反常、机关算尽搞这么一出呢？

原因是他和他爹一样，面临着整个部落数百年未有之大变局。仅仅二十多年的时间，整个拓跋部联盟就变成了北境最大的利益集团，统治着大量的农耕区和汉族人口，家业大到当初不敢想象。

一个小部落成为大帝国，拓跋嗣的最大任务是扭转已经实行了几百年的部落继承传统。宁可过激，宁可将来被儿子杀死，他也得把"父死子继"这事在他这一任内办妥！

在汉家根本就不叫个事的活儿，却成为北魏的开国之主和守成之宗处心积虑了两代的问题。政治继承真的那么简单吗？

看完了这一战，相信读者们再谈到政治问题时会更加容易透过现象看本质，会学会将政治人物的所有行为串联起来思考，会分析出谎言背后的真实目的。

只有理解了政治牌局上所有人出招的思路和底牌，才能知道一次次投票的真正含义，才能知道投票背后经历了怎样的博弈和对抗。

拓跋珪定下的"子立母死"制度，并没有简单地退下历史舞台。拓跋焘的生母杜贵嫔死于 420 年，就在拓跋焘监国的两年前。她是否正常死亡，史书无载。

当年拓跋焘出生不久，拓跋嗣就安排了一个姓窦的"保母"去带这个儿子，拓跋焘是这个"保母"带大的。①

———————

① 《魏书·太武惠太后窦氏传》：先是，世祖保母窦氏，初以夫家坐事诛，与二女俱入官。操行纯备，进退以礼。太宗命为世祖保母。性仁慈，勤抚导。世祖感其恩训，奉养不异所生。

无论拓跋嗣是否遵从了他爹的可怕制度，单从他给孩子早早请了"保母"这事来看，客观上就是有助于"子立母死"这个制度的。毕竟，他爹就是死于拓跋绍之母的撺掇。

"太后"这两个字，在拓跋部的字典里确实太吓人。

如果想要人道地执行"子立母死"制度，避免出现"我娘当年被杀时我的那种痛苦悲伤"，那就给孩子请"保母"吧，别让母子相处太长时间以免产生过多感情。

既然储君出生之时其母的命运便已确定，那么由"保母"抚养未来太子的制度便随之产生。

这位窦氏，是北魏历史上第一位抚养储君的"保母"。

拓跋焘的太子拓跋晃出生于428年，他的生母敬哀皇后贺氏也是在这一年死的。贺氏是否死于"子立母死"制度不好说，毕竟没有明确记载。

拓跋晃的长子拓跋濬，被拓跋焘所喜爱，自幼就常随在拓跋焘左右，也被早早内定为第三代接班人，号世嫡皇孙。而选为储君的结果，就是跟亲娘见不了面，而是交给"保母"养。

拓跋焘亲自从被他征服并迁徙北燕的流民中选择了一位姓常的乳母作为孙子的"保母"。[①]"子立母死"制度的初衷，在这位常氏的手上开始往谁也想不到的方向演化与发展。

这位常氏最终选出了一位北燕的宗室之女成为皇后。这位皇后，利用拓跋珪死活不愿后宫干政、坚决抵制母后控国的"子立母死"制度，使自己成为中国历史上继吕雉之后，第二个权势熏天并强烈影响中国历史进程的女政治家。

你凝视着深渊的时候，深渊也在凝视着你。

拓跋珪，幽默吗？

---

① 《魏书·文成昭太后常氏传》：高宗乳母常氏，本辽西人。太延中，以事入宫，世祖选乳高宗。慈和履顺，有勤劳保护之功。

第 **4** 战

后青春的诗

一、刘裕托孤的算盘

422 年五月二十一，刘裕崩于建康西殿，走得很安详。他觉得自己给儿子留下了一个他心目中最棒的辅政班子，一眼望去除了没城府的小年轻谢晦外，都是老实人，这些都是他用一生的时间考验出来的忠贞之臣。

临终前，他喊来了十七岁的儿子刘义符，说出了如下生离死别的话：

1. 檀道济有才干谋略，没有野心，比他哥哥檀韶强多了，这是你能控制的刀把子，你踏踏实实用。让檀道济带着一部分北府兵镇守广陵，盯着建康的动静，以便随时能够勤王。

2. 徐羡之、傅亮这两个人，我也看准了，没问题。徐羡之是司空、录尚书事，兼扬州刺史，是辅政班子中的第一人；中书监、尚书令傅亮掌机要，是徐羡之的副手。

3. 谢晦多次随我征战，善于随机应变，有想法，将来如果国家出问题也一定是因为他。他掌禁军，门阀出身，过段时间要将他外放到会稽、江州去当刺史，别搁你身边搅和。

4. 后世若有幼年君主，朝事委托宰相，别让外戚瞎掺和，尤其别让太后掌权。我们家娶的都是门阀的闺女，可以与门阀联姻，但不能让门阀再上权力的牌桌，京口系是我们家可以永远信任的人。

朝廷的十年规划和百年大计，刘裕也都给设计好了。效果如何呢？

刘裕死后仅仅一年多的时间，一切都远离了他当年的预想。时代的惯性真的那么好扭转吗？

北面的拓跋珪、拓跋嗣用了两代人的时间，死了无数人，才最终解决了拓跋部数百年来祖祖辈辈的继承法则。此时南部的门阀已经轮流上台百年了。

虽然门阀在刘裕出现后失去了再次掌权的机会，但时代的惯性依旧是存在的。作为国之柱石的刘裕什么时候真的为国家着想了呢？为了"镜花水月"的关中死了那么多的从龙猛将，刘裕满脑子想的是什么？不过是他的私欲，他想改朝换代而已。

他灭掉了桓玄，自己又成为桓玄。他这个所谓的"大晋忠臣"，与桓玄在本质上没有任何区别。

人永远是自私的动物。

同理，京口集团的内心深处，也是希望重现上个百年琅邪王氏、颍川庾氏、龙亢桓氏、陈郡谢氏那样的荣光。

刘裕心心念念的"朝事一委宰相"，认为留下的都是能为刘家乘风破浪的大臣，实际上，他会像司马睿死前想到王导当年仅仅是自己的司马，也会像司马昱死前忆起当年桓温西去的使命是作为忠臣之后、皇室女婿去肢解恶龙庾家的。

眼前的执剑少年们，是屠龙后自己变成了恶龙呢，还是伪善面具下时间只不过是考验，种在心中的信念丝毫未减呢？

刘裕活着的时候，他们都像小猫一样，他一边撸一边得出随便撸的评价。刘裕死了以后，大臣们拿到他留下的魔戒后会怎么做呢？这世间有谁拿到权力的魔戒后，还愿意放手呢？

刘裕死后，朝廷权力正式落到了徐羡之、傅亮和谢晦三人手中。

这个谜一样的三人组谱写了京口系二十年沧海一声笑后落寞悲哀的后青春的诗。

挨个看看他们的履历吧。

1.徐羡之，东海郯人，开始为刘牢之的镇北功曹，后来成为桓修的抚军中兵曹参军，其间认识了刘裕，成为刘裕的铁杆心腹。京口起义时为镇军参军，尚书库部郎，领军司马。其长子娶了刘裕的闺女，刘裕北伐的时候，是刘穆之的副手。刘裕认为，这是他托妻献子的唯一人选。

2.傅亮，北地灵州人，曾祖傅玄，西晋司隶校尉。祖傅咸，西晋御史中丞，清泉侯。父傅瑗，以学业知名，与郗超关系好，位至安成太守。傅亮中等贵族出身，开始时是桓谦中军行参军，桓玄篡位后不久因博学有文采，被选为秘书郎，但他没能去报到，因为这个时候傅亮已经加入造反的队伍，成为孟昶的建威参军了。

孟昶自绝于百姓后，傅亮跟了刘毅，做抚军记室参军。刘毅败前向刘裕表态拥护，到了从征司马休之时已经成为太尉从事中郎，掌记室，成为机要室负责人。

北伐时傅亮随征，在南朝宋初建前第一个参透了刘裕的密码，以佐命功，封建城县公，食邑二千户。随后入中书省，专典诏命，刘裕下达的所有的官方文件，都是他的手笔。

这两个人一个是刘裕的亲家和刘穆之的副手，一个是多年的机要室负责人，作为辅政大臣自然没问题。

再来看刘裕留下的两个武将。

3.檀道济是起义元勋，作为刘裕起家的原始股东的檀家子弟，檀韶少弟，奉姐侍兄以和谨称道。檀道济参与了罗落桥、覆舟山、西征灭桓三大奠基性战役，之后跟了刘道规。刘道规死后，补太尉主簿、谘议参军，成为刘裕的人。

这是刘裕早早就留给儿子刘义符的第二代武力支柱。十二岁的刘义符镇京口时，檀道济就是军事一把手，随后在刘义符一路升迁的过程中檀道济始终是刘义符铁杆的司马。①

北伐关中，刘裕又把檀道济带出来历练，发现真好使。檀道济首先光复洛阳，后又打下了潼关的滩头阵地。功成后，刘裕再次把檀道济和太子刘义符牢牢地绑在了一起，刘义符去哪里，檀道济就跟到哪里。②

刘义符回到建康准备接班，檀道济进入朝廷，成了护军将军。③

因为檀道济跟太子关系最深，所以刘裕临死前命檀道济率兵镇广陵，作为勤王的核武器。刘裕认为檀道济人也踏实，和太子还有扯不开的关系，一定会当好勤王的核武器的。

但他真的看准了吗？檀道济确确实实没脾气、好驾驭，但这匹马貌似谁都能骑。檀道济更在乎的是自己能永远被骑，谁骑他对他来说不重要。

4.谢晦，开始是孟昶的中兵参军。孟昶自杀后，刘裕问刘穆之，孟昶的班子里谁能用？刘穆之举荐了谢晦，随后谢晦被任命为太尉参军。

谢晦上任后不久代替患病的刑狱参军处理讼案，把积压如山的案件如庞统般轻松搞定，引起了刘裕的注意，被任命为刑狱贼曹，不久又改任豫州治中从事。

412年，刘裕推行义熙土断，谢晦又妥善地处理了侨置郡县的人口分配问题，整体来说很公允，局面控制得也非常好，随后转任太尉主簿，随征荆州刺史司马休之。

在西征的时候，刘裕因为前锋接二连三失利，准备撸袖子亲自上。

---

① 《宋书·檀道济传》：豫章公世子为征虏将军镇京口，道济为司马、临淮太守。又为世子西中郎司马、梁国内史。复为世子征虏将军司马，加冠军将军。

② 《宋书·檀道济传》：世子当镇江陵，复以道济为西中郎司马、持节、南蛮校尉。又加征虏将军。迁宋国侍中，领世子中庶子，兖州大中正。

③ 《宋书·檀道济传》：高祖受命，转护军，加散骑常侍，领石头戍事。听直入殿省。以佐命功，改封永修县公，食邑二千户。徙为丹阳尹，护军如故。高祖不豫，给班剑二十人。

谢晦抱住了刘裕的大腿，极为精准地喊出了那句给刘裕下台阶的话：
"天下可以没有我谢晦，不能没有您啊！"

谢晦人帅，幽默，能干，会说话，成为刘裕晚年的开心果，所谓
"晦美风姿，善言笑，眉目分明，鬓发如点漆。涉猎文义，朗赡多通，
高祖深加爱赏，群僚莫及"。

刘裕曾经由衷地感叹过谢晦和谢混是一对玉人。很难讲刘裕对谢
晦是否有特殊复杂的情感。

从征关中，谢晦负责处理军中内外要务，干得相当棒，给刘裕出
了很多好点子，所谓"入关十策，晦有其九，才略明练，殆为少敌"。

宋初建，谢晦为右卫将军，不久加侍中。刘裕称帝后，谢晦成了
中领军，从此掌握了禁军。史书中将其当时的待遇给出了堪比羊祜的惊
人评价。[①]

刘裕死的那年，谢晦仅仅三十三岁。无论从资历还是年纪来说，
刘裕的这个安排都相当欠妥。他相当爱这个小伙子，让他有火箭般上升
的速度，不仅给待遇，还给信任，禁军的权力都敢给，还如羊祜故事。

羊祜是谁？他姐姐嫁给了司马师，他跟司马炎处得跟哥们一样，
西晋建国的元勋，接替了钟会烂摊子，司马炎的自己人。

谢晦呢？不仅出身有问题，还爱锋芒毕露，甚至敢针对皇储的事
进行随意评价。在刘裕身体不行的关键时刻，谢晦对刘裕说："皇太子
常常爱和坏人玩，您这万世江山不能交给没有才能的人啊！"

刘裕问道："那你觉得老二庐陵王刘义真行吗？"

谢晦道："让我观察观察。"

谢晦出宫后就去拜访刘义真了。刘义真看到谢晦后，知道老爹身
边的人不能得罪，专门拉住了谢晦，想和谢晦多谈谈。谢晦没说什么就

---

① 《宋书·谢晦传》：寻转领军将军、散骑常侍，依晋中军羊祜故事，入直殿省，总
统宿卫。

岔开话题走了。

谢晦去刘义真那里明显属于走个过场，回宫后，谢晦给出了评价："德行低于才能，不是人主！"随后刘义真就被刘裕外放到南豫州做刺史了。[①] 那阵子刘裕的身子骨已经不行了。[②]

外放刘义真的那天，是 422 年的三月初五。[③]

也就是说，就在刘裕大限将至的时间段，谢晦对刘裕开启了这个极度敏感的谈话。谢晦作为托孤的重臣，在这个关键时间段接连否了两位皇子，到底是什么意思呢？

太子这班车他没赶上，他和太子刘义符几乎没有任何交集。刘义符未来注定不会让他位高权重地一直待在建康。他才三十三岁，不想就这样退场。

他未来的婚约姑爷，是刘裕四子刘义康。但谢晦沉不住气，暴露得有点早。

谢晦自打得志后，与当年的钟会挺像的，自视甚高，不懂收敛。他随刘裕北伐回来后，找门路的宾客从四面八方向他涌来，一时车马盈门，甚至造成门巷大面积拥堵。

哥哥谢瞻知道弟弟谢晦年轻，容易骄傲自满，经常求刘裕贬弟弟的官。[④]

---

① 《南史·武帝诸子传》：晦造义真，义真盛欲与谈，晦不甚答。还曰："德轻于才，非人主也。"由是出居于外。

② 《宋书·武帝纪》：三月，上不豫。太尉长沙王道怜、司空徐羡之、尚书仆射傅亮、领军将军谢晦、护军将军檀道济并入侍医药。群臣请祈祷神祇，上不许，唯使侍中谢方明以疾告庙而已。

③ 《宋书·武帝纪》：丁未，以司徒庐陵王义真为车骑将军、开府仪同三司、南豫州刺史。

④ 《资治通鉴·宋纪一》：及还彭城，言于宋公曰："臣本素士，父祖位不过二千石。弟年始三十，志用凡近，荣冠台府，位任显密。福过灾生，其应无远，特乞降黜，以保衰门。"前后屡陈之。

谢晦掌管机要，嘴却不严，经常跟他哥说些朝廷的机密，结果谢瞻就故意把这些机密嚷嚷地满世界知道，希望谢晦闭嘴，也希望刘裕知道后疏远谢晦。[①]但刘裕太爱谢晦了，始终没有狠下心。

门阀出身的这一帮人，有一个算一个，在三十岁得志后能接得住富贵的，百年来只有一个桓温。

王导位至极品时已经四十多了，桓冲接班时是四十五岁，谢安是四十多才在太后外甥女的支持下入仕，五十多岁才位高权重。

庾亮三十七岁独掌大权，却准确地避开了所有正确操作，被苏峻带着一万多人就攻进了建康，颜面尽失。

桓玄当皇帝的时候是三十五岁，不到一年就被"替天行道"的水泊京口的刘裕打败，皇位也丢了。

男人在三十多岁的时候，有很多冲动激素，拳怕少壮的优势背后是做事冲动与考虑不周全。

这帮门阀出身的人，青少年时代都没怎么遭过社会的毒打，所以做事情容易想当然，一旦巨大的权力和富贵袭来，脑瓜子更容易被激素拿捏。

对了，唯一逃过魔咒的桓温，十五岁时父亲就为国死难了。桓温顶门户过日子的时候家里太穷了，他妈病了想要吃羊肉，结果实在没钱就把桓冲给抵押了。

这个当家才知柴米贵的男孩随后三年枕戈待旦泣血复仇，最终十八岁的时候在仇人的葬礼上灭了仇人满门。

唯一能够抹平年龄陷阱的，是苦难和经历。

谢晦的能力和素质都没问题，但作为天之骄子的他年龄太小，所经历的苦难太少。要不是刘裕对他还有安排，就该被刘裕直接带走了。

---

① 《资治通鉴·宋纪一》：晦或以朝廷密事语瞻，瞻故向亲旧陈说，用为戏笑，以绝其言。

刘裕听完谢晦的表态后将刘义真调走了，还是打算踏踏实实地让大儿子接班。与此同时将檀道济外派到广陵控制淮南诸军，随后对儿子说："谢晦有问题，将来你把他派到外地去。"

檀道济被外派广陵当震慑他人的核武器，刘裕百分之八十的设定就是为瞄准谢晦的。

谢晦当时为什么没被刘裕排除出辅政班子呢？

1. 谢晦是唯一代表门阀的一方势力，留在朝廷能和门阀集团有个联络线。

2. 与此同时也能牵制徐羡之和傅亮两人。要等刘义符将来培养出自己的门阀势力后，再将谢晦扔外面去。

最后来看一下刘裕留下的这个辅政组合。

首辅徐羡之：司空、录尚书事、散骑常侍、扬州刺史。封爵南昌县公，食邑二千户。

北府军将领檀道济：监南徐兖之江北淮南诸郡军事、镇北将军、南兖州刺史。封爵永修县公，食邑二千户。

这两人都是京口系的老兄弟，为人低调，历练多年。

机要傅亮：中书监、尚书令。封爵建城县公，食邑二千户。官宦世家，根底不深，无军方背景。

禁军谢晦：领军将军、散骑常侍、中书令。封爵武昌县公，食邑二千户。门阀出品，年轻能干。

虽然有首辅次辅之分，虽然有军权政权之分，但四人爵位都是两千户，也就意味着刘裕的官方态度：你们四人都是一个级别的功勋，谁也别跟谁摆资历。

刘裕所塑造的这种平衡，类似于让两个忠贞的老臣把舵，谢晦作为门阀代言人时不时搞搞动作、制造对立，方便刘义符立威，作为太子死党的檀道济手握重兵，在外面吓唬人。

四个权臣互相牵制，这样的辅政局面和安排，不能说有问题。

但刘裕没有想到，自己死后不久，画风开始变成血色。所有的一切，都开始剧烈脱离他安排的轨道。

他刚死北魏就南下，而且打了一整年，刘宋被打得丧权辱国。如果刘裕在世，他很快就会意识到，死在关中的那群身经百战的名将究竟有多值钱。

当初拓跋嗣听说刘裕灭了后秦后相当害怕，生怕这位黄河边"发明黑科技"的猛人顺着河东朝他攻来，他赶紧派使臣找刘裕请和，从那之后，两国每年都进行友好往来。

刘裕死了的消息传来后，北魏马上就翻脸了。

刘宋使臣此时正在出使北魏后返回的路上，刚到黄河边就被拓跋嗣下令逮回来了。①

拓跋嗣要南下拿回当年刘裕北伐时抢走的土地。崔浩劝阻道："殿下，人家国丧我们南下不合适啊！况且我们南下也不能一举拿下江南，背个伐丧的名声不值当的。我们还是派人去慰问攒点好名声吧，等将来南下时不至于让南人同仇敌忾。况且刘裕刚死，身边的班子还没散，我们大军压境会让他们内部更加团结，不如缓缓，等他们起内讧后我们再南下，不用费什么劲就能坐收淮北。"

拓跋嗣道："当年刘裕乘姚兴之死一举灭掉了秦国，我今天这是抄刘裕的作业，凭什么他行我不行？"

刘裕仅仅开启了南方权力杀戮的无解循环吗？其实他开启了很多。自他伐秦之后，趁对方国丧出兵就变成了南北朝各政权约定俗成的手段，各家都以为能占点便宜。

---

① 《资治通鉴·宋纪一》：及高祖殂，殿中将军沈范等奉使在魏，还，及河，魏主遣人追执之，议发兵取洛阳、虎牢、滑台。

二、哀我虎牢众将，叹此无义之国

拓跋嗣表示："我要伐丧，向刘裕学习。"

崔浩表示："局面完全不一样。姚兴死后，他那几个混账儿子起了内讧，给了刘裕机会。现在江南无机可乘，不是一回事啊！"

崔浩高看了南方。不是南方无机可乘，而是他没搞清楚黄河南岸目前的将领派系。

拓跋嗣没搭理崔浩，授司空奚斤以符节，命他加授晋兵大将军、代理扬州刺史，率领宋兵将军、交州刺史周几，吴兵将军、广州刺史公孙表等，一起向刘宋进攻。

还没开战呢，扬州刺史、广州刺史、宋兵将军、吴兵将军等这些挑衅性官职就都发出去了。

对了，这也是跟刘裕学的，毕竟近朱者赤、近墨者黑。

422年九月，魏国展开是先攻城还是先拓土的大辩论。总指挥奚斤认为先攻城，崔浩认为到南面溜达溜达抢些东西就可以了。崔浩的理由是南人擅长守城，此前符家在襄阳就打了一年多，北魏如果打不下来就会伤士气，不如派兵一直杀到淮河，堵住刘宋的后援，让洛阳、滑台、虎牢等地远离刘宋，等他们对南方的救援感到绝望的时候，他们必定会自己南撤的，到时再收拾他们。

崔浩之所以这么说，有两个原因。

1. 此时已经进入秋末，各河道都没水了，南面的援军都是步兵，北魏将士都是骑兵，可以随便抢东西。

2. 当年黄河边的却月阵依旧让北魏心惊肉跳，刘裕虽死，但虎威犹在，一战打出和平与威慑这话不是瞎说的。

但以拓跋嗣为核心的代人集团最终决定攻城，崔浩又一边待着去了。

十月，奚斤统率步、骑兵二万渡黄河，在滑台之东安营扎寨。东郡太守王景度向镇守虎牢的毛德祖紧急求救，毛德祖派司马翟广等率领步、骑兵三千前去救援。围住滑台后，北魏兵峰南下直指仓垣（今河南开封东北二十里，临汴水要冲）。（见图 4-1）

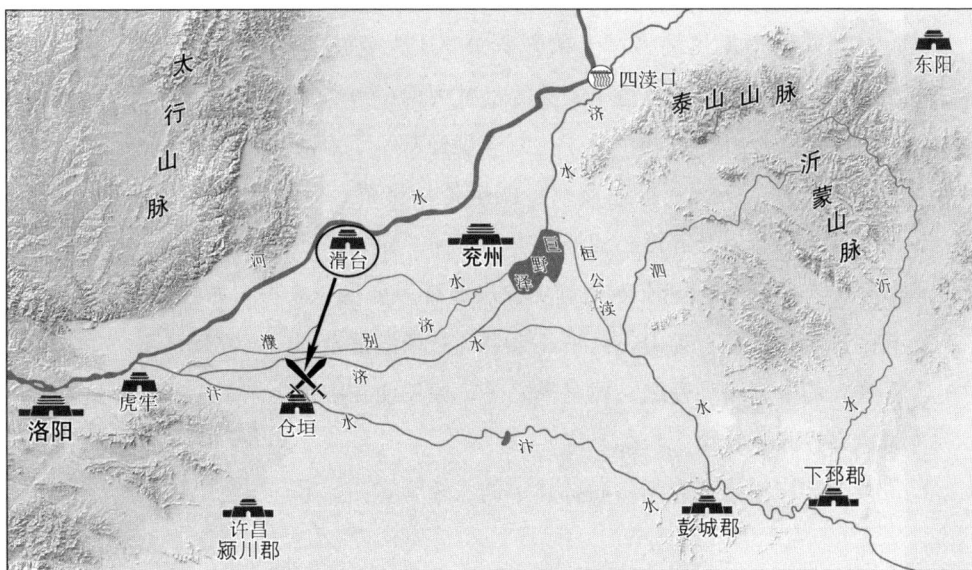

图 4-1　北魏南下示意图

陈留太守严棱投降。严棱是关中冯翊人，当年在刘裕北伐时回到故土。

注意他的籍贯，与此同时来看下严棱的态度，此君率文武官员投降，几乎是喜迎王师的姿势，见了拓跋嗣后，因为表现得很热情得到高度表扬并被封侯，还变成了拓跋嗣接下来南征的重要向导。[①] 因为他的关中籍贯，我暂时保留对他的批评态度。

很多将士，最终会悔恨自己为京口集团拼过命。

奚斤围攻滑台拿不下，请求增兵，拓跋嗣大怒道："你不是跟我拍胸脯保证了吗，连个滑台都拿不下！"

十月二十三，拓跋嗣施压奚斤的同时，亲自率领各部联军五万余人南下，出天关，越过恒岭，声援滑台。

继续猛攻十多天后，十一月十一，奚斤终于拿下滑台，随后乘胜进逼虎牢。毛德祖反攻，多次击败魏军，魏军因此无法绕过虎牢天险夺取洛阳。

拓跋嗣另派黑槊将军于栗磾率领三千人屯驻河阳，打算绕道夺取洛阳，毛德祖则派振威将军窦晃等沿黄河南岸布防抵抗。

大战已经开启近两个月了，刘宋朝廷却一丁点反应也没有！

十二月，拓跋嗣抵达冀州，派遣楚兵将军、徐州刺史叔孙建率兵从平原渡过黄河开辟第二战场，夺取青州、兖州。

十二月十五，刘宋兖州刺史徐琰放弃尹卯城（今山东东阿县东南）向南逃走，紧接着泰山、高平、金乡等兖州诸郡全部陷入北魏之手，东晋逃亡的皇族司马爱之、司马季之等，原先便在济水之东集结部众，这时也都投降了北魏。[②]

北魏轻松拿下兖州，叔孙建等向东攻入青州。

---

① 《魏书·严棱传》：泰常中，山阳公奚斤南讨，军至颍川，棱率文武五百人诣斤降，驿送棱朝太宗于冀州。嘉其诚款，拜平远将军，赐爵郃阳侯，假荆州刺史。随驾南讨，还为上客。

② 《资治通鉴·宋纪一》：癸未，兖州刺史徐琰弃尹卯南走。于是泰山、高平、金乡等郡皆没于魏。叔孙建等东入青州，司马爱之、季之先聚众于济东，皆降于魏。

直到十二月二十一，刘宋终于下诏了，命令南兖州刺史檀道济督察征讨诸军事，会同徐州刺史王仲德一起前去救援，镇历阳的南豫州刺史刘义真派遣龙骧将军沈叔率兵三千人去支援淮河以北的豫州刺史刘粹。

刘宋自始至终都没拿虎牢战区当回事，直到彭城北方出现危机才开始有动静。

423 年正月二十二，整整过了一个月，檀道济才率军姗姗来迟，驻扎彭城。此时虎牢已经被猛烈攻击四个月了。

北魏叔孙建攻入临淄，魏军所到之处刘宋城池全部崩溃，一直到了青州治所东阳才遇到了抵抗。刘宋青州刺史竺夔召集百姓于东阳城固守，不愿入城者也令各部依据山势险要之处将庄稼全部收割，坚壁清野。济南太守垣苗率众也来投靠竺夔，集中力量共抗魏军。

山东军民发狠了：我们不过了也不会便宜你们这帮北魏人！ ①

拓跋嗣派在青州有影响力的刁雍前去招降，刁雍被任命为青州刺史，随后募兵五千，前去会合青州战区的六万魏军骑兵。②

奚斤与公孙表等合兵进攻虎牢，拓跋嗣从邺城遣兵助战，毛德祖在虎牢城内挖地道，招募敢死队四百人出城袭击，杀敌数百，烧了攻城器械。魏军暴怒，继续狂攻虎牢。

奚斤看到虎牢拿不下，于是亲自率步骑三千攻颍川太守李元德等于许昌，李元德等败走，魏以颍川人庾龙为颍川太守守许昌。

毛德祖率兵出城与北魏公孙表大战，从早晨到傍晚，斩杀魏兵数百。正巧奚斤从许昌得胜而回，二人合击毛德祖，宋军大败，损失一千多人，毛德祖继续回城固守。

---

① 《资治通鉴·宋纪一》：竺夔聚民保东阳城，其不入城者，使各依据山险，艾夷禾稼，魏军至，无所得食。

② 《资治通鉴·宋纪一》：乃以雍为青州刺史，给雍骑，使行募兵以取青州。魏兵济河向青州者凡六万骑，刁雍募兵得五千人，抚慰士民，皆送租供军。

拓跋嗣又派出一万多人从白沙渡黄河南下，屯驻濮阳南，准备补上第二梯队。

战事打到三月，毛德祖还使出了离间计，使拓跋嗣杀掉了魏军副总指挥公孙表。[①]

三月十八，拓跋嗣亲自从灵昌津渡黄河南下，又遣并州刺史伊楼拔助奚斤攻虎牢，太原的北魏军也出动了。

毛德祖就是那个时代的李云龙，但朝廷一直也没派将士来配合他，更不要说救他。他虽然依旧英勇，杀敌众多，但手上的资源已经将近枯竭。[②]

东面战场也已经到了强弩之末，叔孙建率三万骑兵逼东阳城，此时城中文武才一千五百人，竺夔、垣苗悉力固守，经常出奇兵击魏。魏军绕城列阵十多里，大规模建造攻城器械。竺夔也组织挖掘了四道堑壕，并派人从地道中出击，摧毁了攻城器械，但魏军依旧攻势凶猛。东阳城城墙崩塌，死伤惨重，眼看陷落在即。[③]

此时已经到了423年的三月底。

虎牢战区和青州战区已经是强弩之末，万分危急，檀道济又生生地在彭城歇了一个半月，才终于决定北上。面对洛阳和青州两个方向的死局，檀道济以所领兵少而且距离青州比较近的缘故，决定先去救青州。[④]（见图4-2）

———————

① 《资治通鉴·宋纪一》：初，毛德祖在北，与公孙表有旧。表有权略，德祖患之，乃与交通音问；密遣人说奚斤，云表与之连谋。每答表书，多所治定；表以书示斤，斤疑之，以告魏主。先是，表与太史令王亮少同营署，好轻侮亮；亮奏："表置军虎牢东，不得便地，故令贼不时灭。"魏主素好术数，以为然，积前后忿，使人夜就帐中缢杀之。

② 《资治通鉴·宋纪一》：毛德祖随方抗拒，颇杀魏兵，而将士稍零落。

③ 《资治通鉴·宋纪一》：魏人复作长围，进攻逾急。历时浸久，城转堕坏，战士多死伤，余众困乏，且暮且陷。

④ 《资治通鉴·宋纪一》：檀道济至彭城，以司、青二州并急，而所领兵少，不足分赴；青州道近，竺夔兵弱，乃与王仲德兼行先救之。

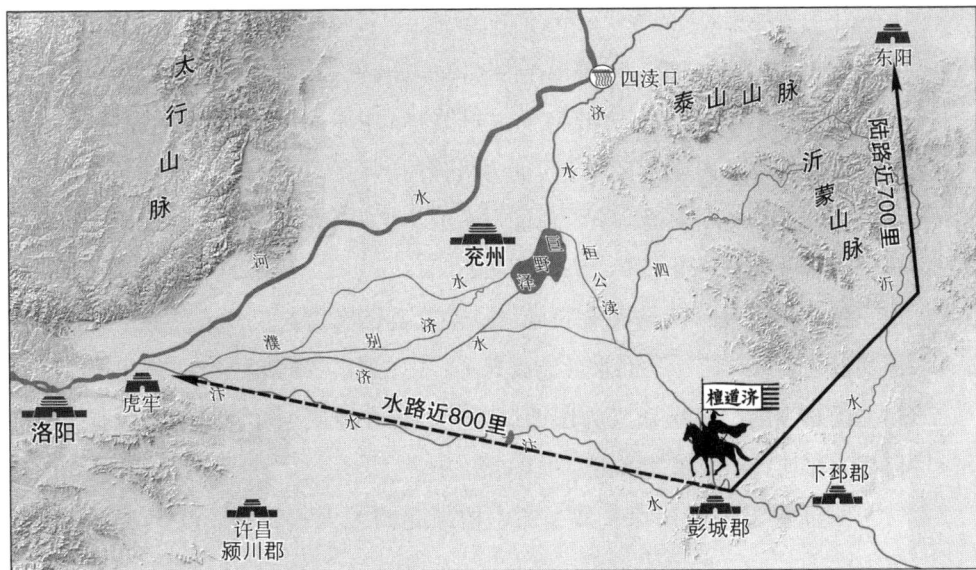

图 4-2 檀道济救援选择图

去东阳是陆路,要七百里;(其实水路可以通,走桓公渎转济水可以直插魏军的心脏,但檀道济不敢这么走。)去虎牢是水路,要走八百里。汴水河道在上次北伐后就已经通了,此时入夏涨水,去虎牢不仅不远,还非常省力。"青州道近",纯属瞎说。

檀道济代表着托孤四人组,在毛德祖和竺夔被暴打了五个月后才出兵的真正原因是只有山东也快不行的时候,南方才能冠冕堂皇地二选一,放弃毛德祖!

毛德祖,荥阳人,晋末才南渡的,是王镇恶入关中的先锋司马。南渡后跟的老大是刘道规,卢循之役,刘道规以毛德祖为参军,伐徐道覆于始兴。刘道规死后,短暂跟过刘裕,但随后刘裕北伐,把这位虎将给了王镇恶。

毛德祖作为王镇恶的先锋,几乎是王镇恶能够夺得关中的最大功臣,所谓"镇恶克立大功,盖德祖之力也"!

王镇恶是怎么死的呢？灭秦之功被他抢了，长安财宝被他吞了，他抢了本该属于京口帮的功劳。毛德祖作为王镇恶的先锋，还能是什么好人吗？

没有京口背景，上司的脑子也短路，刘裕以本乡守本土的原则，安排虎将毛德祖去守虎牢。这位能力极强的忠贞汉子这辈子作为棋子没做过一件错事，跟王镇恶不是他能左右的，他只是履行了一个将领的天职，服从命令，英勇上阵，为国杀敌。

这位将魂在"胡虏入寇"后，泣血丹心，对得起民族和国家，但他却被"京口和门阀"们永远地放弃了。

国难当前，虎牢众将为国慷慨赴死，但在建康朝堂，达官贵人们愤恨的却是当年的恶气未出。

国事重于一切！徐、傅、谢、檀，此四人无一善终，实乃天理昭彰！

三月二十七，豫州刺史刘粹派颍川太守李元德反攻许昌成功，斩杀北魏的颍川太守庾龙。

四月初一，魏主亲临成皋，断了虎牢到黄河的汲水通道，随后亲自督战，暴打虎牢。连攻三日不下，毛德祖依旧顽强守城。

魏主亲临虎牢之时，青州战场的东阳城北城已经坍塌三十余步，北魏青州刺史刁雍希望从此缺口冲进城去，但叔孙建不同意，东阳城因此没有被拿下。

刘宋的山东半岛最终能够得以保存，也是北魏拉帮结派的圈子文化导致的。我叔孙建是代人集团大佬，你刁雍是个什么东西，也敢过来抢功！

听到檀道济的援军即将赶到的消息后，刁雍又建言叔孙建道："竺夔已经接近崩溃必不敢出城，现在我申请率募集的五千兵堵住大岘山天险，定能得胜！"①

---

① 《资治通鉴·宋纪一》：及闻檀道济等将至，雍又谓建曰："贼畏官军突骑，以锁连车为函陈。大岘已南，处处狭隘，车不得方轨，雍请将所募兵五千据险以邀之，破之必矣。"

从刁雍的建言里也证实了檀道济的路线，他走步道从大岘山而来，宁可步道入青州，也不让水军救虎牢。

虎牢的将士们被暴打了五个月，他才慢腾腾地前来救援，造成只能救一个的舆论效果，他就是想让毛德祖死在鲜卑人手里嘛！

国事，从来都不是重要的；大义，从来都是喊喊的；派系，永远是站队的关键；利益，永远是主要矛盾。

此时已经初夏，魏军没体验过这么高温的天气，开始出现传染病，叔孙建表示："我不玩了，撤军撤军！"①

四月初三，檀道济军至临朐，四月初六，叔孙建撤军。山东被檀大将军"救了"。

叔孙建自东阳开奔滑台，檀道济派王仲德追击了几步，自己停军湖陆（今山东鱼台县东南）。王仲德听说魏军已远离后，就回来找檀道济了。檀大将军随后就在那里闲待着了。

一天天的，就等毛德祖被打死的消息传来，但就是等不来，檀道济心想："他怎么还没死！"

闰四月，又围攻了一个多月无果后，北魏从滑台调来了刚从山东半岛撤下来的叔孙建，帮奚斤共攻虎牢。

至此，北魏的所有南征大军全部云集虎牢城下，以全国敌一城之势，调来了越来越多的兵力死磕这个半年多来始终没能拿下的弹丸小城。而此时的虎牢已被围了二百多天，无一日不战，城中精锐基本都战死了。②

拓跋嗣在打一场面子之战，毛德祖及虎牢将士们为了守城，保卫刘宋江山，是在打国家之战。

---

① 《资治通鉴·宋纪一》：时天暑，魏军多疫。建曰："兵人疫病过半，若相持不休，兵自死尽，何须复战！今全军而返，计之上也。"

② 《资治通鉴·宋纪一》：虎牢被围二百日，无日不战，劲兵战死殆尽，而魏增兵转多。

刘宋其他的官老爷们，在等着拓跋嗣给他们出气，让他们舒心，敌人的敌人就是朋友，鲜卑人你们倒是加油呀！

魏军已摧毁了虎牢的外城，毛德祖又构筑了三层内城，北魏再毁其中二城，毛德祖只保留最后一城，继续日夜奋战，坚决不降。守城将士不能睡觉，眼睛已经长疮，但毛德祖与将士们恩义相结，发誓要与虎牢共存亡！①

将魂如此，我泪如泉涌！

此时檀道济军于湖陆，刘粹军于项城，沈叔军于高桥，都在看着，等着魏军吞掉这个夺了京口人风光的王镇恶的司马毛德祖。②

闰四月二十一，魏军挖地道又断了虎牢城中的井水，城中再难坚持，人干渴到伤者已经流不出鲜血。③

两天后，闰四月二十三，虎牢城破。

虎牢城被围攻了八个月，城中将士们没有得到过一丁点刘宋朝廷的支援，没有得到河南将士们撤军的通知，没有得到过一点点哪怕是虚情假意的问候。但毛德祖以一个军人的操守和民族气节拢住了喋血孤城中的将士们。在这二百多天的血战中，人人虎贲，人人将魂，人人无愧苍天。

将士们要保护毛德祖突围，毛德祖道："我誓与此城共存亡！"拓跋嗣则传令全军一定要生擒这个华夏将才，最终毛德祖力战后被擒。

拓跋嗣拿下虎牢后，顺利扫平刘宋司州、兖州、豫州所属各郡县，设地方官安抚治理，刘宋灭秦的所有政治成果在刘裕死后不到一年全部

---

① 《资治通鉴·宋纪一》：魏人毁其处城，毛德祖于其内更筑三重城以拒之，魏人又毁其二重。德祖唯保一城，昼夜相拒，将士眼皆生创；德祖抚之以恩，终无离心。

② 《资治通鉴·宋纪一》：时檀道济军湖陆，刘粹军项城，沈叔狸军高桥，皆畏魏兵强，不敢进。

③ 《资治通鉴·宋纪一》：丁巳，魏人作地道以泄虎牢城中井，井深四十丈，山势峻峭，不可得防；城中人马渴乏，被创者不复出血，重以饥疫。

失去。①

对了，毛德祖没有自杀，七年后死于北魏，未找到他的官职记录，年六十五岁。别因为这个黑他，没意思。他要是怕死，他要是腿软，早就降了。

他也不是傻子，二百多天朝廷没有一丁点动静，那就是在笑着等他死呢，但他仍然坚持到了最后一刻。

毛德祖大概率是为了保护那些同样被俘虏的，与他一并坚守了二百多天的一个个华夏将魂才最终没有死节的。他已经尽到了他的本分，他对得起当时，对得起后世，这样的朝廷，也不配让他去殉葬。

华夏有将若皆如毛将军，华夏战士若皆如虎牢铁军，则华夏民族将永远屹立于世界东方。

这样一位将才，最终只有《宋书·索虏传》对其进行了可怜的记载。要是这样的将军都入了索虏传，那刘宋朝堂上此时的文武百官，都是索虏。

关中人严棱早早就喜迎北魏，离开了这个京口人的政权。他早就看明白了结局，是个聪明人。

毛德祖和虎牢城中的所有将士们，也是聪明人，他们将聪明与否的评价，交给了后世。

此时无论用怎样的溢美之词，对于毛将军和虎牢将士们都毫无意义，但无论在什么时代，保境安民为国死难的华夏脊梁们永远都是最可爱的人，后世也永远不会遗忘他们。

人这辈子就几十年，什么事要是都较真，在人间过得就太苦了，能绕过去的坎就绕过去，碰见惹不起的人和事，要看得开，别傻傻地死磕，去要说法。恶人自有恶人磨，能量不够，你是没办法降妖除魔的。

---

① 《资治通鉴·宋纪一》：奚斤等悉定司、兖、豫诸郡县，置守宰以抚之。魏主命周几镇河南，河南人安之。

但有个例外，当遇到民族大义、国家生死存亡这种事的时候，就是触到了我们的底线，该死磕时我们就是要死磕，为国死难，为家死难。作为华夏子孙，我们责无旁贷，义不容辞。当外虏入寇，地不分东西南北，人不分男女老幼，一致对外，因为我们是同文同种的中国人。

　　十一月，北魏周几袭许昌，许昌再度崩溃，颍川太守李元德奔项城。魏军随后围汝阳，汝阳太守王公度也逃奔项城，魏军夷平了许昌城、确定了魏宋新的边界后撤军了。之所以撤军，是因为拓跋嗣死了。

　　战争贩子死了，刘宋方面表示一定要珍惜现在的和平，司空徐羡之、尚书令傅亮、领军将军谢晦三人说要为丧失国土担责，请求处分。刘义符表示谁都没有错，这事过去了。

　　等北魏办完国丧后，建康城中，一场超级政治风暴刮起来了。

　　别看刘宋王朝的官员们这一年什么也没干，但心很累。

三、"投名状"产生的原理

刘裕的二小子刘义真，时年十七岁，即将走到生命的尽头。

刘义真从小就机敏聪明爱读书，深得刘裕的喜爱，刘裕去关中也带着他，关中丢了也无所谓。但为了救刘义真，刘裕打算再次出征，被手下劝阻才作罢。刘义真丢人现眼归来后，刘裕仍然让他在建康做扬州刺史，甚至封他为三公里排第二的司徒。

老大是太子，老三老四都让他们出镇了，刘裕却始终把老二刘义真留在了身边。直到死前，他还纠结是否要老二继承皇位。当听到谢晦的表态后，敏感的老刘害怕不被辅政集团看好、还要跟太子明争暗斗的老二被整死在建康，赶紧把二儿子派去镇历阳了。

刘义真在逃出关中修罗场时曾经感慨道："今日之事皆因少谋失算，但大丈夫不经历风雨，怎知世事艰难！"听着好像有悔改的意思，但这孩子在关中付出惨痛代价后，也仅仅是吹吹牛而已，此后并没有一丁点长进。出镇历阳后，他还搞出了一系列作死的举动。

刘义真喜好文学，性格较轻浮，与太子左卫率谢灵运、员外常侍颜延之以及慧琳道人组成了小团体。刘义真当年跟他哥争位时曾道："等我得志之日，就任命谢灵运和颜延之做宰相。"

颜延之是颜含的曾孙，写的文章语言极为优美，但嗜酒放纵。谢灵运是谢玄之孙，性情傲慢偏激，不遵法度，朝廷只把他放在文学侍从之臣的位置上，但他却总想掺和政治，常愤愤不平。[①]

这哥俩，都是当年东晋门阀出品的典型代表。

刘义真这句话的含义是什么呢？

1. 他要当皇帝，否则他怎么任命宰相。

2. 他对现在的宰相们不满。

徐羡之曾派人警告过刘义真，但刘义真表示他有理。最终徐羡之贬谢灵运为永嘉太守，贬颜延之为始安太守，把这两人外放了。

刘义真不仅放了狂话，在历阳还不断向朝廷索要供应。他什么意思呢，真的想造反吗？

在朝廷每次赐给刘义真供应时，徐羡之等人就每次给刘义真减量。刘义真很愤怒，说话也越来越不靠谱，还上书请求回建康。[②]

回建康干什么？是找你哥算账，还是找我们？辅政三人组决定不给刘义真机会了，我们又不是他爹。

随后史书中给出了一个重大线索：此时此刻徐羡之等人已经密谋要废少帝刘义符了，担心废掉后刘义真是第二顺位的继承人，因此打算借刀杀人，利用刘义符和刘义真夺嫡的宿怨，上奏废掉刘义真。[③]于是，刘义真被废为庶人，徙新安郡。

从刘义真被废，已经能看到徐羡之等人废帝的打算了。当初刘裕拍胸脯向刘义符保证，徐羡之和傅亮没问题，只要小心谢晦，怎么他死了仅仅一年多，当初的这帮老实人竟然都到了要废帝的地步了呢？

---

① 《资治通鉴·宋纪二》：灵运，玄之孙也，性褊傲，不遵法度；朝廷但以文义处之，不以为有实用。灵运自谓才能宜参权要，常怀愤邑。

② 《资治通鉴·宋纪二》：义真至历阳，多所求索，执政每裁量不尽与。义真深怨之，数有不平之言，又表求还都。

③ 《宋书·刘义真传》：而少帝失德，羡之等密谋废立，则次第应在义真，以义真轻诐，不任主社稷，因其与少帝不协，乃奏废之。

关于刘义符继位后的历史，史书中出现了大量空白，我们只能看到他妈后来宣读废他的文件时写了很多这孩子不争气的话。

重要理由有四条：

1. 居丧期间无礼。

2. 和近臣没有规矩，无人君之相。

3. 爱花钱，爱大兴土木，不爱惜民力。

4. 刑罚多。

这种诏书就只能看看，所有被废的皇帝大致都是这样的理由，我们就不引用史料了。

这是往刘义符身上泼脏水，官方要是不把这皇帝写得昏庸无能，凭什么废人家？别当真。

当年霍光废昌邑王的时候，也是大公无私地说他"荒淫迷惑，失帝王礼谊，乱汉制度"。

总共就做了二十七天的皇帝，能混账到什么程度！真正的原因是什么呢？是刘贺不上道，刚上来就拉帮结派，根本不考虑以霍光为首的老臣们的利益，因为"昌邑官属皆征至长安，往往超擢拜官"！

所以千万别信什么为了国家社稷废了小皇帝的话，那都是想让你看到这样的内容。真正不想让你看到的部分是双方的权力受到了巨大挑战，场面已经不可调和，才会到了鱼死网破要废立的地步。

刘义符在服丧期间确确实实干了很多和左右花天酒地、不懂节制的事，但这都不是主要矛盾。这一年多，国子祭酒范泰曾上了一封奏疏，相当有价值。

> 伏闻陛下时在后园，颇习武备，鼓鞞在宫，声闻于外，黩武掖庭之内，喧哗省闼之间，不闻将帅之臣，统御之主，非徒不足以威四夷，祇生远近之怪。近者东寇纷扰，皆欲伺国瑕隙，今之吴会，宁过二汉关、河，根本既摇，于何不有。

如水旱成灾，役夫不息，无寇而戒，为费渐多。河南非复国有，羁虏难以理期，此臣所以用忘寝食，而干非其位者也。

翻译下重点：我听说陛下常常在后花园玩打仗的游戏，战鼓的声音宫外都能听见，这样不好，容易让北魏看轻我们，我们已经把河南丢了。

陛下践阼，委政宰臣，实同高宗谅暗之美。而更亲狎小人，不免近习，惧非社稷至计，经世之道。

翻译下：陛下即位以来，把政务都交给了宰相大臣，这点表现特别好，但身边的小人有点多，这可不好。

这里有两个重点：

1. 刘义符"亲狎小人"，身边有群心腹，还"颇习武备"，在皇宫内经常搞军事演习。

2. 刘义符即位后将朝政全权委托给了宰相。刘裕死后的朝政都被托孤三人组把持了，刘义符根本没有什么实质性权力，所以小皇帝和辅政三人组不可调和的利益冲突暂时是不明显的。

但还是能看出来，小皇帝是不满的，因为小皇帝动不动就在皇宫里搞军事演习，还培植了一群近侍，什么意思呢？徐羡之三人很可能会认为刘义符打算通过政变搞死他们，收回政权。

但小皇帝目前表现还是不错的。

一是没跟辅政集团闹翻，利益上是让着这群长辈的，就连他们四人把洛阳丢了都表示丢得好。

二是打造了自己是纨绔子弟的人设，以熊孩子的模样暗中培养小团体，至少没像刘义真那样把"我要灭了你"写在脸上。

置刘义符于死地的，是他爹的"慧眼识玉郎"。徐、傅、谢三人确确实实并非铁板一块，三方互相防着，各自牵制。

徐羡之作为首辅，拿到政权后开始大量培植势力，比如他侄子徐佩之就是他的一个重要棋子，与侍中王韶之、程道惠，中书舍人邢安泰、潘盛结成了党羽。[①]

北魏南下时，谢晦一直称病，谢绝见客，徐佩之怀疑谢晦装病有阴谋，于是找到傅亮，要他拟诏书诛杀谢晦。[②]

这是徐佩之的意思？怎么可能！徐佩之就是个随从而已，这是徐羡之给傅亮施压，他们两个人要杀掉谢晦。

小皇帝动不动就玩骑马打仗，谢晦又是禁军首领，现在还病了那么久不见客，他要是跟小皇帝背后搞阴谋，两人联手了，他们怎么办！难道在抄老艺术家司马懿的作业，指洛水发誓吗？

但徐羡之比较狡猾，他自己没有来。傅亮也不是傻子，回道："我等三人同受顾命，岂可自相诛戮！诸君果行此事，亮当角巾步出掖门耳！"

傅亮根本没把注意力放在前来的徐佩之身上，而是直接点破了这层窗户纸，说的是"我等三人同受顾命"。你们要是真这么干，我就辞官不干了！这就是要徐佩之给他叔叔带话，咱们三人是一条船上的，不能自相残杀。

傅亮为什么不同意？因为傅亮的实力最弱，根子最浅，他既不是京口系的，也不是老牌门阀。

谢晦是谢家的人，手里有禁军，能够制衡徐羡之。

傅亮考虑的是：老狐狸徐羡之没有出面，派了侄子来让我杀谢晦，如果我起草了诏书，将来徐羡之就有机会说这是我傅亮矫诏。我的把柄从此就落在他手里了！

---

① 《资治通鉴·宋纪一》：徐羡之兄子吴郡太守佩之颇豫政事，与侍中王韶之、程道惠、中书舍人邢安泰、潘盛结为党友。

② 《资治通鉴·宋纪一》：时谢晦久病，不堪见客。佩之等疑其诈疾，有异图，乃称羡之意以告傅亮，欲令亮作诏诛之。

就算傅亮不被牵连，谢晦被杀后，禁军的军权也会落到政治地位更高、实力更强的京口系徐羡之手中，很可能就是他的侄子徐佩之填补谢晦的位置，到时候傅亮会被徐羡之随意拿捏，甚至成为第二个谢晦。

所以傅亮坚决不同意。

朝中的三个托孤大佬都不是傻子，来自三个派系。

1. 京口系大佬徐羡之在扩张自己的权力网络。

2. 傅亮是落魄贵族，并非京口系的人，这些年一直在朝廷掌管诏命和机要，实际上并没有什么势力。

3. 谢晦一直以来打的是明牌，希望重返门阀时代，而且希望自己的姑爷刘义康当皇帝。

三人互相不信任，与此同时小皇帝也在培植自己的势力，动不动就搞军事演习。

我们不得不服，刘裕对权力的游戏玩得是真好，左、中、右，一边一个，三方拉扯。

三个大佬都担心，万一其中一人配合皇帝杀了另外两人怎么办呢？比如谢晦生病的那段时间，就几乎到了与徐羡之互扔"核弹"的危机级别了，要不是傅亮在旁边打圆场，双方就直接开战了。

或者说小皇帝哪天突然出手清盘，直接把他们三个一锅端了？

就这样，谢晦病好了之后，三个互相不信任的人找到了将三人绑在一根绳子上的办法。

1. 废了皇帝，解除小皇帝动不动就搞军事演习的威胁，我们三人都放下武器。谁也别担心皇帝罢免我们三人了，谁也别担心皇帝与谁联手干掉另外两人了。

2. 杀了皇帝，担上弑君之罪，我们三人别再内耗了。交了天下最大的投名状，从此我们三人成为一个固定利益团体，一荣俱荣，一损俱损，共同迈向第二个长达百年的门阀时代。

刘裕绞尽脑汁想出的左中右分权，最终拿他儿子当了投名状。真是太幽默了。

徐羡之、傅亮和谢晦三人决定废帝后，招来了另外两个关键人物：一个是镇广陵的檀道济，一个是镇江州的王弘。

这哥俩本是局外人，但由于刚刚成团的建康三人组担心在外的两位大佬将来反水，就把他们都喊来了。

别到时候三人杀了皇帝，最后却给京口老檀和门阀老王做了嫁衣。尤其檀道济，这老小子最危险。当初徐羡之废刘义真的时候就跟檀道济沟通过，檀道济就是不同意，他又做了刘义符这么多年的司马，三人废帝能否成功最关键的一环就是他！①

喊来王弘，则因为王弘的威望同样很高。王弘此时是卫将军、开府仪同三司、散骑常侍、江州刺史、监江州豫州之西阳新蔡二郡诸军事，封爵华容县公，食邑二千户。

王弘没被刘裕安排为顾命大臣的主要原因在于岁数和出身。他是王导曾孙，时年四十五岁，是和托孤三大臣同级别的两千户，是远高于檀道济镇北将军的"卫将军，开府仪同三司"。

王弘和谢晦两人，刘裕认为王弘的道行更高，所以没让他进班子。

五月，檀道济和王弘二人先后抵达京师建康，徐羡之等人把废立皇帝的计划告诉了他们。

刘义符十二岁时，刘裕就把他的手放到檀道济的手上，之后檀道济一路就是刘义符的贴身保镖。

刘裕相当于把未来最大的确定性，早早就承诺给了檀道济：在太子小时候就让你俩培养感情，檀家未来五十年的富贵都给你保底了。

就算养条狗，也知道为主人拼把命。但檀道济自从来到建康后就完全听从托孤三大臣的安排。当然，刘义符坐上铁王座后的所作所为，

---

① 《宋书·檀道济传》：徐羡之将废庐陵王义真，以告道济，道济意不同，屡陈不可，不见纳。

也不值得檀道济为他拼命。

时代的风气自老艺术家司马懿在洛水发誓后就开始一路向下，如果说两晋有些迂腐的贵族还有底线的话，那么南北朝已经把最后一层遮羞布撕下去了。

不能拿这个烂了的两晋南北朝时代和两汉三国时代比，社会的共识已经不存在了。

刘裕总梦想自己的托孤会如刘备一样，但他和刘备做人的差距有多大，他知道吗？

刘裕死后，亲兄弟太尉刘道怜在一个月之后死了；此前不久，平北将军、五兵尚书、散骑常侍、光禄大夫、南城县侯刘怀慎（刘裕姨弟）也死了；建康城中此时还有个远支的刘遵考，时任右卫将军，被谢晦控制着。也就意味着，此时此刻，建康城中，可怜的小皇帝没有一丁点的反抗能力。

五月二十四，谢晦声称领军将军府第破败，将家人送到了别处，在府中聚集了将士，檀道济也在其中。这天夜里，谢晦与檀道济同居一室，谢晦紧张得一夜没合眼，檀道济则倒头便睡，让谢晦叹服。①

檀道济，这位让刘裕拍胸脯的老实人，刘裕十年前就给儿子布局的头号保镖，在灭小主人之前吃得饱睡得香根本没有任何心理负担。

五月二十五，中书舍人邢安泰、潘盛为内应，当日守关，檀道济引兵开路，徐羡之等随后跟进，从东掖门云龙门入宫，禁军早就被谢晦打了招呼，没人敢动。②

此时刘义符睡在龙舟上还没醒，在天渊池被逮捕，随后禁军出东

---

① 《宋书·檀道济传》：将废之夜，道济入领军府就谢晦宿。晦其夕竦动不得眠，道济就寝便熟，晦以此服之。

② 《宋书·徐羡之传》：中书舍人邢安泰、潘盛为内应，其日守关。道济领兵居前，羡之等继其后，由东掖门云龙门入，宿卫先受处分，莫有动者。

阁，收玺绶，群臣拜辞，把刘义符送回了故太子宫，紧接着迁于吴郡。

政变后，侍中程道惠劝徐羡之等人拥立十二岁的皇五子刘义恭，但徐羡之等人最终却选了镇荆州的皇三子刘义隆。

为什么要选刘义隆？选个十二岁的孩子不是更好吗？虽然此时朝局中的五位大佬都被绑上了同一条船，但荆州还有个相当有实力的刘义隆！从继承顺位来讲，该轮到刘义隆。如果杀了皇帝选了别的皇子，刘义隆顺流而下来建康兴师问罪怎么办？

让刘义隆来接班有三点好处。

1. 政治上正确，堵死了刘义隆的兴师问罪，等刘义隆接班来建康后，还可以派人接手荆州，然后朝局就可以往第二个门阀时代运转：刘家的皇帝接着当傀儡，我们这些门阀控制局面，轮流坐庄。

老牌门阀除琅邪王氏和陈郡谢氏之外，还加入了东海徐氏、北地傅氏、高平檀氏。

2. 刘义隆的老丈人袁湛罕见地和徐羡之、傅亮、檀道济、谢晦四人都有关系，四人都认可他！刘义隆娶的是陈郡袁氏左光禄大夫袁湛的女儿袁齐妫。

袁湛 404 年在桓修军中担任抚军长史，随后担任起义军中的镇军谘议参军，以从征功，封晋宁县五等男。

1. 桓修的参军，就是京口起义的原始股，袁湛和徐羡之、檀道济是同样的出身。

2. 出任过刘裕的太尉长史，又出任过吴兴太守，后来入朝补为中书令，是傅亮当年的上级。

3. 416 年又转任尚书右仆射、本州大中正，当时尚书左仆射是刘穆之，徐羡之接班后，双方也有交集。

4. 是陈郡的大中正，也就是说和陈郡谢氏的关系应该很密切，袁湛的母亲是谢安的侄女，他自己娶的是谢玄的闺女，跟谢家是亲上加亲，跟谢晦也有交集。

和刘义隆的直系亲属没有关系的只有王弘，但刘义隆的主心骨谋士王昙首是王弘的兄弟，是当年刘裕专门嘱咐刘义隆任用的智囊。王弘还有个其他房头的兄弟王华，在刘义隆处任谘议参军。

因此，刘义隆和五位大佬都有关系，五人都认可他。

刘义隆来当这个傀儡，最合适。

一开始，徐羡之、傅亮、谢晦商量废帝后的政治格局时是这么考虑的：荆州给谢晦，檀道济继续在广陵，这哥俩手握强兵，可以用来制衡朝廷。王弘接着回江州，徐羡之和傅亮在朝中掌权，平稳过渡政局。①

迎接刘义隆之前，三位大佬还要干一件事，那就是杀了刘义符和刘义真当三人的投名状，否则将来风雨同舟，凭什么互相信任！

刘义符抵达吴郡后，被软禁在金昌亭。六月二十四，徐羡之等派邢安泰去刺杀刘义符。刘义符年轻力壮，奋战突围，逃出昌门，最终被追兵打死了。

刘义符遗传了他爹的好身体，但很遗憾，他爹生了他，也杀了他。他从小到大都是被刘裕安排好的，皇位是安排的，辅政班子是安排的，保镖也是安排的……

尚书令傅亮率领行台文武百官，携带皇帝座驾前往江陵迎接刘义隆。随行的祠部尚书蔡廓走到寻阳时得病了，傅亮与蔡廓辞别时，蔡廓道："如今刘义符在吴郡，最好厚加供奉，要是出现不测，你们这帮人就有了弑主的罪名，再没有回头路了。"

蔡廓说这话是什么意思呢？你们废了旧君，迎立新君，这本来是有大功的。原来的皇帝你们要留给刘义隆去处置，这个"先帝"肯定是要死的，别死在你们手里，你们当了这个"脏手套"，刘义隆将来就有太多理由杀你们了。

史书中说傅亮听了蔡廓这番话后似乎"恍然大悟"，赶紧写信给徐

---

① 《宋书·谢晦传》：初，晦与徐羡之、傅亮谋为自全之计，晦据上流，而檀道济镇广陵，各有强兵，以制持朝廷；羡之、亮于中秉权，可得持久。

羡之让他收手，但此时刘义符已经死了。①

徐羡之的反应却凸显了不同寻常的态度，他大怒道："已经敲定了的事，现在怎么反悔了，还把恶名加给别人！"徐羡之等随后又派人杀了流放在新安的刘义真。②

徐羡之直接揭穿了傅亮的把戏，说好了一起背恶名、纳投名状、互相结盟的，现在你打算把这恶名扔给我们吗？

徐羡之一面派傅亮去接刘义隆，一面又如约安排谢晦去接手荆州。他担心刘义隆继位后派别人继任荆州，于是以录尚书事的名义命谢晦代理都督荆、湘等七州诸军事，兼荆州刺史，以谢晦为外援。③

安排得挺好，构想得挺棒，但政变团体忽略了一件事——刘义隆已经十八岁了，不是小孩子了。更重要的是，他在荆州已经六年了。

六年前，刘裕收复关中回到彭城后，打算彻底夯实家底，为改朝换代做准备，于是派刘义符去镇荆州，但最终因为张邵"储贰之重，四海所系，不宜处外"的劝谏而终止了这一想法。刘裕随后紧急派已经被安排去镇守洛阳的刘义隆去接手荆州。④

刘裕死前的托孤安排，没有一项是有用的，倒是六年前的这次无心插柳，成为避免自己沦为历史笑柄的关键安排。

---

① 《资治通鉴·宋纪二》：傅亮帅行台百官奉法驾迎宜都王于江陵。……时亮已与羡之议害营阳王，乃驰信止之，不及。

② 《资治通鉴·宋纪二》：羡之大怒曰："与人共计议，如何旋背即卖恶于人邪！"羡之等又遣使者杀前庐陵王义真于新安。

③ 《宋书·谢晦传》：少帝既废，司空徐羡之录诏命，以晦行都督荆湘雍益宁南北秦七州诸军事、抚军将军、领护南蛮校尉、荆州刺史，欲令居外为援，虑太祖至或别用人，故遽有此授。

④ 《宋书·文帝纪》：关中平定，高祖还彭城，又授监司州豫州之淮西兖州之陈留诸军事、前将军、司州刺史，持节如故，将镇洛阳。仍改授都督荆益宁雍梁秦六州豫州之河南广平扬州之义成松滋四郡诸军事、西中郎将、荆州刺史，持节如故。

四、托孤三人组，大难来临

424 年七月，傅亮的迎驾团队来到了江陵。

此时刘义隆身边的人听说刘义符和刘义真已经被杀，于是劝刘义隆别去建康。

司马王华却说："先帝功盖天下，四海威服。虽然少帝被废，但皇威不改。徐羡之中才寒士，傅亮布衣诸生，他们当不了司马懿和王敦，他们是寄生于皇权身上的托孤之臣，短期内不敢背叛，他们只不过想掌握大权，巩固地位，奉立新君自重而已！就是担心被废的二王将来找他们算账才先下手为强。您别担心，只管去做皇帝！"

刘义隆道："你这是想当宋昌啊！"宋昌是谁？当年诸吕之变后坚决劝汉文帝刘恒去长安继位的那位官员。

这说明一个问题，十八岁的刘义隆以二十三岁的刘恒为榜样，是知道以史为鉴的。而他后面的一整套打法都很像刘恒。

之前在写汉文帝空降虎狼之地时就说过历史不会重演，只会相似。当考卷突然扔过来时，在这浩如烟海的历史长河中是否储备了足够的底蕴帮刘义隆回答那份考卷呢？刘义隆这些年没少看书，颇为自信。

长史王昙首随后分析了种种天象和祥瑞，南蛮校尉到彦之等也都劝刘义隆东去继位。最终刘义隆拍板道："诸公受遗，不容背义。且劳臣旧将，内外充满，今兵力又足以制物，夫何所疑！"注意刘义隆的关键凭据是：今兵力又足以制物！

徐羡之等认为，这个十八岁的藩王会规规矩矩地带着护卫前来上任，但没料到刘义隆会倾巢而出，带着荆州的所有家底来上任了。当年的刘恒和刘贺可都没按这个套路来啊！强如汉文帝也是装了两年孙子后才祭出"列侯回封国"的！

这成为徐羡之等人的第一个意料之外。

刘义隆命司马王华留守荆州，又派到彦之率军作前锋先行出发开道，到彦之推脱道："他们要是不反，就应该踏踏实实顺流而下，不要去激怒他们。要是反了，我手下的兵力不仅起不了作用，还会给人家找借口。"①

这里相当有意思，劝刘义隆当皇帝时很凶猛的到彦之，真到了风口浪尖的时候，胆怯了。

电视剧《士兵突击》中袁朗否定成才的关键原因是成才没有通过关键的考验，毕竟有的关键考验，只有一次机会，而且很见人性！

在人性的考验中，被一块石头绊倒的，到了下一个命运岔路口时，还是会被绊倒。

这不是到彦之的第一次退缩。

到彦之籍贯彭城，刘裕讨伐孙恩时，因与刘裕同乡随从刘裕征战，屡有战功。这么近的老乡，这么长的"北府龄"，在刘裕早年征战时就屡立战功，为什么现在才冒出来呢？因为他在京口时就退缩过一次了。

京口起义的时候，刘道规小分队在广陵起事杀了桓弘，胜利的消息传遍城乡后，在广陵城居住的到彦之才飞马赶到。②

---

① 《资治通鉴·宋纪二》：王欲使到彦之将兵前驱，彦之曰："了彼不反，便应朝服顺流；若使有虞，此师既不足恃，更开嫌隙之端，非所以副远迩之望也。"

② 《南史·到彦之传》：义旗将起，彦之家在广陵，临川武烈王道规克桓弘，彦之时近行，闻事捷驰归。

这个时候刘道规等人已经南下了，等到彦之赶到京口后，发现刘裕已经出兵建康，到彦之被留守京口的孟昶给留下了。

刘裕起义成功后见到到彦之，骂了他一通，到彦之没说话，孟昶也没替他说话，结果到彦之没得到封赏。

看上去是到彦之一步赶不上、步步赶不上，还挺委屈的。但真的是这样吗？

刘裕为什么责骂他？他为什么不敢说话？责骂他说明刘裕告诉了这位屡立战功的嫡系老乡举事的时间地点，但他没出现，而是"闻事捷驰归"。否则刘裕应该是开开心心地欢迎老乡投奔自己：我之前没找到你，现在我如虎添翼啦……

到彦之真的是听说刘道规成功后才去京口的吗？应该不是，而是京口政变已经成功的消息传来后才"第一时间"气喘吁吁渡过长江的。

孟昶是广陵的主簿，极大概率认识到彦之，为什么留住他也不替他说话呢？

孟昶一直以来比较耿直，就是表达一个态度：快别装了，丢人现眼的家伙！

到彦之随后就一直被放在荆州，辅佐了刘道规、刘道怜和刘义隆三任刘家人，始终不受刘裕待见。

这次需要到彦之亮剑了，到彦之又对刘义隆表示："我们要老老实实地上任，不要惹事好不好，你看看我挺大岁数的，又被吓着了。"

正好雍州刺史褚叔度此时去世，刘义隆很知趣地派了到彦之去襄阳。[1]

爱临阵脱逃的到彦之是檀道济的恩人。人最怕比，尤其在战场上的表现。别看谁都能驾驭檀道济，但他技术过关，到彦之却是将临阵退缩发挥出了风格，以一己之力把檀道济抬进了唐评版六十四名将、宋评

---

① 《资治通鉴·宋纪二》：会雍州刺史褚叔度卒，乃遣彦之权镇襄阳。

版七十二名将中。

七月十五，刘义隆出发前正式接见了傅亮，先是玩命哭，然后问他两个哥哥的死亡始末，把傅亮问蒙了。[①]

随后刘义隆出发，并没有搭理到彦之的"此师既不足恃，更开嫌隙之端"，而是带走了所有的荆州武装陪他去建康当皇帝，并命他的府州文武官员和军队对他加强保卫，从建康来的所有人不能靠近他的队伍，中兵参军朱容子更是站在刘义隆门外当了几十天的门神！[②]

八月初八，刘义隆抵达建康，文武百官去新亭迎接。徐羡之问傅亮："刘义隆可比历史上的谁？"

傅亮说："晋文、景以上人！"极高的评价，比司马师、司马昭哥俩还能耐。

徐羡之说："那他就能明白我们的一片忠心了。"

傅亮说："你高兴早了。"

傅亮已经看明白了刘义隆的成色，司马师和司马昭是什么样的人！他拿前朝两个爱耍阴谋诡计的人举例，好赖话徐羡之怎么还听不出来呢！

原先的计划出现了巨大偏差，徐羡之本来的打算是，刘义隆来继位后，就派谢晦去接班，然后自己再控制禁军。傅亮是护军将军，控制着外军，这样刘义隆手上就没有兵权了。没想到这小子居然把荆州连锅端过来了，这样谢晦上任荆州的意义就不大了。

徐羡之心里开始犯嘀咕了，于是在任命谢晦接手荆州后，将朝中的北府精锐和武器都配给了谢晦，让他把朝中的士兵和装备也都带走，所谓"精兵旧将，悉以配之，器仗军资甚盛"！

---

① 《资治通鉴·宋纪二》：甲戌，王发江陵，引见傅亮，号泣，哀动左右。既而问义真及少帝薨废本末，悲哭呜咽，侍侧者莫能仰视。亮流汗沾背，不能对。

② 《宋书·王昙首传》：率府州文武严兵自卫，台所遣百官众力，不得近部伍，中兵参军朱容子抱刀在平乘户外，不解带者数旬。

徐羡之和傅亮的本心是让交了投名状的"三弟"谢晦从此在荆州做"核威慑"，但他俩忽略了一个问题。他们之所以能废帝成功，是因为手里有兵；现在兵都被谢晦带走了，他们就没有威慑力了，一个光杆的录尚书事，能抢来刘义隆手中的荆州兵吗？

王华对他们两人的评价"徐羡之中才寒士，傅亮布衣诸生"是没错的，他们水平真的一般。

此时此刻应该在手中有兵的情况下跟即将继位的刘义隆展开斗争，在他上位前逼他和军权做切割，必须在控制了刘义隆手中的武装后才能放谢晦去荆州！

一个人手中有刀才能有火并的底气和机会，如果手中有刀时都抢不过来，那他手中没刀时就更没戏了。

八月初九，刘义隆在他爹坟头磕完头后即位，改年号为"元嘉"，文武百官一律加官二等。

八月十二，刘义隆诏命代理荆州刺史的谢晦为实任。谢晦赴任前又一次和祠部尚书蔡廓辞行，谢晦屏去左右后问蔡廓："你看我能安全降落吗？"

蔡廓道："你们拥立新君不假，但你们杀了人家的两个哥哥，还做人家的臣子，这属于超级政治污点。你又去荆州这个上游重镇，以我学历史的心得，你悬了。"

谢晦开始担心自己走不了了，等到率军出发后，回望石头城，谢晦开心道："我终于脱身了！"

谢晦为什么担心走不了了呢？因为他也有鸵鸟心态，比较胆怯，不敢和刘义隆撕破脸。刘裕遗诏荆州非皇子不能居之，徐羡之这是在修改刘裕的遗诏，刘义隆明显不是个善茬，万一双方提前开战呢？

谢晦为什么会发出"今得脱矣"的感叹呢？这一年多陷在和小皇帝、徐、傅三人权力博弈的旋涡里已经太累了，在朝中天天要提心吊胆，眼下刘义隆又带了那么多兵。现在他带着兵出来了，让徐羡之、傅亮和刘义隆去斗吧！

八月十五，刘义隆下诏封赏政变五人组，晋升司空徐羡之为司徒，王弘为司空，傅亮加授开府仪同三司，谢晦加授卫将军，檀道济进号征北将军。

有司上疏奏请刘义隆，依照惯例到华林园听取诉讼，刘义隆下诏道："政务刑法我不熟悉，跟从前一样，让徐羡之和傅亮处理。"

政务上大放权的同时，军权上刘义隆却极度坚决地掌握在手中，学习汉文帝，任命王昙首、王华为侍中，王昙首兼任右卫将军，王华兼任骁骑将军，朱容子为右军将军。

徐羡之等打算任命到彦之为雍州刺史，刘义隆不同意，征召到彦之来京担任中领军。

刘义隆是这样想的：虽然到彦之总是在关键时刻掉链子，但他也是自己喂了六年的自己人，我已经带着军队到了建康，与徐羡之一方也没发生争斗，皇帝大位已经坐实，没有风险了，他可以出现了。他肯定会一马当先喊打喊杀地过来保护我。

随后的一百天，刘宋的朝堂记录史书基本无载，只知道刘义隆身边的人看不惯徐羡之和傅亮专权，不断在刘义隆面前说二人的坏话。[①]

到了 425 年正月，徐羡之和傅亮上书刘义隆请求归政，反复三次，刘义隆批准了。

正月初十，刘义隆亲政，徐羡之随后辞职回家。徐佩之、侍中程道惠、吴兴太守王韶之等都认为此时不是退位的时候，苦苦劝徐羡之回来，徐羡之随后奉诏回到了工作岗位上。

徐羡之和傅亮之所以交权，就是被手中有兵的刘义隆拿下了，徐羡之认怂回家就是致敬司马懿，向刘义隆表态，希望能平稳着陆，但又

---

① 《资治通鉴·宋纪二》：初，会稽孔宁子为帝镇西谘议参军，及即位，以宁子为步兵校尉；与侍中王华并有富贵之愿，疾徐羡之、傅亮专权，日夜构之于帝。

架不住利益集团不允许其退休。

425年年底，刘义隆准备对废帝核心三人组下手，声称征伐北魏，又声称先去京口兴宁陵祭拜祖陵，开始大规模造势。

此时此刻傅亮还没有弄清状况，对谢晦写信道："要北伐了，朝廷现在相当惊恐，多数官员都不建议北征，皇帝会派外监万幼宗去荆州请教你。"

其实刘义隆的借口相当幼稚，文武官员已经从很多方面发现异常了，刘义隆的大清洗计划泄露了很多，所谓"时朝廷处分异常，其谋颇泄"。

徐羡之和傅亮的政治能力也彻底暴露了出来：近乎明牌的消息，还搞不清楚是怎么回事。

426年正月，谢晦弟弟黄门侍郎谢遁派专人飞驰警告谢晦事情万急，但谢晦仍然没当回事，拿出了傅亮的信给谘议参军何承天看，道："估计万幼宗一两天之内就该来了，傅亮就是怕我激动才先给我来的书信。"

何承天道："我听到的都是朝廷西征大计已定，万幼宗怎么可能会来！"

谢晦仍然相信傅亮，机要室负责人你不信，还信谁，于是命何承天先行起草回复奏章，建议要是讨伐北魏最好等明年。

过了几天，江夏内史程道惠接到一则寻阳方面的情报，信中说："朝廷将有军变，局势已明了。"

程道惠派人送信给谢晦，谢晦慌了，问何承天："如果真有非常之变，你觉得我该怎么办？"

何承天说："朝廷打地方，双方实力悬殊，民心不足，您去投奔敌国是上策；其次派心腹驻义阳（今河南信阳），您率大军去夏口决战。如果失败您北上义阳出境，投奔北魏。这是中策。"

此时驻守襄阳的是雍州刺史刘粹，此人忠心于刘裕，当年还保护过小刘义隆驻守京口，所以如果谢晦战败，会被襄阳方面截击，没办法走汉水路和随枣通道北逃，只能从陆路走义阳。

谢晦琢磨了半天道："荆州为兵家必争之地，兵力和粮草都容易接济，我还是先在这里决战吧，败了再跑也不晚。"败了你还跑得了吗？襄阳的大锁是闹着玩的吗？

刘义隆在行动前拉来了两个人——王弘和檀道济。理由是这两人一开始没有参与废帝阴谋，王弘的弟弟王昙首又是刘义隆的心腹，所以行动前刘义隆将方案告诉了王弘，并打算召见檀道济，派他去讨伐谢晦，结果心腹们都反对。刘义隆道："檀道济当初废帝只不过是被胁迫，杀帝之事又跟他没关系，我定能安抚他，别担心。"①

正月十五，檀道济到建康。

檀道济为什么敢来？肯定是前面都已经铺垫好了。谁去联系的呢？只可能是王弘。

四个月前，424 年八月初二，王弘申请辞去司空一职，连续一年后终于得到批准，改任为车骑大将军、开府仪同三司。②

王弘从刘义隆继位时就把自己摘了出去，说："您当皇帝这一系列事情跟我都没关系，无功不受禄，司空这个职位，我不能干啊！"

王弘的兄弟是刘义隆的心腹王昙首，刘义隆同意王弘辞官的时候，他大概率就投诚了，结合后面谢晦的讨伐理由，王弘被作为清君侧的首恶，基本上实锤了。③

王弘在兄弟的引荐下投诚了刘义隆，并全方位地还原了废立时期

---

① 《资治通鉴·宋纪二》：帝以王弘、檀道济始不预废弑之谋，弘弟昙首又为帝所亲委，事将发，密使报弘，且召道济，欲使讨晦。王华等皆以为不可，帝曰："道济止于胁从，本非创谋，杀害之事，又所不关；吾抚而使之，必将无虑。"

② 《资治通鉴·宋纪二》：王弘自以始不预定策，不受司空；表让弥年，乃许之。

③ 《资治通鉴·宋纪二》：此皆王弘、王昙首、王华险躁猜忌，谗构成祸。今当举兵以除君侧之恶。

的细节。

王弘全程都没有参与诛杀废帝的行动，刘义隆即将清除废帝核心集团的时候，派密使告诉了王弘。[①] 这是为什么呢？王弘肯定是有任务的，就是让他去联系另一个被逼迫参与废帝的元老檀道济。

檀道济敢这么轻松地来，应该是得到了自己被保的消息。谁的话能有这样的分量呢？只可能是当初被迫与他一起上船的王弘。

正月十六，刘义隆下令清算废帝集团，公布徐羡之、傅亮、谢晦杀害他两个哥哥的罪状，命有司诛杀他们，并专门提出来："谢晦据长江上游，会负隅顽抗，我会御驾亲征。中领军到彦之即日迅速西上，征北将军檀道济后面跟上，荆州将领应及时逮捕诛杀谢晦，雍州刺史刘粹要防止贼人北窜，罪人只有谢晦一人，其他人都不问。"

诏书颁布后，刘义隆下令召见徐羡之、傅亮。

徐羡之得到消息后尝试着逃跑，又想明白没什么意义，然后自缢身亡。傅亮跑了一段时间后，在拜别兄长坟墓时被逮捕。到建康城北门广莫门，刘义隆拿来诏书对傅亮说："因你在江陵迎驾时态度相当好，我饶了你的儿子们。"

傅亮被杀，全家被流放；徐羡之两子被杀，饶了其重要党羽徐佩之，杀了谢晦的儿子谢世休。

徐羡之的儿子是驸马都被杀了，徐佩之为什么被放了呢？只有一种可能，他背叛了徐羡之。

刘义隆御驾亲征前向檀道济问计，檀道济道："当年我们与先皇北伐，得以入关的十策有九策是谢晦提出来的。这人才略无敌，但从没亲自带兵打过仗，他在战场上真打起仗来肯定没戏，我会在他摆开阵势之前就拿下他。"

---

① 《宋书·王弘传》：徐羡之等以废弑之罪将见诛，弘既非首谋，弟昙首又为上所亲委，事将发，密使报弘。

刘裕当年为什么放心谢晦手握禁军呢？其实和檀道济的思路是一样的：这哥们没有实战经验。

刘裕当年为什么让檀道济在广陵当"核武器"呢？就是知道真到不对劲的时候，檀道济作为小皇帝从小到大的护卫，以迅雷不及掩耳之势就能拿下那三人，拱卫皇权。

檀道济带着队伍一路向西，石头城上，刘义隆看着檀道济乘船西去，心中已经给他的命运剧本写好了结尾。

檀道济，好好干，我一定是你侍奉的最后一个皇帝。

五、北境第一坚城下，暴风雨赌命之战

426 年正月十七，刘义隆任命王弘为侍中、司徒、录尚书事和扬州刺史，代替徐羡之；任命四弟刘义康为都督荆、湘等八州诸军事和荆州刺史，提前把谢晦的官位废了，准备西征。

谢晦很快得到建康同党被清算的消息，随后为徐羡之、傅亮举办葬礼，发号施令，颇有周瑜的风范，调动安排无不妥当，几天之内江陵汇集了三万精兵。

谢晦上表先是说徐羡之、傅亮等忠贞之臣被冤杀，又道自己被辜负："我们要不是为了国家着想，当初废帝的时候就会安排武帝幼子即位，谁敢说个不字！我们怎么会逆流而上三千里，虚位七十多天，去迎接陛下的大旗，不有所废黜，怎么会有您的兴起！我们的初衷是不把贼寇遗留给君王，我有什么地方辜负了你刘家！

"现在皇帝身边有坏人，琅邪王家一直以来就喜欢兴风作浪，王弘、王昙首、王华等人阴险，爱挑拨是非，我要清君侧！"

谢晦命他弟弟谢遁为竟陵内史，率一万人留守江陵，自己亲率二万人从江陵出发，战舰绵延数十里，旌旗招展，遮天蔽日。谢晦长叹道："真恨不得这是勤王之师啊！"

谢晦抵达西江口（今湖南岳阳北洞庭水入江处）时，到彦之的先

锋军已开进彭城洲（今湖南临湘东北）。谢晦的巴陵（今湖南岳阳）守将庾登之是庾冰曾孙，谢晦的一担挑，也是个只会打嘴炮、左右摇摆的人。

当年刘裕北伐的时候，他口号喊得震天响，私底下却找刘穆之的门路，说："我妈妈岁数大啦，我可不能去陕西。"[1]

庾登之产生了极坏的影响，这么喊口号的人都不敢去前线了，看来凶多吉少呀，整得军心都乱了，刘裕大怒，将其罢官。

适逢大雨连日，庾登之一如既往地畏敌不敢进，参军刘和之道："这大雨对双方的影响是一样的，朝廷大军就要来了，宜速战！"

庾登之哆嗦之下紧急开动脑袋瓜子，派手下做了一堆大口袋，袋子里装满茅草，然后悬挂在帆杆之上，声称："我要火攻敌舰，必须等天晴，我们缓缓再打。"

谢晦同意了，到彦之也习惯性稳重，两个精致的利己主义者互相看对眼了。

整整半个月后，谢晦等不下去了，再等雨又该下了！于是，派中兵参军孔延秀进攻彭城洲官军，接连两战摧枯拉朽，攻克了彭城。

官军的大小将领都建议退守夏口，但到彦之反对，说："让他们再打一会，我们打败了没关系，皇上让我当先锋的时候下诏说，后面檀道济会来。"[2]

"屡战屡败没关系，我们得屡败屡战。现在要是退了，功劳就全是人家的了，我们虽然败了，但态度依然坚决，檀道济是来给我们助战的，不能退夏口！"

于是，到彦之守隐圻（彭成洲东北）等待檀道济。

---

① 《宋书·庾登之传》：高祖北伐，登之击节驱驰，退告刘穆之，以母老求郡。

② 《资治通鉴·宋纪二》：晦据有上流，或不即罪，朕当亲帅六师为其过防。可遣中领军到彦之即日电发，征北将军檀道济骆驿继路。

谢晦因胜上疏道："陛下如果把王弘等元凶斩首，我就立刻停止进攻回荆州。"

此时的谢晦仍然信心满满，但不久他听说檀道济要来了，这让他很意外。因为他认为檀道济作为杀刘义符的先锋，肯定会和徐羡之等一起被杀。这小子是怎么洗白又傍上刘义隆的呢？

他的运筹帷幄虽然经历过考验，但到底没有亲自带过兵，没有檀道济的实战技术全面，于是着急了，成为热锅上的蚂蚁。

他手下的兵是徐羡之派给他的京口军主力，现在京口系唯一的托孤大佬檀道济来了，军心不免震动。

檀道济率领的先锋军不多，谢晦最初看到规模不大并没当回事，也没迅速攻击。他错失了最后一次机会。

等晚上东风大起官舰都被吹来后，谢晦发现官军舰队前后相连，塞满江面，大惊，军心开始崩塌。

宏观谋划能力再怎么无敌，但生活说到底是具体的，面对军心沮丧这事，谢晦就不知道该如何安抚。

他这辈子干的都是顺风顺水的事，他"入关十策，晦有其九，才略明练，殆为少敌"的背后，是朱超石亲自带着却月阵勇士们在黄河边发射大铁钉子打败了北魏；是沈林子拔剑怒吼坚守不退拢住了军心；是绝粮之时王镇恶去弘农拉来了"赞助"；是沈田子一千破数万地抢滩登陆关中；是毛德祖作为先锋无坚不摧地攻进了渭河。

刘裕留着谢晦当心肝宝贝却不在乎那些虎狼之将，本质上是因为谢晦干不了那些玩命的活儿。

谢晦厉害的背后，是各路的将领们真的能把他的想法落地，是刘裕的威慑力——只要站在那里就让各路将领都好好干活。不怀疑谢晦转型后会成长为一个好的将领，但这需要时间和经历，中间环节是省不了的。

谢晦出道第一战就指挥这么大的战役，还是作为舆论不利的一方，面对的还是技术全面的檀道济，巨大的不利形势出现后，军心开始崩塌，谢晦不知道该怎么办了。

当年项羽陷入齐地的战争泥潭后，听说刘邦已经带着联军开进了彭城，微笑着道："我回去后要杀了他！"因为他经历过巨鹿之战，经历过逆境，所以说能打败刘邦就一定能打败。他把所有骑兵集中过来，跟随他前进！

刘邦在荥阳被项羽打得生不如死的时候照样会微笑道："我一定能跑出去！"因为他经历过彭城地狱般的战斗，经历过逆境，说能逃走就一定能逃走，当年为了逃跑他还把儿子、闺女踹下车呢！

刘邦逃跑的宝贵经验是：选两千荥阳妇女出城送给楚军！纪信化装成刘邦的样子打马虎眼！刘邦本人赶紧逃。①

在"拉锯荥阳"一战中，我们讲过刘邦是如何逃出荥阳的，计谋虽然是陈平出的，但对刘邦来讲，这不过是把儿子刘盈从车上踹下去的另一个版本而已。

曹操在官渡饿得饥肠辘辘，荀彧对他说："不能退，退了就土崩瓦解，死也得死在官渡，你又不是没有过这种濒死体验！"

曹操一琢磨，当年在兖州被全境叛变，是靠着三个城一步步逆转的，于是继续吊住一口气，最终等到了许攸来降。

越大的事业越要取经，九妖十八洞、洞洞闹妖怪，考的就是你在绝境下解决问题的能力。

檀道济外加大船队，把谢晦难死了。二月十九，双方开战，谢晦军一触即溃，谢晦逃回江陵。

到了江陵，谢晦听说周超击溃了前来讨伐的雍州刺史刘粹，却没

---

① 《史记·项羽本纪》：于是汉王夜出女子荥阳东门被甲二千人，楚兵四面击之。纪信乘黄屋车，傅左纛，曰："城中食尽，汉王降。"楚军皆呼万岁。汉王亦与数十骑从城西门出。

有做其他部署，只是感谢了周超。

周超弃军顺流投降到彦之，谢晦余众散尽，携其弟谢遁等七人北逃，在安陆延头（今湖北大悟县东南）被抓，被用囚车押送到建康后，与同党一起被斩首清算。

到底还是走了这条不归路，当初让他占住夏口决战，就算失败现在他也早跑了。谢晦没想后路，因为他认为自己当世无敌，但千算万算，没有想到檀道济会迈着轻盈的步伐向他款款走来。

自422年五月刘裕安详离去，到426年二月底谢晦伏法，近四年的时间，刘宋丢了河南，刘裕的长子、次子和他留在建康的托孤三人组相继找他报到，荆州军和京口军交换场地后进行了战斗，在缴纳了极其高昂的皇位继承手续费后，他家老三刘义隆终于完成了这次铁王座的权力确认。

如果说这是刘宋最不流血的一次权力更迭，大家会信吗？京口军并没有砸烂一个恶心的旧王朝，而是开启了更加没有下限的修罗场。

刘义隆继位两年后才摆脱了内斗的旋涡，和他几乎同时间上位的拓跋焘已经开始气吞北境的各种征伐了。

如果说刘裕摘了南国所有低垂的果实，那么时代运行到这个时候，拓跋焘也迎来了北境的兼并时代，成熟的果实抬手可摘。

第一个果实，是西面的赫连夏。

425年八月，赫连勃勃死了。当年他在等着姚兴死，此时的拓跋焘在等着他死。

赫连勃勃到了晚年已经精神失常，看见不顺眼的人就亲自杀了寻找快感。大臣有敢看他的，他就戳瞎他们的眼睛；有敢笑的，他就割掉他们的嘴唇；有敢进谏的，他就认为是诽谤，然后割他们的舌头。

424年，赫连勃勃想废了太子赫连璝，改立老四赫连伦，赫连璝听说后，率兵七万讨伐赫连伦，赫连伦率骑三万拒之，战败后被杀。

老三赫连昌则黄雀在后，率骑兵一万突然袭击，杀了老大赫连璝，然后汇集老大、老四的兵力共八万五千人回到统万。

赫连勃勃看到三儿子满眼都是要送走自己的表情，于是表示杀得好，你是太子。

赫连勃勃晚年不仅有狂暴性的精神不正常，还有自大性的妄想症。给统万城的东门命为"招魏"，南门命为"朝宋"，西门命为"服凉"，北门命为"平朔"。这名字跟开了光一样，真把魏招来了。

赫连勃勃刚死的那段时间，拓跋焘问将士们，现在我打算用兵，是对西边的夏动手，还是攻击北边的蠕蠕？

蠕蠕就是柔然，是北魏贬低柔然的一种称呼。拓跋焘认为柔然人跟虫子一样都没有脑子，下令称柔然为蠕蠕。

太尉长孙嵩、司徒长孙翰、司空奚斤都说："赫连氏从来不敢惹我们，还是先打一直不老实的柔然吧，去了就往死里打，就算打不死，我们也能在阴山打猎，充实军需。"

代人集团表态了，打北面。

这个时候崔浩说："柔然鸟集兽逃，大军去了也追不上，兵少了又拿不下。赫连氏土地不过千里，政刑残虐，人神所弃，还是先向西落袋为安吧！"

与此同时，朝中还有别的思路，希望先打北燕，最终拓跋焘没能成行。

赫连勃勃死后政局迅速恶化，剩下的儿子们闹内讧，拓跋焘决定西伐，长孙嵩等人都说："夏国如果固守，以逸待劳，柔然随后再大举南下，我们就遭殃了，这可不是好策略。"

崔浩道："当年我看天象预测了秦国的灭亡，现在金、木、水、火、土五星同时出现在东方，说明西征一定胜利，良机不可失。"

长孙嵩仍然坚持不能西征，结果拓跋焘暴怒，大骂长孙嵩贪赃枉法，命武士揪着他的头砸地，对他进行各种侮辱，然后表态："我一定要打！"要知道此时北魏官员是没有俸禄的。

426 年十月，拓跋焘派司空奚斤率四万五千人袭蒲坂；派宋兵将军周几率一万人袭陕城；自己率主力从平城西征统万。拓跋焘率军抵达君子津，比较巧，突然降温，黄河冰封。

十一月初三，拓跋焘率轻骑两万渡过了黄河。

十一月初七，赫连昌正和文武群臣无限畅饮的时候，得到了魏军逼近的消息，上下震恐。拓跋焘驻军距统万城三十里的黑水，赫连昌仓促点兵出战大败而回，北魏先锋军一度冲进了统万城西宫，烧了西宫宫门。

十一月初八，魏军分兵四掠，杀获数万，得牛马十余万，由于没带攻城器材，看到夏军已经入城，拓跋焘道："统万城暂时还拿不下来，我们下次再来。"随后带着战利品并迁徙万余户人回平城了。

北魏在北面并没有获得决定性胜利，却在南面全面开花了。

夏弘农太守曹达闻周几率兵将至，不战而走，魏军乘胜长驱，直接冲过了潼关。仅仅一万兵而已，夏军的表现和当年的后秦比差得不是一星半点。

镇守蒲坂的赫连乙斗听说北魏司空奚斤率大军来了，赶紧派人向统万告急，但使者到了以后发现魏军已经包围了统万，于是回去报告赫连乙斗："统万已经被攻陷。"赫连乙斗吓得放弃蒲坂，向西逃往长安。

赫连昌弟赫连助兴此时镇守长安，看到赫连乙斗后两人一商量决定向西逃往安定。

十二月，奚斤一路进入长安，夏秦、雍二州的所有氐、羌部落归降，北凉河西王沮渠蒙逊和氐王杨玄遣使北魏，愿意归附北魏。

427 年正月，拓跋焘回到平城后前往幽州，半路听说赫连昌派赫连定率军两万准备收复长安，于是下令伐木于阴山，大规模兴造攻城器械，准备再伐胡夏，这次要一口气打死赫连昌。

奚斤和赫连定在长安对峙，拓跋焘打算乘赫连昌后方空虚前去攻打统万，于是挑选精兵，命司徒长孙翰等率三万骑兵为前锋，命常山王拓跋素等率步兵三万人为后继，命南阳王伏真等率步兵三万送攻城器械，将军贺多罗率精骑三千为哨探。

五月初九，拓跋焘渡过黄河君子津，抵达拔邻山（今内蒙古东胜区西南），兴筑堡垒，留下辎重，随后率轻骑三万准备五百里奔袭统万。（见图4-3）

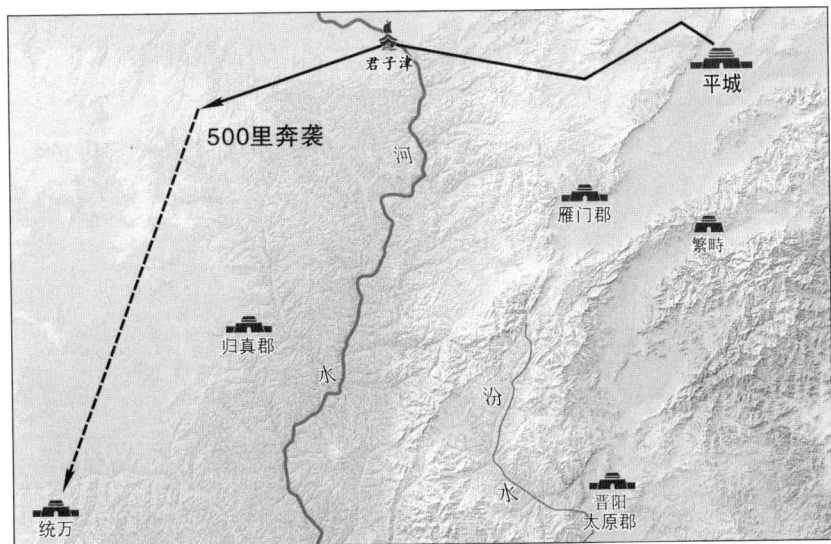

图4-3　拓跋焘西征统万城图

群臣都劝阻道："统万城坚，非朝夕可拔。今轻军进讨，进不可克，退无给养，还是和步兵、攻城器械一块去得好。"

拓跋焘道："用兵之术，攻城最下，逼不得已时才会用。现在要是和步兵、攻城器械一块走，贼人必死心坚守，坚壁清野，届时要是拿不下来，粮食吃光，士兵疲敝，统万周遭又没有以战养战的人口、物资，我们将进退无地。

"我现在率轻骑直抵其城，他们看见我们的步兵没到，一定希望跟我们野战并取得开门红，我们以弱示之，引诱其前来，只要他们出战，我们就赢定了。

"我们的将士离家两千余里，又隔黄河，所谓'置之死地而后生'，我们的后勤保障是不能支持我们长久攻城的，那都是我设计的幌子，我们打胜仗的机会一定是在野战，三万骑兵攻城确实不够，但决战却足够了！"

统万是当时整个北国工程质量最高的城池，又是周边资源最贫瘠的国都。这么一座都城，堪称进攻方的噩梦，因为攻城需要大量步兵和攻城装备，但当地不仅没有水路来节省运输成本，更可怕的是统万城距离三套平原和关中平原太远，攻城方无论从哪里调资源都是物流噩梦，周边也根本没有养得起这支队伍的农作物，即使在今天也还是大量的无人区。

当初赫连勃勃严抓工程质量，甚至在拿下长安后也不迁都，依旧住在统万，就是因为从战略角度上来讲，统万实在太安全了。

这一年，拓跋焘刚刚二十岁。他能够一下子抓住重点：这城就没法攻，因为无论是抢劫还是运输，根本就凑不齐足够的给养去打这座刀斧都砍不出痕迹的坚城。

群臣没看出来这么深的一层，这个二十岁的小伙子看出来了，还有足够的自信去落实，这真的就是天赋。

六月，拓跋焘抵达统万，主力埋伏于深谷之中，只派少数部队来到城下。

夏将狄子玉投降了北魏，向拓跋焘报告道："赫连昌听说北魏西征后就派人召赫连定回军，赫连定却说：'统万城坚固险峻，不容易攻破，等我生擒奚斤后再赶赴统万，内外夹击北魏，我们必胜。'所以赫连昌此时专心守城等待赫连定。"

拓跋焘听说后觉得自己失策了。对方铁了心地等他攻城呢，对方已经算定，只要他敢率大军攻城，就是兵困粮尽的死局，统万是北境第一坚城！

面对巨大劣势，拓跋焘没有气馁，先是派娥清和拓跋健率骑兵五千向西劫掠，看能不能抢来点物资。随后放了一些有罪的士兵去投降赫连昌，把魏军的虚实向对方汇报，说魏军粮尽，每天只能吃菜，辎重在后，步兵全没到，匪首就在城外，赶紧去打他。

六月初二，赫连昌没有抵住诱惑，亲率步骑三万出战。

司徒长孙翰等道："贼军势大，我们应该避其锋芒。"

拓跋焘道："我们远道而来就是诱敌出城，就怕他们不出城呢。现在他们出城了我们却不打，这只会助长贼势。再说要是进了城再引诱他们出来就不知道是什么时候了！"

拓跋焘命全军出战，随后佯装逃走，引赫连昌追击。夏军分两路大张旗鼓追出，追了五六里路，突然大风雨从东南而来。

魏军的随行宦官赵倪有点半仙气质，对拓跋焘道："如今风雨从贼人那里刮来，我们逆风，贼人顺风，天不助我，况且我们的将士饥渴交迫，希望陛下将假撤退变成真逃命，我们改日再战。"

沧海横流方显英雄本色，猛士崔浩厉声喝道："胡说八道！我们千里而来，已经定下了制胜之策，怎么能一天之内就变了！贼军贪胜，他们不会有预备队出现了，我们现在该把精兵隐藏起来，分别出击，出其不意袭击他们，刮风下雨这事要看怎么利用，再说风向一会儿也许变了呢！"

拓跋焘拍板和夏军决战，将队伍分为两队，掉头迎战敌军，拓跋焘本人一度马失前蹄掉下马来，差点被夏军俘虏，靠着拓跋齐舍命搏杀才艰难把他救下来。

拓跋焘上马后亲自刺死夏国尚书斛黎文，又手刃十余人，虽然自己也被流箭射中，但在他不要命地带领下，魏军在大风暴中人人都不要命，夏军最终崩溃。

宦官赵倪说得有错吗？其实没有错。那么大的风暴，还是逆风，风险已经被剧烈放大，有太大的不可预测性，拓跋焘完完全全就是在赌命。

北魏的国力是赫连夏的十倍，今年赢不了，改年不能再打了吗？必须得一把赌胜负吗？

事实也证明，拓跋焘差点让对方俘虏，最后也被流箭射中，就是命大没死而已。拓跋焘的年轻是一方面，由此也能看到崔浩的特点，此君最爱的就是不留余地地赌博。

魏人乘胜追击赫连昌至统万城北，杀了赫连昌弟赫连满及兄子赫连蒙逊，夏死者万余人。拓跋焘死死咬住追击，赫连昌来不及入城，最终逃奔上邽。

六月初三，拓跋焘入城，拿到了赌命后的奖励，获夏王、公、卿、将、校及诸母、后妃、姊妹、宫人数以万计，马三十余万匹，牛羊数千万头，府库珍宝、车旗、器物不可胜计，拓跋焘按等级赏赐出征的将士们。

赫连勃勃的统万城高十仞，墙基厚三十步，城头宽十步，宫墙高五仞，由于当年的监工质量，墙壁坚硬到用刀砍斧剁都不怕，亭台水榭雄伟壮丽，皆雕镂图画，用绮绣装饰，穷极文采，极致奢华。

拓跋焘看着这座统万城道："巴掌大的小国居然如此穷奢极欲，怎能不亡！"

拓跋焘的诱敌之计以及在暴风雨中的赌命之战让统万城的历史地位被无限降低。

真要是大军前来攻城，这座统万城配合北境的柔然南下会把新兴的北魏耗尽。

此次伐夏将拓跋焘的勇敢、大局观以及利益分配原则展现得淋漓尽致。他带兵作战时能亲身犯险，甘冒矢石，喊着兄弟们跟他上，将士们没有不拼命的。[1] 他生性节俭，衣食够用就行，从不奢侈地搞建设，

---

[1] 《资治通鉴·宋纪二》：魏主为人，壮健鸷勇，临城对陈，亲犯矢石，左右死伤相继，神色自若；由是将士畏服，咸尽死力。

把财物看作是国家之本，从不轻易浪费，只有为国死难的将士家属或有功之家才会受赏，皇亲国戚及宠臣很少得到赏赐。[①]

他是法治的忠实践行者，常道"法者，朕与天下共之，何敢轻也"，眼光独到，从没有人能瞒他，赏赐不论贫贱，惩罚不避权贵，赏罚分明，最宠爱之人犯错也没有法外开恩这一说。[②]

从拓跋焘的方方面面来看，他都像是二十岁版本的刘裕在北境复活了。

---

① 《资治通鉴·宋纪二》：每以为财者军国之本，不可轻费。至于赏赐，皆死事勋绩之家，亲戚贵宠未尝横有所及。

② 《资治通鉴·宋纪二》：听察精敏，下无遁情，赏不违贱，罚不避贵，虽所甚爱之人，终无宽假。

六、伏脉千里的隋唐祖源

428 年二月，奚斤进军安定，与丘堆、娥清合军攻打赫连昌所在的平凉。

魏军此次出征出现了一系列瘟疫、断粮的不利局面，赫连昌乘机攻打魏军。在赫连昌的不断袭击下，魏军愤然反击，靠着突然出现的沙尘暴以及赫连昌坐骑的突然罢工，魏军俘虏了这位夏国皇帝。[①]

国运有时候挺气人的：都是一个剧本，拓跋焘就是英雄少年，光荣正确，赫连昌就是鲁莽愤青，丢人现眼。

赫连昌五弟赫连定收其余众数万，奔还平凉，即皇帝位，随后遣使向北魏请求和解。拓跋焘命赫连定投降，随后没搭理他，因为他忙着镇压柔然呢。

两年后，430 年九月，赫连定趁着刘义隆北伐之际袭击北魏，惹怒了拓跋焘。拓跋焘亲自到平凉围剿赫连定。十一月，赫连定大败，身受重伤，退保上邽。十二月，魏军攻下平凉，彻底拿下陇东。

431 年正月，赫连定为了远离北魏，于是突袭西秦，又派叔父赫连

---

① 《资治通鉴·宋纪三》：夏主自出陈前搏战，军士识其貌，争赴之。会天大风扬尘，昼昏，夏主败走；颉追之，夏主马蹶而坠，遂擒之。

韦伐率一万人攻打西秦国主乞伏暮末的南安城。

"魏宋金童配玉女，夏秦瘸驴配破车"，此时南安城中闹饥荒，人相食，西秦人大量逃亡。乞伏暮末穷途末路，最后出城投降。赫连夏亡国之前居然还灭了个小国，多么的幽默。

431 年六月，赫连定杀了乞伏暮末及西秦皇族五百多人，随后劫持西秦百姓十余万从治城渡黄河，打算袭击北凉。结果半路被吐谷浑益州刺史慕容慕利延和宁州刺史慕容拾虔率三万骑兵袭击，赫连定被擒，夏亡。

431 年八月，吐谷浑出使北魏，拿赫连定当礼物，表示希望与北魏友好往来。432 年，赫连定被处死。

至此，除了凉州和幽州之外，黄河以北北魏基本完成了统一。

拓跋焘在俘虏赫连昌后之所以留了赫连定一口气，是因为要去攻打北面的柔然。

429 年，拓跋焘决定对连年骚扰北魏的柔然开刀，治兵于南郊，祭天后开始调兵遣将。又是群臣不同意，拓跋焘的"保母"保太后甚至专门出面命他打住，又是只有崔浩劝拓跋焘去打柔然。[1]

群臣说不能打的原因在于刘义隆开始嚷嚷北伐了。代人集团这些年就没有能争辩过崔浩的人，于是推出了曾担任赫连昌太史的张渊、徐辩出面劝阻拓跋焘。一把年纪的张渊和徐辩说此时天象不吉，又摆出了自己年轻时劝阻苻坚南征的资历，把拓跋焘说得有点犹豫不决了。[2]

拓跋焘最终决定召开天下第一辩论会，让顶级工具人崔浩去和张渊等人辩论。

崔浩先是对天象进行了否定，主要就是表示："所谓的天象不利说

---

[1] 《资治通鉴·宋纪三》：内外群臣皆不欲行，保太后固止之；独崔浩劝之。

[2] 《魏书·崔浩传》："今年己巳，三阴之岁，岁星袭月，太白在西方，不可举兵。北伐必败，虽克，不利于上。"又群臣共赞和渊等，云："渊少时尝谏苻坚不可南征，坚不从而败。今天时人事都不和协，何可举动！"世祖意不决。

的是别的国家，对咱们大魏是极好的，三年之内一定能打败柔然。"

随后张渊又表示："柔然是荒蛮贫瘠之地，他们的土地我们拿来也无法种粮食，百姓也无法驱使，他们满世界逐水草而居，不容易抓到他们，为什么要损耗我们的人马去剿灭他们？"

崔浩听到此言后更有精神了，说："张渊、徐辩如果只谈论天象，这还属于他们的专业，如果谈论军国大事，他们知道什么！世人都信服张渊、徐辩深通天文，预知成败，那我倒想问，统万城破之前是什么征兆？你们知道了不说就是不忠，不知道就是没能力。"①

当时夏国前国主赫连昌就坐在旁边观战，张渊无言以对。于是，最佳辩手崔浩获胜。拓跋焘高兴地总结道："北伐的决议已定，亡国之臣不能参与谋划军国大事，这样的话确实在理！"心想："还是我的工具人崔浩好使。"

但代人集团从刘宋即将北伐的角度攻击崔浩。②

崔浩再展神威，说："不对！如今我们不先攻打柔然，就没办法全力对付南方的贼寇。南人听说我们灭夏以后害怕还来不及，所以扬言北伐而已。等我们击破柔然，在一去一回的时间里，南军都不可能有动静。

"况且南人是步兵，我军是骑兵，他们能北来，我们亦能南往；他们的步兵累都累死了，我们还没感到疲劳。南北风俗迥异，南方水网纵横，中原平坦一片，就算我们把河南让给他们，他们也守不了！

"我为什么这么说？因为当年以刘裕之雄杰，吞并关中后留其爱子辅以良将精兵数万仍然守不住，更不要说刘义隆及其大臣跟他参那时代根本没法比！但我们的主上英武，兵马精强，刘义隆敢来就是土狗斗虎

---

① 《魏书·崔浩传》：世人皆谓渊、辩通解数术，明决成败。臣请试之，问其西国未灭之前有何亡征。知而不言，是其不忠；若实不知，是其无术。

② 《资治通鉴·宋纪三》：既罢，公卿或尤浩曰："今南寇方伺国隙，而舍之北伐；若蠕蠕远遁，前无所获，后有疆寇，将何以待之？"

狼，何惧之有！柔然这些年恃其绝远，认为我们灭不了他们，防备松懈已久，夏天散部众逐水草，秋冬兵强马壮后才集结队伍南下抢劫。现在我们出其不意，乘盛夏出击，他们根本没有抵抗之力！

"短时的劳苦将换来北境永远的安宁，这样的时机绝对不可放弃，我一直担心皇帝没有决心，现在皇帝决心已定，你们为何还要阻拦！"

寇谦之问崔浩："柔然果真可以拿下吗？"

崔浩道："必克！只是赢多赢少的问题，只怕诸将顾虑太多，瞻前顾后，不能乘胜深入收获全功。"

寇谦之是崔浩信奉道教的师父。修仙的师父问徒弟未来的事，有点儿喜感。

寇谦之在嵩山修道，修的是张道陵的法术，自称见过老子降临人间，老子命令他继承张道陵的法统做天师，授以辟谷轻身之术及《科戒》二十卷，命他重新清理整顿道教。据说寇谦之后来又遇见了老子的玄孙神人李谱文，又传了他《图箓真经》六十余卷，命他辅佐北方太平真君也就是拓跋焘，又传了他天宫静轮之法，其中有几篇还是出自李谱文的手笔。[①]

关于寇谦之的来历我们不作评价，总之寇谦之把神书献给了拓跋焘，朝野上下大多认为他是个骗子，唯独崔浩把寇谦之当作老师，学他的法术并且上书拓跋焘，给寇谦之背书，大意是说别因为他们没文化，就忽视上天的旨意！

总之拓跋焘最终认可了寇谦之，随后命谒者奉玉帛和猪牛羊祭祀嵩山，并迎接寇谦之在嵩山的徒弟们，高调向天下人宣布："北魏的国

---

① 《资治通鉴·宋纪一》：初，嵩山道士寇谦之，赞之弟也，修张道陵之术，自言尝遇老子降，命谦之继道陵为天师，授以辟谷轻身之术及《科戒》二十卷，使之清整道教。又遇神人李谱文，云老子之玄孙也。授以《图箓真经》六十余卷，使之辅佐北方太平真君；出天宫静轮之法，其中数篇，李君之手笔也。

教是道教。"①

拓跋焘为什么信了寇谦之，还高调皈依道教呢？

1. 寇谦之宣传做得是真好，说自己是得到老子官方授权的天师道传人。

2. 寇谦之的态度是真好，说自己是辅佐北方太平真君，让拓跋焘给了他官方认证。

3. 最关键的一点，北方佛教已经空前壮大，但和拓跋焘的进步是脱节的。

佛教既无法帮拓跋焘的事业再上个台阶，还跟拓跋焘抢人口抢资源，相反道教在北方则没有太大的势力，什么也不和拓跋焘抢，还能教拓跋焘如何延年益寿，所以拓跋焘高调宣布扶持道教与佛教打擂台。

拓跋焘作为一个眼光超级毒辣的政治家、军事家，继位后表现出了极强的进取性，但这段历史在传统的印象中却是崔浩一手奠定的。

在北魏上半场的历史中，崔浩貌似是超级英雄般的存在，世人皆醉他独醒。这是真的吗？

打赫连夏，是拓跋焘想打，看代人集团不同意还亲自把长孙嵩打了一顿，崔浩不过是恰巧和拓跋焘思路一致。扶植道教是拓跋焘的意思，只不过拿崔浩的上书去堵朝堂大多数不信道教的公卿的嘴。

拓跋焘是个顶级政治家，后来杀了崔浩，为了降低负面影响，还亲自以"太牢之礼"祭祀孔子，安抚汉人士族："我不是要跟你们做切割，我只是杀崔浩而已。"

北伐柔然，更是拓跋焘想打，随后拉出来崔浩把全朝的文武百官咬了一遍。

崔浩的人生幸运和"独得恩宠"，在于和拓跋焘全方位地站在了一起，还作为最强辩士帮拓跋焘得罪代人集团。

---

① 《资治通鉴·宋纪一》：帝欣然，使谒者奉玉帛、牲牢祭嵩岳，迎致谦之弟子在山中者，以崇奉天师，显扬新法，宣布天下。

不过从北伐柔然开始，崔浩的脾气已经肉眼可见地上来了。

如果崔浩这个时候死了，这个历经三朝，帮拓跋嗣构建太子监国完成权力继承制度，帮拓跋焘力排众议拿下胡夏、柔然的汉人，将作为北魏版的王猛，被后世永远敬服。

谁说历史没有如果？当年王猛的那些"如果"，被二十年后的崔浩填补了遗憾。

就在北魏朝堂决定北伐柔然的时候，正好魏国出使宋国的使者回来了，给拓跋焘捎了话："刘义隆说，让你赶紧还他的河南地，不然他举全国的兵力来征伐北魏。"

拓跋焘此时已经在讨论北伐之事，听到此话大笑道："他小子连自保都来不及，还敢跟我来劲，就算他来了，我们也要先灭了柔然，不能坐以待毙、腹背受敌，北伐柔然这事定了！"

四月二十九，拓跋焘从平城出发向东取道黑山，派平阳王长孙翰向西取道大娥山，约在柔然王庭会师。

五月十六，拓跋焘至漠南，舍辎重，率轻骑和所有马匹去突袭柔然，至栗水，找到了柔然纥升盖可汗。

此时正是夏季，柔然根本无防，满山遍野民畜的惊怖散去，根本无法集结，纥升盖烧王庭西逃，其弟郁久闾匹黎先主持东部防务，听说魏军入寇，打算率众去找他哥，结果被长孙翰暴打，杀其大人数百。

拓跋焘沿栗水一直向西追杀，抵达菟园水，大军分散搜索柔然军残部，纵横东西五千里，南北三千里，斩俘甚众，高车诸部乘北魏兵势也来趁火打劫。

拓跋焘又沿着弱水向西直达涿邪山，魏军担心再往西会被伏击，劝谏拓跋焘说差不多得了，拓跋焘权衡后回军。

不久，拓跋焘听凉州的匈奴商人说："柔然当时就剩一口气，魏军如果再前进两日，柔然就该被彻底消灭了。"拓跋焘相当后悔。

此役柔然各部先后投降北魏多达三十余万落，魏军缴获战马高达一百多万匹，牲畜、车辆、帐篷，漫山遍野，粗略估计有数百万之多。[①]

八月，拓跋焘至漠南，听说东部高车屯在已尼陂（今贝加尔湖），人畜甚众，距魏军千余里。杀红了眼的拓跋焘觉得高车此时绝对不会认为自己一刀砍过去，于是遣左仆射安原等率万骑偷袭。

在魏军的千里奔袭下，刚刚打劫了柔然的高车诸部被拓跋焘反打劫，各部投降魏军的有几十万帐落，魏军缴获牛羊百万头。

从此高车的歌谣中这样传唱：就在某一天，你忽然出现，你混账又神秘，在贝加尔湖畔……

北魏就此奠定了其在北境的绝对性优势。

拓跋焘和刘义隆，两个仅差一岁、几乎同时上位的接班人都交出了自己超乎预期的成绩单，南北两个政权同时兴起，同时走过青春期的王朝，齐头并进地谱写了这段后青春的诗。

无论是刘裕死后一厢情愿的"血色浪漫"，还是拓跋嗣偏执狂般史上最大程度放权的太子监国制度，双方作为新兴王朝都尝试着解决各自的权力更迭问题。

无论是刘宋血雨腥风地完成了交接，还是拓跋王朝恰到好处地继承王位，双方最终在百转千回后都将权杖交到了各自最合适的接班人手上，老天爷还给了面子，分别都给了三十年的超长待机时长。

南北有来有往的第一轮大规模会战，就要在两个少年的操盘下拉开帷幕了。

拓跋焘此次北伐柔然，最大的历史意义在于解决了马匹的持续供给问题。

掠夺人口是北魏的惯常做法，但面对如此庞大的人口体量，是没办法都迁到平城的，平城此时已经达到了承载极限，再加上柔然和高车

---

① 《资治通鉴·宋纪三》：柔然种类前后降魏者三十余万落，获戎马百余万匹，畜产、车庐，弥漫山泽，亡虑数百万。

是完全没有被汉化的，一直在草原繁衍生息，汉化成本确实较高。所以拓跋焘将归降的数十万部众迁到了漠南，安置在东到濡源（今河北张家口），西到五原阴山的三千多里草原上，命他们在这里半定居式地耕种、放牧，向他们征收马匹牛羊。①

这里不是平城的工畿能够进行森严管控的，而且高车和柔然还有马可骑，能随时逃跑。为了巩固边境上的这些新迁来的移民，拓跋焘留下了长孙翰、古弼等代人集团，让他们镇守各地，安抚、统治这数十万牧奴。从此，北魏民间马、牛、羊及毡皮的价格被彻底打下来了，再也不用愁畜力问题了。②

429年，北魏因北伐柔然大胜，在北方边境创造性地实行了军镇制的基层政体。这些军镇，在岁月演化后剩下了六个名气最大的，自西而东分别为沃野、怀朔、武川、抚冥、柔玄、怀荒。（见图4-4）

六镇之名最早出现在拓跋焘延和年间（432—434）："延和初，车驾北伐，大千为前锋，大破虏军。世祖以其壮勇，数有战功，兼悉北境险要，诏大千巡抚六镇，以防寇虏。"

所谓的"北魏六镇"最早出现的原因，其实是拓跋焘要解决海量俘虏的问题，并非为了防御北境敌人，而是为了消化对北境大胜后迁徙来的人口。

六镇的本职任务是管理当地民众，看管好牧奴，防止其成为反魏势力，让其给平城输送马匹牛羊，并非军事主力，包括后世北魏的一系列北伐，六镇系统基本上做侦察和后勤方面的事情，战斗主力还得从平城调代人的军团。

---

① 《资治通鉴·宋纪三》：徙柔然、高车降附之民于漠南，东至濡源，西暨五原阴山，三千里中，使之耕牧而收其贡赋。

② 《资治通鉴·宋纪三》：命长孙翰、刘絜、安原及侍中代人古弼同镇抚之。自是魏之民间马牛羊及毡皮为之价贱。

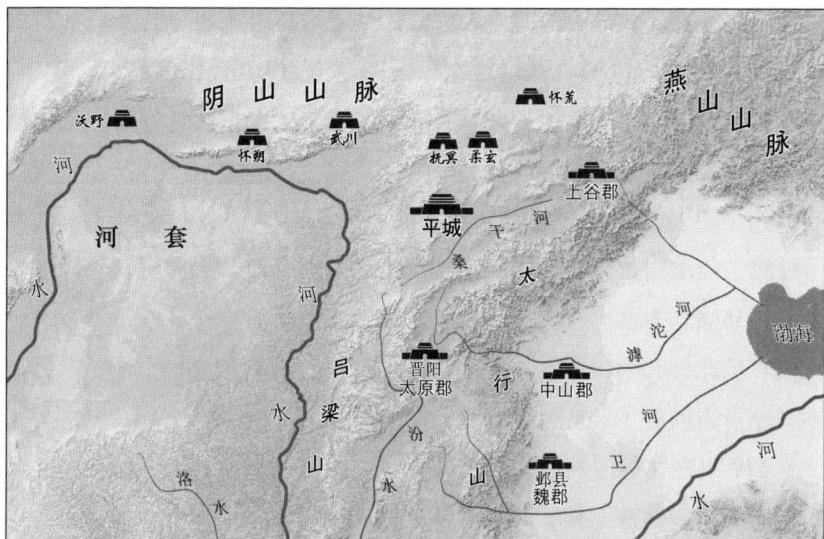

图 4-4　六镇位置图

　　此时此刻的"北镇系统"是剥削牧奴的"人上人",还没什么征战指标压力,但他们享有高级政治待遇,属于没有门路你都进不去的高级梯队。但时光荏苒,岁月如梭,当年的北六镇随着时代的发展和汉化的迭代,慢慢不再享有当年的政策倾斜以及优厚待遇。

　　长夜将至,他们从此要开始守望,到死才能结束……

　　洛阳的繁华和上升的通道与他们无关,六镇开始成为被鄙视的流放罪人的地方。当年"人上人"的六镇集团变成了北魏愤怒的守夜人。

　　一个世纪后,公元 523 年,怀荒镇发生暴动,掀开了轰轰烈烈、大名鼎鼎的"六镇之乱",敲响了北魏帝国的丧钟。

　　隋唐帝国的先祖们就此登上了历史的舞台。

　　公元 429 年的一振翅,最终在百年后刮起了整个北境重组的世纪风暴。

　　历史之神草蛇灰线,伏脉千里,将天下分久必合的棋子,就此埋下了。

第 **5** 战

南龙有悔，北龙在天

一、"亢龙"伐"飞龙"，结局早定

人欲成龙，尊于九天，密码在"乾"。

"大哉乾元，万物资始，乃统天"，"乾"为六十四卦之首，为天，为万物开创之资，为生生幻化之始。

"云行雨施，品物流形。大明终始，六位时成"，云行雨降方得万物生长，东升西落方定时辰方向。

"时乘六龙以御天。乾道变化，各正性命，保合太和，乃利贞"，乾卦六龙运行，其规律变化使万物各归其位，调和万物和谐，使循环有秩。

"首出庶物，万国咸宁"，遵天道，则万物生长，万国太平。

乾为阳，为变，为进取，为人自生发到繁荣的过程，其《象》曰："天行健，君子以自强不息。"（见图5-1）

乾卦之四德，为"元亨利贞"，亦天道之本质。

核心为"生"。元者，万物之始；亨者，万物之长；利者，万物之遂；贞者，万物之成。

乾卦六爻，第一个阶段为"潜龙勿用"。《象》曰："潜龙勿用，阳在下也。"核心在"潜"。

"潜龙勿用"并非指潜龙要无为，什么都不干，而是指"潜龙"是做好充分准备，打好基础，蓄势待发。如人年少求学，饱读诗书；也如人初入社会，干劲满满，如海绵般吸收各方能量，学习各种技艺。

乾：元亨利贞。
《象》曰：天行健，君子以自强不息。

上九：亢龙有悔。
《象》曰：亢龙有悔，盈不可久也。

九五：飞龙在天，利见大人。
《象》曰：飞龙在天，大人造也。

九四：或跃在渊，无咎。
《象》曰：或跃在渊，进无咎也。

九三：君子终日乾乾，夕惕若，厉，无咎。
《象》曰：终日乾乾，反复道也。

九二：见龙在田，利见大人。
《象》曰：见龙在田，德施普也。

初九：潜龙勿用。
《象》曰：潜龙勿用，阳在下也。

图 5-1　乾卦示意图

潜龙核心在"潜"，所谓"阳在下也"，意为收敛锋芒，悄悄积聚能量，不显山不露水，不要在自己还没做好准备的时候冒冒失失地表现出来，要蓄势待发，看准时机后再大放异彩。

世间大部分人，终其一生未及"潜龙状态"，要么是没有学到真本事，要么不懂外部环境不允许时要做"潜龙"，如古往今来的刘义真们。

当力量积聚够了，要展现自己了，也就到了乾卦的第二个阶段"见（读"xiàn"，通"现"）龙在田，利见大人"，《象》曰："见龙在田，德施普也。"核心在"现"。

潜龙出山，出现在了原野上，全世界都看到了，随后要有"大人"之才，得"大人"之助，也就是所谓的"利见大人"，才能进入下个阶段。

不鸣则已，一鸣惊人，出场要轰动，要让所有人知道一位大人物上场了。

所谓有"大人"之才，在于要表现得有大人大量，胸怀宽广，要让大家觉得你能代表大家扩大共同利益，让大家成就你，把你抬上去，也就是"德施普也"。你要表现得扒高踩低，让别人觉得你是个喜欢独占好处和独享光环的"小人"，并没有"德施普也"，则必然会被群起而攻之。

你不光要有"大人"之才，还要得"大人"之助，要有一股宏大力量拖着你往上走，你这只"现龙"才能再进一步。

"大人"为何要助你？因你是下一个"大人"。

第一关过后，一大半"潜龙"已经倒下了。他们要么无"大人"之资，寻常心量；要么无"大人"之助，困于原野。"现龙们"，切记"利见大人，德施普也"。

在"利见大人"的相助下，进入第三个阶段，"君子终日乾乾，夕惕若，厉，无咎"。《象》曰："终日乾乾，反复道也。"核心为"惕"。

你这只"潜龙"亮相了，变成了"现龙"。哪怕你有"大人"之才，得"大人"之助，你表现非凡的同时就不可避免地要受到四面八方的攻击，这就是所谓的"誉满天下，谤满天下"，是跑不了的。

在你不显山不露水时，偶尔肆意妄为还无所谓，一旦你要山水大现、入世立业了，你方方面面的漏洞就会在聚光灯下被无限放大。

所以你要时刻夹紧尾巴做人，尽量不要出现漏洞，出现了就要及时修补。谣言会自动消散，但一旦被实锤，就会让你功力尽散。

当一个人开始得名得利之时，注定要失去很多凡人的快乐，你可能不会再有自由，你不能再肆意妄为，你不会再有单纯的快乐。

万物皆如此，有得必有失，名利双收之时，要时刻警惕，要如履薄冰，避免自己出现漏洞。只有经得起风吹雨打，才能进入第四个阶段，"或跃在渊，无咎"。《象》曰："或跃在渊，进无咎也。"核心为"跃"。

一旦势能积聚够了，你就要主动找机会，或者说时代的风口来了，你要去跃龙门！十年磨一剑，你要去抢占这个机会！鱼跃龙门，跃过去就成龙，身价百倍；跃不过去，如落深渊，前功尽弃。跃过去，是刘裕；跃不过去，是刘毅。

也许就差那么一点，也许就差慕容超在广固再坚持一个月，就差那个月刘毅没有生那场病，但就是差这么一点，让一个人的人生际遇完全不同了。

跃过去进入第五个阶段，"飞龙在天，利见大人"，这是九五之尊的状态。《象》曰："飞龙在天，大人造也。"核心在"飞"。

跃过龙门成飞龙，跌落深渊成长虫。飞龙在天上俯瞰深渊里的长虫，也就是所谓的"天渊之别"。、

龙本为天物，上天之后完全挥洒自如，无论能力、智慧、人望、地位均进入大成阶段。但在天的"飞龙"仍然要"利见大人"，要和第二个阶段一样得内外"大人"之助，才能飞得更远。

不过此时的"大人"，要改改味道，不仅仅是要让所有人拥护，还要成为世间的榜样。

飞龙在天的时候如果忘乎所以，同样会被贬下凡尘，比如桓玄。

飞龙自己为"大人之造"的同时亦需"大人"相助，如汉三杰（张良、萧何、韩信），如云台二十八将，如荀令君（荀彧），如蜀汉丞相（诸葛亮）。

龙行九天之时，切忌自满，切忌独占，切忌自毁长城。飞龙升腾到极致之时势必会孤寂无助，会有灾祸之困，也就是乾卦的第六重境界，"亢龙有悔"。《象》曰："亢龙有悔，盈不可久也。"核心在"亢"。

"飞龙在天"，一定要时时刻刻保持警惕，做到适可而止，要斗罢艰险再出发，要敢于自我改造，要不断完善自己，勇于自我革新，增强自我提高的能力，始终同老百姓保持血肉联系，而不是升于极致后的过分的"亢"。

飞龙手握权柄，雷霆万钧，但事不可做绝，势不可用尽。凡事太

尽，缘分势必早尽。

刘裕伐关中，三千里兴兵讨虎狼群伺之国，为"亢龙有悔"，为"其势用尽"。刘裕枭桓玄、慕容超、谯纵、姚泓、司马德宗、司马德文之首于建康城头，即"凡事太尽"。

飞龙在天之时，利见大人，宜有人助，宜有新鲜血液加入，宜有变量不断充实经历。当"大人"被全部消灭，当新鲜血液不再涌入，"亢龙有悔"之势就会难以避免。

刘裕死后，整个南朝再无成大事之人。

打过黄河以北需要强大的国力和高素质的兵团，还要等着北方有变，对时运和能力要求得太高。

淮河到黄河历来是兵家必争之地，老百姓是无法放心在一个随时可能成为废墟的地方进行长期建设性投入的。

黄河以北突破不过去，南朝皇帝就只能盯着淮河以南的土地，南朝也就不可避免地朝着内斗方向剧烈演化了。

准确地说，南朝是挣扎过的，其最强接班人刘义隆曾经尝试饮马黄河、北望神州，但军事实力没有传承下来，当年襄助"飞龙"的那群"大人们"，那些虎狼之将们又集体陪先帝去了，他最终只能在中国历史上落下个仓皇北顾的名声。

比赛千万别输，尤其是那种看上去有赢面的。

二爷关羽封神是因为有民间信仰以及老家解良有当时中国最大的盐池。岳飞的历史地位之所以能和关羽齐名，很大程度上是因为他在抗金战役中取得了巨大的军事成就，书写了历史传奇。

像元嘉北伐时仓皇北顾的刘义隆，像因高粱河之战大败而乘驴车一夜狂奔一百四十里的赵光义，像土木堡被俘的朱祁镇，像向十一国同时宣战的慈禧太后，不管曾经多么辉煌，现在提起来，很多人对他们就一个印象——丢人！

南朝自宋起，因刘裕晚年的"其势用尽"，其"利见大人"的红利无论内外均已不在，而杀伐独占之霸气尽显，短短二十年便让国祚走到了"亢龙有悔"。

北魏则仍处在"飞龙"状态，内部由于拓跋珪的意外暴死，汉化延缓，因此代人集团的精英尚在；外部由于舞台足够宽广，东西跨度足够辽阔，百年汉文化的遗产足够丰硕，因此，最终影响历史进程的关键事件等着北魏去解锁。

拓跋焘内有"大人之造"，外有代人集团和崔浩们的甘心用命，就等着占领东北西北等地，就完成了北方统一的拼图。北魏进入拓跋焘时代，"飞龙在天"之势愈发明显。

北国迎来了一位可以统一整个北境的雄霸之主，南方也在刘义隆的元嘉中兴中攒足了力量，二位少年皇帝要拼一拼了。

看上去南北天之骄子，胜负难料，实则"亢龙"伐"飞龙"，结局早定。

占往今来，无论中外，无论政坛还是商战，欲成龙者，大多不出"乾卦"密码，思之勉之。

拓跋焘把柔然打残后，430年三月，刘义隆下诏挑选甲卒五万给右将军到彦之，统安北将军王仲德、兖州刺史竺灵秀率水军入黄河北伐，又派骁骑将军段宏率精骑八千直指虎牢，豫州刺史刘德武率兵一万继进，后将军、长沙王刘道怜之子刘义欣率兵三万监征讨诸军事。

刘义隆征集了十万人，开始北伐。总指挥是一辈子都胆小怕事的到彦之。为什么选了这么个人？只能说能力不重要。到彦之死后的谥号，还是"忠"。

出征前，刘义隆派殿中将军田奇出使北魏，告诉拓跋焘："黄河以南本来是我宋国领土，却被你们抢走了，现在我们要收复旧土、恢复疆界，但绝对不打黄河之北的主意，我们打一场文明仗。"

拓跋焘暴怒："我生下来头发还没干就已经知道黄河之南是我家土地！看他嚣张的，他要是进军，我们就先撤军相避，等冬天天寒地冻、黄河结冰之时，我们把失地再拿回来！"

靠着刘裕的虎威，虎牢关战神毛德祖打先锋，此时南朝对于横扫北境的拓跋焘来说仍然有威慑性，拓跋焘并没有上来就硬碰硬，而是非常谨慎，在战略上给予了高度重视。

刘义隆北伐的消息传出来后，北魏南边诸将纷纷上表："宋人即将入寇，希望统领发兵三万，趁着他们还没来就发起攻击，使其不敢深入。"诸将还请求把边境一带黄河以北的流民全部屠杀，理由是绝了他们给宋军做向导的隐患。

拓跋焘把这事放朝堂上讨论后，代人集团纷纷认同，结果"河北杠神"崔浩不同意了，他说他就简要提两方面。

1.南方潮湿，入夏之后雨水增多，草木茂盛，地气闷热，将士容易得传染病，不可行师，此时不能去招惹南人。他们要是能北来，我们最好先避让，等秋高马肥之时再出征，这才是万全之计。

2.朝廷群臣和西北守将这几年跟陛下西平赫连、北破柔然都发了财，有美女、珍宝，牛马也成群，南方诸将都眼红了，希望您带着他们南下抢一通，这都是他们私心所致，却为国家惹是生非，不能答应啊！ ①

崔浩在断南边守将们的财路。

拓跋焘觉得有理，随后命平南大将军拓跋大毗驻防黄河北岸；任命司马楚之为安南大将军，屯颍川，防备宋军的进攻。

总指挥到彦之率大军从淮河入泗水，那年天旱水浅，每天行军才十里，从四月出发一直到秋季七月才抵达须昌（今山东东平县西北），随后进入黄河逆流而上。② 夏天行军，速度慢成这样也是没谁了。

---

① 《资治通鉴·宋纪三》：朝廷群臣及西北守将，从陛下征伐，西平赫连，北破蠕蠕，多获美女、珍宝，牛马成群。南边诸将闻而慕之，亦欲南钞以取资财，皆营私计，为国生事，不可从也。

② 《资治通鉴·宋纪三》：到彦之自淮入泗，水渗，日行才十里，自四月至秋七月，始至须昌。乃溯河西上。

桓温北伐那年也大旱："六月，辛丑，温至金乡，天旱，水道绝。"

六月，桓大司马到了金乡后水道不通，便命人暴力开通了三百里桓公渎，三个月后，九月十一桓温大军已经到了河北的枢纽枋头。桓大司马率军化身工程队临时开路也才用了三个月。刘裕北伐那年是冬天，417年正月刘裕从彭城出发后，三月初八就进黄河了。这是冬末初春！夏天水再少，貌似也比冬天多。

到彦之夏天入黄河创造了最慢纪录，有两种可能：

1. 遇到了惨无人道的史诗级大旱。

2. 他又被吓破胆了。

到彦之的行军速度给北魏创造了充足的撤退时间，拓跋焘相当拎得清，乘机命河南四镇直接收兵撤回黄河以北。

七月初四，北魏各军开始撤退。

七月十六，拓跋焘命大鸿胪、阳平公杜超为都督定相冀三州诸军事、太宰，进封为阳平王，负责镇守邺城，总领各路大军。

北魏将核心力量收在了邺城。

到彦之随后接收司州、兖州，留司徒从事郎中朱修之镇守滑台，司州刺史尹冲守虎牢，建武将军杜骥守金墉，其他各路大军进屯灵昌津（一名延津，在今河南卫辉），沿黄河列阵直到潼关。（见图5-2）

司州、兖州都不战而复，各路宋军大喜，只有老将军王仲德愁容满面道："你们不知道北境有多残酷，一定会中敌人之计，胡虏凶险奸诈，之所以弃城北归就是在攥成拳头等黄河冰封，之后他们一定会卷土重来的。"

八月十二，到彦之派裨将姚耸夫渡黄河攻冶坂（今河南孟州市西南），与魏将安颉对战，兵败，死者甚众。

九月，赫连定讨伐北魏，遣使交好刘宋，约合兵灭魏，遥分河北：自恒山以东属宋，以西属夏。

拓跋焘咨询崔浩，崔浩说："我当初以为刘义隆大军开来后会据

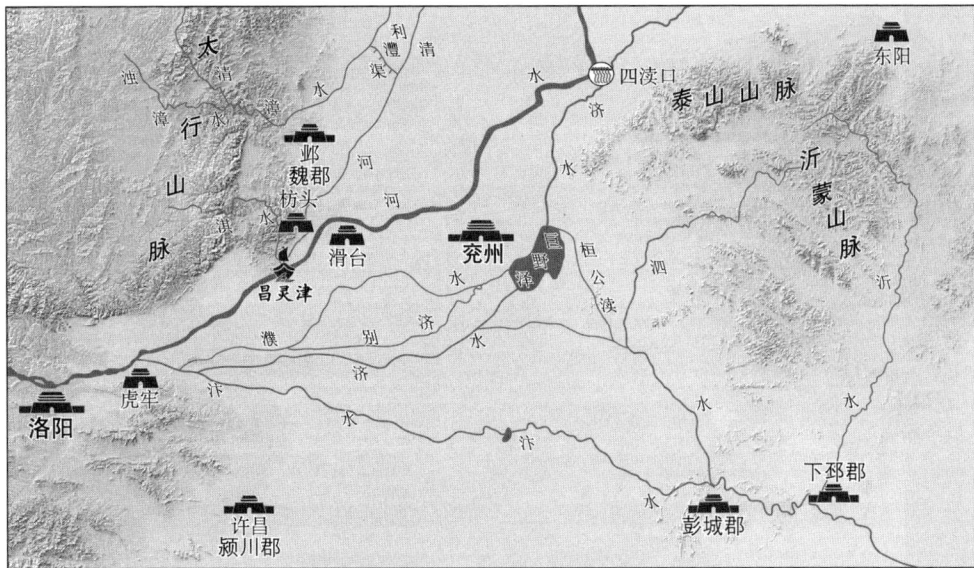

图 5-2　宋军暂时收复河南图

守黄河中游，分兵两路渡过黄河北伐，东路直指冀州，西路进攻邺城，如果是这样，陛下您就必须亲征迎战，不能怠慢。现在看来是我高看他了。

"刘义隆虽然是个百年不遇的操盘手，但他根本不知道怎么打仗。宋军从东向西两千里的防线，每个地方不过几千守军，兵力如此分散，这不过就是想固守黄河防线，根本没打算北伐。他也不想想，这千里平原怎么可能守得住！

"此时我们打赫连定就是摧枯拉朽，灭了他后我们再东出潼关，席卷而前击败他们，您的思路没问题，去打赫连定！"

十月，到彦之、王仲德还屯东平。他们不在昌灵津和滑台堵口子，天刚一凉，就退回二线的东平休息了，就跟海轮上的耗子一样，对沉船极度敏感。（见图 5-3）

十月底，魏军南下反攻。

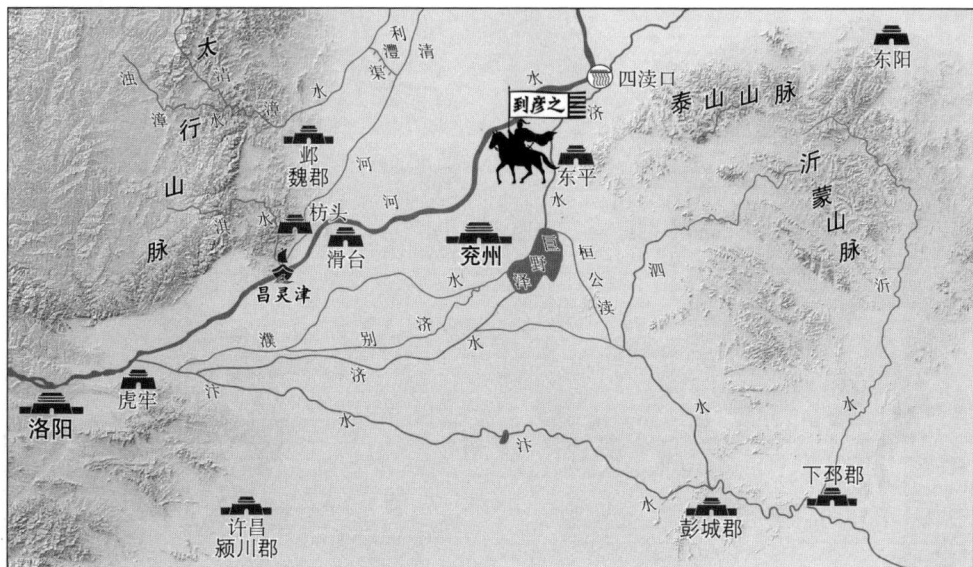

图 5-3　到彦之移驻防区示意图

十月二十二，北魏冠军将军安颉从委粟津南渡黄河攻打金墉城。

金墉城已经多年没有修缮，防御工事破败，再加上城内缺粮，守将杜骥弃城。

十月二十三，魏军攻陷洛阳，屠杀了五千宋军，随后安颉进攻虎牢。

十月二十六，尹冲及荥阳太守清河崔模降魏。将领都跑到泰山去了，谁来支援我们呀，毛德祖和虎牢城中的血还没干呢，赶紧投降！

至此，洛阳虎牢战区历时五天被魏军夺回。

北魏河北诸军汇聚于七女津（今河南范县东古黄河西北岸）准备南下。

到彦之震恐："离我太近了！为什么不从昌灵津过河！为什么不围滑台！为什么奔我来了！"到彦之遣裨将王蟠龙溯流而上去夺魏军船只，结果被魏阳平王杜超等击斩。

十一月，拓跋焘亲临平凉暴打赫连定。

十一月初十，刘义隆看出来情形不对，命檀道济为都督征讨诸军事，率众伐魏。

晚了。

十一月十二，魏河北诸军南渡黄河。

到彦之此时正在收拾铺盖卷准备撤军，但收到了殿中将军垣护之的来信。垣护之建议到彦之派竺灵秀援军滑台，他亲率大军进攻黄河以北。有一段话相当重要："你要利用山东地区做后盾，济水哗哗地流，山东的庄稼收成很好，有吃的，要跟他们拼一拼！"①到彦之没搭理他。

到彦之打算烧毁战船，步行撤退。王仲德说："洛阳陷落，虎牢失守，这是大势所趋。但敌人距我们还有千里之遥，滑台城又有强兵把守，如果现在就连战船都不要了，那将士们一定会四散奔逃。我们应乘战船进入济河，到了马耳谷（今山东诸城西南）的关口再做决定。"②

到彦之表示："我眼要瞎了，自从北上眼睛就一直疼，现在尤其严重，况且军中还突然出现了大规模传染病，少废话，撤军！"③

到彦之引兵从清口驶进济水，到了历城（今山东济南）后焚毁战船，丢盔弃甲，飞奔回了彭城。④

到彦之担心直接南下会被魏军撵上，便选择从山东方向背靠泰山逃跑。（见图5-4）

兖州刺史竺灵秀一看总指挥到彦之都跑了，他还在这里干什么，于是也放弃了须昌南下逃往湖陆，青州、兖州崩盘，即所谓"竺灵秀弃

---

① 《宋书·垣护之传》：且昔人有连年攻战，失众乏粮者，犹张胆争前，莫肯轻退。况今青州丰穰，济漕流通，士马饱逸，威力无损。若空弃滑台，坐丧成业，岂是朝廷受任之旨。

② 《资治通鉴·宋纪三》：彦之欲焚舟步走，王仲德曰："洛阳既陷，虎牢不守，自然之势也。今虏去我犹千里，滑台尚有强兵，若遽舍舟南走，士卒必散。当引舟入济，至马耳谷口，更详所宜。"

③ 《资治通鉴·宋纪三》：彦之先有目疾，至是大动；且将士疾疫。

④ 《资治通鉴·宋纪三》：乃引兵自清入济，南至历城，焚舟弃甲，步趋彭城。

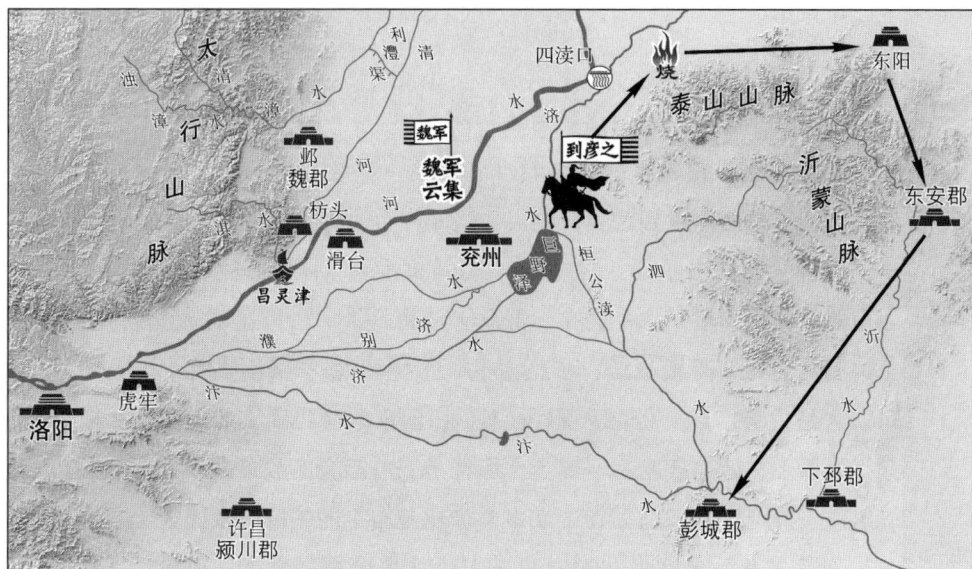

图 5-4　到彦之逃跑路线图

须昌，南奔湖陆，青、兖大扰"。

至此，到彦之指挥的北伐在带着大量甲胄、战船等军用物资且魏军远在千里之遥的情况下，完成了顶级大溃败。

北魏大军攻打济南，济南太守萧承之仅率几百名士兵抵抗。魏军聚集城下准备攻城，萧承之偃旗息鼓，命大开城门。

将士们说："大哥，你这不是自寻死路吗？"

萧承之道："我们困守孤城，情势危急，如果示弱于敌必死，只能吓唬他们。"魏军疑有伏兵，撤了。

过程不一定真实，因为萧承之的儿子萧道成是南朝下一个朝代齐国的开国皇帝，但结果是没问题的，萧承之确确实实没撤退，还带着几百人把济南城给守住了。

其实，魏军也没那么气吞山河，他们的胆子是看宋军胆子小后一点点壮大起来的。

十一月十六，北魏叔孙建进攻宋兖州刺史竺灵秀于湖陆，竺灵秀大败，死了五千多人，叔孙建随后还屯范城（今河南范县东南）。

十一月十九，安颉督各路军队开始攻打滑台。此时到彦之早就在彭城闭目养病了。

十二月十五，魏军攻克了平凉，拓跋焘班师东还。

右将军到彦之、安北将军王仲德皆下狱免官，兖州刺史竺灵秀因弃军逃跑被砍头。刘义隆看到垣护之给到彦之的书信后，给予了高度赞许，还加以鼓励，任垣护之为北高平太守。

此次到彦之北伐，武器与后勤给养极其丰厚，本来刘义隆是奔着打大牌来的，结果到彦之在没见到一个魏兵的情况下，在走山东安全路线的前提下，把所有装备都扔了，把船都烧了，飞奔逃了回来，致使朝廷武库空虚，史载："彦之之北伐也，甲兵资实甚盛；乃败还，委弃荡尽，府藏、武库为之空虚。"

谁也想不到，到彦之一件兵器都不带回来啊，太败家了！

一日刘义隆召群臣宴饮，有远方归降的人在座，刘义隆问尚书库部郎顾琛："武库还有多少武器？"

顾琛虚报道："只够十万人使用。"

刘义隆问完就后悔了，因为有归降之人，结果顾琛很"机灵"，把这事给盖过去了。到彦之败家都败到了让刘义隆心虚的程度。

到彦之早年间是挑粪的，这份职业直到他曾孙子时还被人讥讽。[①]老百姓不是傻子，他怂得如此惨无人道，就别怪后世永远有人说他是挑粪的。至少挑粪的还能把粪挑回来，他都把脸丢在外面了。

在可遇不可求的前任烘托下，檀道济出场了。

---

① 《南史·到彦之传》：溉祖彦之初以担粪自给，故世以为讥云。

二、方向东北，5 世纪女王剧本开始接入

431 年正月十五，檀道济率军从清水出兵救援被围困已久的滑台。正月十六，檀道济军抵达寿张，遇北魏安平公叔孙健所部，檀道济率王仲德与段宏怒战北魏，大破之，随后转战高粱亭，斩北魏济州刺史悉烦库结。[①] 不是南朝的战斗力不行啊！

檀道济大胜后开进济水，在二十多天里先后与魏军交战三十余次，多次大捷。[②] 但之后的路线就看不懂了，或者说滑台又一次被放弃了。

檀道济将大军向东开到了历城，可谓南辕北辙，也没再提滑台的事。北魏轻骑兵对檀道济进行前后截击，烧了宋军粮草，檀道济因军中乏粮所以高调宣布无法再进。[③]（见图 5-5）

---

① 《资治通鉴·宋纪四》：丙申，檀道济等自清水救滑台，魏叔孙建、长孙道生拒之。丁酉，道济至寿张，遇魏安平公乙旃眷，道济帅宁朔将军王仲德、骁骑将军段宏奋击，大破之；转战至高粱亭，斩魏济州刺史悉烦库结。

② 《资治通鉴·宋纪四》：檀道济等进至济上，二十余日间，前后与魏三十余战，道济多捷。

③ 《资治通鉴·宋纪四》：军至历城，叔孙建等纵轻骑邀其前后，焚烧草谷，道济军乏食，不能进。

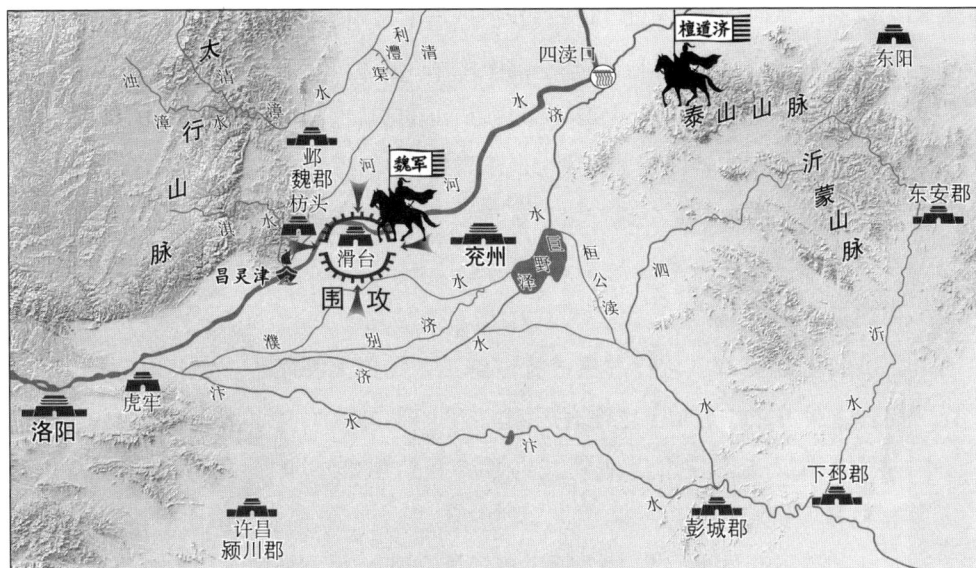

图 5-5　檀道济北伐图

粮草，烧了……

魏军随后开足马力攻打滑台，拓跋焘又派楚兵将军王慧龙增援。

此时的滑台已经坚持三个月了，粮食被吃光了，守军已经开始吃老鼠了。

到彦之连粮食都没有给将士们准备充足，他明明知道自己胆小，还要指着将士们去守城拼命，却不给将士们备足能撑到来年春夏的粮食。粮食和铠甲兵器可以烧了，毁了，却一定不能给别人。

二月初十，魏军攻破滑台，朱修之与万余士兵被俘。

檀道济也退军了。从他去的那个方向就能看明白，这是要开溜的架势，根本就没考虑滑台的事，到彦之也是从历城开始逃跑的。

檀道济撤军时遇到了惊险一幕：军中出了叛徒。叛徒报告了魏军，说此时檀道济缺粮，非常困难。魏军随后展开了追击。

宋军军心涣散，人人自危，即将崩溃，檀道济利用夜色的掩护，先是命士卒把沙袋当粮食进行点数，然后把军中最后的一点粮食铺在沙子上。魏军第二天看到后便杀了那个降卒。①

檀道济兵很少，而魏军人多势众，骑兵从四面八方而来，包围了檀道济。檀道济穿着便装，从容地出营退军。魏军以为有伏兵，随后撤了包围圈，檀道济安全地带回了队伍。

檀道济此次南撤也是顺着到彦之的山东方向走的，随后山东半岛便崩盘了。

青州刺史萧思话听说檀道济也跑了，觉得天都塌了，也打算弃城自保，萧承之一再劝阻也没有用。②

二月二十六，萧思话弃城逃奔到青州南部的平昌（今山东诸城西北）。

驻守下邳的参军刘振之听说檀道济和青州刺史都撤了，连超级大后方的下邳都不守了，也直接弃城而逃。③

结果，北魏没有来，山东半岛因此也没丢，萧思话被抓回了建康，原因是青州治所的东阳城中有大量的物资，官军走了，百姓也要活命，这些物资就都被百姓抢了烧了。④

这从侧面反映了什么？山东有大量的储备和积蓄，但檀道济没有担当，或者说根本就没替国家考虑过。檀道济在历城被烧了粮草后也一路逃跑，只不过区别在于他把队伍和武装都带了回来。

---

① 《资治通鉴·宋纪四》：魏人追之，众恟惧，将溃。道济夜唱筹量沙，以所余少米覆其上。及旦，魏军见之，谓道济资粮有余，以降者为妄而斩之。

② 《资治通鉴·宋纪四》：青州刺史萧思话闻道济南归，欲委镇保险，济南太守萧承之固谏，不从。

③ 《资治通鉴·宋纪四》：丁丑，思话弃镇奔平昌；参军刘振之戍下邳，闻之，亦委城走。

④ 《资治通鉴·宋纪四》：魏军竟不至，而东阳积聚已为百姓所焚。思话坐征，系尚方。

其实如果他真的是为国着想的话，就应该从历城撤到不远处的青州治所东阳城，东阳城也有足够的物资，能够帮助他打好阻击战。

他这一后撤，因到彦之撤退而没被吓坏、坚守第一线的将士们再也禁不住精神摧残，彻底崩溃了，开始组团逃跑，幸亏魏军没来，来了的话山东半岛就易主了。

宋军全面溃散后，司马楚之上疏请求拓跋焘大举伐宋。拓跋焘认为连年征战，兵马久劳，不同意，遣散骑侍郎周绍找刘义隆，请求通婚。刘义隆不敢反驳。

继拓跋嗣第一次南下后，山东地区第二次因为北魏的主动收手而意外得到了救赎。还会有第三次吗？

此次刘宋北伐，打得实在太丢脸了。但客观而论，其实宋魏的实力差距真的很大吗？魏军根本没怎么出动代人集团本部的人，拓跋焘更是亲自西进灭了赫连定，主力基本上就是北魏的南部军团。

宋军的军力、军备、粮草、船只准备得都相当充足，檀道济因不被刘义隆信任所带的兵很少，但在二十多天与魏军激战三十多次还大多都赢了，这说明魏军的实力也很一般，并没有展现出拓跋焘亲率大军时那种摧枯拉朽、数千里纵横杀伐的可怕战力。

回军时檀道济耍小聪明是一方面，其实侧面也说明魏军的战斗意志和战斗能力很一般，二十年后刘康祖率八千铁军组车阵撤退也是堂堂正正、丝毫不惧的，但被魏军彻底围死了，虽然杀敌万余最终依旧被魏军全歼。

更为直观的体现就是山东都不设防跑没了，而魏军根本没来。

与宋军交战的一直就是魏国二队。檀道济能顺利逃走，其实更多得益于此。

此战败在哪里呢？

到彦之再怎么胆小怕事，归根结底也是刘义隆的问题。

刘义隆从小到大没指挥过一次大规模的战役，没亲临过一次一线战场，但他作为业余军事爱好者，极度重视作战。每个出征的将士都必须按照刘义隆的计划打仗，甚至交战的日子都得等他的指示，导致所有的将帅都不敢担责。[①]

这个世界不是只有刘义隆才能把仗打好，也不是什么都需要事必躬亲，更不要说干的是他根本就不熟悉不专业的事。

他根本没琢磨明白什么是战略，他认为黄河就是长江，随后完全按照长江来布防两千里的黄河防线。他不知道黄河不像长江那样永不结冰，他也不知道黄河的水量跟长江比起来，那就是他的战力和他爹比。

他的不安全感和对军权的极度控制欲，是因为他死去哥哥交的学费和他自己阴差阳错的上位经历。

到彦之留下了一个烂摊子，仍不耽误最后被盖棺定论为一个"忠"字。他爹给他选了到彦之做司马，核心就是要最大限度地削弱荆州对建康的威胁。

历史很幽默，等刘义隆阴差阳错真的上了位，他手里放心能用的也只有到彦之这个胆小鬼了。

檀道济虽然是第二梯队，却并没有太多兵权，刘义隆敢一上来就让檀道济督五万兵去北伐吗？他更担心檀道济吃得饱睡得着跟北魏去谈生意，毕竟徐羡之和他本人都很轻松地得到了檀道济的"服务"。

这种人谁都能驾驭，没有他不能卖的，关键他心理素质极好，从来不会付出真心。当年刘裕那么厚待他，他都能一觉睡到大天亮，这种没有底线的人实在太可怕了。到彦之再胆小，他也能背锅，不至于把刀架在自己脖子上。

刘义隆只是没有料到，到彦之会在手握五万全副武装的精兵、离敌千里的情况下，上演了史诗级的大溃败。知道他胆小，没想到他这么胆小。

---

① 《资治通鉴·宋纪八》：上每命将出师，常授以成律，交战日时，亦待中诏，是以将帅趑趄，莫敢自决。

此役后，刘义隆回忆起他爹的时候心情会很复杂。刘裕给刘义隆选了这么一位司马，还真是眼光独到，用心良苦！

431 年二月二十二，拓跋焘伐夏大胜后回平城举行盛大宴会，祭告祖庙，朝中所有将帅和官员均得到赏赐，士卒们更是被一律免了多达十年的赋税。

连年的大胜让拓跋焘抢得盆满钵满，连代人集团上下阶层的矛盾都被转嫁了，借着全阶层都被收买这个难得的大好时机，拓跋焘开始要搞改革试点了。

大胜南方后不久，拓跋焘下诏："如今北面和西面都被我们摧毁，我们要振兴文教了，整顿过去被搁置和忽略的工作，推举过去隐居不出来做官的文化人，像范阳卢玄、博陵崔绰、赵郡李灵、河间邢颖、渤海高允、广平游雅、太原张伟等人，都是门阀后人，当地翘楚，凡是才华能与卢玄相仿的，各州郡都要礼贤下士，把他们请过来。"[1]

拓跋焘征召了卢玄等人，以及地方州郡荐举的数百汉族豪族到平城来入朝为官，因材而用。

拓跋焘指出了未来的发展方向，地方开始把各地名士强行遣送平城。拓跋焘听说后立即下旨，要求一定礼遇名士，让他们来去自由，不得强行遣送。[2]

这些汉人为什么迎来了大规模的政治红利呢？因为拓跋焘的外患解除了，他要开始挖顺和汉人的关系了。这波政治东风下，最大的暂时受益者，是崔浩。

---

[1]《资治通鉴·宋纪四》：壬申，魏主诏曰："今二寇摧殄，将偃武修文，理废职，举逸民。范阳卢玄、博陵崔绰、赵郡李灵、河间邢颖、勃海（也有史书写为"渤海"，全书正文统一用"渤海"）高允、广平游雅、太原张伟等，皆贤隽之胄，冠冕周邦。《易》曰：'我有好爵，吾与尔縻之。'如玄之比者，尽敕州郡以礼发遣。"

[2]《资治通鉴·宋纪四》：魏主征诸名士之未仕者，州郡多逼遣之。魏主闻之，下诏令守宰以礼申谕，任其进退，毋得逼遣。

崔浩这几年在北魏朝廷几乎像是张良一样的存在，帮助拓跋焘北扫柔然、西定夏国、南平刘宋，拓跋焘征请名士的那位参照者卢玄，就是崔浩的外甥。

崔浩利用这个政治风口打算严格整顿朝中官员的品级，他要辨明官员的出身和姓氏等级，恢复九品中正制，即所谓"浩大欲齐整人伦，分明姓族"。

他外甥卢玄劝道："创建制度一定要天时地利人和，因地制宜，这是鲜卑人的天下，是代人集团的江山，赞成您改革的能有几个人，您要三思啊！"崔浩没搭理他。

如果说之前崔浩仅仅是让代人集团的高层不满，那么从这个时候开始，北魏全体官僚都对这个汉人产生愤怒了。崔浩给自己埋下了祸根。

432年，拓跋焘开始治兵于南郊，准备伐燕。

此时的燕是北燕，已经不是后燕了。"五燕"政权来到最后一棒了，前面"四燕"的前燕、后燕、西燕、南燕都是慕容家的政权，到了北燕时，已经不姓慕容，而是高云、冯跋的天下了。

慕容宝被拓跋珪赶到关东后一度有过一次短暂的反攻，但习惯性失败了。真要能打回去当年就不会被打出来了。

慕容宝在回龙城的路上被舅爷爷兰汗杀死了，随后兰汗又杀了太子慕容策及王公大臣百余人，自称大都督、大将军、大单于、昌黎王。

398年四月，兰汗称帝，改元"青龙"。

因为兰汗的闺女嫁给了慕容宝庶长子慕容盛，兰汗留了他的命。

这个当年从虎狼遍地的北境中带回了弟弟慕容会和小叔叔慕容柔的少年郎在十多年后再次沧海横流显英雄了。

当年七月，慕容盛用离间计让兰汗兄弟互杀，随后乘兰汗虚弱之时将其杀死，于十月复国成功。

慕容盛的复国一度得到北魏的支持，因为拓跋珪娶了他妹妹当皇后，但好景不长，401年八月，慕容盛的表哥前将军段玑发动兵变，慕容盛虽平叛成功，却最终伤重身亡。

慕容盛死后，由于最小的儿子慕容定年幼，当时的皇太后、慕容令的妻子丁氏拥戴了与她私通的慕容垂幼子慕容熙继位。[①]

慕容令 370 年就死了，此时这位丁太后就算年轻也该快五十了。

慕容熙才十七虚岁。

慕容熙上位后开始大兴土木，征两万余人建了方圆十多里的龙腾苑，苑内筑景云山，广五百步，山高十七丈；又起逍遥宫、甘露殿，开凿天河渠引水入宫，又为宠妃挖曲光海、清凉池，建承华殿；军事上也不闲着，向北攻打契丹，向东与高句丽开战。

他还是个情痴，宠妃苻训英在六月想吃冻鱼肉，在十一月要吃生地黄，慕容熙表示逆天才能够证明他的爱，下令有司必须办到，办不到就处死。等苻训英得病死了的时候，慕容熙一度哭昏，醒来后命人打开棺材，要和尸体交合。[②]

慕容熙还命全国的老百姓给他的心上人服丧，命专人考核百官有没有流泪，不流泪就处罚。

407 年七月，在天怒人怨下，中卫将军冯跋、左卫将军张兴等与冯跋堂兄冯万泥等二十二人结盟，推慕容宝养子慕容云为首领，率五千多服役囚徒发动政变。过场走得很顺利，慕容熙跟他的知心爱人去了另一个世界。慕容云继位，仍用燕国号。

慕容云原名高云，是高句丽的远支宗族。397 年慕容垂隔代选中的孙子慕容会谋反时，高云率军平灭了慕容会及其叛军，随后被慕容宝收为养子，赐姓慕容氏。由于高云并非慕容氏血脉，所以后世称此燕为北燕。

慕容云继位两年后，又被宠臣离班、桃仁杀害，他当年上位时的

---

① 《晋书·慕容熙载记》：初，熙烝于丁氏，故为所立。

② 《晋书·慕容熙载记》：苻氏死，熙悲号躄踊，若丧考妣，拥其尸而抚之曰："体已就冷，命遂断矣！"于是僵仆气绝，久而乃苏。大敛既讫，复启其棺而与交接。

重要辅助者，侍中、都督中外诸军事、征北大将军、开府仪同三司、录尚书事、武邑郡公冯跋随后平叛继位。

看看冯跋的那堆官职，慕容云被替代其实就是时间问题。

冯跋，长乐信都人，永嘉之乱时其祖父冯和避乱于上党。父亲冯安，勇武有器量，是西燕慕容永的将军，西燕被灭后，冯氏被迁到和龙（今辽宁朝阳）。

冯跋是个英主，上位后励精图治，辽北迎来了难得的二十多年的美好时光。内无漏洞，外敌就不好做文章，北魏这些年也一直没往东边看。

430 年，冯跋病死，其弟冯弘逼杀冯跋太子冯翼自立为帝，拓跋焘开始盯上北燕了。

432 年，拓跋焘伐燕。七月，至濡水（今滦河），遣安东将军奚斤征幽州民及密云丁零万余人运攻城器械出南道，会师于和龙。

魏军所过之处一路如归，北燕石城太守李崇等十郡降魏，拓跋焘轻松来到和龙城下，以一路裹挟而来的三万燕民挖围堑去围困和龙。

拓跋焘是那种悟透了战争精髓的人，他知道人口与阶级的意义，怎样去奴役与驱使不同阶级的人去达到自己的目的。

八月，冯弘派数万人出战，被打死一万多，与此同时魏平东将军贺多罗攻带方，抚军大将军永昌王拓跋健攻建德，骠骑大将军乐平王拓跋丕攻冀阳，皆拔之。

九月，拓跋焘引兵而还，徙营丘、成周、辽东、乐浪、带方、玄菟六郡民众三万家于幽州。

北燕在短短的一个夏天被打残。

外部军事输惨的同时，内部还出现了叛乱的皇子。

冯弘的嫡妻王氏生的冯崇本是太子，但冯弘即位后却立慕容氏为王后，并将冯崇调离中央，派其镇守与北魏接壤的肥如（今河北卢龙）。也不知道这种人事安排他是怎么考虑的。

冯崇的同胞弟弟冯朗和冯邈私下商量后逃往辽西，劝说冯崇投降北魏。十二月十九，冯崇派冯邈前往北魏沟通投降事宜。

433 年二月，作为投诚的好榜样，拓跋焘以冯崇为都督幽平东夷诸军事、车骑大将军、幽平二州牧，封辽西王，录辽西国尚书事，食辽西十郡，并可按照朝廷旧制有权任命尚书、刺史、征虏将军以下的官职。

作为冯崇投诚的重要参与者，冯朗也成为早期的既得利益者，在北魏历任秦州和雍州刺史，封辽西郡公。冯朗后来在长安当刺史的时候，生了个闺女，就是后来的冯太后。他这个闺女，成为中国历史上时隔六百年继吕雉之后的第二个掌权的女政治家。

434 年正月，冯弘遣使请和于魏，拓跋焘不许。闰三月十八，冯弘再派使者上疏北魏请罪，求当藩属，并乞求拓跋焘给机会纳自己的幼女充实其后宫。拓跋焘同意了，召北燕太子冯王仁和其妹来平城。

被冯弘进献的小丫头成了拓跋焘的左昭仪，是七年后即将出生在长安的小侄女上位路上的重要引路人。

面对拓跋焘的征召冯弘把闺女给送过去了，没送儿子，这闺女也白送了。

六月，拓跋焘派抚军大将军拓跋健等再度伐燕，割了北燕的庄稼后又迁徙了大量北燕百姓回北魏。

转过年来 435 年七月，一年一度的东北征伐再次开始，拓跋丕又去和龙迁徙了六千口男女到平城。在这次迁往平城的六千人中，有一个刚刚生过孩子的女人，姓常。这个女人作为亡国奴身份比较卑贱，但她后面却阴差阳错地成了拓跋珪"子立母死"制度的重要受益人，将六年后出生的那个小丫头推到了朝堂的最前方。

436 年，北燕还是被拓跋焘挤对得灭亡了。不过此时这个国家已经不重要了。北燕送往平城的三个女人，最终在东北振翅的二十年后引发蝴蝶效应，卷起了一场场风暴，并环环相扣，控制了曾经蹂躏她们的庞然大物，永远改变了历史的走向。

历史之神，您真的是最伟大的编剧。

三、方向西北，6 世纪统一软件上线

437 年，统一东北的拓跋焘将目光投向了西面，派散骑侍郎董琬、高明等携带大批金银细软出使西域，招抚西域九国。结果超预期，共与十六国建立了外交关系，从此十六国每年向北魏进贡。

还是这一年，拓跋焘将其妹武威公主嫁给北凉王沮渠牧犍。

北魏尚书李顺出使北凉返回北魏后，拓跋焘问他："当年你提出攻取北凉的计划，因为当时正在东北开战所以我没同意，如今和龙已定，我打算立即西征，你觉得呢？"前脚刚把妹妹嫁过去，后脚就要灭人家的国家。

嫁妹不过是拓跋焘打探对方虚实的幌子，是个蒙蔽北凉的挡箭牌。无情最是帝王家。

李顺回答说："我还是肯定伐凉的举措，但如今国家频频兴兵，兵马疲劳，西征这事还是缓缓吧。"

开始的时候沮渠牧犍还比较拿北魏公主当回事，后来就被他嫂子李氏给迷住了。他这个嫂子还跟他们兄弟三人轮着相好，比较难以理解，还是上史料原文吧："河西王牧犍通于其嫂李氏，兄弟三人传嬖之。"武威公主面子上下不来，就把沮渠牧犍大骂了一通。

李氏与沮渠牧犍的姐姐合谋下毒，想要毒死拓跋焘他妹，但毒药是假冒伪劣的，武威公主没被毒死。这事传到了拓跋焘那里，拓跋焘派解毒大夫乘坐驿站马车前往北凉，救他妹妹。

武威公主最终被救了回来，拓跋焘让沮渠牧犍交出李氏，沮渠牧犍不肯交人，只是给了李氏一笔钱让她迁居酒泉，离开了姑臧。

沮渠牧犍给了拓跋焘征伐的口实。

拓跋焘先跟崔浩商量了一下，崔浩一如既往地表示要打。拓跋焘听了比较开心，召开朝会，让大家在太极殿西堂讨论。

奚斤等三十余人都说："沮渠牧犍目前罪行还不明显，我们又刚刚结束一场征伐，不能再打了。况且听说凉地土地贫瘠，盐碱地居多，没有水草，我们大军到了那里，他一定固守，我们抢不到给养，这仗没法打。"

前面说了一大堆都是瞎扯，核心就是无利可图，代人集团不同意出征。

群臣的消息是从哪里来的呢？北魏出使北凉的使者李顺。

这些年李顺出使北凉共十二次，沮渠蒙逊对李顺进行了大量的贿赂。崔浩从一些环节知道这事后就给拓跋焘打小报告，拓跋焘不信。因为李顺当年攻破统万城的时候，仅仅在赏赐中要了几千卷书。[①] 赐的宝物都不要，能去贪污？

其实，并非拓跋焘高估了李顺的人设，而是拓跋焘在刻意树立李顺这个山头，目的是牵制崔浩，防止老崔一家独大。李顺也高调进入政局，逐渐成为崔浩的心头大患。

崔浩跟李顺是亲家，崔浩弟弟娶了李顺的妹妹，侄子娶了李顺的闺女，但李顺出身赵郡李氏，同样能干，这些年一直在跟崔浩争做汉人的头牌，崔浩一直在给李顺穿小鞋。

---

① 《魏书·李顺传》：及克统万，世祖赐诸将珍宝杂物，顺固辞，唯取书数千卷。世祖善之。

李顺受贿，天高皇帝远的谁都不知道，但亲家崔浩知道。看见没有，最能一刀捅死你的是谁？

任何环节和利益只要存在隐患，就千万不要因为是亲家而大意，再大的信任也是有限度的。谁也不知道未来会怎样演变，他如果真的站到了你的对立面，一刀就能捅死你。

等到讨论讨伐北凉时，李顺和古弼都说："从温圉水（今甘肃皋兰县段黄河）以西直到姑臧都是枯石，什么水草都没有。当地人说，姑臧城南的天梯山上冬天有积雪，深达数丈，春夏积雪融化后从山上流下来形成河流，居民引以灌溉。凉人要是知道我们大军开到，一定会掘开渠口给我们断水。姑臧城方圆百里之内根本没有草，人马饥渴，我们待不住，奚斤他们说得对。"

拓跋焘让天下第一辩士崔浩去和他亲家争辩，崔浩再次展示了什么叫"知识就是力量"。

崔浩道："《汉书·地理志》中记载'凉州之畜为天下饶'，若无水草哪来的这些牲畜，汉朝人难道是傻子吗？在没有水草的地方建了河西四郡？这不瞎扯嘛！"[1]

李顺说："百闻不如一见。我亲眼看到的，你凭什么跟我辩论！"

崔浩说："你受贿了，你以为我没看到就会被你这个贪污犯蒙蔽吗，不可能！"

隐藏在屏风后的拓跋焘出来了，声色俱厉，群臣不敢再说什么了。

一个个跟傻子一样，难道不知道崔浩出来和大家争吵就是他的主人放出来的吗？

439 年五月十四，拓跋焘治兵于平城西郊。

---

[1] 《资治通鉴·宋纪五》：浩曰："《汉书·地理志》称'凉州之畜为天下饶'，若无水草，畜何以蕃？又，汉人终不于无水草之地筑城郭，建郡县也。且雪之消释，仅能敛尘，何得通渠溉灌乎！此言大为欺诬矣。"

六月，大军从平城出发，自云中渡黄河。

七月，军至上郡。七月二十，魏军留辎重，派前锋奔袭。

八月初二，北魏前锋永昌王拓跋健缴获北凉各类牲畜二十余万。

八月初四，拓跋焘抵达姑臧城下，沮渠牧犍寄希望于柔然进攻北魏，迫使拓跋焘撤军，于是坚守抵抗。

拓跋焘看到姑臧城外水草茂盛就什么都明白了，对崔浩说："还是你有文化！"

崔浩回答道："我跟您说话从来不敢不讲实话。"后来李顺还是被崔浩给害死了。[①]

崔浩此时对李顺是恨之入骨，必须弄死他才心安，为什么呢？因为李顺损害了他的利益。不过崔浩在咬牙痛骂李顺、背后捅刀子的时候，似乎从来没意识到自己损害了谁的利益。

九月二十五，沮渠牧犍的侄儿沮渠万年率众投降，坚持了一个半月的姑臧城溃，沮渠牧犍把自己绑了请降。拓跋焘接受了沮渠牧犍的投降，收姑臧户口二十余万，仓库中的珍奇异宝不可胜数。拓跋焘又命张掖王秃发保周、龙骧将军穆罴、安远将军源贺分别向地方各郡传达消息，各路投降北魏的又有几十万人。

六月出发，九月底办完，三个月平了北凉。北境合体了。

十月初一，拓跋焘东返，留乐平王拓跋丕及征西将军贺多罗镇守凉州，迁徙沮渠牧犍王室及北凉官员百姓三万户到平城。此时的拓跋焘恐怕还不知道这三万户对于整个中国历史的意义。

之前北魏所有的汉化，准确地说应该叫清河崔氏化、渤海高氏化，或者叫河北家学化。经过"五胡"百年大乱后，整个北方该破坏的都被

---

① 《魏书·李顺传》：凉州人徐桀发其事。浩又毁之，云："顺昔受牧犍父子重赂，每言凉州无水草，不可行师。及陛下至姑臧，水草丰足。其诈如此，几误国事。不忠若是，反言臣谗之于陛下。"世祖大怒，真君三年遂刑顺于城西。

破坏得差不多了，文明与典籍在战乱中几乎被毁，所谓"既而中州板荡，戎狄交侵，僭伪相属，生灵涂炭，故文章黜焉"。

本来前燕的汉化馆藏是最丰厚的，但随着前燕的灭亡、前秦的崩溃、关中变成修罗场，大量的文化瑰宝被毁灭殆尽。

流水的"夷狄"，铁杆的豪族，残存下来的北国汉文化典籍和礼仪制度等，被少数地方豪族所掌握。准确地说，叫家学，也就是所谓的"一家之言"。但家学无论怎么厉害，也无法重建一个有着千年历史的文明大厦。因为维度不够丰富，因为观点缺少对照，因为思想没有交流。

好在当年司马家崩坏世道、天下大乱、中原沦丧的时候，遥远的西北造出了保卫中华文明的末日方舟！前凉张氏在胡马南度的大乱世中，在中国北方充斥着兵灾与毁灭情况下，最大程度地保存了中华文化和礼仪制度，为中华民族大融合、大一统提供了最为关键的文化力量，为中华文明的存续打造了生命之舟！

自301年开国，立国九代、有七十五年历史的前凉张氏对于中华民族的发展有着极大的功劳。当年的苻坚没有做到，但北魏做到了，还释放了巨大的能量。

前凉开国君主张轨出身安定张氏，是世代孝廉的西北豪族。

在朝廷，张轨被张华赏识，做过太子舍人，累迁至散骑常侍、征西军司，后来走关系得到了晋室的官方任命，出任护羌校尉、凉州刺史。

前脚张轨刚走，天下就开始大乱，靠着西北豪族以及朝廷官员的背景以及晋室任命的政治招牌，张轨所在的凉州在中原崩盘后成了士人与汉民可以投奔的三个地方之一。

因为西北并不被顶级高门看重，没有成为士人避难的首选之地，前凉幸运地远离了那帮道貌岸然的高级士族的掺和，反而吸引了大量中下层且没有掺和进玄学圈的士族加入，使得前凉河西之地走上了儒家文化立国的道路。

前凉利用"中州人士"避难凉州的有利条件，开始大规模地吸揽人才，兴办学校，鼓励私人讲学，打破了汉魏以来学术逐渐地域化、家族化的趋势。

儒家文化开始在西凉打破壁垒走向融合，京兆杜氏、陈郡谢氏、广平程氏、河东裴氏、弘农杨氏、河内常氏、南阳阴氏等世家大族在西凉开枝散叶，使大量的儒家经典在此传承，大量的古籍经文在此保留。前凉虽然地处偏远，却成为当时中国北方甚至是整个中国儒家文化发展的最高峰！

如果没有前凉张家，那我们国家民族信仰中关键的两根大支柱——儒家和佛法将很有可能无法在这个关键的时间点完成融合、相互塑造，最终无法嵌入中华民族的文化基因。鸠摩罗什大师再怎么有慧根，也无法翻译出优美的、充满智慧的经文。

在那个万物毁灭的年代，张家为中华民族文化信仰的再次复兴保留了火种。富庶的河西走廊成为中华民族的关键灯塔！

很难想象，前凉如果在公元4世纪初落入"诸胡"之手，那历史最终会走向何方呢？北魏很可能会走前面"四胡"的老路，中国的历史将陷入无限循环的旋涡。

张家在保留了文化信仰火种的同时，也更早找到了民族融合之路。

倡导儒学之风，以宽松的文教政策吸收、包容各民族文化，使中华文化逐渐形成以儒学为主的文化融合体。

文化带动习俗融合。

你读了五经，慢慢就能接受礼义廉耻。你知道对长辈抱拳拱手，就会抛弃收继婚的陋习。你知道孔子是华夏圣人，慢慢就会和汉族共度春节。

民族融合靠的不是血缘，而是永远靠文化！

前凉时代，河西走廊上各民族和谐共处。苻坚征服前凉后，并没有和各民族和谐共处，而是选择继续粗暴扩张。吕光占领前凉领地后，也和苻坚一样，把整个河西走廊弄得爆土狼烟、四分五裂，致使民族矛盾达到百年来的高峰。后凉覆灭后，南凉、北凉、西凉三家政权祖祖辈辈在这片土地上耕耘，重拾前凉张氏的"套路"。

从三家君主来看，西凉的汉人李暠作为世代河西大族，其汉化程度就不用说了。李暠就是个标标准准的儒家弟子，学经史，善文义，习武义，诵兵法，甚至亲自参与书籍经典的补救工作。他还拿着蜀汉丞相诸葛亮的训诫去教导诸子。[①]

建立南凉的是鲜卑秃发部，建立北凉的是匈奴支系卢水胡的沮渠部，别看都是少数民族，但汉化起来那叫一个不遗余力。这两个少数民族在河西混了上百年，见识了当年张家怎么统治好这片土地的，也目睹了氐族和吕氏是怎么败北的。

南凉秃发部首领汉化程度极高，秃发傉檀的儿子在十三岁时居然能写"七步诗"，一挥而就，被秃发傉檀夸为曹植。[②]

北凉的开国君主沮渠蒙逊，汉化程度也极高，能看懂天文。[③]

南、北、西三凉的君主本身就是儒学汉化大家，因此相当重视教育，自上而下完成了对前凉的文化继承。

前凉汉化最伟大的地方在于其教育的体系化。

前凉时期，张家大规模地兴建公办学校，曾"征九郡胄子五百人，立学校，始置崇文祭酒，位视别驾，春秋行乡射之礼"。其崇文祭酒的地位极高，相当于别驾，仅次于刺史，都能进入权力核心了。

南凉、西凉立国后也都兴办公立学校，倡导儒学。

南凉立国不到五年的时候，祠部郎中史暠提出要重视教育，秃发

---

① 《晋书·凉武昭王李玄盛传》：古今之事不可以不知，苟近而可师，何必远也。览诸葛亮训励，应璩奏谏，寻其终始，周孔之教尽在中矣。为国足以致安，立身足以成名，质略易通，寓目则了。虽言发往人，道师于此。且经史道德如采菽中原，勤之者则功多，汝等可不勉哉！

② 《太平御览·卷十六》：崔鸿《十六国春秋·南凉录》曰："秃发傉檀子归，年十三，命为《高昌殿赋》，援笔即成，影不移漏。傉檀览而异之，拟之曹子建。"

③ 《晋书·沮渠蒙逊载记》：蒙逊博涉群史，颇晓天文。

利鹿孤立刻接受建议，开办学校。[①]

西凉也是在立国不久的 404 年，在仅辖有今酒泉、玉门、安西、敦煌几县之地时就已经办起了四百人的学校。

各凉都将儒家立国作为头等大事。

除了官办学校，还有大量的民办教育进行补充。河西地区私人讲学之风相当兴盛，尤其酒泉地区，办了不少私塾，祈嘉作为私塾先生带了百余徒弟。[②]

宋纤隐居酒泉南山后也办起了私塾，居然带出了弟子三千。[③]

刘昞不愿做官，隐居酒泉，也带出来了五百多弟子[④]。他的学生还挺有影响力，比如索敞"为刘昞助教，专心经籍，尽能传昞之业"，程骏则"从师专攻《周易》"，二人后来都成了北魏中央官学里的先生，为北魏官办教育搭建了最初的框架。

通过官办学校和私塾，河西地区的教育事业蓬勃发展。文化只有通过多维度的教学与补充，才能在互通有无中得到增补和发展。

"五胡"云扰中原百年后，整个中原乃至河北仅仅剩下少数河北大族手中握有典籍，形成自己的家学，且各自为营，无法沟通交流。这百年下来后，与河西地区的体系性文化积累差距是极其巨大的。

三凉不仅官办教育，而且教出来的东西都是实实在在的，不是图虚名的，不是为了教而教，而是为了用而教。

―――――――

① 《晋书·秃发利鹿孤载记》：今取士拔才，必先弓马，文章学艺为无用之条，非所以来远人，垂不朽也。孔子曰："不学礼，无以立。"宜建学校，开庠序，选耆德硕儒以训胄子；利鹿孤善之，于是以田玄冲、赵诞为博士祭酒，以教胄子。

② 《晋书·祈嘉传》：西至敦煌，依学官诵书，贫无衣食，为书生都养以自给，遂博通经传，精究大义。西游海渚，教授门生百余人。

③ 《晋书·宋纤传》：少有远操，沈靖不与世交，隐居于酒泉南山。明究经纬，弟子受业三千余人。

④ 《魏书·李昞传》：昞后隐居酒泉，不应州郡之命，弟子受业者五百余人。

西凉完完全全就是土生土长的河西汉人，这自不必说了。

南凉的秃发乌孤建立政权后不久，就与河西豪族展开了深度合作：署弟利鹿孤为骠骑大将军、西平公，镇安夷，傉檀为车骑大将军、广武公，镇西平。以杨轨为宾客。金石生、时连珍，四夷之豪隽；阴顺郭倖，西州之德望；杨统、杨贞、卫殷、麹丞明、郭黄、郭奋、史暠、鹿嵩，文武之秀杰；梁昶、韩疋、张昶、郭韶，中州之才令；金树、薛翘、赵振、王忠、赵晁、苏霸，秦雍之世门，皆内居显位，外宰郡县。官方授才，咸得其所。

西州之德望，中州之才令，秦雍之世门，都是官僚机构的骨干。

北凉政权更了不得，凡是有成就的儒家知识分子，只要北凉政权能得到，无一例外，都会被加以任用。沮渠牧犍尤其喜欢文学，任命敦煌人阚骃为姑臧太守，张湛为兵部尚书，刘昞、索敞、阴兴为国师助教，金城人宋钦为世子洗马，赵柔为金部郎，广平人程骏及其堂弟程弘为世子侍讲。[①]

这些河西大儒的官员，在北魏东迁平城后开始大量填补进了北魏官僚系统。拓跋焘灭凉后时隔七年再次颁布诏令："自顷以来，军国多事，未宣文教，非所以整齐风俗，示轨则于天下也！"现在要好好发展文教了。

之前大规模引进汉人门阀的效果，他并不满意。灭北凉后引进了大量的凉州学者，又让他看到了新的希望。

拓跋焘任命索敞为中书博士，当时北魏从上到下都崇尚武功，代人集团根本不把读书讲学当回事。索敞担任中书博士十余年，勤于诱导，对学生严而有礼，贵族子弟都敬畏他而努力向学，先后在朝中担任

---

① 《资治通鉴·宋纪五》：凉州自张氏以来，号为多士。沮渠牧犍尤喜文学，以敦煌阚骃为姑臧太守，张湛为兵部尚书，刘昞、索敞、阴兴为国师助教，金城宋钦为世子洗马，赵柔为金部郎，广平程骏、骏从弟弘为世子侍讲。

尚书、牧守的显达学生就有几十人。①

常爽在温水西岸设置学馆带了七百多学生，学校设定赏罚条例，弟子们敬畏他就像敬畏拓跋焘。②他的许多代人徒弟也都进入了北魏的官僚系统。③

在成制度体系的学校教育下，北魏的儒风开始刮起来了，即所谓"由是魏之儒风始振"。

当年和刘宋一番战后，拓跋焘的举荐人才改革被崔浩的九品中正制弄成了党派斗争，使阶级固化。

引进的西凉学者没白享受平城的特殊照顾，将一整套教育体系带了进来，其优势在于把各民族的孩子们都聚到课堂上学礼义廉耻了。这是河西四凉百年来形成的特殊的教学办法。

五凉政权除了没文化的吕光，河西地区一百多年各族兄弟姐妹相处得都很和谐。

代人集团开始在"河西教育体系"的谆谆善诱下逐渐汉化，这其实才是拓跋焘希望达到的效果，而不是引进一群汉人门阀搞党派斗争。

不仅学校办起来了，北魏还收藏了大批的文学典籍，扩充了国家图书馆。代表人物就是陈留人江强，本来寄居在凉州，看到拓跋焘重视儒学后，向朝廷呈献经、史及诸子百家的经典有一千多卷，被拓跋焘任命为中书博士。④

---

① 《资治通鉴·宋纪五》：敞为博士十余年，勤于诱导，肃而有礼，贵游皆严惮之，多所成立，前后显达至尚书、牧守者数十人。

② 《资治通鉴·宋纪五》：常爽置馆于温水之右，教授七百余人；爽立赏罚之科，弟子事之如严君。

③ 《魏书·常爽传》：尚书左仆射元赞、平原太守司马真安、著作郎程灵虬，皆是爽教所就。

④ 《资治通鉴·宋纪五》：陈留江强，寓居凉州，献经、史、诸子千余卷及书法，亦拜中书博士。

凉州学者不仅帮北魏统治集团开启了汉化，还帮北魏拿到了华夏正统的制高点，重建了北魏的礼乐制度。

北魏统治中原后想要加强自己的天命正统性就必须在礼乐制度上占据制高点，但北魏初年由崔宏、崔浩父子为主创造的文化制度相当不完善。①

因为相关人才真的找不到了。崔浩再怎么有经天纬地之才，也只是家学传家。帝王礼乐制度太专业，确实不好找参照。拓跋焘拿下河西后，补齐了这方面的人才。《魏书·乐志》记载："世祖破赫连昌，获古雅乐，及平凉州，得其伶人器服，并择而存之。"

到孝文帝时代，河西后裔的李冲等最终将其制度化了。

南朝神将陈庆之攻陷北魏回到江南后，开始重视北方人。朱异对此很奇怪，一群没文化的北方人有什么可在意的。陈庆之道："我当初也以为江北是戎狄之乡，等我到了洛阳之后才发现衣冠正统全在中原。我们差远了，为什么轻视人家？"②

陈庆之是自幼就跟随萧衍左右的心腹，见过大世面，他说的话相当具有参考性。

由草台班子到折服南朝的大将，这中间的制度建设，都是凉州百年的积淀移植。

河西文脉对北魏法律制定的影响贡献同样巨大。孝文帝年间，西

---

① 《魏书·礼志》：自永嘉扰攘，神州芜秽，礼坏乐崩，人神殄殍。太祖南定燕赵，日不暇给，仍世征伐，务恢疆宇。虽马上治之，未遑制作，至于经国轨仪，互举其大，但事多粗略，且兼阙遗。……魏氏居百王之末，接分崩之后，典礼之用，故有阙焉。太祖世所制车辇，虽参采古式，多违旧章。

② 《资治通鉴·梁纪九》：陈庆之之入洛也，萧赞送启求还。时吴淑媛尚在，上使以赞幼时衣寄之，信未达而庆之败。庆之自魏还，特重北人，朱异怪而问之，庆之曰："吾始以为大江以北皆戎狄之乡，比至洛阳，乃知衣冠人物尽在中原，非江东所及也，奈何轻之？"

凉后裔李冲和南凉秃发后裔源贺参与了北魏律令的制定，河西的百年刑律最终又与中原、江左两方精华汇集，构建了北魏的律令，最后于北齐大成，成为二千年来东亚刑律之准则。

西凉一脉对于中华文明的意义，借用陈寅恪先生之语收尾："秦凉诸州西北一隅之地，其文化上续汉、魏、西晋之学风，下开北魏、（北）齐、隋、唐之制度，承前启后，继绝扶衰，五百年间延绵一脉！"教学体系、典籍经卷、礼乐正统、刑律政纲，一应俱有。

飞龙在天，利见大人！

苻坚啊苻坚，历史真的给过你一次让你比肩秦皇汉武的机会，你知道当年自己错过了什么吗？

四、北风毫不留情，把叶子吹落……

444年正月十二，拓跋焘下诏："王公以下包括平民，私自在家供养僧侣、巫师的人都要送到官府，超过二月十五日而不交出者，处死僧侣和巫师，私藏者满门抄斩。"统一北境后，拓跋焘开始出手整顿信仰层面的问题了。

步步为营，每次都集中力量干一件事，拿下既定目标之前绝不碰下一个改革点，以免引发矛盾，给自己造成阻碍。

拓跋焘早早就把道教奉为了国教，早在442年正月，就打着青旗来道坛前接受了上天的册封，还把它写进了魏法。从此以后，北魏每位皇帝即位时都要走这个过场。[1]

国师寇谦之又奏请建造静轮宫，这个宫还必须建得非常高，高到人在上面听不到地上的声音。崔浩一沾上信仰就跟着了魔一样，表示建得好，结果花费数以万计，多年都没能完工。

太子拓跋晃劝他爹道："天和人这是两个系统，高低尊卑已定，不能相接，这是理所当然的事，现在我们空费国力，使百姓疲惫，有什么

---

① 《资治通鉴·宋纪六》：春，正月，甲申，魏主备法驾，诣道坛受符箓，旗帜尽青。自是每帝即位皆受箓。

用呢？您要是非按照寇谦之的建议去做，我请求把这宫建在恒山上，那样能少花点钱。"拓跋焘没有接受，他希望通过自己的引导，老百姓不要再为佛教"添砖加瓦"了。

太子的恒山建寺一语成谶，寇谦之活着的时候想建的这个"其高不闻鸡犬，欲以上接天神"的仙宫终究没建成，倒是他死前还不甘心，希望看到一座空中之寺，要上延霄客，下绝嚣浮。这座寺，在他过世四十多年后被建起来了，叫玄空寺。也就是今天恒山的地标悬空寺。

魏定关中后在当地设了军镇，加强对卢水胡的控制，十几年来一直在迁徙卢水胡人口并猛加赋税。445年，关中地区的卢水胡在盖吴的领导下爆发了武装起义，魏长安镇副将元纥率军镇压被击败，关中各族人民纷纷响应，起义队伍扩大到十万余人。

拓跋焘急调高平的敕勒（高车的另一个叫法）骑兵去长安平乱，又令长孙拔调集并、秦、雍三州之兵屯守渭北。

与此同时，河东薛氏的薛永宗在445年十一月袭击了北魏在河东的牧场，夺了马匹，组织了三千骑兵在汾曲（今山西新绛附近）也反了，先后攻取闻喜（今山西闻喜）、弘农（今河南灵宝），逼近潼关，队伍发展到五万余人。盖吴派使者赵绾上书刘义隆，希望宋军出兵从南面夹击北魏。

拓跋焘无奈亲征，在近一年的征讨下于446年八月镇压了盖吴，平定了这次起义。之后，拓跋焘来到长安，进了一座佛寺，发现和尚在喝酒，住的僧房里头还有大量兵器，暴怒道："这不是和尚该有的东西，这帮都是盖吴的乱党！"长安的这座寺院彻底点燃了拓跋焘早就不满的怒火。

魏太武帝拓跋焘是"三武"灭佛的第一位，开启了中国佛教历史上的第一次大法难。

崔浩再次冲了出来。他向来就不喜欢佛教，说："这都是虚妄、矫情的学说，根本不合人情。"他也常道："为什么要拜胡人的神！"他鼓动拓跋焘只留下符合祭祀典章的五十七所寺庙，其余的神仙和小神都开除出信仰谱系，拓跋焘批准了。

崔浩还天天对拓跋焘吹风，说佛教虚幻荒诞，在世上是祸害，该全部灭掉。[①] 这次终于有由头了。

拓跋焘命有司将这个寺的所有和尚都杀了，查封寺院财产时又惊人地发现了酿酒的工具、藏女人的密室，以及郡守和富豪们藏在这里数以万计的保险箱。[②]

崔浩煽风点火，劝说拓跋焘将世上的和尚都斩尽杀绝，毁掉所有佛经佛像，拓跋焘同意了。

崔浩的道家师父寇谦之极力劝阻："崔浩，你独尊道家的心情我能理解，但眼下这些僧人，只是佛教的一部分害群之马，并不意味着要彻底否定和推翻佛教！我们是要遭报应的！"崔浩不听。灭佛诏令传达后，长安的和尚全部被杀，佛经和佛像全部被毁掉。

拓跋焘随后下诏给平城，命太子通令全国，按长安杀和尚的办法去做。诏书是这么说的："我是上天派来'打假'的。从今以后，胆敢侍奉外来神及塑像的满门抄斩，有非常之人才能行非常之事。如果不是我，还由谁能去此历代之伪物！"诏书下达各地后，佛像全部被毁，佛经全部被焚烧，和尚不论大小全部被活埋！

拓跋焘的太子拓跋晃信佛，劝不了他爹就只能打时间差，压着诏书给各地和尚争取逃跑的时间，许多和尚得以幸免，很多佛经得以藏匿，但整个北境的寺庙、佛塔还是被全部毁灭了。[③]

---

① 《资治通鉴·宋纪六》：魏主与崔浩皆信重寇谦之，奉其道。浩素不喜佛法，每言于魏主，以为佛法虚诞，为世费害，宜悉除之。

② 《资治通鉴·宋纪六》：命有司案诛阖寺沙门，阅其财产，大得酿具及州郡牧守、富人所寄藏物以万计，又为窟室以匿妇女。

③ 《资治通鉴·宋纪六》：太子晃素好佛法，屡谏不听；乃缓宣诏书，使远近豫闻之，得各为计，沙门多亡匿获免，或收藏经像，唯塔庙在魏境者无复子遗。

佛教的这一轮法难，引起后世的政权和僧人信徒们的反思。

按照当年世尊的智慧和初衷，真诚地、虔诚地帮百姓脱苦解难，做世间表率，降低这个社会的戾气和摩擦。

在这片土地上，信仰永远不要和政治争夺资源甚至对着干，永远不要去动统治者的东西。如果这次教训不深刻，就会有第二次，第三次。

对于崔浩来讲，则是莫大悲哀，他没有再为拓跋焘去遮风挡雨的地方了。他整天喊打喊杀，最终失去了自己存在的意义。

450 年正月二十四，拓跋焘到了洛阳。

二月，拓跋焘大猎于梁川。

二月二十，拓跋焘率十万骑兵突然越过边境，宋南顿太守郑琨、颍川太守郑道隐赶紧弃城逃跑了。

拓跋焘迅速推进到了悬瓠（今河南汝南县），此时豫州刺史南平王刘铄正镇守寿阳，麾下左军行参军陈宪代理汝南郡事务，悬瓠城士卒不满千人。（见图 5-6）

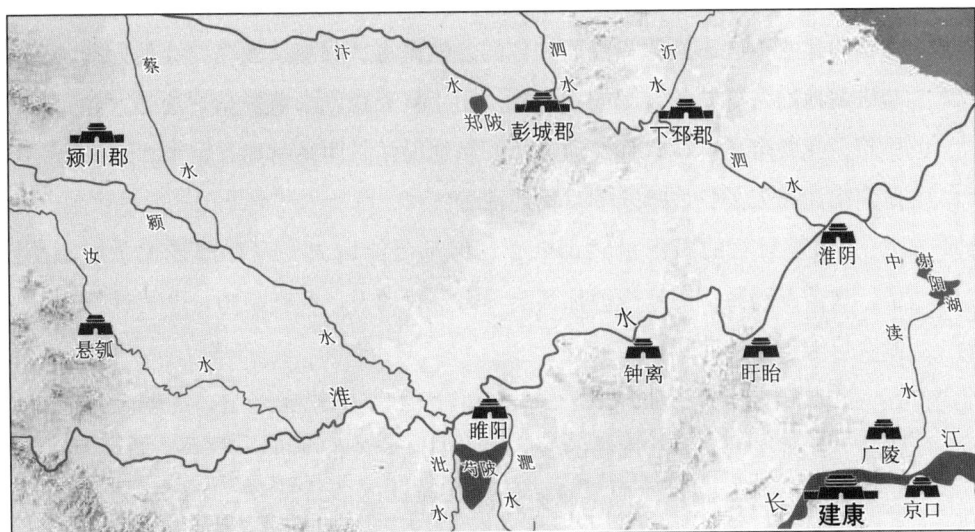

图 5-6　拓跋焘南下示意图

拓跋焘第一次南下攻宋，就选了一个宋边境上的小郡治所展开昼夜围攻，多作高楼临城射箭，矢下如雨，城中守军要背着门板去打水，魏军用冲车毁了南城，陈宪又内设女墙，外立木栅以拒之。

魏军将护城壕沟填平登城与宋军展开肉搏，宋军苦战，杀得魏军尸体堆积如城墙，魏军后来就根本不用云车了，直接踩着尸体登城。陈宪锐气不减，愈战愈勇，手下战士以一当百，杀敌数以万计。不到千人的宋军打出了极其勇烈的壮举。

拓跋焘围攻悬瓠四十二天，刘义隆派南平内史臧质到寿阳率安蛮司马刘康祖一同兵援悬瓠，成功击杀了拓跋乞地真。

四月，拓跋焘带着劫掠的人口撤军，走前给刘义隆送了封信："之前盖吴叛乱，煽动关陇，你派人和叛民相勾结，给男人弓箭，给女人首饰。你要真是个男人，为什么不自己来取，拿小利去勾引我的边民，还说投奔你的免七年的税。你这是明目张胆地赏奸！我现在亲自南下抢到的百姓，和你勾搭的百姓，谁的收益大呢？

"如果你还想保存你家的祭祀香火，就把长江以北都割给我，我就把江南让给你，不然你只能通知你的各地镇将、刺史、太守，让他们恭恭敬敬地准备好吃的、喝的和帐篷。明年秋天我就来取扬州，这是大势所趋，我要定了。往日你北通柔然，东连冯弘，西结赫连、沮渠，现在他们都让我灭了！你哪来的自信还活着？

"你爹当年的旧臣虽然都老了，但都是能耐人，现在都被你杀光了，这是天赐我江南！战胜你甚至不需要我动刀，我有巫师，念咒就把你魂勾来，让你向我下跪！"

此次拓跋焘二月底突然南下，从季节和军队规模来看，完完全全就是为了试探，来看看南朝的城防力量如何，是否有机会大规模南侵。

宋军表现得相当亮眼。陈宪的顽强守城给拓跋焘留下了极其深刻的印象，这也促使拓跋焘在下次南下时换了截然不同的作战思路。

此役过后，拓跋焘并没有对南朝产生轻蔑之心，他给刘义隆的那封信纯属吓唬刘义隆，让他全力防备，不轻举妄动。一座小城已经如此难打了，可见南朝不可吞并。他要在解决下一个任务前恐吓、稳住刘义隆。

拓跋焘回平城后开始对一个老工具人崔浩收网了。（具体请看《两晋悲歌》第15战第一节"被掩盖、被涂抹的'魏之先世'"。）

以崔浩的贡献来讲不至于被灭族，临死前又经受各种侮辱，因为崔浩被攻击也不是一次两次了，但为什么这次从上到下都想置他于死地呢？为什么拓跋焘不保他了呢？

崔浩这些年一直致力于恢复九品中正制，想要汉人和代人集团平起平坐。外甥卢玄曾经反复劝他，但崔浩置若罔闻。史书中相当真实地记载了这件事，并点出了崔浩的死因。[①]

崔浩这些年得宠为什么代人集团能够容忍呢？因为崔浩虽然经常怼代人集团，虽然说什么都让代人集团心里很不爽，但每次出兵都能凭着崔浩提出的正确的战略战术，立下很多军功！有军功就能被封爵，崔浩客观上做大了代人集团的势力！

拓跋焘忍崔浩，是因为崔浩能帮他算无遗策，并且挡在前面跟代人集团去争论；如今北境已经统一，甚至连佛都灭了，崔浩还有什么用呢？

拓跋焘修道，是因为他想活着成仙，想跟佛教抢信仰制高点，跟崔浩推崇道教没有一丁点关系。拓跋焘灭佛，是因为佛教跟他抢人口，抢收入，跟崔浩在旁边煽风点火没有一丁点关系。

说到底，崔浩就是拓跋焘的工具，但他还真拿自己当人了。

这些年，崔浩确确实实真拿自己当元勋了，把北魏当成自己的国家了。他历经三朝，父亲参与了北魏草创，自己作为三朝老臣伺候了拓

[①] 《魏书·卢玄传》：浩大欲齐整人伦，分明姓族。玄劝之曰："夫创制立事，各有其时，乐为此者，讵几人也？宜其三思。"浩当时虽无异言，竟不纳，浩败颇亦由此。

跋珪、拓跋嗣和拓跋焘，甚至还安排了拓跋焘监国。

415 年，平城连年霜旱灾害，京畿地区大饥荒，太史令王亮、苏坦对拓跋嗣说："按谶书，魏当去邺城定都，可得丰乐，迁都吧！"

拓跋嗣征求群臣意见，崔浩和周澹反对道："迁都邺城虽然能解今秋之饥，但并非长久之策，河北人一直以为我们人口牲畜众多，号称'牛毛之众'，现在如果迁都，河北诸州分配不了多少人，大家一看我们就这么点家底，也没什么可怕的，就会被看不起，赫连勃勃和柔然也会来找我们的麻烦，到时候太行以西非我所有。如果不迁都，就算山东有什么变化，我们也能轻骑南出耀武扬威，河北人不知虚实自然畏服，这是长远方略。[1] 再说到了明春牧草长出来了，牛羊有吃的，乳制品大增，我们还有那么多苹果，足以接济到秋收！"

崔浩完完全全就是把自己当成鲜卑人了，全心全意地帮着鲜卑人坐稳江山。

拓跋嗣完全同意，觉得还是汉人了解汉人的想法，又问："要是来年还闹灾怎么办？"

崔浩说："先把那些最穷的民户迁到山东逃荒，明年要是还不行再想办法，总之千万不能迁都。"

从崔浩的角度来讲，这些年无论是军还是政，北魏没了崔浩到现在还不知道是什么样呢！他是掏心掏肺对北魏！他觉得自己是拓跋家最重要的合伙人，想培养自己的势力得到些政治待遇，这事很难办吗！

----

[1] 《魏书·崔浩传》：浩与特进周澹言于太宗曰："今国家迁都于邺，可救今年之饥，非长久之策也。东州之人，常谓国家居广漠之地，民畜无算，号称牛毛之众。今留守旧部，分家南徙，恐不满诸州之地。参居郡县，处榛林之间，不便水土，疾疫死伤，情见事露，则百姓意沮。四方闻之，有轻侮之意。屈丐、蠕蠕必提挈而来，云中、平城则有危殆之虑，阻隔恒代千里之险，虽欲救援，赴之甚难，如此则声实俱损矣。今居北方，假令山东有变，轻骑南出，耀威桑梓之中，谁知多少？百姓见之，望尘震服。此是国家威制诸夏之长策也。"

从拓跋焘的角度来讲，崔浩这个七十多岁的人，越老越没贡献，还拿走那么多的权力，安排那么多的人事，这朝廷是崔家的吗！还敢这么写拓跋家的历史，真不知道自己姓什么了！

崔浩被杀两天后，拓跋焘巡阴山，后悔了。为什么呢？因为传来消息，说代替崔浩的北部尚书赵郡李孝伯死了。①

拓跋焘比较悲伤："李孝伯死得可惜！"一会儿又说："是崔浩死得可惜，李孝伯死了，我很哀伤。"②

李孝伯是李顺的堂弟，李顺死后没几年，李孝伯就被拓跋焘扶植起来继续和崔浩打擂台了。事后证明李孝伯病死是谣言，崔浩死后的所有军国大事基本都是他在谋划，他成了第二个崔浩。③

拓跋焘杀死崔浩后，对李孝伯说："你从兄李顺当年虽然误国，但我真不是想杀李顺，都怪崔浩，是他撺掇我下的刀，杀你哥的是崔浩！"④

永远扶植个副手去和正职争斗，永远让副手觉得有希望取代正的，永远让正的恨那个副手，还定期过来打个圆场。正的一旦膨胀形成利益集团时，就会让副手转正弄死正的，然后再培养下一个副手，继续这个循环。说这些是为了防身用的，不是让你算计人。

当你有个鬼精鬼精的上司使这招时，也给你身后安排个副手让你不舒服时，你要谨小慎微地伺候着，别害死那个副手，会有利益集团为

---

① 《资治通鉴·宋纪七》：辛丑，魏主北巡阴山。魏主既诛崔浩而悔之。会北部尚书李孝伯病笃，或传已卒。

② 《资治通鉴·宋纪七》：魏主悼之曰："李宣城可惜！"既而曰："朕失言；崔司徒可惜，李宣城可哀！"

③ 《资治通鉴·宋纪七》：孝伯，顺之从父弟也，自浩之诛，军国谋议皆出孝伯，宠眷亚于浩。

④ 《魏书·李顺传》：及浩之诛，世祖怒甚，谓孝伯曰："卿从兄往虽误国，朕意亦未便至此。由浩谮毁，朕忿遂盛。杀卿从兄者，浩也。"

他报仇，而且害死了一个还会有下一个，一关比一关难过，因为你的破绽越来越多。更别动上司的利益，要等他自己落山，等你成了老大，再去终结这个循环。

拓跋焘早就找好了崔浩的替代品，大规模引入西凉的汉人士族，也让以崔浩为代表的河北汉人士族不再一家独大，不再稀缺。说到底，是供过于求的士人撑起了拓跋焘杀死崔浩的决心。

不过，拓跋焘还是低估了崔浩的影响。因为他毕竟是汉人中的佼佼者，这些年也安排了许多汉人当官。拓跋焘疯狂诛杀崔浩姻亲的同时也会让所有河北汉人和大族再次产生疑惑。

当初你们那么好，现在说杀就杀，还那么折辱人！崔浩之死，令北魏进入中原半个世纪以来所笼络的汉人都开始大反思、大观望。

随后，紧盯时局、已经忍了二十年的刘义隆雄起了：还给我写信耀武扬威，终于等到你那边有变了，各有司注意，给我支棱起来！

但是，又一次有多大脸，现多大眼。

五、檀长城之死，京口与雍州的历史交接

崔浩集团被打倒的消息传来后，刘义隆几乎是条件反射地命令迅速出兵。

心腹丹阳尹徐湛之、吏部尚书江湛肯定鼓掌支持，主战派彭城太守王玄谟等拥护赞成，只有左军将军刘康祖认为："出去游历都得准备准备，别说打仗了，现在已经七月入秋，天时已过，我们明年再说吧！"

刘义隆表示："北方百姓苦于北虏虐政，已经发动各种起义，我们停一年，会寒了起义军民的心啊！"

崔浩死后，北方确实开始有变，刘义隆北伐的时机也看得相当准。

拓跋焘趁着春天到宋打砸抢烧了一顿，给刘义隆留了个烂摊子，让他收拾残局，六月杀崔浩就是算准了这个时候刘义隆不会北上，他要用随后半年多的时间消化崔浩死后带来的隐患。但他没想到已经隐忍了二十年的刘义隆这回如此坚决。

此时太子步兵校尉沈庆之进谏道："我们是步兵，他们是骑兵，咱们兵种天生被他们克。檀道济和到彦之当初都没戏，如今我估计王玄谟等将也不会超过前面两位。我们军队的实力也不比当年了，还是别打了。"

沈庆之说的"今料王玄谟等未逾两将"，二将指的是檀道济和到彦之。

王玄谟连到彦之都比不过？沈庆之看得很准，到彦之是惜命，但不惹祸。

刘义隆表示："我们两次受辱都是有原因的。檀道济养寇自重，到彦之半路眼瞎，北贼只能靠马。今夏雨水大，河道畅行无阻，我们一出动就吓死他们了，轻松拿下滑台，我军将领拿敌人的粮食去安抚招降百姓，他们的虎牢、洛阳就保不住了。等冬天到来，我们的城池已经打造得固若金汤了，他敢过黄河我就杀死他！"①

"道济养寇自资"，刘义隆给出了官方定调。檀道济此时已经被打倒十四年了。

刘义隆的身体很神奇，二十多岁的时候天天生病要死，要离开刘宋百姓。429 年，二十三岁的刘义隆召四弟刘义康入朝任侍中、都督扬南徐兖三州诸军事、司徒、录尚书事，领平北将军、南徐州刺史，与王弘共辅朝政。

没办法，儿子还小，没人能信任，也只能信兄弟了。

432 年，王弘死了，刘义康领扬州刺史一职。

刘义隆在第一次北伐现眼后闹了好几次"地府还魂"，刘义康对他说："哥哥你要是死了，檀道济的功劳太大，他的左右腹心皆身经百战，他的孩子们还都是人才，不好控制啊！"②

江州刺史檀道济此时是如下配置：

1. 功勋威望重，"立功前朝，威名甚重"。北府军的最大元老，能跟北魏掰手腕的老将军。

2. 军方势力大，"左右腹心，并经百战"。檀道济有庞大的军方势

---

① 《资治通鉴·宋纪七》：上曰："王师再屈，别自有由，道济养寇自资，彦之中涂疾动。虏所恃者唯马；今夏水浩汗，河道流通，泛舟北下，碻磝必走，滑台小戍，易可覆拔。克此二城，馆谷吊民，虎牢、洛阳，自然不固。比及冬初，城守相接，虏马过河，即成擒也。"

② 《宋书·檀道济传》：道济立功前朝，威名甚重，左右腹心，并经百战，诸子又有才气，朝廷疑畏之。太祖寝疾累年，屡经危殆，彭城王义康虑宫车晏驾，道济不可复制。

力，其心腹参军薛彤和高进之皆是万人之敌，时人比作张飞、关羽。[①]

3. 儿子多，"诸子又有才气"。生了八个儿子，五个在重要岗位上。除了没录尚书事，像不像指着洛水发誓的"老艺术家"司马懿？当年他也是辅政大臣，只不过被刘义隆中断了更上一层楼的脚步。

435 年年底，刘义隆病重了，以北魏要人寇的借口召檀道济入朝。[②]

436 年春，刘义隆又好起来了，让檀道济回地方，但檀道济刚上船，刘义隆瞬间又要不行了，刘义隆觉得檀道济在跟自己共享阳寿，还争不过他，一离开身边就带走自己的阳气，于是决定杀死檀道济。[③]

刘义隆下诏，说了几件事：

1. 檀道济是先帝当年寄予厚望的将领，给他的宠爱和优待没人能比。

2. 檀道济不知感恩，一直有二心，散财阴养死士，招募社会不安定分子，有和他共事的王仲德将军的多次供词作证据。[④]

3. 已经给了他机会，但他趁着我要死加快了造反的步伐，且有前南蛮行参军庞延祖上报的证据。现在只抓他一人，别人都别担心。[⑤]

虽说刘义隆杀檀道济看上去是欲加之罪，但有人证，尤其有北府军另一个大佬王仲德的背书。从罪状上看，檀道济就是另一个司马懿。

---

① 《宋书·檀道济传》：薛彤、进之并道济腹心，有勇力，时以比张飞、关羽。

② 《宋书·檀道济传》：十二年，上疾笃，会索虏为边寇，召道济入朝。

③ 《宋书·檀道济传》：十三年春，将遣道济还镇，已下船矣，会上疾动，召入祖道，收付廷尉。

④ 《宋书·檀道济传》：曾不感佩殊遇，思答万分，乃空怀疑贰，履霜日久。元嘉以来，猜阻滋结，不义不昵之心，附下罔上之事，固已暴之民听，彰于遐迩。谢灵运志凶辞丑，不臣显著，纳受邪说，每相容隐。又潜散金货，招诱剽猾，逋逃必至，实繁弥广，日夜伺隙，希冀非望。镇军将军仲德往年入朝，屡陈此迹。

⑤ 《宋书·檀道济传》：朕以其位居台铉，豫班河岳，弥缝容养，庶或能革。而长恶不悛，凶慝遂遘，因朕寝疾，规肆祸心。前南蛮行参军庞延祖具悉奸状，密以启闻。夫君亲无将，刑兹罔赦。况罪衅深重，若斯之甚。便可收付廷尉，肃正刑书。事止元恶，余无所问。

刘义隆随后杀了檀道济和其子给事黄门侍郎檀植、司徒从事中郎檀粲、太子舍人檀隰、征北主簿檀承伯、秘书郎檀遵等八人，又收其党司空参军薛肜到建康伏法，又去寻阳抓了檀道济剩下的三子檀夷、檀邕、檀演及司空参军高进之，也全部杀掉，只留下了一个年幼的孙子。

但有件事和《宋书·檀道济传》的记载有出入。

在《宋书》中，檀道济是到了建康才被透露废帝事宜的，史载："镇北将军、南兖州刺史檀道济先朝旧将，威服殿省，且有兵众，召使入朝，告之以谋。……羡之等谋欲废立，讽道济入朝，既至，以谋告之。"

但根据《三十国春秋·高进之传》，也就是跟他一块被杀的号称"胜关羽"高进之的史料记载，檀道济是早早就知道刘义符要被废掉了。

> 徐羡之、傅亮等谋废立，招道济。道济谋于进之，进之曰："公欲为霍光乎？为曹操乎？为霍，则废；为曹，则否。"道济惊问，进之曰："公欲辅宋，则少帝不废，琅琊王不立。天下非宋有也，故必废。如欲自取，则长乱阶，逢愚君，修德布惠，招罗腹心，天子非公而谁？故必不废。"进之此时案腰间刀伺道济，有异言，则杀之。道济趋下阶，叩头曰："武皇帝在上，臣道济如有异心，速殛之。"乃与进之定议，不为戎首，亦不相阻也！

檀道济是和高进之沟通过这件事的，高进之还试探过他想做霍光还是曹操，最终檀道济赌咒发誓，两人商量出了方案：不挑头废帝，也不拦着。

檀道济被捕时出离愤怒，眼里喷火，把头巾狠狠摔在地上道："乃坏汝万里长城！""万里长城"，好意思吗？

长城的战略意义是通过一次性投入，极大地减小后世的战备成本，将北境连成网方便调动兵马，并使"胡虏"不敢南侵。

刘裕确实是把他这么打造的，从刘义符十二岁的时候，就把他死死绑定在了军事将领的位置上，独尊他为下一代的京口大佬。刘裕早早就投入了血本，让他忠心，让他感恩。临终让他去镇广陵，就是让他做"长城"，让他威慑建康城里的托孤三人组，让他们不敢乱动！

用《徐羡之传》中记载的政变前徐羡之的顾虑：檀道济是京口旧将，在禁军中有威望，他手里还有兵！

刘裕这么多年又给股权又给威信的，换檀道济将来无条件地保护他的儿子！

好处拿了吗？拿了就得办事！要不就学陶渊明"采菊东篱下"，别为刘裕的五十万斗米折腰！

大丈夫受人之托，忠人之事。一个忠，一个义，檀道济做到了哪一条？

他在彭城晒太阳坐等虎牢将士们活活被打死、饿死、渴死的消息时，将国事放在第一位了吗？他从历城撤退的时候造成了整个山东半岛的崩盘性恐慌，他对这个国家负过责任吗？他还好意思往脸上贴金。

高平陵之变前的司马懿如果死了，确实担得起一句万里长城。他在陇西挂帅挡住过丞相诸葛亮，千里远征东北平过公孙渊，在淮南平定王凌。檀道济做过什么呢？"万里长城"还是别提了。

檀道济死后，刘义隆的身体慢慢缓过来了，随后跟他得病这些年代他主持朝政的弟弟刘义康闹翻了。刘义康已经权倾朝野，吃的橘子都比刘义隆的大。两人很难同甘共苦，只有同床异梦，同室操戈。

440年，刘义隆突然发动袭击杀了刘义康的亲信刘湛、刘斌等人，又流放了刘湛的党羽何默子等，废王履于家。当日刘义康在中书省，收到他哥宣布刘湛等人的罪状后上表求退，改都督江州诸军事、江州刺史，出镇豫章。他被发配了。

檀道济的死也标志着对京口集团的巨大打击，本就走下坡路的京口势力开始继续衰落，到元嘉晚期的 449 年时，刘义隆去京口时发现已经出现了大规模的人口外流，荒凉破败，于是下令移民数千家来充实他家的龙兴之地。

京口退出历史舞台的同时，雍州彻底崛起了。兴与衰，都是人口问题。

刘裕伐秦后关中出现大乱局，先是赫连夏赶走了刘义真，随后拓跋焘又赶走了赫连夏，在几度易主的过程中，大量雍、秦豪族和关中流民涌入襄阳，还有大量南来的"蛮人"北上襄阳。

"蛮"是我国古代对南方少数民族的泛称，这些少数民族种类繁杂，居住地分散且流移不定，通常依山傍水以武力自保，所谓"在江、淮之间，部落滋蔓，布于数州，东连寿春，西通巴、蜀，北接汝、颍，往往有焉"，一直广泛存在于我国南方的中西部。

曹魏时代的"蛮人"一直没什么动静，毕竟那时候汉民族武运尚在，魏蜀吴三家碰上谁杀谁，但到了西晋末开始出现治安问题。[①]

"五胡"时代，诸蛮开始无所忌惮，由于南北对峙中原地区渐渐空虚，大量蛮人开始北迁到人口稀少的中原地区，荆、湘地区的大量少数民族开始进入南阳盆地。[②]

晋末宋初，由于杨佺期被桓玄剿灭，以及鲁宗之因为刘毅问题去对抗刘裕，襄阳地区又因为政治战败被打压得很厉害，赋税严苛，徭役沉重，大量人口流入蛮人聚居地寻求庇护，刘宋给予少数民族的租税优待帮助蛮人得到了大量人口。[③]

---

① 《魏书·蛮传》：其于魏氏之时，不甚为患，至晋之末，稍以繁昌，渐为寇暴矣。

② 《魏书·蛮传》：自刘石乱后，诸蛮无所忌惮，故其族类，渐得北迁，陆浑以南，满于山谷。

③ 《宋书·夷蛮传》：蛮民顺附者，一户输谷数斛，其余无杂调，而宋民赋役严苦，贫者不复堪命，多逃亡入蛮。

蛮人没有徭役，雍州豪族又不交税，各自结党成群，刘宋拿雍州没办法，政令基本上不出襄阳，大量人口入蛮，刘宋官方根本不知道有多少。①

到了刘义隆时代，蛮人问题变得更加突出。元嘉七年（430），刘义隆开始进行治理，命在四川成功处理民族问题的刘道产上任襄阳。

刘道产在四川当太守的时候，曾是谯纵下属的黄公生、任肃之、张石之等招引白水氐打算作乱，被刘道产诛灭首领后平灭。元嘉三年（426），刘道产升任督梁、南秦二州诸军事，西戎校尉，梁、南秦二州刺史，"在州有惠化，关中流民，前后出汉川归之者甚多"，吸引了大量的关中流民。

无论是用暴力还是用怀柔手段，刘道产都有着丰富的经验。

刘道产在襄阳一干就是十二年，大力改革，襄阳老百姓生活安定，民间艺人在街头传唱《襄阳乐歌》。②他不仅仅安抚豪族，还对诸蛮采取怀柔政策，诸蛮甚至走出了大山，来到汉水两岸定居发展。③甚至刘道产死后蛮人自发穿了丧服一直护送他的灵柩到了汉口才依依不舍离开。

让少数民族穿丧服，之后还从襄阳到武汉送了六百多里，这是什么感情！这也能解释为什么诸蛮敢走出大山、定居汉水两岸了，这就是对刘道产太放心了。可惜，花无百日红，诸蛮的好日子到头了。

刘道产死后，刘义隆从汉中把梁、秦二州刺史刘真道调到了襄阳。刘真道刚刚在汉中跟龙骧将军裴方明等灭了仇池国。

仇池国是从3世纪末就存在的小政权，除中间被苻坚短暂征服了十

---

① 《宋书·夷蛮传》：蛮无徭役，强者又不供官税，结党连群，动有数百千人，州郡力弱，则起为盗贼，种类稍多，户口不可知也。

② 《宋书·刘道产传》：百姓乐业，民户丰赡，由此有《襄阳乐歌》，自道产始也。

③ 《宋书·夷蛮传》：先是，雍州刺史刘道产善抚诸蛮，前后不附官者，莫不顺服，皆引出平土，多缘沔为居。

几年之外，在这个最乱的乱世整整存在了三个世纪。但仇池作为"五胡"时代的标杆性坞堡并没有退出历史舞台。杨家的后人在仇池一带后来又相继建立了武都国、武兴国、阴平国。

在汉中特别能战斗的刘真道来到襄阳后，各地蛮人就叛乱了。估计是刘真道拿蛮人不当人了。征西司马朱修之出兵讨伐被蛮人击败，刘义隆决定又派沈庆之镇压。

沈庆之出身吴兴沈氏，跟沈林子、沈田子是同族，他登上历史舞台比较晚，孙恩之乱后一直被安排看守吴兴大本营。

415年，沈庆之到襄阳探望兄长征虏参军沈敞之，得到征虏将军赵伦之的赏识被任命为宁远中兵参军，辅佐其子竟陵太守赵伯符。

此后，沈庆之就开始为赵伯符出谋划策，多次助其击败竟陵蛮。赵伯符只要没有沈庆之就打不赢，沈庆之的价值慢慢显现出来。[①]

刘宋第一次北伐时，沈庆之随赵伯符参战，因赵伯符临时患病南返，沈庆之又被安排到了檀道济麾下。北伐结束后，唯一的亮点就是檀道济向刘义隆盛赞沈庆之，称其忠心知军事，沈庆之因此成为禁军武官，守东掖门。[②]

后来沈庆之在刘义康权倾朝野之时站队明确，并没有理会刘义康党羽的拉拢，在帮刘义隆消灭刘义康一党时表现突出，成为经历过考验的红人。

442年雍州蛮乱，沈庆之被调来救火，先是席卷了已经走出大山定居汉水两岸的诸蛮，俘获蛮民七千，又进讨湖阳蛮，俘获蛮民万余，稳固了他在打南蛮方面的首领地位。

---

① 《宋书·沈庆之传》：竟陵蛮屡为寇，庆之为设规略，每击破之，伯符由此致将帅之称。伯符去郡，又别讨西陵蛮，不与庆之相随，无功而反。

② 《宋书·沈庆之传》：伯符病归，仍隶檀道济。道济还白太祖，称庆之忠谨晓兵，上使领队防东掖门，稍得引接，出入禁省。

444 年，沈庆之被调往刘义隆三子刘骏的抚军将军府，任中兵参军，这成为刘宋下一次皇位争夺战冠军归属的人事安排。

445 年，刘骏被派到襄阳，成为刘宋王朝第一个出镇襄阳的皇子，襄阳地区的重要性已经凸显出来了。

此时诸蛮再起，汉水两岸的蛮人族居然猖狂到阻拦官军，刘骏派沈庆之率军攻袭蛮人，大败之，降者二万口。

刘骏到襄阳后蛮人前来报复，切断了官军对外通信，打算攻打随郡。随郡太守柳元景招募六七百人，作为沈庆之的副手讨蛮征郧山，进克太阳，讨平诸蛮。

柳元景，河东解人，关羽关二爷的老乡。

曾祖柳卓时自河东迁于襄阳，官至汝南太守，祖父柳恬，官至西河太守，父柳凭，官至冯翊太守，柳家是老牌的雍州豪族。

柳元景年少便善弓马，动作娴熟，随其父平蛮，以勇闻名。当年谢晦曾经求贤，还没来得及去就败了，刘道产深爱其能，后又应荆州刺史刘义恭之召，补江夏王国中军将军，迁殿中将军，刘义恭为司空后，又跟着做了参军。

刘骏西镇襄阳时，刘义恭派柳元景为广威将军、随郡太守，也跟着去了雍州，成了本乡治本土的典范。

刘宋朝廷开始有意识地利用雍州豪族去剿灭雍州蛮人，与他们在战火中结交、培养感情，将雍州的豪族势力纳入自己的统治范围。

在沈庆之、柳元景以及建康中央军的共同围攻下，襄阳南蛮被重创，打掉了以郧山蛮为首的雍州诸蛮，获十多万口。[1]

雍州清查出来的大量人口仅仅分给了建康万余人，基本上都给当

---

[1] 《宋书·沈庆之传》：世祖至镇，而驿道蛮反杀深式，遣庆之又讨之。王玄谟领荆州，王方回领台军并会，平定诸山，获七万余口。郧山蛮最强盛，鲁宗之屡讨不能克，庆之剪定之，离三万余口。

地留下了。①

雍州得到了刘义隆的重点培养。449 年，刘义隆又割了荆州之襄阳、南阳、新野、顺阳、随五郡为雍州，使一直空有其名的雍州实现了"实土化"。

七月，刘义隆命广陵王刘诞为雍州刺史，随后以襄阳外接关中黄河为由继续壮大襄阳的实力，又罢江州军府，将江州的文武百官全部配给了雍州，还将湘州缴往中央的赋税调给襄阳。②

之前人口红利被挖掘走的襄阳地区得到了朝廷在政策上的超级支持。

沈庆之在上一次雍州剿匪成功后曾被调离雍州去做刘义隆六子刘诞的北中郎中兵参军，这次又跟着刘诞回到了雍州。

刘义隆之所以调刘诞去雍州，是因为当地残余势力的蛮人又闹起来了，沈庆之是刘诞的军事主官，带着后军中兵参军柳元景、随郡太守宗悫、振威将军刘颙、司空参军鲁尚期、安北参军顾彬、马文恭、左军中兵参军萧景嗣、前青州别驾崔目连、安蛮参军刘雍之、奋威将军王景式等二万余人伐沔北诸蛮，从冬至春，大破群蛮，斩首三千级，俘获、招降蛮民五万余口，缴获大量物资。

沈庆之这次来雍州就是为了彻底解决南蛮问题，随后又率众军讨诸山犬羊蛮，剿灭成功后将俘获的所有蛮人带回了建康填补军户。③

在为时八年的雍州"剿蛮记"中，以沈庆之为核心，以柳元景、宗悫、宗越、刘胡、武念等雍州豪族为辅助的地方武装开始大展锋芒。

---

① 《资治通鉴·宋纪六》：涢山蛮最强，沈庆之讨平之，获三万余口，徙万余口于建康。

② 《资治通鉴·宋纪七》：上以襄阳外接关、河，欲广其资力，乃罢江州军府，文武悉配雍州；湘州入台租税，悉给襄阳。

③ 《宋书·沈庆之传》：庆之复率众军讨幸诸山犬羊蛮……蛮被围守日久，并饥乏，自后稍出归降。庆之前后所获蛮，并移京邑，以为营户。

在拓跋焘以赫连夏、柔然、北燕、北凉转嫁战争成本的时候，刘义隆也发现了新的军备增长点。

征讨南蛮对当地蛮人和汉人流民来讲是苦难，但对统治集团有以下好处：

1. 消除了雍州地区的不安定因素，降低了统治成本。

2. 俘虏大量蛮人充实雍州和建康的兵员，军事力量得到大规模增强。

3. 将雍州本地豪族纳入统治体系，并进行了大规模练兵，使雍州集团积累了军功和经验，扩充了实力。

零和博弈中，成本总要有人承担。

当元气大伤、后继无人的京口完成了晋末宋初的造神运动后，雍州军团在刘义隆的国家政策扶持下，吸收并转化了这些年来自关中的流民和诸蛮的北迁人口，展现出了极强的战斗能力，迈出了取代北府军、成为刘宋主要军事力量的坚实一步。

作为一股开始左右政局平衡的关键力量，雍州集团终于登上了历史舞台。

六、借北伐敛财的胆子还是有的，而且很大

450 年春，沈庆之带着此次雍州剿蛮的成果刚刚回到建康，拓跋焘就南下打劫了。随后就是崔浩被杀，刘义隆高度兴奋。

天下有变，这机会刘义隆等二十年了！

沈庆之并不同意跟北魏开战，因为步兵讨伐骑兵确实有难度，刘义隆就让徐湛之、江湛同他辩论，沈庆之直接一句话怼死对方："治国和治家是一个道理，种地的事你得去问农夫，纺织的事你得去问女工，打仗的事你让一群书生来，他们能说什么呢？"

刘义隆笑笑，还是表示要打。太子刘劭及护军将军萧思话都劝他，他都不听，铁了心要打。

拓跋焘听说刘义隆要北伐，于是写了封信道："我们已经和好很久了，但你贪得无厌勾引我边境百姓，我今年南下才把他们抓回来。现在听说你要亲自来，你都五十了还没出过家门，你就算真来也跟个三岁孩子一样，你怎么跟我们这种马背上的民族拼？我送你十二匹马和一些药，你走不动了可以骑马，水土不服了可以吃药。"

七月十二，刘义隆下诏："最近朝廷收到了河朔、秦雍等州大量百姓的求救信，柔然也来信了，要跟我们一起夹击拓跋人，我们要北上出兵了！"

先锋王玄谟带领沈庆之和申坦率水军入黄河，受督于青、冀二州刺史萧斌；太子左卫率臧质、骁骑将军王方回率禁军直奔许昌、洛阳；徐、兖二州刺史刘骏、豫州刺史刘铄、雍州刺史刘诞各率所部，东西齐举进发；梁、南秦、北秦三州刺史刘季之造势于关陇；太尉刘义恭为总指挥坐镇彭城。

嚷嚷得挺凶，好像带着全世界的军队来了，其实还是和桓温、刘裕入黄河一样，主要突破点在王玄谟，拿下滑台后往西，再从枋头入黄河！

刘义隆几乎是迫不及待地把话先喊出去了，出军，时不我待！同时动员一切能动员的力量帮助他北伐。他还发起了全国捐款活动，上至王公、王妃、公主、朝廷官员、地方官员，下到富有的民众，每人都得捐款。

因兵力不足，又动员了青州、冀州、徐州、豫州、北兖、南兖六个州郡的青壮年，三丁抽一，五丁抽二，有钱的可以雇人参军，总之人数必须凑齐，收到命令十天内必须出发，沿长江五郡征的兵到广陵集合，淮河三郡征的兵到盱眙集合。又募中外有马步众艺武力之士应科者，皆加厚赏。

有司表示这回阵仗太大了，军用物资不足，刘义隆又伸手向扬州、南徐州、南兖州、江州四州要钱，凡是家产超过五十万钱的，僧尼积蓄超过二十万钱的，都要借四分之一来供军用，战争结束后归还。

这从侧面也凸显出刘义隆紧抓此次战机，一切都是紧急动员的。

崔浩之死的影响虽然在《魏书》中被删干净了，但产生的震动绝对是地震级的。

北伐军迅速北上，七月十七就已经开进黄河，北魏的青州刺史张淮之弃城逃走，总指挥萧斌进驻碻磝（今山东茌平县西南古黄河南岸），留沈庆之共守碻磝，命此次喊打喊杀最凶的王玄谟率部西攻滑台。（见图 5-7）

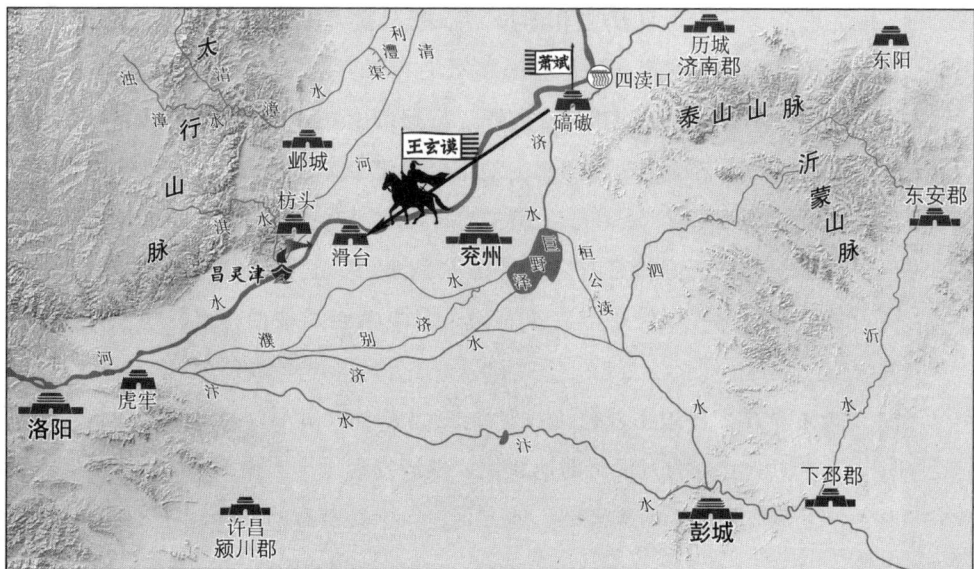

图 5-7　王玄谟北伐图

继胆小鬼到彦之后，刘宋史诗级戏精、吹牛大王王玄谟上线。

王玄谟是太原祁县王氏王允的一支，祖上没有南下而是留守本部，"五胡"时代跟慕容家关系很近，后燕被灭后跟慕容德去了青州。

他自幼性格孤傲，被家里人说有当年淮南一叛时的本家大佬王凌之风。三岁看大、七岁看老是有道理的。王玄谟这辈子都没被别人看见过笑容，大眉头天天拧着。[1]

王玄谟跟刘裕对谈过一次，据说让刘裕有点小惊奇，之后十多年王玄谟史书无载，估计刘裕惊奇的是此君内在就是个草包，对外还挺装。

王玄谟再登场就是刘裕死后拓跋嗣南下了。他率部救援颍川太守李元德于许昌，被打得四处溃散，后又当了谢晦的南蛮行参军。谢晦被

---

① 《宋书·王玄谟传》：玄谟性严，未尝妄笑，时人言玄谟眉头未曾伸。

杀后，王玄谟因什么也没干得到刘义隆的赦免。

这些年王玄谟是北伐喊得最响的人，上书各种各样的北伐方案。刘义隆对亲信说："听了王玄谟的作战方案会兴奋，想去封狼居胥。"[1]王玄谟比较能煽动人心。

按理说北伐的最佳人选应该是这些年一直在雍州剿蛮的沈庆之，但由于沈庆之表态不能打，作战意愿不足，最终刘义隆选王玄谟当此次北伐的先锋。

刘义隆心想：到彦之是个胆小鬼，檀道济是个阴险小人，那这回我就选个将北伐进行到底的人！形势那么有利，要不是我平时勒着王玄谟，他早就飞出去咬人了，年年给我上书，老王你不要太猛，我还没有做好准备。

王玄谟时年六十三岁。刘义隆认为他这个岁数还有如此饱满的热情，一定对北伐是满腔热血。

岁数大就一定活明白了吗？王玄谟这辈子干成什么事了？嗓嗓的声音大就意味着打起仗来很勇猛吗？

刘义隆派王玄谟去北伐，结果被打败了。王玄谟兵临滑台之时，豫州刺史刘铄命中兵参军胡盛之从汝南（今河南驻马店汝南县）出发，梁坦从上蔡（今河南驻马店上蔡县）出发向长社（今河南长葛东）进军，北魏荆州刺史鲁爽弃长社而走。

北魏豫州刺史仆兰败退虎牢，刘铄再命安蛮司马刘康祖率兵进逼虎牢。

此时淮河与黄河之间兵力薄弱，宋军不管从哪面进军，北魏都是一触即溃，总之宋军势如破竹。

消息传到北魏后，大家请求出兵南下，但拓跋焘表示："现在马未

---

① 《宋书·王玄谟传》：玄谟每陈北侵之策，上谓殷景仁曰："闻王玄谟陈说，使人有封狼居胥意。"

肥，天尚热，出兵肯定败。要是他没完没了，大不了我们就躲到阴山去。过了十月我们就什么也不怕了。"①拓跋焘已经把战略底线调到躲阴山了，连平城都能放弃。

这就是把丑话先说到前面，把失利的可能一次性说满，等局面真的不可收拾的时候显得自己料事如神，避免己方核心力量失望、崩盘。

被杀的崔浩此时估计也开始给拓跋焘托梦：大魏一百三十九郡是在我崔浩的肩上担着，这些年都是我举荐的人，你敢杀我，等着现眼吧！崔浩及其姻亲家族的被杀让拓跋焘心里极度没底。

宋军北上速度极快，魏军仓皇出逃，极度狼狈，甚至粮食都没来得及烧，宋军在黄河南下枢纽碻磝城缴获了战马、牛羊、兵器等大量物资，还有公私粮储七十余万斛。②

刘义隆此次北伐选择的出兵时机可谓极佳，整个5世纪也不会再有这么好的机会了。

王玄谟要是迅速攻克了滑台，再震慑一下河北，很有可能河北各地就真的喜迎王师了。

下面就来到了拓跋焘此生没有之一的最大恩人王玄谟的表演时间。

王玄谟军士甚盛，器械精严，萧斌把最精锐的队伍都给他去打滑台了，开始围滑台的时候城中有很多茅草屋，众将请求放火烧城，王玄谟担心会把城里的财物烧了，于是不同意。③城中魏军迅速撤了茅草等可燃物，宋军失去了第一次良机。

---

① 《资治通鉴·宋纪七》：魏主曰："马今未肥，天时尚热，速出必无功。若兵来不止，且还阴山避之。国人本着羊皮裤，何用绵帛！展至十月，吾无忧矣。"

② 《宋书·索虏传》：买德弃城走，获奴婢一百四十口，马二百余匹，驴骡二百，牛羊各千余头，毡七百领，粗细车三百五十乘，地仓四十二所，粟五十余万斛，城内居民私储又二十万斛，虏田五谷三百顷，铁三万斤，大小铁器九千余口，余器仗杂物称此。

③ 《宋书·王玄谟传》：初围城，城内多茅屋，众求以火箭烧之，玄谟恐损亡军实，不从。

当时黄河两岸和洛阳盆地的老百姓争先恐后地前来送粮，甚至每天都有数以千计的豪族武装自带军械干粮前来投奔，这是多么好的群众基础啊！结果王玄谟居然将他们打散编入自己的部队，把原来的首领都晾一边了。[①]

这些地方武装怎么可能认王玄谟这个陌生人，王玄谟能代表地方武装的切身利益吗，他这跟拉壮丁有什么区别！

对于当地百姓，他发给每户一匹布，却又命令每家交出八百个大梨，黄河两岸的老百姓开始极度失望。[②]他连续二十多年喊打喊杀、天天上书的原因找到了：他就是把战争当成买卖，创造出征机会去发财！

他憋了二十多年终于等来机会了！在国运之战上，在动员全国支援前线的背景下，王玄谟极度自私，拿着5世纪最好的北上时运去做自己的小买卖。

当地无论是豪族还是百姓，对王玄谟都是一种反应：就这个德行？王玄谟的这次表现加深了北人对南人的误解，既然天下乌鸦一般黑，还是跟着北魏干吧！

王玄谟以极高的"政治天赋"迅速地抵消了拓跋焘杀了崔浩对民心造成的负面影响。到彦之和王玄谟两人，是天赐给刘义隆打着灯笼都找不到的蠢货。

王玄谟进攻滑台数十日不能攻下，但民心和人气也远没有拓跋焘一开始设想的会丧失那么多，也没有揭竿而起，都没等到预想中的冬天，九月，大喜过望的拓跋焘亲自引兵南救滑台。

王玄谟派钟离太守垣护之率一百只船作为前锋守滑台西南一百二

---

① 《资治通鉴·宋纪七》：时河、洛之民竞出租谷、操兵来赴者日以千数，玄谟不即其长帅而以配私昵。

② 《宋书·王玄谟传》：将士多离怨。又营货利，一匹布责人八百梨，以此倍失人心。

十里的石济，垣护之在魏军要来后赶紧给王玄谟送信，劝他猛攻滑台，说当年武皇帝打广固时也死了不少人，现在事情紧急，别再考虑战损了，赶紧拿下滑台为要！

王玄谟不从，继续慢慢悠悠地打。其实不是王玄谟不想猛攻，是没人愿意给他卖命。

他对手下的兄弟们极其刻薄寡恩，当时给王玄谟当兵被认为是报应，军中有两句顺口溜：宁作五年役徒，也不愿跟王玄谟。

十月，拓跋焘军至枋头，派陆真深夜偷渡进入滑台安抚城中守军，又登上城头观察王玄谟军营的状况，还把阵图给拓跋焘带回来了。[1] 看看王玄谟这稀松的围城布防！

听说拓跋焘要来了，大家表示赶紧结成车阵准备迎战，这是当年太祖对骑兵的标准战略方案，但王玄谟继续不搭理。[2]

拓跋焘率号称的百万大军渡过黄河，战鼓声敲得震天动地，本以为成竹在胸的王玄谟会拿出什么撒手锏，结果他直接吓跑了。[3] 北魏追击后杀了一万多人，王玄谟把堆积如山的军资器械都给拓跋焘留下了。[4]

嘴硬腿软的吹牛大王，刻薄寡恩的小人，贪财爱占便宜的铁公鸡，用什么词汇形容他都不为过。因为本可能的河北举义响应王师，变成了中原沦丧的人间地狱！

萧斌派沈庆之率五千人去救王玄谟，沈庆之道："王玄谟士众疲

---

① 《资治通鉴·宋纪七》：冬，十月，癸亥，魏主至枋头，使关内侯代人陆真夜与数人犯围，潜入滑台，抚慰城中，且登城视玄谟营曲折还报。

② 《资治通鉴·宋纪七》：攻城数月不下，闻魏救将至，众请发车为营，玄谟不从。

③ 《资治通鉴·宋纪七》：乙丑，魏主渡河，众号百万，鼓鼙之声，震动天地；玄谟惧，退走。

④ 《资治通鉴·宋纪七》：魏人追击之，死者万余人，麾下散亡略尽，委弃军资器械山积。

劳，已经被北魏追上了，我得有几万人才能去救，带这点人去就是送死。"

萧斌很坚持，就是逼他送死，这时正赶上王玄谟逃回来了，萧斌要斩王玄谟，沈庆之劝道："魏主威震天下，大军百万，不是他能敌的，事已至此杀他也没用，冷静冷静。"萧斌最终没杀王玄谟。

沈庆之保住王玄谟的目的在于，已经兵败如山倒，将来大家都会被追责，既然如此，就一定要把最丢人的那个带回去。

萧斌打算固守，沈庆之道："如今青、冀虚弱，现在坐守孤城，要是北房东去，清水以东就不再是国家所有了！"

客观来讲，沈庆之不叫怂。他并没有跟到彦之和檀道济一样狂奔千里过长江，而是说既然现在滑台已经成了孤城，没有了战略价值，不如退到历城。历城背靠泰山山脉，北临济水，扼住了山东半岛的咽喉。沈庆之建议至少要保住山东半岛。

此时刘义隆的最高指示拍马赶到：不许退！

萧斌随后召集众将商讨，大家表示："我们得守。皇帝都发最高指示了，山东丢就丢了，跟我们没关系。诏书让我们死守，反正前面缴获了七十万斛粮食，吃完再说！"

沈庆之道："将在外君命有所不受，皇帝不知道我们现在的情况，您现在有个范增这样的人都不能用，在这里空谈无用！"萧斌和众将大笑道："沈公您的学问真是有长进啊！"[①]

沈庆之怒道："你们读了万卷书却不如下官行了万里路！"

---

① 《资治通鉴·宋纪七》：斌复召诸将议之，并谓宜留，庆之曰："阃外之事，将军得以专之。诏从远来，不知事势。节下有一范增不能用，空议何施！"斌及坐者并笑曰："沈公乃更学问！"

别看沈庆之不识字，但脑子聪明，能"七步作诗"。①他虽不是科班出身，却在雍州剿匪，踏踏实实地干成了每一件事。

空谈误国，实干兴邦，把心沉下来去做事吧。

最后萧斌留王玄谟守碻磝，申坦、垣护之据清口（古汶水入济水处），自己率大军回历城了。

王玄谟在东面丢人的时候，西面的雍州集团开始展现出自己蓬勃的战力。雍州刺史刘诞命中兵参军柳元景、振威将军尹显祖、奋武将军曾方平、建武将军薛安都、略阳太守庞法起率军进攻弘农。

七十多岁的后军外兵参军庞季明说自己是关中豪族，请求偷偷进入长安招抚民众。刘诞批准后庞季明从赀谷进入卢氏，诱降了不少当地士民，薛安都等后军顺利从熊耳山通过。

闰十月，庞法起等西路军进入卢氏，斩县令李封，命赵难为卢氏令率众为向导，等柳元景率主力来到卢氏的时候，庞法起等已经开始攻打弘农（今河南灵宝）。（见图5-8）

闰十月十五，宋军攻克弘农，活捉了北魏弘农太守李初古拔，随后出击陕城。

刘义隆任柳元景为弘农太守，柳元景让薛安都、尹显祖率军到陕城与庞法起等先锋会师，柳元景则在后方征粮给大家捋顺后勤。

宋军来到陕城后直接冲进其外城，开始大造攻城器械准备攻打内城。魏军凭险而守，宋军打了好几轮都没有拿下。乘陕城拖住宋军的功夫，北魏洛州刺史张是连提率二万兵走崤道来陕城增援，薛安都等列阵城南迎战。

---

① 《南史·沈庆之传》：庆之粗有口辩，手不知书，每将署事，辄恨眼不识字。上逼令作诗，庆之曰："臣不知书，请口授师伯。"上即令颜师伯执笔。庆之口授之曰："微生遇多幸，得逢时运昌。朽老筋力尽，徒步还南冈。辞荣此圣世，何愧张子房。"上甚悦，众坐并称其辞意之美。

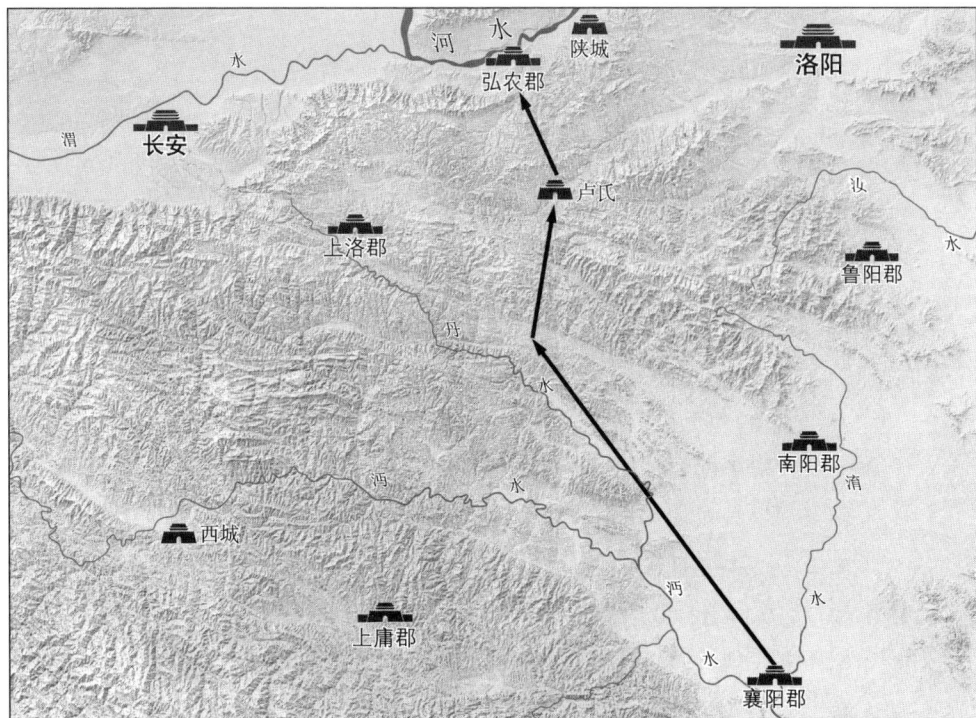

图 5-8 襄阳军北伐路线图

　　薛安都出身河东薛氏，精通骑射，以骁勇著称，曾帮北魏秦州刺史北贺汩平定白龙子叛乱，官至雍秦二州都统，盖吴叛乱时也跟着造反，被镇压后投奔了刘宋，刘骏镇襄阳时举荐其为扬武将军、北弘农太守。后来北境压力渐大，薛安都回镇襄阳。

　　这位北境大浪淘沙后的战斗英雄在此次战役中为宋军注入了亮剑的军魂。

　　魏军派骑兵部队突击宋军，眼看宋军要崩了，薛安都大怒，摘掉头盔护具，除掉战马护甲，怒目横矛，单枪匹马冲入魏军阵中，所向披靡，无人能挡，魏军弓箭手也射不中薛安都，薛安都突阵多次杀伤无算。[1] 战至天黑，宋将鲁元保率军从函谷关赶来，魏军退兵。

靠着薛安都的战神级发挥，宋军顶过了最艰难的一天。

雍州军团看到了突骑兵不是不可战胜，信心开始树立起来，与此同时柳元景派来的两千援军由柳元怙率领也在当夜抵达，魏军并不知情。

次日，宋军列阵陕城西南，曾方平对薛安都道："现在强敌当前，坚城在后，这是我们战死报国之日，你不前进，我杀你，我不前进，你杀我！"

薛安都表示："说得真好！"将士们随后杀出去了。

双方合战之后，柳元怙作为后备军率军从陕城南门击鼓呐喊杀出，旌旗招展，魏军以为陕城已丢。

薛安都继续表现神勇，疯狂杀敌，受伤不下火线，长矛都折了好几杆，宋军在战神鼓动下越战越勇，打了一天，魏军大败，被杀三千余人，跳入黄河甚众，两千多人被俘。雍州军团交出了十年练军后的最佳战绩！

第二天，柳元景至，斥俘虏道："你们都是中原百姓，为什么替胡虏卖命！"

降卒们道："胡虏驱赶我们这些百姓为他们打仗，晚出来就要被灭族，他们的骑兵赶着我们这群步兵往前冲，很多人跑得慢了就先死在他们手上了，您也都亲眼看到了！"

诸将打算杀降，但柳元景放了他们。降兵群喊万岁而去，当地百姓开始归心。

十一月初八，宋军攻克陕城内城。

庞法起不久军临潼关，北魏守将娄须闻讯弃城逃走，宋军兵不血刃地拿下了关中锁钥的第一天险！

---

[1]《资治通鉴·宋纪七》：魏人纵突骑，诸军不能敌；安都怒，脱兜鍪，解铠，唯着绛纳两当衫，马亦去具装，瞋目横矛，单骑突陈，所向无前，魏人夹射不能中。如是数四，杀伤不可胜数。

关中豪杰又闹起来了，秦岭中的羌、胡酋长也来送礼表示归附。①

形势从来没有那么好过！刘义隆表示："王玄谟已经不行了，魏军此时深入国境，你们赶紧回来吧。"②

关中群众又跳早了，业余军事爱好者刘义隆贴心地为拓跋焘的大后方减负，关中即将易主的极大压力瞬间不见了。拓跋焘开始无忧无虑、全心全意地征服中原了。

自石虎暴虐后，时隔百年，中原再次迎来了地狱级别的黑暗时刻。

有一种游戏，叫将婴儿贯穿于长槊上挥动跳舞。

如果刘义隆早早就看穿了喊打喊杀的王玄谟发战争财的可诛的心思，如果继续等待雍州军团在关中开花结果，那黄河以南、长江以北的千里沃野是否能少死一些人呢？

可惜历史没有如果。

　　兵者，国之大事，死生之地，存亡之道，不可不察；知兵之将，民之司命，国家安危之主也。——《孙子兵法》

---

　　① 《资治通鉴·宋纪七》：庞法起等进攻潼关，魏戍主娄须弃城走，法起等据之。关中豪杰所在蜂起，及四山羌、胡皆来送款。

　　② 《资治通鉴·宋纪七》：上以王玄谟败退，魏兵深入，柳元景等不宜独进，皆召还。

七、燕子说，这里的春天不美丽

450年十月，拓跋焘在滑台笑纳了王玄谟留下的如山一般的军资。

闰十月，拓跋焘军至东平，听说萧斌已经将主力撤回了历城，拓跋焘做出了前所未有的大胆部署，命征西大将军、永昌王拓跋仁率东路军自洛阳出击寿春，高凉王拓跋那自青州出击下邳，自己从中道南下直扑彭城。

王玄谟还守在碻磝城，申坦和垣护之还守在清口，但拓跋焘已经不在乎了。因为今年春天在悬瓠的攻城战并不成功，城面仅仅千余守军，打到"积尸与城等"都拿不下来，拓跋焘此次南下换了打法，目的是仗着海量的马匹不惜马力地扫荡整个中原，因粮于敌，将整个中原吃干刮净，即所谓"魏人之南寇也，不赍粮用，唯以抄掠为资"。

此时已到深冬，不必担心山东方面的水军从背后夹击，陆军敢来野战那更是求之不得。

北境六镇的牧奴们每年源源不断提供的海量马匹开始让整个中原对马这种动物产生了恐惧。

人因为汗腺发达，因此耐力极强，长距离奔袭的话，马队通常跑不过步兵的，但如果每个人带着三四匹马倒换着骑，奔袭几十公里，那就堪称古代的"空军轰炸"。

骑兵大军会迅速扑到几十公里外的居民聚集地，先将城池或村庄包围，然后打砸抢掠。围住村庄或城池，是为了不让人逃出去报信。即便能逃也是徒步奔跑，两条腿的肯定跑不过四条腿的，会被外面巡逻的骑兵杀掉。他们通常藏在山野等待骑兵离去，基本不太可能逃到下一个居民聚集点。

骑兵大军最可怕的地方在于可以封锁行踪，避免下一个居民聚集点提前坚壁清野。

拓跋焘军会把所有的男人和孩子直接杀掉，把女人奸淫后再杀掉，将整个村庄的粮食用作军粮和马粮。这个时候，马可以非常奢侈地吃粮食，因为本来也带不走，也不是为抢粮食来的，而是能够迅速补充马力。拓跋焘大军将一个城镇彻底毁灭，将士们抢了财宝，马吃了粮食，紧接着就以饱满的精神扑向下一个居民聚集点了。

你可能会有疑问，拓跋焘沿路毁灭了一切，难道不担心回军路上千里无给养吗？带了那么多马南下，总会有跑废的，回军时没有粮就吃马肉，反正每年六镇会源源不断地补上马匹的缺口。

这是一个几乎无解的毁灭一切的杀戮循环，得不到你我就毁了你。马也在骑兵的驾驭下展现出了前所未有的可怕力量。

十一月初五，拓跋焘军至邹山，生擒鲁郡太守崔邪利，拓跋焘推倒秦始皇石刻，命人用太牢之礼祭祀孔子。

拓跋焘在干什么？在给自己杀崔浩的事往回找补，想要恢复汉人士族的信心。他是杀崔不杀儒！让汉人别多想，这些年的汉化改革和进程他都认，别急眼别急眼，他都官方祭孔了。

拓跋焘此行带了很多汉人士族前来，李孝伯后面还带队在彭城跟张畅吵起来了。祭孔和杀戮都是给他们看的。

你跟刘义隆合作，就会被我烧杀淫掠；你跟我合作，我们继续好好过日子。忘了崔浩，我就不找你们算账了。

此时东面，拓跋仁势如破竹地拿下了悬瓠、项城，刘义隆急命安蛮司马刘康祖退防寿阳。

十一月十七，拓跋仁率八万骑兵追击，于尉武（今安徽淮南凤台县）围住了刘康祖。刘康祖军有八千人，距离寿阳仅仅数十里，副将胡盛之打算依山势险要从小路回寿阳。

刘康祖怒道："在黄河我没找到敌人，现在送上门来了，我打死他们！"

宋军没有进山而是在平原结成车阵回军。勇气可嘉！但宋军只有八千人，北魏却有八万人。

魏军从四面包抄，围住了刘康祖，宋军殊死迎战，自早晨一直打到下午，宋军杀一万余魏军，血已没过脚踝。刘康祖没有藏在指挥部里，而是身先士卒，身上十处受伤却依旧在前线督战。

拓跋仁一看碰到硬茬了，于是将剩下七万人分为三部，三班倒地轮着攻打刘康祖。

入夜，风起，魏军开始火烧宋军车阵，刘康祖又变身救火大队长，却被流箭射穿脖子，坠马身亡。将领一死，宋军开始崩溃，魏军随后追杀，宋军几乎全军覆没。拓跋仁杀刘康祖后兵临寿阳，焚掠马头、钟离。

十一月二十六，拓跋焘军至彭城十余里外的萧城。

自邹山至萧城直线距离仅仅二百六十里，但魏军从十一月初五到十一月二十六走了二十一天。当年曹操派虎豹骑自襄阳追击刘备到当阳，也是二百六十里，却仅用了一天一夜。

为什么这么慢？因为他们要抢光、杀光、吃光、烧光后，才到下一个城镇。拓跋焘"一步一个脚印"，所过之处不能看见活的东西。

彭城兵多粮少，太尉江夏王刘义恭打算放弃彭城南逃。

沈庆之退到历城后乘驿车回建康，半路收到刘义隆的命令，要求其去救王玄谟。此时魏军已经杀到了彭城，沈庆之被刘义恭留下做了中兵参军。

沈庆之还惦着刘义隆交给他北上的任务，表示历城兵少粮多，自己刚从那里回来，知道情况，可以去那里。他的方案是用战车和精兵护送刘义恭、刘骏及其家眷奔历城，剩下的兵给萧思话让他守彭城。[①]

太尉长史何勖认为这么跑太危险，应该全军跑步向郁洲（今江苏连云港东云台山一带）进发，走水路回家。

一个往北，一个往东，刘义恭去意已决，只是在纠结该怎么跑，琢磨了一天也没做决定。[②]

刘义恭考虑的是，沈庆之逃跑将来好交代，自己这不是逃，是朝着前线方向反冲锋。但刘康祖刚殉国，明显车阵一旦被围起来就是送死！直接走水路也不安全，不仅脸没地方放，沿路要是被骑兵追上了呢？

太纠结了。

安北长史张畅这时候说话了："我不成熟地说一下，我们要是真能跑，我绝对鼓掌！问题是我们跑不了，只有两条腿，会被盯死，根本跑不到历城和海边！现在我们的粮食虽然少，但还够支撑一段时间，为什么要马上去送死呢！你要是非得走，我就死在你的马前！"

镇彭城的皇三子刘骏对刘义恭说："叔你是总指挥，我左右不了你，但我是一城之主，我不能走，要不将来太丢脸了。我要和彭城共存亡，张畅说得对！"[③]刘义恭被戳中了要害，没脸走了。

十一月二十六，拓跋焘到彭城，立高台侦察彭城，尝试攻打彭城，没打动。本着打不动就走的原则，十二月初一，魏军扔了彭城继续南下，派高凉王拓跋那出兵山阳（今江苏淮安），永昌王拓跋仁发兵横江（今安徽和县），沿路继续烧杀淫掠，将毁灭进行到底，各城无不望风奔溃。

---

① 《资治通鉴·宋纪七》：安北中兵参军沈庆之以为历城兵少食多，欲为函箱车陈，以精兵为外翼，奉二王及妃女直趋历城；分兵配护军萧思话，使留守彭城。

② 《资治通鉴·宋纪七》：义恭去意已判，惟二议弥日未决。

③ 《资治通鉴·宋纪七》：武陵王骏谓义恭曰："阿父既为总统，去留非所敢干，道民忝为城主，而委镇奔逃，实无颜复奉朝廷，必与此城共其存没，张长史言不可异也。"

十二月初四，拓跋焘兵临淮河。

刘义隆派了辅国将军臧质率一万军增援彭城，臧质走到盱眙时发现魏军已经过了淮河，赶快命冗从仆射胡崇之、积弩将军臧澄之驻守东山，又派建威将军毛熙祚据守前浦，自己则率兵在盱眙城南扎营。

十二月初十，拓跋谭围攻胡崇之等，三处布防纷纷被击破，臧质不敢救援。当晚，臧质军也崩了，臧质扔了辎重，率七百将士投盱眙城。

此时宋军的野战就是泥牛入海，陷进去就出不来了。盱眙城，成为刘宋此次战役中唯一的亮点。

当初盱眙太守沈璞上任时王玄谟正围攻滑台，沈璞认为盱眙地处要道，于是下令修整城防，储备守城粮草、兵器、石头，以防万一。[①]他的幕僚都觉得没必要，朝廷也觉得很过分，现在形势大好，他莫不是在借机敛财？

等魏军南下宋军已经习惯性逃跑的时候，面对整个长江以北的大逃窜，有人也劝沈璞跑，但沈璞说："如果胡虏认为我们是小城不用搭理，我们不用跑，要是敢来，就是报国之日，也是诸位封侯的机会！将士们，几十万人在一个小城下，这就是守城的必胜密码！王寻攻昆阳、诸葛恪攻合肥，都是这意思，我们太幸运了！"

将士们被鼓舞后，沈璞征集了二千精锐，说够用了。

等臧质逃到城下后，众将道："如果胡虏不来围攻我们，就用不着这么多人。如果来了，这么多人没地方待。我们要是赢了，如果臧质分我们的功劳怎么办？如果我们要逃，这伙溃军抢我们的船，该怎么办？还是别收留这伙溃军了！"

沈璞叹道："胡虏肯定不能攻破我们的城池，我保证！至于乘船撤退我们也早就否定了。臧质虽然带的是乌合之众，但同舟共济的话就算

---

　　① 《资治通鉴·宋纪七》：初，盱眙太守沈璞到官，王玄谟犹在滑台，江淮无警。璞以郡当冲要，乃缮城浚隍，积财谷，储矢石，为城守之备。

是胡人也会跟我们齐心，难道我们为了独占功劳就让胡虏为患吗？"他开城接纳了臧质。

臧质入城后看到盱眙城防充足，将士山呼万岁，誓与盱眙共存亡。

魏军抢到淮河边的消息已经传得沸沸扬扬了，再加上淮河的阻拦，使魏军南下的脚步迟滞了下来，给百姓争取了宝贵的时间。淮南基本已经完成了粮食及财产转移，魏军抢不到粮食，人马开始饥困，听说盱眙有存粮，打算去抢，作为回去的干粮。[①]

拓跋焘击败胡崇之等后围攻盱眙没有攻克，于是留下大将韩元兴率几千人继续围困盱眙，自己率大军南下，这为盱眙又争取了一段时间。[②]

十二月十五，拓跋焘军至瓜步（今江苏南京六合区瓜埠山），毁百姓房舍，伐芦苇造筏，声称要打过长江。

十二月初十，魏军已在盱眙城外击败了臧质，中间还攻了一次城，十二月十五才走完二百里兵临长江。这也客观说明淮南此时完成了大转移，拓跋焘抢不到粮食，所以推进速度下降了。

此时建康百姓极度悲观，已经完成了家产的打包，天天去江边观察，"建康震惧，民皆荷担而立"，只要发现魏军渡江，就赶紧跑。

十二月二十七，建康内外戒严，丹阳境内所有的壮丁及王公以下的子弟都被征召从军。

刘义隆又命领军将军刘遵考等率军分别据守沿江渡口及险要。上起于湖，下到蔡洲，江面排列着刘宋所有能拿得出来的战船，沿岸相

---

① 《资治通鉴·宋纪七》：及过淮，民多窜匿，抄掠无所得，人马饥乏；闻盱眙有积粟，欲以为北归之资。

② 《资治通鉴·宋纪七》：既破崇之等，一攻城不拔，即留其将韩元兴以数千人守盱眙，自帅大众南向。由是盱眙得益完守备。

接，从采石矶一直到暨阳长达六七百里。①

刘义隆登石头，满脸愁容地对江湛道："当初我们决定北伐，赞同的人本来就很少。现在将士、百姓劳顿怨苦，我对不起大家！"然后又叹道："檀道济要是在，怎么可能让胡马打到这里。"

檀道济被缅怀了一下，让他在历史上的地位又提高了一大截。

活儿好的总跟他谈价儿，这是刘义隆这辈子不知兵的悲哀。

拓跋焘开凿瓜步山修盘山道，在山上搭帐篷做了临时指挥所，给刘义隆送了骆驼、名马等，要求和谈，还让刘义隆进贡女人。

刘义隆赶紧把各种好吃的给拓跋焘送过去，拓跋焘也不怕刘义隆下毒，当时就吃了橘子，喝了酒，举手指天道："我大老远来不是为了功业和名声，是为了表达友好，想和你联姻，你要是能把闺女嫁给我孙子，我就把闺女嫁给你儿子刘骏，从此不再让一匹马南下。"

通过杀戮数十万人表达好感还亲自求婚，杀伤性不大侮辱性极强地跟刘义隆玩伦理，给自己长了一辈儿，5世纪第一政治流氓实至名归。

建康朝堂上，刘义隆和大臣们讨论，大臣都说："赶紧送闺女迎媳妇。"只有江湛反对："戎狄没有亲情，别答应他！"

太子刘劭当时就怒了，声色俱厉地说："现在江北三王处境危险，你怎么敢瞎说！"退朝后刘劭直接派手下撞昏了江湛。他对刘义隆说："北伐落下如此奇耻大辱，导致我们数州沦陷残破，只有杀了江湛和徐湛之才能谢罪天下。"

刘义隆比较爷们儿，表示北伐赖他，他们不敢有异议。从此刘劭同江湛、徐湛之结下了怨仇，两国联姻这事也没成。

451年正月初一，拓跋焘大会群臣于瓜步山，加官行赏，沿江举火作势要过江。

---

① 《资治通鉴·宋纪七》：游逻上接于湖，下至蔡洲，陈舰列营，周亘江滨，自采石至于暨阳，六七百里。

正月初二，北魏掠居民，焚庐舍北去。

回军路过盱眙，拓跋焘向盱眙守将臧质要酒，臧质撒了泡尿给他。

此时拓跋焘已经没有战意，臧质只有七百残兵，当初他带着一万人出战的时候不救友军，但此时他却绑架着剩下的两千将士们跟他搏命。

臧质是个爱挑事的坏子。

拓跋焘得尿后大怒，下令不走啦，要围死臧质！魏军一天就筑好了长围断了陆道，又运来东山土石填壕沟，在君山造了浮桥，彻底断了盱眙通往淮河的水道。

拓跋焘给臧质写了封信道："我现在派去攻城的都不是我的自己人，城东北的是丁零和匈奴，城南的是氐人和羌人。丁零死了就减少了常山、赵郡之贼；匈奴死了就减轻了并州的治安隐患；氐人、羌人死了，就当给关中消除隐患。你要是能杀，就赶紧杀！"[1]

臧质回信道："你仗着有马打到这里，就是因为还没到兔年，现在进了正月，兔年到啦，你快不行了！我本来以为要到白登才能杀了你，现在你送死来了，我怎么能放你回去。你最幸运的就是被乱军所杀，要是被我活捉，我会把你抓到建康游行。

"就你这德行，比苻坚差远了，现在春雨已经来了，我们各路大军就要集合攻打你了，你赶紧攻城吧，千万别跑，粮食不够吃跟我说，我给你配齐了，你送我的刀剑，我都收到了，你这是让我留着砍你。我都懂。"

拓跋焘没见过这么牛的信，直接拿出了北魏十大酷刑的铁床（床上有大铁锥子），表示破城后高低要让臧质坐在上面！

臧质随后又给北魏大军写了封信："看看拓跋焘给我写的这信，有点恶心，他不拿你们当人啊！你们都是华夏子民，为什么要自取灭亡，

---

[1] 《资治通鉴·宋纪八》：魏主遗质书曰："吾今所遣斗兵，尽非我国人，城东北是丁零与胡，南是氐、羌。设使丁零死，正可减常山、赵郡贼；胡死，减并州贼；氐、羌死，减关中贼。卿若杀之，无所不利。"

怎么就不知道自救呢，朝廷给政策了，砍下匪首人头的封万户侯，赐棉布、丝绸各一万匹。"

双方废话都说完了，正式开打，魏军用钩车钩住城楼打算钩塌城墙，城中军就用大铁链子钩住车，数百人拔河让钩车走不了。入夜后，城中守军用大桶把士兵送下去，砍断车钩带走。天亮后魏军又上冲城车，但城墙质量相当高，每次撞击就只掉几升土渣渣。

城墙动不了，魏军开始蚁附攻城，打算直接展开肉搏，分梯队上，没人敢不冲，死伤数以万计，尸体堆得如城墙一样高，连攻了三十天，仍然没打下。

魏军开始爆发大规模传染病，与此同时收到战报：宋军水军已经走海路入淮河了，彭城守军也奉命截断我们的归路。

拓跋焘最终认栽，下令焚毁攻城器具撤军。

魏军过彭城，刘义恭表示一定不能激怒拓跋焘，探马来报：魏军正驱赶一万多南人住在安王陂，离彭城仅有几十里，去了就是大捷！

刘义恭表示不行，都老实点！

第二天刘义隆最高指示拍马来到，要求全力堵截北魏军。

刘义恭派镇军司马檀和之向萧城追赶，魏军知道宋军来后杀了所有的南方百姓，已经走远了。

本来刘义隆应该以相当高的历史地位名留后世（下一战讲他的文治水平），但人生末期的最后一战打得实在是太丢人了。

这一战几乎毁灭了元嘉盛世三十年来积攒的所有物资。

此次魏军南下，祸害了南兖、徐、兖、豫、青、冀六州，自黄河以南到长江以北成为无人区，男子被虐杀，婴儿则用铁矛串成糖葫芦玩。[1] 至于女人就更别提了，史书已经不忍记载："所过郡县，赤地无

---

[1] 《资治通鉴·宋纪八》：魏人凡破南兖、徐、兖、豫、青、冀六州，杀伤不可胜计，丁壮者即加斩截，婴儿贯于槊上，盘舞以为戏。

余，春燕归，巢于林木。"

很忧伤，用小燕子的视角说："这里的春天不美丽。"

自江淮到济水的数十万户口被彻底打没，这仅仅是户口损失，真正的人口损失大概已经突破百万，幸存者百人中不见得有一个，白骨露野，千里荒原，中原三十年积累全部败光，所谓"强者为转尸，弱者为系房，自江、淮至于清、济，户口数十万，自免湖泽者，百不一焉。村井空荒，无复鸣鸡吠犬"。

此战对南方造成了极大的恐惧，拓跋焘回国时曾派人给彭城的刘义恭递话："我现在没粮了才回去的，等你们麦熟后，我还是会来的。"

到了转年麦熟时，刘义恭想赶紧收割粮食再把百姓转到城中，镇军录事参军王孝孙说："胡虏绝不会再来了，就算来了这样做也不合适，因为百姓被关在城里太久了，赶紧让他们出去自救。再关着，他们必定出事。倘若胡虏一定要来，我们等他来了再割麦子也不晚。"

针对这个事，已经到了所有人都不敢说话的地步。[①] 可见此次魏军南下所带来的威慑到了什么地步。

北伐极为仓促，刘义隆在出征前还大量举债，临时从官员处乃至民间抽调了大量钱财与粮食，结果都被王玄谟送给北魏了。负债累累不说，刘宋王朝的公信力也遭到了巨大打击。

元嘉草草，仓皇北顾，刘宋由此开始断崖式衰落。刘义隆也没有时间去修补这次世纪大现眼的窟窿了，因为他即将走到生命的尽头。

刘家自刘裕开启了"六位帝皇完"的杀戮诅咒后，每逢新皇加冕，必然血染宫廷。

刘义隆一共生了十九个儿子，他恐怕不知道，除了三子刘骏获得皇位后于三十五岁驾崩外，其他所有成年的儿子只有九子刘昶因流亡北

---

① 《资治通鉴·宋纪八》：及期，江夏王义恭议欲芟麦翦苗，移民堡聚。……王孝孙曰："……虏若必来，芟麦无晚。"四坐默然，莫之敢对。

魏得以善终。多么讽刺！

整个南朝开始往荒淫暴力的方向发展。

北魏此次南下虽然战略上相当创新，毁灭了刘宋三十年的发展成果，但自己人马也死伤过半，代人集团不高兴了。

刘宋血亏，北魏惨胜。不过一战打出了战略威慑，终刘宋一朝不敢再往北看了。

此时志得意满的拓跋焘不知道，他让整个中原变成末日之后，他的阳寿也不足一年的时间了。这位雄才大略的皇帝统一了整个北境，在位的三十年奠定了北魏发展的所有基础，北境六镇静静地矗立在了塞北荒原，重启文明的火种被接回了华夏，点燃文明火种的那个姑娘已经开始候场了。

造了无数大孽之后，拓跋焘也该退场了。

刘义隆和拓跋焘，这两个君主，一南一北，相差一岁，几乎同时间上位，又几乎同时间去世，又都是直接和间接死在了继承的问题上。

北国，拓跋珪当年的"子立母死"开始演化出了别样的花朵。

南国，刘家的"本是同根生"的兄弟开启了长达二十四年"相煎何太急"的血咒，愈演愈烈。

荒淫无道无穷尽，不死干净不算完！

作为毋庸置疑的帝国柱石，雍州集团虽然开始站在历史潮头左右权力游戏的输赢，但在建康极度荒淫无道的旋涡中，最终晕头转向，被应时崛起的青齐集团占得先机，登上了王位。

别担心，作为北人南下的关键汇聚点，襄阳仍然还有机会，下个时代的权力密码姓萧，你们要等来那位"菩萨"得道，带你们鸡犬升天。

北人南下，为六朝盛衰之总纲。

心在山东身在吴，飘蓬江海漫嗟吁。

他时若遂凌云志，敢笑寄奴不丈夫。

萧道成，起身去迎你的山东哥哥们吧。

第 **6** 战

冰血暴

一、为什么"前四史"的价值远高于"后二十史"？

秦汉"第一帝国"时代，我们最常说是"天命所归"。"第一帝国"的"君权神授"几百年演化下来，形成了治理中华大地的三条大粗腿——德、忠、孝。

德是总纲。一切合乎规矩与礼法，一切合乎事物运行规律的都统称为德。

忠是对文武百官的控制手段。你得忠！无条件地服从皇帝，皇帝才能够最大程度、最小成本地控制这个幅员辽阔的国家。

孝是对整个国家基层的控制方式。你得孝敬爹妈，听从长辈的教导，才能将大量的事情在家庭内解决，国家才能从底层的毛细血管完成自我整合。

德、忠、孝，这三条大腿，帮助整个中华大地实现了最小内耗。

当天命有主，神圣不可侵犯，乱臣贼子就会心虚，老百姓会臣服，皇帝只要差不多就能接受，皇帝就算是精神不正常，臣民忍忍也就过去了，这样整个社会稳定的根基就不会变。

当国有忠臣，家有孝子，社会才能稳定，除非天灾人祸连续几十年，否则整个社会基本还是能平稳地走下去的。

后来司马家将"德"和"忠"这两条大粗腿都玩没了，司马昭的当街弑君更是将"君权神授"这个统治基座彻底轰塌了。天命自此不再神圣！

原来天命是个缥缈神秘的天宫仙女，司马家的一通操作却彻底把天命扒成了肉眼可见的"脱衣舞娘"。

如果说在司马懿和司马师两代人谋国阶段时，"君权神授"还有最后一丝遮羞布的话，那么在司马昭当街弑君后就彻底没有了。

敢情司马家的大拳头连天上派下来的皇帝都敢杀啊，杀完还没事，司马家还即将成为天上派下来的下一任皇帝。

这就让很多后来者得到了启发。最关键的是这种启发是对全民族全阶层的，这点相当重要！

"五胡"的首领自封皇帝的时候腰杆都硬着呢！之前这几百年，哪有胡人首领敢动当皇帝的心思？吓死他！

天命真的不神秘，皇帝不是上天指派的，老天爷也从来不是个好爹，那是糊弄人的，皇位是靠大拳头得来的。看来，天命是扯淡。既然是扯淡，那你司马家就不再是我的信仰了，而是奋斗目标！

司马家偏安江左后虽然又苟活了一百多年，但这世道对司马家尊重吗？一点儿尊重都没有。

桓温废帝时的关键理由是什么？是司马奕没有生育能力。

王敦、桓温这一个个门阀代表其实根本没拿司马家当人，不过就是个搭伙过日子的工具而已，但门阀最起码对司马家还保持最后的体面。到了刘裕这里，天命这个概念被彻底碾到了尘埃里。

刘裕这辈子光皇帝就弄死了六个，每个人的死法都极不体面：桓玄的脑袋被挂在朱雀桥上；谯纵自缢后被戮尸；慕容超和姚泓都被砍死在了建康闹市；司马德宗和司马德文一个被勒死，一个被闷死。

如果说司马昭当街弑君拍的是"三级片"还有点剧情，还有点遮掩；刘裕导演的就是彻底的黄暴剧，从头到尾就在证明他很强大。

力量这东西很直接，很管用，能解决问题，但是短平快解决问题的同时，又带来新问题：别人也在衡量与你之间的力量对比。

本来皇帝这个岗位做的事情都是飘在天上的，结果让刘裕直接给量化成了斧头帮的帮主。

凤凰是高贵的，是供人遐想瞻仰的。而凤凰一旦落架，那就不如鸡了。因为鸡就是鸡，不是所有人对鸡都有兴趣。但是凤凰不一样，所有人都梦想把凤凰当鸡消遣一回的。

天命不仅早就不神秘了，从刘裕开始连最基本的体面都没了，完完全全就是兵强马壮者为之了。

治理中华大地三条大腿的德和忠在刘宋一朝不仅没有了，甚至连孝都谈不上了。三条腿都不在，你怎么驾驭这个政权？

当然，不是说就一定驾驭不了，只是统治成本开始变得极高，方方面面的野心再也压不住了。刘家这一朝，始终没在信仰问题上做功课，或者说从刘裕暴力狂屠打下了江山开始，刘宋的基因就是个"杀"！

从这个层面说起，才能讲明白刘家是如何一步步越黄越暴力地走向毁灭的。

越是武运亨通的时候，杀的人反而越少。像刘裕杀皇帝，每战杀个中层军官吓唬吓唬人，就完全做到战略威慑了。

越是气运衰竭的时候，通常台上台下都是人头滚滚。

因为在庙堂之高者担心拢不住人，担心自己会被取而代之，从而会杀掉所有对自己有威胁的人。所有威胁到领导的人也会越来越明白自己的处境，从而毅然决然地把锅砸了决心杀出个黎明。

刘宋的国祚自刘裕奠基，除非出现汉武和光武那种"重铸信仰"的大神，否则就注定会是如此的结果。

只是刘裕怎么也没想到，当他将一个个来报到的子孙全员清点完毕后望向了新的铁王座，最终的胜利者会是他家，他想："我遗诏上写得很清楚，明明把他彻底关在笼子里了呀！"

话说"兴汉三杰"之首的萧何在这里又有了点戏份。因为子孙争气，或者说同宗的人争气，为了在这满是头衔的世道站稳脚跟，萧何"喜当祖"了。

话说萧何的孙子侍中萧彪在免官后定居到了东海郡兰陵县的中都乡中都里，随后四百年沧海桑田，世代居住的地方在西晋元康元年（291）由东海郡分出，成了兰陵郡。衣冠南渡时期，淮阴令萧整渡江到了晋陵郡武进县的东城里（丹徒）居住，当时大规模侨居到江东的移民都会用原来北方迁徙地的名字进行冠名管理，萧家这一支由此成为南兰陵人。

公元363年三月壬寅日的夜里，刘裕的母亲生完这个水势浩大命带双杀的孩子就扛不住了，迅速离开了人世，兰陵萧氏的一个姑娘萧文寿嫁给了刘裕的爹刘翘，随后生了刘道怜和刘道规。

儿为父"七杀"，也许是刘裕的命实在太硬，没几年把他爹也克死了，随后刘裕和继母与两个弟弟开始了相依为命、艰难度日的生活。

年少的坎坷经历和萧文寿的视如己出，让刘裕终身对这位继母抱有极高的尊重和感恩之心，即便后来做了皇帝，快六十岁了，仍然每天给继母请安。①

因为这位寡母对儿子无心插柳的伟大投资，兰陵萧氏貌似赶上了好时候，但和其他朝代相比，萧家似乎并没有鸡犬升天。

刘裕死前，完善了遗嘱制度，要求外戚都远离朝政，再加上萧文寿仅有一个亲弟弟萧源之和一个从弟萧摹之，兄弟并不多，也导致了兰陵萧氏并没有获得等同于萧文寿的尊重。

刘裕对继母确确实实没话说，但客观上也把舅爷们都关进了笼子里。

刘裕的亲舅萧源之历任黄门郎、徐兖二州刺史，迁冠军将军、南琅邪太守，420年去世时追赠了前将军；萧摹之则干过丹阳尹，死后追

---

① 《宋书·后妃传》：上以恭孝为行，奉太后素谨，及即大位，春秋已高，每旦入朝太后，未尝失时刻。

赠了征虏将军。总体来讲，这都是一般的岗位，什么事都掺和不了。

萧源之和萧摹之站在萧家起家的起点时还拉上来了一个同宗的亲戚，叫萧承之。[①]

刘裕两位舅爷"并见知重"的结果是萧承之初为建威府参军，在刘裕平了谯纵后迁扬武将军、安固汶山二郡太守，到四川维持秩序去了。

刘义隆上位后，萧承之从四川被调去济南当太守。原因在于同宗伯乐萧源之的公子萧思话当了青州刺史，他这位同宗要为伯乐恩公的公子戍边站岗。

后来第一次北伐中，萧承之上演空城计退敌，萧思话在檀道济撤退后狂奔百里被免官。

萧承之因为大侄子的胆怯以及自己跟北伐功臣檀道济没有关系，最终没能得到封赏，迁辅国镇北中兵参军、员外郎，再次出山就是萧思话当了梁州刺史后，萧承之为其横野府司马、汉中太守，去了汉中。

在汉中，萧承之平定氐乱功勋甚重，刘义隆打算升其为青州刺史，但此时刘义康主政，萧承之和刘义康又没有关系，最终仅仅转为江夏王司徒中兵参军、龙骧将军、南泰山太守，封晋兴县五等男，邑三百四十户。[②] 仍然是个中下层的官员。

等刘义康440年被废的时候，刘义隆安排了之前与刘义康有人事摩擦的萧承之去看守他。[③]

---

① 《南齐书·高帝纪》：皇考讳承之，字嗣伯。少有大志，才力过人，宗人丹阳尹摹之、北兖州刺史源之并见知重。

② 《南齐书·高帝纪》：文帝以平氐之劳，青州缺，将欲授用。彭城王义康秉政，皇考不附，乃转为江夏王司徒中兵参军、龙骧将军、南泰山太守，封晋兴县五等男，邑三百四十户。

③ 《南齐书·高帝纪》：十七年，宋大将军彭城王义康被黜，镇豫章，皇考领兵防守，太祖舍业南行。

至此，萧承之开始作为刘义隆的"自己人"走上了帝国前台，后来又迁至右军将军，进了禁军系统。不过他的寿命就要到头了，他进步得还是太晚了。

萧承之奋斗了一辈子，又是四川剿匪，又是汉中平氐，又是青州抗虏，最终没奈何大限将至，447年，六十四岁的萧承之病逝，他所积累的这些功名和资源，都交到了他儿子萧道成手上。

萧道成生于萧承之在四川当太守的时候，仪表堂堂，龙脖子，声如钟，重度牛皮癣患者——身上都是鳞纹，十三岁时就学于鸡笼山的名士雷次宗开办的学馆，学习儒家经典《礼经》及《左氏春秋》。①

公元440年，十四岁的萧道成刚刚学了一年就不得不抛弃学业随其父南下去看守刘义康了。②

442年，竟陵蛮有动作，赶上了刘义隆征伐西部的国策，十六岁的萧道成被刘义隆钦点，率偏军讨伐沔北蛮，从此开启了武官之路。③

一个人的命运当然要靠自我奋斗，但也要考虑到历史的进程，萧道成要是在建康接着上学后面就没他什么事了，大概率还会在不断的权力洗牌中死无全尸，但萧道成在时代即将大乱前走上了武将之路，开启了低配版刘裕的人生之路。

萧道成能有机会登上历史舞台要感谢他爹前面几十年勤勤恳恳地铺路，而萧承之人生最后几年进步到了禁军将军，在于跟"落架后不如鸡"的刘义康之前有人事摩擦。④

---

① 《南齐书·高帝纪》：太祖以元嘉四年丁卯岁生。姿表英异，龙颡钟声，鳞文遍体。儒士雷次宗立学于鸡笼山，太祖年十三，受业，治《礼》及《左氏春秋》。

② 《南齐书·高帝纪》：十七年，宋大将军彭城王义康被黜，镇豫章，皇考领兵防守，太祖舍业南行。

③ 《南齐书·高帝纪》：十九年，竟陵蛮动，文帝遣太祖领偏军讨沔北蛮。

④ 《南齐书·高帝纪》：文帝以平氐之劳，青州缺，将欲授用。彭城王义康秉政，皇考不附，乃转。

萧承之也没想到自己一辈子任劳任怨，干了那么多活儿，都没什么意义，跃龙门的那一下却是因为无心插柳的站队。

权力这东西和买房子是一个思路，地段、地段，还是地段。一定要对最高权力机构有用，一定要被最高权力机构清楚地看到，才可能有万中有一的机会在史书中留下那么稀疏的几行。

比如沈庆之因为檀道济的赏识成了禁军武官后毅然决然不理刘义康；比如王玄谟二十年如一日地喊"封狼居胥"让刘义隆引以为豪。

客观帮助萧承之往上走了一步的刘义康也由于离权力太近了，在拓跋焘兵临瓜步后，刘义隆担心皇位不稳，随后赐死了这个最有威望的弟弟。①

还是那句话，刘宋立国的基因是"杀"，刘义隆再厚道，到了风吹草动的时候第一反应还是通过"杀"去解决问题。

权力维持的成本总是需要有人去承担的。刘家的成本从王朝建立那天注定就比较高。

刘义隆做皇帝的这些年，除了打输了两场大战之外，客观来讲是个相当不错的皇帝，他为政期间相当注意劝课农桑，元嘉八年（431）就曾下诏命各郡县奖励种粮养蚕的小能手，并推广高产技术，上报奖励种粮大户。②

刘义隆从政三十年，曾多次赈灾免税，奖励农桑，开放山泽，开垦荒田，很多时候还要官府发给灾民粮种，尽最大可能保障民生与

---

① 《宋书·刘义康传》：索虏来寇瓜步，天下扰动。上虑异志者或奉义康为乱，世祖时镇彭城，累启宜为之所，太子及尚书左仆射何尚之并以为言。二十八年正月，遣中书舍人严龙赍药赐死。

② 《宋书·文帝纪》：闰月庚子，诏曰："自顷农桑惰业，游食者众，荒莱不辟，督课无闻。一时水旱，便有罄匮，苟不深存务本，丰给靡因。郡守赋政方畿，县宰亲民之主，宜思奖训，导以良规。咸使肆力，地无遗利，耕蚕树艺，各尽其力。若有力田殊众，岁竟条名列上。"

农产。

仅以元嘉二十一年（444）为例，由于元嘉二十年（443）各地水旱导致大规模减产，刘义隆便开仓放粮赈济，还给灾民粮种。[1]

转过年来正月，要求灾情严重地区节约粮食禁止酿酒，大赦天下并免除元嘉十九年（442）以前的所有欠债，各地官府务必用减租、免租、借贷等各种方式保证百姓复工复产。[2]

六月，大雨几乎下了整月，下诏各地官府做好汛期抗灾防洪工作，保证老百姓农业生产的正常与安居乐业。[3]

七月，再次下诏地方官府劝农，地方官府要通过赈济和借贷等多种模式让土地都种上粮食，特别要注意优势作物的耕种，各地官府一定要为百姓做实事，不能把经济建设和农业生产搞成两张皮。[4]

除了拿南蛮以战养战之外，刘义隆在军事方面也相当克制，除了第一次北伐因年轻气盛要恢复老爹时代的荣光之外，其他时候都是不见兔子不撒鹰，二十年没有动作，要不是崔浩被杀，恐怕刘义隆还会一直等待下去。

在皇帝懂得爱惜民力、劝民生产的环境下，元嘉时代开创了南朝

---

① 《宋书·文帝纪》：是岁，诸州郡水旱伤稼，民大饥。遣使开仓赈恤，给赐粮种。

② 《宋书·文帝纪》：春正月己亥，南徐、南豫州、扬州之浙江西，并禁酒。大赦天下，诸逋债在十九年以前，一切原除。去岁失收者，畴量申减。尤弊之处，遣使就郡县随宜赈恤。凡欲附农，而种粮匮乏者，并加给贷。

③ 《宋书·文帝纪》：六月，连雨水。丁亥，诏曰："霖雨弥日，水潦为患，百姓积俭，易致乏匮。二县官长及营署部司，各随统检实，给其柴米，必使周悉。"

④ 《宋书·文帝纪》：七月，乙巳，诏曰："比年谷稼伤损，淫亢成灾，亦由播殖之宜，尚有未尽。南徐、兖、豫及扬州浙江西属郡，自今悉督种麦，以助阙乏。速运彭城下邳郡见种，委刺史贷给。徐、豫土多稻田，而民间专务陆作，可符二镇，履行旧陂，相率修立，并课垦辟，使及来年。凡诸州郡，皆令尽勤地利，劝导播殖，蚕桑麻纻，各尽其方，不得但奉行公文而已。"

难得的盛世景象，所谓"三十年间，氓庶蕃息，奉上供徭，止于岁赋。晨出暮归，自事而已。民有所系，吏无苟得。家给人足，即事虽难，转死沟渠，于时可免。凡百户之乡，有市之邑，谣舞蹈，触处成群，盖宋世之极盛也"。元嘉也成为此后百余年南朝形容盛世的标杆。[1]

盛世的另一个侧面，是文化的高度繁荣，《世说新语》（大概率为刘义庆领衔编撰），《后汉书》（范晔著），裴松之注《三国志》等旷世名著在刘义隆时代全部出品。

至此，流芳百世的前四史彻底成形。

二十四史中，前四史的排位之所以那么靠前，有两个原因。

1. 秦汉的风骨再难找到了。

自战国到三国，前四史描写的是秦汉第一帝国，那时候，时代还没有崩坏，司马懿还没指洛水发誓，那时历史的剧情很慢，慢得用一辈子去等一个人，慢得一生只够忠于一个人。

项羽自刎乌江是那么的壮烈，刘邦的白马之盟不因其是流氓而有所改变，刘秀的杯酒释兵权兜底了那个时代，二爷关羽千里走单骑忠义一肩挑，丞相诸葛亮秋风五丈原的无力回天，这一切的一切，是那么的浪漫，那么的壮烈，那么的风骨不凡。

三国前的历史，虽然权力斗争的本质没变，但能读出"贵"的味道。三国后的历史，虽然都是"贵族"在掌权，但满眼望去都是"贱"的感觉。挂在嘴边上的"贵"，骨子里都是"贱"，真的好幽默。

古代史中，最美的时代过去了。没风骨，再好的戏也出不来。

2. 前四史都是私人手笔，每部史书的作者基本都是一个人，都倾注了一生的心血，每部著作都有着作者强烈的情感因素。

后面二十史大多是组团编纂，要么是枯燥史料的叠加，缺少可读

---

[1] 《宋书·文帝纪》：昔汉氏东京常称建武、永平故事，自兹厥后，亦每以元嘉为言，斯固盛矣。

性；要么史料的真实性堪忧，比如东拉西扯集大成者的《魏书》。

很多史书甚至时间上都不达标就匆匆而成，严谨性就别提了，比如脱脱领衔分别纂修宋、辽、金三史，《宋史》花了两年半的时间，《辽史》和《金史》仅仅用了十一个月的时间；到脱脱主持编纂《元史》的时候，两百一十卷仅仅用了三百三十天。

前四史则都是作者的呕心沥血之作。

以《史记》为例，全文雄浑大气，它摒弃了学术圈那种艰涩的学究文风，采取了更通俗易懂的著史笔法，言辞优美，内容翔实，对古代的小说、戏剧、传记文学、散文，都有极其广泛而深远的影响。

《史记》没出现之前，没人知道史书还能这么写！

开民智的最好载体是历史，而好的历史，是需要让广大人民群众产生兴趣的！

不仅仅是文笔优美和通俗易懂降低了史学的门槛，太史公还以极高的操守保证了历史的真实性。

整个汉初波云诡谲，有大量掩藏起来见不得人的历史，如果不是太史公，汉初的历史根本不会流芳百世。太史公在书写"为尊者讳"的时候又化身为侦探小说家，几乎是藏头诗般地将种种线索藏于其中，并在千年后渐渐大白于天下。

班固在《汉书》中为了纪念这位祖师爷，专门写了《司马迁传》，在赞语中说道："善序事理，辩而不华，质而不俚，其文直、其事核，不虚美、不隐恶，故谓之实录。"司马迁的"实录"精神成了中国史学的优良传统。

哪怕中国后面两千年的历史走向了专制的皇权路线，但在这期间，无论是修前朝的史，还是记本朝的事，大量的史官依然秉笔直书，无愧苍天！

太史公树立的标杆使得中国历史最终没有变成一部又一部的"手撕鬼子"剧。

但有些人觉得司马迁写得私货多，胡乱喷一通，比如说司马迁你喜欢项羽就喜欢，怎么能胆大包天到把项羽和刘邦放到了同样的历史地位，还把《项羽本纪》写成了整部《史记》中最精彩的篇章！

"项羽召见诸侯将，入辕门，无不膝行而前，莫敢仰视"，你为了拔高项羽，竟然写诸侯将匍匐前进拜见项羽，你看见了？

项羽看见始皇帝说出了"彼可取而代之"，你真是胡编滥造的历史发明家，你听见了吗？

项羽的最后时刻更别提了，霸王别姬和自刎乌江都成剧本了，你也配写历史，满眼都是私货。

最辣眼睛的就是鸿门宴，你简直就是个编剧！为了吸引读者连格调都不要了，写得那么好看，哪里有史书的样子。更可怕的是你居然还敢向我们输出价值观！

还写什么《刺客列传》，什么专诸、豫让、荆轲还有战国四公子，"士为知己者死，女为说己者容"，你是在教我做事吗？

每章最后你还来个"太史公曰"，那么多牛人你挨个都给点评一遍，疯了吧你！

但就是这么有私货的一部书，好神奇，竟成为后世史书的标杆。其他的二十史，是很多学者攒出来带"私货"少的，怎么就很少人看呢？怎么就普及不动呢？怎么就没有古往今来的作家们去捧着学习写作方法呢？

相反有的人眼中"自大傲慢、恣意而为"的《史记》怎么就成了"史家之绝唱，无韵之离骚"呢？因为有的人坐井观天，否定一切看不明白看不顺眼的东西；引导时代的人却是"六经注我"，从经典中对照自己的人生进行查缺补漏。

前者螳臂当车，妄图改变一切，却抱怨万事万物，最后越活越抽抽；后者眼观六路耳听八方，汲取一切有价值的东西，最终滚成了雷霆万钧的大雪球。

聪明人看不出来太史公崇拜项羽吗？当然看得出来。

聪明人看完《史记》后，对项羽的态度是明明白白知道秦崩的关键转折就是项羽力拔山兮气盖世，知道兴汉三杰和灭楚三英有多厉害，更知道驾驭"七龙珠"（兴汉三杰、灭楚三英加上陈平）的刘邦段位有多高。

聪明人看完《项羽本纪》收获的是满满的自豪感和英雄气，是干大事要舍得分钱、不能把印磨出角还不舍得给人，是波澜壮阔大气磅礴的写作手法，是打蛇打七寸、擒贼先擒王。

任何有价值的东西，都有着强烈的情感。因为越浓烈越有价值的东西，都需要极大的激情！没有丰厚的积累，没有独特的经历，没有充沛的情感，没有强烈的欲望，是写不出好东西的。

信息遍地，知识遍地，但能帮你融会贯通的智慧不是遍地的。一定是让你在扼腕击节中引起强烈共鸣，让你在感同身受里产生思考，这才能够帮助读者有所收获，对得起读者看你作品时付出的时间。

字典里都是知识，都是概念，都很客观，都不是私货，你倒是看呀！

写丞相诸葛亮治蜀写了十多万字，就为了写明白什么叫"脚踏实地，实事求是"。不把诸葛亮治蜀写明白，不把天池大泽的改道写明白，不把秦岭和陇道的物流噩梦写明白，不把大家写哭了，怎么能让读者理解什么叫"明知不可为而为之的鞠躬尽瘁死而后已"？

写桓温写了十多万字，就是为了写明白"一步一个脚印"这六个字是什么意思。不把桓温终身不犯错写明白，不把桓温历年东进的进度条写明白，不把北伐中桓公渎的开凿以及战败之后的围剿寿春和废帝写明白，不把临终传位给弟弟桓冲对后面的历史意义写明白，怎么能让读者理解什么叫"终身克制欲望的步步为营"？

细节大家都会忘却，但最终得到的那些精华会永远深刻在心里，随之对自己的人生有所补益和助力。

这些结论，其实每个人在成长的道路上都听过，都见过，但都没产生印象。因为之前这些"人生算法"的载体没有力量，让你得不到共鸣，打不到你的内心里！

将卫星送上太空的火箭一定是有劲儿的，将价值送到读者内心的作品一定是熊熊烈火燃烧你我的！没有强烈的情感，是达不到这种效果的。阅遍千帆，诵读万卷，行遍万里，遂艰难成此一家之言！

依稀记得，鲁迅先生曾经教导我们："譬如厨子做菜，有人品评他坏，他固不应该将厨刀铁釜交给批评者，说道你试来做一碗好的看。"

二、刘宋王座一番战

刘义隆的近臣江湛和太子刘劭的关系在拓跋焘南下时就已经降到冰点。双方起过剧烈冲突，但刘义隆依旧保着江湛，甚至为刘劭的长子聘了江湛的三闺女，希望双方握手言和，不要再掐了。

刘义隆的想法是很好的，但在三十年多的成长之路上有太多未知的猜测、有太多成长烦恼的刘劭与死党二弟刘濬犯了一堆错误，这哥俩为了逃避责罚，于是请巫师作法，希望他爹不知道二人的所作所为。

巫师当场就拍胸脯了，但后来这事讹传成了刘劭用巫蛊之术咒他爹早死。

刘义隆知道这事后，召近臣王僧绰、徐湛之、江湛密议废太子。拿了先手的刘义隆却最终死在了自己的小团体手上，因为大家在新太子的人选上产生了分歧。刘义隆欲立刘宏（七子），徐湛之却支持女婿刘诞（六子），江湛则支持妹夫刘铄（四子），立谁都行的王僧绰担心机密可能泄露，希望刘义隆速作决断，但刘义隆却一连多日犹豫不决。

就刘义隆这样的判断力，还千万里追寻着他在前线指挥打仗，这根本不可能啊，他先把刘劭扣了再琢磨啊！后来消息走漏了，刘劭火速发动了兵变。

有刘义康这个前车之鉴，刘义隆害怕宗室强大会出现内乱，于是引自己儿子为援，给东宫的兵力加派到了万人，和禁军规模相等。①

453年二月二十一夜，刘劭靠着他爹给的这支队伍，先发制人，杀了他爹，并杀了他爹的亲信左右数十人。

刘劭弑君后假传诏令，喊来了大将军刘义恭与尚书令何尚之入宫，随后控制了二人。然后召集百官，迅速即位并颁诏："徐湛之、江湛二人谋反杀了我爹，等我赶来时老头已经咽气了，好在我及时杀了乱贼，现在大赦天下，改元太初。"

刘劭随后任命跟他发动宫变的心腹、原太子中庶子萧斌为领军将军，任前太子右卫率檀和之成石头城；尚书殷仲景为侍中、中护军。

刘劭安排完武官后并没有放松警惕，而是立刻称病回到了永福宫，高度戒备。晚上住处灯火通明，防止刺客藏匿。

二月二十二，刘劭收缴了建康所有诸王卫兵和禁军的兵器，放回了武库，彻底控制了建康。

刘劭这一年三十岁，喜欢看历史书和操练弓马，自己管理东宫事务招揽宾客，这些年得到了刘义隆的大力扶持。

他的抢班夺权从实操角度来讲，也算是个读过历史书的，总体而言套路都对，第一时间扣住了建康城中的最大竞争者刘义恭和政令输出的尚书令，并且转天就收缴了建康城内的所有兵器。

按理讲，刘劭已经完成了政权的交替，因为他本来就是太子，名正言顺，更何况已经完成了对建康军权的控制。

不过比较遗憾的是，他爹死前一个月下了一道旨意，阴差阳错地改变了结局。

刘义隆三子刘骏一直不被待见，所以从来不能在建康待着，被外放到各州出镇。

---

① 《资治通鉴·宋纪九》：初，帝以宗室强盛，虑有内难，特加东宫兵，使与羽林相若，至有实甲万人。

拓跋焘南下时，刘骏在彭城表现得很强硬，战后又先后做了南兖州刺史和江州刺史。

虽说不待见刘骏，但在刘骏上任江州的时候刘义隆扩大了他的军权，命其都督江州以及荆州江夏、豫州西阳、晋熙、新蔡四郡军事。

刘义隆在大败后又想到了转移成本的老办法，452年十月，西阳五水一带的各蛮族闹事，据说闹腾的动静挺大，自淮河汝水到长江汉水都闹起来了，刘义隆命沈庆之统江、豫、荆、雍四州之兵前去平患。[①] 刚安排完这事，建康就风起云涌了。

刘义隆和太子刘劭关系开始迅速恶化，对沈庆之的人事任命在刘义隆眼中有了别的意味。

因为沈庆之在北伐中屡次和刘义隆唱反调，又有过短暂的太子党羽背景，做过太子的军事武官。

刘义隆担心这个能打的家伙是不可控因素，于是在453年正月十四，紧急诏令沈庆之的另一个老领导、三子刘骏统各路大军去讨西阳蛮，取代了沈庆之的总指挥之职。

刘劭弑父的时候，刘骏正屯兵于五洲（今湖北浠水县西南巴河口与浠水口之间的长江中，江中五洲相接），等待沈庆之从巴水赶来汇报工作。[②]

历史就是这样吊诡，时隔八年后，当年的第一个出任雍州的皇子和第一个雍州剿蛮的总指挥在这个风云交汇的关键时刻相聚了。

最神奇的是刘骏和沈庆之手中还握有当年一起上过战场的雍州军团，以柳元景为首的雍州兄弟们都被沈庆之带出来剿蛮了！

三月初二，典签董元嗣从建康来到五洲将他哥弄死了他爹的事汇

---

① 《资治通鉴·宋纪八》：西阳五水群蛮反，自淮、汝至于江、沔，咸被其患。诏太尉中兵参军沈庆之督江、豫、荆、雍四州兵讨之。

② 《资治通鉴·宋纪九》：武陵王骏屯五洲，沈庆之自巴水来，咨受军略。

报了刘骏，刘骏让董元嗣把这事通告了手下所有将领和谋士。刘骏把这事抖出来，是想看看手下人的反映。

针对建康突然发生的政变，做过太子步兵校尉、知道太子底细的沈庆之秘密对心腹道："萧斌是个妇人，太子的其他将帅都不叫个事，死心塌地跟刘劭犯上的人不超过三十个，剩下的绝不会为他效力，咱们应该去讨逆，不用担心不成功。"

太子的核心班子已经搭建完了，刘骏这里明显是个冷灶，尤其太子最为倚重的萧斌在北伐的时候曾经当众取笑过沈庆之没文化。

越缺什么往往最忌讳被人家攻击什么。沈庆之这辈子最忍不了的就是被人攻击没文化。

与此同时，沈庆之也知道手下的雍州军团实力是怎样的，雍州军也只会认可刘骏这个一起成长、有共同感情的皇子。种种考量后，沈庆之在第一时间就做出了选择。

刘劭此时也对西面手握重兵的刘骏很担心，但刘劭知道关键人物是沈庆之，于是写了封密信给沈庆之，命他杀了刘骏。

沈庆之前来请见刘骏，刘骏极度害怕，以生病为借口拒绝接见。沈庆之突然闯入然后扔给了刘骏那封要他命的信，刘骏看后哭着求沈庆之给他机会让他跟老娘告别。[①]

沈庆之道："我受先帝厚恩，为了你我愿意舍弃性命，你为什么对我有如此疑心！"

刘骏听后，明白这位曾经的下属将赌注押在他身上了，于是赶紧向沈庆之磕头表示："我和朝廷的命都在将军这里了。"

沈庆之得到刘骏的表态后，下令整军备战戒严。

刘骏主簿颜竣说："现在各地还不知道我们即将举义，刘劭占着建

---

① 《资治通鉴·宋纪九》：庆之求见王，王惧，辞以疾。庆之突入，以劭书示王，王泣求入内与母诀。

康，我们应该等各路将帅齐聚于此后再举事。"

沈庆之怒道："你知道什么！这是玩命的活儿，你个黄毛小子也敢在这里惑乱军心，来人，斩了示众！"

刘骏赶紧命颜竣给沈爷道歉，然后把军务全权交给沈庆之。沈庆之仅用十天时间就整好了内外军需，做好了出兵准备。

三月十七，刘骏召开誓师大会，命沈庆之任司马总统军事，襄阳太守柳元景、随郡太守宗悫为谘议参军统领中军，江夏内史朱修之代理平东将军，记室参军颜竣为谘议参军、领录事并兼理内外全局，谘议参军刘延孙留守寻阳。

沈庆之力排众议，迅速举起了义旗，从时间上来说很重要，因为所有人都在观望。

刘劭从法理上继位是没有问题的，因为他是太子；弑不弑父其实意义也不大，主要看怎么说，但刘骏第一个把刘劭弑父这杆大旗举起来后，局面开始出现巨大变化。

刘骏手下核心的三个人是谁？总统军事的沈庆之是过去十年襄阳军团的平蛮老将领，统领中军的柳元景和宗悫是雍州集团最大的两个豪族军官，雍州军的战斗力是在真刀真枪的战场上拿过奖的！

雍州军团已经旗帜鲜明地站队了：我们支持刘骏要搏富贵！

刘骏是江州刺史督江州以及荆州江夏、豫州西阳、晋熙、新蔡四郡军事，比如江夏内史朱修之就不是江州官员，但因为军事上受刘骏的主管，因此也跟着走了。

本就实力不小，再加上北伐战役中唯一打出亮眼表现的雍州军团，刘骏开始迅速蹿红，各路人马也都开始敏锐地感觉到了套利空间。

荆州刺史刘义宣、雍州刺史臧质、司州刺史鲁爽纷纷脱离刘劭的管辖，以起义来响应刘骏。臧质、鲁爽来到江陵晋见刘义宣，并派人去鼓动刘骏早日登基。

鲁爽和臧质为什么要来到刘义宣的江陵向刘骏劝进？为什么不去

刘骏那里直接表态？因为刘义宣、臧质、鲁爽这三方势力其实是想拿刘骏当炮灰的。

鲁爽是鲁宗之的孙子，当年鲁家因为刘毅被刘裕赶出来后辗转来到北魏，鲁爽因为多次得罪拓跋焘，于是在北魏南下伐宋之时率宗族部曲叛逃，投降刘宋了。

鲁爽来了之后就被刘义宣和臧质结好。

臧质作为盱眙之战的英雄在战后被提拔为雍州刺史，这个挑事的胚子觉得自己是一代英雄，居然想当刘裕，觉得小舅子刘义宣昏庸无能容易被控制，所以打算拥立他，成事后再废了他。[①]

看见没有，文武百官对刘宋的皇权有敬畏吗？没有！都在梦想当刘裕。

刘劭弑父后，臧质到了江陵，以拜见皇帝的姿态拜见刘义宣，把刘义宣吓得够呛，问："你这是要干什么？"

臧质道："您该当皇帝。"

但刘义宣已经公开表态拥护刘骏了，臧质只好作罢。由此可见沈庆之及时挑起义旗有多的关键。除了这一层，还有臧质对刘骏军事实力忌惮的原因。

因为讨伐西阳蛮，雍州军团的核心人物柳元景已经率部与刘骏会合了。臧质在起兵后打算拥立刘义宣，于是偷偷派人送信给柳元景，想让他把部队带回来，但柳元景和刘骏当年是一同创业的战友，他赶紧派人把信交给了刘骏，然后告诉臧质的送信人说："臧将军应该还不知道武陵王的大义之举，现在应当讨逆，不容撤军。"[②]

---

① 《资治通鉴·宋纪十》：初，江州刺史臧质，自谓人才足为一世英雄；太子劭之乱，质潜有异图，以荆州刺史南郡王义宣庸暗易制，欲外相推奉，因而覆之。

② 《资治通鉴·宋纪九》：初，帝之讨西阳蛮也，臧质使柳元景将兵会之。及质起兵，欲奉南谯王义宣为主，潜使元景帅所领西还，元景即以质书呈帝，语其信曰："臧冠军当是未知殿下义举耳。方应伐逆，不容西还。"

此时雍州军的箭头人物像薛安都这种战神都在柳元景的剿蛮军中，二十四岁的刘骏从没得到过老爹的喜爱，但却阴差阳错地在这风起云涌之时得到了南朝最强武力集团的拥护。

三月二十四，刘骏到寻阳。

三月二十七，刘骏传檄四方共伐刘劭，刘义宣派臧质率军前往寻阳会师，西面已经第一时间完成了表态。

来看东面，此时会稽太守、都督扬州浙东五郡诸军事的随王刘诞正准备接受刘劭的任命，结果参军沈正游说司马顾琛道："朝廷此祸前所未闻，今以江东骁锐之众倡大义于天下，谁能不响应，怎么能让殿下侍奉凶逆！"

顾琛说："江东已经忘战很久了，虽然顺逆有别，但强弱也是要考虑的，咱们再等等，让子弹飞一会。"

沈正说："杀父之仇不共戴天，这事怎么能等，打的是道义仗，谁说一定得考虑周全后再呐喊！"

沈正和顾琛随后一起进府劝刘诞，两位军事主官都支持刘骏，刘诞只能接受建议。

这个坚决讨逆的沈正真的只是维护朝廷正义吗？不知道，只知道他是沈田子的侄子，沈庆之的同宗。

东面表态后再看北面，豫州刺史刘遵考、徐兖刺史萧思话、青州刺史张永全部响应刘骏。准确地说，这三人都是响应的刘义宣。

刘遵考不被刘劭信任，被派来的监军防着，随后刘遵考砍了监军响应了刘义宣。[①]

张永是明确响应的刘义宣，萧思话和刘骏镇彭城时有过交集，他明确响应了刘骏，但却是在刘义宣的调节下和有过节的张永团结一致向

———————

① 《宋书·刘遵考传》：元凶弑立，进号安西将军，遣外监徐安期、仰捷祖防守之。遵考斩安期等，起义兵应南谯王义宣，义宣加遵考镇西将军。

前看的。[①]

注意，刘骏和刘义宣此时虽然矛头一致对刘劭，但却明明白白的是两股势力。刘骏的核心是铁心拥护他的雍州军团；刘义宣的周围则是一群朝廷老将，看重的是刘义宣的皇弟身份以及容易摆布的弱才性格。

总之，台面上的所有力量都有着自己的政治企图。刘家起家时是"杀"的基因，就别怪所有人衡量对比的都是力量的强度。

对了，刘劭任命了"封狼居胥王玄谟"为冀州刺史，结果王玄谟上任后就命济南太守垣护之出兵拥护刘骏了。整个长江以北都不看好你刘劭，你指望这个算盘挂脑袋上的老油条异军突起帮你吸引火力？他比你精。

总之，除了建康之外，各地都反了。

刘劭刚即位时自认为从小就通晓军事，安慰百官道："你们处理公文就行了，战场上的事不用操心，谁来打死谁，就怕他们不来呢！"

等到四方兵起的消息传来后，刘劭心虚了，下令建康戒严，召集了所有休假将士，将秦淮河南岸百姓全部迁到了北岸，把所有王公大臣圈到了建康，强迫刘义恭住在尚书下舍并扣其诸子。

四月初一，柳元景统领宁朔将军薛安都等十二路兵马从溢口（今江西九江西古溢水入长江口）出发，司空中兵参军徐遗宝率荆州军相继而发。

四月初五，刘骏从寻阳发兵，沈庆之总领中军殿后。

刘劭已经把刘骏和刘义宣诸子全部软禁了，还打算把雍、荆、江三州将士们在建康的家属全部处死，被刘义恭与何尚之拦住了，说："你现在杀了就是让对方更愤怒。"刘劭觉得有理，随后下诏表示不再

---

① 《资治通鉴·宋纪九》：劭以兖、冀二州刺史萧思话为徐、兖二州刺史，起张永为青州刺史。思话自历城引部曲还平城，起兵以应寻阳；建武将军垣护之在历城，亦帅所领赴之。南谯王义宣版张永为冀州刺史。永遣司马崔勋之等将兵赴义宣。义宣虑萧思话与永不释前憾，自为书与思话，使长史张畅为书与永，劝使相与坦怀。

追究将士们的家属。

萧斌劝刘劭率水军亲自西征迎战，或者据守梁山（今安徽东西梁山）。

雍州军最强的是陆军，你得跟他打水战，不能让他登岸啊！

刘义恭则认为："南来之军起兵仓促，刘骏一个小毛孩子根本不懂军事，远道而来将士疲敝，我们应该以逸待劳，要是远赴梁山，京师就会空虚，东面叛军会乘虚而入，要是兵分两路又会势单力孤，不如养精蓄锐等待叛军前来，放弃秦淮南岸，用木栅围起石头城，这也是太祖时代的老办法，一定能赢！"刘劭同意了。

萧斌愤怒道："刘骏确实才二十多岁，但却领导了如此大的行动，怎么能小看他！三州同时作乱占据上游，沈庆之军事练达，柳元景、宗悫屡立战功，他们绝不是不堪一击的乱党，现在要趁着军心没散去拼死一战！在这里坐着能把他们坐死吗！"刘劭没听。

萧斌的建议被否的同时，柳元景知道自己的船舰不坚固正害怕刘劭派水军来战，于是日夜兼程地往东赶，四月十四，军至江宁，上岸了。[①]

上岸后的柳元景不担心了，第一时间派薛安都率铁甲骑兵在秦淮河畔耀武扬威，又给大量的建康官员送信进行施压。

四月十六，刘骏抵达南洲，前来归降的人络绎不绝。

其实刘骏自从寻阳出发就得了病无法见人，只有颜竣一人可以出入刘骏卧室，他把刘骏抱在自己的膝上亲自照料，刘骏病情在这期间几次加重，所有的事都是颜竣决断的。颜竣把刘骏病重这事瞒得死死的，将士们居然不知道刘骏的病情。[②]

---

① 《资治通鉴·宋纪九》：柳元景以舟舰不坚，惮于水战，乃倍道兼行，丙辰，至江宁步上。

② 《资治通鉴·宋纪九》：王自发寻阳，有疾不能见将佐，唯颜竣出入卧内，拥王于膝，亲视起居。疾屡危笃，不任咨禀，竣皆专决。军政之外，间以文教书檄，应接遝迩，昏晓临哭，若出一人。如是累旬，自舟中甲士亦不知王之危疾也。

之前差点儿被沈庆之祭旗的颜竣被刘骏保下，随后在刘骏生死存亡的时刻以"国士报之"，堪称挽救了此次起义。

要是挑头的政治旗帜人物都快病死了，那么军团的战斗力也就别提了。刘骏拿下皇位，从沈庆之张罗到颜竣做护工，名副其实地"躺赢"。

四月二十一，柳元景在江宁歇了一周后秘密出兵至新亭，依山建垒，东西据险，刘骏又派了龙骧将军程天祚率众支援，程天祚于柳元景东南据高丘，屯寨栅。

新降之众都劝柳元景速进，柳元景道："第一战很重要，我们如果草率进攻，一旦失败贼军士气就起来了！"

柳元景建营的功夫，刘劭部下龙骧将军詹叔儿得到了消息，随后劝刘劭出兵攻打立足未稳的柳元景。刘劭没回应。原因不详。

四月二十二，刘劭才派萧斌率步兵出战，又令褚湛之统水军与鲁秀、王罗汉、刘简之部共合万人，水陆两栖攻打新亭垒，刘劭自己亲自登南门督战。

刘劭派出去的这支队伍的将领没有做好调查，鲁秀是已经表态支持刘骏的司州刺史鲁爽之弟。

柳元景手下带的是雍州军的精锐，宗悫、薛安都等十三部共万人精兵作为前锋前来对战。

双方会战后并没有出现雍州军一边倒狂屠的情况，刘劭确实是知兵的，自从弑父以来几乎是天天泡在军营里慰劳将士们，甚至亲自督造战船。

中央军全都为刘劭效死力，程天祚部很快就被中央军打垮了，王罗汉等攻垒北门，褚湛之的水军也到了，柳元景水陆受敌，但同样斗志高昂，麾下勇士悉遣出战，指挥部的所有人全都派出去了，只剩下几个传令兵。[①]

---

① 《资治通鉴·宋纪九》：劭将士怀劭重赏，皆殊死战。元景水陆受敌，意气弥强，麾下勇士，悉遣出斗，左右唯留数人宣传。

雍州军的精锐已经使出全力了，而且是守营占先手，但依旧即将被攻破营垒，就在这个时候，鲁秀率部撤出战场了。[①] 刘劭的江山随着这个变量彻底沉沦。

中央军瞬间蒙了，将士们不知所措，柳元景却趁此机会打开了营垒大门敲响战鼓进攻，刘劭军崩溃，淹死于秦淮河者甚众。[②]

刘劭随后亲自上阵率剩下的将士再攻柳元景，但士气已经崩了，柳元景得理不饶人，再次大破刘劭，杀伤甚于前次。刘劭亲手诛杀后退士兵却根本止不住，最终刘简之战死，萧斌重伤，刘劭逃回宫内。

鲁秀、褚湛之和檀和之三人战后南下投奔了刘骏。

刘劭惊惧，烧了建康的军籍，表示所有的军户都跟他最后拼一把，今后再也不用当兵了！[③]

士兵的战斗力有没有被刘劭激发先放一边，反正两天后刘义恭扔了十二个儿子单马逃出了建康。他知道刘劭没戏了，要抓住最后的机会跳上新船。

以柳元景为首的雍州军团极其戏剧性地在殊死之战帮助当初的那个少年拿下了铁王座之战！

---

① 《宋书·刘劭传》：将士怀劭重赏，皆为之力战。将克，而秀敛军遽止，为柳元景等所乘，故大败。

② 《资治通鉴·宋纪九》：劭兵势垂克，鲁秀击退鼓，劭众遽止。元景乃开垒鼓噪以乘之，劭众大溃，坠淮死者甚多。

③ 《宋书·刘劭传》：劭并焚京都军籍，置立郡县，悉属司隶为民。

三、已经试出来的人，永远别给第二次机会

453年四月二十四，柳元景在打完关键战的铁王座之战两天后，刘骏至江宁，夏天的风正暖暖吹过。权力是最好的药。病都好了，扶我起来！

刘劭大败后接连遭遇背叛，杀了刘义恭的十二个儿子后开始求助于被刘裕开除神仙系统的蒋子文。

刘劭用皇帝专用的辇车把蒋侯庙的神像迎到宫内供奉，向神像磕头请求恩典，并拜蒋子文为大司马，封蒋子文为钟山王，又拜苏侯神为骠骑将军。

四月二十六，刘骏至新亭，刘义恭上表劝进。

四月二十七，刘骏即皇帝位，大赦天下，文武官员赐爵一等，从征将士升二等，同时撤了刘劭给刘义隆的庙号和谥号，将"中宗景皇帝"改成了"太祖文皇帝"。

景帝还是文帝其实都无所谓，关键"祖有功而宗有德"，刘义隆有什么功呢？这天下哪里是他打下来的呢？他光给北面送功了。

倒是这天下是他刘骏重新打下来的，不对，躺下来的。他是梦想当"祖"的。他爹要成了"宗"，他将来怎么当"祖"？

五月初一，臧质率兵二万至新亭，豫州刺史刘遵考遣其将夏侯献

之率步骑五千军至瓜步。

这个时候，东面刘诞的队伍也杀过来了，刘劭派殿中将军燕钦等率兵抵抗，但在曲阿奔牛塘被击败。

刘劭随后沿着秦淮河竖栅栏自卫，又挖破岗、方山埭的河堤阻断东军。至此，建康的所有青壮均已征尽，开始征妇女干活。

五月初二，鲁秀等招募敢死队进攻朱雀航，大胜后渡过秦淮河，王罗汉听到西军已渡过秦淮河就放下武器投降了，秦淮北岸所有守军相继逃散，武器扔满街道。

当天夜里，刘劭关闭台城六门，在城内挖壕沟、立栅栏，做最后抵抗。根本不管用，城中已经鼎沸，丹阳尹尹弘等文武将吏争相跳城出降。萧斌率全军放下武器，卸甲从石头城投降。

刘濬劝刘劭带金银财宝亡命大海做岛主，刘劭表示别让他再现眼了。

五月初四，刘劭被俘，随后和刘濬被灭门，脑袋挂在朱雀桥上，尸体拖到集市示众，萧斌、殷冲、尹弘、王罗汉等刘劭一党也全被诛杀。

不管怎么说刘劭也做过三个月皇帝，还是刘骏的亲哥，刘骏有必要这样做吗？不该给刘劭一点最后的体面吗？

皇位这东西应该神秘，应该让人想象，应该云里雾里地飘在天上。刘骏埋汰了坐过这把椅子的哥哥，其实捎带脚让自己也不值钱了。

七月二十九，刘骏将早就不喜欢的四弟刘铄下毒干掉，开启了刘宋王朝新一轮的杀戮。

刘骏上位后对刘义隆所制定的典章制度基本都做了改变，最关键的调整就是郡、县长的任职期限以三年为限，这种频繁的调动导致官员们对于辖区都不再有责任感，能拖就拖，能捞就捞，都推给下一任去擦屁股，反正两三年就全国范围内调动，谁能比谁强？刘义隆时代优良的政治风气就此衰败。①

刘骏已经不再考虑治理的长远问题，他更担心的是地方官在一个地方做大，所以要来回调遣。他最想动的是已经在荆州待了九年的叔叔刘义宣。

臧质那帮人在背后的小动作他不是不知道，柳元景把信都给他看了，他想调刘义宣做扬州刺史，可以放身边看着。但刘义宣不同意，双方角力后刘骏选择了息事宁人。

此时此刻，战后分红是这样的，分三派。

刘骏的铁杆为沈庆之（南兖州刺史），柳元景（领军将军）和朱修之（雍州刺史）。

刘义宣（荆、湘二州刺史），其铁杆臧质（江州刺史）、鲁爽（豫州刺史）、鲁秀（司州刺史）、原刘义宣中兵参军徐遗宝（兖州刺史）。

拿不准的中间派有王玄谟（左卫将军），垣护之（冀州刺史），刘诞（扬州刺史），萧思话（徐州刺史），申恬（青州刺史）。

由于刘劭烧了建康兵籍，刘骏根本没能继承到原来的禁军，军队的底子还是江州和雍州军精锐。

刘义宣账面的实力很强大，开始不断找碴儿，向朝廷索要大量物资，刘骏不敢惹，照单全给；刘骏修改刘义隆制定的大量法令，刘义宣也基本不搭理。②

臧质从建康前往江州就任时带了一千多艘船，船队前后相接有一百多里，同样也不搭理刘骏的立威，辖区内的所有事项基本都不再报告朝廷而是自己做主，甚至擅自动用溢口和钩圻粮仓里的粮食，刘骏往江

---

① 《资治通鉴·宋纪九》：上多变易太祖之制，郡县以三周为满，宋之善政，于是乎衰。

② 《资治通鉴·宋纪十》：劭既诛，义宣与质功皆第一，由是骄恣，事多专行，凡所求欲，无不必从。义宣在荆州十年，财富兵强；朝廷所下制度，意有不同，一不遵承。

州派了督察人员，双方开始逐渐亮出底牌。[1]

臧质被督查后开始怂恿刘义宣："立不赏之功，挟震主之危，自古有几人能活下来？如今天下归心于您，您名声已经传誉四方，再不行动就会被别人先下手，您命徐遗宝、鲁爽驱精锐入长江，我臧质率九江舰队做您的先锋，这就一半的天下就拿下了，您再率八州之军缓慢推进，即便韩白再世也无能为力了，况且如今少主道德沦丧，沈庆之和柳元景等雍州军都是我旧日好友，怎么可能为他尽力，别琢磨啦，反吧！"

刘义宣的心腹将领谘议参军蔡超和司马竺超民等也都希望从龙得富贵，借着臧质的东风天天怂恿刘义宣。

臧质和刘义宣本就是亲戚，闺女又是刘义宣的儿媳妇，两家高度绑定，臧质的儿子臧敦在建康为黄门侍郎，刘骏派臧敦去刘义宣那里办事经过寻阳时被臧质安排再次游说刘义宣，终于让刘义宣下定了决心。

刘义宣密派使者约豫州刺史鲁爽和原来的小弟兖州刺史徐遗宝在秋天举义，使者抵达寿阳时正赶上鲁爽喝多了，听错了刘义宣的意思，结果当天就反了。[2]

鲁爽登坛誓师自改年号为建平元年，随后杀了不是自己人的长史韦处穆、中兵参军杨元驹和治中庾腾之，徐遗宝也起兵率军向彭城进攻。

鲁爽之所以要反，不仅仅是被刘义宣和臧质拉拢那么简单，更重

---

[1] 《资治通鉴·宋纪十》：质自建康之江州，舫千余乘，部伍前后百余里。帝方自揽威权，而质以少主遇之，政刑庆赏，一不咨禀。擅用溢口、钩圻米，台符屡加检诘，渐致猜惧。

[2] 《资治通鉴·宋纪十》：义宣密使人报爽及兖州刺史徐遗宝，期以今秋同举兵。使者至寿阳，爽方饮醉，失义宣指，即日举兵。

要的是因为他家祖上原来是襄阳地区的老大，但如今襄阳地区已经被以柳元景为首的豪族深度占据了，柳元景是刘骏的铁杆，想要再次提高自己的位置杀回老家，就需要干掉刘骏。

454 年二月，刘义宣收到鲁爽反叛的消息，只好也跟着起兵了，随后臧质也反了。时隔半年多，刘宋第二波内战开打。

刘义宣和臧质上表清君侧，派谘议参军刘湛之率一万军为先锋，将司州刺史鲁秀召回，想要让他做刘湛之的后续部队。

鲁秀到江陵见到了刘义宣，捶胸顿足道："我被我哥坑了，我竟然和他一起造反，完蛋了！"己之砒霜，彼之蜜糖，鲁秀的痛苦却是剩下参股大佬们的关键投资点。

臧质和鲁爽其实都没指望刘义宣能起多大作用，都觉得自己已经天下无敌，但鲁秀是在新亭之战见识过雍州军的力量的，他看到刘义宣连话都说不利索，因此开始极度悲观。

刘骏没见到柳元景半年前是怎么帮他拿到的皇位，因此也相当悲观，刘义宣刚一举旗时已兼荆、江、兖、豫四州军力，声势浩大，威震远近，篡位篡得很坚决，刘骏吓得打算让位，但在六弟刘诞的坚决反对下放弃了退位想法。

刘义宣生了十八个儿子，更何况铁杆的亲家臧质还在旁边野心勃勃，刘诞的算盘比较好打，刘义宣如果拿了天下肯定容不下他这个侄子！他只能表态："支持我哥！"

刘骏收到了第一个好消息，本来拿不准六弟刘诞的立场如何，现在明确是支持他的，建康内部是兄弟同心的！刘骏随后加刘诞节钺，赐仗士五十人，随时出入台城六门，方便哥俩商量事情。

454 年二月二十四，下定决心的刘骏表态跟他打！任左卫将军王玄谟为豫州刺史，开除了叛逆的鲁爽，下令柳元景统领王玄谟等诸军讨伐刘义宣。

二月二十六，王玄谟进据梁山洲，在梁山洲两岸修筑月牙形阵地，从水、陆同时准备迎战。

刘义宣迎来了整场战役的最大利好：王玄谟是先锋。

刘骏任安北司马夏侯祖欢为兖州刺史，开除了徐遗宝；任徐州刺史萧思话为江州刺史，开除了臧质；任朱修之为荆州刺史，开除了刘义宣，由柳元景为雍州刺史，太子左卫率庞秀之为徐州刺史，补了朱修之和萧思话的缺。

刘义宣传檄四方给诸郡加官进爵命各地出兵响应，但雍州刺史朱修之假装响应的同时派使者向刘骏表示拥护。①

朱修之是当年到彦之北伐时守滑台的猛将，被俘了，两年时间后即在432年艰难逃回建康，随后迁江夏内史。

然后朱修之开始了长达近二十年的岗位瓶颈期，直到451年刘骏调任江州刺史时，朱修之仍然是江夏内史，但因为刘骏作为南中郎将额外都督荆州的江夏郡军事，朱修之终于找到了机会，随后从龙东征，亲自攻克东府立下大功。

453年六月，刘骏将臧质调到了江州，命朱修之到雍州上任。

朱修之在雍州期间为政宽宏简明，得到了雍州士民的高度拥护。②其实就是朱修之抱住了刘骏和雍州军团的大腿，给雍州的柳老爷、宗老爷做好了师爷的角色。

刘义宣自444年就做了荆州刺史，但近十年的时间也没对朱修之有什么关照，朱修之怎么选其实很容易判断。

三月十一，刘义宣亲率十万大军从江津出发，船只连绵几百里，下令朱修之出兵一万跟进。

---

① 《资治通鉴·宋纪十》：义宣移檄州郡，加进位号，使同发兵。雍州刺史朱修之伪许之，而遣使陈诚于帝。

② 《宋书·朱修之传》：孝武初，为宁蛮校尉、雍州刺史，加都督。修之在政宽简，士众悦附。

朱修之没理他，刘义宣随后任鲁秀为雍州刺史，派鲁秀率一万多人去讨伐朱修之。刘义宣被分走了一路军。

著名的胆小鬼王玄谟听说鲁秀不来了，很是兴奋，表示臧质来那就好办了。他说的话跟没说一样，这辈子就爱被假大空的话打脸。

冀州刺史垣护之的媳妇是徐遗宝的姐姐，徐遗宝喊他造反，垣护之没答应，而是出兵攻打徐遗宝。

徐遗宝派军袭击徐州长史明胤所镇彭城，没有拿下，被明胤和夏侯祖欢、垣护之三路合军在湖陆袭击，大败，徐遗宝弃军烧湖陆城后投奔了鲁爽。刘义宣被灭了一路帮手。

三月底，刘义宣军至寻阳，命臧质水军做前锋，鲁爽自寿阳领军南下直奔历阳。臧质军至梁山，也在两岸筑起营垒和王玄谟对峙。

鲁爽兵临历阳，此时守历阳的是雍州军猛将宗越，宗越率步骑五百于城西十余里拒战，大破鲁军先锋三千，阵斩其将。

鲁爽被当头一棒给打蒙了，率主力屯于大岘（今安徽含山县东北），派弟弟鲁瑜率三千兵屯于小岘（即昭关山，今安徽含山县北）。

雍州猛将宗越把鲁爽打蒙了，很快鲁爽又迎来了雍州更猛的猛将薛安都。薛安都率八千雍州兵渡江了。与此同时刘骏也调回了镇广陵的老将军沈庆之，命沈庆之渡长江督统诸军讨伐鲁爽。（见图6-1）

对峙没多久，鲁爽粮少，只好率军退走，自己殿后，沈庆之派薛安都率轻骑追击鲁爽。

四月二十，薛安都在小岘追上鲁爽，鲁爽此时喝得酩酊大醉，还率领着特种兵亲自断后。

谭金先率部突击了一把，没能扎进去，随后薛安都看清楚了鲁爽所在，于是亲自骑马杀了过去，一枪将鲁爽刺于马下，史料很有画面感："谭金先薄之，不能入，安都望见爽，便跃马大呼，直往刺之，应手而倒，左右范双斩爽首。"

鲁爽在北魏待过，几十年的戎马生涯，都说他是万人敌，结果薛

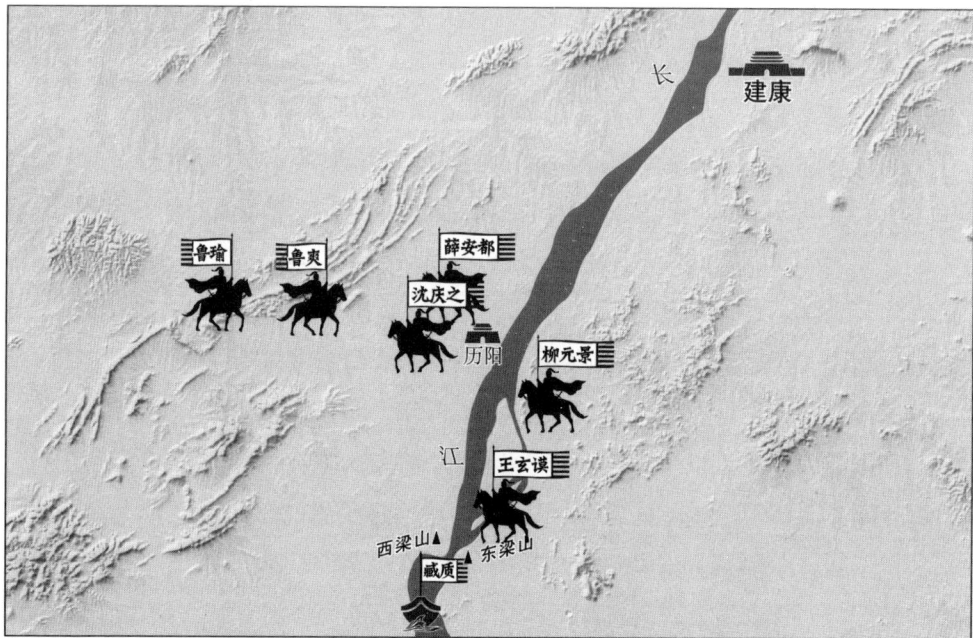

图 6-1　刘宋内战对峙示意图

安都单骑入阵，刺其于马下，割下枭首而返，武勇的薛安都从此被冠名南朝二爷。[①]

鲁爽军四散，这一路也就解围了。

沈庆之随后率军攻克寿阳，徐遗宝逃往东海，被当地人杀死。

刘义宣军至鹊头，沈庆之将鲁爽的人头送了过去，旁边还带着一封恐吓信："我管一方土地，辖区出了点事，我派了一点人过去就平定了，把鲁爽的脑袋砍下来留作纪念。我知道你跟他关系好，趁着这脑袋烂掉之前给你送过来，让你哥俩再见一面。"

鲁爽和徐遗宝的迅速败亡极大地打击了荆州军与江州军的士气，

---

① 《宋书·薛安都传》：爽累世枭猛，生习战陈，咸云万人敌，安都单骑直入，斩之而反，时人皆云关羽之斩颜良，不是过也。

尤其鲁爽作为历代将门，骁勇善战，号称万人敌，结果脑袋都被送来了，刘义宣和臧质开始害怕了。

形势一片大好，但王玄谟近来饱受摧残。

柳元景此时驻兵于采石，王玄谟因臧质军盛，天天去找刘骏要求增兵，刘骏怕他坏事，再加上历阳已经没有风险，于是赶紧命柳元景入屯姑孰（今安徽马鞍山当涂县姑孰镇）。

另一方面，刘义恭给兄弟刘义宣写信："从前殷仲堪将兵权交给桓玄后就被灭族了，王恭对刘牢之推心置腹结果扭头就被卖了。臧质从小就缺德，你又不是不知道，如今他据强兵不过是为了私欲，等他阴谋得逞，他就不是池中之物了。"

刘义宣又开始怀疑起了臧质。也不知道他早干什么去了，都这时候了，他还嘀咕上和他一起造反的人了。

五月初八，刘义宣军至芜湖，臧质献计道："现在出兵一万攻取柳元景所在的姑孰，梁山就会被完全隔断，如果用这一万人盯住梁山，王玄谟定不敢轻举妄动，我率水军直奔石头掏心，此为上策。"

刘义宣正打算同意，但谘议参军刘湛之却说了悄悄话："臧质自己去建康了，留咱们在这里与对方死磕，谁知道他目的是什么啊！我们不如全力攻打梁山，攻克后再长驱直入建康才是万全之计啊！"

刘义宣随后否了臧质的建议。臧质只能跟王玄谟布防的梁山垒死磕。

正赶上西南风急，臧质趁风势派兵攻打梁山西垒，此时梁山西垒的主官胡子反正巧在梁山东岸与王玄谟商议军务，闻讯飞奔回营。

偏将刘季之率军同臧质水军正在殊死搏斗，向王玄谟求救，王玄谟不理。史料原文："偏将刘季之帅水军殊死战，求救于玄谟，玄谟不遣。"

在大司马参军崔勋之的竭力争取下，王玄谟才派崔勋之和积弩将军垣询之去救援，但为时已晚，等援军到达时西垒已陷，崔勋之和垣询之全都战死。①

胡子反等残部逃回东岸，臧质随后又派庞法起率兵数千直取南浦，打算断王玄谟的后路，垣护之弟弟垣询之刚刚死在战场，因此极度愤怒，率水军与臧质死战，大败之，止住了颓势。

王玄谟随后赶紧派垣护之向柳元景告急："西垒已失守，只剩下东城的万人，贼寇之兵是我们数倍之多，敌强我弱，相差悬殊，我打算回军姑孰，在您的带领下共抗贼军。"②

为了形象表达王玄谟有多胆怯，我们画了下当时的战略图。（见图6-2）

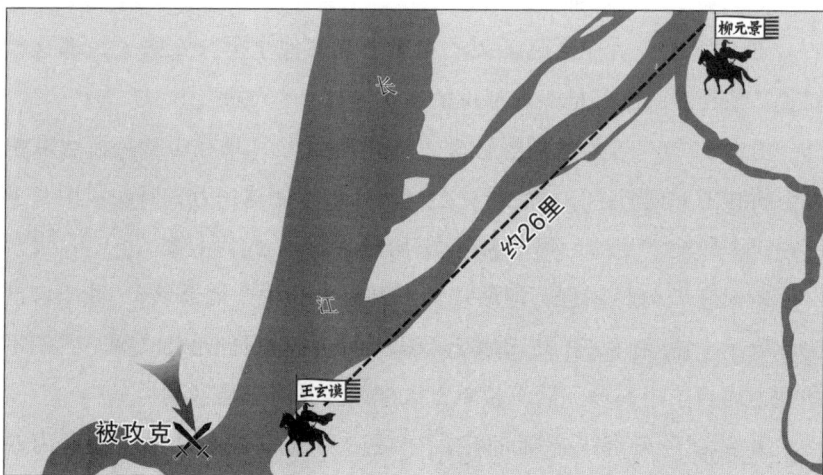

图6-2　王玄谟求救图

<hr />

① 《资治通鉴·宋纪十》：大司马参军崔勋之固争，乃遣勋之与积弩将军垣询之救之。比至，城已陷，勋之、询之皆战死。

② 《资治通鉴·宋纪十》：王玄谟使垣护之告急于柳元景曰："西城不守，唯余东城万人。贼军数倍，强弱不敌，欲退还姑孰，就节下协力当之，更议进取。"

王玄谟离柳元景仅仅二十六里，手里还有一万兵和一座要塞，但军队崩塌之势已经快抑制不住了。

柳元景不同意，回复道："贼势正盛，绝不能退，我马上带兵去跟你会合。"

柳元景急了，赶紧往梁山赶，生怕滑台惨案再现，之所以一直没行动是因为主力都跟着沈庆之去灭鲁爽了，此时他手上仅有三千人。[①]

但此时已经顾不得了，柳元景留下一些老弱病残守营外，把所有能动的都带走救王玄谟去了，每个人扛一堆旗子弄出人山人海的噱头，梁山守军此时已经让王玄谟弄得快崩了，等柳元景的人来了之后才安定下来。[②]

太悬了。

战后王玄谟被弹劾了，罪名是王玄谟守梁山时跟刘义宣勾搭，又发战争财。[③]是不是真的，不好说。不过他不救西梁山以及关键时刻嚷嚷撤军，很难讲他究竟干了什么。

柳元景要是再晚来哪怕半天，后果都不堪设想。

一次滑台惨案就够了，历史反复在告诉我们，人性永不变。已经付成本试出来的人，永远别再给第二次机会！

臧质请求再攻东城，谘议参军颜乐之劝刘义宣："如果臧质再拿下东城，那战功就都是他的了，您最好派咱们的兵将去。"磨磨唧唧的刘义宣和臧质错过了迅速击溃王玄谟的机会。因为薛安都、宗越等雍州军此时已经率军增援赶到了梁山洲战场。

对方的大粗胳膊——薛安都、宗越都来了，刘义宣他们怎么合计

---

① 《宋书·柳元景传》：护之曰："逆徒皆云南州有三万人，而麾下裁十分之一，若往造贼，虚实立见，则贼气成矣。"

② 《资治通鉴·宋纪十》：乃留羸弱自守，悉遣精兵助玄谟，多张旗帜。梁山望之如数万人，皆以为建康兵悉至，众心乃安。

③ 《宋书·王玄谟传》：中军司马刘冲之白孝武，言："玄谟在梁山，与义宣通谋。"上意不能明，使有司奏玄谟多取宝货，虚张战簿。

都没用了。

五月十八，刘义宣到达梁山，在西梁山安营扎寨后才派了刘湛之和臧质向东城发起进攻。

王玄谟督统诸军出战，南朝二爷薛安都率突骑首先冲进了敌军东南阵营，砍掉了刘湛之的人头。刘季之和宗越又攻陷了敌军西北阵地，臧质军大败。

垣护之随后放火烧了江中敌船，江上立刻狼烟冲天，火势随后又蔓延到了西岸刘义宣的军营，烧得干干净净，官军乘胜突进，刘义宣一败涂地，单人乘船逃走，臧质想找刘义宣商议，找不到人后也散了。

刘义宣逃回江陵后被击败鲁秀南下的朱修之干掉，同时诛杀了刘义宣的十六个儿子。

六月初三，臧质在武昌被干掉。

第二次铁王座之战落下帷幕。

自始至终，刘骏基本上就是以雍州万人精兵军团制服了各路不服的势力，坐稳了铁王座。

同样都是老三，但刘骏远没有他爹那么厚道。

他用极高的智商和对人性操控的天赋开始了极为剧烈的改革，为十年后的第三次铁王座之战点燃了引线。

四、怎么请客？谁该斩首？哪些人要收下当狗？

本节我们看下南朝第一人精刘骏是如何利用人性来操控别人的。

454 年六月，刘骏在灭了刘义宣后，诏令心腹刘延孙前往荆州和江州这两个反贼大本营，辨别忠奸以进行诛赏，并商讨将这两个州拆分出一个新州。

不光是荆州和江州要拆分，扬州在刘骏眼里也是刺头。

六月十八，刘骏将扬州分出浙江以东五个郡，设东扬州，治所在会稽；从荆州、湘州、江州、豫州中分出八个郡，设立郢州；与此同时撤销了荆州的南蛮校尉岗，将其所属部队调回建康，对荆州做了进一步的阉割。（见图 6-3）

至此，刘宋变成了益州、荆州、郢州、江州、南豫州、扬州、南徐州七州，共享长江。看看荆州和扬州所在的憋屈地方。

太傅刘义恭建议新立的郢州州府设在巴陵（今湖南岳阳），尚书令何尚之说："夏口位于荆州和江州中间，正对着汉口，直通雍州和梁州，实在是枢纽之地，自古就是军事重镇，既有现成的城池，又有大港湾，治所就设在这里吧。"

夏口卡死了长江和汉水两条路，有理有据，完全符合刘骏阉割分权的思路，于是同意了刘义恭的提议。

图 6-3　刘宋郡县示意图

　　武汉成了郢州的治所，这个江汉汇聚的咽喉后来也确确实实在防范上游叛乱中起到了关键作用。

　　刘骏拆分荆州和扬州后不久，二州出现了大量的财政行政虚耗，尚书令何尚之请求重新恢复这二州原来的辖地，刘骏不许。

　　荆州被分割之后，领郡数从宋初的三十一郡下降到十一郡，湘州辖十郡，郢州辖八郡，江州辖九郡，在长江上游，荆州已经不再是当年的那个巨无霸了。两晋宋初的那个荆州，辖区大概为今天的荆州、雍州、湘州、郢州四州之地。荆州被彻底拆分了。

更重要的是刘骏还将南蛮校尉部给砍了，荆州地区开始被深山中的蛮族大规模反扑，巴东、建平、江夏、竟陵、武陵等本来都是名郡，但自从刘骏大规模阉割荆州后，竟陵、武陵、巴东、建平被蛮族祸害得残破衰败。[1]

因为民力、军力和资源辖区双双被砍，荆州在刘宋后期居然被祸害到了户口"百不存一"的地步，这在历朝历代都是不可想象的。[2]在后面刘家的互杀中，别太拿荆州当回事了。

对历史上曾经多次反复出现的祸患，要斩首。

六月二十三，刘义恭看出了刘骏痛恨宗室强大的心理，随后上奏请求撤掉"录尚书事"，刘骏批准。

刘骏不仅裁了"录尚书事"，还明确从此不再让尚书令、尚书仆射处理具体事务，令低级别的尚书郎和尚书令史挑起主要的担子。

刘骏由此开始亲自主抓政务和人事，根本不信任原来的百官，用的都是无根的寒门人士，凡官员遴选、任免、赏罚、诛杀等重大事情，刘骏都要和中书舍人戴法兴、巢尚之商量，宫内外杂事大都委托员外散骑侍郎戴明宝处理，三人权重当时。[3]

戴法兴和巢尚之的"中书舍人"这个官职有多大呢？品级上仅仅是个七品。品级小到了尘埃，但功能上却"入直阁内，出宣诏命。凡有陈奏，皆舍人持入，参决于中"，中书舍人的职能在刘骏一朝被极度放大。

---

[1] 《宋书·沈攸之传》：初元嘉中，巴东、建平二郡，军府富实，与江夏、竟陵、武陵并为名郡。世祖于江夏置郢州，郡罢军府，竟陵、武陵亦并残坏，巴东、建平为峡中蛮所破。

[2] 《宋书·夷蛮传》：时巴东、建平、宜都、天门四郡蛮为寇，诸郡民户流散，百不存一，太宗、顺帝世尤甚，虽遣讨伐，终不能禁，荆州为之虚散。

[3] 《资治通鉴·宋纪十》：时上亲览朝政，不任大臣；而腹心耳目，不得无所委寄。法兴颇知古今，素见亲待。鲁郡巢尚之，人士之末，涉猎文史，为上所知，亦以为中书通事舍人。凡选授诛赏大处分，上皆与法兴、尚之参怀；内外杂事，多委明宝。三人权重当时。

戴明宝这个"员外散骑侍郎"是个什么官呢？散骑侍郎官职五品，规定是四人，这个员外散骑侍郎，就是在这四人之外临时加的一个岗位。

刘骏为什么用这个阶层和这个品级的官员去处理核心事务呢？因为给了他们权力也造不了反。七品芝麻官，能挑起什么旗子？不过就是刘骏用的一群低级官僚，随时能把他们踢走。

要是用刘义恭和柳元景处理这些事务，刘骏能随便踢走他们吗？能不考虑影响吗？柳元景的振臂一呼，那能是闹着玩的吗？

寒门掌权后如果没有什么意外的话，第一件事就是先为经济基础打底，戴法兴和戴明宝开始大规模贪污受贿，门庭若市，家产迅速达到千金。

刘骏对于这一点并不在意，因为不管什么阶层上位，都得贪污。只不过寒门更露骨一些，但"寒人掌机要"后，由原来士族集团和功勋集团担任的尚书令和尚书仆射只剩下了签名的权力，这帮有权势的人使不上劲，对刘骏是很重要的。

更重要的是，戴法兴们贪污的每笔钱，刘骏都眼瞅着他们呢，都在他的控制之中，怎么拿捏他们，看他的心情。

哪天看他们不顺眼，他们浑身上下都是弱点，随便让有司给他们捏个贪污的罪名就一脚踢走了，朝野上下有怨言时，砍几个贪得无厌误以为接近权力就获得权力的寒门，去平息权臣们的愤怒，这一招简直太好使了。

寒门往往有一个通病，就是一朝得势之后容易控制不住自己的情绪，容易犯众怒，是个转移怒火和矛盾的好靶子。

这帮七品的寒门完完全全是刘骏的依附品，要按照他的要求去办事，还帮他吸引了那么多的怒火，还能随时杀了平事，简直太可爱了。

收谁当狗腿子？收牌局之外底层能干的人，将他们引进来，成本低，不仅听话还有干劲。

怎么请客？给他们与其能量不匹配的权力和利益，等他们自己被贪欲养成肥猪后再去收割。

458年，刘骏继续分权，六月初六，将人事部门的重要岗位吏部尚书分设两名，同时撤销了领中兵、外兵二曹的五兵尚书。

刘骏将所有的人事权力都牢牢地抓在了手里。

不仅仅抓着人事，刘骏还要监视百官，创立了御史中丞专道制度，提高御史监察的地位，加强对群臣的监察与控制。[1]

总之，大权被刘骏全部抓到自己手中，他把寒门拉进了权力机构中，打造了"孝建、泰始，主威独运，官置百司，权不外假"的效果。

在掌控军权方面，刘骏将上面的思路复制了一遍。玩分权玩到化境的刘骏更加不可能将禁军交由领军将军这个传统的禁军老大去管。

领军将军本来有一个下属机构叫制局监，主管宫廷武器和禁兵，这也被刘骏单独拎出来，让寒门武人负责，从此制局监侍卫皇帝左右，进行专事汇报，寒门武人根据刘骏的旨令掌控禁卫军权，本质上所有的军权也全由刘骏说了算，领军将军也被架空了，所谓"宋孝建以来，制局用事，与领军分权，典事以上皆得呈奏，领军垂拱而已"。刘骏本人，成了实际上的"领军将军"。

架空领军将军的同时，刘骏复置了五官中郎将、左右中郎将、武卫将军、武骑常侍等一批禁军武官，创立了直阁将军制度，简要而言就是把禁军规模弄得特别大，然后让一批寒门低级武官分别统领禁军，每个禁军武官向他本人负责。（见图6-4）

455年十月初一，江夏王刘义恭、竟陵王刘诞向刘骏请求裁减王、侯用度和权力等九项，刘骏觉得这帮无耻的人自查不彻底，暗示有司给增到了二十四条，包括处理政务时不能面南而坐，佩剑不能再用权力暗示的鹿卢剑，封国内官员不能再称"臣"，而是称"下官"，罢官后不再追赠……

---

[1] 《南齐书·百官志》：宋孝建二年制，中丞与尚书令分道，虽丞郎下朝相值，亦得断之，余内外众官，皆受停驻。

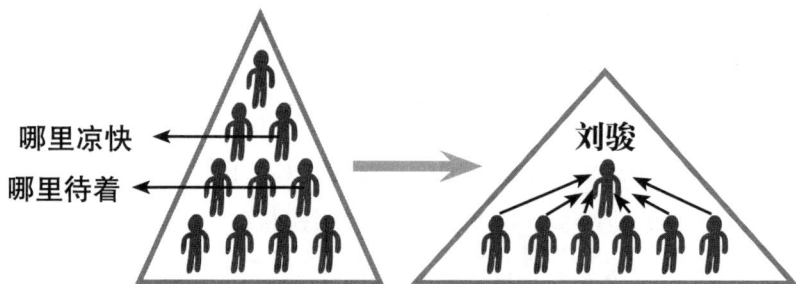

图 6-4　刘骏禁军改革示意图

宗室被打压是方方面面的，荆州由朱修之出镇长达九年，刘延孙出镇京口去盯住镇广陵的刘诞，这都直接打了刘裕的脸，改变了刘裕的遗诏，即宗室轮流出镇荆州和南徐州。

刘骏在男女方面的名声相当不好，所谓"上闱门无礼，不择亲疏、尊卑，流闻民间，无所不至"。

六弟刘诞厚道有礼，且帮刘骏继位的时候立有大功，再加上刘骏这些年的疯狂改革动了太多人的蛋糕，因此刘诞的人望迅速提高。刘诞本人也是有想法的，阴养死士，储备铠甲。

457 年，当刘诞彻底成为问题后，刘骏把刘诞调到广陵去了，并派刘延孙镇京口防备刘诞。刘诞知道他哥不会容他了，利用北魏入寇的理由开始大规模修筑城墙，疏通护城河，积蓄粮食，整备武器。

459 年，刘诞的记室参军江智渊知道刘诞要反，请假回到建康向刘骏汇报了这件事。

刘骏随后命有司去彻查并逮捕刘诞，诏书还没有颁布，刘骏就先把羽林禁军配给了兖州刺史垣阆，让垣阆以出镇的名义与戴明宝去袭击刘诞。

垣阆到达广陵时刘诞还没明白怎么回事，戴明宝连夜通知刘诞的典签蒋成，命他第二天早晨打开城门作内应。

这个"典签"也是在刘骏一朝开始权力膨胀，诸王出使时由朝廷派典签佐之，名为典领文书，实为监视诸王行动，因其权力很大甚至被称为"签帅"。

这就类似刘骏给诸王都配了一个手握重权的监督员，在"典签"眼中，秦淮河里的绿毛龟都比这帮王爷稀罕。

蒋成出了差错走漏了风声，刘诞随后召集左右及死士数百人抓了蒋成陈兵自卫。

天将亮时，戴明宝和垣阆率精锐数百来袭，但城门没打开，刘诞登上城楼列队亲自斩了蒋成，赦免奴隶和囚徒后开城出战，垣阆被杀，戴明宝从小路逃回。

刘骏下诏戒严，命沈庆之为车骑大将军、开府仪同三司、南兖州刺史，率大军讨伐刘诞。

半年后，广陵城破，刘骏下诏贬刘诞姓留，杀了广陵所有男女老少。沈庆之请求留下孩子，女子赏给将士们，最后仍然杀了三千多人。

刘骏派去的心腹狗腿子宗越在屠城时展开了虐杀行动，先开膛破肚挖出五脏抠出眼睛，然后用鞭子抽脸和肚子，再在伤口上撒酒撒盐，最后折磨到没法再折磨了才砍头。

在广陵示威还不算完，刘骏下令将死人头送到石头城南岸堆成京观，侍中沈怀文劝阻，但刘骏不从。

刘骏要通过最直接最暴力的视觉画面让所有人知道，跟着造反就是这种下场，再有人敢造反，你们这帮贱民要第一时间杀了他！省得将来自己变成京观！

比较无厘头的是，刘骏屠广陵城后居然大赦天下，将长期的役徒和奴婢都无罪释放了，看一下史书原文："秋七月己巳，克广陵城，斩诞。悉诛城内男丁，以女口为军赏。是日解严。辛未，大赦天下。尚方长徒、奚官奴婢老疾者悉原放。"

上一秒屠城筑京观吓唬老百姓"给脸别不要"，下一秒就展开"废奴"行动，难道是刘骏慈悲为怀关心百姓疾苦了吗？当然不是，他只会过自己骄奢淫逸的生活。

真实的原因在于刘诞起兵的时候曾经废奴，把他们作为造反的人力资源。[①] 刘骏在修补自己不被造反的漏洞而已。

他爱民？哪可能！他拿每个人，其实都不当人，包括他那些风雨相随的从龙元勋们。

刘骏每次在宫里举办宴会喝酒时都命令群臣互相嘲讽攻击，所谓"上每因晏集，使群臣自相嘲讦以为乐"。

不仅群臣要互相嘲讽，刘骏还亲自上阵，自太宰刘义恭以下没有一个不被他折辱的，比如王玄谟被冠名为"老伧獠子北方佬"，这也倒名副其实；上书仆射刘秀之外号"老鸡贼"，颜师伯是"大龅牙"，反正无论高矮胖瘦刘骏都能给他们想出外号。

黄门侍郎宗灵秀非常胖，叩拜后起身不方便，每次聚会刘骏就玩命赏他东西，想看他狗啃泥磕头谢恩的样子，刘骏甚至让一个黑人拿棍棒去殴打官员为乐，自柳元景以下没有能幸免的。

刘骏在干什么？单纯心理变态吗？当然不是，他可是个操纵人性的高手。

给官员起外号和让黑人打他们是折辱他们，通过权威去摧残、霸凌他们，让他们从内心深处慢慢觉得这是正常的，自己对比伟大光辉的他就是尘埃对太阳。刘骏让官员从心底默认自己是下贱的。

他不仅仅是人格操控的高手，从他要求宗王不能面南而坐、不能称臣要称下官等来看，他还是个无师自通的行为心理学高手。

当年他在雍州只待了三年多，但却得到了雍州军团死心塌地地拥戴，原因在他即位后浮现出来了：他是个琢磨人、玩弄人的天才。他知道怎么让人为他卖命，他也知道控制全盘后怎样把人变成他肉体和灵魂

---

① 《资治通鉴·宋纪十一》：诞已列兵登陴，自在门上斩蒋成，赦作徒、系囚，开门击阖，杀之。

的奴隶。

写这个人都觉得是罪过，还是那句话，初衷是为了帮大家辨别这种人，知道丑陋的方法不是为了去学他，而是遇到后离远他。他的报应来得也快，他死后没多久二十多个儿子就都被宰了。

463年四月二十，刘骏下诏："如果不是在战场上交战，任何人不得处决手下，就算罪大到该砍头也得上报到我这里，违反者以杀人罪论处。"刘骏继续阉割军队的权力。

五月初二，刘骏再次下诏："从今以后，刺史、太守在动员百姓参军时必须要有朝廷手诏，只有边疆敌人进犯和宫变谋反之时才不在此条例范围内。"[①]

刘骏机警勇决，学问广博，文章华丽，看文件能一目七行，弓马也娴熟，总之文武俱佳，这个聪明人在灭了刘义宣后的十年中，以极高的智商和对人性极致的把控完成了集权改革。

绝对的控制后，总要搞些前人没享受的东西。刘骏执政的这些年一直奢侈纵欲无节制。

东晋渡江以来宫殿都是草草而建，朝会大宴也不过在东西二堂，晋末年孝武帝时代才建了清暑殿，随后刘裕、刘义隆都没有增加和改动。

这段很重要，上原文："自晋氏渡江以来，宫室草创，朝宴所临，东、西二堂而已。晋孝武末，始作清暑殿。宋兴，无所增改。上始大修宫室。"

之所以重要，是因为这从侧面说明了一件事，刘义符当年就是被徐羡之等人抹黑了，他根本没有大兴土木。

大兴土木，开了坏头的是刘骏。

---

① 《资治通鉴·宋纪十一》：五月，丙子，诏曰："自今刺史、守宰，动民兴军，皆须手诏施行；唯边隅外警及奸衅内发，变起仓猝者，不从此例。"

刘骏大规模地扩建宫室，墙和柱子都用锦绣装饰，对宠臣和妻妾的赏赐把国库都掏空了，他曾毁掉刘裕住过的屋子在原址建了玉烛殿，建成之日率群臣去观看，看到旧屋床头上还有一截土墙，墙上挂着葛灯笼和麻蝇拂，侍中赞叹刘裕节俭之德，刘骏看了一会道："一个庄稼汉能用这个已经很过分了！"[1]

这是人说的话吗，没你爷爷逮谁砍谁，你能有机会在这里享受吗？

刘骏不仅仅是奴役百姓，他对国家的榨取堪称全方位的，早在454年灭掉刘义宣彻底坐稳皇位后，刘骏第一刀就砍向了南徐州不进行土断的免租特权户们。

当年天下是你们祖辈跟我爷爷打下来的，我坐江山跟你们一点关系都没有，凭什么你们免租不上户口。刘骏一拳重击了京口的功勋大族。

461年，刘骏将军权牢牢控制后，对户口进行了全方位的整顿，把与非士族通婚的士族一律开除，士族资格黜为将吏，要求从此给他服役！这造成了大规模的不满和抵抗。[2]

对这种抵抗政策，不肯服役逃亡的被开除士籍人员，刘骏相当强硬地一刀切，进行军法从事，抓到就杀，就是逼反了他们，也不惯着他们。[3]

刘骏手里有着绝对的实力后，砍的是谁？欺负的是谁？掠夺的是谁？是南徐州的旧日功勋和不再"纯粹"的贵族。

为什么砍他们？因为他们是"狗腿子"的一个变种。为缓解和底层的矛盾，刘骏要低成本地打包反抗能力弱的人。

---

① 《资治通鉴·宋纪十一》：上始大修宫室，土木被锦绣，嬖妾幸臣，赏赐倾府藏。坏高祖所居阴室，于其处起玉烛殿。与群臣观之，床头有土障，壁上挂葛灯笼、麻蝇拂。侍中袁顗因盛称高祖俭素之德。上不答，独曰："田舍公得此，已过矣。"

② 《魏书·刘骏传》：是岁，凡诸郡士族婚官点杂者，悉黜为将吏，而人情惊怨，并不服役，逃窜山湖，聚为寇盗。

③ 《宋书·沈怀文传》：上又坏诸郡士族，以充将吏，并不服役，至悉逃亡，加以严制不能禁。乃改用军法，得便斩之，莫不奔窜山湖，聚为盗贼。

刘骏晚年成了大酒鬼，整天都是无限畅饮，很少有清醒的时候，一旦外面有事急奏，又能马上醒酒，内外之臣对他极度畏惧，没人敢懈怠。真的吗？真当谁没喝过酒吗？

像什么三九天穿单衣，夏天守着炉子等，所有的反常行为都近妖，不过是一种行为操控的方式罢了。他要让官员敬他如敬神。

464年闰五月二十三，南朝第一人精刘骏崩了。南朝第一懦弱之人刘子业即位。

在刘骏的史料中，有大量"摆拍"的诏书，比他爹刘义隆还要多，各种各样的"尤弊之家，开仓赈给""尤弊之家，量贷麦种"。

真的吗？

他本传中，史官给的总评是："役己以利天下，尧、舜之心也；利己以及万物，中主之志也；尽民命以自养，桀、纣之行也。观大明之世，其将尽民命乎！虽有周公之才之美，犹终之以乱，何益哉！"

翻译一下：劳苦自己以利天下，这是尧舜之心；利己又利万物，是中等君主的水平；耗尽民力满足自己的欲望，这是桀纣之行，纵观刘骏之世几乎到了将民力用尽的程度，刘骏虽有周公之才，死后还是掀起了动乱，他的聪明劲到最后还是一场空罢了！

就算史官对他没有恨意，单纯看看事实：刘骏死的这年，"宋之境内，凡有州二十二，郡二百七十四，县千二百九十九，户九十四万有奇。东方诸郡连岁旱饥，米一升钱数百，建康亦至百余钱，饿死什六七"。

仅仅旱灾就饿死了那么多人吗？是"饿死"的吗？要知道整个南国没有兵火啊，要知道那是自古就富得流油的江东啊，要知道长江沿线是最不可能饿死人的地区啊！

是天灾，还是人祸呢？上一次江东人饿死十之六七是因为孙恩之乱。所以，该如何评价刘骏呢？

写了这么多，或者说从刘裕开始写刘宋王朝，就是想说一句话：敬天一分，精三分，傻三分，再留下三分给子孙。

五、南朝被隐藏的最大神秘人是谁？

刘骏死前遗诏：太宰刘义恭免尚书令加中书监；骠骑将军、南兖州刺史柳元景领尚书令，入内城居住，朝事无论大小都要奏启二人；所有要事都要和始兴公沈庆之商定，如有出征事宜则全部委托沈庆之处理；尚书府事务全部托付尚书仆射颜师伯；统外监事务交给领军将军王玄谟。

这是份"摆拍"的遗诏，真实的情况是权柄仍然在戴法兴等人的手上。由于刘骏将皇权都抓在了自己手里，暴死后权力转移到了儿子刘子业手上，但刘子业还小，而且刚即位，还没明白套路、规则、打法，所以依旧是戴法兴等专权独断，诏令文告等几乎所有的文件都出于戴法兴一党之手，尚书事务无论大小也都是他们作决策，刘义恭的中书监和颜师伯的尚书府仅仅是个摆设。①

十六岁的刘子业年幼时就急躁狂暴，即位时多少还受他妈和戴法兴的管束，等王太后死后，他打算"伸伸胳膊"，但每每都被戴法兴阻挠道："你这么胡来，难道想做刘义符吗？"

---

① 《资治通鉴·宋纪十一》：太宰义恭素畏戴法兴、巢尚之等，虽受遗辅政，而引身避事，由是政归近习。法兴等专制朝权，威行近远，诏敕皆出其手；尚书事无大小，咸取决焉，义恭与颜师伯但守空名而已。

戴法兴此时狂到了一定地步，这话是他该说的吗？

因为戴法兴十年来都很听话，刘骏死前给了他奖励，升为四品的越骑校尉。此时的越骑校尉为侍卫武官，不领兵，仍隶属领军将军，用以安置勋旧武臣。

你手里是没有禁军的！兵都没有，有什么可依仗的呢，刘义恭真的怕你吗？怕的是你背后的刘子业。

刘子业宠爱小太监华愿儿，赐金银不计其数，常被戴法兴限制，华愿儿因此深恨戴法兴。

刘子业令华愿儿到宫外打听百姓对朝廷的评价，回来后报告给刘子业："百姓都在说宫中有两个天子，戴法兴是真天子，您是假天子，况且您居深宫，跟外界没交流，戴法兴与刘义恭、颜师伯、柳元景是一伙的，往来门客数百人之多，整个建康没有不怕他们的。戴法兴是先皇身边的人，宫内势力很深，如今跟别人成一家子了，我估计您这皇帝干不了多久了。"

刘子业立即下诏，罢免戴法兴，并将其流放，不久又赐死，然后又杀其二子，开棺焚尸，抄没家产。和杀条狗一样，戴法兴一丁点反抗能力都没有。

有一个人同情你吗？有一个人帮你说句话吗？朝堂上有多少人巴不得你死呢，十年了，可解气了！

这些年你作的那些恶，通过弄死你全家让你连本带利还了，你贪污的那些钱都入了国库，下辈子你接着狂。

巢尚之在戴法兴被打倒的同时也被免了中书通事舍人之职，不过巢尚之平稳着陆了，转为抚军谘议参军、淮陵太守，最后善终了。

刘骏生前残忍凶暴，性情反复无常，对文武百官动不动就大刑伺候，巢尚之帮着说话，救了不少人，所谓"上性严暴，睚眦之间，动至罪戮，尚之每临事解释，多得全免，殿省甚赖之"。

不管什么时代，能多救人就多救人。天有好生之德，救人冥冥中就是救己。

刘骏死后官员们家家户户放炮，以太宰刘义恭为首互相庆贺，表示终于不用再提心吊胆了，这个脏心烂肺的人终于死了，刚安葬完刘骏，刘义恭就和柳元景、颜师伯等听曲庆贺，不分昼夜。这让刘子业很不满。

戴法兴被杀后，众臣震动，人心惶惶，熟悉的感觉又回来了。

柳元景和颜师伯开始秘密策划废掉刘子业，立刘义恭为帝。这几个人"日夜聚谋，而持疑不能速决"，为什么呢？被架空了啊，中书监、尚书令、尚书仆射等都是高官，但在这个时代没用啊，就是个空架子。

柳元景把这事偷偷告诉了沈庆之。柳元景的打算是沈庆之的威望最高，能调得动禁军，虽然沈庆之手上也没禁军，遗诏是出了战乱大军需要征讨时才能轮到沈庆之上阵，所谓"世祖晏驾，庆之与柳元景等并受顾命，遗诏若有大军旅及征讨，悉使委庆之"，但沈庆之的宗族吴兴沈氏有兵，后面侄子沈文秀出镇青州时就是带着家族部曲走的。

柳元景希望集齐老家伙们手上的所有力量后再下手，但忽略了沈庆之和刘义恭平日关系就不好，颜师伯又常独断专行不拿沈庆之当回事，常说："沈庆之不过是个爪牙而已，朝政哪里是他能插嘴的！"

沈庆之随后因为文化人的鄙视链把老战友柳元景给卖了。

还那句话，缺什么就对什么心虚，沈庆之这辈子不识字，当年刘骏整人的时候还逼他作诗，刘骏多损啊！对沈庆之来说，什么都能忍，但谁说他没文化他就弄死谁。

萧斌当年也是这么间接死的，刘骏能坐上皇位很大程度上也跟沈庆之被嘲笑没文化有关。

刘子业接到告密后开始挥舞他爹打造的禁军砍刀，亲率羽林军去讨伐刘义恭，直接杀了刘义恭及其四子，又将刘义恭肢解，把胃掏出来，眼睛剜出来，用蜜腌上，冠名"鬼目粽"。

至此，刘裕所生七子中，除了三十三岁为求自保天天醉生梦死的刘义季是自己喝酒喝死的，其他六子全部不得好死。

刘义符、刘义真死于徐羡之之手，刘义隆被儿子砍了头，刘义康被刘义隆派人闷死，刘义宣死于刘骏之手，刘义恭死于刘子业之手。

刘子业杀刘义恭的同时，派使者和禁军去召柳元景，柳元景侍从跟柳元景汇报："兵刃非同往常。"柳元景知道大祸来临，随后回屋跟老母辞别，镇定换上朝服乘车应召。

柳元景的弟弟、车骑司马柳叔仁穿战服率几十名死士打算拒命，柳元景苦苦劝阻，说："禁军都在皇帝手上，咱们反抗不了的。"

柳元景刚走出巷口，行刑队已经到了，柳元景下车被斩首。柳元景认为自己服输被杀后可以保全家族，但很遗憾，他在建康城里的六个弟弟、八个儿子和所有的侄子以及好哥们廷尉刘德愿随后全部被杀。

这位刘骏江山的实际缔造者，在刘骏、刘子业父子对决中，成了在温水中被活活煮死的青蛙。

刘子业又杀了颜师伯及其六子，不久又派使者杀了刘义恭之子、湘州刺史刘伯禽。

刘子业杀完辅政团队，见识到了他爹给他留下的禁军的威力，随后笼络这帮禁卫武官，直阁将军宗越、谭金、童太一、沈攸之等都是协助他杀人的关键爪牙，赏赐的美女财宝塞满了这些武官的家，以宗越为首的武官们成为刘子业的铁杆，刘子业仗着枪杆子硬更加肆无忌惮，无恶不作。[1]

从此，百官迎来了刘骏的升级版刘子业，不仅要随时被打被折辱，而且"自是公卿以下，皆被捶曳如奴隶矣"，都成奴隶了。过去是蹲着仰望，现在是趴着仰望。

刘子业的姑姑刘英媚是卫将军何迈之妻。465年十月，刘子业召其

---

[1] 《资治通鉴·宋纪十二》：初，帝既杀诸公，恐群下谋己，以直阁将军宗越、谭金、童太一、沈攸之等有勇力，引为爪牙，赏赐美人、金帛、充牣其家。越等久在殿省，众所畏服，皆为帝尽力；帝恃之，益无所顾惮，恣为不道，中外骚然。

姑刘英媚入宫，随后宠幸并扣下了她，对外说刘英媚已死。刘子业杀了个宫女送到何迈府中，让其用公主之礼埋了。

宫女长什么样，公主长什么样？更何况刘子业还允许刘英媚乘皇帝御车去逛街。何迈哪里能忍这口气，媳妇被抢走不说，刘子业还满大街炫耀，太拿他不当人了！于是开始阴养死士，打算等刘子业再次游玩时发动政变，拥立晋安王刘子勋为帝。

后来密谋被泄露，十一月初三，刘子业再次亲自上阵，率兵杀了何迈。

沈庆之因告发柳元景等人有功很得刘子业的信任，但是后来沈庆之多次进言劝谏让刘子业很不高兴。沈庆之担心惹祸，便闭门在家，不见宾客。

沈庆之相当有智慧，帮刘骏拿下江山后一看风向不对，在灭刘义宣后的转年就数十次请求告老还乡（没错，数十次），磕头嚎泣，刘骏怎么劝都不好使，最终成功回家。[1] 直到刘诞在广陵造反后刘骏征召他平叛，才不得不回到建康。

灭了刘诞后，沈庆之又负责了一趟平蛮之事，随后向刘骏行贿，献钱千万，谷万斛，说封国始兴条件好，他不配，他想去偏远的广东养老。就差明说了，爷爷，您饶我一命吧。

沈庆之一辈子目不识丁，不耽误钻透了人生的智慧。按常理讲，沈庆之有如此韬略，肯定能平安着陆了，但很遗憾，他这辈子赶上的精神不正常的皇帝有点多。

蔡兴宗曾经劝沈庆之以老资格的辈分振臂一呼废了刘子业，沈庆之说他要忠于皇帝。

---

① 《资治通鉴·宋纪十》：镇北大将军、南兖州刺史沈庆之请老；二月，丙寅，以为左光禄大夫、开府仪同三司。庆之固让，表疏数十上，又面自陈，乃至稽颡泣涕。上不能夺，听以始兴公就第，厚加给奉。

侄子沈文秀将出镇青州的时候也对沈庆之说:"我手上有兵有机会,咱们弄死刘子业吧。"沈庆之再次不听。八十岁了,他想平稳地咽下最后一口气。

沈庆之哪里都算计到了,却单单没琢磨明白一点,以他这个辈分和军功威望,只要有任何风吹草动和兵变预谋,一定有人第一时间找到他的。

树欲静,而风不止。他已经到了不死不行的地步了。他这个八十岁的老将军只要活着,就是对刘子业最大的威胁。

借着何迈之死、沈庆之前来劝谏的由头,刘子业命沈庆之的另一个侄子沈攸之送药赐死他。

沈攸之的父亲沈叔仁是刘义季的征西长史,但死得早,沈攸之自幼孤贫,450年拓跋焘南下,刘义隆征发三吴壮丁时沈攸之应征,来到建康拜见领军将军刘遵考。

由于刘遵考任领军将军前在吴兴当了四年太守,沈攸之认为是自己的父母官,在关系上肯定没问题,因此请求任白丁队主,但刘遵考不同意,说他长得丑当不了队主。①

沈攸之只好投奔了堂叔沈庆之,随沈庆之征西阳五水蛮时升为队主。

因为沈庆之,沈攸之登上了刘骏的这趟车,后来随沈庆之征讨刘诞,屡有战功,重伤见骨,被刘骏赐了仇池步矟兵。

刘诞被弄死后,大概率是沈庆之发现这个侄子心术不正,在刘骏想要提升沈攸之官职的时候被沈庆之摁下,沈攸之从此恨上这位曾带他突破阶层的叔叔了。②

---

① 《宋书·沈攸之传》:遵考谓之曰:"君形陋,不堪队主。"

② 《宋书·沈攸之传》:事平,当加厚赏,为庆之所抑,迁太子旅贲中郎,攸之甚恨之。

时间来到刘子业时代，沈攸之得到报复叔叔的机会了，拿着赐死的药到了沈庆之府上，老头不肯服药，被沈攸之用被子给闷死了。

同族又怎样？恩公又怎样？阶层这东西琢磨明白了，一念成佛，一念成魔。

刘子业的同母姐姐刘楚玉跟弟弟一样，对刘子业说："咱俩都是先帝的孩子，虽然男女有别，你后宫怎么就能有万人，我就一个驸马，太不公平了！"

刘子业本着公平原则，给了他姐三十个小伙子。

就这样还不行，刘子业每次外出，他的淫娃姐姐都得跟着，刘楚玉看见尚书吏部郎褚渊帅气，于是求刘子业命令褚渊来伺候她。

褚渊他爹娶的是刘裕的闺女，褚渊自己娶的是刘义隆的闺女南郡献公主，按辈分褚渊是刘楚玉的姑父。

这不叫事，刘子业连亲姑姑都宠幸了，这事必须得遂他姐姐的愿，于是命褚渊去伺候他姐姐。

刘子业不仅自己宠幸亲姑姑，让他姐姐宠幸褚渊，他还爱当导演，常在叔叔刘休仁面前命左右去强奸刘休仁的母亲杨太妃。

场面太过于匪夷所思，还是上原文吧："常于休仁前使左右淫逼休仁所生杨太妃。"

465 年十一月二十九，刘子业做出了史无前例的黄暴操作："帝召诸妃、主列于前，强左右使辱之。"刘子业叔叔刘铄的妃子江氏不从，刘子业大怒后杀江氏三子，并抽了江氏一百鞭。

你跟你爹学到精髓了吗？你爹是把人的灵魂打到尘埃，你是把人的愤怒拱到顶点。

刘子业命画工在太庙画祖先们的画像，画完之后指着刘裕的画像说是个大英雄，生擒了好几个天子；指着刘义隆的画像说还行，可惜晚年让儿子砍了头；最后指着他爹说他的大酒糟鼻子呢，说完让画工马上给他爹补了个大草莓鼻子，像不像当年刘骏侮辱他爷爷呢？

刘义隆生了十九个儿子，此时活着的还有七个，分别为八子刘祎，九子刘昶，十一子刘彧，十二子刘休仁，十三子刘休祐，十八子刘休范，十九子刘休若。

刘子业杀了刘骏喜爱的弟弟刘子鸾和刘子师后，要挨个对叔叔动手了。

八叔刘祎被刘子业放过了，因为他实在不成器，连他兄弟们都鄙视他。可以放过他，但可以调皮一下，刘祎被冠名"驴王"。

九叔刘昶此时出镇彭城，一溜烟地逃奔了北魏。

刘昶成功开溜后，剩下的所有叔叔都被刘子业抓起来了，开始刘宋王朝十大酷刑的施暴。

刘彧、刘休仁和刘休祐都是大胖子，刘子业把这三位叔叔关在笼子里过秤。最胖的刘彧得到"猪王"的桂冠，刘休仁被盖戳为"杀王"，刘休祐表彰为"贼王"。

因为这三位叔叔年长，给刘子业的威胁最大，所以刘子业最讨厌他们，天天押着三人当宠物跟在自己身边。十八子刘休范和十九子刘休若年纪还小，被刘子业允许自由活动。

刘子业曾在一个木槽盛饭搅成猪食的样子，在地上挖个坑，里面倒泥水把叔叔们扒光了，放进去，像养猪一样。他前后十几次要杀了这三个叔叔，每次都是刘休仁说尽好话才得以苟延残喘。

这天中午过后刘子业从华林园出来，带着"杀王"和"贼王"以及会稽公主，把"猪王"留在秘书省里没喊他。"猪王"认为自己大限将至，害怕极了。①

也是在这一天，刘彧通过种种办法招来了心腹，打算做最后的挣

① 《资治通鉴·宋纪十二》：是日晡时，帝出华林园。建安王休仁、山阳王休祐、会稽公主并从，湘东王彧独在秘书省，不被召，益忧惧。

扎。①刘彧的主衣（掌管王室衣服）阮佃夫、太监王道隆、学官令李道儿，同直阁将军柳光世及刘子业侍从淳于文祖等在沟通后准备杀掉刘子业。

柳光世是柳元景的远房兄弟，最开始在北魏做官，任折冲将军、河北太守，姐夫是崔浩。②

随后的记载不太可信，说拓跋焘第一次南下的时候崔浩想作乱，柳光世是关键人物，崔浩因密谋泄露而被诛，河东大姓被杀掉了好多，柳光世南逃得免。③在刘子业时代，柳光世被提拔为了直阁将军，成为刘子业的重要爪牙。

刘子业并没有将自己的队伍打造成铁板一块，柳光世就有杀刘子业之心，他也有一个小团队，只是不知道政治投机后的下一杆大旗立谁。④

其心腹周登之和刘彧有旧，于是周登之与阮佃夫沟通后双方一拍即合。⑤

刘子业在杀掉无数人后决定册立皇后，宫内人手不够，就调各王府的宦官入宫帮忙，刘彧的侍从钱蓝生也在其中，"弑君集团"命其观察动静。

刘子业一向讨厌自己的主衣寿寂之，一见他便常常恨得咬牙切齿，

---

① 《宋书·明帝纪》：遂收上付廷尉，一宿被原。将加祸害者，前后非一。既而害上意定，明旦便应就祸。上先已与腹心阮佃夫、李道儿等密共合谋。

② 《宋书·柳元景传》：元景从祖弟光世，先留乡里，索虏以为折冲将军、河北太守，封西陵男。光世姊夫伪司徒崔浩，虏之相也。

③ 《宋书·柳元景传》：元嘉二十七年，虏主拓跋焘南寇汝、颖，浩密有异图，光世要河北义士为浩应。浩谋泄被诛，河东大姓坐连谋夷灭者甚众，光世南奔得免。

④ 《宋书·阮佃夫传》：时直阁将军柳光世亦与帝左右兰陵缪方盛、丹阳周登之有密谋，未知所奉。

⑤ 《宋书·阮佃夫传》：登之与太宗有旧，方盛等乃使登之结佃夫，佃夫大悦。

阮佃夫看准时机把密谋告诉了寿寂之和外监典事朱幼、细铠主姜产之、细铠将王敬则、中书舍人戴明宝等人，这都是刘子业的身边人，却不被刘子业所喜欢，寿寂之等人一听，全都响应。[①]

短短一年多的时间里，内部出现了如此巨大的窟窿，真的仅仅是刘子业暴虐所致吗？做坏人也是需要技术和天赋的。刘子业只学了他爹的形，没悟到他爹的精髓。

刘子业不久又听到谶语"湘中出天子"，打算南巡荆、湘二州，以斩草除根，准备先弄死这些叔叔再无牵无挂地一路向西。

南巡在即，刘子业允许心腹宗越等回家准备行装，只有队主樊僧整驻守华林阁。"弑君集团"安排在宫中的内应朱幼把这事透露给了想发动政变的团队。

计划迅速启动。柳光世和樊僧整是同乡，柳光世做通了樊僧整的工作，当晚十余人的弑君小分队成团。[②]

阮佃夫担心力量不够，打算再多找些人，寿寂之说："这规模已经可以了，再多就泄密了。"

话说之前刘子业出游华林园竹林堂时命令宫女们全裸玩游戏，有个宫女没脱衣服就被杀了，当晚刘子业梦到自己在竹林堂有个女子骂他："你悖虐不道，活不到明年收庄稼啦！"刘子业在宫中找到了一个和梦中长得相仿的宫女杀了。当晚又梦见被杀的宫女在骂他："我已经向老天爷诉你了，你等死吧！"

刘子业醒来后找大仙们看了看，大仙们说竹林堂里有鬼。

---

① 《资治通鉴·宋纪十二》：帝素恶主衣吴兴寿寂之，见辄切齿，阮佃夫以其谋告寂之及外监典事东阳朱幼、细铠主南彭城姜产之、细铠将晋陵王敬则、中书舍人戴明宝，寂之等闻之，皆响应。

② 《资治通鉴·宋纪十二》：柳光世与僧整，乡人，因密邀之；僧整即受命。凡同谋十余人。

当晚，刘子业赶走了所有的侍从、卫士，和女巫、宫女等几百人在竹林堂射鬼。射完准备接着奏乐接着舞。寿寂之提刀冲过来，姜产之等紧跟其后。刘子业看见寿寂之突然杀过来于是开弓射箭，没射中。

宫女们开始往外跑，刘子业也跑，被寿寂之追上砍杀，随后向宿卫宣布："湘东王接受太皇太后的命令铲除精神不正常的皇上，现在大功告成。"

刘休仁去秘书省接被迫当"猪"的刘彧，随后升西堂，登御座，召见诸大臣。因为事出仓促以至于刘彧连鞋都找不到，只能光着脚戴着一顶黑帽子就来了。

由被当"猪"一样看待瞬间变成皇帝，古往今来这是独一份。

刘休仁让主衣赶紧找了顶白帽子给刘彧戴上，又下令准备好仪仗队，紧接着宣称奉太皇太后令列举刘子业罪行，命湘东王刘彧继位。

等到天明宗越等人才进宫，刘彧对他们好言安抚，厚道至极。

十一月三十，刘彧以太皇太后的名义赐死刘子业的同母弟刘子尚和姐姐刘楚玉。

宗越、谭金、童太一等准备谋反，被同伙出卖后伏诛。

刘子业的这些爪牙中，有两个人不仅逃出了清算，还大模大样地进入了刘彧的统治核心圈层。其中一个，是闷死叔叔沈庆之的沈攸之。

沈攸之原本是刘子业同母弟刘子尚的车骑中兵参军，后来成为刘子业的直阁将军，和宗越等人成为刘子业的心腹爪牙，因闷死叔叔而被刘子业提拔为右军将军。

刘彧虽然对宗越、谭金、童太一等人说尽了好话，但仍然表示："你们跟着刘子业这个疯子受委屈了，太辛苦了，得找个舒心的地方调养调养了，朝廷的兵马与各郡，你们随便挑选。"

宗越等人听刘彧那么说，心里都跟明镜一样，想："这是要对我们下手啊！"于是准备作乱。有资格参与谋划的禁军大佬沈攸之马上把这事告诉了刘彧。

出卖了曾经的同僚后，沈攸之拿着投名状再次进入了刘彧的直阁系统。

除了没有人不能被出卖的沈攸之之外，还有一个人，被历史掩盖起来了，或者说，被史官藏起来了。

这个人在刘骏初年是刘义恭的参军，后来抱上了刘骏的大腿成为直阁中书舍人，西阳王刘子尚的抚军参军、建康令。[①]

刘骏时代的中书舍人很厉害，戴法兴、巢尚之等，都是中书舍人。

刘宋一朝，中书舍人的岗位有四个。[②]《宋书》中提到刘骏时代做过中书舍人的确确实实有四位，分别是戴法兴、巢尚之、戴明宝和蔡闲。[③]

蔡闲死得比较早，所以记录不多，戴法兴、巢尚之和戴明宝都得到了高度曝光。

但上面提到的那位神秘人，也是刘骏的中书舍人，大概率在蔡闲死后被补了进来。

这也就意味着，这位中书舍人被藏了起来。关于刘骏手下很多不可告人的密谋，这个神秘人的记录都被删干净了，他并没有像戴法兴、巢尚之和戴明宝那样被曝光。

这个神秘人和沈攸之都做过刘子尚的参军，刘子尚是刘子业的同母弟，哥俩关系不错，这两人都跟刘子业有渊源。

沈攸之杀了叔叔当投名状投靠了刘子业，这个神秘人的投名状是什么呢？

---

① 《南齐书·高帝纪》：孝建初，除江夏王大司马参军，随府转太宰，迁员外郎、直阁中书舍人、西阳王抚军参军、建康令。

② 《通典·职官三》：宋初，又置中书通事舍人四员，入直阁内，出宣诏命。凡有陈奏，皆舍人持入，参决于中，自是则中书侍郎之任轻矣。

③ 《资治通鉴·宋纪十》：初，上在江州，山阴戴法兴、戴明宝、蔡闲为典签；及即位，皆以为南台侍御史兼中书通事舍人。

刘骏生前宠爱刘子鸾，把自己器重的这个神秘人选为了北中郎中兵参军，随后神秘人之母病逝，神秘人守孝归来后依旧回到了刘子鸾府，又做回了建康令、北中郎中兵参军。等刘子业上位后迅速处死了这个跟他争宠的刘子鸾，但这个神秘人作为刘子鸾的军事主官却无缝对接地成为刘子业的后军将军。[1]

沈攸之弄死了沈庆之后，迁右军将军。这个神秘人在刘子鸾死后成为后军将军。中间发生了什么呢？其实很容易想到：神秘人很可能拿刘子鸾当了投名状。

这个神秘人和沈攸之随后又都在刘子业死后过关，甚至又平级调整为了禁军重要武官的右军将军，进入了刘彧的核心圈层。[2]

这中间是怎么过渡的呢？

这个神秘人与沈攸之同为刘子业的爪牙时，与沈攸之的关系如同蜜里调油，神秘人甚至把长女嫁给了沈攸之的三儿子，随后两个人在接下来的政治旋涡中双双过关。

出卖宗越、谭金、童太一这帮曾经同为爪牙的禁军大佬的人，极大概率并不止沈攸之一个，还有那位神秘人！

此人历经刘骏、刘子业、刘彧三人的核心圈子，在刘宋杀戮风暴眼中越混越强大，堪称南朝第一不倒翁，他究竟是谁呢？

《宋书》中为什么要隐去这个神秘人在刘骏时代作为中书舍人时的狗腿子行为？为什么要隐去他给狂暴的刘子业当爪牙的行为？为什么要隐去他和沈攸之出卖禁军同僚的行为？

因为《宋书》成书于南齐。这个一堆黑底子的神秘人，是南齐开国的太祖高皇帝，萧道成。

---

[1] 《南齐书·高帝纪》：新安王子鸾有盛宠，简选僚佐，为北中郎中兵参军。陈太后忧，起为武烈将军，复为建康令，中兵如故。景和世（刘子业年号），除后军将军。

[2] 《南齐书·高帝纪》：值明帝立，为右军将军。

六、路怎么走，都是你自己挑的

刘骏的生殖能力和他的脑子一样棒，生出了二十八个儿子，不过很遗憾，这些儿子都没用。

他死后不到两年半，儿子们都毁在他的"机关算尽太聪明"上了。他每个孩子身上插的刀，都是他当年精心磨好的。

465年十二月初，刘彧任命诸兄弟，八哥刘祎为中书监、太尉；刘休仁为司徒、尚书令和扬州刺史；刘休祐为荆州刺史；刘休范为南徐州刺史。

十二月初七，刘彧即位，大赦天下，改年号，废除了所有刘子业的荒谬法规和封赏。

刘子业上位后因为弟弟们都小，他担心的是叔叔，所有的叔叔都被关在建康，弟弟们都在外面出镇。各地藩王都是小毛孩子，掌权的是没有根基的典签，所以刘子业比较放心，但他不知道的是，他爹用典签没问题，他没有这个手腕。

各地的寒门看见刘子业这么昏庸淫乱失去了民心，手上还握着十岁的政治旗帜——各地藩王，终于有了机会，也都想做一次刘裕，将相无种起草莽嘛，毕竟刘裕的孙子刘子业都说他不就是个京口庄稼汉嘛！

就在刘子业被杀的一个月前，江州长史邓琬联合新任的雍州刺史袁顗，以废昏立明的名义，号召四方讨伐建康的刘子业，并计划拥戴十岁的江州刺史刘子勋（刘骏三子）。结果邓琬檄文还没发出，就传来了刘子业被干掉的消息。

按理讲刘子业已经被干掉啦，邓琬就没理由讨伐建康了，但他换了个名义，以刘彧得位不正之由继续同雍州刺史袁顗拥立刘子勋登基。

消息传来，郢州行事荀卞之和谘议参军郑景玄等打着刘子绥（刘骏四子，十岁）的旗号；荆州行事孔道打着刘子顼（刘骏七子，十岁）的旗号；会稽的官员加上吴郡太守顾琛、吴兴太守王昙生、义兴太守刘延熙、晋陵太守袁标打着刘子房（刘骏六子，十岁）的旗号，全都起兵响应刘子勋。

466年正月初七，刘子勋在寻阳登基称帝，改年号为"义嘉"，封赏各路股东。

除了离得比较近的南豫州刘遵考被刘彧早早召进朝廷外，自荆州到大海边，整个长江沿线都脱离建康的管辖了。

来看建康北面，徐州刺史薛安都起兵响应刘子勋。要专门说说薛安都。

刘骏时代，薛安都这位猛将一直被控制得死死的，薛安都在太子左卫率的岗位上被压了整整十年，直到刘骏死都没有调整岗位。[①]

刘骏即位后的当年就撤了太子率更令等官，中庶子等官职减少一半，阉割太子的势力，堵住他爹被他哥杀了的漏洞。

薛安都这些年作为太子的属官，他的政治能动性也可想而知。

对薛安都的安排挺能表现刘骏的帝王术的：早早放到太子的身边，随后一直憋着他，等将来儿子接班时再提拔他，让他对太子感恩戴德。

刘子业继位后，薛安都迁右卫将军，加给事中，不久被安排出镇

---

① 《宋书·薛安都传》：七年，又加征虏将军，为太子左卫率十年，终世祖世不转。

兖州，等刘昶逃奔北魏后，刘子业命薛安都给他看守北门，督徐州豫州之梁郡诸军事、平北将军、徐州刺史。

总体来讲，薛安都反刘彧不管是出于何种理由，不管刘子业有多么混账，从老下属的角度来讲，他反刘彧是挺够意思的。

刘彧派冗从仆射垣荣祖回徐州劝说薛安都回心转意，薛安都说："如今离建康不过百里，无论攻城还是野战，我们拍拍手的功夫就能拿下建康，我不想辜负刘骏。"

垣荣祖说："你快别提刘骏了，他这辈子干的缺德事肯定遗祸子孙，现在天下响应刘子勋，不过是加速灭亡，不可能有什么作为的。"

薛安都不听，反而扣下了垣荣祖在他这里上班。薛安都这个战神的影响力以及镇守彭城的关键位置影响了整个北方局势。

冀州刺史崔道固本来被刘彧安排去讨伐薛安都，崔道固一看老薛反了，于是派兵跟薛安都参股了。①

刘彧向青州刺史沈文秀征兵，沈文秀派其将刘弥之等率军南下增援建康，正巧薛安都派人邀沈文秀拥护刘子勋，沈文秀于是临时改命令，让刘弥之调整方向去薛安都那里报到。

刘弥之没听话，薛安都的女婿裴祖隆驻下邳，刘弥之到下邳后突然翻脸，表示支持建康，袭击并击败了裴祖隆。

刘弥之与同族北海太守刘怀恭、侄儿刘善明等纷纷表态效忠建康。薛安都从子薛索儿随后率军攻打刘弥之，刘弥之战败逃到北海据守。

益州刺史萧惠开（萧思话长子）表态刘彧是太祖刘义隆的儿子，刘子勋是先皇刘骏的儿子，谁继承皇位都没问题，刘子业虽然是个混蛋，但却是先皇的儿子，从先皇的儿子中还能挑选其他人，他端的是先皇的碗，要支持先皇刘骏。

---

① 《宋书·崔道固传》：时徐州刺史薛安都同逆，上即还道固本号为徐州代之。道固不受命，遣子景微、军主傅灵越率众赴安都。

萧惠开遣巴郡太守费欣寿率五千人顺江东下，与此同时湘州行事何慧文、广州刺史袁昙远、梁州刺史柳元怙、豫州刺史殷琰、山阳太守程天祚都起兵拥护刘子勋。唯一挺刘彧的，是兖州刺史殷孝祖。（见图6-5）

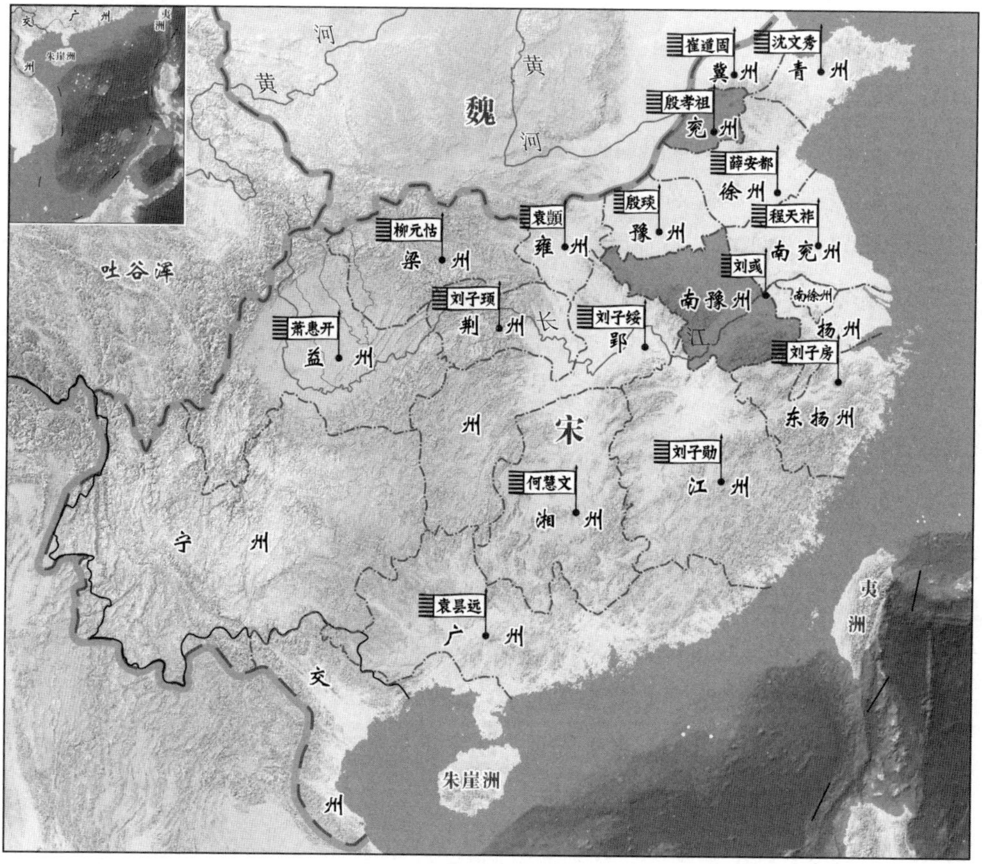

图6-5　刘宋内战派系图

刘彧派了殷孝祖的外甥葛僧韶去劝他舅。当时薛索儿已经封锁了各渡口和要道，葛僧韶绕小路北上才到达兖州。

葛僧韶游说殷孝祖道："刘子业的狂暴，是开天辟地以来没有过的，朝野崩溃，人命旦夕，现在的皇帝剪除凶暴，重建天下，国家如此混乱，应拥长者为君，想不到一群糊涂蛋在那里煽动事端，利用刘子勋的年幼无知各有打算，如果他们成功了，定然就是下一轮的杀戮游戏，天下之大哪里会有容身之地。舅舅你自年轻就胸怀大志，如果能率济水勇士们回京保卫朝廷，不但能够平乱，还能名垂青史。"

殷孝祖详细问了建康的状况，葛僧韶把禁军精锐、武器精良这事都说了，于是殷孝祖当天就把妻子儿女留在瑕丘，率文武及两千士卒随葛僧韶返回建康。[①]

殷孝祖真的是那么忠君爱国吗？

除了朝廷军精锐的账面实力外，其实最关键的是因为殷孝祖和薛安都有仇，大到了薛安都在殷孝祖率兵走后扶植毕众敬上位打进了瑕丘，命毕众敬杀了殷孝祖的所有孩子。

对刘彧来说，殷孝祖其实属于意外收获，他跟薛安都的关系要是说得过去，刘彧连殷孝祖的两千人都弄不来。

总之，除了建康以外，几乎能反的都反了。

这年的各地贡品和报告都送往寻阳，朝廷控制的只剩下丹阳、淮南等几个郡，就这么几个郡也还有很多县不听郡守的话，却去响应刘子勋，东线的叛军已到达永世（今江苏溧阳古县村），庙堂上人心惶惶。[②]

表面上来看，情况和十三年前刘义隆死的时候几乎一模一样。

实际上则不然，地方不再有那么骁勇的雍州军，朝廷的实力也远非当年可比。

刘彧召集群臣讨论成败，吏部尚书蔡兴宗进行了一次相当有价值

---

① 《宋书·殷孝祖传》：孝祖具问朝廷消息，僧韶随方酬譬，并陈兵甲精强，主上欲委以前驱之任。孝祖即日弃妻子，率文武二千人随僧韶还都。

② 《资治通鉴·宋纪十三》：是岁，四方贡计皆归寻阳，朝廷所保，唯丹杨、淮南等数郡，其间诸县或应子勋，东兵已至永世，宫省危惧。

的分析："虽然举国反叛但别担心，要以诚待人，叛军亲戚多在朝廷任职，如果现在就整顿，咱们马上就会土崩瓦解，应该强调父子兄弟之间犯罪不株连，让双方各自押注，人心安定后才会有斗志，朝廷的军队因为你哥哥防着所有人，所以极其凶猛，一米五以上的士兵全调建康来了，士兵手中还有着最精良的武器，那些反贼都是没经过训练的临时工，更不要说先皇（指刘骏）不可能放任他们有兵器，千万别担心。"①

当年一万精锐的雍州军就帮刘骏灭了刘劭，剿了刘义宣。打仗这事是将领、兵员和武器的综合比赛。

还记得前面刘骏改革时把地方防成什么样了吗？像地方上的刺史、太守没有资格动员百姓参军就不说了，为了修补所有漏洞，刘骏甚至把长期役徒和奴婢都给废了，就是为了阻止地方官员动员他们造反。

这场在声势上貌似一边倒的战争真打起来后对方并没有坚持几个回合。

466年正月二十三，刘彧东西两路正式发兵开战。

二月底，建威将军沈怀明、尚书张永、辅国将军萧道成、建武将军吴喜率领的东路军就扫平了吴郡、吴兴、义兴、晋陵、会稽这东五郡，解除了预警，江东地区恢复了正常的工作与生产。

挑头的寻阳王长史、代会稽郡事孔觊被斩首，吴郡太守顾琛、吴兴太守王昙生、晋陵太守袁标等纷纷投降，作为叛乱初期的投降榜样，他们全部被宽恕，东路叛军共七十六名军官，除了临阵被杀的十七人之外，剩下五十九人都给了机会。②

---

① 《资治通鉴·宋纪十三》：上集群臣以谋成败。蔡兴宗曰："今普天同叛，宜镇之以静，至信待人。叛者亲戚布在宫省，若绳之以法，则土崩立至，宜明罪不相及之义。物情既定，人有战心，六军精勇，器甲犀利，以待不习之兵，其势相万耳。愿陛下勿忧。"

② 《资治通鉴·宋纪十三》：顾琛、王昙生、袁标等诣吴喜归罪，喜皆宥之。东军主凡七十六人，临陈斩十七人，其余皆原宥。

刘彧随后将东方面军调往西面和北面，战局开始慢慢逆转。

当时建康最大的问题其实不是兵不够，而是粮不足，还记得在旱灾和刘骏的祸害下江东米价飙升饿死十之六七的记载吗？

刘彧向民间募集钱粮，捐款多的就能安排到边远郡县当太守，或者自五品到三品的闲官。

军中粮少，但在刘休仁的安抚下，十万将士没有离心。[1]

真的是二十四岁的刘休仁这么长袖善舞吗？

刘休仁自从十八岁成年后就一直被刘骏外放去当刺史，直到刘子业准备团灭他们兄弟，他才被抓到朝廷来，他在禁军中会有这样的面子？

刘彧能打赢这场仗灭了刘骏的儿子们，完完全全是得益于刘骏的前期铺垫。

正因为刘骏涸泽而渔，把国家祸害得残破不堪，所以这帮士兵就是当了逃兵也没有地方能养活他们，军中反而是最可能吃上饭的地方。

不打这场仗，也许当时就饿死了；打输了不仅命没了，家里还要成为对方的战利品，不管怎么样，硬着头皮打吧。

从宏观结果看，刘骏祸害万民的结果是帮他弟弟凝聚了杀他儿子们的刀。

与此同时，注意下建康的禁军有十万，虽说有夸大的成分，但这个规模也确确实实太大了。在刘裕时代都没有这样的体量。

刘彧之所以在举国叛乱的情况下能赢，其实完完全全是因为刘骏的底子打得好。机关算尽的刘骏怎么也没想到，自己所做一切，都报应在子孙身上了。

---

[1] 《资治通鉴·宋纪十三》：军中食少，建安王休仁抚循将士，均其丰俭，吊死问伤，身自隐恤；故十万之众，莫有离心。

当时西军的兵力也就十多万人。[①] 人数相等，精锐程度差距悬殊，其实结果很好预测，况且双方带头人的奖励政策也完全不同。

为了安抚兄弟们好好打仗，刘彧使出了南朝版的"狗尾续貂"，给将士们升官的证明文件材料不够了，开始拿黄纸替代。反正就是筹粮筹钱尽一切努力打赢这场皇位争夺战。

对比之下，素质差距也就出来了，西面总指挥邓琬贪财吝啬，掌权后跟他爹两人开始卖官鬻爵，派家里奴仆上街做买卖垄断市场，日夜不停地喝酒赌博，自大傲慢，宾客十多天都不能见他们一面，所有的政务军务都委托给了褚灵嗣等三人，这三人也是可劲地捞钱，似乎他们终于体会到当爷的感觉了，西面的领导班子迅速失去民心。[②]

一边是由"猪"变成皇帝，深刻地理解了命被他人掌控的恐惧；一边是由孙子变成爷，天天想钱想疯了。

九月，沈攸之杀进寻阳，刘子勋被杀。

十月初一，刘彧下诏：松滋侯刘子房，永嘉王刘子仁，始安王刘子真，淮南王刘子孟，南平王刘子产，庐陵王刘子舆、刘子趋、刘子期，东平王刘子嗣、刘子悦等全部赐死，镇北谘议参军路休之、司徒从事中郎路茂之、兖州刺史刘祗、中书舍人严龙等人都受株连被杀。刘骏的二十八个儿子至此团灭。

史官说得很客观："观大明之世，其将尽民命乎！虽有周公之才之美，犹终之以乱，何益哉！"

至此，刘彧前面的六位皇帝（刘裕、刘义符、刘义隆、刘劭、刘

① 《资治通鉴·宋纪十三》：邓琬遣其豫州刺史刘胡帅众三万，铁骑二千，东屯鹊尾，并旧兵凡十余万。

② 《资治通鉴·宋纪十三》：邓琬性鄙暗贪吝，既执大权，父子卖官鬻爵，使婢仆出市道贩卖；酣歌博弈，日夜不休；大自矜遇，宾客至门者，历旬不得前；内事悉委褚灵嗣等三人，群小横恣，竞为威福。于是士民忿怨，内外离心。

骏、刘子业）除了刘义隆还有后代之外，其他全部断子绝孙。

地下的刘义隆此时应该很开心：我早就看老三这小子心术不正，皇位终于到我最爱的那个厚道胖儿子手里了。

刘家的孩子基因都容易突变。这场猜忌的杀戮游戏，最终愈演愈烈，直到刘宋王朝的尽头。

刘骏诸子被团灭后，徐州刺史薛安都、益州刺史萧惠开、梁州刺史柳元怙、兖州刺史毕众敬、豫章太守殷孚、汝南太守常珍奇等人开始派使节请求归降。

刘彧觉得领头的叛军均已伏法，打算向淮河以北炫耀军威，十月二十一，下诏命镇军将军张永、中领军沈攸之率大军五万北上迎接薛安都。

最强精算师蔡兴宗说："薛安都归顺朝廷绝对不假，现在需要派一个人带着您的信去请他，您派那么多兵去，他非得跟您拼了，甚至招引北面的野蛮人！

"您要说他罪孽深重，那些比他重得多的人您都赦免了，何况薛安都守着边境，所在地方地势险要，兵力强大，无论包围还是攻击都不好打，为国家着想，咱们还是先安抚他吧，他要是投降北魏，后面咱们就睡不着觉了。

"彭城那个地方是枢纽，彭城要是丢了，整个中原就被堵死了，山东半岛也悬了。"（见图 6-6）

刘彧不同意，问"最强不倒翁"萧道成道："我正想逼反他收拾他呢，你怎么看？"

萧道成道："薛安都骁勇狡诈，不好打。"

刘彧道："之前那帮反贼都挺嚣张的，我们与他们对战，哪次没赢啊，别说废话了。"

薛安都听说大军北上后迅速向北魏投降，常珍奇也献出郡城悬瓠向北魏投降，请求发兵。

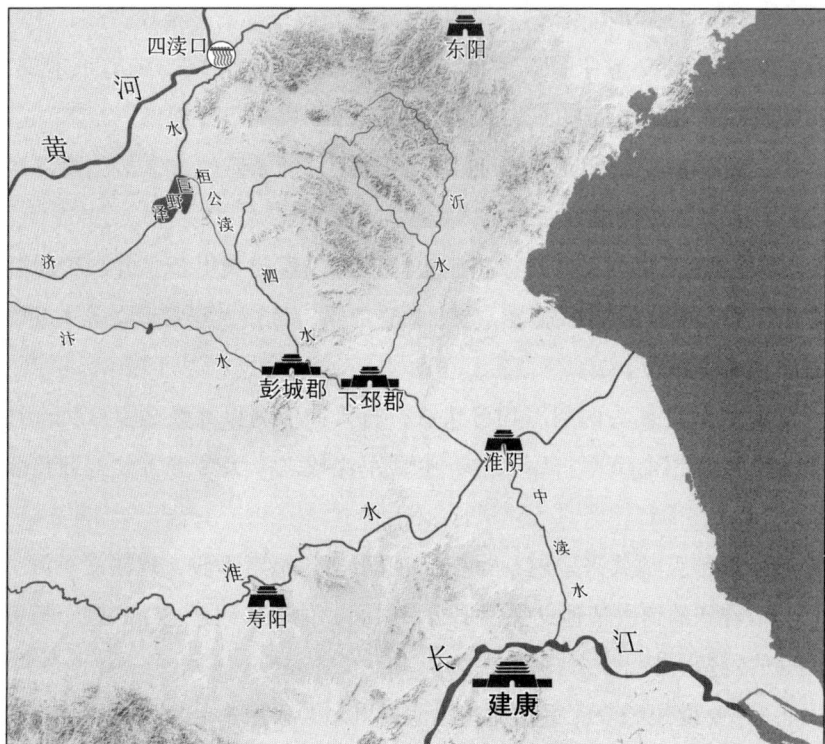

图 6-6　彭城枢纽示意图

薛安都把儿子送到北魏当人质，北魏派代人集团的镇东大将军尉元率骑兵一万向东支援彭城，派镇西大将军西河公拓跋石，都督荆、豫、南雍州诸军事张穷奇向西支援悬瓠。

淮西七郡百姓大多不愿归附北魏，组团南逃，北魏派建安王拓跋陆敳前来宣传安抚，已经掠夺的人口被释放，北魏开始尝试着安抚百姓。[①]

不过北魏不要指望表现出一次善意就能建立信任，能南逃的豪族们纷纷开始了举族避难之旅。

---

① 《资治通鉴·宋纪十三》：淮西七郡民多不愿属魏，连营南奔。魏遣建安王陆敳宣慰新附。民有陷军为奴婢者，敳悉免之，新民乃悦。

张永、沈攸之率军驻下邳逼近彭城，另派羽林监王穆之率兵五千在武原守辎重。

尉元抵达彭城，薛安都出城迎接，尉元派部将李璨跟薛安都先行入城，控制了所有城门，另派孔伯恭率精锐二千控制彭城内外，都踏实了，然后魏军才入城。当夜，张永攻彭城南门，不克而退。

尉元入城后就拿薛安都不当人了，薛安都后悔了，打算再度反水，尉元得到了消息，薛安都贿赂尉元，把女婿裴祖隆杀了表示服软。

尉元命李璨盯着薛安都守彭城，自己率军打张永和沈攸之，先是断了宋军的粮道，又攻陷王穆之守辎重的武原。

467 年正月，张永等率军夜逃，那夜天降大雪泗水冰封，船只不能动，张永放弃水路徒步南奔，士卒冻死了一大半，剩下的，冻成残疾的有十之七八。尉元绕到前面堵截，薛安都在后面追杀，在吕梁的东面大败张永，被杀的士兵数以万计，六十里内尸横遍野。

张永脚趾也被冻掉，与沈攸之艰难逃出生天，梁、南秦二州刺史垣恭祖等被北魏俘虏。宋军的五万精锐被一战败光。

刘彧召尚书左仆射蔡兴宗把战败军报给他看，然后认错，贬张永为左将军，免沈攸之官，命他以贞阳公的名义兼现职返淮阴驻扎。

刘宋失去淮北四州和豫州淮西之地，开关被打开了，所谓"由是失淮北四州及豫州淮西之地"。

山东半岛的沈文秀和崔道固由于之前也站错队了，刘骏诸子团灭后被青州军民造反，派使者前往北魏归降求援。

刘彧怎么也不会想到，自己对薛安都的一次任性会成为覆灭祖宗基业的导火索。

徐州豪族在魏军接手后已经开始南下避难，山东半岛更是要易主了。

北人南下，为六朝盛衰之总纲。

神秘人的嫁衣裳要来了。

七、淮阴教父登场，青徐聚义造齐

在崔道固和沈文秀步薛安都后尘招引北魏的时候，刘彧命山东本土豪族的刘怀珍率骑兵五百、步兵两千渡海登陆山东。

刘怀珍登陆山东后，向崔、沈二人表达了朝廷既往不咎的态度，沈文秀先是负隅顽抗，但他这个吴兴官僚在山东的群众基础实在太差，各地百姓喜迎王师，最终沈文秀遣使求降，刘彧吸收了薛安都的教训，仍任命沈文秀为青州刺史，不久崔道固也请降，被官复原职，刘怀珍随后回军。

山东半岛暂时稳住了，沈攸之从彭城败退时留下王玄谟从弟长水校尉王玄载守下邳（今江苏睢宁县古邳镇），积射将军沈韶守宿豫（今江苏宿迁），淮河北岸重镇的睢陵和淮阳也都留下部队驻守。[①]

几个驻防点是中渎水、泗水、沂水的关键物流中转站，沈攸之在竭力为刘宋保住山东半岛的希望。（见图 6-7）

除此之外，彭城之北，东平太守申纂守无盐，幽州刺史刘休宾守梁邹，并州刺史房崇吉守升城，还有肥城、麋沟、垣苗等地的守军都拒绝投降北魏，仍然在抵抗。

---

① 《资治通鉴·宋纪十四》：沈攸之自彭城还也，留长水校尉王玄载守下邳，积射将军沈韶守宿豫，睢陵、淮阳皆留兵戍之。

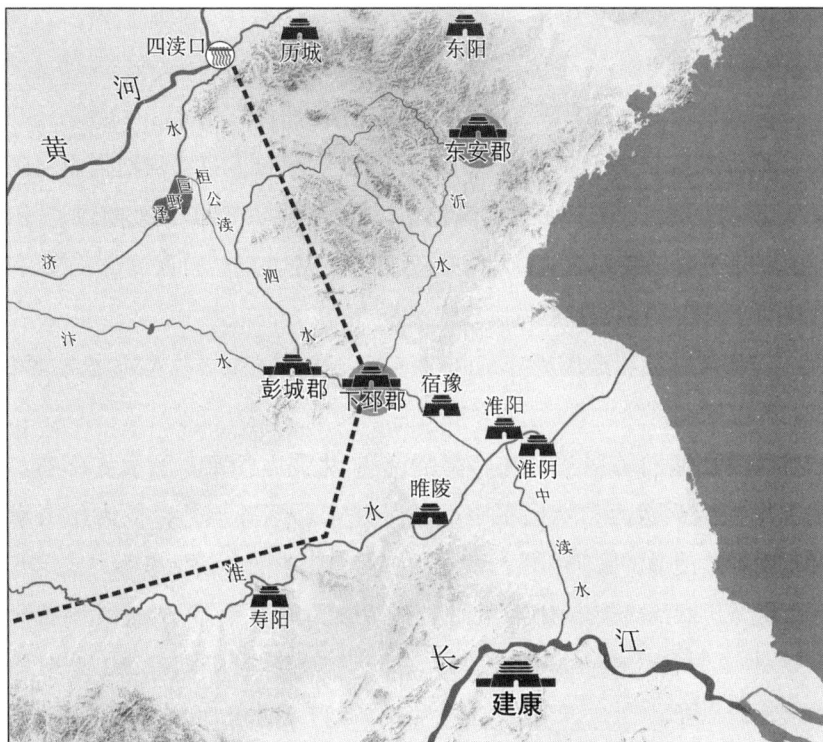

图 6-7　沈攸之保全山东半岛示意图

彭城这个关键枢纽点拿下后，再加上沈文秀和崔道固之前的引狼入室，467年春，北魏派平东将军长孙陵等领兵开始进攻青州，征南大将军慕容白曜率骑兵五万后续跟进。

慕容白曜第一战来到无盐后想攻城，部下均认为攻城器械还不完备不能马上打，随后依左司马郦范之计假装撤退，趁宋军无备后于三月初三凌晨向无盐城杀了个回马枪。

早饭时城破，慕容白曜想再次按照老规矩将无盐全城人当作战利品进行烧杀抢掠。郦范说："青齐地区很重要，要有长远打算，现在王师刚刚入境，人心尚未归顺，城池相连互相观望都打算固守不降，要是不以恩德安抚百姓，很难平定青齐啊！"慕容白曜随后赦免了全城。

不久慕容白曜依郦范之谋给肥城发送了警告信，肥城崩溃，北魏缴获粟米三十万斛。

随后魏军又夺取垣苗、糜沟二城，十天之内连克四城，威震齐土。

兵临升城，刘宋房崇吉坚守，能战之兵不过七百，却把慕容白曜连拖了三个月，城破后慕容白曜愤怒欲屠城，参军韩麒麟劝阻道："不能杀，杀人诛心，杀了你就败了，后面所有的城都会跟你拼命。"慕容白曜再次压下怒火，抚慰城民，复工复产。

兵临历城，崔道固固守不降，守东阳的沈文秀却派人向北魏投降请兵增援。

慕容白曜打算派兵前往，郦范说："沈文秀的家室和祖坟都在江东，现在拥兵数万，城固甲坚，我军并未逼到其城下，他为何要求援？我看他使节的眼睛不敢与我对视，脸色也不对，说话哆嗦，一定有诈，这是想跟历城夹击咱们，不如先夺历城，再下梁邹（今山东邹平北孙镇村）、乐陵（今山东博兴县东），一步一个脚印向前推进，到时候不怕他们不降。"

慕容白曜顿兵历城之时，尉元也在上书北魏朝廷道："彭城是关键枢纽基地，要重兵重粮守住，断了南人的念想，如果南人攻击彭城一定会走水路穿过宿豫、下邳；如果出兵青州也要从下邳顺沂水穿过东安（今山东沂水县）。这几个地方，都是南人用兵要地。现在如果我们率先定下邳，平宿豫，镇淮阳、戍东安，那么山东半岛各据点便可不攻而破。如果这四城拿不下来，就算青州冀州被攻破，其百姓仍然有侥幸心理。（见图6-8）

"我请求召回慕容白曜部，先跟我平定东南，断了刘宋北伐和青齐南归的念头，让他们明白虽然夏天雨大却无河道可走，冬天陆路虽通却没有城墙可守，这样整个淮河之北就将被我们永远占领。兵贵神速，时间长了就会变化，要是进入雨季，河道畅通再去攻克上述四城，恐怕就很难了。"

尉元的眼光很准，刘宋方面也确实在努力夺回彭城，春天的时候

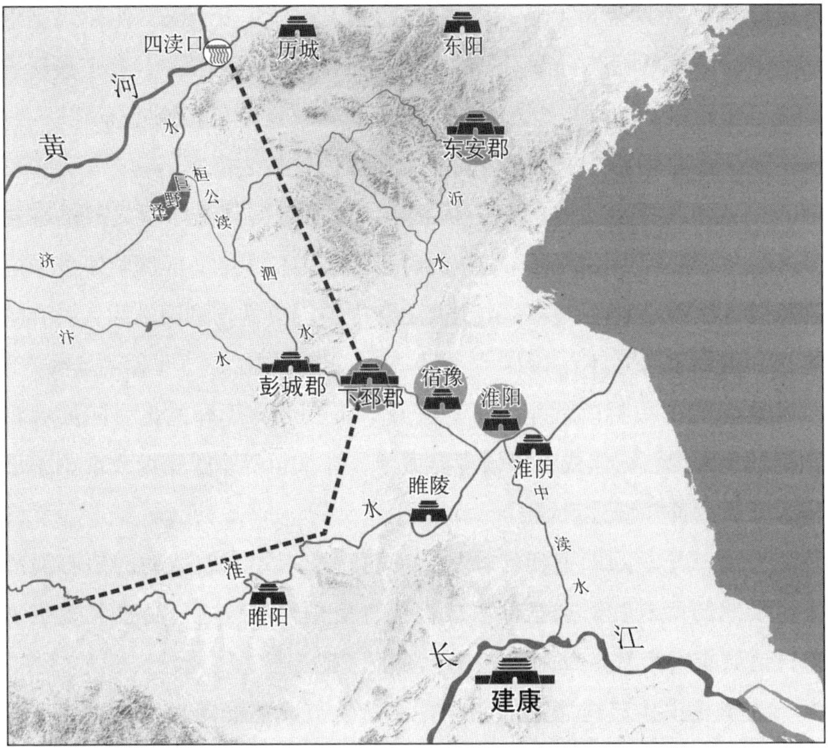

图 6-8　尉元上书分析刘宋重镇示意图

沈攸之就表态希望光复彭城，但刘彧死活不听。

等入了秋刘彧想明白了，下诏命镇淮阴的沈攸之率部攻打彭城，沈攸之说河道干涸，粮食运不过去，仗没法打。来回推了七次，刘彧大怒，逼沈攸之必须出征。

刘彧给沈攸之的诏书是这么说的："春天时我怕将士们疲劳，况且刚刚大败所以没同意，你现在这是不想为我效力呀，这是跟朝廷对抗啊，你要是不想去让吴喜自己去就行。"[1]

---

[1]《宋书·沈攸之传》：上大怒，诏攸之曰："卿春中求伐彭城，吾恐军士疲劳，且去冬奔散，人心未宜复用，不许卿所启。今便不肯为吾行邪？卿若不行，便可使吴喜独去。"

话都说到这个份上了，不去就是不忠，八月二十三，沈攸之被逼率军北上，刘彧派代行徐州事的萧道成率千人进驻淮阴。[①] 萧道成就这样来到了自己的龙兴之地，至此"道成收养豪俊，宾客始盛"。

大军行至迟墟，刘彧又后悔了，派人命沈攸之撤军。

刘彧不愧是刘义隆的儿子。战场上最忌讳的就是千里之外的瞎指挥，沈攸之仓促退军，而陈显达此时已经于睢口大败，龙骧将军姜产之等战死，北魏紧紧咬住宋军，沈攸之身中槊创负重伤逃回淮阴，丢弃的军械和辎重数以万计。

尉元写了一封信就吓坏了王玄载，王玄载弃下邳逃走。随后魏将孔伯恭攻宿豫，宿豫戍将鲁僧遵弃城走，孔大恒等率千骑南攻淮阳，淮阳太守崔武仲焚城逃走。

总之，此次刘宋王朝的轻举妄动再次使宋军本就脆弱的信心崩溃了，淮北的所有驻防点全部不战而崩，所谓"沈攸之、吴喜北败于睢口，诸城戍大小悉奔归，虏遂进至淮北"。

北魏兵不血刃地逼近淮北，要不是萧道成从淮阴拦了一站，很可能这回又兵临大江了。

尉元还跟平城打报告要调慕容白曜帮他先定东南，结果发现这事他想复杂了。

至此，山东半岛后路被切断，沦为孤岛。

467年九月，慕容白曜再度率军攻打崔道固于历城，另派平东将军长孙陵等攻击沈文秀于东阳。崔道固不降，慕容白曜筑长围开始困他。

沈文秀投降了，随后长孙陵等从东阳西门进入外城后纵兵掠城，沈文秀后悔了，愤怒关城门，反击长孙陵，击败魏军后重新据守东阳，长孙陵撤退到清水以西后屡次攻城，但打不下来了。

---

① 《资治通鉴·宋纪十四》：八月，壬寅，以攸之行南兖州刺史，将兵北出；使行徐州事萧道成将千人镇淮阴。

468 年二月十四，慕容白曜在困历城近半年后攻陷外城。

二月十七，崔道固自绑双臂，出城投降。慕容白曜把崔道固等冀州文武官员送往平城。

三月，慕容白曜进军包围东阳。

又一年过去了，469 年，沈文秀又坚守了东阳一年，东阳外无援兵，士卒日夜抵抗，头盔铠甲不能离身，都生了虱子。最大的绝望莫过于此，外面是恶魔，自己却已经没有希望。

正月二十四，魏军攻下东阳，沈文秀脱戎衣穿文官服手拿符节端坐屋中。魏军将沈文秀扒光后押到慕容白曜处逼他叩头。

沈文秀怒斥不跪，都是大臣级别，双方是对等的，跪什么跪！

慕容白曜也没多说话，还他衣服后也打包送往平城。

至此，"于是青、冀之地尽入于魏矣"！

山东这块被刘宋拿在手中半个多世纪的土地就此纳入了北魏版图。南朝从此再也没能把腿伸进山东。

能无视骑兵降维打击，深得刚柔相济之术的刘裕，纵观整个两晋南北朝，中国只出了一个。山东丢了，就再也拿不回来了。

469 年五月，北魏把山东百姓徙于平城，把升城、历城的豪族大户安置在桑干设立了平齐郡，剩下的所有百姓作为奴婢被赏赐给了百官。[①]

山东的老百姓，再次被"末日审判"了。

北魏在前面装得挺宽宏大量的，不过是要让剩下抵抗的城池做个幻想的榜样，等全部城池落网后，他们一定会被宰的。围城好几年了，总要报销军费和弥补损失的嘛！没有强的国，就不会有幸福的家。

刘彧对薛安都的自大决策乃至后面的控场直接导致了刘宋丢失了淮北和山东，亲手为这个自带杀戮基因的王朝敲响了丧钟。因为淮北沦

---

① 《资治通鉴·宋纪十四》：五月，魏徙青、齐民于平城，置升城、历城民望于桑干，立平齐郡以居之；自余悉为奴婢，分赐百官。

丧之时，四十岁的萧道成在这个风起云涌的时候来到了淮阴。他此时已经带兵二十四年了。

442年，十六岁的萧道成被刘义隆钦点去率偏军讨伐沔北竟陵蛮。

446年，二十岁的萧道成随本族的雍州刺史萧思话镇襄阳，征讨樊、邓诸蛮。

447年，父亲萧承之死于右军将军任上，萧道成回朝廷任了左军中兵参军。

450年，拓跋焘试探性南下时猛攻悬瓠城，臧质、刘康祖前往援救，刘义隆让二十四岁的萧道成去阵前宣圣旨，授节度。

萧道成有一种魅力，每个上司无论什么性格、爱好，他都能伺候好。萧道成从刘义隆时代起，就有"小红人"的潜质。

半年后拓跋焘再次南下，萧道成跟着臧质去北上增援彭城，臧质带的那一万人中，就有萧道成。

臧质布置了三路阻击，萧道成与胡宗之（《宋书》为胡崇之）等五部军数千人为前锋在莞山被拓跋焘打败，胡宗之等战死，萧道成逃回了臧质处，随后臧质再败，率七百人逃进了盱眙城。在臧质和拓跋焘的盱眙铁血战中，萧道成在盱眙城里。[①] 因此，萧道成是见过大世面的。

452年，二十六岁的萧道成被派往汉中，率偏军征讨仇池，攻克了自4世纪末就丢了的兰皋戍、武兴戍。

453年，萧道成甚至穿过秦岭进入了关中，拿下了离长安八十里的谈堤城，这时北魏大军来袭，再加上听说了刘义隆已死，于是烧城撤回南郑，袭封晋兴县五等男爵。

刘劭弑父，梁州刺史刘秀之表态讨逆，萧道成跟着站队成功。

———————

① 《南齐书·高帝纪》：闻虏主拓跋焘向彭城，质等回军救援，至盱眙，太祖与质别军主胡宗之等五军，步骑数千人前驱，焘已潜过淮，卒相遇于莞山下，合战败绩，缘淮奔退，宗之等皆陷没。太祖还就质固守，为虏所攻围，甚危急，事宁，还京师。

刘义宣被干掉后，刘骏分荆、江、豫、湘四州置郢州，命萧家的头牌萧思话都督郢湘二州诸军事、镇西将军、郢州刺史，镇夏口。

作为摸透人心的顶级高手，不能再让任何一支台面上的力量对自己产生威胁，二十八岁的萧道成作为萧家的重要骨干，被刘骏调进了建康任刘义恭的参军。在刘义隆时代就深得刘义隆喜欢的萧道成又得到了刘骏的垂青，成为直阁中书舍人。[①]

随后的十二年经历被史官掩盖了。常在河边走，没有不湿鞋的。更何况刘骏和刘子业不是河边，是浪边，还一个比一个浪。

之前我们也提到了，萧道成在杀戮旋涡中八面玲珑地交了多个投名状，成了刘彧班子的右军将军。

四十岁的萧道成，来到了人生最好的年华。

自十六岁领兵讨蛮，他已经戎马二十四年，萧道成这个本该激素冲动的年轻人却凭借极高的情商和对人际关系的洞察与揣摩在刘宋权力的游戏中接连闯过了刘劭、刘骏、刘子业、刘彧四次关卡！

这些年中，每过一关，台上台下都是人头滚滚。

经过那么多人精和精神不正常的人的洗礼后，深陷血腥杀戮的时代旋涡让有二十多年军旅生涯的萧道成明白，除非自己成为最粗的胳膊，这世道没有绝对的安全。

萧道成到了淮阴后发现，时代的大潮向他涌来了！

山东和徐州的丢失导致大量的青徐豪族举族南迁。

当年南燕被灭后，跟慕容家深度绑定的如韩家封家等都被刘裕连根拔起暴力狂屠，剩下的中等豪强一直没动，基本上当地的军官和僚属都在崔、刘、垣等豪族中选拔，除了朝廷出刺史之外，基本上一直本乡守本土靠山东豪族守卫自己的土地。

---

① 《南齐书·高帝纪》：孝建初，除江夏王大司马参军，随府转太宰，迁员外郎、直阁中书舍人。

山东豪族们在半个多世纪与刘宋皇权的合作中取得了相当大的既得利益，虽然一直没能登上潮头弄潮，但作为地主的日子过得很不错，相反北魏一直是野蛮人的存在，崔道固和沈文秀引狼入室的时候就引起了当地豪族们的高度不满。

在后路被断、孤立无援的情况下，山东豪族们依旧不愿意跟北魏合作，抵抗到了最后时刻。

宋失淮北后，丢失山东和淮北老家的青徐豪族失去了几十年来可持续发展的根基，地没了！

由于拓跋焘十多年前的南下烧杀抢掠政策太过于刻骨铭心，青徐豪族们在大势已去后带着部曲和族人辗转来到了宋魏边境的江淮之间，尝试着重新找到自己的生态位。

手中仅存的优势是武力，随后他们在淮阴遇到了阅人无数的人精萧道成。

什么人他没摆平过！厚道人他伺候过，玩人狂魔他伺候过，狂躁型精神不正常的人他也伺候过！

萧道成对青徐豪族们说："说出你们的诉求，告诉我你们的想法。青徐兄弟们的事，就是我督南兖徐二州诸军事、都督北讨前锋诸军事、南兖州刺史，持节、假冠军将军萧道成的事。淮河两岸，宋魏边境，我说了算。你们看上我辖区里的哪块地了，需不需要往建康移民，向上哪条门路走不通了，来，我给你们办。"

双方深刻地交流，慢慢地，交出了感情。

萧道成对青徐豪族表态："他日也许我会需要你们的帮忙，也可能不会，不过在那天来临之前，请收下我对所有失去家乡的兄弟们竭尽全力的真诚帮助，作为我们的见面礼。"

萧道成镇淮阴的时候，举他一个心胸宽阔的例子。

他布局结交王玄邈时，被王玄邈向刘彧告发他想谋反，但萧道成根本不打击报复，该怎么样就怎么样。[①] 甚至后面大局已定的时候还引其为骠骑司马、冠军将军。

王玄邈都吓死了，但萧道成依旧待之如初。过去的事咱不提了，格局小了。

他会做人，他的大胸襟，被方方面面的人都看到了。在淮阴，萧道成江海不择细流地招揽了诸多青徐豪族：

心腹参谋崔祖思。[②]"南齐"的国号就是崔祖思给起的，萧道成准备篡宋时最开始的打算是叫梁公，但崔祖思说："谶书预言'金刀利刃齐刘之'，称齐的话是顺应天命。"这句谶语是否有据可考还不一定，但崔祖思却间接表明了齐地在萧道成霸业中的股份。

崔文仲，崔氏家族出品，后来跟着萧道成在新亭关键战中血战有功，战后被萧道成安排为禁军中的自己人，南齐开国的徐州刺史。[③]

崔慧景，崔氏家族出品，时任长水校尉，萧道成第一次废帝时特别倚重的人。[④]

刘怀珍，平原刘氏家族扛旗之人，就是带着两千多人抚平沈文秀和崔道固的那位，是当年萧道成在刘骏时代的好朋友，两人一个是中书舍人，一个是直阁将军，萧道成还把自己骑不了的暴躁马送给刘怀珍当礼物。当初刘怀珍就看出来萧道成非池中之物，对挑拨的人说钱不钱无

---

① 《南齐书·王玄邈传》：太祖镇淮阴，为帝所疑，遣书结玄邈。玄邈长史房叔安劝玄邈不相答和。罢州还，太祖以经途令人要之，玄邈虽许，既而严军直过，还都启帝，称太祖有异谋，太祖不恨也。

② 《南齐书·崔祖思传》：太祖在淮阴，祖思闻风自结，为上辅国主簿，甚见亲待，参豫谋议。

③ 《南齐书·崔祖思传》：祖思宗人文仲，初辟州从事。泰始初，为薛安都平北主簿，拔难归国。元徽初，从太祖于新亭拒桂阳贼，著诚效，除游击将军。

④ 《南齐书·崔慧景传》：太祖在淮阴，慧景与宗人祖思同时自结，太祖欲北渡广陵，使慧景具船于陶家后渚，事虽不遂，以此见亲。

所谓，我是打算把命托付给他的。①刘怀珍后来在萧道成的每次进步上都有着相当关键的影响。

刘怀珍的族弟刘僧副，当初泗水线被卡断后就率部曲两千逃往海岛，随后被萧道成招降安抚成为心腹。②

刘善明，刘僧副从兄，萧道成第一次废帝前的重要人物，并给出了黄金般的建议。

垣崇祖，当初魏军入彭城时率部投奔朐山，萧道成任命垣崇祖为镇朐山主将，垣崇祖对萧道成堪称一见倾心，在刘骏严禁称臣的"称谓大改革"后仍然能说出"此真吾君也"的言论。③

垣荣祖，萧道成的心腹武官，因奉命游说薛安都不成，怕刘彧怪罪，于是迁往淮阴投奔了萧道成。④

李安民，北兰陵人，也是薛安都投降后"率部曲自拔南归"，之后也成了萧道成的小弟。刘休范叛乱时李安民率兵力挺萧道成，战后随萧道成一荣俱荣地被安排为了左将军。⑤这是南齐开国时的领军将军。

周盘龙，北兰陵人，骁勇善战，先登陷阵猛将，新亭生死战中，

---

① 《南齐书·刘怀珍传》：初，孝武世，太祖为舍人，怀珍为直阁，相遇早旧。怀珍假还青州，上有白骢马，啮人，不可骑，送与怀珍别。怀珍报上百匹绢。或谓怀珍曰："萧君此马不中骑，是以与君耳。君报百匹，不亦多乎？"怀珍曰："萧君局量堂堂，宁应负人此绢。吾方欲以身名托之，岂计钱物多少。"

② 《南齐书·刘善明传》：僧副将部曲二千人东依海岛，太祖在淮阴，壮其所为，召与相见。

③ 《南齐书·垣崇祖传》：初，崇祖遇太祖于淮阴，太祖以其武勇，善待之。崇祖谓皇甫肃曰："此真吾君也，吾今逢主矣，所谓千载一时。"

④ 《资治通鉴·宋纪十四》：坦荣祖亦自彭城奔朐山，以奉使不效，畏罪不敢出，往依萧道成于淮阴。

⑤ 《南齐书·李安民传》：太祖在淮阴，安民遥相结事，明帝以为疑……及桂阳王休范起事，安民出顿，遣军援京师。征授左将军，加给事中。

随萧道成领马军主出战。[1]

苏侃，萧道成的心腹武官，原薛安都小弟，北魏入彭城后苏侃率众南归，后来被萧道成收为麾下。[2]

……

萧道成在刚刚镇淮阴的时候手上的将士不过千人，所谓"是时张永、沈攸之败后，新失淮北，始遣上北戍，不满千人"。

仅仅三年后，"南兖州刺史萧道成在军中久，民间或言道成有异相，当为天子"。民间已经开始传言萧道成相貌不凡当做天子了。刘彧听说后下诏征萧道成回京。

萧道成不想回京，派了数十个骑兵深入魏境张贴布告号召百姓起义，北魏随后派数百游骑兵沿边境巡逻。

萧道成给刘彧打报告，说："不能走啊，北魏兵要来啦！"刘彧无奈，继续让萧道成镇守淮阴。

在淮阴，萧道成完成了自己建齐的原始积累，史料明确写道："太祖作牧淮、兖，始基霸业，恩威北被，感动三齐。青、冀豪右，崔、刘望族，先睹人雄，希风结义。"

失去了家园的青徐豪族找到了一个年富力强的新领导，在萧道成的倾心相结下甘受驱驰，渐渐成为左右宋末时局的最大的一股力量。

与此同时，当年接棒京口的雍州集团却在刘骏、刘子业、刘彧的杀戮旋涡中被一次次打得晕头转向，失去了叱咤风云的活力。

雍州集团帮助刘骏获得皇权后随即被肢解，以柳元景为首的雍州大佬被束之高阁，以宗越为首的中下层军官得势，冲杀于前，无恶不作。

————————

① 《南齐书·周盘龙传》：元徽二年，桂阳贼起，盘龙时为冗从仆射、骑官主、领马军主，随太祖顿新亭。

② 《南齐书·刘善明传》：遇太祖在淮上，便自委结。上镇淮阴，以侃详密，取为冠军录事参军。

刘子业时代，柳元景等大佬被杀，雍州军团失去了扛旗的旗手，随后刘彧上位灭了刘骏诸子，以薛安都为首的雍州次级大佬再次站队错误，最终曾经的那支雍州铁军在爆发了仅仅十多年后就各自星散零落。

从来就没见过这么乱的朝局，雍州集团又恰恰因为是政治新贵并没有足够的政治敏感性和底蕴，在做政治选择时往往冲动不顾后果，往往第一时间表态冲锋在前，往往把事做绝。

宗越的穷凶极恶，薛安都对刘彧的自傲放狠话，这都使得雍州集团失去了回旋的余地，成为刘家政治斗争的牺牲品。

雍州集团的前浪最终在刘家的一次次内斗中耗没了实力，将舞台让给了失去家乡南下而来的漂泊北人。不过万幸的是雍州老家尚在，他们还有下一次的机会，而且并不遥远。

不仅青徐好汉们看出了萧道成非池中物，其实雍州的后浪们也看出来了。

当世道烂久了，当皇帝健全的精神已经成为稀缺品时，一个能代表各大集团长远利益的"成大事者"被推出来了。

八、青徐教父的铁王座奠基战

刘彧上位后，一共当了八年的皇帝，大胖身子三十出头就不行了。

他用蜜腌的鱼，一次能吃好几升，一顿饭能吃两百片腊肉。他实实在在是撑死的。

刘彧做亲王时，性情宽厚平和，声誉很高，刘义隆很宠爱这个"类父"的胖儿子，即位初年对支持寻阳的反派官员也基本都不计前嫌，因材而用。

看上去刘宋王朝迎来了第二个刘义隆，但很遗憾，他家的血腥杀戮却并没有因此而终结，恰恰相反，他家的宗室杀戮仿佛被下了诅咒一般，被带到了新高度。

由于逼反了薛安都，魏军南下，以及经历了刘骏刘子业两代鱼肉百姓的统治者，再加上打了全国性的平叛之战，国库早就掏空了，百官的俸禄都断了，但刘彧本人的奢华生活开始了，他要报复当"猪"的悲惨岁月，他用一件东西需要造九十个备用的。[1]

他在宫中摆宴的时候学会了侄子刘子业的"小淫人"玩法，宫女

---

[1] 《资治通鉴·宋纪十五》：时淮、泗用兵，府藏空竭，内外百官，并断俸禄。而奢费过度，每所造器用，必为正御、副御、次副各三十枚。

必须全裸，皇后不看，他就大怒道："你个没见识的，大伙一块乐乐，你怎么这么扫兴！"①

他上位后，发现他三哥真是天才，打造了这么一台好使的纵欲机器，他慢慢能理解他侄子当初为什么拿他当猪了，实在太情有可原了，无约束的权力实在太美妙，变态的快感过去真的想象不到。

"肥猪少年"在拿了屠龙刀后也变成了刘骏。

他信任宠爱的阮佃夫、王道隆、杨运长，这三人贪污弄权的手段让当年的戴法兴和巢尚之都要汗颜。②

他们整个核心圈层的腐败奢靡就不多说了，只举一个例子。

去阮佃夫那里办事，不出大血是不行的，他家的房子秒杀王府，他家的歌舞女妓冠绝江东，他家的吃穿用度甩宫里几条街。他家每出品一件衣服，每造出来一件奢侈品，都到了引领时尚的地步，所谓"每制一衣，造一物，京邑莫不法效焉"。

刘彧几年皇帝干下来，猜疑、嫉妒、残忍、暴虐、迷信鬼神这些家族遗传定期爆发的精神病灶也出来了，无论说话还是文书，对祸、败、凶、丧等成百上千个他不喜欢的字都得避讳，如有人触犯就会被惩罚或诛杀。这是刘骏精神控制大法的变种。

是一个原本厚道的好人基因突变了呢，还是无约束的权力以及恶魔般的领路人把人性吞噬了呢？

471 年，三十三岁的刘彧得病了，因为太子年纪小，担心他的弟弟们夺权，所以开启了灭弟计划。

"我都要撑死了，你们怎么能活得那么开心呢？"刘彧决定先拿最

_____

① 《资治通鉴·宋纪十四》：上宫中大宴，裸妇人而观之，王后以扇障面。上怒曰："外舍寒乞！今共为乐，何独不视！"

② 《宋书·恩倖传》：时佃夫、王道隆、杨运长并执权柄，亚于人主。巢、戴大明之世方之蔑如也。

不听话的弟弟刘休祐开刀。

正月二十六，刘休祐同刘彧前往岩山射野鸡，哥俩走在前面，把侍从都抛到了后面。野鸡没射到，刘休祐进入了他哥的射程。

黄昏时分，刘彧派亲信寿寂之等数人把刘休祐从马上拽下来暴打至死，随后大喊："骠骑将军落马！"等刘休祐的随从们赶到时，刘休祐早就没气了。

下一个，荆州刺史刘休若。

建康民谣传唱，说刘休若有尊贵之相，刘彧把这首民谣写信给刘休若看了，刘休若忧惧不安。

正月三十，刘彧任命刘休若接替刚死的刘休祐为南徐州刺史，让他来京口！刘休若的心腹诸将一致认为他去了就是个死。

中兵参军王敬先劝刘休若趁着刘彧得病造反，但刘休若生性胆小，听完后假装答应，等王敬先一出王府就立刻派人把他抓起来，再把他的话上奏刘彧，想换自己的投名状。刘休若暂时得到了安全。

五月初一，刘彧命最亲近能干的弟弟刘休仁进宫，当晚送了毒药过去。

刘休仁骂道："你能得到天下是靠谁的力量？刘骏因为诛杀兄弟子孙灭绝，今天你又要诛杀兄弟，宋的国祚算是到头了！"

刘彧担心有变，命人扶他起来，亲自乘车出端门坐镇督导他弟弟的死亡全过程，直到刘休仁彻底蹬腿才回宫，下诏宣布："刘休仁结交禁军图谋不轨，我骂了他几句，他就直接服毒了，为表大度，让他的儿子们都活着吧。"

刘彧对当年帮自己杀了刘子业的寿寂之也恐惧不安，这小子太勇猛了，执行力太强，万一我的儿子将来也是刘子业呢？于是借着有司弹劾寿寂之擅杀巡逻军官之由，把他贬到越州并在路上杀了。

刘休若卖了自己的手下，依旧没能换条命。六月，刘彧亲笔写信给刘休若，亲切邀请刘休若参加七月七日的皇家盛宴。七月，刘休若到建康赴宴，七月初九，被逼自杀。

至此，除了北逃的刘昶之外，刘彧所有兄弟中只有江州刺史刘休范因人品低劣，才能平庸，实在不被刘彧放在眼里，才被留下了一条命。但即便不成器的刘休范，在刘彧死后也反了。

刘宋王朝在一千六百年前的冷兵器时代相当神奇地打出了核战争的内斗效果。只要有机会，只要有一颗核弹，也要在对方轰向自己之前先扔过去。既然对方一定会扔，既然自己一定会死，那为什么不先扔核弹？

471 年七月二十二，刘彧连灭三个弟弟后把淮阴划归北兖州，征青徐教父萧道成回京。

萧道成的亲信认为刘彧此时已经杀疯了，不能走！萧道成道："你们笑他太疯癫，我笑你们看不穿，皇帝现在因为太子年纪小，所以把兄弟们一一铲除，这跟我无关，现在必须立刻出发，稍微观望下就一定被猜疑。况且他家骨肉相残国祚要到头了，你们要与我同心协力了！"[①]话说得很双关，是努力为国呢，还是努力谋国呢？

回建康后，如萧道成所料，他平安被任命为散骑常侍、太子左卫率。萧道成几乎像半仙一样猜出了死亡考题的答案，真的如此吗？

每一个在刀尖上舔血了几十年的人，都不会去对人性进行猜测。看准每个人不能够帮你一次次闯关成功，因为人性善变。人心似水，民动如烟。

真正的高手都有自己的信息网，决定生死的顶级信息网。

一年前，有人给萧道成打小报告说他当为天子时，刘彧用银壶装酒加封条派吴喜率兵三千送给萧道成。萧道成当时就慌了，打算跑路。是吴喜私下跟他关系不错，提前泄了底，还自己先喝了一杯，萧道成才

---

① 《资治通鉴·宋纪十五》：道成所亲以朝廷方诛大臣，劝勿就征，道成曰："诸卿殊不见事！主上自以太子稚弱，翦除诸弟，何预他人！今唯应速发；淹留顾望，必将见疑。且骨肉相残，自非灵长之祚，祸难将兴，方与卿等戮力耳。"

敢喝下，吴喜回去后向刘彧保证萧道成的忠贞。①

注意这个时候萧道成是害怕的，要不是吴喜提前泄底萧道成弄不好这回就直接拔枪了。

为什么一年后萧道成胸有成竹地回去了呢？因为萧道成在宫里有了可靠的消息来源。

萧道成的好哥们、当年伺候了刘楚玉十天的褚渊，因为人厚道且跟刘彧上位前就关系好，在今年年初时被刘彧从吴郡太守的任上调进了朝廷准备托孤，随后刘彧对褚渊很放心，甚至与褚渊商量弄死刘休仁的计划。②

褚渊是刘彧准备托孤的，是知道刘彧心里打算的，是参与谋划弄死刘休仁的心腹，掌握着一手的信息来源。褚渊也是后来把萧道成拉入托孤队伍的。

当年被刘家"淫娃"玩弄了十天的褚渊找来了更强大的萧道成反过来弄死了刘家。

君子报仇，十年不晚。

刘彧为了延长寿命把自己原来的府邸改为了寺庙，冠名湘宫寺，极其奢华，本想修十层佛塔，最终没成功，修到两层就没戏了。

原来刘骏的心腹巢尚之被外派新安当太守，等巢尚之调回建康后，刘彧问他："去没去过湘宫寺？那是我修的，有大功德，花太多钱了。"

---

① 《南齐书·高帝纪》：明帝常嫌太祖非人臣相，而民间流言，云"萧道成当为天子"，明帝愈以为疑，遣冠军将军吴喜以三千人北使，令喜留军破釜，自持银壶酒封赐太祖。《资治通鉴·宋纪十五》：道成惧，欲逃，喜以情告道成，且先为之饮，道成即饮之。喜还朝，保证道成。

② 《资治通鉴·宋纪十五》：初，上在藩与褚渊以风素相善；及即位，深相委仗。上寝疾，渊为吴郡太守，急召之。既至，入见，上流涕曰："吾近危笃，故召卿，欲使著黄襦耳。"黄襦者，乳母服也。上与渊谋诛建安王休仁，渊以为不可，上怒曰："卿痴人！不足与计事！"渊惧而从命。复以渊为吏部尚书。

通直散骑侍郎虞愿此时正在边上待着，说道："那是用百姓卖子卖妻的钱建的，佛祖有灵，慈悲为怀，现在正在那里哭呢，这罪孽比佛塔高多了，有什么功德！"虞愿实在憋不住了，听不下去了。

在座所有人脸色大变，刘彧大怒，也不好意思把说实话的人杀了，最终把虞愿驱出宫殿。

救人一命胜造七级浮屠，你少杀点人比什么都强，修佛造塔最终也没有救回肥胖的刘彧，472年四月十七，刘彧终于要死了，遗诏指定尚书令袁粲、护军将军褚渊、中领军兼尚书右仆射刘勔、荆州刺史蔡兴宗、郢州刺史沈攸之同入托孤班子。

由于褚渊与萧道成的关系很好，最后时刻他把萧道成也推出来了。[1]

刘彧补了个附加条款，任萧道成为右卫将军、领卫尉，加兵五百，与尚书令袁粲、护军将军褚渊、中领军刘勔共掌机要，还有了东北方面的人事选拔权，不久解卫尉，加侍中，领石头戍军事。[2]

萧道成进入了辅政的遗诏中，成了禁军中的右卫将军，职位相当重要。（见图6-9）

与此同时还"别领东北选事"。"东北"指的是哪里呢？萧道成的龙兴之地，淮阴地区啊！

右卫将军和"领东北选事"是四十五岁的萧道成用三十年的军旅生涯奋斗到的参赛资本，至于"与尚书令袁粲、护军褚渊、领军刘勔共掌机事"就算了吧。

跟刘骏死的时候一样，刘彧嫡系的四个中书舍人控制着核心政权。

十岁的太子刘昱即位，袁粲、褚渊主政后希望节俭为政，但阮佃

---

① 《资治通鉴·宋纪十五》：褚渊素与萧道成善，引荐于上。

② 《南齐书·高帝纪》：明帝崩，遗诏为右卫将军，领卫尉，加兵五百人。与尚书令袁粲、护军褚渊、领军刘勔共掌机事。又别领东北选事。寻解卫尉，加侍中，领石头戍军事。

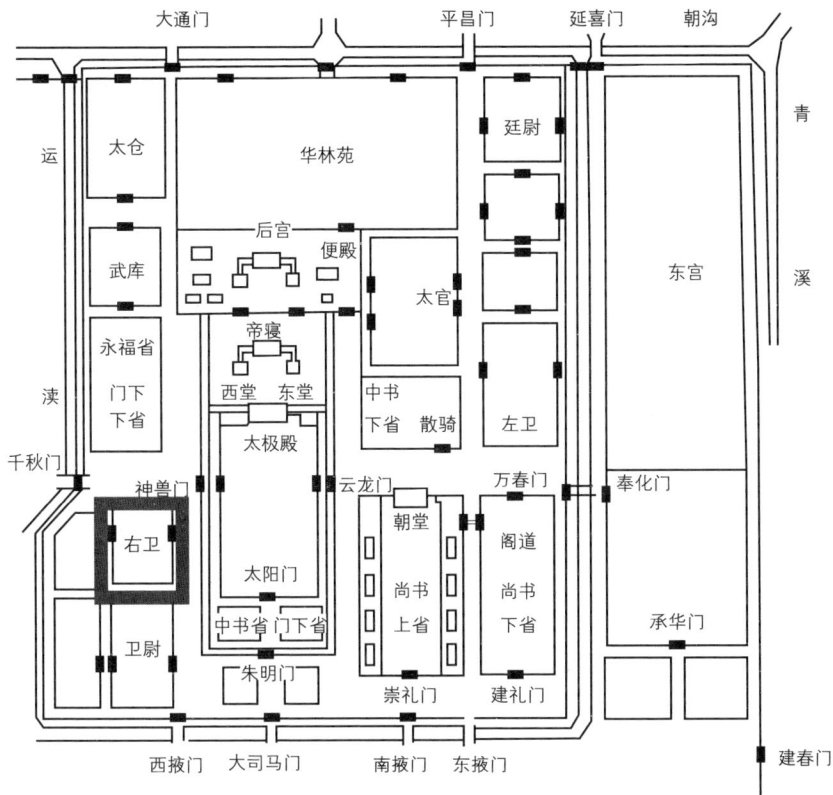

图 6-9　刘宋建康宫城布局推测图

夫、王道隆等依然掌权，袁粲、褚渊等根本拿不回权力。[①]

国家虽大，疆域万里，核心不过那一两座殿宇而已。

刘彧的宠臣也在迭代，他们也吸取了戴法兴被轻松弄死的教训，纷纷在刘彧死前弄来了军权。

阮佃夫此时的官职是骁骑将军（禁军）兼中书舍人，淮陵太守，加给事中。

---

① 《资治通鉴·宋纪十五》：时苍梧王方十岁，袁粲、褚渊秉政，承太宗奢侈之后，务弘节俭，欲救其弊；而阮佃夫、王道隆等用事，货赂公行，不能禁也。

王道隆此时的官职是右军将军（禁军）兼中书舍人，南兰陵太守。

杨运长，员外散骑侍郎兼中书舍人，加龙骧将军（手中有兵，战刘休范时能看到），南平昌太守，加给事中。

孙千龄，中书舍人（手中也有兵，因为掌握宫门，后面能看到）。

总体而言这次皇帝尚小且中书舍人集团掌握禁军，托孤派斗不过中书舍人集团。

王道隆上来就出招了，因蔡兴宗为人刚强正直，不愿让他居上游荆州，于是闰七月二十四任蔡兴宗为中书监，调另一个辅政大佬郢州刺史沈攸之为都督荆、雍等八州诸军事和荆州刺史。[①]

中书舍人王道隆觉得蔡兴宗危险，于是让他领中书监。

看看此时的权力结构已经可笑到了什么程度！

蔡兴宗辞让不拜，不久病逝。托孤派上来就折了一个，沈攸之成了重要受益者。

荆州刺史的威望下降了，因为荆州被阉割了，但沈攸之都督荆、湘、雍、益、梁、宁、南北秦这八州军事就很有实力，西面基本都归他都督了。

不过，建康方面还是耍了个心眼，单单把郢州甩出来了。看看当年刘骏设立郢州时的良苦用心，郢州扼江汉水口，断湘水南流。（见图6-10）

沈攸之没上当，这几年出镇郢州的时候就一直在那里偷偷积攒力量，自打刘彧死了就有了"旧貌换新颜"的打算，等调任荆州后把这几年在郢州攒下的兵马和武器全拿走了，郢州成了空壳子。

到了荆州后，沈攸之借口讨蛮，大肆动员荆州人力，招兵买马加强训练，加重荆州赋税，制造武器铠甲，原来要给朝廷上税的物资一律扣下，战马养至两千余匹，船舰近千艘，粮财皆充实，各方面过路的商

---

① 《资治通鉴·宋纪十五》：右军将军王道隆以蔡兴宗强直，不欲使居上流，闰月，甲辰，以兴宗为中书监；更以沈攸之为都督荆·襄等八州诸军事、荆州刺史。

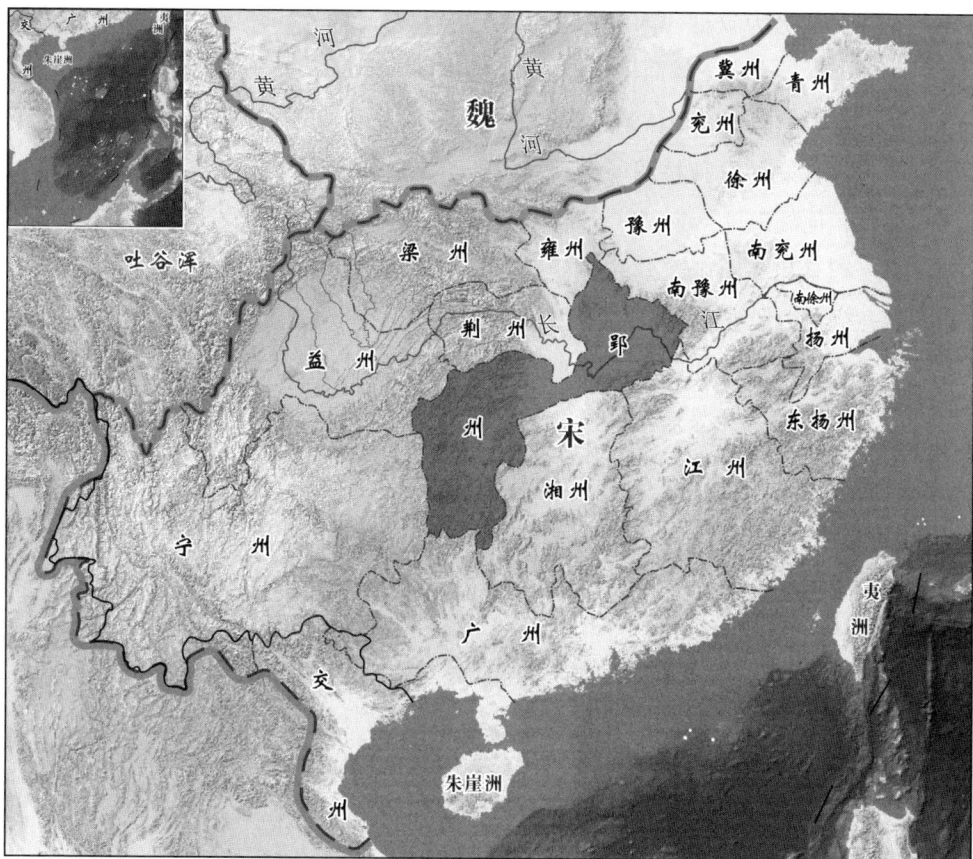

图 6-10　郢州位置示意图

人、士大夫全部被扣下，部曲中有逃走的更是被追到天涯海角也要干
掉，各项政令独断专行，不再理会建康的传令。[①]

---

① 《资治通鉴·宋纪十五》：沈攸之自以材略过人，自至夏口以来，阴蓄异志；及徙
荆州，择郢州士马、器仗精者，多以自随。到官，以讨蛮为名，大发兵力，招聚才勇，部勒
严整，常如敌至。重赋敛以缮器甲，旧应供台者皆割留之，养马至二千余匹，治战舰近千
艘，仓廪、府库莫不充积。士子、商旅过荆州者，多为所羁留；四方亡命，归之者皆蔽匿
拥护；所部或有逃亡，无远近穷追，必得而止。举错专恣，不复承用符敕，朝廷疑而惮之。

沈攸之为政刻薄凶暴，甚至鞭打士大夫，对所有官吏通常都是当面就骂，一点也不留面子，但沈攸之精明强干，对吏事清清楚楚，没人能瞒他，因此辖区整体运转效率极高，百姓夜不闭户，连贼都没有。

沈攸之的这种精明能干和高压统治，很像刘骏的风格。毕竟刘骏时代，他见识过。

但他思考过吗，刘骏是什么时候变得精明与进行高压统治的呢？他在创业阶段就这样干，真的合适吗？

就在沈攸之之心路人皆知的时候，愚蠢的刘休范率先蹦出来了。

刘休范因为呆板木讷不学无术被兄弟们都瞧不起，所以能在刘彧的屠杀中活下来。人虽然蠢但不一定没有欲望。

刘彧死后刘休范认为自己怎么着也要做个辅政大臣，结果没想到刘彧根本没想到他。

十岁的刘昱即位后，四位中书舍人主政，刘休范开始动心思了，更何况他手底下的人也是有欲望的，刘休范的典签许公舆不再给建康当间谍，胳膊肘外拐，给刘休范做谋主，打算帮他运作运作，教刘休范礼贤下士广招人才，一年中收揽的人才以万计，也开始阴养死士，制造兵器。

刘休范还动了与沈攸之合作的心思，致信讨好沈攸之时，大标题写了个"沈丞相"。

沈攸之要当就当最大的，早就看江州不顺眼了，正好刘休范把题目都写信封上了，直接拆都不拆连信带信使都送给建康了。建康方面知道了刘休范的打算，沈攸之虽然更露骨，但把刘休范先扔出来当挡箭牌了。

沈攸之走后，郢州空缺，建康方面决定在夏口安插钉子。

473年二月二十八，任命四岁的晋熙王刘燮为郢州刺史，由黄门郎王奂为长史主政事，配给了大量物资和兵力去镇夏口。建康方面又担心刘燮等经过寻阳时被刘休范扣下，于是让他们绕过寻阳从太子洑（今湖北省黄梅县小池镇）小路而去。

刘休范得知后大怒，认为这是朝廷向他摊牌了，于是跟许公舆密谋袭击建康，上疏朝廷要求整修城防，背地里把筑城用的木板都留下来准备做船了。

十二月初三，建康方面为了安抚刘休范，将其升为太尉。

双方都在争取时间。

474年五月十二，刘休范做好了所有准备，起兵造反，掠百姓船只发放木板将小船扩建为大舰船，四日内水军改造完毕。五月十六，刘休范率两万人，其中有骑兵五百，从寻阳出发昼夜而进，上书尚书令袁粲、护军将军褚渊、尚书左仆射刘秉等人，宣称杨运长与王道隆罪大恶极，要清君侧！

五月二十，大雷戍主杜道欣飞驰东下报告事变，建康震恐。

萧道成与护军将军褚渊、征北将军张永、领军将军刘勔、尚书仆射刘秉、游击将军戴明宝以及阮佃夫、王道隆、孙千龄、杨运长四位中书舍人在中书省紧急集会商讨对策，除了守孝的袁粲外，建康此时所有有话语权的官员都坐一块了，却无人发言，场面很冷。[①]

刘休范是将矛头对准中书舍人集团的，此时最急的是他们，但又不知道仗怎么打，也不知道辅政派是怎么想的。气氛云谲波诡。

按理讲萧道成并不是有拍板权的第一人，而且属于辅政班子中的最后一人，但在此时的十人中，萧道成有两个巨大优势。

1. 刘休范的上书并没有给他，他在中书舍人集团看来是相对安全的。

2. 此时只有他和张永有着丰富的作战经验，但张永又不是辅政班子里的，没有话语权，只能听辅政集团的安排。

萧道成趁着这个机会开始坐庄，主导大权，说道："过去上游叛乱

---

① 《南齐书·高帝纪》：太祖与护军褚渊、征北张永、领军刘勔、仆射刘秉、游击将军戴明宝、骁骑将军阮佃夫、右军将军王道隆、中书舍人孙千龄、员外郎杨运长集中书省计议，莫有言者。

之所以失败，都是因为行动迟缓，刘休范此次一定会站在前人失败的基础上总结经验教训，轻装前行顺流东下，乘我们无备搞突然袭击。如今之策不应远征，一旦军败则军心丧失，我们应据守新亭、白下、宫城、东府和石头五处，静待贼寇。他们孤军千里而来，后勤跟不上，求战不得，自会瓦解。我守第一站新亭挡其先锋，张永驻白下，刘勔驻宣阳门指挥各军，剩下所有官员都聚于建康不必争着出来，我一定击溃反贼。"

担心那帮不干活的官员在以后找碴儿，萧道成取笔墨直接写下上述方案，让大家全都签了名。[①]

签字后，暗中与刘休范通谋的中书舍人孙千龄反对道："应该按刘骏时代的办法派军驻梁山。"

萧道成道："贼军已逼近梁山，我们怎么可能赶到！新亭是兵家必争之地，大不了以死报国，平时我能委曲求全，今天不行，枪炮一响，将士都得听我的！"[②]

这是萧道成第一次发威。

雷霆之威所以可怕，在于少见。轰隆巨响之所以摄人心魄，在于反常和突然。天天打雷就不能诛心了，只有憎恶和怨恨。

不是说笑眯眯的不倒翁就只会拉关系，后面我们会看到，萧道成每到关键时刻就会一改往常的和颜悦色变身为雷神。

在场的四位中书舍人不再说话，默认了萧道成的战时最高指挥权。

会议最后，萧道成又叮嘱了一遍辅政集团，回头看了眼理论上的最高军事负责人刘勔，说领军已经同意我的计划，不能再变！[③]

---

① 《南齐书·高帝纪》："……我请顿新亭以当其锋；征北可以见甲守白下；中堂旧是置兵地，领军宜屯宣阳门为诸军节度；诸贵安坐殿中，右军诸人不须竟出。我自前驱，破贼必矣。"因索笔下议，并注同。

② 《南齐书·高帝纪》：道成正色曰："贼今已近，梁山岂可得至。新亭既是兵冲，所以欲死报国耳。常日乃可屈曲相从，今不得也。"

③ 《资治通鉴·宋纪十五》：坐起，道成顾谓刘勔曰："领军已同鄙议，不可改易！"

萧道成率禁军出屯新亭，让刘勔屯兵石头城，由张永镇白下，褚渊、刘秉入卫台城，由于事发突然，建康根本无法从容部署，直接打开了南北武库，让将士们自行取用武器装备。

萧道成到了新亭后开始修筑工事，还没完成，五月二十一，仅仅在信使传来消息的一天后，刘休范前锋军已到新林。

仅仅五天时间，刘休范军闪电走完了八百里长江水路，东进速度冠绝整个两晋南北朝时代。

萧道成迎来了自己人生的巅峰之战。

萧道成先是脱衣大睡，作秀安定军心，随后从容不迫地拿出白虎幡登上西城头，派宁朔将军高道庆、羽林监陈显达、员外散骑侍郎王敬则率舰队迎战刘休范，大破之，烧其船舰，刘休范将士死伤甚众，萧道成取得开门红。

五月二十二，刘休范自新林登岸，部将丁文豪请求直接攻打台城，刘休范不同意，另派一军打台城，自率大军攻击新亭的萧道成垒。

刘休范率众至新亭垒南，萧道成遣宁朔将军黄回、马军主周盘龙将步骑出垒对阵。

中书舍人杨运长此时也跟着萧道成出屯新亭了，他手下领神射手七百人，人人是"小李飞刀"，故此江州军上来很难接近新亭垒。[1]

江州军随后分兵攻垒东，短兵接战，萧道成率军拼死阻击，但由于刘休范带的是主力，兵力相差悬殊，自巳时战至午时，攻势越来越猛，官军崩盘在即，萧道成再次鼓舞军心："他们虽然人多但阵形已乱，这就要败啦！"[2]

战事胶着，刘休范身穿便服坐着二人小轿亲上新亭南面的临沧观，

---

[1] 《南齐书·高帝纪》：杨运长领三齐射手七百人，引强命中，故贼不得逼城。

[2] 《南齐书·高帝纪》：休范分兵攻垒东，短兵接战，自巳至午，众皆失色。太祖曰："贼虽多而乱，寻破也。"

身边仅数十兵，被屯骑校尉黄回与越骑校尉张敬儿看到，认为有机可乘，商量向刘休范诈降，然后刺杀他。

张敬儿把这个计划报告萧道成，萧道成道："你要是能成功，我就把你老家雍州赏给你！"

张敬儿随后跟黄回出城南下放下武器，边跑边大喊"投降"。

刘休范大喜，将二人叫到轿旁并留在身边，亲信李恒、钟爽都不同意，刘休范为表大度表示无所谓。

等刘休范喝多了之后，张敬儿抽出刘休范的佩刀割下了刘休范的人头，侍卫惊慌逃窜，张敬儿骑马飞奔，带着刘休范的人头跑回新亭。萧道成派队主陈灵宝把刘休范的人头送回宫城。

陈灵宝途中遇到了刘休范的军队，一看情形不对，就把刘休范的人头扔道边水沟了，脱身到达建康，大喊乱事已平，可是没有刘休范的人头做证，大家都不信。

刘休范军也不知道刘休范已死，其将杜黑骡对新亭发动攻击越攻越猛，叛军司空主簿萧惠朗率敢死队数十人已经突破东门，直逼萧道成驻守的射堂，萧道成上马亲自率军阻击，打退了萧惠朗，艰难保住新亭。[1]

萧道成与杜黑骡自午后战到次日天明，流箭飞石炮火连天，当夜大雨，战鼓和呐喊声根本听不到，军队指挥系统已经失灵，将士们奋力激战，吃不上饭睡不了觉，军中马匹忽然夜惊逃出马厩满城乱跑，萧道成秉烛坐于中堂，多次亲自上阵，怒吼提振军心。[2]

叛军将领丁文豪在皂荚桥击败官军后挺进朱雀桁南，随后杜黑骡

---

① 《资治通鉴·宋纪十五》：休范将士亦不之知，其将杜黑骡攻新亭甚急。萧道成在射堂，司空主簿萧惠朗帅敢死士数十人突入东门，至射堂下。道成上马，帅麾下搏战，惠朗乃退，道成复得保城。

② 《资治通鉴·宋纪十五》：道成与黑骡拒战，自晡达旦，矢石不息；其夜，大雨，鼓叫不复相闻。将士积日不得寝食，军中马夜惊，城内乱走。道成秉烛正坐，厉声呵之，如是者数四。

也不再跟萧道成玩命，弃新亭北上，到朱雀桁跟丁文豪会师。

此时王道隆率羽林军精锐驻防在朱雀门内，看形势危急马上召驻守石头的中领军刘勔增援。刘勔达到后命令撤除朱雀桁，阻止叛军的攻势。

所谓的朱雀桁是连船而成的浮桥，长九十步，宽六丈，秦淮河上最大的浮桥，又称大航，类似于图 6-11 的样子。

图 6-11　秦淮浮桥示意图

早在叛军登陆的时候，萧道成就已经派人去告诉刘勔断了秦淮河上的所有浮桥。[①]刘勔根本不当回事，反正自己驻守的是石头城。

此战之所以打得艰难，在于派系实在太混乱，各方面的想法和考虑太多，都没有什么战斗意志。

几乎就是萧道成一个人带着自己的家底和人脉硬是抗住了刘休范蓄力多年的两晋南北朝时代的最快偷袭。

结果刘勔没想到被王道隆喊到主战场了，刘勔下令赶紧撤桥，但王道隆怒道："贼兵来了应迎头痛击，怎么能撤桥示弱！"刘勔不敢顶

①《南齐书·高帝纪》：贼步上新林，太祖驰使报刘勔，急开大小桁，拨淮中船舫，悉渡北岸。

撞，在王道隆的催促下渡过朱雀桁南下，战败身亡。①

堂堂的中领军，被一个中书舍人呼来喝去的，跟孙子一样。这就是刘骏的伟大设计啊。

杜黑骡等率军乘胜渡过秦淮河，"嘴炮达人"王道隆弃军逃向台城，杜黑骡追击赶上杀了他。建康外城失守。

朝廷内外人心震惊，民间到处传言"台城已陷"，白下与石头驻军也全都溃散，张永和沈怀明逃回。②

宫中又传言新亭也已陷落，皇太后王贞风握着小皇帝的手哭道："这天下我们是坐不成了！"

五月二十四，褚渊之弟抚军长史褚澄开东府门迎叛军，拥戴安成王刘准占东府。（故址在今南京市秦淮区通济门附近，临秦淮河。为东晋、南朝宰相兼扬州刺史的府第所在地。）

杜黑骡一直挺进到杜姥宅（台城南掖门外），中书舍人孙千龄打开承明门（台城北门）出降。

宫廷乱作一团，国库已经枯竭，皇太后和皇太妃把宫中所有的金银都拿出来赏赐将士们，但将士们已经没有斗志。③

就在杜黑骡即将攻克内城之际，丁文豪的部队明确得知刘休范已死，随后军官们打算撤军，但丁文豪厉声道："难道我不能安定天下吗！"④

----

① 《资治通鉴·宋纪十五》：勔至，命撤桁以折南军之势，道隆怒曰："贼至，但当急击，宁可开桁自弱邪！"勔不敢复言。道隆趣勔进战，勔渡桁南，战败而死。

② 《资治通鉴·宋纪十五》：于是中外大震，道路皆云"台城已陷"，白下、石头之众皆溃，张永、沈怀明逃还。

③ 《资治通鉴·宋纪十五》：宫省恇扰。时府藏已竭，皇太后、太妃剔取宫中金银器物以充赏，众莫有斗志。

④ 《资治通鉴·宋纪十五》：俄而丁文豪之众知休范已死，稍欲退散。文豪厉声曰："我独不能定天下邪！"

许公舆诈称刘休范没有死，正在新亭挽救士气，打算做最后一搏，随后大量官民惶恐迷惑，纷纷逃往新亭，把萧道成的大营当成刘休范的大营，递上了数千求见名片。[①]

萧道成看到后把名片都烧了，登上北城门道："刘休范父子昨天已经伏诛，尸体抛在南冈下，我是平南将军萧道成，诸位好好看看，名片都烧了，都别担心！"[②]

在叛军撤了新亭攻势、全力攻打台城之时，萧道成已经派出了陈显达、张敬儿、任农夫、周盘龙等率兵走水路自石头登陆，在孙千龄开门投降的关键时刻杀到北门，随后入宫保卫台城。

关键时刻，救世主出现了！

尚书令袁粲此时也从守孝的家中赶回，对各将慷慨激昂道："现在贼寇逼至眼前，人心离散，我受先帝托孤之恩没有安定国家，只能和大家一道报国效死！"于是穿上铠甲，跨上战马，准备冲杀。陈显达等率军出战叛军，在杜姥宅大破杜黑骡。

五月二十六，张敬儿等又在宣阳门大破叛军，杀了杜黑骡和丁文豪，乘胜攻克东府，平定了所有叛党余孽。

萧道成整顿大军后入建康，百姓夹道观看，说："这就是保全国家的那位将军啊！"[③]

七十年后，刘裕的虎啸之势再次出现了。

---

① 《资治通鉴·宋纪十五》：许公舆诈称桂阳王在新亭，士民惶惑，诣萧道成垒投刺者以千数。

② 《资治通鉴·宋纪十五》：道成得，皆焚之，登北城谓曰："刘休范父子昨已就戮，尸在南冈下。身是萧平南，诸君谛视之。名刺皆已焚，勿忧惧也。"

③ 《资治通鉴·宋纪十五》：萧道成振旅还建康，百姓缘道聚观，曰："全国家者此公也！"

九、萧教父的"独立宣言"

474年六月初一，萧道成迁散骑常侍、中领军、都督南兖徐兖青冀五州军事、镇军将军、南兖州刺史，持节如故，进爵为公，增邑二千户，留守建康。

都督东北五州军事，萧道成继续夯实了自己对龙兴之地的绝对掌控。

挽狂澜于既倒的另一个跃龙门奖励是萧道成与袁粲、褚渊、刘秉开始轮流入宫裁决政事，号为"四贵"。

此战后，原来权力格局中的诸位大佬结局如下：

中书舍人集团元气大伤，王道隆战死，孙千龄叛国，阮佃夫、杨运长过关。

萧道成由辅政中的最后一位跃迁到了第一人，袁粲与褚渊过关，辅政集团拿回了朝事处决权，尚书仆射刘秉被加进权力格局内。

朝政不再是中书舍人完全说了算的了，"四贵"要轮流进宫，跟剩下两位中书舍人一块合计事情了。

以萧道成为首的辅政派开始占上风。两股势力外，沈攸之过关。

刘休范造反后，沈攸之以黄雀在后之势派兵会同南徐州刺史建平王刘景素、郢州刺史晋熙王刘燮、湘州刺史王僧虔、雍州刺史张兴世共同举兵讨伐刘休范。很遗憾，大螳螂被萧道成吃了。沈攸之郁闷回到江陵。

六月十六，朝廷加授沈攸之为开府仪同三司，沈攸之坚决辞让。

建康执政的四人打算召沈攸之回京却不敢发调令，毕竟刚刚血战艰难赢下刘休范，不敢再逼反沈攸之了，于是以皇太后的名义派宦官去试探沈攸之道："您长久在外辛劳，该回京师调养一下了，朝廷给您在建康安排的职位也相当重要，并没有要夺您权的意思，当然，进退与否您自己决定。"[①]

沈攸之道："我这人不是栋梁之材，在朝廷上班我脑子转不过来，可以让我去讨伐蛮族和反民，平定江汉的叛乱我累死也不敢推辞。当然，这是我的个人想法，我还是听朝廷的安排。"话都说到这个份上了，调动这事就此作罢。

不过沈攸之的心思基本路人皆知，萧道成也在考虑这个亲家已经遏制不住的野心问题。

新亭之战中的首席功臣张敬儿不断对萧道成请求去襄阳上任，但萧道成认为襄阳是北方重镇，张敬儿地位低微还没有威望担心镇不住，不过张敬儿说道："您知道沈攸之在荆州将来会干出什么事来，不让我去提前布局内外夹击之势，恐怕将来对您没有好处。"

萧道成一笑，不再言语，这小子是个聪明人。

475 年三月初四，张敬儿被任命为领雍、梁二州诸军事，兼雍州刺史。

萧道成开始和沈攸之的人生轨迹彻底分开，因为新亭之战后，萧道成在朝廷掌握了最高人事权。

沈攸之确实储备多年，但朝廷的权力一旦被集中后，那就是以全

---

① 《资治通鉴·宋纪十五》：执政欲征攸之而惮于发命，乃以太后令遣中使谓曰："公久劳于外，宜还京师。任寄实重，未欲轻之；进退可否，在公所择。"

国敌一隅。

沈攸之听说张敬儿西上，担心他将来南下偷袭，因此一直暗中戒备，但张敬儿到任后对沈攸之极为尊敬、客气，干什么都得给沈攸之打报告，礼物书信更是络绎不绝。沈攸之认为可以把张敬儿发展为自己人，给张敬儿的回报也相当丰厚，曾几次建议哥俩一块打猎在边界处碰碰，张敬儿回信道："咱们心连着心，但明面上还是别太近乎。"沈攸之觉得张敬儿越来越可信。[①]

"双面间谍"张敬儿将收集到的所有情报都报告给了萧道成。

萧道成也做戏做全套，帮张敬儿打掩护，写信咨询沈攸之："张敬儿将来调职时您看谁合适接替他？"萧道成在表达自己对张敬儿叛变的不满。

沈攸之把这信给张敬儿送去了，打算彻底离间张敬儿与萧道成的感情。狠人和教父斗心眼了。

看上去萧道成比沈攸之高明很多，其实真正决定胜负手的是什么呢？还是郢州的地理位置。

沈攸之其实最靠谱的套路是截住所有雍州的信件和货品搞筛查，但荆州被刘骏缩编后，沈攸之截不到了。

淮河以北五州虽然已经被北魏拿下，但雍州并没有被荆州隔离，张敬儿的秘密汇报还是可以走郢州的随枣走廊进入夏口，然后以长江水路快速传给建康的。

萧道成能在庙堂之高打造最靠谱的信息网络，沈攸之因为截不到张敬儿的驿路所以只能靠猜。

沈攸之作为阴谋家其实应该第一时间反了的。因为刘休范刚刚与建康火并了一波，建康虚弱；而且从权力集中的角度看，沈攸之对比萧

---

① 《资治通鉴·宋纪十五》：沈攸之闻敬儿上，恐其见袭，阴为之备。敬儿既至，奉事攸之，亲敬甚至，动辄咨禀，信馈不绝。攸之以为诚然，酬报款厚。累书欲因游猎会境上，敬儿报以为"心期有在，影迹不宜过敦"，攸之益信之。

道成实在太吃亏，越往后面综合差距越大。要不然为什么高级官员的最高理想都是进京呢。

话虽如此，萧道成并非一战定天下后具有一家独大的地位，建康此时暗流汹涌，各方面都在蓄力进行下一次的洗牌。

刘休范死后，对现有朝局不满的各方势力找到了刘景素。

此时刘义隆的儿子除了北逃的九子之外已经被团灭，孙子中只有南徐州刺史刘景素年纪最长且素质过关，好文章书籍，招才义之士，当时小皇帝刘昱已经再次显露出精神不正常的潜质，所以内外归心于刘景素，这和紧紧依附皇权的剩下的两位中书舍人杨运长、阮佃夫产生了巨大隔阂。①

双方渐渐剑拔弩张，刘景素命王潭、贺文超等携重金来建康结交禁军武将，冠军将军黄回、游击将军高道庆、辅国将军曹欣之、前军将军韩道清、长水校尉郭兰之、羽林监垣祗祖等皆暗中与之通谋，很多不得志的武人也都投靠了刘景素。② 这一群响应的官员都是在刘彧死后没有了靠山的禁军武官。

此时的刘昱十四岁，"精神病气质"大显，但远没有前辈的刘子业脑子清楚，对禁军武官并不友好，没琢磨明白自己有资格发怒的力量源泉在哪里。游离于权力之外的禁军武官开始自己寻找出路。

476 年七月初一，垣祗祖率数百人从建康逃到京口，声称京师已经

---

① 《宋书·建平宣简王刘宏传》：时太祖诸子尽殂，众孙唯景素为长，建安王休祐诸子并废徙，无在朝者。景素好文章书籍，招集才义之士，倾身礼接，以收名誉，由是朝野翕然，莫不属意焉。而后废帝狂凶失道，内外皆谓景素宜当神器，唯废帝所生陈氏亲戚疾忌之，而杨运长、阮佃夫并太宗旧隶，贪幼少以久其权，虑景素立，不见容于长主，深相忌惮。

② 《宋书·建平宣简王刘宏传》：景素遣豫之、潭、文超等去来京邑，多与金帛，要结才力之士。由是冠军将军黄回、游击将军高道庆、辅国将军曹欣之、前军韩道清、长水校尉郭兰之、羽林监垣祗祖，并皆响附，其余武人失职不得志者，莫不归之。

大乱，劝刘景素火速前往接收，刘景素信以为真，当天起兵。

七月初二，萧道成总统诸军，派心腹骁骑将军任农夫、左军将军李安民和有二心的黄回率陆军，右军将军张保率水军讨伐京口。

七月初四，前锋出发后，又任南豫州刺史段佛荣统前锋马步众军。

萧道成驻防玄武湖，长子萧赜镇守东府。萧道成早已发现黄回有二心，所以故意派李安民、段佛荣跟他同行。[1]

萧道成并没有立刻杀掉不安定分子，因为舆论不明所以，只会传言萧道成不好合作。

萧道成不能让官员们觉得他的行为不可预测，他得让官员们踏踏实实地跟着他升官发财。所以黄回反了，他才有机会干掉黄回。在刘家好几代人都不靠谱的大环境下，萧道成在极力打造自己的靠谱人设。

刘景素打算以切断竹里来抵抗官军，但垣庆延和垣祗祖都说："官军远来劳顿，咱们以逸待劳。"

结果任农夫等率先锋抵达后，上来就放火，垣庆延等一枪没放，就全无斗志了。

黄回一看刘景素都这样了，他也别玩飞蛾扑火的游戏了。

七月初七，刘景素心腹众将击败建康水军，张保败死，但其他众将都在保存实力不肯出手，被官军击败，各自逃跑，刘景素政变失败。

派系太散，股权分散搞事情、创事业，是成不了的。必须要有第一大股东，必须得有一个能拍板、能镇住全局、有最大实力的人，才会形成战斗力。

刘景素全家及同党垣祗祖等数十人被斩首，萧道成对黄回、高道庆等刘景素之前的党羽不追问，抚慰如旧。[2]

---

① 《资治通鉴·宋纪十六》：萧道成知黄回有异志，故使安民、佛荣与之偕行。

② 《资治通鉴·宋纪十六》：倪奴擒景素，斩之，并其三子，同党垣祗祖等数十人皆伏诛。萧道成释黄回、高道庆不问，抚之如旧。

既然他们没反，说明识时务，那么萧道成就有办法争取。

两个月后，九月初二，情绪不稳、凶残暴躁的高道庆被赐死。你不听话，你不可控，也就意味着你不能为萧道成所用。

没法争取的就不是好将领了，剩下暗流中没跳反的禁军武官纷纷过关。萧道成在复制淮阴教父的打法，他要拿下原来刘彧手中的这一把把刀。

刘昱这一年十四岁，发育了。

刘昱遗传了家族的狂躁基因，具体行为不讲了，总体上就是逮谁杀谁，玩各种登峰造极的花样，依附皇权的阮佃夫准备废了这孩子自己做扬州刺史辅政。

结果刘昱临时改主意不出去玩了，477年六月，阮佃夫被同党告密后全族被杀。

下面这个故事不太可信，说刘昱曾闯入领军府，看到大热天露着肚子睡觉的萧道成。刘昱把萧道成叫醒后，在他肚子上画了个箭靶，自己拉弓随后要发射。

萧道成道："老臣无罪。"

左右侍卫王天恩说："萧道成肚子大是个难得的箭靶，一箭射死以后就再也射不了了，不如改用圆骨箭头多射几次。"刘昱随后就换了箭射萧道成，正中萧道成的肚脐，刘昱扔弓大笑，说："我射箭的技术怎么样？"

这个故事是说刘昱为所欲为，其真实度相当低，因为刘昱如果能在萧道成肚子上作画，那这小子就已经死这里了，毕竟萧道成此时的权势和侍卫力量不会放任一个半大小子对自己的生命产生威胁的，哪怕这个半大小子是皇帝。

不过刘昱肯定是不听话且做出过激举动了，而且还放过狠话，曾亲自磨短矛道："明天就杀了萧道成！"

陈太妃骂他道："萧道成对国家有大功，杀了他谁还为你尽力！"

刘昱随后放弃了这个想法。这种情报怎么能瞒得过教父萧道成呢。

这孩子既然不可控了，那就没必要再留了。萧道成决定与尚书令袁粲、中书监褚渊密谋废帝另立新君。[①]

袁粲表态："孩子还小，小过能改正，伊尹霍光之事在这五浊恶世已难实行，就算能成，最后也死无葬身之地。"褚渊沉默不表态。

萧道成回去后，领军功曹纪僧真道："现在皇帝凶残狂暴，无人能自保，天下之事不在袁粲和褚渊，明公怎能坐以待毙！这是关键时刻了，您得把主动权掌握在自己手里。"

萧道成决心自己运作废帝事宜。

有人劝萧道成回广陵起兵，萧道成世子萧赜此时任晋熙王刘燮的长史兼行郢州事，其实就是没挂名的郢州刺史。萧道成打算命萧赜率郢州军顺江东下在京口会师。[②]

萧道成派亲信刘僧副秘密通告其堂兄代青、冀二州刺史刘善明说："很多人劝我北上据广陵，这恐怕不是长远之计，现在秋风将起，你如果能跟垣荣祖联合稍稍挑动胡虏，我就能行动了。"这信同时也捎给东海太守垣荣祖了。[③]

萧道成并不认可北上广陵，他打算靠着北魏入侵的由头将所有军权抓过来后搞兵变。

刘善明回信道："宋祚将亡，连傻子都能看出来，北虏如果有什么动作，反而是你的祸患，现在需要一个平稳的环境去帮你换房本，你智慧韬略、英勇武功都是当世独一档，再安静等等，时机到了再猛烈出

---

① 《资治通鉴·宋纪十六》：道成忧惧，密与袁粲、褚渊谋废立。

② 《资治通鉴·宋纪十六》：或劝道成奔广陵起兵。道成世子赜，时为晋熙王长史，行郢州事，欲使赜将郢州兵东下会京口。

③ 《资治通鉴·宋纪十六》：道成密遣所亲刘僧副告其从兄行青、冀二州刺史刘善明曰："人多见劝北固广陵，恐未为长算。今秋风行起，卿若能与垣东海微共动虏，则我诸计可立。"亦告东海太守垣荣祖。

击，不能离开根本之地自找祸患。"

萧道成的族弟镇军长史萧顺之及萧道成的次子骠骑从事中郎萧嶷也都认为："小皇帝喜欢御驾出宫乱窜，找个机会就下手了，外州起兵成功的例子并不多。"

萧道成跟心腹们一碰发现自己把废帝的事情想复杂了，内部暗杀就完了。名声虽然不好听，但控制局面最稳妥。

人们对皇权早就没有敬畏之心了，时代已经赤裸裸了，拼谁胳膊粗吧！眼前这名声什么的都不要紧。

萧道成在宫里的信息源是越骑校尉王敬则。王敬则是苦出身，母亲是女巫，当年在刘子业手下因为擅长变戏法而成了基层军官。后来亲杀刘子业的十一人中，有这位王敬则。

刘彧继位后，王敬则因为弑君有功成了直阁将军，刘彧死后，失去了靠山的王敬则看准了萧道成。

王敬则每天夜里就换上奴仆衣服匍匐路旁，替萧道成侦察刘昱的行踪。普通人想出头是多难啊，什么脏活累活都肯干，就是为了搏个抱大腿的机会。

萧道成命王敬则秘密结交在殿中任职的刘昱左右亲信杨玉夫、杨万年、陈奉伯等二十五人为弑君小分队。①

萧道成老谋深算，一旦有问题，弄死王敬则就斩断证据链了。王敬则也别抱怨，这就是他的命。多少人想当这样的"脏手套"还没有门路呢。

七月初七，小皇帝去了青园尼寺，晚至新安寺偷狗，饮酒醉，回仁寿殿睡觉。

萧道成就等小皇帝喝多了呢。

---

① 《资治通鉴·宋纪十六》：道成命敬则阴结帝左右杨玉夫、杨万年、陈奉伯等一十五人（有人考证"一"应为"二"，因此全书正文统一用二十五人）于殿中，伺伺机便。

七月初七夜，王敬则在宫外等候消息，杨玉夫趁刘昱睡着后与杨万年取下刘昱的佩刀砍了刘昱的人头，然后假传圣旨命"歌舞团"奏乐，陈奉伯把刘昱的人头藏在袖里，称奉皇帝谕旨开承明门出宫，把人头交给了王敬则。

王敬则火速赶到领军府叩门大呼，萧道成当时并没有开门。直到王敬则把人头扔进院子，萧道成洗干净看明白后才全副武装乘马而出，王敬则、桓康等随从其后。

至承明门，王敬则宣称刘昱御驾回宫，用刀环堵住门洞，咆哮催门后顺利入城。

刘昱从前经常半夜出去玩，每次进出都急不可待，凶暴异常，守门卫士从来不敢抬头，怕惹了这位爷爷，所以这次被王敬则骗开了城门。[①]

萧道成进入仁寿殿时，殿中人惊怖异常，但听到刘昱已死，都高呼万岁。

这一夜，萧道成控制了台城。

七月初八清晨，萧道成穿戎装端坐殿前庭中槐树下，以太后令召集袁粲、褚渊、刘秉"三贵"入宫参会。

图穷匕见、控制枢纽后的萧道成开始变身雷神，再也没给任何人机会。

萧道成先是问刘秉："这是你刘家的事，你说现在该怎么办？"

刘秉没说话，萧道成须髯尽张，目光如电，刘秉被吓坏了，道："我负责的是尚书省的事，军队的事情你说了算。"

萧道成问袁粲怎么办，袁粲推辞不敢说。王敬则拔刀跳出来，怒道："天下之事都要听萧公的，谁胆敢废话就血染我刀。"说着亲手取

---

① 《资治通鉴·宋纪十六》：他夕，苍梧王每开门，门者震慑，不敢仰视，至是弗之疑。

出白纱帽戴到萧道成头上，要求萧道成称帝，道："我看今天谁敢乱动！大事要趁热，今天就办利索了！"

萧道成正色呵斥王敬则道："瞎胡闹！"

袁粲打算讲话，王敬则大怒道给他闭嘴！袁粲给憋回去了。

轮到自己人褚渊，褚帅哥道："非萧公不足以善后！"

萧道成道："既然这样，我没办法推辞。"于是准备法驾前往东府城，迎接刘彧三子安成王刘准继皇帝位。

袁粲、刘秉出宫时是在刀阵中走出来的，面无人色。刘秉出宫后遇到堂弟刘韫，刘韫问道："今天的事最后谁定的？"

刘秉道："我们已让给萧道成。"

刘韫捶胸顿足道："今年全族算是难逃屠杀了！"

477年七月十一，十一岁的刘准即皇帝位。

七月十五，萧道成出镇东府，录尚书事、骠骑大将军，与褚渊共同加开府仪同三司。当年被刘骏废了的录尚书事一职重出江湖。

至此萧道成手握军政二权，把心腹同党安插到各重要部门，青徐官员大量调进朝廷，褚渊又一向站在萧道成一边，刘秉与袁粲被架空了。[1]

萧道成趁着立新帝的契机将刘彧时代的最后一个中书舍人杨运长调去宣城做太守，至此萧道成彻底控制了建康朝局。

萧道成事后再次抖出"教父"手腕，将二十五人弑君小分队全部封侯。这意味着萧道成揽下了弑君之罪！萧道成绝对不搞过河拆桥的手段。

这疯子皇帝杀了就杀了，杀得好！跟我萧道成混的，只要听话，不用担心让你们做什么替罪羊，责任我担着！没有摆不平的事情，听话

---

[1]《资治通鉴·宋纪十六》：既而萧道成兼总军国，布置心膂，与夺自专，褚渊素相凭附，秉与袁粲阁手仰成矣。

做事情就完了！

此次政治表态后，萧道成换房本之路上的全体官员再无任何怀疑，全体官员团结一致，努力帮萧道成把房本给换下来！

刘休范造反，萧道成是中流砥柱，成为军方的一把手，并抓到了部分政权。刘景素造反，萧道成剿灭了刘彧的禁军，安抚了可以合作的禁军将领。杀刘昱，萧道成将剩下"三贵"和杨运长全部挤出了中枢。

自471年七月从淮阴入建康到477年七月弑君，萧道成用了六年时间将刘宋末年的一个个乱线头捋成了一股绳子。一股再次改朝换代的巨大势力出现了！

自453年刘义隆被杀到现在，从二十多年的最强冰血暴中脱颖而出的"教父"萧道成此时还有最后一个对手。

他的亲家，那个当年在刘骏时代就与他一起入职殿内的好哥们，那个与他一同闯过死亡连环陷阱的沈攸之。

刘昱被杀的时候，主簿宗俨之、功曹臧寅都劝沈攸之抓住这个机会起兵，沈攸之因他的长子沈元琰在建康任司徒左长史，所以没有发动兵变。

不久，萧道成派沈元琰将刘昱虐待杀人的工具带给沈攸之看。

两个意思：

1. 知道你担心儿子，把儿子给你送回去，够气量吧，咱哥俩能不能坐下来谈？

2. 知道你担心儿子，把儿子给你送回去，你痛痛快快地反吧。

沈攸之看到萧道成统一建康后相当不爽，认为这个名望地位一直不如自己的小兄弟此时拿下了全部果实，心中极度不满，对沈元琰道："我宁可像王凌死，也不愿为贾充生！"

一样的履历，当年北伐彭城时我还在你的序列之前，托孤的时候你也是最后一个加进去的，凭什么！现在你要来教我做事了，你也配！

一直不如自己的小弟现在混成了自己的上司，这是人世间最痛苦的心灵毒打。

477 年十一月，沈攸之起兵。

萧道成的最后一个对手，上路了。

十、舞榭歌台，风流总被雨打风吹去

477 年十一月，沈攸之称自己是刘彧安排挽救国家社稷的执剑人，有贴身携带的盟誓，还得到了皇太后求救的蜡烛信，起兵发檄文邀雍州刺史张敬儿、豫州刺史刘怀珍、梁州刺史范柏年、司州刺史姚道和、湘州行事庚佩玉、巴陵内史王文和一同起兵救国。

雍州刺史张敬儿、豫州刺史刘怀珍、巴陵内史王文和都杀了沈攸之的使节，火速上奏建康，王文和放弃巴陵投奔夏口，梁州、司州、湘州都暂时持观望态度。

沈攸之写信给萧道成道："幼主就算昏狂，你也应与辅政诸公密议后报告太后废黜，你怎么能勾搭近侍直接把皇帝杀了！另外你把朝廷旧臣都驱除了然后安插了你的党羽，宫里的钥匙都给你萧家人保管，当年霍光和孔明是那么干的吗？你等死吧，我要伸张正义。"

十二月十二，沈攸之派辅国将军孙同等相继顺长江东下。

十二月十八，萧道成入宫坐镇，命次子萧嶷替自己镇东府，三子萧映镇京口，四子萧晃为宁朔将军、淮南宣城二郡太守。

过了十八岁的儿子都让萧道成安排上阵了。

十二月十九，朝廷内外戒严。

十二月二十一，任右卫将军黄回为郢州刺史，率王敬则、崔慧景等前锋各军讨伐沈攸之。

之前萧道成任命长子萧赜为晋熙王刘燮的长史代郢州事，整修城池武备防备沈攸之，这一年年底征刘燮任扬州刺史时命萧赜为左卫将军随刘燮东下。[①]

沈攸之之所以选择这个时候叛乱，很大一部分原因在于萧赜离开了夏口。

心腹刘怀珍对萧道成说："夏口是军事要冲，你要是把儿子调回来得安排合适的人接任。"

萧道成随后写信给萧赜："调你入朝后郢州方面你给我推荐个文武双全的自己人，将郢州的事交给他。"

萧赜随后推荐了与自己共事很久的好哥们、刘燮的司马柳世隆代替自己，萧道成随后命柳世隆任武陵王刘赞的长史，行郢州事。

柳世隆是柳元景的侄子，当年刘子业杀柳氏一门时柳世隆远在上庸当太守幸免于难，后来因为感恩刘彧帮家门报仇，柳世隆在天下皆叛的时候在上庸起兵响应刘彧，结果被击败后藏于民间。

柳世隆是个恩怨分明的人。当年杀他全族的仇，他一定要报！

刘彧平叛后，柳世隆入朝得到嘉奖，一度官至通直散骑常侍，后来被外调为安西司马，与此时安西长史的萧赜搭班子，两人成了铁哥们。

柳世隆始终没忘，当年全族被灭是因为沈庆之的告密。

虽然沈攸之最终闷死了沈庆之，但吴兴沈氏跟雍州柳氏是世仇，更不要说柳世隆又艰难地抱住了下一个时代的大腿——萧道成。

萧赜动身前对柳世隆说："沈攸之一旦叛乱，烧了咱们夏口的战船，顺长江东下，就很难控制了，要是能把沈攸之钉在郢州城下，让他

---

① 《资治通鉴·宋纪十六》：初，道成以世子赜为晋熙王燮长史，行郢州事，修治器械以备攸之。及征燮为扬州，以赜为左卫将军，与燮俱下。

攻城，夏口城坚，不会立刻被拿下，你在城内坚守，我带兵再来救你，则叛军必败！"

兜兜转转，柳世隆迎来了沈攸之，无论是萧赜的安排，还是家族的大恨，柳世隆战斗意志都很高昂。

等沈攸之起兵的消息传来时，萧赜的船队正走到寻阳，由于没有朝廷的指示和批文，众人都打算迅速回到建康，但萧赜作为接班人觉悟很高，心想这是在给自家打工呢，于是说道："寻阳位置关键，我们如果留下据守溢口城（西古溢水入江口），内可以作朝廷的屏障，外可以支援夏口，我们今天走到这里收到消息完全是天意！"

十二月二十一，萧赜命周山图封锁长江，掠行人商旅的船只改造战船，立水栅，十天的时间已经将溢口城改造成了堡垒。

萧赜接连布下了两道铁索，萧道成得到消息后大喜道："萧赜不愧是我的儿子！"随后任萧赜为西讨都督。此次沈攸之叛乱，更多的像是对萧道成接班人萧赜的一次大考。

建康的萧道成则迎来了最后一股不服势力的出题，题目也不难。

以袁粲、刘秉为首，刘秉堂弟领军将军刘韫，前湘州刺史王蕴，禁军将帅黄回、任候伯、孙昙瓘、王宜兴、彭文之、卜伯兴等组成了最后一搏的联盟准备趁机掀翻萧道成。

此时袁粲镇石头，刘秉为丹阳尹，刘韫为领军将军入直门下省，卜伯兴为直阁将军，黄回等诸将已经都出屯于新亭。

萧道成听说沈攸之起兵消息的时候亲自去石头城见袁粲，袁粲称疾不见。

袁粲的心腹说："不应该不见萧道成。"

袁粲说："他要是说主幼时艰，跟刘休范造反时一样暴力劫持我入台城，我拿什么话拒绝他？我只要跟他走了就出不来了！"

袁粲作风朴素但其实没有治国之能，爱喝酒，爱吟诗，身负重任却不肯过问事务，每逢大事来找他出方案，他总是高声吟咏喊口号，所谓"粲简淡平素，而无经世之才；好饮酒，喜吟讽，身居剧任，不肯当事；主事每往谘决，或高咏对之"。

有点类似于敌人来了问他怎么平叛，他不说哪个将军堪当大用，谁驻防在哪里，粮草谁来负责，兵器找谁领，百姓怎么安抚，而是高声呐喊道："三军将士都拼死一战，誓歼顽敌以报皇恩；只要上下一心不退一步，则贼人定不能越过我辈之躯……"

袁粲的姑姑是当年刘义隆的皇后，出身陈郡袁氏，这股子"好饮酒，喜吟讽，身居剧任，不肯当事；主事每往谘决，或高咏对之"的劲头也算是门阀遗风了，平时也不培养诸方势力，对于人情世故基本不懂，不接地气。

从袁粲此时的思路也能看出他没有政治头脑，大敌当前，萧道成亲自来找你你却推辞不见，这就是你向萧道成摊牌了呀！

既然摊牌了，时间就是生命啊，你得抓紧时间打萧道成一个措手不及啊！但他仍是不紧不慢。

更神奇的是，他还把要造反的事告诉了萧道成异父异母的"亲兄弟"褚渊，褚渊扭头就告诉了萧道成。[①]

其实就算褚渊不说，萧道成也早就得到了消息，连皇帝身边都能安排二十五个杀手的人，能不知道袁粲的那点弯弯绕？在袁粲不与他见面后，萧道成就派军主苏烈、薛渊、王天生率军前往石头帮袁粲守石头了。

此时台城内部，萧道成屯兵朝堂，刘韫入值门下省，萧道成又安排了骁骑将军王敬则为直阁将军，与卜伯兴共同统领殿中军。

袁粲的计划本来是十二月二十三日夜起事，他矫太后令派刘韫、

---

① 《资治通鉴·宋纪十六》：粲谋既定，将以告渊；众谓渊与道成素善，不可告。粲曰："渊与彼虽善，岂容大作同异！今若不告，事定便应除之。"乃以谋告渊，渊即以告道成。

卜伯兴率宿卫兵攻萧道成于朝堂，黄回等率军从新亭来响应，刘秉、任候伯等共赴石头，结果当天出问题了。

刘秉因胆小怯懦，在当天下午四点多天还大亮之时就带着家眷和队伍数百人由丹阳郡城（丹阳尹驻地，建康东南，秦淮南岸）逃到了石头城，这下整个建康的人都知道了。[①]

袁粲看见刘秉后惊道："你怎么这个点就来了？"

刘秉没说自己胆小鬼的事，而是"高咏"回道："今得见公，万死亦何恨！"

袁粲看到比自己还会喊口号，还会"高咏对之"，万念俱灰，说："完了！"

袁粲这边提前暴露了目标，殿内小分队由于还不知道政变提前了，被萧道成安排的王敬则先发制人，全部干掉了。[②]随后萧道成调兵攻打石头，袁粲等没什么意外地被全部剿灭。

至此，建康内外被萧道成彻底清洗干净。

就等着西边的好消息了。

沈攸之的动作很慢，自十二月十二出兵直到闰十二月十四才抵达郢城（今湖北武昌蛇山）外。自江陵到郢城，八百多里的水路，沈攸之走了整整一个月。

当年刘休范自浔口奔袭建康也是八百多里的水路，仅仅走了五天。

沈攸之在舆论上搞得声势很大，但发兵速度实在拉胯。他准备了十年，有十万大军，一股脑涌到建康去多好，在这里磨蹭什么呢！

萧道成也没想到，这个制造出浩大声势、十年磨一剑的人，最后

---

① 《宋书·袁粲传》：本期夜发，其日秉惶扰不知所为，晡后便束装，未暗，载妇女席卷就粲，由此事泄。

② 《南齐书·王敬则传》：太祖入守朝堂，袁粲起兵夕，领军刘韫、直阁将军卜伯兴等于宫内相应，戒严将发。敬则开关掩袭，皆杀之。殿内窃发尽平，敬则之力也。

就放了个炮仗，甚至连响都没听到。

沈攸之给柳世隆去了封信，说："我奉太后之令要回建康，我相信你和我都是为皇家效力的。"

柳世隆说："您忙您的，郢城小镇，只求自保。"

主簿宗俨之劝沈攸之攻打郢城，功曹臧寅认为："郢城虽然兵力薄弱但地势险要，不是短时间内能打下来的，要趁着声势顺江而下，拿下建康后郢城岂能独存？"

沈攸之认为他说得对，准备留偏师围郢城，亲率大军东下。

闰十二月十六，沈攸之要走，柳世隆之前示弱，本想引沈攸之攻城，结果发现沈攸之不上钩，派前军中兵参军焦度大骂沈攸之挑战，据说大有臧质骂拓跋焘的感觉。

总之沈攸之大怒，不走了，回军攻城，筑长围日夜攻打，结果耗在城下了。听说沈攸之顿兵郢城后，东边已经开始提前给萧道成报喜了。

南徐州行事刘善明对萧道成道："沈攸之蓄力已经十年，本来担心他在我们做好准备之前轻装疾进，现在看来起兵数十天却迟迟没动静，如今朝廷各路大军已经集结张开怀抱等他，他完蛋了。"

萧赜的军事主官周山图也汇报道："沈攸之是我邻乡，我们多次共同出征，我很了解此人，他性情阴险刻薄不得军心，没人跟他铁心一块干，现在他被拌在郢城之下，我们就等着接收他大军逃散的消息吧。"

此时柳世隆已经多次击败了沈攸之的全军攻城，萧赜又派军主桓敬等八支军队占据西塞（今湖北黄石东西塞山），为柳世隆声援。

在郢城顿兵三十多天后，沈攸之大军的逃亡之势开始止不住了。史载："攸之素失人情，但劫以威力。初发江陵，已有逃者；及攻郢城，三十余日不拔，逃者稍多。"

沈攸之开始时还日夜不停地骑马巡查各营，好言抚慰，但看到没有效果后大怒，召集各军主道："我奉皇太后之令举义，大事成功共富贵，失败了不过杀我全家跟大家没关系，现在逃兵如此严重都是大伙不尽心，我也不能一一追捕，如果再有士卒逃亡，军主需要担责！"

这招应该在形势大好的时候使，这时候使出来就成了军心崩盘的加速器，中级将领的心都不稳了。

司马刘攘兵率先将请降书射入郢城，柳世隆热烈欢迎。

478年正月十九日夜，刘攘兵纵火烧营后离去，沈攸之军中起火，兵败如山倒，至天亮时沈攸之身边仅剩下数十个骑兵侍卫。

由于郢城没有追击，逃散士卒又害怕遇到蛮族劫杀，因此重新集结了两万人跟沈攸之回了江陵。

郢州这个战略要地，最终实现了刘骏当年的战略构想。不过很遗憾，这个重镇没能保卫他的子孙，甚至没有保卫他的家族。郢州为萧道成建立齐王朝的最后一步敬献了幽默的花环。

此时雍州刺史张敬儿已经打进了江陵，杀了沈攸之的两个儿子和四个孙子。

沈攸之率残兵西返，距江陵一百余里时得知江陵城已被张敬儿拿下，士卒再度逃散，沈攸之走投无路后与沈文和上吊自杀。

正月二十一，沈攸之父子的人头送到江陵，被张敬儿先在江陵展示后快马加鞭送到建康，随后张敬儿在江陵展开大屠杀，沈攸之的亲友党羽全部被屠，抄家财产数十万，报销了此次南下的军费。

正月二十八，朝廷解除戒严，最大功臣柳世隆被任命为尚书右仆射入朝。

无论是南下的青徐豪族，雍州柳氏的柳世隆，还是寒门搏命的张敬儿与王敬则，乃至那一个个寒门武官，甚至二十五人弑君的"脏手套"，各方面势力都被萧道成揽入了自己麾下，最终汇聚成了改朝换代的强大力量。

478年二月初五，加萧道成太尉，增封三千户，都督南徐、南兖、徐、兖、青、冀、司、豫、荆、雍、湘、郢、梁、益、广、越十六州诸军事。

六十多年前，刘裕督二十三州军事后开启了北伐，按这个节奏，萧道成也该往北面喊两嗓子了。

但萧道成是在北境待过的，他知道自己不是刘裕，也没那个本事"欲与胡虏试比高"。

就别多这一套手续了，大家都等着呢，直接过户吧。

九月初二，诏萧道成假黄钺、大都督中外诸军事、太傅，领扬州牧，剑履上殿，入朝不趋，赞拜不名，使持节、太尉、骠骑大将军、录尚书、南徐州刺史如故。萧道成固辞殊礼。

479 年二月二十二，诏申前命，命太傅萧道成赞拜不名。

三月初二，以太傅萧道成为相国，总百揆，封十郡，为齐公，加九锡；其骠骑大将军、扬州牧、南徐州刺史如故。

三月十二，齐公受策命，赦其境内，以石头为世子宫，一如东宫。

四月初一，进齐公爵为王，增封十郡。

四月十五，加齐王殊礼，进世子为太子。

四月二十，宋顺帝刘准颁诏，将帝位传给齐王萧道成。

四月二十一，十三岁的刘准藏在了佛像的宝盖下面乞求最后的庇护，王敬则率军来迎刘准，让他离开这座不再属于他的宫殿。

王敬则把刘准从佛像前拉了出来，刘准停止哭泣道："是不是要杀我了？"

王敬则说："就是带您搬个家，跟当年您家取代司马家一个意思。"

他祖宗当年怎么对司马家，他是知道的。刘准哭着做佛门手印发下大愿道："愿生生世世不再生于帝王家！"[1]

宫中哭成一片。

人世间最凄惨的结局，莫过于十几岁的孩子否定了祖宗，喊出了

---

[1] 《资治通鉴·齐纪一》：帝泣而弹指曰："愿后身世世勿复生天王家！"

这世道最无助悲凉的谢幕之语。

小小年纪的孩子，为什么对佛祖如此依赖？他已经看透了这个世道，看透了这种结局，他已经不再对真实的世界抱有幻想。

昨日黄土陇头送白骨，今宵红灯帐底卧鸳鸯。

479 年四月二十三，萧道成在建康南郊即皇帝位。

南齐，开篇了。

刘准被封为汝阴王，刘宋诸帝的神位都被迁移到汝阴庙中，刘宋诸王都被降爵为公；没有为齐室出过力的公侯以下一律削除国号，唯独留下南康、华容、萍乡三国以奉养刘穆之、王弘与何无忌的后人；削除国号者共一百二十人。

刘准比当年的司马德文要惨得多。司马德文退位后活了一年多，刘准连一个月都活不过了。五月十八，刘准被杀。

五月二十，萧道成尽杀刘宋宗室，也就是杀掉了刘裕、刘道怜、刘道规三兄弟的所有后人。

没错，无论长幼，只要是刘家的宗室就得死。"宋之王侯无少长皆幽死矣"！

前豫州刺史刘澄之是刘遵考的儿子，由于和褚渊关系好，褚渊再三求情，说刘澄之兄弟根本不懂军事，又是刘家很远的一支，最终只有刘遵考的后人得以逃出生天。

至此，气吞万里如虎的刘裕仅仅在北魏留了独种：刘义隆的九子刘昶。刘家的结局，比司马家还要让人唏嘘。

自 404 年二月刘家虎啸打进建康，到 479 年六月被族灭，七十五年光阴匆匆而过，舞榭歌台，风流总被雨打风吹去。

再望京口，当年王气龙兴处，如今斜阳草树，寻常巷陌，人道寄奴曾住。

气吞万里如虎化作南柯一场大梦。

操刀下手的，是养育刘家三兄弟的母族萧氏。

天道好还的最无情时刻，莫过于由生你养你的人去杀你灭你。

刘裕家族被灭门了，但从另一个层面来讲，他的灵魂一直都在。宋、齐、梁、陈，这所谓的南国四朝其实大半时间流淌的都是刘裕的血。

如本战开篇所说，天命不仅早就不神秘了，从刘裕开始连最基本的体面都没有了，完完全全就是兵强马壮者为之了，从刘裕暴力狂屠打下江山开始，刘宋乃至南朝的基因就是个"杀"！

治理中华大地三条大腿的"德"和"忠"在刘宋一朝不仅没有了，甚至连"孝"都谈不上了，刘裕成了孙子口中的庄稼汉。三条腿都不在，怎么拢住这个政权？

当皇帝可以给百官起外号的时候，当皇帝可以命臣子去给公主做面首的时候，还谈什么天子，说什么体面，扯什么神授！

刘裕的接班人中，无论是元嘉盛世的厚道人，还是制度妖才的伶俐鬼，始终都没在信仰问题上做功课，都没能让天命变得体面，都没能让桌子上的游戏重新变成打一张吐一张的麻将，而是赢家通吃后的"我死以后哪怕洪水滔天"。

越是武运亨通的时候，杀的人反而越少。越是气运衰竭的时候，台上台下人头滚滚。

处庙堂之高，担心拢不住人，担心自己会被取而代之，担心自己上位的路被下一个人复制，从而极度偏激地堵住各种漏洞，杀掉所有对自己有威胁的人。一代代的人为权力打补丁，整个权力机器越来越变态，越来越畸形。

青徐"教父"终于成为齐太祖高皇帝大人。

龙门跃过来了，高兴吗？高兴。但乐不了多久，他继承的，是刘家一模一样的基因。

挂了羊头，他卖的还是狗肉。

他家的运道一旦不再昌隆，他家还是会将刘宋的故事再重复一遍的。

他杀戮刘家宗室的手法比刘裕杀司马氏还冷血暴力，那么也就会更快得到更惨烈的结局。

他也许还不知道，仅仅在他开国十六年后，他的子孙就将被他亲手养大、恩过诸子的亲侄子屠戮殆尽，在他开国仅仅二十四年的时候，他的国祚就将被他另一个远房侄子毁灭并取而代之。

唉，乱哄哄你方唱罢我登场，为谁辛苦为谁忙呢？

南国的故事讲到这里，精髓与框架已经将齐了。狗血与杀戮，淫乱与荒唐，归根结底是信仰崩盘后的暴力变种。

刘宋是怎么来的，刘宋又是怎么没的，每个制度环节，每个权力的演变逻辑，都做了梳理。

写至此，已无遗憾，除了后面的萧衍尝试过重塑信仰之外，南朝已无更多讲述的价值。

该把视角拉回北国了。

那位奠基隋唐的北境女王，即将出场了！

南北归一

渤海小吏 著

中

中国大百科全书出版社

图书在版编目（CIP）数据

南北归一：全三册 / 渤海小吏著 . -- 北京：中国
大百科全书出版社，2024.2
ISBN 978-7-5202-1498-8

Ⅰ.①南… Ⅱ.①渤… Ⅲ.①中国历史—魏晋南北朝
时代—通俗读物 Ⅳ.① K235.09

中国国家版本馆 CIP 数据核字（2024）第 028650 号

出 版 人	刘祚臣
策 划 人	赵 易
责任编辑	赵春霞 宋 杨 张 琦
责任校对	张 琦 宋 杨
责任印制	魏 婷
出版发行	中国大百科全书出版社
地 址	北京市阜成门北大街 17 号
邮政编码	100037
电 话	010-88390767
网 址	http://www.ecph.com.cn
印 刷	三河市宏达印刷有限公司
开 本	710 毫米 ×1000 毫米　1/16
印 张	88.75
字 数	1189 千字
印 次	2024 年 4 月第 1 版　2024 年 4 月第 1 次印刷
书 号	ISBN 978-7-5202-1498-8
定 价	218.00 元（全三册）
审 图 号	GS（2024）0616 号

第 **7** 战

女王的棋局

一、被史官掩盖的北魏版"巫蛊之祸"

拓跋珪在尸山血海中杀出来后，坐在平城的大殿上，回想着曾经的故国覆灭和自己的代北复国，最关键的人居然是自己那功过难以评说的母亲。

太后干政形成的巨大阴影让拓跋珪立下了"子立母死"的反人类制度，并最终遭到了立竿见影的反噬：他被自己的二儿子救母时亲手杀掉。

《道德经》有云："持而盈之，不如其已；揣而锐之，不可长保。金玉满堂，莫之能守；富贵而骄，自遗其咎。功成身退，天之道也。"

自古而今，始终琢磨着盈而不亏的，不如适可而止；神兵利器再锋芒也终会生锈、会折断，其锐势不可长保；金玉满堂之财难以长远而守；因富贵而产生娇满之气，就是给自己种下祸根，功成要知道身退，圆满了要知道收敛，这是天道。

一代人有一代人的任务和剧本，不要妄图千秋万代地控制下去。

自古飘风不终朝，骤雨不终日，风雨从何来？天地。天地尚不能久，何况人力乎？

儿孙自有儿孙福，莫为儿孙作马牛，尤其不要因为自己的惨痛记忆而变态化地去修补制度的漏洞。儿子继承皇位就要杀了儿子的母亲，这是什么道理。

贪、嗔、痴所发之愿，终归事与愿违。

你无所不用其极，在人生的终点，会发现冥冥中老天给了你一股同等力道的相反的力量来反噬你，让你知道什么叫天意弄人。

公元451年六月十五，拓跋焘南下伐宋回军后不久，北魏太子拓跋晃死了，时年二十四岁，死亡方式为"忧薨"。史书中，死时带"忧"必有妖。

一回到北魏的历史，我们又要破案了。

《魏书》和《资治通鉴》都是一个口径：话说太子拓跋晃为政精明，洞察细微，保持了拓跋家太子高质量的基因传统，但他跟拓跋焘近侍中常侍宗爱很不对付，宗爱性格残暴、手段阴险，仗着拓跋焘的宠爱干了很多违法乱纪的事。拓跋晃的心腹给事中仇尼道盛、侍郎任平城与宗爱经常起冲突，双方关系闹得很僵，宗爱担心自己做的坏事被太子的党羽汇报给拓跋焘，于是先下手为强，向拓跋焘打小报告。拓跋焘大怒，将太子的众多党羽斩首示众，紧接着太子就"忧"死了。[1]

第一眼看这段史料，基本上是太子的党羽成了气候，动了拓跋焘的权力。宗爱挑事，拓跋焘找理由打掉了太子的党羽，太子得到了暗示，随后"被"自杀了。

但是，细推敲不对。

拓跋晃在432年，也就是五岁的时候被册立为皇太子，是拓跋焘这些年一直在下大力气培养的接班人。拓跋焘打掉太子的党羽仅仅是"朕不给你不能抢"，是让太子识相些，不至于让自己培养多年的太子"忧死"。

---

[1] 《魏书·宗爱传》：恭宗之监国也，每事精察。爱天性险暴，行多非法，恭宗每衔之。给事仇尼道盛、侍郎任平城等任事东宫，微为权势，世祖颇闻之。二人与爱并不睦。为惧道盛等案其事，遂构告其罪。诏斩道盛等于都街。时世祖震怒，恭宗遂以忧薨。

太子之所以必须死，是有问题的。

回到案发现场，先看"滤镜加满"的《魏书·恭宗纪》。

恭宗拓跋晃的总评就这句话："恭宗明德令闻，夙世殂夭，其戾园之悼欤。"

就是说这孩子哪里都好，就是没有皇帝命，又一个汉朝戾太子刘据呀！由于还是拓跋晃的后人坐了江山，因此史官难得给了点线索。

"戾园之悼"指的是当年汉武帝刘彻假模假式地怀念被自己搞死的儿子刘据。[1]

史官为什么单单拎出来五百多年前的刘据，是不是有点意思了呢？

来回顾一下刘据的死亡全过程。

史书上说，是刘据因"巫蛊之乱"被诬陷不得已起兵造反，随后被干掉，一年后武帝为儿子刘据平反，还挺伤感的。真的是这样吗？

"巫蛊之乱"是太子被小人们诬陷的呢，还是太子被父皇有意的政治暗示一步步逼死的呢？

刘彻当年用熊熊烈火烧了华夏大地整整五十年，刘据这位太子是个宽仁之主，跟武帝身边的那群恶吏不太对付，甚至经常为朝臣与百姓平反冤狱。[2]

卫子夫告诫过他别瞎管闲事，要多喊口号，多拥护他爹，但刘据没当回事。

刘据没琢磨明白，在朝廷内，绝不能允许同时出现两种治国思路，

---

① 《汉书·戾太子刘据传》：上怜太子无辜，乃作思子宫，为归来望思之台于湖。天下闻而悲之。……"故皇太子谥曰戾，置奉邑二百家。史良娣曰戾夫人，置守冢三十家。园置长丞，周卫奉守如法。"以湖阌乡邪里聚为戾园，长安白亭东为戾后园，广明成乡为悼园。

② 《资治通鉴·汉纪十四》：上用法严，多任深刻吏；太子宽厚，多所平反，虽得百姓心，而用法大臣皆不悦。

尤其这两种思路还是完全对立的!

汉武帝猛,你哪怕不喜欢也要"小猛",你绝不能流露出一丁点截然不同的思路,更不要提什么付诸行动!

因为这会让所有人都预估到:未来会和今天完全不一样。这不仅会让一把手感到巨大的"身后威胁",更会得罪此时一把手权力机器上的所有零件!

武帝执政的最后十年,各地流民四起,天下户口减半,酷吏当道,流贼横行,天怒人怨,越来越多的隐性力量聚集在了太子身边,一股隐形的思潮开始在放大。另一边,越来越多的酷吏佞臣则趁着武帝最后的疯狂而肆意妄为。

两股力量渐渐针锋相对,并最终演变成了带有某种政治符号的两个阵营的巨大碰撞!

汉武帝最终再次教科书般地展现给后世统治者:如何防止太子及其党羽与皇帝及其心腹算老账,并保住自己的千古之名。

公元前94年,怀了十四个月的皇子刘弗陵出生,武帝说:"听说当年尧是十四个月才出生的,如今这个孩子也是如此。"下令将钩弋宫宫门改称尧母门。[1]

尧是谁,只要稍微有点常识的人都会知道。玩了一辈子政治行为艺术的武帝最后一次甩出了大招:这个孩子是我的"尧舜"希望。

武帝的"随口"一说,拉开了武帝一朝最血雨腥风的政治风暴大幕!

所有人都明白了武帝的用意:我已经钦点了下一任圣主,但现在的太子是你们这群恶臣酷吏一直担心的刘据!都听懂了吗?

当了二十八年太子的刘据至此已经被他的父皇下令"隐诛"了。

---

[1] 《徐陵集校笺·卷四》:太始三年生昭帝,号钩弋子。任身十四月乃生,上曰:"闻昔尧十四月而生,今钩弋亦然。"乃命其所生门曰尧母门。

狗之所以咬人越来越猖狂，是因为得到了主人的默许。

三年后的"巫蛊之乱"，本质上是在武帝的授意下，反太子势力对太子进行的有组织的政治谋杀。

拓跋焘这辈子北定、东征、西伐、南讨，和汉武大帝像不像呢？

史官想说什么？拓跋晃和刘据一样，是起兵造他爹拓跋焘的反了。

回到同时代他国的史书记载，看看竞争对手是怎么说的。

《宋书·索虏传》记载："焘至汝南瓜步，晃私遣取诸营，卤获甚众。焘归闻知，大加搜检。晃惧，谋杀焘，焘乃诈死，使其近习召晃迎丧，于道执之，及国，罩以铁笼，寻杀之。"

拓跋焘南下打到瓜步的时候，拓跋晃在老家大规模地扩军拉人口，拓跋焘知道后，派人对太子的党羽大加搜检进行警告。拓跋晃心里犯嘀咕了，随后打算鱼死网破，谋杀他爹。拓跋焘棋高一着诈死，派人召拓跋晃前来迎丧，拓跋晃上当，被"调虎离山"而逮捕。回到平城后，拓跋焘把他放在大铁笼子里看管，不久他就自杀了。

这个翻版的"巫蛊之乱"是不是就和"戾园之悼"对上了？

再来看看《南齐书·魏虏传》中的说法，比较简略，但大意相同："晃后谋杀佛狸见杀。"就是说拓跋晃打算弄死他爹被他爹反杀了。

我们再从《魏书》中的细节印证一下《宋书》和《南齐书》记载的真实性。

先来看一下关键人物拓跋焘、拓跋晃的行踪。

拓跋焘自450年九月辛卯南下去攻打中原，一直打到了长江边上，随后过了年回军，451年三月回到了平城。

太子拓跋晃则在拓跋焘南下后就被派往北面戍边，屯于漠南，防备柔然，留守平城的是老六吴王拓跋余。

注意，拓跋焘在南下的时候并没有像之前那样命拓跋晃太子监国，而是把拓跋晃调离了平城大本营去防备柔然。

更重要的是，一年多前的太平真君十年（449），拓跋焘就再一次决定性地打败了柔然，打得柔然奄奄一息，所谓"世祖征伐之后，意存休息，蠕蠕亦怖威北窜，不敢复南"。①

柔然已经被打得彻底大败了，拓跋焘却让拓跋晃北屯漠南离开政治中心平城，是什么意思呢？

这充分说明此时拓跋焘和拓跋晃之间已经没有信任可言了。

拓跋焘的意思是：老子南下，你也给我离平城远点！

451年拓跋焘北还，二月渡过黄河，拓跋晃前来朝见了拓跋焘。②

时间点和《宋书》的说法也对上了，拓跋晃就是在这个时候被拓跋焘诈死抓住的。

所以综上所述，北魏"戾太子"拓跋晃大概率并非简单地"忧死"的，而是准备跟他爹动刀了，被他爹诈死后"擒贼先擒王"，给粉碎了。

拓跋晃在432年就被立为皇太子，随后五岁的拓跋晃居然在拓跋焘东征北燕时录了尚书事。

拓跋焘担心东征北燕的时候自己出意外，所以提前给了拓跋晃"录尚书事"，以奠定拓跋晃的政治合法性。

拓跋焘对拓跋晃的安排，跟他爹拓跋嗣当年生病时对他的安排思路一样，别再提兄终弟及，这五岁的孩子将来就是这个帝国的皇帝！

439年，十二岁的拓跋晃在拓跋焘去征伐西北时被安排了太子监

---

① 《魏书·蠕蠕传》：十年正月，车驾北伐，高凉王那出东道，略阳王羯儿出西道，车驾与景穆自中道出涿邪山。吐贺真别部帅尔绵他拔等率千余家来降。是时，军行数千里，吐贺真新立，恐惧远遁。九月，车驾北伐，高凉王那出东道，略阳王羯儿出中道，与诸军期会于地弗池。吐贺真悉国精锐，军资甚盛，围那数十重。那掘长围坚守，相持数日。吐贺真数挑战辄不利，以那众少而固，疑大军将至，解围夜遁。那引军追之，九日九夜，吐贺真益惧，弃辎重，逾穹隆岭远遁。那收其辎重，引军还，与车驾会于广泽。略阳王羯儿尽收其人户、畜产百余万。自是，吐贺真遂单弱，远窜，边疆息警矣。

② 《魏书·世祖纪》：二月戊寅，车驾济河。癸未，次于鲁口。皇太子朝于行宫。

国。拓跋焘担心自己死在外面，着急忙慌地就安排他儿子拓跋晃监国了。

443年，拓跋焘打柔然，这次带着自己十六岁的儿子是骡子是马拉出来遛遛，发现这孩子真有当年自己的风范，战场上的预判和时机把握比自己都强，随后开始安排他接班。[①]

拓跋嗣、拓跋焘、拓跋晃，北魏神奇的优质长子彩票已经开出来第三张了！

444年，拓跋晃十七岁的时候，拓跋焘赶紧让经过考验的拓跋晃把政事揽过去了。[②]

自444年开始，拓跋晃身边的人凝聚为东宫集团。

这个思路，其实是拓跋焘在向他爹致敬，提前确定自己儿子继位的政治合法性，继续夯实皇位在他这一支传承的"万世不易"。

他自己就是在十五岁的时候被他爹安排监国的。

但是，有一个关键变量和上一次不同：拓跋焘的寿命。

当年拓跋焘正式监国掌握政权后，他爹虽然握着军权，但一年多后就恰到好处地死了。

这个死亡时间，皆大欢喜。

北魏历史上第一次太子监国顺利地完成了使命，拓跋家居然没有

---

① 《魏书·世祖纪》：真君四年，恭宗从世祖讨蠕蠕，至鹿浑谷，与贼相遇，虏惶怖，部落扰乱。恭宗言于世祖曰："今大军卒至，宜速进击，奄其不备，破之必矣。"尚书令刘洁固谏，以为尘盛贼多，出至平地，恐为所围，须军大集，然后击之可也。恭宗谓洁曰："此尘之盛，由贼惶扰，军人乱故，何有营上而有此尘？"世祖疑之，遂不急击，蠕蠕远遁。既而获虏候骑，世祖问之，对曰："蠕蠕不觉官军卒至，上下惶惧，引众北走，经六七日，知无追者，始乃徐行。"世祖深恨之，自是恭宗所言军国大事，多见纳用，遂知万机。

② 《魏书·世祖纪》：五年春正月壬寅，皇太子始总百揆。侍中、中书监、宜都王穆寿，司徒、东郡公崔浩，侍中、广平公张黎，侍中、建兴公古弼，辅太子以决庶政。诸上书者皆称臣，上疏仪与表同。

流血和发生伦理惨案就过渡了皇权，这是具有里程碑意义的。

太子监国本来是中原王朝给予太子的一种面子工程，但崔浩为了对抗拓跋部祖祖辈辈兄终弟及的继承规则，对其进行了改造，变态式地强化了太子的政治权力，并最终在拓跋嗣与拓跋焘的权力交接中立下了大功。

但是，拓跋嗣是有身体隐患的，拓跋焘的身体却很健康。

权力只要给别人了，很多时候就由不得他本人了：我都总揽政权了，但您的身体老是那么健康，这就实在太讨厌了。

为何拓跋焘在444年早早就放权任由太子"总百揆"，其实很值得玩味。

理由不外乎天有不测风云，拓跋焘虽然身子骨没问题，但这连年的满世界开战，不知道什么时候就死在了外面，所以早把权力交接完毕早踏实，毕竟军权还是在他的手上。

但总体来讲，政权交接还是太早了。

时代来到这个时候，"父死子继"的制度在代人集团已经深入人心，从后面拓跋焘死后的遗产继承也能看出来，各方势力根本没考虑过其他血脉，拓跋焘作为一个卓越的政治家，也不会感觉不到这种政治环境。

究竟为什么拓跋焘在三十七岁年富力强之时就安排太子监国了呢？

看一下太子监国后的既得利益者有谁。

太子的党羽是最大的既得利益者，不过后来被诛杀的太子党羽中，并没有什么有名有姓的大族，说明拓跋晃凝聚的这股势力是很难对拓跋焘进行政策干预与影响的。所以左右拓跋焘决策的不会是太子这边的人。

自444年太子监国后，还有谁是重大利益方呢？是最后几年疯狂扩权的崔浩。

来看一下拓跋晃444年总揽政权时的辅政班子：侍中、中书监、宜都王穆寿，司徒、东郡公崔浩，侍中、广平公张黎，侍中、建兴公古弼。①

　　崔浩这个第一任太子监国的设计师又挤进了第二任太子的核心队伍。二十二年前的拓跋焘监国辅政班子中的六人，只有崔浩再次出现了。

　　促使拓跋焘早早放权给太子的，大概率是拓跋焘的"张良 + 道友"崔浩起的作用，太子监国设计师崔浩也从中又一次给自己找到了未来。

　　不过崔浩并没有选择细水长流，六十四岁的崔浩应该是对自己的道家心法产生怀疑了，不认为自己能向天再借五百年了，开始了自己在政坛布局的加速。

　　444 年拓跋晃监国后，东宫集团开始凝聚一群势力，崔浩作为汉人头牌，仗着拓跋焘的宠爱和辅政的便利条件开始疯狂扩张权力。

　　在拓跋焘统治的末期，北魏高层有两股势力向他夹攻，一个是崔浩派，一个是太子党羽。

　　崔浩在布局恢复汉人荣光的门阀时代，最过火的一次是一口气外放数十人的关系户去做太守，太子坚决反对，崔浩也因为这事跟太子对抗了起来，并最终赢了太子。

　　《宋书·柳光世传》也记载，崔浩晚年是有造反想法的。450 年拓跋焘第一次南下的时候，崔浩是准备发动政变的，柳光世作为崔浩的妹夫是政变的重要棋子，他作为河北太守是要与河北义士们搞联动的，只不过后来崔浩被打掉，相关河东大姓被大量屠灭诛杀。②

---

　　① 《魏书·世祖纪》：五年春正月壬寅，皇太子始总百揆。侍中、中书监、宜都王穆寿，司徒、东郡公崔浩，侍中、广平公张黎，侍中、建兴公古弼，辅太子以决庶政。诸上书者皆称臣，上疏仪与表同。

　　② 《宋书·柳元景传》：元景从祖弟光世，先留乡里，索虏以为折冲将军、河北太守，封西陵男。光世姊夫伪司徒崔浩，虏之相也。元嘉二十七年，虏主拓跋焘南寇汝、颍，浩密有异图，光世要河北义士为浩应。浩谋泄被诛，河东大姓坐连谋夷灭者甚众，光世南奔得免。

晚年的拓跋焘在政治放松后没想到崔浩做得那么过分，权力会膨胀得那么快，已经尾大不掉，拓跋焘借助国史之狱干掉了崔浩，将其势力连根拔起，随后刘义隆敏锐地把握住了战机，打响了北伐之战。

一开始拓跋焘很慌，将战略的防守底线划到了阴山，但王玄谟让拓跋焘大喜过望，并开始南下，此次也没再让太子拓跋晃监国，因为太子党羽的膨胀对拓跋焘也形成了巨大威胁。

关于太子党羽的势力，和崔浩共同修史的高允曾经对拓跋晃提出了两点保命良方。

1. 别派左右去牟利了，天下将来都是你的，你再这么"私立府藏，以营小利"，将来是有"颠覆倾乱之祸"的。①

2. 你身边的都是小人，并不是将来能主政的股肱之臣。②

最终高允给出了殷切希望，说："您赶紧把小人们都踢走，去亲近忠良，把田园都分了，对您不利的声音就会消失了。"③

高允最后的这句"休声日至，谤议可除"信息量很大。这说明此时关于拓跋晃的坏话和舆论已经很不利于他了。

高允看上去说的是两件事，一个占地谋利，一个结交小人。实际上是一件事，就是结交小人。太子的个人风评在史书中很不错，他谋取的利益不过是为了收买手下人用的活动资金。

被宗爱杀的太子的两个心腹，仇尼道盛，是慕容部人；任平城，

---

① 《魏书·高允传》：恭宗季年，颇亲近左右，营立田园，以取其利。允谏曰："天地无私，故能覆载；王者无私，故能包养……汉之灵帝，不修人君之重，好与官人列肆贩卖，私立府藏，以营小利，卒有颠覆倾乱之祸。前鉴若此，甚可畏惧。"

② 《魏书·高允传》：武王爱周、邵、齐、毕，所以王天下。殷纣爱飞廉、恶来，所以丧其国。历观古今存亡之际，莫不由之。今东宫诚曰乏人，俊乂不少。顷来侍御左右者，恐非在朝之选。

③ 《魏书·高允传》：故愿殿下少察愚言，斥出佞邪，亲近忠良，所在田园，分给贫下，畜产贩卖，以时收散。如此则休声日至，谤议可除。

史书无载。如果他们是代人集团，史书中都会在人名前面加"代人"两字的。

可见代人集团被拓跋焘牢牢控制在手中，拓跋晃虽然把握着政权，但并没有得到实质性的军权。

亲眼看到崔浩死去的高允提醒拓跋晃："你身边的这帮人，并不是代人集团的自己人，你不要再搞小团体了，你要向你爹靠拢，因为你爹已经对你不满了！"

《魏书·宗爱传》中也证实了这件事："给事仇尼道盛、侍郎任平城等任事东宫，微为权势，世祖颇闻之。"

仇尼道盛和任平城等的权力很大，拓跋焘一向是知道的。

拓跋焘在南下的过程中始终对拓跋晃那里的情报很上心，拓跋晃在老爹南下自己被取消监国权后，也相当敏锐地决定先下手为强。

双方出现了南面刘家互扔核弹的保留曲目。

拓跋焘此次南下虽然战果辉煌，但自己也元气大伤，代人集团也不满了，所谓"魏之士马死伤亦过半，国人皆尤之"。

拓跋焘也感到了统治根基不稳，又听说太子在紧锣密鼓地扩充实力，于是综合考虑后，决定跟儿子玩一把阴的：他诈死后控制住了拓跋晃，回平城后又全部铲除了太子党羽。

拓跋焘的狗（宗爱等）和拓跋晃的狗（仇尼道盛等）互咬只是具体表象，本质上是太子监国后，皇帝与太子之间的最高权力争夺。

451年十二月二十七，拓跋焘封拓跋晃长子、十二岁的拓跋濬为高阳王，后因拓跋濬是嫡长孙不应为藩王而取消，徙秦王翰为东平王，燕王谭为临淮王，楚王建为广阳王，吴王余为南安王。

由此能看出来，拓跋焘对于未来的规划是嫡长孙继位。

他爹拓跋嗣给他生了六个兄弟，三个比他爹死得都早，剩下的三个，其中拓跋弥死于424年，拓跋健死于441年，拓跋范死于447年，至此，拓跋焘是独苗了。

皇位经过了上一代人和拓跋焘本人三十年的巩固，落到旁支的可能性已经不大了。

拓跋焘这时的打算是嫡长孙继承制，孙子还小，自己的身体还硬朗，孙子不用那么早面对权力斗争了。

既然皇位将来还是要传给孙子，那太子被弄死的黑锅，我这当爷爷的就不能背。咬人的是狗，我儿子被狗咬死了，我好伤心，我也要建一座思子宫。

但是，拓跋焘在给自己导演的"巫蛊之乱"善后时，这个人精却没有汉武大帝的命。

武帝在给"巫蛊之乱"善后的时候，身边有个忠心护主、能在武帝上厕所时预知杀手将至的金日磾。

能将熊熊烈火燃烧五十年都没翻车，在透支华夏后还能挽回身后之名，还有个帮他平稳着陆的霍光，这几千年历史上只有一个各项数值占优尤其是幸运值全面拉满的汉武大帝。

拓跋焘算是抄武帝作业抄得特别好的，但很遗憾，他的命还是没汉武帝的硬。

天黑请闭眼，功狗变杀手。

随着拓跋焘即将走下历史舞台，女王的时代，就要来了。

二、辽北狠人在平城的伟大逆袭

452 年二月初五，干掉太子七个月后，一代雄主拓跋焘暴毙。史书中说的是："世祖追悼恭宗，爱惧诛，遂谋逆。二年春，世祖暴崩，爱所为也。"

拓跋焘怀念自己的好儿子，挑拨离间的宗爱担心自己被清算，所以干掉了拓跋焘。

历史有时已经不是简单相似了，而是换个人名就重来一遍。

武帝给儿子刘据平反后也杀了大量"脏手套"——鞍前马后为自己出力的人，结果莽何罗兄弟决定跟这不讲究的上司鱼死网破，所谓"后上知太子冤，乃夷灭充宗族党与。何罗兄弟惧及，遂谋为逆"。

一个是"世祖追悼恭宗，爱惧诛，遂谋逆"，一个是"后上知太子冤，乃夷灭充宗族党与。何罗兄弟惧及，遂谋为逆"，这两件事一对比，唯一的区别，就是宗爱成功了，何罗兄弟失败了。

451 年十二月二十七，拓跋焘封孙子拓跋濬为高阳王，后被取消。对有些人来讲，这是相当可怕的政治信号，很重要，我们直接上史料原文："十有二月丁丑，车驾还宫。封皇孙濬为高阳王。寻以皇孙世嫡，不宜在蕃，乃止。"

这说明老皇帝要把皇位传给孙子。

既然如此，老皇帝的下一个步骤就得把弄死儿子的罪名推出去。卸磨杀驴找狗背锅的事，拓跋焘也是用了太多次了，这回被人家提前猜出来了。

最近的一次，是甩锅崔浩。

当年李顺明明是他大怒后下令杀的，但崔浩死后拓跋焘却对李顺的兄弟李孝伯说："你哥哥当年虽然误国，但我和他是有真感情的，就是崔浩撺掇拱火，杀你哥的是崔浩啊！"

宗爱进入了拓跋焘的射程：都是他挑拨我们父子的感情！现在我后悔了，要给我儿子报仇。

随后拓跋焘跟榜样汉武帝学习，建了座思子宫，让天下也感动一下。

刘据被弄死一周年后，汉武帝作秀般地将一个为太子上书抱冤的芝麻官田千秋提拔为九卿级别的大鸿胪，随后对巫蛊案反倒清算，首恶江充已死，汉武帝恢复了自文帝起已废除近百年的夷族之刑，夷江充三族，又将苏文烧死在横桥之上，讨灭太子功劳最大的莽通（即马通）被杀，与太子作战封侯的商丘成、张富昌和李寿分别自杀，大佬李广利与刘屈氂被灭族。

拓跋焘照着汉武帝的一周年大清算的作业抄，宗爱还有半年的活头。

不过，玩了一辈子鹰的拓跋焘这次玩砸了，也许是拓跋焘翻参考书时忘记拿走书签了，宗爱在他释放皇嫡孙不封藩王的政治信号仅仅一个多月后就先动手了。

宗爱想："伺候你几十年了，太知道你什么德行了！"

准确地说，应该是一个小集团动手了。

因为拓跋焘死后，史书记载尚书左仆射兰延、侍中吴兴公和疋、侍中太原公薛提等达成协议，先秘不发丧。[1]

----

① 《魏书·宗爱传》：二年春，世祖暴崩，爱所为也。尚书左仆射兰延、侍中吴兴公和疋、侍中太原公薛提等秘不发丧。

宗爱因为是拓跋焘的近侍方便动手，但灭太子的大臣也不仅仅是宗爱，对于拓跋焘来讲，自己最脏的那几只手套——灭太子的大臣——都得扔掉，汉武帝清算时干掉了多少人啊！

　　结果"弑君小分队"内部意见不统一，兰延与和疋打算立此时的皇三子秦王拓跋翰，甚至把拓跋翰置于秘室准备操作，太原公薛提则要立皇嫡孙拓跋濬。双方争执不下。[①]

　　宗爱并没有表态，知道这帮人的想法后开始了自己的密谋，他打算立和自己关系好的皇六子拓跋余，也秘密迎拓跋余进宫，然后矫皇后令征兰延等入殿。兰延等因为从来没拿宗爱当回事，所以没怀疑，都跟着去了。[②]

　　真的吗？

　　政治人物在废立关头可能如此吗？尤其他们手中是有禁军的，可能会在这个关头单枪匹马地跟着宗爱走吗？

　　只有一种可能，宗爱是这个小团体都相信的自己人。所谓的宗爱弑君，是团队协作的结果。

　　宗爱埋伏刀斧手团灭了弑君团队，又杀了秦王拓跋翰，立了拓跋余。拓跋余以宗爱为大司马、大将军、太师、都督中外诸军事，领中秘书，封冯翊王。巅峰太监横空出世了。

　　宗爱掌权后开始行皇帝之权，代人集团不服，群情激奋，半年多后拓跋余作为傀儡决定找宗爱夺权。[③]

　　一看苗头不对，这回又是宗爱抓了先手。

　　十月初一，拓跋余夜里去东庙祭祀，宗爱命小黄门贾周等杀了拓跋余。

---

　　① 《资治通鉴·宋纪八》：疋以皇孙濬冲幼，欲立长君，征秦王翰，置之秘室；提以濬嫡皇孙，不可废。议久不决。

　　② 《魏书·宗爱传》：爱知其谋。始爱负罪于东宫，而与吴王余素协，乃密迎余自中宫便门入，矫皇后令征延等。延等以爱素贱，弗之疑，皆随之入。

　　③ 《魏书·宗爱传》：爱既立余，位居元辅，录三省，兼总戎禁，坐召公卿，权恣日甚，内外惮之。群情咸以为爱必有赵高、阎乐之祸，余疑之，遂谋夺其权。

"先手大师"宗爱没有想到，他这回成了被别人算计的一环：他的内部出叛徒了。

宗爱暗杀拓跋余这事只有羽林中郎将刘尼知道，刘尼当场就劝宗爱立已故太子拓跋晃的儿子拓跋濬。[1]

宗爱的反应很有意思。宗爱大惊道："君大痴人！皇孙若立，岂忘正平时事乎！"你是不是傻，要是立皇孙，你忘了他爹是怎么死的了。

宗爱表达的意思有两个：

1. 他是弄死太子的人，平城人都知道，将来皇孙不会放过他的。

2. 弄死太子的人不光他宗爱一人，还有刘尼，所以"闻而惊曰"刘尼是不是冒傻气！

搞死太子有你们禁军的事，咱们都是拓跋焘的狗腿子，都属于骨灰级的反臣，你怎么想起来立皇孙啦！

宗爱惊诧的同时没品出刘尼这句话的味道。能在拓跋焘身边混到羽林中郎将级别的禁军武官，会傻呵呵地突然抛出这句话吗？

看一下刘尼的档案，此人为代人集团勋旧，从刘姓来看大概率是匈奴后裔，曾祖刘敦有功，父亲是冠军将军，自己因勇武被拓跋焘看重。[2]

这个人的根子很深，他这么说，必然有他背后的利益链条。也许之前刘尼和宗爱是一条绳上的蚂蚱，但现在刘尼又修出另一条赛道了。

刘尼在试探性地问宗爱是否要临时参股，宗爱没品出来。

刘尼又问了一句话："不立皇孙立谁？"[3]

宗爱说："回宫后从诸王里面挑一个听话的。"[4]

---

① 《魏书·刘尼传》：宗爱既杀南安王余于东庙，秘之，唯尼知状。尼劝爱立高宗。

② 《魏书·刘尼传》：刘尼，代人也。……曾祖敦，有功于太祖，为方面大人。父娄，冠军将军……尼……勇果善射，太祖见而善之，拜羽林中郎，赐爵昌国子。

③ 《魏书·刘尼传》：尼曰："若尔，今欲立谁？"

④ 《魏书·刘尼传》：爱曰："待还宫，擢诸王子贤者而立之。"

刘尼知道了宗爱的企图，随后开始了他的 B 计划。

与此同时，还有一个潜在的关键疑点要被拎出来着重分析。

皇孙拓跋濬和皇子拓跋翰在拓跋焘死后同为候选人，但在宗爱立了拓跋余后，拓跋翰被当场杀了，与宗爱有深仇大恨的皇孙拓跋濬却没有被干掉。

难道宗爱不知道要斩草除根吗？从他现在对刘尼的回话来看，他不是不知道这层利害关系；但拓跋濬却活得好好的。这说明，皇嫡孙背后有一股势力在保护他，宗爱暂时没法撕破脸。

谁在保护拓跋濬？史料中表示，最直接的保护人是他的乳母常氏。[1]

十七年前，435 年七月，北燕覆灭前夕，北魏从和龙迁徙了六千口男女。在迁往平城的六千人中，就有这位常氏。

由于"子立母死"的本质是为了避免后族权势扩大，因此充当皇子乳母的人都没从代人集团中选择，拓跋焘当年的"保母"窦氏，就是因为夫家犯事被全部干掉的罪人，窦氏因为具备不错的个人素养，被从罪人堆儿里挑出来戴罪立功。[2]

这个从东北来的女人常氏在一系列阴错阳差后成了拓跋濬的乳母。

由于"子立母死"的规矩，这个皇长孙必须从小就断绝和亲娘的感情，否则将来下手时会难舍难分，因此这个常乳母就成了拓跋濬实质意义上的娘。

作为罪人的乳母，哪来这么大的能量？这要从拓跋濬本传中寻找答案。

拓跋濬从小就聪明，深受拓跋焘的喜爱，早早就把他养在身边，号"世嫡皇孙"。

---

① 《魏书·文成昭太后常氏传》：高宗乳母常氏，本辽西人。太延中，以事入宫，世祖选乳高宗。慈和履顺，有勤劳保护之功。

② 《魏书·太武惠太后窦氏传》：世祖保母窦氏，初以夫家坐事诛，与二女俱入宫。操行纯备，进退以礼。太宗命为世祖保母。

五岁的时候他就跟着拓跋焘北巡了，从小就被爷爷视为有帝王气象。等大一些后，更是跟着开始掺和朝政。[1]

这孩子的能力不见得真如史书中写得那么厉害，但这些记载都客观说明了一件事：这个皇嫡孙是始终跟在拓跋焘身边的。

拓跋焘死的时候，拓跋濬虚岁十二。既然这孩子常年跟在拓跋焘身边，就肯定少不了常氏这个"娘"。常氏在这些年中通过这个"娘"的身份，结交了拓跋焘身边很多有能量的人。

不要诧异常氏为什么会有这种政治影响，因为从拓跋焘的乳母窦氏开始，整个政治高层就已经清楚皇帝"保母"在"子立母死"制度下作为新兴起的一股政治力量意味着什么了。

1. 拓跋焘跟他的"保母"关系很好，几乎跟亲娘一样，继位后就封她为保太后，后面更是尊为皇太后，还封其弟为辽东王。[2]

2. 窦太后有很强的政治能量，拓跋焘平凉州时柔然入侵，是太后命诸将去平事的。[3]

关于此次柔然入侵，看一下详细原貌：拓跋焘西征后命穆寿辅佐太子总录机要，穆寿没有设防，柔然偷袭，平城大惊。穆寿傻眼了，打算带着太子出逃，是这位窦太后力挽狂澜率领大臣们打跑柔然的。[4]

---

[1] 《魏书·高宗纪》：年五岁，世祖北巡，帝从在后，逢虏帅桎一奴欲加其罚。帝谓之曰："奴今遭我，汝宜释之。"帅奉命解缚。世祖闻之，曰："此儿虽小，欲以天子自处。"意奇之。既长，风格异常，每有大政，常参决可否。

[2] 《魏书·太武惠太后窦氏传》：性仁慈，勤抚导。世祖感其恩训，奉养不异所生。及即位，尊为保太后，后尊为皇太后，封其弟漏头为辽东王。

[3] 《魏书·太武惠太后窦氏传》：太后训厘内外，甚有声称。性恬素寡欲，喜怒不形于色，好扬人之善，隐人之过。世祖征凉州，蠕蠕吴提入寇，太后命诸将击走之。

[4] 《魏书·穆嵩传》：舆驾征凉州，命寿辅恭宗，总录要机，内外听焉……寿信卜筮之言，谓贼不来，竟不设备。而吴提果至，侵及善无，京师大骇。寿不知所为，欲筑西郭门，请恭宗避保南山。惠太后不听，乃止。遣司空长孙道生等击走之。

穆寿是拓跋晃的辅政四大臣之一，代人集团勋旧，总政事，能硬扛巅峰时期的崔浩，所谓"恭宗监国，寿与崔浩等辅政，人皆敬浩，寿独凌之"。虽然如此，最后是窦太后行使皇权，由此可以看出窦太后的权势。

3. 拓跋焘很拿他的"保母"当回事，窦太后死后诏天下默哀三日，葬在了老太太本人选定的墓地建碑颂德。[①]

常氏这个未来的"保太后"始终带着皇嫡孙在拓跋焘身边，自然能结交各路政治力量，尤其禁军中的部分势力，更是明白这位小主子背后"保母"的意义。

因为这个常氏，就是下一个窦太后，所以也许拓跋焘的近臣和太子拓跋晃可能不对付，但对这个自幼就在拓跋焘身边、只有无限未来的隔代皇嫡孙，并没有直接的利害关系。

有些人认为："一个孩子能懂什么，就算我跟他爹关系不行又能怎么样，小皇孙从小就被拓跋焘控制在身边，我跟常氏关系好就可以了。"

刘尼在拓跋余被宗爱杀掉后迅速向殿中尚书源贺密报，源贺与刘尼同掌宿卫兵，都是禁军武官，随后源贺又找来了南部尚书陆丽，三人最终敲定迎立皇孙。[②]

又牵出来两个人：殿中尚书源贺和南部尚书陆丽。

来看看这两个人的史书记载。

《魏书·源贺传》中记载得比较简单："南安王余为宗爱所杀也，贺部勒禁兵，静遏外内，与南部尚书陆丽决议定策，翼戴高宗。令丽与

---

① 《魏书·太武惠太后窦氏传》：真君元年崩，时年六十三。诏天下大临三日，太保卢鲁元监护丧事，谥曰惠，葬崞山，从后意也。初，后尝登崞山，顾谓左右曰："吾母养帝躬，敬神而爱人，若死而不灭，必不为贱鬼。然于先朝本无位次，不可违礼以从园陵。此山之上，可以终托。"故葬焉。别立后寝庙于崞山，建碑颂德。

② 《魏书·刘尼传》：尼惧其有变，密以状告殿中尚书源贺。时与尼俱典兵宿卫。仍共南部尚书陆丽谋……丽曰："唯有密奉皇孙耳。"

刘尼驰诣苑中，奉迎高宗，贺守禁中为之内应。"

拓跋余被宗爱杀了，源贺利用手中的禁兵隔绝了禁宫，随后与陆丽定策扶植皇孙拓跋濬，命陆丽与刘尼去苑中接皇孙继位，源贺继续控制禁宫为内应。

《魏书·陆丽传》中信息则多了很多："太武崩，南安王余立。既而为中常侍宗爱等所杀。百僚忧惶，莫知所立。丽首建大义，与殿中尚书长孙渴侯、尚书源贺、羽林中郎刘尼奉迎高宗于苑中，立之。社稷获安，丽之谋矣。"

拓跋余被杀后，陆丽挑起了大旗，与殿中尚书长孙渴侯、尚书源贺、羽林中郎刘尼奉迎皇孙于苑中立为皇帝。陆丽是核心，是首功。

新出现的这个长孙渴侯没有传，而且不久就被干掉了，所以属于边缘人物。

北魏的侍中和尚书，这些汉王朝官僚集团中的文官名称，到了北魏的中期，都是禁军的长官。

比如源贺和长孙渴侯，作为殿中尚书就是手握禁军的，所谓"贺部勒禁兵，静遏外内"。

《南齐书·魏虏传》也进行了背书："殿中尚书知殿内兵马仓库。"

殿中尚书设有两位，比如源贺和长孙渴侯；之前拓跋焘时代的殿中尚书是扶风公拓跋处真和乙拔。[1]

殿中尚书的岗位有点类似于魏晋南朝和北朝后期的左、右卫将军。源贺和长孙渴侯控制的范围类似于大司马门的位置，因为只有那样才能达到"静遏外内"的效果。

立帝的铁三角基本确定就是这三个人：

1. 宗爱的心腹，双面间谍羽林中郎将刘尼。

---

[1] 《魏书·世祖纪》：诏殿中尚书、扶风公元处真，尚书、平阳公慕容嵩二万骑讨薛永宗；诏殿中尚书乙拔率五将三万骑。

2. 刘尼汇报的上线，殿中尚书源贺。

3. 源贺找来合计方案的南部尚书陆丽。

这三人中，核心人物是陆丽。

陆丽的核心之处有两点：

1. 首倡大义，他是禁军各方势力的主心骨。①

2. 能敲开"保母"常氏的门，是他亲自接的皇嫡孙拓跋濬，两人单马入的禁宫。②

源贺没有去接皇孙，刘尼更是先得找上线源贺汇报这事。

是陆丽把小皇帝抱在马上，而不是一块跟着去的刘尼。无论是"首建大议"，还是亲自接出了拓跋濬，都说明这个人是常氏最信任的盟友。

只有他才能接出皇孙，也只有他挑头干这事，其他禁军大佬才相信他这面政治旗帜，也才会跟他干这玩命的活。

至此，基本可以确定"保母"常氏背后最重要的靠山是谁了，就是陆丽，准确地说，是陆家。

陆丽家族是代人集团中的勋贵大族，祖上是拓跋部的加盟部落。③陆丽的爷爷是拓跋珪入主中原的悍将。④其父陆俟在拓跋嗣时代就已经是禁军大佬了，还兼着人事工作。⑤

---

① 《北史·陆丽传》：丽首建大议，与殿中尚书长孙渴侯、尚书源贺、羽林中郎刘尼奉迎文成于苑中而立之。社稷获安，丽之谋也。

② 《北史·刘尼传》：于是，贺与尚书长孙渴侯严兵守卫，尼与丽迎文成于苑中。丽抱文成于马上，入于京城。《北史·源贺传》：令丽与刘尼驰诣苑中奉迎，贺营中为内应。俄而丽抱文成，单骑而至。

③ 《魏书·陆俟传》：陆俟，代人也。曾祖干，祖引，世领部落。

④ 《魏书·陆俟传》：父突，太祖时率部民随从征伐，数有战功，拜厉威将军、离石镇将。天兴中，为上党太守、关内侯。

⑤ 《魏书·陆俟传》：俟少聪慧，有策略。太宗践阼，拜侍郎，迁内侍，袭爵关内侯，转龙骧将军、给事中，典选部兰台事。

陆俟的背景深厚到了可以按着自己的脾气当官，所谓"当官而行，无所屈挠"，活脱脱一副曹操在洛阳维持治安时无所谓的样子。

　　陆俟到了拓跋焘时代更是立有大军功，后为冀州刺史，朝廷考评政绩时为天下第一。随后又历任都督洛豫二州诸军事、虎牢镇大将，使持节、散骑常侍、平西将军、安定镇大将，平东将军、怀荒镇大将，都督秦雍二州诸军事、平西将军、长安镇大将，后入朝为内都大官。

　　虎牢镇、安定镇、怀荒镇、长安镇，这些地方都是关键位置！

　　拓跋焘死的时候，陆俟时任外都大官，散骑常侍。

　　外都大官与中都大官、内都大官合称为三都大官，掌刑狱、诉讼，任此职者多为宗室诸王、外戚及胡汉重臣，权势很大，吊祭时位在三公、尚书令之上。

　　老爷子陆俟虽然没露面，但在小皇孙上位后迅速被封了王。

　　陆家和常氏的深度联盟，使得宗爱当初没能在干掉拓跋翰后对皇嫡孙拓跋濬斩草除根。

　　陆丽单骑抱了拓跋濬回宫后，源贺才开门。①

　　另一面，刘尼护送陆丽回宫后迅速回了拓跋余被杀的东庙，大呼道："宗爱杀了皇帝大逆不道，皇孙已经登位，诏书下来了，说咱们宿卫军都无罪，都可以还宫！"禁军高呼万岁。

　　刘尼说"有诏，宿卫之士，皆可还宫"，请注意一下，作为宿卫之士，回宫不是正常的嘛？这说明宗爱杀皇帝拓跋余这事，刘尼手下的宿卫兵是重度参与者。

　　刘尼作为长官带领大家找到了新方向，并免了责。甚至可以说，宗爱杀拓跋余这事，本就是陆丽和常氏背后操盘的黄雀行动。拓跋余是蝉，宗爱则做了那只螳螂。

　　源贺与长孙渴侯已经抓了突然被关在城外的宗爱一党，带兵直接

---

　　① 《魏书·源贺传》：俄而丽抱高宗单骑而至，贺乃开门。

进入了大殿，在宫门外就簇拥着拓跋濬登永安殿。①

接下来拓跋濬登位后的表演，让所有人都明白了常氏的势力范围。

十月戊申，拓跋濬即皇帝位，第一个封赏的是禁军中的拓跋寿乐和长孙渴侯，这两人级别最高，最先得到安抚与提拔，随后两人争权，十一月双双落马被全部赐死。②

十一月癸未，拓跋焘仅存的两个儿子同时离奇死亡。③

十一月甲申，拓跋濬生母神秘死亡。④

拓跋濬的生母本来以为随着拓跋晃的死亡自己能够活下来，但很遗憾，"保母"常氏帮着她儿子上位了，作为同一个生态位的潜在竞争者，她必须死。常氏把拓跋濬的亲娘给"子立母死"了。

从这一刻开始，拓跋珪当年伟大的构想——后宫不得干政彻底变质了。拓跋珪的初衷在仅仅不到半个世纪就被打脸了，讽刺不讽刺？

太尉张黎和司徒古弼这两个高级别的官员，在拓跋晃444年辅政大臣中就有他俩，他们又是拓跋余或者说是宗爱的盟友，却都被贬为外都大官，不久被杀。⑤

接下来又一大堆迅速上位并迅速被杀的大臣，朝廷刮起了超级大风暴。

平南将军、宋子侯周忸进爵乐陵王，南部尚书、章安子陆丽为平原王，文武各加位一等。

壬寅，追尊景穆太子为景穆皇帝，皇妣为恭皇后；尊"保母"常

---

① 《魏书·刘尼传》：贺及渴侯登执宗爱、贾周等，勒兵而入，奉高宗于宫门外，入登永安殿。

② 《魏书·高宗纪》：兴安元年冬十月，以骠骑大将军元寿乐为太宰、都督中外诸军事、录尚书事；尚书长孙渴侯为尚书令，加仪同三司。十有一月丙子，二人争权，并赐死。

③ 《魏书·高宗纪》：癸未，广阳王建薨，临淮王谭薨。

④ 《魏书·高宗纪》：甲申，皇妣薨。

⑤ 《资治通鉴·宋纪八》：魏南安王余之立也，以古弼为司徒，张黎为太尉。及高宗立，弼、黎议不合旨，黜为外都大官；坐有怨言，且家人告其为巫蛊，皆被诛。

氏为保太后。

十有二月乙卯，初复佛法。丁巳，以乐陵王周㤉为太尉，平原王陆丽为司徒，镇西将军杜元宝为司空。

戊寅，建业公陆俟进爵东平王，广平公杜遗进爵为王。

甲子，太尉、乐陵王周㤉有罪，赐死。濮阳公闾若文（迅速落马）进爵为王。

453年春正月辛巳，司空杜元宝进爵京兆王。广平王杜遗薨。尚书仆射、东安公刘尼进爵为王。封建宁王崇子丽为济南王。

丙戌，尚书、西平公源贺进爵为王。

二月己未，司空、京兆王杜元宝谋反，伏诛；建宁王崇、崇子济南王丽为元宝所引，各赐死。

三月壬午，魏主尊保太后为皇太后，追赠祖考，官爵兄弟，皆如外戚。

闰六月乙亥，魏太皇太后赫连氏殂。

七月乙丑，魏濮阳王闾若文、征西大将军永昌王仁皆坐谋叛，仁赐死于长安，若文伏诛。

最终的胜利者：皇太后常氏、平原王陆丽、东安王刘尼、西平王源贺。

杜元宝集团、周㤉、闾若文都在极短的时间里封王随后被干掉。

杜元宝集团是拓跋焘的亲姥姥家，亲妈杜氏家的势力，拓跋焘长大后赏赐舅舅杜超钱财无数。[1]

拓跋焘还是集权的老思路，皇帝信不过宗室想大权独揽，就只能从外戚上下手。

---

① 《魏书·杜超传》：杜超，字祖仁，魏郡邺人，密皇后之兄也。少有节操。泰常中，为相州别驾。奉使京师，时以法禁不得与后通问。始光中，世祖思念舅氏，以超为阳平公，尚南安长公主，拜驸马都尉，位大鸿胪卿。车驾数幸其第，赏赐巨万。

杜元宝之父杜遗继承了杜超的政治衣钵。[①]

杜遗在此次政变后被进爵广平王，随后不到一个月就死了。无论是时机还是结果，都很蹊跷。

杜元宝在这次被提拔之前是镇西将军，其弟杜胤宝是司隶校尉，他爹刚死就被进爵为京兆王，杜元宝打算上表谢恩，但拓跋濬以不知其父死为由召其入宫，当时就有人劝他不要去了，杜元宝认为自己没事，还是去了，进宫就被干掉了，随后整个杜氏集团都被剿灭了。[②]

从杜元宝的镇西将军头衔以及他弟弟是司隶校尉来看，他很可能在拓跋濬上位中立下了汗马功劳，所以才会和陆丽一样父子都被封了王。但由于他是外戚起家，他和常氏是一个生态位的，所以被连根拔起了。他哪里都好，就是出身不对。

周㤠和闾若文都史书无传，闾若文大概率是代人集团中的闾氏家族中的人，也就是拓跋濬的亲娘家，也就是因"子立母死"制度而被干掉的拓跋濬的生母。

虽然拓跋濬的亲娘家在四年后因为拓跋濬翅膀硬了而获得了补偿性的恩宠，但此时此刻，十三岁的拓跋濬还是要听从常太后的摆布，闾若文作为后族的旗帜代表也被打掉了。

总之，此次政变后的直接利益相关方，除了四个人之外，其他人都被清算了。

禁军中挡在兄弟三人前面的所有人都被干掉了，跟外戚处于一个生态位的所有人都被干掉了。

---

① 《魏书·杜超传》：超既薨，复授超从弟遗侍中、安南将军、开府、相州刺史。入为内都大官，进爵广平王。遗性忠厚，频历州郡，所在著称。

② 《魏书·杜超传》：长子元宝，位司空。元宝弟胤宝，司隶校尉。元宝又进爵京兆王。及归而父遗丧，明当入谢，元宝欲以表闻。高宗未知遗薨，怪其迟，召之。元宝将入，时人止之曰："宜以家忧自辞。"元宝欲见其宠，不从，遂冒哀而入。未几，以谋反伏诛，亲从皆斩，唯元宝子世衡逃免。

辽北著名狠人常氏成为最大赢家的背后，有两个重大受益方。

一个是佛教，在太武灭佛后被官方恢复了。

八年后，公元460年，我国第一处由朝廷主持开凿的佛教工程云冈石窟开工了。

另一个重大受益人，是常太后的一位东北老乡。

改变中国历史的女王，就要登场了。

三、皇、常、冯，被掩盖的血腥暗战

454 年七月初五，文成帝拓跋濬的首个皇子拓跋弘出生了，这也意味着又一个女人要倒霉了。

拓跋弘的母亲李氏是当年拓跋焘饮马长江时被拓跋仁从蒙县抢回来的。因为模样很周正，李氏没有遭大罪，被拓跋仁带回了长安。后来拓跋仁牵扯谋反被干掉，李氏又进了平城成了官奴。

有一天，拓跋濬在白楼登高时看到远处有个貌美的姑娘，于是问左右："这丫头怎么样？"

身边的人都起哄，说："瞅啥呢，去啊！"

拓跋濬亲临现场，对李姑娘进行了热情洋溢的慰问，并当场指导了工作，随后命中了拓跋弘。

常太后听说了这件事，亲自询问了李姑娘当天的具体细节，李姑娘斩钉截铁地回答："这真是皇上的。"

常太后又找来拓跋濬当天在现场的相关负责人进行调查取证，发现那天拓跋濬热情高涨，各方面证据指向很明确，李姑娘生产事故的肇事者确实是拓跋濬。①

---

① 《魏书·文成元皇后李氏传》：时守库者亦私书壁记之，别加验问，皆相符同。

随后李姑娘过了两年多快乐的日子。很快，大限到了。

456 年正月二十九，北魏立贵人冯氏为皇后。

两天后，二月初一，三岁的拓跋弘被立为皇太子，拓跋濬将其生母李贵人托付给家里的要求都记下来，按照"子立母死"的老规矩，命李贵人自杀。①

三天时间内，一个母仪天下，一个子立母死，背后是常老太后权力的游戏。

拓跋濬上位时的大批量血腥杀戮让所有人看到了常太后的政治手腕。这位"在人群中被看了一眼"的李氏，让常太后感到了巨大威胁。

拓跋弘生于 454 年七月，地点在阴山之北。②小皇子不是生在皇宫所在的平城，是不是有点意思了？

来看一下这段时间拓跋濬的行踪。

拓跋濬六月初一启程去了阴山，七月初五拓跋弘出生，八月十一拓跋濬返回平城。③

两个月时间，拓跋濬就是去阴山旅了个游，更神奇的是居然带着个即将临盆的孕妇，只干了三件事：

1. 大赦。

2. 改年号。

3. 拜李氏为贵人。

什么意思？拓跋濬 454 年的阴山"夏令营"，完完全全就是为李氏生孩子启动的。产妇临盆前搞了长途旅游，这是什么原因？

---

① 《资治通鉴·宋纪十》：二月，丁巳，魏主立子弘为皇太子，先使其母李贵人条记所付托兄弟，然后依故事赐死。

② 《魏书·显祖纪》：兴光元年秋七月，生于阴山之北。

③ 《魏书·高宗纪》：夏六月丙寅，行幸阴山。秋七月庚子，皇子弘生。辛丑，大赦，改年。八月甲戌，赵王深薨。乙亥，车驾还宫。

1. 拓跋濬很可能感觉到了，在平城这孩子是生不出来的。

拓跋濬深爱着这个丫头，让常氏感觉到了巨大的风险，李氏已经被常氏在死亡笔记上写下了名字。拓跋濬为了挽救自己的爱人和孩子启动了"夏令营"。

2. 大赦、改年、拜贵人，这是拓跋濬对李氏动了真感情，要保她所以抬高她的政治地位。

454 年，时年十五岁的拓跋濬相当孩子气地认为自己能顶得过自己的"保母"。

看到木已成舟，常太后又观察了两年，发现姓李的这丫头对自己养大的儿子拓跋濬影响太大。

她想："我花了三年时间才教会这小子穿裤子，这丫头大老远地就能让这小子把裤子脱了，还搞了个阴山'夏令营'，坚决不能留！"

456 年，让李氏过了最后一个年，常太后先是把自己选中的冯氏安排为皇后，随后让拓跋濬以"子立母死"的规矩赐死了李氏。

拓跋濬到底没能扭过自己的"保母"。

拓跋珪此时如果泉下有知，看到常氏这个"保母"会怎么想呢？比他的亲娘贺氏何如？他逃脱宿命了吗？

事实上，从此刻开始，身为皇后的冯氏领悟到了自己这辈子最大贵人常太后的最精髓一招：母以养子贵，让别人生去吧！

短短三天，一个坠入地狱，一个升上九天。

这个冯氏就是后世大名鼎鼎的文成文明太后。

冯后为何能够得到常太后的力挺呢？因为籍贯和经历。

来看看文明太后的履历吧。

其父冯朗是北燕皇族，432 年十二月主动投降北魏，433 年二月到了平城，作为北燕最早投降过来的那拨儿人得到了红利，后来官至秦雍二州刺史、西城郡公，冯后在 442 年出生于长安。

后来冯朗犯事被杀，冯后也就被纳入宫中了。跟常太后一样，都是罪人入宫。冯朗犯的什么事呢？根据冯后的哥哥冯熙传记的记载，是家里出叛徒了。

冯熙跟他妹一样生于长安，因为叔父冯邈叛逃柔然被牵连，养母带着冯熙逃到了氐羌部族，冯后则没这样的机会，以罪人身份被纳入平城。[①]

冯后生于442年，452年做了贵人。

这十年间，北魏对柔然发动了四次战事，最后一次是448年九月。

这也就意味着冯后入宫在七岁之前。这么小的一个罪人女孩进入了平城，怎么就在几年后成了常太后看重的贵人？常太后不可能早早就相中这个几岁的小女孩将来去继承自己的政治衣钵。

正史中记载了冯后童年时的保护人：拓跋焘的左昭仪是冯后的姑姑，姑姑抚养、教育了幼年的冯后。[②]这个冯姑姑，比她侄女早到平城十年。

434年正月北燕被拓跋焘暴打后，北燕国主冯弘遣使请和于北魏，拓跋焘不许。

当年闰三月十八，冯弘再派使者上疏北魏请罪求当藩属，并乞求拓跋焘给机会纳自己幼女充实其后宫团队。

拓跋焘这次勉强同意了，召北燕太子冯王仁和其妹来平城。这个被冯弘上供的小丫头成了拓跋焘的左昭仪，也就是冯后的姑姑。

冯弘面对拓跋焘要求一儿一女的征召，只把闺女给送过去了，没送儿子。然后这闺女白送了。

转过年来435年七月，北魏对北燕发起了一年一度的攻击，拓跋丕又从和龙迁徙了六千口男女。这次迁往平城的六千人中，就有后来的常太后。

---

① 《魏书·冯熙传》：熙生于长安，为姚氏魏母所养。以叔父乐陵公邈因战入蠕蠕，魏母携熙逃避至氐羌中抚育。

② 《魏书·文成昭太后常氏传》：世祖左昭仪，后之姑也，雅有母德，抚养教训。

东北最强女子组合就此成团出道。

冯后这辈子最重要的两个女人提前十年被安排进了平城，随后在各自的岗位上蓄力。

姑姑冯左昭仪，在平城扮演了冯后妈妈的角色，"雅有母德，抚养教训"，给予了冯后相当好的文化教育。

冯后本传中关于这位传奇女政治家的成才只有一句话：太后性聪达，自入宫掖，粗学书计。及登尊极，省决万机。

冯后"及登尊极，省决万机"的原因，是"性聪达，自入宫掖，粗学书计"。

史官拍马屁的背后有两点含义：

1. 聪明，政治天赋极高。

2. 跟她姑姑那几年的学习相当系统，受益终身。

这位左昭仪入宫后没生出孩子，在十年后见到了自己的侄女被充罪入宫，于是视若己出，把她保护、养育了起来。

冯左昭仪和同是"和龙人"的常氏"老乡见老乡，两眼泪汪汪"，暗自结成了"同是东北沦落人"的联盟。

两个人都将这个一嘴陕西话但同是苦命入宫的同籍贯小丫头看作了未来的希望。因为这丫头是自己人，是能够代表"东北老乡"长远利益的自己人，都是实打实的亲戚。

闺女，给你常妈磕头！

同样的辽北籍贯、同样的罪人经历，她们在北魏深宫中结成了"复仇者联盟"。

最伟大的复仇，在于让你的子孙否定自己原生的文化，让你的子孙亲口承认祖宗是落后的，是低劣的，别的族群才是高贵的。

无论是历史无心插柳的选择，还是复仇者处心积虑的谋划，"东北女子天团"的最终目的达到了。

冯后作为常氏早早就布下的棋子，在拓跋濬继位后迅速被封为贵人，据说当时是十四岁。①

很遗憾，这个岁数大概率是假的。

因为她盖棺定论时史书说，太和十四年（490），四十九岁的冯太后过世。（十四年，崩于太和殿，时年四十九。）

史书中说的都是虚岁，这也就意味着冯太后生于442年。

拓跋濬452年登基，十一岁的冯氏成了贵人。

为什么史书中要写成十四岁呢？因为史官大概率要替这个政治安排遮着点，十一虚岁的姑娘大概率还没发育呢，她怎么被选为贵人！文明太后不要面子的吗？

牛人一定得是哪里都厉害，履历里是不能有一丁点污点的！

魏晋南北朝第一女王的起步，必须也得跟李氏一样，是靠自己的能力，拓跋濬跟那些暗箱操作都没关系！把岁数往上调！

在古代，越是伟大的政治人物通常越会把自己上台面之前的人生履历进行改写，这是他们的本能思维。

其实在常氏掌权的前提下，北魏本有可能废掉"子立母死"的制度。

如果冯氏发育后命中皇子，冯氏自然名正言顺地能成为皇太后，常老太也会更踏实。还是亲妈亲儿子最亲的利益链条最保险，届时"子立母死"也就没有意义了。很遗憾，拓跋家的诅咒不同意。

拓跋濬爱上了另一个陕西来的丫头，从城头上看一眼就有感觉了，迅速搞出了果实，拓跋濬为了保这丫头还跟常太后耍心眼去阴山"自驾游"！

面对越来越叛逆的拓跋濬，常太后彻彻底底夯实了"子立母死"制度，你不是能生嘛，你不是招人喜欢嘛，那就捧杀你！

460年四月初四，常氏在寿安宫去世，文成帝拓跋濬诏令天下哭丧三日，并为常太后上谥号为"昭"。五月十二，拓跋濬遵照常太后遗愿将其安葬在广宁的鸣鸡山。

---

① 《魏书·文成文明皇后冯氏传》：年十四，高宗践极，以选为贵人。

拓跋濬终于能伸伸胳膊了。

常太后死后次年，461 年秋七月，拓跋濬将诸弟分封到各地给予了实权，封皇弟拓跋小新成为济阴王，加征东大将军，镇平原；拓跋天赐为汝阴王，加征南大将军，镇虎牢；拓跋万寿为乐浪王，加征北大将军，镇和龙（性贪暴，被隐诛）；拓跋洛侯为广平王（早亡）。

464 年正月，封皇弟拓跋云为任城王，拜使持节、侍中、征东大将军、和龙镇都大将。

再算上 457 年封二弟拓跋新成为阳平王，拜征西大将军；459 年封三弟拓跋子推为京兆王，拜侍中、征南大将军、长安镇都大将。拓跋濬在拼了命地往兄弟们手里塞权力。注意，不是往儿子们手里塞权力，而是把权力给兄弟。

拓跋珪、拓跋嗣、拓跋焘三代人都在玩了命地从兄弟们手里抓权，怎么拓跋濬给兄弟们分权了呢？他不怕将来自己被兄弟们威胁吗？

如果拓跋濬能够完整地控制大权，他是不会这么干的。分给兄弟们权力，还把他们都安排到各镇掌兵，潜台词是：兄弟们作为筹码和外部声援可以牵制平城的其他势力。

平城的其他势力有谁呢？

还没来得及看清楚拓跋濬政治布局的后招，465 年五月十一，二十六岁的文成帝拓跋濬就继续他家的"大马哈鱼属性"，"甩完籽"就驾崩了。

史书中给予他的总评是：当初拓跋焘四处出兵开疆拓土，国力相当虚弱，再加上一系列的内乱导致朝廷的公信力下降，拓跋濬接过了这个担子，使百姓得以休养生息，不乱打仗，不乱搞动作，很好地完成了政权的过渡，这是个明君啊。[①]

---

① 《魏书·高宗纪》：世祖经略四方，内颇虚耗。既而国衅时艰，朝野楚楚。高宗兴时消息，静以镇之，养威布德，怀缉中外。自非机悟深裕，矜济为心，亦何能若此！可谓有君人之度矣。

总共在位了十三年，常太后控制了八年，自己独掌大权的五年又封了那么多兄弟出镇，拓跋濬"静以镇之，养威布德"是真的本心所愿，还是因为根本没有能力抖出威风而被迫安静的呢？

465年五月十二，十二岁的太子拓跋弘继位，大赦天下，尊皇后冯氏为皇太后。虚岁二十四的文明太后正式登台。

新一轮的杀戮和权力之战开始。

车骑大将军乙浑矫诏杀了尚书杨保年、平阳公贾爱仁、南阳公张天度于禁中，这三人史书无传，因为死于禁中，所以大概率是禁军武官。紧接着拓跋濬继位时的关键大佬平原王陆丽也被乙浑干掉了。

陆丽，这个常太后最亲密的战友被搞死了。

看一下《魏书·陆丽传》中的说法，陆丽时任侍中、抚军大将军、司徒，拓跋濬死的时候正在代郡泡温泉治病，听说皇帝死后就准备往平城奔，当时左右就示警了，说他此去会很危险，奸臣当道，让他等等看再去。陆丽说："哪有君父死了不去拜的！"随后就去了，被乙浑干掉了。[①]

陆丽跟乙浑有过多次的正面冲突，所谓"初，浑悖傲，每为不法，丽数净之，由是见忌"，这说明两人很早之前就不是一条路上的人。

其实陆丽喊的"君父之丧"的口号没什么意义，他往平城狂奔就是为了争取时间。他作为上次宫变的既得利益者相当明白时间意味着什么，只不过这次皇帝恰巧在他疗养期间死了，他失去了先手，回去后被乙浑占了先机。

后来乙浑被冯太后打掉时北魏官方追封陆丽，谥曰"简"，陪葬金

---

① 《魏书·陆丽传》：和平六年，高宗崩。先是丽疗疾于代郡温泉，闻讳欲赴，左右止之曰："宫车晏驾，王德望素重，奸臣若疾民誉，虑有不测之祸。愿少迟回，朝廷宁静，然后奔赴，犹为未晚。"丽曰："安有闻君父之丧，方虑祸难，不即奔波者！"遂便驰赴。乙浑寻擅朝政，忌而害之。

陵。拓跋弘还年少，这是冯太后的意思。

陆丽当年在政变成功后也被安排为太子太傅，那就是跟太子和冯氏有关系的。[①] 这基本也意味着陆丽不仅是常太后信任的人，也是冯太后信任的人。

综上所述，乙浑之前和常太后、冯后没有太大的关系，不是同一条政治脉络上的人。那么乙浑是何方神圣呢？史书无传，又得破案。

乙浑在拓跋濬上位时史书无载，所以极大概率不是最早与常太后结盟的人。

乙浑第一次在史书中出现是常太后死后一年半，462年正月壬午，以车骑大将军、东郡公乙浑为太原王。此君崭露头角上台面是在常太后死后。

据《北朝胡姓考》，乙姓应该出于乙弗氏，其先世统部落居于南凉西，为鲜卑吐谷浑之支族。这也就意味着他的根子并不硬，而且乙浑后来打算给自己的媳妇求个公主的称号，贾秀却始终不搭理他，最终贾秀的官方表态是公主是尊贵的称号，乙浑的出身太低，配不上。从史书记载来看，乙浑咽下了这口气。[②]

这也从侧面说明了乙浑并非代人集团勋贵，而是政治暴发户。

对于乙浑身份的另一个侧面证明，是趁刘宋皇位更替时拿下青州的慕容白曜。

慕容白曜最早是太子拓跋晃的人，高宗拓跋濬继位后厚待他，拓

---

① 《魏书·陆丽传》：丽寻迁侍中、抚军大将军、司徒公，复其子孙，赐妻妃号。丽以优宠既频，固辞不受，高宗益重之。领太子太傅。

② 《魏书·贾彝传》：时丞相乙浑擅作威福，多所杀害。浑妻庶姓而求公主之号，屡言于秀，秀默然。浑曰："公事无所不从，我请公主，不应何意？"秀慷慨大言，对曰："公主之称，王姬之号，尊宠之极，非庶族所宜。若假窃此号，当必自咎。秀宁死于今朝，不取笑于后日。"浑左右莫不失色，为之震惧，而秀神色自若。浑夫妻默然含忿。

跋濬死后，他跟乙浑共掌朝政，迁尚书右仆射。①

后来在拿下山东半岛后，慕容白曜因跟乙浑的关系被诛杀清算。②

慕容白曜最早是拓跋晃的人。拓跋濬继位后厚待了老爹原来的兄弟。拓跋濬有什么目的？结合他分封自己的兄弟来看，拓跋濬是在打造自己的班子。

再结合慕容白曜和乙浑的深厚关系，所以乙浑大概率是拓跋濬申张皇权时养的"寒门刺刀"，是北魏版的"中书舍人"。

五月十七，以侍中、车骑大将军乙浑为太尉、录尚书事；东安王刘尼为司徒；尚书左仆射和其奴为司空。随后又一条线索暴露出来了：殿中尚书拓跋郁谋诛乙浑，被乙浑反杀。③

拓跋郁是远支的宗室，羽林中郎内侍起家，高宗拓跋濬时代当上了禁军中的高级军官殿中尚书。④由拓跋郁的传记引出来了下一条线索。

拓跋濬死的时候跟十三年前发动政变时的宗爱的情形一样，乙浑隔绝内外控制了宫禁。

拓跋郁率麾下数百禁军从顺德门神兵天降，打算干掉乙浑，乙浑害怕了，出来问拓跋郁："你闯进禁宫是什么意思？"

拓跋郁道："看不见天子，群臣忧惧，我要见皇上！"

乙浑道："现在皇帝刚死，新皇居丧，所以还没来得及见百官，你

---

① 《魏书·慕容白曜传》：白曜少为中书吏，以敦直给事东宫。高宗即位，拜北部下大夫。袭爵，迁北部尚书。在职，执法无所阿纵，高宗厚待之。高宗崩，与乙浑共秉朝政，迁尚书右仆射，进爵南乡公，加安南将军。

② 《魏书·慕容白曜传》：四年冬见诛。初乙浑专权，白曜颇所侠附，缘此追以为责。及将诛也，云谋反叛，时论冤之。

③ 《资治通鉴·宋纪十二》：己酉，魏以浑为太尉、录尚书事，东安王刘尼为司徒，尚书左仆射代人和其奴为司空。殿中尚书顺阳公郁谋诛乙浑，浑杀之。

④ 《魏书·顺阳公郁传》：顺阳公郁，桓帝之后也。少忠正亢直。初以羽林中郎内侍，勤干有称。高宗时，位殿中尚书。

们有什么可担心的？"随后奉拓跋弘临朝继位。①

后来拓跋郁还是打算杀掉乙浑，却被乙浑反杀，等后来乙浑被清剿的时候，拓跋弘因拓跋郁忠勇正义而追封他为王，谥号为"简"。②

跟陆丽被追封的谥号一模一样，都是"简"。一德不懈曰"简"，就是坚持操守从一而终不松懈的意思。这意味着从冯太后的角度来讲，陆丽和拓跋郁都是忠心耿耿的自己人。

同样参与谋诛乙浑的还有拓跋郁的弟弟拓跋目辰，也是拓跋焘时代的禁军武官，拓跋濬继位后，他升到了尚书左仆射，等冯太后第二次政变"显祖传位"时有重大功勋，所以也再次证实了拓跋郁与弟弟拓跋目辰是冯太后的心腹。③

再来看下拓跋郁当时准备火并乙浑时的佐证，据和乙浑同时封为三公的和其奴的记载来看，还有重要细节。

拓跋濬死的时候，乙浑与林金闾合伙擅杀尚书杨保年等，殿中尚书拓跋郁率殿中宿卫士打算和乙浑火并，乙浑惧，归咎于林金闾，抓了林金闾交给拓跋郁以求过关，和其奴以林金闾罪恶未分，将林金闾护了

---

① 《魏书·顺阳公郁传》：高宗崩，乙浑专权，隔绝内外，百官震恐，计无所出。郁率殿中士数百人从顺德门入，欲诛浑。浑惧，逆出问郁曰："君入何意？"郁曰："不见天子，群臣忧惧，求见主上。"浑窘怖，谓郁曰："今大行在殡，天子谅暗，故未接百官，诸郡何疑？"遂奉显祖临朝。

② 《魏书·顺阳公郁传》：后浑心规为乱，朝臣侧目，郁复谋杀浑，为浑所诛。显祖录郁忠正，追赠顺阳王，谥曰简。

③ 《魏书·宜都王目辰传》：宜都王目辰，桓帝之后也。初以羽林郎从太祖南伐至江。高宗即位，以劳累迁侍中、尚书左仆射，封南平公。乙浑之谋乱也，目辰与兄郁议欲杀浑，事泄被诛，目辰逃隐得免。显祖传位，有定策勋。高祖即位，迁司徒，封宜都王，除雍州刺史，镇长安。

下来，出之为定州刺史。①

三个信息：

1. 乙浑开始在禁中搞屠杀时有同伙，林金闾和他一起杀的杨保年等人。

2. 乙浑很怂，出卖同伙。

3. 和其奴保了林金闾。

再来看看林金闾的履历。

林金闾是个宦官，有宠于常太后，因此官至尚书、平凉公，其兄也鸡犬升天，成为平凉太守，后来在定州刺史的任上还是被乙浑杀了。②

林金闾明确是常太后的人，因此保下林金闾的和其奴肯定也是常太后的人。

和其奴，代人集团的人，有禁军背景，在拓跋焘时代，官职级别并不高，是个子爵。但此君在常太后时代开始腾飞，迁尚书，加散骑常侍，进爵平昌公，拜安南将军，迁尚书左仆射。455年，拓跋濬召群臣议立皇太子名，和其奴与司徒陆丽等建议最好以德命名，帝从之，又与河东王闾毗、太宰常英等一块参录尚书事。③

再次证实，此君为常太后一党。

综上所述，拓跋濬死后有三股力量：

---

① 《魏书·和其奴传》：高宗崩，乙浑与林金闾擅杀尚书杨保年等。殿中尚书元郁率殿中宿卫士欲加兵于浑。浑惧，归咎于金闾，执金闾以付郁。时其奴以金闾罪恶未分，乃出之为定州刺史。

② 《魏书·孝文贞皇后林氏传》：叔父金闾，起自阉官，有宠于常太后，官至尚书、平凉公。金闾兄胜为平凉太守。金闾，显祖初为定州刺史。未几为乙浑所诛，兄弟皆死。

③ 《魏书·和其奴传》：和其奴，代人也。少有操行，善射御。初为三郎，转羽林中郎，以恭勤致称。赐爵东阳子，除奋武将军。高宗初，迁尚书，加散骑常侍，进爵平昌公，拜安南将军，迁尚书左仆射。太安元年，诏群臣议立皇太子名。其奴与司徒丽等以为宜以德命名，帝从之。又与河东王闾毗、太宰常英等并平尚书事。

1. 乙浑，大概率是拓跋濬申张皇权时扶植的力量。

2. 和其奴、林金闾等是常太后的人。

3. 拓跋郁兄弟是冯太后的人。

乙浑与常太后势力有合作关系，共同诛杀了好多禁军与武官，又跟冯太后的势力死磕。

至此，局面基本明朗。我们再来复盘一下交锋现场：

1. 拓跋濬死，乙浑隔绝内外控制了宫禁，杀了好几个禁军武官。[①]

属于常太后势力的林金闾帮着乙浑杀的这些禁军武官。[②]

结论一：那些禁军武官是冯太后的，被两方势力联手偷袭了。

2. 冯太后势力的拓跋郁率麾下数百禁军从顺德门入，扭转了局面并打算干掉乙浑，乙浑害怕了，因此出来问拓跋郁："你闯进禁宫是什么意思？"拓跋郁表示他要见皇上！乙浑在"窘怖"后"遂奉显祖临朝"。

注意乙浑和拓跋郁的交锋点在于小皇帝拓跋弘！

乙浑扔出了常太后势力的林金闾做挡箭牌，但又被常太后势力的和其奴保下，最终在拓跋郁的刀兵相加下，"遂奉显祖临朝"。

结论二：冯太后方面的底线是小皇帝要临朝继位！

至此，局面清晰了：

1. 常太后死后，拓跋濬和冯太后都开始加大马力填补权力空白，但有一部分常太后的势力并没有对接进冯太后的新阵营。

2. 拓跋濬突然驾崩，权力大厦失衡，面对冯太后越来越大的势力，乙浑的皇党和常太后余党结成了临时联盟，在拓跋濬死后突然发动政变，隔绝内外控制了宫禁，杀了冯太后势力的禁军武官，打算立一个新皇帝，从而彻底打掉冯太后一党。

[①] 《魏书·顺阳公郁传》：高宗崩，乙浑专权，隔绝内外，百官震恐，计无所出。《魏书·显祖纪》：车骑大将军乙浑矫诏杀尚书杨保年、平阳公贾爱仁、南阳公张天度于禁中。

[②] 《魏书·和其奴传》：高宗崩，乙浑与林金闾擅杀尚书杨保年等。

乙浑等人想要立的新皇帝是谁呢？很可能是拓跋濬的次子拓跋长乐，拓跋长乐在 479 年与内行长乙肆虎谋反被赐死。[①] 乙肆虎，跟乙浑有关系吗？这个姓真的那么凑巧吗？

3. 计划得很好，但很遗憾乙浑杀了很多人后最终棋差一着，漏了拓跋郁兄弟，并且最终让对方兵临宫下了。

拓跋郁兄弟表态他们要见小皇帝，无奈之下，乙浑抛出了常太后一党做挡箭牌，并最终让拓跋弘登基。至此，卖友求荣的乙浑连常太后一党也得罪了。

4. 乙浑在暂时获得最高控制权后火力全开，跟常冯二太后的党羽动刀，杀了有常、冯二太后背景的陆丽，有冯太后背景的拓跋郁，以及有常太后背景的林金闾，妄图一家独大。

七月初二，太尉乙浑成为北魏历史上的第一个丞相，位居诸王之上，事无大小皆由乙浑决定。

乙浑在此次政变中的表现相当可圈可点，但他笑到最后了吗？

这次复盘中明确了一件事，冯太后的势力相当大，即便遭到了两股势力的偷袭，还是没被赶尽杀绝，依旧顶住了局面。

冯家这丫头在常老太死后迅速掌控了局面和权力，她真的是侥幸吗？

---

① 《魏书·安乐王传》：安乐王长乐，……贪暴弥甚，以罪征诣京师。后与内行长乙肆虎谋为不轨，事发，赐死于家。

四、平城之巅的统战天才

466 年二月初二，在乙浑发动政变的七个月后，文明太后冯氏密定大策反杀了乙浑，随后开始临朝听政。[1]

冯太后的撒手锏，是侍中拓跋丕。

拓跋丕在拓跋焘时代就是羽林中郎将，当年跟着拓跋焘南下到过瓜步，拓跋弘继位后累迁侍中。拓跋丕在此次政变中挑头上奏乙浑谋反，随后冯太后诏令拓跋丕率拓跋贺与牛益得去诛杀了乙浑。[2]

乙浑究竟是怎么死的，跟他是怎么出现在朝廷时一样，除了这句话之外史书上什么线索都没有。

其实也没必要深究了，无非被冯太后偷袭得手，跟他当年在拓跋濬死后突然袭击杀了好多禁军武官一样。只不过乙浑没有像拓跋郁神兵天降闯进宫里来救他的后手。这也显示出了冯太后的底蕴，她前面掩藏

---

[1] 《魏书·文成文明皇后冯氏传》：显祖即位，尊为皇太后。丞相乙浑谋逆，显祖年十二，居于谅暗，太后密定大策，诛浑，遂临朝听政。

[2] 《魏书·东阳王丕传》：提弟丕，世祖擢拜羽林中郎。从驾临江，赐爵兴平子。显祖即位，累迁侍中。丞相乙浑谋反，丕以奏闻。诏丕帅元贺、牛益得收浑，诛之，迁尚书令，改封东阳公。

了好多张牌。

冯太后主政了一年半，又一次政治地震来袭。

467年八月二十九，小皇帝拓跋弘生下了皇子拓跋宏，也就是后世大名鼎鼎的孝文帝，冯太后亲自抚养小皇孙，把政治权力还给了十四岁的拓跋弘，小皇帝一经亲政就展现出了相当不错的政治能力。[①]

继拓跋嗣、拓跋焘、拓跋晃、拓跋濬之后，北魏开出了第五张皇长子的威武彩票。

二十六岁的冯太后发现十四岁的拓跋弘居然是个政治手腕相当高明的孩子。

就在诛杀乙浑的五天后，侍中拓跋孔雀和陆丽之子侍中陆定国分别封王。从侍中的职位及封王的时间来看，两人应该是冯太后的得力干将。

但是，拓跋孔雀和陆定国在十年后，也就是献文帝拓跋弘被冯太后搞死的时候，两人分别是如下下场：拓跋孔雀在拓跋弘死后一个月被赐死；陆定国在拓跋弘死的前一年就被免爵当大头兵去了。这两人都是拓跋弘的铁杆。

拓跋弘生了皇子后迅速亲政，拿回了权力，随后改元"皇兴"。什么意思？

从后面他和他"妈"的关系来看，这个"皇兴"不是指后继有人大业将兴的意思，而是拓跋家的男人要摆脱东北女人的控制了，他作为皇帝要伸伸胳膊了！

就冯太后亲自抚养皇孙还政于拓跋弘，双方的内部博弈并不清楚，总之应该是拓跋弘不想受这个没有血缘关系还间接弄死他亲娘的冯太后的控制，皇权派与冯太后派在权力斗争后，冯太后将眼光放到了未来。

----

① 《资治通鉴·宋纪十四》：戊申，魏主李夫人生子宏。夫人，惠之女也。冯太后自抚养宏；顷之，还政于魏主。魏主始亲国事，勤于为治，赏罚严明，拔清节，黜贪污，于是魏之牧守始有以廉洁著闻者。

小皇帝拓跋弘的"保母"史书无载,不过根据冯太后养皇孙的操作,拓跋弘之前的"保母"很可能是常太后。

冯太后致敬前辈,约定俗成地提出了抚养皇孙,也因此没什么异议地顺利接手拓跋宏。

冯太后没有与拓跋弘硬碰硬,而是"曲线甩出了勾拳"。她把小皇子控制到手,亲自当"保母",这就控制了北魏的未来。她把政权先给拓跋弘,把拳头收回来,瞅准机会再抽他。

冯太后最大的隐患是刚刚出生的小拓跋宏的寿命。那个年代,男孩的夭折率很高,尤其拓跋弘这种十四岁就早早生子的人,所生的孩子质量其实不会太高,因为拓跋弘还没发育全。

十四岁生儿子和二十四岁生儿子,儿子的质量绝对不一样。但是,历史可能为了配合这帮北魏"保母"打脸拓跋珪,给予了北魏王朝世所罕见的皇长子存活率。

别看北魏的皇帝一个个地在二三十岁时成了"甩完籽"就死的"大马哈鱼",但这群人在幼年童年青少年的时候一个个都是铁罗汉活金刚,多艰苦的环境都能活下来,如野草般顽强!

题外话,有一种说法:孝文帝拓跋宏是冯太后的私生子,冯太后生产后回家带孩子去了。

这不可能,有三个理由:

1.从后面冯太后与拓跋弘的权力搏斗中可以看出来,双方最后剑拔弩张,到了势不两立的地步,如果冯太后当了寡妇再生出来孩子,北魏就算再开放也不能允许皇太后寡居生子这种情况出现,这属于一票否决的,早就被拓跋弘攻击死了。

2.孝文帝拓跋宏的亲妈李氏是在拓跋宏出生一年多后也就是469年死的,如果拓跋宏真的是冯太后的私生子,那冯太后早早就该杀李氏灭口,不可能留着李氏这个隐患当证据。

3.冯太后唯我独尊,多次想废了孝文帝并实实在在走了程序,如果拓跋宏真是她自己的孩子，她不会下此狠手的。

冯太后退位后并没有隐居二线真的抱孩子去了，而是与拓跋弘继续展开权力的博弈。

468年秋九月辛亥，拓跋弘封了自己的亲叔叔拓跋桢为南安王，拓跋长寿为城阳王，拓跋太洛为章武王，拓跋休为安定王。

算上乙浑擅权时代被召回平城的五位皇叔［冬十月，征阳平王新成、京兆王子推、济阴王小新成（死于467年）、汝阴王天赐、任城王云入朝，召五王进京大概率是乙浑为了减轻外部压力］，至此拓跋弘身边已经有拓跋新成、拓跋子推、拓跋天赐、拓跋云、拓跋桢、拓跋长寿六位封王级别的皇叔分别处于内都大官、外都大官等重要岗位拱卫皇权了。拓跋弘通过扩大皇族的权力来进一步巩固皇权。

469年六月辛未，立皇子拓跋宏为皇太子，其生母李氏依旧制被杀。冯太后把皇孙拓跋宏继承皇位的"手续"给办下来了。

470年五月，拓跋弘封皇弟拓跋长乐为建昌王继续拱卫自己。

九月，柔然南侵，拓跋弘亲征，大捷。

此次大败柔然，拓跋弘携大胜之威开始向冯太后输出火力，攻击冯太后私生活不检点，杀了冯太后的男宠李弈。①

李弈的哥哥李敷是拓跋焘、拓跋濬时代的重臣，和李弈以及另一个兄弟李式还有从弟李显德、妹夫宋叔珍等同时被杀。②下手的李䜣，是拓跋弘的心腹小弟。③

---

① 《魏书·文成文明皇后冯氏传》：太后行不正，内宠李弈，显祖因事诛之，太后不得意。

② 《魏书·李顺传》：敷既见待二世，兄弟亲戚在朝者十有余人。弟弈又有宠于文明太后。李䜣列其隐罪二十余条，显祖大怒，皇兴四年冬，诛敷兄弟，削顺位号为庶人。敷从弟显德、妹夫广平宋叔珍等，皆坐关乱公私，同时伏法。

③ 《北史·李䜣传》：䜣既宠于献文，参决军国大议，兼典选举，权倾内外，百僚莫不曲节以事之。

和冯太后一派的李敷同时被杀的还有平定山东的功臣慕容白曜。理由是慕容白曜当年是乙浑的小弟。[①]

客观而言，刚刚十七岁的拓跋弘还是太年轻太气盛了。大胜柔然后威风抖得有点大，打击面有点广。

慕容白曜跟乙浑有关系杀了就杀了，但冯太后的男宠能随便动吗？你要么动冯太后本人，要么势大力沉地给她的余党进行毁灭一击，你得学冯太后干掉乙浑时的那种一击毙命的招式，找理由弄死她的男宠除了激化矛盾外没有什么根本意义。

不到一年，冯太后的反击来了，看看冯太后的操盘质量。

471年六月，十八岁的拓跋弘出巡河西。七月，转道阴山。

八月初一回宫，因为有惊天大事发生，拓跋弘以人间不值得为由，打算紧急传位给叔父拓跋子推，大臣们不同意。八月二十，拓跋弘传位太子拓跋宏。[②]

八月二十三，太上皇拓跋弘迁到崇光宫居住，此宫极其简陋，朝廷有大事，群臣仍向他请示。[③]

虚岁十八，理论上还没成年的拓跋弘就此成为史上最小的太上皇，而且住的地方类似于冷宫。

这意味着，471年自六月拓跋弘出巡后的两个月中，平城发动了政变。很明显，拓跋弘输给了他那潜伏了四年多的"妈妈"——冯太后。

《魏书·天象志》中关于拓跋弘这几年亲政是这么记载的：皇兴元年即467年十一月，冯太后退居二线后仅仅两个月，天象就表示后宫有

---

① 《魏书·慕容白曜传》：四年冬见诛。初乙浑专权，白曜颇所依附，缘此追以为责。及将诛也，云谋反叛，时论冤之。

② 《魏书·显祖纪》：八月丁亥，车驾还宫。帝雅薄时务，常有遗世之心，欲禅位于叔父京兆王子推，语在《任城王云传》，群臣固请，帝乃止。丙午，册命太子。

③ 《北史·魏本纪》：己酉，太上皇帝徙御崇光宫，采椽不斫，土阶而已。国之大事咸以闻。

卷土重来之相，而且占卜后就给出了认定书，说拓跋弘的皇位坐不住。①

《魏书·天象志》明明白白地说了：四年（471）十月，诛济南王慕容白曜。明年，上迫于太后，传位太子，是为孝文帝。拓跋弘迫于冯太后的压力把皇位传给了太子。

来看看自八月初一到八月二十一发生了什么。

拓跋弘六月、七月例行公事去巡边，八月初一回到平城就出事了。仓促间拓跋弘打算禅位。

先是命题作文的开头，拓跋弘从小喜欢黄老思想与佛学，总恨不得出家，叔父拓跋子推为人厚道有名望，因此他打算禅位于叔叔。随后第一个关键人物源贺被喊来，时任太尉的源贺正督诸军，屯于漠南。源贺到了之后，拓跋弘才与群臣开会商议。群臣上来都不敢说话。②

第一个说话的是拓跋弘的叔叔任城王拓跋云，他说了好多大话，主旨就一句：父子相传已经成惯例，不要开历史的倒车，开了倒车会出大事，你对不起祖宗！③

拓跋云此时都督中外诸军事，中都大官，听理民讼，甚收时誉。拓跋弘让叔叔们拱卫自己保护皇权，但拓跋弘明显看错了这个叔叔。

---

① 《魏书·天象志》：先是元年六月，荧惑犯氐；是岁十一月，太白又犯之，是为内宫有忧逼之象。占曰："天子失其宫。"

② 《资治通鉴·宋纪十五》：魏显祖聪睿夙成，刚毅有断；而好黄、老、浮屠之学，每引朝士及沙门共谈玄理，雅薄富贵，常有遗世之心。以叔父中都大官京兆王子推沈雅仁厚，素有时誉，欲禅以帝位。《魏书·源贺传》：蠕蠕寇边，贺从驾追讨，破之。显祖将传位于京兆王子推，时贺都督诸军屯漠南，乃驰传征贺。贺既至，乃命公卿议之。《魏书·任城王传》：王公卿士，莫敢先言。

③ 《魏书·任城王传》：陛下方隆太平，临覆四海，岂得上违宗庙，下弃兆民。父子相传，其来久矣。皇魏之兴，未之有革。皇储正统，圣德夙章。陛下必欲割捐尘务，颐神清旷者，蒙副之寄，宜绍宝历，若欲舍储，轻移宸极，恐非先圣之意，骇动人情。又，天下是祖宗之天下，而陛下辄改神器，上乖七庙之灵，下长奸乱之道，此是祸福所由，愿深思慎之。

紧接着太尉源贺作为异姓王公中的实力派又表态："你叔叔说得对！"①

随后明显是冯太后的党羽、剿灭乙浑的拓跋丕等带头表态："皇太子虽然好，但岁数确实小，您三思啊！"②拓跋丕的意思是：我们负责"假惺惺"地挽留您，您千万别提叔叔继位这事儿。

陆丽的哥哥尚书陆馛随后表态："你那五岁的儿子继位是'圣德承基，四海属望'，你要是舍弃太子传位你叔叔，我现在就死你面前！"③

陆馛也是实权人物，时任选部尚书（后改名吏部尚书，古代人事部门的负责人），在去年柔然犯边的时候，他负责录尚书台并总督后勤事务。④

拓跋弘大怒，脸色大变，又问另一个选部尚书宦官赵黑。赵黑道："我就认识皇太子，剩下的人免谈。"拓跋弘默然无语。⑤

紧接着德高望重的中书令高允也表态："我不敢多说，就一句话，当年周成王虽然小，但他也是毋庸置疑的天子，皇位是太子的。"⑥

---

① 《魏书·任城王传》：太尉源贺又进曰："陛下今欲外选诸王而禅位于皇叔者，臣恐春秋蒸尝，昭穆有乱，脱万世之后，必有逆飧之讥，深愿思任城之言。"

② 《魏书·任城王传》：东阳公元丕等进曰："皇太子虽圣德凤彰，然实冲幼。陛下富于春秋，始览机政，普天景仰，率土倸心，欲隆独善，不以万物为意，其若宗庙何，其若亿兆何！"

③ 《魏书·陆俟传》：显祖将禅位于京兆王子推，任城王云、陇西王源贺等并皆固谏。馛抗言曰："皇太子圣德承基，四海属望，不可横议，干国之纪。臣请刎颈殿庭，有死无贰。"

④ 《魏书·陆俟传》：蠕蠕犯塞，车驾亲讨，诏馛为选部尚书，录留台事，督兵运粮，一委处分。

⑤ 《资治通鉴·宋纪十五》：帝怒，变色；以问宦者选部尚书酒泉赵黑，黑曰："臣以死奉戴皇太子，不知其他！"帝默然。

⑥ 《资治通鉴·宋纪十五》：中书令高允曰："臣不敢多言，愿陛下上思宗庙托付之重，追念周公抱成王之事。"

拓跋弘传位给叔叔拓跋子推只是被突然发动政变后的殊死一搏，因为皇太子之母已经被杀，太子从小就是冯太后养着，太子继位就是冯太后夺回政权，拓跋子推在宗室中为至亲，历任侍中、征南大将军、长安镇大将以及中都大官等要职，论辈分则与冯太后相同，能继续跟冯太后掰掰手腕。

但是冯太后的势力明显要比拓跋弘强得多，四年多的潜伏期让冯太后变得超级强大。拓跋皇族中的拓跋云带头拥护冯太后并定调子，异姓王中源贺和陆馛这两个有实力的人喊打喊杀，宦官头子赵黑也是冯太后的人，拓跋丕等弄死乙浑的人更是冯太后的铁杆心腹。

最关键的是，除了拓跋丕这帮晚辈分的人象征性地挽留了拓跋弘一下，拓跋云、源贺、陆馛、高允这一群元老都是反对拓跋弘传位给叔叔，而不反对他传位给儿子的。这也就意味着代人集团在表态："你把皇位让给你儿子。"

再加上《魏书·天象志》说得那么明显，实锤就是冯太后在这次政变中，一棒子打蒙了刚回宫的拓跋弘。

拓跋弘最终无奈认栽，说道："有你们辅佐我的儿子，我传位有何不可，闹着喊着自杀也让我传位给我儿子的陆馛是直臣，定能保护我的儿子。"随后封陆馛为太保，与源贺持节奉皇帝玺传位于太子拓跋宏。[①]

政治天才冯太后在蛰伏四年多后，平地一声惊雷，翻开了自己的底牌，在代人勋贵集团召开的大会上完成了惊天大逆转。

拓跋弘虽然成为太上皇，但并没有完全失去权力。冯太后的势力虽然占了明显上风，但拓跋弘还在做力所能及的努力，希望多争取一些权力。

472 年二月，柔然犯塞，太上皇拓跋弘率诸将讨伐，柔然被吓跑，

---

① 《魏书·陆俟传》：久之，帝意乃解，诏曰："馛，直臣也，其能保吾子乎！"遂以馛为太保，与太尉源贺持节奉皇帝玺绂，传位于高祖。

太上皇还带将士们追了一阵子，三月回军后以散骑常侍、驸马都尉万安国为大司马、大将军，封安城王。万安国是拓跋弘的男宠。[1]

万安国被封王，是在太上皇拓跋弘退位七个月之后。这说明拓跋弘依旧在利用过去拓跋嗣时代太上皇出征的"旧制"，尽最大可能去掌握兵权并拓宽自己的影响力。

十月，柔然再次犯塞。十一月，太上皇又杀出去了。[2]

473年，太上皇依旧很活跃。

八月，孝文帝跟着太上皇一块去巡幸了河西，九月，一块回了平城。

十月，太上皇声称要亲自南讨，诏州郡之民十丁取一，每户收租五十石以备军粮。

十一月，太上皇南巡至怀州。

474年是个分水岭，从史书上就只看到了二月甲辰太上皇南巡归来的记载。这年八月的大阅兵，没看见太上皇的身影。

太上皇最后一次公开露面，是南巡的二十个月后，475年十月，柔然遣使朝贡，太上皇最后一次阅兵北郊。

476年六月甲子，平城诏中外戒严，分京师现有士兵为三等，进行紧急大调动。[3]

七天后，太上皇驾崩，男宠万安国被赐死，冯太后尊为太皇太后，

---

① 《魏书·万安国传》：安国少明敏，有姿貌。以国甥，复尚河南公主，拜驸马都尉。迁散骑常侍。显祖特亲宠之，与同卧起，为立第宅，赏赐至巨万。超拜大司马、大将军，封安城王。

② 《魏书·高祖纪》：冬十月，蠕蠕犯塞，及于五原。十有一月，太上皇帝亲讨之，将度漠袭击。蠕蠕闻军至，大惧，北走数千里。以穷寇远遁，不可追，乃止。

③ 《魏书·高祖纪》：六月甲子，诏中外戒严，分京师见兵为三等，第一军出，遣第一兵，二等兵亦如之。

正式临朝称制。①

太上皇被干掉的幕后主使比较明确，连《魏书》里冯太后的本传中都摊牌了："太后行不正，内宠李弈，显祖因事诛之，太后不得意。显祖暴崩，时言太后为之也。"

《北史·文成文明皇后传》写得更直接："太后不得意，遂害帝。"

《后魏典略》（又名《后魏国典》）中写得比较详细："太后伏壮士于禁中，太上入谒，遂崩。"

拓跋弘死后，男宠万安国第一个被弄死，拓跋子推、李䜣、韩颓等明确是太上皇党羽的人也相继被拿下。

冯太后吃透了"子立母死"的制度，致敬了当年的老乡以及领路人常太后。

常太后因为是拓跋濬的"保母"从而拿下了北魏大权，冯太后在政局并不明朗之时以太后之尊去当"保母"，退下来在背后不断蓄力，在拓跋家长子就是不夭折的"神力"加持下，一步步地取得了政治主动，取得了几乎所有主要政治势力的拥护，用曲线的政治打法，最终彻底算计死了二十三岁的拓跋弘。

三十五岁的太皇太后冯氏，这个生于东北长于陕西的政治天才就此站在了平城之巅，开始俯瞰幅员万里的北魏帝国。

---

① 《魏书·高祖纪》：辛未，太上皇帝崩。壬申，大赦，改年。大司马、大将军、安城王万安国坐矫诏杀神部长奚买奴于苑中，赐死。戊寅，征西大将军、安乐王长乐为太尉；尚书左仆射、南平公目辰为司徒，进封宜都王；南部尚书李䜣为司空。尊皇太后为太皇太后，临朝称制。

五、成功改革的前几步棋该怎么走？

北魏自拓跋珪 398 年十二月即皇帝位，至冯太后 476 年获得最高权力，此时已经接近八十年了。这近八十年来，北魏往前走了很多步。

第一代拓跋珪将河北、山西彻底打下来了，灭燕的巨大胜利不仅让活下来的北魏军团抢得盆满钵满，也给拓跋珪带来全族史无前例的巨大威望。通过利益的收买和军功的威望，拓跋珪能够强力推行"离散诸部，分土定居"，成立了平城京畿地区。

拓跋珪站在苻坚和慕容垂的肩膀上完成了混一诸胡的任务，不管你从前是匈奴、柔然、丁零还是东夷，从此有了一个共同的称谓——代人。

随后又采用了五等爵制度，团结了代人集团，并且亲自弄死了能力非常强的弟弟拓跋仪和一群功高震主的大佬，给"父死子继"开了个头。

第二代拓跋嗣主要就干了一件事：解决继承权的问题。

他一辈子都在想方设法让兄弟去死，帮儿子上位，真真正正地做到了为把皇位传给儿子什么事都能干出来。

拓跋嗣通过太子监国这一制度将父死子继的继承权制度牢牢地夯实了，再不是兄终弟及了，拓跋焘死的时候宗室接班根本就没进入讨论序列。

第三代拓跋焘带领代人集团开始突飞猛进，雄才大略的他将整个北境统一，并将六镇设立完毕，从而使马匹的供应源源不断，拿下凉州，将汉化的硬件都给配好了，一口气打崩了南朝的心理防线。

第四代拓跋濬休养生息，在常太后的稳定加持下接住了拓跋焘征战三十年后的北魏朝堂。

第五代拓跋弘，或者说在冯太后所掌控的权力游戏的上半场，趁着刘宋内乱，将山东和淮北彻底拿到了手。

北魏的疆域在扩大，代人集团的文化素质在西凉的文化加持下也不断提升，在这近八十年里北魏硕果累累。

不过北魏内部的制度建设却没有走太远，平城解决了混一诸胡的问题，但没有在混一胡汉的路上走得更远。

太行以北是一套思路，太行以南是一套思路。

对于传统汉地的治理技术，对于控制汉人的礼乐制度和编户齐民以及信仰融入，北魏其实并没有下功夫去做，或者说，根本没找到太好的办法。朝廷摸不清具体的人口和土地，管理起来相当粗犷。

北魏太宗拓跋嗣时代，拓跋嗣在 418 年调军粮时就一户征收五十石了。[①] 到了太上皇拓跋弘时代，拓跋弘在 473 年调军粮还是一户五十石。[②]

每户五十石，这是个相当吓人的税收数字。半个多世纪过去了，赋税的征收依旧相当暴力没有变化。

北魏为什么要收这么高的税？

因为官员下乡看见一个村子，看上去有上万口人，但一问村长就

---

① 《魏书·太宗纪》：九月甲寅，诏诸州调民租，户五十石，积于定、相、冀三州。

② 《魏书·高祖纪》：冬十月，太上皇帝亲将南讨。诏州郡之民，十丁取一以充行，户收租五十石，以备军粮。

只有十来户，他们摸不清人口，也查不清土地，要是进村硬抢，可能就被打死在里面了。不过，虽然地头蛇很强，但他还是害怕官员调军队来村子里，所以他也不敢跟官员太不对付。

崔浩作为狗腿子当年是这么劝阻拓跋嗣不要迁都邺城的："河北人一直以为咱们人口、牲畜众多，号称'牛毛之众'，现在如果迁都，河北诸州分配不了多少人，大家一看我们就那么点家底，也没什么可怕的，就会看不起我们，赫连勃勃和柔然也会来找我们的麻烦，到时候太行以西非我们所有。如果不迁都，就算山东有什么变化，咱们也能轻骑南出耀武扬威，河北人不知咱们的虚实，自然畏服我们，这是长远的方略。"

没有骑墙者，怎么可能统治另一个民族。只有自己人，才能知道自己的死穴在哪里。

北魏的官员仗着平城的巨大威慑，于是狮子大开口对村长说："你们村估一个数，每户五十石。不能便宜了你们，但我也尊重你作为村长的独立自主权，因为我不能动不动就向上级汇报来屠村。"双方各让一步，就这样官方与地方村镇互相妥协了好几十年。

对于北境游牧民族则是老打法：征伐、控制。八十年过去了，北魏标标准准地就是个马背上的王朝，每年带着代人集团去扫荡一通，抢牧奴，抢马源。

这样有一个好处，就是北魏始终有着强大的战斗力，并因此能形成巨大的武力震慑，从而不断攫取到南面的财富吓唬汉人交租，这其实有点后面辽国的"一国两制"思路。

但这也有一个隐患，就是汉人在和平时代的总量爆发力：能生产，能劳动，只要给汉人一个稳定的生产经营环境，每隔几年就能创造出一堆伟大的成果。

随着南面的承平日久，人口和财富都会爆炸性地增长，届时太行以东的汉人是否还会认可拓跋鲜卑这个政权，是否还老老实实地交五十石的租，是否会自发地反抗鲜卑异族的压迫，是否大江以南再出一个刘裕，这都是巨大的不确定性和隐患。

时代在推着北魏政权去思考如何控制数量越来越庞大的中原汉人。

更重要的是，以往君主巡边这条路突然间阶段性地走不了了。以往每任君主几乎每年都要带着队伍出去拉练一通，打打柔然，打打猎，既能加强对国家军事的控制，保持威慑力，也能去外面抢一些物资补贴国用。

到了冯太后这里，这一招使不了了。

可能有人会有疑问，让孝文帝拓跋宏去率队亲征呀，这孩子过十岁了，按照拓跋家皇帝早熟的传统，这肯定没问题。常太后当家的时候，拓跋濬也是十几岁就满世界征伐。

具体问题要具体分析，冯太后有一点比不了，拓跋濬跟常太后的感情非常深厚，襁褓中结交，斗争中成长，政变中升华，皇位都是常太后给他抢来的。

拓跋宏的爹和娘却都是冯太后给弄死的，尤其拓跋宏的太上皇爹，小拓跋宏是亲眼看冯太后打着他的招牌一步步把他爹挤对死的。

虽然拓跋宏是冯太后带大的，但毕竟血浓于水，小皇帝跟她能一条心吗？结合冯太后后面十五年对孝文帝的管控来看，她是一丁点也不放心的。

如果让这孩子年年带着队伍去征伐，他还是正牌的皇帝，他的威望万一树立起来了呢？实在太危险，绝对不能给他军权！

但是冯太后又没办法自己骑着马满世界地吆喝自己是白山黑水的合法继承人，辽北公主，打倒乙浑恶势力的人，魏国人民的女王，华夏的统治者暨全境守护者，大草原上"安能辨我是雄雌"的政变不败者，拓跋濬之妻、拓跋弘之母、拓跋宏之祖母，文明太皇太后。

冯太后没办法像之前八十年北魏国主那样行万里路去控制这个国家，这都逼着冯太后必须用一个更适合自己的方式去控制这个方圆万里的国家。

文明太后，这个不世出的政治家，开始改革了。

这是一次堪称史诗级的伟大改革，冯太后脑中开全图般地稳健地走对了每一步，每一步都如教科书般，值得被永远研究和铭记。

466 年，二十五岁的冯氏经过七个月的谋划，发动政变搞死了乙浑，第一次临朝听政。

一年后的 467 年，二十六岁的冯氏退居二线做"保母"，把大权交回给了十四岁的拓跋弘。

过了四年多，471 年，三十岁的冯氏发动第二次政变，这次的突然翻牌让拓跋弘发现，他这个"妈妈"几乎拉拢了整个代人集团。

又五年后，三十五岁的冯氏发动第三次政变，弄死了二十三岁的拓跋弘。

冯氏发动的每次政变，都有以下特点：

1. 每次都有心腹人员冲锋在前。

2. 过程都极其干脆利索，将波及范围控制在了平城禁宫内，绝对不搞大规模屠杀。

这种政治才华和对权力的理解，超越了绝大多数的过往君主。

冯太后临朝称制独掌朝纲后，孝文帝拓跋宏成了摆设，拓跋宏事无巨细全部汇报给冯太后，冯太后靠着自己的智略和气魄无论生杀赏罚都能迅速给出合适的决断。[①]

冯太后对有才干的宦官委以重任，像王琚、张祐、抱嶷、王遇、符承祖这帮人，把他们从底层提拔至了王公级别，官至尚书左仆射、侍中、吏部尚书、刺史乃至掌兵的将军等。[②]

---

① 《魏书·文成文明皇后冯氏传》：自太后临朝专政，高祖雅性孝谨，不欲参决，事无巨细，一禀于太后。太后多智略，猜忍，能行大事，生杀赏罚，决之俄顷，多有不关高祖者。是以威福兼作，震动内外。

② 《资治通鉴·宋纪十六》：所幸宦者高平王琚、安定张祐、抱嶷、冯翊王遇、略阳符承祖、高阳王质，皆依势用事；祐官至尚书左仆射，爵新平王；琚至征南将军，爵高平王；嶷等官亦至侍中、吏部尚书、刺史，爵为公、侯，赏赐巨万，赐铁券，许以不死。

这跟南面刘骏以"寒门掌机要"来打造中书舍人集团和直阁将军集团异曲同工。

冯太后利用宦官集团出入禁宫传递信息，甚至让宦官掌机要，打造了自己的"东厂"。

对外，冯太后开始大规模地任用汉人知识分子。

冯太后第一次当政的时候就把高允、高闾、贾秀等汉人高官们引入高层，让他们参与大事的决策。[①]高允和高闾都是河北汉人，贾秀是凉州汉人，三人都很有名望。

冯太后第二次获得政治斗争的决定性胜利后，更是用了很多她喜欢的汉人知识分子，像王叡、李冲等都因为才能和模样获得了高官，甚至免死之诏的好处。[②]

重用宦官和男宠，从常理来说，这是要亡国的节奏呀，这得说一下冯太后的政治能力。

首先冯太后的男宠和宦官都必须是有能力的人，尤其下一节出场的李冲，他可是北魏汉化的核心人物，而且冯太后对于宠幸的人从来都是赏罚分明，即便有小过错也必定会鞭打责罚，甚至鞭至百数。

冯太后也从来不记隔夜仇，第二天依旧善待如常，甚至有人被打后转天获得更大的富贵，所以身边的人都挨过太后的打，但始终对太后忠心耿耿，所谓"而无宿憾，寻复待之如初，或因此更富贵。故左右虽被罚，终无离心"。

惩罚身边的人有两个目的：

1. 为了让他改错，以后别在同样的问题上给你增加成本。

---

① 《资治通鉴·宋纪十三》：会侍中拓跋丕告浑谋反，庚申，冯太后收浑，诛之……太后临朝称制，引中书令高允、中书侍郎高闾及贾秀共参大政。

② 《魏书·文成文明皇后冯氏传》：王叡出入卧内，数年便为宰辅，赏赉财帛以千万亿计，金书铁券，许以不死之诏。李冲虽以器能受任，亦由见宠帷幄，密加锡赉，不可胜数。

2.为了让他对你敬畏，从而自律，今后自动给你降低成本。

你无论是管孩子还是管下属，本质上都是出于上面两个目的。

说到底，惩罚是件生意，不是个情绪事件。如果惩罚没有就事论事地让对方改了错，没有让他在心灵上产生懊悔之意或者对你产生敬畏，这惩罚就没有意义。

大多数人把惩罚别人当作了自己的心理解压器，并没有瞄准上面的两个生意问题，而是聚焦于自己的情绪和虚荣问题。你知道这样的成本有多高吗？你的几句"刀子话"将来很可能就会变成插进你身体的刀子。

有一次冯太后身体有病要服药，结果厨子把药端错了，端出来了一碗粥，粥里居然还有个大虫子。冯太后没当回事，直接拿勺把虫子舀了出来，旁边的孝文帝立刻大怒，打算大刑伺候，太后笑了笑把厨子给放了。①

要是冯太后同意对厨子大刑伺候，厨子万一脑子一热，说不定将来哪天给她放毒药了呢？

我小时候跟我爸出去吃饭，记得最深的就是从来不让我找厨子的碴儿，我爸就说一句话："他把菜端回去万一给你吐口痰呢？"

这种事旁边马仔们一定会邀功咆哮，大领导一笑了之就可以了。

这样的恩情，厨子能记一辈子。

说一千道一万，一个合格的、铁了心的、经过考验的厨子其实是稀缺品。他看着不起眼，但掌握你的生死。你得罪他的成本太高。

南朝那几个十几岁的皇帝都怎么死的？他们就是不知道每次肆意妄为得罪人的潜在成本有多大。

怎么惩罚别人这事，得多琢磨琢磨。因为一定会用到。你的事业

---

① 《魏书·文成文明皇后冯氏传》：太后尝以体不安，服蓖子。宰人昏而进粥，有蝘蜓在焉，后举匕得之。高祖侍侧，大怒，将加极罚，太后笑而释之。

越大，需要凝聚的力量就越多，一定需要赏罚分明，这样才能团结队伍，凝聚人的意志。

惩罚就是个优化成本的工具，千万别跟自己的情绪扯上关系，一定要学着把情绪剥离出来。

冯太后的宠爱是全方位的，所有对男宠、亲信的赏赐和宠爱，都要拉上拓跋丕这些代人集团的功勋老兄弟们，所谓"又外礼人望东阳王丕、游明根等，皆极其优厚，每褒赏叡等，辄以丕等参之，以示不私"。

都是好手下，只不过他们能进我屋，你们都进屋我受不了，但我对你们都是疼爱的。

一方面赏赐手下极其大方，另一方面自己的生活却极其简朴，作为女人从不好华贵服饰，吃饭更是改掉了原来皇家花样繁多食材精细的排场，每次只在一张仅宽几尺的餐桌上吃饭，原来的皇家食谱减少了十之八九。[①]

这种反差，会让被赏赐的人极度扩大那种荣幸和珍惜的感觉：冯太后省吃俭用，都赏我了。

冯太后为政的风格是不搞奢侈浪费以身作则，身边的亲信必须能干听话，设定规矩就事论事进行实时赏罚不找后账。总体而言，在冯太后执掌朝政期间，政治环境是充满人情味的，大臣对她是敬畏的。

冯太后唯一有一个死穴，就是自己的性生活问题。只要有一丁点太后跟老爷们的风言风语，冯太后必定灭口，所谓"太后自以失行，畏人议己，群下语言小涉疑忌，辄杀之"。

宫里的风言风语传到了市井就将是顶级的皇室花边新闻。冯太后临朝听政的政治核心是国母太皇太后。这种流言绝不能有！

---

① 《魏书·文成文明皇后冯氏传》：性俭素，不好华饰，躬御缦缯而已。宰人上膳，案裁径尺，羞膳滋味减于故事十分之八。

479 年，北魏开始命中书监高允议定刑律法令。

481 年，北魏中书令高闾等人重新制定的新律令完成，共八百三十二章。其中，有关灭门灭族的律令有十六章，有关死刑的律令有二百三十五章，其他各种刑罚的律令有三百七十七章。[1] 八百三十二章，几乎能想到的全想到了，北魏准备依法治国了。

482 年七月，魏发州郡五万人治灵丘道。这条道脱胎于 396 年三月，"老妖精"慕容垂奇袭平城时凿通的涞源至灵丘的那条不通的山路。（见图 7-1）

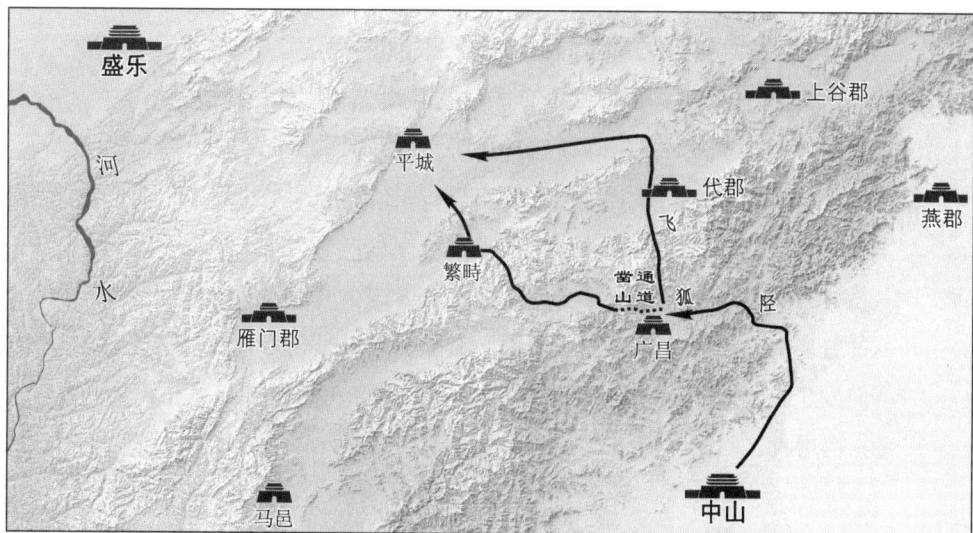

图 7-1　慕容垂偷袭平城示意图

两年后，拓跋珪收获了舅爷爷慕容垂馈赠给他的最后一笔遗产，作为河北的主人胜利回归时"发卒万人治直道，自望都凿恒岭至代五百余里"，拓宽了这条自中山去平城的"五百里高速公路"。

---

① 《资治通鉴·齐纪一》：魏中书令高闾等更定新律成，凡八百三十二章；门房之诛十有六，大辟二百三十五，杂刑三百七十七。

一晃八十多年过去了，朝廷释放信号，要加强对山东的控制了。

十一月，孝文帝亲自祭祀祖先七庙，命礼仪部门负责研究出一套礼仪流程，按古制置办祭祀所用牲畜、礼器、礼服和乐章，并规定从此以后四季开始照此规格常祭。[①]

当北魏开始从祭祀下手进行信仰融合的时候，千万不要小看这个信号。

483 年闰四月二十九，孝文帝生下儿子拓跋恂，冯太后以拓跋恂当为太子依"子立母死"故事，赐林氏死，自己又做了"保太奶"，把拓跋恂抱回去养了。[②]

484 年，稳稳控制政权八年，新律法颁布三年后，冯太后开始动第一个硬茬了。（注意，冯太后给了官员时间去适应。）她要反腐了。

北魏旧制规定：每年每户的租调分别为二匹布帛，二斤棉絮，一斤丝，二十斛谷米，后来又增缴了一匹二丈布帛存入本州州库，用来当作税收过程中的损耗。[③]

九月，北魏下诏表示："给官员发工资这事其实我们很早就干了，不过后来中原战乱，就忘了这事了，现在朕依照旧有的典章制度要给官员们发工资，从此每户租调增缴三匹帛、二斛九斗米作为官员们的俸禄，再增收二匹帛作为损耗备用。"[④]意思就是从此以后谁要是再敢贪污

---

① 《资治通鉴·齐纪一》：十一月，魏高祖将亲祠七庙，命有司具仪法，依古制备牲牢、器服及乐章；自是四时常祀皆举之。

② 《资治通鉴·齐纪一》：闰月，癸丑，魏主后宫平凉林氏生子恂，大赦。文明太后以恂当为太子，赐林氏死，自抚养恂。

③ 《资治通鉴·齐纪二》：魏旧制：户调帛二匹，絮二斤，丝一斤，谷二十斛；又入帛一匹二丈，委之州库，以供调外之费。

④ 《资治通鉴·齐纪二》：所调各随土之所出。丁卯，诏曰："置官班禄，行之尚矣；自中原丧乱，兹制中绝。朕宪章旧典，始班俸禄。户增调帛三匹，谷二斛九斗，以为官司之禄；增调外帛二匹。"

我就不客气啦，现在大赦天下，之前贪污的既往不咎。

随后冯太后向各地派出官员，刮起了反贪风暴，所谓"至是，义赃一匹，枉法无多少，皆死。仍分命使者，纠按守宰之贪者"。

北魏立国近百年后，终于想起来给官员发工资了，当然，羊毛出在羊身上，又给每户加了税，连调外的损耗都是百姓来承担，朝廷自己是不吃这个亏的。

不过，各地宗主豪族以及百姓们相对来讲也是不敢有怨言的。因为朝廷从此说让缴多少就缴多少，过去官员没有俸禄的时候，缴纳多少是要看官老爷们的心情。

官员们也不敢有怨言，因为朝廷确确实实给他们工资了，不仅给他们工资，还给了不少。

过去是户调帛三匹两丈，絮二斤，丝一斤，户租谷二十斛；现在增户调帛三匹，户租谷二斛九斗，给官员们专门当工资。

户调增加了近一倍，户租增加了近百分之十五，还增了两匹帛来做损耗，这不就是给官员们的隐形福利嘛！

规则给你定好了，利益给你足够多了，我仁至义尽，再犯可就怪不得我了。

颁布反贪严令后，要抓大贪官起到震慑效果，这个政令才算真正能落地。

第一个不长眼的典型是秦、益二州刺史，外戚李洪之（拓跋弘娘舅），在俸禄制度实行后还不收手不回头，随后被押到平城，孝文帝召集百官，亲自历数罪状，命其自杀。抓住的第一批贪赃的地方官四十多人也被处以死刑。[①]

---

① 《资治通鉴·齐纪二》：秦、益二州刺史恒农李洪之以外戚贵显，为治贪暴，班禄之后，洪之首以赃败。魏主命锁赴平城，集百官亲临数之；犹以其大臣，听在家自裁。自余守宰坐赃死者四十余人。

至此，"受禄者无不局，赇赂殆绝"，北魏朝廷上下都是一股清风正气，行贿受贿的事几乎被杜绝了。

作为对比，除了贪污腐败之外，北魏对其他问题全部网开一面，基本上不是超级大罪都会免除死刑，只是流放边关，被判死刑的一年也超不过五六个人，州郡、边镇的处罚就更少了。[①]

这是什么意思？是说除了贪污这事，剩下的都是小事。建立全国范围内对贪腐问题的高压态势。

反贪的主要目的有三个：

1. 打击圈子文化，紧抓人事权，切断官员们之间的利益往来。

2. 对百姓树立朝廷的公信力，方便推行后面的政策。

3. 对官僚阶层树立朝廷的威慑力，让每个官员紧盯朝廷的风向标，明确知道自己的路该怎么走。

反腐的后手是要干大事，准确地说，是冯太后要改革的前兆。

485 年正月，北魏统一"神秘文化"解释权，下诏说："凡是图谶、纬书一概烧掉，有私自保存的一律处以极刑。"并对宗教人士进行管控，禁止街边摆摊算卦等活动。[②]

与此同时，冯太后作《皇诰》十八篇，在太华殿大规模地宴请文武百官，正式颁布《皇诰》。[③]

所谓的"诰"，有两种意思：

1. 古代统治者颁布的一种训诫勉励的文告。

---

① 《资治通鉴·齐纪二》：然吏民犯他罪者，魏主率宽之，疑罪奏谳多减死徙边，岁以千计。都下决大辟，岁不过五六人；州镇亦简。

② 《资治通鉴·齐纪二》：戊寅，魏诏曰："图谶之兴，出于三季，既非经国之典，徒为妖邪所凭。自今图谶、秘纬，一皆焚之，留者以大辟论！"又严禁诸巫觋及委巷卜筮非经典所载者。

③ 《资治通鉴·齐纪二》：魏冯太后作《皇诰》十八篇，癸未，大飨群臣于太华殿，班《皇诰》。

2. 封建帝王对臣子任命或封赠的文字。

冯太后的这部《皇诰》，就是朝廷在统一官员们的思想后以制度的形式固定下来。

来看一下冯太后是如何一步一个脚印地实现自己的目的的：

1. 先制定《魏律》，做到有法可依，统一标准，让人心服口服。

2. 按古制祭祀祖先，抢占华夏正统的制高点。

3. 先礼后兵，给官员发放高薪，同时开启反贪风暴。

4. 抓典型，苍蝇老虎一起打，形成震慑力。

5. 紧抓文化的最高解释权，清除谶书等给社会带来不安定的因素。

6. 颁布《皇诰》，让全国臣民都知道规则。

这六步走，冯太后不紧不慢地走了九年。

每一步都很稳，冯太后开了压轴大幕：土地与户籍改革！

以史为鉴有两套经络：

1. "六经注我"，吸收那些化繁为简后的智慧，充实进自己的人生算法里。

2. 干一件事前，可以翻翻历史上那些成功的案例，看看人家为什么能成功，有哪些步骤，对比那些失败的案例，自己做对了什么，随后，因地制宜，建立自己的体系。

六、改革的核心点在哪里？

走完前面六步,《皇诰》颁布半年多后,公元485年,北魏开启了世纪改革的第一步:均田。

给事中李安世上书道:"每逢灾荒,百姓逃难,田地大多就被豪强和贵族们霸占掠夺了,现在土地兼并问题已经很严重了,朝廷应该使土地均衡,让耕者有其田,对于有争议的田产也应该在一定时间内给予断定,令天下的田产明确归属,杜绝有说不清楚的土地,以免糊弄政府。"孝文帝就此开启了"均田制"的大讨论。[①]

485年十月,"均田法"正式出台,北魏下诏派使者去各州郡颁布均田法令。

十五岁以上的男子每人可以得到四十亩专门种粮食的农田,女子每人二十亩,奴仆婢女按照普通成年人一样得到政府的土地。一头牛可得三十亩农田,但总量以四头牛为限,最多能得到一百二十亩。

所配农田,如果是隔一年才能耕种一次的贫瘠田地则增加一倍;

---

① 《资治通鉴·齐纪二》:给事中李安世上言:"岁饥民流,田业多为豪右所占夺;虽桑井难复,宜更均量,使力业相称。又,所争之田,宜限年断,事久难明,悉归今主,以绝诈妄。"魏主善之,由是始议均田。

如果是隔两年才能耕种一次的田地增加两倍。百姓到了应该纳赋的年龄就由政府配给土地，老了免税或死了以后土地则收归国有，对于奴婢和耕牛，根据每年的具体数量，再决定还田还是受田。[1]

初次受田的人，男子给二十亩桑田，规定种五十棵桑树，这部分土地可以世代经营，不用缴回官府。

每户在此基础上给予居住的宅基地，新居者三口给地一亩，奴婢五口给一亩。

对地方官吏，按官职高低进行分田，所得用于办公经费，官吏离职时移交于接任官。[2]

以上所有阶层，如果私自卖掉公田，则按照法律追究定罪。

最闪光的一点是："恒计见口，有盈者无受无还，不足者受种如法，盈者得卖其盈。"就是说官府对土地有盈余的农家不受田也不令其还田；对土地不够的农家则依法增加配给，之前田地有盈余的农家可以选择卖出自己的田产，这部分土地可以自由出售。

真的如"均田制"这名字说得那么好听，真的是为了均田吗？真的是为了给没有地的老百姓发放土地给一口饭吃吗？

真实的目的是为了清点人口和土地，逼着大户去官府那里确定自己的田产和人口。

如果百姓不确定土地权利，那么将来就全当公田给分了。

比如你是个超级大户，你家有一百口人，两百个奴婢，你全部指望"均田制"，就是从官府那里领三百乘以四十等于一万两千亩田。但

---

① 《资治通鉴·齐纪二》：诸男夫十五以上受露田四十亩，妇人二十亩，奴婢依良丁；牛一头，受田三十亩，限止四牛。所授之田，率倍之；三易之田，再倍之，以供耕作及还受之盈缩。人年及课则受田，老免及身没则还田。奴婢、牛随有无以还受。

② 《魏书·食货志》：诸宰民之官，各随地给公田，刺史十五顷，太守十顷，治中别驾各八顷，县令、郡丞六顷。更代相付。

很有可能你家有两万亩田。此次土地改革，你需要向官府汇报你有两万亩田，随后不领田也不还田，你可以卖你盈余的私田。

北魏朝廷希望让大户把财产汇报明白，让隐匿于大户手中的人口都出来领公田随后扩大税基。

但是，均田制有一个巨大的漏洞：隐匿的人口绝对不会因此而纷纷去找官府领田，因为赋税太高。

前面我们说过，早先北魏百姓的租调负担是极重的，尤其官员增加俸禄后，算上额外的耗费，每户要缴纳帛八匹两丈、絮二斤、丝一斤、粟二十二石九斗。每到有兵事时，朝廷还粗暴地给涨到五十石！

税率这么高，是因为北魏前面几十年的基层制度叫作"宗主督护制"。每个宗族设立一个宗主，主督护，所以老百姓都聚集在宗主的旗下，经常三五十家为一户。[①] 其实就是地方豪族的一个变种。

宗主作为基层行政的联络人去督护本族配合北魏官方征发的赋税和徭役。

一个宗族按理讲应该是一个宗主领导几百户人，但实际上地方官去收税时账面上就只剩一个宗主领导十几户人了。一大半的户口都藏起来了。

北魏也不傻，知道地方豪族耍小聪明，所以税率定得很高，狮子大开口，意思是告诉地方豪族："你们也别废话，咱们都尊重潜规则。"我尊重你这个宗主，你也要看明白我背后是代人集团。

税虽然没少收，但土地和人口的账本是真弄不清楚。北魏的地方官员们一旦要办事了，就派人下乡把各宗主召过来搞摊派。但每个村的家底和具体情况，官员们都不知道。

北魏不是不会精细化地管理人口，早在拓跋珪立国的时候就在平

---

① 《魏书·李冲传》：旧无三长，惟立宗主督护，所以民多隐冒，五十、三十家方为一户。

城京畿地区规划出了详细的"计口授田"区域。

被拓跋焘打掉的太子拓跋晃的官方记载很少，但难得的政绩就是其太子监国期间对计口授田区的精耕细作进行了政策引导。[①]

京畿地区不仅编户齐民做得好，还不被允许发展出庞大的宗族。京畿边缘的灵丘地区，当地大族罗思祖就很跳嚣，被连根拔起了。[②]

宗主督护制的主要对象是中原的汉人，是北魏在没有明确想明白怎么统治汉人区时的一种妥协办法。北魏其实早早就开启了三种统治方式的综合并用：六镇及北方草原，牧奴制；平城京畿地区，计口授田制；汉人区，宗主督护制。

北魏对各地汉人采取了宽容态度，自拓跋焘时代征调各地汉人进入政府机构，这都促使了北魏政权逐渐向胡汉联治方向发展，缓和了胡汉矛盾，这给河北及中原地区带来了几十年如一日的安定。

北魏攻打山东的时候赶上了连年大旱，但慕容白曜却能连着围攻山东好几年，其底气是整个太行以东的宗主们听从号令帮着运兵运粮。[③]

但是，宗主督护制也是有巨大局限性的。

1.宗族并没有被牢牢固定在一块土地上，宗族没有固定的地域，

----

① 《魏书·世祖纪》：初，恭宗监国，曾令曰"……其制有司课畿内之民，使无牛家以人牛力相贸，垦殖锄耨。其有牛家与无牛家一人种田二十二亩，偿以私锄功七亩，如是为差，至与小、老无牛家种田七亩，小、老者偿以锄功二亩。皆以五口下贫家为率。各列家别口数，所劝种顷亩，明立簿目。所种者于地首标题姓名，以辨播殖之功。"又禁饮酒、杂戏、弃本沽贩者。垦田大为增辟。

② 《魏书·张敷提传》：其灵丘罗思祖宗门豪溢，家处隘险，多止亡命，与之为劫。显祖怒之，孥戮其家。

③ 《魏书·食货志》：至天安、皇兴间，岁频大旱，绢匹千钱。刘彧淮北青、冀、徐、兖、司五州告乱请降，命将率众以援之。既临其境，青冀怀贰，进军围之，数年乃拔。山东之民咸勤于征戍转运。

一有天灾人祸，经常一个宗族就跑了，比如李显甫祖上是赵郡平棘人，李显甫率宗族数千家上万人来到殷州西山开辟了李鱼川。[①]

2.宗族没有户口限制，隐匿了大量人口，具有武装集团的性质。

李显甫，由于其祖、父两辈人都是北魏的老朋友，祖上与朝廷有渊源，所以这种万人迁徙开荒拓地的事就不是大问题，北魏后来迅速对其进行了宣抚，李显甫也顺利起家冀州别驾，后迁步兵校尉，还参与了南征，颇有军功，受封平棘县子，累迁河北郡守。

但如果是不受朝廷控制的宗主呢？

拓跋焘晚年的盖吴起义，使北魏的形势一度相当危机，造反主力河东薛氏的薛永宗就是大宗主。

崔浩晚年也是有造反想法的，450年，拓跋焘第一次南下的时候，崔浩是准备发动政变的，柳光世作为崔浩的妹夫是重要的棋子，作为河北太守要与河北义士搞联动，只不过后来崔浩被打掉，相关的河东大姓被大量屠灭诛杀。[②]

上面被屠杀的所谓"河北义士"与"河东大姓"，其实都是当地的宗主们。

国家不掌握户口，也就谈不上控制。如果再出一个崔浩呢？如果再出一个刘裕呢？

5世纪80年代，冯太后治下的最后十年，大江之南处于萧道成换刘家房本的关键时刻，根本无暇北顾；柔然这些年也被打得越来越弱，就周边环境来说，北魏来到了最好的一段时间。

---

① 《北史·李灵传》：豪侠知名，集诸李数千家于殷州西山，开李鱼川方五六十里居之，显甫为其宗主。

② 《宋书·柳元景传》：元景从祖弟光世，先留乡里，索虏以为折冲将军、河北太守，封西陵男。光世姊夫伪司徒崔浩，虏之相也。元嘉二十七年，虏主拓跋焘南寇汝、颍，浩密有异图，光世要河北义士为浩应。浩谋泄被诛，河东大姓坐连谋夷灭者众，光世南奔得免。

从国家底蕴来讲，冯太后前面十年的六步走已经铺好了路，北魏拿下河北也已经快一个世纪了，这个时长相当于羯赵、前燕、前秦、后燕统治时长的总和，时间能改变很多东西。

北魏的统治者可以集中力量解决内部问题了。

均田制颁布一个季度后，486 年二月，冯太后的男宠李冲又迅速推出了"三长制"。[①] 其实就是跟冯太后商议后，李冲起呈报件，冯太后上会召公卿们举手。

所谓"三长制"，就是从地方豪族的"乡人强谨者"中选择人才，依旧是当地人办当地事，五家立一邻长，五邻立一里长，五里立一党长，职责是检查户口，监督耕作，征收租调，征发徭役和兵役，三长享有一定的优待，邻长免一人官役，里长免两人，党长免三人，每三年一考核，干得好的能被提拔。[②]

给予的配套的减税政策是：一夫一妇帛一匹，粟二石。

没娶媳妇的丁壮，"四人出一夫一妇之调"，也就是每人出 0.25 匹帛，0.5 石粟。

奴婢则再减半，奴任耕，婢任绩者，八口当未娶者四，每人出 0.125 匹帛，0.25 石粟。

二十头耕牛出一对夫妇之调。

按一对夫妇一头牛这个最基本的家庭单位来算，此时每户每年只用缴纳 1.05 匹帛和 2.1 石粟。

税率对比前面的每户要缴纳帛八匹两丈、絮二斤、丝一斤、粟二

---

① 《魏书·李冲传》：旧无三长，惟立宗主督护，所以民多隐冒，五十、三十家方为一户。冲以三正治民，所由来远，于是创三长之制而上之。

② 《魏书·食货志》：十年，给事中李冲上言："宜准古，五家立一邻长，五邻立一里长，五里立一党长，长取乡人强谨者。邻长复一夫，里长二，党长三。所复复征戍，余若民。三载亡愆则陟用，陟之一等。"

十二石九斗的赋税来讲，仅为前者的十分之一。

这个比例也在《魏书·食货志》中得到了印证："初，百姓咸以为不若循常，豪富并兼者尤弗愿也。事施行后，计省昔十有余倍。于是海内安之。"

配合前面的"均田制"政策，这一对夫妇一头牛能从朝廷那里领到九十亩农田，二十亩桑田，三分之二亩宅基地。[①]

老百姓有了地，税负也降到了能负担的程度，小家小户和广大被宗主霸占土地的户口也能独立自主生活了。

但是在朝堂上，中书令郑羲和秘书令高祐等都说："三长制看起来好推行，但实际上不好推动。"郑羲还赌气道："要是不信，咱们可以搞试点，事情搞砸了，就知道我没糊弄人。"[②]

太尉拓跋丕多机灵啊，知道这是冯太后的意思，回答得比较委婉："我觉得这是利国利民的大法，我双手拥护，但现在正是征收赋税的月份，如果校定户籍，百姓一定会因苦生怨，我请求过了秋天到冬闲月的时候再派地方官去推行大法。"[③]

李冲说："'民可使由之，不可使知之'，就是因为现在征收赋税去办理，才能让百姓看到减税的好处，冬天去，老百姓只看到校正户籍的麻烦与辛苦，却不知道税已经减下来了，一定会心生怨恨，我们趁着推行三

---

① 《资治通鉴·齐纪二》：诸男夫十五以上受露田四十亩，妇人二十亩，奴婢依良丁；牛一头，受田三十亩，限止四牛。……初受田者，男夫给二十亩，课种桑五十株；桑田皆为世业，身终不还。《魏书·食货志》：诸民有新居者，三口给地一亩，以为居室，奴婢五口给一亩。

② 《魏书·李冲传》：中书令郑羲、秘书令高祐等曰："冲求立三长者，乃欲混天下一法。言似可用，事实难行。"羲又曰："不信臣言，但试行之，事败之后，当知愚言之不谬。"

③ 《魏书·李冲传》：太尉元丕曰："臣谓此法若行，于公私有益。"咸称方今有事之月，校比民户，新旧未分，民必劳怨，请过今秋，至冬闲月，徐乃遣使，于事为宜。

长制让百姓知道减税利民的政策推出来了，这制度也就方便推行了。"①

李冲所说的三长制的核心，是大幅度的减税！只有这样才有可能与地方豪强争夺人口，让藏匿起来的人口自动找地方官报到！

最后冯太后拍板："立三长，则课有常准，赋有恒分；苞荫之户可出，侥幸之人可止。何为而不可！"设立三长，租调有标准，藏匿的人口能查出来，为什么说它行不通！

冯太后一怒，群臣都不再说话了："群议虽有乖异，然惟以变法为难，更无异义。"

冯太后在大会上说得很明白："我要的是人口，是'苞荫之户可出，侥幸之人可止'。"

"均田制"+"三长制"这套组合拳打出后，看一下各阶层的盈与亏。

1. 宗主及地方豪族们。

吃亏在于没有办法再肆意盘剥大量的荫附户口了。

收益在于：

第一，土地被确权。

第二，赋税被降低。

第三，人口因为"三长"的设立依旧处于自己的可控范围。

李冲本人也说，"三长"的人选也是"长取乡人强谨者"，也还是地方豪族作为三长去控制这些人，大多数的宗主都可以摇身一变而成为新制度下的三长，基层行政权力依旧把持在强宗大族手里。

宗主依旧能盘剥他们，因废除宗主督护制而失去的经济利益，可以通过担任三长而得到弥补，只不过不能再像原来那样过分了，毕竟过

----

① 《魏书·李冲传》：冲曰："民者，冥也，可使由之，不可使知之。若不因调时，百姓徒知立长校户之勤，未见均徭省赋之益，心必生怨。宜及课调之月，令知赋税之均。既识其事，又得其利，因民之欲，为之易行。"

去很多户口被宗主们往死里压榨。老百姓自己顶门户过日子，赋税太高时只能抱团取暖，现在赶上好时候了，朝廷给地降税了。

最关键的是，朝廷的反腐力度现在这么强，宗主和豪族不敢太过分，能过过小日子就得了。

第四，自己免徭役。邻长家免除一个人的差役，里长家免除两个人的差役，党长家则免除三个人的差役。

第五，纳入了正式提拔体制。三年之内，没有过失，加升一级。

2. 弱小的老百姓。

吃亏：几乎无。

收益：得到了免费的土地和传代的桑田，降低到原来的十几分之一。

3. 北魏朝廷。

吃亏：短期内老百姓的赋税大规模降低，各地官府吃了大亏。

三长制实行一年后，齐州刺史韩麒麟上书表示："现在老百姓缴纳的赋税太少了，我辖区收上来的年租仅仅够维持政府日常开支的，虽然有利于民，但这不是常态啊！要是有天灾了，地方政府没机会自救。我觉得可以减少百姓绢布的缴纳，让他们多缴纳些粮食，这样更科学。"①

税率降得足够低，才能把人都引出来。

一种制度改革如果想要真的推行下去，除了威望、法治和铁军之外，最关键的一环在于一定要对被改革的利益方进行让利，拿利益去驱动他们。

天下熙熙，皆为利来；天下攘攘，皆为利往。这种事的核心不是

---

① 《魏书·韩麒麟传》：往年校比户贯，租赋轻少。臣所统齐州，租粟才可给俸，略无入仓。虽于民为利，而不可长久。脱有戎役，或遭天灾，恐供给之方，无所取济。可减绢布，增益谷租，年丰多积，岁俭出赈。所谓私民之谷，寄积于官，官有宿积，则民无荒年矣。

公平、公平和公平！永远是利益、利益和利益！心存公平，为了公平，这都是愿景。想真的达到公平，需要从利益方向找突破口。

"均田制"和"三长制"对于国家的长远收益是：

1. 地方土地账本。

2. 地方户口账本。

3. 地方三长账本。

冯太后着眼的是最根本的问题：人口以及管理人口的操作系统！国家掌握的户口越多，就意味着兵源和财源越来越稳定。这也是后面隋唐能屹立于世界的核心原因。

自光武中兴整顿了户籍至东汉崩盘，然后历经三国两晋，时隔了三百年，终于有一个政权对华夏大地再次做了土地与人口的普查。

这么牛哄哄的事，是冯太后牵头干出来的。

5世纪的平城时代，特殊的水土、特殊的环境、特殊的文化，最终酝酿与诞生了这个两千年来最特殊的不让须眉的巾帼！

七、大音希声，大象无形

486 年正月初一，孝文帝召百官朝见时开始穿戴汉制皇帝的礼服和礼冠。

四月初四，孝文帝第一次穿皇帝法服乘皇帝辇车到南郊祭天。

八月十七，北魏给尚书和五等爵以上的官员发放了专门的朱色官服、玉佩及大小印绶。

九月初三，北魏兴建明堂。

古人认为明堂可上通天象，下统万物，天子在此既可听察天下，又可宣明政教，是体现天人合一的圣地，当年汉武帝封禅泰山时专门建过明堂。

这一年，北魏将中书学改为国子学，借着"均田制"和"三长制"的东风重新划分州郡，共设三十八州，黄河南二十五州，黄河北十三州。[①]

在北魏汉化方面，冯太后这一年主要干了什么呢？主要是宏观上的符号和名称，唯一对百官造成打扰的仅仅是统一了新的官服。这一年就干了这件事，别的什么都没做。

---

① 《资治通鉴·齐纪二》：是岁，魏改中书学曰国子学。分置州郡，凡三十八州，二十五在河南，十三在河北。

这种日拱一卒的节奏真的相当可贵。强迫别人改变信仰和习惯这事千万别急，坚定而缓推，事缓则圆。

487年正月初一，"魏主诏定乐章，非雅者除之"，下诏对音乐进行官方勘定，三俗的曲子都废掉。

这一年春夏大旱，平城京畿地区尤其严重，又碰上了疯牛病大规模传播，饿死者甚多。

七月初六，孝文帝下诏开府库赈济灾民，允许饥民出关逃生，派专人重新制作京畿户籍，由百姓自己决定去留，饥民所过之处由各地官府提供饮食，所移民之处由当地三长负责安置。①

仅仅一年的时间，在"三长制"下，三长已经能处理灾情了。

与此同时，借这个机会，北魏对京畿地区的户口户籍也进行了重新梳理。②冯太后至此拿到了全国的人口和土地账本。

八月，魏廷罢山北苑，以其地赐贫民。

九月，魏廷撤销对民生无益的工程，宫中不纺织的宫女一概驱逐。

冯太后在进一步缓解旱情、疫情以及改革的阵痛，节约民力征调，释放土地和育龄女性，调节社会矛盾。

力行勤俭节约的冯太后在不断让出自己的利益去给改革买单。

十月二十六，北魏又下诏撤去了尚方署对绫罗、锦绣等的制作工程，进一步减少宫廷开支，给百姓减负，但并不禁止士、农、工、商的

---

① 《资治通鉴·齐纪二》：七月，己丑，诏有司开仓赈贷，听民出关就食。遣使者造籍，分遣去留，所过给粮廪，所至三长赡养之。

② 《魏书·高祖纪》：去夏以岁旱民饥，须遣就食，旧籍杂乱，难可分简，故依局割民，阅户造籍，欲令去留得实，赈贷平均。然乃者以来，犹有饿死衢路，无人收识。良由本部不明，籍贯未实，廪恤不周，以至于此。朕猥居民上，闻用慨然。可重遣精检，勿令遗漏。

民间自行制作服装。[1]意思是华贵衣服我不穿了，但大家还是能随便穿的，不仅节约国帑，还在舆论上进一步示好贵族既得利益群体。

绫罗绸缎是只有大户高官才能穿的，老太后表示自己不穿了，但大家随便，这是多大的恩典啊！

与此同时，冯太后对上至文武百官，下至工匠、商贾、衙役、六镇边防军乃至京畿范围内的光棍、寡妇、孤儿、老人、贫民、残疾人等全体阶层进行了全面封赏。[2]

冯太后自打"均田制"和"三长制"推出后主要就做一件事：老少爷们都稳住了，老太太我兜底！

最伟大的改革效果是什么？不仅仅是达到领导的预想目的并且运转良好，更关键在于社会的平稳过渡。要是社会阵痛特别剧烈，官员抵触，百姓叫苦，这就容易走向崩盘。

冯太后之所以厉害，在于她的改革不仅高明，而且她还压得住事，改革后各地根本没有什么强烈的社会波动。豪族齐夸三长下乡，官员拥护冯太后的决定，百姓齐夸朝廷英明。

总之，都挺好。

自推行"均田制"和"三长制"直到冯太后去世，没见到暴动和起义。

《道德经》有云："太上，不知有之；其次，亲而誉之；其次，畏之；其次，侮之。信不足焉，有不信焉。悠兮，其贵言。功成事遂，百姓皆谓我自然。"

---

[1]《资治通鉴·齐纪二》：冬，十月，丁未，又诏罢尚方锦绣、绫罗之工；四民欲造，任之无禁。

[2]《资治通鉴·齐纪二》：是时，魏久无事，府藏盈积。诏尽出御府衣服珍宝、太官杂器、太仆乘具、内库弓矢刀钤十分之八，外府衣物、缯布、丝纩非供国用者，以其太半班赉百司，下至工、商、皂隶，逮于六镇边戍，畿内鳏、寡、孤、独、贫、癃，皆有差。

最高明的领导，首先，百姓感觉不到他的存在；其次，百姓亲近他歌颂他；再次，害怕他；最后，提起他就骂街。朝廷的公信力不足，百姓就不会拿你的话当回事。慎言多思，你嘴里说出来的每个字都很重要。最伟大的改革，在于老百姓都感觉自己从来就是这样生活的一样。

冯太后的改革，就是《道德经》中的太上状态："功成事遂，百姓皆谓我自然。"明明干的是中国史上难度最高的事业，却做得大音希声，大象无形。

489 年六月，两位高官落马。

怀朔镇将、汝阴灵王拓跋天赐和长安镇大将、雍州刺史、南安惠王拓跋桢二人因贪污罪当处死刑。拓跋天赐和拓跋桢都是拓跋晃的儿子，也就是孝文帝的叔公。

冯太后和孝文帝亲自到皇信堂召见王公讨论这事，冯太后问道："是因亲枉法，还是大义灭亲呢？"

大臣们都说："这都是景穆皇帝的儿子，饶了他们吧。"

冯太后没接话，孝文帝直接下诏："二王以身试法难以宽恕，但太皇太后追思高宗之恩，顾念手足之情，再加上南安王是个孝子，现在赦免二王死罪，撤官职和爵位终身监禁。"

法办了拓跋桢的同时，冯太后还法办了之前派去调查拓跋桢收受贿赂的吕文祖。

冯太后随后对大臣们说："吕文祖是咱们之前的廉洁标杆，现在也贪赃枉法了，看来人心难测啊。"[1]

继当年的反贪风暴之后，隔了几年冯太后再次重拳出击，通过拿下两个宗亲和曾经的道德模范，起到了杀一儆百的警示教育。

九月，平城再次遣散大批宫女，赏赐给北方六镇没有妻子的贫民。

---

[1] 《资治通鉴·齐纪二》：冯太后谓群臣曰："文祖前自谓廉，今竟犯法。以此言之，人心信不可知。"

冯太后没有忘记戍边的北境兄弟们，专门挑了最困苦的底层贫民，给他们媳妇，解决最基本的社会矛盾问题。

冯太后真的是大政治家，方方面面的改革，她没有照顾不到的。

准确来说，冯太后自465年拓跋濬死后就登上最高历史舞台了。

自465年到476年，这十一年中冯太后一步一个脚印，统一了北魏政坛，做到了指哪里打哪里的唯我独尊。

自476年到490年的这十四年中，冯太后为这个国家带来了如下的财富：

1. 整套完备有据可依的北魏律法。

2. 自上到下反腐带来的清白吏治。

3. 自庙堂到三长一通到底的官僚体系。

4. 整个国家详细的人口和土地户籍。

5. 自礼乐到祭祀的全面信仰试点改革。

更重要的是，冯太后的改革不仅成功推行了，而且还成功减少了"社会摩擦 + 官僚抵制"的双料社会成本。

对冯太后的改革，整个官僚阶层没话说，老百姓也没话说。

整个三国两晋十六国三百年，那么多英雄豪杰，这样的改革，最后是被当作"汉族罪人"的冯太后完成了。

拓跋珪逃避了半天，甚至搞出了一个"子立母死"的制度，到底没能逃过这宿命。

隋灭陈后，颜之推写的《颜氏家训》中有这么一段："邺下风俗，专以妇持门户，争讼曲直，造请逢迎，车乘填衢，绮罗盈府寺，代子求官，为夫诉屈。此乃恒、代之遗风乎。"

意思说邺城的风俗都是妇女持家过日子，代子求官，为夫诉屈，抛头露面的事都不忌讳，这大概是平城遗风啊。

巾帼不让须眉的影响力，在冯太后死后百年依然活跃在黄河之北，黄河之北作为隋唐的祖源地，武则天为什么后来能成为皇帝其实也就不难理解了。

诚然，冯太后改革最关键的巨人肩膀在哪里呢？在拓跋焘吞并北凉后带回来的那三万人。

没有这三万人的开枝散叶，冯太后的这些思想和改革措施在北魏上层根本不会有市场，哪怕她权柄独尊，她也得让她干的事被群臣们听得懂，看得明白。

无论是律令、礼乐、祭祀，还是集大成者的户籍土地改革，从硬件到软件都是凉州百年的精华所在。

大西北的百年精华，被这个东北大姨，在 5 世纪末的时间点，在全国范围内推广开了。

虽说后面北魏依旧崩盘了，依旧开了历史的倒车，但隋唐崛起的底色，其实是冯太后改革的变种和延伸。

历史之神已经厌倦了乱世的剧本，在 5 世纪的中期将这个神奇的女子派下界来，完成了中国历史上绝大多数男人没有能力也没有宏观见识的改革。

490 年九月十八，文成文明太皇太后过早地离开了北魏人民，享年四十九岁。

人虽然走了，但她的影响力其实并没有走远，她的政治衣钵传到了孝文帝手上。

冯太后这些年对于孝文帝的教导相当系统，孝文帝的汉学功底远超前面五位北魏皇帝。[1]水平甚至高到了自 486 年之后的所有官方诏册全是孝文帝本人的手笔，所谓"自太和十年已后诏册，皆帝之文也"！

孝文帝在冯太后的教育下变成了一个城府相当可怕的少年：这孩

---

① 《魏书·高祖纪》：雅好读书，手不释卷。五经之义，览之便讲，学不师受，探其精奥。史传百家，无不该涉。善谈庄老，尤精释义。才藻富赡，好为文章，诗赋铭颂，任兴而作。有大文笔，马上口授，及其成也，不改一字。

子在冯太后死后五天没喝一口水，大有追随而去的意思。

孝文帝在群臣好说歹说的劝说后吃了一碗粥。各地官员上书，希望赶紧让老太后入土为安，随后脱去丧服。孝文帝表示他没时间考虑这事情，他就要穿丧服。

十月初九，在方山永固陵安葬了冯太后。

十月初十，孝文帝祭拜冯太后陵，各王公大臣坚决请求孝文帝以国家利益为重，脱下丧服，换上平时穿的衣服。孝文帝不理。

十月十五，孝文帝再拜冯太后陵。

十月二十，孝文帝又拜冯太后陵。

十月二十七，孝文帝下诏："国家大事别跟我说，之前太后班子怎么办的还怎么办，我现在专心致志哀悼太后。"①

491年正月，孝文帝终于第一次临朝听政。

三月十二，孝文帝又祭冯太后陵。

四月初一，孝文帝去太和庙上供，吃了点菜后开始哭，随后在群臣的劝说下吃了点饭。

四月初二，孝文帝在文明太后离去近两百天后终于停止了早晚各哭一次的仪式。

服不服？

控制了自己二十四年的人走了之后，终于能伸胳膊了之后，这个孩子居然能如此克制！真的这么孝顺吗？

这孩子所谋者大。

孝文帝自467年出生就是冯太后攥在手里的一枚政治核弹。这枚核弹帮助冯太后用九年的时间搞死了他爹拓跋弘，冯太后唯我独尊了十五年。

---

① 《资治通鉴·齐纪三》：辛卯，诏曰："群官以万机事重，屡求听政。但哀慕缠绵，未堪自力。近侍先掌机衡者，皆谋猷所寄，且可委之；如有疑事，当时与论决。"

这二十四年中，文明太后对手中的这枚核弹始终是最高防范级别的。这枚核弹能搞死别人，自然也能搞死她，毕竟他才是名正言顺的皇帝。

文明太后直到死了的那一天才算是真正放弃了手中的权力，但皇帝越来越大了，她有什么理由继续把控朝政呢？

杨椿曾经这么告诫子孙："当年平城时代法度严急，我们兄弟三人并居内职，我哥在孝文帝左右，我与弟在文明太后左右，当时老太后命我们内官每十天必须秘密跟她汇报一件事，不汇报就要被嫌弃，很多人都成间谍了，还有专门离间太后和小皇帝的。[1]

"我们兄弟三人立下规矩：咱们属于二圣近臣，对他们的家事千万要慎言。十多年中，我们从来没在背后嚼过舌头根子，当时因为这事没少挨整。我们回答说：不是证据确凿的事我们不敢瞎汇报，因此我们也从来没被赏赐过。小皇帝和太后间的话我们也从来没传过。[2]

"497 年，我从济州来朝，在清徽堂豫宴，孝文帝对诸王诸贵道：'当年在平城时太后严明，我每次被责罚都是因为左右的是非言语，使朕与太后关系和睦的只有杨椿兄弟！'随后赐我们喝酒。你是什么样的人，你的上司都知道，千万别说别人的坏话。"[3]

---

[1]《魏书·杨椿传》：北都时，朝法严急。太和初，吾兄弟三人并居内职，兄在高祖左右，吾与津在文明太后左右。于时口敕，责诸内官，十日仰密得一事，不列便大瞋嫌。诸人多有依敕密列者，亦有太后、高祖中间传言构间者。

[2]《魏书·杨播传》：吾兄弟自相诫曰："今添二圣近臣，母子间甚难，宜深慎之。又列人事，亦何容易，纵被瞋责，慎勿轻言。"十余年中，不尝言一人罪过，当时大被嫌责。答曰："臣等非不闻人言，正恐不审，仰误圣听，是以不敢言。"于后终以不言蒙赏。及二圣间言语，终不敢辄尔传通。

[3]《魏书·杨播传》：太和二十一年，吾从济州来朝，在清徽堂豫宴。高祖谓诸王、诸贵曰："北京之日，太后严明，吾每得杖，左右因此有是非言语。和朕母子者唯杨椿兄弟。"遂举赐四兄及我酒。汝等脱若万一蒙时主知遇，宜深慎言语，不可轻论人恶也。

这段话在教给我们人生智慧的同时也讲了两件事：

1. 文明太后有密探汇报制度。

2. 孝文帝经常挨打。

关于挨打这事，在孝文帝本传中也写得很明白："又有宦者谮帝于太后，太后杖帝数十；帝默然受之，不自申理；及太后殂，亦不复追问。"

有宦官挑拨离间，随后冯太后杖其数十，小皇帝默然受之，也不申冤，等太后死了，也不报复当初挑拨的那些坏人。

冯太后对孝文帝猜忌的原因在其本传中其实说得也很明白了，冯太后对孝文帝母系的李氏堪称斩尽杀绝！①

孝文帝的娘家自始至终就是最高机密，但既然史官都能记录下来，孝文帝能不知道吗？

再算上他爹献文帝拓跋弘，冯太后其实是杀孝文帝亲生父母的最大仇人。

再算上孝文帝的姥姥李氏，也是在冯太后被立为皇后的三天后就因"子立母死"的制度而被弄死了。

孝文帝本人更是当了二十四年的傀儡，他的太上皇父亲在这个岁数都死了一年了！

血浓于水，文明太后不可能不担心，万一这小子将来报仇呢！再加上孝文帝一天天长大了，自己临朝听政的理由越来越牵强了。

文明太后其实有过废掉孝文帝的打算，在孝文帝本传和穆泰传中都有记载，里面说得很露骨："冯太后因为孝文帝是个聪明人，担心将来对冯氏不利，随后准备废帝，已经走流程了，最终被心腹拓跋丕、穆

---

① 《魏书·文成文明皇后冯氏传》：迄后之崩，高祖不知所生。至如李䜣、李惠之徒，猜嫌覆灭者十余家，死者数百人，率多枉滥，天下冤之。

泰、李冲等坚持劝谏才最终中止。"[①]

文明太后再厉害，却没办法改朝换代，因为这江山是拓跋氏的。文明太后实在太担心这个孩子将来对自己动手了。

拓跋丕、穆泰、李冲这帮人的"固谏"能成功的另一个原因，在于孝文帝虽然小，但确实在这二十多年中已经养成了天下第一等的韬光养晦神功。

不管怎么十天被汇报一次，不管被打成什么样，哪怕差点被废，从来看不见他有一丁点怨言。再看看老太后死后拓跋宏的一系列打法，也就知道他的成色有多高了。

孝文帝最终通过了冯太后的考验，拿到了这位老太后为他打造的权力机器。

一代人有一代人的任务，冯太后已经完成了对华夏再次统一的国家操作系统的软硬件打造，眼下还有最后一关：胡汉融合。

这一棒交到了孝文帝拓跋宏的手上。这个雄才大略、韬光养晦的君主能走好这一步吗？

结合后面的历史来看，拓跋宏堪称雄主不假，甚至继承了冯太后百分之九十的政治能力。

他唯独没琢磨明白一点：冯太后从 466 年登上历史舞台到 486 年推行"三长制"，这条权力的道路她为什么走了二十年。

中间每一年都在往前日拱一卒不假，但真的仅仅是拱一卒，冯太后没有一口气车马炮全轰过去。

冯太后的每一条政策，往前走的每一步，都给了所有被改革阶层相当长的时间去适应，去消化。

---

① 《魏书·高祖纪》：文明太后以帝聪圣，后或不利于冯氏，将谋废帝。乃于寒月，单衣闭室，绝食三朝，召咸阳王禧，将立之，元丕、穆泰、李冲固谏，乃止。帝初不有憾，唯深德丕等。《魏书·穆泰传》：初，文明太后幽高祖于别室，将谋黜废，泰切谏乃止。

很多好事，需要慢慢办。

当你步子大了，你会发现很多矛盾会铺天盖地地向你袭来。

更重要的是，有些边远的地方在你的大步流星改革下会被忘却。

凛冬的暴风雪压倒长城的速度，可能远比你想象得要快得多。

第 *8* 战

隐秘的元宏

一、不会哭，怎么上权力牌桌？

这一战要讲"哭"吗？这一战要讲"汉化"改革吗？这一战要讲"韬光养晦"后的一招翻盘吗？不，这些都不是我们的主旨。

这一战的核心，是讲顶级集团垄断权力后平地起楼的速度有多么可怕。

孝文帝在冯太后离世之后并没有马上抓权，而是选择了能申请吉尼斯纪录的疯狂祭拜和连哭。最大程度地表达对老太太的哀思，他就能最大程度地稳住冯太后掌权二十多年来根系盘根错节的利益集团。

孝文帝当年连老太后都能糊弄过去，现在哭给别人看更是信手拈来。冯太后离去后，孝文帝看起来是崩溃性的居丧消瘦，他吃斋杜绝酒肉，三年不过性生活。

老太后死后十个月，即公元491年七月，孝文帝甚至还在冯太后的墓旁边修建了自己的墓。他在高调表明自己生是老太太的人，死是老太太的鬼。在守孝的三年中，孝文帝骗过了很多人。

491年闰七月十九，在冯太后离去近一年的时候，孝文帝开始给祖宗定调了，下诏令：

"祖有功，宗有德，自古非功德厚者，不得擅祖宗之名，居二祧之庙。烈祖拓跋珪有创业之功，世祖拓跋焘有开拓之德，这都是铁打的功德没话说。

"至于那个远祖平文皇帝拓跋郁律（刘琨的好兄弟，死于 321 年）的功绩远远比不上道武帝拓跋珪却占据了太祖庙号（拓跋珪开国后所封），这不合规矩。把平文帝挪挪吧，我现在尊奉拓跋珪为太祖，以太祖拓跋珪和显祖拓跋弘为二祧，这两位将来是要永远安放在七庙（即高祖、曾祖、祖、父的四亲庙，高祖的父亲和祖父的二祧庙，以及始祖庙）祭祀的。"

宗庙中是有固定数量（七庙）的，当宗庙里的牌位超过固定数量的时候，就要将除始祖外最远的那位祖先神位迁出宗庙进入远祖之庙，这个过程叫作祧迁。所谓"二祧"，意思是古代帝王七庙中两位功德特殊而保留不迁的远祖庙。

他爹拓跋弘因为趁刘宋内乱占领青徐和淮西被拔到了和拓跋珪一个水平线的高度。这两个人一个拿下了河北，一个拿下了青徐淮西。他们都是往南开拓疆土的。

这是一个政治信号：

1. 我那被政变弄死的爹很重要。

2. 南面的功业很重要。

八月二十九，孝文帝又下诏："国内到处祭祀的各种神祇有一千二百多处，现在打算裁撤以求节俭。"

北魏以前祭祀水神、火神计四十多位神，此外还有城北的星神。现在规定祭天坛下祭祀风神、雨神、司中和司命之神，皇家明堂祭祀门神、户神、井神、灶神和院神，剩下四十种神的祭祀全部停止。

冯太后离开的第一年，孝文帝比较克制，最重要的一件事就是给自己老爹平反，重新裁定了自己老爹当年的历史地位，将评判功德的标准确定了下来。

进入 492 年，孝文帝连着放了两个大招。

正月，孝文帝命百官讨论北魏的五行属性。

中书监高闾率先发言："自古中原是正统，晋承曹魏是金德，赵承晋为水德，燕承赵为木德，秦继燕为火德，秦灭后咱们大魏成立了，况且拓跋的姓氏都是出自轩辕帝那里，所以我认为大魏是土德。"

秘书丞李彪和著作郎崔光等人则认为："西晋灭亡的时候我们代国就已经注册了，我们的神元皇帝和晋武帝的关系那是相当好，我们的桓帝和穆帝都辅佐晋朝，西晋灭亡后天命就被咱们拓跋氏在云、代龙兴之地接收了，只不过咱们之前一直在那里发展壮大。

"当年汉家把秦比作共工直接开除五行跨过去继承了周王朝的火德，而刘渊、石勒、苻坚远比不过秦始皇，怎么能承认那些蛮夷呢？我们应该接晋的天命！"

正月初五，孝文帝下诏做官方表态，北魏承晋为水德。

孝文帝不拿前面那"四胡"当回事其实理由很牵强，因为照他们那么说北魏的天命前面憋的年头太久了，中间还让前秦皇帝苻坚给拘留过一次。

但孝文帝表示，只要史书改得好，细节那都不叫事，不要纠结那些琐碎的细节，你们的格局在哪里？

孝文帝承接晋德的深层原因，在于否定了南朝天命的正当性。晋是截至当时最后一个大一统的王朝，大家从孝文帝的这个做法上隐隐约约就能看出来这孩子的潜台词是什么了。

继宗庙功德定调后，孝文帝又铺垫了一步。

三天后，第二个大招放出来了。

492年正月初八，孝文帝下诏除拓跋珪的后裔之外，其余的所有王爵全都降为公爵，公爵降为侯爵，子爵、男爵不降，与此同时全部除去将军之号，之前的所有品级不变。只有上党王长孙观因为祖先长孙道生功劳实在太显赫，被特殊照顾不降爵位。（长孙观死后子孙也降爵了。）

过去，这些爵爷们的子孙是可以世袭祖上所得的将军名号的，是有资格去带兵的，现在只给他们粮票了，军票不让摸了，这句很重要：

旧制，诸以勋赐官爵者子孙世袭军号。十六年，改降五等，始革之，止袭爵而已。

冯太后离开的第一年零四个月，孝文帝砍出了相当凶猛的一刀。

上一次的爵位大调整，是拓跋珪开国。

404 年九月，拓跋珪对开国功臣进行了分封调整，当时最大的改动是将之前超脱于五等爵的王爵并入了官员体系，王爵不再特殊，仅仅是最高品级的爵位，并将封王的渠道限定为了两种：皇子和重大功勋者（非皇室者亦可）。

之前没有那么大功勋的宗室和藩王被降为公爵，原来的公爵降为侯爵，后面依次类推。

拓跋珪通过这种规则设定，有意提升自己儿子们的政治地位，提高了代人集团的待遇，降低了宗室的政治能量。

当时的历史任务是夯实父死子继制度，为此拓跋珪还弄来一堆异姓的王公去制衡宗室。打击目标是宗室权威，笼络目标是代人集团。

时隔九十年，"乖乖宝"孝文帝搞了次石破天惊的超大改革。孝文帝的目的在于从异姓王公，也就是代人集团的高层中收权，尤其是军权，这里面最核心的一句话就是"皆除将军之号"。

不仅如此，而且把他们后代的军事继承权也取消了。[①] 但皇室的宗室却是不降爵的。

王被尊起来了，以文明太后的铁杆心腹们为首的代人集团集体遭到巨大打击。

比如文明太后的铁杆心腹陆家，袭爵平原王的陆丽之子陆叡（有的史书写作陆睿）这次就被降爵，他后来谋反了。

比如当年在冯太后那里保下孝文帝皇位的穆泰，由公降为侯，后

---

① 《魏书·官氏志》：旧制，诸以勋赐官爵者子孙世袭军号。十六年，改降五等，始革之，止袭爵而已。

来谋反了。

比如冯太后的头号打手拓跋丕，他是拓跋郁律的四世孙，不是拓跋珪这一支的，这次改革后被降为新兴公，他相当不高兴，后来也谋反了。

不过这三股势力是在孝文帝迁都后一起造反的，此时并没有爆发。眼睁睁看着这孩子突然霸王硬上弓地做了种种改革，大臣们震惊之余也比较蒙。

大量勋旧老臣和异姓王公被降级取消特权了，孝文帝的代价是什么呢？他没有付出任何代价。

他就是硬生生抢的，大规模削减勋旧待遇。或者说孝文帝的代价是自虐，是在史上"最佳孝子贤孙"招牌掩护下的自虐。

这位天天哭、戒酒戒肉、连女人都不碰、怀念祖母冯太后的新统治者突然使出霹雳手段对已经运行了九十年的爵位制度猛砍了一刀。这一刀砍蒙了所有人。

四月初一，北魏颁布了最新版《律令》，大赦天下。

五月，皇帝诏群臣于皇信堂更定律条，规定所有重大刑罚从此由孝文帝亲自裁决。

492 年，孝文帝主要做了两件事：

1. 抓军权，贬代人。

2. 抓刑法，亲自判。

孝文帝搞事的节奏突然间加快了。

这一年的九月十八，是冯太后的两周年祭日，孝文帝在永固陵边嗷嗷狂哭，绝食两天。[1] 不过此时，冯太后势力开始审视这个"哭活儿之王"。

---

[1] 《魏书·高祖纪》：辛未，帝以文明太皇太后再周忌日，哭于陵左，绝膳二日，哭不辍声。

493 年，北魏太尉拓跋丕等人向孝文帝施压，请求册封冯太后的侄女为皇后。

四月十八，出了丧期的孝文帝迅速册封冯氏为皇后，随后引经据典地对老丈人说君主不能把老丈人当臣子，你今后呈递奏章时不用再称臣，进朝廷不用叩拜。孝文帝的态度很配合。

五月十三，孝文帝突然在宣文堂摆宴搞了一次家族大聚会。

一个月后人们才明白，孝文帝这是提前给他家的那些王爷们统一思想，凝聚意志。保住大家的政治待遇不是没有代价的，你们得听皇帝我的话。

493 年六月，孝文帝抛出了铺垫三年的想法，伐齐。

"魏主以平城地寒，六月雨雪，风沙常起，将迁都洛阳；恐群臣不从，乃议大举伐齐，欲以胁众。"孝文帝提议伐齐的目的是为了迁都，但话是不能明说的。

孝文帝斋戒后让太常卿王谌占卜，得到"革卦"。孝文帝道："这是商汤和周武革命之象，咱们得听，这卦吉利！"百官没有人表态。

过了一会儿，孝文帝的叔叔任城王拓跋澄说道："《周易》里说革是变更的意思，要顺应上天民众，改变君臣的命运，商汤周武这种打天下的得到它是吉利的。陛下您已经拥有天下，世代相继。咱们这是要去征讨伐叛，不是要去革命。此非人君之卦，不可全称为吉利啊。"[1]

看看此时拓跋王爷们的汉化修养，南齐那边的王爷都不一定知道这个典故。

拓跋澄在提醒皇帝："你去年刚砍了大家的爵位，大量不满的思潮已经出现，现在又出了这'革命'之象，这是队伍里面有坏人呀！你得

---

[1] 《魏书·拓跋澄传》：澄进曰："《易》言革者更也。将欲应天顺人，革君臣之命，汤武得之为吉。陛下帝有天下，重光累叶。今日卜征，乃可伐叛，不得云革命。此非君人之卦，未可全为吉也。"

夯实权力基础求稳，怎么能南伐呢？

"你确实在去年收了军权，但你知道朝中的水有多深吗？我们南伐万一输了呢？来回好几千里，你知道这边会出什么事吗？"

拓跋澄没想到自己挺忠心的建议却把一向乖乖的孝文帝给惹恼了。

孝文帝大怒道："《周易》革卦里面说了，大人虎变！身居高位的人行动变化莫测，有何不吉？"

拓跋澄说："陛下龙兴已久，怎么现在又玩虎变了。"

孝文帝怒道："这是我的国家，任城王你是打算要扫兴耽误大家共同进步吗？"

拓跋澄道："国家是你的，但我是社稷之臣，怎么能知道危险不说呢？"

孝文帝过了会儿说道："搁置争议，有意见都说出来。"

商议大会随后不欢而散。

回宫后孝文帝立刻召见拓跋澄，劈头盖脸地道："咱们接着论！刚才我在大庭广众下发怒不是不考虑你面子，而是想堵住大家的嘴，防止别有用心的人对大政方针搞破坏，我相信你是能理解我的。"

随后孝文帝屏退左右继续对拓跋澄说道："我要做的这件大事确实不容易，我们国家兴于北方，后来迁到平城，平城这地方是我们拓跋家马上得天下的地方，不是能搞文治的好地方，我现在打算搞移风易俗的汉化改革，让万邦归心。我说南下伐齐不过是打个幌子，其实是想迁都中原，你怎么看？你觉得可行吗？"①

拓跋澄担心的是伐齐要远离大本营因此出现什么变动，听到迁都

---

① 《资治通鉴·齐纪四》：既还宫，召澄入见，逆谓之曰："向者《革卦》，今当更与卿论之。明堂之忿，恐人人竞言，沮我大计，故以声色怖文武耳。想识朕意。"因屏人谓澄曰："今日之举，诚为不易。但国家兴自朔土，徙居平城；此乃用武之地，非可文治。今将移风易俗，其道诚难，朕欲因此迁宅中原，卿以为何如？"

就迅速了然了，这就是针对那群"坏人"呀，于是道："中原好啊，那里是周汉兴隆所在啊！"

孝文帝问："北人恋土不肯南迁，必将惊扰作乱，到时怎么办？"

拓跋澄回道："非常之事，故非常人之所及，您就跟随您内心的声音，他们搞不了破坏。"

孝文帝乐了："任城王真是我的张良啊！"

纵观孝文帝的整个改革过程，拓跋家的宗室基本上都没耽误他的事，他去年的爵位改革收效是相当显著的。

六月初七，孝文帝下令在黄河上修建大桥以便大军南下。

六月二十八，孝文帝讲武，命尚书李冲负责选拔将官。

七月初十，北魏中外戒严，宣布南伐。

八月，孝文帝派亲弟弟拓跋羽持节安抚六镇，并征调六镇的突骑。

孝文帝想得还是很周全的，这样就能防止六镇的精锐兵种对迁都大计搞破坏。

太和十七年，即 493 年八月十一，孝文帝结束三年的守孝没多久就亲率二十多万步、骑从平城出发向南征伐。

孝文帝本传中说的是百万大军，实际上《李冲传》中说得更真实："朕去十七年，拥二十万众，行不出畿甸，此人事之盛，而非天时。"北魏大军实际就二十多万人。

北魏就此告别了平城时代。

自 398 年至 493 年，在近百年的时间里，大同盆地这个并不大也并不肥沃的京畿很好地完成了自己的历史使命，帮助北魏震慑了河北，控制了北境，平定了关东，席卷了西北。

大同盆地这个被太行山脉隔绝河北又接壤北境的重要位置，在百年中很好地完成了两件事：

1. 中原汉人对北魏的敬畏。河北世代相传在山的那边的尽头有一群格格巫。

2. 北魏武勇不减开国之年，军队几乎是定期去打柔然。

平城为这个乱世争取了近百年的时间，在这百年中，原来散乱庞杂的鲜卑、匈奴、丁零等"诸胡"被大同盆地融合成了一个称谓——代人。

代人集团的整体素养也在趋近于汉化。京畿地区的"计口授田"也成熟地推广到了全国。最重要的是，广大汉人群体开始慢慢认可这个统治了百年的异族，并适应了他们的统治。

一个时代有一个时代的任务。

当"三长制"开枝散叶，当整个淮河以北开始下全国一盘棋的时候，平城这个地理位置确实就不再合适了。当全国的操作系统都连入网络了，那道厚重的太行山就是进一步融合的阻碍了。

北魏统治者已经摸清了北方的人口和家底并将其牢牢地控制在自己的领土上，就不用再有什么后顾之忧。他们需要做的就是让北方百姓熟悉这个国家、感受这个国家、沐浴在这个国家最高统治者照耀下的伟大光辉中。

迁都洛阳是有它积极一面的：一是洛阳在政治上占有制高点；二是它地处河北中原物流效率的黄金分割点。

但是以后的效果会怎样呢？很多好事五年、十年做完，是功在当代利在千秋。但如果是一年、两年就做完，局面可能就变成了"我死以后哪管洪水滔天"。

孝文帝不是不知道这么急急忙忙地迁都会动很多人的利益，他和拓跋澄商议的时候说了"今将移风易俗，其道诚难"的话。

那他为什么要这么着急呢？他也有他的苦衷。

平城是文明太后盘踞了二十多年的大本营，这里的一砖一瓦盘根错节的都是老太太的强烈基因，甚至老太后的陵墓就在不远的北方看着平城的他。

冯太后死了，但她永远活在很多人的心中。孝文帝想当家做主，想彻底伸胳膊伸腿，就必须离开这个"政治墓地"。只要他在这里一天，那股掣肘他的力量就永远有着力量源泉！

三年的狂哭表演帮他顺利走完了第一步，孝文帝急不可待地南下了。

孝文帝迁都后就在洛阳为自己重新营建了陵园，当年永固陵边上的那座陵墓成了摆设。那个陵墓就是一个温水煮代人的道具而已。离开了平城，这孩子渐渐失去了控制。

随着后面时间线的不断推进，孝文帝让所有人明白了一件事：他不是仅仅想要乾纲独揽自己说了算那么简单。他的野心随着来到了洛阳，随着看到了秦汉兴亡过手后的北邙无数荒丘逐渐膨胀，他变成了另一个版本的苻坚。

他成为最后的赢家了吗？

诚然，他确确实实是5世纪末最大的主角，但当他所有的轰轰烈烈褪去后他才发现，自己不过是个宿主，幕后的大佬另有其人。

崔浩前面蹚出来的试错之路并没有白走。

在孝文帝这个隐秘少年的背后，藏着一个更加隐秘的神秘人。

自古小隐隐于野，中隐隐于市，大隐隐于朝。

二、短短一年多，百年信仰大厦被轰塌

493 年九月二十二，孝文帝抵达洛阳。天公作美，自从南下就天天没完没了地下大雨。

九月二十八，孝文帝诏令各路大军继续南下。

九月二十九，孝文帝身穿战衣，执鞭乘马而出，百官抱住马头开始乞求，再往前走就得出人命了。

孝文帝问："咦？大会已经通过了南下预案，你们这是要干什么？"

李冲带头道："这次伐齐行动全国都不同意，只有您想打，我们一心报国冒死请求停止！"

孝文帝大怒道："我吞食天地这么好的决策，却被你们这些书生多次搅乱，不想死的就闭嘴吧！"说完又纵马要走，随后以安定王拓跋休为首的宗室们作为第二梯队上场，哭着劝谏。

孝文帝随后道："咱们搞得动静那么大，出兵却没战果，你们这是要栽我的面子啊！我怎么对后人交代？史书得怎么记我？要不咱们迁都吧，同意的站左面，不同意的站右面。"

南安王拓跋桢带头表态："您要是不南征，迁都就是我们的众望所归！"

百官这回彻底知道被算计了，但首先皇帝的这出戏唱全了，很明显南下伐齐就是个局，况且这一个月的雨确实快把人走死了，没人再敢废话，迁都决议就此正式通过。

李冲随后对孝文帝道："大会决议已通过，目的达到了，迁都是好事但不能急急忙忙就这么迁了，眼下宗庙宫室这一大堆基建配套都得重建，咱们不能天天在马上待着，先回平城处理后事，等都建好之后咱们再回来。"

孝文帝道："我正准备做一趟全国巡查呢，现在正好先去邺城，明年开春再回来，反正我不回去。"

十月初一，孝文帝前往金墉城召穆亮与李冲和将作大匠董尔营建洛阳。

随后孝文帝命任城王拓跋澄回平城向留守官员们宣布迁都决议，特别交代："此时的'革卦'真的'革'了，你要帮我办好平城的事！"与此同时又安排心腹镇南将军于烈回平城并全权掌握留守大权。

据说拓跋澄回平城宣布迁都这事后平城的大臣们都蒙了，但在拓跋澄谈古论今地耐心解释下他们又全部醒悟了。[①]

孝文帝知道，虽然效果不错，但是自己还是得回去把"文明大本营"亲自压一遍。

拓跋澄就是作为第一波吸引火力的，自己作为老大如果在第一波就上了后面就没有转圜的余地了。

494年三月，孝文帝亲自回到平城让留守大臣们表态。

燕州刺史穆罴说："四方还没安定，不适合迁都，军中没有马，将来仗怎么打？"

孝文帝道："咱们有'不是每匹马都叫代地马'的北纬三十度优良

---

① 《资治通鉴·齐纪四》：任城王澄至平城，众始闻迁都，莫不惊骇。澄援引古今，徐以晓之，众乃开伏。

马源带，暂时没有战马这都不叫事。平城地处恒山之北，不在过去的九州之内，不是理想的帝王之都。"

尚书于果道："我并不认为平城这地方就比洛阳好，只是自道武皇帝以来这里就是都城，我担心迁都会让太多的人产生不满。"

老资历的拓跋丕也跟着道："这事太大，最好占卜听天意。"

孝文帝道："周公和召公都是圣贤，所以才能占卜问吉凶，现在没有这种圣贤了，占卜没有用。"

孝文帝上来就定了调："我没有周公、召公帮我治理天下，你们都是废物。"他装都不装了。

孝文帝继续说道："天下的王者当以四海为家，哪能停在那里不动的。我的祖先世代都在北方荒凉之地，到平文皇帝之时方才建都于东木根山，后来昭成皇帝又东迁至盛乐，道武皇帝又迁都于平城，我现在幸运地遇到了定鼎天下的时运，为什么不能迁都呢？"

三月二十八，孝文帝临朝亲自主持部署了迁都洛阳和留守平城的各项安排。

这一年是北魏每三年一次的官员考评期，孝文帝冻结了所有的官员人事，所有的升迁都要皇帝亲自过问，他要等秋天再说。[1] 孝文帝又一次霸王硬上弓了，通过前途威胁文武百官。

四月初六，孝文帝再次粗暴地放大招，罢去了持续近一个世纪的西郊祭天仪式。[2]

这个西郊祭天，是拓跋部的"君权神授"，对整个代人集团来讲意义尤为重大。当年拓跋珪复国的时候，最关键的祭天仪式就在牛川的西

---

[1] 《资治通鉴·齐纪五》：魏录尚书事广陵王羽奏："令文：每岁终，州镇列属官治状，及再考，则行黜陟。去十五年京官尽经考为三等，今已三载。臣辄准外考，以定京官治行。"魏主曰："考绩事重，应关朕听，不可轻发；且俟至秋。"

[2] 《资治通鉴·齐纪五》：夏，四月，庚辰，魏罢西郊祭天。

郊。① 汉人的祭天都在南郊，但拓跋氏的在西郊。

拓跋氏的老皇帝死了以后，下一任新皇帝必须于三个月内在西方迎神证明自己的"君权神授"。② 拓跋氏数百年来的权力信仰都是源于"迎神于西"。

398 年四月，拓跋珪在定都平城后依老规矩于西郊祭天。③

405 年四月，拓跋珪再次于平城西郊祭天。④

此后北魏每年都要在西郊祭祀一次，成为常制。（天赐二年，再次改定西郊祭天礼仪，此后遂成定制。）

祭祀的流程是在一个方坛中放七个木制神主，东边有两个没等级的台阶，方坛一圈是围墙，有四门分别以所在方位命名，即东青门、南红门、西金门、北黑门，祭品为白色的小牛犊、黄色的小马驹、白色的小羊各一只。祭祀当天，皇帝带着百官和诸部大人全部来到西郊。皇帝站在青门内近南坛西，内朝臣都站立在皇帝北边，而外朝臣和诸部大人则在青门之外；皇后率六宫从黑门进入，分列在青门内近北方位，同样面向西方。然后廪牺令把献祭的小牛、小马、小羊陈列在坛前，女巫拿着鼓站在台阶的东边面向西方，从帝族十姓中选的七人捧着酒站在女巫南面。等吉时一到，女巫就开始做法。由皇帝先祭拜，再由皇后肃拜，随后朝臣们全体跟着跪拜，祭祀完了，还要再次跪拜，拜完后杀牲，再由那从帝族十姓中选出的七人面向西方将酒洒向天空敬献上天，然后重

---

① 《魏书·礼志》：太祖登国元年，即代王位于牛川，西向设祭，告天成礼。《魏书·太祖纪》：登国元年春正月戊申，帝即代王位，郊天，建元，大会于牛川。

② 《魏书·礼志》：东阳王丕曰："臣与尉元，历事五帝，虽衰老无识，敢奏所闻。自圣世以来，大讳之后三月，必须迎神于西，攘恶于北，具行吉礼。自皇始以来，未之或易。"

③ 《魏书·礼志》：天兴元年，定都平城，即皇帝位，立坛兆告祭天地……祀天之礼用周典，以夏四月亲祀于西郊，徽帜有加焉。

④ 《魏书·礼志》：天赐二年夏四月，复祀天于西郊。

新跪拜。如此七次，祭祀大典才算是完成。①

在这套祭祀中除了巫师之外，还有三个重要角色：

1. 皇帝。

2. 皇后。

3. 帝族十姓中选出的七个执酒代表。

帝族十姓，是代人集团中最核心的群体。皇后，是孝文帝最可怕的梦魇。

西郊迎神的信仰体系除了给皇权赋能之外，还在给孝文帝最不喜欢的两个群体赋能。

孝文帝借着迁都的东风，废除了拓跋部"君权西郊神授"的百年习俗，砍掉了上述两个群体的"精神能量"来源。

他这么做确实稳准狠，但这样仅仅是废掉了一个祭祀而已吗？比如现在不让大家过年三十了，过年不让大家吃饺子了，大家会有什么感觉呢？

西郊祭天的仪式是整个代人集团都要参与的，它是维系整个代人集团感情和皇权认同感的纽带。在取缔了对"后权"和"代权"赋能的同时，孝文帝和自己的力量源泉也从此产生了剥离。

孝文帝打出了一记超级七伤拳。至此，孝文帝拉开了迅速轰塌民族信仰的序幕。

十月初三，孝文帝以太尉东阳王拓跋丕为太傅、录尚书事，留守平城。

———————

① 《魏书·礼志》：为方坛一，置木主七于上。东为二陛，无等；周垣四门，门各依其方色为名。牲用白犊、黄驹、白羊各一。祭之日，帝御大驾，百官及宾国诸部大人毕从至郊所。帝立青门内近南坛西，内朝臣皆位于帝北，外朝臣及大人咸位于青门之外，后率六宫从黑门入，列于青门内近北，并西面。廪牺令掌牲，陈于坛前。女巫执鼓，立于陛之东，西面。选帝之十族子弟七人执酒，在巫南，西面北上。女巫升坛，摇鼓。帝拜，后肃拜，百官内外尽拜。祀讫，复拜。拜讫，乃杀牲。执酒七人西向，以酒洒天神主，复拜，如此者七。

十月初七，孝文帝亲告太庙后命高阳王拓跋雍和于烈将神主迁到洛阳。

不久，大江之南传来消息，从小没了爹、被萧道成视若己出的侄子萧鸾搞了些传统剧目。

494年七月二十，萧鸾发动政变干掉了南齐的第三代皇帝萧昭业，立了其弟萧昭文。

三个月后，494年十月初十，萧鸾又废了萧昭文，半个月后自己做了皇帝。此时距离南齐开国不过十六年。

萧齐继承的是刘宋的基因，具体过程不讲了，刘家已经将所有家族互杀的故事全部打样了，后面的都没有刘家互杀的精彩。

继萧道成按户口本屠杀刘家人后，他从小养大的侄子也按着户口本相继杀掉了他的几乎所有子孙。

历史不重复，但从没有这么相似过。

孝文帝听说这事后很激动，决定大举南伐。恰巧萧齐的雍州刺史曹虎遣使请降。

十二月初一，孝文帝派行征南将军薛真度统四将向襄阳进发；刘宋皇族的大将军刘昶、平南将军王肃兵发义阳；徐州刺史拓跋衍兵发钟离；平南将军刘藻兵发南郑。

有枣没枣打三竿子，孝文帝铺开了全面战争。

出征前，孝文帝又做了件破天荒的事。

十二月初二，孝文帝不顾民族影响，下令禁止全体朝臣再穿胡服。继七个月前罢黜了百年的部落最高祭祀后，孝文帝连祖祖辈辈的服饰都废了。

你这么做让本民族的同胞们怎么看你？我们就那么落后吗？我们百年来一直都当爷当得好好的，怎么现在你什么都看不上眼了？

孝文帝对汉人释放友好信号没问题，但他越来越快地出台了一系列民族政策让所有非汉人群体充满彷徨与愤懑。

十二月二十九，孝文帝诏令寿阳、钟离、马头三地军队把所有掠夺的人口放掉。

495年正月初三，孝文帝再发诏令：不得侵略淮北之民，犯者死刑。

孝文帝此时已经完完全全地唯我独尊了，说打仗就打仗，想干什么就干什么。鲜卑军队几百年都是那么打仗的，他现在却不让抢了，拿族人就这么不当回事吗？这孩子一耳光又扇向了当兵的人。

495年正月二十九，眼看几路大军全都没动静，一座重要城池都没拿下来，孝文帝开始亲率主力渡淮。

二月初，北魏军至寿阳。

二月初五，孝文帝登八公山赋诗。路上遇大雨，孝文帝命去掉自己的銮驾伞盖与将士们同甘共苦，他还经常亲自去慰问伤兵。

二月初九，孝文帝弃寿阳沿淮河东下，于二月十七到达钟离。此时魏军"久攻钟离不克，士卒多死"，已经在钟离大量失血了。

二月二十三，越来越丢脸的孝文帝下令班师。

孝文帝此战的最初思路其实是奔着占便宜去的。他认为南齐刚刚乱臣贼子篡位，内外离心，而且按照南朝以往的战斗力来看，这就是去割韭菜。

所以他兵发四路希望各地开花，万一哪路把南齐打崩了呢？所以他在没有做好充分准备的情况下，以及马上春天就要来到的错误时间匆忙投入了战事，还高调作秀"全民汉服"。

但孝文帝已经属于书看多了天天光顾着自己颅内高潮的人了，他的仗要靠谁去打呢？

对北魏的鲜卑将领和朝臣来讲，皇帝太亲近讨好汉人了，却连胡服都不让他们穿，而且皇帝还为了维护他讨好汉人的形象严禁他们的一切抢劫行为。没有利益，只有规矩，我们在你眼中就那么该死吗？谁还真给你玩命呢？

三月十五，孝文帝回军路过小沛遣使祭祀了刘邦。路过瑕丘，又遣使祭祀了泰山。

三月二十二，孝文帝到鲁城，亲自去孔庙祭祀。

三月二十三，封孔子后代四人、颜渊后代两人官职，并选孔子嫡系继承人为崇圣侯负责祭孔，又命令兖州政府修缮孔子之墓，重建碑铭。祭祀刘邦和泰山就是给祭祀孔子做铺垫的。

那两个地方都是孝文帝遣使去祭祀，孔子这里是孝文帝亲自去祭祀，祭祀完还给孔门后代封了侯。

孝文帝还做了政治表态："汉文化实在是太好了，我太向往了。"汉人们，你们都听见了吗？我这是很明白的表态了！

回到洛阳后不久，孝文帝召见群臣上来就问："你们是希望我追上商周呢，还是希望我连汉晋都比不上？"[①]

咸阳王禧对曰："群臣愿陛下度越前王耳。"

他弟弟拓跋禧率先表态："希望您史上最佳。"

帝曰："然则当变风易俗，当因循守故邪？"

孝文帝又问："那是应该变风易俗呢，还是因循守旧呢？"

对曰："愿圣政日新。"

禧对："常改常新。"

帝曰："为止于一身，为欲传之子孙邪？"

孝文帝再问："是只有你自己改呢，还是希望子孙也改呢？"

对曰："愿传之百世。"

禧对："咱们的改革传之子孙万代。"

帝曰："然则必当改作，卿等不得违也。"

孝文帝总结："那我可改革了，你们可得听话。"

对曰："上令下从，其谁敢违！"

拓跋禧表态："我看谁敢不同意！"

帝曰："夫名不正，言不顺，则礼乐不可兴。今欲断诸北语，一从

---

① 《资治通鉴·齐纪六》：引见群臣，谓曰："卿等欲朕远追商、周，为欲不及汉、晋邪？"

正音。其年三十已上，习性已久，容不可猝革。三十已下，见在朝廷之人，语音不听仍旧；若有故为，当加降黜。各宜深戒！王公卿士以为然不？"

孝文帝道："名不正，言不顺，则礼乐不可兴！朕现在要禁止讲胡语，全部改用汉话。咱们不乱搞一刀切，三十岁以上的人，能给时间慢慢来，三十岁以下的，凡在朝中任职者，必须说汉话，谁要是故意不改就降黜官职，大家都小心着点儿！你们觉得我说的对吗？"

拓跋禧回答："特别对。"

孝文帝随后又跟最宠信的汉人大臣李冲来了段双簧道："朕曾和李冲谈过这件事，李冲说天下万方，语言太多了，应该您这当皇帝的说的话才叫普通话。李冲说这话就该死，我明明是少数民族的人！"

李冲赶紧免冠谢罪。

孝文帝随后又责骂留守洛阳的官员："我看见妇女们还穿着胡服，我出征前是怎么说的？你们拿我的话当什么呢？"

底下的官员赶紧磕头告罪。

孝文帝继续道："我要是说得不对，你们应该反驳我呀，既然你们认为我说得都正确，怎么退朝就变脸了呢？"

大家能想象眼前的这个人三年前还是一把鼻涕一把泪、人畜无害的样子吗？也确实，人要能屈才能伸。

六月初二，孝文帝正式下诏："在朝中不得讲鲜卑语，违者免官。"[①] 他这是连祖宗的话都不让说了！

我们现在看着可能觉得这没什么，但说句客观点儿的话，孝文帝这样实在是太欺负人了。本来胡汉之间的矛盾在百年来已经趋近于缓和，但这位本族最高统治者带头做了"胡奸"。这已经不是阉割本族文

---

① 《资治通鉴·齐纪六》：六月，已亥，下诏："不得为北俗之语于朝廷，违者免所居官。"

化了，这是彻底否定过去，彻底毁灭本民族的根！

孝文帝你就这么着急吗？你控制权柄的目的已经达到了，禁胡服、禁胡语有必要那么着急吗？

很快北魏有关机构又提了一个议案：广川王妃葬在平城，但现在广川王死在洛阳了，是把广川王送到平城合葬，还是给王妃迁坟？

孝文帝给出了最新判例："其他州的我不管，代人集团南来的都得葬邙山，唯一例外的是如果丈夫死在平城，妻子可以回去葬。"①

南迁的代人集团从此户籍变成了河南洛阳。②

七月二十一，北魏改用《汉志》中的长尺和大斗统一度量衡。

八月初九，孝文帝再抓军权，选拔武勇之士十五万人编入禁军。

九月初四，北魏六宫和所有中央政府全部迁到洛阳。

十月二十七，孝文帝下令全国吏治三年大考核开始，"诏诸州牧精品属官，考其得失，为三等之科以闻，将亲览而升降焉"，他自己当起了考核组组长。

十二月，孝文帝在光极堂见群臣，宣下品令，按照家世、官爵等标准，将代人集团定为姓和族这两个等级，姓为高，族次之。正式的官方诏书是这么说的：

> 太和十九年，诏曰：代人诸胄，先无姓族，虽功贤之胤，混然未分。故官达者位极公卿，其功衰之亲，仍居猥任。比欲制定姓族，事多未就，且宜甄擢，随时渐铨。其穆、陆、贺、刘、楼、于、嵇、尉八姓，皆太祖已降，勋著当世，位尽

---

① 《资治通鉴·齐纪六》：魏主曰："代人迁洛者，宜悉葬邙山。其先有夫死于代者，听妻还葬；夫死于洛者，不得还代就妻。其余州之人，自听从便。"

② 《资治通鉴·齐纪六》：丙辰，诏："迁洛之民死，葬河南，不得还北。"于是代人迁洛者悉为河南洛阳人。

王公，灼然可知者，且下司州、吏部，勿充猥官，一同四姓。

翻译一下：代人集团这百年来并没有在内部分清高低，有些功勋大贤的亲族却依旧担任着地位卑下的官职，其中穆、陆、贺、刘、楼、于、嵇、尉八姓从太祖皇帝以来就功勋卓著，位尽王公，无人不知，通知司州和吏部，不要让这八姓的亲族再担任卑微官职，而应当同汉人四姓一样对待。

这短短的一段话，爆出了两件事：

1. 过去代人集团的官僚晋升机制是比较健康的，哪怕"位极公卿"的豪门，也有"其功衰之亲，仍居猥任"。

当官还是要按照能力来的，你家里牛、祖上牛，但你该是哪块料就去该待的地方。这回倒好，孝文帝把无能之辈给保护起来了。

2. 在强调鲜卑"八姓"之前，汉人已经出台了"四姓"。

先埋个伏笔，把这个诏书说完。

除上述八姓之外，其他还应该列入士族之列者，不久就会由朝廷下令加以确认。那些过去为部落大人的，从太祖皇始元年（396）以来三代官职在给事以上，以及州刺史、镇大将，爵位上至王公的确定为"姓"。如果不是部落大人，自皇始以来三代官职在尚书以上及爵位上至王公中间没掉下过品级的也确定为"姓"。[1]

除此之外的中层群体，都是"族"。"姓"高，"族"低。

孝文帝的这次改革，初衷是想把代人贵族和汉人士族这两个群体的贵族整合到一个体系里，但他却疯狂地开了历史的倒车。

整个魏晋南朝的历史已经相当深刻地讲述了一句话：皇权的力量

---

[1] 《魏书·官氏志》：自此以外，应班士流者，寻续别敕。原出朔土，旧为部落大人，而自皇始以来，有三世官在给事已上，及州刺史、镇大将，及品登王公者为姓。若本非大人，而皇始已来，职官三世尚书已上，及品登王公而中间不降官绪，亦为姓。

跟阶层的固化程度成反比。更可怕的是，从此上层门阀带来的垄断一步步堵死了下层武人的仕途。

496年正月，孝文帝连姓都改了。

孝文帝表示："大魏的祖先是土德黄帝的后代，土为黄色，万物之元，我们拓跋从此姓'元'啦！"

过去的帝族十姓乃至所有的鲜卑姓从此全都得改！拔拔氏为长孙氏、达奚氏为奚氏、乙旃氏为叔孙氏、丘穆陵氏为穆氏、步六孤氏为陆氏、贺赖氏为贺氏、独孤氏为刘氏、贺楼氏为楼氏、勿忸于氏为于氏、尉迟氏为尉氏，其余所改姓氏，不可胜数。

孝文帝看问题还是很准的，姓氏融合是编户齐民后，民族融合难度的最后一关。特殊的姓氏会提醒后代自己的不同。都姓刘了，都成编户了，过了几代就说不清了。

但是！

自494年四月罢西郊祭天到496年正月连姓都不要了，在仅仅一年零八个月的时间里，孝文帝不仅打了一场没有准备的仗，还对数百年形成的鲜卑习俗与文化进行了毁灭性的打击。

孝文帝以一己之力引爆了自己的民族根基与力量之源：百年的西郊祭祀孝文帝说不祭就不祭了；代人集团百年来的爵位和等级制度被孝文帝随意颠倒涂抹；汉人百年来都是"边角料"，现在却被孝文帝突然间拉到了和之前利益集团一样的等级；孝文帝尊孔、易服、弃母语，甚至连祖宗留下的姓都不要了！

上面的每一项，都是没个十年八年阵痛缓和不完的。

世上的事不是打游戏那么简单，绝大多数人都是普通人，都是接受能力并不强的普通人。

北魏的胡汉矛盾在极短的时间里被迅速点燃了，阶层固化的潘多拉魔盒被打开了。

元宏啊元宏，是谁给你灌了这碗迷魂汤！

三、神秘人是谁？

对代人集团搞完种姓制度，孝文帝又开始对汉人各州诸姓进行审定评级。此时汉人中最高的等级是"四姓＋李"。

"四姓＋李"分别是：清河崔氏、太原王氏、范阳卢氏、荥阳郑氏和陇西李氏。

为了和这些高水平的家族强强联合，孝文帝钦定了汉人五姓跟自己结亲家。①孝文帝亲自下诏为六个弟弟重新聘媳妇，过去娶的都降级为妾。②

咸阳王元禧，娶了陇西李氏李辅的闺女。

河南王元幹，娶了代郡穆氏穆明乐的闺女。

广陵王元羽，娶了荥阳郑氏郑平城的闺女。

颍川王元雍，娶了范阳卢氏卢神宝的闺女。

始平王元勰，娶了陇西李氏李冲的闺女。

北海王元详，娶了荥阳郑氏郑懿的闺女。

---

① 《资治通鉴·齐纪六》：魏主雅重门族，以范阳卢敏、清河崔宗伯、荥阳郑羲、太原王琼四姓，衣冠所推，咸纳其女以充后宫。陇西李冲以才识见任，当朝贵重，所结姻连，莫非清望；帝亦以其女为夫人。

② 《资治通鉴·齐纪六》：因下诏为六弟聘室："前者所纳，可为妾媵。"

除了元幹娶了代人集团的闺女，剩下的全都被五姓拿下。

孝文帝的种姓改革，最大的受益方是汉人五姓，他们由过去的异族瞬间挤入了最高阶层，还跟王室进行了极其深度的联姻绑定。

来看下这"衣冠所推"的"四姓"到底牛在了哪里？

1. 清河崔氏。

毋庸置疑，崔琰当年是堪称汉末三国最德高望重的名士，北魏前期清河崔氏更是在崔浩的带领下达到了家族巅峰，但随后遭到了国史之狱，清河崔氏被连根拔起。

此时，被孝文帝评级为四姓的代表人物是崔宗伯，[①] 出自清河崔氏的另一族系崔逞的长子这一支。

崔逞在北魏进河北不久后就被拓跋珪干掉了，但崔逞当年就留了后路，自己只带着幼子在河北老家坚守，让四个儿子渡河跟慕容德去了山东。[②]

这个崔氏山东分舵虽然在青州也混成了地方大族，但很遗憾，山东半个世纪后又被北魏搞平了，崔逞的后人们在孝文帝他爹跟冯太后互撕的时候又失去了根据地回到了北魏，但此时河北老家也属于被连根拔起的状态。

虽然清河崔氏的历史地位够高和名望够大，但无论是根基还是人才，此时根本谈不上能在回归河北仅仅二十多年后就进入"四姓"级别。

结论一：清河崔氏此时处于历史波谷，极速腾飞的背后有贵人。

2. 范阳卢氏。

范阳卢氏的始祖是东汉名儒卢植。他早年师从经学大师马融和太尉陈

---

① 《资治通鉴·齐纪六》：魏主雅重门族，以范阳卢敏、清河崔宗伯、荥阳郑羲、太原王琼四姓，衣冠所推，咸纳其女以充后宫。

② 《魏书·崔逞传》：逞之内徙也，虑终不免，乃使其妻张氏与四子留冀州，令归慕容德，遂奔广固。逞独与小子赜在平城。

球，与郑玄、华歆是同门师兄弟，历史上配享孔庙的二十八位大儒之一。

后面整个两晋十六国时代，范阳卢氏坚守本土做大做强，卢玄当年作为崔浩的外甥是中原首望，但后来因为崔浩的国史之狱被灭门了。

理论上，清河崔氏和范阳卢氏都差点儿在曙光出现前被崔浩以一己之力搞死。

卢玄长子卢度世因为国史之狱逃到了高阳郡郑罴家中被藏了起来，郑罴的长子因为保护卢度世被刑虐致死。后来拓跋焘南伐兵临瓜渡，赦免范阳卢氏，卢度世才回到平城又成了中书侍郎。

卢玄有五个儿子，嫡子只有卢度世一人，国史之狱后那四个兄弟想加害他，等卢度世被大赦后就警告自己的儿子们不要纳妾生庶子，生了也得弄死以防后患。①

卢度世死的时候官拜平东将军、青州刺史，谈不上多显赫，家族也因国史之狱而被屠戮殆尽。

此次入选"四姓"的是卢度世的次子卢敏，但他在太和初年就早早死了。这个高门跟清河崔氏一样，历代名气足够，但在这个时代的人才底蕴不足。毕竟经历过国史之狱被屠族了，家族乏人。

结论二：范阳卢氏是国史之狱的巨大受害者，曾被重点画圈后屠族，此时也处于历史波谷，极速腾飞的背后有贵人。

3. 荥阳郑氏。

郑氏起自西汉大司农郑当时，曹魏时代郑氏的郑浑历任魏郡、上党太守，西晋时代的郑冲为太傅，开国元勋。

荥阳郑氏祖上名望足够，但传到入选"四姓"的郑羲时，郑家已经衰落了。郑羲的曾祖父郑豁任前燕太常卿，祖父郑温任后燕太子詹事，父亲郑晔就不出仕了。郑家是慕容氏的铁杆，跟北魏早期关系并不友好。

---

① 《魏书·卢玄传》：初，玄有五子，嫡唯度世，余皆别生。崔浩事难，其庶兄弟常欲危害之，度世常深忿恨。及度世有子，每诫约令绝妾孽，不得使长，以防后患。

郑羲生于拓跋焘时代，拓跋濬末期（465 年驾崩）才入仕成了中书博士。

477 年到 479 年的时候郑羲作为北魏使节拜见刘宋的末代皇帝刘准，此时的官职是兼任员外散骑常侍、假宁朔将军、阳武子爵。

王公侯伯子五等爵位，郑羲这个子爵兼任员外散骑常侍、假宁朔将军，说句不太好听的，这就是个芝麻官。

479 年距此时也才十多年，对比第一等地位的"四姓"，他家的距离实在太遥远。

结论三：郑家的起飞也相当牵强，背后有神秘力量。

4. 太原王氏。

王氏的名头确实没问题，王家在魏晋时就声名煊赫，在东晋时王氏混到了顶级门阀，尤其晋末，在司马曜和司马道子麾下王家内部还搞了把内卷。

刘裕崛起以后，太原王氏作为东晋末代皇帝的余孽在江南混不下去了。王家的独苗王慧龙一路辗转逃到北魏，但身份成疑，他自己说自己是太原王氏。

他能立足是因为跟崔浩的弟弟联姻，并被崔浩根据王家世传的大酒糟鼻认定为"真贵种矣"。[1]

440 年，王慧龙被任命为使持节、宁南将军、虎牢镇都大将，但王慧龙没到任就死了，他的独子王宝兴继承爵位为北魏长社侯、龙骧将军，此后史书没什么多余的记载。

这很正常，王家跟崔浩有姻亲，还被崔浩夸过，没被屠族就不错了。王宝兴生了孝文帝说的这位王琼，早期事迹更是名不见经传。

---

[1] 《魏书·王慧龙传》：初，崔浩弟恬闻慧龙王氏子，以女妻之。浩既婚姻，及见慧龙，曰："信王家儿也。"王氏世齇鼻，江东谓之齇王。慧龙鼻大，浩曰："真贵种矣。"数向诸公称其美。

结论四：王氏背后还是有神秘力量。

总体而言，所谓的"四姓"，也许有所谓的"名"，但与此时的"实"都不符。尤其在拓跋焘的血洗连根拔起后，崔家和卢家这两个老牌豪门元气大伤，到了几乎站不起来的地步。郑家和王家的起步也都相当意外。

"四姓"都是平地惊雷突然间原地起飞的！

如果仅凭魏晋风华的当年名气来看，河东裴氏、京兆杜氏、太原郭氏、弘农杨氏、颍川荀氏和颍川陈氏这些门阀的后人怎么就没挤进"四姓"呢？

不卖关子了，我们揭晓谜底。

上述"四姓"，要感谢陇西李氏，准确地说，要感谢此时陇西李氏的舵手李冲。

崔、卢、郑、王四家，看见李家都要亲切些。之所以上述"四姓"后面成为"五姓七望"并开枝散叶到了今天，源头的最大贵人是这位李冲。

李冲作为冯太后的男宠在老上司死后无缝对接到了孝文帝这里，北魏皇帝称臣从来都是直呼其名，但孝文帝常称李冲中书以示恩宠。①

李冲是孝文帝这一整套汉化改革的总规划师，史载："及议礼仪律令，润饰辞旨，刊定轻重，高祖虽自下笔，无不访决焉。冲竭忠奉上，知无不尽，出入忧勤，形于颜色；虽旧臣戚辅，莫能逮之，无不服其明断慎密而归心焉。于是天下翕然，及殊方听望，咸宗奇之。"

李冲机敏灵思，孝文帝所有的礼仪建筑和制度设计全靠他，而且李冲精力极其旺盛，处理文件和基建设计的文案堆满办公桌却从来不知

---

① 《魏书·李冲传》：是时循旧，王公重臣皆呼其名，高祖常谓冲为中书而不名之。文明太后崩后，高祖居丧，引见待接有加。

疲倦应对如飞。①

孝文帝后来把李冲当成了顶级的心腹，所谓"高祖亦深相仗信，亲敬弥甚，君臣之间，情义莫二"。

孝文帝前面进行一系列改革时，所有双簧都以敲打李冲来起到震慑效果。李冲凭着自己超强的能力和柔顺的处事态度，成了几千年中华史中超级罕见的异类。他成为连续两位强权统治者的核心心腹，后来的改变官制、改革爵位，李冲都是牵头人。②

孝文帝的一系列汉化改革背后，是李冲这个最特殊的两朝元老，他随后仗着自己的背景也提携起来了一群人。这个人对于钱和权的理解已入化境。

李冲在成为冯太后男宠后开始成为大富豪，但他把钱全都散出去了，近自亲戚远到乡里没有不照顾到的，而且还专门冷庙烧香，提拔了大量的漂泊寒门和门衰旧人。③

李冲这个"北魏巴菲特"，利用自己的势力挑选并打造了一群优质"公司"。

李冲最铁的核心是自己的姻亲圈子，他家的所有亲属几乎都有官爵，一家俸禄每年达到万匹以上，他亲近的哪怕是痴呆聋哑之人也能破格领官。④ 他是能臣不假，但他的结党程度也堪称史上第一。

---

① 《魏书·李冲传》：冲机敏有巧思，北京明堂、圆丘、太庙，及洛都初基，安处郊兆，新起堂寝，皆资于冲。勤志强力，孜孜无怠，旦理文簿，兼营匠制，几案盈积，剖剚在手，终不劳厌也。

② 《魏书·李冲传》：及改置百司，开建五等，以冲参定典式。

③ 《魏书·李冲传》：冲为文明太后所幸，恩宠日盛，赏赐月至数千万，进爵陇西公，密致珍宝御物以充其第，外人莫得而知焉。冲家素清贫，于是始为富室。而谦以自牧，积而能散，近自姻族，逮于乡间，莫不分及。虚己接物，垂念羁寒，衰旧沦屈由之跻叙者，亦以多矣。时以此称之。

④ 《魏书·李冲传》：然显贵门族，务益六姻，兄弟子侄，皆有爵官，一家岁禄，万匹有余，是其亲者，虽复痴聋，无不超越官次。时论亦以此少之。

李冲后来是怎么死的呢？他是被气死的。

李彪进入平城后到处碰壁，因为知道李冲是"著名天使投资人"，于是去亲近谄媚，李冲后来看他是块材料也给他融资了，加大了他在孝文帝这里的曝光力度。

后来李彪担任了中尉兼尚书，受到孝文帝的重用，这小子翅膀硬了就开始不拿自己的恩公当回事，觉得自己的官是凭能力得到的，不再对李冲恭敬对待，这让李冲相当愤怒。[①]

后来孝文帝南征时，李冲与那位改革左右手任城王元澄以李彪傲慢无礼之由将其逮捕并亲笔上奏弹劾，李冲言辞激烈，还因为自己曾作为推荐人做了自我弹劾。

李冲后来因为李彪的小人行径被活活气死了。[②]

孝文帝在挣脱束缚后飘了，忘乎所以到用一年多的时间能把自家的信仰大厦炸了。李冲其实也是如此。

小人永远存在，这是个概率问题，以李冲的位置和桃李满天下的配置，小人冒出来了打掉就完了，警示一下剩下的小人，没必要动气。

但李冲如此反常最终活活气死表明了一件事：已经太多年没人敢惹他了，他已经一人之下万人之上太多年了。

李冲是孝文帝背后那个能干的、柔顺的、无孔不入的、网络密布的潜在大佬，他说的话，孝文帝都听。

来看看"四姓"是如何被这位大佬托起来的。

---

① 《魏书·李冲传》：及彪为中尉，兼尚书，为高祖知待，便谓非复藉冲，而更相轻背，惟公坐敛袂而已，无复宗敬之意也。冲颇衔之。

② 《魏书·李冲传》：冲时震怒，数数责彪前后愆悖，瞋目大呼，投折几案。尽收御史，皆泥首面缚，詈辱肆口。冲素性温柔，而一旦暴恚，遂发病荒悸，言语乱错，犹扼腕叫詈，称李彪小人。医药所不能疗，或谓肝藏伤裂。旬有余日而卒。

1. 清河崔氏。

孝文帝到洛阳后就让尚书崔亮兼任吏部郎去帮他着手澄清流品的族姓改革工作。[①] 负责这个重点工程的崔亮是李冲的门生。

崔亮的族兄崔光是当年从青州回来后就去依附李冲的，他还专门教育崔亮："怎么能傻读书而不去走李家的门路？他家书多，你就算走学术的路也能进步得快一些。"

崔亮在李冲的提拔下飞黄腾达。[②] 李冲的五闺女后来嫁给了崔光之子崔勖。

李冲对待姻亲是真刀真枪地给资源，"显贵门族，务益六姻"地使力气。清河崔氏之所以从山东回到本土后又迅速崛起，是因为走了李冲的门路，双方有姻亲。

2. 范阳卢氏。

卢家传到卢度世之子卢渊的时候也跟李冲联姻了。史书中明文记载，卢家发迹被孝文帝看重是李冲在背后使的劲："渊与仆射李冲特相友善。冲重渊门风，而渊祗冲才官，故结为婚姻，往来亲密。至于渊荷高祖意遇，颇亦由冲。"

3. 荥阳郑氏。

郑羲混得一直不怎么样，家庭条件很差，同样也是因为李冲而显贵起来的。

跟李冲联姻后，郑羲被起任为中书令从此进入核心圈层，所谓"是后历年不转，资产亦乏，因请假归，遂盘桓不返。及李冲贵宠，与羲姻好，乃就家征为中书令"。

---

① 《资治通鉴·齐纪五》：魏主至洛阳，欲澄清流品，以尚书崔亮兼吏部郎。

② 《魏书·崔亮传》：亮即为诵之，涕泪交零，声韵不异。冲甚奇之，迎为馆客。冲谓其兄子彦曰："大崔生宽和笃雅，汝宜友之；小崔生峭整清彻，汝宜敬之。二人终将大至。"冲荐之为中书博士。转议郎，寻迁尚书二千石郎。

郑羲是个老贪污犯兼老鸡贼，没少得罪人，但在冯太后和孝文帝高度反腐的时代却能安全过关，原因史书也明文写了："以李冲之亲，法官不之纠也。"因为执法官员看到他是李冲的亲家所以不敢动他。

前面我们说了冯太后孝文时代有很多官员都落马了，郑羲这个例子也侧面反映了李冲这个隐藏在宫禁深处的神秘大佬的根子有多硬。

高压态势下，千万别看别人没事就有样学样，因为别人的底牌你没看见。

4. 至于太原王氏，王慧龙的闺女嫁的是姑臧侯李承。李承是李冲的哥哥。大家都是实在亲戚。

王氏传到王慧龙的孙子王琼时，史料上也记载了，太原王氏之所以被孝文帝画了圈，是因为李冲帮着"吹嘘"了太多好话："初，高祖之置中正，从容谓祚曰：'并州中正，卿家故应推王琼也。'祚退谓僚友曰：'琼真伪今自未辨，我家何为减之？然主上直信李冲吹嘘之说耳。'"

"孝文帝北都之选，李冲多所参预"，李冲这个北魏腾飞的背后推手，不仅打造了隋唐祖源制度的"三长制"，还打造奠定了后世大名鼎鼎"五姓七望"中的五个超级家族。

对于已经显贵的大族，李冲反而不屑于投资。

上述"四姓"之所以能在此时平地惊雷，其实也要得益于家族本身在波谷运势期遇到了这位顶级的投资人。

以李冲为核心的庞大圈层从此开始编织出了一个密不透风的权力网络，首先"五姓"之间开始在原有的基础上疯狂联姻，"五姓"还取得了与北魏王室联姻的法定优先权，所谓"于时，王国舍人应取八族及清修之门"。

孝文帝不仅自己每家娶了一个，甚至六个弟媳妇中除了穆氏出自"八姓"外，其余全部出自上述五家。

"五姓"的主要家族成员在孝文帝一朝开始迅速腾飞，子弟也获得了优越的入仕条件，政治权势急剧膨胀。

除了嫁闺女，五姓还大量娶进了北魏公主，范阳卢氏甚至"一门三公主"，卢道裕娶乐浪长公主、卢道虔娶济南长公主、卢元聿娶义阳公主。

范阳卢敏在太和初早卒，其兄卢渊、弟卢昶、卢尚之都显达于孝文一朝，其他子弟也由于家门的突然荣耀鸡犬升天地走入了北魏官僚体制的快车道。

北魏崩盘后，范阳卢氏的卢靖三子分别担任西魏、北齐、北周三国帝师，至唐时出了宰相八人。

荥阳郑羲之女被孝文帝纳为嫔妃后，郑羲被征为秘书监。除了郑羲本人贪赃枉法之外，他的五个兄弟"并恃豪门，多行无礼，乡党之内，疾之若仇"，也全部成了超级地头蛇。

北魏末期，郑家的后人郑俨为胡太后所宠，昼夜待在宫中，官至中书令把持朝政。

郑家后来又在北周参股成功，郑孝穆为北周中书令，郑伟为北周襄城郡公、龙骧大将军、江陵防主；郑孝穆之子郑译为北周内史、上大夫，后助杨坚建隋被封为沛国公；郑译之子郑元寿历仕隋唐两朝官拜鸿胪卿；郑元寿堂兄郑善果历任隋唐两朝的兵部、户部、工部尚书，至唐荥阳郑氏有十人为宰相。

太原王氏自王琼之后，他的四个儿子也全部登上历史舞台，在政坛上号称"英英济济，王家兄弟"，后世的晋阳王氏四房就是他这四个儿子的分支。

王琼的长子王遵业领黄门郎，号为"小宰相"，后世也以第一房最为显赫，北朝、隋唐见于史书记载的王氏官至五品的近十人，唐朝出了宰相王溥。

清河崔氏更是分了好多房，崔宗伯之女嫁给了孝文帝，他这一支就分出来了清河大房和清河小房。

清河大房始祖崔休的女儿嫁给了权臣元义的儿子元舒。

崔休的儿子崔仲文迎娶了丞相高阳王元雍之女，后来成为北齐的散骑常侍、光禄大夫；他的另一个儿子崔甗成为北齐车骑大将军、七兵尚书、侍中，武城县公。

崔休九子全部入仕且居显位，整个清河崔氏至唐出了十二个宰相。

陇西李氏后面就更不用提了，出了太多人才，当年自西凉引进平城时的一个破落分支还开了个世界闻名的公司：大唐。

总之，以孝文帝太和改制为契机，一个以北魏皇室为轴心，以等级婚姻为纽带，包括代人"八姓"和汉人"五姓"在内的上层统治核心开始正式确立。

但"八姓"远远比不上"五姓"的后劲。因为"五姓"有各自祖宗发祥之地的地盘，"八姓"的平城时代却永远过去了。没有根，就无法持久。

在以李冲为核心的姻亲圈层周围，孝文帝时代的"五姓"凭借着自己内部和北魏王室的稳定密切的联姻关系，使"五姓"子孙在出仕和升迁等方面对其他的所有氏族来说变成了降维打击。

此时距离北魏崩塌还有三十多年。时间看上去并没有多久，但这三十多年的超级垄断足以将政策红利疯狂引爆并深深扎根在自己的祖宗发祥之地。

"五姓"深刻介入了北魏乃至后面北周北齐的上层决策，在抢得优势身位后凭借着彼此的关系网络在后面大乱的五十年中互相提携互相帮助共渡难关，从而深刻地影响了后面几个世纪的历史。

到了北齐时代，博陵崔氏和赵郡李氏跟"五姓"之间开始大量联姻，最终渐渐平起平坐为七姓成员，在唐代成为大名鼎鼎的"五姓七望"。

李冲这位神秘人，其实比南朝最强神秘人萧道成的影响力要大得多。萧道成的王朝不过存在了二十四年，李冲开枝散叶的影响却直到今天。

孝文帝的"种姓改革"靠谱吗？怎么可能靠谱！他做得比东晋的门阀还露骨，在朝着西晋的老路一路狂奔。当年崔浩没做成的事，李冲做成了。

中下层的社会危机从此开始日益激化！

北境大乱之后，广阳王元深（本名元渊）上奏："最开始平城建都时以北境为重，选贤任能配以高门子弟担任镇将，这部分人的仕途通道不仅不受影响还有着专属红利，当时人们都找路子去六镇戍边。[1]

"太和中期，李冲掌权，凉州人全都免除了服役，而代人集团却要去守边关，这些人到了之后受镇将驱使只能担任虞侯之类的小官，一辈子的天花板不过是个军主，而那些同姓留在京城的人却能做到上品显官，身在边镇的那些人因为升迁之路断绝开始大量逃散。"[2]

因李冲受益的，还有"凉州土人悉免厮役"。

李冲这个牛哄哄闪闪放光芒的人被隐藏在了中国历史的长河中。

他的"三长制"是开启隋唐的制度祖源。

他的"种姓制"是使北魏崩塌的启动开关。

他几乎以一己之力让北魏的百年神功最终做了嫁衣裳！

---

[1] 《文献通考·兵考三》：广阳王深上言："先朝都平城，以北边为重，盛简亲贤，拥麾作镇，配以高门子弟，以死防遏，非唯不废仕宦，乃更独得复除，当时人物，欣慕为之。

[2] 《资治通鉴·梁纪六》：太和中，仆射李冲用事，凉州土人悉免厮役；帝乡旧门，仍防边戍，自非得罪当世，莫肯与之为伍。本镇驱使，但为虞侯、白直，一生推迁，不过军主；然其同族留京师者得上品通官，在镇者即为清途所隔，或多逃逸。

四、"时来天地皆同力"的南国开关启动了

北魏的"长子英武之花"开了七代后终于不行了。

同是被冯太后从小抱走养起来的,孝文帝这孩子哪里都棒,但他的太子元恂却不爱学习,政治天赋更是负的。元恂因为长得胖受不了河南的夏天,常闹喊着要回平城老家,孝文帝赐他的汉服他私下也很少穿。

你爹汉化起来跟疯子似的,你这样做不知道自己很危险吗?你爹是皇帝,你不跟着他的路线走可不是打屁股那么简单的。

其实冯太后对元恂这孩子也是耳提面命的,"生而母死,文明太后抚视之,常置左右",从小在老太后身边受熏陶。结果他连装都不会装,和他那顶级哭坟专业户的老爹比起来简直就是一天一地。

天赋这东西真的很重要。

496年八月初七,趁着孝文帝出巡,十五岁的元恂与心腹密谋后亲手把孝文帝给他安排的太子中庶子高道悦杀死,随后准备逃回平城。

好在中领军元俨把元恂的叛逃行动给镇压下来了,次日天亮,尚书陆琇急忙骑马去向孝文帝汇报,孝文帝听后大惊但没有声张,到了汴口后立即返回洛阳。

八月二十三,孝文帝回宫大骂他儿子,随后亲自与二弟元禧轮番打了元恂一百多棒,将他囚于城西。

太子的计划真的那么简单吗？普天之下莫非王土，他逃了有什么用呢？这孩子虽然小，但并不意味着这点儿道理都琢磨不明白。他敢跑意味着在平城有一股庞大的势力支持他。

十月初八，孝文帝诏令：凡是代人集团的人一律补为禁军。[1] 孝文帝感到不对劲，于是紧急扩军并拉拢南迁的代人集团。

闰十二月初八，孝文帝废太子元恂为庶人。

同月，元恂奔代的幕后黑手出现了。

当年保过孝文帝皇位的冯太后时代的宠臣穆泰，对孝文帝这个白眼狼迁都乃至一系列的改革越来越不满，于是被安排离开朝堂出任定州刺史。[2]

穆泰提要求说自己久病，定州太热对他身体不好，让他回恒州老家吧。孝文帝随后将恒州刺史陆叡调整到了定州，让穆泰去做恒州刺史。

穆泰到了平城后，陆叡还没去定州上任，两人开始密谋，悄悄联结了镇北大将军乐陵王拓跋天赐之子元思誉、安乐侯元隆（拓跋丕之子）、抚冥镇将元业（拓跋丕之子）、骁骑将军元超（拓跋丕之子）等，他们共推朔州刺史阳平王元颐（拓跋晃次子拓跋新成的长子）为主。

这些人就是文明太后版的"复仇者联盟"。

老臣们很不爽，一群什么乱七八糟的东西成了"四姓"，把我们当什么了？我们才是天下第一等啊！最终陆叡压住了穆泰，劝他再缓缓。

结果这个"复仇者联盟"，被元颐卖了。

孝文帝紧急安排了"哪里需要往哪搬"的任城王元澄去平叛，授

---

① 《资治通鉴·齐纪六》：冬，十月，戊戌，魏诏："军士自代来者，皆以为羽林、虎贲。"

② 《资治通鉴·齐纪六》：初，魏文明太后欲废魏主，穆泰切谏而止，由是有宠。及帝南迁洛阳，所亲任者多中州儒士，宗室及代人往往不乐。泰自尚书右仆射出为定州刺史。

给他符节、铜虎、竹使符、御仗左右，命行恒州事，全权处理此案。

元澄千里急行军成功实施了斩首行动，打掉了阴谋一党，抓了陆叡等乱党骨干一百多人，这事并没有在民间扩大。[①]

明面上处理得挺利索，但此事牵扯极大。

孝文帝的心腹、禁军大佬于烈之所以后面能被孝文帝推心置腹地对待，就是因为在这次谋反中，代人集团中只有于烈的宗族完全没掺和，当时的情况相当吓人，所谓"是逆也，代乡旧族，同恶者多，唯烈一宗，无所染预"。孝文帝的运气真的好。

冯太后一党的一次犹豫和元澄的千里突击，避免了北魏南北内战的爆发。如果打起来，孝文帝雄才大略的改革政治家的历史地位就没有那么多光泽了。

不过此次北魏幸运地避免了内战，其更深层的蝴蝶效应，应该是历史之神的强硬干预：北面不能给孝文帝扯后腿。

497 年六月初七，北魏发冀、定、瀛、相、济五州二十万大军准备打南齐。

历史之神需要孝文帝去南边挤压制造恐慌，把大江之南的下一个朝代挤对出来。

八月，刚入秋，孝文帝率兵向襄阳进发，彭城王元勰等三十六路军马前后相继，号称百万大军。

这次孝文帝准备充分，吸取教训按照季节节气打，集中兵力亲率主力攻击南阳盆地，豫州刺史王肃偏军攻击义阳（今河南信阳）。

九月十七，孝文帝留诸路将帅攻打赭阳，自己领兵南下。

九月十九，孝文帝军至宛城，当夜拿下宛城外城。

---

① 《资治通鉴·齐纪六》：先遣治书侍御史李焕单骑入代，出其不意，晓谕泰党，示以祸福，皆莫为之用。泰计无所出，帅麾下数百人攻焕，不克，走出城西，追擒之。澄亦寻至，穷治党与，收陆睿等百余人，皆系狱，民间帖然。

九月二十三，孝文帝留诸将围攻宛城内城，自己再次南下。

九月二十五，孝文帝军至新野，南齐新野太守刘思忌据城抵抗。

十月初三，魏军攻打新野不克后修工事进行围困。

魏军继续南下。

面对齐军据城坚守的策略，孝文帝围城后迅速南下，将整个南阳盆地分割成几个孤岛，自己率领骑兵部队来回做自由人扫荡。

十一月十一，南齐前军将军韩秀方等十五个将领投降北魏。

十一月十四，魏军已经推进到了汉水之北，在沔北击败南齐，将军王伏保等被俘。

在魏军一路鲸吞雍州的态势下，十一月二十，齐明帝萧鸾派太子中庶子萧衍和右司马张稷去援救雍州。

萧衍出场了。又一个萧道成在淮阴的故事上演了。

"时来天地皆同力，运去英雄不自由"，古往今来帝王将相那么多，但这句沧海桑田的评语被评给了萧衍。他漫长的一生经历贴切地印证了这句话。

十二月二十四，南齐再派度支尚书崔慧景援救雍州，授他符节雍州诸军全部受他指挥调度，崔慧景率步军两万、骑兵一千援救襄阳。

十二月二十五，孝文帝军返新野。

498年正月初五，新野城破，太守刘思忌不降被杀。新野城破意味着南阳北部齐军的退路被切断。

正月初六至正月初九，湖阳戍主蔡道福、赭阳戍主成公期、舞阳戍主黄瑶起、南乡太守席谦等相继南逃。只有宛城还在坚持，雍州崩盘之势已不可阻挡。

正月二十七，"自由人"元宏到了宛城。

二月十二，宛城放弃抵抗。至此，南阳全境被北魏拿下。

二月十八，孝文帝听说南齐还有救援，于是溜达回新野准备再度兵临汉水。

崔慧景到襄阳的时候，南阳、新野等五郡已经陷落，崔慧景与萧衍及军主刘山阳、傅法宪等率五千多兵马据守邓城。

三月初一，崔慧景和萧衍在邓城被魏军打败。邓城失守，齐军死伤不计其数。

孝文帝亲率大军追击直至汉水，南齐的各援军将领都逃到襄阳去了。孝文帝看了眼襄阳又撤了，南阳战场大局已定，他又去驰援义阳战场了。

孝文帝来到悬瓠发现王肃方面军出现问题，魏军大败，广陵王元羽的符节都被齐军缴获了。在孝文帝进入战场派出援军后情况开始改变，魏军击溃了南齐的反攻，双方进入僵局。

因为即将进入夏季，孝文帝暂缓了对南齐的攻势，他本人在悬瓠坐镇，等待秋季再展开进攻。"三长制"的巨大组织优势此时开始出现，去年夏季征发的五州士兵作战已近一年，按规定返乡休整。

四月十五，孝文帝论功行赏，从征的武官进位三阶、文官进二级、外官进一阶。

四月十九，北魏发州郡兵二十万人，限八月中旬集结至悬瓠。

驻扎在外的孝文帝随后又任命六弟元勰为宗师，命令他监督检查皇室成员，洛阳要是有动作随时汇报。

孝文帝要跟南齐玩持久战了。

这个时候，侄子界的狼心狗肺代表萧鸾也接近油尽灯枯了。

在咽气之前，萧鸾杀了河东王萧铉、临贺王萧子岳、西阳王萧子文、永阳王萧子峻、南康王萧子琳、衡阳王萧子珉、湘东王萧子建、南郡王萧子夏、桂阳王萧昭粲、巴陵王萧昭秀，至此，萧道成和萧赜及文惠太子萧长懋的子嗣全部被杀。

此时距离萧道成按户口本杀刘宋宗室不过十九年。天道好轮回啊。

千算万算，萧鸾看走眼了一个人。七月二十四，萧鸾任命太子中庶子萧衍为雍州刺史。①

北魏孝文帝的大兵压境和齐明帝的油尽灯枯帮助下，一个南国的主人来到了他的主场。

北人南下，为六朝盛衰之总纲。

南阳盆地的陷落迫使大量雍州豪族开始南下聚集在了萧衍的身边。

七月三十，萧鸾驾崩。

一个多月后消息传来，天时地利人和的孝文帝表示："礼不伐丧，撤！"

孝文帝真的那么厚道吗？

当年他南下迁都时可是正值南齐换皇帝呀！当时他怎么就那么毅然决然地要伐齐呢？

真正的原因是创下吉尼斯哭孝纪录的大肺王孝文帝，这个在伐齐时作为自由人穿插的棒小伙子，在一个夏天后神奇地不行了，他病得非常严重，十来天不接见左右侍臣，只留兄弟元勰等几个人在身边。

九月二十八，孝文帝的病见轻，找了个北伐的理由从悬瓠北返。

十一月初四，孝文帝到达邺城。

499 年正月初八，孝文帝从邺城回洛阳。

在路上孝文帝听到了一个消息，他的冯皇后正在以自己的姑姑为榜样，先是私通宦官（不服不行），后在孝文帝病重时更是淫乱到肆无忌惮，还培植了大量心腹。②

孝文帝对这件事秘而不宣，但冯皇后那边也有眼线，知道孝文帝已经清楚后，私下和她的母亲常氏让女巫做法诅咒孝文帝早死，她梦想

---

① 《资治通鉴·齐纪七》：癸卯，以太子中庶子萧衍为雍州刺史。

② 《资治通鉴·齐纪八》：魏主连年在外，冯后私于宦者高菩萨。及帝在悬瓠病笃，后益肆意无所惮，中常侍双蒙等为之心腹。

当第二个文明太后。①

这个冯皇后，是两年多前挤掉自己亲妹妹上位的。

最初，文明太后的两个侄女（冯熙女）都嫁给了孝文帝，一个进宫后早早死掉了，另一个得宠但不久也得重病了，随后出宫削发为尼去躲灾。

文明太后死后，孝文帝又立了冯熙的小女儿为皇后，但这时候之前那个出家为尼躲病的姐姐病好了，孝文帝让她还俗并重新入宫，从此冯家小皇后失宠了。

这个重回宫廷的姐姐仗着自己年长和资历不太尊重她的皇后妹妹，还搞了家族内卷，孝文帝就顺势废掉了这个小皇后。

496年七月，孝文帝下旨废后，被废的冯小妹随后也出家了。

这位冯姐卷掉了自己的妹妹后准备向自己的姑姑致敬。

499年正月二十一，孝文帝回到洛阳打掉了冯皇后一党，随后录了口供。

孝文帝召来了兄弟们，表示以后再遇到这个女人你们不用避嫌了，但因为她是冯太后的侄女不能废，只把她关在宫里，希望她能自杀给她自己留点儿体面，今后你们别以为我对她还有情分。②

大家可能会有一个问题，就是元宏为什么对冯家的这个皇后这么宽宏呢？其实这好理解，大家想想他从前是怎么哭文明太后的？

堂堂一国之君，能被人说成是两面三刀的势利小人吗？他利用这个人设当初一棒子打蒙了代人集团，这个人设自然也会永远地箍在他

---

① 《资治通鉴·齐纪八》：帝疑而秘之。后闻之，始惧，阴与母常氏使女巫厌祷，曰："帝疾若不起，一旦得如文明太后辅少主称制者，当赏报不赀。"

② 《资治通鉴·齐纪八》：既而召彭城王勰、北海王详入坐，曰："昔为汝嫂，今是路人，但入勿避！"又曰："此妪欲手刃吾胁！吾以文明太后家女，不能废，但虚置宫中，有心庶能自死；汝等勿谓吾犹有情也。"

身上。

人设是有代价的。

当初他哭得越狠，今天他就要越发给冯家的后人留面子。皇帝玩人设要是塌了，被后面的史官记上几笔，那么皇帝的颜面还要不要呢？

孝文帝在洛阳没待多久，很快南面又传来了坏消息。

这年正月的时候，南齐太尉陈显达督率平北将军崔慧景及四万大军出击北魏，想要收复雍州诸郡，此时陈显达大败魏军已经拿下了南乡。

三月初四，孝文帝御驾亲征。

三月初七，孝文帝军至梁城，派振威将军慕容平城率骑兵五千去援救顺阳太守张烈。

三月二十一，孝文帝军至马圈，命荆州刺史广阳王元嘉截断均口阻拦齐军的退路。

三月二十二，南齐开始撤军南逃。

三月二十三，魏军收缴了陈显达丢弃下的海量军用物资，全部赏给将士们后展开了总追击，直至汉水方回，南齐左军将军张千战死，士卒死了三万多人。送了自己王朝最后一程的元宏此时已经油尽灯枯。

三月二十四，元宏北还，至谷塘原时觉得有些话再不说就来不及了。

孝文帝对兄弟们交代了两件事：

1. 冯皇后必须赐死。

2. 太子还小，我这辈子就跟兄弟们亲，剩下的都靠你们了。

499 年四月初一，孝文帝崩于谷塘原。

这位 5 世纪末的最大主角，带着无限的遗憾曲终人散了。

孝文帝汉化改制后，北魏官僚体制开始迅速板结、僵化、重文轻武。

不久前穆泰集团造反的原因，就是在孝文帝的政策扶植下，汉化的速度和汉人蹿起的速度已经让他们无法接受了。

很遗憾，孝文帝没有南边比他大三岁的萧衍寿命那么长，没能亲眼看到自己改革运去英雄不自由大厦的崩塌。以他的节奏，北魏的崩塌大概率会比后面的历史轨迹提前来临。

孝文帝改制的初衷，是想把代人贵族和汉人士族这两个牛人群体整合到一个政体内，但其结果却是从此上层门阀带来的垄断堵死了下层武人的仕途。

北魏这个马背上立国的政权自此失去了自己"枪杆子"的心灵拥护。

孝文帝死后，北魏用人选人的考核制度进一步迭代，其宗旨就是仕途越来越有利于文人，不利于武人。

这个制度其实就是越来越有利于汉人，不利于代人。

自西郊祭天被撤销的那天起，当年维护整个拓跋帝国核心的精神脉络、共同的"神权西授"的信仰就崩塌了。

贵族们都觉得自己受到了侮辱愤而造反，蔓延到基层的代人又会怎么想呢？这还是我们的国家吗？这样的国家还值得我们效力吗？

北魏和自己"枪杆子"之间的距离随着时间的推移越来越大。

在遥远的北境，这种屈辱和被遗忘的感觉则更加强烈。在六镇建立之初，六镇的兄弟们是帝国的骄傲，是帝国的兵尖子，是虎视北境的主人，是未来梯队的储备官员。

在都城迁到洛阳后，所有的财富、资源全部输送到了洛阳，平城地区已经成为被遗忘的角落了，更不要说更加遥远的六镇了。曾经的人上人，现在成为普通人。

孝文帝死后，战事频率降低，洛阳的中央军战力开始迅速滑坡，但北境戍边的军人们却依旧在凛冬中维持着汹涌的战力。

北魏崩塌倒计时已经启动。

我们拿一个文物工程举例看看孝文帝十年汉化的程度有多剧烈吧。

460年，云冈石窟造像工程挂牌启动。这是北魏国家级的工程，手笔极其震撼。

作为对比的是敦煌石窟，它是丝绸之路上的商人等民间的力量建造的，规模不大，壁画也是画在墙上的，但云冈石窟却将皇家的恢宏气势体现出来了。

云冈石窟不画壁画，而是直接开雕。整个石窟依山开凿，东西长二里，主要洞窟有五十三个，大小造像有五万多身。那尊作为云冈名片的露天大佛虽然是尊坐像，却足足有十三点七米高，相当于四层楼。

我们来感受一下人的渺小。

时隔一千五百年后，我们看到的云冈大佛依旧具有顶级的美感，浑厚的双肩、劲挺的鼻梁、棱角分明的面孔。这尊大佛的袈裟披法很有时代感，虽然是披在双肩上的，但右肩露出的更多，这种服饰带有的印度色彩更浓厚。

袈裟的衣纹有着细密的纹路，衣服紧贴身体，隐隐露出身体的美感，这种雕塑的表现手法是从古希腊间接传来的。

从这尊大佛也能够看出当时的北魏文化有多么兼容并包。

云冈石窟最主体的佛像是昙曜五窟的五尊主佛像，这五尊佛像是模拟拓跋珪、拓跋嗣、拓跋焘、拓跋晃、拓跋濬这五位北魏皇帝的形象雕刻而成，象征着北魏皇帝是佛祖的化身。

其中最大的佛像是第十九窟，坐像高十七米，据说是道武帝拓跋珪的化身。佛与帝合一了。

如今作为云冈石窟名片的那尊佛像据推测应该是太武帝拓跋焘。灭佛的帝王成了云冈石窟的名片，着实幽默。

更幽默的是这尊大佛有两撇八字胡。这种胡子在印度佛教中经常出现，但在佛教中国化后慢慢消失了。在汉文化中即便佛祖有胡子也得是关羽那种长髯，这种八字胡并不符合我们的东方美感。

总体而言，从云冈石窟中能看到很多异域的文化，它是后拓跋焘时代北魏文化综合度的一个经典体现。

　　北魏迁都洛阳后，建造石窟依旧是皇室热衷的活动。孝文帝的儿子后来就在洛阳龙门建造了宾阳中洞来纪念他爹。

　　龙门石窟基本和前面云冈石窟的风格完全两样了。在短短不到四十年的时间里，艺术风格完全是两种感觉。

　　我们不评价佛像的美丑，这些都是艺术品，都是我们中华文明的瑰宝，单就造像的感受而言，洛阳石窟的佛像气势没有云冈石窟的那么恢宏了，肩膀窄了很多，大佛也瘦了很多，胡子也没了，云冈大佛的面部线条清晰劲拔，无论从什么角度看过去都是眉目清晰，棱角分明，而宾阳中洞则柔和了很多，显得更慈祥。

　　这是什么原因呢？因为孝文帝汉化得太彻底了。造像的风格也因此吸收了汉族士大夫"秀骨清像"的风姿，洞中主佛的袈裟改变了云冈大佛那种露出右肩的穿法，而是全披上了。佛爷都跟着孝文帝汉化了。

　　由此可见元宏刮起的这股风有多猛。

　　我们据此侧面来揣测一下，整个代人集团乃至遥远的北境会怎么看待这位否定过去的皇帝：愤怒，在酝酿。

　　下一个时代之光，在北境慢慢闪亮。

　　话说王莽篡汉之时，天降五行山，下压着一个神猴，不怕寒暑，不吃饮食，自有土神监押，教他饥餐铁丸，渴饮铜汁；自昔到今，冻饿不死。

　　据这位神猴自己表述是五百年前大闹天宫的齐天大圣。

　　这个刑期估计是土地爷跟他说的，告诉他五百年后他会灾消难满，自有人救他。公元8年王莽篡汉，步入6世纪初，他刑期才将满。

　　但很遗憾，大圣再次从石头里蹦出来的时间是贞观十三年，即639年，明显是到了刑满释放时间却没被放出来。

　　大家也得理解佛祖，谁家有面也不能都蒸了馒头，大圣这块好

"钢"必须用在刀刃上。从此时的态势来看，明显是还没到把大圣放出来的时运。

因为在这个年代佛法不用普及，也不用西求，无论南北都在狂办佛法学习班。

北人南下，为六朝盛衰之总纲。

南国倒数第二个朝代要来了，中国史上传奇的"菩萨皇帝"马上要就位了。

第 **9** 战

时来天地皆同力

一、雍州教父而立之年的奇幻漂流

"时来天地皆同力"，每个开国皇帝的上位之路都是这七个字的体现。

但是，这个"天地皆同力"的力度和时机却不是闹着玩的，一个人没有搬山架海的能耐是扛不住这种洪荒之力的。

刘邦有项羽试炼，刘秀有河北惊魂，曹操有兖州绝境，司马懿在英雄时代"神龟虽寿"地熬死了一个个神仙，他们每一个人都是天选之子不假，但每一个人也都经历了顶级的剧本考验。

从来没有一个以边镇造反打下天下的皇帝能像萧衍这般心想事成。他的一切水到渠成般的开挂程度超过了史上所有创业的剧本。萧衍传奇一生的最终收尾，也确确实实印证了那句"运去英雄不自由"。

我们来看看这位"人生大梦如幻"的萧衍的上半集吧。

萧衍他爹叫萧顺之，是萧道成的族弟，当年跟随萧道成北镇淮阴时，曾经是萧道成的贴身保镖还救过他的命。

作为萧道成的镇军司马，萧顺之这位心腹一路历官侍中、卫尉、太子詹事、领军将军，给萧道成当了一辈子保镖。

萧道成死后，太子萧赜上位，作为死去老皇帝的心腹，萧顺之被逐渐边缘化。

公元 490 年，南齐皇家内部一如既往地搞运动，萧赜在荆州的第四子萧子响被诬告要造反。

萧赜听说后派卫尉胡谐之、游击将军尹略和中书舍人茹法亮率三千羽林军去抓萧子响。结果他们被逼到绝境的萧子响击溃，尹略战败被杀，胡谐之和茹法亮乘船逃跑。

萧赜随后又派自家老前辈丹阳尹萧顺之领兵讨伐。

萧赜的太子萧长懋平日就跟萧子响有仇，在萧顺之出征前，秘密要求萧顺之暗中杀了他四弟。萧子响见到这位族里的老前辈后想为自己辩驳，但萧顺之直接将他缢死了。

萧顺之以为这不过是个顺水推舟站队第三代帝王的事，毕竟萧子响前面都把朝廷大军给打败了，这一点写报告可太好发挥了。但是吧，萧顺之还是草率了，萧子响毕竟是皇帝的儿子。

后来经历了些曲折，萧子响这事被平反了，他又是皇帝的好儿子了。萧赜悔恨不已，对萧顺之满是愤恨。萧顺之的这次政治投机赌错了，然后他的命没了。

当时，萧赜亲自为萧子响做法事，看见萧顺之后就在那里哭，萧顺之随后就明白皇帝是什么意思了，这是皇帝让他死啊，然后他就"忧卒"了。[1]

因为萧顺之晚年的这场政治风波，他的第三子萧衍的人生节奏被打乱了，整个时代的剧本也随之改变了。

萧衍出生时的那些灵异事件就不提了，连手上写了个武字都整出来了，总之帝王将相们从受精卵开始就都是当世最威武的。

---

[1] 《南史·萧子响传》：百日于华林为子响作斋，上自行香，对诸朝士辄蹙。及见顺之，呜咽移时，左右莫不掩涕。他日出景阳山，见一猿透掷悲鸣，问后堂丞："此猿何意？"答曰："猿子前日堕崖致死，其母求之不见，故尔。"上因忆子响，嘘唏良久，不自胜。顺之惭惧，感病，遂以忧卒。

萧衍起家是巴陵王南中郎法曹行参军，后迁卫将军王俭的东阁祭酒。

王俭是王导的五世孙，见到萧衍后"深相器异"，他对庐江何宪道："这孩子三十岁以内当做侍中，将来贵不可言。"这算是由门阀圈给出了不凡认证后被史官记录在案。

后来萧赜次子竟陵王萧子良开西邸，招文学，萧衍与沈约、谢朓、王融、萧琛、范云、任昉、陆倕七人号为"竟陵八友"。

内部捧臭脚的王融据说"识鉴过人"，尤其青睐萧衍，经常对身边人说："将来宰制天下的必定是这小子。"听听就好，因为他的评价不值钱。

王融对自己的评价是三十岁内能成为三公辅政的级别。他二十七岁官至中书郎，有一天在中书省值夜时自叹："我这个不争气的，邓禹在二十四岁就当司徒了，他现在准在地下笑话我呢！"

这种眼高于顶的人精气都抖在外面了，后来这位聪明人在萧赜病重时盲目冒头，打算矫诏拥立萧子良即位，在政变失败后被赐死。

萧衍青年时期所获得的评价都别当回事，南齐后期的血肉横飞程度比刘宋还要猛，萧衍要真的是精明得一眼就能让人看出来，在南齐末年的政治风暴下绝对活不到当皇帝那天。

萧衍后来累迁随王、镇西将军萧子隆的谘议参军，在 490 年他爹因政治投机失败而去世，他回去守孝了。

萧顺之这一支从此成了萧赜痛失其子后被打翻在地的历史遗留问题家族，萧衍的仕途看起来一片愁云惨淡。

萧衍将希望放在了太子身上，毕竟，他爹拿生命押了太子的宝。很遗憾，493 年正月，太子死了。这回萧衍完了。

他们为之卖命的太子不在了，前面他们出生入死的付出都白干了，萧衍没办法对太子的儿子说：咱们都是实在亲戚，我爹当年帮你爹弄死你叔眼都不带眨的。萧衍开始自己寻找出路。

493 年四月十四，萧赜立南郡王萧昭业为皇太孙，原来的东宫文武全部改为皇太孙的官属，以太子妃琅邪王氏为皇太孙的太妃，南郡王妃何氏为皇太孙妃。

萧赜太希望嫡子继承的制度能够夯实下去了，江湖上不要再有打打杀杀了。很遗憾，树欲静，风是不止的。

时代已经崩坏，整个南朝的权力链条已经变为了一切皆有可能，不从信仰上重建根本不可能。

这年七月，萧赜不行了。

萧赜诏令次子萧子良去延昌殿伺候病情，萧子良又任命了刚刚守孝回归的萧衍和范云等人担任帐内军主。[1] 萧子良日夜守在禁宫，皇太孙萧昭业每隔一天进宫问安。

曾经夸过萧衍的王融想拥立萧子良为帝，萧衍强烈表达了不看好王融的这一主张。[2] 留意这个时间点，萧衍此时已经被另一股力量拉拢走了。

七月三十，萧赜垂死之际，皇太孙萧昭业还没入宫，宫内宫外人心惶惶，文武百官也都穿上了丧服，王融打算假传圣旨命萧子良继承帝位。

等皇太孙萧昭业赶来时，王融已经全副武装在中书省阁口阻拦东宫所有人员，不让他们入内了。

不久萧赜最后一次回光返照，看明白情况的萧赜问皇太孙萧昭业在哪里，召东宫卫队全部入宫，将朝事委托给了西昌侯萧鸾。[3]

---

[1] 《资治通鉴·齐纪四》：会上不豫，诏子良甲仗入延昌殿侍医药；子良以萧衍、范云等皆为帐内军主。

[2] 《南史·梁武帝纪》：融欲因帝晏驾立子良，帝曰："夫立非常之事，必待非常之人，融才非负图，视其败也。"

[3] 《资治通鉴·齐纪四》：顷之，上复苏，问太孙所在，因召东宫器甲皆入，以朝事委尚书左仆射西昌侯鸾。

又过了一会儿，萧赜驾崩，王融急命萧子良的军队接管宫城各门，此时刚刚被托孤的萧鸾已经得到消息飞马赶到云龙门，但被守在那里的卫士挡住，萧鸾说："皇上下诏召我入宫！"随后直接推开卫士闯了进去，拥戴皇太孙萧昭业登基即位，又命手下把萧子良拉出大殿。萧鸾指挥下令声如洪钟，殿内军士没有不听命令的。[1]

全过程有点儿像武侠小说中的场景，别急，我们来慢慢拆解萧鸾如萧峰（《天龙八部》主人公）附体般逆转乾坤的核心要素。

萧鸾少年丧父，由叔父萧道成抚养长大，萧道成对其视若己出。萧道成即位时萧鸾任侍中，封西昌侯，后来当了郢州刺史，拜征虏将军。

萧赜即位后对这个从小玩到大的兄弟同样看重，转封为度支尚书，任右军将军，至此成了禁军武官。萧鸾的履历如下：

483年，任侍中，为骁骑将军，后转为散骑常侍、左卫将军。

484年，任征虏将军、吴兴太守。

486年，升中领军，仍任常侍。

487年，使持节、监督豫州郢州之西阳司州的汝南二郡军事、右将军、豫州刺史。

489年，任尚书右仆射。

490年，加领卫尉。

492年，转尚书左仆射。

493年，加领右卫将军。

从履历上可以看出来，萧鸾始终在朝堂中央，手中始终控制着禁军，在禁军中威望极高。

萧鸾被托孤上位后没多久就不装了，打算废了小皇帝萧昭业另立

---

[1] 《南史·王融传》：俄而帝崩，融乃处分以子良兵禁诸门，西昌侯闻，急驰到云龙门，不得进，乃曰："有敕召我。"仍排而入，奉太孙登殿，命左右扶出子良，指麾音响如钟，殿内无不从命。

新皇帝，这个位置他眼馋很久了，只需要走个废帝流程。

萧鸾有自己的队伍，比如说萧衍。①

萧衍在仕途上已被边缘化了，他深深记得因为萧赜父子间的那堆烂事把他爹逼死的往事，他也能体会到老爹的用心良苦。

他爹之所以会以萧道成族弟兼心腹的老前辈身份听从孙子辈的小太子调遣，不过也是因为心中藏了一个梦想：他爹的时间也许不多了，但他爹生了五个儿子呢。这年头，谁又不是萧鸾呢！

萧衍下决心要彻底搞死萧道成这一支给他爹报仇，所以跟了萧鸾。② 这也是为什么前面同为"竟陵八友"的他会不赞成王融拥竟陵王萧子良上位。

荆州刺史随王萧子隆风雅有文才，萧鸾想要调他入朝减轻威胁，但又担心他不服从，于是咨询萧衍。萧衍表示："随王这人虽然美名在外，其实败絮其中，身边也没有靠谱的团队，唯一能依靠的是其司马垣历生和武陵太守卞白龙，这两人又都是唯利是图之人，封官就能把他俩引来，至于随王本人，一封信就能吓唬过来。"

萧鸾随后征垣历生为太子左卫率，征卞白龙为游击将军，等两人都过来后再召萧子隆为侍中入朝。萧子隆乖乖地到了，然后被赐死。

卫尉萧谌是萧赜的同族子弟，自萧赜在郢州时就是他的心腹，萧赜即位后更是常在宫中值宿警卫，凡是机密的事情没有他不参与知晓的。征南谘议萧坦之是萧谌的本家，做的是东宫直阁将军，所以被小皇帝特别信任。这两位是小皇帝的亲信保镖，每当萧谌有急事请假不在时小皇帝连觉都不睡，直到他回来才安心，萧坦之更是能跟着小皇帝出入

----

① 《资治通鉴·齐纪五》：西昌侯鸾将谋废立，引前镇西谘议参军萧衍与同谋。

② 《南史·梁武帝纪》：初，皇考之薨，不得志，事见《齐》《鱼复侯传》。至是，郁林失德，齐明帝作辅，将为废立计，帝欲助齐明，倾齐武之嗣，以雪心耻，齐明亦知之，每与帝谋。

后宫。①

其实这两个人也是萧鸾的人。

史书上说小皇帝上位后瞬间就显出了昏君的潜质，随后萧谌和萧坦之这两个保镖就投靠萧鸾帮着他废帝了。②

后面大保镖萧谌和萧鸾翻脸时曾经感叹着说出这句话："饭做熟了让别人吃了。"意思就是他脑子有病，本来他能当皇帝的，现在却受制于人。这哪里是为了国家社稷废昏君啊，这是拥有新梦想的股东们创业后股权谈崩了！

看到这里，大家就明白当初萧鸾为什么能闯进宫了吧。萧道成父子比较可悲的地方在于，他们不只看走眼了一个萧鸾。

萧赜在东宫时萧谌就领宿卫，后来萧赜重病，专门命萧谌在身边保卫。③

萧谌跟萧鸾都是萧赜信任、安排在禁宫的族人，唯一的区别在于萧鸾与萧赜的血缘关系更近，他是萧道成二哥的儿子。萧谌后面能跟萧鸾谋划废帝，是因为这两个人早早就是一个派系的。

最后时刻虽然萧鸾没在宫内，但萧谌却"在左右宿直"，并"遗敕谌领殿内事"，始终握着禁宫殿内的最后一把刀，所以萧鸾闯禁宫跟玩一样，还能"指麾音响如钟，殿内无不从命"。想拥立萧子良的王融连禁军的深浅都没摸清楚。

---

① 《资治通鉴·齐纪五》：卫尉萧谌，世祖之族子也，自世祖在郢州，谌已为腹心。及即位，常典宿卫，机密之事，无不预闻。征南谘议萧坦之，谌之族人也，尝为东宫直阁，为世宗所知。帝以二人祖父旧人，甚亲信之。谌每请急出宿，帝通夕不寐，谌还乃安。坦之得出入后宫，帝亵狎宴游，坦之皆在侧。

② 《资治通鉴·齐纪五》：萧谌、萧坦之见帝狂纵日甚，无复悛改，恐祸及已；乃更回意附鸾，劝其废立，阴为鸾耳目，帝不之觉也。

③ 《南齐书·萧谌传》：世祖卧疾延昌殿，敕谌在左右宿直。上崩，遗敕谌领殿内事如日。

494 年七月二十，即位了一年的萧昭业被萧鸾弄死了。

七月二十五，十五岁的新安王萧昭文即皇帝位，封萧鸾为骠骑大将军、录尚书事、扬州刺史、宣城郡公。萧鸾随后开始屠杀萧道成和萧赜年长出镇的诸子。

杀手是典签（官职名），典签的威力大到了"及宣城王诛诸王，皆令典签杀之，竟无一人能抗拒者"。早在萧昭业被杀之前，萧谌就已经提前秘召诸王的典签，要求他们不许诸王与外人接触，典签们全明白怎么回事了。①

刘宋的典签制度至萧齐达到巅峰，典签一年要去好几次建康向朝廷汇报各地情况，而且经常是亲自跟皇帝汇报，各地的情况往往就依他们汇报而定，所以自刺史以下所有人都拿典签当爷爷般供着。②

举个例子看看当时的典签牛到什么地步。南海王萧子罕守琅邪，他想去东堂玩一次，但典签姜秀不许，萧子罕只有回家哭的份。③

还有，邵陵王萧子贞想要吃熊掌，但厨子说因典签不在这菜不能做。④

萧鸾用典签干了脏活后也觉得这刀太脏了，将来自己的子孙怎么办？于是下诏："今后各州急事当密奏朝廷，不要再派典签进京。"至此，典签开始被弱化。⑤ 当时的各地藩王在典签的制约下已经失去从地

---

① 《资治通鉴·齐纪五》：谌密召诸王典签，约语之，不许诸王外接人物。谌亲要日久，众皆惮而从之。

② 《资治通鉴·齐纪五》：初，诸王出镇，皆置典签，主帅一方之事，悉以委之。时人奏事，一岁数返，时主辄与之间语，访以州事，刺史美恶专系其口，自刺史以下莫不折节奉之，恒虑弗及。

③ 《资治通鉴·齐纪五》：南海王子罕戍琅邪，欲暂游东堂，典签姜秀不许。子罕还，泣谓母曰："儿欲移五步亦不得，与囚何异！"

④ 《南史·巴陵王子伦传》：邵陵王子贞尝求熊白，厨人答典签不在，不敢与。

⑤ 《资治通鉴·齐纪五》：宣城王亦深知典签之弊，乃诏："自今诸州有急事，当密以奏闻，勿复遣典签入都。"自是典签之任浸轻矣。

方起兵的可能了。

典签在这个历史关头被制约了，这也帮助萧衍剪除了第一层制度束缚。

494 年十月二十二，萧鸾踢走了起过渡作用的萧昭文即皇帝位。

十一月，北魏孝文帝以此为借口第一次南下伐齐。

495 年正月初二，南齐派镇南将军王广之、右卫将军萧坦之、尚书右仆射沈文季分别督率司州、徐州、豫州三州军抵抗北魏。

在这次战役中，萧衍作为冠军将军、军主跟着王广之去救义阳了。

此次战役结束时，萧衍为右军晋安王司马、淮陵太守，后来回建康为太子中庶子，领羽林监，随后又出镇石头。

总体而言，萧衍属于萧鸾的第二梯队，算是萧鸾的自己人，但又不在最核心的圈层。这又帮了萧衍的大忙，因为这年头杀的就是核心层。

在萧鸾废萧昭业的时候，曾答应核心圈层的萧谌事后封他为扬州刺史，但最终却将他调整为了领军将军、南徐州刺史。扬州刺史这个关键职位，萧鸾给了亲侄子萧遥光。

萧谌就是这个时候心怀不满地说"饭做熟了让别人吃了"的。

之后萧谌更是恃功自傲干预朝政，萧鸾马上开启黑暗森林法则的逻辑链条，准备弄死这位昔日盟友，只是因为萧谌的弟弟们还在前线带兵抗魏而暂时忍耐。[①]

六月二十五，萧鸾游华林园，与萧谌及尚书令王晏等几个核心圈层大佬宴饮，最后把萧谌留下，扣在宫里。

萧鸾最后跟萧谌算了笔账，派手下莫智明历数其罪行道："当初如果没你我确实不会有今天，但你们兄弟三人都被封爵，两人成了刺

---

① 《资治通鉴·齐纪六》：谌恃功，颇干预朝政，所欲选用，辄命尚书使为申论。上闻而忌之，以萧诞、萧诔方将兵拒魏，隐忍不发。

史，我已经报答了你，你怎么还这么贪心不足，现在赐死！"①两个股东都觉得对方是傻瓜，最后大股东赢了。

萧谌死后其弟萧诔也被杀，萧鸾随后又派萧衍为司州别驾去司州杀了萧谌的另一个弟弟萧诞。萧衍所在的第二梯队前面少了一部分人。

497年五月，北魏发动冀、定、瀛、相、济等五州共二十万大军准备入侵南齐。

魏军势如破竹，十月二十，甲戌，萧鸾遣太子中庶子萧衍、右军司马张稷救雍州。萧衍在这个关键时刻来到了雍州。

不久，萧鸾又诏左民尚书崔慧景率军两万、骑兵千人支援雍州，总督诸军，萧衍与雍州刺史曹虎等并受其节度。

萧衍此时三十四岁，前面有太多的老前辈。比如这位崔慧景此时已经六十岁了，当年刘宋的时候就是禁军的长水校尉，萧道成做了淮阴教父后，青徐豪族们聚义淮阴，崔慧景是第一时间投奔萧道成的。②

崔慧景是萧道成和萧赜两朝的勋将，萧鸾在篡位之前比较担心他，于是遣萧衍为宁朔将军戍守寿阳，当时崔慧景表态服从，萧鸾对其大加安抚。

当年萧衍是特殊使节，但如今朝代过渡完成，大敌当前，萧鸾还是派老将军去总督前线。

但是，崔慧景对孝文帝亲自率领的北魏军团战力严重估计不足，498年三月，崔慧景率诸军与北魏交战，在邓城大败，仓皇逃过汉水败回襄阳。

---

① 《资治通鉴·齐纪六》：上遣左右莫智明数谌曰："隆昌之际，非卿无有今日。今一门二州，兄弟三封，朝廷相报，止可极此。卿恒怀怨望，乃云炊饭已熟，合甑与人邪！今赐卿死！"

② 《南齐书·崔慧景传》：宋泰始中，历位至员外郎，稍迁长水校尉，宁朔将军。太祖在淮阴，慧景与宗人祖思同时自结。

这一战崔慧景的势力被打光，但萧衍却保存了实力，随后萧衍被安排为代领雍州府事。^①从后面他取天下时也能看出来，萧衍是个特别会保存自己实力的人。老前辈当炮灰后，萧衍拿到了雍州的最高指挥权。

紧接着又一个始料未及之事出现，萧衍刚到雍州几个月，萧鸾的身体突然开始不行了。

萧鸾此时当了三年多的皇帝，权力大厦根本就不稳，这让所有南朝的权力派都充满了遐想。

因为萧鸾是怎么得到皇位的大家都看在眼里，眼下只不过都是在权衡自己手中的筹码。萧道成父子几十年的根基都被萧鸾撬了江山，眼下他仅仅坐了三年多的皇帝，凭什么他们不能？

萧鸾也充满了恐惧和焦虑，他知道自己的近亲人少力弱，眼下最直接的威胁就是萧道成这一支的子孙，此时萧道成和萧赜的子孙还有十个王爷，每月初一和十五都要入朝拜见萧鸾，萧鸾叹道："我家的几个孩子都还小，而高帝和武帝的子孙却一天天地长大了。"^②

这句话就是催命符。

二月二十四，河东王萧铉、临贺王萧子岳、西阳王萧子文、永阳王萧子峻、南康王萧子琳、衡阳王萧子珉、湘东王萧子建、南郡王萧子夏、桂阳王萧昭粲、巴陵王萧昭秀全部被杀，至此萧道成和萧赜这一支的所有子孙被斩草除根。

四月，当年把命卖给萧道成的小弟王敬则在被怀疑后造反了。

五月，萧鸾撑住最后一口气平叛成功。

七月二十四，萧鸾在最后时刻正式授权给萧衍这个他一路上比较

---

① 《梁书·武帝纪》：慧景军死伤略尽，惟高祖全师而归。俄以高祖行雍州府事。

② 《资治通鉴·齐纪七》：上有疾，以近亲寡弱，忌高、武子孙。时高、武子孙犹有十王，每朔望入朝，上还后宫，辄叹息曰："我及司徒诸子皆不长，高、武子孙日益长大！"

放心的心腹，让萧衍去都督雍、梁、南秦、北秦四州及郢州的竟陵和司州的随郡诸军事，任命萧衍为辅国将军、雍州刺史。

此时的襄阳人潮汹涌，因为新野等沔北五郡被北魏拿下了，萧衍得到了南下五郡的流民红利。

自 493 年七月萧赜病逝，萧衍开始随着萧鸾的篡位时来运转。

短短的五年时间，已经平静了二十年的南北局势突发波澜，北面那个比萧衍小三岁的进行汉化改革的猛人孝文帝专门发动了两场南下之战。

这两场战役，似乎就是专门为提高萧衍的地位打造的一样。

萧衍这个原本被边缘化的有问题的家族子弟，一路蹿升为了人口红利最大的雍州刺史。

短短的五年时间，典签被废，建康洗牌，小字辈的萧衍看到原本有数不清障碍的前方道路开始渐渐清晰。

这位话题皇帝笔墨难描的一生起航了。

二、堪比互联网迭代速度的大江之南

498年七月三十，萧鸾病死，其子萧宝卷即位，扬州刺史萧遥光、尚书令徐孝嗣、尚书右仆射江祐、右将军萧坦之、侍中江祀、卫尉刘暄六人辅政，轮流入值尚书省处理最高政务。

远在襄阳的萧衍对录事参军的从舅张弘策说："政出多门，祸乱之本，一国有三公已经不堪其乱，何况如今六贵同朝，一定会有内乱的，要论避祸哪里也比不上这个州，但我几个弟弟都在京城恐怕会倒霉，我得跟我做益州刺史的哥哥萧懿商量下未来。"①

萧衍已经开始了自己的筑梦之路，他命张弘策暗中加强武备，招募了上万骁勇之人，还大量砍伐木材、竹子沉于檀溪中，茅草堆积如山，做好准备将来造船。

萧衍的中兵参军吕僧珍也察觉到了他的用意，私自准备了数百个船橹。

吕僧珍属于萧衍的家将，在南齐建立之前就是萧顺之的门下书佐，

---

① 《梁书·武帝纪》：高祖闻之，谓从舅张弘策曰："政出多门，乱其阶矣。《诗》云：'一国三公，吾谁适从？'况今有六，而可得乎！嫌隙若成，方相诛灭，当今避祸，惟有此地。勤行仁义，可坐作西伯。但诸弟在都，恐罹世患，须与益州图之耳。"

萧顺之任豫州刺史时吕僧珍是典签；萧顺之任领军将军时，吕僧珍补主簿；萧顺之任丹阳尹时，吕僧珍是郡督邮。

萧顺之死后，吕僧珍辗转任羽林监，后被辅政的徐孝嗣招募，但吕僧珍没看上眼，再三请求跟随三公子萧衍。[1]萧衍的核心嫡系，在萧鸾刚死时就已经定下战略方针了。

499年正月，南齐太尉陈显达督平北将军崔慧景率四万大军出击北魏，两位老将一个七十多岁、一个六十多岁，他们想收复雍州诸郡。

这次出击引得重病的孝文帝亲征并最终熬干了最后的那点儿油。本次战斗的最终结果是陈显达被暴打，实力大损。四月初一孝文帝死，整个北境压力骤减。

对萧衍来讲，这些都是好消息：自己之外的蛋糕又被做小了，北面的国防成本降下来了。

很快他哥哥萧懿又被安排为郢州刺史，萧懿在萧赜死后因为弟弟跟萧鸾的关系也被起复，494年正月，萧懿被安排为梁南秦二州刺史。

495年四月，萧懿在南郑击退北魏入侵，之后任征虏将军，加封三百户，都督益宁二州军事，迁益州刺史。

听说哥哥来了郢州，萧衍大喜过望给哥哥去信："现在北魏再三侵袭，朝中六贵争权，肯定会相互屠灭的。小皇帝从当太子的时候就没有好名声，未来不仅那六个人会互掐，小皇帝也会跟那六个人动刀的。

"将来祸乱爆发，朝廷内外必将土崩瓦解，我们兄弟幸好驻守外藩，应该想想未来了，趁他们现在互相猜忌，还没有提防我们，我们应该把几个弟弟都叫身边来，再晚些就调不出来了。

"郢州是枢纽，当年柳世隆在这里困死了沈攸之，雍州兵马数万虎

---

① 《资治通鉴·齐纪八》：先是，僧珍为羽林监，徐孝嗣欲引置其府，僧珍知孝嗣不能久，固求从衍。

视天下，我们兄弟现在要心往一处想。"①萧懿看完信没表态。

张弘策回来后，由于看不准萧懿的心思，萧衍自己奏请朝廷调来了弟弟萧伟和萧憺。

萧懿的不表态，硬生生地压了萧衍两年时间。这两年至关重要，建康在这期间发生了多件自爆的事。

萧鸾死前对儿子萧宝卷说："当年萧昭业就是下手晚了被我弄死了，你要是看情形不对一定先下手为强啊！"②萧宝卷记住了他爹说的这句话，而且贯彻得特别好。

具体过程不细讲了，刘宋时刘子业都打样了，总之经过了十五个月，499年十月，随着最后一个辅政大臣徐孝嗣被萧宝卷突击搞死，他爹给他留下的六个辅政全部被他干掉了。

萧宝卷这孩子深刻地领会了他爹为政的精髓，有一点儿怀疑就坚决动刀，"故帝数与近习谋诛大臣，皆发于仓猝，决意无疑；于是大臣人人莫能自保"。萧宝卷的闪电战搞得朝堂上下人人自危。

江州刺史老将军陈显达听说小皇帝下一个动手的对象是自己，于是在十一月十五于寻阳起兵，命长史庾弘远等人给朝廷送信，要诛暴君迎立建安王萧宝夤（又名萧宝寅）。

十二月十三，陈显达兵发寻阳，在采石打败了胡松，消息传到建康引起一片震惊惶恐。

十二月十四，陈显达到了新林，左兴盛率军抵抗。陈显达在长江岸边安置了很多火堆，夜间率军偷偷渡过秦淮河去袭击宫城。

陈显达局势一度大好，七十二岁的他身先士卒持马槊率军突击依

---

① 《梁书·武帝纪》：郢州控带荆、湘，西注汉、沔；雍州士马，呼吸数万，虎视其间，以观天下。世治则竭诚本朝，时乱则为国靖暴，可得与时进退，此盖万全之策。如不早图，悔无及也。

② 《资治通鉴·齐纪八》：初，高宗殂，以隆昌事戒帝曰："作事不可在人后。"

旧大胜，老将军还手杀数人，但突击过程中他的马槊突然折了，官军又恰巧突然间出现，陈显达退兵时被刺于马下。这位萧道成时代的老太尉也下场了。

陈显达举兵之前，六十三岁的豫州刺史裴叔业看到萧宝卷杀了一个又一个大臣心里面也相当害怕，这位当年萧道成的参军对部下们说："你们想富贵吗？我能办这事！"后来朝廷又调他任南兖州刺史，那个地方离建康太近了，裴叔业开始想办法。

恰逢陈显达起兵，裴叔业遣司马李元护率兵马去救建康，实际上是骑墙观望。

陈显达败得比较突然，李元护随后率军回了寿阳，朝廷怀疑裴叔业有异谋。

裴叔业派亲信马文范到襄阳向萧衍问自全之计，表达了自己想投降北魏的想法。[1]

这是一个相当有里程碑意义的时刻，六十三岁的老资格裴叔业开始问计于三十六岁的小辈萧衍了，也就是说，放眼望去，他没人能商量了。

萧衍表示："你现在应该送些家属回建康安朝廷的心，皇帝要是实在逼迫紧了你就起兵去打他，但你若投降了北魏，朝廷一定会派人替代你，你做不了什么河南公。"

萧衍这话说得比较有主人翁意识，他的潜在意思是寿阳这么重要的城镇你可不能给我送人。

但萧衍也没表明心迹，萧宝卷已经杀红眼了，裴叔业被盯上了，从概率上讲他就是下一个陈显达，送了人质又怎样？朝廷"六贵"的家属哪个不在建康！最终裴叔业还是选择投降北魏。

500年正月初七，北魏派骠骑大将军元勰和车骑将军王肃统步骑十

_____

[1] 《资治通鉴·齐纪九》：叔业遣亲人马文范至襄阳，问萧衍以自安之计，曰："天下大势可知，恐无复自存之理。不若回面向北，不失作河南公。"

万前去受降，任命裴叔业为使持节，都督豫、雍等五州诸军事，征南将军，豫州刺史，兰陵郡公。淮南第一重镇寿阳就此易主。

500 年正月三十，萧宝卷下诏夺回寿阳。

500 年二月十六，南齐命萧衍的哥哥萧懿为豫州刺史率步兵三万屯驻小岘，交州刺史李叔献屯驻合肥去抢寿阳。

三月，萧宝卷下诏最后一个大佬级军方代表，六十三岁的崔慧景为平西将军、假节，率水军走中渎水道讨伐寿阳。

出发前，崔慧景与其子直阁将军崔觉商定再也不能这样了，这是最后一次机会，跟萧宝卷拼了！不然等他从寿阳回来后，以他的资历他就是下一个陈显达。

崔慧景率军过广陵数十里后召集军主开会道："我虽然受先帝重托，但现在幼主昏狂，朝廷坏乱，危而不扶，责在今日。我欲与诸君共建大功，以安宗社，怎么样？"

众军皆响应，于是崔慧景回军广陵。崔慧景的族人崔恭祖守广陵城，他打开城门迎接崔慧景，崔觉也逃出了建康前来会合。

崔慧景在广陵停留两天后，率军扑向建康。广陵离建康实在是太近了，崔慧景率领的还是水军，迅速就兵临建康了。

三月十五，萧宝卷派中领军王莹统领众路军马依湖头修筑堡垒，上连蒋山西岩一带，布置了数万甲兵，配置挺吓人，结果崔慧景派了一千多人敲锣打鼓就都给吓唬跑了。[1]

萧宝卷又派右卫将军左兴盛率台城内三万兵在北篱门抵挡崔慧景，还未交战，左兴盛望风败逃。

三月二十四，崔慧景军开进乐游苑，崔恭祖率轻骑十多人轻松突进北掖门，估计是没预料到那么顺利，带的人太少了只好又退了出

---

[1] 《资治通鉴·齐纪九》：慧景从之，分遣千余人，鱼贯缘山，自西岩夜下，鼓叫临城中。台军惊恐，即时奔散。

来。① 这时候台城宫门才全部关闭，崔慧景随后围住台城。

此时东府、石头、白下、新亭等几处人马已经溃散，所谓"于是东府、石头、白下、新亭诸城皆溃"。萧宝卷在做最后的挣扎。

眼看崔慧景就要拿下南齐的天下了，崔觉与崔恭祖这两个人却开始争功了，而崔慧景作为族长又降不住这两人。崔觉已经开始梦想当萧颐了，崔慧景则担心崔恭祖是萧鸾。内斗的场面整整贯穿了他们的一生，都已经融入基因里了。

崔恭祖劝崔慧景用火箭射烧北掖楼，但崔慧景却以大功即将告成为由舍不得烧了。他挺有主人翁精神的。

崔慧景胸有成竹，到了临门一脚之际，竟然开始在佛寺和宾客高谈阔论了，崔恭祖极度愤怒。②

就在这个时候，萧宝卷派出去求救后唯一搭理他的萧懿来救驾了。萧懿本来驻军在小岘准备反扑寿阳，此时距离建康仅一百六十里。

在这么近的位置有一支自己拿不准的势力，崔慧景有什么资格去"对客高谈"？

听说建康兵变后萧懿迅速率军主胡松、李居士等几千人马从采石渡江赶到了越城。萧懿驻扎越城后燃起大火，台城见到火光知道援兵到了信心大增。

崔慧景派崔觉率精锐数千人渡过了秦淮河到达南岸与萧懿交战。崔觉一败涂地，部下跳进秦淮河被淹死的有两千多人，只有崔觉单人匹马逃过朱雀桥。

崔恭祖多次建言，崔慧景却听不进去，抢到的东宫女伎又被崔觉夺了，看到南岸大败后他终于压抑不住愤怒，当夜就同崔慧景的骁将刘

---

① 《资治通鉴·齐纪九》：甲子，慧景入乐游苑，崔恭祖帅轻骑十余突入北掖门，乃复出。

② 《南史·崔慧景传》：性好谈义，兼解佛理，顿法轮寺，对客高谈，恭祖深怀怨望。

灵运投降了萧宝卷。①

崔慧景围攻台城十二天后最终失败逃跑，他在蟹浦被杀，他的党羽都被清剿。

萧懿入援建康之后，萧衍急忙派亲信虞安福去游说萧懿道："哥你这功劳属于没法赏的超级大功，进宫后你一定要废了昏君，这是千载难逢的良机，但是如果你不愿意这么做就以防备北魏的借口回军历阳，一定不能放弃兵权！"

长史徐曜甫也苦苦相劝萧懿，但萧懿并不为所动，还是选择了入朝执政。

十月十三，萧宝卷派人到尚书省给萧懿赐了毒酒，萧懿死前道："家弟萧衍在雍州，我深为朝廷担忧。"②

这话一语双关：我敢来朝中是因为外面有"核武器"，这世上也只有我这个长兄能压得住襄阳的那位。我在朝中他就没理由东进，我就是你的政治防弹衣，萧宝卷你看来真是个傻子。

萧懿宗族都早早准备了退路藏了起来，只有萧融被抓立刻被诛杀。③

至此，萧衍前面的所有大辈分的人甚至自己的长兄都退场了。

萧衍没有当一次脏手套，稳稳当当地在雍州积累了两年：王敬则被萧鸾死前干掉了，萧宝卷帮他弄死了"朝中六贵"，七十二岁的陈显达、六十二岁的裴叔业、六十三岁的崔慧景这些老前辈相继和萧宝卷火并退场。

南齐皇权的士气和实力也在一次次的讨伐中跌入冰点，崔慧景一

---

① 《资治通鉴·齐纪九》：恭祖掠得东宫女伎，觉逼夺之。恭祖积忿恨，其夜，与慧景骁将刘灵运诣城降，众心离坏。

② 《资治通鉴·齐纪九》：冬，十月，己卯，帝赐懿药于省中。懿且死，曰："家弟在雍，深为朝廷忧之。"

③ 《资治通鉴·齐纪九》：懿弟侄皆亡匿于里巷，无人发者；唯融捕得，诛之。

役，如果不是老头儿托大已经造反成功，萧懿也仅仅凭借几千人就横扫了建康。

如果萧懿当时选择了篡位自取，后面就没萧衍什么事了，但将来萧衍也大概率会成为第二个萧鸾。因为雍州兄弟们已经都在他这里下注了。他哥哥有他哥哥的团队，他的兄弟们得"帮"他哥哥死啊！

或者说，萧懿当初的选择同样有深意，毕竟从他前面的表现来看，这个人的政治城府很深。

他也许已经把自己当作了当年成功保卫建康的英雄萧道成，把远在雍州的弟弟当作了"沈攸之"，只不过没想到萧宝卷脑子不清楚，没明白自己的政治意义。

萧懿死前大概率在懊悔这事想多了，跟脑子不好使的人不能有太多套路。

萧懿被杀不仅让萧衍去掉了"长兄如父"这个最后的束缚，还给了萧衍史上最佳的造反理由。挽狂澜于既倒的大忠臣都让萧宝卷这个狼心狗肺忘恩负义的人杀害了，这样的皇帝必须要推翻！

自古以来的地方造反，从没有像萧衍这样占天时地利人和到了被送到嘴边的程度。

萧衍听到萧懿的死讯后第一时间开始了自己的计划，他连夜急召张弘策、吕僧珍、长史王茂、柳元景之侄别驾柳庆远、功曹吉士瞻等人到府议定对策。

十一月初九，萧衍召集文武官员宣道："昏君残暴超过了纣王，我当与诸君共除之！"

萧衍给出了招股承诺："卿等同心疾恶，共兴义举，公侯将相，良在兹日，各尽勋效，我不食言！"颇有些山无棱、天地合的感觉。

誓师当天，萧衍树起大旗，召集了兵甲一万多人、战马一千多匹、船舰三千艘，他又让人搬出檀溪中的竹子、木料组装战舰，短短时间内就完成了战争动员。

萧衍举旗之后，整个雍州沸腾了。

整个雍州集团已经忍耐太久了，在南齐这二十多年中，除了柳世隆凭借创业功勋在高层占有了一席之地外，整个雍州集团都没能在南齐闪光。

柳世隆在南齐开国最后一战的郢州保卫战中闪光打进核心层后，这个雍州首望选择了明哲保身。毕竟萧道成把青徐豪族当作心腹，他这个雍州人是外人。

柳世隆在萧道成时代先后担任南豫州刺史与南兖州刺史，他找萧道成请赏的东西是书，他这是在强烈表达不想再掺和兵权的态度。

当年柳元景及雍州兄弟们是怎么被刘宋的皇权倾轧成尘的，这事儿他太清楚了。

482 年，萧道成驾崩，萧赜继位后把好哥们柳世隆调进朝廷为侍中、护军将军，历任尚书右仆射、尚书左仆射。

486 年，湘州蛮人发生骚乱，柳世隆被安排为总督诸军讨伐，并被委任为使持节、镇南将军、湘州刺史。

柳世隆平蛮后在湘州建宅子表示他要在这里养老了，被中丞庾杲之弹劾，但萧赜并没有当回事。

刘骏时代我们就说过，地理上的重镇都被郢州拿走了，湘州不是什么战略要冲，连长江的入江口都没有。

柳世隆定居湘州是在做政治表态：我真的老了，我连叶落归根都不奢求了，让我死这里吧。

489 年萧赜再征召柳世隆入朝任命为尚书令，不久，柳世隆因病辞职，改封左光禄大夫的闲职。

柳世隆岁数越大越往文化人上面转型，弹琴水平被江左公认为第一。[1] 他自己表示"我这人马槊、清谈、弹琴三绝"，在建康更是什么

---

[1] 《南史·柳世隆传》：世隆少立功名，晚专以谈义自业。善弹琴，世称柳公双琐，为士品第一。

政务都不干，天天弹琴清谈。

柳世隆错了吗？并没有。世道已经这样了，他能上位就是因为杀了造反的军头沈攸之，他这个雍州头牌如果不天天吹拉弹唱怎么能平稳着陆呢？

柳世隆虽然领雍州大中正，但这些年却并没有把多少老乡弄到建康。他不结党，这就让雍州兄弟们相当愤怒。

雍州集团是曾站在历史潮头的，是见过大世面的，大家是希望继续进步的，是希望封侯拜相的，是希望再次回到最高的浪尖上弄潮的。

但雍州集团又是幸运的。柳世隆的韬光养晦潜在地帮助了雍州集团扎根于雍州和荆州，并没有像四十年前那样在建康的腥风血雨中、在皇权的颠三倒四中被撞得头破血流。

萧衍在雍州仅仅两年，世界有了天翻地覆的变化。

萧鸾夺位后开始大规模铲除异己，萧宝卷上位后更是大规模铲除一切他觉得控制不住的勋旧，先后有王敬则、陈显达、崔慧景等数次兵变，建康本身和这些勋旧同归于尽了。

整个南齐的家底被这对父子败光了。

不只萧衍看到了通天的星光大道在为他敞开，雍州集团也看到了，几乎整个雍州都开始异常踊跃地抄底般参股。

柳庆远，柳元景之侄，以郢州主簿起家，历任尚书都官郎中、大司马中兵参军、建武将军、魏兴郡太守、长水校尉等职，后来又当了平北将军录事参军、襄阳县令。

498 年，萧衍出任雍州刺史，刚刚到任，他便向杜恽访求本地大贤，杜恽举荐柳庆远，萧衍说："我本来就要用他，说说我不知道的人。"

柳庆远成为萧衍的雍州别驾从事史，后来萧宝卷展开杀戮游戏时，柳庆远对身边人道："天下将要大乱，兴起霸业的一定是咱们的主君啊！"自此开始全力协助萧衍。①柳庆远代表雍州超级地头蛇柳氏家族向萧衍表态了。

韦睿（《北史》写为韦叡），京兆杜陵人，出身三辅大姓，祖上是跟着刘裕从长安回来的。韦睿历任齐兴郡太守、雍州别驾、长水校尉、右军将军。在萧宝卷时代，他看到一片腥风血雨，请求外出补任上庸郡太守。

陈显达和崔慧景造反的时候，雍州来人找韦睿商议。韦睿准确判断出这两个人不能成功，最牛的人在自己所在的州呢！于是派两个儿子主动结交萧衍。萧衍刚刚扯旗创业的时候，韦睿率众两千、马二百匹乘着竹筏迅速赶来加入。②

韦睿的实力相当强，所谓"西土人谋之于睿"，他对于雍州豪族是具有领袖旗帜意义的。他的表态帮助萧衍争取了太多选票。

韦爱，韦睿族弟，原任雍州刺史主簿，后母丧守孝，萧衍到雍州时他正在守丧，萧衍随后亲自去吊唁。等韦爱出了孝期后就被萧衍任命为中兵参军，萧衍起兵时任其为壮武将军、南平王司马兼襄阳令。③

韦爱后来成了萧衍的后方大总管，萧衍带走队伍后魏兴太守颜僧都等据郡谋反，州内惊扰。韦爱沉敏有谋，素为州里信服，他安定了民心，招募老乡千余人平定了颜僧都的反叛。

康绚，"五胡"时代居于关中的华山郡蓝田县，祖上曾出仕前秦、

---

① 《梁书·柳庆远传》：齐方多难，庆远谓所亲曰："方今天下将乱，英雄必起，庇民定霸，其吾君乎？"因尽诚协赞。

② 《梁书·韦睿传》：俄而太尉陈显达、护军将军崔慧景频逼京师，民心遑骇，未有所定，西土人谋之于睿。睿曰："陈虽旧将，非命世才；崔颇更事，懦而不武。其取赤族也，宜哉。天下真人，殆兴于吾州矣。"乃遣其二子，自结于高祖。义兵檄至，睿率郡人伐竹为筏，倍道来赴，有众二千，马二百匹。

③ 《梁书·韦爱传》：袁颢为雍州刺史，辟为主簿。遭母忧，庐于墓侧，负土起坟。高祖临雍州，闻之，亲往临吊。服阕，引为中兵参军。义师之起也，以爱为壮武将军、冠军南平王司马，带襄阳令。

后秦政权，关中被赫连勃勃拿下后，康绚的祖父康穆率乡人三千多家南迁到襄阳县的岘南。

刘宋时代侨置华山郡（治今湖北宜城）给蓝田县移民安家，授康穆为秦、梁二州刺史。

康穆死后，康绚的伯父康元隆、父亲康元抚相继被流民推举为华山郡太守。康绚最早跟的是萧赜的太子萧长懋，为其东宫禁军武官。萧长懋死后一路辗转，最终担任了老家华山郡的太守。

萧衍起事后，康绚举华山郡响应萧衍，亲率三千部曲、二百五十匹马随军。

曹景宗，南阳新野人，自幼善骑射，年少即以胆勇闻名。

495年，孝文帝率军大举进攻赭阳，当时曹景宗为偏将，每次作战都冲锋在前，多有斩获，因功被升为游击将军。

497年，曹景宗随太尉陈显达北围马圈，率两千人设伏击败了北魏中山王元英所率的四万援军。

马圈攻克后，陈显达论功时却将曹景宗排到了后面，曹景宗没有怨言，而且孝文帝再率大军来战，陈显达趁夜奔逃时，全靠曹景宗带路陈显达父子才得以保全。

萧衍任雍州刺史时，曹景宗前来套近乎，经常请萧衍到他家中饮酒畅谈，次年萧衍上表推荐曹景宗为竟陵太守、冠军将军。萧衍起兵后曹景宗闻讯聚众前来，仅他家五服内（亲属关系五代）的子弟就带来了三百人跟随萧衍。[①]

冯道根，广平郡郖县（今湖北襄阳老河口）人，年十六，乡人蔡道斑为湖阳戍主攻蛮锡城，结果反被蛮人所困，冯道根单枪匹马杀入敌阵救了蔡道斑，从此以武勇知名。

---

① 《南史·曹景宗传》：梁武为雍州刺史，景宗深自结附，数请帝临其宅。时天下方乱，帝亦厚加意焉，表为竟陵太守。及帝起兵，景宗聚众并率五服内子弟三百人从军。

后来冯道根率自己的私人部曲随陈显达北伐，作为本地人给出建议后却不被采纳，之后齐军大败，靠着冯道根的引路败兵才得返回。[①]

冯道根和曹景宗都是雍州本土的寒门武人代表，都是真刀真枪从底层拼上来的。

随后冯道根母亲过世他回家服丧，在丧期中听说萧衍举兵，毅然决然率乡人和子弟入股萧衍。[②]

剩下的雍州参股单位就不一一列举了。

总之，萧鸾死后两年的内外局势以堪比互联网时代的迭代速度将利好全部拱到了襄阳，天时地利人和之下，雍州大小势力纷纷参股了萧衍这个原本属于二流的小字辈宗室。

随着萧懿被杀，萧衍这两年多结交的雍州豪强们在萧衍吼一嗓子后迅速各就各位预备好了。

时隔五十年，襄阳人去建康的武装大戏再度轰轰烈烈上演。

---

① 《梁书·冯道根传》：显达不听，道根犹以私属从军。及显达败，军人夜走，多不知山路；道根每及险要，辄停马指示之，众赖以全。寻为均口戍副。

② 《梁书·冯道根传》：闻高祖起义师，乃谓所亲曰："金革夺礼，古人不避，扬名后世，岂非孝乎？时不可失，吾其行矣。"率乡人子弟胜兵者，悉归高祖。

三、萧梁代齐

萧衍举兵之时，南面的荆州刺史是萧鸾第八子南康王萧宝融，管事的是西中郎长史萧颖胄。

萧颖胄这位荆州的实际控制者比萧衍大两岁，两人的年龄、出身、辈分乃至上位的路线几乎一模一样。

萧颖胄之父萧赤斧是萧道成的族弟，在雍州刺史的岗位上干过，后来迁散骑常侍，左卫将军，深得器重，跟萧衍他爹萧顺之是一个级别的。

萧颖胄政治生涯的早期是竟陵王司徒外兵参军，后来成了晋熙王文学。

萧衍起家则是巴陵王南中郎法曹行参军，后来成了竟陵王文学。

他们走的都是贵族子弟入职路线。

萧颖胄一路进步，年纪轻轻就当了左将军、知殿内文武事，但后来外贬做了新安太守。具体原因不详，不过跟萧衍一样，两人都是突然间仕途就戛然而止了。

萧昭业继位后，萧颖胄为黄门郎，领羽林四厢直卫，不久迁卫尉。突然间，萧颖胄这个"胡汉三"又回来了。他还是跟萧衍一样，都被萧鸾争取了。

萧鸾废帝时萧颖胄是大功臣，第二年还进爵加封六百户，并被赐了个拉风的高端座驾白瑜牛。后来几经调整，萧颖胄作为萧鸾比较放心的手下来到了荆州。

他和萧衍这一路走来，几乎是镜像的两个人。两人唯一不同的是刺史的位置。萧颖胄来到了荆州，萧衍来到了襄阳。

然后短短两年时间，两人的人生开始天差地别。

荆州已经没落好多年了，自刘骏肢解荆州并将南蛮校尉部给砍了后，荆州地区开始被深山中的蛮族大规模反扑。巴东、建平、江夏、竟陵、武陵这些本来都是名郡，但自从刘骏大规模阉割荆州后，竟陵、武陵、巴东、建平被蛮族祸害得残破衰败。

因为民力、军力和资源辖区双双被砍，荆州在刘宋后期居然被祸害到了户口"百不存一"的地步，这在历朝历代都是不可想象的。

荆州此后的唯一存在感，是沈攸之起兵，底子还是沈攸之从郢州带来的班底，而且最终也没弄出多大风浪。

荆州的情况在南齐并没有好转，萧衍在参谋会上早早就告诉部下："不用担心荆州，'荆州素畏襄阳人'，况且两州唇亡齿寒，肯定得跟着咱们的节奏走。我只要能整合荆州和雍州的兵力鼓行东进，就是韩信、白起再生也对我无能为力，更何况现在还是昏君带着一群废物呢！"[1]

在这个时代，已经是"荆州素畏襄阳人"了。

萧衍起兵后，萧宝卷命辅国将军、巴西梓潼二郡太守刘山阳率三千兵会同萧颖胄一起攻襄阳。

萧衍知道后就派参军王天虎去江陵给荆州州府的官员们每人送去一封书信说：刘山阳率兵西进是要同时袭击荆州和雍州。[2]

注意萧衍的这个操作，他不是单独给一把手写了信，而是"遍与

---

[1] 《资治通鉴·齐纪九》：衍因谓诸将佐曰："荆州素畏襄阳人，加以唇亡齿寒，宁不暗同邪！我合荆、雍之兵，鼓行而东，虽韩、白复生，不能为建康计；况以昏主役刀敕之徒哉！"

[2] 《资治通鉴·齐纪九》：衍知其谋，遣参军王天虎诣江陵，遍与州府书，声云："山阳西上，并袭荆、雍。"

州府书"。他是什么目的大家很快就会知道了。

萧颖胄收到萧衍的信后很犹豫。

刘山阳到了巴陵后萧衍让王天虎再次送信给萧颖胄。王天虎曾是萧颖胄的心腹，萧衍的信中只写了"王天虎口述"，但实际上王天虎什么也不知道。

刘山阳到了江安也很犹豫，迟疑了十多日不敢前进。萧颖胄两头为难但又没什么良策，于是夜里叫来西中郎城局参军席阐文、谘议参军柳忱商议对策。

席阐文说："萧衍在雍州招兵买马已经不是一天两天了，江陵素畏襄阳人，我们人又少，打是肯定打不过，而且就算拿下襄阳我们也不会被朝廷容忍。现在要是杀了刘山阳与雍州合兵，立天子以令诸侯则霸业可成。刘山阳迟疑不进就是不相信我们，现在我们拿王天虎当投名状送给刘山阳，他的疑虑必然消除，我们再偷袭他就很轻松了。"①

注意席阐文又说了这句"江陵素畏襄阳人"，而且明确了"众寡不敌"。荆州对雍州的极度劣势在当时已经成为共识。

说这话的席阐文的身份也不一般，他年少孤贫，实现阶层跃迁的贵人是萧颖胄的父亲萧赤斧，他在齐初时就已经是萧赤斧的中兵参军了，后来又成了小公子萧颖胄的人。在这个关键时刻，席阐文坚定地劝萧颖胄支持萧衍，并且派了心腹拿着信物银装刀去结好萧衍汇报荆州情报，萧衍回赠了金如意表示赞许。②

---

① 《资治通鉴·齐纪九》：阐文曰："萧雍州畜养士马，非复一日。江陵素畏襄阳人，又众寡不敌，取之必不可制；就能制之，岁寒复不为朝廷所容。今若杀山阳，与雍州举事，立天子以令诸侯，则霸业成矣。山阳持疑不进，是不信我。今斩送天虎，则彼疑可释。至而图之，罔不济矣。"

② 《梁书·席阐文传》：齐初，为雍州刺史萧赤斧中兵参军，由是与其子颖胄善。复历西中郎中兵参军，领城局。高祖之将起义也，阐文深劝之，颖胄同焉，仍遣田祖恭私报高祖，并献银装刀，高祖报以金如意。

连席阐文这样的两代家将都自己寻找出路了，说明两件事：

1. 此时雍州对荆州的碾压之势。

2. 家将都已经不值钱了，恩义这东西都是胡扯，这个时代都是生意。别谈感情，谈感情伤钱。

柳世隆之子柳忱接着说："朝廷之乱一天比一天严重，京城大臣吓得大气都不敢喘，幸好我们远离建康，现在朝廷不过是想让我们自相残杀罢了。您难道忘了尚书令萧懿吗？他率几千精兵击败了崔慧景的十万大军最后却被杀，这就是给我们的教训啊！"

作为雍州的地头蛇，柳忱肯定也会与已经向萧衍集体表态的雍州各股东保持步调一致。

第二天早晨，萧颖胄杀了王天虎后把脑袋送给了刘山阳，随后又杀了被骗进江陵的刘山阳，收降了副军主李元履等余部。

萧颖胄担心西中郎司马夏侯详不合作，于是把疑虑告诉了柳忱，柳忱表示这不叫事，前不久这小子来找我做儿女亲家我没答应，现在我把闺女嫁给他儿子。

至此，荆州方面也做好了思想统一，或者说，雍州常驻荆州的使节向雍州发来贺电。

萧颖胄为人有大局意识，虚心待人接物，处处团结手下，所以众心归附。但要注意的是，他的核心团队成员别驾南阳宗夬及同郡中兵参军刘坦、谘议参军乐蔼都是雍州人，我们直接看史料原文："颖胄有器局，既举大事，虚心委己，众情归之。以别驾南阳宗夬及同郡中兵参军刘坦、谘议参军乐蔼为州人所推信，军府经略，每事谘焉。"知道萧衍为什么要"遍与州府书"了吧。

所谓的"江陵素畏襄阳人"还有一层意思，就是江陵的官僚系统都已经被雍州帮渗透了，雍州集团在荆州也是一支决定性的力量，江陵百姓们看见他们都哆嗦。萧颖胄这个老大其实早已被雍州的另一个大哥架空了。

十一月二十，荆州方面先任命萧衍为使持节都督前锋诸军事，第二天又任命萧颖胄为都督行留诸军事。

萧颖胄派遣使者把刘山阳的脑袋送给萧衍后建议：现在年月不吉利，明年二月再起兵更合适。

萧衍说："自古打仗就是靠一鼓作气，休息三个月还打什么？十万大军，日费千金，箭在弦上不得不发，武王伐纣时也是犯太岁，造反这事哪能看月份啊！"

被萧衍数落一顿后，十二月初，萧颖胄传檄建康百官及州郡牧守，列数萧宝卷及其奸佞团队的罪恶，遣辅国将军杨公则兵向湘州，武宁太守邓元起到江陵后被任命为西中郎中兵参军、冠军将军，向夏口出兵讨逆。

萧颖胄表态后，柳忱的哥哥梁州和南秦州二州刺史柳惔也起兵响应萧衍，萧颖胄不久又招降了邓元起。

湘州行事张宝积犹豫不决不知站哪一队好，杨公则迅速攻克巴陵之后进军白沙，张宝积害怕请降，杨公则率部进入长沙，安抚招纳了湘州军。

501年二月，"武王伐纣代言人"萧衍上线了。

嚷嚷出兵不能看月份的萧衍一直打嘴炮，直到这一年的二月在荆州方面又赐予了他一部鼓吹后，他才率兵从襄阳出发。[1]此时萧颖胄已经把湘州拿下来了。

萧颖胄去年年底时说出兵不吉利，得明年二月。[2]结果萧衍连武王伐纣都给搬出来了，表示别跟我扯这没用的，创业不要搞封建迷信，要真刀真枪地干，咱们这是替天行道呢！

萧衍在那边说话不算话、口号震天响，却让萧颖胄把不吉利的工作都揽过去了，他这个封建斗士却规规矩矩地等到了二月。

---

① 《梁书·武帝纪》：三年二月，南康王为相国，以高祖为征东将军，给鼓吹一部。戊申，高祖发襄阳。

② 《资治通鉴·齐纪九》：颖胄遣使送刘山阳首于萧衍，且言年月未利，当须明年二月进兵。

真不是想说萧衍，就是他这种人挺多的，有时候攒局做事的时候别先着急忙慌地献出自己的一切，要勤对对表、勤整整队，让双方的子弹都以一个速度飞出去再说，要不你的迫击炮都打光了，对方还在让子弹飞一会儿呢……

萧衍出兵后州中兵力和物资都很空虚，不服从萧衍命令的魏兴太守裴师仁、齐兴太守颜僧都两人率兵马要袭击襄阳，萧伟和萧憺派部队在始平进行阻击大获全胜，雍州后方自此再无波澜。

二月二十，萧衍军至竟陵，命王茂、曹景宗担任前军，命中兵参军张法安守竟陵城。

此时郢州方面已经在三个月内打造出了铁桶般的防线，郢州城和长江对岸的鲁山都有重兵把守。

萧衍为了这份吉利也要付出代价，他将要面对比当年沈攸之更为严酷的郢州考卷。

到达汉口后众将建议合力围攻郢城，兵分两路袭击下游的西阳（今湖北黄冈东）和武昌（今湖北鄂州）。大家的意见是夺下郢城的东面屏障，让郢城彻底孤立无援。

萧衍不同意，道："汉口河道宽不到一里，我们的粮船通过时敌人如果在岸边射我们怎么办？再说房僧寄以重兵把守鲁山与郢城成掎角之势，我们如果全军围攻郢城，房僧寄必定会断我军的后路，所以不如派王茂、曹景宗的军队渡过长江与荆州方面合兵打郢城，我则亲自围攻鲁山以便打通汉水通道，使郧城、竟陵的粮食能用舟船运下来，江陵和湘中的军队相继到来之后，兵多粮足，何愁攻不下这两座城池？这天下我躺着都能拿下来了！"[1]（见图9-1）

---

[1] 《资治通鉴·齐纪十》：衍曰："汉口不阔一里，箭道交至，房僧寄以重兵固守，与郢城为掎角；若悉众前进，僧寄必绝我军后，悔无所及。不若遣王、曹诸军济江，与荆州军合，以逼郢城；吾自围鲁山以通沔、汉，使郧城、竟陵之粟方舟而下，江陵、湘中之兵相继而至，兵多食足，何忧两城之不拔！天下之事，可以卧取之耳。"

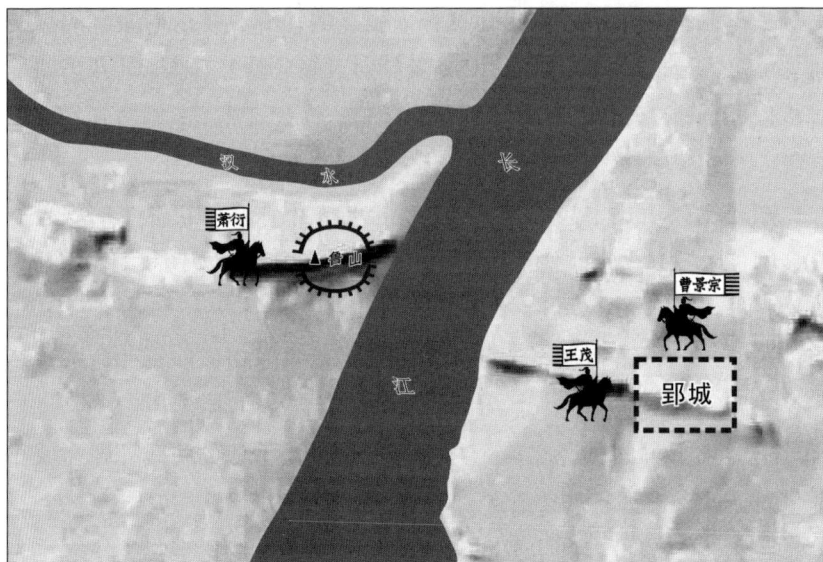

图 9-1　萧衍对峙示意图

　　萧衍的意思是我们稳扎稳打，东边的萧宝卷是否增援随便他，南边的郢城不是我们的主要考量因素，打郢城荆州军也得出血，我们不能下血本。

　　随后萧衍派王茂等率兵渡过长江驻扎在九里城（今湖北武汉武昌区附近，离郢城九里得名），张冲派中兵参军陈光静出城迎战被王茂暴打，陈光静战死，张冲无奈据城不敢出战。曹景宗随后来到汉水东岸占据石桥浦，保护江北做到无懈可击。

　　荆州方面派冠军将军邓元起、军主王世兴、田安之率数千人在汉口与雍州方面军会合。萧衍筑汉口城以守鲁山，又命水军主张惠绍等在长江扫荡断绝郢城和鲁山之间的信使往来；杨公则率湘州军与其他军在汉口会合，萧颖胄命荆州军自萧颖达之下全部受杨公则的都督。

　　杨公则出来后，荆州方面商量派谁去接管湘州，西中郎中兵参军刘坦自告奋勇去了。

刘坦曾在湘州住过，在当地有很多老朋友，迎接他的人挤满道路，刘坦到任后派能干的吏员分赴湘州十郡，动员上来了三十多万斛军粮，至此萧衍的军粮问题都解决了。[1]（见图9-2）

图 9-2　萧衍粮草来源图

刘坦，南阳安众（今河南南阳邓州市东北）人，也是雍州集团出品。

三月初三，郢州刺史张冲病逝，骁骑将军薛元嗣与张冲的儿子张孜及江夏内史程茂继续共守郢城。

---

① 《资治通鉴·齐纪十》：坦尝在湘州，多旧恩，迎者属路。下车，选堪事吏分诣十郡，发民运租米三十余万斛以助荆、雍之军，由是资粮不乏。

三月十一，萧宝融在江陵即皇帝位，以萧颖胄为尚书令，萧衍为尚书左仆射。

当时萧衍军至杨口，萧宝融派御史中丞宗夬劳军。杨口即扬口，在今湖北潜江县西北，为古扬水入汉水口，萧衍停的这个位置很有意思。（见图9-3）

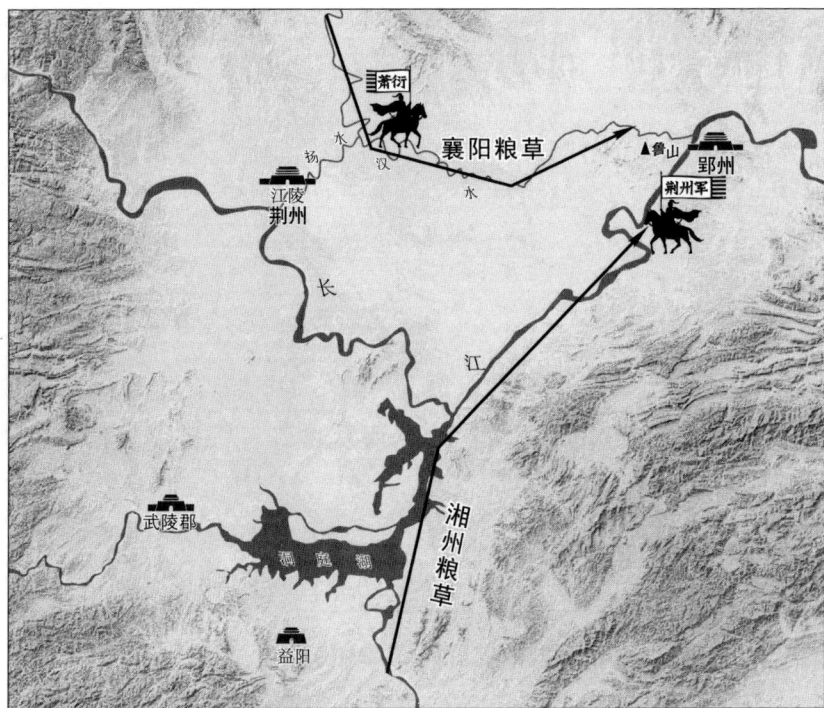

图9-3　萧衍回军示意图

张冲刚死，他不趁这个机会抓紧围攻鲁山和郢城，反而逆汉水而上离江陵那么近，他这是想干什么呢？吓得江陵方面赶紧劳军。

很快江陵就知道原因了，庾域代表萧衍对宗夬说："皇帝还没有授予萧衍黄钺，这样没法统军啊！"宗夬返回江陵后汇报了此事，于是以尚书令萧颖胄行荆州刺史，加萧衍征东大将军、都督征讨诸军事，假黄钺。

萧宝融当皇帝后仅仅给了萧衍一个尚书左仆射，萧衍当然不满。于是讨贼的事先放一放，股权的事先提一提，把大炮和航母给我对准江陵。江陵方面马上认怂，派雍州人宗央去谈条件。

胳膊粗的萧衍要来了最高军事指挥权，至此郢州前线的荆州军也被萧衍名正言顺地控制了。

江陵的萧颖胄在牌都打光后被萧衍突然逼宫，就此被彻底架空了。萧衍的上半集，思路清晰，稳健务实，稳！准！狠！大家多应思考与借鉴他创业时的经验。

四月，萧衍率部出汉水，命王茂和萧颖达等军逼郢城。薛元嗣不出战，众将准备攻城，萧衍不许。

萧宝卷派军主吴子阳、陈虎牙等十三军来救郢城，进驻巴口。

六月，江陵方面派席阐文来劳军，席阐文转达了萧颖胄等人的意见："半年了，您现在还把兵力停在汉口两岸而不围攻郢城，未能定西阳、武昌取江州，此时天时已失，不如向北魏求援吧。"

荆州方面不高兴了，向北魏求援什么的都是胡扯，就是逼萧衍进攻。嘴炮哥，日费千金是你说的，武王伐纣是你说的，你倒是动手啊！

萧衍回答道："汉口路通荆、雍，控制秦、梁，一切粮草物资的运输全从这里经过，所以我才决定兵压汉口，联结数州。现在如果合军攻郢城又分兵前进，那么鲁山之敌必定会断我汉水水路，扼住我们的咽喉，届时粮道不通，军势离散，还怎么继续打这场仗呢？

"邓元起近来想带三千兵力去攻取寻阳，寻阳那边如果知道西边已定，到时派一个说客去就足够了，而如果真要想打，三千兵也拿不下，到时候进退无据；西阳和武昌如果我想打是不费吹灰之力的，但拿下来后我们需要派兵镇守，这两座城不分兵万人是不行的，粮草运输还是问题，如果东军来打这两座城到时候救是不救？救的话顾此失彼，不救就会破坏士气，丢了一座城咱们的士气就别想再救回来了，诸城相次土崩，天下大事去矣！

"如果等攻下郢州，则大势已定，席卷而进，到时西阳和武昌自然望风而披靡。所以现在的主要矛盾在郢城，不能分兵，咱们举事是为了替天行道，况且拥数州之兵以诛群小是悬河注火，哪有不灭之理！怎么能请求北魏这个戎狄来救援，使我们示弱于天下呢？况且非我族类，未必能信，还坏咱们名声，这明明是下策，还敢说是上策！

"请您替我们转告镇军将军萧颖胄，下一步的攻取之事只管交给我负责好了，一切都在我的计划中，别担心赢不了，现在镇军将军最大的任务就是踏踏实实地稳定江陵的军心。"①

萧衍的潜台词是：萧颖胄你不哭不害怕就是立功了。杀伤性不大，侮辱性极强，萧衍就一个态度：牌在我手里，我想怎么打就怎么打，现在没你的事了。

七月初五，萧衍终于对建康援军动手了，他命王茂和曹仲宗等趁水涨潮以水军袭击加湖，吴子阳等军大败，被杀死、淹死者数以万计，郢城和鲁山士气大跌。②

鲁山断粮了，城中守军想乘小船逃走，被萧衍断了退路，七月二十五，孙乐祖投降。两天后，七月二十七，郢城投降。

郢城最初被围时有近十万人，两百多天后城中瘟疫流行，人人浮肿，十死七八。③

---

① 《资治通鉴·齐纪十》：卿为我辈白镇军：前途攻取，但以见付，事在目中，无患不捷，但借镇军靖镇之耳。

② 《资治通鉴·齐纪十》：萧衍使征虏将军王茂、军主曹仲宗等乘水涨以舟师袭加湖，鼓噪攻之。丁酉，加湖溃，吴子阳等走免，将士杀溺死者万计，俘其余众而还。于是郢、鲁二城相视夺气。

③ 《资治通鉴·齐纪十》：郢城之初围也，士民男女近十万口；闭门二百余日，疾疫流肿，死者什七八，积尸床下而寝其上，比屋皆满。

郢州确确实实在最大程度上实现了刘骏当年预期阻击上游的战略构想，也作为地标目睹了萧齐的兴与灭。

诸将想要驻军汉口休整，萧衍则表示要乘胜直驱建康，他任命韦睿为江夏太守代郢府事务后开始飞速东下。

此时汝南人胡文超在灄阳也起兵响应萧衍了，请求攻取义阳和安陆等郡做见面礼，萧衍同意后又派军主唐期去打随郡，义阳、安陆、随郡等全部被攻克，司州刺史王僧景派儿子到萧衍那里做人质代表司州做出了站队选择。

八月十四，萧衍军至寻阳，江州刺史陈伯之投降请罪。

在形势大好之时，江陵受到了来自西面的攻击，巴东太守萧璝和巴西太守鲁休烈在峡口大破刘孝庆，任漾之战死，鲁休烈等进至上明（今湖北荆州松滋老城镇），江陵非常害怕。

萧颖胄急告萧衍让萧衍命令杨公则回援。[1] 萧颖胄没指望萧衍来救他，他要的是从自己这里派走的杨公则。

萧衍回道："杨公则如今溯江而上也来不及回援了，鲁休烈的军队是一群乌合之众很快自己就散了，你现在不要慌，但如果你实在害怕的话我两个弟弟都在雍州，你去找他们，他们应该会到。"[2]

萧衍已经成龙了，正盼着你们死呢。尤其江陵还有个皇帝，最好将来别让他脏了手。萧颖胄只能派蔡恭祖率最后的兵力在上明拼死抵抗。

九月初四，江陵方面对于萧衍的见死不救给予了高度肯定，诏令萧衍如果平定建康便宜从事自己看着来，不用打报告。[3] 能给的已经都

---

① 《资治通鉴·齐纪十》：萧颖胄恐，驰告萧衍，令遣杨公则还援根本。

② 《资治通鉴·齐纪十》：衍曰："公则今溯流上江陵，虽至，何能及事！休烈等乌合之众，寻自退散，正须少时持重耳。良须兵力，二弟在雍，指遣往征，不为难至。"

③ 《资治通鉴·齐纪十》：九月，乙未，诏萧衍若定京邑，得以便宜从事。

给他了，江陵方面希望萧衍能够有些同情心可怜可怜人家。

萧衍继续不理，自寻阳飞船东下。

临行前萧衍对留守寻阳的郑绍叔说："你就是我的萧何和寇恂，打不赢是我的罪过，后勤跟不上就是你的问题！"

郑绍叔拍胸脯保证，直到攻克建康，江、湘的军粮一直没断供过。[①]

这也再次印证了湘州归萧衍管，自告奋勇上任的雍州人刘坦成了萧衍的大粮仓。可怜的荆州现在谁也制不住。

九月二十五，萧衍的金牌先锋曹景宗在江宁登陆战中大败李居士，随后一路杀到皂荚桥，新亭城主江道林出战被随后登陆的众军生擒。

萧衍军至新林，命王茂向前推进占据越城，邓元起据道士墩，陈伯之据篱门，吕僧珍据白板桥。

李居士侦察到吕僧珍兵少，率万人精锐来攻营，结果被吕僧珍反突袭打哭，获其器甲不可胜计。

随后，大航以西、新亭以北的房屋全部被萧宝卷烧了，目的是坚壁清野，这个时候建康城里的萧衍诸弟在藏了一年后都逃了出来。[②]

十月十三，萧宝卷派征虏将军王珍国、军主胡虎牙率领精兵十万余人布阵于朱雀航南边，宦官王宝孙持白虎幡督战，撤掉秦淮河浮桥断了后路，以期背水一战。

都到这个份上了，还提什么背水一战，崔慧景当年一千来人敲锣打鼓都能把朝廷的精兵吓跑。

雍州先锋军指挥官王茂下马单刀直进，他外甥韦欣庆手执铁缠矟在旁边掩护，爷俩率兵杀出去冲阵了，敌阵应时而陷，曹景宗纵兵冲

---

① 《资治通鉴·齐纪十》：绍叔流涕拜辞。比克建康，绍叔督江、湘粮运，未尝乏绝。

② 《资治通鉴·齐纪十》：居士请于东昏侯，烧南岸邑屋以开战场，自大航以西，新亭以北皆尽。衍诸弟皆自建康自拔赴军。

击，吕僧珍纵火焚了敌营，将士皆殊死战，鼓噪震天地。

萧宝卷大军土崩瓦解，被赶进秦淮河淹死者无数，积尸都跟桥一般高了，萧衍军几乎是踩着尸体过了秦淮河长驱至建康城下。^①

十月十七，宁朔将军徐元瑜献东府城投降。

十月十八，外州入援的青、冀二州刺史桓和声称出战，出城后投降，石头、新亭、琅邪城相继投降。

十月二十一，萧衍坐镇石头，命诸军攻打建康六门。

萧宝卷命人放火烧了城内的营署和官府，驱逼士民全部进入台城做最后的抵抗。萧衍命诸军筑长围困住台城。

萧衍在这个时候派使者去劝降了京口、广陵诸将，派其弟萧秀镇京口，萧恢镇破墩，堂弟萧景镇广陵。

另一边，因萧衍见死不救，又因兵临城下，萧颖胄被活活气死了。^②雍州亲家夏侯详封锁了萧颖胄的死讯后密报萧衍，随后夏侯详向雍州求援，萧伟迅速派兵去解围。^③

这个时候建康的战况也被荆州方面用大喇叭宣传了，萧璝和鲁休烈听说后就都投降了。

萧颖胄一死，全都柳暗花明了。他到底是怎么死的，真相相当存疑。被气死有可能，但从这一整套流程来看，他似乎是必须死的节奏。

至此，天下众望归于萧衍。

十二月十六，卫尉张稷、北徐州刺史王珍国斩萧宝卷。萧鸾抢来的江山，父子两人总共坐了七年。

---

① 《资治通鉴·齐纪十》：士卒土崩，赴淮死者无数，积尸与航等，后至者乘之而济。于是东昏侯诸军望之皆溃。衍军长驱至宣阳门，诸将移营稍前。

② 《资治通鉴·齐纪十》：巴东献武公萧颖胄以萧璝与蔡道恭相持不决，忧愤成疾；壬午，卒。

③ 《资治通鉴·齐纪十》：夏侯详秘之，使似其书者假为教命，密报萧衍，衍亦秘之。详征兵雍州，萧伟遣萧憺将兵赴之。

萧衍随后授意宣德太后王宝明剥夺了萧宝卷的帝号贬为涪陵王，后依汉海昏侯故事再追封为东昏侯。

萧衍成为中书监、大司马、录尚书事、骠骑大将军、扬州刺史，封建安郡公，依晋武陵王遵承制故事，百官致敬。

502年正月，萧宝融遣席阐文等慰劳建康。

大司马萧衍下令："凡东昏侯时代的冗余花费除了礼乐和兵事的开支其余全部禁绝。"[1]萧衍保留了"礼乐"。南朝迎来了一个有思路的话事人。

正月初九，萧衍迎宣德太后入宫临朝称制，远在江陵的小皇帝萧宝融滚一边去吧。

正月十二，大司马萧衍又进一步，受封为都督中外诸军事，剑履上殿，赞拜不名。

正月二十四，宣德太后诏令大司马萧衍位进相国、总百揆、扬州牧，封十郡为梁公，备九锡之礼，置梁百司，去录尚书之号，骠骑大将军如故。

二月初二，梁公萧衍受命。

二月初七，诏梁国选诸要职，如齐国规格。

二月二十七，诏梁公增封十郡，进爵为王。

三月初五，萧衍受命，赦国内及府州死刑以下犯人。

自萧道成的时候就没有三辞三让这个过场了。

三月十三，萧衍杀了萧宝卷的兄弟邵陵王萧宝攸、晋熙王萧宝嵩、桂阳王萧宝贞。

萧衍要杀害南齐诸王，但是监视看管措施还不够严密，萧鸾第六子萧宝夤成功出逃后投降北魏。齐和帝萧宝融东归，以萧衍之弟萧憺为

---

[1] 《资治通鉴·梁纪一》：大司马衍下令："凡东昏时浮费，自非可以习礼乐之容，缮甲兵之备者，余皆禁绝。"

都督荆湘等六州诸军事、荆州刺史。

三月二十八，萧宝融下诏将皇位禅让于梁王萧衍。

南齐国祚亡，享国二十四年，大多数寿命合格的人都在建康南郊再次看到了那幅熟悉的画面：新皇登基，改天换地。

四月初九，萧衍封萧宝融为巴陵王，把王宫设在姑孰。

四月初十，萧衍派亲信郑伯禽至姑孰把生金给了萧宝融。萧宝融道："我死无须用金子，拿酒来。"十五岁的萧宝融大醉后被郑伯禽杀死。

萧衍在胜利后的一个季度里走完了改朝换代的所有流程。

流程越来越快，越来越直白。天下的最高统治权，之前还是拜天地式地明媒正娶，演化到现在已经是直接给好处了。

大家都知道怎么回事，萧衍给的价高，属于长期包养，像什么贤良淑德的就别提了。我要是胳膊比你粗我也让你服我，大家都是圈里人，心照不宣。

"时来天地皆同力"的萧衍走完了自己人生的上半集，他很清楚自己手中拿到的是有什么基础的权力机器。

与其说他是梁武帝，不如说他是坐山雕。整个权力网络不像是国家，倒像是威虎山。

历史之神对他相当厚待，不仅把江山端到了他嘴边，还给了他中国历史上第二高寿的皇帝命。

他有半个世纪的时间去调理这个已经彻底无敬无畏的大江之南的国度，与此同时，老天还给了他整个南北朝时期最伟大的北伐窗口期。

无论是寿命、威望还是新的利益大饼，萧衍都将迎来整个南中国二百多年来有无限可能的五十年。

他选择了一条怎样的路呢？

6世纪的开篇很有意思，南方一哥拿天下的过程一帆风顺，并没有他后来遇到的那么多坎坷，北方一姐倒是率先开始军备竞赛般地大修福报并修出了国破家亡的结局。

整个北国在孝文帝改革后迅速滑落到了民族分裂的边缘。

孝文帝的门阀化革新让越来越不满的中下层阶级开始产生反抗之心。

5世纪开篇，南国武魂刘裕第一个出场打下了局面，进入6世纪后，在并州的秀容，"功比孟德祸比董卓"的北国武力天花板就要出场了。

第 **10** 战

六镇之乱

一、北魏统一天下的窗口突然被打开了

啊！四岁的孔融能让梨，史书记载了。

啊！七岁的司马光能砸缸，史书记载了。

啊！被继母虐待的王祥卧在冰上感动了天地，鲤鱼自己蹦上来让他去讨好继母，史书也记载了。

咦？为什么这些美好之事的创造者都是同一种"成分"的呢？

呜呼！史上最可惜的汉化改革盛世，就要糟蹋在无道昏君、无脑宗室、福报太后和奸佞外戚的手上了，唯独没有士大夫的罪过。

还是让我们来揭开历史的真面目吧。

公元 499 年四月初一，北魏孝文帝元宏驾崩。遗诏命元详为司空、王肃为尚书令、元嘉为尚书左仆射、宋弁为吏部尚书，此四人与侍中、太尉元禧及尚书右仆射元澄共同辅政。

这六个辅政大臣中，有四个宗室、两个汉人，代人集团的大臣们都被排除出了下一届统治核心。

随着辅政六人中的宋弁和孝文帝前后脚"走"了，其实新一届统治核心的基调就是宗王掌权。

宗王掌权是柄双刃剑，历史上有太多的例子，这柄剑想用得好得有个"猛男"皇帝。孝文帝的最后十年之所以没有他不敢干的，其核心就是用好了宗室，安排自己这一家子把控了核心部门，宗室们都玩了命地拥护他。但这柄剑的另一面，是宗室们对皇权的分享。

皇帝需要有足够的威望才能镇得住手下的这些亲戚。孝文帝三十三岁就死了，导致北魏政权失去了核心，新上位的宣武帝元恪时年十七岁，刚刚当了两年的太子。

北魏的皇长子彩票开到孝文帝时已经是第七张了，也是最后一张。

之前孝文帝的太子元恂就不爱读书，还因反对孝文帝的汉化改革最终被废，随后次子元恪在十五岁时得到了这个天上砸下来的太子之位。

他哥作为重点培养的帝国继承人都没被教育出来，他这个老二事后证明也没多大能耐。

政治这东西的核心是天赋。天赋高的人一年顶十年，什么都能触类旁通地琢磨明白。

石勒出身于少数民族中的小部落，不认字，第一次听说书的讲刘邦在楚汉战争僵持阶段打算分封各国后裔时就惊了："这不是脑残吗？他这天下怎么得来的？"听到张良出场后才叹道："我说呢，老刘这是有高人呐！"

天赋低的人是培养不出来的。前太子元恂当年也是文明太后一手带起来的，但跟他爹完全是两个级别的。无论你怎样耳提面命，他就是听不懂。

天降万物，各有其材。太多非人力所能及的地方了，早看透，早解脱。

元恪作为老二别说培养了，很可能就是自然生长十几年后突然成了太子，紧接着爹就没了，还一头雾水就接班了。

事实上不光元恪不是那块料，他爹的那些兄弟中也就他六叔元勰是个好材料；四叔元羽和七叔元详都是中人之资；二叔元禧骄傲奢侈、贪财好色；三叔元幹贪淫不遵典法；五叔元雍识怀短浅又不学无术。

"天降贵子接班"本就是个小概率事件，只不过北魏运气好连开了七张彩票。

无论是能力还是威望，元恪都驾驭不了诸王，没有了孝文帝，北魏宗室们开始高唱"自由飞翔"。

499年四月十二，太子元恪即位，大赦天下。

与此同时，元勰等以孝文帝的诏令赐死不检点的冯皇后，冯皇后面对毒药一边跑一边闹，最终被强制送走，到底没能保住体面。

丧至洛阳，元禧等知道冯皇后已死，长舒一口气道："就算没有先帝诏令，我们兄弟几人也要想办法把她杀掉，怎么能让这个不守妇道的女人宰制天下，屠杀我们兄弟！"①

明面上是骂冯皇后，其实是指桑骂槐地骂冯太后。

他们的爹是怎么死的大家都知道，不只是孝文帝跟老太太玩无间道，这些兄弟们对老太太的印象同样也是太深刻了。

新统治核心刚上任就撕上了。先是任城王元澄认为王肃是江南投奔过来的，官位却在自己之上，心里一直不舒服，正好南齐投降过来的严叔懋栽赃王肃密谋逃回江南，于是元澄把王肃拘留并上表说王肃谋反，但经过调查后并不属实。②

随后元禧等人上奏弹劾元澄擅自拘禁宰辅之臣，元澄被免官，不久出任雍州刺史。

孝文帝汉化改革的第一先锋元澄被第一时间挤出了辅政团队，这个孝文帝时代大放异彩的牛人在新一代统治层中什么都没摸上。孝文帝在世时是第一利器，孝文帝不在了，元澄为了抓权连一个月都等不了。

---

① 《资治通鉴·齐纪八》：丧至洛城南，咸阳王禧等知后审死，相视曰："设无遗诏，我兄弟亦当决策去之；岂可令失行妇人宰制天下、杀我辈也！"

② 《资治通鉴·齐纪八》：魏任城王澄以王肃羁旅，位加己上，意颇不平。会齐人降者严叔懋告肃谋逃还江南，澄辄禁止肃，表称谋叛，案验无实。

不久，王肃也被安排去接手裴叔业投降的寿阳。

第一波争斗结束，六个辅政剩下一半。

六月二十四，元恪追封母亲高氏为文昭皇后配飨他爹，修其旧墓，又追赐外祖父为渤海公，让其嫡孙高猛袭爵，封舅舅高肇为平原公，高显为澄城公，三个人同一天受封。

元恪之前从来没见过这几个舅舅，这几个娘家人突然进"大观园"后都蒙了。

面对那些权重辅政的叔叔，元恪的天然反应是拉来了一群舅舅：你们这些叔叔能取我代之，我这群舅舅却永远要仰我鼻息——刻在基因里的算法在自动编程。

很快，这些叔叔们的德行都显露出来了。孝文帝的二弟元禧以太尉辅政位居群臣之上却根本不亲理政务，为人骄奢淫逸、为非作歹，元恪开始对这个叔叔不满。

元禧狂到了派家奴向领军将军于烈传话："让旧羽林勇士执仪仗给我当卫队，你抓紧给我办这事。"

于烈道："天子居丧，你现在是一把手，我当领军只知道掌管宫中宿卫，皇帝有诏我能办，你要禁军这事我办不到。"

家奴回去给元禧传话，元禧又派人给于烈带话："我是原来天子的儿子，当今天子的叔父，我的辅政之令和皇帝诏令有何不同？"

瞧瞧给他能的。

于烈厉色道："要是诏书来了，应该是官员跟我对接，你派家奴找我要国家的羽林军这走的是哪门子流程，我于烈的头你可以拿去，羽林军你得不到！"[1]

对于这些兄弟，孝文帝是有后招的。

----

[1] 《魏书·于烈传》：烈厉色而答曰："向者亦不道王非是天子儿、叔。若是诏，应遣官人，所由遣私奴索官家羽林，烈头可得，羽林不可得！"

孝文帝对他的几个弟弟非常爱护，曾一本正经地对元禧等说："我死以后子孙们如果不肖，你们看情况，能辅佐就辅佐，不行就取而代之，不要丢了祖宗的江山。"

他话是那么说的，但却没那么单纯，这个于烈就是他留下制衡他几个弟弟的重要人物。

于烈是镇南将军于栗磾之孙，尚书令于洛拔的长子，箭术好而话少，有官威和杀气，年少即拜羽林中郎，后迁羽林中郎将，471年奉命负责宁光宫宿卫。

冯太后时代于烈就成为朝廷的核心人物，和元丕、陆叡、李冲等人都被赐予免死的金策。[①]后加任散骑常侍，升任前将军，进封洛阳侯，孝文帝服丧期满后改任卫尉卿跟随孝文帝南下迁都。

在冯太后时代的老臣中，孝文帝在汉人中留下了李冲，在代人中留下了于烈。

孝文帝迁都后于烈被安排回平城总掌留守大权。

穆泰和陆叡在平城谋反时有大量的代人旧族都参与了，只有于烈的宗族没有参与，由此于烈彻底走进了孝文帝的心里。

孝文帝将于烈比作自己的金日磾，言外之意还把自己捧成了汉武帝。后来孝文帝将禁军大权给了于烈，授为领军将军。

第二次南伐，于烈以领军将军身份随孝文帝征讨荆、沔，军回洛阳后论功行赏，孝文帝授于烈散骑常侍、金紫光禄大夫。

最后陈显达北伐砸场子，重病的孝文帝在出征前抓着于烈的手道："洛阳就全交给你了。"[②]

---

① 《魏书·于烈传》：于时高祖幼冲，文明太后称制，烈与元丕，陆叡，李冲等各赐金策，许以有罪不死。

② 《魏书·于烈传》：高祖舆疾赴之，执烈手曰："都邑空虚，维捍宜重，可镇卫二宫，以辑远近之望。"

孝文帝死后秘不发丧，直到宛城才将尸首入殓，将消息密报给留守在洛阳的于烈。

于烈不动声色地镇守洛阳，并安排了太子的侍卫去鲁阳迎丧即位。于烈就是孝文帝献子不托妻的心腹。元恪即位后，于烈继续受到新帝的信任。后来于烈还向元恪推荐了自己的侄女为贵人。①

于烈的儿子左中郎将于忠统管直阁，常在元恪左右，于烈于是让于忠对小皇帝吹风："你家的宗室不像话，内心不可测，早点儿把他们都干掉，自揽权纲。"②意思是让元恪别担心，于烈手里有兵。

不仅于烈在使劲，宗室间的内卷也很厉害，小皇帝的六叔元勰就被他七叔元详中伤很久了。元详向皇帝密报元禧的罪过，并说六哥元勰深得人心，最好都赶紧拿下。

快到祭祀之时，诸王公们全都到了宗庙的东坊，当夜元恪派于忠传信给于烈："明早来见我，我对你有安排。"

第二天天刚亮，于烈到了，元恪命于烈率禁军六十多人传达旨意，要召见元禧、元勰、元详三位叔叔，把他们带到了光极殿。

元禧三人来到后，元恪表示："我已经长大了，三位叔叔总说要归政，那我就不客气了，现在我要自己执政了，三位叔叔先回家，后面我再安排您三人的岗位。"

不久，诏令正式下达，人望最高、威胁最大的元勰回家休养，元禧位进太保被架空，搞小动作举报两个哥哥的元详担任了大将军、录尚书事。

于烈在领军将军的基础上又加封车骑大将军，从此于烈基本上就

---

① 《北史·宣武顺皇后于氏传》：宣武顺皇后于氏，太尉烈弟劲之女也。宣武始亲政事，烈时为领军，总心膂之任。以嫔御未备，因左右讽谕，称后有容德，帝乃迎入为贵人。

② 《资治通鉴·齐纪十》：烈子左中郎将忠领直合，常在魏主左右。烈使忠言于魏主曰："诸王专恣，意不可测，宜早罢之，自揽权纲。"

住皇宫的值班房了，军国大事全都参与。^①小皇帝进一步加强了于烈的权力，因为小皇帝极度没有安全感。

元恪在拿回权力后根本没能力处理政务，他并不具备祖上那些皇帝的早熟和英武，于是他宠幸的茹皓、王仲兴、寇猛、赵修、赵邕及舅舅高肇等人开始擅权。^②

由于元恪身边的宠臣开始把持朝政，"王公希得进见"的宗室们跟小皇帝说不上话了。

距离一产生，劣势方就开始往最坏处想。元禧的亲信刘小苟经常吓唬他说小皇帝要做了他，于是元禧便与自己的大舅哥给事黄门侍郎李伯尚、氐王杨集始、杨灵祜、乞伏马居等人准备谋反。^③

501 年五月，元恪去北邙打猎，元禧与同党们在城西小宅密谋发兵袭击元恪，并派长子元通去河内起兵。

乞伏马居劝元禧说："我立即回到洛阳城中率兵关闭城门，皇帝必定朝北向桑干逃去，殿下可以把黄河大桥拆了做黄河以南的皇帝。"

争吵一顿，众人意见不统一，讨论了一整天也没定下来，最后约定大家要保密，于是就散会各回各家了。

这样一件弑君的政变密谋的大事，被元禧整得跟过家家一样。

造反这事只要实锤了，在手里没有足够的人质和威胁的前提下哪个股东都不能走，因为出卖你们所有人的收益和跟着你们创业的风险开始极度不对等！

杨集始出来就立刻去元恪那里打小报告了。

---

① 《资治通鉴·齐纪十》：复以于烈为领军，仍加车骑大将军，自是长直禁中，军国大事，皆得参焉。

② 《资治通鉴·齐纪十》：魏主时年十六，不能亲决庶务，委之左右。于是幸臣茹皓、赵郡王仲兴、上谷寇猛、赵郡赵修、南阳赵邕及外戚高肇等始用事，魏政浸衰。

③ 《资治通鉴·齐纪十》：齐帅刘小苟屡言于禧云，闻天子左右人言欲诛禧，禧益惧，乃与妃兄给事黄门侍郎李伯尚、氐王杨集始、杨灵祜、乞伏马居等谋反。

元恪收到密报时身边的人都出去打猎了，仓促间不知如何是好。

这时于忠道："我爹手握禁军留在洛阳就是防备这事的，您别担心。"

元恪马上派于忠飞马回洛阳观察情况，发现谨慎的于烈始终就是一级战备状态，于烈让儿子给元恪带话："我虽然老了，但心力还够用，元禧虽然猖狂但别当回事，请陛下慢慢回宫安定人心。"[①]

于烈派叔孙侯率三百虎贲军去抓了元禧，元恪随后把他二叔赐死，诛其同党，还将他二叔的几个儿子全部开除宗籍。元禧的谋反，使元恪加大了对宗室的打击力度。

元禧被干掉后，其贪污所得基本都被元恪赏给了自己的舅舅们。不久，高肇担任尚书左仆射，领吏部、冀州大中正，又娶了元恪的姑姑高平公主为妻，升任尚书令。

史载：元恪罢黜六位辅政大臣杀了元禧之后，从此朝政大事全都委托给了高肇。

这段记载很有意思，出自《资治通鉴》："高肇本出高丽，时望轻之。帝既黜六辅，诛咸阳王禧，专委事于肇。"

同样的意思，在《魏书·高肇传》中是这么记载的："肇出自夷土，时望轻之。及在位居要，留心百揆，孜孜无倦，世咸谓之为能。世宗初，六辅专政，后以咸阳王禧无事构逆，由是遂委信肇。"

这里有两个变化：

1.《资治通鉴》中的最后一句是"专委事于肇"，《魏书》中的最后一句是"由是遂委信肇"。

这两处翻译如下：

《资治通鉴》版：从此昏君将朝权给了外戚，这对甥舅要为后来的

---

① 《魏书·于烈传》：烈时留守，已处分有备，因忠奏曰："臣虽朽迈，心力犹可，此等猖狂，不足为虑。愿缓跸徐还，以安物望。"

乱世负全责。

《魏书》版：元恪被叔叔伤害后，开始重用他的舅舅。

两本书完完全全是两个味道。

2.《资治通鉴》中"肇出自夷土，时望轻之"之后，这句"及在位居要，留心百揆，孜孜无倦，世咸谓之为能"被删掉了。有没有这句话完全是两个意思。

有这句话，《魏书》版本翻译如下：高肇在这个门阀种姓时代不受待见，但是因为他的外戚身份，他上位后尽最大努力磨炼技能，孜孜不倦地工作，被外甥认为是可以培养的人。等元禧造反后，外甥开始给舅舅更大的平台。

没这句话，《资治通鉴》版本翻译如下：高肇在这个门阀种姓时代不受待见，元禧造反被杀后，昏君安排高肇处理政务，从此高肇把控了朝政。

就这么一对比，意思完全不一样，我们能惹得起文化人吗？

司马光这位士大夫，仅通过一句话的删除和一个"专"字的增减，就将北魏的衰落完完全全地归咎到了糊涂皇帝和不良外戚身上。

国家乱了、亡了，责任是无道昏君、军阀土匪和当道奸佞的，一心只读圣贤书的士大夫们是没有责任的。高肇这个该死的外戚，就应该背这个锅。

元禧死于 501 年，事实上直到五年后的 506 年，邢峦被同样是皇帝心腹的范阳卢氏的卢昶构陷，高肇还帮着功臣邢峦申冤。

在那次风波中，邢峦并没有走高肇的门路，而是走了小皇帝的另一个心腹宗室元晖的门路，但高肇之所以会帮邢峦的忙，其实也有"敌人的敌人就是我的朋友"的意味。

朝政真的谈不上被这位无根底的外戚完全把控，但史书中对于孝文帝死后的记载主要是宗室和外戚撕咬得一塌糊涂。

元禧死后老七元详为太傅，兼司徒，元详终于得到了最高的官位，随后跟他哥一个样，骄奢淫逸、贪得无厌，成了洛阳的大蛀虫，朝廷内外怨声载道。

高肇最不爽的就是这些王爷，等元详飘起来后，遂诬陷元详结党谋反。504年五月，元详被囚禁，一个月后被杀。剩下的王爷们也最终被高肇弄进了监狱。

高肇成为洛阳大魔王般的存在，但由于他底子薄，因此大肆结交朋党，依附者十天半月就被提拔，不走他的门路的就构陷其犯了重罪。

在这里我们做个扣，跟高肇同时代的这种买官卖官的大臣还有好多。下一节将展示两个这样的人，一个叫"饿虎将军"，一个叫"饥鹰侍中"。

这个时代单纯因为外戚就能被祸害烂了吗？如果是这样，那也太看得起高肇了。高肇如果这么厉害，等小皇帝死了以后他怎么就那么轻松地被瞬间连根拔起了呢？

司马光七岁砸缸这事都能被记入正史，这本身就挺值得深思的。历史上谁掌握着话语权这事太关键了！

就在元恪从宗室手中收权取得阶段性成果的时候，一个小人物在汉中的一次"振翅"衍生出了一场超级大风暴。这场风暴直接给北魏的统一天下打开了窗口。

早先，谯国人夏侯道迁以南齐辅国将军的身份跟随裴叔业镇守寿阳，担任南谯太守。后来，他与裴叔业闹矛盾单骑投奔了北魏。

很快裴叔业也投降了，北魏以夏侯道迁为骁骑将军，跟随王肃镇守寿阳，夏侯道迁负责守合肥。

北魏这就属于不会用人了。一个降将，怎么能放在边境呢？尤其南边刚刚改朝换代，夏侯道迁叛的是齐，现在南边是梁了，正需要归化人士做舆论宣传证明自己的政治优越性。

等王肃死了以后，夏侯道迁再度反水投奔了南梁。

夏侯道迁回南梁后跟着梁、秦二州刺史庄丘黑镇南郑，当了庄丘黑的长史，成为汉中太守。南梁同样不长记性，夏侯道迁这家伙多次反水，怎么又给安排到边境了！

庄丘黑病死后，萧衍安排都官尚书王珍国为刺史，王珍国还没到任，夏侯道迁就把汉中当嫁妆把自己又嫁了一回：又投降北魏。[①]

面对利益，只有一次和无数次的区别。

从更宏观的角度做人际利益博弈的统计，有这样一种算法的长久收益率是最高的：

1. 他对你好，你对他好。

2. 他对你坏，你对他坏。

3. 他受到惩罚后下次不敢了，开始对你好，你随即不计前嫌地与他继续展开合作。

4. 经过几次合作如果他又变卦了，劣根性又犯了，你就对他继续实施利益惩罚。

总之就是根据对方的出招调整自己的态度，不彻底中断，也不完全信任，这样的博弈算法用大数据跟踪下来后，发现长期收益率是最高的。

这个理论的依据，是人都会衡量利益。

当品行不好的人看到你每次在受伤害后都会反击，他会发现得罪你的成本太高，并不符合收益，所以他就会找其他软柿子下手，不太敢得罪你这个合作态度开放、有长远收益且得罪起来成本还太高的人。

品行不好的人不敢得罪你不是因为他会悔改，他们是不会变的。他们不敢得罪你是基于两个现实原因：

1. 得罪你的成本高。

2. 有更容易得手的软柿子。

---

① 《资治通鉴·梁纪二》：黑卒，诏以都官尚书王珍国为刺史，未至，道迁阴与军主考城江忱之等谋降魏。

这个算法的关键，就是他伤害你的时候，你有能力去惩罚他，并意志坚定地对他实行惩罚。

如果你是高净值人群，当你处于稀缺状态时，你就要衍生出更高一层的算法。因为有太多优质的资源来找你，你就有着巨大的选择余地，你有太多可能和真正的大神合作，你们都是拥有同一个算法与同一种价值观的。

这个段位的你最值钱的就是注意力和时间。

通常只给合作伙伴一次机会，体现在能力承受范围内最大的诚意，如果对方出现了一次背叛或者不地道，那么从此仅仅是泛泛之交，再也不共事也不进行深度交流，将来就算改了也不是好伙伴。

对这套算法的结论我补充如下：

1.对于情绪极度不稳定，以及和你并不是一个档次的戾气人群，能远离就远离。

2.对于你没有能力惩罚，或者对方心智极弱会给你造成长期成本困扰的人，能远离就远离。

3.跟你是一个级别，但你有能力对他造成的伤害给予反击的合作者，实行那种你好我好、你坏我坏的算法。

4.当你属于稀缺资源的时候，倾向于对所有合作伙伴持开放态度，但都只给一次机会，改了也不是好伙伴，不拿自己最珍贵的时间去考察对方是否已成长。

我们要根据自己所处的生态位去思考自己的算法并与时俱进地调整。

贵人之间都是怎么惺惺相惜的呢？就是通过事去品人，然后发现这人和自己的算法相不相似，通过这人的算法来判断对方未来是不是可造之材。

萧衍处于极高的资源优势段位，根本没必要根据对方的反应进行应对。只有一次机会的算法最符合他的生态位。

夏侯道迁杀了原先为北魏镇守仇池后来叛逃南梁的杨灵珍及其部曲六百人，做了给北魏的投名状，又杀了萧衍的使者并将使者脑袋送给了北魏。①

白马戍主尹天宝听说夏侯道迁反了之后引兵攻打他，打败了他手下的庞树并围困南郑，夏侯道迁向氐王杨绍先、杨集起、杨集义求救，但没人搭理他，只有杨集义之弟杨集朗率兵来救援攻杀了尹天宝。

北魏这次长记性了，任命夏侯道迁为豫州刺史，赶紧把他调回内地，命尚书邢峦为镇西将军和都督梁、汉诸军事，率兵接手汉中。②

归化的榜样再次成了叛国的败类，梁比齐的优越性变成了梁和齐都没有北魏的优越性，这太伤面子了。

505年二月，丢了面子的萧衍准备攻打北魏。

二月十一，萧衍派卫尉卿杨公则率宿卫兵堵塞了洛口。

萧衍信心满满准备搞事的同时却不知道西边的半边天就要塌了：邢峦在出兵汉中后对南梁各城发起了攻击，汉中根本挡不住。

南梁晋寿太守王景胤占据石亭（今四川广元北），被邢峦派统军李义珍打跑，北魏任命邢峦为梁、秦二州刺史。

巴西太守庞景民听说北魏来了据城不降，郡中人严玄思聚众，自封为巴州刺史，投附于北魏，攻杀了庞景民，将其斩首。

南梁冠军将军孔陵等率兵两万守深杭（今四川剑阁县北），鲁方达守南安郡（治所剑阁），任僧褒等守石同，共同抵抗北魏。邢峦派统军王足带兵一路暴打，突破了剑阁天险，孔陵等退保梓潼，王足又进攻打

---

① 《资治通鉴·梁纪二》：先是，魏仇池镇将杨灵珍叛魏来奔，朝廷以为征虏将军、假戍都王，助戍汉中，有部曲六百人，道迁惮之。上遣左右吴公之等使南郑，道迁遂杀使者，发兵击灵珍父子，斩之，并使者首送于魏。

② 《资治通鉴·梁纪二》：魏以道迁为平南将军、豫州刺史、丰县侯。又以尚书邢峦为镇西将军、都督征梁汉诸军事，将兵赴之。

败了这伙溃兵。①

剑阁天险被突破了！至此，"梁州十四郡地，东西七百里，南北千里，皆入于魏"。

就在梁、秦二州刺史庄丘黑之死引发夏侯道迁反叛的蝴蝶效应后，四川地区也同时发生了地震级的人事变动。

总之，蜀地这个长江上游的关键战略板块半卖半送的机会出现了。

---

① 《资治通鉴·梁纪二》：冠军将军孔陵等将兵二万戍深杭，鲁方达戍南安，任僧褒等戍石同，以拒魏。邢峦遣统军王足将兵击之，所至皆捷，遂入剑阁。陵等退保梓潼，足又进击，破之。

二、利益博弈下的人心与算计

北魏南下的同时，南梁的益州出现了灾难级的人事塌方。

益州刺史邓元起在四川待够了，以母亲年老为由请求回故里，朝廷下诏征其为右卫将军，以萧懿次子萧渊藻去接班益州刺史之职。

夏侯道迁反叛时，尹天宝派使者驰告邓元起，邓元起没回应。

等到汉中丢了，北魏开始打晋寿的时候，王景胤等也遣使向邓元起告急，众人都劝邓元起赶紧去救，邓元起说："别着急，朝廷离此万里之遥，援军不会很快就到，如果北魏贼寇成势才需要去剿，到时候总指挥非我莫属，现在小火苗才刚烧起来，着什么急！"[①]

晋寿这名字听起来挺陌生吧，它在三国的时候叫葭萌关。

葭萌关作为刘备川北疗养的幸运景点，在他挤走刘璋后被改名"汉寿"，后来司马炎一统天下后改名为"晋寿"。刘备说他国祚长，司马炎说他国祚长。很遗憾，这两位"走人"后的国祚都没多长。

这个位置的战略意义我们来复习一下。

---

① 《资治通鉴·梁纪二》：及魏寇晋寿，王景胤等并遣告急，众劝元起急救之，元起曰："朝廷万里，军不猝至，若寇贼侵淫，方须扑讨，董督之任，非我而谁，何事匆匆救之！"

葭萌关是入蜀的第二道门户，第一道为白水关。（见图10-1）

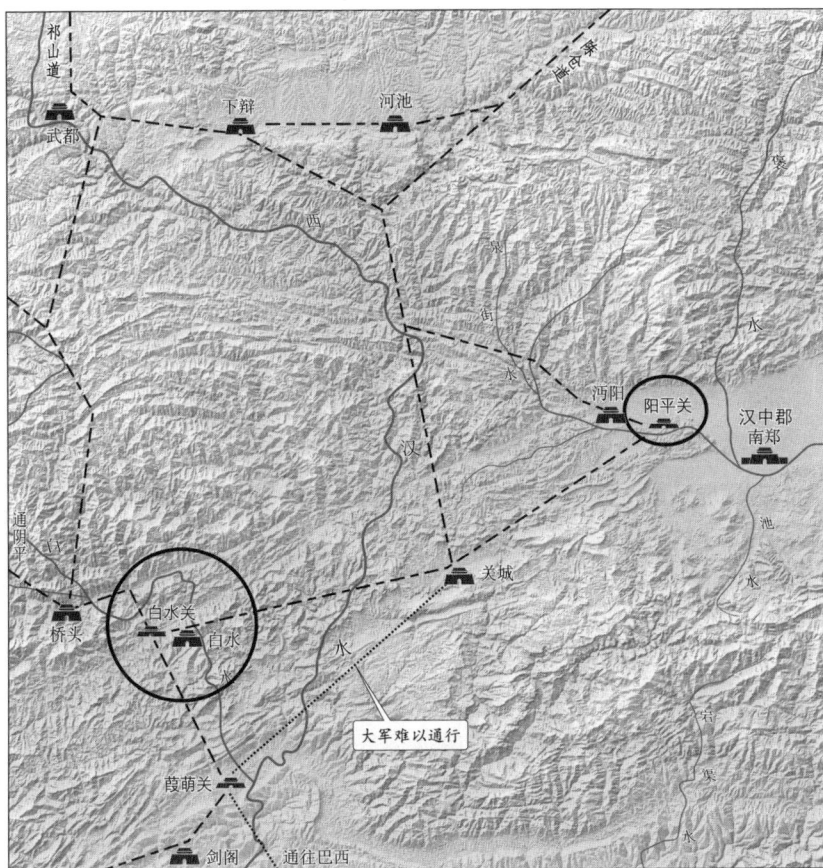

图 10-1　入蜀路线图

无论自关中、汉中、武都南下，还是从阴平西进，最终都要经过白水关。

图10-1虚线处，汉中方向到葭萌关其实也有一段路可以走，但是山谷险峻，水流湍急，并不作为正规选择。

白水关也称"关头"，收拢所有常规入蜀线路，和白帝城共称"益州祸福之门"。

当年刘璋让刘备在葭萌关看门有三个目的：

1. 北面来敌人了可以随时支援白水关。

2. 从小路方向堵死北面偷渡白水关的可能。

3. 葭萌关南边有水路可以进入巴西郡，能震慑当地大佬庞羲。

跨越三百年来到今天，局面已经相当凶险，北魏都打到葭萌关了，这说明白水关已经丢了，但邓元起依旧敢如此托大。

这其中有两个原因：

1. 晋寿不是他的辖区，晋寿归梁州管。

2. 蜀地的最后一道大锁——剑阁天险，在他手中。

所以他能比较潇洒，毕竟"剑阁峥嵘而崔嵬"。

等萧衍的总指挥任命下来时，晋寿已经丢了。①

邓元起没想到的是，剑阁守军居然跟着这群梁州溃兵一起放弃了蜀中最后一道大锁。这回邓元起丢脸了。他本想露把脸，结果把屁股露出来了。

其实这很好理解。邓元起抖机灵耍心眼是因为梁州不是他的责任区，所以梁州死得越惨，将来他才会显得越高大。

都是老狐狸，谁能比谁傻多少，梁州刺史把自己的地盘丢干净了，更需要同行的衬托。

不能只有我一个人跟傻子一样在风中摇曳，我丢脸了你也得完蛋，咱俩得搂一起毁灭。你仗着剑阁不管我的死活，那我就给你引进来，咱俩一起丢脸！

后面即将打响的钟离之战，昌义之带着三千人让北魏几十万人无功而返，剑阁这种级别的关隘只要自己内部不出问题，根本就不是人力所能及的。

蜀道通常是最能体现人事问题的地理教材。地势险，才能让险恶

---

① 《资治通鉴·晋纪二》：诏假元起都督征讨诸军事，救汉中，而晋寿已陷。

的人心没法找理由。

更让邓元起想不到的是，他的生命即将在自己的骄纵中走向终点。

萧渊藻在这个关键时刻来接班了。邓元起准备东归的时候把益州的粮储器械都给搜刮走了，萧渊藻入城后看到这样的情形对邓元起怀恨在心！①

古代官员在离任的时候通常会从账上贪一部分，让下一任接班的官员去平账。

下一任通常也不会追究，因为这事属于潜规则，你有跟他矫情互撕的时间还不如赶紧上任把官当起来，有几个月的时间就把这账给平了，等你将来离任的时候也拿一笔走就得了。

没有人会把这种事捅出来的，因为这容易让整个官场认为你这人不上道，让他们觉得你是吃不了亏的人。这多大点儿事啊！

但这也有一个前提，就是你不能在离任前贪得太过分，你要是太狠了这也叫不上道，很快你在圈子里的名声就臭了。

邓元起这事就办得太过了，他把益州的仓库都搬空了！这就是他不懂规矩了。邓元起不地道的原因很快浮现出来，是他拿萧渊藻不当回事。

萧渊藻看到邓元起不讲规矩，于是要邓元起的好马做补偿，邓元起却说："你这个小毛孩子，要马干什么？"

邓元起是南郡当阳人，属于雍州集团的人，四年前跟着萧衍拿下江山，后来作为主将平定了益州的叛乱。

在他看来，萧渊藻不过是皇帝的侄子，他爹坟上的草都很高了，天下是我们雍州集团打下来的，你这个小毛孩子上一边待着去。

萧渊藻大怒，趁邓元起酒醉把他给杀了。

---

① 《资治通鉴·梁纪二》：萧渊藻将至，元起营还装，粮储器械，取之无遗。渊藻入城，恨之。

邓元起的一系列眼高于顶最终遭杀身之祸的丢脸操作，在北魏大军压境的局势下迅速使西南演变成了要塌天的节奏。

邓元起是能打仗的将军，很得士卒拥护，他的部下们听说自己老大被杀了，把成都围住，大哭，要求给说法！

萧渊藻把罪过推给了他叔叔，说这是天子诏令，兵众才肯散去。随后萧渊藻写报告时又把屎盆子往邓元起脑袋上扣，说他造反。这小子不愧出身于官宦世家，套路熟。

人精一样的萧衍当然很怀疑。很快，邓元起的旧部广汉人罗研千里迢迢来到建康告状，真相大白后，萧衍说："跟我猜的一样！"[1]

萧衍派使者申斥萧渊藻道："邓元起为你报了父仇，你却为仇人报了仇，你的忠孝之道在哪里？"于是贬萧渊藻为冠军将军，赠邓元起征西将军，谥号忠侯。

萧衍急切地给邓元起平反，希望益州方面能顶住，然后又紧急在东面兴兵牵扯北魏注意力，命豫州刺史王超宗率兵围攻小岘拉开了东边会战的序幕。

六月十八，北魏扬州刺史薛真度派统军李叔仁等出击，将王超宗军打得大败。

与此同时西面再次传来坏消息，王景胤、李畋、鲁方达等军被王足一次又一次击败，七月，王足已经兵临涪城。

把祸水引进益州的秦、梁二州刺史鲁方达发现自己赶上"互联网时代"了，变化怎么这么快呢，邓元起因为不支援都被砍了，觉得自己的日子也快到头了。

八月十二，鲁方达率军与王足的统军纪洪雅、卢祖迁再战，鲁方达等十五将全部战死。

---

[1] 《资治通鉴·梁纪二》：上疑焉。元起故吏广汉罗研诣阙讼之，上曰："果如我所量也。"

八月十四，梁军王景胤等将与卢祖迁再战，王景胤等二十四将全部战死。

至此，萧衍发现整个西部已经塌天，但所有责任人都已无法追责。国家闹到这个地步，核心的源头在哪里呢?

邓元起开始耍心眼的那一次"振翅"，最终在四川刮起了大风暴。

蜀地摧枯拉朽的态势已经出现，面对前所未有的好机会，邢峦上表北魏朝廷请求乘胜取蜀，理由有五点:

1.建康与成都相隔万里，如今陆路已断，南梁只能依靠水路，但逆长江而上没有一年是来不了的，益州外无援军。

2.蜀地这些年并不太平，之前经历了刘季连反叛、邓元起平叛后，益州已经是强弩之末了，此时储备空虚，无论官民都失了锐气。

3.益州刺史萧渊藻是个华而不实的小孩子，邓元起手下那些能打的将军都被处理了，现在用的人都是萧渊藻身边的小孩子。

4.蜀地之险在剑阁，而剑阁已经被我们拿下了，剑阁通向涪城那叫个"通天大道宽又阔"，且梁军屡战屡败，已经闻风丧胆。

5.萧渊藻是萧衍的骨肉至亲，这种宗室子弟肯定不会冒险死守，只要攻克涪城，萧渊藻就一定会跑，而且就算他出战，当地的兵跟我们的兵也不是一个级别，我们本着打着玩的态度已经一路推到这里了。

邢峦还说:"我本是文官，现在三军将士们已经用命攻克重重险阻，此时民心归顺，观望涪、益两城，旦夕可得，只因兵少粮缺所以不敢再往前走，但现在要是不趁热打铁后面再想打就难了，况且益州殷富户口十万，比寿阳（即寿春）、义阳的利润高出三倍，快打吧，我要是在这里没事干就请让我回家养老。"①

---

① 《资治通鉴·梁纪二》:臣内省文吏，不习军旅，赖将士竭力，频有薄捷，既克重阻，民心怀服，瞻望涪、益，且夕可图，正（有版本写为"止"）以兵少粮匮，未宜前出，今若不取，后图便难。况益州殷实，户口十万，比寿春、义阳，其利三倍。朝廷若欲进取，时不可失;若欲保境宁民，则臣居此无事，乞归侍养。

元恪给邢峦回复："原地待命，我们研究一下，不要闹情绪。"①

十一月，王足围涪城，此时益州城池十之二三都投降了北魏，百姓自动上报户口达到了五万多户。②涪水以东基本缴枪了。

涪城的位置相当重要，刘备当年就是飞奔拿下涪城后开始蜀汉事业的。

眼看朝廷研究起来没完没了，邢峦再次上表道："当年邓艾、钟会统十八万大军倾尽中原财力才平定蜀地，我的能力比不上古人，现在率两万人打到这里，就是因为占据了险要的地势与百姓们的归心，现在王足已经逼近涪城，假如拿下涪城，那么拿下益州就是早晚的事，此时梓潼已经归附好几万人了，怎么能不派兵来镇守呢！

"如果放弃剑阁天险实在太可惜，我知道征战有风险，自从越过剑阁，我的头发就全都白了，天天紧张，焦虑不安，之所以强撑着就是因为在如此大好时机退下对不起国家，而且现在我心中打算先攻取涪城，然后渐次而进。如果涪城拿下则蜀地会分为两半，水陆交通被切断，他们南梁就完蛋了！

"另外，巴西与南郑相距一千四百里，离州城遥远经常发生动乱，过去南朝占领此地时曾设立过巴州，以镇夷獠，但后来撤了巴州，此地的大族有严、蒲、何、杨等，文章风流之士也为数不少，但因为地处偏远，得不到显贵的仕途，所以常常作乱。这对咱们是利好消息，现在当地的严玄思自称巴州刺史，我攻克州城以来，仍让他任刺史之职，巴西广袤千里，户口四万有余，在这里设州可以安定民心，垫江（今重庆合川南五里）以西不用征伐就被我们拿下了。"

最终元恪没搭理邢峦的上表，有两个原因：

①《资治通鉴·梁纪二》：魏主诏以"平蜀之举，当更听后敕。寇难未夷，何得以养亲为辞"。

②《魏书·世宗纪》：冬十有一月……王足围涪城，益州诸郡戍降者十二三，民送编籍者五万余户。

1. 因为淮南战区已经开战了。

十月初九，萧衍完成了大规模的战争动员，以扬州刺史萧宏为都督北讨诸军事，尚书右仆射柳惔为副，王公以下全部上缴封国税收和田租用于大战，萧宏驻军于洛口。[①]北魏因此不给四川战区投入资源是可以理解的，不过这不是重要因素。

2. 真正的原因，是邢峦在北魏统治阶层中有政敌。

邢峦家是瀛州大族，他因"有文才干略，美须髯，姿貌甚伟。州郡表贡"被孝文帝所赏识。

之后邢峦一路被重用，官拜中书侍郎掌管机要，后迁黄门侍郎、御史中尉、瀛州大中正，拜散骑常侍兼尚书。

邢峦娶过两任正妻，前一任正妻是博陵崔氏之女，后来又娶了宗室任城王拓跋云之女，也就是孝文帝的汉化急先锋元澄的妹妹。邢峦属于孝文帝的嫡系。

换了皇帝后，元恪没有他爹用文明太后男宠李冲的那种胸襟，元澄在元恪刚即位后就被挤出辅政大臣圈子外放了，邢峦这次来汉中其实也是被挤出北魏核心权力圈了。

邢峦的政敌是范阳卢氏的卢昶，两人有宿怨，而卢昶是新帝元恪的心腹。[②]

邢峦在钟离之战前夕死活不同意开战，卢昶紧紧抓住时机与元晖命小弟御史中尉崔亮弹劾功勋卓著的邢峦，许诺崔亮如果把邢峦搞掉就推荐他任侍中。[③]

---

① 《资治通鉴·梁纪二》：冬，十月，丙午，上大举伐魏，以扬州刺史临川王宏都督北讨诸军事，尚书右仆射柳惔为副，王公以下各上国租及田谷以助军。宏军于洛口。

② 《魏书·邢峦传》：初，侍中卢昶与峦不平，昶与元晖俱世宗所宠。

③ 《魏书·邢峦传》：御史中尉崔亮，昶之党也。昶、晖令亮纠峦，事成许言于世宗以亮为侍中。

就算没有萧衍的"围魏救赵",朝中有这么一位政敌在,邢峦也不可能得到支持。他不仅得不到支持,朝中的卢昶等人还极度担心他会真的完成这不世之功。

本来派你去汉中是想让你干脏活累活我们好找理由挑毛病治你的罪,结果你居然开了光似的一路打到了剑阁!

卢昶本想把邢峦打入冷宫,结果邢峦立了大功要配享太庙了。卢昶想:"邢峦哪是在打萧衍,完全是在打我的脸,我能让他好吗?"所以邢峦越是说此乃攻打南梁百年不遇的良机,朝中的反对势力就越给他使绊子!

最早元恪是任命突击队长王足代理益州刺史的,等后来这边形势一片大好之后朝廷就改任梁州军司羊祉为益州刺史了。[①]

毁了一个人的不世之功只要一个调令即可。王足知道后就怒了:"我还玩什么命!"直接带兵回去了,过了段时间还投奔了梁朝。[②]

邢峦攻克巴西郡后让军主李仲迁镇守,没想到李仲迁沉溺酒色、挪用军费、荒废军务,邢峦十分震怒,李仲迁很害怕就密谋反叛,但还没来得及就被城中人斩首,巴西郡又投降了梁朝。

巴西郡人也看出来北魏的心根本不在这里:我们现在反水叫弃暗投明,顶多就是自行车丢了让人骑了一圈,自行车又被找回来了,等将来兵临城下我们就不只是被骑的事了,既然如此我们还是早早寻找出路吧。

"仲迁惧,谋叛",这样将来的功劳在李仲迁。"城人斩其首,以城来降",这样将来的功劳是我们巴西郡的。

---

① 《资治通鉴·梁纪二》:先是,魏主以王足行益州刺史……魏主更以梁州军司泰山羊祉为益州刺史。

② 《资治通鉴·梁纪二》:王足闻之,不悦,辄引兵还,遂不能定蜀。久之,足自魏来奔。

人心与利益的博弈，太可怕了。

当年王濬的楼船之所以能下益州，金陵王气黯然收，核心因素是什么呢？是主战的羊祜和杜预是根子极硬的，是能在晋武帝司马炎身边说得上话的自己人。

当时的吴国弱得跟晋惠帝司马衷的智商一样，但即便如此，从政治层面上西晋还是有相当庞大的一股力量不希望司马炎建立这个不世之功的！

没有羊祜和杜预跟贾充死抗，没有司马炎"掐死"他弟弟司马攸的政治需要，吴国不知道还能坚持多少年呢。

战争是政治的延续。人事即政治。

元恪此时已经二十三岁了，按理讲不小了，但是见识和能力却哪方面都不行。

他只能想得到权力需要给自己的亲戚和心腹，想得到权力的安全性，却并没有能力从国家层面上判断决定未来走向的大政方针，所以他才会被身边别有用心的人打着小算盘忽悠。

他根本不了解上一次北魏大一统是什么样的出兵节奏，也不知道蜀地这个长江上游地理位置的战略意义。

如果他真的有主见和能力的话，在他见到邢峦如此坚定的意愿和上奏时就会知道，统一天下的窗口期到来了，这是他爹做梦都会笑醒的时运，北魏就此永远地错过了。

此时距孝文帝过早离开北魏仅仅六年，这个国家现在是什么样子了呢？举个例子，上面提到的卢昶历任侍中、吏部尚书，在任时结党营私和元晖卖官鬻爵，被人们称为"饥鹰侍中"。①

这位不捡钱就算丢钱的卢昶就是汉人"四姓"中的范阳卢氏家族的人，他是孝文帝所谓的"衣冠所推"，他也是范阳卢氏北祖第三房的

---

① 《魏书·拓跋晖传》：侍中卢昶亦蒙恩昵，故时人号曰"饿虎将军，饥鹰侍中"。

始祖。

卢昶当年出使南朝，正好赶上萧鸾废帝，于是孝文帝南讨萧鸾，任命卢昶兄卢渊为别道将。萧鸾听说北魏要讨伐他，就开始侮辱与恐吓卢昶等这些北朝使者。

卢昶本来就没骨气，听说舆论在炒作他"哥哥为将，弟弟当使者"，吓得天天以泪洗面。[①]

萧鸾给北魏的使者们吃的是喂牲畜的腐米臭鱼草根，使臣张思宁拒绝吃这些带有侮辱性的东西，大义凛然，士可杀不可辱，展现了自己外交官的风范，壮烈赴死！

卢昶则活了下来。怎么活下来的，《魏书》里面没提，估计连史官都不好意思记录。

卢昶回来后被孝文帝骂道："你是外交官，是国家的脸面，士可杀不可辱！你自己没胆量去体面赴死已经很可恨了，怎么还能给敌国当狗当马，丢尽了自己国家的脸？你要是杀身成仁自当千古流芳，结果你给我丢人丢大了。你就算不拿苏武当榜样，但张思宁都给你打样了，你还有脸活着吗？"[②]

卢昶的丢脸不仅仅是作为外交官侮辱了北魏的国格，最关键的是他侮辱了孝文帝倾心打造的"四姓招牌"的优越的政治地位。

我拿国家信誉给你的家族背书，说你的家族是高贵的，我还娶了你侄女，你怎么就这么不争气呢！

卢昶说："我是为了我妈。"狗掀门帘子，全凭那张嘴，实在无话

---

① 《魏书·卢昶传》：昶本非骨鲠，闻南人云兄既作将，弟为使者。乃大恐怖，泪汗交横。

② 《魏书·卢昶传》：昶还，高祖责之曰："衔命之礼，有死无辱，虽流放海隅，犹宜抱节致殒。卿不能长缨羁首，已是可恨，何乃俯眉饮啄，自同犬马。有生必死，修短几何。卿若杀身成名，贻之竹素，何如甘彼刍菽，以辱君父乎？纵不远惭苏武，宁不近愧思宁！"

可说了还能从"孝"上走。

之后卢昶被罢官。

其实从卢昶的角度来讲，这不是气节的问题，而是生意的问题。他绝不会从高尚的角度思考为国死节的张思宁。

你张思宁随便死，你也只能死，因为你是寒门，你只有死了才能给你们家弄张饭票，你在拿命做生意，别跟我扯什么气节。

我卢昶是谁，是"四姓"之一，是高贵姓氏。

我大哥卢渊是李冲的亲家，我大哥手中有兵权，我大哥的八个儿子全都担任了重要岗位，我大哥的三儿子、四儿子分别娶了孝文帝的公主，两个闺女分别嫁给了陇西李氏！

我二哥卢敏的闺女嫁给了皇帝本人！

我四弟卢尚之是皇帝三兄弟元幹的幕僚，三个儿子都在关键岗位任职，两个闺女嫁给了清河崔氏，一个闺女嫁给了宗室元略。

我忍辱偷生是有原因的：我再投胎一千次也投不到这么好的时代，国家层面的大姓扶植，全族子弟的高官通道，全族男女与别的贵族大姓联姻，这种伟大的垄断实在太美妙了，天堂也就是这样了，我是真不能死啊。我只要能从萧鸾那里活下来，只要过了淮河就只有死神才能夺走我的生命！

这位辱国的卢昶等风声过去后走了孝文帝看重的好兄弟元勰的关系，后来过渡了下做了秘书丞，元恪继位后当了中书侍郎，迁给事黄门侍郎、本州大中正。[1]

他随后又作为元恪的宠臣成了帝国核心、卖官鬻爵的"饥鹰侍中"，他和元晖一道让堂堂的吏部成了"大市场"，所谓"天下号曰市曹"。

---

[1] 《魏书·卢昶传》：久之，复除彭城王友，转秘书丞。景明初，除中书侍郎，迁给事黄门侍郎、本州大中正。

上面说了卢氏的阵容，其实崔、李、郑、王家族的很多人此时同样已经进入了北魏的上层。孝文帝姓氏改革有多厉害看出来了吗？他才死了仅仅六年啊！

邢峦在蜀地门户洞开后无功而返，本质上是因为他和已经通婚绑定成一张大网的"五姓集团"不对付。蜀地再好进入，也不能由他完成后续动作。

此时的北魏，和当年的西晋一样。同样的配方，同样的味道。

跟两百年前的两晋一样的还有很多，比如说：风在吼，马在叫，北境在咆哮，北境在咆哮……

三、韦虎啸钟离

505 年十月，萧衍为了减轻益州方面的压力进行了大规模战争动员，以扬州刺史萧宏为都督北讨诸军事，尚书右仆射柳惔为副，王公以下全部上缴封国税收和田租用于大战。

506 年正月，梁冀州刺史桓和击魏南青州，拉开了青徐战场帷幕。

梁江州刺史王茂率兵数万侵入北魏的荆州，诱魏边民及诸蛮另立了宛州，南阳盆地交火。

二月底，梁徐州刺史昌义之同北魏平南将军陈伯之在梁城交战，淮南战场开打。

陈伯之原是梁将，因一系列误会后叛逃，这次出战击败了昌义之。

随后萧宏给陈伯之送了一封信："你当初投奔北魏不过是因为外有流言，心中迷糊，但你叛国后咱们的皇帝对你很厚道，不按国法对你追责。你的祖坟好好的，你的家人好好的，你家的宅子好好的，你的小妾居然也是好好的，惊不惊喜，意不意外？你看看你现在干的这事合适吗？早点儿回头吧，咱们陛下厚道！"①

---

① 《资治通鉴·梁纪二》：临川王宏使记室吴兴丘迟为书遗陈伯之曰："寻君去就之际，非有他故，直以不能内审诸己，外受流言，沈迷猖獗，以至于此。主上屈法申恩，吞舟是漏，将军松柏不翦，亲戚安居，高台未倾，爱妾尚在。而将军鱼游于沸鼎之中，燕巢于飞幕之上，不亦惑乎！想早励良图，自求多福。"

三月二十五，陈伯之从寿阳梁城率八千兵马投降，回归南梁。这下可伤了北魏的面子：降将转了一圈回归故国了。

面对梁军的咄咄逼人，四月十六，北魏做出反应，任命中山王元英为征南将军都督扬、徐二州诸军事，率十多万大军南下拒梁。

荆州方面，北魏派平南将军杨大眼都督诸军迎战王茂，四月二十七，王茂战败折了两千多人，杨大眼追至汉水反攻拿下五城；魏征虏将军宇文福南伐司州，俘千余口而去。

围绕淮水和汉水，梁魏已经全面开火。

五月初二，梁太子右卫率张惠绍等北伐徐州，攻下了宿预；五月初六，北徐州刺史昌义之攻下了梁城。

双方你来我往，出各种连环招，第一次小高潮出现在合肥战区。

梁豫州刺史韦睿奉旨北上，派长史王超等去攻打小岘，打不下来。

韦睿随后亲自视察，发现北魏派数百人列阵于城外，韦睿想战，诸将劝道："咱们是轻装而来搞侦察的，如果要打，得回去全副武装后，才能打。"

韦睿道："你们说得不对，魏军城中有两千多人足以固守，现在无缘无故出城迎战，这些人肯定是他们的兵尖子，咱们打的就是他们的精锐！打趴下这群骄兵，拿下那城就不叫事了！"

众人还是害怕不前，韦睿指着自己的旄节道："朝廷给我这东西不是装饰品，谁想试试我的军法？"

梁军向北魏这几百人发起猛攻，梁军皆殊死作战，北魏军败走，梁军趁势对小岘发起猛攻，次夜拿下，随后进军至合肥。

在这里先说一下韦睿为将的两个特点：

1. 知己知彼，百战不殆。

韦睿无论白天有多忙，晚上都是要对战局进行详细谋划的。[①] 无论

---

① 《梁书·韦睿传》：睿每昼接客旅，夜算军书，三更起张灯达曙。

多危险，他都是要亲自去现场勘查的，这事他从来不假手他人，在小岘也是自己带着队伍去勘查敌情发现了战机。[①]

2. 恩不专用，罚不独行。

韦睿爱护手下的兄弟们，几乎是时时刻刻挂在心头的程度，没有他想不到的地方，以至于名声太大，有大量专门投奔他的兵源。[②]

作为将领，用"恩"不能用成老好人，不能老发好人卡，同时要配套什么呢？令行禁止、狠狠地"罚"。

韦睿军纪极其严明，下了军令全军都跟疯子一样去执行。

举个侧面的例子，就连他营盘中的所有工事标准都有着准绳细则，所谓"所至顿舍修立，馆宇藩篱墙壁，皆应准绳"。

规定这些细则是为了什么？不只是为了军队安全，也是从每件小事设立赏罚标准去约束每个士兵，"我的规矩得守，我的话得听"。

"知己知彼"是没有调查就没有发言权，是具体问题具体分析，核心在"制人而不制于人"。

"恩罚并用"是为了让你敬我愿意为我而死，让你畏我不敢不听我的话，核心在"敬畏"。管理追求的效果永远是敬畏，不是爱，爱这东西太善变。

作为著名硬骨头地区的合肥，梁右军司马胡景略等之前久攻不下，韦睿来到后照例自己先巡视了一遍山川地形，随后萌发了工程思路，夜里率众修堰阻拦肥水把水位攒起来，堰被迅速修成后水路因此连通，水军也都开到了。[③]

北魏在合肥城外修了东、西两座小城互为犄角，韦睿来了就先打

---

① 《资治通鉴·梁纪二》：睿行围栅，魏出数百人陈于门外。

② 《梁书·韦睿传》：抚循其众，常如不及，故投募之士争归之。

③ 《资治通鉴·梁纪二》：先是，右军司马胡景略等攻合肥，久未下，睿按山川，夜，帅众堰肥水，顷之，堰成水通，舟舰继至。

这两座小城，没想到魏将杨灵胤忽然率五万军来驰援，梁军虚了，希望韦睿上奏等援兵。

韦睿笑道："现在求救来不及啦，况且咱们求援人家也求援，兵不在多，给我打！"韦睿率众迎敌打退了杨灵胤。韦睿派军主王怀静在岸边修筑营垒来守护肥水堰，他在继续等待水位的升高。魏军打掉了这个营垒，杀了其中的千余守军，乘胜来到堤下，士气旺盛。

军监潘灵祐劝韦睿退回巢湖，其他将领也劝他退保三叉，反正就是得跑。

韦睿大怒道："大丈夫宁死阵前不死阵后，取我的伞扇麾幢（即主帅标志）立在堤下，我不走，我看谁走！"

魏军来凿堤，体弱不能骑马的韦睿命卫队抬着轿子亲自率军来战，魏军一看对面的士兵都不要命，于是撤退，韦睿又在堤上驻垒护堤。[①]

三国时孙权每次来攻合肥，其实要是玩命打也不是打不下来，就是他比较谨慎惜命，或者说手下没有韦睿这种智商情商都高的将军。

水位攒够了，韦睿随后调来了巨舰，舰高与合肥城相等，从四面逼近合肥城，魏军无计悲哭。韦睿攻城的器具准备好了，堰水又蓄满了，北魏救兵看着水泊却使不上劲。

合肥守将杜元伦登城督战时中弩身亡，五月十二，合肥城破，梁军俘虏及毙敌万余人，收缴了大量牛马及财物，韦睿将这些战利品全部赏给了将士们。

合肥这个三国著名景点，曹魏军获得封赏的福利区，孙权的伤心地，到了韦睿这里，和曹魏时一样攻防自如。

韦睿自信的背后，底色如下：

1.战前谋划与调查做得充足，韦睿要是没有亲自勘察地形，琢磨

---

① 《梁书·韦睿传》：睿素羸，每战未尝骑马，以板舆自载，督厉众军。魏兵来凿堤，睿亲与争之，魏军少却，因筑垒于堤以自固。

不出来这种工程队的打法。

2.主帅战斗意志坚定，韦睿多次撸袖子亲自上。

3.主帅威望卓著，将士甘心用命。

4.有脑子，山川河流皆可助力。

在韦睿拿下合肥的同时，庐江太守裴邃也拿下了北魏的羊石城，三天后又攻克霍丘城。

六月初七，梁将桓和攻下北魏朐山城（今江苏连云港）。

梁军获得了各种胜利，但北魏也不是善茬。

六月十二，北魏安西将军元丽破王法智，斩首六千级。

六月十四，北魏武卫将军奚康生在彭城外击败梁军张惠绍，梁将宋黑战死。

接下来的两个月里双方继续互相攻伐各有胜负，这场战役梁、魏互相加码已经停不下来了。

八月二十六，北魏征定、冀、瀛、相、并、肆六州，十万人投入到了淮南战场。征兵的同时北魏还调回了西边的猛将邢峦。邢峦派统军樊鲁攻桓和、别将元恒攻萧及、统军毕祖朽攻角念，均获大胜。

九月十一，邢峦在宿预攻克梁军，阵斩梁将蓝怀恭，斩杀俘获万数，梁军全面退回淮河之南。

邢峦扭转了北魏在徐州战区的局势，在整个东方战区，仅粮食就缴获了四十余万石。

北魏在加大筹码，南梁萧衍也倾尽全国之力。梁临川王萧宏以皇弟身份督众军出发，军械精良，铁甲曜日，军容甚胜，据说是北人百年没见过的武装。

梁军行至洛口（今安徽淮南洛河镇），前军攻克梁城（今安徽淮南田家庵区），距离寿阳仅四十多里。诸将欲乘胜深入攻打寿阳，但萧宏性子懦怯，一步也不想走了。

北魏也往寿阳战区加码，又急调邢峦引兵从淮河下游赶来与元英合攻梁城，萧宏听说后非常害怕，紧急召开大会讨论班师问题。

吕僧珍说："知难而退，这不是挺好的吗？"

萧宏说："我也这么觉得。"

柳惔则怒道："我军所到之处何城不服？我就不明白了，'知难而退'的这个'难'是什么！"

裴邃道："咱们这么大的阵仗出来就是与敌人作战的，避什么避，打的就是敌人的精锐！"

马仙琕道："王爷你怎么能说这种亡国之语呢？天子把这么重要的任务给了你，咱们只有向前一尺而战死，绝不能后退一寸而求生！"

昌义之更是须发尽张，怒道："吕僧珍可斩，岂有百万之师出未逢敌便望风而退的，还有什么脸回去面圣！"

朱僧勇和胡辛生拔剑而退道："想走的随便，我们向前取死！"

参谋大会开不下去了，吕僧珍出去赶紧给诸将解释："萧宏这孩子已经吓坏了，我这是为了提前挽回损失才支持退军。"[1]

吕僧珍在萧衍代齐时就是萧衍他爹萧顺之的家将了，所以时时刻刻拍着萧家子弟的马屁。

柳惔、裴邃、昌义之都是雍州集团的成员，不久前才跟着萧衍打下的天下。

马仙琕原是南齐的死忠将军，但后来被萧衍感化收服，他还对他弟弟说："咱们兄弟以后要把命送给萧衍！"

一群开国虎将怒了。

这次参谋会的影响极坏，很快北魏就给萧宏送来了红头绳并编了

---

[1]《资治通鉴·梁纪二》：议者罢出，僧珍谢诸将曰："殿下昨来风动，意不在军，深恐大致沮丧，故欲全师而返耳。"

民谣："不怕萧姑娘和吕老太，我们只担心合肥的那只韦老虎。"①

吕僧珍想派裴邃率一部分兵力攻打寿阳，让大部队停在洛口，但萧宏固执不听并下令："凡是敢有往前走的斩首。"全军极度震怒！②

北魏奚康生派杨大眼飞马驰报元英道："梁军自攻克梁城后久不进军，这就是害怕我们啊，您要是往前拱一步进据洛水梁军必定不战自败。"

元英道："萧宏虽然是个呆子，但他手下依旧有韦睿和裴邃这种将才，不可轻敌，再看看，先不要交锋。"

元英这一等，等出了梁军史诗级的不战自溃。

萧宏"致敬"了到彦之和王玄谟这两位耻辱柱级别的老前辈。

九月二十七，夜，洛口下了场暴雨，导致梁军崩溃，萧宏第一时间带着几个人飞马南逃。梁军一看主帅都找不到了也都跟着跑了。那些"北人从没见过的军械之盛"都给北魏留下了，梁军自我踩踏，死了近五万人。③光军粮就给北魏留下了三十万石。④

昌义之此时驻军在梁城，听说洛口因一场大雨而失守，于是与张惠绍领兵撤退了。⑤

西面围攻义阳的梁军听说洛口大崩溃后也全军夜遁，被北魏郢州刺史娄悦追击暴打。

---

① 《资治通鉴·梁纪二》：宏不敢遽违群议，停军不前。魏人知其不武，遗以巾帼，且歌之曰："不畏萧娘与吕姥，但畏合肥有韦虎。"

② 《资治通鉴·梁纪二》：欲遣裴邃分军取寿阳，大众停洛口，宏固执不听，令军中曰："人马有前行者斩！"于是将士人怀愤怒。

③ 《资治通鉴·梁纪二》：己丑，夜，洛口暴风雨，军中惊，临川王宏与数骑逃去。将士求宏不得，皆散归，弃甲投戈，填满水陆，捐弃病者及羸老，死者近五万人。

④ 《魏书·中山王英传》：衍中军大将军、临川王萧宏，尚书右仆射柳惔等大将五人沿淮南走，凡收米三十万石。

⑤ 《资治通鉴·梁纪二》：时昌义之军梁城，闻洛口败，与张惠绍皆引兵退。

至此，梁军在淮南战场一败涂地。

萧宏的这次胆怯逃溃让北魏看到了去江南推行"三长制"的希望，元恪诏令元英乘胜荡平东南！

诏书原文如下："知大摧鲸寇，威振南海，江浦无尘，三楚卷壒，声被荒隅，同轨斯始。公私庆慰，良副朕怀。便当乘威藉响，长驱吴会，翦拉遗烬，截彼东南也！""宜将剩勇追穷寇"的口气已经出现。

元英率北魏军追至马头（今安徽蚌埠禹会区），攻下后开始大张旗鼓地把粮食、军资等运回北方。

南梁的判断是北魏打算休战了。萧衍认为："不对，这是他们大举进攻的信号，想糊弄我们呢！"随即下令修整离北魏大军最近的下一个要塞钟离城，并命昌义之做好守卫钟离的战备。①

那一年，萧衍四十三岁。已进入不惑之年的他是真的不迷惑，脑子是真清楚。

十月，元英进围钟离，元恪诏令邢峦率军与元英会合。

邢峦上表道："梁军虽然野战不行，但守城却是专业的，如今我们全力攻打钟离，攻下来没多少好处，而万一打不下来，损失却是极其巨大的。况且钟离城在淮河之南，我们没有制水权，就算这城归降了，我都担心粮道有问题，将来无法驻守，白给都得琢磨，更别提要下巨大成本去打了！更重要的是咱们的军队已经从夏到秋连续两季作战了，兵力已疲，所以我建议咱们应该修复堡垒安抚各州，等南梁出现漏洞再动手。"

邢峦又表态了，不能打！他这么一说，朝廷里有人就不高兴了，很快传来诏令："济淮掎角，事如前敕，何容犹尔盘桓，方有此请！可速进军！"

---

① 《资治通鉴·梁纪二》：上曰："不然，此必欲进兵，为诈计耳。"乃命修钟离城，敕昌义之为战守之备。

让你怎么打就怎么打，赶紧进军！眼下梁军被打得屁滚尿流，全军跟纸糊的一样，马上就是冬天了，梁军还把粮食都给你留下了，天时地利、敌方懦弱，这就是千载难逢的好机会啊。

你要是说主动担任先锋还真就不行，但现在你说不能打简直太好了，打赢了也跟你没有关系！

邢峦又上表道："现在中山王进军钟离我是真搞不清楚，如果真的想打一次大牌，那就全军奔袭广陵，出其不意，说不定还能打下来，但如果打算用八十天打下钟离，这种作战计划我活那么大岁数真是闻所未闻！梁军如果坚守不战，钟离城的护城河水很深又无法填塞，那么我们只是围城至春就会不战自败。就算派我去打又去哪里弄粮食呢？我们这次是夏天出兵没准备冬装，要是遇上大降温咱们该怎么办？我宁可担上怯懦不战之名，也不愿意后面领不战而败之罪！钟离城乃天险，满朝大臣皆知，如果梁军内部有我们的内应还好说，如果没有内应根本不可能攻克！如果您信我，就批准我就此打住；如果您认为我害怕了，请把我的队伍交给中山王。我征战多年，自有判断，既然已经有了这个定论，咱们就别强扭这瓜了！"

朝廷于是诏令邢峦回朝，另命镇东将军萧宝夤与元英共围钟离。

就是在邢峦拒战后，卢昶呼朋引党对邢峦展开了打击，他的小弟——清河崔氏的崔亮跳出来弹劾邢峦在汉中抓良家妇女做女奴。

邢峦比较绝，他把从汉中得到的二十多个大美女都送给了卢昶的党羽元晖，元晖很高兴，于是背叛了卢昶，为邢峦说好话，跟皇帝说："邢峦有大功啊，不能因为这点儿鸡毛蒜皮的事情就判他的刑！"[1]

这个时候高肇也看出来卢昶的朋友圈有人被糖衣炮弹打倒了，于

---

[1] 《魏书·邢峦传》：亮于是奏劾峦在汉中掠良人为奴婢。峦惧为昶等所陷，乃以汉中所得巴西太守庞景民女化生等二十余口与晖。化生等数人，奇色也，晖大悦，乃背昶为峦言于世宗云："峦新有大功，已经赦宥，不宜方为此狱也。"

是也开始保护被那个圈子排挤的邢峦。[①]高肇要是真的如史书中说的那样一人之下万人之上，邢峦就应该直接走他的门路了。

邢峦说得没错，打钟离没有任何战略意义。淮河能通长江的河道关键位置就两个，一个寿阳、一个淮阴，这两个都是能将粮道伸入长江的，所以很关键。

你打下了钟离前面还有盱眙，还有淮阴，你能一个个打过去吗？你就算拿下了钟离也根本没有意义，因为粮道伸不到长江。

最终，北魏还是在钟离下了重注。元英督杨大眼等数十万人马攻打钟离。

钟离城北有淮水为阻，魏军在邵阳洲（今安徽滁州凤阳县东北淮河中，具体位置不可考）两岸架桥，立栅栏数百步长跨淮河连通了南北道路，元英据南岸攻城，杨大眼据北岸修城以保粮道。（见图10-2）

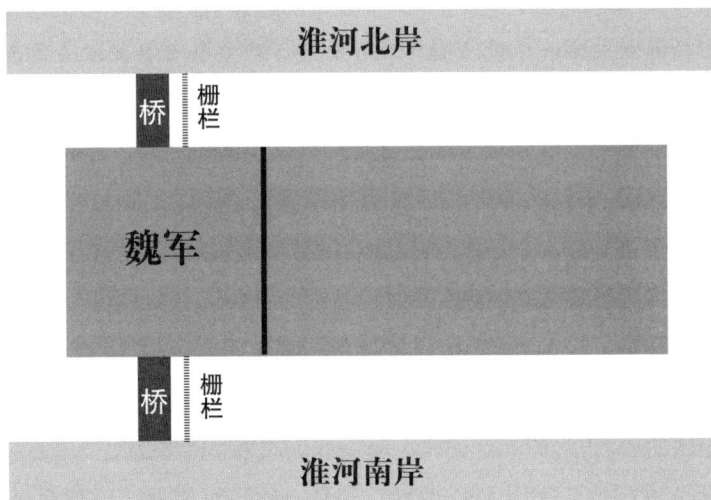

图 10-2　魏军邵阳洲布防图

---

① 《魏书·邢峦传》：高肇以峦有克敌之效，而为昶等所排，助峦申释，故得不坐。

十一月初四，萧衍大赦天下，收拢了全部家底，诏令右卫将军曹景宗督率各军共二十万援救钟离。生死存亡之际，萧衍顾不上制衡了，命雍州集团自由行事。

萧衍命曹景宗停在道人洲（今安徽滁州凤阳县东北淮河中，西对邵阳洲），待各路军马集结后再前进。曹景宗坚决请求先据邵阳洲，跟魏军同洲对峙，萧衍不同意。

曹景宗想抢军功，于是违反诏令独进，恰逢暴风骤起，梁军多人被刮入水中，曹景宗无奈，只好返回道人洲驻扎。[①]

萧衍听说后叹道："天意啊！如果这小子孤军独往，防御工事根本没能力修起来，野战咱们是打不过人家的，现在天降暴风，一定能破贼！"

梁军集结各路人马的同时，钟离血战已经白热化。

钟离城有三千人，昌义之督率将士们见招拆招，魏军用车载土填满了护城河然后用冲车撞城墙，冲车所撞，城土纷纷落下，昌义之率军变身瓦匠用泥修城；魏军昼夜倒班猛攻钟离，双方每天交战数十次，昌义之率军前后杀伤魏军以万计，魏军尸首堆积得如城墙一样高。

自冬至春，打到507年二月，元恪诏令元英返回。

元英上表道："我是坚决想打的，但这个月以来一直在下雨，等三月放晴一定可以攻克钟离城！"

元恪回诏："钟离这个地方太热，不宜长留，我相信咱们已经势在必得，但我考虑得更全面，征战将近一年了，兵力已经是强弩之末，这是我担忧的。"跟之前邢峦说得一模一样。

元英再次上表表示必克钟离！元恪心软了，他没有下死命令让元英撤军。

---

① 《资治通鉴·梁纪二》：景宗欲专其功，违诏而进，值暴风猝起，颇有溺者，复还守先顿。

战役至此，萧衍翻开了最后一张底牌，命合肥的豫州刺史韦睿率兵救援钟离，受曹景宗节度。

韦睿从合肥抄近路走小道，由阴陵大泽而行，遇上涧谷就架起飞桥让部队过去。

经历了洛口大败，梁军提起魏军就害怕，众将士劝韦睿缓行。韦睿道："钟离城已经是强弩之末了，全力飞奔还怕赶不及，怎么能慢慢走呢？北魏已经在我的计划中了，都别担忧！"韦睿只用了十天时间就来到邵阳洲与大部队会合。

萧衍已经专门给曹景宗打了招呼："韦睿是你们雍州乡望，你得敬重待之！"萧衍还是没忘了制衡，用雍州的小辈去都督雍州的长辈，防止韦睿成为下一个刘裕。

曹景宗见了韦睿后礼节恭谨，韦睿也给曹景宗送上了大礼，趁夜向前推进了二十里挖掘长堑，树鹿角，截洲为城，离魏营仅百余步，全军在"包工头"冯道根的指挥下一夜之间就筑起一座营垒。[①]（见图10-3）

韦睿这是要做什么呢？

因为梁军在洛口大败，魏军对梁军有着巨大的心理优势，所以他要打击魏军的士气，"我得让你们知道我韦老虎到位了，我得把你们吓得打哆嗦"！

元英起床后大惊，以杖击地道："这是来的哪路神仙？"此时梁军也推进而来，大白天铁甲曜日，军容整齐，魏军士气开始滑坡。

曹景宗招募"潜水运动员"将援军赶来的消息传到钟离，城中众

---

① 《资治通鉴·梁纪二》：景宗与睿进顿邵阳洲，睿于景宗营前二十里夜掘长堑，树鹿角，截洲为城，去魏城百余步。南梁太守冯道根，能走马步地，计马足以赋功，比晓而营立。

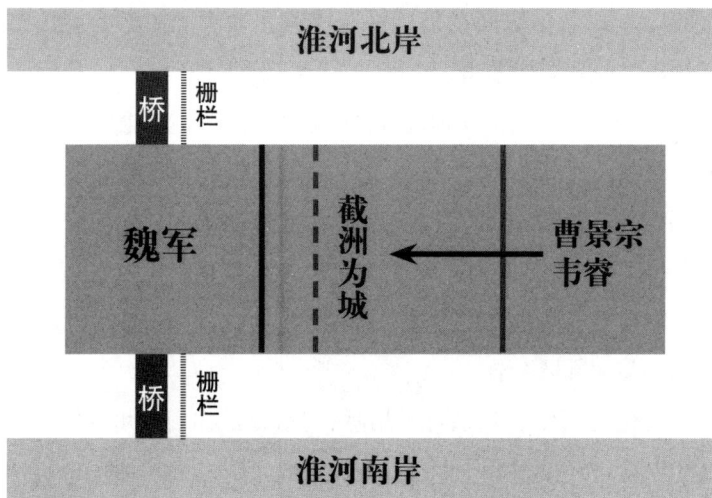

图 10-3　北魏南梁邵阳洲对峙图

将士瞬间回血。①

梁军炫耀兵力，魏军也派出杨大眼找回颜面。

杨大眼为原仇池王杨难当之孙，少有胆气，跳走如飞，曾跟随孝文帝征宛、叶、穰、邓、九江、钟离之间，所经战阵莫不勇冠三军。北魏方面也明白，绝对不能让梁军士气起来！

杨大眼率一万多披甲骑兵前来冲阵，韦睿组成车阵，在后面摆了两千弩兵，在杨大眼冲锋时千弩齐发，破甲杀伤甚众，杨大眼右臂中弩退走。②

韦睿为什么在距离魏军百步的地方立营，就是防着魏军的这一手，短短的距离让对方的骑兵冲不起速度来。

---

① 《资治通鉴·梁纪二》：景宗虑城中危惧，募军士言文达等潜行水底，赍敕入城，城中始知有外援，勇气百倍。

② 《资治通鉴·梁纪二》：睿结车为陈，大眼聚骑围之，睿以强弩二千一时俱发，洞甲穿中，杀伤甚众。矢贯大眼右臂，大眼退走。

次日清晨，元英亲自率众来交战，韦睿也坐着小车带队伍上，双方交战多次，未分胜负，夜里魏军又来攻垒，箭如雨下，韦睿披坚执锐，亲自压阵，镇住了已被惊魂的梁军。[①]

韦老虎以一己之力扭转了战场上的士气对比，梁军摆脱了洛口大败的阴霾。

这个时候萧衍传来最高指示："把咱们的大型战舰调过来，火攻北魏的桥，韦睿攻南桥，曹景宗攻北桥！"[②]

别以为萧衍这千里之外的指示有多高明，"魏人先于邵阳洲两岸为两桥，树栅数百步，跨淮通道"，魏军在桥前立了栅栏，防着梁军的这一手呢！而且梁军是逆水而行，魏军是在上游。

首先，你的火船怎么开过去？就算你用人力弄过去，但到了栅栏那里就被拦住了。

你说你一边让人撑着船，一边让人实施火攻或者砍了栅栏，那么这个时候魏军会在桥上、洲上、淮河两岸等地方万弩齐发。萧衍的想法是好的，落实起来还得靠韦老虎们。

三月，春姑娘彻底来了，淮水暴涨六七尺，韦睿派出了所有战将乘坐大型战舰抢攻魏军在邵阳洲的阵营，团灭了洲上魏军。[③]

控制了邵阳洲，掌握了弓箭制空权后，梁军才用小船装上草，再

---

① 《梁书·韦睿传》：明旦，英自率众来战，睿乘素木舆，执白角如意麾军，一日数合，英甚惮其强。魏军又夜来攻城，飞矢雨集，睿子黯请下城以避箭，睿不许。军中惊，睿于城上厉声呵之，乃定。

② 《资治通鉴·梁纪二》：上命景宗等豫装高舰，使与魏桥等，为火攻之计，令景宗与睿各攻一桥，睿攻其南，景宗攻其北。

③ 《梁书·曹景宗传》：春水生，淮水暴长六七尺。睿遣所督将冯道根、李文钊、裴邃、韦寂等乘舰登岸，击魏洲上军尽殪。景宗因使众军皆鼓噪乱登诸城，呼声震天地。《梁书·韦睿传》：睿装大舰，使梁郡太守冯道根、庐江太守裴邃、秦郡太守李文钊等为水军。值淮水暴长，睿即遣之，斗舰竞发，皆临敌垒。

把油淋到草上去烧桥，风怒火盛，烟尘遮天，梁军同时又派出了敢死队坐船去毁栅砍桥加速毁桥，冯道根等诸将纷纷亲自上阵搏杀，将士们奋勇争先，呼声震天动地，个个以一当百，魏军大溃。[①]

元英被拦在了南岸，看到桥断后，迅速向西逃往寿阳，杨大眼也放火烧了营盘而走。

北魏诸垒土崩瓦解，被截在南岸的魏军丢盔弃甲投水而逃打算游过淮河，淹死的及被杀的有二十余万人，"诸垒相次土崩，悉弃其器甲，争投水死，淮水为之不流"。

曹景宗派大军猛追元英和杨大眼，四十余里中伏尸相枕，昌义之也出城追击西去的元英，元英最终单人匹马逃入梁城。

此战沿淮河百余里死尸遍地，梁军生擒五万余人，收北魏军粮器械堆积如山，牛马驴骡，不可胜数。

千军易得，一将难求。萧衍手下的神将大家只知道一个白袍将军陈庆之，其实最牛的是这位韦老虎。

白袍将军的奇迹其实有很多时运因素的加持，韦老虎却是硬生生地将梁军从劣势中扳回来，拿下了这场南北朝的"赤壁之战"。

---

① 《梁书·韦睿传》：以小船载草，灌之以膏，从而焚其桥。风怒火盛，烟尘晦冥，敢死之士，拔栅斫桥，水又漂疾，倏忽之间，桥栅尽坏。而道根等皆身自搏战，军人奋勇，呼声动天地，无不一当百，魏人大溃。

四、繁华声遁入空门折煞了世人

507 年的钟离一把火后，南北战事依旧不断，双方互有胜负，总体而言陷入了拉锯战中。

508 年十月，北魏悬瓠军主白皁生等杀豫州刺史司马悦举州降梁，萧衍派马仙琕等出兵一度收复义阳，但北魏随后南下击溃梁军收复了全部失地。

511 年三月，时隔两年多，梁也出了叛徒，朐山城发生内乱，降于北魏，当年十二月，马仙琕督诸军又大胜拿回了朐山。

514 年，萧衍为了夺回寿阳，居然不顾本国工程师的反对，采用了降将王足的建议，命康绚动用军民二十万，施工两年，用了无数铁器垫底，巨石大木截流，泥土填筑，终于建成了坝高二十丈（约五十米）、顶宽四十五丈（约一百一十米）、底宽一百四十丈（约三百五十米）、长九里的浮山堰。

这个浮山堰距离寿阳四百里，战术目的据说是为了截住淮河之水，把上游的寿阳憋死。

具体过程不讲了，萧衍你对大自然有敬畏之心吗？而且浮山堰本就是头顶悬雷，后面还出了人事问题，修堰的总工程师被调走了。

516 年八月，淮河暴涨，浮山堰崩溃，史书记载死了好几万人，整个下游几十万人陷入泽国。①

前前后后的成本，真不如去让南梁胆小的萧宏带兄弟们去一趟寿阳。

总体而言，当年钟离之战如果没输，魏军征战一年也已经到了强弩之末，而且全程没有看到魏军动用水军，最好的结局也就是巡江而还，打不过长江的。

钟离之战即便大胜，南梁其实也是强弩之末，前面邢峦在东线大胜毙敌数万缴获了军粮四十万石，萧宏在洛口大败丢盔弃甲无数，萧衍战后也并没有展现出气吞万里的气概，而且南朝的基因也不允许向外出击，虎将们快回来吧，你们越猛我越害怕。

再看看那浮山堰，为了淹一座城，在四百里外建个大坝，最后还淹了自己几十万百姓，萧衍的经也不知道是怎么念的。

南梁在开国虎将们渐渐凋零后，逐渐被萧衍带向了魔幻的新征程。

萧衍这辈子的剧本你不服不行，全程高能。再过几十年，北面会来个宇宙大将军（别笑，真的是官名），到时候我们再讲萧衍的后半生。

北魏在钟离死了二十多万人，损失惨重，但这对于"三长制"已经神功大成的北魏来讲并不算什么。

北对南从账本上来讲其实已经是绝对的碾压之势了，用句长平之战时秦对赵的台词：一方面是有座大金山的大胖子，他输一百把也没关系，他每输一把就说"别走，咱接着来"，而且赌注越押越大，你越往后赢就越没底，对方的实力深不见底，你永远也探不到他的下限在哪

---

① 《南史·康绚传》：至其秋，淮水暴长，堰坏，奔流于海，杀数万人。其声若雷，闻三百里。水中怪物，随流而下，或人头鱼身，或龙形马首，殊类诡状，不可胜名。《资治通鉴·梁纪四》：九月，丁丑，淮水暴涨，堰坏，其声如雷，闻三百里，缘淮城戍村落十余万口皆漂入海。

里，他只要赢回来一把你就完了。

但很遗憾，最终北魏并没有展现出自己账本上的实力，或者说要庆幸北魏并没有奋起余勇一巴掌拍死南梁，因为那样很可能又是一个百年起步的大乱循环。

此时的北魏和两百年前的西晋是那样地相似。烈火烹油的洛阳城中，繁华声遁入空门折煞了世人……

510年三月十四，北魏产房传出喜讯，皇子元诩出生了。

元恪创下了北魏的纪录，二十八岁高龄才有了一个健康的皇子（嫡长子元昌三岁就夭折了），他的太上皇爷爷在他这岁数时都死五年了。

也不是元恪身体不行，是此时"子立母死"的制度已经可怕到了没人敢生。元诩之所以能诞生是因为其生母胡氏不怕死，敢担当。

当初胡氏被选入后宫时，其他嫔妃都替她祈祷："愿你生王爷，生公主，千万别生太子。"胡氏则表态："我志向远大，我就要为北魏生接班人！"

等她怀孕后大伙劝她把胎打了，她继续表示："我生的如果是太子，死了也愿意。"

她可能不知道，自己现在生这孩子有多毅然，将来弄死这孩子就会有多坚决，而且这个胡家丫头打的算盘是否真的如她喊的口号那么响亮其实还有待商榷。

当然，百年的"子立母死"制度在，这肯定是个巨大的风险，但风险在胡氏这个特殊的姑娘这里，却可以被降解。

胡氏是怎么入宫的呢？

她姑姑是特别能讲道的尼姑，在元恪时代入宫讲经，后来暗示左右说她侄女容貌德行都了不得，元恪就把这位胡姑娘娶回来了。[1]

---

[1] 《魏书·宣武灵皇后胡氏传》：后姑为尼，颇能讲道，世宗初，入讲禁中。积数岁，讽左右称后姿行，世宗闻之，乃召入掖庭为承华世妇。

胡氏能够入宫，源于她姑姑的推销能力，更源于元恪对佛法的痴迷。元恪的佛学功底到了什么地步呢？他能够开坛为众僧和百官讲解《维摩诘经》。[①]

胡氏之所以敢冒巨大风险生皇子有三个因素：

1. 元恪信仰佛法，慈悲为怀。

2. 自己的姑姑能影响元恪的决策，毕竟自己的地位都是姑姑给跑下来的。

3. 元恪此时极度珍惜皇子，她大概率会母以子贵。

元恪已经死了好多皇子了，这次元诩出生后选了最好的奶妈做乳母，皇后和生母胡氏都不得接近。[②]

元恪就是担心这小皇子再被这种制度害死，于是对所有利益相关方都充满了戒备，他已经意识到自己无子的原因了。

史载胡氏聪明，悟性高，好读书写作，后来临朝时一切政务文件都能自己批阅。胡氏上位后挤走了嚣张的于忠，很有手腕。

这是个傻丫头吗？风险貌似不可承受，但她毅然决然的背后，其实是提前翻到了底牌。

512年十月十八，元恪立皇子元诩为太子，并开了不杀其母的先例。[③]

一百多年了，元诩的生母胡氏在北魏的王朝末年终于从"子立母死"的制度中逃出生天了。相当幽默的是，唯独这位胡氏，成了拓跋珪当初最担心的那种覆国级的太后。

北魏的历史，从生到死都充满了宿命的"美感"。

在将宗室们装进笼子后，有了安全感的元恪开始放飞自己的爱好，

---

① 《资治通鉴·梁纪三》：魏主于式乾殿为诸僧及朝臣讲《维摩诘经》。

② 《资治通鉴·梁纪三》：先是，魏主频丧皇子，年渐长，深加慎护，择良家宜子者以为乳保，养于别宫，皇后、充华皆不得近。

③ 《资治通鉴·梁纪三》：冬，十月，乙亥，魏立皇子诩为太子，始不杀其母。

只看佛经不读五经，对佛经痴迷的程度让汉人士大夫很紧张，担心他哪天又搞个佛化改革。尤其南边的萧衍已经有这个趋势了。

中书侍郎裴延上疏道："光武帝、魏武帝，这都是戎马征战但仍然天天读经籍的榜样，先帝迁都行军仍然手不释卷，正是因为汉家的学问多有益处，需要学而时习之，您讲佛法让我们的境界都提升了，但儒家经典是治世的楷模，是跟俗人们沟通的必读书，所以我们希望您还是佛经与儒书都读，孔学与释教兼存，教义和世务都能通畅。"

说这些话有用吗？你有没有牢记问题导向、目标导向、结果导向？你说的话都不好使，我是靠读经书当上太子的吗？我这是天上掉下来的福报，靠的是冥冥中的神秘力量。

元恪作为皇帝，带头崇佛使洛阳成为僧人汇聚地，在洛阳，除了中国的和尚外，西域的外来和尚就有三千多名，元恪专门建了一座永明寺来安置他们。整个北魏上行下效，开始大规模地崇佛，到了元恪在位末期的延昌时代，北魏各州郡的寺庙达到了一万三千多座。[①]

看看这扩张的速度。无论怎样好的东西，只要野蛮生长，都是会出现大量问题的。

佛法的核心要义，是要无我利他，顺遂众生。这需要极高的个人修为。高僧大德是没办法大规模量产的。

评判一种宗教的"正"与"邪"，一般有两个标准。（这里讨论的是"宗教"，不是"主义""思想"。）

1."正教"大多是教导你关注自己内心的善恶，"邪教"大多是教导你关注如何改变别人的善恶。

---

① 《资治通鉴·梁纪三》：时佛教盛于洛阳，沙门之外，自西域来者三千余人，魏主别为之立永明寺千余间以处之。处士南阳冯亮有巧思，魏主使与河南尹甄琛、沙门统僧暹嵩山形胜之地立闲居寺，极岩壑土木之美。由是远近承风，无不事佛，比及延昌，州郡共有一万三千余寺。

2．"正教"大多是教导你改变你自己，"邪教"大多是教导你改变这个世界。

不管宗教教义多天花乱坠，用这两个标准去对照，大多能认识到宗教的本质。

宗教及信教人士天然带有三个特殊属性：

1．运营成本极低。

2．人力与融资来源极强。

3．行动力和执行力超级高。

好的"宗教"可以让人勇猛精进，成为一个好人、一个榜样，然后引导别人向他学习；而别有用心的"宗教"则可以利用成本与行动力的优势鼓动教徒去强行改变社会的现有规则，以达到不可告人或"义正词严"的个人目的。前者降低社会成本；后者增大社会成本。

如果宗教组织煽动社会的不满情绪，那么就是启动了恐怖的齿轮，整个宗教组织会自我启动狂热齿轮，然后越转越快，越转越偏激。以至于很多人都会忘记自己的初衷，很多人都不知自己做了些多么可怕的事情，最后沦为上层教会的牺牲品。

515 年六月，冀州闹起了大规模的宗教运动，僧人法庆与渤海李归伯作乱，法庆被推举为首领，以尼姑惠晖为妻，封李归伯为十住菩萨、平魔军司、定汉王，自号"大乘"。[1]

法庆还是个"化学高手"，自己配了狂药，据说人吃了以后疯得连亲爹亲娘都不认识，只知道杀人。

刺史萧宝夤平叛不利，"大乘军"气势起来了，所到之处毁寺庙、杀僧尼、烧经像，疯起来连自己人都砍，给出的理论依据是"新佛出世，除去众魔"。

---

① 《资治通鉴·梁纪四》：魏冀州沙门法庆以妖幻惑众，与勃海人李归伯作乱，推法庆为主。法庆以尼惠晖为妻，以归伯为十住菩萨、平魔军司、定汉王，自号大乘。

虽然后面这个宗教运动被平息了，但元恪的娘子并没有琢磨明白宗教不能迅速复制推广的道理，因为这位姐姐更是相信"大福大报"的人。

514年十一月，北魏大举征蜀，以高肇为大将军都督诸军。

六年前，元恪立了高肇侄女为皇后，高肇的权势更大了，随后就有点儿失去理智了，所谓"肇多变更先朝旧制，减削封秩，抑黜勋人，由是怨声盈路"。

先别提什么"抑黜勋人"，什么"怨声盈路"，单看"多变更先朝旧制"这七个字，就知道高肇离死不远了。垄断集团已经形成，作为外戚，高肇不赶紧把热脸贴过来，居然还敢反击。

高肇出征仅仅一个多月，515年正月初六，元恪突然不行了，四天后，三十三岁的元恪病死了。这个岁数和发病的时间都挺蹊跷的。

如果元恪有宿疾的话，绝对不会批准大举伐蜀的军事行动。是否被暗算证据不足，不过针对外戚高氏，手术刀般精准的打击在门阀姻亲圈子内部实施了。

侍中、中书监、太子少傅崔光，侍中、领军将军于忠，詹事王显，中庶子侯刚等在元恪死后的第一时间就从东宫迎接太子元诩来到显阳殿。

王显想等天亮后再为太子举行即位仪式，崔光说："皇位不可以片刻无主，等什么天亮！"[1]崔光纯属胡说八道，没听过谁家皇帝是大半夜偷鸡摸狗般登基的。

王显说："这事需要奏请中宫皇后。"王显是元恪的御医，他力挺的皇后是高肇的侄女。

---

[1] 《资治通鉴·梁纪四》：王显欲须明行即位礼，崔光曰："天位不可暂旷，何待至明！"

崔光道："皇上驾崩由太子即位，这是国家的根基，何须中宫旨令！"①门阀圈子完全不承认高家这个不懂规矩的暴发户。

崔光等为了避免高后控制小皇帝临朝称制的"故例"，赶紧让太子闭嘴停止哭泣，站在东面；于忠和黄门侍郎元昭搀扶太子面西哭了十多声后打住。崔光代理太尉职务，奉策书献印玺和绶带，太子跪授后穿礼服走上太极殿即皇帝位，崔光等人和夜间当班的官员站在庭中向北叩头高呼万岁。②

大半夜里门阀核心圈的一通操作，再结合高肇一个多月前被调走，元恪之死很难不让人怀疑。

高皇后发现木已成舟，想杀了小皇帝的生母胡氏，中给事刘腾代表胡氏紧急向核心集团求助，侯刚找到了于忠，于忠跟崔光合计后将胡贵嫔搬到别的住所并严加守卫，由此和胡氏绑定了下一届的统治核心。③

上一届统治核心重要成员元澄被召了回来当尚书令总管百官，孝文帝此时仅存的兄弟元雍住进西柏堂处理各种政务。

王显想要谋乱，和中常侍孙伏连等密谋停止门下省的奏议，伪造皇后令任高肇录尚书事，任王显和公高猛等人共同作为侍中，但被手中握有禁军的于忠听说后干掉了。④

----

① 《资治通鉴·梁纪四》：光曰："帝崩，太子立，国之常典，何须中宫令也！"

② 《资治通鉴·梁纪四》：于是，光等请太子止哭，立于东序；于忠与黄门郎元昭扶太子西面哭十余声止。光摄太尉，奉策进玺绶，太子跪受，服衮冕之服，御太极殿，即皇帝位。光等与夜直群官立庭中，北面稽首称万岁。

③ 《资治通鉴·梁纪四》：高后欲杀胡贵嫔，中给事谯郡刘腾以告侯刚，刚以告于忠。忠问计于崔光，光使置贵嫔于别所，严加守卫，由是贵嫔深德四人。

④ 《资治通鉴·梁纪四》：王显素有宠于世宗，恃势使威，为众所疾，恐不为澄等所容，与中常侍孙伏连等密谋寝门下之奏，矫皇后令，以高肇录尚书事，以显与勃海公高猛同为侍中。于忠等闻之，托以侍疗无效，执显于禁中，下诏削爵任。显临执呼冤，直以刀镮撞其掖下，送右卫府，一宿而死。

515 年正月十六，小皇帝直接下诏批准了门下省所奏，百官总听于两位王爷。

二月初七，封高皇后为皇太后。之所以这么安排，是因为高肇手里还有伐蜀的兵。

高肇在听到元恪的死讯后联想到了自己的未来，哭得很伤心，回洛阳后一路哭到了太极殿，家人都不见。高肇以为自己哭丧的态度能挽回些什么，但政治暴发户就是暴发户，好多规则都不懂。这事从来都是鱼死网破。

元雍和于忠密议后等高肇哭完就派了十几个人弄死了他，随后公布其罪，声称高肇自杀，余党与亲属不究。

二月初十，北魏以高阳王元雍为太傅、领太尉，清河王元怿为司徒，广平王元怀为司空。

二月二十六，尊胡贵嫔为皇太妃。

三月初一，高太后被安排当了尼姑。

于忠"既居门下，又总宿卫，遂专朝政，权倾一时"，成为禁宫中的一把手。

于忠上位的第一件事，就是把孝文帝时代给百官降的俸禄调回来了，并且免了百姓的部分赋税。[1]

三月二十二，又给全体文武百官晋升一级。

太子的老师尚书左仆射郭祚和裴植都厌恶于忠专权，暗中劝元雍把于忠挤走，但被手眼通天的于忠得到消息后先给法办了。

于忠又想杀元雍，崔光坚决不同意，于是罢免了元雍的官职，让他以亲王的身份回府。元雍的二闺女嫁给了清河崔氏大房的崔仲文，他

---

[1] 《资治通鉴·梁纪四》：初，太和中，军国多事，高祖以用度不足，百官之禄四分减一，忠悉命归所减之禄。旧制：民税绢一匹别输绵八两，布一匹别输麻十五斤，忠悉罢之。

们是实在亲戚。

此时于忠作为第二个跋扈者犯了众怒，所谓"朝野冤愤，莫不切齿"。经历了一系列的宫廷博弈，于忠被胡太后安排回家养老。九月，由于小皇帝元诩年仅六岁，胡太后临朝听政。

胡太后当政后，整个门阀圈子得到了最大程度的尊重。"一派安详"的洛阳城里也开始重现西晋时的场景——斗富。

北魏宗室和掌权的大臣开始拼命斗富，元雍是全国的首富，他家的宫室园林跟皇家园林比都不差，他有男仆六千，艺伎五百，出门时仪仗卫队塞满道路，回家后就接着奏乐接着舞，一顿饭就耗费几万钱。当时同是富翁的李崇比较小气，曾说"高阳王的一顿饭等于我千日的费用"。①

河间王元琛和元雍斗富，他的十多匹骏马的马槽都是用银子做的，他家窗户上都雕着玉凤衔铃、金龙吐旆，他曾召集众王爷一同赴宴，酒器里有水晶盅、玛瑙碗、赤玉杯等精巧的外国货，吃完饭后又上艺伎、名马和各种珍宝给王爷们看，随后又带众王爷参观他家的钱库。

最后他还抒情总结，将气氛推向高潮："我不恨自己看不见石崇，只恨石崇看不到我呀！"

元融回家后伤了三天，京兆王元继听说后劝道："你家也挺有钱的，不比他家差多少，嫉妒他干什么！"

元融说："唉，我以为比我富的只有高阳王，没想到还有个河间王！"

元继道："你就像淮南的袁术说不知道世上还有个刘备呀。"听了这么幽默的说法，元融这才被哄笑了。元融也是个没文化的人，他还笑

---

① 《资治通鉴·梁纪五》：时魏宗室权幸之臣，竞为豪侈，高阳王雍，富贵冠一国，宫室园圃，侔于禁苑，僮仆六千，伎女五百，出则仪卫塞道路，归则歌吹连日夜，一食直钱数万。李崇富埒于雍而性俭啬，尝谓人曰："高阳一食，敌我千日。"

得出来，这说他是袁术呢！

王爷们斗富的格局明显小了，真正的大格局在胡太后这里，她把钱花在修建寺庙上。

516年，胡太后在皇宫边上建了永宁寺，又建石窟寺于伊阙之口，"皆极土木之美"，穷尽了当世土建工程的最高工艺。

其中永宁寺尤其壮丽，有一座高一丈八尺的金佛、十座一人高的金佛、两座玉佛，还建了一座九层佛塔，塔高九十丈，上面的塔刹还有十丈高，每当夜深人静，塔上的铃铎声闻十里，佛殿如同皇宫太极殿，南门如端门，有千间僧房，珍玉锦绣，骇人心目。史载："自佛法入中国，塔庙之盛，未之有也。"

扬州刺史李崇上书道："高祖迁都近三十年了，明堂还没修呢，太学也荒废了，城楼府庙很多也都残破了，这不是发扬祖宗基业的样子，事情不能两全什么都占着，应该有取舍，咱们先停了那些斗富和建寺的事，修修明堂和太学吧。"太后表示李崇说得真好，但她不听。

在胡太后的顶级助力下，百姓们开始大规模跑去当和尚，为了活下去连太监都抢着去做，更何况当和尚呢！

但是和尚不是随便都能当的，这真的是一个很神圣的岗位，需要很高的个人修养与无法说清的缘分，千百万涌入佛寺的人中，又有多少人能看透呢？

胡太后大修寺庙的同时，南面的萧衍做得更为彻底：他开始吃素了。

517年十月，萧衍下诏令禁止祭祀用肉，从此祭祀一律用大饼代替肉，其余全都是蔬菜水果。

萧衍之前，中国的和尚是可以吃"三净肉"的。所谓"三净肉"是眼不见杀、耳不闻杀、不为己所杀的肉，因为佛法的思想是顺遂众生，是不给众生添麻烦，是让众生对这世道有希望。

你不能在化缘的时候告诉人家你只能吃素斋，对方不给做就是缺德。所以当时吃肉是没有禁忌的。

但到了萧衍这里，彻底统一了标准，全都禁止！吃肉就是给觉悟低的和尚开的口子，老百姓哪里知道你是不是真的"三净肉"，让众生误会，为了信仰，咱们要高标准地要求自己！

我们很难想象，一年前浮山堰崩塌把下游几十万子民泡在泽国里时，萧衍的心情是怎样的。

518 年，胡太后佛、道两开花，又给太上老君建了跟永宁寺一样规模的寺庙。①

修福报，不能有所偏废，道家咱们也得跟上，将来哪块云彩落雨谁知道，格局要大起来！两条路线都得使劲，各路神仙都保着我们。

修了那么多福报，但天象却越来越不对，于是胡太后把已经是尼姑的高太后弄死，让她去挡灾了。②

胡太后的佛学学得比较双轨：福报我来，送死你去。

胡太后不仅在物质上抓得紧，文化层面上同样不落后，她在这个时代就已经派使者宋云和比丘惠生去西天求取真经了。③

司空任城王元澄上书道："当年先帝迁都时城里只给了僧尼寺庙各一个度牒，其余都在城外，因为僧人和世人不同，让出家人能得到清净。

"正始三年时，沙门统惠深作为宗教领袖开始犯禁令，从此诏令不行，洛阳城中的寺庙已经超过了五百座，三分之一的民房都被占了，寺庙和屠宰场、酒馆等污秽之地当邻居。

"从前代北有法秀谋反，冀州出过大乘叛乱，太和、景明年间的

---

① 《资治通鉴·梁纪四》：太后为太上君造寺，壮丽埒于永宁。

② 《资治通鉴·梁纪四》：魏胡太后以天文有变，欲以崇宪高太后当之。戊申夜，高太后暴卒。

③ 《资治通鉴·梁纪四》：魏胡太后遣使者宋云与比丘惠生如西域求佛经。

规定不只是为了把僧俗分开，同时也为了防微杜渐避免再次出现宗教之乱。

"从前佛寺大多依山傍林，现在的僧人们却喜欢在城里，受利益和欲望驱使已经出现了大量的佛门败类和糟粕。我建议凡是现在城里没修好、可以搬迁的寺庙都应该迁到城外去，不足五十个僧人的寺庙并到大庙里，外地各州也照此法办理。"

说得太对了，透过现象看本质！但胡太后就是不搭理他。

胡太后对造寺修福报的痴迷程度已经无以复加，她还要把寺庙修到全北魏，下令各州都要建五级佛塔，民力因此疲敝。在她崇佛的顶级时尚引领下，诸王也将斗富的思路转到了修庙上，比着看谁修的寺庙壮丽。①

这种国家级的推广有多猛，我从蒋福亚先生的《魏晋南北朝社会经济史》中摘了一张表。（见表10-1）

表10-1　南北朝寺庙数量

朝代	京城寺院数/座	全国寺院数/座	僧尼数/人
东晋	—	1 768	24 000
宋	—	1 913	36 000
齐	—	2 015	32 500
梁	700	2 846	82 700
陈	300	1 232	32 000
北魏末	1 367	30 000	近2 000 000
北齐	4 000	30 000	近2 000 000
北周	—	10 000	近1 000 000

---

① 《资治通鉴·梁纪五》：太后好佛，营建诸寺，无复穷已，令诸州各建五级浮图，民力疲弊。诸王、贵人、宦官、羽林各建寺于洛阳，相高以壮丽。

一提起南北朝时的佛教人物，大家就想起萧衍，实际上萧衍因崇佛所建寺庙的规模连胡太后的零头都达不到。

南朝四百八十寺，听着规模够庞大了，但北魏光洛阳就有五百多座。

梁比齐不过多了八百座，萧衍都带头吃素了，还掀起了整个两晋南北朝时期声势浩大的货币改革，不过崇佛崇到这个级别，再看看"三长制"加持下的北魏："太后数设斋会，施僧物动以万计，赏赐左右无节，所费不赀，而未尝施惠及民。"

胡太后多次开设斋会，给僧人的布施动辄数以万计，赏赐左右无节制，但却从来没把这些福报给到百姓身上！

佛祖看到你这样糟蹋他的教义会悲悯哭泣的，佛法是为了让民众幸福，是为了让百姓吃饱穿暖，你造的那些塔寺和佛像让百姓对世道升起信心了吗？没有，反而你让天下民生凋敝，生灵涂炭！

忧国忧民的元澄再次上书道："萧衍一直盯着咱们呢，咱们该停止修庙了，已经有太多的必要开支没着落了！"[①]

胡太后还是不听，仍接着念经，凡念经念得好的大臣，都提高他们的待遇。形成鲜明对比的是，洛阳的明堂和太学十多年都没有竣工。[②]

起部郎源子恭也为此上书："明堂是给祖宗用的，太学是给天下师表的，咱们缓缓修建寺庙吧。"胡太后表示说得好，但她就是不听。

其实这些上书的人都没说到关键点上，没有说到跟胡太后利益攸关的核心点上。只要拿不出帮胡太后修寺庙的替代办法，就绝对刹不住胡太后崇佛的车。

国家政权的"明堂"、知识分子的"太学"、天下的民力，这都离

---

① 《资治通鉴·梁纪五》：任城王澄上表，以为："萧衍常蓄窥觎之志，宜及国家强盛，将士旅力，早图混壹之功。比年以来，公私贫困，宜节省浮费以周急务。"

② 《资治通鉴·梁纪五》：魏自永平以来，营明堂、辟雍，役者多不过千人，有司复借以修寺及供他役，十余年竟不能成。

胡太后太遥远。

她对佛事之所以这么玩命推崇，因为她出生在信佛的家庭，她能成为国母是因为她的尼姑姑姑，她是北魏百年来第一个逃出"子立母死"制度的太后，她还顺顺当当地接管了最高权力，成为实际上的"女皇"。

她觉得这一切都是信佛带来的，所以她要尽自己最大的努力崇佛，期待自己生生世世都过这样的日子。她的崇佛其实更像是做生意。

她要是真的看懂了佛法和经义，她的榜样应该是文明太后，应该是自己节俭，应该是国家富强，应该是不断地开仓救济老百姓，让老百姓知道信佛的胡太后是个活菩萨。

举个胡太后生意思维的例子，其实不光明堂、太学、城池这种政务建筑她不修，就算同是修寺造像，元恪生前给孝文帝修的宾阳中洞交给她负责，她修了二十四年还没完工，总共用了十八万两千工。

听着挺多的，但这种规模跟她修的寺比起来，什么都不是。比如她修的永宁寺占地大约九万平方米，据《洛阳伽蓝记》记载："中有九层浮图一所，架木为之，举高九十丈。上有金刹，复高十丈；合去地一千尺。去京师百里，已遥见之。"

单永宁寺木塔就高九层达百丈，一百里外都能看见。修这种规模的建筑对民力的动用是海量的，是不计成本的，是耗尽天下民力的。更不要说她还为太上老君启动了跟永宁寺一个级别的工程。

宾阳中洞是元恪发心修的福报，她中途接手不合算，所以她修了二十四年。她也没说不修，就是工程分主次，她修的主要是自己的福报。

飘风不终朝，骤雨不终日，烈火烹油的疯狂永远是短暂的。

繁华声遁入空门，折杀的都是世人。

浮图塔断了几层，断的都是百姓的魂。

若问古今兴废事，请君只看洛阳城。

斑驳的城门，很快就要盘踞着老树根了……

五、这崩塌的乱世谁来担责？

北魏的末日天后有三个"小心肝"。

第一位是宦官刘腾，他虽然不会写字却善于察言观色揣摩人心，胡太后因为他当初有保护之功多次给他升迁。刘腾当了侍中、右光禄大夫，随后开始干预政事、贿选人事，成了隐形的掌管官员升迁的人。

518年九月，刘腾病重，胡太后面对这个多年的心腹很伤感，想要刘腾死前得到更高的尊荣，于九月初一让刘腾当了卫将军，并加仪同三司。

胡太后本想着让刘腾升职后体面地走，结果刘腾还想再活五百年，情急之下，竟然痊愈了。这么好的时代，真舍不得走啊！

第二位是太傅、侍中、清河王元怿，有政务才能，爱好文学，对士大夫很尊敬，所以声望很高。

这位王爷因为"美风仪"，跟胡太后讨论工作时，让太后"逼而幸之"了。

第三位是胡太后的妹夫，领军将军元乂（在史书中也被写为元义、元叉等）。

元乂因为是宗室，所以久在门下省掌握朝权，又兼禁军，骄纵放肆穷奢极欲，元怿总想拿下他，因此两人结了仇。^① 元怿还因为不给刘腾弟弟升官得罪过刘腾。^②

三巨头的舞台有点儿挤，元义最终和刘腾密谋让主食中黄门胡定陷害元怿，说元怿贿赂他让他毒死小皇帝。

这两人都很担心自己与胡太后的感情没有元怿和太后真刀真枪的感情更真挚，担心胡太后为了自己的男宠跟他们翻脸。520 年七月初四，元义奉皇帝诏来到显阳殿，刘腾关闭了永巷门，把胡太后关了禁闭。

元怿随后被逮捕干掉，刘腾又伪造胡太后的旨令说她自己病了，还政给了小皇帝元诩。

从此，猛修了五年福报的胡太后被囚禁在了北宫的宣光殿，宫门昼夜关闭，内外隔断，刘腾自己拿着钥匙，连小皇帝都不能探望，胡太后叹道："养虎却被虎咬，说的就是我呀。"

贾南风当年被阴了之后说的是养狗要把链子系在狗脖子上，系狗尾巴上不成。胡太后比较尊重对手，说人家是虎，看来读过经的人素质就是不一样。

九月二十七，顶级腐败分子高阳王元雍被任命为丞相，与元义共同处理政务，刘腾成了司空。元义和刘腾从此把持了朝政，改元"正光"，寓意"正道的光"。

元义得志之后，耽酒好色，政事怠惰，纲纪不举，州镇守宰的任命多非其人，其父元继更是贪污贪出了天际，甚至郡县小吏都不得公选，所选牧、守、令、长皆贪污之人。

刘腾总揽朝政后明码标价，"棺材里伸手死要钱"，无论是过路、

---

① 《资治通鉴·梁纪五》：侍中、领军将军元义在门下，兼总禁兵，恃宠骄恣，志欲无极，怿每裁之以法，义由是怨之。

② 《资治通鉴·梁纪五》：卫将军、仪同三司刘腾，权倾内外，吏部希腾意，奏用腾弟为郡，人资乖越，怿抑而不奏，腾亦怨之。

开凿山泽，还是远在六镇，都要受到他的盘剥。他每年收入以亿计，朝中的官员们每天早晨都要去刘腾家请安，先观察刘腾的脸色再去办公。

523 年三月，刘腾死了，他有四十多个干儿子，为给他打幡这事都抢出了人命，穿丧服送葬的数以百计，朝中权贵送葬者塞满大路。

这一年，是北魏迁都洛阳整整三十周年，末日之象已经显露无遗，整个国家充满了奢靡、绝望的气息。

刘腾死后三个月，523 年六月，大名鼎鼎的六镇之乱拉开了序幕。遥远的那个导火索终于引燃了。

其实在七八年前，北方就已经开始不断预警了。

早在 516 年时，北魏的顶级聪明人元澄就认为朝廷任用北境的守将太轻率了，上书请求注重边将选派，严明纪律，胡太后下令百官商议此事。①

廷尉少卿袁翻表示："近来边境州郡的官员选拔太过于固化，贪污官员大量吃空饷、收贿赂，边境的兵员要么被逼着去抢劫，要么被逼着去做苦役，一年四季的压榨，大量边境镇民累死在了壕沟中，这都是因为边将所选非人的缘故。边境问题已经很严重了，我认为从现在开始，南北边境的各郡县府佐、统军直到戍主，都应由中央的朝臣和王公举荐，不要再拘泥于阶层，如果被举荐之人渎职，则举荐人一同受罚。"②

---

① 《资治通鉴·梁纪四》：任城王澄以北边镇将选举弥轻，恐贼虏窥边，山陵危迫，奏求重镇将之选，修警备之严，诏公卿议之。

② 《资治通鉴·梁纪四》：廷尉少卿袁翻议，以为："比缘边州郡，官不择人，唯论资级。或值贪污之人，广开戍逻，多置帅领，或用其左右姻亲，或受人货财请属，皆无防寇之心，唯有聚敛之意。其勇力之兵，驱令抄掠，若遇强敌，即为奴虏，如有执获，夺为己富。其羸弱老小之辈，微解金铁之工，少闲草木之作，无不搜营穷垒，苦役百端。自余或伐木深山，或芸草平陆，贩贸往还，相望道路。此等禄既不多，赀亦有限，皆收其实绢，给其虚粟，穷其力，薄其衣，用其功，节其食，绵冬历夏，加之疾苦，死于沟渎者什常七八。是以邻敌伺间，扰我疆场，皆由边任不得其人故也。愚谓自今已后，南北边诸藩及所统郡县府佐、统军至于戍主，皆令朝臣王公已下各举所知，必选其才，不拘阶级；若称职及败官，并所举之人随事赏罚。"

胡太后一如既往地没搭理他。

胡太后这些年之所以能无忧无虑地盖寺庙，就在于她的不作为。"必选其才，不拘阶级"这种话与胡太后的政治理念不合，胡太后肯定"不能用"。

更重要的是，军贪问题的水多深啊，自己力主修建的寺庙盖得那么顺利，何必触那些霉头呢！

你知道人家买官时花了多少钱吗？人家怎么可能不把钱捞回来！你要动财路的群体太庞大，还都带着兵，他们的怒火和成本最终会转移到我的身上来的。

最重要的是，都是些什么人能有钱买得起官？为什么刘腾和元义的明码标价这么受推崇？能标价的可都是好东西！"拿钱分层"永远是保证既得利益集团利益的算法！

况且就算按照袁翻说的那样，就真的有效吗？王公举荐的人就靠谱吗？追责举荐人就有用吗？况且这些年追究过谁啊？

整个北魏从上到下已经编织成了一道密不透风的大网，越织越紧。

519 年，征西将军张彝的儿子张仲瑀上书，奏请修订选官规定，不允许武将列入清品高官。结果一石激起千层浪，大量武官抗议，在大街张榜约定时间集合去屠灭张家，张彝父子却根本不当回事。[①] 骨子里看不起武官，根本不拿武官当人，或者说不拿代人当人。

这些禁军都是孝文帝时代从平城迁过来的，496 年十月初八，出现太子叛国事件后孝文帝为了巩固武力基础下诏令："凡是代人集团的兵员一律补为禁军。"

六镇全境叛乱后，历史开始一张张掀开"孝文改革"三十年来的底牌。从平城迁往洛阳的代人集团之前大多数被吏部压制做不了官，六

---

① 《资治通鉴·梁纪五》：魏征西将军张彝之子仲瑀上封事，求铨削选格，排抑武人，不使豫清品。于是喧谤盈路，立榜大巷，克期会集，屠害其家；彝父子晏然，不以为意。

镇烧起来之后，元义才想起来重用代人以便安抚这个群体。①

二月二十，羽林和虎贲禁军近千人一同来到尚书省叫骂，找张仲瑀的哥哥左民郎中张始均，没找到，就扔石头砸尚书省的大门，尚书省的官员都吓坏了，不敢阻拦。愤怒的武官们又手执火把闯进了张家，把张彝暴打一顿，还烧了他家的房子，张始均跳墙跑了，后来又回来向禁军投降，求他们饶了他爹，结果被禁军暴打投入火里烧死；张仲瑀重伤后成功逃出；张彝被打成重伤，两天后就死了。

胡太后抓了闹事的八个首恶分子杀了，表示这事到此为止。五天后又颁布大赦令安抚代人集团，命武官按资格入选，谁也不能耽误武官的晋升空间。

胡太后一如既往地和稀泥，门阀和军队都不能得罪，但此时代人和汉人的矛盾已经大到不可调和了。

当初张仲瑀之所以上书要把禁军武官排除出高级官员序列，其实就是因为名额少而候选人多，门阀内部还不够分的呢。等武官具有候选资格后，吏部摆不平这事了，尤其刚刚张彝家都让武官们灭门了，必须得给代人一个交代。②随后殿中尚书崔亮被安排成吏部尚书，目的就是为了平事。

老牌门阀崔亮制定了新的录用标准，无论候选者的水平怎么样，统一按候选时间为依据，结果那些等了好久的人都说崔亮水平高。③

崔亮的外甥刘景安给崔亮写信说："魏晋的九品中正制虽然不怎么

---

① 《资治通鉴·梁纪六》：先是，代人迁洛者，多为选部所抑，不得仕进。及六镇叛，元义乃用代来人为传诏以慰悦之。

② 《魏书·崔亮传》：时羽林新害张彝之后，灵太后令武官得依资入选。官员既少，应选者多，前尚书李韶循常擢人，百姓大为嗟怨。

③ 《资治通鉴·梁纪五》：亮奏为格制，不问士之贤愚，专以停解月日为断，沈滞者皆称其能。《魏书·崔亮传》：亮乃奏为格制，不问士之贤愚，专以停解日月为断。虽复官须此人，停日后者终于不得；庸才下品，年月久者灼然先用。沉滞者皆称其能。

样，但十人中有六七人还是够格的，但现在咱们选人用人只考虑文采，不考虑实战，只看辞藻优劣，不看治国思路，设立了中正官也只看他们的姓氏，不考虑才能品行，选拔的范围不广，淘汰的办法不严，舅舅您主持吏治，本来应该革新之前的弊端，怎么又按年头选官，这样下去，作为官员谁还在意自己的政绩和名声呢！"①

崔亮回信道："你说得很深刻，但我也有我的考虑，你都不理解我，我今天得好好给你上一课！

"现在有功勋的人很多，羽林军也能进入官场，如果进入朝堂的武夫多了，他们连字都不认识，只配武力驱使，忽然让他们去治国安邦，就像是要求没用过刀的人去掌管菜案一样。况且官员名额有限，现在十人中取一人都不够，而朝廷又不同意给武官提高爵位和工资待遇，我才只好出此下策用年龄来限制武人进入官场！"②

后来甄琛等人接替了崔亮的吏部尚书，因论资排辈这种方法对自己有利就继续奉行，史书上说北魏选拔任用官员失职是从崔亮开始的。③

这是真的吗？看看他侄子写的那封信。

---

① 《魏书·崔亮传》：亮外甥司空谘议刘景安书规亮曰："殷周以乡塾贡士，两汉由州郡荐才，魏晋因循，又置中正。谛观在昔，莫不审举，虽未尽美，足应十收六七。而朝廷贡才，止求其文，不取其理；察孝廉唯论章句，不及治道；立中正不考人才行业，空辨氏姓高下。至于取士之途不溥，沙汰之理未精。而舅属当铨衡，宜须改张易调。如之何反为停年格以限之？天下士子谁复修厉名行哉！"

② 《魏书·崔亮传》：今勋人甚多，又羽林入选，武夫崛起，不解书计，唯可彍弩前驱，指踪捕噬而已。忽令垂组乘轩，求其烹鲜之效，未曾操刀，而使专割。又武人至多，官员至少，不可周溥。设令十人共一官，犹无官可授，况一人望一官，何由可不怨哉？吾近面执，不宜使武人入选，请赐其爵，厚其禄。既不见从，是以权立此格，限以停年耳。

③ 《魏书·崔亮传》：后甄琛、元修义、城阳王徽相继为吏部尚书，利其便己，踵而行之。自是贤愚同贯，泾渭无别，魏之失才，从亮始也。

北魏的选人用人早就"不考人才行业，空辨氏姓高下"了，甚至在他侄子眼中连"谛观在昔，莫不审举，虽未尽美，足应十收六七"的水平都达不到。用的人早就都是什么都不懂的门阀关系户了。

崔亮是他侄子眼中的大傻子吗？肯定不是，崔亮精得很，就是依靠数据挑选出一个最不利于武人晋升的路径，完完全全就是从制度上堵死武官的上升之路，最大化地给自己所在的门阀找门路。

崔亮和他弟弟崔敬默是唐代大名鼎鼎"禁婚家"的"七姓十家"成员。他家为什么被李唐从国家层面下令"禁婚"，背后的原因你明白了吧？

门阀为什么瞧不起代人集团？因为他们要信仰没信仰，要地盘没地盘，要文化没文化，甚至连民族的根都没有了，什么都没有，代人们闹什么！

规则都是门阀定的，门阀为什么要瞧得起你？

洛阳是天子脚下，是高级官员的跑马场，你们那么多外来户能有什么根基？你们有多大的资本？

崔家在清河、卢家在范阳、郑家在荥阳、王家在太原，都有源源不断的人力资源和现金流，还掌握着舆论的笔杆子。

门阀的一系列态度都在诠释一句话：在我的赛道跟我赛跑，看你一眼都算我输！

孝文帝当年在短短时间内改革了方方面面，签下的那一系列"合同"远远超过了"生态自洁"的能力，自他死后就被国家蛀虫们玩烂了。

史书中大量提及北魏皇室有多不堪，但对士大夫之间的党同伐异却很少说，比如在《资治通鉴》中，司马光是这么写崔亮那封回信的："汝所言乃有深致。吾昨为此格，有由而然。古今不同，时宜须异。昔子产铸刑书以救弊，叔向讥之以正法，何异汝以古礼难权宜哉！"

崔亮的回信中那段相当贬低武人、以制度堵死武人晋升的小算盘根本没被司马光录进去。

崔亮活到了六十二岁，死后获赠散骑常侍、车骑大将军、仪同三司、冀州刺史，谥号"贞烈"。

崔贞烈在刘腾拿下最高权力后对他表示："我媳妇姓刘，咱们是打断骨头连着筋的，我可得好好伺候您。"史载："时刘腾擅权，亮托妻刘氏，倾身事之，故频年之中名位隆赫，有识者讥之。"

崔亮作为大名鼎鼎"四姓"之人，给个连字都不会写的太监"立生祠"，也不知道"贞烈"在哪里？

崔亮当年也是个充满锐气的少年，怎么就变成了给太监执鞭坠镫的"识时务者"了呢？他是被他的族兄崔光给领上道的。

崔光早早就依附了李冲并专门教育崔亮："怎么能傻读书而不去走李家的门路？他家书多，你就算走学术之路也能进步得快一些。"

崔亮在李冲的提拔下飞黄腾达，被推荐为中书博士，后转议郎，寻迁尚书两千石郎。从此崔亮开了窍，彻底成长了。

崔亮的领路人崔光现在如何？他可是北魏末期隐藏很深的超级大佬。在史书中看不到他祸国殃民的事迹，但崔光从元恪莫名其妙死亡开始，就是北魏所有历史大事的最核心圈层参与者！

当年元恪迅速驾崩，元诩即位后以闪电战干掉高家时，崔光是头号战将。

于忠总揽大权的时候，崔光跟他关系很好，两人恨不得穿一条裤子，"每事筹决"，也是"倾身事之"。

于忠被拿下后，崔光却什么事都没有，甚至可以说，"汉人五姓"在整个北魏末年就没有翻车的例子，而且纵观每个人的史料，这五家生的儿子只要活下来，就几乎都有官当。

胡太后被关禁闭后，《资治通鉴》中说元义和刘腾两个人狼狈为奸，原文记载如下："义与腾表里擅权，义为外御，腾为内防，常直禁省，共裁刑赏，政无巨细，决于二人，威振内外，百僚重迹。"

这段话是司马光从《魏书》中摘的，但他删掉了中间至关重要的一句话！《魏书》记载如下："又为外御，腾为内防，迭直禁闼，共裁刑赏。腾遂与崔光同受诏乘步挽出入殿门。四年之中，生杀之威，决于叉、腾之手。"

司马光删了"腾遂与崔光同受诏乘步挽出入殿门"。可得把崔光给保护好了，因为他是士大夫。

不仅"腾遂与崔光同受诏乘步挽出入殿门"，掌权二人组中的另一人元叉对崔光同样也是相当尊敬的，所谓"元叉于光亦深宗敬"。

崔光也相当会来事，于忠杀郭祚和裴植时，刘腾和元叉杀元怿时，崔光始终在旁边鼓掌，什么话都不说。①

《资治通鉴》记载刘腾："以刘腾为司空。八坐、九卿常旦造腾宅，参其颜色，然后赴省府，亦有终日不得见者。公私属请，唯视货多少，舟车之利，山泽之饶，所在榷固，刻剥六镇，交通互市，岁入利息以巨万万计，逼夺邻舍以广其居，远近苦之。"

《资治通鉴》形容元叉父子是："既得志，遂自骄慢，嗜酒好色，贪咨宝贿，与夺任情，纪纲坏乱。父京兆王继尤贪纵，与其妻子各受赂遗，请属有司，莫敢违者。乃至郡县小吏亦不得公选，牧、守、令、长率皆贪污之人。由是百姓困穷，人人思乱。"

《资治通鉴》形容崔光却是："光宽和乐善，终日怡怡，未尝忿恚。于忠、元叉用事，以光旧德，皆尊敬之，事多咨诀，而不能救裴、郭、清河之死，时人比之张禹、胡广。光且死，荐都官尚书贾思伯为侍讲。帝从思伯受《春秋》，思伯虽贵，倾身下士。或问思伯曰：'公何以能不骄？'思伯曰：'衰至便骄，何常之有！'当时以为雅谈。"

司马光说崔光很厚道、特和善，从来不生气，于忠和元叉擅权时，

---

① 《魏书·崔光传》：及郭祚、裴植见杀，清河王怿遇祸，光随时俯仰，竟不匡救，于是天下讥之。

因为崔光品德高尚所以都尊敬他，很多事都去咨询他，郭祚、裴植等人死时崔光没能救，时人将他比作奉行中庸之道的张禹和胡广。崔光死前推荐都官尚书贾思伯为侍讲，元诩跟贾思伯学《春秋》，贾思伯虽然地位尊贵，但常礼贤下士，有人问贾思伯："您怎么那么谦虚呀？"贾思伯道："德不配位必有灾殃，骄傲不能长久。"时人称之为佳话。

《资治通鉴》记载崔光、刘腾和元义三人的反差令人瞠目，三人是同级别的，都有话语权，《魏书》对崔光的说法是助纣为虐、见死不救，"光随时俯仰，竟不匡救，于是天下讥之"。

但《资治通鉴》盖棺定论的总评居然是崔光上岁数了，奉行中庸之道不爱管闲事，临死还不忘皇帝的"汉化"学业，推荐的贾思伯也是个道德完人，以此更加凸显崔光为国选材的公忠体国之心。

我对司马光修《资治通鉴》始终抱有最高级别的敬意，但是对北魏这个特殊的历史时间段的记载，真真切切有好多是看不下去。

史书是要给皇帝看的，尤其是这部"鉴于往事，有资于治道"的《资治通鉴》，士大夫写书时自然要告诉皇帝："你看，我们士大夫群体一千多年来就没出过坏人！"

从孝文帝改革开始起，我们就仔仔细细地把这些被司马光深埋的内容挖出来，主要想表达两点：

1. 历史告诉我们，阶级固化和垄断极其可怕，在这片土地上，这是世道崩坏最快的秘方。

2. 对于意识形态的问题，需要放到生死存亡的关头看待，舆论的高地我们不去占领，对手就一定会去占领。

人性很复杂，两晋和南北朝时期的历史向我们深刻展示了民族的斗争与融合的过程有多么惨烈，向我们展示了后世笔杆子在谁手上的重要性。

无论是古代史还是现代史都告诉我们：斗争永远是血淋淋的，永远是先下手为强的"黑暗森林法则"，永远是实力是定义真理的重要标准。自尊、自爱、自强，永远爱自己的民族，永远忠于自己的国家。

六镇已经闹起来了，历史上各朝官方修史总结的此事责任人如下：

1. 宣武帝元恪：不读经，只崇佛，废了"子立母死"制度，把世道带偏了。

2. 胡太后：和稀泥，涸泽而渔般地建寺庙，重用奸佞刘腾、元乂等，把世道搞坏了。

3. 北魏宗室：一个个斗富，到了"恨石崇见不到他们"的地步。

4. 刘腾、元乂等祸国奸佞：把国家祸害得"百姓困穷，人人思乱"。

史上最委屈、最惋惜的皇帝评选出炉：倾心汉化的种姓制度奠基人北魏孝文帝元宏。

西晋得以立国在于司马家族对门阀的收买，在晋武帝司马炎265年开国后仅仅不到四十年，从304年王浚引段部鲜卑屠邺城开始，三百年大乱的帷幕就拉开了。

从494年四月罢西郊祭天到496年正月连姓都不要了，在仅仅一年零八个月的时间里，北魏孝文帝对数百年形成的鲜卑习俗与文化进行了毁灭性的"改革"，并推出了汉化的"种姓等级"制度。三十多年后，528年河阴之变，北魏的实质性政权就此崩塌。

西晋和北魏的崩塌原因注定很复杂，一个王朝的灭亡注定是综合因素决定下的历史选择，但孝文帝人生中的最后几年应该负多大的责任，每一个读史者的心中自会有一个评价。

北魏比西晋更可悲的地方在于，西晋需要门阀的利益交换才能完成改朝换代，而北魏却在有着堪比顶级运动员的体魄的情况下都不知道自己是怎么死的。

中国不像印度，种姓制度在这片土地上永远走不通，中国人自古勤劳、勇敢、奋斗、拼争，"王侯将相宁有种乎"！

中国历史上曾经以西晋和北魏两个王朝作为典型样本，向后世展现了阶层极度固化后世道崩坏的速度究竟有多么快。只要这片土地出现了绝对的垄断和阶层的固化，最多三四十年，政权大概率崩塌！

北境的烈火已经烧起来了，天下大势即将重新洗牌，下个时代的主人们已经被裹进这轰轰烈烈的乱世洪流中了。

武川男孩们，该上场了！

六、真实从不浪漫，武川军团登场

"不患寡而患不均"，老百姓最大的愤怒，来源于比较。

520 年，柔然内乱了。柔然的伏跋可汗被其母候吕陵氏和部落大人们杀了，其弟阿那瓌为可汗。

阿那瓌成为可汗仅十天，其族兄示发便率几万人来夺汗位，阿那瓌战败后逃往北魏，示发杀了候吕陵氏和阿那瓌的两个弟弟。

阿那瓌来到北魏后，北魏立其为朔方公、蠕蠕王，如亲王待遇给安排住下了。

阿那瓌没有被洛阳的纸醉金迷所诱惑，多次请求回国但始终走不了，最终用一百斤黄金贿赂元乂后把通行证拿下来了。北魏下诏，命怀朔镇将杨钧率两千精锐骑兵亲自护送阿那瓌回柔然。

阿那瓌南逃的时候，其堂兄婆罗门率众数万讨伐示发夺回了汗位，此时已经被推举为柔然的新可汗。

杨钧上书道："柔然已经推出新首领了，如果轻率前去吃了闭门羹将损害国家威望，而如果不大举发兵又没办法把人送回去。"

于是在 521 年，北魏征调了一万五千多边军由杨钧率领，护送阿那瓌回国。

二月，北魏为了避免发生外交事故，先派了曾出使柔然的牒云具仁前去婆罗门，从事外交活动，婆罗门态度傲慢，只派了两千人随牒云具仁去迎阿那瓖。

五月，牒云具仁回到怀朔镇，报告了婆罗门的情况，阿那瓖害怕了，乞求回洛阳。

剧情发生了戏剧性反转，婆罗门被高车击败，也南下投奔了北魏，阿那瓖终于被柔然部众迎还漠北。

522 年，见过庄稼的阿那瓖向北魏请求庄稼种子，北魏给了一万石。柔然所在的地方能长庄稼？怎么这么逗呢！

更重要的是，北魏这一系列的外交表态变成了舆论事故，世代的死敌被北魏朝廷好吃好喝招待着，还给他粮种，而世代戍边的六镇兄弟们却活得如行尸走肉一般。巨大的不满情绪在六镇蔓延。

523 年，柔然拿到种子后依然遇到了严重饥荒，阿那瓖率众进入北魏境内上表请求赈济。北魏随后任命尚书左丞元孚为行台尚书持符节去安抚柔然。

临行前元孚上表建议："柔然向来强大，现在天降其衰，咱们要好好利用。当年光武帝把汉朝地方机构设在了部落里，派专人去控制南匈奴，咱们也应该用这个思路，允许柔然南迁，给他们闲置土地，咱们在他们那里设置机构，在边境布置兵力，让他们跟咱们亲近却不敢骗咱们，疏远又不敢翻盘，这是上策。"

说得多好啊，让柔然当南匈奴啊，看看南匈奴在东汉的一百多年里都被改造成什么样了！但是北魏朝廷不听。

523 年四月，元孚承朝廷之令持白虎幡在柔玄、怀荒两镇之间慰问阿那瓖。此时阿那瓖手下号称有三十万人来北魏做客，根本就不听北魏的节制了，一路抢到了平城。

北魏高规格送回去的中山狼，转头就咬了北魏一口。太不体面了！朝廷大怒，派尚书令李崇和左仆射元纂统十余万骑兵攻打柔然！

阿那瓖听说后抓了两千百姓，驱赶了数十万牲口北逃。据说魏军追击了三千余里，柔然跑得太快了，没逮着。抢了那么多东西和牲口能走多快？魏军追击三千里能追不到？三千里是什么概念？霍去病当年封狼居胥是出塞两千余里。

后面元深总结时曾经上书道："及阿那瓖背恩纵掠，发奔命追之，十五万众度沙漠，不日而还。边人见此援师，遂自意轻中国。"

翻译下：咱们对于柔然的中山狼派出了十五万大军追击，仅仅几天就装装样子回来了，六镇边民看到这样的军队开始彻底瞧不起中原之国。

是"不日而还"，不是什么"出塞三千余里"。正是这次追击，让整个北境明白了北魏的操作：既然背叛你的成本那么低，那我们就都明白了！

话说百年前，公元 429 年，拓跋焘用史诗级的一战打崩了柔然，柔然各部先后投降北魏多达三十余万落，魏军缴获战马高达一百多万匹，牲畜、车辆、帐篷，漫山遍野，粗略估计在数百万之多。紧接着魏军又千里奔袭打崩了高车，各部投降魏军的有几十万帐落，魏军缴获牛羊百万头。

就此一战，北魏奠定了在北境的绝对性优势。

掠夺人口是北魏的惯常做法，但面对如此庞大的人口体量是没办法全都迁到平城的，平城本身已经达到了人口承载的极限，再加上柔然和高车是完全没有经过汉化改革的，一直在草原繁衍生息，汉化成本确实较高，所以拓跋焘将归降的数十万部众迁到了漠南，安置在东到濡源（今河北张家口），西到五原（今内蒙古包头西）阴山的北境边境线上，命他们在这里半定居式地耕种放牧，向他们征收马匹牛羊。①

这就不是平城能够进行森严管控的地方了，而且高车和柔然还有

---

① 《资治通鉴·宋纪三》：徙柔然、高车降附之民于漠南，东至濡源，西暨五原阴山，三千里中，使之耕牧而收其贡赋。

马匹能迅速迁徙。为了巩固住边境上的这些新迁移民，拓跋焘留下了长孙翰、古弼等代人集团镇守各地，安抚与统治这数十万"牧奴"。

拓跋焘此次北伐的最大历史意义在于解决了马匹供给的可持续性。从此，北魏民间马牛羊及毡皮的价格被彻底打下来了，再也不愁畜力了。

429年，北魏因北伐柔然的大胜，创造性地在北方边境实行了军镇制的基层政体。

在岁月变迁中最后剩下了六个名气最大的军镇，自西而东分别为沃野镇（今内蒙古巴彦淖尔乌拉特前旗北苏独仑镇）、怀朔镇（今内蒙古包头固阳县怀朔镇）、武川镇（今内蒙古呼和浩特武川县西乌兰不浪镇）、抚冥镇（今内蒙古乌兰察布四子王旗乌兰花镇）、柔玄镇（今河北张家口尚义县三工地镇）、怀荒镇（今河北张家口张北县）。

所谓的"北魏六镇"最早出现的原因，其实是拓跋焘解决海量俘虏问题的一个对策，并非为了防御北境敌人，而是为了消化对北境毁灭级大胜后的人口。

六镇将士的本职工作是殖民，是看管好"牧奴"，防止其成为反魏势力，并给平城输送马匹牛羊。六镇并非军事主力，包括后世北魏的一系列北伐，六镇系统基本上就是属于侦察和后勤级别，主力还得从平城调代人军团。

此时此刻的"北镇系统"是剥削"牧奴"的"人上人"，还没什么征战指标压力，并享有高级待遇，属于没有门路一般人进不来的高级梯队。

但时光荏苒，岁月如梭，当年的北六镇将士们随着时代的发展和汉化的迭代，慢慢不再享有当年的政策及优厚的待遇。

六镇之乱闹起来后，在前方带兵能听见炮火声的元深总结性上奏："最开始平城建都时以北境为重，选贤任能，配以高门子弟担任镇将，这部分人的仕途通道不仅不受影响，还有着专属红利，人都找路子去六镇戍边。①

"太和中期，李冲掌权，凉州人全部免除了服役，而代人集团却要去守边关。这些人到了之后受镇将驱使只能担任虞候之类的小官，一辈子的天花板不过是个军主，而那些留在京城的族人却能做到上品显官，身在边镇的这些人由于升迁之路断绝，开始大量逃散。②

"六镇陷入恶性循环后，北魏朝廷开始制定严厉的边兵制度，规定不许边镇之人随意游走。于是少年人不能游学，成年人不能出外经营人脉，这些人根本不被当良民看待，想想就让人落泪！③自从李冲用事后，凛冬突至，北境成了被遗忘且禁锢的角落，从此开始守望，至死方休，洛阳的繁华和上升的通道与六镇无关，六镇开始成为被鄙视流放的'杂碎'之地。

"在孝文帝迁都洛阳后，边镇更加被看不起了，只有长期不能升迁的人才会去边镇为将，去了之后也是一心敛财，根本没人真的为国防考虑，为边镇百姓考虑。各地的奸吏因罪被发配边关后也跟着出坏主意，使得六镇的风气极度恶化。边民们已经极度愤怒。"④

从元深的总结中能看出来，六镇有两个致命问题：

1. 仕途的巨大不平等。即便是来到六镇的官员，也都是本着捞一

---

① 《资治通鉴·梁纪六》：广阳王深上言："先朝都平城，以北边为重，盛简亲贤，拥麾作镇，配以高门子弟，以死防遏，非唯不废仕宦，乃更独得复除，当时人物，忻慕为之。"

② 《资治通鉴·梁纪六》：太和中，仆射李冲用事，凉州土人悉免斯役；帝乡旧门，仍防边戍，自非得罪当世，莫肯与之为伍。本镇驱使，但为虞候、白直，一生推迁，不过军主；然其同族留京师者得上品通官，在镇者为清途所隔，或多逃逸。

③ 《资治通鉴·梁纪六》：乃峻边兵之格，镇人不听浮游在外，于是少年不得从师，长者不得游宦，独为匪人，言之流涕！

④ 《资治通鉴·梁纪六》：自定鼎伊、洛，边任益轻，唯底滞凡才，乃出为镇将，转相模习，专事聚敛。或诸方奸吏，犯罪配边，为之指踪，政以贿立，边人无不切齿。

把就走、涸泽而渔的态度进行贪污。

2.六镇的户口类似于奴隶，受盘剥不说，还是"无期徒刑"。

负责伐柔然的李崇在这次北伐过程中搜集到了很多有用的消息，其长史魏兰根劝他说："最开始设立边镇的时候，由于地广人稀，都是派代人集团的权贵子弟们来做镇守，当时是作为国家重地对待的。后来六镇不再有上升空间，就成了被遗忘的角落。六镇的人口被称为'府户'，失去了上等人的身份，而留在平城的族人们却各自荣华，所以六镇埋藏着巨大的不满。"①

魏兰根建议："因此，现在应当把镇改成州，分别设置郡县，凡是府户都释放为平民，入仕、升迁都和从前一样，在这样的政策扶持和恩威并用下，国家就不用担心北方后患了。"②

魏兰根精准点出了六镇的解题思路：只要给他们正常人的户口，可以自由流动做平民就行啦。前面几十年欺负就欺负了，现在该给政策松绑了，再不放气，这个压力锅就要炸了。李崇如实上奏了，但朝廷上的大人们没当回事。

这是六镇问题善后的最后一次机会，因为整个北境在李崇的这次北伐中看清楚了北魏朝廷的军事实力。

当年"人上人"的六镇将士变成了北魏愤怒的"守夜人"："我爱大魏，我怕他完了，我爱他可谁爱我啊！"兄弟们，杀出个黎明吧！

523年六月，柔然入侵后，怀荒镇百姓请求发粮，但怀荒镇将于景不肯发。

---

① 《资治通鉴·梁纪五》：李崇长史钜鹿魏兰根说崇曰："昔缘边初置诸镇，地广人稀，或征发中原强宗子弟，或国之肺腑，寄以爪牙。中年以来，有司号为'府户'，役同厮养，官婚班齿，致失清流，而本来族类，各居荣显，顾瞻彼此，理当愤怨。"

② 《北齐书·魏兰根传》："宜改镇立州，分置郡县，凡是府户，悉免为民，入仕次叙，一准其旧，文武兼用，威恩并施。此计若行，国家庶无北顾之虑矣。"

能花大价钱帮柔然人回国，能扶植白眼狼来咬自己，自己的百姓都快活不下去了却连粮食都不给。怀荒镇百姓再也无法忍受，造反杀了于景。几乎是同一时间，沃野镇民破六韩拔陵（也有史书写为"破六汗拔陵"，或"破落汗拔陵"，全书正文统一用"破六韩拔陵"）聚众造反杀了镇将，改年号为"真王"。[①]（见图10-4）

图 10-4　六镇分布图

东西相距上千里的两镇几乎同时造反只说明了一件事：六镇等北魏展示力量已经很久了。

柔然恩将仇报后，整个北境看明白了，原来北魏不过如此。

各镇汉夷纷纷响应，破六韩拔陵的沃野军团迅速壮大，队伍向南进发，破六韩拔陵派偏将卫可孤包围了武川镇，同时开始攻打怀朔镇。[②]

沃野镇反叛后，怀朔镇将杨钧迅速预感到了暴风雪将至，提前从武川镇挖墙脚，把当地大佬贺拔度拔升为自己的统军，还专门给他配了

---

① 《资治通鉴·梁纪五》：及柔然入寇，镇民请粮，景不肯给，镇民不胜忿，遂反，执景，杀之。未几，沃野镇民破六韩拔陵聚众反，杀镇将，改元真王。

② 《资治通鉴·梁纪五》：诸镇华、夷之民往往响应，拔陵引兵南侵，遣别帅卫可孤围武川镇，又攻怀朔镇。

一支队伍。

贺拔度拔祖上跟拓跋氏同出于阴山，爷爷那辈时因骁勇绝伦以良家子身份镇武川，拓跋弘时代，配合伐柔然，凭借侦察军功封侯。

贺拔度拔还有三个儿子：贺拔允、贺拔胜、贺拔岳，都是北境大名鼎鼎的少年英雄，三兄弟同时被杨钧提拔为军主去镇压叛民。[①]

记住这三兄弟，这是隋唐大潮的前浪。

524年三月，北魏终于对已经闹了近一年的北境叛乱做出反应，命临淮王元彧统兵讨伐破六韩拔陵。

此时卫可孤攻打怀朔镇已经跨年了，这八九个月中根本没有北魏援军，杨钧就派贺拔胜到元彧那里告急。贺拔胜带了十多个敢死队员，趁夜突围而出，他们在阴山对面的云中郡见到元彧后说："怀朔沦陷就在眼前，您现在按兵不动，怀朔如果陷于敌手，那武川也危险了，到时候贼军士气狂升百倍，就算张良、陈平在世也没人能帮您出主意了！"

在这里要专门说一下，六镇中，怀朔和武川的"核心力量"与另外四镇并不相同，这两镇并没有那么"不冷静"，而是在卫可孤的攻打下坚守了很久，或者说这两镇不但不相信其他四镇能闹起来，而且期望在此次大乱中越过其他阶级兄弟，完成阶层跃迁。

元彧答应出兵怀朔，贺拔胜返回，突破围城的敌军，然后入城。

援军久等不来，杨钧又派贺拔胜出城去侦察武川。但此时武川已经失陷，贺拔胜迅速回怀朔，但怀朔也顶不住了，贺拔胜父子兄弟全部被俘。

五月，元彧率主力与破六韩拔陵在五原对战被打败，安兆将军李叔仁也在白道（通武川，今内蒙呼和浩特西北，为古代穿越阴山南北的

----

① 《资治通鉴·梁纪五》：尖山贺拔度拔及其三子允、胜、岳皆有材勇，怀朔镇将杨钧擢度拔为统军，三子为军主以拒之。

主要通道）战败，六镇之乱兵势不可当。①

洛阳城中，元诩把丞相、令、仆、尚书、侍中、黄门等所有核心官员召到显阳殿，问道："现在北境乱了，都逼近金陵祖坟了，怎么办？"

吏部尚书元修义认为要派重臣镇守恒、朔御敌。

元诩道："去年柔然叛乱派李崇北征，李崇上表请求改镇为州，我因为嫌麻烦就没搭理他，我现在感觉是李崇的这个请求让六镇有非分之想了，才搞出今日之患。我不想怪谁，就是念叨几句，现在还是想派皇亲李崇这个实力派去平叛，你们怎么看？"②从小皇帝的口气里也能看出他骨子里对六镇的轻蔑。

这些大臣一看没让自己去，都附和道："陛下英明！"

李崇道："我当初考虑到六镇地处偏远，贼寇密布，提出改镇为州是想要安抚当地民心，怎么敢引导他们作乱呢？臣罪该万死，陛下能赦免我，还让我北上报国，我感恩不尽，但现在我都七十岁了，又有病在身，已经没办法带军队了，您再挑挑吧。"

元诩不同意。

不久北魏任命李崇为使持节、开府仪同三司、北讨大都督，与都督抚军将军崔暹、镇军将军元深等北上平叛。

此时北魏的秦州（陇西地区，治所上邽，即今甘肃天水）也出问题了，准确地说整个西北的社会不安定因素都在六镇起义的浪潮下怒放了，所谓"魏自破六韩拔陵之反，二夏、幽、凉，寇盗蜂起"。

---

① 《资治通鉴·梁纪六》：五月，临淮王彧与破六韩拔陵战于五原，兵败，彧坐削除官爵。安北将军陇西李叔仁又败于白道，贼势日盛。

② 《资治通鉴·梁纪六》：吏部尚书元修义请遣重臣督军镇恒、朔以捍寇，帝曰："去岁阿那瓌叛乱，遣李崇北征，崇上表求改镇为州，朕以旧章难革，不从其请。寻崇此表，开镇户非冀之心，致有今日之患；但既往难追，聊复略论耳。然崇贵戚重望，器识英敏，意欲遣崇行，何如？"

秦州刺史李彦因为施政严苛，刑罚残酷，失去民心，被当地人造反杀掉。当地人推举莫折大提为元帅，莫折大提自称为秦王。紧接着仇池当地的张长命、韩祖香等势力杀了南秦州刺史崔游，举全城百姓响应莫折大提。莫折大提随后又袭击并拿下了高平城（今宁夏固原），杀了镇将赫连略和行台高元荣。不久莫折大提去世，其子莫折念生自称天子，设百官，改年号为"天建"。

西边的造反势力已经完成了"断陇"。

再看北面，崔暹不服李崇指挥，擅自与破六韩拔陵在白道交战，被杀得单骑跑回来。破六韩拔陵随后全力攻打李崇，李崇力战，抵挡不住，撤回云中相持。莫折念生断陇后仅仅两个月，北魏的凉州幢帅于菩提等扣押了凉州刺史宋颖，据凉州而反。凉州也丢了。

东面与西面的高车部也反叛北魏，投奔了破六韩拔陵，身处洛阳的元诩在整个北境全部燃烧起来后终于想明白李崇和元深的话了。[1]

八月十八，北魏诏令：各州镇在册的军户只要不是因犯罪被流放的全部变为平民，改镇为州。又派兼黄门侍郎郦道元为大使，安抚六镇。郦道元没能带给愤怒的北境这个消息，此时的六镇已经全部燃烧起来了。

东北方面，北魏营州龙城的刘安定、就德兴杀了刺史李仲遵，据城而反。城中百姓王恶儿又杀了刘安定投降，就德兴向东逃跑，自称燕王。

整个北境唯一的好消息，是夏州刺史源子雍平定了夏州和东夏州的叛乱。

面对这全境的烽火，元深建议："如今六镇和东西高车已经全部反叛，现在以疲劳之兵攻打他们肯定赢不了，不如挑选精兵把守恒州的各

---

[1] 《资治通鉴·梁纪六》：东西部敕勒皆叛魏，附于破六韩拔陵，魏主始思李崇及广阳王深之言。

个要冲，先稳住再做打算。"

李崇对众将说："云中是白道要冲，如果此地不保，并州和肆州就危险了，应留一人镇之，谁能担此任？"最终大家推举费穆，李崇即奏请费穆为朔州刺史，随后率主力退回了平城。（见图10-5）

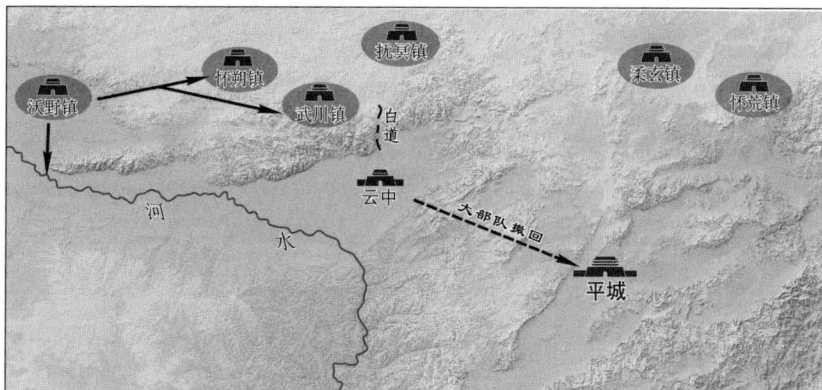

图 10-5　李崇退兵平城图

就在这个官军认怂的节骨眼上，北境大乱的第一个转折出现了。

贺拔度拔父子在怀朔被俘后会合了自己在武川的兄弟连，经过几个月的沟通与谋划，与武川的另一个大佬宇文肱纠集武川豪杰舆珍、念贤、乙弗库根、尉迟真檀等袭杀了卫可孤。[①]

破六韩拔陵的诸多参股军中，卫可孤势力最为强悍，卫可孤被杀后其部败散，叛军实力大减。[②]

紧接着又一个命运转折到来，作为武川旗帜的贺拔度拔在与投靠破六韩拔陵的高车部交战后身亡了。

---

① 《周书·贺拔胜传》：后随度拔与德皇帝合谋，率州里豪杰舆珍、念贤、乙弗库根、尉迟真檀等，招集义勇，袭杀可孤。

② 《周书·文帝纪》：正光末，沃野镇人破六汗拔陵作乱，远近多应之。其伪署王卫可孤徒党最盛。肱乃纠合乡里斩可孤，其众乃散。

此战后，群龙无首的武川兄弟连分成了两个方向：

1. 贺拔三兄弟投了官军，先去云中投奔了刺史费穆，后来又被元深高价挖走，深受重用。[①]

此时跟随贺拔兄弟的比较著名的还有后来在关中"创业"的猛将侯莫陈崇（西魏八柱国之一）。侯莫陈崇之所以投奔贺拔兄弟，是因为他的家境相对来讲比较显赫，祖上世代渠帅，爷爷以良家子身份镇武川，其父官至殿中将军、羽林监。[②] 因为他的"通道"相对来讲更能跟朝中官员说上话，所以就跟着贺拔三兄弟去寻找朝廷主力了。

他们遇到了另一个后来关中"创业"的大佬于谨（西魏八柱国之一），此时于谨为元深手下堪称头号参谋的长流参军。[③] 于谨是"高层次代人"，是于烈、于忠的同宗。英雄惺惺相惜，侯莫陈崇与于谨在战火中结下了真挚的友谊。

2. 武川军团还有一部分跟着宇文肱南下中山了。[④]

跟着宇文家去中山的著名人物还有中国史上的最强老丈人独孤信

---

① 《魏书·贺拔胜传》：度拔之死也，胜与兄弟俱奔恒州刺史广阳王渊。胜便弓马，有武干，渊厚待之，表为强弩将军，充帐内军主。《周书·贺拔胜传》：初，度拔杀可孤之后，令胜驰告朔州，未反而度拔已卒。刺史费穆奇胜才略，厚礼留之，遂委其事，常为游骑。于时广阳王元深在五原，为破六汗贼所围，昼夜攻战。召胜为军主。胜乃率募二百人，开东城门出战，斩首百余级。贼遂退军数十里。广阳以贼稍却，因拔军向朔州，胜常为殿。以功拜统军，加伏波将军。

② 《周书·侯莫陈崇传》：侯莫陈崇字尚乐，代郡武川人。其先，魏之别部，居库斛真水。五世祖曰太骨都侯。其后，世为渠帅。祖允，以良家子镇武川，因家焉。父兴，殿中将军、羽林监。崇少骁勇，善驰射，谨悫少言。

③ 《周书·于谨传》：行台广阳王元深治兵北伐，引谨为长流参军，特相礼接。所有谋议，皆与谨参之。

④ 《周书·文帝纪》：后避地中山，遂陷于鲜于修礼。

（西魏八柱国之一）。①独孤信的长女是北周明帝宇文毓的皇后，四女是唐高祖李渊之母，七女独孤伽罗嫁给了隋文帝杨坚做皇后。（看看唐和隋的关系。）

独孤信也是爷爷辈以良家子身份镇武川，但他父亲没有侯莫陈崇的父亲进步得快，在武川为领民酋长。独孤信年少时雄豪有节义，在北境相当有名。②

独孤信对于此次北境大乱看得比较远，他并不相信六镇之乱最终能讨到什么说法，而认为离开这个禁锢之地才是头等大事，于是跟着武川分部南下了中山。

随之南下的大佬还包括后来西魏八柱国之一的赵贵。③赵贵祖上的履历和独孤信家几乎是一模一样，爷爷辈以良家子身份镇武川，赵贵年少聪颖，有英雄气概。④他同样是带着乡里的队伍选择了保存实力。

至此，武川天团除了挑头的贺拔氏和宇文氏之外，后来西魏手握实质兵权的六个柱国大将军已经登场四位了，甚至很可能是五位。李世民的曾祖李虎早期履历不详，只知道他是贺拔岳的心腹嫡系。⑤

李虎跟贺拔氏关系极深，贺拔岳死后李虎曾去荆州劝贺拔胜入关

---

① 《周书·独孤信传》：信美容仪，善骑射。正光末，与贺拔度等同斩卫可孤，由是知名。以北边丧乱，避地中山，为葛荣所获。

② 《周书·独孤信传》：独孤信，云中人也，本名如愿。魏氏之初，有三十六部，其先伏留屯者，为部落大人，与魏俱起。祖俟尼，和平中，以良家子自云中镇武川，因家焉。父库者，为领民酋长，少雄豪有节义，北州咸敬服之。

③ 《周书·赵贵传》：魏孝昌中，天下兵起，贵率乡里避难南迁。属葛荣陷中山，遂被拘逼。

④ 《周书·赵贵传》：赵贵字元贵，天水南安人也。曾祖达，魏库部尚书、临晋子。祖仁，以良家子镇武川，因家焉。贵少颖悟，有节概。

⑤ 《册府元龟·帝王部·帝系》：公生太祖景皇帝虎，少倜傥有大志，好读书而不存章句，尤善射，轻财重义，雅尚名节，深为太保贺拔岳所重。

收兵。所以李虎此时很可能也在其中。

西魏、北周乃至隋唐开国的骨干，大部分已经登场了。古往今来的陈胜、吴广都是在给后面的项羽、刘邦做嫁衣裳，面对轰轰烈烈的六镇起义，武川军团并没有随波逐流，而是方向性极强地做出了截然不同的人生选择。

真实的故事并不浪漫，隋唐开国的祖辈不是六镇砸碎锁链的揭竿而起者，而是抱着乱局以个人晋升阶梯的心态进入了时代洪流。

虽然两股力量此时分道扬镳，但纷乱的世道会让他们在血与火的淬炼后再次相遇，并最终龙归大海。

时隔七百多年，继上一次刘邦率丰沛军团引领时代后，相似人员结构的武川军团正式登上历史舞台，并被裹挟进入了这最长乱世后半个世纪的搏杀。

七、尔朱荣的背景，聪明人的算盘

524 年年底，武川军团袭杀卫可孤的同时，元深拿到了北境的最高指挥权。

元深弹劾总指挥李崇引荐的长史祖莹谎报军功，贪污军费，祖莹被除名，李崇也被免官夺爵召回朝廷，北边的军政大权都落到了元深手里。

大乱一年半后，时间来到了 525 年。

正月，在西北已经闹出气候的莫折天生（莫折念生之弟）率众下陇山东进，屯军于黑水，兵势甚盛。北魏以岐州刺史崔延伯为征西将军、西道都督，率众五万讨伐。

初八，崔延伯统军为前锋，萧宝夤领兵继后，莫折天生率军倾巢出战。崔延伯身先士卒冲入敌阵，击溃敌军前锋，魏军大胜，共俘斩敌军十多万，并一直追到小陇山（今甘肃平凉华亭县与陕西宝鸡陇县交界），岐州、雍州及陇东被一战平定。由于将士们只顾着抢战利品，因此给莫折天生留下时间堵塞了陇道，魏军停于陇东。

西北大胜的同时，北魏当年帮过的"中山狼"柔然被收买成了雇佣军，也加入战场。

三月，柔然突然从后方出兵十万，自武川西进沃野，多次击败破六韩拔陵。

乱局形势在好转的同时，胡太后的禁闭期也结束了。刘腾死后，元义对胡太后的防范松懈，或者说之前死死封印胡太后这事就是刘腾负责。元义经常住在宫外，国家闹成这样他还每天都要出去游猎。这事被胡太后知道了。

四月，胡太后与元雍定策夺了元义的兵权，重新临朝摄政，具体过程不再赘述，因为洛阳现在已经不是主角了。

视线转到胡太后的回归上，因为这是个重要线索，元义倒台对洛阳正北八百里产生了巨大的蝴蝶效应。

胡太后回归后收到的第一个消息就是云中丢了。

元深的大部队已经撤退，此时云中成为北境孤城，留下的费穆招抚离散军民，坚持了半年，由于道路阻绝，援军不到，粮食兵器全部用尽，费穆最终弃城向南，投奔了镇守北境最后一道关卡——秀容的尔朱荣。① （见图 10-6）

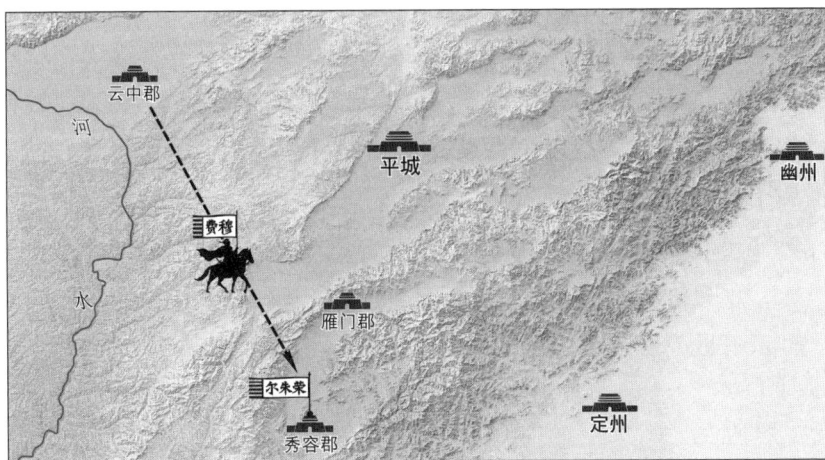

图 10-6　费穆投奔尔朱荣示意图

---

① 《资治通鉴·梁纪六》：时北境州镇皆没，唯云中一城独存。道路阻绝，援军不至，粮仗俱尽，穆弃城南奔尔朱荣于秀容。

整个南北朝时期，北方的军事一哥——尔朱荣上场了。

南面的武力天花板是刘裕，北面的武力天花板就是尔朱荣。无论后期北方各路神仙全部上阵厮杀成什么样，军事一哥都非他莫属。

一百二十多年前拓跋珪开国设定京畿时，那些最新归附参股的部落酋民是没有资格加入代人集团的，因此都被安排在了"畿外"，由八部帅进行监督看管。在众多归附部落中，有一个部落的酋长叫尔朱羽健，是尔朱荣的高祖。

尔朱羽健带着族中一千七百武士参加了拓跋珪的灭燕行动，但并没有被吸收到代人集团中，而是被论功封为散骑常侍，秀容川三百里成了他的封地。①

享有战利品优先分配权和政治优先权的是代人集团，尔朱氏这种边缘性部落通常会被安排在一个地方做一些专门性的工作，比如提供战马牛羊。这种部落的影响力不大，部落组织也没解散，不是国家常备武力，酋长也没有什么政治影响力。

到了尔朱荣的爷爷尔朱代勤时，尔朱氏的命运被意外改变了。尔朱代勤的外甥女被拓跋焘选进了后宫，生下的孩子后来成为太子。尔朱氏以这层关系开始大规模参与拓跋焘的对外征战，甚至被皇帝大笔一挥免除了百年的赋税！②

尔朱氏意外地开始了野蛮生长。

1. 不交税。

2. 有世袭地盘。

---

① 《魏书·尔朱荣传》：常领部落，世为酋帅。高祖羽健，登国初为领民酋长，率契胡武士千七百人从驾平晋阳，定中山。论功拜散骑常侍。以居秀容川，诏割方三百里封之，长为世业。

② 《魏书·尔朱荣传》：代勤，世祖敬哀皇后之舅。以外亲兼数征伐有功，给复百年，除立义将军。

3. 还享有一定的政治待遇。

此时的尔朱氏日益不同于那些普通部落，悄悄发展成代人集团之外的一个特别的存在。拓跋濬时期，封尔朱代勤为肆州刺史。[1] 高寿的尔朱代勤后来又被孝文帝封为仅次于王爵的梁郡公。[2]

到了尔朱荣的父亲尔朱新兴时，整个家族已经相当强大了，秀容地区的畜牧业开始空前繁荣，牛、羊、骆驼和马要以毛色分群，漫山遍野难以计数。尔朱新兴将这些归结于他和白蛇精的一段情。据史料记载，他曾行马群，见一白蛇，头有两角，游于马前。新兴异之，谓曰："尔若有神，令我畜牧蕃息。"

神话故事是掩盖真相的最好手段，还不招人嫉妒。千万别说奋斗，千万别说背景，千万别说那些别人做不到的，那是给自己招灾。

有地盘，又是皇亲，百年还不用交税，无论是谁都能迅速发展。

尔朱新兴对人性琢磨得比较透，知道国家给的免税政策不是为了让自己成为富豪的，自己得把财富和国家的发展进程高度关联起来，如此一来，自己如果遇到困难，国家也会帮着解决。

每逢北魏出兵，尔朱新兴便相当知趣地献上马匹和军资，因此深得孝文帝欣赏，孝文帝高调表彰，封其为右将军、光禄大夫。北魏迁都洛阳后，尔朱新兴更是紧跟时代步伐，每年冬天来朝，夏天回部落，每次都带着一大群名马来洛阳拜见皇帝和大臣。[3]

人有了地位和财富以后，就喜欢用各类奢侈品来凸显身份。尔朱新兴作为维系关系的超级高手，为权贵们供应名马，一路官至散骑常侍、

---

[1]《魏书·尔朱荣传》：高宗末，假宁南将军，除肆州刺史。

[2]《魏书·尔朱荣传》：高祖赐爵梁郡公。

[3]《魏书·尔朱荣传》：朝廷每有征讨，辄献私马，兼备资粮，助裨军用。高祖嘉之，除右将军、光禄大夫。及迁洛后，特听冬朝京师，夏归部落。每入朝，诸王公朝贵竞以珍玩遗之，新兴亦报以名马。

平北将军、秀容第一领民酋长。统治核心这个群体算是让他琢磨透了。

尔朱新兴后来以年老为由将爵位传给了尔朱荣。尔朱荣在洛阳担任直寝将军、游击将军这类禁军高官。[①] 他继承了父亲擅长社交的家学，给当时的北魏第一高官元义送了一匹匹名马，元义也给予了尔朱荣相当优厚的待遇。[②]

这份恩情甚至使得尔朱荣手握大权后，又将祸国贪污的元义之父元继安排成了太师。

整个代人集团除极少数高层之外，多数在南迁后都挺悲催的，但部落子弟尔朱荣却在这个禁锢的时代成为异类。为什么后来尔朱荣在黄河边对洛阳整个官僚系统的官员进行了史无前例的屠杀？

1. 他是见识过洛阳官场的。

2. 他是洛阳官场的重要润滑剂。

3. 他知道这个官僚系统中的有些人有多可怕。

六镇乱起来之后，作为元义的嫡系，尔朱荣几乎没有遇到什么阻碍就回到了秀容川，开始招兵买马。[③]

524 年八月，六镇战火的影响波及秀容，内附胡民乞扶莫于杀太守作乱，南秀容牧子万子乞真杀太仆卿陆延反叛，并州牧子素和婆嵛嵲反叛，尔朱荣先后出兵，一一讨平。

随着叛乱的加剧，尔朱荣的能力和靠山开始帮助他获得越来越多的朝廷大臣的"青睐"，比如说后面要讲到的怀朔派。

此时尔朱荣在政治上的策略还是做好首都的"护城河"，不久之后，胡太后回来了，洛阳的大佬元义被排挤因而失势。局势开始微妙且

---

① 《魏书·尔朱荣传》：荣袭爵后，除直寝、游击将军。

② 《魏书·江阳王继传》：初，尔朱荣之为直寝也，数以名马奉义，又接以恩意，荣甚德之。

③ 《魏书·尔朱荣传》：正光中，四方兵起，遂散畜牧，招合义勇，给其衣马。

迅速地起变化。

讲到这里先梳理一下，北魏的崩塌不是一个野蛮部落的野蛮首领杀出野蛮道路的故事。

黄河边上，大家都是老熟人。

史载尔朱荣面洁白，容貌美，自幼神机明决，从小就有打仗之才，长大后好射猎，每次打猎都像是大阅兵，演练行兵与军阵之法，号令严肃，众莫敢犯。

尔朱荣爱好打猎到了不舍寒暑的地步，列围而进，必须整齐划一，虽遇阻险不得回避，只要虎豹逃出去了，守在对应位置的士兵必定被杀。

很快，大半个北方就会惊恐地发现，只要被他盯上了，结局只有死路一条。尔朱荣从打猎中悟出了一套绝世武功。

525 年五月，六镇之乱已经接近两年。于谨对元深建议道："让我去跟造反的部落谈谈吧，也许能离间招降他们。"

于谨会多种语言，单枪匹马来到胡人营地进行外交活动，最终西部高车的酋长乜列河等率三万多户南下来投降元深。

元深准备带兵到折敷岭迎接，于谨告诉他："破六韩拔陵肯定听说了，也会来，如果让他提前占据了险要位置便不好防御，因此不如用高车部作为诱饵，埋伏兵力等他上钩。"

元深同意。破六韩拔陵果然带兵截击西部高车并全俘其众，但随后被元深伏兵大败，魏军带着高车部众返回。

六月，柔然再败破六韩拔陵，斩了破六韩孔雀等将，被四面围剿的破六韩拔陵为避开柔然军队只好往南迁移，渡过了黄河。

因破六韩拔陵逼近，将军李叔仁向元深求援，元深率众前去迎战。此时的六镇在多方围剿下已是强弩之末，前后投降二十万人。[①]

---

① 《资治通鉴·梁纪六》：将军李叔仁以拔陵稍逼，求援于广阳王深，深帅众赴之。贼前后降附者二十万人。

至此，六镇之乱暂时平息了。

元深与行台元纂上表，请求在恒州之北另立郡县，安置降户，根据情况救济赈贷，以熄灭叛乱之心。元深的意思就是取消六镇，给这伙流民自由民身份，分给土地，在北境就地安置。这也是瞄准六镇之乱的源头，叛乱就是因为实在太不公平，镇民们连活命都成问题，被逼到了尽头。

元深作为见过前线炮火的一线将领瞄准了北镇贫民的生计问题，遗憾的是，北魏的最终决定是诏令黄门侍郎杨昱把这些降户分别安置在冀、定、瀛三州。[①]

从行政区地图看可能不太明显，实际上这片土地堪称整个河北最膏腴的板块。北魏认为这伙流民去这三州"就食"，一定会被河北淹没，成为门阀的人口红利。这就天真了。

这支有组织、有纪律的军事武装，两年中打过太多的胜仗。

河北三州已经被深度开发，没有剩余的土地了，这些贫民不会成为主人，只会换一种方式继续被压榨。再次举起反旗对他们来说是轻车熟路的事。老话讲"财不可外露"，让一个在塞北受尽欺压与磨难的群体进入整个北国最为繁盛的土地，他们会琢磨什么？他们要当这片土地的主人，女人、财富、土地，他们也想要！

人性是需要约束的，更何况这是二十万已经见过血的人。让一个打了两年仗的军事团体进入经济繁荣地区，洛阳的统治者做出这个决定，真是没有长脑子。

元深对元纂道："此辈复为乞活矣！"换言之，就是说我们都将见证这个时代的乞活军要诞生了。

元深没办法，也没再说什么，因为朝廷做这个决定，是胡太后听了城阳王元徽的意见，元徽说元深想把这些流民安置在恒北，把他们变成自

① 《资治通鉴·梁纪六》：魏朝不从，诏黄门侍郎杨昱分处之冀、定、瀛三州就食。

己的武装。元徽玩命地扯元深的后腿，主要原因是元深和他妻子通奸。①

525 年八月，六镇集团投降还不到两个月，甚至他们刚到河北，情况就出现了变化。

柔玄镇兵杜洛周聚北镇流民反于上谷，高欢、蔡俊、尉景、段荣、彭乐等人都追随杜洛周造反，率军西围燕州。

北齐的神武高皇帝也登场了。

高欢，怀朔镇人，据他自己说是渤海高氏，权且一听，不太可考。这个时代比较特殊，不流行"将相无种起草莽"，因此他不能像后世朱元璋总叉着腰喊"我本淮右布衣"那样轻松，而是必须给自己挂个招牌充门面。为了给自己的出身做出合理的解释，高欢表示，自己家世代镇守北境，所以时间长了就跟鲜卑人一样了。

高欢为人深沉又大度，目有精光，长头高颧，齿白如玉，人长得特别精神。他哪里都好，就是出身寒门，机会少。

高欢凭着一表人才，有一次在城上站岗的时候被娄家姑娘一眼相中，娄家姑娘几乎是倒贴着、上赶着嫁给了高欢。②

高欢凭借婚姻完成了原始积累，终于有了马，在怀朔镇做了一名队主，后来又成为来往洛阳的函使。在洛阳，他看到羽林军屠灭张家后不被追究，认为世道即将有变化，于是也有了想法，开始拿着老婆的钱结交各路朋友。③ 在怀朔镇，一颗有野心的种子被埋下了。

后面所谓东西魏大战，其实就是高欢的怀朔派和宇文泰的武川派展开的对抗。

---

① 《魏书·拓跋徽传》：又不能防闲其妻于氏，遂与广阳王渊奸通。

② 《北齐书·神武娄后传》：及见神武于城上执役，惊曰："此真吾夫也。"乃使婢通意，又数致私财，使以聘己，父母不得已而许焉。

③ 《北齐书·神武帝纪》：及自洛阳还，倾产以结客，亲故怪问之，答曰："吾至洛阳，宿卫羽林相率焚领军张彝宅，朝廷惧其乱而不问，为政若此，事可知也。财物岂可常守邪？"

前面谈到武川派在六镇之乱中的表现，其实怀朔派也是这样。

高欢在怀朔镇时与怀朔省事司马子如、怀朔户曹史孙腾、怀朔外兵史侯景、秀容人刘贵、中山人贾显智等结下了友谊。[①]

其中的秀容人刘贵，是高欢发迹的关键贵人。他是尔朱荣的老乡兼心腹。[②]

和高欢关系好的几个人，在怀朔镇被攻破后都投奔了在洛阳有关系、在山西暴打叛军的冉冉新星尔朱荣。

贾显智之父为沃野镇长史，其兄贾显度为别将，防守薄骨律镇。六镇之乱后贾显度据守了一段时间，发现情形不对，于是直接南下奔秀容，投奔了尔朱荣后深受重用。[③]

怀朔省事司马子如在怀朔镇破后直接投奔了尔朱荣。[④]

怀朔户曹史孙腾[⑤]、怀朔外兵史侯景也和司马子如一样投奔了尔朱荣。[⑥]

甚至这里没有提到的高欢的连襟窦泰，都是在怀朔镇被攻破后迅速归附了尔朱荣。[⑦]

---

① 《北齐书·神武帝纪》：与怀朔省事云中司马子如及秀容人刘贵、中山人贾显智为奔走之友，怀朔户曹史孙腾、外兵史侯景亦相友结。

② 《北齐书·刘贵传》：贵刚格有气断，历尔朱荣府骑兵参军。建义初，以预定策勋，封敷城县伯，邑五百户。除左将军、太中大夫，寻进为公。荣性猛急，贵尤严峻，每见任使，多惬荣心，遂被信遇，位望日重，加抚军将军。

③ 《魏书·贾显度传》：正光末，北镇扰乱，为贼攻围。显度拒守多时，以贼势转炽，不可久立，乃率镇民浮河而下。既达秀容，为尔朱荣所留。寻表授直阁将军、左中郎将。

④ 《北齐书·司马子如传》：孝昌中，北州沦陷，子如携家口南奔肆州，为尔朱荣所礼遇，假以中军。

⑤ 《北齐书·孙腾传》：魏正光中，北方扰乱，腾间关危险，得达秀容。属尔朱荣建义。

⑥ 《南史·侯景传》：魏末，北方大乱，乃事边将尔朱荣，甚见器重。

⑦ 《北史·窦泰传》：父乐，魏末破六韩拔陵为乱，与镇将杨钧固守，遇害……泰父兄战殁于镇，泰身负骸骨归尔朱荣。

这与贺拔氏袭杀卫可孤后投奔北魏官军找元深的路子像不像呢？都不相信六镇，都在以此为仕途踏板。

同武川的宇文氏和独孤氏等避祸中山一样，怀朔派也有一部分没有南投尔朱荣，而是来到了河北。

怀朔镇和武川镇一样，都在六镇之乱中抵抗了近一年，从性质上来说，两个派系的心思都是一样的。

比较有意思的是，怀朔分部和武川分部到了河北大地后都改了新算法。

杜洛周反于上谷，再次把旗帜举起来后，高欢带着手下的兄弟们主动入股起事了。

仅仅一个季度后，526年正月，五原降户鲜于修礼率北镇流民在定州的左人城（今河北保定唐县）起义，改元"鲁兴"，引兵攻向州城，州兵不能抵挡。在定州的武川派也同高欢一样，一改曾经袭杀卫可孤反对起义的态度，主动加入了鲜于修礼的造反队伍。

宇文泰的嫂子曾经在外交信件中详细讲述了当时的情况。鲜于修礼起义之时，宇文氏在博陵郡准备去左人城会合，半路上被定州官军打败，宇文肱和二儿子宇文连全部战死。[①]

曾经在怀朔抵抗一年的怀朔、武川两派，曾经击杀卫可孤的武川群雄，为何到了河北全都主动参股起义了呢？

因为这里值得。过去，六镇闹得没有意义，塞北荒原，千里无人烟；现在，河北闹得全都有意义，膏腴之地，千里大平原。

在这大乱世中，六镇的上层考虑的是自己的仕途；六镇的中层考虑的是家族的长远发展。

混乱是阶梯，乱世拼智力。

从他们的思路和出手时机能看出他们的见识和眼界，北境六镇数十万人被裹挟进时代的大潮中，聪明的强人从一开始做的就是最优选择。

---

① 《周书·晋荡公护传》：鲜于修礼起日，吾之阖家大小，先在博陵郡住。相将欲向左人城，行至唐河之北，被定州官军打败。汝祖及二叔，时俱战亡。

八、河阴百官"潜水大赛"

525 年八月，杜洛周打响了六镇在河北的第一枪。

元深担心被他的政敌元徽进谗言，被胡太后赐死，于是请求回洛阳，洛阳方面以左卫将军杨津代元深为北道大都督。

526 年正月，鲜于修礼也举旗造反了，随后率军向中山进发，州兵抵挡不住。此时接班的杨津到了灵丘，听说定州已经情况危急便领兵救援，一路杀进了州城。

在这次作战中，前去投奔鲜于修礼的宇文肱和二儿子宇文连战死了。宇文氏的担子落在了宇文肱三儿子宇文洛生手上。

冥冥中，上天安排宇文肱在这个时候退场自有深意。因为以他的辈分和在武川的人脉，如果投奔鲜于修礼，大概率会成为大佬级的人物。即便他死了，他的三儿子宇文洛生后来也成了葛荣的渔阳王，武川兄弟连的战斗力是极其强悍的。[1] 如果他不死，宇文氏在这个时候大概率就成了出头鸟，极有可能会在后面跟北境一哥尔朱荣对战的过程中被连根拔起。

---

① 《周书·莒庄公洛生传》：乃以洛生为渔阳王，仍领德皇帝余众。时人皆呼为洛生王。洛生善将士，帐下多骁勇。至于攻战，莫有当其锋者，是以克获常冠诸军。

宇文肱生了四个儿子，大儿子在袭杀卫可孤时为了保护他身亡，二儿子和他在起义之初身亡，三儿子因为威望太高被尔朱荣杀了。他家连他在内的这四条命，都在为他最小的孩子投石问路。冥冥之中，自有剧本。

鲜于修礼起事后，北魏任命扬州刺史长孙稚为大都督北讨诸军事，让他与河间王元琛共同讨贼。

北魏末期的一系列人事任命都充满了"福报用尽"的神秘气息，长孙稚和元琛本来就不对付，长孙稚走到邺城时，洛阳方面又发诏令解除了他的大都督一职，让元琛成了总指挥。长孙稚上书表示自己没法受元琛的节制，朝廷不听。

魏军行至呼沱河，长孙稚不想出战。元琛说："你死也要死在战场上。"长孙稚无奈出战。鲜于修礼在五鹿将长孙稚打得一败涂地，元琛不救。不久两人全部被免职。

鲜于修礼在大败元琛和长孙稚后，军队士气越来越高涨，胡太后又任命老贪污犯元雍为大司马，起复元深为大都督讨伐鲜于修礼，以章武王元融为左都督，裴衍为右都督，并受元深节度。

五月，燕州刺史崔秉在北面顶不住了，率众弃城投奔定州。河北第一个被放弃的州诞生了。

七月十一，西边的平城也不行了，守平城的元纂被自云中而来的鲜于阿胡流民军攻破，元纂奔冀州。

又一个时代变量出现：贺拔三兄弟此时正在平城内。贺拔兄弟在袭杀卫可孤后就跟了元深，相当受重用，在这期间贺拔胜更是晋升为统军，加伏波将军。随后兄弟三人隶属元纂镇恒州。按理说有这三兄弟在，平城肯定丢不了，无奈平城里出了内奸。在分岔路口，贺拔三兄弟再次面临抉择。

贺拔兄弟之前跟随元深时，元深还是春风得意的北境总指挥。结果没多久胡太后就重返权力中央了，她的再次上位改变了很多事，其中就包括元深此时正被政敌元徽疯狂攻击。贺拔三兄弟最终放弃了对北魏宗室的幻想，南下投奔了如天下屋脊般实力强劲的尔朱荣。

河北一片大乱的时候，山西大地上的尔朱荣已经成为所谓的"北境长城"："是时，北镇纷乱，所在蜂起，六镇荡然，无复蕃捍，惟荣当职路冲，招聚散亡。"内附叛胡乞扶莫于、步落坚胡刘阿如等作乱于瓜肆，高车北列步若等反于沃阳，全部被尔朱荣消灭。高车部斛律洛阳反于桑干西，与费也头牧子互为犄角，也都被尔朱荣相继消灭。

随着尔朱荣的战绩越来越漂亮，官爵也一路升到了使持节、安北将军、都督恒朔讨虏诸军、假抚军将军，进封博陵郡公，增邑五百户。

尔朱荣平叛归来路过肆州的治所九原（今山西忻州）时，肆州刺史闭门不让进城，尔朱荣一怒之下直接攻破了城池，安排堂叔尔朱羽生为肆州刺史，此时洛阳方面已经无法追责尔朱荣了。[①]

平城陷落后贺拔三兄弟失散，贺拔允和贺拔岳投奔了尔朱荣，贺拔胜投奔了肆州。尔朱荣攻克肆州，得到了贺拔胜，聚齐了贺拔三兄弟，大喜道："有了你们兄弟，何愁不能平定天下！"[②]贺拔三兄弟就此进入了尔朱荣的核心参谋部。继怀朔镇的原班将领纷纷加盟后，尔朱荣又得到了武川的贺拔三兄弟。

八月二十七，鲜于修礼被混入队伍的北魏宗室元洪业所杀，随后怀朔背景的葛荣又杀掉元洪业接过了大旗。葛荣接班后率部北去瀛州，元深从交津领兵紧紧跟上。

九月十五，葛荣在白牛逻率轻骑突袭杀了屯兵章武的元融，战后自称天子，定国号为齐，年号为广安。

---

① 《魏书·尔朱荣传》：时荣率众至肆州，刺史尉庆宾畏恶之，闭城不纳。荣怒，攻拔之，乃署其从叔羽生为刺史，执庆宾于秀容。自是荣兵威渐盛，朝廷亦不能罪责也。

② 《资治通鉴·梁纪七》：初，贺拔允及胜、岳从元纂在恒州，平城之陷也，允兄弟相失；岳奔尔朱荣，胜奔肆州。荣克肆州，得胜，大喜曰："得卿兄弟，天下不足平也！"

因战局不利，元深按兵不动，不久从朝中传来了元深养寇自重的声音。元深便派自己的心腹于谨回洛阳向胡太后讲明白前方的战事。重要剧情人物往往被历史之神提前安排离开要沉的船，元深这个和六镇交战经验最多的宗室要退场了。

元深领兵前往定州，定州刺史杨津此时也怀疑元深有造反的心思，元深听说后停在了州城南边的佛寺。两天后，元深召都督毛谧等人订立盟约，约定危难之时互相援救。

这下毛谧等也怀疑元深了，于是投诚杨津，说元深图谋不轨。杨津派毛谧讨伐元深，元深逃跑后在博陵被葛荣部抓获而亡。

北魏在河北的火焰越来越弱了。

九月底，就德兴攻陷北魏的平州，杀刺史王买奴。平州丢了。

十一月，杜洛周军围范阳，城民执幽州刺史王延年、行台常景送给杜洛周出降。幽州丢了。

527年正月，殷州刺史崔楷被葛荣所杀，殷州（殷州为526年临时由定州、相州拆分出的新州，治广阿，辖赵郡、钜鹿郡、南赵郡）也丢了。随后葛荣部攻冀州，围州城信都。

三月，北魏任金紫光禄大夫源子雍为北讨大都督，督相州刺史元鉴和北道都督裴衍一同援救信都。

七月，元鉴看到北魏不行了，据邺城而反，投降了葛荣。

八月，魏遣都督源子雍、李神轨、裴衍攻邺城。

八月十七，魏军破邺城斩元鉴，传首洛阳。

这个破城速度说明一件事：邺城并不欢迎六镇。其实整个河北作为门阀的大本营，从不欢迎六镇，各城都在尽最大努力坚守，无奈北魏的一系列不合理的人事任命导致官军战斗力实在是太差，生生把六镇的士气给养起来了。

十一月，自春及冬葛荣围信都已近一年，冀州刺史元孚弹尽粮绝，终于城陷。冀州也丢了。

葛荣把信都百姓全部赶出冀州城，"冻"死者十之六七。[①]这是史书中的一种隐晦写法，当年苏峻之乱中，对叛军强奸的罪行是这么说的：乱军把百姓的衣服都抢走了，所有人都拿草盖着身子，没找到草的呢，就用土把自己埋起来，哀号声响彻建康城。仅仅写抢了百姓的衣服，后面就靠你去想象了。

到了这里，《魏书》则表示"冻死者十六七"。为什么写得如此隐晦呢？因为《魏书》成于北齐，北齐的神武高皇帝此时也在葛荣的军中，不好写得太残暴啊。

高欢跟随杜洛周不久就开始看不上他，准备谋杀杜洛周自立，计划失败后带兄弟们向南投奔了同是怀朔老乡的葛荣。[②]

在葛荣处，高欢貌似又与葛荣发生了龃龉。因为他的本传中对于这段经历有且只有一句话：他随后从葛荣这里又亡归了尔朱荣，所谓"又亡归尔朱荣于秀容"。"亡归"这个词很有意思。

跟他同伙谋诛杜洛周的三人中，有关尉景和段荣的史料记载中直接没有投奔葛荣的这段经历。[③]有关蔡俊的史料则没删干净，说他随后又背叛了葛荣，归降尔朱荣，所谓"高祖谋诛洛周，俊预其计。事泄，走奔葛荣，仍背葛归尔朱荣"。这个"仍"字，明显是对应前面的那句"高祖谋诛洛周，俊预其计"。

高欢的小集团在葛荣处极大概率干了相当不体面的事，有点儿吕布"有奶便是娘"的做派。更为直观的证据出现在高欢的二儿子高洋的传中，高欢逃亡得极度仓促，来到尔朱荣这里的时候已经"家徒壁

---

① 《魏书·肃宗纪》：十有一月己丑，葛荣攻陷冀州，执刺史元孚，逐出居民，冻死者十六七。

② 《北齐书·神武帝纪》：丑其行事，私与尉景、段荣、蔡俊图之，不果而逃，为其骑所追……遂奔葛荣。

③ 《北齐书·尉景传》：魏孝昌中，北镇反，景与神武入杜洛周军中，仍共归尔朱荣。《北齐书·段荣传》：属杜洛周为乱，荣与高祖谋诛之，事不捷，共奔尔朱荣。

立""共忧寒馁"。①

无论是否体面，高欢都在这个时间段离开了河北，历史之神安排了他的剧本，他要西去帮尔朱荣解锁新剧情了。

十二月二十，在阳平东北的漳水曲，葛荣率十万众进攻北魏援军，源子雍和裴衍战败而亡。

此时河北最南部的相州人心惶惶，好在相州刺史李神抚慰将士，三军用命，挡住了葛荣的全力攻城。

葛荣在南面攻打相州的时候，北方传来了消息，说杜洛周已经势不可当。

杨津在定州城也守不住了，他这两年没少遭到葛荣和杜洛周南北二寇的祸害。葛荣曾经使人游说杨津，许以为司徒，杨津斩其使，固守三年，矢志不渝。

528年正月初七，杨津长史李裔引杜洛周入城，定州失陷。杨津败后，瀛州刺史元宁也投降了杜洛周。

至此，整个河北平原的北魏官军除最南边的相州之外已经全部被六镇军团拔除。（见图10-7）

在杜洛周拿下定、瀛二州的同时，葛荣率军北上，展开了与杜洛周的对决。二月，南北二寇大战中，葛荣杀了杜洛周，收编其众。

自523年六月破六韩拔陵起军，到528年二月葛荣吞并杜洛周，近五年的时间，北方的局面开始渐渐清晰。

六镇的人口被葛荣汇聚成了一股力量，但依旧是流民的打法，盘踞在河北地区，进行扫荡。

北魏内部的骨干力量则基本上逃到了山西—哥尔朱荣那里。这时尔朱荣已经是车骑将军、仪同三司及并、肆、汾、广、恒、云六州讨虏

① 《北齐书·文宣帝纪》：初，高祖之归尔朱荣，时经危乱，家徒壁立，后与亲姻相对，共忧寒馁。

图 10-7　北魏河北势力图

大都督了。

　　葛荣统一六镇后，尔朱荣和高欢展开了一次改变历史走向的谈话。

　　当年高欢拿新婚妻子的钱招揽各路朋友时结交了一个好兄弟刘贵，此时的刘贵已经是尔朱荣的心腹参谋了。刘贵多次向尔朱荣推荐高欢，尔朱荣见高欢憔悴得像生病似的，并没觉得他哪里厉害。一次，高欢随尔朱荣去马棚，见到了一匹悍马，尔朱荣令高欢给这匹马修剪。高欢没上马笼头就把这匹马收拾得服服帖帖，他修剪完后站起身对尔朱荣道：

"我控制恶人跟治牲口一个效果。"①

尔朱荣开始惊奇这个瘦小子的能力，想听听他对时政的看法。

高欢道："现在天子软弱，太后淫乱，奸佞专权，朝政不行，您应该去洛阳走一趟了。"②

尔朱荣大悦，两人从中午谈至半夜，从此高欢成为尔朱荣的重要参谋。高欢恰到好处地在这个时间段给尔朱荣提出了新思路：这几年朝廷的兵力基本都耗尽了，挟天子以令诸侯的机会到了。

尔朱荣南下需要路过并州，并州刺史是尔朱荣结拜的大哥元天穆。③尔朱荣询问了元天穆和部下都督贺拔岳的意思，两人都赞成其发兵洛阳。④

尔朱荣开始上书朝廷："山东群盗猖獗，冀州、定州已经失陷，官军屡战屡败，我请求遣三千精骑东援相州。"

由于尔朱荣是元义的嫡系，这让胡太后非常怀疑尔朱荣的用心，此时河北已经没有北魏的官军力量了。相比于底层出身的葛荣，胡太后更担心尔朱荣，担心他打败葛荣后就再也制不住他了。

胡太后回复道："北海王元颢率众两万出镇相州，你不需要出兵。"

尔朱荣又上书道："贼势虽衰，但官军屡败恐怕不顶用，最好还是想周全些。我认为柔然主深受国恩，还有人情，您命柔然北面发兵攻其背，北海王元颢之军严加警备以当其前，我的兵虽少，但尽力命兄弟们

---

① 《资治通鉴·梁纪八》：刘贵先在尔朱荣所，屡荐欢于荣，荣见其憔悴，未之奇也。欢从荣之马厩，厩有悍马，荣命欢翦之，欢不加羁绊而翦之，竟不蹄啮，起，谓荣曰："御恶人亦犹是矣。"

② 《资治通鉴·梁纪八》：欢曰："今天子暗弱，太后婬乱，嬖孽擅命，朝政不行。以明公雄武，乘时奋发，讨郑俨、徐纥之罪以清帝侧，霸业可举鞭而成，此贺六浑之意也。"

③ 《资治通鉴·梁纪八》：并州刺史元天穆，孤之五世孙也，与荣善，荣兄事之。

④ 《资治通鉴·梁纪八》：荣常与天穆及帐下都督贺拔岳密谋，欲举兵入洛，内诛嬖幸，外清群盗，二人皆劝成之。

分布井陉以北、滏口以西，分据险要，攻其肘腋。葛荣虽刚兼并杜洛周，但威恩尚未树立，队伍成分庞杂，可一战而定！"

尔朱荣随后不等胡太后回复便命部队扩军，占据了北方和东方的要塞，北守马邑（属恒州），东占井陉（属定州），做好了南下的准备。而元诩此时十九岁了，他和再次临朝听政的母亲之间的内斗也到了巅峰。

胡太后这次回到权力中心后，局面和之前完全不一样了。元义这些年有很多旧势力，比如尔朱荣；小皇帝一天天长大，身边也配置了很多力量。胡太后再次临朝的第一件事就是扶植自己的亲信班底，杀了很多小皇帝的人。

决定雄起的小皇帝下密诏，命尔朱荣发兵至京城来助他对抗胡太后。[1] 尔朱荣得圣旨后任高欢为前锋迅速南下。高欢军至上党时，元诩估计是想明白了，又下密诏阻止了这一行动。

太后的心腹郑俨和徐纥看到小皇帝召外兵，于是与胡太后密谋，毒死了元诩。

胡太后这些年也不知道是怎么信的佛，智慧是一点儿没开啊，小皇帝能杀吗？他是你的权力来源啊，当初你的富贵是怎么来的，是你毅然决然地生了他啊。

更神奇的是胡太后随后的一系列奇葩操作。一到王朝末年，通常统治者的生育能力大滑坡，元诩只生了个闺女，这闺女被胡太后诈称为男孩登基，几天后见人心安定就又昭告天下说新皇帝是个女孩，应再立贤君，随后立了孝文帝曾孙、三岁的元钊为皇帝，以方便自己继续掌权。[2]

天下愕然！胡太后这是拿朝廷和国家当什么了？

---

[1] 《资治通鉴·梁纪八》：魏肃宗亦恶俨、纥等，逼于太后，不能去，密诏荣举兵内向，欲以胁太后。

[2] 《魏书·宣武灵皇后胡氏传》：太后乃奉潘嫔女言太子即位。经数日，见人心已安，始言潘嫔本实生女，今宜更择嗣君。遂立临洮王子钊为主，年始三岁，天下愕然。

各大门阀自此和胡太后划清了界限。在他们看来，为政要有敬畏心，因为这是天下最体面的事业，胡太后直接用下三烂的手段，这是在砸大家的碗。

胡太后在洛阳失去了所有人的敬畏，她的昏招也给了尔朱荣一个出兵的理由。尔朱荣上书朝廷："堂堂天子，先是选个丫头，后又选了个不会说话的孩子，实际上就是奸臣把持朝政。我要清君侧，重选一个好皇帝！"

尔朱荣的堂弟尔朱世隆时任禁军武官，胡太后派其到晋阳慰问、安抚尔朱荣。尔朱荣打算留下他。尔朱世隆道："现在朝廷怀疑您才派我来您这里，您要是留下我，就打草惊蛇了，咱们悄悄地行动，不要惊扰他们。"尔朱荣让尔朱世隆回去，并与元天穆紧锣密鼓地商议新皇帝的人选。最终，两人决定立孝文帝六弟元勰之子元子攸为帝。

尔朱荣派侄子尔朱天光及亲信奚毅、仆人王相到洛阳与尔朱世隆密议，尔朱天光见到元子攸，沟通了立帝事项，元子攸答应了。

尔朱天光等人回到晋阳后，尔朱荣仍犹疑不定，毕竟自己的政治影响力太弱，担心随便立一个皇帝难以服众，打不进洛阳。于是尔朱荣用铜试着为拓跋弘的每一个孙子都铸铜像，只有元子攸的铜像铸成了。[①] 尔朱荣从晋阳起兵，尔朱世隆逃出京城，与尔朱荣会于上党。

胡太后召百官商讨，没人搭理她。

尔朱荣之所以后面能够迅速进入洛阳，最大的原因在于洛阳的大部分势力希望他进来。

1. 胡太后已经众叛亲离，朝廷确实需要换个决策者。

2. 尔朱荣不是生面孔，父子俩在洛阳经营关系多年了，大家都觉得这家人办事挺地道的。

换成葛荣肯定就进不来，他连相州都打不动，所有的城池都是靠

---

① 《资治通鉴·梁纪八》：天光等还晋阳，荣犹疑之，乃以铜为显祖诸孙各铸像，唯长乐王像成。

围城拿下的。

尔朱荣的人生腾飞，其实是在最特殊的时间段，靠着父子二人几十年的"自己人背书"，快刀斩乱麻地完成了蛇吞象。

胡太后任命黄门侍郎李神轨为大都督，率兵迎击尔朱荣，副将郑季明、郑先护率兵守卫河桥，武卫将军费穆驻扎小平津。

尔朱荣的军队到达河内后，尔朱荣派王相秘密进洛阳接元子攸。

四月初九，元子攸与哥哥元劭、弟弟元子正从高渚渡过黄河。

四月初十，元子攸在河阳跟尔朱荣见了面，将士们高呼万岁。

四月十一，尔朱荣军渡过黄河，元子攸即皇帝位，任尔朱荣为侍中、都督中外诸军事、大将军、尚书令、领军将军、领左右（掌禁中事务，元义前岗位），封为太原王。

守卫河桥的郑先护平时与元子攸关系密切，听说元子攸已即位便开城门迎接尔朱荣。

驻扎小平津的费穆也弃众降了尔朱荣。费穆和尔朱荣私交相当好，当年云中守不住时，费穆第一时间就南投了尔朱荣。[1]

李神轨来到河桥，听说各驻军都投降了尔朱荣，于是不战而逃。

眼看大势已去，胡太后的心腹徐纥假传圣旨，夜开宫门，牵出了十匹御马，东逃兖州；心腹郑俨也逃回了荥阳老家。

胡太后使出最后一招，命元诩众妃全部出家为尼，自己也削发乞求佛祖的庇护。

四月十二，百官奉玺绶，备法驾，从河桥迎回元子攸。

四月十三，尔朱荣派骑兵抓了胡太后和她的小皇帝，将他们送到了河阴。胡太后对尔朱荣说尽好话，尔朱荣拂袖而起，命人把胡太后和小皇帝扔进了黄河。

---

[1] 《魏书·费穆传》：及荣推奉庄帝，河梁不守，穆遂弃众先降。穆素为荣所知，见之甚悦。

费穆暗中劝尔朱荣："现在您兵马不足万人，之所以能一往无前，是胡太后行径愚蠢，而您推奉主上的缘故。此前一战未打，没有大胜之威，人们对您没有什么畏服之心。以京城之众，百官之盛，如果知道了虚实，就不知会如何了。趁现在该好好整顿一下风气，不然您将来回北方，恐怕还没进太行山，洛阳就又变天了。"

尔朱荣听完这话觉得太对了，对亲信慕容绍宗说："洛阳人士繁盛，骄侈成俗，不把他们的老窝给端了，恐怕大势控制不住。我打算趁文武百官出迎之际，将这些败类全部杀掉，你觉得怎么样？"

慕容绍宗说道："太后荒淫无道，奸佞小人专权，天下混乱，所以您才起兵整肃朝廷。现在您不分忠奸一并屠杀是不合适的，恐怕会让天下大失所望，不是上策。"

尔朱荣不听，他知道费穆的话是没错的，他曾是奢靡洛阳的亲历者。

洛阳的盘根错节根本就没有渗透和收买的机会，水太深了，暗枪太多了，无论怎样他都是没办法踏踏实实掌控最高权力的。既然如此，不如留下一张白纸更方便作画。

尔朱荣随后请元子攸沿黄河向西到淘渚，引百官至皇帝行宫的西北，说是要祭天。

在孝文帝时代说过，西郊祭天是北魏皇帝带着文武百官举行的神秘力量赋能仪式。尔朱荣以此为由喊来了所有官员。

等百官列队后，数千骑兵围住了他们，尔朱荣展开了演讲："天下丧乱，肃宗暴崩，皆由汝等朝臣贪虐，不能匡弼！"随后展开了大屠杀。从丞相高阳王元雍、司空元钦以下，被杀者高达两千多人。

滔滔的黄河边，百官怎么也没想到，当年这个满脸笑容的"自己人"，这个肤白貌美的洛阳"润滑剂"，居然变成了魔鬼操刀手。一个供奉名马、助长奢靡腐败的人凭什么诛杀众臣？有什么资格指责众臣贪虐祸国？

尔朱荣望着这奔流的黄河笑了笑，没有说话。

不了解他才会骂他，了解了就恨不得杀了他。

九、是尔朱"牧之"，还是尔朱"麻子"？

尔朱荣在河阴大肆屠杀百官后又来到元子攸的行宫，杀了他的两个兄弟元劭和元子正，接着派数十人将元子攸迁到了河桥军中。

尔朱荣为什么要杀了这两个人呢？因为他不能给小皇帝留帮手。

元子攸无奈地对尔朱荣道："帝王迭兴，盛衰无常。将军仗义而起，一往无前，此乃天意，非人力也。我原来投奔你只是希望能活下来，没想过皇位的事，你逼我做了皇帝。要是上天派你当天子，你赶紧选日子登基；你要是不想当忠臣，就另选一个人去辅佐。"言外之意，两条道都没打算自己能活着，都直说了，就给个痛快吧。

随后的历史，像是来到了大型迷雾剧场，河阴之变后，关于尔朱荣在洛阳的所有记载，都相当存疑。

首先，《资治通鉴》里的记载基本上没法信。前面我们详细铺垫了司马光对孝文帝改革后三十年的惋惜与他写作的功力，几个字的增减就剪辑出一个截然不同的剧情。现在尔朱荣杀了士大夫圈司马光的两千多个前辈，《资治通鉴》里关于尔朱荣的表现是集丑陋、无知、粗鲁、狂躁于一身，像是要踏上一万只脚让他永世不得翻身。

《魏书》里面的描写也没法信。举个例子，河阴之变后尔朱荣想自己当皇帝，再次使出铸铜像的办法，铸了四次都没成功。刘灵助善占卜，是尔朱荣的御用法师，他也表示天时人事均不合适。尔朱荣如同遭受天打雷劈，突然虚脱了，精神恍惚，过了好一会儿才苏醒，然后又疯狂忏悔。紧接着高欢和司马子如这两个后来北齐的开国大佬也疯狂劝谏，说不能称帝。尔朱荣问："大错已经铸成，我当以死谢天下，眼下怎么办？"高欢说："还让元子攸当皇帝。"元子攸这才保住了皇位。①

《魏书》的这段记载表达了两个意思：

1. 尔朱荣是个做事不过脑子、喜怒极形于色、眼高于顶梦想当皇帝的小丑。

2. 以高欢和司马子如为首的北齐开国者保住了北魏的皇位，是北魏的大忠臣。（再次强调，《魏书》成于北齐。）

尔朱荣在河阴之变后的故事变成了罗生门。

来看一下反转对比。在成于唐的《周书》中，这段历史在贺拔岳的本传里变成了这个样子：

在河阴之变后，高欢劝尔朱荣称帝，身边人都表示高欢说得好，尔朱荣犹豫不决，贺拔岳正义凛然地进言："咱们举的是义兵，这么做是取祸之道！"随后尔朱荣醒悟，立了元子攸。后来贺拔岳劝尔朱荣杀死高欢以谢天下，结果身边人都劝道："高欢虽然不懂政治，但现在天下大乱，杀武将不合适，留他一条命吧。"尔朱荣这才放过了高欢。②

---

① 《魏书·尔朱荣传》：荣既有异图，遂铸金为己像，数四不成。时幽州人刘灵助善卜占，为荣所信，言天时人事必不可尔。荣亦精神恍惚，不自支持，久而方悟，遂便愧悔。于是献武王、荣外兵参军司马子如等切谏，陈不可之理。荣曰："愆误若是，惟当以死谢朝廷，今日安危之机，计将何出？"献武王等曰："未若还奉长乐，以安天下。"于是还奉庄帝。十四日，舆驾入宫。

② 《周书·贺拔岳传》：荣既杀害朝士，时齐神武为荣军都督，劝荣称帝，左右多欲同之，荣疑未决。岳乃从容进而言曰："将军首举义兵，共除奸逆，功勤未立，逆有此谋，可谓速祸，未见其福。"荣寻亦自悟，乃尊立孝庄。岳又劝荣诛齐神武以谢天下。左右咸言："高欢虽复庸疏，言不思难，今四方尚梗，事藉武臣，请舍之，收其后效。"荣乃止。

《周书》的这段记载表达了两个意思：

1. 高欢是个祸国殃民有狼子野心的人。他在尔朱荣这里无足轻重，本来都要作为替罪羊被宰了，一帮人为其求情后，"荣乃止"。

2. 武川派的贺拔岳带头表示小皇帝不能废。武川系的大臣们是大忠臣。

是谁说了谎呢？很难判断。但从动机上来说，高欢的概率更大。

贺拔岳是朝廷的人，之前也一直和北魏宗室合作，对他来说，找一个北魏的傀儡，同时抱紧尔朱荣的大腿，更为划算。

高欢则不同，他本就一无所有，所以根本不怕倾家荡产，本身也是朝廷外的闲散之人，尔朱荣改天换地后他的利益才会最大化。

而且，《魏书》中露了破绽，说司马子如作为北齐开国功臣代表力劝尔朱荣不能篡位。[1]但司马子如这段时间并没在洛阳。

在此次南下的时候，司马子如被尔朱荣安排殿后了，在高都（今山西晋城）司马子如就下车去看守太行陉了。[2]

更多的奇葩事件还在继续，杀完文武百官后尔朱荣向元子攸请罪，准备把他送回洛阳。

此时洛阳内外的氛围比较尴尬，尔朱荣因为杀了太多人害怕城内人报复他，不敢入洛阳城，因此还有了迁都的讨论。

据说是尔朱荣非得迁到晋阳，有忠臣坚决不同意，都官尚书元谌还跟尔朱荣争辩。尔朱荣怒道："这跟你有什么关系，你听说过有个景点叫河阴吗！"

元谌道："别吓唬我，我不怕。"

尔朱荣大怒，打算继续杀朝廷官员，尔朱世隆极力劝谏，尔朱荣

---

① 《魏书·尔朱荣传》：于是献武王、荣外兵参军司马子如等切谏，陈不可之理。

② 《北齐书·司马子如传》：荣之向洛也，以子如为司马，持节、假平南将军，监前军。次高都，荣以建兴险阻，往来冲要，有后顾之忧，以子如行建兴太守、当郡都督。

才作罢。

几天后，元子攸与尔朱荣登高远眺，看到宫殿巍峨壮丽，树木成行，尔朱荣感叹道："我过去太糊涂了，这才是帝王之都啊！"此后就不再提迁都的事了。[①]

这里主要想表达的就是尔朱荣说话不经深思，想一出是一出。

关于迁都一事的博弈过程就不展开讨论了，因为现有的记载可信度都太低，从尔朱荣后来布局算计葛荣的情况就知道前面说的这些基本不可能。

从最后的结果可以判断尔朱荣的布局：

1. 整个洛阳官场在河阴之变后基本被铲除。

2. 尔朱荣对官员进行了史无前例的补偿安抚，在河阴被杀的一律追封。凡是原先封王的追封三司，三品官员封赠令、仆，五品官员封赠刺史，七品官员以下至布衣封赠郡守、镇将；死者如果没后代，则另择继承人授予爵位，另外再派使者安抚城中百姓。

3. 尔朱荣自己的闺女成了皇后。

4. 尔朱荣的将士全部晋升五级。

5. 尔朱荣没迁都，但把元子攸变成了光杆司令，还把好兄弟元天穆这个宗室调进洛阳，在朝廷处处都安排了他的心腹。[②]

6. 最关键的一步在于，事都做完后，五月初五，尔朱荣并没有留在洛阳当靶子，而是率军回了晋阳。

从四月十三河阴之变到五月初五，仅仅用了二十三天的时间，尔朱荣完成了对洛阳的把控，新皇帝是光杆司令，闺女做了皇后，朝廷里

---

① 《资治通鉴·梁纪八》：后数日，帝与荣登高，见宫阙壮丽，列树成行，乃叹曰："臣昨призн暗，有北迁之意，今见皇居之盛，熟思元尚书言，深不可夺。"由是罢迁都之议。

② 《资治通鉴·梁纪八》：荣令元天穆入洛阳，加天穆侍中、录尚书事、京畿大都督兼领军将军，以行台郎中桑干朱瑞为黄门侍郎兼中书舍人，朝廷要官，悉用其腹心为之。

都安排了自己人，洛阳对他充满了敬畏，他带着核威慑一般的神秘色彩北上了。

当年崔浩对北魏明元帝拓跋嗣是这么说的："河北人一直以为咱们人口与牲畜众多，号称'牛毛之众'，如果现在迁都，河北诸州分配不了多少人，大家一看原来我们只有这点儿家底，也没什么可怕的，就会看不起我们，赫连勃勃和柔然也会来找麻烦，到时候太行以西非我所有；而如果不迁都，那么就算山东有什么变化，咱们也能轻骑南出，耀武扬威，河北人不知虚实，自然害怕、畏服，这是长远方略。"

从成本上来讲，让人始终担心悬在头顶上的一把剑会落下来，效果要远远高于让他天天看见那把要杀他的刀。

这一整套组合拳下来，尔朱荣已经是在史书中描述的那个狂躁型患者般的小丑，因为他诛杀了掌握话语权的群体，所以尔朱"牧之"变成了尔朱"麻子"。（电影《让子弹飞》中的张麻子，本名叫张牧之，落草为寇后被人叫作张麻子。）

从理论上来讲，尔朱荣确实缺乏政治上的远见和大局观，他的最优解其实是等葛荣拿下邺城并一路滚雪球般地来到洛阳，因为葛荣已经自封天子了，他和北魏皇权没有共存的可能，一定会跟洛阳死磕。等两败俱伤后，或者等葛荣灭掉北魏后，尔朱荣再当北魏的"摄政王"，这样得国就"正"了。

但这样也有很多不确定性，肉眼可见的有两个风险：

1. 如果到那个时候葛荣已经滚雪球滚到实力超强，尔朱荣打不过了呢？

2. 如果高欢之流看尔朱荣迟迟不动后忍耐不住了呢？

毕竟尔朱荣南下这事是分别代表朝廷派的元天穆、武川派的贺拔岳和怀朔派的高欢三方面都表态鼎力支持的。

整个北境的官方武将都聚拢过来，说明大家对尔朱荣是有期望的，但是他们并不想等，因为他们看不懂也不愿懂尔朱荣作为"摄政王"的更优解。

只要是选择，就有成本，就有风险。尔朱荣做出了选择之后，在短短的二十多天里，很难想象还有什么样的操作能实现如他离开洛阳时的这种"最优解"效果。

历史上真实的尔朱荣，更可能是"牧之"，而不是"麻子"。

528年二月，葛荣打死了杜洛周，拿下了河北一哥的金腰带。

同月，尔朱荣东据井陉，北守马邑，关好防盗门并接到元诩招外兵入京的密诏。

二月二十五，元诩被杀，胡太后立了个女娃当皇帝做过渡，天下哗然。

三月，尔朱荣发兵南下；同月葛荣继续用流民的打法血洗沧州，"执刺史薛庆之，居民死者什八九"。

四月十一，尔朱荣渡过黄河，两天后，在河阴屠杀北魏官员。

五月初四，挟天子以令诸侯的大局已定，尔朱荣挥一挥衣袖回了晋阳。

进入528年，自二月开始，整个中国北方被搅得天翻地覆：刚刚拿下河北一哥称号的葛荣要跟刚刚屠杀北魏官员的山西一哥尔朱荣展开北方一哥的桂冠争夺赛了。气氛被烘托起来了。

葛荣发表了战前宣言，表示自己的实力大增，军队的战斗力强了不少。言外之意是千万别让他遇着尔朱荣，否则一定会打死尔朱荣。

尔朱荣也召开战前动员会，主基调是沉默，就一个态度：不说废话。

六月，葛荣的军队没有吃的了，于是派兵向南劫掠至沁水县。

北魏派元天穆为大都督、东北道诸军事，率都督宗正元珍孙、奚毅、贺拔胜、尔朱阳都等讨伐葛荣的仆射任褒。

尔朱荣战前释放了烟幕弹，表示先派部下与葛荣对战，肯定让葛荣吃瘪。面对尔朱荣突然的高调宣战，葛荣在战术上很重视，率军退守相州之北。

七月，尔朱荣派了从葛荣那里跑过来的高欢去招降葛荣的部众，高欢在邺城西北招降了葛荣的七个部将，率一万多人归降。[1]

尔朱荣从葛荣这里挖走了几个部将和一万多人，表示这是个很大的局，嚷嚷了半天，又没了下文。

成年人是要事上见的，还没开战，葛荣还没看到尔朱荣的布阵，"一通操作猛如虎，定睛一看原地杵"，这让葛荣又回忆起了这两年和魏军交战的故事：尔朱荣也就是打个嘴炮招个降了，这两年就没赢过。

八月，葛荣率大军围了邺城，随后开始暴力攻城。尔朱荣在大营里依旧很淡定。

九月，北魏朝廷再次诏元天穆讨伐葛荣，元天穆很快率军到了朝歌（今河南鹤壁淇县）之南。[2]

葛荣有足够的时间占据天时与地利。因为八月的时候他就围了邺城，旁边就是滏口陉，堵死了滏口陉就把尔朱荣困在太行山里了。

很遗憾，葛荣并没有那么做。他像是很想见见尔朱荣，对他说："你赶紧从洞里出来，保证不打死你！"

九月，在让葛荣骄傲了一百天后，休息够的尔朱荣看火候差不多了，决定出征。尔朱荣亲率七千精锐骑兵，每个骑兵皆备多匹战马，以侯景为前锋，从近路加速行军，东出滏口。[3]

出征前，他先将侄子肆州刺史尔朱天光召来，命其留守晋阳，还说："我不在的时候只有你在我才放心。"

---

① 《魏书·孝庄纪》：是月，齐献武王于邺西北慰喻葛荣别帅称王者七人，众万余，降之。《北齐书·神武帝纪》：及尔朱荣击葛荣，令神武喻下贼别称王者七人。

② 《魏书·孝庄纪》：九月乙丑，诏太尉公、上党王天穆讨葛荣，次于朝歌之南。

③ 《资治通鉴·梁纪八》：自帅精骑七千，马皆有副，倍道兼行，东出滏口，以侯景为前驱。

尔朱天光少勇决，善弓马，从小就被尔朱荣重点培养，每有军戎要事常预谋定策。尔朱荣入京前要跟尔朱天光密议，走后尔朱天光是大后方肆州的负责人，现在又被安排为太原的防务总督。[①]

与此同时，尔朱荣担心邺城扛不下去，密派司马子如去帮助守城，增强邺城的信心。[②]

这是一个多么谨慎的人。

此外，战前尔朱荣组织了誓师大会，出征后在襄垣打猎，尔朱荣看见兔子说："如果我要射得中咱们就能捉拿葛荣，射不中就没戏。"随后命中兔子，三军兴奋。[③]

从六月起，尔朱荣就开始对葛荣布局了，不放过每一个增加己方成功率的细节。

此时在尔朱荣的布局下，河北在舆论上较为一边倒，认为葛荣叛乱已久，两年多来横行河北谁也拦不住，尔朱荣的这点儿兵不够葛荣打的。葛荣听说后更是喜形于色，战前高调表示这仗都不用打，每人准备一根绳子，到时候把尔朱荣的人都给捆上就行了。[④]

大战即将开始，葛荣很兴奋。葛荣军从邺城往北，排成数十里的长阵，队伍向两旁伸张开去，如簸箕之形向前推进。[⑤]

----

① 《魏书·尔朱天光传》：少勇决，善弓马，荣亲爱之，每有军戎事要，常预谋策。孝昌末，荣将拥众南转，与天光密议。既据并肆，仍以天光为都将，总统肆州兵马。肃宗崩，荣向京师，以天光摄行肆州，委以后事。

② 《北齐书·司马子如传》：葛荣之乱，相州孤危，荣遣子如间行入邺，助加防守。

③ 《魏书·尔朱荣传》：初，荣之将讨葛荣也，军次襄垣，遂令军士列围大猎。有双兔起于马前，荣乃跃马弯弓而誓之曰："中之则擒葛荣，不中则否。"既而并应弦而毙，三军咸悦。

④ 《魏书·尔朱荣传》：葛荣为贼既久，横行河北，时众寡非敌，议者谓无制贼之理。葛荣闻之，喜见于色，乃令其众曰："此易与耳。诸人俱办长绳，至便缚取。"

⑤ 《魏书·尔朱荣传》：葛荣自邺以北列陈数十里，箕张而进。

葛荣的思路很明确，利用人数优势包围人少的尔朱荣军。只要双方僵持上了，自己的人多，军阵延伸得长，覆盖面广，最终就能包围敌军。

但有一个问题，如果对方用骑兵冲锋，冲散了军阵怎么办？

训练有素的步兵方阵是不怕骑兵冲锋的，只要骑兵冲不动方阵，那就是步兵的活靶子。

但动能 = 物体质量 × 速度的平方 / 2（$Ek=m \times v^2/2$），人加马的重量很大，如果再起来速度，那么动能会很大，这是在马镫发明后，骑兵可以实现人马合一让步兵恐怖的原因。

但只要骑兵冲不动，骑兵的速度降下来，动能就变成了 0。当然，这需要步兵方阵能够让对面的骑兵速度变成 0。

葛荣这两年一直是流民军打法，训练出有足够素养的铁军了吗？他吞并杜洛周刚半年，内部力量整合好了吗？都没有。

尔朱荣继续"老狐狸"操作，将主力队伍埋伏在山谷之中作为奇兵（预备队的意思），分派督将以上的军官每三人为一处，每处有数百名骑兵，命令各处故意扬起尘土，擂起战鼓，大声喊叫，使敌人摸不清有多少人马。[1]

"以正合，出奇胜"的意思是"先出一部分兵力去迎战，把对方的后手都调动出来，然后再出预备队，朝着对手的软肋一刀扎过去"。那些"扬尘鼓噪"的，是尔朱荣的正兵。

尔朱荣指望这部分"正兵"去"合"了吗？并没有。"以正合"的核心要义是把对手的预备队引出来，使对手的漏洞暴露出来。

尔朱荣的"正兵"目的是打击对手的士气，让对手突然认为前方各地都会冲出敌军，从而心虚导致没办法集中力量迎接骑兵冲阵。

---

[1] 《北史·尔朱荣传》：荣潜军山谷为奇兵，分督将已上三人为一处，处有数百骑，令所在扬尘鼓噪，使贼不测多少。

做好所有部署后，尔朱荣又考虑到人马近战时用刀不如用棒，因为刀容易卡在身体和盔甲里，还因为动能太大受力面太小容易砍折了，所以命每人拿一根大棒子出战，交战时不许抢首级，每个人都拿大棒子抡对方的士兵。①

战斗正式打响，尔朱荣派出了他的第二波"正兵"。

尔朱荣此战带上了所有能征善战的将领，如贺拔允、贺拔胜、贺拔岳、侯莫陈崇、于谨、侯景等，后来东西魏混战时的诸位大佬全部上阵，各支军队冲杀之处，号令严明，杀声震天。

双方正兵相合后，尔朱荣使出了最后的撒手锏。

尔朱荣悄悄绕到了葛荣军的后面，亲自带着预备队上阵了。奇兵突然从背后杀出，里应外合，内外夹击，大破葛荣。

葛荣打起来后才发现到处都是尔朱荣的主力。其中侯景作为先锋更是一马当先，临阵生擒了葛荣。②不愧是二十多年后能跟萧衍对话的人，这会儿就已经捉拿葛荣了。

葛荣被拿下后，几十万人全部投降，所谓"于阵擒葛荣，余众悉降"。

尔朱荣战后表示这几十万人太多了，如果现在把他们都扣下，咱们是饺子皮肯定就被撑破了，于是他把人都放了，表示匪首已除，任务完成，大家随便跑。"群情喜悦，登即四散，数十万众，一朝散尽"。

这几十万人其实就是六个帮派，六股力量，最多跑六个方向。等各路都跑了百里后，尔朱荣再将分别跑路的六镇军团一个个叫停，弱的遣散，强的收编，军官等高级人才全部收留己用。这一战尔朱荣彻底征

---

① 《魏书·尔朱荣传》：又以人马逼战，刀不如棒，密勒军士马上各赍神棒一枚，置于马侧。至于战时，不听斩级，以棒棒之而已，虑废腾遂也。

② 《梁书·侯景传》：会葛荣南逼，荣自讨，命景先驱，至河内击大破之，生擒葛荣，以功擢为定州刺史、大行台，封濮阳郡公。

服了所有人。①

至此，大乱两年的冀、定、沧、瀛、殷五州全部平定。这样的尔朱荣，是"牧之"，还是"麻子"？

此役过后，尔朱荣选拔出了一批军官，贺拔三兄弟遇到了很多老熟人。当年袭杀卫可孤后，武川兄弟连再次团聚了。

赵贵和独孤信在战后被选拔成了尔朱荣的军官。②

根据《周书》记载，这两人当年是被葛荣强行留下的。历史这么记载就没意思了。

来看看武川河北的宇文氏是如何描述这段历史的：鲜于修礼造反时宇文氏确实参加了，但葛荣成大哥后，宇文氏看出他成不了大事，打算跟兄弟们离开，然后就赶上尔朱荣抓了葛荣，他也就被一起抓到了晋阳。③

总之就是一个态度：宇文氏早就看不上反贼葛荣，我们都是被逼的；我们更看不上尔朱荣，跟着他也是被逼的。

实际上，一直知道葛荣成不了气候并且"打算撤资"的宇文氏此时的决策者叫宇文洛生，是宇文肱第三子，在宇文肱死后扛起了武川大旗，还被葛荣封了王，战斗力相当强，是葛荣手中的王牌。

宇文洛生因为威望太高，被尔朱荣害死了。④ 至此，宇文肱只剩下

---

① 《魏书·尔朱荣传》：待出百里之外，乃始分道押领，随便安置，咸得其宜。擢其渠帅，量才授用，新附者咸安。时人服其处分机速。

② 《周书·独孤信传》：属葛荣陷中山，遂被拘逼。荣败，尔朱荣以贵为别将；以北边丧乱，避地中山，为葛荣所获。信既少年，好自修饰，服章有殊于众，军中号为独孤郎。及尔朱氏破葛荣，以信为别将。

③ 《周书·文帝纪》：少随德皇帝在鲜于修礼军。及葛荣杀修礼，太祖时年十八，荣遂任以将帅。太祖知其无成，与诸兄谋欲逃避，计未行，会尔朱荣擒葛荣，定河北，太祖随例迁晋阳。

④ 《周书·莒庄公洛生传》：尔朱荣定山东，收诸豪杰，迁于晋阳，洛生时在虏中。荣雅闻其名，心惮之，寻为荣所害。

最后一个儿子。这个孩子跟了贺拔岳。

为什么这个孩子没事呢？客观原因在于辈分小，不显眼。

不过再不显眼，尔朱荣也是杀了他的哥哥，他活着到底是个威胁。那为什么尔朱荣没有斩草除根呢？

大概率是因为尔朱荣的心腹参谋贺拔岳保了这个孩子，毕竟宇文洛生死后，这个孩子就跟了他。

为什么保这个孩子却不保宇文洛生呢？仅仅因为宇文洛生对尔朱荣的威胁大吗，大到连尔朱荣都驾驭不住吗？

在这个时候，其实生死就是一句话。一句好话就是弃暗投明，一句坏话就是肘腋之患。显然，宇文洛生没得到那句好话。因为他对同是武川派出身的贺拔兄弟是威胁。

当年袭杀卫可孤时，贺拔度拔和宇文肱强强联手，随后分道扬镳各带走了一支队伍。

在第二代中，贺拔三兄弟和宇文洛生于武川军团来讲，属于一个段位的。

看到河北的老乡老弟兄们，贺拔兄弟很高兴；但看到老乡老兄弟们举手投足都看向其他人，他们心里恐怕就要犯嘀咕了。没有宇文洛生，对兄弟三人很重要。

至此，武川天团在血与火的淬炼和时代大潮的无情拍打后完成了自己的长征，重新会师在了尔朱荣手下。

自 523 年六月破六韩拔陵反于怀荒，经过了五年的时间，队伍被锻炼了，大浪淘沙后剩下来的都是精华。

还有一年多的时间，他们作为兄弟连将抱团西进，去解锁后面三百年的剧情。自河阴之变后，整个时代的剧情开始加速了。

对了，那个被保下的孩子叫宇文泰。

对了，在北境杀得血雨腥风之时，南京的萧衍完成了自己人生中的第一次舍身大会，在南梁朝廷交出一亿善款后赎回了"皇帝菩萨"。

对了，这位萧施主有一位棋友小书童，小书童在这个时刻接到了一项任务：护送一位北魏王爷回洛阳登基。

"名师大将莫自牢，千军万马避白袍"，整个时代突然变得精彩起来，中国史上最长乱世的最后五十年，开始燃烧了。

第 **11** 战

后三国开篇

一、白袍神话可遇不可求的先决条件

有时候历史有着很大的随机性。如果杨忠没有随陈庆之北上，如果高欢不在临汾那个地方，历史的最终走向都不会是今天的模样。

本战将拿南北朝的最大造神运动做前奏。人的神话化要靠自我奋斗，也要考虑历史的进程。

灭掉葛荣后，尔朱荣集团得到了封赏，尔朱荣本人更是成了太师、大丞相，都督河北畿外诸军事，增封十万户。

战后葛荣余党韩楼再次反叛占据幽州，北患再起，尔朱荣任命武川派第一人贺拔胜为大都督镇中山，韩楼不敢南下。

尔朱荣并没有"宜将剩勇追穷寇"，而是带着刚刚吞并的六镇军回到了晋阳，进行内部整编。

河阴之变后，北魏的北海王元颢、汝南王元悦、临淮王元彧都跑到南面投了梁朝，北青州刺史元世俊、南荆州刺史李志举州降梁。在六镇起义后，北魏不仅北境风雨飘摇，南边萧衍也终于收复了淮河第一重镇寿阳，南梁迎来了史上最佳的北伐时机。

公元528年十月，萧衍封河阴之变后逃奔过来的元颢为魏王，派东宫直阁将军陈庆之带兵护送其回北方。

面对爆棚的投资机会，萧衍表示自己先刮彩票看看，很快，第一张彩票刮出来了：几乎是前后脚的时间，北魏豫州刺史邓献带着辖区投降了南梁。①

豫州归了南梁后，陈庆之带着元颢驻扎到了边境线的铚县（今安徽淮北濉溪县），随后没了动静，稳稳当当，都过上年了。

萧衍对陈庆之没有任何考核指标，也不进行后续的北伐投入，因为他相信佛法的力量。萧衍的佛系态度，推倒了后面的一系列多米诺骨牌。

话说在六镇军肆虐河北的时候，有一股本土力量被挤出了河北。②

幽州前北平府主簿邢杲率部曲屯据鄚城对抗杜洛周和葛荣将近三年，元深被杀后，邢杲不再坚持，率众南渡青州北海界。之后胡太后诏流民所在皆置郡县，选豪族为太守县令以镇之。当时青州刺史元世俊要上表奏请邢杲为太守，但还没来得及上报，洛阳方面最终论资排辈，把邢杲的侄子邢子瑶选拔成了侨居的河间太守。邢杲大怒，觉得受到了侮辱，于是反了。

河北南下的流民本来被青州本土人欺负得够呛，一看邢杲反了，迅速找到了组织，吹起了集结号，不到一个月就聚集了十多万人，开始成为山东的"六镇军"，劫掠村镇，一直抢到了海边。③

时间来到529年，洛阳面对两个威胁：一个是听说南面萧衍要派几千人护送落魄皇族元颢北上洛阳；一个是听说东面有一个十万级别的流民军集团闹起来了。

尔朱荣集团权衡后很快做出了抉择。

---

① 《梁书·武帝纪》：冬十月丁亥，以魏北海王元颢为魏主，遣东宫直阁将军陈庆之卫送还北。魏豫州刺史邓献以地内属。

② 《魏书·元天穆传》：初，杜洛周、鲜于修礼为寇，瀛冀诸州人多避乱南向。

③ 《魏书·元天穆传》：所在流人先为土人凌忽，闻杲起逆，率来从之，旬朔之间，众逾十万。劫掠村坞，毒害民人，齐人号之为"辒榆贼"。先是，河南人常笑河北人好食榆叶，故因以号之。杲东掠光州，尽海而还。

流民军的破坏力太大，如果十万多个不事生产的人冲到一个地方，通常会把当地的生态瞬间压垮，扛不下去的灾民就只能逃灾或者加入流民军。但外地往往也不比灾区强到哪里去，供应的物资不足以供养难民，根本承接不了如此海量的灾民涌入，未受灾的地区在灾民涌入后粮食被抢劫，秩序被破坏，又会如丧尸传染般地变成新的灾民。

越来越多的灾民变成了饥民，大量的饥民为了活下去只好揭竿而起。比如邢杲之所以会成为流民是因为老家被六镇军抢了，无奈来到了青州，然后为了立足山东，短时间内就组成了河北军，抱团去抢山东人。

529年三月，洛阳总部很轻松地做出了决定，朝臣们都表示先去山东打流民军，元颢成不了气候就会说空话，嚷嚷半年多了，随后元天穆带着洛阳的全部力量去山东平叛。①

至此，尔朱荣和元天穆一个留在山西，一个去了山东。

陈庆之收到了河南方面的"观光邀请函"。

从去年十月起萧衍就让陈庆之上路了，但直到洛阳的主力东进齐地后，陈庆之才在529年四月开启了北上的奇幻之旅。

陈庆之自铚县出发，先是攻下了荥城，随后来到了重镇睢阳（今河南商丘）。

据《资治通鉴》记载，此时魏将丘大千率领七万人，分筑了九垒等着陈庆之攻坚。陈庆之自早晨打到下午，攻陷其三垒，丘大千投降。

七万人的数目暂且存疑，因为如果有这个数量的军队，丘大千都能自立当皇帝了，根本不会守这个破城，而且要是野战打崩了，有七万人还算可信，但陈庆之率领几千人攻坚九个垒把七万人打崩了，这就太魔幻了。这有点儿外面小雨屋里中雨，外面中雨屋里暴雨，雨太大了

---

① 《资治通鉴·梁纪九》：天穆以诸将多欲击杲，又魏朝亦以颢为孤弱不足虑，命天穆等先定齐地，还师击颢，遂引兵东出。

全家去院里躲雨的感觉。

七万人的说法来源于《梁书·陈庆之传》："魏将丘大千有众七万，分筑九城以相拒。庆之攻之，自旦至申，陷其三垒，大千乃降。"

这个记载比较简单，而且丘大千有前科。他四年前就是"长腿将军"，早在525年五月，丘大千就在元延明的指挥下对战陈庆之，陈庆之刚刚进逼，一通鼓没敲完他就跑路了。[①]

所以这七万人存疑，结合后面的史料来看，丘大千是否真的与陈庆之动了手都很难讲。

陈庆之继续北上，北魏济阴王元晖业率两万羽林军驻扎于考城（今河南商丘民权县东北），陈庆之又率军攻取考城，活捉了元晖业。

梁军拿下考城的前后脚，元天穆和尔朱兆在济南击败并抓获了邢杲。[②]

注意看下元天穆和陈庆之此时的距离。（见图11-1）

梁军的战绩还是来源于《梁书·陈庆之传》的记载："时魏征东将军济阴王元晖业率羽林庶子二万人来救梁、宋，进屯考城，城四面萦水，守备严固。庆之命浮水筑垒，攻陷其城，生擒晖业，获租车七千八百两（两通"辆"）。"

人数和战绩还是存疑。

1. 元晖业手里可能有两万羽林军吗？

2. 陈庆之手里只有几千人，如何打这种坚城的攻坚战？更不要说《梁书》里记载的那种"四面萦水，守备严固"的坚城。

暂时搁置这两个问题，我们接着看，陈庆之继续前进，来到荥阳。此时北魏命东南道大都督杨昱镇荥阳，命尚书仆射尔朱世隆镇虎牢。

---

① 《梁书·陈庆之传》：延明先遣其别将丘大千筑垒浮梁，观兵近境。庆之进薄其垒，一鼓便溃。

② 《魏书·孝庄纪》：辛丑，上党王天穆、齐献武王大破邢杲于齐州之济南，杲降，送京师，斩于都市。元颢攻陷考城，执行台元晖业、都督丘大千。

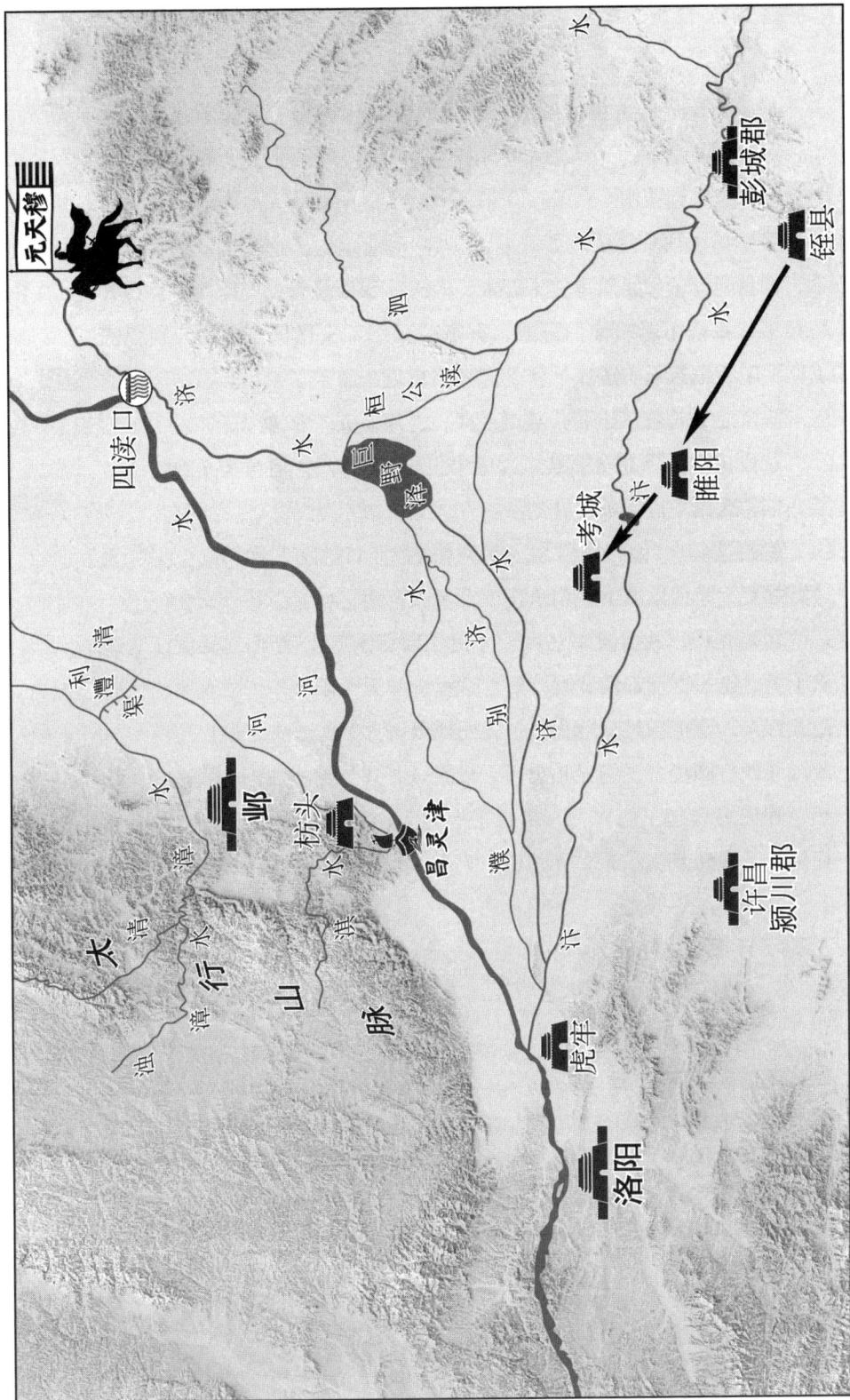

图 11-1　元天穆和陈庆之位置示意图

据《资治通鉴》中的说法，此时的荥阳城里有七万大军，陈庆之第一次攻打没拿下，元颢派人劝降杨昱也没成功，随后元天穆和尔朱兆率大军相继来到荥阳。[①]

梁军很害怕，陈庆之展开演讲："咱们北上走了这么远，杀了这么多人，我们七千人，对方三十万人，今天这事就是誓死向前冲了！敌人骑兵多，我们不能与他们野战，得把荥阳拿下来做据守之处，别犹豫了！"随后梁军众志成城，将士们蚁附攻城，拿下了荥阳。[②]

陈庆之又带着三千骑兵背城一战，打垮了元天穆和尔朱兆。[③]

这段记载几乎完全照搬了《梁书·陈庆之传》，但司马光画蛇添足了一笔，露出了巨大破绽。

就是这句："诸将三百余人伏颢帐前请曰：'陛下渡江三千里，无遗镞之费，昨荥阳城下一朝杀伤五百余人，愿乞杨昱以快众意！'"

司马光说，战后梁军三百余人找元颢请愿道："咱们自从渡江北进三千里，连一支箭都没费就打到了这里，昨天荥阳城下一战我军伤亡高达五百人，请把杨昱交给我们，弄死他以解大家的心头之恨！"

元颢打圆场，说杨昱是忠臣，最终杀了杨昱部将三十七人。

陈庆之攻坚了两次，一次打了七万人，一次打了两万人，对方还都是重工事防御，结果"无遗镞之费"，攻一座七万人的荥阳城仅仅死

---

① 《资治通鉴·梁纪九》：杨昱拥众七万，据荥阳，庆之攻之，未拔，颢遣人说昱使降，昱不从。《梁书·陈庆之传》：天穆、吐没儿前后继至，旗鼓相望。

② 《资治通鉴·梁纪九》：天穆与骠骑将军尔朱吐没儿将大军前后继至，梁士卒皆恐，庆之解鞍秣马，谕将士曰："吾至此以来，屠城略地，实为不少；君等杀人父兄、掠人子女，亦无算矣；天穆之众，皆是仇雠。我辈众才七千，虏众三十余万，今日之事，唯有必死乃可得生耳。虏骑多，不可与之野战，当及其未尽至，急攻取其城而据之。诸君勿或狐疑，自取屠脍。"乃鼓之，使登城，将士即相帅蚁附而入，癸酉，拔荥阳，执杨昱。

③ 《资治通鉴·梁纪九》：俄而天穆等引兵围城，庆之帅骑三千背城力战，大破之，天穆、吐没儿皆走。

了五百人，这战绩要是被荥阳鏖战憋红眼珠子的项羽知道了，得从地底下爬上来抽他嘴巴。这是看不起谁呢？

司马光的这段记载来源于《魏书·杨昱传》，本想侧面烘托一下陈庆之的战绩，结果前后对不上。

所谓的"无遗镞之费"的背后，更可能的是在河阴之变北魏没有向心力的后遗症下，陈庆之一路受降、北魏一触即溃。

即便司马光摘录于《魏书·杨昱传》，在这里依旧用了曲笔，原文如下：

> 还朝未几，属元颢侵逼大梁，除昱征东将军、右光禄大夫，加散骑常侍、使持节、假车骑将军，为南道大都督，镇荥阳。颢既擒济阴王晖业，乘虚径进，大兵集于城下，遣其左卫刘业、王道安等招昱，令降，昱不从，颢遂攻之……颢将陈庆之、胡光等三百余人伏颢帐前，请曰："陛下渡江三千里，无遗镞之费，昨日一朝杀伤五百余人，求乞杨昱以快意。"颢曰："我在江东，尝闻梁主言，初下都日，袁昂为吴郡不降，称其忠节。奈何杀杨昱？自此之外，任卿等所请。"于是斩昱下统帅三十七人，皆令蜀兵刳腹取心食之。

这里面有两个重点：

1. 杨昱刚刚还朝不久，属于临时派过去的，也就是所谓的"还朝未几，属元颢侵逼大梁"。

2. 面对荥阳的守军及中原地区的防务，陈庆之率领的七千人处于绝对的劣势，因为梁军属于"乘虚径进"，还"大兵集于城下"。

在陈庆之送回去的元颢的本传中，从北上出发到进入洛阳当皇帝，仅仅记载了一次战斗过程，就是在考城击败元晖业，荥阳之战根本就没提。①

荣阳这战肯定是打了，但死了五百人的荣阳战役含金量有多高呢？而且更重要的是，《梁书·陈庆之传》的重要战绩背书元天穆和尔朱兆当时根本没出现在战场上。

据元天穆本传记载，元颢乘虚攻陷荣阳后，元子攸就迅速北逃了，随后元天穆率军渡河去了河内。②

这支刚刚搞死葛荣、灭了邢杲的队伍，会被率七千人的陈庆之打崩盘吗？就算被打崩盘了，在高欢、贺拔岳、侯莫陈崇这些明确跟随元天穆和尔朱兆讨伐邢杲的虎将的传记里，包括《魏书》《北齐书》《周书》《北史》的所有记载，都找不到和陈庆之在荣阳交战的蛛丝马迹。

从时间轴上来说也不太可能。

五月二十二，陈庆之攻克荣阳，紧接着尔朱世隆不战而逃。五月二十三，元子攸就跑了。五月二十四，元子攸跨过黄河逃到河内。五月二十五，陈庆之入洛阳。③这个速度更像是陈庆之在捅破一层层窗户纸，而不像在打仗。

《魏书》中把元子攸被吓坏的责任归在了尔朱世隆身上，本来荣阳丢了是不叫事的，但守虎牢的尔朱世隆作为尔朱家比较胆小的人，在听说荣阳丢了后迅速扔了虎牢逃跑了，至此洛阳以东无险可守，皇帝仓促

---

① 《北史·拓跋颢传》：梁武以为魏主，假之兵将，令其北入。永安二年四月，于梁国城南登坛燔燎，年号孝基元年。庄帝诏济阴王晖业于考城拒之，为颢所禽。庄帝北幸，颢遂入洛，改称建武元年。

② 《魏书·元天穆传》：时元颢乘虚陷荣阳，天穆闻庄帝北巡，自毕公垒北渡，会车驾于河内。

③ 《魏书·孝庄纪》：癸酉，元颢陷荣阳，执杨昱。尔朱世隆弃虎牢遁还。甲戌，车驾北巡，乙亥，幸河内。丙子，元颢入洛。

北逃都是尔朱世隆的责任。[①]

尔朱世隆确实很胆小，不过这也从侧面说明一件事：洛阳极度空虚，所以尔朱世隆和元子攸才会这么慌不择路。

陈庆之就这样带着北魏王爷进了洛阳城。

《梁书·陈庆之传》对这段北伐的总结是这么写的："庆之麾下悉著白袍，所向披靡。先是洛阳童谣曰：'名师大将莫自牢，千兵万马避白袍。'自发铚县至于洛阳十四旬，平三十二城，四十七战，所向无前。"

《资治通鉴》中将这段战绩背书摘录了："庆之以数千之众，自发铚县至洛阳，凡取三十二城；四十七战，所向皆克。"

至此我们再串一下陈庆之北上的全过程：

1. 在当时的局势下，最猛的尔朱荣回晋阳搞战后团建，比较猛的元天穆军团去山东剿匪了，由于邢杲有兵众十余万，因此元天穆带走了洛阳的大量主力，东西魏的猛将都跟着去了山东战场。

2. 陈庆之遇到的第一关是个叫丘大千的逃跑成性的长腿将军；第二关是在考城击败元晖业，他应该遇到了最大规模的阻击，毕竟元颢传中都记了一笔；第三战打荥阳属于乘虚而入，荥阳城内部兵力极大概率少于梁军。

3. 元子攸迅速北逃，随后梁军进入洛阳。

我们绝对不怀疑陈庆之是个相当厉害的将领，史载陈庆之善于抚慰将士，能得将士死力，但这并不意味着他仅仅率领几千人就能创造平三十二城、四十七战所向披靡的神话。

陈庆之神话的最终缔造有四个可遇不可求的机会：

1. 北魏国防出现了巨大真空，这可遇不可求。

---

① 《魏书·尔朱世隆传》：元颢逼大梁，诏假议同三司、前军都督，镇虎牢。世隆不关世事，无将帅之略。颢既克荥阳，擒行台杨昱，世隆惧而遁还。庄帝仓卒北巡，世隆之罪也。

由于葛荣和邢杲两个十万级别的流民军军团的存在，北魏罕见地调空了首都洛阳的兵员，尔朱荣带着刚吞下的六镇军去晋阳整编，元天穆带着队伍去消灭山东声势浩大的起义军。

2. 政权上出现了集体观望，这可遇不可求。

河阴之变后北魏的皇权信仰被轰塌，政权向心力变得相当弱，没有尔朱氏核心的军队根本谈不上保卫国家的向心力，北魏基本上一触即溃。

3. 陈庆之在上述两点的加成下进入了北魏的首都，这可遇不可求。

是不是大小四十七战所向披靡不重要，因为进入洛阳这是事实，所以中间的过程怎么说都有理。

陈庆之是否想成为英雄不重要，关键是南梁需要他成为英雄，萧衍需要他成为英雄！甚至大概率都不是陈庆之在说四十七战全胜，而是萧衍打造出来的神话。

4. 北魏和尔朱荣集团都没能成为最后的胜利者，这也是最重要的一点，因为对方没法辩论，这可遇不可求。

尔朱荣、元天穆乃至皇帝元子攸不仅没成为最后的胜利者，他们此时都只有一年多的阳寿了。北魏集团根本没来得及对这事做宣传上的引导。

更巧的是陈庆之最后战败，全军覆没，他化装成和尚来到豫州，在当地人的帮助下才艰难逃回建康，萧衍对他进行了大力表彰。[①]

这也就意味着陈庆之北伐，仅在短短几年内，无论北国还是南国，所有台面上的经历者都离开了历史舞台。

这也就是郭德纲所期望的梦想状态：四个说相声的对着骂街，活到最后的那个就是艺术家。

陈庆之确确实实进了洛阳，被嘲讽的对手因为很快去世了而没法

---

① 《梁书·陈庆之传》：值嵩高山水洪溢，军人死散。庆之乃落须发为沙门，间行至豫州，豫州人程道雍等潜送出汝阴。至都，仍以功除右卫将军，封永兴县侯，邑一千五百户。

还嘴。这对于萧衍来说就够了。

这属于南梁单方面的造神运动，但在后世却没有得到太大的背书，无论是唐代评选出的武庙七十四位名将，还是宋代评选的武庙七十二将，陈庆之都没能入选。

但为什么陈庆之慢慢就成了所向披靡的神将了呢？

1. 这是极少数录入正史的传奇记载，尤其"千军万马避白袍"这句话太有画面感了，是史书中罕见的流量文案。

2. 司马光在《资治通鉴》中对陈庆之一路上几千人打几十万人还都是攻城战的一面之词进行了全盘采用，对这段历史做了信用背书。

《资治通鉴》的地位有多高，将来在写北宋历史的时候会详细讲述，司马光对于士大夫集团的维护不能抹杀和掩盖这部巨著的伟大之处。宋神宗认为此书"鉴于往事，有资于治道"，故名《资治通鉴》，自成书以来，点评过此书的历代帝王将相数不胜数。

《资治通鉴》的背书，很值钱。

南梁需要造神可以理解，以在大江之南提振士气、树立起佛国将军几千人打几十万人的国防优越感。

司马光需要造神也可以理解，因为陈庆之抽了刚刚在河阴杀了两千多士大夫的尔朱氏的脸。

白袍神话对于我们有以下三方面的启发：

1. 从国家层面来讲，国与国之间对抗的结果永远是最重要的。国家需要英雄，国家会帮助你创造神话，前提是你有一定的空间可以让国家去发挥。

2. 这事可遇不可求，平常心看待，太多天时地利人和的因素，甚至尔朱氏和北魏的寿命都在客观上帮助了陈庆之的造神运动。

3. 打击文化人这个群体时就要做好身后名被调侃的准备，比如焚书坑儒的秦始皇，往儒生帽子撒尿的刘邦，发动党锢之祸的宦官，运气好到像风口上的猪一样的董卓，河阴狂躁型患者尔朱荣……

陈庆之的神奇即将到此为止，因为河阴狂躁型患者尔朱荣南下了。

二、团队想有战斗力，为什么一定要"选锋"？

尔朱荣没想到几千梁军能一路推进洛阳，于是结束了半年多的休整，再次命尔朱天光守大本营，随后自己率军南下平事。

尔朱荣到位后，十天之间兵马全集合好了，后勤给养一应俱全，元天穆也渡河前来会合。[①]

尔朱荣此次又是在战术上极度重视，甚至调来了北境镇守中山的贺拔胜，贺拔胜从东路率骑三百赴河梁的行宫。

眼见尔朱荣发兵，陈庆之对元颢表示："尔朱荣要是知道咱们的真实情况，咱们根本挡不住，赶紧给建康打报告，请求援兵吧！"

元颢想同意，但元延明却说："梁兵不过数千，您就已经很难驾驭了，再加兵的话，陈庆之就成又一个尔朱荣了！"

于是元颢没有听陈庆之的话，还因为担心陈庆之给萧衍打小报告，干脆自己给萧衍上表道："小小尔朱荣不用担心，我和陈庆之很快就能

---

① 《魏书·尔朱荣传》：舆驾于是南辕，荣为前驱，旬日之间，兵马大集，资粮器仗，继踵而至。天穆既平邢杲，亦渡河以会车驾。

弄死他，您放心。"①

萧衍时年六十六岁，正在布置自己人生第二次舍身大会的会场，本来就想着这钱得做功德，不能动刀兵，结果"想睡觉就有人给递枕头"，"真不枉我疼你一场"。

几千人可以乘虚而入，但不可能完成对北国的控制，陈庆之随后要求去镇守彭城，被元颢死死拦住。很快尔朱荣来了，陈庆之想走也走不了了。

六月二十二，尔朱荣打掉了元颢在黄河以北的布置，双方开始相持于河桥。

陈庆之渡过黄河守北中城（今河南焦作孟州市南黄河北岸），一如既往地展现了南梁的超强守城技术，三天打了十一战，杀伤甚众。

此时陈庆之守的这个城是北魏孝文帝在496年重建浮桥之后于黄河北岸修建的，因遣北中郎将镇守，所以得名北中城。

那个时候正是南齐快要死的节奏，北面却因为汉化改革闹了很多不愉快，孝文帝为了防止北方假想敌而建造了北中城。这是大名鼎鼎的河阳三城中的第一城。十年后，后面两座城会相继拔地而起，成为历史博弈的重要景点。

由于陈庆之牢牢守着北中城而且天气越来越热，尔朱荣以没有船为理由打算回军。②

尔朱荣为什么要走？真是因为没有船吗？真要想打还绕不过来吗？整个山西河北都是他的，想调船能有多难？

---

① 《资治通鉴·梁纪九》：又虑庆之密启，乃表于上曰："今河北、河南一时克定，唯尔朱荣尚敢跋扈，臣与庆之自能擒讨。州郡新服，正须绥抚，不宜更复加兵，摇动百姓。"

② 《魏书·尔朱荣传》：荣与颢相持于河上，颢令都督安丰王延明缘河据守。荣既未有舟船，不得即渡，议欲还北，更图后举。

没有船都是借口，尔朱荣心中的算盘是迁都。还有比此时迁都更顺理成章的时机吗？

在《魏书·尔朱荣传》中，对于尔朱荣北还这事的反对者，史官列举两个人：黄门郎杨侃（也有史书写为"羊侃"，据《资治通鉴》全书正文统一用"杨侃"）和高道穆，两人苦劝尔朱荣不能走。[①] 这两人后面掺和了暗杀尔朱荣的谋划。

尔朱荣要走，最紧张的是小皇帝的人，其核心原因就是如果回了晋阳，小皇帝就彻底成汉献帝了。那么他们的反对有效果吗？怎么可能！

真正说动尔朱荣的是他的结拜兄弟元天穆。[②]

其实尔朱荣并没把眼前的元颢当回事，他想先把小皇帝迁回晋阳，等入了冬黄河水浅再率大部队杀过来，但这样做有风险，万一整个河南地区在这几个月里被萧衍巩固住了呢？万一萧衍增兵了呢？

一个是政治果实，一个是与南梁对峙的大局面。在两方面的权衡之下，最终尔朱荣还是被潜在损失方面说动了。

正巧马渚那里有当地人做向导，尔朱荣派尔朱兆和贺拔胜两员最凶的战将率数百精骑趁夜渡河，抢滩登陆成功就谁也拦不住了，他们击败并生擒了元颢之子元冠受。[③] 剩下的魏军听说元冠受被擒直接逃散了，元颢也向南逃跑但在临颍被杀。

看到元颢败走，陈庆之率手下数千梁军弃城撤退结阵东归，但这次遭到了尔朱荣的亲自追击。逃到嵩山时，因洪水暴涨全军覆没，陈庆之只能剃发假扮成和尚逃到豫州，在当地人的帮助下出汝阴回到

---

① 《魏书·尔朱荣传》：黄门郎杨侃、高道穆等并谓大军若还，失天下之望，固执以为不可。

② 《魏书·元天穆传》：尔朱荣以天时炎热，欲还师，天穆苦执不可，荣乃从之。

③ 《魏书·尔朱兆传》：及元颢之屯于河桥，荣遣兆与贺拔胜等自马渚西夜渡数百骑，袭击颢子冠受，擒之。

南梁。①

陈庆之的这次北伐其实对于历史大势没什么影响，伐与不伐，历史的河流都会继续以同样的轨道流淌，他这次北上带来的唯一的历史变量，在于他带来了一个人，这个人叫杨忠。

简单介绍一下。据杨忠自己说，他祖上是弘农杨氏，这跟高欢说自己是渤海高氏一样，不太可考，但可以理解，毕竟在这个时代混社会没个名头连打哈欠都没底气，而且杨忠绝对对得起弘农杨氏的品牌，他在给这个姓氏赋能。

杨忠的高祖杨元寿开始是武川镇司马，后来把家搬了过去。②

他爹杨祯以军功做了建远将军，六镇之乱后避地中山，据说跟兄弟们讨伐乱贼鲜于修礼时死掉了。③

无论是"家在武川"还是"避地中山"，又或是讨伐"鲜于修礼"，这地名和人名都太凑巧了，跟宇文泰、独孤信这些人的经历太像了。

是不是讨贼不重要，鲜于修礼是乱贼，忠臣形象的维护可以理解，重点在于杨忠极大概率有着武川派背景。

随后史料撒了大谎，话说杨忠有着关羽关二爷的胡子、气概、武艺及将帅才能，十八岁的时候去泰山，恰逢梁兵入侵把他抓走了，在梁地待了整整五年，后来跟着陈庆之北伐。④

陈庆之是 529 年北伐的，杨忠在梁待了五年，也就是说他是在 524

---

① 《梁书·陈庆之传》：庆之马步数千，结阵东反，荣亲自来追，值嵩高山水洪溢，军人死散。庆之乃落须发为沙门，间行至豫州，豫州人程道雍等潜送出汝阴。

② 《陈书·高祖帝纪》：铉生元寿，后魏代为武川镇司马，子孙因家焉。

③ 《周书·杨忠传》：父祯，以军功除建远将军。属魏末丧乱，避地中山，结义徒以讨鲜于修礼，遂死之。

④ 《周书·杨忠传》：忠美髭髯，身长七尺八寸，状貌瑰伟，武艺绝伦，识量沉深，有将帅之略。年十八，客游泰山。会梁兵攻郡，陷之，遂被执至江左。在梁五年，从北海王颢入洛，除直阁将军。

年"客游"的泰山。

524年是六镇之乱的第二年，武川派在这一年年底才杀了卫可孤，根本还没到中山，此前武川户口是冻结的不让随便走动，卫可孤又围了武川近一年，况且当时天下已经大乱，一个十八岁的半大小子怎么到的泰山？

更重要的是，梁兵这几年根本没打到过泰山郡。

杨忠说了谎，或者说史官说了谎。杨忠为什么要说谎？为什么要说自己被劫走在梁地待了五年？大概率是524年至529年这段时间，杨忠有什么不光彩的事情要做不在场证明。

我们慢慢拆解，首先杨忠到没到过泰山不好说，但杨忠极大概率是到过山东地区的，因为他在山东娶了杨坚他妈。

史书记载，杨坚的外祖父家出身太低，北齐被平了之后曾经找过但根本找不到，等杨坚开国后，济南郡发来请示，表示有个叫吕永吉的人声称他姑是杨坚的母亲，后来查验发现与杨坚真是亲戚。[1]

杨坚随后把外祖父追封为齐郡公，于齐州立庙，置守冢十家。

从杨忠娶了家世很惨的吕姑娘能看出来那时他混得不怎么样，而且齐州和济南郡，听起来怎么有点儿熟呢？

前面我们讲了，元天穆和尔朱兆在济南击败并抓获了从河北到山东的流民军邢杲。[2]

无论是从河北到山东的流民方向，还是邢杲的势力范围，是不是有流民军的身影了？杨忠有可能要掩盖掉作为流民军的履历。

因为是开国之祖，杨忠的待遇跟后面的李虎一样，但这两人早期的履历全都不详。虽然在524年至529年间杨忠有不想让人知道的故

---

① 《隋书·高祖外家吕氏传》：高祖外家吕氏，其族盖微，平齐之后，求访不知所在。至开皇初，济南郡上言，有男子吕永吉，自称有姑字苦桃，为杨忠妻。勘验知是舅子。

② 《魏书·孝庄纪》：辛丑，上党王天穆、齐献武王大破邢杲于齐州之济南，杲降，送京师，斩于都市。

事，但我们大概率可以确定的是：

1. 杨忠家族和武川河北分舵有交情，因为"祖籍武川""避地中山"和"讨伐鲜于修礼"的大样本重合，尤其他后面跟的大哥是有同样履历的独孤信。

2. 杨忠他爹死于讨伐鲜于修礼时期，从杨忠没有任何兄弟和亲族来看，杨氏在中山出了大变故几乎被断根，杨忠也一路跟随河北的流民流落到了山东并在此娶了他苦出身的媳妇。

陈庆之败后，杨忠跟了尔朱荣的堂弟尔朱度律，并没有回到武川派身边。

按理讲，杨忠此时的辈分很小，无论是在贺拔兄弟那里还是在河北分舵那里，他这几年行踪都不固定，他也没有资格去赶上武川派即将到来的"龙行大海"。

但只要能力足够大，寿命足够长，世道足够乱，辈分小不一定是坏事情。因为"飒飒西风渭水，萧萧落叶长安，英雄回首北邙山，虎斗龙争过眼"，一个个老前辈在血雨腥风中都成了前浪。

西部世界的第一个小辈受益者即将开启他的西征梦了。

仅仅在元子攸回到洛阳后一个多月，即529年九月，万俟丑奴攻下了东秦州（治所位于今陕西宝鸡陇县东南），杀刺史高子朗。西面的势力下陇山了。

此时的西北老大已经迭代到了这个万俟丑奴，生态位上类似于西北的葛荣。

万俟丑奴，高平镇人，六镇之乱时跟随高平镇高车酋长胡琛起义，526年胡琛死后万俟丑奴接班，屡败北魏官军。527年，作为西北前浪的莫折天生为叛徒杜粲暗杀；这期间萧宝夤作为北魏的西北剿匪总指挥还短暂地称过帝，实在是昙花一现。528年，萧宝夤的皇帝当不下去了，投奔了万俟丑奴。

528年七月，尔朱荣准备与葛荣开战之前，万俟丑奴已经在高平自称天子。当时正赶上波斯向北魏进贡狮子路过高平，万俟丑奴就把狮子扣下充实"西北动物园"了，还将年号改成了"神兽"。

530 年正月，尔朱荣决定解决西北问题，派贺拔岳讨伐万俟丑奴。

贺拔岳私下里对哥哥贺拔胜说："万俟丑奴是强敌，要是拿不下他固然有罪，拿下了恐怕也会有谗言。"

贺拔胜问道："那怎么办？"

贺拔岳说："让尔朱氏一人为帅我做副手。"

随后贺拔胜向尔朱荣建议，尔朱荣很开心地任命尔朱天光为使持节、都督二雍二岐诸军事、骠骑大将军、雍州刺史，以贺拔岳为左大都督，又任命征西将军侯莫陈悦为右大都督共同讨伐万俟丑奴。

尔朱荣的这个搭配相当讲究，三人虽然都是武川人，但自己却能控制。

右都督侯莫陈悦和贺拔岳麾下的猛将侯莫陈崇是同宗，同是武川籍贯。

侯莫陈氏属于在武川混得比较棒的，侯莫陈崇他爹官至殿中将军、羽林监，侯莫陈悦他爹侯莫陈婆罗门为驼牛都尉任职于河西，所以侯莫陈悦在河西长大。后来六镇大乱，侯莫陈悦属于军官集团中第一时间投奔尔朱荣的，是尔朱荣的嫡系。

侯莫陈悦因为是武川籍贯，所以和贺拔岳的武川军团能够说上话，但由于并非一路杀过来的，所以没有战友交情。

史载："天光初行，唯配军士千人，发洛阳以西路次民马以给之。"

这千人中，有以下人员：

贺拔岳的家将，武川人李虎（西魏八柱国之一）。[1]

---

[1] 《册府元龟·帝王部·帝系》：太祖景皇帝虎，少倜傥有大志，好读书而不存章句，尤善射，轻财重义，雅尚名节，深为太保贺拔岳所重。元颢之入洛也，从岳击平之，以功封晋寿县开国子，食邑三百户，拜宁朔将军、屯骑校尉。复与岳破万俟丑奴，留镇陇西。

贺拔岳的虎将，武川人侯莫陈崇（西魏八柱国之一）。①

贺拔岳的嫡系，武川人雷绍、韩果、耿豪等。②

贺拔岳保下来的小将武川人宇文泰（西魏八柱国之一）。③

当年跟着宇文氏去了中山的武川人赵贵（西魏八柱国之一）。④

当年在元深处和贺拔兄弟有过交集的元深的军师于谨（西魏八柱国之一）。⑤

武川的女婿、侯莫陈悦的姑父李弼（西魏八柱国之一）。⑥

李弼祖父李贵丑为平州刺史，父亲李永为太中大夫，出身和侯莫陈悦一样，都是跟武川有亲戚的尔朱荣嫡系，其弟李檦自小就跟着尔朱荣。⑦

同样出身的还有武川人寇洛，六镇之乱后直接投奔了尔朱荣，因为老乡关系跟着贺拔岳西征。⑧

---

① 《周书·侯莫陈崇传》：崇少骁勇，善驰射，谨悫少言。年十五，随贺拔岳与尔朱荣征葛荣。又从元天穆讨邢杲，平之。以功除建威将军。别从岳破元颢于洛阳。迁直寝。后从岳入关，破赤水蜀。

② 《北史·雷绍传》：镇将召补镇佐。后随贺拔岳征讨，为岳长史。岳有大事，常访而后行。《北史·韩果传》：韩果字阿六拔，代武川人也。少骁雄，善骑射。贺拔岳西征，引为帐内，击万俟丑奴。《北史·耿豪传》：豪少粗犷，有武艺，好以气凌人。贺拔岳西征，引为帐内。

③ 《周书·文帝纪》：太祖与岳有旧，乃以别将从岳。及孝庄帝反正，以功封宁都子，邑三百户，迁镇远将军、步兵校尉。万俟丑奴作乱关右，孝庄帝遣尔朱天光及岳等讨之，太祖遂从岳入关。

④ 《周书·赵贵传》：从贺拔岳平关中，赐爵魏平县伯，邑五百户。

⑤ 《周书·于谨传》：从尔朱天光破万俟丑奴，封石城县伯，邑五百户。

⑥ 《北史·李弼传》：初为别将，从尔朱天光西讨。

⑦ 《周书·李檦传》：檦字灵杰。长不盈五尺，性果决，有胆气。少事尔朱荣。

⑧ 《周书·寇洛传》：正光末，以北边贼起，遂率乡亲避地于并、肆，因从尔朱荣征讨。及贺拔岳西征，洛与之乡里，乃募从入关。

这里面，贺拔岳的嫡系占了一半，尔朱荣的嫡系占了一半，全都是武川的籍贯或者与武川有血缘或姻亲的人。

总之，西魏八柱国中此时已经就位了六个，除了独孤信之外，最高层大佬已经全部就位。这个千人的加强营永远地改变了中国历史的走向，武川军团从此龙行大海。

武川军刚过潼关就遇到了当地的赤水（今陕西渭南市赤水河）武装断路，尔朱天光说什么不肯再往前走了。

贺拔岳包揽了突击队长的任务，率领弟兄们破之于渭北并缴获了全部战马，又挑选精壮俘虏补充进了军队。

走到长安又征集民马，凑了万匹战马，因队伍规模还是太小，于是停下休整。

尔朱荣听说后大怒，派心腹刘贵乘驿马赶至军中数落尔朱天光并打了他一百杖，又增兵两千人。

尔朱荣为什么那么小气，怎么就给尔朱天光那么点儿人？总共就给了一千人，走得慢还打尔朱天光一顿。

我们先思考一个问题：尔朱荣到底有多少人？

尔朱荣开始给西征军一千人，还没给马，而且都是武川人，根据阵容基本上可以判定这是武川镇几年来征战后优中选优的精锐部队。

尔朱荣认为这是个千人的军官团，是能迅速扩编的，而且千人的精锐是能干很多事情的。

与西北叛乱同样级别的是发生在北面的叛乱，尔朱荣并没有差异对待，在尔朱天光西征之前幽州方面也乱了。

为了平陈庆之，尔朱荣把贺拔胜调下来了，贺拔胜走了以后北面就乱了。

等把陈庆之打跑后，尔朱荣派了镇中山的侯渊去讨伐韩楼，仅仅给侯渊派了七百骑兵。有人替侯渊说话，说给的兵太少了。尔朱荣说："侯渊的特点是脑子活，给他人多他不会带，打那伙溃兵，这些人就够了。"①

侯渊此时是镇守中山的，手里是有当地武装的。尔朱荣不是让他只带七百骑兵去平事，而是给了他一把刀子，真打起来足够一锤定音了。

侯渊先命令普通部队四处放烟幕弹，自己则带着七百骑兵深入敌境，在遭遇战中打崩了万人规模的军队，俘虏了五千余人，随后又都放走了。②

同僚问他放了干什么？侯渊说："咱们兵少，这么多俘虏怎么控制？放回去离间他们呀！"

韩楼听说后，真的认为这些降卒是侯渊的内应，心慌逃跑，然后被抓了。尔朱荣把侯渊晋升为侯爵并增邑八百户，为平州刺史、大都督，仍镇范阳。

说尔朱荣给了侯渊七百人，是想说明两件事：

1. 尔朱荣识人，知道手下将领的能力特点。

2. 尔朱荣配的精兵真的很厉害，七百人突一万人跟玩一样。

《北齐书》里证明高欢能力的时候曾经用过尔朱荣问身边人说的这么一段话："如果有一天我过早地离开了你们，谁能带领咱们的集团军？"身边人都说是他侄子尔朱兆。

尔朱荣说："尔朱兆的能力是能率领三千骑兵，能替代我的只有高欢啊！"尔朱荣还专门告诫尔朱兆："你不是高欢的对手，要小心。"③

---

① 《魏书·侯渊传》：或以为言，荣曰："侯渊临机设变，是其所长，若总大众，未必能用。今击此贼，故当不足定也。"

② 《魏书·侯渊传》：渊遂广张军声，多设供具，亲率数百骑，深入楼境，欲执行人以问虚实。去蓟百余里，值贼帅陈周马步万余，渊遂潜伏以乘其背，大破之，虏其卒五千余人。寻还其马仗，纵令入城。

③ 《北齐书·神武帝纪》：曰："此正可统三千骑以还，堪代我主众者唯贺六浑耳。"因诫兆曰："尔非其匹，终当为其穿鼻。"

不论后面那句话的真假，尔朱荣说尔朱兆的能力范围：率三千骑兵。

不要觉得人数很少，尔朱荣说的是骑兵，更标准一点儿，是兵尖子的特种兵，这已经说明尔朱兆的能力远远超过侯渊了。

《孙子兵法·地形篇》中有一句常被忽略的话："故兵有走者，有弛者，有陷者，有崩者，有乱者，有北者。凡此六者，非天之灾，将之过也。"

为将者带兵的时候有六种情况属于将领的严重不合格，其中有一种叫作"北兵"："将不能料敌，以少合众，以弱击强，兵无选锋，曰北。"

"北兵"的核心概念，叫"兵无选锋"。所谓"选锋"，就是选特种兵，选兵尖子的意思。将领要是不会"选锋"，就属于二把刀，带的就是"北兵"。

"选锋"就是你要把队伍中最精锐的人选出来组成特种兵军团。所谓的"兵锋所指，所向披靡"，这个兵锋指的就是特种兵军团。

每个人的素质是不一样的，必须要把精英从平常人里挑选出来，让一群精英在一个团体里去卷，以保持锋利。

真打起来时，通常是一个勇士九个胆小鬼，一个勇士前面冲，九个胆小鬼在后面观望，这样勇士也慢慢变成兵油子了。

一个精英长期在普通团队里面吃大锅饭，时间长了也就变平庸了。必须得是一群勇士往前冲，谁冲得慢就会被其他精英瞧不起，才能最大化地体现出战斗力。

打仗打的是阵形，是组织力，"选锋"出一个特种兵军团在战役中专门破坏对方的阵形和组织，你就赢一大半了。

在真正的战役中，即便是十万人的超大规模战役，最终起决定作用的就是那三千特种兵。

上来要么用特种兵军团把对方冲垮了，随后剩下的部队去跟着收割；要么就是用普通部队先扛住对手，然后找到空档派出自己的特种兵军团扎死对方。

尔朱荣是这个时代的选锋大神。

他这辈子挂嘴边的都是他的特种兵数量，他从来不提普通部队，那都是边角料，一支能扎死人的骑兵精锐军团属于超级硬菜，带着他们到哪里都能摆出大宴席。

他不常出兵，每次出兵后必休息几个月，其实他一点儿都没闲着。他从打猎中领悟并开发了一个练兵兼选锋的操作系统，他的狩猎完完全全就是在演习军阵。①

无论什么季节，尔朱荣动不动就率兵打猎，必须按阵形而进，必须整齐划一，遇到险阻不许回避，碰见虎豹，你必须上去撕了它！它跑了你就得死。士兵看到他特别害怕。②

元天穆跟他说："各地都平了，咱们该歇歇了，大夏天打猎也不合节气啊！"

尔朱荣表示："胡太后和葛荣这些人，我从来没当回事，我的目标是统一四海，把萧衍擒过来给我当面念经。现在要是不演习，兵士懈怠不锋利了，将来怎么用？"

事实上，尔朱荣的精锐部队有多少人呢？史书无载，只知道他跟葛荣对决的时候带了七千精骑。算上留守老家的，大概率尔朱荣的本部精锐也就是万人规模。

不要以为人数少，这种兵不是那种攻城时蚁附的普通兵，而是类似于《神雕侠侣》中对玄铁剑的描述："这玄铁是从天上落下的陨石

---

① 《魏书·尔朱荣传》：及长，好射猎，每设围誓众，便为军陈之法，号令严肃，众莫敢犯。

② 《魏书·尔朱荣传》：荣性好猎，不舍寒暑，至于列围而进，必须齐一，虽遇阻险，不得回避，虎豹逸围者坐死。其下甚苦之。

中提炼而得，乃天下至宝，本来要得一二两也是绝难，寻常刀枪剑戟之中，只要加入半两数钱，凡铁立成利器。他却从那里觅得这许多玄铁？"兵尖子就是军队中的玄铁。

武川自己的兵尖子有千人，算上尔朱荣后面派的两千人，这三千人在贺拔岳为核心的武川派进击下最终仅仅半年时间就顺利荡平了西北。

消息传到洛阳，元子攸并不开心，叹道："从此天下无贼了。"因为尔朱荣要走"手续"了。

尔朱荣很快给元子攸上奏道："参军许周劝我该加九锡了，我已经骂完他了。"

面对"此地无银三百两"的套路，元子攸反讽道："你是北魏的大忠臣啊！"

看到元子攸揣着明白装糊涂，尔朱荣本着"你不体面我就帮你体面"的态度，带了四五千骑来到了洛阳。[①] 带来的骑兵人数并不少，是他的底气让他大意了。

---

① 《资治通鉴·梁纪十》：是月，荣将四五千骑发并州，时人皆言"荣反"，又云"天子必当图荣"。

三、倒下的是天鬼皇，还是镇狱明王？

北朝武力天花板在这一节就要离去了。

尔朱荣在的时候，有人觉得他是这个世界最大的魔鬼天鬼皇。尔朱荣不在的时候，人们才发现他是魏末锁妖塔的镇狱明王。在他死了之后，这个世界才真正又一次开启了群魔乱舞。

自 523 年的六镇之乱后，天下开始崩塌，北魏本已经行将就木，但在短短的七年时间里，整个北境在尔朱荣的狼牙棒下重新老实了。

尔朱荣创办的尔朱氏军团带出来后面几乎所有台面上的"神仙"和"魔君"，这些人在看到他练兵打仗之前都谈不上开窍，基本是浑浑噩噩、随波逐流。

只要有尔朱荣在，后面东西魏的全体统治高层将永远错过巅峰期。但他一死，没人镇得住这些人了。"魏"这个国号，擅长产出敢斗死斗狠的帝王。

在王朝末年，往往会上演鱼死网破的剧本。

当年三国曹魏皇帝曹髦虽然最终横死街头，但他成功突出了云龙门让洛阳百姓见到了天子当街被杀，使刚刚终结淮南第三叛的司马昭最终不得不强上难度开启了灭蜀之战。

这次，北魏的"曹髦"终于在洛阳这个见证奇迹的地方亲手拔刀开启了下一个时代。

荣灭，隋唐开启。

尔朱荣这位支撑北朝的关键人物，亡于自己的狂妄，更亡于自己对人性的判断。亲戚就不会出卖你了吗？你不了解南朝的情报吗？萧道成被谁按户口本杀的？

529 年六月底，尔朱荣带队重新杀回洛阳，陈庆之的北上神话最终成了尔朱荣的垫脚石，此时的尔朱荣已经功高无赏，被创造性地封为了"天柱大将军"，封邑更是增到了二十万户。

顾名思义，擎天柱般的大将军，但尔朱荣并不喜欢这个新称号，他已经过了喜欢虚荣的人生阶段。他更喜欢传统的东西，比如九锡。

但元子攸之所以给出了这个肉麻的称号，也是因为他不想跟南面的同行一样走到那一步。随后的一年，尔朱荣和元子攸的关系迅速恶化。

之前尔朱荣虽然不在洛阳，但整个洛阳的事他都知道，他安排了大量眼线，所有的官员任命也得是他说了算。[1]元子攸虽然处处受限，但却勤于政事什么事都掺和，这让尔朱荣很不爽。

吏部尚书李神俊曾经在一个小小的县令任命上挑战过一次尔朱荣的权威，结果尔朱荣直接派人把朝廷任命的官员给打出去了。[2]

李神俊吓得辞了官，尔朱荣让尔朱世隆取代李神俊主持吏部。

后来尔朱荣安排身边人去控制河南诸州，元子攸不同意不给盖章，元天穆入见皇帝提醒他道："你知道你得罪的人是谁吗？天柱大将军就算换天下官员你能有什么办法吗？这点儿事都不给办？"

元子攸道："他不想做人臣的话连我也能换，只要他还有臣节就没

---

[1] 《魏书·尔朱荣传》：荣身虽居外，恒遥制朝廷，广布亲戚，列为左右，伺察动静，大小必知。或有侥倖求官者，皆诣荣承候，得其启请，无不遂之。

[2] 《魏书·尔朱荣传》：曾关补定州曲阳县令，吏部尚书李神俊以阶悬求不奉，别更拟人。荣闻大怒，即遣其所补者往夺其任。

有换百官的道理。"元子攸硬扛了。

尔朱荣大怒道："他这天子是靠谁立的？今天就敢不听我的话了！"双方在表面上已经接近撕破脸了。

元子攸敢硬扛，是觉得自己有本钱了。元子攸身边有个小团体，他的表妹夫元徽（曾被元深戴绿帽的那位）、姐夫李彧及卫将军杨侃等打算干掉尔朱荣。

我们来看下元子攸手里的牌：元子攸心腹杨侃的五叔杨津此时是领军将军。

陈庆之的那次北伐除了带来了杨忠外，还间接改变了很多人事任命。

此前作为洛阳禁军一把手领军将军的是尔朱世隆，但他去守虎牢时逃跑了。他逃跑后坑了自己的弟弟尔朱世承，尔朱世承作为禁军二把手左卫将军没来得及跑，被陈庆之干掉了。[①]

趁着这个缝隙，元子攸任命弘农杨氏的杨津为领军将军，随后自己就跑了。[②]

杨津这位六十多岁的老臣比较识时务，元颢来了就乖乖听着，元颢败了就去元子攸那里哭，元子攸没怪罪杨津，这个领军将军从此就由他兼着了。

但这不意味着杨津有多大的实力，尔朱荣死后，史书中明确指出杨津此时手上仅能调动五百人。[③] 杨津也是个小角色。

---

① 《魏书·尔朱世隆传》：世隆弟世承。庄帝初，为宁朔将军、步兵校尉，栾城县开国伯。又特除抚军将军、金紫光禄大夫、左卫将军。寻加侍中，领御史中尉。世承人才猥劣，备员而已。及元颢内逼，诏世承守轘辕。世隆弃虎牢，不暇追告，寻为元颢所擒，脔杀之。

② 《魏书·杨津传》：元颢内逼，庄帝将亲出讨，以津为中军大都督、兼领军将军。未行，颢入。

③ 《魏书·杨津传》：尔朱荣死也，以津为都督并肆燕恒云朔显汾蔚九州诸军事、骠骑大将军、兼尚书令、北道大行台、并州刺史，侍中、司空如故，委津以讨胡经略。津驰至邺，手下唯羽林五百人，士马寡弱。

领军将军此时是个挂牌的名义将领，下面还有三个比较重要的分管将军，分别是左卫将军、右卫将军和武卫将军。

打回洛阳后，尔朱荣对上面三个岗位做了精心安排。他把左卫将军给了家族里最看好的后辈尔朱天光。①

半年后的 530 年二月，尔朱荣命武川军团去平关中，贺拔岳为了避嫌争取来了尔朱天光为统帅带着武川群雄一路向西。

尔朱天光一走，已经敢跟尔朱荣硬扛的元子攸迅速任命自己的嫡系荥阳郑氏的郑先护做了左卫将军。

郑先护在元子攸还没当皇帝的时候就冷庙烧香了。②

不过既然是挑明了的安排，对于优势方的尔朱荣来讲也就不叫事，郑先护从头到尾也没能给元子攸使上什么劲。

右卫将军是尔朱荣的心腹叱列平。叱列平在河阴之变后就做了禁军中的武卫将军，后随尔朱荣破葛荣、平元颢，迁中军都督、右卫将军，尔朱荣死后随尔朱世隆撤退。③他从头到尾都是尔朱荣的人。

元子攸手上最大的王牌，是武卫将军奚毅。尔朱荣的队伍里，出了史诗级的内鬼。

我们来看看这位改变历史的武卫将军。

奚毅在河阴之变后一直是尔朱荣和元子攸之间的传令大使，元子攸始终在不断地对奚毅释放好感，于是奚毅对元子攸说："如果将来真

---

① 《魏书·尔朱天光传》：天光至并州，部分约勒，所在宁辑。颢破，寻还京师，迁骠骑将军，加散骑常侍，改封广宗郡公，增邑一千户，仍为左卫将军。

② 《魏书·郑道昭传》：庄帝之居藩也，先护深自结托。及尔朱荣称兵向洛，灵太后令先护与郑季明等固守河梁，先护闻庄帝即位于河北，遂开门纳荣。

③ 《北齐书·叱列平传》：魏孝庄初，除武卫将军。随尔朱荣破葛荣，平元颢，迁中军都督、右卫将军，封瘿陶县伯，邑七百户。荣死，平与荣妻及尔朱世隆等北走。

需要站队，我肯定站您这边，我绝对不跟尔朱荣这个契胡一条心！"①

元子攸说："尔朱荣是大忠臣，不过你的心意我了解了。"当时元子攸认为这是尔朱荣安排的双面间谍，因为奚毅的身份实在不太可能倒向自己这边。

奚毅是代人集团后裔，祖上是北魏开国元勋奚斤，其父奚建是征虏将军、汾朔二州刺史，很神奇的是这么重要的人，居然在各种史书中没有他的传记。但很庆幸的是，终于在《汉魏南北朝墓志汇编》中找到了他的墓志铭，随后大概了解到了他的履历：孝昌年中，胡太后临朝，乾维不振。孝明登遐，权门执政。公与天柱大将军尔朱荣有中表之旧，谋自安之计，遂举晋阳之甲，以定河阳之策。

翻译下：奚毅以勋臣之子入值殿内斋阁，胡太后夺回政权后朝纲不振，他投靠了跟自己有亲戚关系的尔朱荣，是河阴大屠杀的重要执行者。

奚毅会忠心？这就令人呵呵了。他不过是因为"权门执政"对自己不利，然后找了亲戚尔朱荣打出一片新世界罢了。

尔朱荣是把这位亲戚当作顶级心腹看待的，所谓"建义元年中，寻以腹心之委，特授使持节、镇南将军、中军都督，余官如故"。

这个"建义元年中，寻以腹心之委"，就是刚刚说的被派去元子攸那里做特派员的奚毅"建义初往来通命"。

平葛荣他是后勤负责人，与元天穆山东剿匪有他，打回洛阳有他，他是尔朱氏的核心骨干，而且每回升官都是大踏步、高规格。②

奚毅在元子攸即位的时候爵位是平原县开国公，食邑一千户，打

---

① 《资治通鉴·梁纪十》：建义初往来通命，帝每期之甚重，然犹以荣所亲信，不敢与之言情。毅曰："若必有变，臣宁死陛下，不能事契胡。"

② 《汉魏南北朝墓志汇编》：及平葛荣，又假度支尚书，领东道诸军事，与太宰元天穆共征邢杲，进号镇南将军，假征东将军、太仆，余如故。元颢据洛，皇舆北巡，即自石济奉迎大驾。震居返政，策勋大赍，乃拜车骑将军、右光禄大夫，增邑一千户，进爵上洛郡开国公。

回洛阳后成了上洛郡开国公，食邑两千户。

作为对比，尔朱荣最看好的家族后辈尔朱天光在河阴之变后封为了长安县开国公，食邑一千户，打回洛阳后改封广宗郡公，增邑一千户。两人都是由县公升为了郡公，食邑都是两千户。

奚毅在尔朱荣的眼中是和尔朱天光同级别的，两人的进步速度都是一样的。

尔朱兆作为家族虎将在河阴之变后是颍川郡开国公，食邑一千二百户，作为先锋打回洛阳后增封了八百户凑成两千户。

尔朱世隆在元子攸即位时被封为乐平郡开国公，食邑一千二百户。后来陈庆之北上时他逃跑了，爵位没变化。

被尔朱荣安排去了徐州重镇的堂弟尔朱仲远是顿丘县开国侯，邑五百户。他仅是侯的级别，后来增封后也才凑到一千户。尔朱世隆的弟弟尔朱世承更可怜，在河阴之变后不过是个开国伯。

尔朱荣的堂弟尔朱度律是尔朱荣的统军，跟随尔朱荣征伐，河阴之变后也不过仅仅封了个乐乡县开国伯。

再作为对比，武川的头马贺拔岳，在河阴之变后只是个四百户的易阳县伯，跟尔朱兆作为突击队长抢滩登陆打回洛阳后，也不过是个千户的真定县公。

此时算是怀朔镇首望的高欢，仅是个铜鞮县伯，随后打葛荣、破杨侃、跟元天穆破邢杲，也才累迁至第三镇人酋长。

我举了这一大堆例子，就是想表明尔朱荣对奚毅是相当看重的，是当尔朱天光和尔朱兆的最高级别培养的。奚毅的起点，是武川头马贺拔胜出生入死后的半程终点。但就是这样一位尔朱荣的亲戚、心腹、自己人，成叛徒了。

尔朱荣对奚毅信任到了派他做洛阳与太原之间的大使，需要他把小皇帝的所有一手信息反馈给他，因为无论再怎样把控朝政，也不如人与人面对面的观察后得出的判断靠谱。尔朱荣后面更是将奚毅安排为武卫将军去盯梢元子攸。

奚毅也确确实实得到了最靠谱的判断，元子攸要搞死尔朱荣，但尔朱荣的这位亲戚兼自己人权衡后，还是觉得没有尔朱荣对自己更重要。

台子你已经搭起来了，后面的果实不要再摘了。在奚毅的眼里，不过是由"胡太后临朝，乾维不振。孝明登遐，权门执政"，变成了"尔朱荣临朝，乾维不振。孝庄登遐，权门执政"。唯一的区别，是自己往上进了一大步。

混乱是阶梯，只有梯子是真实的。在乱世的追梦人眼中，看什么都像梯子。

尔朱荣以闺女要生皇子为理由请求入朝，元徽等孝庄帝一党打算趁尔朱荣入朝的机会刺杀他。

其实在这个时候尔朱世隆就已经听到了一些风声，劝尔朱荣别来，尔朱荣的媳妇也劝他别去，尔朱荣不听。[1]

530 年九月，尔朱荣率四五千骑兵入朝。

前面我们说过尔朱荣的四五千骑兵意味着什么，打葛荣时不过带了七千，尔朱荣这是多么看得起元子攸。

当时元子攸就想杀尔朱荣，但考虑到元天穆这位上党王还在并州，这让小皇帝集团有所顾忌。[2] 于是元子攸又调了元天穆入朝。

元天穆在尔朱荣集团的级别相当于什么呢？

尔朱荣把元天穆当作兄长对待，元天穆曾经指出过尔朱世隆等子弟的过失，虽然在级别上当时大家都已经成了大臣，但尔朱荣依旧让这

---

① 《魏书·尔朱荣传》：朝士虑其有变，庄帝又畏恶之。荣从弟世隆与荣书，劝其不来，荣妻北乡郡长公主亦劝不行，荣并不从。

② 《魏书·尔朱荣传》：帝既图荣，荣至入见，即欲害之，以天穆在并，恐为后患，故隐忍未发。

些子侄跪下挨板子。①

至此元子攸犯了个相当不成熟的错误，他不应该喊元天穆。

1. 元子攸你暴露想法啦！

2. 元天穆留在并州并不一定是坏事，尔朱荣死后他和尔朱氏并不一定会产生合力。

对尔朱荣来讲，他眼前的局面相当好判断，尔朱世隆曾经示警过他，眼下元子攸又调来了元天穆，元子攸的意图已经路人皆知了。

按理讲尔朱荣应该时时刻刻小心了，但尔朱荣对自己太有信心了，他依旧认为洛阳全盘在他的控制之内。但问题是元子攸毕竟是皇帝，而且那里毕竟是洛阳。

当年曹操即便将献帝控制在了许县，即便控制了二十多年，但只要关羽在樊城闹出了大动静，许县依旧形成保皇军团闹出了兵变，少府耿纪、丞相司直韦晃、太医令吉本等人联合反叛，打算挟持献帝南下联络关羽。

元子攸只要有天子的身份，只要他还在那个华夏帝都中，这种无形的政治能量就会源源不断给他赋能。而且他在明处，洛阳城在暗处。这偌大的都城中，不知有多少水面下都掩藏的东西呢？

此次南下之前彗星出现，尔朱荣问了自己集团的天文学家高荣，高荣说这是除旧换新的气象，尔朱荣大悦。

到了洛阳后，整个官僚阶层都在为尔朱荣造势，行台郎中李显和说："一个破九锡还让您亲自来一趟，皇帝这个没眼力见的！"

都督郭罗察说："今年禅让的小作文都得写，九锡算什么！"

参军褚光说："人言并州城上有紫气，这就是说您呢！"

尔朱荣的手下使用各种花招欺负元子攸身边的人。

----

① 《北史·元天穆传》：天穆与荣相倚，荣常以兄礼事之。世隆等虽荣子侄，位遇已重，天穆曾言其失，荣即加杖，其相亲任如此。

面对尔朱荣的不断侵逼，奚毅再次单独求见元子攸并表态，元子攸最终接受了他的投诚。①

奚毅告诉元子攸一个重要信息，尔朱荣打算借着出猎的名义控制他迁都。②

尔朱荣此行的目的明确了，他要完成上次陈庆之来的时候没做成的事——将元子攸迁到太原彻底控制住这枚棋子。他要换房本走流程了！

九月十八，元子攸做了历史课补习，召见中书舍人温子昇告诉他自己想杀尔朱荣之事，并咨询了当年王允杀董卓的历史故事，温子昇讲完后元子攸做出批示：王允当时若立即赦免凉州人的话肯定最后不至于那样。

元子攸最后发出誓言："冒死也得做，况且还不一定死呢，我宁可像曹髦那样死，也绝对不愿像曹奂那样生！"

九月十八，杨侃等十余人在明光殿东侧埋伏了下来。

这一天尔朱荣与元天穆确实一同入朝了，但坐下来还没吃完饭就突然走了，杨侃想发作时尔朱荣和元天穆已经走远了，没成功。③

随后尔朱荣开始称病不出。④

坐下没吃饭就走了及随后的称病不朝说明了一件事：尔朱荣已经知道元子攸要做什么了。

元子攸这事做得比较小儿科，情报此时已经泄露，半个洛阳城都

---

① 《资治通鉴·梁纪十》：奚毅又见帝，求间，帝即下明光殿与语，知其至诚，乃召城阳王徽及杨侃、李彧告以毅语。

② 《资治通鉴·梁纪十》：先是，奚毅言荣欲因猎挟天子移都，由是帝益疑之。

③ 《资治通鉴·梁纪十》：其日，荣与天穆并入，坐食未讫，起出，侃等从东阶上殿，见荣、天穆已至中庭，事不果。

④ 《资治通鉴·梁纪十》：甲午，荣暂入，即诣陈留王家饮酒极醉，遂言病动，频日不入。

知道了，他拉帮手都顾不上核实了，比如魏兰根就接到了募股通知，他转头就告诉了尔朱世隆。[①]

尔朱世隆也从不止一个渠道接到了通知，他又一次对尔朱荣示警劝他抓紧动手，但尔朱荣继续看不起元子攸道："着什么急！"[②]

面对猪对手，尔朱荣大有猫抓耗子的淡定感："全程都在我的掌控中，我看看你到底能弄出什么花样来。"

此时元子攸的整个阴谋小分队都已经濒临崩溃，所谓"预帝谋者皆惧，帝患之"。

九月二十五，元子攸决定做最后一搏，在明光殿东厢埋伏了杀手，以皇后生了太子的名义派元徽飞马赶至尔朱荣府报喜。

随后开启隋唐历史的最大意外出现了，尔朱荣和元天穆居然来了。

要知道此时种种迹象和线索都已经很明显了，但尔朱荣就是做了这个决定，别人怎么说都不听，也不知道他是得到了谁的眼神肯定。

有可能奚毅方面又送来了新的情报：皇帝已经精神崩溃，皇后真的生了孩子，大胆来吧。

至于军事方面，比较明确的是，即便领军将军、左卫将军、武卫将军这三个岗位都出了问题，但元子攸依旧无法调动禁军力量。

即使上面的军官都出了问题，但基层军官们依旧无法被安排去刺杀尔朱荣。大概率这也是尔朱荣最大的底气。

从最后的结果看，尔朱荣做这个决定很可能是在自己不上朝的这些天已经暗地里做好了对洛阳的控制，他有恃无恐。

北境少数民族基因里对英雄的崇拜属性，使他想尽显自己的英雄气概玩把单刀赴会！但还是那句话，这里是洛阳。

---

① 《北齐书·魏兰根传》：庄帝之将诛尔朱荣也，兰根闻其计，遂密告尔朱世隆。

② 《资治通鉴·梁纪十》：帝谋颇泄，世隆又以告荣，且劝其速发，荣轻帝，以为无能为，曰："何匆匆！"

他即将体会到南北朝第一剧情推动家族的神秘力量。

尔朱荣和元天穆入殿后，元徽参拜皇帝的暗号一出，光禄少卿鲁安和典御李侃晞等人就持刀从东门闯了进来，尔朱荣打算擒贼先擒王先控制住元子攸，结果被元子攸突然拔刀捅死了，鲁安等随后一通乱砍，尔朱荣与元天穆当场死亡，尔朱荣之子尔朱菩堤和车骑将军尔朱阳睹等三十人也都被伏兵所杀。

杀尔朱荣的武装力量，全部是李冲的长孙李彧阴养的死士。[①]

尔朱荣也许算明白了台面上的所有力量，但陇西李氏的编外力量却成了最大的变数，使他最终霸业成空。还是那句话，这里是洛阳，是帝都。

烂船也有三斤钉，尔朱荣根本不清楚一个在帝国最高层盘根错节经营了几十年的家族有怎样的实力。他明面上也许控制了一切，但在这座洛阳的地下，这个家族布置了好多张牌。

后来杨坚直接烧毁了邺城和建康也是将这事彻底琢磨明白了。对于这种百年古都，仅仅有河阴之变是不够的。

尔朱荣迁都的思路是没错的，即便在洛阳安排的都是自己人，但这毕竟不是自己的主场，而且，人是会变的。

尔朱荣不只看走眼了一个奚毅，他大爱的武川头号小弟贺拔胜，在他死后也在第一时间反了。

贺拔胜此时已经升到了二品的卫将军、千户的开国公，他与尔朱荣的亲党田怗等听说尔朱荣已死后急忙奔赴尔朱荣府第。当时元子攸集团根本来不及对宫廷进行布控，田怗等人商议立即攻打皇宫，贺拔胜劝道："皇帝既然敢做这种事必然早有防备，咱们人不够，先出城吧！"

---

① 《魏书·李延寔传》：或任侠交游，轻薄无行。尔朱荣之死也，武毅之士皆彧所进。

等尔朱世隆这群人跑了以后，贺拔胜带着自己的部曲投靠了元子攸。[①]

尔朱荣一死，北国锁妖塔的封印打开了，一群"奚毅"被放出来了。各路神魔纷纷挣脱了束缚，开始各显神通了。

---

① 《魏书·贺拔胜传》：尔朱荣之死也，胜与田怙等奔走荣第。于时宫殿之门未加严防，怙等议即攻门。胜止之曰："天子既行大事，必当更有奇谋，吾等众旅不多，何可轻尔，但得出城，更为他计。"怙乃止。及世隆夜走，胜遂不从，庄帝甚嘉之。

四、锁妖塔崩塌，死棋变活棋的齐神武

530 年九月二十五，北魏帝国的天柱大将军尔朱荣被杀。

砍倒"镇狱明王"尔朱荣后，逍遥哥元子攸当天大赦天下，随后派奚毅和前燕州刺史崔渊率兵镇守北中城。元子攸的心很大，打算彻底困死洛阳的尔朱氏力量。

元子攸，你对尔朱荣的军事力量真的了解吗？

当夜，尔朱荣的媳妇率尔朱荣部曲烧了西阳门出屯河阴。

九月二十六，尔朱世隆展示了尔朱荣带来的四五千特种兵的战斗力，率军控制了河桥并攻坚打掉了北中城，杀了叛徒奚毅，洛阳开始震惊惶恐。元子攸派前华阳太守段育前往慰问，被尔朱世隆斩首示众。

之后胆小的尔朱世隆想马上回并州，但司马子如劝他说："兵不厌诈，如今天下大乱，只有强者才能通吃，现在我们不能示弱，如果北逃恐怕眼下这队伍就崩盘了，不如分兵守住河桥，咱们回军京师出其不意或许可以成功。就算不能成功也能显示我们留有余力，使天下畏我之强，不敢叛离。"

十月初一，尔朱世隆派尔朱拂律归率一千身穿孝服的胡骑来到洛阳城下索要尔朱荣尸首。元子攸表示罪只在尔朱荣一人，你们都撤了吧。

尔朱拂律归道:"太原王天下奇冤,把尸首给我拿来!"然后千人骑兵团开始大哭。

元子攸派朱瑞带着免死铁券去找尔朱世隆,希望跟他达成交易。

尔朱世隆不傻,知道元子攸如果真想放过自己就不会把北中城堵住,他这是糊弄谁呢?

更重要的是气氛都烘托到这里了,他就算想走弟兄们也不干,尔朱世隆坚决道:"必须报仇!绝不投降!"

元子攸随后取出国库内剩下的金银招募了敢死队,据说凑了一万人出城交战,但被尔朱拂律归的千骑打得大败。尔朱荣练出来的兵尖子,可不是闹着玩的!

洛阳城里的群臣一筹莫展、不知所措,通直散骑常侍李苗道:"我虽然不是武将,但请求带一支部队去截断河桥。"

十月十三,李苗募人从马渚上游乘船在夜间顺流而下,在离桥还有几里时将船点燃焚烧河桥,南岸士兵看到火起争前恐后向北逃,一会儿桥就被烧断了,但李苗的敢死队也很快被尔朱军干掉了。

由于河桥不保,尔朱世隆最终北撤,行至建州(今山西晋城北)时刺史陆希质闭城拒入,尔朱世隆再次展现战力攻坚破城,敢惹不敢扛的陆希质一个人跑了,建州全城百姓被屠。

汾州刺史尔朱兆听到尔朱荣的死讯后第一时间从治所西河县(今山西吕梁汾阳县)率兵占据了晋阳,随后去长子(今山西长治)会合了尔朱世隆。

徐州集团军的尔朱仲远此时也收到消息开始向洛阳出兵。

此时贺拔岳和尔朱天光正兵分两路分别在西北剿匪,听到爆炸性消息后开始汇聚泾州,随后也准备引兵向洛阳出发。

十月三十,尔朱氏推举太原太守、行并州事长广王元晔即皇帝位,元晔任尔朱兆为大将军;任尔朱世隆为尚书令,加封为太傅、司州牧;任尔朱荣的堂弟尔朱度律为太尉;任尔朱世隆的哥哥天柱长史尔朱彦伯为侍中；任徐州刺史尔朱仲远为车骑大将军，兼尚书左仆射、三徐州大行台。

十一月初四，洛阳的元子攸和晋阳的元晔纷纷将尔朱天光进爵为王。

尔朱天光和武川派的思路则是希望把小皇帝控制在关中自己再立一个山头，局面一时间相当纷乱。

十一月初五，尔朱仲远已经拿下西兖州。

十一月二十，元子攸命贺拔胜为东征都督跟随郑先护去讨伐尔朱仲远。

郑先护对贺拔胜并不信任，战前不让贺拔胜进营，贺拔胜的人马未得休息，紧接着尔朱仲远兵到，贺拔胜战败投降。①

《孙子兵法》中说："是故卷甲而趋，日夜不处，倍道兼行，百里而争利，则擒三将军！"

贺拔胜被郑先护阴了。长途奔袭就是为了赶在尔朱仲远之前到达战略要地，但到了地方"自己人"却突然不让他进城把他晾外面了。

郑先护就是想让尔朱仲远干掉贺拔胜这个叛变的墙头草。他心肠是多么地狠毒，斗争是多么地残酷啊！

贺拔胜在尔朱荣死后的选择瞬间太过于电光火石，他叛变尔朱氏的时候并没有思考过，自己在元子攸那里的根子很深吗？有人的地方就分派别，他的属性是什么呢？这问题真到了抉择时临时想来得及吗？

贺拔胜的力量源泉是武川，他的威名声望在六镇，他应该去关中、去太原！

好在尔朱仲远一直远在徐州并不清楚状况，贺拔胜的解释顺利过关，但这个时候的贺拔胜已经没资格在这个乱世的最高舞台上"长袖善

---

① 《周书·贺拔胜传》：为先护所疑，置之营外，人马未得休息。俄而仲远兵至，与战不利，乃降之。

舞"了。

一个人跟对人很重要，但很多时候又都是命运的安排。这里说的不是贺拔胜，说的是贺拔胜的手下。

贺拔胜此时的部曲规模是千人骑兵团，之前元子攸在他投诚后就命他率这支队伍去讨伐尔朱仲远。[①]

大家还记得贺拔岳当年和并不隶属于自己的侯莫陈悦、李弼等"间接武川派"凑了千余人西进入关吗？当年那支队伍里的人，后来都成大将了。

贺拔胜手上的千人军团极大概率也是武川部曲，因为从当时来看，一定是跟着他这个武川头马的前途更光明。

他的股本肯定也是武川军最精锐的，要远比西征的那些连马都没有的二队来得强，毕竟从平葛荣、镇中山、打陈庆之来看，尔朱荣一直把他当顶级刀锋来用。

但跟着贺拔胜的这些人最终除了一个独孤信之外，都淹没在历史的尘埃中了。

因为贺拔胜的光芒太耀眼，识人的尔朱荣除了让他短暂镇守过中山威慑北境之外，始终把这位霸气外露的杀器放在了自己可控的范围内。

同样被尔朱荣看穿的人还有高欢。对于"戏妖"，尔朱荣给予了更高级别的"观察"对待，但这层防范，却最终随着他的意外离去成了时代对高欢的馈赠。

尔朱兆会合尔朱世隆后准备南下打洛阳，于是派人找高欢出兵。

高欢派长史孙腾推辞道："我这一堆叛乱还没平息，现在不能去，您先去，等我这里完事马上就去找您。"

尔朱兆让孙腾给高欢带话："你告诉高欢，我做了个梦，必胜。"

---

① 《周书·贺拔胜传》：胜以为臣无雠君之义，遂勒所部还都谒帝。大悦，以本官假骠骑大将军、东征都督，率骑一千，会郑先护讨尔朱仲远。

高欢听了以后说道:"尔朱兆大逆不道,我不能再跟尔朱氏混了。"

这话听听就好,高欢要是忠君这世道就没吕布了,史官这是在帮高欢与尔朱氏做切割。

高欢跟西面的武川派一个思路,怀朔派也在观望。眼下局面太乱,看看再说。

尔朱兆之所以找高欢调兵,是因为高欢此时就在不远的晋州做刺史(治所今山西临汾)。

尔朱兆之所以能在尔朱荣出事后第一时间控制晋阳并在后面成为尔朱氏的话事人,是因为他继承了尔朱荣的遗产。而他能继承,则是因为他这个汾州刺史(治所今山西吕梁汾阳县)离晋阳太近了,他是拱卫尔朱荣大本营的嫡系部队。

高欢这个位置,就相当值得玩味了。(见图11-2)

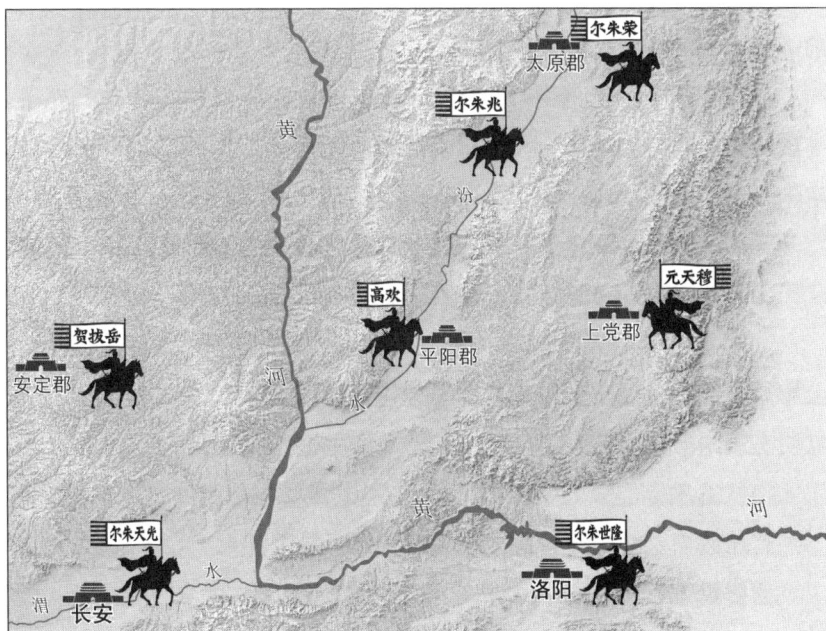

图 11-2　高欢周边势力图

高欢西面是武川派的关中，南面是尔朱氏主导的洛阳，东面是上党王元天穆，北面是尔朱荣本人。高欢的战略能动性极低，他憋得是相当难受。

作为对比，大家看一下尔朱荣对其他异姓大将的态度。

尔朱荣放在中原的斛斯椿是东徐州刺史（治所下邳，即今江苏徐州邳州），贾显度是南兖州刺史（治所今安徽亳州）。

他放在关中的贺拔岳是泾州刺史（治所今甘肃平凉泾川县），侯莫陈悦是渭州刺史（治所今甘肃定西陇西县）。

他放在北境与河北的叱列延庆是恒州刺史（治所平城，即今山西大同），侯渊是平州刺史（治所范阳，今河北迁安），樊子鹄是殷州刺史（治所广阿，即今河北邢台隆尧县）。

对于高欢，识人的尔朱荣并没有远放，前面那些外放的刺史尔朱荣都没有太上心，但对于高欢，尔朱荣是本着亲自督导的态度放在了眼前盯着。

我们再来回顾一下图11-2，看看尔朱荣给高欢打造的这个笼子。高欢的四面战略空间完全被挤压，他要是想偷袭尔朱荣，前面还要经过尔朱兆这一关。

再品一下尔朱荣对尔朱兆的那句告诫："我要是不在了，你早晚被高欢弄死。"尔朱荣早就把高欢看穿了。尔朱荣比高欢大三岁，年富力强。

高欢这辈子的天花板本来已经清晰可见，这个晋州刺史的人事任命本来是让他这辈子好好上班的人生规划，但塞翁失马焉知非福，"镇狱明王"尔朱荣突然死了。

锁妖塔崩，群魔下界。

晋州刺史这个位置瞬间成了高欢这辈子最大的幸运。

面对高欢的观望，尔朱兆也没有再搭理他，尔朱兆知道需要用一场大胜再次明确尔朱氏老大的地位。

十二月初一，尔朱兆一路南下来到黄河直接率骑兵过了黄河。虽然深冬水流量小，但令元子攸没想到的是，那一天黄河水还不到马腹。[1]

十二月初三，暴风狂作，黄沙漫天，直到尔朱兆率骑兵打到洛阳宫门时卫兵才发现。

元子攸被抓，尔朱兆扎营于尚书省，用天子金鼓，杀皇子，奸淫皇宫女眷，纵兵抢掠洛阳。

等尔朱世隆来到洛阳后尔朱兆给了自己叔叔一个下马威，他拔剑道："叔父你在洛阳那么久，耳目应该很广，怎么让天柱大将军受此大祸呢？"

明明不久前还见过一起立的新皇帝，现在突然来那么一下子，尔朱世隆也明白了尔朱兆什么意思，你不就是想当新老大在这里栽我的面子嘛？尔朱世隆下拜认错，但从此恨上了尔朱兆。[2]

尔朱荣死的时候，元子攸曾下诏命河西的纥豆陵步蕃攻袭秀容郡以牵扯尔朱氏火力，但尔朱兆选择了闪电战拿下洛阳，等到尔朱兆走后纥豆陵步蕃挥军南下，兵势甚盛。

尔朱兆无奈只得迅速回师晋阳，留尔朱世隆、尔朱度律、尔朱彦伯等人守洛阳。

十二月十三，拿下洛阳仅仅十天后，尔朱兆又长途奔袭带着元子攸回到了晋阳。

据说高欢听说了元子攸被抓还打算去劫狱，但没劫到，然后还给尔朱兆去了封信，说你不能动皇帝哈！

成书于北齐的《魏书》为了保护自己家的皇帝形象真是无所不用其极。

以高欢的为人，即便去信也只会表达一件事：赶紧给天柱大将军

---

[1] 《资治通鉴·梁纪十》：先是，敬宗以大河深广，谓兆未能猝济，是日，水不没马腹。

[2] 《资治通鉴·梁纪十》：世隆逊辞拜谢，然后得已，由是深恨之。

报仇啊！毕竟你弑君后，我才好做更多的动作。

十二月二十三，尔朱兆将元子攸缢杀于晋阳的三级佛寺，然后前一秒还保皇的高欢就跟尔朱兆并肩作战了。

一个月里南下北上来回长途拉练的尔朱兆会战纥豆陵步蕃后失败，在这个时候他调来了高欢，双方合力干掉了纥豆陵步蕃。[1]

此战后，尔朱兆和高欢结拜成了兄弟。

史书在这里编得很离谱，前一秒的保皇斗士下一秒跟刽子手结拜了，你能把站街女往烈女方向编吗？还有点儿逻辑和操守吗？

做完这个神圣又扯淡的动作后，《北齐书》中对高欢的"六镇兵大礼包"做出了解释。

葛荣手下的六镇兵当初有二十多万被尔朱荣带到了山西，随后被各种欺凌，已经反了二十六次，尔朱兆很头疼，就问高欢怎么办。高欢说："这些六镇的余孽不能都杀了，得选您信任的人控制他们，他们敢闹事您就去追责首领。"[2]

尔朱兆说："好主意，但谁能控制这些兵？"

此时坐在帐中的贺拔允说："高欢合适。"

高欢上去一拳就打掉了贺拔允的牙，怒道："天柱大将军在时你不过是只鹰犬，现在天下大事都由新王决定，你在这里胡说八道什么，兆哥快杀了他！"

没看过戏的尔朱兆觉得高欢真忠，随后把六镇兵给了高欢，高欢担心尔朱兆说的是酒话，怕他酒醒后改变主意，出了大帐后马上表示六

---

① 《北齐书·神武帝纪》：步蕃（《魏书》为"蕃"，全书正文统一用"蕃"）既败兆等，以兵势日盛。兆又请救于神武，神武内图兆，复虑步蕃后之难除，乃与兆悉力破之。

② 《北齐书·神武帝纪》：葛荣众流入并、肆者二十余万，为契胡陵暴，皆不聊生，大小二十六反，诛夷者半，犹草窃不止。兆患之，问计于神武。神武曰："六镇反残，不可尽杀，宜选王素腹心者私使统焉。若有犯者，直罪其帅，则所罪者寡。"

镇兵现在都归我管了，大家都去汾水以东集合听我号令。六镇兵看到了大救星。[①]

这段历史出于高欢本传，主要表达了三件事：

1. 高欢在接手六镇兵之前就已经很厉害了，能够帮尔朱兆平定北方的叛乱。

2. 高欢够意思，帮尔朱兆平叛不提钱的事。

3. 高欢得人心，尔朱氏不得人心。

实际上我们细细推敲这件事根本不可信。高欢的传记在粉饰的时候前后矛盾、错误非常多，毕竟九真一假好编，九假一真就属于难为人了。

1. 六镇兵人数根本不对。

此时说二十多万被杀了一半，但同是出自高欢本传，后面高欢跟尔朱氏大决战的时候总家底不过三万人，所谓"神武令封隆之守邺，自出顿紫陌。时马不满二千，步兵不至三万，众寡不敌"，这还是在河北已经韬光养晦了一年的结果。

后面高欢使计让六镇兵表忠心的时候曾经给过一个数字：万人规模。原文如下："乃诈为书，言尔朱兆将以六镇人配契胡为部曲，众皆愁怨。又为并州符，征兵讨步落稽。发万人，将遣之，孙腾、尉景为请留五日，如此者再。"也就是说，被高欢收编的六镇兵是万人左右，不是半数的葛荣军队。

2. 人事调动上不具备可行性。

六镇兵属于被强烈看管盯防的队伍，已经叛乱了二十六次，怎么可能在酒桌上刚达成了交易，大晚上一句话就被高欢全部调动到了汾水以东，要是以这样的松懈程度尔朱兆早就被打死好多次了。

---

① 《北齐书·神武帝纪》：兆以神武为诚，遂以委焉。神武以兆醉，恐醒后或致疑贰，遂出，宣言受委统州镇兵，可集汾东受令。乃建牙阳曲川，阵部分。……兵士素恶兆而乐神武，于是莫不皆至。

在《魏书·尔朱兆传》和《北齐书·慕容绍宗传》中，对于另外两个亲历者，史书给出了更为合理的解释。

《魏书·尔朱兆传》："兆入洛后，步蕃兵势甚盛，南逼晋阳，兆所以不暇留洛，回师御之。兆虽骁果，本无策略，频为步蕃所败，于是部勒士马，谋出山东。令人频征献武王于晋州，乃分三州六镇之人，令王统领。既分兵别营，乃引兵南出，以避步蕃之锐。步蕃至于乐平郡，王与兆还讨破之，斩步蕃于秀容之石鼓山，其众退走。"

翻译下：尔朱兆回军后不断被纥豆陵步蕃打败，尔朱兆准备去河北，这个时候派人找高欢参股，将六镇兵分出来给高欢统领作为出兵的好处。等将六镇兵分出去以后，尔朱兆率兵南撤保存实力。后来在乐平郡（阳泉附近，井陉道上）尔朱兆与高欢击败了纥豆陵步蕃，一路追杀至石鼓山（今山西忻州原平东）将其斩首。

尔朱兆先给的好处，高欢才出的兵。

《北齐书·慕容绍宗传》："纥豆陵步藩逼晋阳，尔朱兆击之，累为步藩所破，欲以晋州征高祖，共图步藩。绍宗谏曰：'今天下扰扰，人怀觊觎，正是智士用策之秋。高晋州才雄气猛，英略盖世，譬诸蛟龙，安可借以云雨。'兆怒曰：'我与晋州推诚相待，何忽辄相猜阻，横生此言！'便禁止绍宗，数日方释。遂割鲜卑隶高祖。高祖共讨步藩，灭之。"

翻译下：纥豆陵步蕃不断将尔朱兆打败，尔朱兆决定找高欢来帮自己。慕容绍宗劝他："现在天下纷乱，人心难测，高欢不是人臣之相，他是蛟龙怎么能给他云雨！"然而尔朱兆不听，还把慕容绍宗关了起来，并把鲜卑兵也就是六镇兵给了高欢，随后两人共同消灭了纥豆陵步蕃。

找救兵而已，慕容绍宗何来的"譬诸蛟龙，安可借以云雨"？慕容绍宗说的就是尔朱兆以六镇兵为交换让高欢北上，后面也说了"遂割鲜卑隶高祖"后才共同讨伐的纥豆陵步蕃。

综合评定后，我们还原一下当时的状况：

1. 当时剩下的六镇兵在人数上并没有多少，万人规模左右。

葛荣手下方便被控制的队伍早就被尔朱荣重新整编了，比如灭葛荣后收编的武川派宇文泰、独孤信、赵贵等，比如高欢手下的广宁派。

广宁派的主要人物如下：

韩贤，广宁石门人，壮健有武用，起初跟随葛荣作逆，葛荣失败后被迁至并州，他先是被尔朱荣擢充左右，后来跟了高欢。

任延敬，广宁人，起初跟随葛荣，很受葛荣待见还被封为王。葛荣失败后，他带着部下率先投降，被封为镇远将军、广宁太守，赐爵西河县公，后来跟了高欢。

潘乐，广宁石门人，他家本是当地大族，魏世分镇北边因此换了户口。潘乐宽厚有胆略，最初归附葛荣被授为京兆王，时年十九，葛荣失败后，他跟随尔朱荣为别将讨元颢，以功封敷城县男，高欢出牧晋州时引为镇城都将。

广宁派之所以会集体投票给高欢，是因为在高欢那里有自己人——蔡俊。

蔡俊，广宁石门人，在高欢还没发迹时他就看出来这个人不是池中之物。后来在杜洛周处，蔡俊和高欢谋杀杜洛周失败后投奔了葛荣，在葛荣处两人又想搞阴谋，随后一起逃到了尔朱荣处，再之后一起破葛荣，一起平元颢，蔡俊跟随高欢创业。

蔡俊与高欢是贫寒之交，两人还一起做过很多阴谋之事，属于一起同过窗，一起扛过枪，一起做过很多事的铁杆。

上述这些人，都是被尔朱荣从葛荣处整编来的，此时的六镇兵已经被收编两年了，他们要么整编分流，要么反叛被杀，要么练兵损耗，已经没多大规模了。

2. 剩下的这部分六镇军对于大兵压境的尔朱兆来讲是烫手的山芋。

六镇兵可能在尔朱荣手下相当乖，但尔朱荣突然死亡后尔朱兆控制不住这股力量。留这些人在晋阳，尔朱兆出去战斗担心大本营被偷袭，拿在手里又使唤不动还需要派兵看着，这样就大大削减了己方的机动性和战斗力。所以尔朱兆及时止损将这部分兵分给了同是六镇出身的高欢。

高欢能得到尔朱兆"病急乱投医"下的这个"六镇大礼包"有两个原因：

1. 高欢离得近。

尔朱兆放眼四望，高欢是唯二有资历有威望的六镇籍的合适人选。

2. 高欢在尔朱氏内部有人。

说高欢是唯二的人选，是因为此时尔朱兆的身边还有贺拔允。

贺拔允是贺拔三兄弟中的长兄，资格不是一般的老，但贺拔允却并没有得到尔朱兆的青睐。高欢能够跑赢贺拔允的关键，在于他在尔朱氏那边有个关键的人脉。

高欢成功的诀窍是他将在任的贪腐所得都送给了自己当初在怀朔结交的生意人好朋友刘贵，刘贵随后帮他在尔朱荣那里上下打点。[①]

刘贵在尔朱兆这里同样说得上话，因为在讨灭纥豆陵步蕃不久后，高欢再次请刘贵去公关尔朱兆，表示山西大地没有粮了，人们都开始吃老鼠了，让他带着叫花子军团去山东吧，等吃饱了他再回来，尔朱兆同意了。[②]

这个时候慕容绍宗又来说真话，说"不行啊，高欢走了就制不住了"！

尔朱兆说："我们结拜过，瞎担心什么！"

慕容绍宗表示这都什么时代了，亲兄弟都不可信，更何况把兄弟！但这个时候尔朱兆身边已经都被高欢买通了，随后慕容绍宗又被关了禁闭。[③]

---

① 《北齐书·神武帝纪》：乃以神武为晋州刺史。于是大聚敛，因刘贵货荣下要人，尽得其意。

② 《北齐书·神武帝纪》：居无何，又使刘贵请兆，以并、肆频岁霜旱，降户掘黄鼠而食之，皆面无谷色，徒污人国土，请令就食山东，待温饱而处分之。兆从其议。

③ 《北齐书·神武帝纪》：绍宗曰："亲兄弟尚尔难信，何论香火。"时兆左右已受神武金，因谮绍宗与神武旧有隙，兆乃禁绍宗而催神武发。

至此，我们列一下高欢这辈子最关键的两个贵人。

第一位贵人：妻子娄氏。

高欢因为娶了娄氏才开始有资格软饭硬吃，结识了这些高质量的朋友，比如怀朔户曹史孙腾当初是他的好朋友，后来成了他的心腹长史，比如前面说的帮他拉来了广宁派的好朋友蔡俊。

他岳父家娄家更是倾家支持，其小舅子娄昭方雅正直，有大度深谋，弓马冠世，带着队伍跟他打天下。

因为娶了娄氏，高欢还认识了妹夫窦泰。窦泰是大安郡人，其父兄在六镇之乱中帮助镇将杨钧固守怀朔郡后遇害，窦泰带着父兄骸骨归附了尔朱荣，高欢去晋州后又去投奔了高欢。[①] 窦泰帮高欢拉来了众多太安郡股东，如韩轨，[②] 如尉长命，[③] 如莫多娄贷文。[④]

第二位贵人：他在怀朔的奔走之友刘贵。[⑤]

没有这位秀容籍贯的"奔走之友"，高欢这辈子都不可能出头。

1. 是刘贵把他引荐给了尔朱荣，随后他才有资格被尔朱荣发现并看中。

2. 是刘贵成为他贿赂尔朱氏的关键通道，帮助他在晋州不断调来了看中的发展对象。

---

① 《北史·窦泰传》：父乐，魏末破六韩拔陵为乱，与镇将杨钧固守，遇害。……及长，善骑射，有勇略。泰父兄战殁于镇，泰身负骸骨归尔朱荣。以从讨邢杲功，赐爵广阿子。神武之为晋州，请泰为镇城都督，参谋军事。

② 《北齐书·韩轨传》：韩轨，字百年，太安狄那人也。少有志操，性深沉，喜怒不形于色。神武镇晋州，引为镇城都督。及起兵于信都，轨赞成大策。

③ 《北齐书·尉长命传》：尉长命，太安狄那人也。……长命性和厚，有器识。扶阳之乱，寄居太原。及高祖将建大义，长命参计策。

④ 《北齐书·莫多娄贷文传》：莫多娄贷文，太安狄那人也。骁果有胆气。从高祖举义。

⑤ 《北齐书·神武帝纪》：与怀朔省事云中司马子如及秀容人刘贵、中山人贾显智为奔走之友。

3.是刘贵帮助他在尔朱兆那里建立了沟通渠道并最终顺利得到了无主的六镇兵，进而顺利东进河北。

老天给高欢的起手牌确实不起眼，但却早就把时代的钥匙悄悄塞给他了。

高欢一路东归，准备走滏口陉出太行山，半路上遇到了尔朱荣的媳妇，本着上司妻不"客气"的态度，他把老上司媳妇的三百匹马抢走了。①

尔朱兆听说这事后开始狂追高欢，到了襄垣（今山西长治襄垣县）终于在漳水对岸追上了。

高欢隔着河对尔朱兆道："我那不是抢，是借，山东流氓多，我得防着点儿，您可能误会了，我现在过河受死不难，就是我一死手下这群人就得疯了。"

尔朱兆表示我没这意思，还直接骑马过来单刀赴会，并把自己的刀给高欢以示诚意。

高欢哭得很伤心，随后两人又宰了匹白马发誓永为兄弟，然后就是无限畅饮。

尔朱兆从头到尾都活在了五百年前，他还觉得在这个时代誓言是个好东西，可惜了那匹白马。

其实高欢集团半夜就准备绑他了，之所以没下手是因为高欢觉得现在实力不够，还打不过尔朱兆。②

第二天尔朱兆回营，又来喊高欢，高欢打算去安抚一下但被孙腾拦住，尔朱兆隔河骂了一通街就回晋阳了。③

---

① 《北齐书·神武帝纪》：神武乃自晋阳出滏口。路逢尔朱荣妻乡郡长公主，自洛阳来，马三百匹，尽夺易之。

② 《北齐书·神武帝纪》：今杀之，其党必奔归聚结。兵饥马瘦，不可相支，若英雄崛起，则为害滋甚。不如且置之。

③ 《北齐书·神武帝纪》：旦日，兆归营，又召神武，神武将上马诣之，孙腾牵衣，乃止。兆隔水肆骂，驰还晋阳。

时间来到了 531 年。

自尔朱荣死后，步步踩对点的高欢在最合适的时机来到了河北大地。

在河阴之变的层层演化后，高欢迎来了 6 世纪最关键的入主河北的窗口期。

五、高欢当选"河北联盟盟主"的独特时运

高欢这辈子上的最深刻的一堂课，是尔朱荣把他关在"笼子"里的那一年给他上的。

虽然他大本营的南面是中国最大的盐池，河东有矿有盐，是非常富裕的一个地方，但高欢在帮尔朱兆打完短工后毅然决然地选择了东进河北。

存量虽然值钱，但是每个大佬都知道河东这地方不值钱，在这个四战之地是没有未来的，更重要的是河东的腹地太小难以施展。

尔朱荣死了，上天给高欢打开了一扇窗，高欢抓住了这个机会，见识很高地扔了存量跳窗而去。

这一子落下，珍珑棋局活了。

高欢和尔朱兆分开后，时间进入 531 年。

531 年的第一季度，历史扔出了帮高欢当选河北老大的专属剧情包。注意，专属的，即这个剧情只有他能解锁。

尔朱荣死后，被他封印的东北妖王——高欢动心思了。

531 年二月，尔朱荣的前占卜师刘灵助在老家举旗了。

刘灵助，燕郡人，懂阴阳占卜，早年是当地的半仙无赖，或算命或打劫，属于不安定分子。

他后来一路辗转来到了秀容，见到了尔朱荣这位神秘力量爱好者，刘灵助一次次占卜成功让尔朱荣开始拿他当个人物，他成了功曹参军。

刘灵助是个懂得放长线的人，河阴之变时，他保下了以范阳卢氏卢道虔兄弟为首的几十个身为高级官员的老乡。[①]

种下这么大的人情种子后，刘灵助开始不断找机会回幽州老家，讨平葛荣后刘灵助被封为幽州刺史，又跟着元天穆讨邢杲。

尔朱荣对他的能力是很认可的，当时幽州流民相当凶悍，尔朱荣专门派刘灵助前去安抚。

在元颢入洛事件中，刘灵助再次献上精准预测，从而领幽州大中正，加征东将军，增邑五百户，进爵为燕郡公；他后来又兼尚书左仆射，在黄河边上的濮阳和顿丘慰劳辗转至此的幽州流民；他与侯渊等于蓟城讨灭葛荣余党，加车骑将军，又为幽、平、营、安四州行台。

刘灵助成为本地的最高行政长官后，老天再次为他送上助攻，尔朱荣死了，随后尔朱兆又把元子攸给杀了。

解除封印的"北魏张角"刘灵助开始拿着自己算命的本事上市了，再加上刘灵助给尔朱氏算了一卦，卦象显示尔朱氏的福报到头了，于是自号燕王、车骑大将军、开府仪同三司、大行台，声称要为元子攸报仇。

刘灵助拿出了早就驯养的大鸟说这是祥瑞，声称谶书里说刘氏当王，因此大搞神秘崇拜，等纥豆陵步蕃最初击败尔朱兆时，刘灵助又表示"尔朱自己就会灭，根本不须我出兵"。

刘灵助只用了很短时间就挑动起幽、瀛、沧、冀四州之民，人性大师刘灵助还设计了加盟法则：同意加盟的，半夜举火把为号；不举火把的，大伙就把他干掉。

---

① 《魏书·刘灵助传》：建义初，荣于河阴王公卿士悉见屠害。时奉车都尉卢道虔兄弟亦相率朝于行宫，灵助以其州里，卫护之，由是朝士与诸卢相随免害者数十人。

刘灵助的这次起义得到了东北最大门阀范阳卢氏的加盟，他当年的"好事"没有白做。

我们来看看以卢文伟为代表的河北本土的范阳卢氏这些年的轨迹。

卢文伟自小就有大志向，颇涉经史，爱好交游，从少年时代起就为本土所尊敬，官府让他担任主簿，后来他一直在老家做官吏，老家的水利设施就是他主持修的，卢文伟还趁着自己做官的机会把自己家给经营得越来越富裕。①

古人迷信八字，认为有一种好的格局叫作"官透财藏"，即天干上最好有官，可以帮人克制"劫财"，官是显像在外的，大家都知道你的财有官来守卫，没人敢动心思；财富最好藏在地支里，不显山不露水没人惦记的富贵才能绵长。

比如说卢文伟，朝中有顶级保护伞，自己在老家"善于营理，兼展私力"。

他的小日子过得挺带劲，但多好的命也不能跟时运争，六镇之乱后眼看着坞堡时代又要来了，卢文伟扔掉大富翁玩法在范阳城囤积粮草，开始招兵买马聚敛人口，所谓"及北方将乱，文伟积稻谷于范阳城，时经荒俭，多所赈赡，弥为乡里所归"。

遗憾的是六镇兵实在太厉害，卢文伟没打过，被杜洛周俘虏了，从此加入了杜洛周的军团，杜洛周败后又跟了葛荣，葛荣败后他回了老家，继续经营自己的地盘。

范阳卢氏没有玩死磕，在时代的浪潮最汹涌的时候跟着走，浪潮散去就回老家。后来葛荣余党韩楼据蓟城，卢文伟率老家势力屯守范阳与之相抗，被洛阳朝廷任命为行范阳郡事，随后的两年时间，卢文伟与

---

① 《北齐书·卢文伟传》：除本州平北府长流参军，说刺史裴俊按旧迹修督亢陂，溉田万余顷，民赖其利，修立之功，多以委文伟。文伟既善于营理，兼展私力，家素贫俭，因此致富。

兄弟们同甘共苦，他分散家财做了一个本乡老大该做的事情。[①]

豪族在和平时代收获红利，在丧乱时代要肩负起帮辖区的老百姓活下去的义务，因为祖祖辈辈要在这里混，都得是长线思维。

侯渊率七百骑兵讨灭韩楼后，卢文伟以功封大夏县男爵、范阳太守。尔朱荣一死，卢文伟和曾经在河阴救过宗族的老乡刘灵助一拍即合。

卢文伟在尔朱荣死后把镇范阳的侯渊骗出去打猎，随后夺了范阳，侯渊无法进城，因此投了中山。

刘灵助紧跟着出兵南下拿下了瀛州，留卢文伟防守后自己又带兵奔定州而去，声势相当浩大。

刘灵助闹起来的同月，清河崔氏的镇远将军崔祖螭聚青州七郡之众十余万人围东阳。

崔氏作为清河的顶级门阀，在六镇之乱后有一部分人的选择是打不过就跑，反正离黄河近。（崔氏并没有全走，老家还有留守势力。）尔朱荣一死，山东方面也不忍了。

刘灵助闹起来的时候，河北南部的冀州也有一股凶猛的力量起来了。

渤海高氏的高乾与其弟高敖曹率众夜袭冀州，抓了刺史元嶷（字仲宗），杀了监军孙白鹞，共推前河内太守封隆之行州事响应刘灵助。

我们要仔细讲讲高家这对兄弟，因为他们对剧情有着巨大的推进作用。

高乾和高敖曹，是渤海蓨县（今河北衡水景县）人。高欢吹牛说出身的时候，也说自己是渤海蓨县高氏。

高氏这对兄弟的父亲高翼就已是渤海郡的老大级豪族，葛荣作乱

---

① 《北齐书·卢文伟传》：时韩楼据蓟城，文伟率乡闾屯守范阳，与楼相抗。乃以文伟行范阳郡事。防守二年，与士卒同劳苦，分散家财，拯救贫乏，莫不人人感说。

的时候高翼被安排为渤海太守就地抵抗，结果六镇兵太凶，高翼带着队伍迁往黄河济水之间，北魏又在这里侨置了东冀州，以高翼为刺史。①

元子攸被干掉时，高翼的寿命也到了，他给自己的孩子们留下了遗嘱："尔朱氏不是合作对象，打！"

到了高翼长子高乾这里，他和郑先护有个共同的特点，都是元子攸还没当皇帝时的好朋友。

高乾和高敖曹早在河阴之变开始时就跟葛荣混了，后来元子攸派人巡视山东，高乾看在老朋友的面子上出降了。②

元子攸想调高乾入朝，尔朱荣不同意，于是高乾回到了渤海郡老家继续从事自己对社会造成不安定因素的事业——打猎。③

对于高家兄弟，尔朱荣是高度重视的。

高乾的弟弟高敖曹马槊无双，手下皆以一当百，高敖曹武功高强，号称项羽再世。

高敖曹跟着他哥这些年一直是"梁山"做派，散尽家财结交各路豪杰，等高乾被尔朱荣打回老家后，又跟着高乾一起在老家召集队伍，"阴养壮士"。

后来尔朱荣对这个"河北项羽"相当不爽，密令冀州刺史元仲宗诱抓了高敖曹送到晋阳。尔朱荣逼宫洛阳时甚至要带着高敖曹一起走，

① 《北齐书·高乾传》：父翼，字次同，豪侠有风神，为州里所宗敬。孝昌末，葛荣作乱于燕、赵，朝廷以翼山东豪右，即家拜渤海太守。至郡未几，贼徒愈盛，翼率合境，徙居河、济之间。魏因置东冀州，以翼为刺史，加镇东将军、乐城县侯。

② 《北齐书·高乾传》：乾兄弟本有从横志，见荣杀害人士，谓天下遂乱，乃率河北流人反于河、济之间，受葛荣官爵，屡败齐州士马。庄帝寻遣右仆射元罗巡抚三齐，乾兄弟相率出降。

③ 《北齐书·高乾传》：朝廷以乾为给事黄门侍郎。尔朱荣以乾前罪，不应复居近要，庄帝听乾解官归乡里。于是招纳骁勇，以射猎自娱。

这就是顶级对手的待遇。①

等尔朱荣死了，高敖曹被元子攸放了出来，高乾也从老家飞马赶到洛阳见了老朋友。

元子攸命这对兄弟回老家带队伍来援助自己，任高乾为河北大使，高敖曹为直阁将军，高乾大哭明志，高敖曹没他哥那么肉麻，拔剑跳了一段舞表明态度。②

兄弟两个回河北不久，尔朱兆入洛阳，命其监军孙白鹞率百余骑至冀州找高氏兄弟调马，并打算趁这个机会扣下高氏兄弟。

高氏兄弟不会被同一块石头绊倒两次，率部曲直接杀了孙白鹞，抓了刺史元仲宗，推同是老乡的封隆之行冀州事。

高氏兄弟自己没有掌控冀州，而是推选了封隆之，有三个原因：

1. 封隆之是老乡，也是渤海蓨县人。

2. 封隆之立场坚定，他爹死于河阴之变，跟尔朱氏有仇，所谓"属尔朱兆入洛，庄帝幽崩。隆之以父遇害，常怀报雪，因此遂持节东归，图为义举"，他的立场没问题。

3. 封隆之在冀州有号召力，所谓"乾等以隆之素为乡里所信，乃推为刺史。隆之尽心慰抚，人情感悦"。

高氏兄弟这些年是"黑社会大流氓"的人设，所谓"与兄乾数为劫掠，州县莫能穷治。招聚剑客，家资倾尽，乡间畏之，无敢违逆"。封隆之能上台面，他们不能。

渤海公司拿下冀州后开始为元子攸举哀，三军缟素，接受北面刘灵助的节度。这个渤海公司，最终决定了河北大地的归属。

---

① 《北齐书·高昂传》：尔朱荣闻而恶之，密令刺史元仲宗诱执昂，送于晋阳。永安末，荣入洛，以昂自随，禁于驼牛署。

② 《北齐书·高乾传》：时尔朱徒党拥兵在外，庄帝以乾为金紫光禄大夫、河北大使，令招集乡间为表里形援。乾垂涕奉诏，弟昂援剑起舞，请以死自效。

河北闹起来的同时，尔朱氏再次爆发了决定其最终结局的内斗。

尔朱兆在洛阳抖了自己这辈子最不该抖的威风后被尔朱世隆深深地恨上了，尔朱世隆在尔朱兆走后与自己兄弟们商议打算废了之前尔朱兆主导立的元晔。

531 年二月二十九，尔朱世隆没有事先和尔朱兆沟通就拥立了元恭为新皇帝。尔朱兆大怒，打算再去一趟洛阳，吓得尔朱世隆赶紧派尔朱彦伯去调停。

尔朱氏内部分裂为尔朱兆和尔朱世隆及其兄弟两派。

531 年二月，同时发生了以下四件事：

1. 刘灵助妖言惑众拿下了幽、瀛、沧三州。

2. 高乾、高敖曹兄弟和封隆之夺下了冀州并站队刘灵助。

3. 黄河南岸的清河崔氏也折腾起来了十几万人。

4. 尔朱氏内部发生分裂，家族向心力出了巨大问题。

照着这个节奏，刘灵助将成为下个时代的主角，毕竟这种"张角型"起义从来都是很吸引人的，只要教主不死永远不愁死灰复燃。

但是，仅仅一个月后，即 531 年的三月，刘灵助率兵攻打博陵郡的安国城时被叱列延庆、侯渊和尔朱羽生联合起来干掉了。

刘灵助喊得挺猛，结果上来就被干掉了。这样一来，整个河北大地的形势就乱了。

刘灵助裹挟了大半个河北，吓得整个幽、瀛、冀、沧都举火把起义了，结果一个月都不到他自己直接升天了。更可怕的是，刘灵助是被叱列延庆和侯渊联合后仅用一千骑兵就给擒杀的。①

继尔朱荣七千骑兵抓葛荣，侯渊七百骑兵定蓟城后，河北人再次体会到了尔朱荣的恐怖的骑兵战力。强烈的反差使河北陷入了惶恐。在

---

① 《魏书·叱列延庆传》：渊从之，乃出顿城西，声云将还。简精骑一千夜发，诘朝造灵助垒，战于城北，遂破擒之。

这份惶恐中，高欢成了香饽饽。

高欢自从年初到了太行山口，就赶上了轰轰烈烈的刘灵助大起义，然后他就待在太行山里不出来了，一条滏口陉走了整整六十天，而且沿途军纪极好，绝对不得罪当地人，塑造自己不拿当地豪族一分钱的形象给自己留后路。[①]

高欢到了滏口陉的关口说什么都不往前走了，粮食找相州刺史刘诞要，据说刘诞不给，高欢就抢了刘诞的仓库。

抢友军仓库好说，顶多算物资给养上面多吃点多占点，毕竟欢哥连尔朱荣媳妇的东西都抢，但河北本地人是不能得罪的，照着刘灵助起义的趋势，后面的局势不好说呀。

据他自己本传的描述是二月他就投身了河北大起义，这又属于胡编乱造。

朝廷方面三月给他的封赏依旧，仅仅是加封为渤海王，具体地盘还是晋州，原文记载："三月，骠骑大将军、仪同三司、左卫将军、大都督、晋州刺史、平阳郡开国公齐献武王封渤海王，增邑五百户。"

无论是《魏书》还是《北齐书》，其他所有人的传记都与高欢的传记对不上。

高欢看了一段时间的戏，毕竟刘灵助的声势太浩大了，如果现在扑上去就把自己的实力给打光了，直到叱列延庆、侯渊和尔朱羽生干掉刘灵助后，高欢看明白了，还是尔朱一系猛。于是他准备去搞定闹腾挺凶的冀州当自己的新地盘，这让刚刚给元子攸穿孝的冀州方面有点儿害怕。[②]

---

① 《北齐书·神武帝纪》：及是行，舍大王山六旬而进。将出滏口，倍加约束，纤毫之物，不听侵犯。将过麦地，神武辄步牵马。远近闻之，皆称高仪同将兵整肃，益归心焉。

② 《北齐书·高乾传》：乾升坛誓众，辞气激扬，涕泪交下，将士莫不哀愤。北受幽州刺史刘灵助节度，共为影响。俄而灵助被杀。属高祖出山东，扬声来讨，众情莫不惶惧。

但是，高欢一直以来的小心思谁都能看明白。

高欢就是个投机者，他并没有迅速站队尔朱氏跟刘灵助撕破脸。更重要的是，高欢平时给自己立的一个人设在这个关键时刻起到了巨大作用：高欢说自己是渤海高氏。

高欢没有浪费自己当年在洛阳得到的见识，他知道这个时代的底色，别看他是个土生土长的怀朔草根阶层，但他从最开始就没放弃过和汉人高门联手的机会。

高欢对自己这个人设维护到了什么地步，举下面这个例子就清楚了。

高欢的手下、行平阳郡事高隆之本姓徐，他说自己出生于高平金乡，不过后来被亲戚高氏抱养随后过继给了高家。对于这位手下，高欢犹如石勒附体般，把高隆之排进了家谱，使之成为他的堂弟，表示高隆之的籍贯从今往后也是渤海，别说漏了。①

高欢这里成了渤海高氏的假冒伪劣批发集散基地，他到处声称自己是渤海高氏，这也成为他人生中又一次的意外之福。

冀州黑老大高乾通过高欢这两个月的表现和他的人设判定这个人是可以争取的，于是力排众议，亲自与高欢进行了会谈，两人谈得投机，还一起睡了一觉。②

高欢被冀州方面看重，有四个巧合：

1. 高欢坐山观虎斗，有明显的墙头草倾向，可以争取。

---

① 《北齐书·高隆之传》：高隆之，字延兴，本姓徐氏，云出自高平金乡。父幹，魏白水郡守，为姑婿高氏所养，因从其姓。隆之贵，魏朝赠司徒公、雍州刺史。隆之后有参议之功，高祖命为从弟，仍云渤海蓨人。

② 《北齐书·高乾传》：乾谓其徒曰："吾闻高晋州雄略盖世，其志不居人下。且尔朱无道，杀主虐民，正是英雄效义之会也。今日之来，必有深计，吾当轻马奉迎，密参意旨，诸君但勿忧惧，听我一行。"乾乃将十数骑于关口迎谒。乾既晓达时机，闲习世事，言辞慷慨，雅合深旨。高祖大加赏重，仍同帐寝宿。

2.高欢声称自己是渤海高氏，可以争取。

3.高欢的战斗力有一定保证，他刚刚解了尔朱兆之围。

4.高欢距离信都比较近，可以迅速争取过来成为己方力量。

高欢要是按原计划打进了冀州，他不过就是个小军阀。高欢在刘灵助死后确实曾打算出兵站队抢地盘的，但这样做得不到河北人的拥护，他闹腾得再大能大过葛荣吗？

一个人的命运既要看个人努力，也要看历史的进程。萧道成于淮阴，萧衍于襄阳，尔朱荣于秀容，高欢于晋州乃至滏口，都是这句话的体现。特殊的身份在特殊的时间出现在了特殊的地点，你就是历史的选择。

四月，高欢来到了信都，封隆之和高乾开城欢迎，猛男高敖曹当时正在外面打仗，听说这事后认为他哥太胆小，还给他哥送了套女装以示鄙夷。随后高欢派了自己的长子高澄以子孙之礼去拜见高敖曹，这才得到了高敖曹的认可。①

高欢以极低的姿态认亲戚而来，这让河北地区抬眼望到北极星。由于刘灵助闹事时都站队了，现在面临着被尔朱氏报复的风险，高氏兄弟的朋友圈随后蜂拥而来。

首先高敖曹自己是有队伍的，他手下就有呼延族、刘贵珍、刘长狄、东方老、刘士荣、成五彪、韩愿生、刘桃棒等一大群帮手，他表态站队高欢后又拉来了李希光、刘叔宗、刘孟和三股势力聚集信都。②

李希光，渤海蓨人，父李绍为长广太守，直接带着队伍站了高家兄弟。

---

① 《资治通鉴·梁纪十一》：进至信都，封隆之、高乾等开门纳之。高敖曹时在外略地，闻之，以乾为妇人，遗以布裙；欢使世子澄以子孙礼见之，敖曹乃与俱来。

② 《北齐书·高季式传》：自昂初以豪侠立名，为之羽翼者，呼延族、刘贵珍、刘长狄、东方老、刘士荣、成五（《北史》中为"成五彪"，全书正文统一用"成五彪"）、韩愿生、刘桃棒；随其建义者，李希光、刘叔宗、刘孟和。并仕宦显达。

刘孟和是浮阳饶安人，最开始跟刘灵助，跟高敖曹这边也没断联系，刘灵助失败后迅速跟了高敖曹。[1]

刘叔宗是乐陵平昌人，哥哥刘海宝在很早的时候就率部曲袭沧州以应高敖曹，高敖曹以刘海宝行沧州事，后来前范阳太守刁整站队尔朱氏派人袭杀了刘海宝，刘叔宗随后继承了哥哥的队伍投奔了高敖曹。[2]

范阳卢氏也参股来了，卢文伟自刘灵助失败后回到了本郡，然后继续和高乾兄弟保持联系，等高欢到了信都，卢文伟派儿子去高欢那里表示加盟。[3]

清河崔氏的崔㥄也代表家族参股来了。[4]

这位崔逞的五世孙后面成了高欢的心腹军师，时军国多事，文檄教令，皆出其手。

看看这些大族的底蕴，家族分支中的人能在山东领导十几万人，在老家还有余力分头押注。

太行山西山霸主李元忠作为殷州豪族老大也来入股了。

李元忠原是赵郡李氏，其父河南太守李显甫当年作为宗主带领宗族几千户搬到了殷州西山方圆五六十里的李鱼川。

李显甫死后其子李元忠承继家业，李家的势力大到了在六镇之乱后依旧是殷州最大的地方势力。

---

① 《北齐书·高季式传刘孟和附传》：孟和少好弓马，率性豪侠。幽州刺史刘灵助之起兵也，孟和亦聚众附昂兄弟，昂遥应之。及灵助败，昂乃据冀州，孟和为其致力。会高祖起义冀州，以孟和为都督。

② 《北齐书·高季式传刘叔宗附传》：兄海宝，少轻侠，然为州里所爱。昂之起义也，海宝率乡闾袭沧州以应昂，昂以海宝权行沧州事。前范阳太守刁整心附尔朱，遣弟子安寿袭杀海宝。叔宗仍归于昂。

③ 《北齐书·卢文伟传》：文伟弃州，走还本郡，仍与高乾邕兄弟共相影响。属高祖至信都，文伟遣子怀道奉启陈诚，高祖嘉纳之。

④ 《北齐书·崔㥄传》：高祖于信都起义，㥄归焉。高祖见之，甚悦，以为谘议参军。

当时清河县有五百个人西戍边关，路过赵郡时因道路不通而投奔李元忠，李元忠看到清河方面给自己面子，于是派家奴为这五百人引路，并表示无论遇到哪路贼寇，你们就说是李元忠派来的。沿路所有贼寇听到是李元忠的队伍全部退避三舍。①

葛荣闹起来后被李元忠多次击败，最终逼得葛荣倾全部军力才拿下了李鱼川，但他也不敢杀李元忠，只是将他扣在手里。②

葛荣被灭后李元忠被封为南赵郡太守，这段时间他好酒无政绩，并没有就此归附尔朱荣。

等尔朱荣和元子攸双双被杀后，李元忠弃郡回家准备搞事情，时代的风口来了。

李元忠的族弟李密被安排去与冀州的不安定分子高敖曹对接。③ 在高家押注后，李元忠也跟队友站队了。随后李元忠的宗人李愍率数千部曲跟着家族认可了高欢。④

总之，之前刘灵助的所有股东都去高欢那里参股了。刘灵助以一己之力给高欢点了人生中最关键的一炮。

高欢入冀州后暗中发力，整军备战，严禁士兵劫掠，营造河北稳定的美好氛围。

高欢不愧是受过吃软饭训练的专业选手，他对手下的鲜卑人说：

---

① 《资治通鉴·梁纪十一》：时盗贼蜂起，清河有五百人西戍，还，经赵郡，以路梗，共投元忠；元忠遣奴为导，曰："若逢贼，但道李元忠遣。"如言，贼皆舍避。

② 《资治通鉴·梁纪十一》：贼至，元忠辄击却之。葛荣曰："我自中山至此，连为赵李所破，何以能成大事！"乃悉众攻围，执元忠以随军。

③ 《北齐书·李密传》：元忠族弟密，字希邕，平棘人也。……密少有节操，属尔朱兆杀逆，乃阴结豪右，与渤海高昂为报复之计。

④ 《北齐书·李愍传》：洛京倾覆，愍率所部西保石门山，潜与幽州刺史刘灵助及高昂兄弟、安州刺史卢曹等同契义举。助败，愍遂入石门。高祖建义，以书招愍，愍奉书，拥众数千以赴高祖，高祖亲迎之。

"汉人是你们的奴隶，男人为你们耕作，妇女为你们纺织，你们为什么还要欺负汉人？"

高欢对汉人则表示："鲜卑人是你们的佃客，拿你们一斛粟和一匹绢就给你们当护卫，保你们平安，你们为什么要恨他们？"

隔着一千多年我都能想象到高欢当年是怎么忽悠他媳妇兜里的钱的。

高欢得到河北群雄的大力支持后，整个河北的场面相当魔幻：高欢既是尔朱兆的把兄弟，又是渤海高氏的"新贵门阀士族"，还是六镇余孽总指挥。

1. 六镇军跟尔朱兆有仇，但六镇军跟了高欢，高欢又是尔朱兆的结拜兄弟。

2. 河北豪族反尔朱氏，但又欢迎尔朱兆的把兄弟高欢，高欢给渤海高氏做了形象代言。

3. 六镇军跟河北豪族有仇，但两股势力又在高欢手下相安无事。

多重的人设在脚踩三条船的高欢这里汇总，一般人根本就看不懂。

更神奇的是，高欢此时还是尔朱世隆的讨好对象。

对于尔朱世隆来说，自己家族刚刚内部大分裂存在重大隐患，而且高欢和尔朱兆结拜了，万一将来高欢跟河北人前来攻打他，他可不好收场。

四月十四，尔朱世隆为讨好高欢，将他封为使持节、侍中、都督冀州诸军事、骠骑大将军、开府仪同三司、大都督、东道大行台、冀州刺史。

在明目张胆地和反尔朱氏的河北群雄睡一被窝后，高欢又神奇地得到了洛阳方面尔朱氏的官方肯定。

530 年九月尔朱荣死后，局面演化了仅仅半年时间，高欢就神奇地从临汾一路跌跌撞撞来到了信都，沿途助其成就霸业的各种拼图从天而降，收获了"尔朱兆把兄弟""六镇总指挥""渤海高氏代言人""河北豪族盟主""洛阳指定冀州一把手"五块招牌。

"软饭硬吃"届的天花板高欢，即将开启他的时代。

六、"复仇者"与"野蛮人"的了断

高欢被官宣为冀州刺史的一个月后，即531年五月，尔朱仲远手下都督魏僧勔等率兵将在山东闹腾的崔祖螭干掉了。

从尔朱荣出道以来，除了被陈庆之在天时地利人和的情况下偷下了一次洛阳外，迄今为止尔朱集团是战无不胜的。尔朱氏的恐怖战力依旧让这个世界胆寒。

随着时间的推移，高欢的红利也在迅速流逝，尔朱氏的焦点逐渐转到了跟河北反尔朱势力勾勾搭搭的高欢这里。

高欢必须要表态了，尔朱氏和河北人都不会允许他继续脚踩两只船了。为了和战力逆天的尔朱氏对抗，高欢开始做凝聚意志的统一思想工作。

高欢首先编造了文书，说尔朱兆要调六镇兵去山西，很快又造了个假的调兵虎符，说尔朱兆正式找他征兵讨伐步落稽，六镇军中骂街声一片。气氛烘托得差不多了，孙腾和尉景开始为万人六镇兵请愿，请求缓五天，来回做了好几次戏，最后一次高欢亲自去郊外送行，自己先哭，然后万人合哭。[1]

---

① 《北齐书·神武帝纪》：乃诈为书，言尔朱兆将以六镇人配契胡为部曲，众皆愁怨。又为并州符，征兵讨步落稽。发万人，将遣之，孙腾、尉景为请留五日，如此者再。神武亲送之郊，雪涕执别，人皆号恸，哭声动地。

高欢随后说："咱们都是出身相同的阶级兄弟，现在上面调你们走，往西是个死，误了军期也是个死，配给尔朱氏当兵还是个死，你们说怎么办？"

六镇军表示只有反了！

高欢说："这不是小事，得有人当首领呀，这首领是谁啊？"

六镇军说："那肯定是你啊。"

高欢说："你们来自六镇，各有帮派不好管，看看葛荣的下场，现在奉我为主不能和之前一样，不能欺负汉人，不能犯我军令，我指哪里必须打哪里，你们能做到吗？"

六镇军高调宣誓生死相随。

六月二十二，高欢在信都正式起兵，但并没有大喇叭广播讨伐尔朱氏，所谓"六月庚子，建义于信都，尚未显背尔朱氏"。因为他还得利用时间差去说服一个人，联合另一个集团。

高欢先令李元忠去西山老家聚众闹事折腾殷州刺史尔朱羽生，然后派高乾率兵去救援。①

高乾去了以后单独见了尔朱羽生，假装为他出谋划策，等尔朱羽生跟着出城后就把他干掉了。高欢命李元忠代理殷州。尔朱羽生成为高欢给河北人交的投名状。

至此，联合工作完成，六镇鲜卑与河北豪族生死与共地绑在了一辆战车上。

八月，尔朱兆和尔朱仲远、尔朱度律率兵讨伐高欢。尔朱兆率步骑两万出井陉直逼殷州，李元忠弃城撤回信都。

注意这一步，这是高欢相当高明的一步算计。

十月初六，高欢在孙腾的劝说下立了渤海太守元朗为皇帝，与尔

---

① 《北齐书·高乾传》：时高祖虽内有远图，而外迹未见。尔朱羽生为殷州刺史，高祖密遣李元忠举兵逼其城，令乾率众伪往救之。

朱氏正式分庭抗礼。

十月十三，尔朱仲远、尔朱度律与斛斯椿、贺拔胜、贾显智等尔朱氏大将驻扎于阳平县（今山东聊城莘县），尔朱兆号称十万人马驻屯于广阿。（见图11-3）

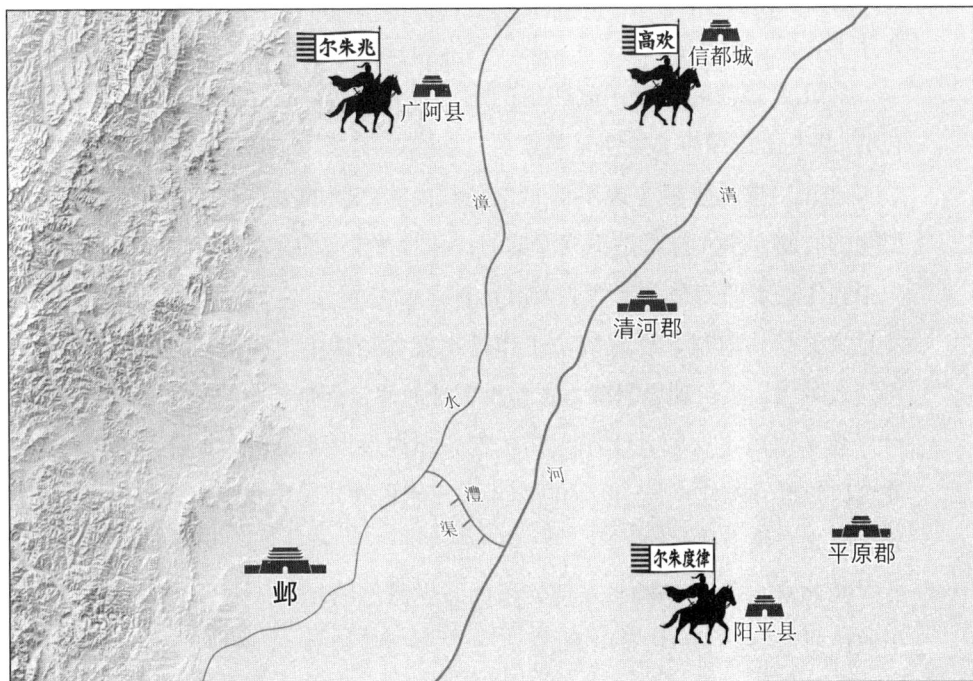

图11-3　尔朱氏讨高欢示意图

从这个屯兵位置来看，尔朱氏内部的分裂矛盾相当严重。

每一个能爬到高位的穷小子，都是人性与利益的精算师。高欢在面对尔朱氏联军时，就展示出自己顶级博弈大师的思考能力。

他为什么要先给六镇兵玩套路让他们表忠心？为什么要先宰了尔朱羽生祭旗呢？是为了统筹所有能利用的资源，让所有人跟他一条心。

谁说联手来打自己的势力就一定会团结一致进攻呢？对方做好思

想统一工作了吗？对方有没有可能自己先分化瓦解了呢？

1. 尔朱世隆非常憎恨尔朱兆，因为当年尔朱兆打回洛阳后当众拔剑让他认错使他难堪。

2. 新皇帝是尔朱世隆兄弟立的，好面子的尔朱兆对此极度不满。

尔朱世隆立了新皇帝后，曾经讨好地把尔朱荣的天柱大将军给了尔朱兆，但尔朱兆表示："这是叔父大人的官职，我哪里敢接受！"

3. 几个月前高欢帮尔朱兆解的围，尔朱兆给高欢送了"万人大礼包"，两人还结拜为了异性兄弟。

这让尔朱世隆根本摸不清尔朱兆和高欢之间的关系，尔朱兆直扑殷州的时候，李元忠可是不战而退的，高欢并没有跟尔朱兆撕破脸，尔朱荣当年最亲的就是元天穆那个把兄弟。

无论什么时代，思想统一工作搞不好都是谈不上赢得胜利的。无论什么时代，意识到思想统一工作重要性的通常都是长跑的赢家。

高欢使出了反间计，派人在尔朱兆那边造舆论说尔朱世隆兄弟打算这次趁机弄死你；另一方面则派人对尔朱世隆兄弟说尔朱兆要与他把兄弟高欢合伙干掉你们。[①]

高欢拿自己跟尔朱兆是把兄弟的人设忽悠的尔朱氏两股势力谁都不敢往前走。

尔朱度律派贺拔胜和斛斯椿去尔朱兆那边希望打破僵局，但脑袋被驴踢了的尔朱兆直接就把这两个和事佬给扣下了。尔朱度律一看尔朱兆临阵扣他大将，这是要给高欢送投名状啊，这就是要联合搞他的信号弹，得赶紧撤，随后就跑了。[②]

---

① 《资治通鉴·梁纪十一》：高欢纵反间，云"世隆兄弟谋杀兆"，复云"兆与欢同谋杀仲远等"，由是迭相猜贰，徘徊不进。

② 《周书·贺拔胜传》：胜以临敌构嫌，取败之道，乃与斛斯椿诣兆营和解之，反为兆所执。度律大惧，遂引军还。

尔朱兆脑残，尔朱度律脑子也没多灵光。他把贺拔胜这种级别的股东都扔了，将来谁还为他卖命呢？他装也得装一下强烈谴责尔朱兆吧，表示他不抛弃不放弃，把贺拔胜给他送回来！他怎么能直接跑呢？

尔朱度律就此埋下了家族覆灭的最直接伏笔。

尔朱兆在这个相当关键的时刻没有控制住情绪，抓贺拔胜就为了两件陈年旧事：杀卫可孤，这是罪一；天柱大将军死的时候他成了叛徒，这是罪二。尔朱兆对贺拔胜说："我早就想杀你了！你还有什么遗言？"①

这件事暴露出一个细思极恐的线索：卫可孤跟尔朱氏有关系。

要知道卫可孤是六镇之乱中破六韩拔陵最强大的股东，所谓"正光末，沃野镇人破六韩拔陵作乱，远近多应之。其伪署王卫可孤徒党最盛"。

其实很多线索显示尔朱荣跟六镇之乱的关系相当错综复杂，破六韩拔陵的族人破六韩孔雀在起义晚期率部下一万人南投了尔朱荣。②但很遗憾他半路被联合围剿的柔然给干掉了。③

尔朱荣这个六镇之乱的最大受益者在背后到底扮演着什么角色呢？

无具体线索，不展开，还是说回眼前。贺拔胜知道自己的黑历史肯定没法洗白，就展望未来，说了一件事："我的生死掌握在你手上，我只是担心杀了我，你们尔朱氏就彻底分裂了，自古同室操戈没有不败亡的，我不怕死，就怕对你不利啊！"尔朱兆一琢磨也对，于是放了贺拔胜，这时尔朱度律已经撤了百余里了。

---

① 《周书·贺拔胜传》：兆将斩胜，数之曰："尔杀可孤，罪一也；天柱薨后，复不与世隆等俱来，而东征仲远，罪二也。我欲杀尔久矣，今复何言？"

② 《北齐书·破六韩常传》：时宗人拔陵为乱，以孔雀为大都督、司徒、平南王。孔雀率部下一万人降于尔朱荣，诏加平北将军、第一领民酋长，卒。

③ 《资治通鉴·梁纪六》：柔然头兵可汗大破破六韩拔陵，斩其将孔雀等。

尔朱兆的智商确实不适合他在这个乱世混下去了，抓了人什么事没干，除了痛快痛快嘴之外全是副作用。

南面军一撤，高欢率兵去广阿打败了尔朱兆，战斗详情各路史书均无详情记载，大概率尔朱兆也撤了。总之第一次围剿高欢结束。

十一月十四，高欢率军攻打邺城，相州刺史刘诞据城固守。

两个月后，即532年正月十七，高欢通过地道战搞塌了邺城城墙，攻克了邺城。邺城被攻克后，青州的清河崔氏分舵率部曲前来归附高欢，老兄弟刘贵也从汾州率队伍前来投奔。①

三月十三，河北管理层入邺城。

在近半年的时间里，尔朱氏眼睁睁地看着高欢打下了邺城，越来越多的股东加盟了高欢。

尔朱世隆看到越来越压不住高欢，开始低声下气地表示以大局为重，他给尔朱兆送了大礼，又安排小皇帝娶了尔朱兆的闺女。尔朱兆终于高兴了，与尔朱天光、尔朱度律等尔朱氏集团重新立誓设盟。②

这个时候，上次被尔朱兆扣留还被尔朱度律抛弃的斛斯椿和贺拔胜内部开小会了：本来你们家派我们当和事佬，结果却被你们家两头抛弃，我们不要面子的吗？

斛斯椿对贺拔胜说尔朱氏没戏了，咱们不能再给他们卖命了，想想办法吧。

斛斯椿是六镇之乱后最早投奔尔朱荣的，擅长揣摩人心，是尔朱荣的军师团成员，后来被安排到东徐州做刺史。

---

① 《北齐书·神武帝纪》：是时青州建义，大都督崔灵珍、大都督耿翔皆遣使归附。行汾州事刘贵弃城来降。

② 《资治通鉴·梁纪十一》：尔朱兆与尔朱世隆等互相猜阻，世隆卑辞厚礼谕兆，欲使之赴洛，唯其所欲，又请节闵帝纳兆女为后；兆乃悦，并与天光、度律更立誓约，复相亲睦。

尔朱荣死后斛斯椿对自己的前途很担心，当时南梁皇帝萧衍扶植了汝南王元悦作为北魏皇帝陈兵于两国边境，斛斯椿听说后率部投奔，但很快又听说尔朱兆进了洛阳，于是斛斯椿又率部北上投奔了尔朱兆。

尔朱世隆立元恭为帝时斛斯椿参与了废立的阴谋，站队了尔朱世隆兄弟。

斛斯椿与贺拔胜这两个人都是长八个心眼的人。

贺拔胜说："尔朱天光与尔朱兆各据一方，想全部除掉很难啊，如果不能一网打尽将来一定会成为后患的。"

斛斯椿道："这好办。"于是，斛斯椿劝尔朱世隆喊尔朱天光到洛阳来共讨高欢。

尔朱世隆之前多次征召尔朱天光都没征到，这次斛斯椿主动请缨去了关中。他劝尔朱天光道："现在只有大王您能搞定高欢，您怎么能坐视宗族夷灭呢？"尔朱天光不得已只能东进。

据说贺拔岳劝他别去："你家实力雄厚，高欢是乌合之众，按理讲他根本赢不了，但打仗这事得靠合力，战场上只能有一个领头的，你家现在自相猜忌很难打得赢，我建议先守好关中根本，然后派个小分队去刮彩票，能赢最好，赢不了也不伤筋动骨。"

贺拔岳说得很有道理，尔朱天光不是不知道他家这些亲戚彼此不合，但至少此时已经缓和了，尔朱兆又和尔朱世隆兄弟结盟了。

这些亲戚要是都被高欢收拾了，自己这个并没有太多实力的关中空头总指挥也不会有什么未来。

他能镇住关中不过是狐假虎威。最早是因为尔朱荣，他不过是个空降的关中总指挥。现在他还坐得住只是因为亲戚们还都控制着大局。这次要是再不去，如果亲戚们赢了会联合对付自己，如果输了自己就更没有外部威慑来统治关中了。

闰三月初九，长安尔朱天光、晋阳尔朱兆、洛阳尔朱度律、东郡尔朱仲远四路人马会聚于邺城之南，号称二十万，沿洹水（安阳河）两岸驻扎下来。

闰三月二十，高欢命封隆之守邺城，自己率军出邺城驻扎于紫陌桥，高敖曹率部曲王桃汤等三千人跟随。

高欢对高敖曹还是不放心，担心真打起来后高敖曹会为了保存实力而不能全力作战，于是说："你手下的都是汉兵，战斗力怕不够，我拨你一千鲜卑兵怎么样？"①

高欢希望渗透进高敖曹的指挥系统，避免高敖曹待价而沽，在战争中给自己加一份保险。

高敖曹道："我的兵身经百战，不比你那鲜卑兵弱，现在混一起了彼此没感情，打了胜仗会争功，打了败仗会扯皮，不劳你费心。"②

高敖曹说话一直很硬，大战在即，高欢没办法，只能同意了。

闰三月二十九，高欢率近两千骑兵和近三万步兵主动挺进，寻求决战。因众寡悬殊，他在韩陵山附近布了一个环形的战斗阵形（圆阵是为了进行环形防御的，金鼓旗帜部署在中央），将牛驴等牲畜用绳索系在一起堵塞了归路表示背水一战。③

高欢摆圆阵是要进行全方位防卫，毕竟前面有葛荣被尔朱荣的骑兵从背后突死的教训。

高欢属于背水一战的爱好者，但他并没有真的弄明白当年韩信背水一战的精髓，明明主场背靠河北完全可以打持久战，却在劣势下主动求战，最后能赢完全是凭运气好。

---

① 《北齐书·高昂传》：又随高祖讨尔朱兆于韩陵，昂自领乡人部曲王桃汤、东方老、呼延族等三千人。高祖曰："高都督纯将汉儿，恐不济事，今当割鲜卑兵千余人共相参杂，于意如何？"

② 《北齐书·高昂传》：昂对曰："敖曹所将部曲，练习已久，前后战斗，不减鲜卑，今若杂之，情不相合，胜则争功，退则推罪，愿自领汉军，不烦更配。"

③ 《资治通鉴·梁纪十一》：壬戌，欢将战马不满二千，步兵不满三万，众寡不敌，乃于韩陵为圆陈，连系牛驴以塞归道，于是将士皆有死志。

高欢自率所有步兵为中军做正兵诱饵，高敖曹率左军、堂弟高岳率右军，左右两部分带着所有骑兵藏起来做预备队。

双方真打起来动真格以后，不管是高欢的怀朔兵还是收编的六镇兵，又或是加盟的河北兵，其实都比不过尔朱荣带出来的契胡兵。

打起来后没多久高欢的军阵就被玩坏了，这时候尔朱兆作为最锋利的尖刀还没上呢，所谓"及战，高祖不利，军小却，兆等方乘之"。随后"兆率铁骑陷阵，出齐神武之后，将乘其背而击之"，尔朱兆看准战机抄尔朱荣作业率铁骑从高欢背后冲过来了，打算打高欢一个对穿。

形势眼看着是高欢要死的节奏，赛点已经出现了。

在高欢即将成为最长乱世的又一波不起眼的前浪时，历史展现出自己随机性的美感。在这个关键时刻，尔朱度律作为总预备队却根本不去收割，没有朝高欢踹出最致命的一脚。

尔朱度律讨厌尔朱兆，担心大胜后这小子又站在他们兄弟头上，他希望让尔朱兆拼光家底后自己再上。但给墙头草代言的"武川吕布"贺拔胜看到他们家到了这个时候还在内斗算计，直接临阵倒戈举白旗率部曲投降了。

来看看这句改变历史的史料原文："度律恶兆之骄悍，惧其陵己，勒兵不肯进。胜以其携贰，遂率麾下降于齐神武。"

贺拔胜一投降，尔朱度律军中就乱了，尔朱度律又一次不管不顾地带着队伍撤出了战场，尔朱氏联军士气开始崩盘。

同一时间，就在尔朱兆率尖刀队扎出来的同时，高欢的左右军预备队冲出来救主了。

高岳和韩匄奴等率五百骑兵冲尔朱兆前军，斛律敦收散卒打尔朱兆后军，高敖曹和蔡俊率千骑拦腰冲击尔朱兆。[1]

---

[1] 《北齐书·高昂传》：高岳、韩匄奴等以五百骑冲其前，斛律敦收散卒蹑其后，昂与蔡俊以千骑自栗园出，横击兆军，兆众由是大败。

当时局面危急到了如果没有高敖曹的奇兵救援，高欢就直接领盒饭了。[①]

本来高欢军已经崩了，但却神奇地迎来了贺拔胜的战场转折与对面士气的暴跌，在总预备队的异军突起后挽住了颓势，开始重新整理步兵方阵反扑尔朱氏联军并最终大败敌军。[②]

此战赢得极险，高欢使尽了全力才和尔朱荣留下的散底子在各怀鬼胎的情况下打了个七七八八，高敖曹出场时高欢已经打光了所有预备队，但其实尔朱氏仍然有尔朱度律这一支预备队没有出场。

如果没有尔朱度律的机关算尽和贺拔胜的临阵投降，最后的结果很难讲。

尔朱度律的算计也不能说错，但问题是你事先做好思想统一工作了吗？你在前面抛弃了贺拔胜后调查过他的档案吗？尔朱荣死后，他们家族确实不够资格继续待在最高舞台上了。

尔朱兆逃回晋阳，尔朱仲远逃奔东郡，尔朱度律和尔朱天光要逃往洛阳。

这是墙倒众人推的节奏，战场上没来得及叛变的斛斯椿等开始迅速思考未来，斛斯椿对贾显度和贾显智说："再不立功咱就都死光了。"几人夜里在桑树下盟誓杀死尔朱氏，随后跑步抢先回洛阳。

洛阳的尔朱世隆早做了准备，派外兵参军阳叔渊去北中城控制河桥，把斛斯椿这些人拦在外面了。

斛斯椿骗阳叔渊说："尔朱天光部下都是西北人，打算抢了洛阳迁都长安，赶紧让我进城跟你一起防备！"

---

① 《北齐书·高昂传》：是日微昂等，高祖几殆。

② 《北齐书·清河王高岳传》：高祖与四胡战于韩陵，高祖将中军，高昂将左军，岳将右军。中军败绩，贼乘之，岳举麾大呼，横冲贼阵，高祖方得回师，表里奋击，因大破贼。

最好用的一招还是尔朱氏亲戚之间的不信任。阳叔渊把这群"吕布"放进来了。

531年四月初一，斛斯椿等占据河桥后杀了洛阳的所有尔朱氏党羽，紧跟着命令长孙稚和贾显智等率数百骑兵袭击尔朱世隆和尔朱彦伯兄弟，将两人斩于阊阖门外。

尔朱度律和尔朱天光来到洛阳城下想攻打北中城，但天下大雨，昼夜不停，兵马疲敝，弓箭使不了，只好继续向西去，逃至陕津被擒送到了斛斯椿那里。

斛斯椿入洛阳，把尔朱世隆兄弟的脑袋挂在他家门口大树上，表示他是诛杀尔朱氏的首功，他爹叹道："你与尔朱氏约为兄弟，今何忍悬其头于家门？你有脸立于天地间吗？"

斛斯椿说："这年头兄弟就是用来卖了升官发财的，老爹你可别幼稚了，我脑子没有贺拔胜快，那个机灵鬼在战场上又把自己嫁了一回，我手再慢点儿，挂树上的就是咱们的脑袋了。"

斛斯椿把尔朱世隆等人的脑袋，以及关押尔朱度律和尔朱天光的囚车送到了高欢那里。

尔朱仲远一路南下投降了梁朝，后来死在了江南；以千人骑兵就搞死刘灵助的猛将叱列延庆战败后，与尔朱仲远渡石济津逃过黄河，在尔朱仲远一路向南后叱列延庆则向北投降了高欢。

至此，尔朱氏的所有力量都灰飞烟灭了。

四月初八，一直闷声没动静曾经生擒葛荣的骠骑大将军、行济州事侯景投降了高欢。

侯景的治所在碻磝城（今山东聊城茌平县西南），这里是淮河入黄河的关键枢纽四渎口的重要屏障。

这些年山东闹了那么多次，没见他去平叛，但也没见山东的动乱溢出到中原。

直到尔朱氏灭亡，侯景凭借自己和高欢早年的交情在最后时刻上了车，被高欢任命为河南方面的总指挥。①

"景右足短，弓马非其长，所在唯以智谋"，这位右腿短却能生擒葛荣的神奇存在，在乱世里拼的是脑子。尔朱荣当年看重他，高欢如今也看重他。

请大家记住这个静如处子的一条腿短之人，他后面会掀起腥风血雨的滔天巨浪。

再看关中，武川派在败报传来的第一时间就拿回了本就自己控股的关中，宇文泰率先冲下陇山直奔长安，尔朱显寿东逃，最后在华山被逮捕，高欢任命贺拔岳为关西大行台。

尔朱天光在河北战场上没有一点儿存在感，是因为他根本就没怎么带出兵来。之前尔朱天光留其弟尔朱显寿镇长安自己东去洛阳，命侯莫陈悦率部跟他一起走。

贺拔岳当时已经预感到此行尔朱氏必败，打算留住侯莫陈悦但想不出办法，这时宇文泰对他说："现在尔朱天光并没有走远，侯莫陈悦未必会有二心，但如果把计划告诉了他，恐怕他会因为惊惧做出傻事。侯莫陈悦虽是主将，却对其部下没什么控制力，不如先分化其部众让底下人都想留下来，到时候侯莫陈悦如果再东进便误了尔朱天光的军期；如果后退回去又会人心变动，我们那时再劝他，他必定会跟咱们绑到一条船上。"

贺拔岳大喜，命宇文泰到侯莫陈悦军中去搞分化，最终把这部分力量留在了关中。宇文泰在这次深入侯莫陈悦军队的过程中极大地展现了自己的魅力。

530年正月，武川二队一路向西开启了隋唐的剧本。

532年四月，六镇残镇与河北群雄消灭尔朱氏开启了下一个时代。

---

① 《南史·侯景传》：始魏相高欢微时，与景甚相友好，及欢诛尔朱氏，景以众降，仍为欢用。《梁书·侯景传》：魏以为司徒、南道行台，拥众十万，专制河南。

在这短短的两年时间里，不仅是被关在笼子里的高欢鲤鱼跃龙门，一个叫宇文泰的新星也在冉冉升起，他已经从一个小小的别将成为贺拔岳的行台左丞、领府司马，贺拔岳事无大小皆委之。

宇文泰所有的努力和成长都没有白费，包括这次"入悦军说之"。

七、上兵伐谋

532 年四月十八，高欢入洛阳。

进入洛阳后他要解决的第一件事就是政权合法性的问题。

高欢的出身很低，不管他再怎么往自己脸上贴渤海高氏的金，他也需要百年北魏的政治赋能对他做正式认证。

一年前他还仅仅只是尔朱氏的诸多小弟之一，威望太低。

高欢知道自己在河北立的元朗属于赶鸭子上架，元朗的血脉离皇帝宝座太远，因此他不具备号召力；尔朱世隆立的元恭则因为早先不被元朗承认所以更不能要。

最开始高欢打算立孝文帝之子元悦，但听说这个人性格狂暴不好控制就放弃了。他放眼望去，北魏皇室居然没人了。由于政局动荡，北魏的王爷们知道自己属于高危分子，纷纷逃匿于乡野。

高欢进入洛阳后用了整整五十天却始终找不到合适的皇位继承人，最终是斛斯椿通过元修之前的宾客王思政，才从庄稼地里找到了孝文帝的第五子元怀的第三子元修。

其实这个人选也不合适，他的能力太强。元修时年二十三岁，知识面广，喜好武事，初入仕即任通直散骑侍郎、中书侍郎；元子攸时代他是平东将军、太常卿，后来又为镇东将军、宗正卿；元恭时代他做过尚书左右仆射。

这个人不会只做个傀儡，他的政治见识相当丰富。但没办法，元修已经是高欢找了很久后的唯一人选了。

532年六月二十五，元修在洛阳郊外即皇帝位，用平城旧制祭天，将黑毡披在七个人身上，高欢是其中之一。[1]

这个活儿原本应该是帝族十姓做的。高欢通过北魏皇帝的迎神赋能仪式在给自己贴金，他又给自己加了一层人设：他是拓跋皇室的自己人。

元修即位后任命高欢为大丞相、天柱大将军、太师、世袭定州刺史。

高欢得到了当年偶像尔朱荣的头衔后，七月初十，启动北伐。

高欢北入滏口，大都督厍狄干从河北兵入井陉攻打尔朱兆，不久高欢又调"堂弟"高隆之率步骑十万北赴晋阳。

十万这个数字肯定是虚的，但这意味着高欢把能调走的嫡系都调走了。他刚刚上位，实力尚弱，相比于铺开摊子控制洛阳，还是收缩拳头更为实际。

高欢大军到武乡时，尔朱兆抢掠晋阳后向北逃往秀容。

高欢来到了当年偶像的大本营晋阳，在这里设立了大丞相府。高欢并没有回到自己龙兴的河北，而是抄了偶像的作业保持自己的神秘感。准确地说，是抄了北魏开国皇帝们的集体智慧。

无论是平城还是晋阳，那道太行山对河北地区都有着巨大的神秘的震慑力。

高欢的核心竞争力之一是鲜卑人，鲜卑人与汉人可同患难，但难同富贵。

"今居北方，假令山东有变，轻骑南出，耀威桑梓之中，谁知多少？百姓见之，望尘震服。此是国家威制诸夏之长策也。"崔浩这句本

---

① 《资治通鉴·梁纪十一》：用代都旧制，以黑毡蒙七人，欢居其一。

乡人治本土的话在一个人实力不足的时候永远不过时。

尔朱兆回到老家秀容后分兵把守隘口，四处抢掠，高欢多次扬言讨伐，但一直没有实际行动，尔朱兆后来就懈怠了。到了尔朱兆要开年会的时候，高欢先派窦泰率精骑一日一夜飞速行军三百里到秀容，自己率大军随后进发。

533 年正月，窦泰率骑兵突然出现，尔朱兆大军正准备过年突然看见窦泰军，慌乱下四散奔走。窦泰追至赤岭时尔朱大军或降或散，尔朱兆逃到荒山中杀了自己的白马上吊而死。

高欢亲临吊死好兄弟的地方并厚葬了尔朱兆。他这是混出来了，知道体面了。

高欢为什么会知道尔朱兆的年会底细呢？因为尔朱兆逃到秀容后手下除了张亮外，其余心腹已经全部背叛了他。[1]

窦泰的三百里急行军其实不是什么必杀技，无障碍地进入严兵把守的关隘才是制胜关键点。

高欢进入晋阳后歇了小半年，等各项工作做足后才开打，这一仗其实相当于是稳赢了，所谓"动而胜人，成功出于众者，先知也"。

《孙子兵法》里说："凡兴师十万，出征千里，百姓之费，公家之奉，日费千金；内外骚动，怠于道路，不得操事者七十万家。相守数年，以争一日之胜，而爱爵禄百金，不知敌之情者，不仁之至也。"

打仗很贵，日费千金，情报先行，要舍得花小钱、舍得搞情报，要瓦解敌人内部后再打。说到底，这就是成本问题。没人比草根逆袭的高欢更了解成本问题了。

慕容绍宗带着尔朱荣的妻子、孩子及尔朱兆的剩余人马向高欢投降，高欢留下了这员虎将。

---

[1] 《资治通鉴·梁纪十二》：兆之在秀容，左右皆密通款于欢，唯张亮无启疏，欢嘉之，以为丞相府参军。

之前，尔朱兆战败后曾捂着胸口对慕容绍宗道："我没采纳您的建议才到了这个地步！"说完他还想轻骑西奔，但慕容绍宗却整理败兵，调转大旗，吹响号角，把逃散士兵收聚成军后才缓缓西退。

慕容绍宗身材魁伟，沉默寡言，深沉而有胆略，他的母亲是尔朱荣的族姑，面对这个身份特殊最后投降又有主见的大才，高欢却把他支到下一届统治团队去了。

人我留下，才我认可，但我得冷着你，只有这样将来我儿子赏你才会有用。这一年高欢三十八岁，对于人性的琢磨已然神功大成。

高欢定居晋阳抄尔朱荣作业的时候，时代的剧情似乎走向了无限循环，洛阳方面开始抄元子攸的作业。

当初高欢过黄河后有点儿得意忘形了，看到低级别的"吕布们"没忍住脾气。当时尔朱仲远的帐下都督乔宁、张子期自滑台投奔而来，高欢骂道："你们跟尔朱仲远吃肉的时候赌咒发誓，许同生死。他得志的时候你们是恶狗，今天失败了你们又背叛，于臣则不忠，论事则无信，猪狗不如的东西！"高欢骂完就把人给砍了。

高欢在内部做警示教育的同时，忽略了这不是在打"小吕布们"的屁股，而是在打"大吕布们"的脸。况且，他本人就是这个时代的"顶级吕布"。

这个时代狼心狗肺的人太多了，高欢这样做很容易就开了地图炮。比如，杀了尔朱世隆兄弟的斛斯椿听说高欢这个立牌坊的操作后就很忐忑。[①]

在高欢刚入洛阳时斛斯椿对贺拔胜说道："当今天下之事全在我和你了，如果我们不先发制人的话，将来就会被别人所制。高欢现在刚到洛阳，对付他还不难。"

贺拔胜道："高欢有功于国家，杀了他不吉利，对我们不利，近几

---

① 《魏书·斛斯椿传》：椿自以数为反覆，见宁等之死，意常不安。

夜我与高欢同住，谈论往昔之情，他很感激你的恩义，你别担心。"斛斯椿这才作罢。①

贺拔胜说的话有两个含义：

1. 对于他这个"大吕布"，高欢敢跟他睡，证明现在他们还是安全的。

2. 你这个脸皮厚的人也不在高欢的打击范围内。

但是斛斯椿仔细想想还是觉得不对，贺拔胜的话能信吗？他说的话跟没说有什么区别？

这个世道早已变成黑暗森林，在高欢去了晋阳后，决定先下手为强扔核弹的斛斯椿与南阳王元宝炬、武卫将军元毗及王思政一起密劝元修干掉高欢。

有元子攸的成功案例在前，再加上元修本就不是个怯懦之人，况且高欢又远没有尔朱荣那么有实力，于是"洛阳杀欢小组"正式成立。

高欢成了尔朱荣后，元修成了元子攸，斛斯椿又成了奚毅。历史的轮回剧本转得越来越快。

斛斯椿劝元修置内都督部曲，又增加禁军官员名额。②

打铁自身硬的同时他们还去拉帮手，与洛阳和关西大行台贺拔岳建立了联系。

贺拔岳曾在战后派行台郎冯景到晋阳，高欢听说贺拔岳的使者到了，非常高兴地说："贺拔公是不是想我了！"然后与冯景歃血为盟，约定与贺拔岳结为兄弟。③

---

① 《资治通鉴·梁纪十一》：胜曰："彼有功于时，害之不祥。比数夜与欢同宿，且序往昔之怀，兼荷兄恩意甚多，何苦惮之！"椿乃止。

② 《魏书·斛斯椿传》：遂密构间，劝出帝置阁内都督部曲，又增武直人数，自直阁已下员别数百，皆选天下轻剽者以充之。

③ 《资治通鉴·梁纪十二》：初，贺拔岳遣行台郎冯景诣晋阳，丞相欢闻岳使至，甚喜，曰："贺拔公讵忆吾邪！"与景歃血，约与岳为兄弟。

一切都太熟了，高欢这是把贺拔岳又当尔朱兆了。

冯景回去后对贺拔岳说："高欢这个人不能信。"

贺拔岳此时的左右手宇文泰自告奋勇，请求再次出使晋阳，要好好观察一下高欢。高欢见了宇文泰，看出来这小子不简单，于是冒着得罪贺拔岳的风险想留下宇文泰，宇文泰在向高欢连表忠心后才得允返回，然后赶紧飞马赶往关中。

高欢又后悔了，急忙派人追赶宇文泰，但直到潼关都没追上。

高欢没想到，他这辈子真正的对手就在他眼皮子底下，就差最后一点点没能灭了他。准确地说，他要是扣下了宇文泰，这天下就真是他的了。

宇文泰回到长安后对贺拔岳道："高欢之所以还没有篡位，是因为忌惮你们兄弟，侯莫陈悦不是他猜忌的对象，咱们悄悄准备，算计高欢是不难的。现在费也头的骑兵数量不下一万，夏州刺史斛拔俄弥突的精兵有三千多，灵州刺史曹泥、河西流民纥豆陵伊利等也各拥有一票兵马还在待价而沽，您要是率军逼近陇地扼守要害，一边威慑一边安抚，就可以收服他们的兵马壮大我方力量。到时您可以西联氐羌，北抚塞外，还军长安，打着忠于北魏的旗号，则霸业可成。"

贺拔岳收到了自己的"关中对"，大喜，遣宇文泰去洛阳表示拥护，元修很高兴，加封宇文泰为武卫将军让他回去汇报贺拔岳，双方正式结盟。[①]

在跟贺拔岳建立联系的同时，元修又安排了贺拔胜都督三荆二郢南襄南雍七州诸军事、骠骑大将军、开府仪同三司、荆州刺史。贺拔胜在改嫁多次后终于迎来了自己当一方诸侯的时刻。

贺拔胜到了荆州后，其志向不小，打算占领襄阳，他先是攻下了

---

① 《资治通鉴·梁纪十二》：岳大悦，复遣泰诣洛阳请事，密陈其状。魏主喜，加泰武卫将军，使还报。

连成，擒其戍主尹道玩、戍副库峨，又派人诱动蛮王问道期起兵归附，击败了南梁雍州刺史萧续，汉水以南地区都很害怕。

之后，贺拔胜遣军攻均口，擒梁将庄思延，又攻冯翊、安定、沔阳、鄷阳四城，也都打了下来，贺拔胜的一通撒欢把沔北打残了，梁帝萧衍专门发命令给襄阳："贺拔胜是北国骁将，我方要坚守不战。"

贺拔胜在荆州大杀四方让洛阳相当欣慰，元修的打算就是背靠贺拔兄弟跟高欢打擂台。[①] 他认为贺拔兄弟闹腾得越大，自己这个皇帝的震慑力就越强。

元修押宝贺拔兄弟的眼光是没问题的，但他在河北问题上出现了重大误判。河北联盟虽然帮高欢打败了尔朱氏，但这就意味着河北人一定和高欢关系好吗？

533 年三月，维护河北朋友圈的总枢纽高乾被元修赐死。元修瞄准了高欢的"本家"——渤海高氏。

高乾跟着高欢投机成功后来到洛阳，此时官职是侍中、司空。在响应刘灵助之前高乾兄弟们的老爹就死了，现在高欢成功后高乾开始虚伪地表示要回去为父亲守孝，毕竟自己这种级别的大臣还是得表现一下要服丧的，他希望皇帝能跟他走个过场让双方都体面。

结果没想到元修立刻就批准了，还免去他的侍中职务，只让他担着司空的闲职，这下高乾没办法掺和最高行政事务了，心里相当不爽。

元修随后布了一个局，他在华林园酒宴后单独留下高乾道："司空你一门忠良，如今建此功勋大业，虽然咱们名义上是君臣，但情义上其实是兄弟，咱们立誓结盟吧。"

高乾道："我家生生世世都是大魏之臣，绝不敢有二心。"

这件事发生得比较突然，高乾也没想到元修是有后手的，就没在

---

① 《资治通鉴·梁纪十二》：欲倚胜兄弟以敌欢，欢益不悦。

意，而且也没有把这件事告诉高欢。①

在高欢北上后，高乾并没有早请示晚汇报地紧紧追随高欢的步伐，他在观望。

他跟高欢其实属于"半路夫妻"，只是被尔朱氏逼上了同一张床而已。

直到元修正式扩军跟高欢半决裂的时候，高乾才私下对身边人说："皇帝不亲功勋之臣却纠集一群小人，还多次派元士弼（即元毗）和王思政来往于关西之间与贺拔岳搞阴谋，又派贺拔胜去荆州，表面上是做出疏远的样子，其实就是拉拢贺拔兄弟在建立自己的团队，希望占据西方为大本营。灾难就要发生了，将来肯定会牵扯到我。"直到这个时候高乾才把自己的一系列情报和思路汇报给高欢。②

高乾在这时才倒向高欢有两个原因：

1. 他觉得皇帝不上道，所谓"主上不亲勋贤，而招集群竖"。

2. 自己没法挽回皇帝，自己永远不在他的计划里，所谓"实欲树党，令其兄弟相近，冀据有西方"。既然忠臣当不成了，那我还是帮本家兄弟上市吧。

高欢其实一直在等，在高乾被冷落后就一直在等这个时机。

高欢收到高乾密报后召其到并州，"大忠臣"高乾劝高欢逼元修禅位，高欢用袖子捂住高乾的嘴巴道："别瞎说，现在我就安排你重新担任侍中，朝廷的事就全部委托给你了。"

高欢没想到的是，自己上书让高乾复职这事元修不批。③高欢没想

---

① 《北齐书·高乾传》：乾虽有此对，然非其本心。事出仓卒，又不谓武帝便有异图，遂不固辞，而不启高祖。

② 《北齐书·高乾传》：及武帝置部曲，乾乃私谓所亲曰："主上不亲勋贤，而招集群竖。数遣元士弼、王思政往来关西，与贺拔岳计议。又出贺拔胜为荆州刺史，外示疏忌，实欲树党，令其兄弟相近，冀据有西方。祸难将作，必及于我。"乃密启高祖。

③ 《北齐书·高乾传》：高祖屡启，诏书竟不施行。

到元修翻脸的速度那么快。

元修成为第二个元子攸的速度要比元子攸本尊快得多。

高乾感觉朝廷已经要搞大清洗跟高欢决裂了，于是请高欢给自己求个徐州刺史的官职。[①]

二月初三，元修批准了。

在高乾上任前，元修已知道高乾彻底向高欢投诚了，于是写了诏书对高欢说："高乾跟我私下有过盟约，如今他却在你我之间待价而沽。"他想挑拨高欢与高乾的关系。

高欢随后将计就计地找来高乾以前给他的密信原件快递给了元修，他打算以此逼着高乾彻底和洛阳划清界限。结果高欢得到了意外收获，元修当着高欢使者的面斥责高乾并将其赐死。元修跟高欢比起来，还是太年轻了。

高乾是河北联盟的关键人物，元修一上来就将他排除出了自己的内部圈子，他其实是元修能争取的人，因为他之前选择高欢不过是权宜之计。

1. 高乾本来给自己立的是忠臣人设，他是奉元子攸"衣带诏"在河北起兵的。元修是这个国家的皇帝，完全能把这个忠臣的人设帮他续上，至少他也是能够争取的。

2. 高乾关注的利益点在河北，跟元修同样不冲突。元修完全可以给他本土更大的利益去争取到他的支持。元修以为杀了高乾是在打高欢的脸，显得他连个小弟都保护不了，实际上他是被高欢借刀杀人了。

高乾是整个河北联盟的枢纽。

元修事后写密信给东徐州刺史潘绍业，命他暗杀高敖曹，结果被情报网络更快的高敖曹知道了高乾的死讯，在官道上打埋伏抓了潘绍

---

① 《北齐书·高乾传》：乾以频请不遂，知变难将起，密启高祖，求为徐州。

业，并搜到了元修的杀人诏书。^①高敖曹义无反顾地飞马直奔晋阳。

高欢见到高敖曹后抱头痛哭道："天子害死了高司空！"

元修的这次操作帮高欢间接夯实了与河北集团之间的关系。皇帝连高乾都杀，我们这些河北人还有谁是皇帝不能杀的？

甚至本来跟高乾和高敖曹不对付的高家老二高仲密在此事之后也投奔了高欢。

高仲密受老爷子偏爱，高乾等受重用后，高仲密因为跟兄弟们的关系不好，由沧州刺史被改封为了山东的光州刺史。等高乾死后，高仲密率自己的数千部曲投奔了高欢。^②

面对元修明摆着不给面子，高欢并没有像尔朱荣一样率兵前往洛阳。

你不是靠贺拔兄弟吗？"上兵伐谋，其次伐交，其次伐兵，其下攻城，还没到我出手的地步。百战百胜，非善之善也；不战而屈人之兵，善之善者也。"我先看看你们这个三角联盟有没有什么弱点。

1. 如果元修没了——这是最坏选项，他本身没什么实力，还给了贺拔兄弟讨伐自己的政治口实。

2. 如果贺拔胜没了——这是次坏选项，他是元修的备选项，实力一般，他死后部曲会逃入关中，还会对洛阳打草惊蛇。

3. 如果贺拔岳没了——贺拔岳的队伍规模可不小，是否会因争权自相残杀呢？贺拔胜和元修是否会因为对关中这个地盘和队伍的争抢而反目成仇呢？

高欢看明白了，贺拔岳是这个三角联盟的破局点，于是方向选定

---

① 《资治通鉴·梁纪十二》：帝又密敕东徐州刺史潘绍业杀其弟敖曹，敖曹先闻乾死，伏壮士于路，执绍业，得敕书于袍领。

② 《北齐书·高慎传》：时天下初定，听慎以本乡部曲数千人自随。慎为政严酷，又纵左右，吏民苦之。兄乾死，密弃州将归高祖。

了，接下来就是实操了。

高欢继续分析，杀这个人必须要我亲自动手吗？我再观察一下他家的成分结构。

此时的贺拔岳已经基本完成了西北的统一，而且跟洛阳走得极近。

533 年八月，元修任命贺拔岳为都督雍华等二十州诸军事及雍州刺史，又割破自己胸前的血肉派使者赐给贺拔岳。

贺拔岳率兵西进驻于平凉，斛拔俄弥突、纥豆陵伊利及费也头的万俟受洛干、铁勒斛律沙门等人都依附于贺拔岳，秦、南秦、河、渭四州刺史一同会于平凉宣誓接受贺拔岳的管辖，只有灵州刺史曹泥不应召而是选择接受高欢的调度。

534 年正月，贺拔岳将要讨伐灵州的曹泥，派了都督赵贵到夏州先与宇文泰商量。此时的宇文泰已经成为独当北面的夏州刺史。

宇文泰说："曹泥占据的不过是一座孤城，距离又远，不足为忧，倒是侯莫陈悦贪而无信，应该先灭他。"

宇文泰说"贪而无信"就比较好笑了。论贪，目前西北第一大贪是他们贺拔岳集团；论无信，杀前上司的主谋也是他们贺拔岳集团。这些人是谁更无耻一些呢？双标是强者的专利，千万别输。

宇文泰的建议并没有说透，从他亲自分化侯莫陈悦的兵众不跟尔朱天光出关的时候，其实就已经意味着贺拔岳的下一个目标必须是他了。

从侯莫陈悦的角度来看：贺拔岳太可怕了，他有能力打入我的内部，这次是密谋干掉前上司，万一哪天他煽动我的手下弄死我怎么办？

正是考虑到了贺拔岳和侯莫陈悦之间的情况，高欢将突破点瞄准了侯莫陈悦，派自己的右丞翟嵩去离间他们。

高欢的天下，是靠脑子打下来的。

534 年正月，贺拔岳没有听宇文泰的建议，而是召侯莫陈悦在高平与自己会合共同讨伐曹泥。曹泥在灵州，治所在今宁夏吴忠市北。

其实从侯莫陈悦的角度来讲，他的看法跟宇文泰一样，一个遥远的曹泥值得去讨伐吗？曹泥要是想跟高欢搞串联中间有宇文泰拦着，很难起到什么作用。贺拔岳倒更像是以讨伐曹泥的名义把侯莫陈悦调下陇山。

此时侯莫陈悦已经和高欢的使者翟嵩达成了协议。[①]

贺拔岳这次的命令，是让侯莫陈悦为前锋去打灵州。

其实无论有没有高欢挑拨，侯莫陈悦都已经极度不安了，在侯莫陈悦的眼中，就是贺拔岳拿自己当炮灰打曹泥，等曹泥被拿下后，自己就是兔死狗烹的命运。

高欢只不过是看准了时机给侯莫陈悦加了个保险。

侯莫陈悦接到命令后表现得相当积极，他迅速下陇山与贺拔岳会合，并约贺拔岳行前相见。侯莫陈悦请贺拔岳到他的军营去谈论军事，谈到一半时他的女婿元洪景拔出腰刀杀了贺拔岳。

贺拔岳身边的人纷纷逃散，侯莫陈悦派人告诉他们道："我奉密旨，只杀贺拔岳一人，大家都别慌。"

其实贺拔岳的手下都已经被镇住了，但侯莫陈悦并没有趁机吞并贺拔岳的队伍，而是迅速回了陇山。[②]

从这里也能看出来，侯莫陈悦是个胸无大志相当惜命的人，他并不趁机蛇吞象，而是干掉贺拔岳解除自己的危险，就迅速保本收益，见好就收了。

无论高欢还是元修，对贺拔岳的这支队伍都有想法，侯莫陈悦很清楚自己没有本事做这个西北王，还是看其他各方势力去争抢吧，很有可能贺拔岳的那群手下就会厮杀、内斗，最后毁灭，反正自己已经安

---

① 《资治通鉴·梁纪十二》：悦既得翟嵩之言，仍谋取岳。

② 《资治通鉴·梁纪十二》：众以为然，皆不敢动。而悦心犹豫，不即抚纳，乃还入陇，屯水洛城。

全了。

不过侯莫陈悦算漏了一个人，或者说他其实思考过这个人，但他觉得这个人虽然能力强，但年纪小、辈分低，这样的人是不可能接手这支队伍的。

但他算漏了两件事：

1. 在创业过程中，骡子大马大值钱，辈分大其实一点儿也不值钱。

2. 这支关中的武川派其实当年是二队，将士年龄都不大。

当年宇文泰之所以被贺拔岳保住，他哥哥宇文洛生却被放弃了的核心点就是因为辈分和威望。

如今最大辈分的贺拔岳死了，这些小辈们是希望看到同辈的最高能力者上位呢，还是希望再找来一个爹呢？谁都知道，当股东的滋味要远比当孙子的感觉好。

侯莫陈悦，具体的问题，要具体分析！

八、弱，是最大的错

534 年二月，贺拔岳被侯莫陈悦刺杀于营中，贺拔岳的部下第一反应是都跑了，只有赵贵对部下道："咱们得讲义气！贺拔公对咱们有恩，咱们不能像他们一样。"说完与部下大哭，决定要回贺拔岳的尸体。

赵贵带着自己的五十个心腹去诈降侯莫陈悦，他情真意切、言辞慷慨地请求收殓贺拔岳，侯莫陈悦被他感动了。赵贵得到贺拔岳的尸首后，迅速带着部下逃跑了。

贺拔岳被杀后，武川派中最年长的右都督寇洛带着兄弟们回到了平凉。

回到了大本营后，武川派开了讨论大会。众人的第一选择是选岁数最大的寇洛为盟主。①注意，大家推举寇洛的岗位是盟主。

我们来看看寇洛的档案。

寇洛其实属于武川派的边缘人物，他虽然是武川的籍贯，但是早期并没有加盟过贺拔兄弟，也没有和中山集团袭杀卫可孤，而是早早地

---

① 《周书·寇洛传》：既至原州，众咸推洛为盟主，统岳之众。

就南下投奔了尔朱荣，西征前被贺拔岳以老乡的关系招募过来。[①]

大家推举寇洛这个边缘人当盟主是什么原因呢？

1. 寇洛岁数大。

2. 寇洛说话没有用。他的军功都是在入关中后给贺拔岳卖命的时候立的，他的功勋贺拔岳认，老上司尔朱荣认，但在武川派众人眼里也就那么回事罢了。

大家推举寇洛的核心原因，不过是不想让这个位置虚着，就让他当个橡皮图章吧，将来都是他们武川派大会说了算。

寇洛相当明白自己的身份，他不是武川派的网络中心，死活不干，推辞掉了这个盟主。

这个时候，刚刚要回贺拔岳尸体的赵贵说话了："元帅忠公尽节却惨遭暗杀，第一件事必须是报仇，必须有人能领导我们雪耻！夏州刺史宇文泰能力与才略最高，三军用命，法令严肃，赏罚分明，选他最能代表我们武川兄弟们的根本利益。"赵贵的呐喊随后赢得了最高票数的支持。[②]

赵贵这个要回贺拔岳尸体的关键人物说了眼下最有分量的一件事："我们要报仇，从能力来讲，宇文泰是不二人选！"

当时还有人说去荆州请贺拔胜，也有人说去洛阳听皇帝的，但这都是零星声音，宇文泰几乎是压倒性地得到了拥护。

---

① 《周书·寇洛传》：父延寿，和平中，以良家子镇武川，因家焉。洛性明辨，不拘小节。正光末，以北边贼起，遂率乡亲避地于并、肆，因从尔朱荣征讨。及贺拔岳西征，洛与之乡里，乃募从入关。

② 《周书·文帝纪》：于是赵贵言于众曰："元帅忠公尽节，暴于朝野，勋业未就，奄罹凶酷。岂唯国丧良宰，固亦众无所依。必欲纠合同盟，复雠雪耻，须择贤者，总统诸军。举非其人，则大事难集，虽欲立忠建义，其可得乎。窃观宇文夏州，英姿不世，雄谟冠时，远迩归心，士卒用命。加以法令齐肃，赏罚严明，真足恃也。今若告丧，必来赴难，因而奉之，则大事集矣。"诸将皆称善。

刚刚推辞掉盟主岗位的诸将中年龄最大的武川人寇洛力挺宇文泰。①

贺拔岳的心腹虎将陷阵一哥武川人侯莫陈崇力挺宇文泰。②

诸将中年龄最小的的武川虎将若干惠力挺宇文泰。③

贺拔岳心腹长史留守长安的武川人雷绍千里迢迢奔赴而来力挺宇文泰。④

征西将军武川人梁御也从长安远赴平凉力挺宇文泰。⑤

有纵横计略、常先锋陷阵的大都督中山人刘亮力挺宇文泰。⑥

都督代人达奚武力挺宇文泰。⑦

都督盛乐人杜朔周力挺宇文泰。⑧

都督辽西人怡峰力挺宇文泰。⑨

……

贺拔岳集团中，以武川派为主，包含各种籍贯和履历的将士们纷纷推举宇文泰。

我们来总结一下宇文泰当选的原因：

1.宇文泰的能力确实强，在诸将中鹤立鸡群。

近两年贺拔岳集团的所有发展方针基本都是宇文泰建议的，他也是

---

① 《周书·寇洛传》：洛复自以非才，乃固辞，与赵贵等议迎太祖。

② 《周书·侯莫陈崇传》：及岳为侯莫陈悦所害，崇与诸将同谋迎太祖。

③ 《周书·若干惠传》：及岳为侯莫陈悦所害，惠与寇洛、赵贵等同谋翊戴太祖。

④ 《北史·雷绍传》：绍乃弃郡，驰赴岳军，与寇洛等迎周文帝。

⑤ 《周书·梁御传》：后从贺拔岳镇长安。及岳被害，御与诸将同谋翊戴太祖。

⑥ 《周书·刘亮传》：侯莫陈悦害岳，亮与诸将谋迎太祖。

⑦ 《周书·达奚武传》：及岳为侯莫陈悦所害，武与赵贵收岳尸归平凉，同翊戴太祖。

⑧ 《资治通鉴·梁纪十二》：都督盛乐杜朔周曰："远水不救近火，今日之事，非宇文夏州无能济者，赵将军议是也。"

⑨ 《周书·怡峰传》：及岳被害，峰与赵贵等同谋翊戴太祖。

贺拔岳钦点的政务左右手，贺拔岳曰："左丞吾之左右手也，如何可废。"

宇文泰的能力大家有目共睹，而且之前宇文泰去镇夏州时就已经被大家推荐过一次了。[①]

2. 宇文泰的履历丰富，背景没问题。

他大哥死在武川群雄袭杀卫可孤后，他爹宇文肱和他二哥死在中山加盟鲜于修礼后，他三哥死在葛荣被平后。

宇文泰有着武川派中最重要的两层背景：跟贺拔兄弟有关系，跟中山分舵的兄弟们有关系。

3. 最重要的一点，宇文泰辈分低、年纪小。

虽然宇文泰的家族背景强大、个人履历丰富，但他本人崭露头角的时间短，而且此时宇文泰仅仅二十八岁。

史书记载的赵贵晚年和独孤信密谋的一句话是这个问题的完美阐述：赵贵、独孤信和宇文泰是一个辈分的。[②]

在贺拔岳的眼中，我们都是小孩子；而宇文泰在我们眼中，大家都是一个辈分的，今后大家都是股东。

赵贵、独孤信和宇文泰都有中山分舵的履历，虽然赵贵的年龄史书无载，但独孤信这一年三十一岁，仅比宇文泰大三岁。由此推测赵贵的年龄大概率也差不多，因为他们是一起长大的兄弟。

贺拔岳在讨伐曹泥前，曾专门派赵贵去向宇文泰求策。就是因为赵贵作为宇文泰的好兄弟，最能原原本本地向贺拔岳复述宇文泰的意思。

推举宇文泰的武川第一猛将侯莫陈崇十九岁，大都督刘亮二十八岁，达奚武三十岁……

[①] 《周书·文帝纪》：岳遂引军西次平凉，谋于其众曰："夏州邻接寇贼，须加绥抚，安得良刺史以镇之？"众皆曰："宇文左丞即其人也。"

[②] 《周书·赵贵传》：初，贵与独孤信等皆与太祖等夷，及孝闵帝即位，晋公护摄政，贵自以元勋佐命，每怀怏怏，有不平之色，乃与信谋杀护。

这一群青春尚好的年轻人最终酝酿出了宇文泰这个接班人选。在这个利益至上的无信仰时代，武川派大会选出了利益上的最优解。

只有一个人，选择了千里迢迢去荆州找贺拔胜。这个人叫李虎，是贺拔岳的家将。[①] 李虎此时是贺拔岳统管内外军事的左军大都督。[②]

虽然说有着"贺拔氏最能代表自己利益"的考虑在内，但李虎的这份千里寻主的忠义在这个时代显得相当突兀。冥冥中，老天似乎给这份忠义在几十年后送来了馈赠。

消息传到宇文泰处，宇文泰找来于谨进行商议。

后面八柱国中年龄最大、资历最老的于谨此时四十二岁，已经混到了给宇文泰打下手的位置。

于谨跟贺拔岳兄弟是最早有交集的人，六镇之乱刚闹起来时他是元深的第一参谋，由于跟主流的关系深、底子厚，一直走的是上层路线，结果北魏一年不如一年。

在跟随西路军入关后，于谨又抱紧了尔朱天光的大腿，毕竟尔朱荣实在太如日中天，尔朱天光是尔朱荣最看好的家族后备力量。但谁也没想到，本来稳赢的碾压局愣是让猛男尔朱荣给葬送了。

于谨后来跟随尔朱天光去讨伐高欢，失败后逃回了关中，最终跟着宇文泰去了夏州做长史。[③] 好在他没错过这个最后的贵人。

于谨对宇文泰说出了自己的建议："北魏已经完了，权臣专权，群盗蜂起，百姓无救。您依仗超世之姿，怀济世之略，四方远近咸所归心，愿您早建良图，以副众望。"

---

① 《册府元龟·帝王部·帝系》：岳寻为侯莫陈悦所害，太祖哭之甚恸，阴怀复雠之志。时岳兄胜在荆州，太祖星夜赴告。

② 《册府元龟·帝王部·帝系》：贺拔岳既镇陇右，以太祖为左相大都督，委以内外军事。

③ 《周书·于谨传》：从天光与齐神武战于韩陵山，天光既败，谨遂入关。贺拔岳表谨留镇，除卫将军、咸阳郡守。太祖临夏州，以谨为防城大都督，兼夏州长史。

宇文泰道："接着说。"

于谨道："关中过去是秦汉旧都，古称天府，这里将士骁勇，土地肥沃，西面有巴蜀之饶，北面有羊马之利。如果我们现在占据要害之处，招集英雄，养兵劝农，完全可以在这里观察天下的形势。天子目前在洛阳的处境很不好，身边群凶环伺，如果您恳切劝请他迁都来关中，到时候您就可以挟天子令诸侯，奉王命以讨暴乱，那么您的大业就能成功了。"

于谨通过"挟天子令诸侯，奉王命以讨暴乱"对宇文泰完成了拥护表态。

宇文泰和团队开完会后道："侯莫陈悦既然害了贺拔公就应乘势直据平凉，现在反而撤回去屯兵水洛城，这就说明他没什么本事。时间最重要，要是我们去得晚了，平凉的人马就散了，所有骑兵赶紧跟我南下！"

宇文泰南下的途中，在安定遇到了被高欢安排去接手贺拔岳部队的侯景。宇文泰道："贺拔公虽然死了，但我宇文泰还活着，你想干什么？"侯景道："我就是支箭，被上面射这里来了，你别生气，我马上走。"[1]

宇文泰来到平凉后大哭，安葬了贺拔岳，武川军团的军心终于稳定了下来。

时间上相当惊险，宇文泰"射走"侯景后，元修也派了武卫将军元毗去召贺拔岳的军队回洛阳。元毗到平凉时宇文泰已经到了。

宇文泰给元修送了奏折，说明了两件事：

1. 我已经被将士们选出来带队伍了。

---

[1] 《周书·文帝纪》：时齐神武遣长史侯景招引岳众，太祖至安定，遇之，谓景曰："贺拔公虽死，宇文泰尚存，卿何为也？"景失色，对曰："我犹箭耳，随人所射，安能自裁。"景于此即还。

2. 现在东有高欢，西有侯莫陈悦，威胁还在，而且我的队伍里都是西北人，士兵恋家，等我安抚好了再带队伍东进。

元修无奈，只能任命宇文泰为大都督统领贺拔岳的队伍。

另一面，李虎去了贺拔胜那里后，贺拔胜对关中并没有抱太大的希望，仅派了独孤信来刮彩票。[①]

宇文泰已经到了平凉，看到一起长大的老乡独孤信后相当开心，但随后就把独孤信支洛阳去了。[②] 将各路蠢蠢欲动者都打发走了以后，宇文泰开始率武川二队去找侯莫陈悦报仇。

侯莫陈悦吓坏了，什么情况？最后怎么是这么个结果！

元修此时正着手跟高欢对决，在团结一切可以团结的力量，也在调侯莫陈悦入洛阳，还劝宇文泰别打他，但此时侯莫陈悦说什么也不敢下陇山了。

宇文泰逮着理了，说侯莫陈悦不仅杀了我们大帅，还不听朝廷的话，他是国之大贼，必须弄死他！

534 年三月，宇文泰率大军讨伐侯莫陈悦，派侯莫陈崇率一千骑兵去高平袭击了倒向侯莫陈悦的原州刺史史归。

侯莫陈崇和侯莫陈悦虽是同宗，但侯莫陈悦自幼随其父在河西长大，双方并没有交集。

侯莫陈崇少骁勇，善驰射，随贺拔岳跟尔朱荣征葛荣那年才十五岁，这孩子在战场上有一种近乎疯狂的勇敢。

在武川集团西讨万俟丑奴的决战时刻，侯莫陈崇趁着敌军阵形未成，单骑杀入阵中生擒了万俟丑奴后大声呼喝，令敌军望风披靡，无人

---

① 《周书·独孤信传》：及胜弟岳为侯莫陈悦所害，胜乃令信入关，抚岳余众。

② 《周书·独孤信传》：属太祖已统岳兵，信与太祖乡里，少相友善，相见甚欢。因令信入洛请事。

敢挡，这时骑兵大军才赶到，而万俟丑奴军已经崩了。[1]

这次侯莫陈崇率一千骑兵突袭，他把兄弟们都埋伏在了路边，自己率七个骑兵就冲到了城下抢夺了城门，城里的内应李远兄弟看见这八个人就踏实了，随后也在城里闹了起来，藏于路边的千余骑兵也趁机杀了进来，砍了史归取得开门红。

四月，宇文泰率诸军上陇，军令严肃军容齐整，一路上部队秋毫无犯，百姓非常高兴，出了木狭关之后，大雪厚达两尺，宇文泰还是带着队伍日夜兼行，准备给侯莫陈悦来个出其不意。

侯莫陈悦得到消息后退到略阳防守，只留下一万人留守水洛城。略阳，三国时代的老景点了。

宇文泰大军一到，水洛城就投降了。

大家都是老熟人了。两年前，劝侯莫陈悦大军不跟尔朱天光东进的地下联络人就是宇文泰。[2]当时宇文泰的个人魅力就已经很具效果了，更不要说现在骁勇神行，突然兵临城下。

宇文泰随后率数百轻骑逼近略阳，侯莫陈悦非常害怕召部将商议，他手下都说"此锋不可当"，劝他退保上邽躲避。

侯莫陈悦的姑父南秦州刺史李弼，是他手下的第一猛将，常先锋陷阵，所向披靡，贼咸畏之，曰"莫当李将军前也"。李弼在宇文泰从平凉出兵动真格的以后就劝侯莫陈悦："宇文泰不是一般人，得众人拥戴，现在为贺拔岳来报仇其志不小，如今最好放弃兵权投降认错，不然会死得很惨。"

李弼这话其实跟没说一样，侯莫陈悦已经杀了贺拔岳，怎么可能"放弃兵权投降认错"。但李弼此时单纯就是为了说些无用之言吗？其

---

[1] 《周书·侯莫陈崇传》：贼未成列，崇单骑入贼中，于马上生擒丑奴。于是大呼，众悉披靡，莫敢当之。后骑益集，贼徒因悉逃散，遂大破之。

[2] 《周书·文帝纪》：岳大喜，即令太祖入悦军说之，悦遂不行。

实他的潜台词是在说："你现在要是不体面，我将来可就帮你体面了。为了兄弟们的未来，你快自己了断吧，万一缴枪不杀呢，宇文泰也不是第一次来咱们这里煽动人心了，我可得学习贺拔胜这个好榜样。"

李弼早就在内部做好了思想工作，他对心腹们说："宇文泰才略冠世，德义可宗，会保证咱们的利益，侯莫陈公智小谋大，哪操得了这么高端的盘，咱们要是再不自救，就得跟着一起灭族了。"[1]

侯莫陈悦逃到略阳的第二天，李弼就派使者投降了宇文泰。宇文泰大喜道："得到你，拿下天下都不叫事了。"

当夜，李弼对率领的部曲道："侯莫陈公打算退往上邽，你们怎么还不打包行李？"因为李弼是侯莫陈悦的姑父，所以大家认为这是内部消息。[2]

李弼开城门领着自己的人投降了宇文泰，此时略阳城已经被他恐吓得一片鸡飞狗跳，宇文泰趁机率兵攻击，大破略阳，抓了一万多个俘虏，还得到八千匹马，侯莫陈悦仅率数十个骑兵逃走。

从八千骑兵的家底来看，侯莫陈悦其实并不是个好啃的骨头，陇西的战斗从来不是那么轻松的。

侯莫陈悦最终迅速输掉一切，是他自己姑父捅的刀子，所谓"弼乃先驰据城门以慰辑之，遂拥众以归太祖。悦由此遂败"。这个丑陋的时代啊！

侯莫陈悦的算盘其实从头到尾都没打错，但他弱就是最大的错。侯莫陈悦在投奔灵州曹泥的路上被追兵赶上，自缢而死。

战后宇文泰进入上邽，没收侯莫陈悦的府仓库，财物堆积如山，宇文

---

① 《周书·李弼传》：弼知悦必败，乃谓所亲曰："宇文夏州才略冠世，德义可宗。侯莫陈公智小谋大，岂能自保。吾等若不为计，恐与之同至族灭。"

② 《周书·李弼传》：翌日，弼密通使太祖，许背悦来降。夜，弼乃勒所部云："侯莫陈公欲还秦州，汝等何不束装？"弼妻，悦之姨也，特为悦所亲委，众咸信之。

泰自己一点儿不要全都赏给了弟兄们，他身边的一个亲信偷偷拿了个银瓮回来，宇文泰知道后处罚了他并将银瓮剖开分给了将士们，三军大悦。

宇文泰为贺拔岳复仇的上位之战，从头到尾，从里到面，无可挑剔。乱世拼的是实力，能者居之。

宇文泰随后令李弼镇原州，拔也恶蚝镇南秦州，渭州刺史可朱浑元（即可朱浑道元）还镇渭州，赵贵行秦州事，征豳、泾、东秦、岐四州的粟米做军粮。

侯莫陈悦的同党豳州刺史孙定儿占据着州城（今甘肃庆阳宁县）不降，手下有数万人马，宇文泰派刘亮去袭击孙定儿。

孙定儿认为敌军离得还远没做什么防备，结果刘亮玩闪电战，赶到后先在城边上的高岭竖一杆大旗，然后仅率二十名骑兵就飞奔入城，当时孙定儿正在举行酒宴，突然就被闯进来的刘亮砍死了。然后刘亮指着城外吩咐两名骑兵道："去叫大部队来！"城中守军都被镇住了，豳州就这样被拿下。①

未来大家看到隋唐时李世民的很多操作千万不要惊讶。今天单这一节，我们就看到侯莫陈崇和刘亮两个猛男的尖刀操作了，像后面杨忠跟宇文泰狩猎时一个人跟猛兽对打挟腰拔舌啦、五人守河桥啦，这都是武川军团的常规操作。

武川军团基因里崇尚的是先登陷阵，是兄弟们跟我上，是大将亲临一线带头搏杀。李世民之所以那么猛，是有优良传统的。

高欢听说宇文泰平定了秦陇，赶紧派使者送礼来结盟，宇文泰不给他面子直接将使者和礼物打包送到洛阳去了。元修命宇文泰东进，此

---

① 《资治通鉴·梁纪十二》：悦党豳州刺史孙定儿据州不下，有众数万，泰遣都督中山刘亮袭之。定儿以大军远，不为备；亮先竖一纛于近城高岭，自将二十骑驰入城。定儿方置酒，猝见亮至，骇愕，不知所为，亮麾兵斩定儿，遥指城外纛，命二骑曰："出召大军！"城中皆慑服，莫敢动。

时他和高欢即将开打。

宇文泰派梁御为雍州刺史，率领五千步骑向东进镇黄河渭水交汇处打算攻打河东。

此时的长安，已经被洛阳安排的贾显度占领了。

534年五月，宇文泰人在陇山的时候，贾显度被任命为雍州刺史、西道大行台。

贾显度是跟斛斯椿盟誓杀尔朱世隆的"大吕布"之一。趁着武川派不在，斛斯椿安排这位同党去了长安。

结果贾显度到了关中后就卖了同党投靠了高欢，派船接高欢援救侯莫陈悦的一万兵进入关中。[1]

等武川派杀回来后，背叛已经没有心理负担的贾显度又迅速变脸欢迎新上司的到来。[2] 至此，关中尘埃落定。

元修以宇文泰为侍中、骠骑大将军、开府仪同三司、关西大都督、略阳县公，承制封拜。

自534年二月贺拔岳被暗杀，武川集团经历了惊心动魄的一百天。在这一百天的时间里，武川集团大会选出了宇文泰为话事人，宇文泰又雷厉风行地率领兄弟们报了仇，从侯莫陈悦手里接手了整个武川集团并讨灭了所有反对势力。

534年五月，宇文泰彻底接手并控制了关中。

这个时间点相当关键，因为东方即将巨变，后三国的格局即将在两个月后正式拉开帷幕。

---

① 《周书·文帝纪》：太祖之讨悦也，悦遣使请援于齐神武，神武使其都督韩轨将兵一万据蒲坂，而雍州刺史贾显送船与轨，请轨兵入关。

② 《资治通鉴·梁纪十二》：梁御见显度，说使从泰，显度即出迎御，御入据长安。

九、隋唐帝国开端的珍珑棋局

534 年，后三国元年开启。此后"绝代双骄"的所有恩怨纠葛，数十个猛将喋血沙场的铁血传说，都从这一年开篇。

正月，高欢西伐，消灭了归附武川军团的河西纥豆陵伊利，迁其部于河东。

洛阳的元修很愤怒，表示纥豆陵伊利拥护我的领导，打我的狗你怎么不看主人呢？你跟我请示过吗？但高欢懒得搭理他。

紧接着贺拔岳被杀的消息传来，元修西边也被断了一臂，水被搅浑了。高欢和元修都开始了加速度。

高欢在洛阳安排的心腹——侍中孙腾，在门下省与斛斯椿同掌机密，感觉到了洛阳即将对高欢摊牌，于是率十余骑兵奔赴晋阳。①

高欢的小舅子，领军将军娄昭也和孙腾前后脚北归了。

元修随后以斛斯椿兼领军，改置都督及河南、关西诸刺史，贾显度就是在这个时候被安排到了长安。

建州刺史韩贤和济州刺史蔡俊都是高欢的心腹，元修就取消了建

---

① 《北齐书·孙腾传》：腾以高祖腹心，入居门下，与斛斯椿同掌机密。椿既生异端，触涂乖谬。腾深见猜忌，虑祸及己，遂潜将十余骑驰赴晋阳。

州的行政岗挤掉韩贤；又派御史中尉綦俊去治蔡俊的罪，命贾显智去济州接班，但蔡俊根本不搭理。

元修大怒。其实元修大不大怒没什么意义，因为就算贾显智接手了济州也没他什么事。

贾显智当年是高欢在怀朔的奔走之友，五月他哥哥贾显度到关中就倒向了高欢，接了高欢兵过河。

534年五月是一个所有事件的时间线集中爆发的月份。

宇文泰干掉了侯莫陈悦报仇成功，率雄赳赳气昂昂的武川军团杀下陇山，贾显度再次成为墙头草倒向了宇文泰。

同月，元修认为高欢欺人太甚，打了打算盘感觉优势在自己这边，于是以讨伐南梁萧衍为理由，征发河南诸州之兵准备讨伐高欢。

六月，小机灵鬼元修给高欢去了一封密诏，表示宇文泰这个大坏蛋攻破秦陇，随意安排行政官员，但嘴上还说拥护我，我和群臣们商量怎么办，大家都说打他，所以我现在假称南伐，内外戒严，一是吓唬宇文泰，二是吓唬萧衍，你别多想。

高欢根本不搭理元修的密诏，他可是好不容易才得到了出兵的理由。他赶紧上表道："宇文泰和萧衍都不是好东西，打这两个人不能只让黄河以南忙活，我们大河之北必须为国出力！我现在亲自率三万兵马从河东渡黄河；派恒州刺史库狄干、瀛州刺史郭琼、汾州刺史斛律金、前武卫将军彭乐率兵四万，从来违津渡黄河；派领军将军娄昭、相州刺史窦泰、前瀛州刺史尧雄、并州刺史高隆之率兵五万讨荆州；派冀州刺史尉景、前冀州刺史高敖曹、济州刺史蔡俊、前侍中封隆之率山东兵七万、突骑五万征江左。"

纸面上的二十多万大军声势浩大，高欢表示"我们山西与河北绝对不偷奸耍滑，这就去洛阳听您指导"。

元修看到自己的小聪明给了高欢顺理成章的南下理由，于是赶紧召集群臣，商量怎么让高欢冷静下来。

高欢随后去了封奏章道："一定是奸臣的挑拨离间让陛下对我产生了怀疑，我高欢对天发誓，我要是胆敢辜负陛下，就让老天劈了我，让我断子绝孙！陛下要是想跟我再续前缘，息止干戈，希望您把那一两个奸臣废了。"

这是我在这段中国最长乱世中感到最毛骨悚然、冷汗直流的一封奏疏，看原文吧：

> 欢亦集并州僚佐共议，还以表闻，仍云："臣为嬖佞所间，陛下一旦赐疑。臣若敢负陛下，使身受天殃，子孙殄绝。陛下若垂信赤心，使干戈不动，佞臣一二人愿斟量废出。"

自司马懿指洛水盟誓又食言后，在无下限的黑暗演化后，高欢将誓言这种最神圣、最崇高的人类契约精神彻底无耻化了，堪称史上之最。

"臣若敢负陛下，使身受天殃，子孙殄绝"，他对誓言一丁点儿的敬畏都没有了。

高欢这辈子最开始是普通发誓，后面是以结拜兄弟的方式算计人，到现在开始拿子孙赌咒发誓了。

高欢你跟你心腹开会的时候真的是这样谋划的吗？大家会怎样看待你这言之凿凿的誓言呢？大家会将你这套收入到兵器谱中，将来以彼之道还施彼身。而且，真的没有报应吗？

作为高欢后代的各北齐皇帝，没有一个活过三十二岁的，他们一个个堪称狂暴、乱伦、疯魔的集大成者，中国皇族丑陋史皇冠上的黑珍珠就是他们北齐高家。

高欢一边赌咒发誓，一边开始给洛阳断粮。

最开始立帝的时候高欢曾经建议迁都邺城，但元修说洛阳是祖宗发祥之地，高王既然是国家忠臣，就该尊崇孝文帝的太和年间旧制，用正统性把高欢噎死了。当时高欢实力还不足，又要北上平叛尔朱兆，河北群雄的联盟合同也没有正式续签，所以选择了同意。

这一次经过了两年的韬光养晦，高欢在这个摊牌时刻再次把迁都计划提了出来。他派三千名骑兵镇建兴，又增加河东和济州碻磝城的兵马，整个河北和青徐的粮食不再送往洛阳而是全部调往邺城。[①]

此时的徐州已经被高欢控制，元修派去的官员被高欢直接打跑了。

整个徐州乃至中原的粮草经泗水桓公渎输送到碻磝，整个山东半岛的粮草经过济水输送到碻磝，随后两方面物资经四渎口逆黄河而上在枋头入清河进邺城。（见图 11-4）

高欢把迁都的物流断粮牌打出来后，双方就是正式撕破脸了。

高欢起兵正式宣告道："我遇尔朱氏擅权，举大义于四海，奉戴主上，义贯幽明。被奸佞斛斯椿谗言构陷，当年赵鞅兴晋阳之甲诛君侧恶人，现在我南下只是诛杀斛斯椿而已。"

元修任命的尚书左仆射任祥高调表态，与元修划清界限弃官逃至河北据郡等待高欢。

元修下令所有北来文武官员全部自行决定去留，下诏列高欢大罪准备北伐，随后召唤了自己的"复仇者联盟"，结果来了群"天线宝宝"。

贺拔胜收到元修的诏令后跟手下开会讨论，卢柔道："高欢悖逆，上策是您席卷兵马赴洛阳与他决胜负；中策是您北阻鲁阳，南并旧楚，东连兖豫，西引关中，带甲百万，观衅而动；下策是举三荆之地投奔梁朝。"

贺拔胜听后笑了笑，没表态。

卢柔这是根本不了解自己的上司是什么人，其实贺拔胜问的是他这回该嫁谁，他该怎样做才能再嫁，以及什么时候嫁。

卢柔你看看你上策说的是什么啊，还去洛阳跟高欢死磕，你让你人生精算师的上司去当炮灰，几个菜啊让你喝成这样！

---

① 《北齐书·神武帝纪》：至是复谋焉。遣三千骑镇建兴，益河东及济州兵，于白沟房船不听向洛，诸州和籴粟运入邺城。

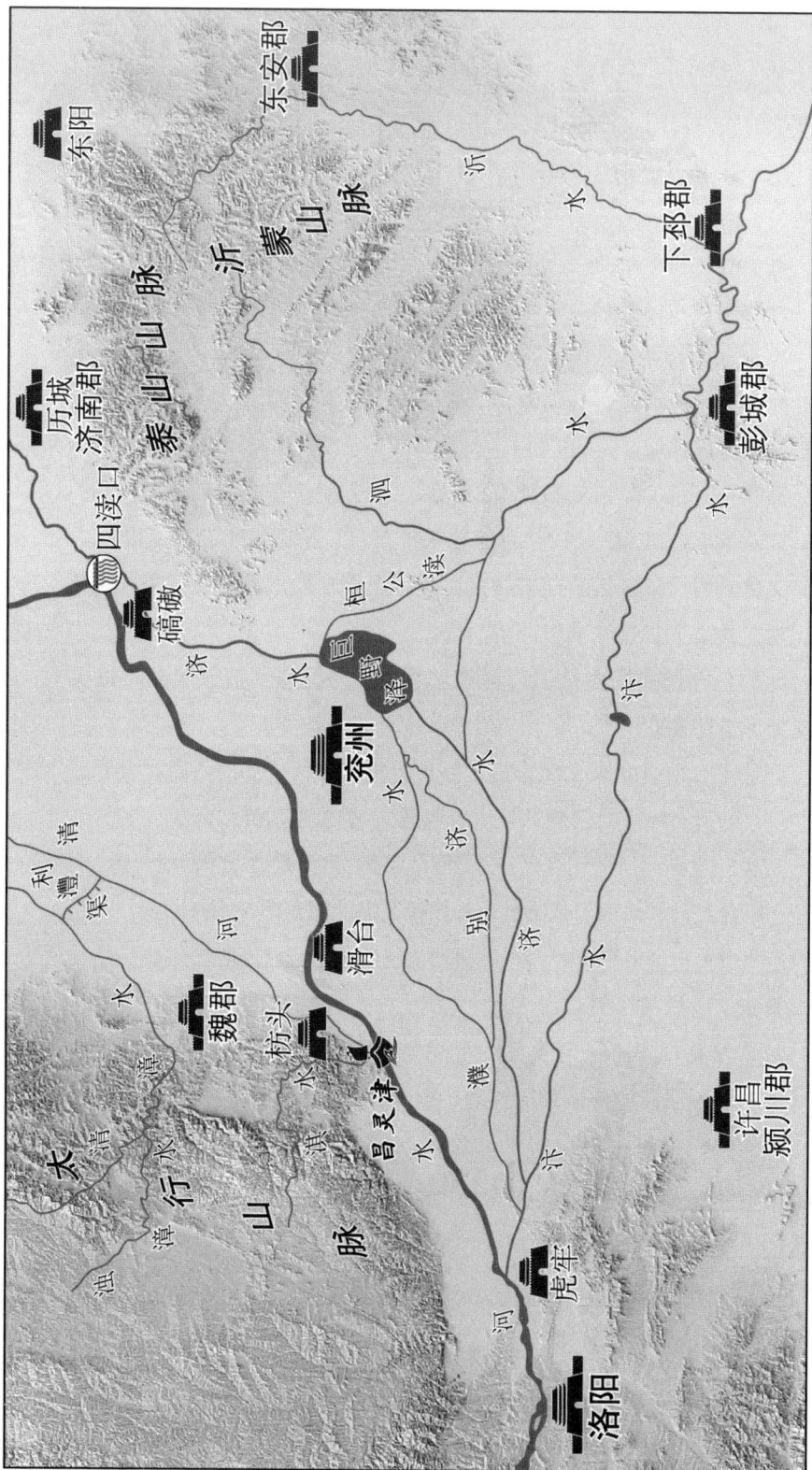

图 11-4　中原水道示意图

贺拔胜最终也出兵了，但行至广州郡（治所今河南平顶山鲁山县）离洛阳二百里的地方就打住了。①

贺拔胜心中有两个算计：

1. 元修要是赢了，我冲上去勤王。

2. 元修要是输了，我冲上去补刀。

元修任命宇文泰为关西大行台兼尚书仆射，还答应将冯翊长公主许配给他，他对宇文泰帐内都督杨荐道："回去告诉你们行台，让他派骑兵来接我！"

宇文泰任命前秦州刺史骆超为大都督率一千轻骑前往洛阳。元修的面子再加打包一个闺女，就值一千轻骑兵。

这哪是来勤王的，这是送了个抢皇帝的"快递公司"，而且这一千轻骑兵到了弘农（治所今河南灵宝）后，距离洛阳三百里也不往前走了。②

宇文泰也有两个算计：

1. 元修要是赢了，我出兵勤王。

2. 元修要是输了，我抢他入关。

七月初九，据说元修亲自率兵屯河桥，以斛斯椿为先锋陈兵于邙山之北。

斛斯椿请求率两千精骑渡黄河，趁高欢行军疲敝搞突然袭击，元修最初同意了，但黄门侍郎杨宽劝道："那可是斛斯椿啊！你把兵给他，他转过头卖了你呢？当年尔朱氏是怎么死的？况且灭了高欢，他就会成为另一个高欢！"于是元修下诏禁止斛斯椿行动。

斛斯椿的名声臭大街了，高欢打着杀他的名义出兵，而他却不被皇帝相信，这样的画面太具有喜感了。

---

① 《周书·贺拔胜传》：属齐神武与帝有隙，诏胜引兵赴洛，至广州，犹豫未进。

② 《资治通鉴·梁纪十二》：宇文泰亦移檄州郡，数欢罪恶，自将大军发高平，前军屯弘农。

元修随后派斛斯椿与行台长孙稚、大都督元斌之镇虎牢，行台长孙子彦镇陕城，贾显智、斛斯元寿镇滑台。

宇文泰听说后对身边心腹道："高欢连日行军八九百里，此兵家所忌，应当趁其疲敝击之，但现在皇帝那边只守不攻，黄河万里怎么可能守得住呢？他没戏了！"

宇文泰立刻命大都督赵贵为别道行台从蒲坂渡河向河东进军牵制高欢，又派大都督李贤率一千精锐骑兵赶往洛阳。他知道再不抢皇帝恐怕就来不及了。

此时在东面战场上，相州刺史窦泰已经率邺城军来到了黄河边与贾显智在长寿津相遇，贾显智暗中约降高欢，引军退走。窦泰轻松渡过黄河。

军司元玄看到贾显智出了问题飞马回去要求增援，元修派大都督侯鳞绍率军赶赴，在滑台东与窦泰交战，贾显智临阵投降，侯鳞绍战死。

滑台丢了以后，斛斯椿害怕了，派人劝元修说大势已去咱们去关中吧。[①]

很遗憾，南面的贺拔胜被老友斛斯椿放弃了。越是共过事的同党，越知道对方是个什么样的人。

此时高欢军至黄河北十余里，再次派使者表态：回头不晚。

七月二十六，高欢指挥部队渡过了黄河。

元修向众臣问策，有人说去南方投梁朝，有人说去荆州投贺拔胜，有人说西去关中，有人说死守洛口拼死一战。计划很多，定不下来，此时元斌之正与斛斯椿争权，忙弃了虎牢回来对元修道："高欢大军已至。"

七月二十七，元修在心腹王思政等人的劝说下最终选择逃往关中。他派使者召回斛斯椿，与南阳王元宝炬等率五千骑兵出屯洛阳西。

皇帝一走西门，大家就都知道元修要去关中了，一夜间洛阳城逃

---

① 《魏书·斛斯椿传》：椿弟豫州刺史元寿与都督贾显智守滑台，献武王令相州刺史窦泰击破之。椿惧已不免，复启出帝，假说游声以劫胁。

亡过半，清河王元亶、广阳王元湛也趁乱逃归。

在这个时候，一个"感人"的场面出现了。独孤信单骑前来投奔西去的元修，元修叹道："将军扔了父母妻儿前来，乱世识忠臣啊！"[①]元修赐给独孤信御马一匹，进爵浮阳郡公，邑一千户。

之前独孤信被贺拔胜派到关中刮彩票后，又被宇文泰支到了洛阳，随后又被派回了荆州，后来被元修征入了洛阳。独孤信成了贺拔胜的荆州联络人。

等到西迁时，元修都没跟独孤信打招呼，因为他根本就不认为独孤信会跟着自己走，他认为独孤信绝对会直接南下回荆州。

神奇的是，独孤信根本没有南下去找老上司贺拔胜，而是就此扔下自己的父母，抛弃了妻子和刚刚出生不久的长子独孤罗，急匆匆地西来做忠臣。

元修真的有这么大魅力吗？这件事背后的博弈，其实是宇文泰的魅力大过了贺拔胜。

独孤信去平凉看到了武川集团的欣欣向荣，看到了从小和自己一起长大的这群兄弟——一路自袭杀卫可孤，中山聚义以来的宇文泰、赵贵混得那么好，他也想去当股东了。贺拔胜被独孤信放弃了。

独孤信是个聪明人，他判断宇文泰的前景要远比贺拔胜强后并没有主动去西奔讨好发小，因为那样就不值钱了。他知道宇文泰这个时候并不缺兵员，偌大的关中等待他去统筹安排，他缺的是足够信赖而且有能力的心腹。自己要是直接背叛贺拔胜甚至拉来队伍西投，那么自己的人品就出问题了。但是此时趁着朝廷西迁的机会去关中就一切都洗白了。

1.我这是跟着朝廷来到关中的，我们自幼长大，共同闯关，我的能力你了解，我的成分你明白，现在绕了一大圈后又回到了彼此的身边。

---

① 《周书·独孤信传》：及孝武西迁，事起仓卒，信单骑及之于瀍涧。孝武叹曰："武卫遂能辞父母，捐妻子，远来从我。世乱识贞良，岂虚言哉。"

2. 我忠君爱民有着朝廷的千户郡公爵位，这种政治资源放眼武川集团并不多。

与独孤信具备同样履历的，还有李虎。

李虎来到贺拔胜处后听说宇文泰已经接了贺拔岳的班，并且要找侯莫陈悦报仇，于是自荆州回关中，行至阌乡时被高欢别将抓获送到了洛阳。元修看到李虎大喜，拜其为卫将军并厚赐，命他去镇关中，随后李虎与宇文泰平了侯莫陈悦。①

这段史料漏洞百出，为唐太祖做了百般遮掩。

我们来看看李虎的轨迹。（见图 11-5）

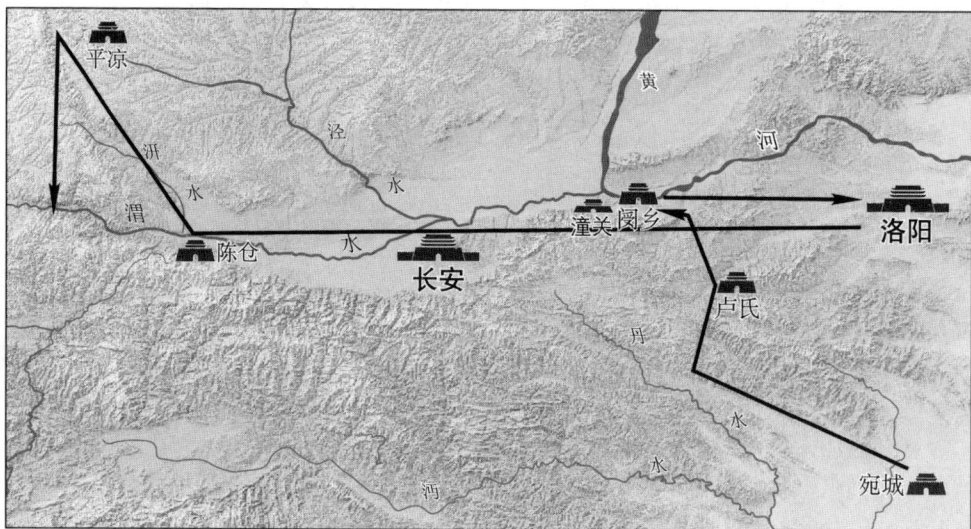

图 11-5　李虎轨迹图

---

① 《册府元龟·帝王部·帝系》：俄而周文帝起兵图悦，太祖闻之自荆州还，至阌乡，为高欢将所获，送诣洛阳。魏武帝将收关右，见太祖甚喜，拜为卫将军，赐以金帛，镇关中。因与周文帝平侯莫陈悦。

独孤信先被贺拔胜安排去关中刮彩票，随后宇文泰534年三月就声称要为贺拔岳报仇，消息传回荆州最起码要到四月，五月宇文泰就已经平了侯莫陈悦，而李虎是根本来不及走完这么一长串旅程跟随武川军团去报仇的。

从这段史料看，李虎不仅在时间上来不及，他回关中的行程也相当可笑，为了报仇他应该走武关道，这样才能两点之间线路最短地去投奔武川集团啊，他莫名其妙地走卢氏奔函谷关干什么呢？

更重要的是阌乡位于黄河以南距离潼关仅二十八里，在这个地方怎么可能会有高欢的别将抓了关中的大佬？最关键的是，高欢抓了李虎绝对不会送到洛阳，而是一定会押到晋阳。

所以李虎的真实行程，其实是下面这样的。

他离开贺拔胜后去了洛阳。在贺拔岳死后，整个武川集团只有他一个人去找了贺拔胜。就算他底子厚、威望高，但再回去大家会以什么样的眼光看他呢？

所以他要去洛阳镀金，以贺拔岳副手左军大都督、武川大佬的身份去找此时到处拉风投的元修表忠心，随后"魏武帝将收关右，见太祖甚喜，拜为卫将军，赐以金帛，镇关中"。

李虎要来政治待遇，以皇帝亲封的卫将军去镇关中才开始行动，等回到关中后，再以北魏皇权高规格镇关中的政治任命去拜宇文泰为大哥，表示"皇帝说话不算什么，你才是我大哥"。如果直接灰头土脸地去关中是卖不出价的，必须得这么绕一圈，才能把自己再体面地嫁出去。

唯一的一个在表态中没站队宇文泰的"八柱国"，仅仅靠能打、靠有兵就能再站回最高舞台吗？没有脑子的人是根本不可能的。

七月二十八，元修一行在崤县遇到了宇文泰派来迎接的李贤。

七月二十九，高欢进入洛阳，派娄昭等人追赶元修。长孙子彦弃陕城而逃。高敖曹也率精锐一直追赶到陕城以西却没有追上元修。

宇文泰迎元修于东阳驿，脱帽流泪道："我没能制贼让您颠沛流离，这是我的罪过。"

元修道："你忠心耿耿，节操高尚，我没德行才让天下大乱，今天相见还挺不好意思的，我现在把国家社稷交给你了，你努力吧。"

元修入长安后，任命宇文泰为大将军、雍州刺史兼尚书令，军国大政全部交权，以宇文泰的下属——行台尚书毛遐、周惠达分掌机密。这两人都是关中大户，专门负责粮草武器的征集运转事项。之后，宇文泰与冯翊长公主成婚，被封为驸马都尉。①

八月十一，高欢亲自西进要迎元修回京。

八月十八，高欢至弘农。

九月二十九，高欢拿下潼关，擒毛鸿宾，进驻华阴长城，龙门都督薛崇礼以城投降。

高欢打破潼关这件事，如蝴蝶效应般改变了历史的最终走向。

话说贺拔胜在汝水看戏的时候，发现剧情又没按他想的方向走。

元修叫喊得那是多凶啊，结果两方面根本没打，他就直接往西面跑了，他作为预备队的奇兵根本没等来入场时机。

贺拔胜率军回南阳，思考再三后决定站队同成分的武川，此时也有理由了，皇帝在关中，自己作为武川最大辈分的创始人大佬带领一方兵马能够起到制衡宇文泰的作用，价值会更高。

贺拔胜派杨休之奉表入关，又令府长史元颖行州事，随后率军西进。②贺拔胜进至淅阳时，元修对他表示了极大欢迎，封贺拔胜为太保、

---

① 《资治通鉴·梁纪十二》：以泰为大将军、雍州刺史，兼尚书令，军国之政，咸取决焉。别置二尚书，分掌机事，以行台尚书毛遐、周惠达为之。时军国草创，二人积粮储，治器械，简士马，魏朝赖之。泰尚冯翊长公主，拜驸马都尉。

② 《周书·贺拔胜传》：胜还军南阳，遣右丞杨休之奉表入关，又令府长史元颖行州事。

录尚书事。①

看看，来了关中就是要被元修安排和宇文泰这个武川晚辈内斗的节奏。墙头草贺拔胜迎来了他一生中老天爷给他的最后一次大礼包机会。

本来贺拔胜这个武川头牌、资历最老、威望最高的大佬，此时是投奔关中皇帝而来，皇帝要给他做最大的政治赋能，但当他到了淅阳郡后听说高欢已经攻下潼关并驻扎在了华阴，于是面临人生中最重大的一次抉择。

潼关丢了，西面天险已破，贺拔胜对未来的判断变成了"高欢要席卷关中"，天下已定。这时他如果再去关中就是投降高欢的反对派集团了。他现在的最优算法已经变成了回荆州等高欢来招降，然后再次献出自己对高王——不对，是高皇——的贞操。贺拔胜调头回军，所谓"时齐神武已陷潼关，屯军华阴。胜乃还荆州"。

这时他的行台左丞崔谦对他说："这是倡举大义号令天下的最好机会，您只要退了，恐怕这队伍就散了，您会永远后悔的！"贺拔胜不理。

上天至此彻底厌倦了这个 N 姓家奴，此时宛城民邓诞已经抓了他留下守城的元颖，北引侯景入城，贺拔胜回军后被侯景迎面打了个措手不及。②贺拔胜身中流矢，最终仅带着自己的五百骑兵逃离战场南投梁帝萧衍。

高欢打到华阴后选择了落袋为安，他并不想与刚刚给贺拔岳报仇、军势正盛的武川军团开战，于是他自己北上回了河东，派行台长史薛瑜镇潼关，大都督库狄温镇封陵，并在蒲津西岸筑了一座新城，让薛绍宗出任华州刺史，叫高敖曹管理豫州。③

---

① 《周书·贺拔胜传》：胜自率所部，将西赴关中，进至淅阳，诏封胜太保、录尚书事。

② 《周书·贺拔胜传》：州民邓诞执元颖，北引侯景。胜至，景逆击之，胜军不利。

③ 《资治通鉴·梁纪十二》：欢退屯河东，使行台长史薛瑜守潼关，大都督库（也有史书写为"厍"，全书正文统一用"厍"）狄温守封陵，筑城于蒲津西岸，以薛绍宗为华州刺史，使守之，以高敖曹行豫州事。

贺拔胜如果继续往前走，当他走到关中时，高欢也撤军了。那时他将再收到一次政治赋能——是他吓走了高欢。但是现在，所有的政治光环都被二十八岁的宇文泰收割了。

贺拔胜赌错了，被迅速打脸了，他由驾着七彩祥云赶来的白衣骑士变成了身上中箭灰头土脸丢脸南国的丧家之犬。人生最悲惨的莫过于此，贺拔胜活该！

论能力，贺拔胜威猛无双，即便在群英耀眼的武川群雄里，贺拔胜的临阵感觉都是让宇文泰叹为观止的；论算计，此人精明异常，每次都在历史的转弯处根据局面变化迅速做出了在当时看来的最优解。

贺拔胜算是中国历史上以眼前利益进行算计然后去随波逐流所能达到的天花板了。但他最后的结果是什么呢？当然，其实他的终点也不差，只是真的配不上他的能力、辈分还有寿命。

他是有大福大报的，老天给了他很多次当家做主的机会，给了他闯乱世的顶配硬件，但很遗憾，都因他聪明反被聪明误了。

英雄的人生乃至历史的真正大剧本基本都是珍珑棋局，注定不会每一步都让你精明算计后永远盈利地现付现结，注定会有些你看不懂的，或者说当时是吃大亏的棋局去等待十步之后的豁然开朗。

精算师太多了，他们最开始看不见，第二阶段看不起，第三阶段看不懂，等虚竹落子破阵后就来不及了。上天从来是货到付款，上天是不会被你算计的。

十月，高欢到达洛阳，最后一次给元修送了奏折："你回来，我率文武百官打扫宫廷恭候；你不回来，七庙不能无主，万国须有所归，臣宁负陛下，不负社稷。"元修不答。

十月十七，十一岁的元宏曾孙、清河文献王元怿之孙、清河文宣王元亶的世子元善见在洛阳即位，是为孝静帝。

同月，宇文泰亲自率军攻打潼关，杀了薛瑜，俘虏了七千士兵，回到长安之后他晋升为大丞相。①

西魏的司空参军河东薛端率村民击退了东魏行台薛义，重新占据了黄河西岸的杨氏壁，宇文泰派南汾州刺史苏景恕前去镇守。

武川集团再次夺回了豫北通道和豫西通道的两道"大锁"。

随后，高欢认为洛阳西面关中，南接萧梁，地理条件不好，于是下令迁都邺城。

高欢没有将都城迁去晋阳，而是迁去了邺城。他和河北豪族的互相妥协是贯穿他一生的命题。

十月二十七，孝静帝从洛阳出发，整个洛阳地区空了，四十万户狼狈地踏上了路途。

作为老牌政治家，高欢为这一天准备了很久。考虑到移民没办法马上立业，他特地拿出一百三十万石粮食赈济河南百姓。②

高欢在洛阳处理完善后事项回到了晋阳，从此所有军国政务全部归了晋阳。③

毛毛躁躁孩子气的元修来到关中后，不到半年就被二十八岁的关中实控人宇文泰彻底看出了成色：他就是个没脑子却永远在挑事的坏子。

元修这两年在和高欢对决中的表现超出宇文泰的判断，有天地之差，宇文泰担心再出现一个像他一样的人，于是先杀了元修的堂妹兼情妇元明月，后于十二月十五毒死了元修。

在宇文泰看来，元修是主动来投的关中，主动给他封的官职，还把公主给了他。这种政治合法性对宇文泰已经足够了。

在新皇帝的推举中，大家更推荐元修的侄子元赞。但宇文泰打算反高

---

① 《资治通鉴·梁纪十二》：魏宇文泰进军攻潼关，斩薛瑜，虏其卒七千人，还长安，进位大丞相。

② 《资治通鉴·梁纪十二》：诏以迁民赀产未立，出粟一百三十万石以赈之。

③ 《北齐书·神武帝纪》：神武留洛阳部分，事毕还晋阳。自是军国政务，皆归相府。

欢其道而行之，不想立未成年，他最终立了年长的南阳王元宝炬为皇帝。

宇文泰开始按照自己的意志去决定皇位了。

自523年六镇之乱后，天下开始崩塌，北魏本已经行将就木，但在短短的七年时间里，整个北境在尔朱荣的狼牙棒下重新老实了。

他创办的尔朱氏军校带出来后面几乎所有台面上的"神仙"和"魔君"，这些人在看到他练兵打仗之前都谈不上开窍，过得浑浑噩噩，随波逐流。

只要有他在，后面东西魏的权贵阶层将永远错过巅峰期。结果他这个北魏末期锁妖塔的镇狱明王突然被杀了。封印被解除，这世道又一次群魔乱舞。

高欢、尔朱兆、尔朱世隆、贺拔胜、贺拔岳、侯莫陈悦、斛斯椿、刘灵助、贾显度、高敖曹、李元忠……各路神魔纷纷挣脱了束缚开始各显神通。

四年时间过去后，诸路魔君被两个大魔头重新收服。

三十九岁的高欢成了尔朱荣死后毋庸置疑的最大胜利者，飞鸟化凤般地独霸了山西、河北与中原。

二十八岁的宇文泰在百日惊魂后，也在不到一年的时间里鲤鱼跃龙门成了关中话事人。

从局面来看，高欢已成碾压之势。任宇文泰再有通天大才，但起步晚已经注定他失去了太多先手，天下膏腴之地已经尽入高欢之手。

不过我们前面说过，历史的剧本很多时候是盘珍珑棋局，后面有很多步棋我们当时看来根本无法用常理去理解。

历史之神将一群历经考验、基因里就叫嚣着亮剑的年轻人放到了天下重要角色之中的同时，还都给了他们高寿。

秦并天下之势，时隔八百年后，在这群六镇大汉的催动下，开启了中华第二帝国时代的下一个轮回！

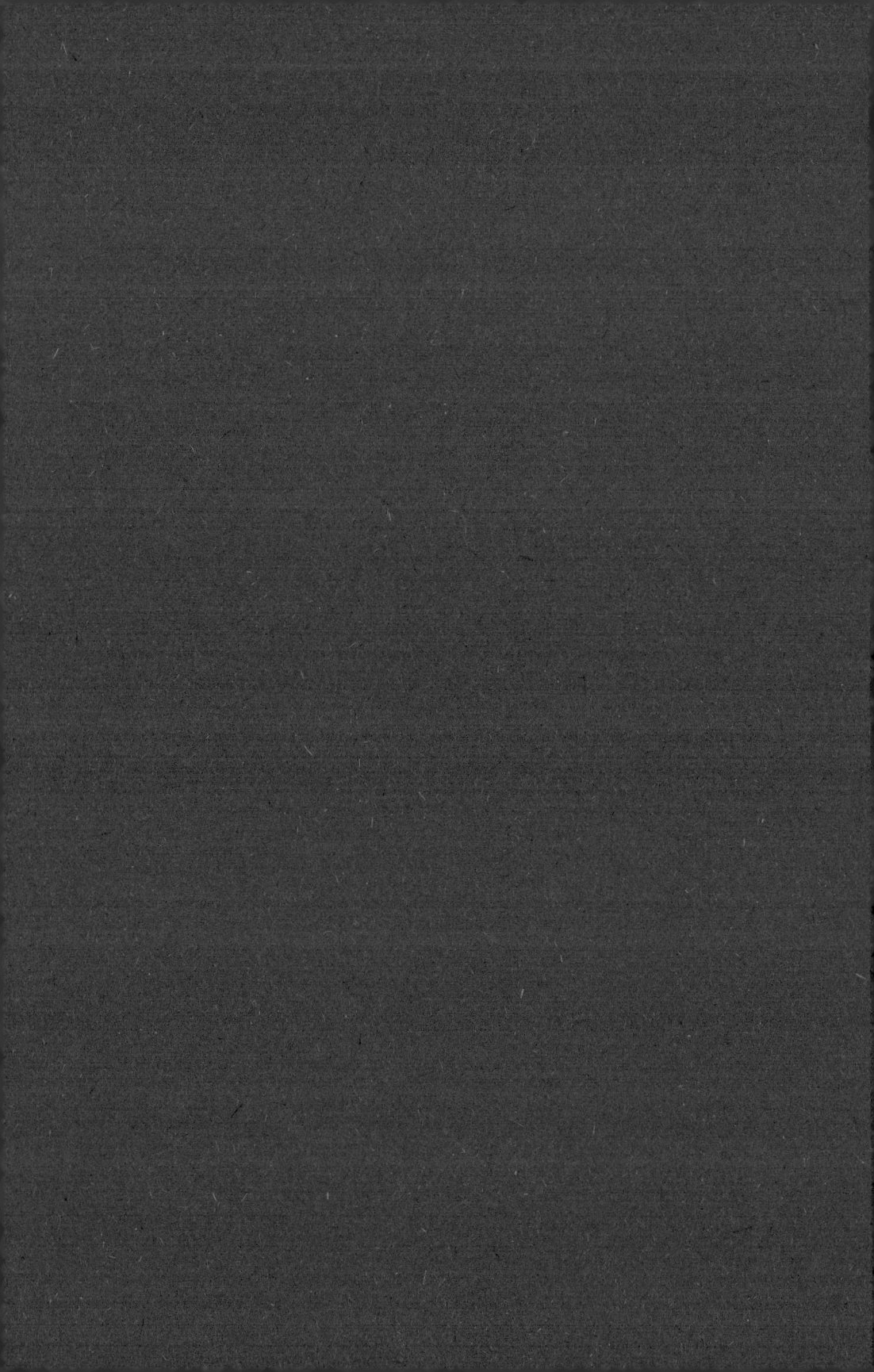

南北归一

渤海小吏 著

下

中国大百科全书出版社

图书在版编目（CIP）数据

南北归一：全三册 / 渤海小吏著 . -- 北京：中国
大百科全书出版社，2024.2
ISBN 978-7-5202-1498-8

Ⅰ. ①南… Ⅱ. ①渤… Ⅲ. ①中国历史—魏晋南北朝
时代—通俗读物 Ⅳ. ① K235.09

中国国家版本馆 CIP 数据核字（2024）第 028650 号

出 版 人　刘祚臣
策 划 人　赵 易
责任编辑　赵春霞 宋 杨 张 琦
责任校对　张 琦 宋 杨
责任印制　魏 婷
出版发行　中国大百科全书出版社
地　　址　北京市阜成门北大街 17 号
邮政编码　100037
电　　话　010-88390767
网　　址　http://www.ecph.com.cn
印　　刷　三河市宏达印刷有限公司
开　　本　710 毫米 ×1000 毫米　1/16
印　　张　88.75
字　　数　1189 千字
印　　次　2024 年 4 月第 1 版　2024 年 4 月第 1 次印刷
书　　号　ISBN 978-7-5202-1498-8
定　　价　218.00 元（全三册）
审 图 号　GS（2024）0616 号

第 *12* 战

珍珑棋局

一、天地不仁，自杀一片的白子落下

每一个系统，从出现起就注定最终走向崩溃。

生命在生生不息的同时，基因编码也会在一次次的复制中随机出错。有的会逃出三界外，不在五行中，随之与有机体夺取养料，到了极其过分的地步还不断膨胀，无法遏制，这就是病灶，也叫作癌。

人如此，万事万物皆如此。系统只要在发展，就注定会出现癌。

当你"时来天地皆同力"、一顺百顺到好运难以想象之时，其实冥冥之中你也接手了太多潜在的"癌细胞"，你可能最终会被这个"成熟"的躯体拖死。司马氏如此，桓玄如此，萧衍如此，高欢亦如此。

我们眼中的好运，通常都是成本远远小于收益的，就像天上掉馅饼一样，是肉眼可见的畅快与舒爽。但如果拉开一个长维度的时间轴来看，真的如此吗？

《天龙八部》中无崖子布下珍珑棋局，难倒了天下英雄，虚竹乱填一子，气得苏星河怒声斥道："胡闹！胡闹！你自填一气，自己杀死一块白棋，哪有这等下棋的法子！"

在一片已被黑棋围得密不通风的白棋之中，这一大块白棋本来尚有一气，虽然黑棋随时可将之吃净，但只要对方一时无暇去吃，总还有一线生机，苦苦挣扎，全凭于此。现下他自己将自己的白棋吃了，棋道之中，从无这等自杀的行径。这白棋一死，白方眼看是全军覆没了。

越是恢宏的鸿篇巨制，越是万邦来朝的崭新气象，通常越是需要牢固的地基和精悍的基因打底。

经过数百年的演化后，大量的固有势力盘根错节，新地基如何打得下去？精悍的基因如何诞生于板结的土壤？

上天在开启下一个宏大时代的时候，通常会以"天地不仁以万物为刍狗"，毫无道理地杀掉一片白棋让棋盘空出来。这会让你愤怒，让你彷徨，让你向天怒吼命运不公！

很多像苏星河一样的精算师会大呼看不懂，大量的寻常者会就此沉沦成为时代的尘埃，绝大多数人熬不过上天"先收货再付款"的模式。但总会有天选之子，在自己一大块白棋被杀后发现局面顿时明朗起来，黑棋虽然依旧大占优势，但自己的局势已经有了回旋的余地，不再像以前那般缚手缚脚，顾此失彼。

"珍珑"的奥秘，正是要白棋先挤死自己的一大块，以后的妙招方能源源而生。棋中固有"反扑""倒脱靴"之法，自己故意送死，让对方吃去数子，然后取得胜势，但送死者最多也不过八九子，绝无一口气奉送数十子之理，任你是如何超妙入神的高手，也绝不会想到这一条路上去。

人所想的，总是如何脱困求生，从来没人故意往死路上去想。人想不到，但天自有其道。

秦并天下根基在于商鞅变法，商鞅之所以能够成功变法，是因为秦国的落后与阻力小！

八百年后，中国第二帝国时代的珍珑棋局，老天安排"虚竹"来自填一子了。

公元534年，是东西魏分庭抗礼的元年。

这一年的年底，独孤信也去南梁萧衍那里报到了。

话说八月贺拔胜丢脸后，当时还没有被毒死的元修命独孤信为都督三荆州诸军事、尚书右仆射、东南道行台、大都督、荆州刺史去收复荆州。

元修还是老思路，打算分化独孤信和武川派的关系，根本不给双方热乎的机会就命他去打荆州了，如果能打下来，自己手中还增加了筹码。

独孤信军至武陶，高欢派弘农郡守田八能率蛮左之众在淅阳正面抵抗独孤信，又派都督张齐民率步骑三千到了独孤信军的后面。

独孤信对手下道："咱们现在首尾受敌，士卒却不满千人，如果回头打张齐民，敌人一定会认为我们退走，他们必然要追击，不如先破田八能。"

独孤信带着不满千人的士兵大败田八能，把背后的张齐民也吓跑了，独孤信乘胜袭荆州。

东魏荆州刺史辛纂率兵出战，独孤信于阵前对荆州士兵展开招降，荆州军临阵解体，独孤信纵兵出击，大败辛纂。

随后，独孤信命令杨忠与都督康洛儿、元长生为前锋驰至宛城城下。杨忠对看门守将怒吼道："今大军已至，城中有内应，你等想保命就赶紧退下！"当时城门没有被及时关上，杨忠与康洛儿、元长生乘势而入，弯弓大呼，唬得辛纂百余人的侍卫队没人敢动，杨忠冲进去直接砍死了辛纂，宛城被拿下。①

这年头武川籍贯的人似乎都是赵子龙，你要是不能一人唬一片人，你出门都不好意思跟人打招呼。

荆州的所有权基本就看宛城的归属，于是独孤信就此平定南阳盆地，官拜车骑大将军，仪同三司。

---

① 《周书·杨忠传》：信令忠与都督康洛儿、元长生为前驱，驰至其城，叱门者曰："今大军已至，城中有应，尔等求活，何不避走！"门者尽散。忠与洛儿、长生乘城而入，弯弓大呼，纂兵卫百余人莫之敢御，斩纂以徇，城中慑服。

到了这一年年底，高欢派高敖曹和侯景率兵再攻荆州，独孤信兵少不敌，最终与杨忠投了萧衍。①

忠臣独孤信为什么投了萧衍呢？因为他有点儿拿不准关中的局势了。

元修不久前被宇文泰毒死了，而早先他刚奔回关中就被元修派到了荆州，还没来得及跟武川派重新热乎。于是，独孤信保险起见选择了南投萧衍。

535年正月，高欢对关中进行了试探，派司马子如率大都督窦泰、泰州刺史韩轨等攻潼关，宇文泰军于灞上。

为什么宇文泰不赶紧去救援？因为他兵少，又拿不准高欢的深浅，他要在灞上这个黄金分割点做总预备队。

司马子如与韩轨打潼关只是个幌子，虚晃一枪后从风陵渡去了河东，紧跟着连夜渡了蒲坂攻打黄河西岸的华州州城。

州城还没有盖完，大早晨被东魏军突袭进城。刺史王罴此时刚醒，听到屋外一片喧嚣，衣服都顾不上穿光着脚丫子就杀了出去，把东魏军整蒙了连连败退，王罴一直追到东门，此时城中西魏军逐渐集结，城内会战后破东魏军，司马子如退军。

双方的这次试探，间接决定了后面那场战役的走向。宇文泰对东魏野战军的战斗力有了了解。

当年三月，宇文泰在连年战乱中看到民力已经衰竭，开始着手推行二十四条有利于民生的新制。②

宇文泰推行改革的左右手叫苏绰，他家是武功大族，累世二千石，

---

① 《资治通鉴·梁纪十二》：东魏高敖曹、侯景将兵奄至城下，信兵少不敌，与杨忠皆来奔。

② 《周书·文帝纪》：三月，太祖以戎役屡兴，民吏劳弊，乃命所司斟酌今古，参考变通，可以益国利民便时适治者，为二十四条新制，奏魏帝行之。

其父苏协为武功郡守。

苏绰少好学，博览群书，尤善算术，其兄苏让为汾州刺史时宇文泰亲自送行于东都门外，临别跟苏让说："推荐你家的一个子弟吧。"

苏让也是不懂规矩，不知道要派人质吗？非让上司把话说明了！

苏绰随后被他哥推荐来上班，成为行台郎中，在这个岗位上干了一年多，宇文泰也没拿这孩子当回事，考勤全，人没跑就行，毕竟就是个人质，用的是他哥哥。

但人才是盖不住的，渐渐地，宇文泰相府只要有搞不定的事就都去请教这个武功才子了。直到宇文泰问倒了尚书仆射周惠达，周惠达去咨询苏绰给出了满分答案后，宇文泰才开始正式用这位王佐之才。[1]

不久，在一次彻夜长谈后，宇文泰完全了解了苏绰的能力，任其为大行台左丞让他参典机密。苏绰也开始制定一系列相府办公规定，红笔批件、黑笔签收乃至计账、户籍等一系列后世沿用的规章制度开始成形。[2]

老天给宇文泰配了他的"商鞅"后，就开始给他残酷考验了。

后面的两年，宇文泰扛得住就成龙，能否成龙就看他的成色了。

536 年正月二十二，高欢亲率一万骑兵突袭夏州，一路急行军连饭都不做，四天时间就到了夏州城下。高欢命人将长矛绑起来作为云梯连夜攻城，抓了刺史斛拔俄弥突，接着留下都督张琼领兵镇守夏州，迁斛拔俄弥突部五千户跟自己回晋阳。

---

[1] 《周书·苏绰传》：然诸曹疑事，皆询于绰而后定。所行公文，绰又为之条式。台中咸称其能。后太祖与仆射周惠达论事，惠达不能对，请出外议之。乃召绰，告以其事，绰即为量定。惠达入呈，太祖称善，谓惠达曰："谁与卿为此议者？"惠达以绰对，因称其有王佐之才。太祖曰："吾亦闻之久矣。"寻除著作佐郎。

[2] 《资治通鉴·梁纪十三》：诘朝，谓周惠达曰："苏绰真奇士，吾方任之以政。"即拜大行台左丞，参典机密，自是宠遇日隆。绰始制文案程式朱出、墨人及计帐、户籍之法，后人多遵用之。

夏州这个枢纽点被打通后，西魏灵州刺史曹泥与其女婿凉州刺史刘丰投诚了东魏。

西魏再次用老思路，引黄河水灌城，上次曹泥投降就是被李虎给灌的。就在城外大水还有四尺淹过城头时，高欢的援军赶到了。

高欢派了阿至罗率三万骑兵越过灵州绕到西魏军背后出击，西魏军撤退，高欢率骑兵迎接曹泥与刘丰，迁其众五千户于晋阳。

高欢在思考当年赵武灵王的灭秦之策。宇文泰面临着巨大的北部压力。

紧接着噩耗再次传来，秦州刺史万俟普与其子太宰万俟洛、豳州刺史叱干宝乐、右卫将军破六韩常及督将三百人一起投奔了东魏，宇文泰率骑兵追了千余里没有追到。[①]

一时间，整个西魏的非嫡系部队都叛逃了。

其实这些人跟贺拔胜一个眼光，根本就不觉得宇文泰能赢，因为实力悬殊太大了。更关键的是，这一年关中大旱，发生了大饥荒，人相食，死者十之七八。[②]局面已经坏到不能再坏了！

但是！

在老天通过大旱杀掉了宇文泰的一大片棋子后，局面开始发生如下变化：

1. 关中已经悄然完成了过滤，剩下的都是骨干和金子。

2. 关中已经彻底变成了"商鞅变法"的环境与土壤，大量的无主荒地诞生，弱小的本土力量让宇文泰开始成为毋庸置疑的领袖。

在这一年，左光禄大夫赵刚劝宇文泰"召回萧衍那边的贺拔胜与独孤信等，那都是老乡、虎将"。

---

① 《资治通鉴·梁纪十三》：魏秦州刺史万俟普与其子太宰洛、豳州刺史叱干宝乐、右卫将军破六韩常及督将三百人奔东魏，丞相泰轻骑追之，至河北千余里，不及而还。

② 《资治通鉴·梁纪十三》：是岁，魏关中大饥，人相食，死者什七八。

宇文泰同意，派赵刚去江东，伸出橄榄枝："召贺拔胜、独孤信等于梁。"

宇文泰的邀请函到了建康后，贺拔胜这些人开始想办法北归，在买通了萧衍的宠臣"不能干事版和珅"朱异后，武川荆州流亡分部踏上了北上的归途。

武川荆州流亡分舵一路狼狈，艰难逃过侯景的追杀，弃水路翻山越岭，在死了一大半的人后终于回到了长安。

武川荆州流亡分部回归后，这一年已经听到太多坏消息的宇文泰给出了大奖，贺拔胜成了太师，独孤信成了领军将军，随后宇文泰从他们手里分别要走了一个人。

宇文泰从贺拔胜这里要走的是范阳卢氏出品的卢柔，此人曾出上中下三策给贺拔胜。宇文泰在考察后将卢柔引为从事中郎与苏绰对掌机密，这个卢柔后来成为相府重要的左膀右臂。

宇文泰将独孤信扔了父母妻儿也要带走的手下杨忠要了过来，从此杨忠成为宇文泰的尖刀队刀锋兼侍卫队长，后来跟宇文泰打猎时还表演了手撕猛兽。[1]

武川集团的长征即将结束，独孤信和杨忠赶上了最后一班车。

荆州分部回归不久，东西魏迎来了第一次大会战。

十二月十一，高欢督率各军讨伐西魏，派高敖曹挥军上洛（今陕西商洛），大都督窦泰出师潼关。

537年正月，高欢驻军于蒲坂，建三座浮桥准备渡黄河。

宇文泰此时驻军于广阳，对诸将道："高欢三路出兵不过是两路佯攻，三路浮桥不过是虚晃一枪，牵制我们好让窦泰得以攻打潼关！窦泰是高欢手下第一先锋，其手下多锐卒，屡胜而骄，虽然那些兵在他那里

---

[1] 《周书·杨忠传》：大统三年，与信俱归阙。太祖召居帐下。尝从太祖狩于龙门，忠独当一猛兽，左挟其腰，右拔其舌。太祖壮之。北台谓猛兽为"揜于"，因以字之。

是精兵，但在咱们武川军眼里就是一盘菜！现在袭击必然拿下，干掉窦泰后高欢必将不战自走！"

年初的那次试探已经让宇文泰知道了窦泰的战斗力，所以信心很足，但诸将都说："高欢就在不远处，我们舍近袭远如果出现纰漏将追悔莫及，不如分兵抵御。"

宇文泰道："高欢第二次打潼关的时候，我始终没有把队伍带离灞上，现在窦泰大举而来一定认为我们会接着防守由此轻视我军，趁此时机袭击他一定能拿下！贼兵虽然搭起了浮桥，但还不能马上过河，用不了五天我一定能抓住窦泰。"

正月十四，宇文泰回长安再开会，诸将的看法依旧分为两派，宇文泰的侄子宇文深对他说："窦泰是高欢的骁将，我们要是大军来打蒲坂，高欢一定坚守不出，但窦泰却会北上救援，届时我们就会两面受敌。不如选一支精锐潜出小关（又称禁峪关，北去旧潼关十里），窦泰急躁，必来决战，但高欢性格持重，未必会迅速来救，我们猛击窦泰，一定能抓住他。一旦我们抓住窦泰，那么高欢的军队士气自然衰落，我们再回师攻打他们，必然可以大胜。"

宇文泰道："说到我心坎里去了！"

宇文泰率六千精骑声称要撤退去陇右，正月十五，悄悄东去。[①]

正月十七，宇文泰军出小关，窦泰听说西魏军突至，仓促间依山列阵，还未成阵，就被宇文泰大军猛击，尽灭其军，窦泰自杀，传首长安。

随后宇文泰北上追赶高欢，高欢官方宣称黄河冰薄没办法救窦泰于是撤浮桥退走，薛孤延作为殿后一天砍断了十五把刀才艰难逃出战场。[②]

---

① 《周书·文帝纪》：庚戌，太祖率骑六千还长安，声言欲保陇右。辛亥，谒帝而潜出军。

② 《资治通鉴·梁纪十三》：丞相欢以河冰薄，不得赴救，撤浮桥而退，仪同代人薛孤延为殿，一日斫十五刀折，乃得免。

高欢第一次正面感受到了武川军团的汹涌战力，窦泰这位高欢的猛将碰上了武川军团的硬茬后被崩了牙口。此战的最大功臣李弼再次先锋陷阵冲垮了东魏军，宇文泰将自己的座驾和窦泰的甲胄都赐给了李弼。[1]

宇文泰为什么不听诸将的意见分兵？因为他总共就那么点儿人马。宇文泰和尔朱荣完全是一个套路，都是选锋的尖刀打法。创业初期，整个武川军团永远是攥成一把刀一起扎向高欢。

高欢的这次西征流年不利，差点儿把高敖曹也搭进去。南路的高敖曹自商山转斗而进，所向无前，率军攻上洛，然后中了流箭，射穿身体的就有三支，很久后苏醒过来，猛男继续上马不穿盔甲巡视全城。[2]

十几天后，高敖曹拿下上洛，受了重伤，觉得自己快死了，感叹道："遗憾见不到四弟高季式当刺史了。"高欢听说后立刻任命高季式为济州刺史。

高敖曹身体见起色后打算挥军入关中打蓝田县，此时窦泰部已经被全歼，高欢派人告诉他："窦泰全军覆没，人心难测，你赶紧回来，道险贼盛，你只要能回来，带的那些兵全扔了都无所谓。"

高敖曹不忍弃众，随后又一路拼杀顶住了西魏的追杀带着队伍回来了。

半年后，宇文泰的"陈平"（宇文泰自己封的）——侄子宇文深劝他夺弘农。这是一个被历史遗忘的、堪称挽救后来隋唐的建议，它最终帮武川军团缓过了最难的一口气。

537年八月十四，宇文泰率李弼、独孤信、梁御、赵贵、于谨、若干惠、怡峰、刘亮、王德、侯莫陈崇、李远、达奚武等十二将东伐。

---

① 《周书·李弼传》：从平窦泰，先锋陷敌，斩获居多。太祖以所乘骓马及窦泰所着牟甲赐弼。

② 《资治通鉴·梁纪十三》：敖曹被流矢，通中者三，殒绝良久，复上马，免胄巡城。

武川军团全明星出战来抢弘农。

军至潼关，宇文泰誓师道："我带着兄弟们奉天威、诛暴乱，现在整甲兵、戒戎事，无贪财以轻敌，无暴民以作威。用命则有赏，不用命则有戮，现在到了生死存亡之战了！"

宇文泰遣于谨为先锋，军至盘豆，东魏将高叔礼恃险守栅，被于谨急攻后投降，此战俘敌一千。

八月二十五，军至弘农郡治陕城，东魏将高干、陕州刺史李徽伯据城抵抗。

虽然连日大雨，但宇文泰根本不废话，你们不投降我就给你们打下来。宇文泰命诸军冒雨攻城，八月二十七，陕城城溃，斩李徽伯，俘虏其士兵八千。

高干逃过黄河被贺拔胜追擒，西魏乘势拿下了河东地区的南部、东部，并北上占领了正平（今山西新绛）。

窦泰被杀及大雨中的铁血武川军让整个豫西通道墙头草纷纷倒向了西魏，所谓"于是宜阳、邵郡皆来归附。先是河南豪杰多聚兵应东魏，至是各率所部来降"。

这些不值钱的墙头草的表态不算什么，俘虏的那八千东魏士兵其实也不算什么，关键的是陕城这个"敖仓"的地理位置。

楚汉战争时期，天下枢纽在荥阳的敖仓，当时连年战乱百姓不事生产，只有敖仓有大量的军粮储备，所以最终所有的战役都要围绕着荥阳来打。

秦之所以将敖仓设置在那个位置，是因为它是汇聚河北和中原的枢纽点。

后来刘秀选择洛阳建都，也是因为洛阳是敖仓西边的延伸，当时的长安由于赤眉的祸害已经无力承担首都职能了。

为什么当年刘秀不能把粮食由黄河顺着渭水运到长安呢？那是因为陕城（今河南三门峡）的黄河天险。

黄河流到三门峡后河水突然来了个九十度大转向，与此同时还有神门、人门、鬼门三岛突然出现。黄河到了三门峡不仅水流湍急而且神、人、鬼三门凶险，大船根本就无法航行。

由于此时的国境线已经推到了潼关，所以高欢将海量的中原粮草汇聚到了西进的最后一站——陕城。没想到，这成了本来已经濒死的武川军团的救命稻草。

关中在前面一年遭受了极其严重的旱灾，人相食到了减员十之七八的地步，大旱荒年通常都不是一年能缓过来的，宇文泰在537年的时候同样面临着粮食的极度紧缺。平陕城后不仅宇文泰带头在陕城连吃了五十多天，而且刚刚在雨中以不到万人强行攻坚拿下八千守军的西魏精锐也来陕城吃了，一直吃到高欢要打关中的时候才撤回去。①

要是后面高欢的动作没那么快，宇文泰得在陕城过年。

而且宇文泰不光吃，他还打包，吃不了兜着走，把陕城的粮食运入关中，直到陕城被高敖曹重新包围了才算停止了向西输血。②

弘农被宇文泰拿下后，崤道与河东等战略要地相继失陷让高欢无法接受。仅仅不到两个月，闰九月，高欢率兵二十万自壶口向蒲津进发，并派高敖曹将兵三万出河南，前来与宇文泰不满万人的战无不胜军团决战。

看似局面依旧是高欢稳赢，但最难的一口气，武川军团已经缓过去了。

珍珑棋局源源不断的后招，开始出现。

---

① 《周书·文帝纪》：是岁，关中饥。太祖既平弘农，因馆谷五十余日。时战士不满万人，闻齐神武将度，乃引军入关。

② 《北齐书·薛琡传》：琡谏曰：西贼连年饥馑，无可食啖，故冒死来入陕州，欲取仓粟。今高司徒已围陕城，粟不得出。

二、沙苑之战，秦并天下之势初显

537 年九月，高欢率二十万大军陈兵蒲坂，家底都带来了。

高欢的右长史薛琡对他说："宇文泰马上就要饿死了，所以冒死来偷陕州的粮食，高敖曹已经包围了陕城，我们只要继续固守险要不跟他打，他们熬不到下一次麦收就都饿死了，到时不愁西魏不降。现在咱们不要渡黄河了。"①

侯景对高欢说："我们现在这么大规模出兵，如果赢不了就很难控制住局面，不如分兵两队相继前进，前军赢了后面压上，前军败了后军顶上，这样更稳妥。"

高欢不听，自蒲津渡过了黄河。

那两人说得有理吗？看上去挺对，但其实高欢也没错。

窦泰手下是最凶悍的东魏精锐，结果被宇文泰全歼了；陕城是坚城，大雨里被宇文泰一比一攻坚拿下并俘虏了八千人，这种战斗力让高欢怎么相信高敖曹带着三万人就能既封锁陕城，又抵挡住宇文泰？

①《资治通鉴·梁纪十三》：欢右长史薛琡言于欢曰："西贼连年饥馑，故冒死来入陕州，欲取仓粟。今敖曹已围陕城，粟不得出，但置兵诸道，勿与野战，比及麦秋，其民自应饿死，宝炬、黑獭何忧不降！愿勿渡河。"

所以渡河是肯定要的，只有渡河才能将宇文泰留在关中，高敖曹那里才是安全的，才能继续围得住陕城。

武川军的这种战斗力自从尔朱荣死后高欢就再也没见过，必须要以绝对的数量去压制高欢心里才踏实，必须找到那股可怕的力量进行决战，如果他再一个个伸手指头，就都得被人家掰折了。

更重要的是，如果按照侯景的思路分成两部分，谁去带前军，谁去带后军呢？如果侯景带前军，有点儿不对头，他肯定当场就把前军当嫁妆随他"改嫁"了；如果高欢自己带前军，万一输了，这基业就成别人的了，弄不好他们还会前后夹击自己当投名状。

战力凶悍的武川军让高欢必须倾巢而出，而这个世道又让高欢没法相信任何一个人。毕竟他自己就是发誓小能手，胡说大标兵，说假话的兵器谱头把交椅。

高欢渡河决战是无可奈何的必然选项。

宇文泰派使者向华州刺史王罴示警，王罴对使者说道："回去告诉丞相，有我老罴（棕熊）当道拦着，高欢那貉子根本过不去！"[1]

高欢到达冯翊城（今陕西渭南大荔县）后对王罴喊道："何不早降！"

王罴大呼道："此城是我王罴的坟冢，死生在此，欲死者来！"

高欢知道这老家伙不好打，留下了围城军后渡过洛水屯军于许原（今陕西渭南大荔县北）之西。

宇文泰此时从陕城回到了渭南，发现之前征发的诸州兵没有一个来报到的，所谓"泰至渭南，征诸州兵，皆未会"。（见图12-1）

宇文泰对现状表示充分理解，现在各地援军能不趁火打劫就是好兄弟。毕竟，这世道早就是谁赢帮谁了。

宇文泰打算直接跟高欢开战，但诸将因众寡悬殊希望等高欢往西

---

[1] 《资治通鉴·梁纪十三》：丞相泰遣使戒华州刺史王罴，罴语使者曰："老罴当道卧，貉子那得过！"

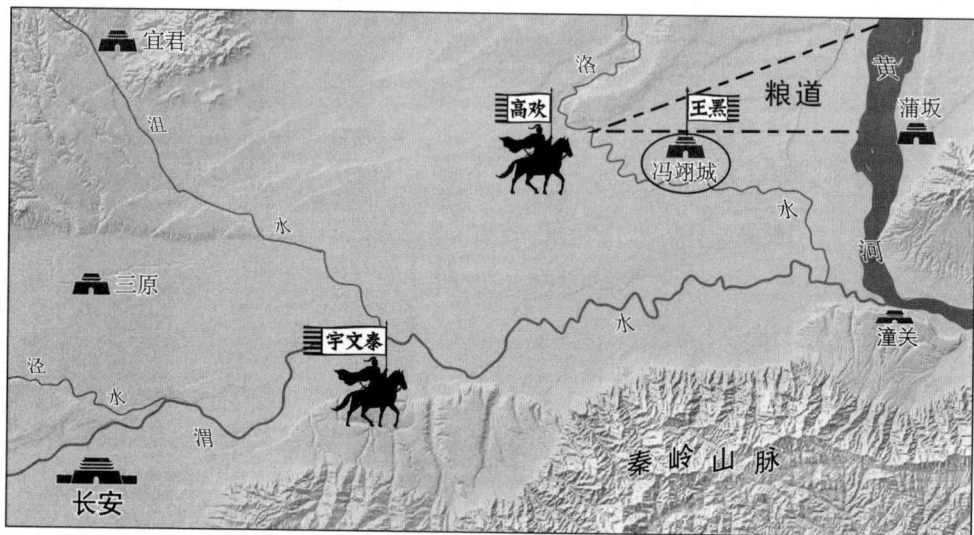

图 12-1　高欢入关中示意图

再走走看看状况。

宇文泰说：“现在各州已经不听命令了，等高欢到了长安人心就崩了。他才刚刚远道而来，这就是决战时刻！”

随后，他下令在渭河造浮桥，又叫将士们准备三天的干粮轻装骑马渡渭水，辎重物资则让后勤队伍从渭水南岸往西运走。

宇文泰破釜沉舟了。

十月初一，宇文泰军至沙苑，距东魏大军六十里。

宇文泰派了达奚武去侦察高欢军的底细，达奚武仅带了三个骑兵换上高欢军的军服就去了，傍晚距敌营几百步下马，偷听到了敌军口令后大张旗鼓地上马，扮成夜间警戒的骑兵穿越军营探查。达奚武还入了戏，遇到没守军规的士兵还给人家打了一顿，彻底侦察了解底细后撤回。[①]

－－－－－－－－

① 《资治通鉴·梁纪十三》：泰遣须昌县公达奚武觇欢军，武从三骑，皆效欢将士衣服，日暮，去营数百步下马，潜听得其军号，因上马历营，若警夜者，有不如法，往往挞之，具知敌之情状而还。

十月初二，高欢来找宇文泰交战。

高欢为什么要主动来找宇文泰决战？因为宇文泰来的这个地方可以随时北上断了他的粮道，所以他要拦住宇文泰，而且沙苑这个地方是个大平原，适合高欢的大部队攻击。（见图12-2）

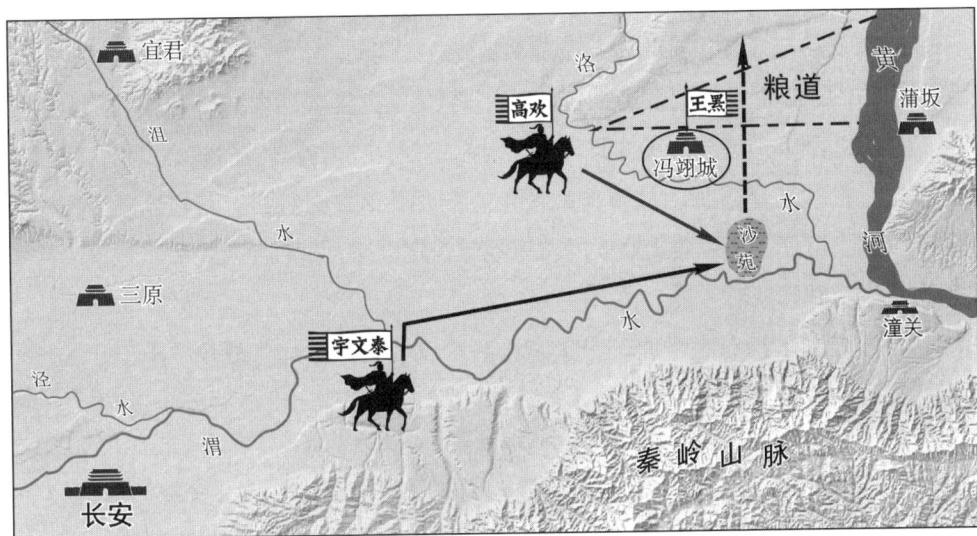

图 12-2　沙苑之战示意图

　　宇文泰召开战前参谋会与众将定策，李弼道："眼下敌众我寡，不能在平原列阵，此地东十里有一个叫渭曲的地方全是芦苇荡，适合埋伏，咱们去那里等高欢吧。"

　　其实沙苑已经是最优战场了，原因后面讲，但宇文泰同意了。西魏军在渭曲背靠渭水列阵，东西两面布置了两个预备队，由李弼指挥右阵，赵贵指挥左阵，将士们持长兵器隐蔽在芦苇丛中，约定听到鼓声响起后再杀出来。[①]

---

①《资治通鉴·梁纪十三》：泰从之，背水东西为陈，李弼为右拒，赵贵为左拒，命将士皆偃戈于苇中，约闻鼓声而起。

宇文泰的这次沙苑之战，很大程度上赢在了行军和运气上。

接下来是《孙子兵法》专场。

宇文泰从头到尾都在调动高欢。

"凡先处战地而待敌者佚，后处战地而趋战者劳，故善战者，致人而不致于人"，先赶到战场者体力恢复快胜算高，后赶到战场者体力弱胜算低，善战者，要调动人，而不要被敌人调动。

"故我欲战，敌虽高垒深沟，不得不与我战者，攻其所必救也"，敌方之所以一定会被我方调动，是因为我方会攻击他必救的核心点。

高欢跨越黄河入敌境作战最担心的是什么？是粮道，粮道断了士气马上就崩。所以攻击高欢的粮道他就一定会来，这样宇文泰就能选择战场，选择战时。

走到了沙苑大平原，宇文泰让高欢以为自己选好了战场，平原作战利于高欢的大兵团包围战术。

高欢认为打得赢，所以来沙苑逼宇文泰。

等高欢被调动后，李弼再次建议往东走，那里的地形更适合己方。

此时高欢已经被调动，走到半路上了，而且宇文泰在越来越把高欢逼向天绝之地，高欢客场作战不知道那里有一个芦苇荡，所以就跟着过来了。

宇文泰这天走了十里，而高欢已经全副武装地走了七十里。傍晚时分，东魏兵马才来到渭曲。[1]

高欢率军整整走了一天，《孙子兵法》中说，百里奔袭会全军覆没，十分之一的人先到战场；五十里奔袭则大将被抓，一半人能赶到战场；三十里奔袭，能到三分之二。[2]

---

[1] 《资治通鉴·梁纪十三》：晡时，东魏兵至渭曲。

[2] 《孙子兵法》：是故卷甲而趋，日夜不处，倍道兼行，百里而争利，则擒三将军，劲者先，疲者后，其法十一而至。五十里而争利，则蹶上将军，其法半至。三十里而争利，则三分之二至。

高欢不是毛躁派，七十里走得稳稳当当，并没有急不可待地追击，整整走了一天，最大限度地保持了战斗力。

但即便如此，全副武装一天走七十里对军队也是一个相当大的消耗，而且"朝气锐，昼气惰，暮气归"，此时已经来到了一天中士气最低的时刻。

宇文泰很好地诠释了《孙子兵法》中的治气、治心、治力。

避其锐气，击其惰归，此为治气。

以治待乱，以静待哗，此为治心。

以佚待劳，以饱待饥，此为治力。

高欢全程都在被调动，都在被宇文泰消耗。

走到渭曲后，高欢的都督斛律羌举已经看出来不对了，跟高欢建议道："宇文泰这是带着全部家底跟咱们决一死战来了，被疯狗咬一口也不轻松，况且渭曲这地方芦苇丛深，烂泥淤积，咱们无法展开兵力而战，不如我们现在安营扎寨与之相持，秘密分精锐突袭长安，等其老窝被掏，宇文泰不战自擒！"①

这时高欢自己敏锐地捕捉到了本场战役宇文泰最大的一次失误。高欢问道："放火烧芦苇丛怎么样？"②

此时已经是十月份了，秋高物燥，宇文泰居然把队伍布阵在一堆可燃物里。最关键的是，宇文泰是背水列阵，被烧了都没地方跑。只要东魏一封口，宇文泰就只剩下跳河一条路了。

百密一疏！

就在这决定历史走向的时刻，十处敲锣九处有他的侯景道："我们

---

① 《资治通鉴·梁纪十三》：都督太安斛律羌举曰："黑獭举国而来，欲一死决，譬如狷狗，或能噬人；且渭曲苇深土泞，无所用力，不如缓与相持，密分精锐径掩长安，巢穴既倾，则黑獭不战成擒矣。"

② 《资治通鉴·梁纪十三》：欢曰："纵火焚之，何如？"

应当活捉宇文泰示众，烧成了碳谁会相信他死了！"①

侯景的这个建议不一定是傻，大概率是坏，他这辈子的心气都很高。

彭乐更是盛气请战道："我们人多，敌军人少，一百人抓一个人怕什么！"

高欢一琢磨也对，于是同意了。

高欢率军推进，东魏军看到宇文泰背水列阵还那么点儿人，于是争先恐后去抢人头，阵形在合战之前就乱了，大量兵力奔着宇文泰的左军埋伏处就来了。就在即将交战之时，宇文泰敲响了战鼓，宇文泰没有等正兵相合，上来就搬出了总预备队。②

西魏军这不到万人的精锐在第一时间就展开了总冲锋，但中军和左军压力极大。

虽然做好了埋伏，虽然选定了战场，但双方士兵的数量差距依旧无法抹平。

眼看所有预备队都派出去了仍然无法取得胜势，这个时候，右军的总指挥李弼再次扛着炸药包亲自上了。他率麾下六十铁骑身先士卒地冲进了战场，东魏军直接被李弼杀了个对穿，被拦腰截断。③

所谓"善战者，求之于势，不责于人，故能择人而任势"，打仗打的是气势，责任不在士兵，而在大将能不能把这个气势给大家鼓动起来，队伍有没有战斗力这事完全看将领怎么带。

副总指挥当突击队长，这是武川军团的战斗力源泉。这是武川军

---

① 《资治通鉴·梁纪十三》：侯景曰："当生擒黑獭以示百姓，若众中烧死，谁复信之！"

② 《周书·文帝纪》：申时，齐神武至，望太祖军少，竞驰而进，不为行列，总萃于左军。兵将交，太祖鸣鼓，士皆奋起。

③ 《周书·李弼传》：与齐神武战于沙苑，弼率军居右，而左军为敌所乘。弼呼其麾下六十骑，身先士卒，横截之。

团"择人而任势"后的千钧落大石！"于谨等六军与之合战，李弼帅铁骑横击之，东魏兵中绝为二，遂大破之"。

战役就此转折，东魏军被冲垮了。

注意，宇文泰这不满万人的刀锋军被分成了六个部分，是"于谨等六军与之合战"。也就是于谨、侯莫陈崇、独孤信这些大神每人带着一千多兵，估计都是李弼的这个套路，因为自从介绍武川集团的事迹开始就人人都是突击队长，打起仗来这就是一群疯子。

其实李世民后面那一套跟他的先辈们比起来真不算什么，他属于摘了"西魏+北周+隋唐"将领的桃子。

战败后高欢打算收敛残兵再战，但此时局面已经土崩瓦解，斛律金拉着高欢往东逃奔黄河。

此战西魏斩东魏军六千余级，临阵降者两万余人。高欢夜遁，黄河边上东魏大军人数太多，船都不敢靠近，高欢骑着骆驼才艰难逃到船上。

西魏军追至黄河边再次拿下重大战果，有五万人在南北朝的这个"敦刻尔克"因为船只运力有限没有来得及撤退，东魏军前后被俘虏七万人。

更为关键的是，此战高欢给宇文泰扔了十八万人的军械武装，所谓"弃铠仗十有八万"。

这是中国历史上实实在在的以少胜多，参战人数并没有水分，不满万的西魏精锐真刀真枪地打垮了十八万东魏军。

武川军团赢得了自己的"昆阳之战"。

关中大旱，发生了饥荒，根本养不活那么多的降卒，宇文泰最终从这七万降卒中"选锋"了两万精兵，剩下五万全放走了，仅收其辎重和军械回军长安。[1]

---

[1] 《周书·文帝纪》：留其甲士二万，余悉纵归。收其辎重兵甲，献俘长安。

宇文泰军至渭南后，各州征的兵也都到了。① 墙头草们都服了。武川军团终于在"后三国"开篇的极度不利局面下坐稳了关中。

侯景劝高欢道："宇文泰大胜后必然兵骄无防，愿请精骑数千，我去捉他！"

这事高欢跟他媳妇娄妃说了，娄妃道："真要是如此侯景还回得来吗？抓了宇文泰却失去了侯景，而且又被拿走数千精骑，你觉得这买卖能做吗？"

这丫头算是看透了这世道，看透了这群臭男人。

此战后，西魏加封丞相宇文泰为柱国大将军，李弼、赵贵、于谨、独孤信等十二将皆进爵增邑。

高敖曹听到高欢失败的消息，立即撤回包围弘农的军队，退保洛阳。

宇文泰封赏完毕后展开了扩大战果的总追击，派独孤信率两万步骑出兵洛阳，派洛州刺史李显出兵三荆，派贺拔胜、李弼渡河攻打蒲坂。

高欢多次顿兵蒲坂，极大概率并没有做好当地的安抚工作，作为出兵的跳板边缘之地，高欢薅羊毛把当地豪族薅急了。蒲坂豪族敬珍与其族兄敬祥召集人马，在几天时间里就有一万多人响应，他们随后对高欢的败兵大杀特杀。②

其实河东的跳反早有预兆。

上一次窦泰被杀后，贺拔胜率一部分力量北上试水了河东，结果高欢大军撤退时极度狼狈，薛孤延殿后时一天砍折了十五口刀。大概率当时河东的豪族势力就已经趁火打劫了。

宇文泰能给贺拔胜多少兵力北上河东？这砍折的十五口刀真的都

---

① 《周书·文帝纪》：还军渭南，于是所征诸州兵始至。

② 《资治通鉴·梁纪十三》：祥从之，纠合乡里，数日，有众万余。会欢自沙苑败归，祥、珍帅众邀之，斩获甚众。

是砍向武川军的吗？

等贺拔胜和李弼到达河东之后，敬祥、敬珍带着猗氏等六县十几万户百姓归附西魏，宇文泰随后任命敬珍为平阳太守，敬祥为行台郎中。

东魏的秦州刺史薛崇礼守蒲坂，其别驾薛善是他的族弟，劝他："现在河东本土已经全部反水，咱们得赶紧弃暗投明啊！"薛崇礼有点儿犹豫。

结果薛善根本没给这位同族机会，薛崇礼上一秒不同意下一秒薛善就带着整个薛氏杀了门卫投奔西魏了，薛崇礼逃跑后被抓。[①]

宇文泰进军蒲坂，平定了汾、绛两地，给所有参与打开城门的薛氏都封了五等爵。[②]

薛善带头表率："我们这是弃暗投明，这是臣子的节操，哪能做了件普通得不能再普通的事就封侯呢！"他和弟弟薛慎坚决推辞。

薛氏的漂亮话说完，宇文泰囊括了河东全境。

来看中路，独孤信一路兵不血刃通过崤道到达新安，高敖曹此时已经北退过了黄河，独孤信占据了金墉城。

独孤信随后征召当年没有被高欢迁徙到河北的出身河东大族的柳虬为行台郎中，裴诹之为开府属。[③]

颍、豫、襄、广、陈留之地相继归附，东魏的颍州长史贺若统抓了刺史田迄率全城军民投降西魏，西魏都督梁回入据州城。

前通直散骑侍郎郑先护之子郑伟在陈留起兵攻打东魏的梁州，抓了梁州刺史鹿永吉，被任命为北徐州刺史。

---

① 《资治通鉴·梁纪十三》：崇礼犹豫不决。善与族人斩关纳魏师，崇礼出走，追获之。

② 《资治通鉴·梁纪十三》：丞相泰进军蒲坂，略定汾、绛，凡薛氏预开城之谋者，皆赐五等爵。

③ 《资治通鉴·梁纪十三》：时洛阳荒废，人士流散，惟河东柳虬在阳城，裴诹之在颍川，信俱征之，以虬为行台郎中，诹之为开府属。

前大司马从事中郎崔彦穆攻打荥阳抓了太守苏淑，接着与广州长史刘志一起投降了西魏，崔彦穆被任命为荥阳太守。

十一月，东魏行台任祥率督将尧雄、赵育、是云宝反攻颍川，宇文泰派大都督宇文贵和怡峰、李标等率两千步骑救援。

西魏军至阳翟时，尧雄的先锋军距离颍川只有三十里了，任祥率四万兵马紧随其后。

西魏将士认为敌军人多，我方人少，算了吧。

宇文贵道："进据颍川，有城可守，又出其不意，一定能打败他们！"

宇文贵随后疾趋据颍川，背城严阵以待，等尧雄等率军来到荥阳城下后，宇文贵疯子似的率军杀了出去，大败东魏军，尧雄逃跑，赵育投降，俘一万多人，最后都被宇文贵遣散了。

任祥听到尧雄败北的消息后不敢继续前进，宇文贵与怡峰带着那两千人又来主动打任祥了，任祥撤退到宛陵被宇文贵追上打得一败涂地。

是云宝随后杀了阳州刺史那椿献城投降，宇文泰任宇文贵为开府仪同三司，是云宝、赵育为车骑大将军。

西魏至此收复了整条豫西通道。

十二月，西魏行台杨白驹与东魏阳州刺史段粲在蓼坞交战失败；西魏荆州刺史郭鸾攻打东魏东荆州刺史慕容俨，慕容俨在比阳县（今河南驻马店泌阳县）日夜抵抗坚守了两百多天后出击打垮了郭鸾。

当时东魏黄河以南地区的各个州大多数失守了，唯独东荆州得以保全。

至此，西魏终于停下了脚步。

沙苑之战后东西魏的兵力差距开始急剧缩小，高欢一战损失近半，宇文泰占领河东、峭函后国防成本发生了巨大逆转。

第二年，西魏在河东建了一座玉壁城。这座城将成为高欢永远的噩梦。

豫西通道和豫北通道最值钱的西半段从此被牢牢地攥在了西魏的手中。秦并天下之势初显。（见图12-3）

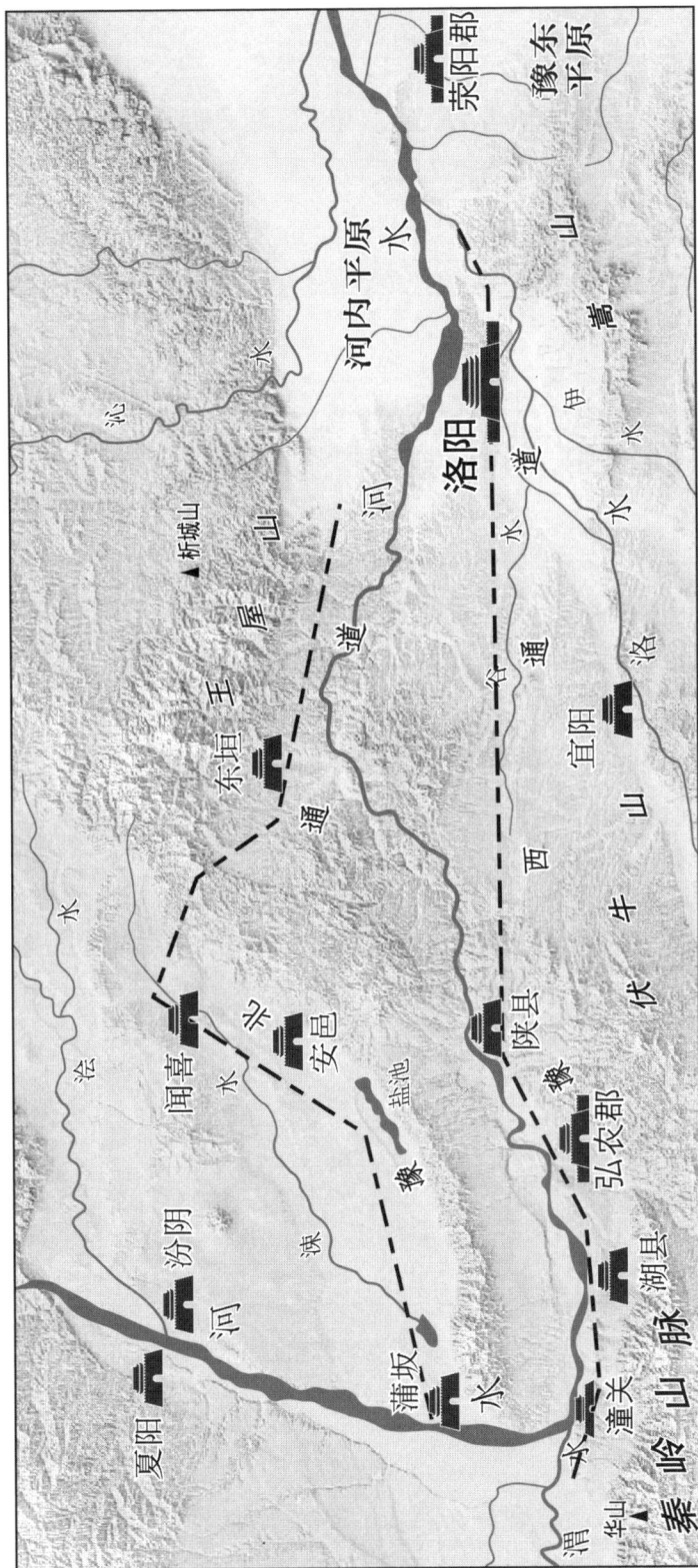

图 12-3　豫西通道和豫北通道示意图

三、成本逻辑，高欢的人造"三门峡"

538 年，砀郡官府抓到一头大象送往邺城。

东魏的高层们很兴奋，正月初七东魏大赦天下，把年号改为"元象"。

河南都出大象了！大象对温度的要求比较高，这种"神兽"的现世意味着自东汉末年开始长达三百多年的小冰期过去了。

我们来回顾下竺可桢教授的著名气候曲线。（见图 12-4）

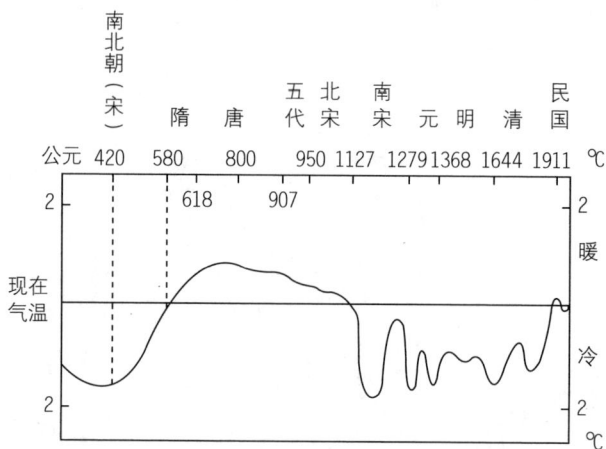

图 12-4 各朝代温度图

小冰期的气温在刘裕建宋时达到最低，随后开始缓步回升，一年比一年好，到南北朝结束时气温回升了接近两度。

两度意味着什么呢？

之前介绍小冰期这个概念时曾经对比过，整个 20 世纪全世界的平均温度比 19 世纪高了大约零点六摄氏度。

这区区的零点六摄氏度，已经使得北半球春天的冰雪解冻期比一百五十年前提前了九天，秋天霜冻开始时间却晚了约十天，海平面上升了一大截。

为什么这么小的温度变化却会产生如此剧烈的气候变化呢？这是因为地球的成分构造。不光女人是水做的，地球也是水做的。

占地球表面积五分之四的海洋和湖泊河流不仅仅哺育着人类，还给人类提供了生存必要条件里面的另一项关键功能：防止温度剧烈波动的气候调节。

一个星球如果中午八十度，半夜零下八十度，那可能什么生命都无法诞生，什么生命体都得让这样的温差给玩死。

下面要引出初中物理的一个概念：比热容，就是一定质量的某种物质，在温度升高（或降低）时吸收（或放出）的热量与它的质量和升高（或降低）的温度的乘积之比。

大家还记得这张表吗？（见表 12-1）

表12-1　比热容表

物质	比热容/J·(kg·℃)$^{-1}$	物质	比热容/J·(kg·℃)$^{-1}$
水	4.2×10^3	冰	2.1×10^3
酒精	2.4×10^3	铝	0.88×10^3
水银	0.14×10^3	铜	0.39×10^3

里面的数字就是每千克该物质上升或下降一摄氏度所需要消耗的热量。

让水上升一摄氏度的热量，足以把铜烤高十多摄氏度。不是铜不争气，而是这世间万物的比热容都是这样，是水实在太厚德载物。

水的比热容属性意味着它上升一摄氏度所吸收的热量是非常高的，相应地，水下降一摄氏度所放出的热量也是非常高的。

地球这个水球的伟大之处也就体现出来了，无论太阳升起还是降落，地球上的温度并不会出现多么巨大的落差。

你升起，我吸热给你降温；你落下，我放热给你温暖。太阳在与不在，水姑娘就在那里，不冷不热。所谓"水善利万物而不争"，这句话放在很多维度去品都是极有味道的。

当全球气温下降一摄氏度的时候，实际上说明整个世界的水体已经释放出了极其巨大的热量去平衡世界的温度，但仍然无可奈何地被拉低了一摄氏度。这三百多年的小冰期将地球的能量存款挖走了一大块，从而产生了巨大的蝴蝶效应。

世界整体温度降低一摄氏度所带来的感受，沿海和南方并不明显，因为这里挨着水；但到了远离湖泊和海洋的内陆与草原时，却因为没有巨大的水体去调节温度导致那里出现了地狱般的恐怖严冬！

一般来讲，沿海地区白天比内陆地区的温度上升要慢，夜晚温度降低也要慢，温差的变化也要小很多。这是因为沿海地区旁边守着大海，巨大的水量无形间调节了沿海地区的气候。

到了草原这里，由于没有巨大水体，小冰期导致温度整体降低所带来的后果就非常显著而剧烈，甚至会有高达十几摄氏度的整体降温。这也导致了草原本就脆弱的生态因此变得更加困难与令人绝望。

之所以凛冬将至，整个北境跟疯了一样往长城内突破，其底层逻辑就是因为在长城以北活不下去了。

下面是整个小冰期时代的北境崩溃链条：

1.温度降低首先会使草原上的冻土、冻冰增多，水蒸气大量减少。

2.然后就是降雨量减少。

3.降雨量减少和温度降低又将影响植物的生长与存活。

4.植物的减少进一步加剧了降水量的减少，生态圈开始陷入恶性循环。

5.随后就是旱灾。

6.草与水继续灾难式减少。

7.牛这种耗水量大的动物养起来就费劲了，马这种耗草量巨大的动物养起来就更费劲了。这两种动物是游牧民族抵抗冬季白灾（雪灾）时的最关键战略物资（牛能踏雪开路，马能快速转移），因此游牧民族的抗灾能力进一步减弱。

8.旱灾在对草原民族的生存带来灭顶打击的同时还将放出另一个魔鬼，即蝗灾。所谓"久旱必蝗"，然后就是千里无生机。

为什么干旱会让蝗灾爆发呢？因为蝗虫在产卵时有一个关键的成活条件，就是土地要干燥。当土壤坚实，含水量在百分之十至百分之二十的时候最适合蝗虫产卵。

旱灾所带来的最恐怖衍生效应就是这种让人色变的魔鬼昆虫被批量放出来了。铺天盖地的东亚飞蝗，不仅能吃，还能飞！它们可以组团吃完这边吃那边。飞蝗过境，寸草不生！千里赤地！饿殍千里！

小冰期的到来对于中原政权还算好说，粮食减产往往还能活，即便出现大灾往往还能逃荒，但草原政权却根本禁不起这种巨大的环境变化。

因为草原上的生存模式就是粗放型的、效率极低的，是利用光合作用去进行能量转化的经济体。

太阳能转化为草，草转化为牛羊，牛羊被人吃。现在太阳不好好上班，草就变少了，能转化的牛羊跟着变少，老百姓的所得就变少，与此同时还生出来了各种各样的灾害。

旱灾又使光合作用中的另一个要素——水变少了，从而进一步导致可利用的能量降低。随后蝗灾起来，仅有的草和作物被大规模地祸害，草原上出现了恐怖的绝收。

草原民族一方面在能量收入上急剧变少，另一方面维持生存需要的能量却急剧飙升。过去冬天零下二十度，两个羊皮袄可以抵御；现在零下三十度，需要三个羊皮袄了。过去一天吃一条羊腿就够用；现在天冷了，需要两条羊腿才能维持生存的热量。

这样一进一出，草原民族就彻底完了。这回是真真正正地完了，养的牛马羊全完了。

当无论怎样努力都活不下去的时候，草原民族就只能往南去拼命了。

如今凛冬已过，气温上升了两摄氏度，它意味着北境的游牧民族压力没那么大了，北境国防的压力骤降。

它意味着光合作用的总产出增多。

它意味着穿衣吃饭的总能耗减少。

它意味着雨季增多与河流开冻变早。

它意味着无论南北，华夏这片土地的总收入上升，总成本下降。

更为关键的是，此时是公元538年，整个世界的温度还要继续上升二百年，一个盛世所需物质的必备的气候基础已经悄然奠定了。

大唐的气象，其实更像是走出最长凛冬后融合南北、涅槃重生的华夏在天运加成下的盛开怒放。

沙苑之战东魏战败后，西魏收复了整条豫北通道。538年，高欢紧锣密鼓地在河桥上接连修了两座城。南边的邻居独孤信没管，宇文泰也没当回事。

谁也没想到高欢用人工建了一道"三门峡"，等宇文泰看明白后，一切都晚了。

战国马陵之战以后，魏国开始衰败，再无力独自阻止秦国东进。秦之所以能对东边随意翻脸，就是因为防守成本实在太低。

由于三门峡的存在，所有东来的船到了那里就走不动了，只能自陕津上岸，一点点通过陆运往里挪，但这样往西打的成本就太高了。

如果对方在天险函谷关放上一万人，你得多少人才能把它打下来呢？又得打多久呢？这一路的军费谁也掏不起。

成本低，国家利润就高，这就容易走向正循环。

高欢在沙苑战败后在洛阳北面的河桥上相继又建了中潬城和南城两座城。（见图12-5）

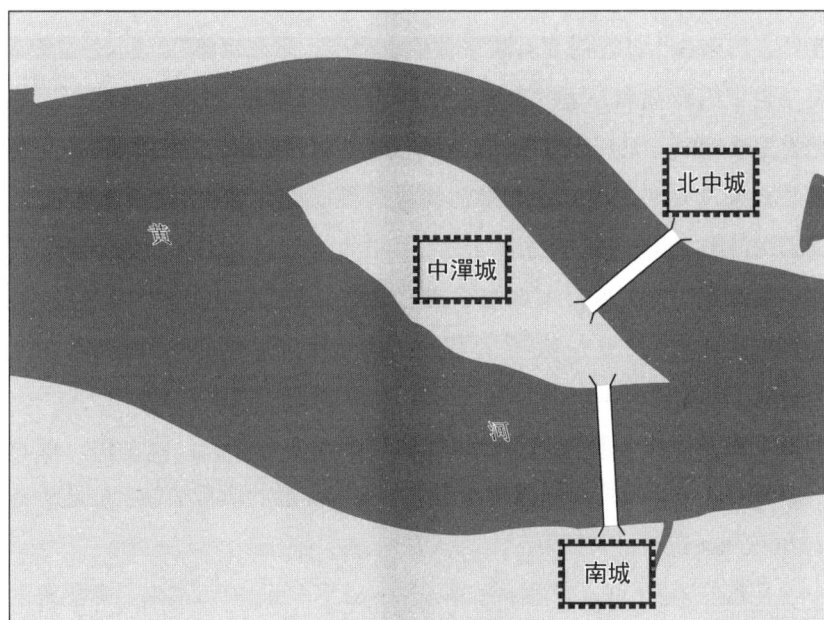

图12-5 河阳三城示意图

之前孝文帝建的是北中城，因为当时北魏如日中天，假想敌在代北老家，防备黄河以北的战略需求更大。

北中城的战略目的是保护河桥不被烧掉，保证这个通道能随时畅通，北面来敌后洛阳方面可以随时通过河桥调兵到北岸。等洛阳成为各路军阀的跑马场后，一座北中城就保不住河桥了。

尔朱荣死后，尔朱世隆打下了北中城，结果元子攸募敢死队趁夜火船烧桥得手，最终截断了河桥逼尔朱世隆北还。

宇文泰和独孤信一开始都只是看到了保护河桥这一层，认为高欢造这两座城是为了夺回洛阳保证调兵通道，但实际上真的只有那么简单吗？

面对西魏的咄咄逼人，高欢将整个河北与中原的安全锁定在了河桥三城。

关于黄河的渡口，所谓"盖自东而西，横亘几千五百里，其间可渡处，约以数十计，而西有陕津，中有河阳，东有延津"。

自三门峡往东，下一个靠谱的渡口只有河阳。中间的黄河河段都在崇山峻岭中，尤其南岸根本没有登陆点。

如果没有河阳城，宇文泰的物流线可以沿黄河顺流直下，至少可以到达河阳登陆，这仗就打得起。

如今有了河阳城，东魏为了这个河桥建了三座城全方位立体保护，等于人工造了个"三门峡"。不仅西魏的航道被截断了，西魏的粮船甚至登陆不了黄河南岸。

至此，西魏方面无论是走豫北通道从河东走轵关陉入河内，或者走豫西通道从陕城走北崤道入洛阳，都是噩梦般的两百里往上的陆上物流。（见图12-6）

凡用兵之法，驰车千驷，革车千乘，带甲十万，千里馈粮。则内外之费，宾客之用，胶漆之材，车甲之奉，日费千金，然后十万之师举矣！

纯靠陆运只是运粮草就日费千金，什么国家能打得起这种仗！西魏必须得指望水运把成本降下来。

河阳三城的建造意味着高欢在陕城这个天然三门峡失守后，人工造了一个自己的三门峡。

东魏将河阳城控制在手里，就意味着西魏的手永远伸不到中原地区，因为西魏没那么雄厚的家底将陆运物流延伸到中原。

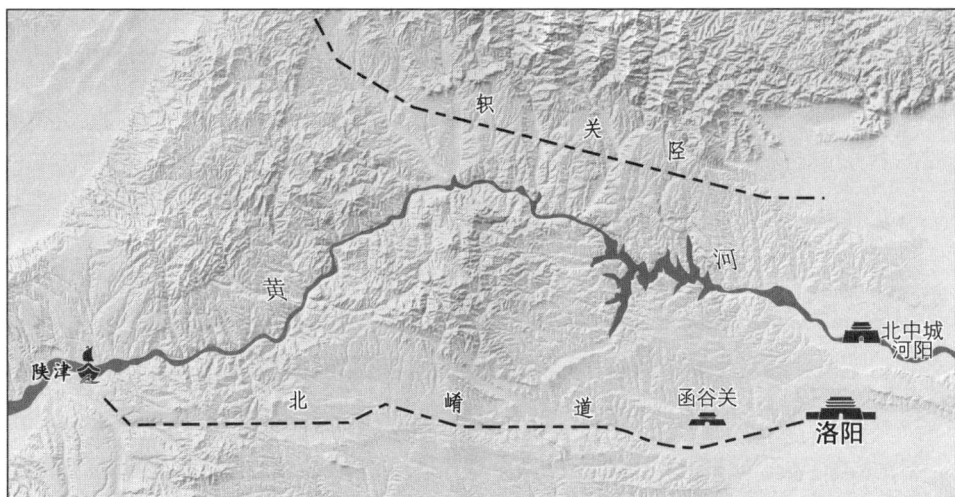

图 12-6　西魏东进路线图

从三门峡起西魏就得一路推车进中原了，得把人活活累死。

关中想要控制中原必须指望河阳到石门这段关键的黄河航道在手里（见图 12-7 粗线），靠水路才能延伸到中原，物流成本才能降下来。

武川的高层们还不知道，后面几十年他们都没能通过这道人造三门峡，最后还是从山西突破的。

进入 538 年，稳住阵脚的高欢派侯景南下与高敖曹治兵于虎牢，准备收复河南诸州。看到势头不对，西魏的韦孝宽、赵继宗都弃城西归。

侯景攻打广州没成功，但击败了西魏荆州方面的援军，广州守将骆超随后投降。

中原诸州再次回归了东魏版图。

侯景和高敖曹收复中原诸州后开始东进，包围了守金墉城的独孤信，高欢率大军开始南下增援侯景等。

侯景大闹洛阳，放火烧了洛阳城的内外建筑，只有十之二三得以幸存。这个人骨子里就是个暗黑破坏神。

宇文泰命尚书左仆射周惠达辅太子守长安，自己带着皇帝元宝炬

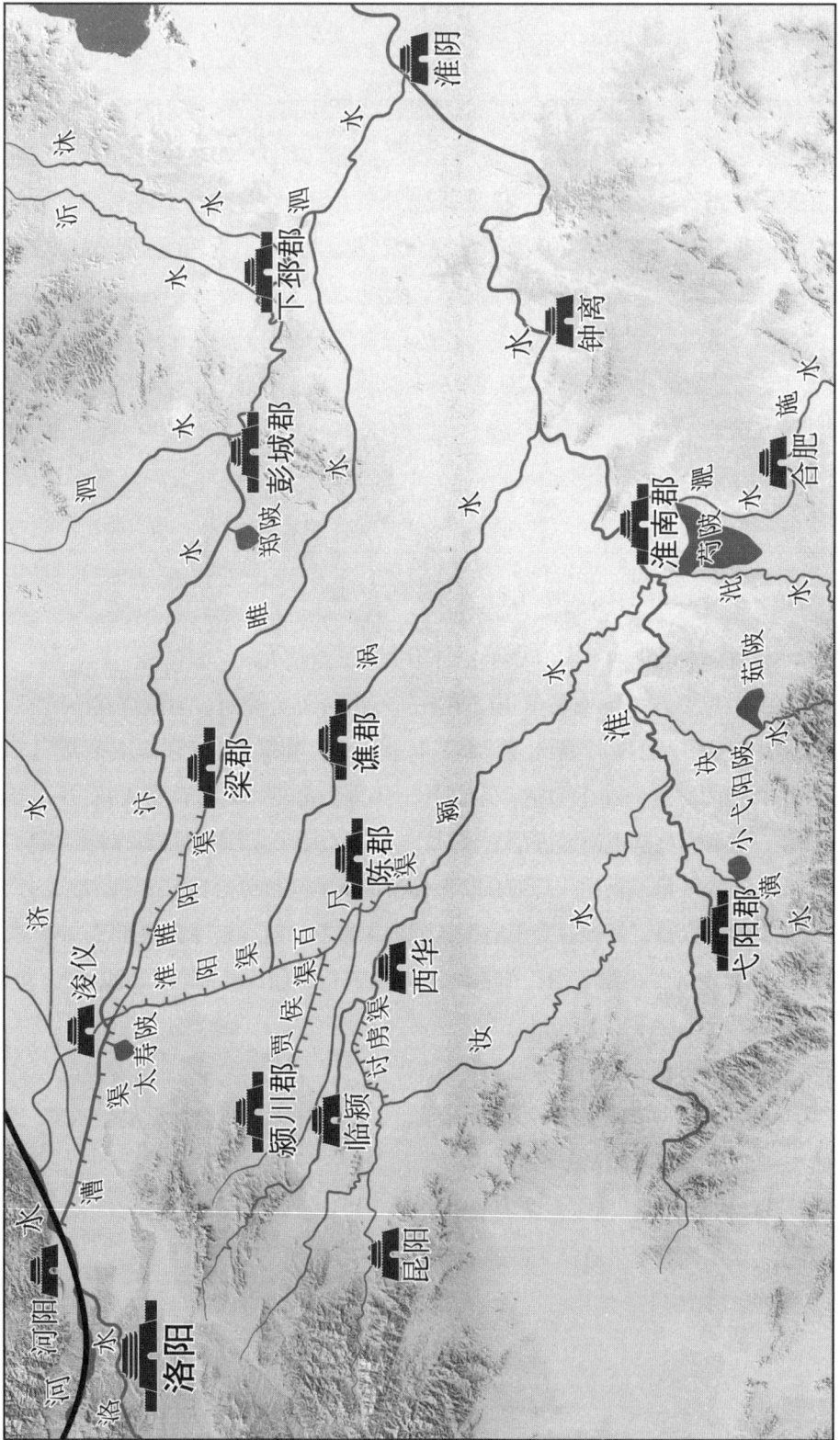

图 12-7　中原水系示意图

东进支援，命李弼和达奚武率千骑为前驱。

八月初三，宇文泰军至谷城，侯景和高敖曹等想要列阵以待西魏军至，但东魏猛将莫多娄贷文请求率部击西魏前锋，被侯景摁住了。①

莫多娄贷文是高欢最早的团队成员，骁勇果敢有胆气，从击尔朱兆于广阿有功，从破尔朱氏于韩陵进爵为侯，从平尔朱兆于赤洪岭迁左厢大都督，后来官至晋州刺史，为汾、陕、东雍、晋、泰五州大都督。

莫多娄贷文以为侯景怕他争功，仗着辈分高根本不听侯景将令，直接率领自己的一千骑兵西过瀍涧来找西魏拿开门红了。②

他表现得这么彪悍，是因为没参加过窦泰殒命的小关之战及高欢挫败的沙苑之战，根本不了解武川派那股令人恐怖的力量。

夜里，莫多娄贷文跟李弼和达奚武的先锋军相遇了。李弼命士兵们擂鼓呐喊，在地上拖树枝扬尘，莫多娄贷文以为对方是大部队扭头便逃，随后被李弼率军追上砍了，一千骑兵被打包送到了弘农。③

一千对一千，全部俘虏。看看莫多娄贷文这脸丢的。

八月初三夜，莫多娄贷文被斩杀，西魏大军进军瀍水之东，侯景一看这仗还怎么打，一个遭遇战元老莫多娄贷文就被开瓢了，因此当天夜里解围而走。④

八月初四清晨，宇文泰轻骑追击，来到黄河边发现坏了，侯景早

---

① 《北齐书·莫多娄贷文传》：周文帝军出函谷，景与高昂议整旅厉卒，以待其至。贷文请率所部，击其前锋，景等固不许。

② 《北齐书·莫多娄贷文传》：贷文性勇而专，不肯受命，以轻骑一千军前斥候，西过瀍涧。

③ 《资治通鉴·梁纪十四》：夜，遇李弼、达奚武于孝水。弼命军士鼓噪，曳柴扬尘，贷文走，弼追斩之，道元单骑获免，悉俘其众送恒农。

④ 《周书·文帝纪》：八月庚寅，太祖至谷城，莫多娄贷文、可朱浑元来逆，临阵斩贷文，元单骑遁免，悉虏其众送弘农。遂进军瀍东。是夕，魏帝幸太祖营，于是景等夜解围去。

早就列好了军阵严阵以待，北据河桥南连邙山摆下了一道阵，随后双方开打。[①]（见图 12-8）

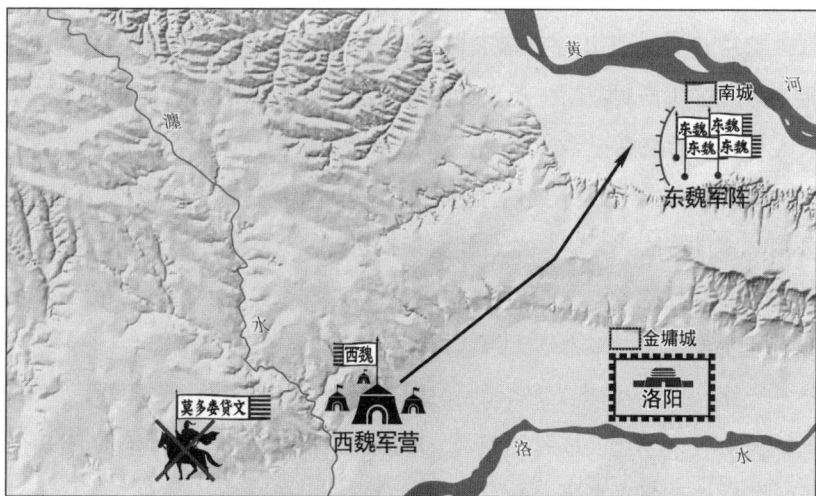

图 12-8　河阴之战示意图

宇文泰大意了，他以为会再次轻松吓跑东魏军，所以轻装而来，结果战马中了流箭，受惊后狂奔炦蹶了把他给扔下来了，紧接着东魏士兵追到了眼前。

眼看着宇文泰要成为第二个尔朱荣。宇文泰的心腹、小机灵鬼李穆此时还在他身边，跳下马来假装东魏军官挥鞭抽打宇文泰骂道："你个小兵，你们将军在哪里？怎么你自己在这里！"[②]

宇文泰仗着轻装而来什么盔甲都没穿，值钱的东西也没有，追赶的东魏军没拿宇文泰当敌军将领，都往前跑，收战利品去了。

---

①《周书·文帝纪》：及旦，太祖率轻骑追之，至于河上。景等北据河桥，南属邙山为阵，与诸军合战。

②《周书·李穆传》：河桥之战，太祖所乘马中流矢惊逸，太祖坠于地，军中大扰。敌人追及之，左右皆奔散，穆乃以策抶太祖，因大骂曰："尔曹主何在？尔独住此！"

李穆把自己的马让给宇文泰，两人一起跑了。宇文泰比尔朱荣幸运，他身边有李穆。

当时以宇文泰的级别，李穆要是跟贺拔胜一样临阵倒戈能封个万户侯，但他没有这样做。战后宇文泰给他增封了一千七百户，特赐铁券，表示这免死金牌十次有效，你随便作，又赐李穆世子李惇安乐郡公，其姐一人为郡君，其他姐妹并为县君，兄弟子侄只要是沾点儿亲戚的，全部厚赐。

宇文泰这是在打广告：忠诚是有价格的，我是付得起高价的。

宇文泰回去后重整旗鼓向东魏展开冲锋，东魏军惨败纷纷逃往河北，高敖曹不信邪，竖起旗盖表示：河北项羽在此，咱们堂堂正正打一场吧！①

高敖曹也没经历过小关之战和沙苑之战，也不了解武川的凶悍之处。

结果他激怒了武川猛男们，人家打的就是精锐！西魏将星们杀了过去，把高敖曹打得全军覆没，其麾下猛将李猛战死，高敖曹单人匹马跑去投奔河阳南城。②

河阳城守将高永乐是高欢族兄之子，跟心高气傲的高敖曹有旧怨，不给他开城门。高敖曹说给我扔根绳子就行，也没人搭理他，高敖曹开始拔刀劈城门。城门未开而追兵已到，高敖曹只得藏身在河阳桥下。

追赶的西魏兵看见他的家奴手里有一条金带，就问大官在哪里。随后家奴把高敖曹给卖了，高敖曹一看没戏了，伸脖子道："来吧，给你一个当开国公的机会！"追兵砍其头而去。

高敖曹死得匪夷所思。因为在他无法入城后是藏身在河阳桥下的，这意味着其实他是可以顺着桥往北逃到北岸的。

但是他为什么不过河逃生呢？他不是傻子，他只是不能过去而已。

---

① 《资治通鉴·梁纪十四》：魏兵复振，击东魏兵，大破之。东魏兵北走。京兆忠武公高敖曹，意轻泰，建旗盖以陵陈。

② 《资治通鉴·梁纪十四》：魏人尽锐攻之，一军皆没，敖曹单骑走投河阳南城。

高敖曹其实死在了自己的脾气和胡汉矛盾上。

此次高欢派来攻打洛阳的是除了自己亲军外的所有精锐，高敖曹、侯景、刘贵、慕容绍宗等大将都在。这些人除了高敖曹，都是鲜卑人。高敖曹跟这些鲜卑将领们关系极差。

高敖曹与侯景在虎牢整军的时候是军司大都督，是统七十六都督的顶级将领，刘贵当时率众在北豫州跟高敖曹不对付，有一次高敖曹怒了直接鸣鼓会兵要去打刘贵，侯景与冀州刺史万俟洛劝架后才帮刘贵保下了这条命。①

具体是因为什么事让敖曹哥怒了呢？

高敖曹与北豫州刺史郑严祖玩握槊游戏，刘贵派人来叫郑严祖，高敖曹不放人，由于打扰了敖曹哥的雅兴，高敖曹还把使者用木枷给锁了。②

使者比较狂，说道："锁上我容易，但给我开枷可就难了。"言外之意，我是刘贵的人，刘贵是谁你不知道吗？高欢怎么有的今天？

结果高敖曹拔出刀来直接就把那使者给砍了，随后道："咱也不知道有什么可难的。"刘贵不敢说什么，他担心自己也被砍了。

次日高敖曹与刘贵碰面了，外面运军粮的黄河民工被淹死很多，刘贵道："只值一个钱的汉人随便死。"高敖曹大怒，拔刀就砍刘贵，刘贵飞快地跑回了军营，高敖曹随后敲鼓召集兵众准备攻打刘贵。③

当时高欢集团的鲜卑上层全部轻蔑汉人，只害怕高敖曹一个人，

---

① 《北齐书·高昂传》：昂还，复为军司大都督，统七十六都督，与行台侯景治兵于武牢。御史中尉刘贵时亦率众在北豫州，与昂小有忿争，昂怒，鸣鼓会兵而攻之。侯景与冀州刺史万俟受洛干救解乃止。其侠气凌物如此。

② 《北史·高昂传》：御史中尉刘贵时亦率众在焉。昂与北豫州刺史郑严祖握槊，贵召严祖，昂不时遣，枷其使。

③ 《北史·高昂传》：明日，贵与昂坐，外白河役夫多溺死。贵曰："头钱价汉，随之死。"昂怒，拔刀斫贵。贵走出还营，昂便鸣鼓会兵攻之。侯景与冀州刺史万俟受洛解之乃止。

高欢每次整军时用的都是鲜卑语，但只要高敖曹在，就用汉语。①

高敖曹的一身江湖气让他走到哪里都像头横冲直撞的公牛，去高欢相府门卫不让进，高敖曹直接一箭射死了门卫，高欢也不追究。②

高敖曹仗着自己的河北汉人身份和军事指挥才能在高欢面前根本没有规矩，更不要说面对那些同级别的大臣将领了。

不光刘贵跟高敖曹有矛盾，其实侯景跟他也不对付，侯景对高敖曹的评价是"猛如野猪没脑子"。③黄河以南有高敖曹太挤了。

宇文泰成为高欢内部派系斗争的杀人刀。

此战东魏死的两员大将，一个高敖曹，一个宋显，都是汉人军官。④

整个汉人集团在开战后就跟宇文泰硬扛上了，高敖曹亮明身份直接开战，此战同样战死的西兖州刺史宋显是深入敌阵冲锋后折里面了。

鲜卑集团却撤出了战场，直接去了河北。非高欢鲜卑嫡系的汉人军团被侯景们阴了。准确地说，非圈里的嫡系都被阴了。

比如万俟洛虽然也是鲜卑出身，但却是从西魏投降过去的，万俟洛的父亲万俟普爵位高年龄大，高欢为了打造广告效应，亲自扶老头上马，万俟洛脱帽叩头表示愿为高欢死战。

河桥之战中诸军全都北渡河桥了，只有万俟洛一个人率部不动，他对西魏军道："万俟洛在此，敢来的就比画比画！"西魏军最终没冲上来，高欢后来将万俟洛的营地命名为回洛（今河南洛阳孟津老城村东）。⑤

---

① 《北齐书·高昂传》：于时，鲜卑共轻中华朝士，唯惮服于昂。高祖每申令三军，常鲜卑语，昂若在列，则为华言。

② 《北齐书·高昂传》：昂尝诣相府，掌门者不纳，昂怒，引弓射之。高祖知而不责。

③ 《南史·侯景传》：时欢部将高昂、彭乐皆雄勇冠时，唯景常轻之，言"似豕突尔，势何所至"。

④ 《北齐书·宋显传》：宋显，字仲华，敦煌效谷人也。性果敢，有干用。初事尔朱荣为军主，擢为长流参军。

⑤ 《北齐书·万俟洛传》：及此役也，诸军北渡桥，洛以一军不动。谓西人曰："万俟受洛干在此，能来可来也！"西人畏而去。高祖以雄壮，名其所营地为回洛城。

万俟洛的军阵位置，在图12-9的星处，挨着邙山。

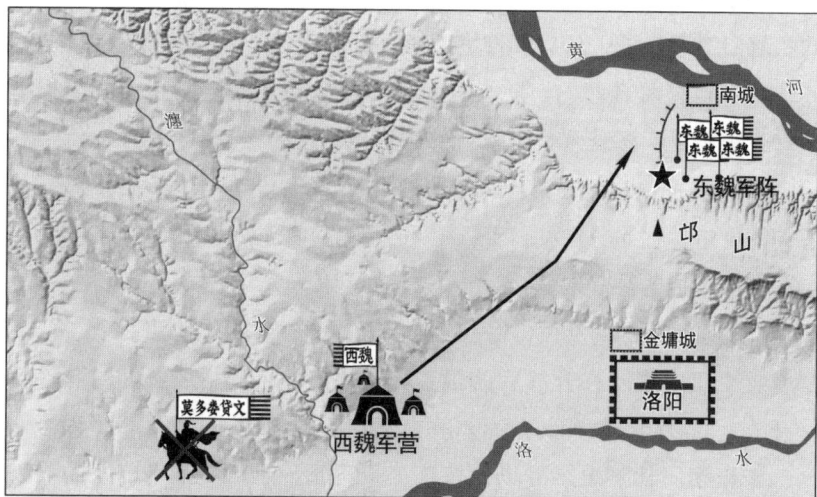

图 12-9 万俟洛屯军处

因为万俟洛不是高欢的嫡系，所以被安排在了邙山那侧。万俟洛之所以不撤，其实也是因为撤不了。在"诸军北渡桥"后归路被截断了，还不如背靠邙山坚持到底。

最终宇文泰俘虏了一万五千东魏兵，另外被淹死在黄河里的数以万计，高敖曹率领的汉人军团几乎全军覆没。[①]

高敖曹之所以在南城死磕却放着桥不走，其实是有着自己的判断的：南城的高永乐是高欢的族侄，绝对不敢动他；但北面的侯景、刘贵们有一万种方法帮他这个光杆司令出"意外"。

至此，宇文泰阶段性大胜，命此战的战斗功臣贺拔胜押走这一万五千降卒。

---

① 《资治通鉴·梁纪十四》：魏又杀东魏西兖州刺史宋显等，虏甲士万五千人，赴河死者以万数。

西魏军开始往回撤，但在这个时候，战场上出现了转折。

1. 贺拔胜带走了一部分将士。

2. 战场上起了大雾。

3. 高欢的援军到了，高欢的妹夫大都督库狄干率诸将为前锋赶到了黄河北岸。

河阳三城的关键作用凸显出来了，北岸的队伍可以源源不断地回到南岸。

在大雾的掩盖下，东魏军在宇文泰消灭了高敖曹后又回到了南岸。双方在河桥开打二番战。

在大雾弥漫中，东西魏布置的军阵相当庞大，头尾相距很远，双方一直打到下午，交战了数十回合，尘土飞扬，最后双方都看不清阵仗了。[①]

西魏的右军由独孤信和李远率领，左军由赵贵和怡峰率领，这两方面军在交战中都处于不利状态，大雾中又不知道宇文泰在哪里，于是全都扔下队伍逃跑了。指挥官一没，西魏左右二军全乱了。

李虎和念贤为后军，看到独孤信等都跑了，也一枪不放跟着跑了，宇文泰打到最后发现自己成殿后的了，于是下令烧了大营逃跑，留长孙子彦镇守金墉城。[②]

此战西魏先胜后败，仅仅是因为大雾导致指挥官失联吗？事情并没有那么简单。

"独孤信、李远居右，赵贵、怡峰居左，战并不利，又未知魏帝及太祖所在，皆弃其卒先归"，乱世中，兵是军阀的命，这种反应很不寻常。

---

① 《资治通鉴·梁纪十四》：是日，东、西魏置陈既大，首尾悬远，从旦至未，战数十合，氛雾四塞，莫能相知。

② 《资治通鉴·梁纪十四》：开府仪同三司李虎、念贤等为后军，见信等退，即与俱去。泰由是烧营而归，留仪同三司长孙子彦守金墉。

四、军官档案，河桥战败之谜

我们复盘下大雾中的河桥二番战。

赵贵与怡峰为左军，战斗不利后找不到宇文泰，于是撤军了。

这两个人都是宇文泰的嫡系，都是当年参与拥立宇文泰的老部下，两人的级别一样，都是郡公开府仪同三司。

左军战斗不利的原因，极大概率是在赵贵这里。

赵贵的军事能力在史书中根本没什么体现，除了他作为指挥官在优势极大时率兵拿下曹泥和梁仚，以及晚年打败柔然砍了柔然几千个士兵之外，这辈子没见有什么胜仗。

他这辈子两次在集团军级别的大会战中担任左军司令，都成为大漏洞。

做个预告：下一次邙山大战中，赵贵作为宇文泰最信任的异姓兄弟督五将为左军总司令，然后行军无纪律，指挥有问题，导致左军活生生地被打成了"提款机"。

为什么赵贵这个"大漏勺"会被安排到这么高的岗位呢？这就是政治了。

越是级别高的枢纽性岗位，越需要安排一个辈分高、忠诚度高的角色镇着，能力在这里都是次要问题。只是宇文泰没想到赵贵的大兵团指挥能力那么差。

跟赵贵搭档的怡峰在打得不顺利后跟李远撤退了。① 李远是跟独孤信搭档负责右军的。② 他怎么跟怡峰的左军一起跑了呢？从李远和怡峰一起撤退来看也说明此时战役已经打乱了，不是仗没打就跑了。而且，李远是宇文泰的嫡系，从征窦泰、复弘农，并有殊勋，宇文泰对李远的评价是当年贺拔岳对李远的评价：李远是他的左右手。③

史载沙苑之战中李远功勋为最，升车骑大将军、仪同三司，进爵阳平郡公，邑三千户。

李远和怡峰战后都没有被怪罪，一个做回了宇文泰的司马，一个官拜东西北三夏州诸军事、夏州刺史，成了北境一把手。

在《北齐书·神武帝纪》中有一段相当有意思的记载："八月辛卯，战于河阴，大破西魏军，俘获数万。司徒高昂、大都督李猛、宋显死之。西师之败，独孤信先入关，周文留其都督长孙子彦守金墉，遂烧营以遁。"

独孤信在大雾弥漫中成为逃跑第一名，直奔关中而去。他这事都成了敌国的新闻了，你说独孤信跑得得有多快呢！

后面我们会讲到，在宇文泰还没到潼关的时候，李虎这些人都已经到长安了。

宇文泰之所以安排独孤信负责右军，是因为独孤信此时是洛阳方面的负责人，是地方一把手，但因其背景复杂所以安排了嫡系李远来督战。不过，这样的安排依然挡不住局势未卜后独孤信撒丫子的步伐。

同样一枪未放就跑的还有李虎和念贤。

---

① 《周书·怡峰传》：时峰为左军，不利，与李远先还，太祖因此班师。诏原其罪。

② 《周书·独孤信传》：信与李远为右军，战不利，东魏遂有洛阳。

③ 《周书·李远传》：太祖谓远曰："孤之有卿，若身体之有手臂之用，岂可暂辍于身。本州之荣，乃私事耳。卿若述职，则孤无所寄怀。"

李虎和独孤信，一个是李渊的爷爷，一个是李渊的外祖父，而《周书》《北齐书》《北史》都是唐代编的，所以大家别指望从这几部史书中看到这两个人有哪里不好。

但是，跟李虎一起跑的念贤在史料中也是有记载的。念贤是原来北魏的老臣，元修跟高欢翻脸时他是中军北面大都督，西迁后拜太尉，出为秦州刺史，加太傅；大统三年（537）转太师，都督河凉瓜鄯渭洮沙七州诸军事、大将军、河州刺史，后来还朝兼录尚书事。河桥之战念贤不力战先跑路，从此名誉受损。①

所以说，独孤信和李虎这两个人大概率也是"名誉颇减"。

李虎、独孤信、念贤这三个最晚加盟的大佬级将领在这一战中的表现相当不好，而且他们是一路飞奔回的长安。

他们有什么目的很容易理解，宇文泰在战场上生死未卜，他们得赶紧回关中抢占"元老院"，但"弃其卒先归"是什么原因呢？因为他们不心疼，扔的都是宇文泰的人。

河桥之战，是研究宇文泰能力和西魏后面军制架构最好的一战，此战的信息量相当大。

西魏后面搞出了八柱国，其实是宇文泰总管一切，宗室元欣是摆设，六个柱国大将军负责中央军。大家还记得沙苑之战中宇文泰将不满万的精锐分成了几个部分吗？六部分。一切都是一点点演化过来的。

后来西魏又演化出了二十四军，每个柱国大将军麾下有四个开府大将军。

这个骨架其实早早就成型了，"六个八柱国＋二十四个开府大将军"，此时已经全部登台露面。

在这三十员大将中，元育、元赞、元廓三人是宗室摆设，宇文导是宇文泰的侄子，贺兰祥是宇文泰的外甥，我们将剩下的二十五人盘点

---

① 《周书·念贤传》：河桥之役，贤不力战，乃先还，自是名誉颇减。

一下：

一是宇文泰上位前的嫡系，有两人：于谨、蔡祐。

1. 于谨，代人，原为宇文泰夏州长史，跟随宇文泰战河桥，拜大丞相府长史，兼大行台尚书；其子于寔年未弱冠便入宇文泰幕府，跟随宇文泰征潼关，复弘农，战沙苑，河桥之役中先登陷阵。

2. 蔡祐，高平豪族，有膂力，善骑射。宇文泰在原州时召为帐下亲信，迁夏州刺史时以蔡祐为都督。跟随宇文泰擒窦泰，复弘农，战沙苑，皆有功，授平东将军、太中大夫，被宇文泰收为义子。

在河桥之战中，宇文泰大军撤退时蔡祐被安排殿后，他下马杀数人，手下劝他乘马撤退，蔡祐怒道："丞相养我如子，今日我怎么能贪生怕死？"他率部下十余人齐声大呼，杀伤了很多东魏兵，但东魏军最终将其包围了十几重。

蔡祐命部下结成圆阵，弯弓持满，四面拒敌，东魏军派出厚甲长刀兵来攻阵，战斗了好几个回合，蔡祐军仅失一人，东魏军最后放弃并撤退了。

等蔡祐到弘农后宇文泰说："你来了我就踏实了。"当夜宇文泰由于心里惊慌，根本睡不着觉，最后是躺在蔡祐大腿上才睡着的。[1]

小结：于谨父子都是宇文泰的左右手，蔡祐是宇文泰的干儿子，这两个人都是宇文泰铁杆中的铁杆。

二是贺拔岳死后的拥立派十人：赵贵、侯莫陈崇、侯莫陈顺、达奚武、若干惠、韩果、王德、刘亮、怡峰、赫连达。

1. 赵贵，武川人，拥立首功。

2. 侯莫陈崇，武川人，这位年纪轻轻的虎将得重点说说。宇文泰给他的收买价码极高，元修刚入洛阳时侯莫陈崇的封邑就达到了三千户，他参与了所有的西魏大事件，沙苑之战后总封邑达到了罕见的五千

---

[1] 《周书·蔡祐传》：太祖心惊，不得寝，枕祐股上，乃安。

户，在河桥之战中也立了大功。①

3. 若干惠，武川人，他是诸将之中年纪最小的，跟随宇文泰擒窦泰，复弘农，破沙苑，每先登陷阵，后加侍中、开府，进爵长乐郡公，增邑通前二千二百户，河桥之战，破阵后大收降卒。

宇文泰尤其爱对小年轻们出高价，曾新建射堂与诸将宴射。若干惠私叹道："我妈老了，我什么时候能置办这个呢？"宇文泰知道后直接把射堂拆了安装到若干惠家了。②

4. 韩果，武川人，少骁雄，善骑射。他体力特别好，即使是在披甲执戈状态下登山越岭，也像走平路一样，而且就算走很多天，也不觉得累。他脑子好，记性棒，所行之处，山川形势，全能记下来，从袭窦泰于潼关，宇文泰依其规划大胜；从复弘农，攻拔河南城获郡守一人论功为最。破沙苑，战河桥，并有功，韩果被授抚军将军、银青光禄大夫，增邑九百户。

5. 侯莫陈顺，武川人，侯莫陈崇之兄，此时镇长安。

6. 王德，武川人，宇文泰身边战将，沙苑之战后加开府、侍中，进爵河间郡公，增邑通前二千七百户，此时为河州刺史安抚河渭诸种羌。

7. 达奚武，代人，原为贺拔岳心腹，拥立宇文泰上位。他在河桥之战中奋力作战，而且他的部下斩了高敖曹，战后被宇文泰大赏，迁侍中、骠骑大将军、开府仪同三司。

8. 怡峰，辽西人，原贺拔岳心腹，拥立宇文泰上位。他讨曹泥有功，跟随宇文泰破窦泰、复弘农、破沙苑，进爵乐陵郡公，与元季海、

---

① 《周书·侯莫陈崇传》：大统元年，除泾州刺史，加散骑常侍、大都督，进爵为公，累迁车骑大将军、仪同三司、骠骑大将军、开府仪同三司，改封彭城郡公，邑三千户。三年，从擒窦泰，复弘农，破沙苑，增邑二千户。四年，从战河桥，崇功居多。

② 《周书·若干惠传》：惠于诸将年最少。早丧父，事母以孝闻。太祖尝造射堂新成，与诸将宴射。惠窃叹曰："亲老矣，何时办此乎？"太祖闻之，即日徙堂于惠宅。其见重如此。

独孤信复洛阳，河桥之战中与赵贵为左军，战不利撤退。

9.刘亮，中山豪族，与诸将谋迎宇文泰，从擒窦泰、弘农及沙苑之役，力战有功，迁开府仪同三司、大都督，进爵长广郡公，邑通前二千户，此时因母丧未来参战。

10.赫连达，盛乐人，赫连勃勃后人，亲自去夏州请宇文泰上位。后随李虎破曹泥，从复弘农，战沙苑，皆有功，此时为云州刺史镇北。

小结：拥立派政治一直过硬，在宇文泰亲自督导下战斗力极强，四位在关中看家的都是宇文泰放心的嫡系。

三是宇文泰上位后投靠他的五人：李弼、豆卢宁、李远、辛威、田弘。

1.李弼，侯莫陈悦姑父，战斗强人，在河桥之战中又一次先锋陷阵，结果这次运气不好，不仅没把对方军阵冲开，自己身上还受了七处伤被俘，但李弼随后如李广附体，佯装重伤，趁着防守松懈跳上旁边一匹马成功逃走。[①]

2.豆卢宁，昌黎豪族，少骁果，有志气，身长八尺，美容仪，善骑射，原为侯莫陈悦麾下，后与李弼率众归附宇文泰。跟随宇文泰擒窦泰、复弘农、破沙苑，此时为武卫大将军镇关中。

3.李远，陇西豪族，前面介绍了，是宇文泰的嫡系被拉在麾下。

4.辛威，陇西豪族，祖上为北魏渭州刺史，父亲为河州四面大都督，贺拔岳入关后加盟，因征讨而有功，宇文泰统贺拔岳之众后见辛威大奇，收入帐内从此当成嫡系培养。

他跟随宇文泰擒窦泰、复弘农、战沙苑，全部先锋陷敌，勇冠一时。后跟随于谨破襄城，又跟随独孤信入洛阳，河桥战后加持节，进爵

① 《周书·李弼传》：翌日，又从太祖与齐神武战于河桥，每入深陷阵，身被七创，遂为所获，围守数重。弼佯若创重，殒绝于地。守者稍懈，弼睨其旁有马，因跃上西驰，得免。

为公，增邑八百户。

5.田弘，高平豪族，宇文泰刚上位时主动上门找工作，从此成为宇文泰心腹。[①]他因累功转帅都督，进爵为公，跟随宇文泰复弘农、战沙苑，解洛阳围，破河桥阵，功居多，多次获得殊赏。

小结：上述五位都被宇文泰收入囊中，都是非武川籍贯的外人，但都被宇文泰拉在身边，能量最大的李弼作为"大鹏鸟"永远被宇文泰这个"如来佛"亲自使用。

四是原尔朱天光的嫡系，有两人：梁椿、常善。

1.梁椿，代人，最初以统军之职跟随尔朱荣入洛阳，后随尔朱天光西征。贺拔岳死后跟随宇文泰平侯莫陈悦、复弘农、战沙苑，与独孤信入洛阳，跟随宇文贵破东魏尧雄等，累有战功，从战河桥后进爵东平郡公，增邑一千户。

2.常善，高阳豪族，家族世为豪族，其父为北魏军官参与平六镇之乱，常善跟随尔朱荣入洛阳，后随尔朱天光西征，在之后跟随宇文泰平侯莫陈悦、擒窦泰、复弘农、破沙苑，累有战功，从战河桥，加大都督，进爵为公，担任泾州刺史。

小结：上述两位并没有明确表态拥护宇文泰，但河桥之战中均立功受赏，极大概率在宇文泰的中军直接隶属作战。

五是元修西迁后投靠来的嫡系一人：宇文贵。

宇文贵，夏州豪族，跟随元修西迁，进爵化政郡公，后被宇文泰以亲戚关系拉拢到身边。

这就别小结了，他都被宇文泰"又以宗室，甚亲委之"当亲戚对待了。

六是从独孤信处挖来的嫡系一人：杨忠。

---

① 《周书·田弘传》：及太祖初统众，弘求谒见，乃论世事，深被引纳，即处以爪牙之任。

杨忠，武川猛男，手撕猛兽的宇文泰保镖。河桥之役杨忠与五壮士力战，守瀍水桥学了把张飞，唬得敌人不敢追击，战后以功迁左光禄大夫、云州刺史，兼大都督。[1]

小结：这位猛男跟李弼一样的使用说明书，是宇文泰亲自甩出的精灵球。

剩下的四个人分别是李虎、独孤信、独孤信嫡系韦孝宽（参战河桥，表现不详，未立功受赏）和太原王雄（此战未参战）。

在这二十五人中，有二十一人要么是铁杆，要么被直接看管，总之都已经被宇文泰牢牢地控制在了手中。

除了做夏州刺史时的两个嫡系及十个当初力挺他上位的拥护派，宇文泰此时又发展了九个人，而且除了杨忠之外的八人都是非武川籍贯的。

宇文泰的手腕相当高明，他增发了非武川籍的股票，又将能量大的不可控分子永远放自己眼皮底下看着。

短短四年时间里他已经完成了从上到中的队伍建设，很快韦孝宽和王雄也会被他收入囊中。

除了上面的二十四个大将军之外，此战还有很多将领表现亮眼，都是宇文泰拉拢的嫡系。

厍狄昌，神武人，少骑射，有膂力，年十八被尔朱天光引为幢主，加讨夷将军，后与诸将拥戴宇文泰，跟随宇文泰平侯莫陈悦、破窦泰、复弘农、战沙苑，皆先登陷阵，授帅都督，从战河桥后官至冀州刺史。

王杰，金城豪族，祖上历代军官，善骑射，有膂力，在元修西迁后被宇文泰挖到了自己身边，后跟随宇文泰复潼关、破沙苑、争河桥、

---

① 《周书·杨忠传》：河桥之役，忠与壮士五人力战守桥，敌人遂不敢进。以功除左光禄大夫、云州刺史，兼大都督。

战邙山。宇文泰常当着诸将夸这孩子是万人敌。①

高琳，祖、父两辈仕魏，均显达。他作为尔朱天光的嫡系进入关中，随尔朱天光败于韩陵山后留洛阳，元修西迁后再次入关跟了宇文泰，后跟随宇文泰破沙苑、擒莫多娄贷文，河桥战中先驱奋击，勇冠诸军，宇文泰称赞高琳是他的韩信、白起！②

元定，代人迁洛阳，跟随尔朱天光讨关陇，跟随宇文泰讨侯莫陈悦，后跟随宇文泰擒窦泰、复弘农、破沙苑、战河桥，皆先锋，当其前者，无不披靡。以前后功，累迁都督、征东将军、金紫光禄大夫、帅都督，增邑三百户。

韦瑱，京兆豪族，世为三辅大姓，跟随宇文泰复弘农、战沙苑、战河桥，进爵为子，增邑二百户。

他们都有一个特点，即都不是武川籍贯，都没有参与拥立，都是低级别军官，但都已被宇文泰拉拢为嫡系将领了，而且宇文泰从不吝惜对他们的夸奖。

宇文泰在全集团范围内搜寻好苗子，然后全都抓到自己手上！

尤其独孤信，是被薅羊毛薅得最狠的，举几个典型的例子。

贺若敦，代人，父为东魏颍州长史，此时父子刚刚归降西魏不到半年，跟随独孤信守洛阳，被侯景围城时贺若敦曾弯三石弓，箭不虚发。独孤信大为惊奇，跟宇文泰夸了这孩子并帮着讨要军功，结果被宇文泰挖到了自己身边。③这是继杨忠后又一个被宇文泰从独孤信这里挖走的好苗子。

---

① 《周书·王杰传》：太祖尝谓诸将曰："王文达万人敌也，但恐勇决太过耳。"

② 《周书·高琳传》：仍战河桥，琳先驱奋击，勇冠诸军。太祖嘉之，谓之曰："公即我之韩、白也。"

③ 《周书·贺若敦传》：明年，从河内（公）独孤信于洛阳，被围。敦弯弓三石，箭不虚发。信大奇之，乃言于太祖。太祖异之，引置麾下，授都督，封安陵县伯，邑四百户。

宇文泰不仅要挖军官，对独孤信的行政团队宇文泰的手更黑，同样被他挖走的还有独孤信刚刚在洛阳发展的政务型人才裴诹之和柳虬。①

裴诹之在河桥战后很快就被宇文泰挖走了。②

柳虬也被宇文泰挖了，但独孤信魅力大，柳虬不理宇文泰，以母病的托词接着跟独孤信混。③

柳虬后来在去宇文泰那里汇报的时候到底还是被扣下了，被留为丞相府记室。

独孤信最终能位列八柱国，有能力的因素，有辈分的因素，也有"桃李遍关中"的因素。

从杨忠、贺若敦、柳虬这几个人就能看出来，独孤信也是走到哪里就发展到哪里，不断带徒弟、发展规模，当年抛弃父母和妻儿西追元修，什么人都没带只带了杨忠，所谓"忠时随信在洛，遂从魏孝武西迁"。

虽然大量好苗子都被宇文泰挖走了，但到底打断了骨头连着筋，独孤信还是很有影响力的。

同样的道理在李虎这里也是一样，只不过李虎的史料几乎全部被掩盖了，我们看不到他权力网的枝枝蔓蔓，但极大概率跟独孤信带徒弟是一个节奏。

宇文泰对独孤信这个能力强、辈分高的老乡的防范心是相当强的，他几乎拿走了独孤信培养的所有好苗子，还在独孤信身边安排了很多人。

---

① 《周书·柳虬传》：大统三年，冯翊王元季海、领军将军独孤信镇洛阳。于时旧京荒废，人物罕极，唯有虬在阳城，裴诹在颍川。信等乃俱征之，以虬为行台郎中，诹为都督府属，并掌文翰。时人为之语曰：北府裴诹，南省柳虬。

② 《北齐书·裴诹之传》：西师忽至，寻退，遂随西师入关。周文帝以为大行台仓曹郎中。

③ 《周书·柳虬传》：四年，入朝。太祖欲官之，虬辞母老，乞侍医药。太祖许焉。久之为独孤信开府从事中郎。信出镇陇右，因为秦州刺史，以虬为二府司马。

我们举个最惨的例子——王思政。

王思政也是开府大将军的级别，因为镇河南所以没被官方算在中央军的序列里面。[1]

王思政深受宇文泰的信任，令其募兵后跟随独孤信镇洛阳。[2] 王思政其实就是宇文泰安排给独孤信的监军。

河桥之战独孤信跑了，王思政战至最后一人全军覆没，昏死于尸体中，直到双方收兵后才被下属发现。[3]

为什么说王思政是宇文泰的嫡系？他不是前面不听话被毒死的元修的嫡系吗？因为王思政为了给宇文泰表忠心玩了把极其夸张的赌命。

王思政跟随元修入关西来后就一直不安，毕竟皇帝都被毒死了。[4]

有一次宇文泰摆宴后聚众赌博，玩类似于掷骰子的游戏，谁先掷出"卢"谁就能得到宇文泰的金带，大家都掷不出来，轮到王思政时，王思政敛容跪坐发誓道："我王思政羁旅归朝，蒙宰相国士之遇，方愿尽心效命，上报知己，我说的要是真心的，愿掷即为卢；若内怀二心，神灵亦当明之让我掷不出来，我现场自杀死在这里！"[5]

---

① 《周书·卷十六》：自大统十六年以前，十二大将军外，念贤及王思政亦作大将军。然贤作牧陇右，思政出镇河南，并不在领兵之限。

② 《周书·王思政传》：令募精兵，从独孤信取洛阳，仍共信镇之。

③ 《周书·王思政传》：及河桥之战，思政下马，用长槊左右横击，一击踣数人。时陷（阵）既深，从者死尽，思政被重创闷绝。会日暮，敌将收军。思政久经军旅，每战唯着破弊甲，敌人疑非将帅，故免。有帐下督雷五安于战处哭求思政，会其已苏，遂相得。乃割衣裹创，扶思政上马，夜久方得还。

④ 《周书·王思政传》：大统之后，思政虽被任委，自以非相府之旧，每不自安。

⑤ 《周书·王思政传》：太祖曾在同州，与群公宴集，出锦罽及杂绫绢数段，命诸将樗捕取之。物既尽，太祖又解所服金带，令诸人遍掷，曰："先得卢者，即与之。"群公将遍，莫有得者。次至思政，乃敛容跪坐而自誓曰："王思政羁旅归朝，蒙宰相国士之遇，方愿尽心效命，上报知己。若此诚有实，令宰相赐知者，愿掷即为卢；若内怀不尽，神灵亦当明之，使不作也，便当杀身以谢所奉。"

他言辞慷慨，在座的人都惊呆了，王思政说完后拔出佩刀横于膝上开始赌命，等宇文泰反应过来制止的时候已经掷出去了，最终结果为"卢"。从此王思政拿自己的脑袋完成了投名状的上交。[①]

这次表态类似于在集团庆功宴上，一位中层端起酒杯对全体管理层和其他中层们高喊"宇文泰董事长是我爹"！

所以也不能怪独孤信，自己基本都被架空了，身边还都是这种赌命的家伙，他跑起来没有任何心理负担。

高平被拥立、报仇伐陇西、小关斩窦泰、饥荒伐弘农、渭曲逆袭战，宇文泰在上位的四年时间中经历了罕见的磨难和淬炼，但他也凭借战争与天灾的外在压力将整个西魏集团牢牢控制在了自己手上。

其实西魏的骨架在此时已经全部搭建好了。

河桥之战的败逃，更像是独孤信和李虎这两个级别很高、能力很强、威望很大的武川籍大佬对宇文泰不断夺权的无声反抗。

宇文泰行至弘农发现守将都跑了，前面俘虏的那些降卒控制了陕城，于是进攻并重新拿下陕城，杀数百人稳定了局面。[②] 随后宇文泰命王思政守陕城，自己带队伍东归。

高欢派出的追兵追到崤山后就撤了，随后攻金墉城，长孙子彦烧城逃跑，高欢随后更暴力，拆了金墉城后回军。

其实西魏此战并没有伤筋动骨，但独孤信和李虎此次的一路狂奔造成了极坏影响，不但陕城守军都被吓跑，而且此时关中也已经一片大乱。

此次东伐，西魏关中留守兵力不多，被俘虏的东魏士兵听说西

---

① 《周书·王思政传》：辞气慷慨，一坐尽惊。即拔所佩刀，横于膝上，揽樗蒲，拊髀掷之。比太祖止之，已掷为卢矣。徐乃拜而受。自此之后，太祖期寄更深。

② 《周书·文帝纪》：大军至弘农，守将皆已弃城西走。所虏降卒在弘农者，因相与闭门拒守。进攻拔之，诛其魁首数百人。

魏败于洛阳后图谋作乱。李虎这群顾头不顾尾的人逃回长安后傻眼了，也想不出什么好办法，毕竟他们都是弃卒而归的，手下没什么人，最终只能与太尉王盟、仆射周惠达等带着太子逃到渭北，整个关中大乱。①

渭曲之战中被俘虏的东魏都督赵青雀和雍州豪族于伏德等造反占了长安小城，与咸阳太守慕容思庆各召东魏降兵想反杀西魏归军。

最终是留守长安的侯莫陈顺整编了长安百姓，多次出战打败乱军，将东魏俘虏们封在了小城内，此时宇文泰一行才刚刚走到阌乡。

宇文泰认为此时人马已经疲敝不可速行，而且认为赵青雀等不过是一群乌合之众，成不了什么气候，于是道："别担心，等我率轻骑奔赴长安后赵青雀这些人一定会跪下投降请罪。"

这时通直散骑常侍陆通劝道："这些谋反都是蓄谋已久的，一定没有改恶从善之意，况且现在整个关中都在说大军全折在洛阳了，要是轻骑奔赴，百姓们会信以为真的，到时关中就真乱了，所谓'大兵虽疲敝，精锐犹多。以明公之威，率思归之众，以顺讨逆，何虑不平'，大家看到我们的精锐并没有受什么损伤，您只要稳稳当当把队伍带回去，那就很有把握地平叛了。"

注意这句"大兵虽疲敝，精锐犹多"，真要是丢盔弃甲精锐尽丧是不会这么说的。

等宇文泰及大军回到长安后，整个长安的百姓都哭了，表示真没想到还能再见到他！②

瞧瞧关中的谣言有多厉害，闹成这种级别的大乱完完全全就是人

---

① 《资治通鉴·梁纪十四》：魏之东伐，关中留守兵少，前后所虏东魏士卒散在民间，闻魏兵败，谋作乱。李虎等至长安，计无所出，与太尉王盟、仆射周惠达等奉太子钦出屯渭北。百姓互相剽掠，关中大扰。

② 《周书·文帝纪》：长安父老见太祖至，悲且喜曰："不意今日复得见公！"士女咸相贺。

祸。河桥之战其实不算什么，倒是独孤信和李虎的狼狈入关是此次西魏最大的损耗。

宇文泰随后轻松平叛，九月，元宝炬入长安，宇文泰还屯华州。

十二月，西魏再次反攻，是云宝攻洛阳，东魏洛州刺史王元轨弃城逃跑，赵刚袭克广州，于是襄、广二州以西再次归属西魏。

河桥之战准确来讲东魏的损失更大，西魏虽然狼狈入关，但整体损失不大，尤其上层骨干都在，但高欢却损失了高敖曹。

从此高欢在黄河以南开始失去控制，侯景彻底一家独大。

更重要的是，高欢在河阳打造的人工三门峡让一个牛人看出了端倪并玩起了举一反三。

镇陕城的"工程师"王思政给宇文泰上书道："有一个地方相当重要，咱们要筑一座城。这座城筑好后，咱们的关中河东大本营将再无漏洞，从此成为铁板一块，固若金汤！"

这座城，叫玉壁。

五、棋逢对手，前人播种后人收

公元 541 年，宇文泰的"商鞅"——财政兼后勤部长（大行台度支尚书兼司农卿）苏绰开启了三项改革。[①]

1. 裁撤了多余官员。（简化组织架构，方便宇文泰直管到底层。）

2. 基层施行了乡正和里长的"两长制"。（抄北魏的"三长制"作业。）

3. 军队屯田。（抄曹操兖州生死战的枣祗屯田。）

苏绰又撰写了六条对策，九月份经宇文泰批准后在全境施行，内容分别是：

1. 清心。官员要提高个人道德水准，做好表率。

2. 敦教化。地方官府要发挥好导向作用，对已经乱了几百年的民心进行教化。[②]

3. 尽地利。要劝农，将粮食安全问题上升到生死存亡的高度，在

---

① 《资治通鉴·梁纪十四》：魏丞相泰欲革易时政，为强国富民之法，大行台度支尚书兼司农卿苏绰尽其智能，赞成其事，减官员，置二长，并置屯田以资军国。

② 《周书·苏绰传》：然后教之以孝悌，使民慈爱；教之以仁顺，使民和睦；教之以礼义，使民敬让。

全国范围内打击懒汉与流民。①

各地方官执政的过程中要注意频率和尺度，不要瞎指挥乱发命令，不要以施政之名实行罪恶之事，不要去骚扰百姓。②

4. 提拔贤良。办好老百姓的事情，关键在官员。③ 要提拔为百姓办实事的官员，对扰民阻碍生产的官员一律罢黜。④

基层的"两长"选拔不能流于形式，必须要选拔出当地的能人乡望。⑤

5. 慎重狱讼。减少杀伐，量刑宜宽；若遇到深奸巨猾、伤化败俗、悖乱人伦、不忠不孝的这种反面典型，杀一利百，以清王化，可用重刑。

6. 均赋役。民不患寡而患不均，豪强贫弱要一碗水端平。⑥

基层官员手中的权力很大、弹性很大，是照顾豪强欺负百姓的最大黑手，别以为上面不知道这些弯弯绕，后面要专门治理这些事。⑦

宇文泰极度重视苏绰的改革方案，专门摆在座位右边，还命各部

————————

① 《周书·苏绰传》：若有游手怠惰，早归晚出，好逸恶劳，不勤事业者，则正长牒名郡县，守令随事加罚，罪一劝百。此则明宰之教也。

② 《周书·苏绰传》：夫为政不欲过碎，碎则民烦；劝课亦不容太简，简则民怠。善为政者，必消息时宜而适烦简之中。

③ 《周书·苏绰传》：官省则事省，事省则民清；官烦则事烦，事烦则民浊。

④ 《周书·苏绰传》：如闻在下州郡，尚有兼假，扰乱细民，甚为无理。诸如此辈，悉宜罢黜，无得习常。

⑤ 《周书·苏绰传》：非直州郡之官，宜须善人，爰至党族闾里正长之职，皆当审择，各得一乡之选，以相监统。夫正长者，治民之基。基不倾者，上必安。

⑥ 《周书·苏绰传》：今逆寇未平，军用资广，虽未遑减省，以恤民瘼，然令平均，使下无匮。夫平均者，不舍豪强而征贫弱，不纵奸巧而困愚拙，此之谓均也。

⑦ 《周书·苏绰传》：租税之时，虽有大式，至于斟酌贫富，差次先后，皆事起于正长，而系之于守令。若斟酌得所，则政和而民悦；若检理无方，则吏奸而民怨。又差发徭役，多不存意。致令贫弱者或重徭而远戍，富强者或轻使而近防。守令用怀如此，不存恤民之心，皆王政之罪人也。

门官员通篇背诵，并规定凡是担任牧守令长的，如果不熟悉这六条诏书和户籍制度就不能当官。[①]

西魏的国力开始迅速强大。

讲到这里有一个问题，大家都知道这一套是好东西，为什么历朝历代能这样打造国家机器的政权那么少呢？基本来讲，从东汉亡了到西魏三百多年了，有几个政权拿出了这套国家账本？

那些政权是缺乏天纵奇才吗？西魏的成功真的是因为苏绰天纵奇才吗？我们不能否认这一点，后面隋唐的记账、户籍等制度都来源于苏绰。包括流传至今的"红头文件"制度，也是从苏绰开始定的规矩。

苏绰的记账方式是按户统计，在每户户主之后逐一登记户内成员及奴婢之名，每人名下记载性别、年龄等情况，并登记受田数和应纳租调数，然后每户算出应该交的税是多少，一户一户再汇总形成一个地区的税额。

这是一整套算数公式，有技术含量的东西，全民推动起来从来不容易。

史书中说是宇文泰拿这套户籍征税技术考核官僚系统，发挥导向作用让关中吏治大变的，貌似是高层的高度重视让关中发动机转起来的。

高层的重视就那么厉害吗？孝文帝对自己的种姓改革也挺重视，但死的时候洛阳满大街的人穿的还都是胡服。

高层的重视值钱，天纵奇才值钱，但中间还需要政策落地的智慧。宇文泰是罕见的在短时间内完成复杂改革的政治家。

改革这事几千年来就有几个人成功了，这事就跟"天青色等烟雨"的青花瓷一样难以把握火候，宇文泰能成功，他和苏绰的这个君臣组合固然厉害，但为改革成功打下基础的其实是当年给北魏"太和改制"保驾护航了十五年的文明太后。

---

① 《周书·苏绰传》：太祖甚重之，常置诸座右。又令百司习诵之。其牧守令长，非通六条及计帐者，不得居官。

苏绰的那一套，其实就是当年北魏"三长制"的变种。

文明太后用了十五年，让渡了自己的大部分利益，付了巨款帮整个华夏无痛过渡到了这样一整套的国家操作系统。

宇文泰能迅速富国强兵，除了关中在天灾后腾出了太多存量利益供分配之外，更多是因为站在了文明太后的肩膀上。

各地官府、各地豪族对这套政策都熟，都能快速上手，所以推行起来就没有障碍，这才是核心。没有老太后，宇文泰这辈子都捋不明白。即便铁腕如商鞅，他的变法也是用了十年时间才把整个秦国捋顺的。①

在东西魏年年见血的大环境下，宇文泰能有充分的时间搞改革？高欢会给他机会捋家里的利益线头？会让他在各郡插上吸管方便调集资源？

高欢只会"趁他病要他命"，利用西魏改革的痛点去搞分裂，宇文泰是不可能改革下去的。

我们在"女王的棋局"中详细写了改革中有多少险关和利益需要去妥协和兑现啊，老百姓很难一下子就彻底适应和配合改革者的改革大计。

如果没有文明太后打的底子，在这样一个双方互挖墙脚的大环境下，宇文泰是不可能有办法搞铁腕改革的。

我们举个例子。

杜弼发现百官都在贪污公款，于是让高欢反腐，高欢对他说："贪污这事是习俗，这不叫毛病，你格局小了，现在西面的宇文泰是顶级猎头，南边有个念经的老头对汉人的士大夫很有号召力，要是现在反腐，咱们那些军官都得一路向西了，咱们那些文官都得南下了，你的心情我理解，但现在不是时候。"

高欢这话杜弼到底还是没听明白，后来在出兵西魏时请求高欢先除内贼，高欢问："内贼是谁啊？"

---

① 《绎史·卫鞅变秦法》：令行于民期年，秦民之国都言初令之不便者以千数。于是太子犯法……行之十年，秦民大说，道不拾遗，山无盗贼，家给人足。

杜弼说："掠夺百姓的那群勋贵。"

高欢这回没跟这个不开窍的人说废话，命相府士兵拉弓搭箭举刀握矛排成面对面两队，对杜弼说："你给我走过去。"

杜弼吓坏了，高欢随后对他说："什么都没做你就已经吓破胆了，这些立功的勋贵都是从刀口舔血过来的人，都是百死余生，天下都是他们打的，苦一苦百姓又能怎么样，怎么能按常理去要求他们呢？"

高欢跟杜弼讲了一个道理：这是个利益打底的世界。

从前面苏绰定的那些规矩也能看出来，基层的事，办好全在"两长"。文明太后时代我们也讲过，基层的行政官员也还都是地方的豪族。如果没有文明太后打基础，如果地方豪族不清楚"两长制"对自己有什么好处和油水，宇文泰的改革怎么可能推下去，尤其是边境地区，比如河东那里如果看宇文泰不上道，早早就会投奔高欢了。

没有文明太后帮"隋唐"蹚好了路，宇文泰只能有什么是什么地妥协着，能过一天是一天，根本不可能在与高欢的年年大战中搞这种大型改革。

我们为什么要说"女王的棋局"那一战是本书最硬核的一篇呢？

因为没有文明太后，所谓的大唐气象不知道还要再摸索多少年，毕竟文明太后时代的大环境、她的执政水平与改革大才，以及风调雨顺，都凑在一起，这种机缘太罕见了。

西边在抄作业，其实东边也在抄，高欢也是个明白人。

高欢先是定规矩，叫百官在麟趾阁商定法律制度，命名为《麟趾格》。这一年十月十六，东魏开始颁布新法。

高欢接着统一度量单位，规定各州一律以四十尺为一匹。①

然后改善河南民生，恢复战后生产，做大人口蛋糕。由于东西魏

---

① 《资治通鉴·梁纪十四》：东魏丞相欢以诸州调绢不依旧式，民甚苦之，奏令悉以四十尺为匹。

连年征战，河南诸郡一片荒芜，人口大量流失，高欢命各州在渡口桥梁都设置粮库，通过水道转运供应粮食，供给部队防备饥荒，又在幽、瀛、沧、青四州煮盐官营收税支付军需，至此财政收支开始平衡。①

东魏已经连年好收成，一斛谷的价格降到了九钱，整个东魏一片祥和景象。②

高欢这边除了不能反腐之外，跟文明太后几乎一个套路和节奏。到 546 年时高欢已经有行政能力彻查全境范围内的户口了，一口气清查出了六十多万黑户，并使之重新进入国家账本。③

东西魏在比着大生产，在比着恢复文明太后的荣光。

既生欢，又生泰，绝代双骄！

542 年，西魏开始设置六军，八柱国的雏形出现了。

提前看张图，看看李虎和独孤信这两个"跑男"有多不招宇文泰待见，元家的傀儡都塞在这里了。（见图 12-10）

其实李渊的爷爷李虎和外祖父独孤信跟宇文泰也是互相看不顺眼："你把我们俩都薅秃了！"

当年八月十六，高欢任命侯景为尚书仆射、河南道大行台，意思是整个河南地区让侯景随意看着办。

当年高欢听说高敖曹死后如丧肝胆，打了高永乐两百杖，赠高敖曹太师、大司马、太尉公、录尚书事、冀州刺史，并给出了最高级别通谥的"忠武"。

---

① 《资治通鉴·梁纪十四》：东西分裂，连年战争，河南州郡鞠为茂草，公私困竭，民多饿死。欢命诸州滨河及津、梁皆置仓积谷以相转漕，供军旅，备饥馑，又于幽、瀛、沧、青四州傍海煮盐，军国之费，粗得周赡。

② 《资治通鉴·梁纪十四》：至是，东方连岁大稔，谷斛至九钱，山东之民稍苏息矣。

③ 《资治通鉴·梁纪十四》：东魏以丧乱之后，户口失实，徭赋不均，冬，十月，丁巳，以太保孙腾、大司徒高隆之为括户大使，分行诸州，得无籍之户六十余万，侨居者皆勒还本属。十一月，甲申，以高隆之录尚书事，以前大司马娄昭为司徒。

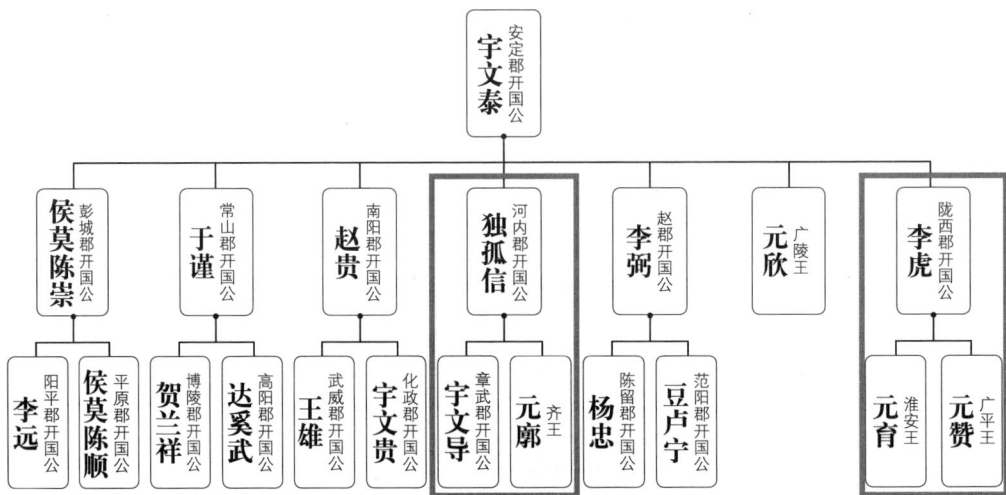

图 12-10　西魏八柱国雏形

　　其实高欢这么做不仅仅是为了安抚河北汉人所做的面子工程，他是真的心痛。本来高敖曹和侯景这两人在河南互相制衡是他最想要的状态，但自己的族人做了蠢事，间接弄死了高敖曹这个关键工具人。

　　东魏的地盘太大，高敖曹死后，高欢无可奈何地选择了侯景为总负责人。那么问题又来了，以高欢之才，难道看不出来侯景这个人不能外放吗？怎么可能！高欢一直防着侯景，死的时候还专门给儿子留了锦囊妙计。

　　那他为什么要让侯景专制河南呢？因为大环境太残酷。河南给了侯景，他能给高欢守住地盘，不至于反水。

　　整个东魏集团，目前除了侯景之外，再没有能力和辈分都合适的人了。其他人要么根本扛不住宇文泰的揍，要么禁不起宇文泰的勾搭。说到底，是不得已。

　　这个时代太废人才，双方首领还都是一眼就能抓住弱点的顶级大神，必须唯才是举，差一点儿都不行。

　　以李虎和独孤信在河桥之战后的那个逃跑速度，换在别的时代早被当反面典型砍了，但宇文泰根本不敢动。侯景在高欢这里也是一样，高欢知道他脑后有反骨也没办法，是毒药也得吃，不吃死得更快。

高欢和宇文泰两个顶级大才在东西对掌的同时，逼出了两晋南北朝最壮丽的群雄时代。

在任命侯景的同月，高欢安排好一切后率重兵连营四十里，自晋阳南下来打河东。

虽然天下很大，但高欢无可奈何地来到了王思政四年前选好的阻击地点——玉壁城。

我们来系统看看河东地区吧，这片土壤肥沃、产盐产矿的天赐之地，拜黄河、汾水与太行山所赐，跟关中连在一起自成一个地理单元。

高欢此时如果想要再次打进关中，理论上有两条路线可选，准确地说是两条物流线：一条自陕津换船自黄河入渭水，一条自汾水南下入黄河然后进渭水。（见图 12-11）

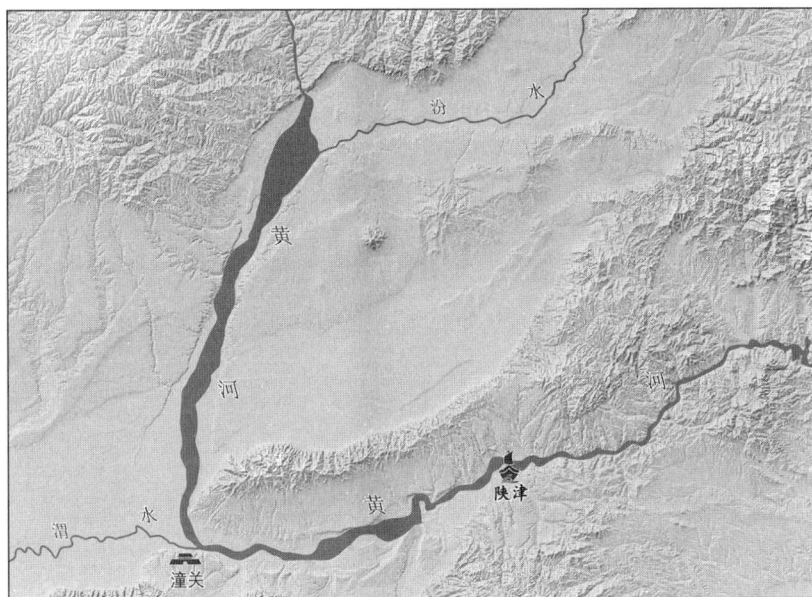

图 12-11　黄河、汾水、渭水示意图

目前来看，从陕津上岸就别想了，因为陕城在西魏手上，逆流而上的粮船根本上不了岸，豫西通道还有函谷、潼关等多座天下闻名的险关，根本打不起。最合适的突破口，是在河东。

538年初，高欢命侯景、高敖曹治兵虎牢的同时就派后来被李弼斩了的"彪哥"莫多娄贷文先后攻克了南汾州（今山西临汾吉县）和东雍州（治正平，即今山西运城新绛）。高欢的一只脚已经迈进了河东。

河桥之战后，王思政跟宇文泰上书表示不要再跟高欢争夺正平郡的归属了。因为看似正平是入侵河东的关键要道，但其实它并没有那么重要。（见图12-12）

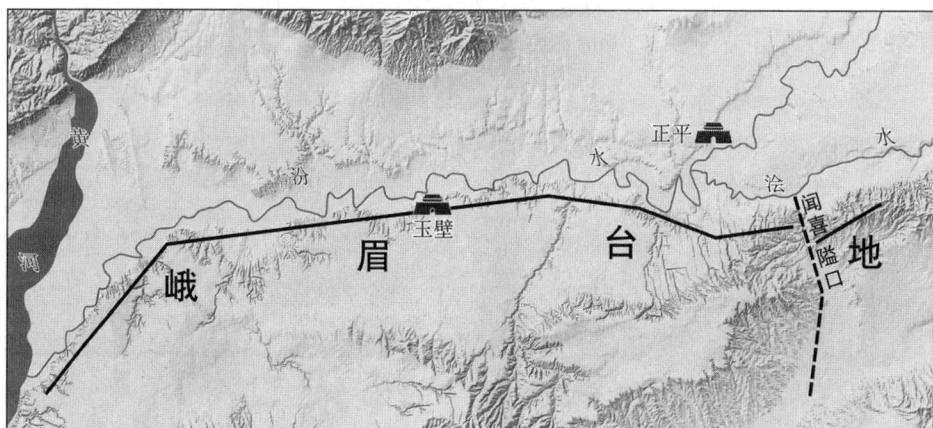

图 12-12　峨眉台地示意图

原因还是物流成本问题。

汾水经太原盆地一路南下后本应继续往南走的，但它遇到了一片高山，叫作峨眉台地。

峨眉台地的边缘受流水侵蚀和河流冲刷形成了陡峻的黄土断崖和冲沟，沿河断崖大多在五十米以上。

由于受到了峨眉台地的阻挡，汾水顺着峨眉台地往西流入黄河了。

正平虽然是两条路的枢纽，但因为险要和民心问题，南边的闻喜路高欢根本走不起。

自正平往南经闻喜隘口穿过峨眉台地有一段相当崎岖的山地，沿途地形复杂，隘口道路崎岖狭窄，兵力展不开，粮草运输困难又容易受到阻击，附近的豪强势力也持敌对态度，而且南面的涑水也不连接黄河。

高欢在河东从来就不得民心，两次败退的时候都极其狼狈，当地大族都在帮宇文泰，尤其宇文泰还专门安排河东人治河东，像河东百年望族的裴氏、柳氏、薛氏都被宇文泰安排在了本乡来治本土。

我们自西晋进入门阀时代后总提到的河东裴氏，其实就是闻喜裴氏。

裴邃作为闻喜地头蛇为州里所推，在沙苑之战前东魏来袭时他就带着闻喜的本土县大队分据险要以自固。而且当时在他的一通游说后，正平也被拿下了。在李弼反攻时，他作为本土形象代言人公关了很多地方，后被宇文泰直接安排为正平郡守。[①]

不只物流方面没法选，当地人这关高欢也过不去。就算他突破了闻喜路，他也没办法组织起当地的陆运物流帮他运粮到黄河边。

西魏根本不必担心高欢会走闻喜路，所以正平的价值就这样减少了一半。

更重要的是，正平在汾水北面，如果高欢以这个点为枢纽，增援的时候就要面临汾水的阻隔问题。当年姚兴就是被拓跋珪隔着汾水逼得全军大哭的。

高欢迅速拿回了正平其实也说明了这个问题。

王思政的上书讲明白了一个问题：高欢在河阳打造了人工三门峡，目

---

① 《周书·裴文举传》：大统三年，东魏来寇，邃乃纠合乡人，分据险要以自固。时东魏以正平为东雍州，遣其将司马恭镇之。每遣间人，扇动百姓。邃密遣都督韩僧明入城，喻其将士，即有五百余人，许为内应。期日未至，恭知之，乃弃城夜走。因是东雍遂内属。及李弼略地东境，邃为之乡导，多所降下。太祖嘉之，特赏衣物，封澄城县子，邑三百户，进安东将军、银青光禄大夫，加散骑常侍、太尉府司马，除正平郡守。

的是为了卡西魏军的漕运，如果我们也顺着这个思路思考呢？不卡正平，把它让给高欢，只要卡死高欢汾水的漕运，他的手就永远伸不进关中。

所以说王思政选的这个玉壁位置相当绝。

我们现在来看看玉壁城是个什么模样。它是峨眉台地天造地设的堡垒，其东、西、北三面皆为深沟巨壑，地势突兀，险峻天成，唯有南边一条大道可以出入。

玉壁原为汾水下游的一处渡口，前临汾水，敌方的船只要从前面经过，我方就变成铁道游击队；敌方要是来打我方，汾水就是天然护城河，敌方军队就算过来了面临的又将是罕见的仰攻难度。

玉壁之南穿过峨眉台地可以通往汾阴（今山西运城万荣）到达河东腹地，河东方面的援军还能源源不断地支援玉壁。

更可怕的地方在于，玉壁城不仅是天险，它的腹地还大。当年大名鼎鼎的祁山堡也是类似于玉壁的天险，它可驻军的面积不过三分之一个足球场大，就足以让丞相诸葛亮绞尽脑汁。

玉壁城有三十个足球场大小，可以轻轻松松容纳一万人。

这个驻军数量肯定是拦不住大规模的高欢军队的，但只要他的主力过去了，玉壁驻军就能断了他的后路和物流。

我方在汾水南岸的人工天险高台上，敌方没法包围我；如果敌方的小股力量过了汾水我方就能消灭他们，如果敌方大规模兵力到来，我方就可以耗死他们。这就太让人绝望了。

其实不光玉壁设了大锁，宇文泰在看到河阳三城后回去又迅速造了个自己的"河东三门峡"，不仅在蒲津渡建了浮桥，在两岸中间的沙洲上也建了座中潭城保护蒲津浮桥。（见图12-13）

中潭城的具体位置如今已不可考了，因为这片沙洲的位置总在变。

有句老话叫作"三十年河东，三十年河西"，说的就是这段河道，经常是河东岸的村子多年后因为黄河改道就变成了河西岸的村子，这其实说明在这个河中沙洲建城是个很不靠谱的行为，因为不一定哪一年水

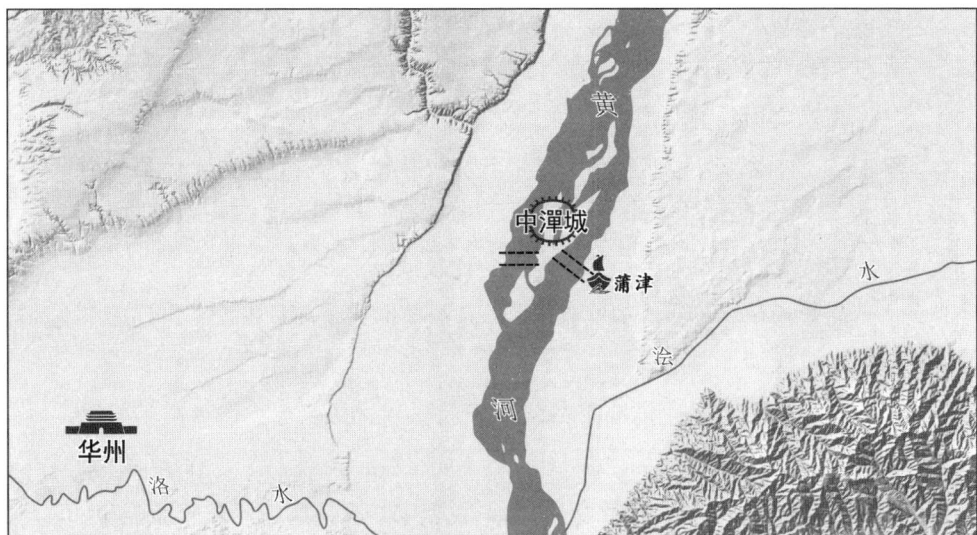

图 12-13　西魏中潬城示意图

量大就把城冲毁了。

　　但是，在这里建城就算是浪费了，用大炮打蚊子了，也是值得的。这里能用上一次就是救命的级别，高欢咖位太高，学习能力极强，每次沙苑之战宇文泰都能保证打赢吗？那怎么河桥之战就出问题了呢？

　　时代来到此时，我们惊讶地发现，无论是国家治理还是军事战略，绝代双骄都在以惊人的速度互相学习着，这是中国历史上极其罕见的双方将"地利"互相拼到极致的时代。这也是中国史上罕见的棋逢对手、将遇良才的恢宏时代。

　　来到了玉壁城下以后，高欢的脑袋就像孙悟空被唐僧念了咒一样开始疼，于是写信给王思政表示："你投降的话条件好商量，我让你做并州刺史。"

　　王思政回信道："可朱浑元倒是降了，并州怎么没得到呢？别废话了，我当着好几百人赌咒发誓喊宇文泰是我爹，这辈子的后路已经绝了。"

十月初六，高欢大军渡汾水包围了玉壁。打了九天后高欢以天降大雪，士卒饥寒交迫造成非战斗减员的理由撤退了。

高欢之所以跑，既是因为玉壁城让人绝望，也是因为听说了宇文泰正飞速往这里赶，而且宇文泰带着贺拔胜、杨忠、怡峰这一大群猛男前来，这大雪天也没做好决战准备，于是撤了。

宇文泰渡汾水追了一阵没追上，比较遗憾。

高欢撤军后不久，543年二月，高敖曹的二哥高仲密反了，献虎牢关投降西魏。

原因是高仲密之前娶了博陵崔氏的崔暹之妹为妻，但后来不要这个崔氏女了。

崔暹不高兴了，更重要的是本来豪门联姻就是利益和脸面的事，高仲密这样直接打脸，那博陵崔氏还混不混了？于是崔暹找了自己的老大——高欢世子高澄，说高仲密搞圈子文化，用的人都是他同乡。

高仲密后来娶的是赵郡李氏的姑娘，模样棒，被高澄看见后见色起意了，想用强，把人家衣服都撕破了，高仲密很愤怒，①心想："这就是欺负我弟弟高敖曹死了，我家老三要是还在非让高澄你当太监不可，高澄你太欺负人了！"

高仲密后来找了机会出为北豫州刺史，但已经开始遭到高欢的怀疑，并派奚寿兴来接管高仲密的军事工作，随后高仲密抓了奚寿兴正式叛入西魏。

宇文泰在休养了四年后，抓了一把大牌又一次来到了老景点河阳，高欢也亲率十万人马到达黄河北岸。

绝代双骄人生中的最后一次大会战即将开打。

这也是很多名将的最后之战。

---

① 《资治通鉴·梁纪十四》：仲密后妻李氏艳而慧，澄见而悦之，李氏不从，衣服皆裂，以告仲密，仲密益怨。

六、邙山，府兵制的开始；玉壁，敕勒川的离歌

543 年三月，西魏军包围了河桥南城，高欢不久率兵十万临黄河北岸。

宇文泰把部队撤到了瀍水，一副示弱的样子。他的目的是勾引高欢大部队过河，然后放出埋伏在上游的火船偷袭烧掉河桥，将高欢拦截在黄河南岸。但很遗憾，河桥对此早有预案。

东魏有三座城专门保护那座桥，斛律金派人用一百多只小船装载着长锁链先做了道保护墙，等火船来时就给转移到岸上去了。

高欢过了河后连日据邙山为阵，根本不跟宇文泰打。高欢很明白，宇文泰的物流线根本打不起这仗，我耗死你！

所以说宇文泰从最开始接收虎牢这个礼物时就冒着巨大的成本风险，只要河阳城在东魏手里，单是运粮食西魏就守不起虎牢。

宇文泰看到高欢不上套，开始主动来和高欢会战。

自瀍水到河阳四十里路，沿途无水，高欢收到消息后道："非渴死他们不可！"随后整好队形严阵以待。[①]

等宇文泰大军临近后，高欢猛将彭乐率数千精骑直接从右翼杀出

---

① 《北史·彭乐传》：候骑言贼去洛州四十里，蓐食干饭，神武曰："自应渴死，何待我杀！"乃勒阵以待之。

去了，最开始高欢还以为他临阵叛变了。①

一会儿战报传来，彭乐抓了西魏的临洮王元东、蜀郡王元荣宗、江夏王元升、钜鹿王元阐、谯郡王元亮、詹事赵善，以及督将僚佐四十八人。②

这是极其神奇的一幕，西魏表现得不堪一击，彭乐抓了一群西魏的宗室回来，宇文泰的那些有用的嫡系一个没弄过来。

西魏退军，高欢命彭乐追杀，宇文泰被追上，窘迫道："你个大傻子，今天我要是不在了，明天你还在吗？还不赶紧去前营收金银宝贝！"③

彭乐同意了，拿了宇文泰的一条金带回来，说宇文泰已经吓破胆了。

高欢很快知道了真相，气得抓起他的脑袋就往地上摁，还数落他在沙苑的时候就吹牛，甚至拿着刀好几次想砍了他，但最终高欢控制住了自己的情绪。④

彭乐请求以五千骑兵再去抓宇文泰，高欢道："都让你放了还捉什么！"于是命人取三千匹绢压在彭乐身上当赏赐。

此战可疑之处甚多。

1. 彭乐率军冲击顺利得不像话，西魏"所向奔退"，根本没遇到抵抗就杀进了宇文泰大营，以至于有人说彭乐是约好了要临阵投敌。

---

① 《北史·彭乐传》：乐以数千精骑为右甄，冲西军北垂，所向奔退，遂驰入周文营。人告乐叛，神武曰："乐弃韩楼事尔朱荣，背尔朱归我，又叛入西。事成败岂在一乐？但念小人反覆尔。"

② 《北史·彭乐传》：俄而西北尘起，乐使告捷，虏西魏临洮王东、蜀郡王荣宗、江夏王升、钜鹿王阐、谯郡王亮、詹事赵善，督将僚佐四十八人。

③ 《北史·彭乐传》：西军退，神武使乐追之。周文大窘而走，曰："痴男子！今日无我，明日岂有汝邪？何不急还前营收金宝？"

④ 《北史·彭乐传》：神武虽喜其胜，且怒，令伏诸地，亲称其头，连顿之，并数沙苑之失，举刀将下者三，嗟龂良久，乃止。

高欢随后也不以为然地做了人品解读，说彭乐最开始叛韩楼，然后叛尔朱荣，现在又叛自己。

2.彭乐绑了一大堆西魏宗室过来，都是没什么用的人，最关键的是第二天宇文泰和高欢再次决战，战斗力和士气根本没受影响。

3.宇文泰的那句话有玄机。

明明抓了宇文泰绝对是万户侯的级别，但宇文泰却说："痴男子！今日无我，明日岂有汝邪？"宇文泰和彭乐大概率有关系。

综上，无论是彭乐的战场表现还是战果，无论是宇文泰的反应还是他的结局，此战更像是宇文泰对西魏宗室光明正大的阳谋暗算。

第二天，双方再战。

宇文泰的战力和高欢的脑力在这一战得到了淋漓尽致的体现。

战役开始，宇文泰还是老习惯统中军，赵贵统左军，若干惠统右军。①

高欢在军阵里的位置不详，推测应在中军或左军，他在右军部署了大量士兵。

在战役开始之后宇文泰收到了一个消息，高欢军中有个盗杀军中驴子的士兵按律应该被砍头，但高欢没杀说要回并州再处决，结果第二天战斗的时候这个人逃过来告诉了宇文泰高欢所在的位置。②

这个理由太过于无厘头，按理讲这个人更像是东魏的间谍，但宇文泰随后调集了中军和右军的精锐开始朝高欢方向猛烈攻击，大破高欢。③

---

① 《资治通鉴·梁纪十四》：明日，复战，泰为中军，中山公赵贵为左军，领军若干惠等为右军。

② 《北齐书·神武帝纪》：是时军士有盗杀驴者，军令应死，神武弗杀，将至并州决之。明日复战，奔西军，告神武所在。

③ 《周书·若干惠传》：及战，惠为右军，与中军大破之，逐北数里，虏其步卒。

宇文泰为何要相信这个情报？因为宇文泰很快发现了高欢的指挥部，于是让贺拔胜带着三千敢死队去攻高欢了。[1] 贺拔胜直接把高欢打崩了，随后进入追逐环节。

贺拔胜看见高欢的背影大吼道："贺六浑（高欢鲜卑名）！我贺拔破胡必杀你！"据说贺拔胜的矛眼看着就要扎到高欢了，但这时他的马被射死了，等后面骑兵赶到时高欢已经跑远了。贺拔胜很遗憾地说："我今天没带弓箭，这是天意啊！"[2]

这段历史是真实存在的，不是贺拔胜事后吹嘘，贺拔胜的儿子因为历史原因都在东魏，此战后全被高欢弄死了，贺拔胜随后也因此气死了。在《北齐书》中也有很多侧面记载，比如高欢的亲信都督尉兴庆战后被干掉了，比如贺拔胜的那匹马被武卫将军段韶射死了。[3]

有人可能会问，仗打成了这个德行，高欢的脑力还有什么可吹的吗？

来，我们复盘下高欢的思路：

1. 将重兵汇聚于右翼专门打击宇文泰的左军。

2. 战前放跑死囚泄露自己所在，然后还把自己的旗鼓标志高敖曹般地亮明身份去确认情报。

3. 以自己为诱饵，引诱西魏军来攻。

至此，高欢的行为可能会产生两种后果：

1. 西魏全军看到高欢的广告牌后都疯了，然后阵脚乱了都来抢万户侯，跟沙苑之战他崩溃时是一个样子。

---

① 《周书·贺拔胜传》：又从战邙山。时太祖见齐神武旗鼓，识之，乃募敢勇三千人，配胜以犯其军。

② 《周书·贺拔胜传》：胜适与齐神武相遇，因告之曰："贺六浑，贺拔破胡必杀汝也。"时募士皆用短兵接战，胜持槊追齐神武数里，刃垂及之。会胜马为流矢所中，死，比副骑至，齐神武已逸去。胜叹曰："今日之事，吾不执弓矢者，天也！"

③ 《北史·段韶传》：芒山之役，为贺拔胜所窘，韶从傍驰马反射，毙其马，追骑不敢进，遂免。

这个作用确实起到了，西魏全军都行军无纪律，受到了一定影响，后来追责时所谓"太祖以邙山之战，诸将失律，上表请自贬"。

2. 宇文泰会派精锐来打他。

事实上也确实如此，宇文泰的中军和右军全压上来了。

那么，高欢到底打的什么算盘呢？

1. 他作为诱饵让西魏阵脚大乱，然后自己死扛西魏的精锐，扛不住的话就逃回河阳城。

2. 他要用布置在右侧的压倒性优势兵力去打穿西魏的左军，然后趁势拿下西魏军营，既断了宇文泰的归路也断了宇文泰的粮草。（见图12-14）

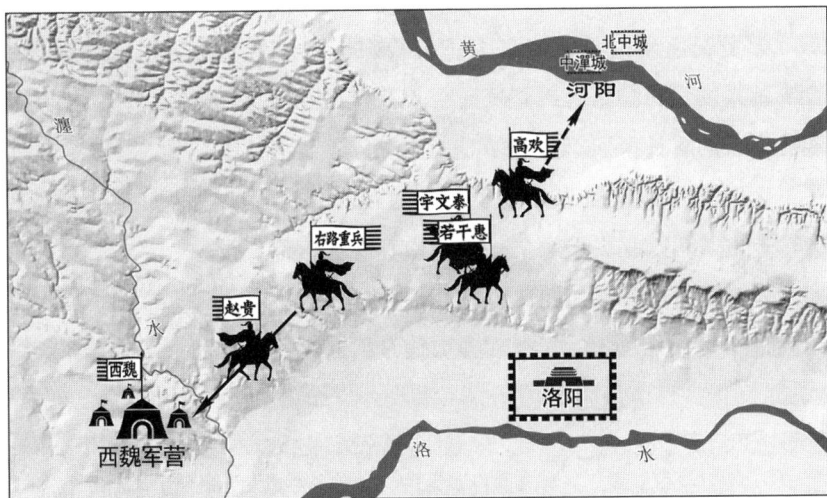

图 12-14　邙山之战高欢的战略构想

一旦这个战略构想达成，宇文泰就会被困死在洛北。但高欢的这个战略构想并没有起到那么好的效果。

1. 他的军队崩溃得比预想中的快，西魏左军还没崩的时候，他自己这个诱饵就差点儿成祭品了。

2.虽然高欢部署了大量兵力在"大漏勺"赵贵的左军一侧，但他并没有快速打穿，西魏在左军不利后发现了高欢的阴谋，因此开始全线撤退。[1]

此战西魏立功将领还是不少的，比如贺拔胜和若干惠。

比如永远稳定输出的杨忠，此战又是先登陷阵冲垮高欢，战后连他的母亲都被追封了。[2]

比如宇文泰的干儿子蔡祐，此战穿得跟个机器人一样所向披靡。[3]

比如豆卢宁，战后进爵郡公，增封邑。[4]

虽然诸将立功不少，但是宇文泰只对王勇、耿豪、王杰这三人进行了特殊嘉奖。

王勇在战役中率三百敢死队员执短兵器，大呼直进，出入冲击，杀伤甚多，敌人没有敢抵挡他们的。耿豪和王杰也都是这样。

宇文泰之所以对这三个人进行特殊嘉奖，是因为在赵贵左军"失律"被东魏大军猛击时，是这三个人稳住了局面，拖延了时间，最终没能让高欢的算计得逞。[5]

西魏全军撤退后，差点儿丢命的高欢开始收获他的搏命果实，率大军追击。西魏损失惨重，一度于谨和独孤信都"投降"了。

不知道于谨和独孤信是真投降还是假投降，反正投降后东魏军继续前进扩大战果，随后于谨和独孤信又拾起兵器从后面杀来，把东魏的

---

① 《周书·若干惠传》：齐神武兵乃萃于左军，军将赵贵等与战不利，诸军因之并退。

② 《周书·杨忠传》：邙山之战，先登陷陈。除大都督，进车骑大将军、仪同三司、散骑常侍。追封母盖氏为北海郡君。

③ 《周书·蔡祐传》：太祖率军援之，与齐神武遇，战于邙山。祐时着明光铁铠，所向无前。敌人咸曰"此是铁猛兽也"，皆遽避之。

④ 《周书·豆卢宁传》：与东魏战于邙山，迁左卫将军，进爵范阳郡公，增邑四百户。

⑤ 《周书·王勇传》：是役也，大军不利，唯勇及王文达、耿令贵三人力战，皆有殊功。太祖于是赏帛二千疋，令自分之。军还，皆拜上州刺史。以雍州、岐州、北雍州拟授勇等，然州颇有优劣，又令探筹取之。勇遂得雍州，文达得岐州，令贵得北雍州。

追击军给打散了，至此战役结束。①

右军总指挥若干惠退回弘农后还在和宇文泰叹息此战的功败垂成，认为就差一点儿啊！②

实际上真的如此吗？西魏差的这一点儿，其实已经是超常发挥了。别看高欢被追得鸡飞狗跳的，但战略计划却是围绕着他的思路开展的。

放兵泄密，展示旗鼓，这都是"致人而不致于人"，让西魏军觉得有利可图，让西魏军跟着自己走。

这个战略计划本质上的思路和韩信背水一战时自己当诱饵一样，这个诱惑实在太大，西魏军没办法不追，因此被调动乱了阵脚。

更重要的是高欢的主场作战优势太大，这座河阳城对于高欢来讲简直就是物流和地利的超级加成。从头到尾都是宇文泰不得不来和高欢决战，这其实还没打，宇文泰就已经输一半了。

高欢算计到了极致，要不是西魏的超级战斗力，西魏的高级将领不知道要被一网抓住多少。

邙山战后，高欢逼近陕城，宇文泰派达奚武等去抵挡，东魏行台郎中封子绘对高欢说："统一东西的机会就在今天，您别犹豫啊！"

高欢觉得有理，于是召集众将问什么想法，大家都说这条路没有给养和草料，不能追。

高欢考虑再三后放弃了，仅派了刘丰去追，就当刮刮彩票。

高仲密刚投降的时候，宇文泰去玉壁调了王思政守虎牢，结果王思政刚走一半路邙山就战败了，于是宇文泰命王思政守弘农。王思政到

---

① 《周书·于谨传》：邙山之战，大军不利，谨率其麾下伪降，立于路左。齐神武军乘胜逐北，不以为虞。追骑过尽，谨乃自后击之，敌人大骇。独孤信又集兵士于后奋击，齐神武军遂乱，以此大军得全。

② 《周书·若干惠传》：至弘农，见太祖，陈贼形势，恨其垂成之功，覆于一篑，于是歔欷不能自胜。太祖壮之。

了陕城下令开城门，然后自己脱了衣服就开始睡觉。陕城军心被这位"行为艺术家"给稳定住了。

几天后刘丰到了陕城，一听说玉壁大神在城里，于是撤了。

此次邙山之战是西魏立国以来真正意义上的第一次大败，西魏兵员损耗很大，大量老兵折在了撤军路上。

因此，宇文泰在上书自贬后第一时间开始广募关陇豪族，进行兵员补充。[①]

至此，真正意义上的关陇贵族集团开始正式登上历史舞台。

此后的三年，宇文泰每年十月都要举行大阅兵对新增的队伍进行检阅。

本来西魏政权是以武川集团为核心打下来的，在苏绰改革后，宇文泰手中已经有了国家操作系统的全盘账本，当户口和征税系统搞定后，其实以此为基础从广大户口中吸纳兵员是最好的途径。这样的成本是最低的，手中的权力股份不会被其他利益集团稀释。

关陇各地豪族在北魏大乱后各自手里聚拢的"乡兵"在此之前并不被宇文泰的武川集团所吸纳，通常只是本乡守本土。

但邙山大败之后，宇文泰的中央军兵员大损，来自高欢的巨大压力使宇文泰根本没时间去临时从没打过仗的平民中征集兵员，而是无可奈何地将手伸向了关陇各地豪族的乡兵。

关陇各地豪族如京兆韦氏，河东柳氏、裴氏、薛氏，武功苏氏等等高门大姓，从此开始大量进入西魏中央军系统。

西魏此后由六军慢慢扩充成了十二军乃至最后的二十四军，虽然

---

① 《周书·文帝纪》：太祖以邙山之战，诸将失律，上表请自贬。魏帝报曰："公膺期作宰，义高匡合，仗钺专征，举无遗算。朕所以垂拱九载，实资元辅之力，俾九服宁谧，诚赖翊赞之功。今大寇未殄，而以诸将失律，便欲自贬，深亏体国之诚。宜抑此谦光，恤予一人。"于是广募关陇豪右，以增军旅。

其领军还是之前的那些功臣，但中下层的大量毛细血管已经开始融入了强烈的关陇基因。

武川贵族集团渐渐迭代为了关陇贵族集团，外地高层和本地豪强渐渐融合为一个整体。从长远来讲，这并不是一件坏事。

为了将地方豪族的"乡兵"改造成自己的中央军，宇文泰不只给中层发了红利，他的军制改革从上到下都做了很多工作。

比如独立出了军籍，实行兵、民分离，让各地乡兵离开了土生土长的家乡来到了朝廷变成了"府兵"，被编入二十四军系统的乡兵从此不再有生产任务而成了职业兵。①

让各地乡兵任劳任怨地成为统治者手中的人，统治者是需要出血的，军籍家庭也被给予了很高的政治待遇和赋税物质支持。

宇文泰们都是从一个叫作武川镇的地方出来的，他们知道当年六镇的镇民是怎样爆发出了巨大的力量颠覆这个时代的，他们也知道当职业兵最大的痛点在哪里。荣誉和利益，成了考量重点。

这套系统，慢慢演化成了府兵制。

"府户"中，每六家为一个整体，从六家中儿子最多的那家选一个最棒的青年来当兵，这孩子是为了六家当兵的，六家因为这孩子享受到远高于普通平民的利益优待，这孩子的所有兵器后勤也需要从这六家出，六家对这孩子也都当成自家孩子来对待。②

这种共荣共损，这种家乡期望，让军人开始产生责任感和荣誉感。

到了 573 年，宇文泰第四子宇文邕筹备灭齐之前，为了彻底使府

---

① 《北史·李弼宇文贵侯莫陈崇王雄传》：每大将军督二开府，凡为二十四员，分团统领，是二十四军。每一团，仪同二人。自相督率，不编户贯。都十二大将军。十五日上，则门栏陛戟，警昼巡夜；十五日下，则教旗习战。无他赋役。

② 《玉海·兵制》引《邺侯家传》：初置府兵皆于六户中等以上，家有三丁者，选材力一人，免其身租庸调，郡守农隙教试阅。兵仗衣驮牛驴及糗粮旨蓄，六家共备，抚养训导，有如子弟。

兵皇权化，对府兵授予更多的荣誉，改军士为侍官并募百姓进一步扩军，所谓"建德二年，改军士为侍官，募百姓充之，除其县籍。是后夏人半为兵矣"。

这句"是后夏人半为兵矣"，说的既是比例，也是参军的意愿。

这样的兵员素养和机制，对比周围的邻居慢慢形成了降维打击。

从立国时的那次十死七八的关中大天灾，到邙山大败后的广募关陇豪右以增军旅，历史之神在这个珍珑棋局上完成了最后的破局。

无论是面子上的八柱国二十四大将军，还是里子中的制度化凶悍府兵；无论是面子上的关陇贵族集团，还是里子中"文案程式，朱出墨入，计帐、户籍之法"的国家账本，此时的天下金角，已经凑齐了开创下个时代的"灭霸手套"。

西魏轰隆隆的国家机器开启的同时，宇文泰在东方世界的最大阻碍即将离开历史舞台。

543 年，冬十月，大阅于栎阳，还屯华州。

544 年，冬十月，大阅于白水。

545 年，冬十月，大阅于白水，遂西狩岐阳。

连续三年十月大阅兵的宇文泰罕见地于 546 年的七月就"大会诸军于咸阳"，提前集结了全国之兵。

在此之前，整个东方世界（东魏）的物资、兵员在高速运转的情报源源不断地被送到了宇文泰的办公桌上。

一个月后，546 年八月，高欢于晋阳集结了整个山西与河北的兵力，凝聚全东魏之兵南下伐西魏。

九月，高欢来到了他最后的战场，玉壁城。

面对高欢倾一国之力的逼近，宇文泰这次没有援救玉壁。他相信玉壁城的守将足以应付。这位守将，叫韦孝宽。

韦孝宽是独孤信的嫡系，两人关系极好，所谓"时独孤信为新野郡守，同隶荆州，与孝宽情好款密，政术俱美，荆部吏人号为连璧"。

这两人是号称连璧的。

韦孝宽在当年河桥之战前跟着独孤信入了洛阳，但在河桥之战中没有任何封赏，极大概率是跟独孤信跑了。[①]

这些年，独孤信被宇文泰安排去陇右平叛，韦孝宽则被安排到了河东镇边，两人被拆得相当开。

王思政被调离玉壁的时候，宇文泰让他举荐一个人替他守玉壁要塞。王思政"举荐"了韦孝宽。

调王思政的任命是宇文泰下的，接任人选却让王思政去举荐。宇文泰用人的手段属实高明。

高欢不是没在玉壁城下灰头土脸过，这座天险给谁其实都是送了个天大的富贵。宇文泰是不想得罪人的，所以他通过王思政之口将这个富贵和战功送给韦孝宽，就此拿下独孤信这个"情好款密"的嫡系。

韦孝宽最终心领了吗？有的联系，打断了骨头连着筋。三十四年后，高寿的韦孝宽会做出自己的选择。

高欢连营数十里，直到玉壁城下，在城南凿地道，城北起土山，开始强攻玉壁。

面对地道战，韦孝宽提前挖长沟，挑精兵良将驻守于大沟上，每当东魏凿通了地道就打地鼠般杀掉，与此同时还准备了一堆柴火，只要东魏军从地道进来就把柴火塞进地道然后用皮鞲做的鼓风机吹风玩炭烤。

高欢还带来了一种高科技的攻城车，玉壁城的城墙都不好使，韦孝宽又拿出了一个布缝的网，攻城车每次撞城门都先撞在这网上被吸收走一大部分能量。

东魏军于是找来易燃品绑在长竿上灌油点火打算烧了韦孝宽的网

---

① 《北史·韦孝宽传》：仍与独孤信入洛，为阳城郡守……又从战于河桥。时大军不利，边境骚然，乃令孝宽以本将军行宜阳郡事。

和城楼，韦孝宽又拿出了一种锋利的大钩子，专门砍那火竿。

高欢又在玉壁城墙四面下挖了二十条地道，先在地道中用木柱支撑地上的城墙，然后同时放火烧掉这些木柱，于是城墙有的地方塌了，韦孝宽则又拿出了一堆木栅栏做了临时城墙，由于天险难爬东魏军还是冲不进去。

总之，高欢使尽了所有手段，全被韦孝宽破了，所谓"城外尽其攻击之术，孝宽咸拒破之"。

眼看打不动，高欢开始劝降韦孝宽："你也没有救兵，为什么不降？"

韦孝宽道："我城池严固，兵员和粮食都还很充裕，你白白送死，我以逸待劳，哪有守一个月就让人救援的？我倒是担心你那么多人都回不去了。我韦孝宽堂堂关西男子汉，肯定不会做投降将军的！"

劝降这招不好使，因为所有在外带兵的军官在宇文泰那里都有人质，八年前东魏打南汾州，韦孝宽同宗的南汾州刺史韦子粲就投降了，被宇文泰灭了全族。

东魏军随后又对玉壁城内的士兵宣传："韦孝宽有荣华富贵，你们为什么要和他赴汤蹈火？"东魏军还向城里射箭，箭上附书信道："能斩韦孝宽出降者，拜太尉，封开国郡公，邑万户，赏帛万匹。"

这同样没有用，上到韦孝宽，下到小兵，整个西魏的户口本都在宇文泰手里，叛国都是一个待遇，而且守城的还都是乡兵，太容易连坐了。

高欢又把韦孝宽的弟弟韦子迁锁至城下，说你不投降我现在就弄死他。韦孝宽表示你随便宰，并拿自己弟弟当了爱西魏教育题材团结了军心。

高欢苦战了五十多天，死了七万人，死活拿不下这座城。

高欢三年的精心准备在这座天险前无可奈何，他一辈子最大的武器是他的脑子，但这次他看到了自己"非人力所能及"的天花板。

这种级别的攻城器材，这种规模的攻城兵力，如果都打不下来玉壁城，这天下该如何一统？

某一夜，有星坠于高欢军营，牲口们一齐乱叫，士兵们开始害怕，高欢得病了。[1]

高欢在顿兵两月战损近半后恼羞成怒，发病了。[2]

十一月初一，东魏撤军北还。

十一月十一，高欢遣段韶跟随次子高洋守邺城，召长子高澄到晋阳。

高欢知道自己不行了，开始交代后事。中间为了安抚军心，高欢还强撑病体跟各位老将见了面，命斛律金作《敕勒歌》：

> 敕勒川，阴山下。
> 天似穹庐，笼盖四野。
> 天苍苍，野茫茫。
> 风吹草低见牛羊。

高欢亲自合唱，悲哀之感油然而生，怆然泪下。

高欢想到了那梦开始的地方：在那遥远的地方，有个好姑娘。有天我走过她的帐房，这丫头回头留恋地张望。她那粉红的笑脸，好像红太阳。她的家底帮我把这软饭吃成了关东不落的太阳……

高欢的一生，足够戏剧，足够精彩，他是中国历史上极其罕见的无资源开国之君。他没有显赫的出身、没有家底、没有兄弟姐妹帮衬，开局连条狗都没有。

上天就给了他一个漂亮脸蛋，但最终他却成为中国历史上软饭硬

---

① 《北齐书·神武帝纪》：有星坠于神武营，众驴并鸣，士皆詟惧。神武有疾。
② 《周书·韦孝宽传》：神武苦战六旬，伤及病死者十四五，智力俱困，因而发疾。

吃的天花板，没有之一。

我们唾弃他的私德，愤怒他的誓言，但我们也要客观地说：他除了那张嘴之外，还有什么呢？

穷小子的心酸，富贵公子永远不会懂，有些人的起点注定是绝大多数人不敢仰望的终点。

高欢生来就是一条怀朔镇的泥鳅，他要先努力向上跃成一条鲤鱼，再使尽全力游进黄河，才能换来那跃龙门的机会。

这让他在面对向上的资源交换时注定要倾其全部，但他的全部是什么呢？

有的人永远不会出卖自己的灵魂；有的人最后才会出卖自己的灵魂；但有的人，上来能卖的就只有灵魂。

这种级别、这种剧本的人，都是极度复杂的，他波澜壮阔的一生，自六镇之乱后的风云变幻我们已经用了二十多万字进行了详细书写，如果非要归根结底的话，恐怕也只有一句话能总结：既生欢，何生泰？

547 年正月初八，公元 6 世纪的关东最高水平政治家高欢过世。

玉壁之战是后三国时代的关键转折之战，东魏劳师动众元气大伤，此后二十多年再未向西魏发动过大规模进攻，关东的核心竞争力高欢病逝，那个世道的最大魔王就此被解除了封印。

南面的萧衍已经看了近半个世纪的戏了。他今年八十四岁了，是截至他那个时代中国历史上的最高寿皇帝，登基后的这后半辈子看庭前花开花落，望天边云卷云舒。

如今北面卷出结果了，一个见识了近三十年乱世的妖魔作为失败者要被挤到江南了。魔高一尺，你的道高一丈了吗？

人们常说"弥勒佛，弥勒佛，吃饱不干活"。其实后面还有一句却少有人知，"来了妖魔鬼怪，还是我的活"。

萧老居士，你一辈子建了那么多座庙，你知道为什么每座庙门口笑脸迎客的弥勒佛两边，站着的都是怒目圆瞪的护法金刚吗？

第 **13** 战

运去英雄不自由

一、《西游记》里最难的三关，佛爷爷的三次出手

佛，本意是觉悟者的意思。所谓觉悟，是顺应规律，是万物自有其道的智慧。

这一战登场的，是中国历史上著名的"菩萨皇帝"。他修行半世，却最终身死国灭，国都建康存者百不余一。

从历史和政治的角度谈佛法，永远离不开能量和利益的拷问。

让我们先从俗世间的宗教普及最佳经典《西游记》说起吧。

唐僧的西行取经团队曾遭遇三个最难关卡：一个是道祖太上老君的青牛精，一个是佛门的狮驼岭，一个是取经团队内部闹崩了的真假悟空案。

这三关都是满天神仙都解决不了的难题，是取经事业的最大磨难。最终出手解决这三大难关的，是佛门的最高领袖——释迦牟尼佛。

佛爷爷的三次出手，用的是截然不同的三招。

青牛精那一难，是经历了奎木狼、平顶山后道祖势力的最难一关。首先是青牛精扣他们有道理，因为猪八戒偷了青牛精的衣服，打到天庭，唐僧团队也不占理。而且更重要的是青牛精把老君的最强法宝"金刚琢"拿出来了，这圈子能套万物，悟空等死活打不过，包括从天宫请来的救兵的兵器都被套走了。

这么高级别的圈子，这么品相独特的独角青牛，天宫的天将们谁看不出来这是太上老君的司机？但没一个人敢说破。

悟空没办法只能去西天第一次求了佛祖。

佛祖很给老君面子，对悟空说："那怪物我虽知之，但不可与你说。你这猴儿口敞，一传道是我说他，他就不与你斗，定要嚷上灵山，反遗祸于我也。我这里着法力助你擒他去罢。"佛祖的意思是我知道是谁，但你嘴不严，直接说破了，对方就得跟我开战了。

对方做了局派司机出头，但佛祖不能直接把这事挑开了，越是高级别的较量，越需要用棋子的博弈去分出胜负。大首领的战场在棋局，棋子们的战场在人间。对方拿圈子套你，你也得绕个圈解套。

佛祖的"武器"，学名叫作十八粒"金丹砂"，实际上就是十八座金山。

文中解释十八罗汉手放金丹砂时作者已经写得很明白了："此砂本是无情物，盖地遮天把怪拿。只为妖魔侵正道，阿罗奉法逞豪华。"无情物就是钱，盖地遮天的钱，罗汉奉法旨花钱买路。不能什么事都说得那么明显，金山要说成金丹砂，要体面。

等十八座金山被青牛精套走了，罗汉才对悟空说："佛祖让我告诉你，这妖魔神通广大，如失了金丹砂，就让你去找太上老君。"

此时的猴哥还没明白高级别的办事套路，还在怪罪佛祖，行者闻言道："可恨！可恨！如来却也闪赚老孙！当时就该对我说了，却不免教汝等远涉。"

不过他学得很快，马上就要照猫画虎了。见识对于聪明人来讲，真叫点石成金啊。

最终老君带走了青牛精，然后在《西游记》下一章开头极有玄机地给出了总结："均平物我与亲冤，始合西天本愿。"

这关是佛祖花大价钱买过去的。佛祖的处理方式让道祖很满意，最后是"老君降伏却朝天，笑把青牛牵转"。

佛祖处理这事提没提这是你命里一劫？磨难来了你要承受，你要忍辱，还完就完了？把唐僧吃了吧，这辈子还完了，下辈子再来取经，照这个思路，唐僧需要死上几十次才能把这辈子的八十一难都扛过去。

佛祖面对跟自己一个级别的道祖时用了两招：

1. 给面子，不仅看破不说破，还安排了十八罗汉输给道祖司机。

2. 送大礼，十八座金山送给道祖。

青牛精这关过后，道祖势力再也没在西行路上为难唐僧他们，佛祖轻描淡写间将这事处理得圆满得不能再圆满了。

佛祖有没有去讲道理？有没有用暴力去解决？

作为本土宗教，道教也有自己的理论纲领，况且大唐的皇帝还姓李（道祖也姓李），所以道教凭什么要眼睁睁地看着佛教去东土做普及呢？

佛，在佛经中的含义是福慧两足尊：圆满的福报，圆满的智慧。

十八座金山是福，绕个圈的思路是慧。学会"画圈子"是一个人开窍的表现，最牛的武器都是圈子。

我们再来看第二关，唐僧不清楚自己的能力，以悟空杀强盗坏了生命、伤了天地和气、屡教不改为由赶走了悟空。

此时悟空刚刚把他从青牛精和琵琶精那里救出来，都是极难的关卡，眼看着取经都取到五十六回了，唐僧却把悟空踢出取经团队了。

海量的功，碗大的过，唐僧这么做伤猴哥的心了。

他从前可是闹天宫的主儿，现在已经听话听劝尽心竭力地保护你唐僧了，打死几个强盗而已，你觉得对比他之前的经历来看，这还叫个事吗？

这猴子很狂，你看不顺眼，你念念紧箍咒解解气不行吗？凭你自己到得了西天吗？你取经走这么久了，还没看明白八戒、沙僧就是两个签到的？没看明白这一路全得靠你这个大弟子吗？眼下什么事最重要呢？你动人家前途就是把路走死了，况且猴哥的岗位是灵山那边批的，你有什么资格开除佛系统内的人？

悟空取经，到这时候也取明白了，尤其是见识到了佛祖和道祖的沟通方式后开了窍，他做事不再是一条铁棒扫一切，也有了套路。

悟空刚去观音菩萨那里做了不在场证明，就有一个什么"六耳猕猴"假扮他把唐僧打了一顿。（具体不分析了，太多线索指向这是悟空自己变的分身。）

然后真假悟空闹腾的三界都知道了两件事：

1. 唐僧赶悟空走，老和尚不地道。

2. 唐僧就被"我"打了，但打人的不是我，没我他一步也走不动！

悟空在造舆论：我不仅要回到取经队伍，我还得挺直了腰板站着回去。

天上地下绕了一大圈，跟斗青牛精时一样，谁都不敢说破这件事，毕竟说破了这件事经就取不成了，佛祖安排取经的事筹办了这么多年，眼看着都走一多半了。

地藏王菩萨把悟空推到了佛祖这里，让他处理。

佛祖在真假悟空打来时就点名了："汝等俱是一心，且看二心竞斗而来也。"佛祖点明了取经队伍不是一条心，也点明了两个猴子这两颗心是一颗心变的，也就是说假悟空是真悟空的分身。

悟空嚷至台下，跪于佛祖之前，随后做了《西游记》全书中最精彩的工作汇报：

1. 弟子保护唐僧，来造宝山，求取真经。

潜台词：充分肯定佛祖安排的取经工作的伟大意义，灵山是宝山，取的是真经，一辈子不说软话的猴子到了佛祖这里跟乖宝宝一样，而且是跪拜着说的，我们什么时候见悟空在别处有这造型？满天下悟空的恭敬最值钱，什么时候都是物以稀为贵。

2. 一路上炼魔缚怪，不知费了多少精神。

潜台词：为了佛爷爷您安排的伟大事业我算是豁出老命了，您安排的事是头等大事。

3. 前至中途，偶遇强徒劫掳，委是弟子二次打伤几人，师父怪我赶回，不容同拜如来金身。

潜台词：弱化自己的过错，是打伤不是打死，结果师父就不允许我来拜您金身了。

谁说猴哥不会说话？那得看对谁说。猴哥将取经的最终目的归结成了"拜如来金身"。取经不重要，拜谁最重要。

4. 弟子无奈，只得投奔南海，见观音诉苦。不期这个妖精，假变弟子声音相貌，将师父打倒，把行李抢去。师弟悟净寻至我山，被这妖假捏巧言，说有真僧取经之故。悟净脱身至南海，备说详细。观音知之，遂令弟子同悟净再至我山。

潜台词：佛爷爷，我没给您把局面惹到不可收拾，我有不在场证明。

5. 因此，两人比并真假，打至南海，又打到天宫，又曾打见唐僧，打见冥府，俱莫能辨认。

潜台词：满世界我都宣传了一遍，别人都不够级别，得您出手。

6. 故此大胆轻造，千乞大开方便之门，广垂慈悯之念，与弟子辨明邪正，庶好保护唐僧亲拜金身，取经回东土，永扬大教。

潜台词：最后这句是总结，猴哥基本上没说什么假猴子的事，说的都是自己的工作详情和与唐僧的矛盾问题，最终请求的是"辨明邪正"，跟假猴子没关系。

更有意思的是两个悟空一起说的这些话，如果不是一个猴子变的怎么可能一字不差，所谓"大众听他两张口一样声俱说一遍，众亦莫辨"。

悟空也没说什么撂挑子不干的狠话，只明确说了想继续再为佛爷爷效力，拜金身，传大教。

归根结底，就是悟空打了唐僧，然后跟佛祖说："佛爷爷我对您安排的事业尽心竭力，但您得管管这个不懂套路的金蝉子！"

佛祖听完悟空汇报后赶紧给悟空编了个故事帮他把这事圆了过去，说这假猴子是六耳猕猴，此猴若立一处，能知千里外之事，凡人说话，亦能知之，故此善聆音、能察理、知前后，万物皆明。

怎么可能有这种动物，这么厉害的话绝对在千里之外天天听佛祖和老君这种级别的最高秘法了，怎么可能稀罕去假扮一个猴，还那么巧在这个猴被开除后才去假扮。

更神奇的是跟悟空有一样本事的六耳猕猴事后被悟空打死了。

大众一发上前，把钵盂揭起，果然见了本相，是一个六耳猕猴。孙大圣忍不住，抢起铁棒，劈头一下打死，至今绝此一种。

一样本事的猴怎么可能被一棒打死？天宫当年在斩妖台上用了那么多办法都弄不死悟空，现在一棒就能打死了？

这一整套流程，都是猴哥画的一个圈。

把唐僧打了一顿，把周天蒙了一遍，让佛祖帮他圆谎，气我也出了，我看你老和尚今后还敢不敢赶我走！

面对猴哥画的这个圈，佛祖最终给的处理意见是什么呢？

你的辛苦我都知道，你脑子开窍了我也知道，你这次绕了一圈表忠心、表功劳，这思维比当年闹天宫时高端太多了，好好干，你这趟取经回来我给你坐莲台的指标。

佛祖怎么处理的这事？有没有纠结杀强盗和打死"六耳猕猴"的善恶？有没有说破悟空绕了一大圈的套路小聪明？并没有。什么事最重要？取经最重要，普度更多人更重要。

为了能让这一趟取经顺利走下来，佛祖在背后是沟通了多少势力啊！你唐僧该打！说一千道一万，你们的岗位是谁给的？开除悟空轮得到你说话吗？

佛祖对取经的最大功臣悟空给予了大面子和大承诺，过去的就都过去了，一切向前看，将佛法传去东土这事最重要。

这一关，佛祖用的智慧是"善意的谎言"和"论功给前途"。

我们来看第三关，在狮驼岭悟空是第一次被拿捏得那么无助，跟大鹏打起来根本就不是一个级别的。

这个大鹏，很有来头。

凤凰生了孔雀和大鹏，孔雀出世时最恶，各种吃人，还把佛祖吃了，佛祖本来打算干掉孔雀，却经诸佛劝解后找了个由头将其收编成了佛母孔雀大明王菩萨。

《西游记》里没说大鹏的原始势力，但大鹏明显是找碴儿来的，或者说也是要岗位来的。

我们来看看大鹏做的局。

他这个狮驼国的国王首先找了佛门的大佬司机去结拜。青狮和白象一直在狮驼岭狮驼洞，所谓"我大大王与二大王久住在狮驼岭狮驼洞"。

大鹏五百年前就是狮驼岭西四百里的狮驼国国王了，之前双方是没到兄弟关系的，结拜的目的是为了吃唐僧肉，大鹏担心一个人能力不够，于是找来了青狮、白象入股。来看原文：

> 三大王不在这里住，他原住处离此西下有四百里远近。那厢有座城，唤做狮驼国。他五百年前吃了这城国王及文武官僚，满城大小男女也尽被他吃了干净，因此上夺了他的江山，如今尽是些妖怪。不知那一年打听得东土唐朝差一个僧人去西天取经，说那唐僧乃十世修行的好人，有人吃他一块肉，就延寿长生不老。只因怕他一个徒弟孙行者十分利害，自家一个难为，径来此处与我这两个大王结为兄弟，合意同心，打伙儿捉那个唐僧也。

这三个人不是几百年的兄弟，仅仅是几年的兄弟。这个狮驼岭联盟是他们在唐僧出发后专门为了吃唐僧肉才立的项进行的合并，理由是孙行者十分厉害。

其实大鹏想吃唐僧肉凭自己根本就没难度，拿悟空是真真正正的手到擒来，大家看他抓猴哥：

> 这妖精搧一翅就有九万里，两搧就赶过了，所以被他一把挞住，拿在手中，左右挣挫不得。欲思要走，莫能逃脱，即使变化法遁法，又往来难行：变大些儿，他就放松了挞住；变小些儿，他又揸紧了挞住。

那他为什么要拉实力远不如自己的青狮和白象入伙？为什么还要认这两位为哥哥？这就跟唐僧什么用都没有但是有身份是一样的。

青狮是佛门的重要打手，背景很深，据说当年天庭蟠桃宴没请他，这狮子张嘴如城门，十万天兵不敢交锋关了南天门。

但他吞了悟空后差点儿被猴哥弄死，他张嘴能有多厉害？十万天兵会怕他？

当初悟空闹天宫从炼丹炉中杀出来后，仅和佑圣真君的佐使王灵官打了个平手，天宫又调了三十六员雷将就把他给困住了。

十万天兵会弄不过悟空？他们怕的都是背后的势力罢了。

大鹏拉住佛门中两个有深厚背景的人认兄长有两个目的：

1. 吃唐僧肉这事自己不是第一责任人。
2. 青狮和白象在佛教系统内，自己确实没在。

注意，佛祖封了孔雀菩萨，却没大鹏什么事。

佛祖去收大鹏的时候带了几乎整个西天的队伍，所谓"只见那过去、未来、见在的三尊佛像与五百阿罗汉、三千揭谛神，布散左右，把那三个妖王围住，水泄不通"。

这是因为大鹏本领那么高强吗？不，佛祖抓他也没费多大的劲。其实是因为大鹏跑得太快，佛祖担心他扇几下翅膀就跑了，漫天兵将就是为了将他围个水泄不通。

老大只要出手，就得必胜，不然权力结构会迅速崩塌，所以各方面准备必须万全。

因为自己的最强速度天赋，大鹏也是西游世界中招安要价最高的。什么时候都是用实力说话的。

青狮和白象现出原形后，大鹏面对满天神佛依旧不投降，而是将矛头对准了悟空："二菩萨既收了青狮、白象，只有那第三个妖魔不伏，腾开翅，丢了方天戟，扶摇直上，轮利爪要刁捉猴王。"

大鹏多机灵啊，他的敌人是猴子。这是什么意思呢？他在表达"佛爷爷，咱们这关系没走死"。

大鹏随后被佛祖亲自下场使出大法力控制了，这话是大鹏自己说的：

> 如来情知此意，即闪金光，把那鹊巢贯顶之头，迎风一幌，变做鲜红的一块血肉。妖精轮利爪刁他一下，被佛爷把手往上一指，那妖翅膊上赖了筋。飞不去，只在佛顶上，不能远遁，现了本相，乃是一个大鹏金翅雕，即开口对佛应声叫道："如来，你怎么使大法力困住我也？"

大鹏在被控制在了佛顶上以后，他开始和佛祖谈条件，佛祖给了他贡品优先权。

佛祖在这一关使用的手段是什么？佛祖用极强暴力让魔王皈依："是那大鹏欲脱难脱，要走怎走？是以没奈何，只得皈依。"

连大鹏自己都最后总结："死猴子，找这么个狠人困我！"在大鹏的眼中，佛祖是武力值满格的"狠人"。

佛祖处理上面这三关用的都是世俗招数：给面子买路，照顾骨干情绪，最强武力降妖。

佛祖有没有坐在那里念经把青牛精和大鹏念死？把孙悟空和六耳猕猴这笔烂账念没？佛祖有没有对青牛精、孙悟空、大鹏鸟说什么劝善的话？对有的人劝善有用，对有的人劝善就是对牛弹琴。

我们再来复盘下这三关。

1.让同等势力放行靠什么？面子和金子。

利益的事就要用利益去说，这个时候不要谈主义。

2.让心怀怨念的下属好好干靠什么？尊重和前途。

下面团队的那堆鸡零狗碎都不重要，让闹腾天宫的主儿去讲文明懂礼貌也不现实，一句"我懂你，不白干"比什么都强。事实上从此悟空再也没打死一个凡人。

3.让最强妖怪伏法靠的是什么？最强的暴力镇压。

孔雀和大鹏都是如此，别看他破坏力那么大，但从此把他给困住了，磨个几千年性子就不野了。那个猴子之前还狂得没边呢，被判了五百多年后现在也知道磕头鞠躬了。

注意：这是《西游记》中最强能量的三个关卡。

佛祖对待"高能量关卡"并没有拿世俗中的吃斋念佛诵经打坐因果报应这些手段去应对，而是见招拆招地各取所需给予了相应的最强能量回应。

慈悲和力量，世俗和净土，都是合二为一的。

可能有的朋友会说，《西游记》是俗人写的，不能代表佛法真谛。

好，咱们从真实历史中看一看吧，举个名气最大的例子。

禅宗五祖弘忍有一天要弟子们作偈，想看看徒弟们各自的见地。

神秀是弘忍门下首席，写于廊下墙壁："身是菩提树，心如明镜台。时时勤拂拭，莫使有尘埃。"

不认字的慧能听了他的偈后认为差了点儿意思，于是也做了自己的偈并请人帮忙写上："菩提本无树，明镜亦非台。本来无一物，何处惹尘埃。"

境界确实不同，神秀是面对世俗的欲望要渐进提高自己修炼成正果，慧能则是瞬间顿悟。

慧能的境界更高，但说实话慧能虽然此时能做出这四句偈，却并没有开智慧，他还不懂藏拙。

神秀是上首，僧望巨大，慧能每句偈打脸似的写在他旁边是什么意思呢？出家人就不要脸面的吗？世界还是俗人多，不是每个人都能顿悟的，就算神秀涵养高修为高，别的僧众也能个个如此吗？人家要是找你麻烦呢？

这是我们以小人之心度君子之腹吗？大家继续往下看。

五祖弘忍看到慧能的偈后，夜里私下为他说法，慧能听到《金刚经》中的"应无所住而生其心"时，当下大彻大悟。

五祖为何要在夜里为慧能说法？不是众生平等吗？他怎么不跟所有徒弟们说说呢？

1. 众生根器不同，弘忍看到了慧能的四句偈后知道这孩子到了火候，所以要帮他开悟，但别的弟子再给他们讲三年他们可能也琢磨不明白，他们还没到那火候，甚至说多了反而容易理解错误走入歧途。

2. 最重要的一点，众生不会承认自己没到火候，只会产生巨大的愤怒，凭什么我在寺里职位那么高了，他一个扫地的文盲能得到你的关门传授？很多修养不高的人一怒之下弄不好就要拆庙了。

夜里传经这段，像不像悟空在菩提祖师那里的桥段呢？艺术来源于生活。

从行为来看，五祖这是套路吗？这是智慧。五祖知道人分三六九等，他看透人性，而不挑战人性。这是他对座下所有弟子最大的慈悲。

五祖见慧能大彻大悟，于是将自己的衣钵传给了他，然后对他说："自古传法，气如悬丝。若住此间，有人害汝。"赶紧走！你继续留在这里就会有人害你。

五祖这是挑拨离间吗？不，这是五祖对人性洞察后的大智慧。

五祖传的是法统，满院都是和尚，一辈子修的都是克制自己的贪、嗔、痴，但弘忍相信各位弟子吗？

他有没有对慧能说："你就在这里待着，你就是天赐佛子转世灵童，你就是我的接班人！谁要是不满、不服，那是他们没慧根，他们入了魔障！他们如果迫害你，那是你自己前世的业障，你要忍辱，你要看透，还完就完了。"这是很多参佛之人在面对屠刀和斗争时安慰自己的思路。

五祖没有那么说，而是告诉慧能赶紧跑，在这里继续待着非死这里不可！这是见识，是智慧，这才是开悟的宗师表现。

把慧能放在这里，不是帮他渡劫，帮他还债，帮他忍辱，而是刺激众僧内心的不平衡，扩大众僧心中的恶。

满寺的僧人只有他和慧能是"明镜亦非台"，神秀是"心如明镜台"，更多的人是"心如大染缸"。

神秀的级别尚且需要"时时勤拂拭，莫使有尘埃"，剩下那些和尚们又怎么能遏制住自己心中的恶呢？五祖对他们又能抱有多高的期望呢？

不是每个人都能顿悟的，这世上绝大多数人都是普通人，都是一点点变好的，这是世间的规律，无法更改。

事实上即便慧能跑了，但他后面依旧磨难重重，他甚至隐藏到猎人圈子中好多年去韬光养晦。

这是孤例吗？

五祖自己当年从四祖道信那里接过衣钵的时候，其实也遇到了争法统的大战，所谓"门人知将化毕，遂谈究锋起，争希法嗣。及问将传付，信嗒然久之，曰：'弘忍差可耳'"。

再往前看，当年他的师祖，禅宗二祖慧可去邺城开馆传道，然后马上就遇到了相当大的是非和阻碍，那叫一个"滞文之徒是非纷举"。

最大的不满者是当地的道恒禅师，他的徒弟数以千计，他也是当地最大的同行。按理讲大家都是佛门弟子，都是替佛祖传道的僧宝，应该扶植鼓励同道中人吧？但这位道恒禅师说慧可是魔道，还派弟子去踢馆，结果这些弟子听了慧可的讲经后觉得他讲得太好了，都皈依到慧可那里了。

直到有一天，两位禅师正面辩法，慧可说了一句不太好听的实话，结果被这个道恒禅师"遂深恨谤恼于可。货赇俗府非理屠害。初无一恨几其至死。恒众庆快"。

他们都是佛门弟子啊！斗争的凶狠程度低吗？

纵观正史所载及的《高僧传》和《续高僧传》，这种迫害相当多。说这些不是要污名化僧团和人性，而是在利益和欲望面前，人性禁不起试探，哪怕修为人均水平很高的僧团，也依然如此。

作为祖师，对所有修道弟子最大的善，是通过给出比他们水准高一点点的诱惑和考验不断让他们向上突破，最终帮不同根器的弟子都得道开悟，而不是一上来就给他们巨大的考验让他们内心煎熬。

上来就是高难度考验，最终的结果就是除了极少数的沙中之金外，剩下的都堕落了。

不理性地认识人性，不尊重不顺应人性，通常获得的就是毁灭的结果。

公元 527 年，禅宗初祖达摩见了梁武帝萧衍，萧衍问达摩："我继位以来营造佛寺、译写经书、度人出家不知多少，功德是不是特别大？"

达摩道："并无功德。"

萧衍问："为什么？"

达摩道："这只是些人天小果，有漏之因，如影随形，虽然有，却不是实有。"达摩老祖已经预言了萧衍这些仅注重形式的福报和萧衍的未来了。

萧衍问："怎样才是真功德？"

达摩道："清净智慧，圆融无碍，本体空寂，无法可寻。"

萧衍问："何为圣谛第一义？"

达摩道："空寂无圣。"

萧衍问："跟我说话的是谁？"

达摩道："不知道。"

达摩老祖和萧衍说的这些话，是提醒萧衍修行中清净和智慧的重要性。

达摩为什么要对萧衍说这个？因为萧衍是一国之君，他的影响力太大。他面对的都是人间的青牛精、孙悟空、大鹏鸟，对他们只靠劝善念经修庙是没有用的。

你只修自己是没用的！你的责任是做好皇帝，你要让这天下百姓喜乐安康。为了天下苍生，达摩要点醒他。

可惜萧衍没悟，达摩老祖连一个月都没待够就迅速北上渡江了。为什么达摩要走呢？因为他对萧衍说了实话和真相，因为他否定了萧衍这些年引以为傲的面子工程，而萧衍是皇帝，他的报复能量太大，达摩继续待在南国不仅生命安全有问题，在那里弘法也不会得到顺利推行。

萧衍可是著名的宽厚大度之人，兄弟造反都能忍，但大彻大悟有了终极智慧的达摩老祖对人性很谨慎，并没有一厢情愿。

佛，本意是觉悟者的意思。所谓自觉、觉他、觉行圆满，乃佛教修行之最高果位。成佛有八万四千法门，这都是帮人获得福与慧的手段。

当一个人福慧具足后，当一个人真的成佛后，他修行的过程其实就不重要了。

前面的积累能帮人达到这个境界，等觉悟后就一通百通了，看待任何事物都能明白它的生与灭，知道万事万物的发展规律，之前成佛的路径就不重要了。

《金刚经》中说："是故，不应取法，不应取非法。以是义故，如来常说，汝等比丘，知我说法如筏喻者。法尚应舍，何况非法。"

意思是说，我们既不应该执迷于佛法的表象，也不应该执迷于非佛法的表象。因此我常说，你们这些比丘，应知我所说的佛法就如同渡河的木筏，是帮你到达彼岸的一个工具，对佛法尚且不该执着，何况对于非佛法呢。

佛法说众生平等，并非说众生什么待遇都得是一样的，都得一个水准，谁也别嫉妒谁，而是说众生本身都有着最高级的智慧。

《华严经》中说："如来以无障碍清净智眼，普观法界一切众生而作是言：奇哉！奇哉！此诸众生云何具有如来智慧，愚痴迷惑，不知不见？我当教以圣道，令其永离妄想执着，自于身中得见如来广大智慧与佛无异。"

意思是说，如来用佛眼观看一切众生后道：奇怪！众生都有着圆满智慧的，但只是因为妄想执着都看不到自己的智慧，我度众生的目的，是为了让所有人都得到本身就有的，与佛一样的智慧。

所有的拜佛、念佛、诵经，修一切善法，最终的目的都是为了觉悟，是为了获得一通百通的终极智慧。

所谓信佛的目的是什么？是帮你获得智慧，以及帮你传递智慧的物质、资源和能量。

世间有三百六十行，各在其位，世界才能良好运转，搞政治的用出世的算法去对接俗世，最终结果必然很惨烈。因为你对俗世的规则不尊重，这是最大的傲慢。

我们再举个例子，在开悟的高僧大德眼中，《孙子兵法》是杀人之书吗？不是，而是将军们修行的那条彼岸之船。

《孙子兵法》开篇第一句总纲是："兵者，国之大事，死生之地，存亡之道，不可不察也。"这是用最虔诚的敬意、最大程度地告诉人们战争的重要性。

《孙子兵法》第二篇反复强调了战争是打不起的，要谨慎："凡用兵之法：驰车千驷，革车千乘，带甲十万，千里馈粮，则内外之费，宾客之用，胶漆之材，车甲之奉，日费千金，然后十万之师举矣。"

故知兵之将，民之司命，是国家安危之主！用自己最强的能力去打最少的战争，百战百胜不如一战而定，这是一个伟大将领的菩萨心肠。

这是为将的总纲，接下来看怎样达成"用自己最强的能力去打最少的战争"的这个目的。

一个将军，在带兵过程中，面对不同的阶层受众必须使用完全不同的套路。

对周围的军官，将军要不动如山岳，难测如阴阳。没有人能知道将军在想什么，就没有人能给他有的放矢地专门下套，所谓"故形兵之极，至于无形；无形，则深间不能窥，智者不能谋。因形而错胜于众，众不能知。人皆知我所以胜之形，而莫知吾所以制胜之形。故其战胜不复，而应形于无穷"。

一个将军的所有日常表现，都会通过间谍的耳目传到敌人那里，他的好恶，他的喜怒，他最近和哪个将领发生矛盾等，都可能是消灭他的突破点。

所谓"将有五危"："必死可杀，必生可虏，忿速可侮，廉洁可辱，爱民可烦。凡此五者，将之过也，用兵之灾也！"

所谓"必死可杀"，如果一个将军抱着必死的决心，胆子又太大，那么他一定会被人埋伏，被人引诱，总之可以被敌人在战场上杀死。

所谓"必生可虏"，如果一个将军特别怕死，那么敌方就会用各种各样的方法吓唬他，他最终一定会被俘虏。

所谓"忿速可辱"，如果一个将军脾气大得点火就着，那么敌方一个激将法就把他引到沟里去了。

所谓"廉洁可辱",如果一个将军特别在乎自己廉洁的名声,那么敌方就会想方设法往他身上泼脏水,让他拼命去证明自己的清白,然后照这个思路给他下套。

所谓"爱民可烦",如果一个将军把百姓的安危看得特别重,看不得任何人受苦,那么敌方就会专门逼迫百姓冲击城门。这个时候你战不战?你开不开门?你不开门敌方就会在城下宰了他们,你不开门敌方就会让你的百姓去攻打你的城门,敌方会把你的百姓拉到你城门口每天杀几百,你出不出战?你只要出战敌方就有办法打你,然后突破你的防线杀你更多的百姓。

如果一个将军为了眼前的百姓放下了武器,那么他就是对整个国家的百姓残忍。

将军的工作是什么?是听指挥打胜仗。将军肩负的是江山和百姓,他必须遵循战争的规则,没资格考虑眼前的慈悲。为将就是这个命!

一个人心如铁石,挥刀杀伐就不能成正果了吗?斗战胜佛是怎么来的?这个佛是在佛经中出现过的,《决定毗尼经》中说犯了五无间业的人应在三十五佛之前至心忏悔,斗战胜佛就是其中之一。降龙罗汉是怎么从龙宫取回佛经的呢?他是降龙,不是教育龙。

为将仅仅有此"五危"吗?

其实这"五危"就是举个例子,把"廉洁可辱"和"爱民可烦"这种极端情况、这种道德层面都摆出来了就是为了告诉人们,当你身在高位的时候,当你一人身系天下大局的时候,你不能被别人摸清套路,让别人没办法去对付你,这才是最重要的,剩下的都不是重要的。

如果一个将军让敌国一想起来就脑袋疼,就觉得这仗没法打,然后他的辖区内百姓可以几十年安居乐业,这是作为一个将军最大的善。

而在另一个层面,一个将军对百姓、对士兵,能如此阴阳难测吗?不能!

将军必须永远标准如一、赏罚分明地对待他们,要让所有人摸透自己。只有这样才能建立规矩，培养出感情。

1. 卒未亲附而罚之，则不服，不服则难用也。

将军对士兵和百姓们要亲，要有恩惠，没有感情则无论是兵还是民，都无法使用，他们不会给你卖命。"视卒如婴儿，故可与之赴深溪；视卒如爱子，故可与之俱死。"拿自己的兵当自己的孩子，这样兵才会为你死。

兄弟们都没吃饭呢，你装也得装成最后一个吃饭。越是艰难的时候，比如盛暑行军，你越要跟兄弟们一起在太阳底下行走，要兄弟们都喝了水以后自己再喝；分战利品时不能先把自己那份拿走，要高姿态地让兄弟们都分到好处。

2. 只是亲就行了吗？只是你好我好大家好能当好将军吗？

不可能，你要一边给恩惠，一边立规矩，赏罚分明。如果兵被惯坏了也不能用，也就是所谓的"卒已亲附而罚不行，则不可用也。故令之以文，齐之以武，是谓必取。令素行以教其民，则民服；令不素行以教其民，则民不服。令素行者，与众相得也"。

"厚而不能使，爱而不能令，乱而不能治，譬若骄子，不可用也"，把兵儿子们惯成了熊孩子，你说什么他们都不听，这仗就没法打了。

归根结底，所谓"士卒可下，而不可骄"，面对士兵和百姓，将军"恩不可以专用，罚不可以独行"，要礼贤下士地去尊重他们，但不能没有规矩地骄纵他们。

既尊重，又严格，什么规矩都立在前面，一个将军要让士兵和百姓对他有充分的可预期。

对待高层和基层，为将者是两套思路。

1. 在高能量权力场上，你要能去能就，能柔能刚；能进能退，能弱能强。你要不动如山岳，难测如阴阳；无穷如天地，充实如太仓；浩渺如四海，眩曜如三光。

2. 在低能量权力场上，你要爱民如子，言出必行，铁面无私。

一个人的慈悲心再大，也要根据他的职责和他所面对的群体去具体问题具体分析。还是那句话，一个人不能根据自己的慈悲去随心所欲，你没那个命。

这种两面性，都是为了做将军的那句总纲，"用自己最强的能力去打最少的战争"，因为你是民之司命，是国家安危之主。

从来没有一个套路能够应对万事万物，能够包打天下。世间万事万物是具体的，成佛是八万四千法门的。具体问题，要根据一个人的岗位和责任去具体分析。

萧衍，作为一国人王地主，你的大鹏鸟要从北面飞来了。

你这个"梁祖"修佛半世，你的百姓安乐吗？你的悟空拿你当"宝山"来拜吗？你的五百罗汉、三千揭谛愿意跟你去狮驼岭吗？

大福大报的"时来天地皆同力"，该说说你了。

二、苦行僧的温室佛国

在萧衍上位前，整个南国已经混杀了半个世纪。

如果说南国有结束杀戮游戏的希望，那么这个希望只可能出现在萧衍身上。因为萧衍是一个类似于《射雕英雄传》中黄药师般的人物，极其聪明博学，对武功、阴阳、卜筮、骑射、声律、草隶、围棋等无所不精。

只有这样聪明的人，才能从信仰下手，在没有大破大立的情况下改变嗜血的南国。

萧衍一开始就将思路瞄准了信仰，瞄准了儒家，他要重建君权神授的信仰大厦。

萧衍开国的年号是"天监"，出自《诗·大雅·大明》："天监在下，有命既集。"天命的监督——萧衍开始和老天爷扯关系。

为了慢慢恢复"君权神授""忠君爱民"的儒家概念，萧衍亲自编写了《制旨孝经义》《周易讲疏》《文言》《乐社义》《毛诗答问》《春秋答问》《尚书大义》《中庸讲疏》《孔子正言》《老子讲疏》等二百余卷类似于"五经萧衍精讲""萧衍讲透春秋"的经文注解，他对之前儒家的经典进行了官方解释并且亲自为满朝大臣讲课。

如今的世道乱成这个样子归根到底是因为谁都觉得自己能当皇帝，

萧衍相当敏锐地将突破点瞄准到了信仰大厦的重建上。

天子概念要夯实！三纲五常给我拿出来！

505 年，萧衍修建国子学，增广生员，立五馆，置五经博士，主要面向寒门子弟，学费全免，食宿国家供应，学生只要能精通五经中的一部，经过考试后就可以成为吏员进入基层官吏队伍，萧衍还在招生时特别表示哪怕你是放羊放牛的，只要你能考上朝廷都会录用。[①]

萧衍开始向全阶层进行信仰灌输。

这种面向全阶层的、有明确参考大纲的官员考试制度走上了历史舞台。在不远的将来，它将由一个大一统的王朝演化出影响后面一千两百多年历史的科举制。

510 年，萧衍亲临国子学讲经并主持策试。天子门生的雏形开始出现，这个菩萨皇帝其实做了很多承前启后的工作。

512 年，萧衍命名儒何佟之、贺玚（即贺蒨）、严植之、明山宾等重订五礼"吉、凶、军、宾、嘉"一千余卷，萧衍再次以官方拥有最后解释权的名义将其颁行天下，对礼制进行了重新刊定。[②]

已经浪了两百多年的门阀们把裤子都穿起来吧，别老玩玄学装风格了，礼义廉耻都拾起来！

萧衍还亲自刊定了乐曲的教科书，这是跟北魏争夺正统性，宋、齐用的都是汉曲，共十六曲，萧衍最后留了十二曲，然后自己创作了新歌。

甚至在书法上萧衍都在争夺制高点。在萧衍之前，整个南国已经公认的最牛书法家是王羲之、王献之父子。但在政治家眼中，这就是对话语权的挑衅。

---

① 《梁书·武帝纪》："……其有能通一经、始末无倦者，策实之后，选可量加叙录。虽复牛监羊肆，寒品后门，并随才试吏，勿有遗隔。"

② 《梁书·武帝纪》：天监初，则何佟之、贺玚、严植之、明山宾等覆述制旨，并撰吉凶军宾嘉五礼，凡一千余卷，高祖称制断疑。于是穆穆恂恂，家知礼节。

萧衍作为书法高手专门写了《观钟繇书法十二意》《草书状》《答陶隐居论书》《古今书人优劣评》四部书法理论著作去阐述自己的观点。他还在学习钟繇书法后总结出了"平、直、均、密、锋、力、轻、决、补、损、巧、称"的书法十二意，把钟繇和张芝的地位摆在二王之上，打击了门阀的文化垄断。

萧衍甚至以一己之力开创了七言诗的文化潮流，最开始七言诗由曹丕所创，但由于创作难度高所以后面没人写。

"都不写我写"，萧衍写出来的七言诗平仄韵互换、抑扬起伏极具美感，此后梁朝宗室和大臣们开始跟风七言诗的创作，这也给后世李白、杜甫那些气势磅礴的诗句开了个好头。

在萧衍以一己之力的文化深耕下，梁朝号称"文物之美，为江左二百年来所仅见"，所谓"自江左以来，年逾二百，文物之盛，独美于兹"。

如果萧衍照着这个节奏走下去，该有多好。但成也聪明，败也聪明。准确地说，萧衍还是败在了前半生太顺了。

开国之祖经历的太多磨难他没有感受过，刘邦于荥阳鏖战霸王项羽；刘秀于昆阳力挽狂澜，于河北鸡飞狗跳；曹操于兖州喋血，于官渡赌命；司马懿隐忍一生，于高平陵翻盘……

萧衍缺乏苦难的拷打，这方面的见识，他缺了一环。"时来天地皆同力"的人生配上聪明的大脑翻开佛经后，事情开始起变化。

佛祖从王子变成佛的过程历经了各种各样的苦修和磨难，但萧衍却在人间之巅开始精研佛法。

萧衍实在太聪明，各方面涉猎太广，当他对比了儒家、道家、佛家乃至各路思想后发现，截止到他那个时代，佛法的哲学体系最完善。尤其是佛法还给儒家提供了思路，帮助儒家回答它原本许多解释不了的问题。

在南北朝末年，我们该好好捋一下儒、释、道的信仰篇章了。

从动物进化的角度来讲，基因考虑的都是"重视下一代，忽略上一代"，比如鲑鱼不远万里回到发源地就为了交配，产卵后就死了。因为要保证最好的资源不浪费地灌注到下一代身上，才能最大概率地从大自然的竞争中生存下来。

儒家理论则反基因地表态：父是树根，子是树叶，不给树根浇水，天天只顾着浇树叶，树怎么能长好？没有你爹你妈你活得下来吗？人无孝道不感恩就是畜生！

三岁前你爹妈对你天天都有救命之恩，比如一眼看不住你，你可能就掉井里去了，所以爹妈死了你要给他们守三年孝（实际上是二十七个月，按母乳的平均时长规定的）。

除了要守孝报恩，孔老夫子还表示应该"敬鬼神而远之"，但他又创造性地提出了"自家的鬼神你可千万不能远之，还得天天守在身边"。

这样一来其实就是理论上的矛盾。

从儒家的角度来讲，你爹过早离开你后，实际上他变成了另一种你看不见的形式跟你永存呢！你种地他保佑你丰收，你做买卖他保佑你发财，你娶媳妇他保佑你生儿子。

总之，你家的人，无论生死，从未离开，所以，你要祭祀你的祖先。

你不能既让马儿跑又让马儿不吃草，老爷子活着累一辈子，死了还有这么多职能，你可千万对老爷子好点儿。所以人要祭祖。

你要是什么都不表示，祖宗们虽然是大人但也会记你这个小人过的。他们活着时可以打你屁股，死了可以绊你跟头。你们是一个集体、一个网络，你们是最亲最近一脉相承的家族。

中国人在千百年来的家族观念演化下，把生命看成了三代人跨越生死的一条时间轴：对祖宗是承接的尊敬与追忆，对子孙是延续的指导和期望。

依靠祭祀，中国人把过去、现在和未来融为一体。孝子贤孙祭祀先祖，希望祖宗有灵保佑家族。长辈祭祖，小辈们看在眼里就有了对家族和长辈树立的榜样和孝道的印记。

但是，从基因角度来讲，祭祀已经不存在的人严重消耗了社会的资源与财富。儒家其实提出了很多反进化的理论。

那么为什么儒家这套理论却最终能够在华夏大地开枝散叶了呢？（早在汉武帝独尊儒术之前，儒家祭祀的风俗和形式就已经约定俗成全民化了。）因为通过大量的案例证明，祭祖的家族比不祭祖的家族发展得更好、人丁更兴旺、出人头地者更多。

据记载，古老的中国人发现祖先死后确实和活着的子孙们祸福一体，有的灾难将至，子孙会接到祖先托梦，甚至祠堂的牌位会突然折断以示警。听起来玄之又玄，看起来好神奇。

渐渐地，华夏大地上的人们形成了一个核心价值观：一个人要为祖宗威名和子孙后代而活。你不仅仅是代表你一个人，你代表的是你们家族。你行事要为乡里起表率，为子孙做榜样，给祖宗扬威名。

综合起来，就是中国人最大的荣耀跟自己没有关系，而是光宗耀祖；最大的待遇也跟自己没关系，而是封妻荫子。

但儒家始终有解决不了的理论问题，即为什么会这样？

等东汉中期佛法东来后，佛教给出了儒家所没能提供的"理论"和之前没有的"神"。具体来讲，就是儒家解释不了"好人没好报"和"除了祖宗外没有依靠"的问题。

中国人慢慢发现，很多杀人放火金腰带的现象与儒家理论不吻合，而且即便在自己祭祀祖宗乃至皇家祭祀天地后仍然出现了自己根本摆不平的事。但随着佛法引入轮回概念后，这类的问题得以解决。

佛法说"世间分六道，阿修罗、畜生、鬼、人、天、地狱"。

在人间没有功德的人死后变成鬼，我们祭祀祖先，祖先在鬼道过得踏实，人间的子孙也就繁盛。

大奸大恶的人死后要下地狱，他们属于没法再入轮回的人，要受大罪，极痛苦，以此来约束阳间的坏人。祭祀甚至对"十恶不赦"者也管用，祭祀能帮他减轻痛苦，但如果想要把他拯救出来，则子孙需要立大功德。

在人世间立有大功业、大功德的会到天上去享福。普通人或者命带剧本的人则会再次进入滚滚红尘。修行的高僧大德在觉悟后会进入佛国，从此不生不灭。

对于中国人来说，佛法解决的最根本的问题其实是心灵上的迅速解脱和对苦难生活的迅速改变。

为什么你中年丧妻、老年丧子呢？因为你上辈子杀人越货，这辈子体会到受害者家庭的痛苦了吧。一切都是有因果的，接受自己的苦难，承认自己的命运，放过自己吧，现在开始做好事留功德吧。

这是心灵上的迅速解脱。

为什么你家半夜总是有哭声，家里的运势越来越差了呢？你家当年害死过人，亡灵不散，找庙里的师父去做场佛事吧。

这是对苦难生活的迅速改变。

在被佛法开释和超度后，那些在传统儒家社会所办不了的事，被佛教搞定了。

在"万法灵为首"的中国人信仰需求面前，佛法的"八万四千法门"开始针对不同人群对症下药。

上等根器的人，佛法会点拨他利于众生。中等根器的人，佛法会点拨他修身齐家并成为榜样。下等根器的人，佛法会告诉他先从断恶修善开始，一切都来得及。

佛法开始在为中国人办事的前提下走进了中国人的信仰世界，填补上了"祭祀原理和方法论"及"再也不能这样活的人生转运方法"的信仰大厦空白。

在东汉中期佛法入东土，给出了理论方法，请出了佛、菩萨后，东汉末年华夏本土的道教也加入了进来。

道教解决了中国人想"再活五百年"的梦想诉求，以及解释了为什么有些特殊动物如狐狸成精后比人要厉害的理论框架。

佛法给出了轮回因果体系，道教则提出了让人永垂不朽的方法和"六道"中"天"的延伸——神仙概念。那些在阳间特别"牛"的人死后会成为神仙。

道家和佛教一样，也是以行善积德为根本，靠修炼"内丹"和"外丹"的方法解决人这辈子的"永生问题"。别下辈子了，咱们这辈子直接羽化成仙！

在儒、释、道三教的传播下，万民祭祀祖先，皇帝祭祀天地；高、中层人士修道养生，谈经辩论，拜佛拜神仙；底层百姓则在力所能及的范围内进行基础修炼和祭祀。

自东汉末年张角教主的一声呐喊后，经历了近四百年的混乱，儒、释、道三家渐渐融合的趋势出现了。

打头炮的是萧衍，萧衍在确定佛法的理论大厦后，表示佛陀是老子、孔子的师父，儒、道两教源于佛教，这三教本是同源。萧衍的"三教同源说"对后世影响相当大。

在萧衍之后，在儒、释、道三家的集体发力下，一个影响着中国人前世、后世、现世、过去、未来、因果、缘分、官运、钱财、子孙、善终等多元维度的命理框架搭建起来了。

至此，中国人的信仰大厦基本搭建完成。

关于宗教起源与高下之分这事咱们不过多争论，东汉时还有老子化胡的说法，说老子西行后成了佛陀。萧衍提出"三教同源说"，确实是因为在他这样的高智商人士看来，佛教的架构体系尤其是它的哲学殿堂太丰富了。

根据萧衍对佛教的理解，他能当皇帝是因为他是十世修行的好人。他想让自己下辈子继续当皇帝？那就接着修吧，做个表率吧。他度的人越多，榜样做得越好，他的福报就越大！

佛经读多了之后，理论看多了之后，萧衍的双脚开始离地了。他开始将他夺天下时的"时来天地皆同力"简化成自己的大福大报,本来就没怎么经历过的磨难与痛苦,在他当了皇帝后开始离地气越来越远。

他已经忘了当年他当臣子不得志时是怎样居心叵测帮萧鸾上位的那些狼心狗肺的经历了。人生对于他来讲,开始慢慢变成一个梦里的幻境。

巨大的福报在他开国后依旧在延续,他在位的四十年,是三国两晋南北朝四百年中外部压力最小的时期,恰到好处的六镇之乱与北魏崩塌让他足够安乐,足够继续相信自己的信仰所带来的力量。

萧衍作为一名佛家弟子,极其合格。自从践行佛教教义治国后,他开始吃长斋,不吃肉,每天只吃一餐,过午不食,吃得也很简单,有时候太忙,过了中午漱漱口就当吃饭了。

他穿布衣,用棉帐,一顶帽子戴三年,被子盖两年才换一床,后宫贵妃以下衣不拖地,不饮酒,非重大场合不奏乐,即便自己独处时依旧衣冠整齐如面佛祖,酷暑也不袒胸露怀,哪怕对太监也以礼相待。[①]

都是同一时代的佛弟子,都是最高统治者,萧衍的素质可比北魏的胡太后强太多了。

但萧衍在以佛教教义指导自己修行的同时,也把这一套延伸到了治国上。俗世的最大统治者对接了出世的操作系统,一场极度危险的思想实验在南国展开了。

治国讲的是规矩,是赏罚分明,这事最合适的是法家。萧衍作为佛弟子政治家,应该外法内佛,应该自己修自己的福报,披上龙袍用法家的思维去"规"官吏,去"牧"百姓,去"杀"魔障。

当年汉宣帝教育太子说的那段话最为精辟:

---

① 《资治通鉴·梁纪十五》:身衣布衣,木绵皂帐,一冠三载,一衾二年,后宫贵妃以下,衣不曳地。性不饮酒,非宗庙祭祀、大飨宴及诸法事,未尝作乐。虽居暗室,恒理衣冠,小坐、盛暑,未尝褰袒,对内竖小臣,如遇大宾。

汉家自有制度，本以霸王道杂之，奈何纯任德教，用周政乎！且俗儒不达时宜，好是古非今，使人眩于名实，不知所守，何足委任！

儒家是面子，治国框架要靠规矩、做实事！俗儒只动嘴、好是非，一做正事就傻，怎么能不实事求是呢！

萧衍对待他的文武百官充满了尊重和信赖，他相信在自己的福报下一切都镇得住，一切都会如沐春风，一切都会自然而然地变成净土。结果，在没有追责压力的情况下整个官僚体系从上到下无忧无虑地使用着国家权力，地方官鱼肉百姓，特派员敲诈地方。①

事实上，当你这个皇帝不重视规则和刑罚的时候，你不要的权力自然会被野蛮生长的力量所填补。所有行政区交界的"三不管"地方都是最乱的。

萧衍的慈悲使奸吏们擅权弄法占据了司法解释权，法院变成了明码标价的菜市场。官吏为了捞钱，扩大冤狱更是习以为常，每年被判两年以上者多达五千人；对这些罪犯，也是根据其行贿多少来决定其服刑的程度。②

演变到后来，贵族集团的王侯子弟大多骄淫不法，萧衍岁数越来越大，心也越来越软，每次裁决重罪后常一整天都不高兴，哪怕是谋反大罪，他也哭完就原谅人家。③

萧衍的弟弟萧宏因为是皇弟，还当过北伐总指挥，聚敛财产的规

---

① 《资治通鉴·梁纪十五》：然优假士人太过，牧守多浸渔百姓，使者干扰郡县。又好亲任小人，颇伤苛察。

② 《资治通鉴·梁纪十五》：上敦尚文雅，疏简刑法，自公卿大臣，咸不以鞠狱为意。奸吏招权弄法，货赂成市，枉滥者多。大率二岁刑已上岁至五千人；徒居作者具五任，其无任者著升械；若疾病，权解之，是后囚徒或有优、剧。

③ 《资治通鉴·梁纪十五》：时王侯子弟，多骄淫不法。上年老，厌于万几。又专精佛戒，每断重罪，则终日不怿；或谋反逆，事觉，亦泣而宥之。

模令人瞠目。有人报告萧衍说萧宏家中私藏铠甲要谋反，于是萧衍以上他家喝酒的理由去视察，参观了一个又一个库房，发现全是钱、布、绢、丝、绵等物资财富，光钱就有三亿多，萧宏吓坏了。没想到萧衍不仅不生气，还说兄弟你这生活过得不错啊，然后兄弟两个喝得更开心了。[①]

大家说萧衍有智慧吗？萧宏只是一个王公大臣，那么多钱，都从哪里来的呢？

萧衍你看不到萧宏海量财富背后的白骨累累和哀号生民吗？你看到他欲壑难填，你帮助他悬崖勒马了吗？你以为你的宽恕与慈悲会让他改好吗？事实上就是他这个疼爱的弟弟后来与他闺女永兴公主私通，还谋杀他，但依旧被他原谅了。

萧衍你觉得你这是慈悲吗？你这是还债吗？事实是你为这世间太多的恶解除了封印！

当年鲁国有条法律，鲁国人在国外沦为奴隶被本国人赎出来后，赎人者可以找国家报销。有一次子贡在国外赎了一个鲁国人，回国后却拒绝收下国家的赔偿金。

做好事不图回报，我是纯善人！

结果孔子说："你不要赔偿金是很高尚，但今后没人会再为国家赎回国外的奴隶了，因为不是每个人都跟你一样高尚。"

力所能及的好事大部分人都会做，但赔本的好事没几个人会做。你子贡为了自己当好人，从此绝了成百上千奴隶们回到祖国的机会。

这是善还是恶？不要拿自己的善恶标准去一厢情愿地对接这个世界。

[①] 《南史·临川靖惠王宏传》：宏以介弟之贵，无佗量能，恣意聚敛。库室垂有百间，在内堂之后，关钥甚严。有疑是铠仗者，密以闻。武帝于友于甚厚，殊不悦……上意弥信是仗，屋屋检视。宏性爱钱，百万一聚，黄榜标之，千万一库，悬一紫标，如此三十余间。帝与佗卿屈指计见钱三亿余万，余屋贮布绢丝绵漆蜜纻蜡朱沙黄屑杂货，但见满库，不知多少。帝始知非仗，大悦，谓曰："阿六，汝生活大可。"方更剧饮，至夜举烛而还。兄弟情方更敦睦。

谋反的人你萧衍都不杀，贵族们从此人人头上顶着免死金牌。

有萧宏这个"榜样"在前，整个梁王朝呈现出了一派极其神奇的景象。

最顶端的皇帝自律得像个苦行僧，真真正正是个"出家人"，只管自己，不管他人。而自菩萨皇帝之下，历朝历代罕见的残暴贪婪官僚系统横行于世，王侯们白天杀人于闹市不考虑影响，晚上公开抢劫不在乎官府，亡命者藏于贵族之家就不用担心被司法机关搜捕。[①]

这些事萧衍你是都知道的，你管了吗？[②] 你这个天下最大的"在家人"，却占着皇帝位置做了半个世纪的"出家人"，你对得起你的子民百姓吗？

更可怕的是，萧衍的一项货币改革还对南梁社会的崩塌起了推波助澜的作用。

在萧衍上位前，北方的改革猛男北魏孝文帝死了，南北局势不再是一边倒，此后南北双方开始在国境线上没完没了地拉扯，军费成了大头开支。

505 年，萧衍为了缓解西边益州天险丢失的战略压力大举伐魏，就此掀开了直到钟离会战为止长达近两年的大规模群殴。萧衍当时为了筹集军费，把所有贵族的租子和收成全给扣了。

为了缓解财政压力萧衍开始自己铸钱，但当时南方的铜矿已经接近枯竭，萧衍在自己货币产量并不足以应对市场交易的情况下要求除了他造的"萧衍五铢"，其他所有钱都不允许使用。但是由于违背了市场经济规律，萧衍的这一命令根本无法彻底执行。[③]

---

① 《资治通鉴·梁纪十五》：由是王侯益横，或白昼杀人于都街，或暮夜公行剽劫，有罪亡命者，匿于王家，有司不敢搜捕。

② 《资治通鉴·梁纪十五》：上深知其弊，溺于慈爱，不能禁也。

③ 《隋书·食货志》：武帝乃铸钱，肉好周郭，文曰"五铢"，重如其文。而又别铸，除其肉郭，谓之女钱。二品并行。百姓或私以古钱交易，有直百五铢、五铢、女钱、太平百钱、定平一百、五铢雉钱、五铢对文等号。轻重不一。天子频下诏书，非新铸二种之钱，并不许用。而趣利之徒，私用转甚。

萧衍为什么要控制货币呢？这是他均贫富的一个方法，他希望拉低之前那些百年贵族和越来越壮大的商人们的能量，特别是商人的。

当时市场上流通着"直百五铢、五铢、女钱、太平百钱、定平一百、五铢雉钱、五铢对文"等各种各样不同年代的货币，由于这些货币轻重不一，江东的商人在"银行货币兑换生意"上大发其财。①

货币种类越多，兑换和交易过程中被资源强势方占便宜搞剥削的机会就越多。

比如，当一个农民想把自己的粮食卖出去时，收粮食的商人说目前只有太平百钱支付爱要不要，你不要就把粮食运回去吧累死你，农民无法只得收下；但等他缴税的时候，官方收的是官造的五铢钱，农民又必须把自己交易过程中收到的钱兑换成"萧衍五铢"，这个过程就产生了手续费。

在南梁的整个金融系统中，这样的不对等交易是海量的。商人对政治的影响力开始越来越大。

萧衍希望出台这个政策能降低豪族和商人们的能量，哪怕盗铸钱币将过去各种各样的钱洗白成"萧衍五铢"，也能在客观上完成货币上的统一。

但萧衍经试验后发现这么做没什么用，因为只要铜作为货币属性还是合法的，只要铜作为货币还是存在信心的，那么他的货币禁令就没有什么效果，因为他根本没有能力去监管流通中的一次次交易用的是什么钱。

到了523年，萧衍玩了把狠的，官方宣布废除铜钱，全面禁止流通，今后使用的钱都是官方铸的铁钱。

南方缺铜矿，却不缺铁矿，萧衍作为梁朝最大暴力机关一把手随后造了海量的铁钱涌入市场。

---

① 《隋书·食货志》：百姓或私以古钱交易，有直百五铢、五铢、女钱、太平百钱、定平一百、五铢雉钱、五铢对文等号。轻重不一。

等铁钱出来后，萧衍就再也没为钱发愁过，但就在铁钱流通后不久，后军行参军郭祖深针对萧衍沉溺于佛教治国朝政宽松这事做了示警级别的上奏："贪污腐败问题已经相当严重，因为您对臣下没有惩戒，没有规矩，清廉没有嘉奖，贪墨没有成本，过去有卖酒的宋人酒虽好但家里的狗太凶导致没人买酒，酒都放酸了，而您现在的恶犬实在太多了。①

"民以食为天，粮食安全是国家最重要的事，但郡县官员苛暴，根本不劝农，今年大丰收但百姓仍然吃不饱饭，要是遇到水旱荒年怎么办？②

"您之前劝全国学儒，置立五馆，行吟坐咏，诵声溢境，您自从信佛后，家家斋戒，人人忏礼，没人干活了，天天谈的都是彼岸，这是本末倒置啊！③

"现在商人越来越多，流民越来越多，真正干农活做纺织的人越来越少，您要是广兴屯田，贱货币重粮食，鼓励种粮大户，惩罚懒汉示众，没有几年国家的粮食安全问题就能解决。④

"君子小人的眼界和需求不同，君子的志向是安定国家富足百姓，

---

① 《南史·郭祖深传》：大梁应运，功高百王，慈悲既弘，宪律如替。愚辈罔识，褫慢斯作。各竞奢侈，贪秽遂生。颇由陛下宠励太过，驭下太宽，故廉洁者自进无途，贪苛者取人多径，直弦者沦溺沟壑，曲钩者升进重沓。饰口利辞，竞相推荐，讷直守信，坐见埋没。劳深勋厚，禄赏未均，无功侧入，反加宠擢。昔宋人卖酒，犬恶致酸，陛下之犬，其甚矣哉。

② 《南史·郭祖深传》：臣闻人爲国本，食爲人命，故《礼》曰国无六年之储，谓非其国也。推此而言，农爲急务。而郡县苛暴，不加劝奖，今年丰岁稔，犹人有饥色，设遇水旱，何以救之？

③ 《南史·郭祖深传》：陛下昔岁尚学，置立五馆，行吟坐咏，诵声溢境。比来慕法，普天信向，家家斋戒，人人忏礼，不务农桑，空谈彼岸。夫农桑者今日济育，功德者将来胜因，岂可堕本勤末，置迩效赊也。

④ 《南史·郭祖深传》：今商旅转繁，游食转众，耕夫日少，杼轴日空。陛下若广兴屯田，贱金贵粟，勤农桑者擢以阶级，惰耕织者告以明刑。如此数年，则家给人足，廉让可生。

而小人只知道利益甚至损人利己，政治有政治的打法，一码是一码，不能拿出世的思路去应对俗世间的法则。"（说得多好啊！）①

此时江东已经是"南朝四百八十寺"了，寺院穷极宏丽，僧尼十余万，寺院资产丰沃，最关键的是寺院还争夺人口，僧人吸纳男丁，尼姑吸纳女性，梁朝户口已经没了一半了。在这种巨大的利益链条下，僧尼已经成了买卖人，做出了很多蠹俗伤法的事。②

在这种情况下，郭祖深建议萧衍大规模整顿宗教势力，令四十岁以下的人全部务农，将被寺庙隐匿的人口挖出来，命天下僧尼全部吃素，否则将来全天下都是寺院，国家将不再有一寸土地。③

萧衍除了从自我做起贯彻了僧尼不能吃肉这事之外，对剩下的所有事都无可奈何。宗教对于信徒的最大控制力体现出来了。因为一系列的教义控制，信徒是没办法反制上层的。

萧衍能够抢寺庙的产业吗？在佛教教义中，这样做将来是要堕无间地狱的，你拿了寺庙一根针，将来多少辈子当牛做马都还不完。

萧衍为什么于527年、529年、546年、547年先后四次舍身同泰寺出家呢？因为他每次出家都需要被国家"赎"回来，每次赎金都是一

---

① 《南史·郭祖深传》：夫君子小人，智计不同，君子志于道，小人谋于利。志于道者安国济人，志于利者损物图己。道人者害国小人也，忠良者捍国君子也。臣见疾者诣道士则劝奏章，僧尼则令斋讲，俗师则鬼祸须解，医诊则汤熨散丸，皆先自爲也。臣谓为国之本，与疗病相类，疗病当去巫鬼，寻华、扁，爲国当黜佞邪，用管、晏。今之所任，腹背之毛耳。论外则有勉、舍，说内则有云、昱。云、昱所议则伤俗盛法，勉、舍之志唯愿安枕江东。主慈臣恒，息谋外甸，使中国士女南望怀冤，若贾谊重生，岂不恸哭。

② 《南史·郭祖深传》：都下佛寺五百余所，穷极宏丽。僧尼十余万，资产丰沃。所在郡县，不可胜言。道人又有白徒，尼则皆畜养女，皆不贯人籍，天下户口几亡其半。而僧尼多非法，养女皆服罗纨，其蠹俗伤法，抑由于此。

③ 《南史·郭祖深传》：请精加检括，若无道行，四十已下，皆使还俗附农。罢白徒养女，听畜奴婢。婢唯着青布衣，僧尼皆令蔬食。如此，则法兴俗盛，国富人殷。不然，恐方来处处成寺，家家剃落，尺土一人，非复国有。

亿起步。

在佛经里面有着"舍一得万"的福报体系，萧衍这么做是在强行给自己注入福报，反正铁钱都是他铸的，他希望自己下辈子还过这种"时来天地皆同力"的日子。钱是他铸的，拿没成本的东西去信佛，他的算盘打得真好！

现在郭祖深居然上疏让这位强行修佛的信徒皇帝去抢庙里的利益，纯属疯了。萧衍对郭祖深的态度最终是：你说得挺好，你忠心我提拔你，但我不改。

萧衍在天监中期（502—519）推行"释法"，此时才仅仅过去十多年，就已经有如此严重的社会问题了。

魔瓶打开了，魔鬼放出来了，再收就难了。腐败与崩塌的速度是很快的，因为萧衍不会对官僚系统怎么样嘛，他根本就没有约束。

一晃二十年过去，到了545年年底，散骑常侍贺琛向萧衍启奏了四件事：

1. 户口已经少得不像话了，越来越少的户口承受着越来越严重的贪官盘剥。清官已经混不下去了，现在是您给了好政策老百姓也活不下去的状态了。①

2. 天下官吏之所以贪婪、残暴，是由奢侈糜烂的风气造成的。现在斗富这事已经严重得不像话了，一次宴席所用的果品堆得像小山那么高，席上的美味佳肴如同漂亮的锦绣，一顿饭百两黄金都下不来，大量的食物吃不了都被浪费了。无论什么等级只要有钱就都养妓女，当官的

---

① 《资治通鉴·梁纪十五》：其一，以为"今北边稽服，正是生聚教训之时，而天下户口减落，关外弥甚。郡不堪州之控总，县不堪郡之裒削，更相呼扰，惟事征敛，民不堪命，各务流移，此岂非牧守之过欤！东境户口空虚，皆由使命繁数，穷幽极远，无不皆至，每有一使，所属搔扰；驽困守宰，则拱手听其渔猎，桀黠长吏，又因之重为贪残，纵有廉平，郡犹掣肘。如此，虽年降复业之诏，屡下蠲赋之恩，而民不得反其居也。"

都是富豪，但他们的作风和习惯却根本无法支撑他们退休后的生活，所有退休官员都在抱怨的就一件事——当初没多捞点儿。[①]

3. 您是圣明的，但您身边是一群谄媚之臣。

4. 现在需要赶紧精简事务，让百姓休养生息。

后面两条没涉及社会现状就不细说了。

面对几乎和二十年前一样的上奏，又修了二十年佛法的萧衍却根本听不得这种话了。

萧衍口授敕书批驳贺琛，先是给这事定了性："卿不宜自同茸，止取名字，宣之行路，言我能上事，恨朝廷之不用。"你不过是为了将来炫耀"我向朝廷上疏，朝廷不采纳"，博一个忠名罢了。

萧衍接着挨条批："你为什么不说哪个刺史横暴？哪个太守贪残？哪个尚书和兰台奸猾？哪个使者渔猎？他们都叫什么名字啊？证据是什么啊？我好按名单办他们！

"你说全民斗富，你是怎么知道的？我要是查这事是不是骚扰民生呢？你要是说这是朝廷的状况，我带头表态，我没这问题，我连祭祀都换成素的了，我家祖宗都跟我吃素了，朝宴也是全素，顶多换点儿花样和做法，我自己很多年都不用国家纳税人的钱了，我开工的所有工程也没用官方资源，都是花钱雇人。

"你说该节俭引导百姓，我都三十多年没房事了，我住的地方也没有雕梁画栋；我平生不爱饮酒，不喜声色，朝中设宴都没奏过乐曲；我每天三更便起来治理国家，事务多时常到日落才能处理完，常常因为过

① 《资治通鉴·梁纪十五》：其二，以为"今天下所以贪残，良由风俗侈靡使之然也。今之燕喜，相竞夸豪，积果如丘陵，列肴同绮绣，露台之产，不周一燕之资，而宾主之间，裁取满腹，未及下堂，已同臭腐。又，畜妓之夫，无有等秩，为吏牧民者，致赀巨亿，罢归之日，不支数年，率皆尽于燕饮之物、歌谣之具。所费事等丘山，为欢止在俄顷，乃更追恨向所取之少；如复傅翼，增其搏噬，一何悖哉！……"

午不食每天只吃一顿饭，我过去腰腹过十围，现在瘦的只剩二尺了，我还有过去的腰带为证，我为了万民都严于律己到这种地步了！

"你说的小人是谁？还有官府、衙门、市场这些机构哪些应该革除、哪些该削减？哪些工程不急？哪些赋税可以缓？你说详细一些。

"富国强兵之术、息民省役之宜，你要说出实际具体的措施，你不说就是蒙蔽欺骗朝廷，你赶紧说，我洗耳恭听然后把你的高见转给尚书省，颁布全国。"

很明显，萧衍着急了。

此时已经八十二岁的萧衍更像是在对举头三尺的神明呐喊：看我这些年的严于律己，你贺琛怎么能把我这么辛苦修行的一生说得如此不堪！

从萧衍的角度来看，他自己当政的这半个世纪堪称无可挑剔。

1. 国家太平无战事。

2. 个人私德上无可挑剔。

3. 连吃喝、工程都不用民脂民膏，都是市场经济。（没错您自己印钱投入市场。）

4. 自己是目前为止最高寿的皇帝，而且越活越年轻。

在他的眼中，他是整个魏晋南北朝中最成功的皇帝，他的信仰和践行非常伟大。

但在现实中，整个中国南方在这半个世纪中变成了如下景象：

1. 由于海量货币大规模涌入，市场经济极度繁荣，上流社会活在天堂里。官方的海量货币投放及在史上几乎是最宽松的皇权监督下，全境奢侈斗富。越是靠近建康，这种现象越严重。

第三产业的比重越来越大，导致建康地区从事农业的人口越来越少，因为在经济中心种粮食是最不符合成本的低效活动，在上海，哦不对，是建康，单纯种粮食根本活不下去，极度依赖市场的建康城粮食储备都不够支撑半年的，经常需要各地运粮支援。

由于南方水网发达，萧衍一朝又有着截至此时堪称史上最发达江东的资本，这些在当时都不叫事。

但在后面那个魔鬼来了以后，经济发达的建康很快将变成无粮的地狱，在后面的那场兵祸饥荒中，全阶层无论贫富幸存者百无一二。[①]

2. 海量的铁被做成钱涌入市场的另一个后果，是铁这种极其重要的军用物资开始短缺。

到了萧衍末年，铁作为货币资源被大量占用，于是开始出现铁资源短缺的情况，最直观的体现就是铁钱开始缺斤少两。

江州以东，八十文折合一百文，称为"东钱"；江、郢以西，每七十文折合一百文，称为"西钱"；建康地区每九十文折合一百文，称为"长钱"。[②]

为什么江州以西七十文钱当作百文花？因为西面的铁量少，铁价贵，所以市场在看不见的手之后自动调节成这个价格。建康周围的铁资源更丰富，所以铁价没怎么涨，九十文钱当百文花。

最终铁价越来越贵，市场上的囤积行为越来越严重，导致梁朝末年已经是三十五文算作一百文了。[③]铁资源越来越少的背后，是国家战争机器动员能力的极大衰弱。

3. 上层的经济资源加萧衍本人的文化引导，以及本就发达的南朝文化，使重文轻武之风在萧衍晚年达到顶点。

当时南梁重文轻武已经到了什么程度呢？整个建康地区已经没有人骑马了，因为人们觉得那样不优雅。官员士大夫们都是怎么潇洒、怎

---

① 《资治通鉴·梁纪十八》：高祖之末，建康士民服食、器用、争尚豪华，粮无半年这储，常资四方委输。自景作乱，道路断绝，数月之间，人至相食，犹不免饿死，存者百无一二。贵戚、豪族皆自出采稆，填委沟壑，不可胜纪。

② 《资治通鉴·梁纪十五》：又自破岭以东，八十为百，名曰"东钱"；江、郢以上，七十为百，名曰"西钱"；建康以九十为百，名曰"长钱"。

③ 《资治通鉴·梁纪十五》：诏下而人不从，钱陌益少；至于季年，遂以三十五为百云。

么飘逸怎么穿，周弘正骑一匹小矮马可以，大家觉得这优雅，但当有一天一个尚书郎骑大马时却被弹劾了，事情就到了这样的地步。等后面那位魔王来了之后，免疫力几乎是负的官员集团在大棚破裂失温后大规模死亡。①

当时可笑到什么程度呢？建康令王复听到马的嘶鸣声吓坏了，说这不是老虎吗，为什么要叫马？②

萧衍的太子萧纲在被侯景围困时居然还作了一篇《围城赋》，后来被侯景囚禁时萧纲又作《连珠》二首，文甚凄怆。

4. 整个官僚阶层跟萧衍没有感情。

用《孙子兵法》里的一句话总结："厚而不能使，爱而不能令，乱而不能治，譬若骄子，不可用也！"

萧衍养了一群骄子，不可用也！

546年四月十四，萧衍讲经结束，大赦天下，改年号"中大同"。当夜，同泰寺佛塔起火，萧衍说："这是魔鬼干的，应该大规模做法事做死魔鬼。"群臣都说好。

萧衍下诏："道高魔盛，行善郭生，当穷兹土木，倍增往日。"

看看！"穷兹土木，倍增往日"，这话你说出来，你没有心理负担吗？

你修了这么多年，修到最后修成了一句话：德不配位，必有灾殃。

萧衍最终没有看到这座信佛塔的竣工，同泰寺的示警他并没有看懂。

真正的魔王就要来了，他靠建塔可消不了这弥天大灾！

---

① 《颜氏家训·涉务第十一》：梁世士大夫，皆尚褒衣博带，大冠高履，出则车舆，入则扶侍，郊郭之内，无乘马者。周弘正为宣城王所爱，给一果下马，常服御之，举朝以为放达。至乃尚书郎乘马，则纠劾之。及侯景之乱，肤脆骨柔，不堪行步，体羸气弱，不耐寒暑，坐死仓猝者，往往而然。

② 《颜氏家训·涉务第十一》：建康令王复性既儒雅，未尝乘骑，见马嘶喷陆梁，莫不震慑，乃谓人曰："正是虎，何故名为马乎？"其风俗至此。

三、"诈死"的高神通

547 年正月初八，高欢病逝。

高欢走得很仓促，但心不慌。早在三年前，高欢就已经做好了交权的准备。

高欢一直镇晋阳，邺城方面之前始终交给孙腾、司马子如、高岳、高隆之这四个人处理具体事务，这四个人在邺城被称为"四贵"。

544 年三月二十八，高欢任长子高澄为大将军领中书监，从此将枢纽政务移交到了高澄手上。[①]

河北的权力过渡问题高欢早早就考虑到了，但河南的问题他却始终没当回事，河南被高欢全权交给了侯景，任其为司徒、河南大将军、大行台。

侯景也高调表态，希望带三万人马横扫天下，渡江把萧衍抓来给高欢亲自念经办法会，高欢也对侯景始终放心任用。

侯景服高欢却一向看不起高澄，他曾对司马子如说："高王在的时

---

① 《资治通鉴·梁纪十四》：欢欲损夺其权，故以澄为大将军、领中书监，移门下机事总归中书，文武赏罚皆禀于澄。

候什么都好说，高王哪天要是不在了，我可不跟那个小子共事！"①

侯景为什么要这么说呢？按理说他这人精不该没有政治敏锐性啊，因为他和司马子如都是高欢最早的怀朔帮元老成员。② 他们还都是在最后时刻归附的高欢，经历和归附时间太相似了。

史书有明确记载说司马子如是尔朱氏的忠臣，当年尔朱荣刚死贺拔胜第一时间就反水了，司马子如却跟着尔朱荣的部曲去了河阴，还劝尔朱世隆不能退，打回洛阳去。

后来高欢势力大起来以后，司马子如因为他的怀朔籍贯被尔朱世隆怀疑，司马子如强烈表态还哭了一通，最终是高欢入洛阳后才归降的。③

侯景跟尔朱氏的关系在史书中记载不详，但在时间上也是尔朱氏集团被彻底粉碎后才从济州归降高欢的。

虽然这两个人归附得晚，但高欢对当年的老兄弟是相当看重的，从小一起长大的交情永远最珍贵。这两个人都被高欢给予了高级别的授权，司马子如在邺城是"四贵"之一，侯景成了河南王。

侯景之所以对司马子如那么说，是希望和这位河北实权派的怀朔元老联手，在高欢死后颠覆他的家产。

很遗憾，不是每个人都有狮子的梦想，或者说人到了一定岁数就开始不再冲动，而是逐渐认命养生盘手串喝茶水了。

高欢死的这年侯景四十五岁，年富力强还想浪，但司马子如已经五十八岁了，几年前侯景攒局的时候司马子如就已经过了激情燃烧的岁月了。

---

① 《资治通鉴·梁纪十五》：景素轻高澄，尝谓司马子如曰："高王在，吾不敢有异；王没，吾不能与鲜卑小儿共事！"子如掩其口。

② 《北齐书·神武帝纪》：与怀朔省事云中司马子如及秀容人刘贵、中山人贾显智为奔走之友，怀朔户曹史孙腾、外兵史侯景亦相友结。

③ 《北齐书·司马子如传》：高祖起义信都，世隆等知子如与高祖有旧，疑虑，出为南岐州刺史。子如愤恨，泣涕自陈，而不获免。高祖入洛，子如遣使启贺，仍叙平生旧恩。

人在生理期上有一个五十岁的分界线，无论男女，过了这条分界线各方面欲望都跳崖式滑坡，所以不生孩子这事相当可怕，时间一长，这个社会的年轻人自然减少，而经济没有消费能力强的年轻人是不可以的。

司马子如并不想跟侯景蹚这个浑水，他这些年主要张罗贪污的事，比较忙。[①]司马子如是个特别机灵的人，他的一生不去细讲了，总之一辈子都走在"正确"的路上，他贪污其实还有一层自污的意思在里面。

侯景的拉拢，被司马子如作为给第二任上司的投名状早早汇报到了高澄那里。

高欢病了之后，高澄第一个想到的威胁就是侯景，随后他以高欢的名义写了一封信召侯景过来。结果高澄没想到，他爹和侯景有暗号。

侯景曾对高欢说过："我在远方权力那么大，人们很容易从中捣鬼，以后凡是您给我的书信和旨令都请您加一个小黑点。"高欢同意了。[②]

高澄不知道这个约定，所以等这封书信到了侯景手里以后就成了信号枪。侯景赶紧找理由不去，随后去打探消息，得知高欢不行了，于是开始了造反计划。[③]

那么小疑问来了，高欢为什么不早早告诉高澄这个暗号呢？因为高欢也在防着高澄，他知道自己这个儿子不是什么好东西。相对于侯景，这孩子的威胁一点儿也不小。

高澄是有才无德的典型代表，他早早就震惊天下，第一次登上历史舞台是十岁的时候，在高欢入信都后去招降高敖曹。当时高敖曹很看不起他哥哥高乾引高欢入信都，还专门给他哥送了女装以示鄙视，但高

---

① 《北齐书·司马子如传》：子如义旗之始，身不参预，直以高祖故旧，遂当委重，意气甚高，聚敛不息。

② 《资治通鉴·梁纪十五》：先是，景与欢约曰："今握兵在远，人易为诈，所赐书皆请加微点。"欢从之。

③ 《资治通鉴·梁纪十五》：景得书无点，辞不至；又闻欢疾笃，用其行台郎颖川王伟计，遂拥兵自固。

澄以子孙礼拜见他后感动了这个河北黑老大。

此后高欢就经常考察这孩子的政务能力了，一试还真是那意思，高澄十二岁的时候就已经参与最高决策了。

十六岁的时候，高澄在邺城辅政任禁军总指挥，当时满朝还只是听说高澄是个政务天才，依旧拿他当个孩子，但高澄亮相后很快就以极强的决断力和政务成熟度震慑了所有人。①

这孩子作为接班人在能力上一点儿问题没有，但是这孩子控制不住自己的欲望，而且在人际关系上没有分寸，他十五岁的时候就把他爹给绿了。

他爹有个妾叫郑大车，出身荥阳郑氏，按理讲也是"四姓"级别，也不知道郑氏怎么给一女孩起名叫大车。

大车原为广平王元悌的妃子，高欢入洛阳后就把大车给收了，而且还特别喜欢大车，对她非常宠爱。

结果高澄也喜欢大车，趁高欢出去打仗的时候与大车私通。很快东窗事发，高澄的动静太大，目击证人太多，高欢打算废了这小子。

最终是司马子如开导了高欢，堪称史上劝架的最经典案例之一。

司马子如从开始就开宗明义："别难过，我儿子也把我绿了！"在把高欢的同情心勾起来后，司马子如开劝："这事是家丑，咱们得遮盖着点儿，高澄再怎么样也是你跟娄大嫂子生的，最好不过结发妻，差不多得了。"

最终在一通面子操作下，作证的婢女被"上吊"了，高澄顺利过关。

后来高仲密被逼反，导火索又是高澄想推倒高仲密媳妇，连衣服都给扯破了，相当粗暴。高澄你就差这一口啊，非推倒人家媳妇呀！

高澄还经常调戏他弟妹李祖娥，但他二弟高洋情绪控制能力极强，是个装傻小天才，在自己的跋扈哥哥面前经常跟傻子一样。

---

① 《北齐书·文襄帝纪》：三年，入辅朝政，加领左右、京畿大都督。时人虽闻器识，犹以少年期之，而机略严明，事无凝滞，于是朝野振肃。

即便如此，高澄也依旧一点儿面子不给，对他弟弟的评价经常是"这小子都能得富贵，看相这事纯属扯淡"。

少年得志才高八斗的人，通常在边界感上都会有问题。也许当年他第一次私通他爹小妾的时候高欢冷藏他十年，对这孩子反而会是人生中最大的一笔财富。

高澄这个没有边界感的高能长子，对于高欢一直是个巨大威胁。

由于宇文泰的顶级战略威胁，高欢始终"天子守国门"，驻守在晋阳，除了创业之初，他这辈子没怎么在河北待过，对于太行山以东，高欢无可奈何地必须要早早放权给高澄。

但对这个十五岁就敢绿他的儿子，高欢能指望他多自觉地"朕不给你，不能抢呢"？

北魏的例子在那里摆着呢，太子跟老子的权力矛盾根本无法调和。

高欢针对高澄，始终有两个后手。第一个后手，是老二高洋。

高洋每次单独面对他哥的时候就是智障附体，但他爹给他的所有考验这孩子都能满分给出回答。有句俗语叫"快刀斩乱麻"，创造者就是高洋。

高欢曾经让这几个儿子从一堆缠乱了的线头中捋出头绪，到了高洋这里，直接一刀把乱麻砍断了道："乱成这样根本就捋不出来了，得毁灭了重开新局。"高欢点头。①

高欢还搞过突然袭击，命这些孩子出去带兵执行任务，随后派猛将彭乐等攻打皇子们，高澄等都胆怯了，只有高洋率兵跟彭乐开战，还生擒了彭乐。②

---

① 《北齐书·文宣帝纪》：高祖尝试观诸子意识，各使治乱丝，帝独抽刀斩之，曰："乱者须斩。"高祖是之。

② 《北齐书·文宣帝纪》：又各配兵四出，而使甲骑伪攻之。世宗等怖挠，帝乃勒众与彭乐敌，乐免胄言情，犹擒之以献。

这个从来事上见的"傻子"不被所有人重视，只有高欢明白这小子是装的。他曾私下对自己的丞相长史薛琡说："这小子的脑子比我还强。"[①] 高欢这辈子靠的就是脑子，这句话的评价相当高。

高洋始终被高欢安排在高澄身边，而且还都是在最核心的圈子里，之前一直就是侍中，高澄成为邺城一把手后高洋是尚书左仆射。[②]

高洋能在控制欲极强、相当看不起自己的哥哥身边始终潜伏着，这是个相当厉害的备用选项，高洋后面的一系列表现也确确实实证明了这一点。

第二个后手，是侯景。

侯景看不上高澄，高欢肯定知道。高欢为什么要保密这个"黑点之约"呢？高欢要是早早就告诉了高澄这件事，高澄就有办法动手脚弄死侯景。但高欢需要在河南安排与高澄矛盾半公开化的侯景去钳制这个儿子，他在山西，侯景在河南，让这个在河北的儿子有分寸感。

玉璧之战后，高欢恰到好处地要死了，让很多很可能不体面的事情最终得以体面。但由于高欢病情恶化得太快及高澄的急不可待，最终使侯景问题并没有得到平稳解决。

高欢问高澄："你脸上有担心我病之外的忧虑，是什么？"还没等高澄回答，高欢就说："是侯景吧？"

高欢道："侯景在河南做一把手十四年了，心很大，只有我能驾驭他，你们没办法，现在天下未定，我死后不要马上发丧。厍狄干是鲜卑大辈，斛律金是高车大辈，这两个人都是耿直有力的人，都是我仔细品出来的，你可放心用；可朱浑元和刘丰生（即刘丰，字丰生）都是西面远来投奔的，都没有退路，也不会背离你；潘相乐原是道人，心地和善

---

① 《北齐书·文宣帝纪》：唯高祖异之，谓薛琡曰："此儿意识过吾。"

② 《资治通鉴·梁纪十四》：东魏以高澄为大将军、领中书监，元弼为录尚书事，左仆射司马子如为尚书令，侍中高洋为左仆射。

厚道，是你们兄弟的好帮手；韩轨脑子里有钢管回不过来弯，你要宽容待他；彭乐内心难测，邙山之战已经试出来了，防着点儿。所有人中，能对抗侯景的只有慕容绍宗一人，他是尔朱荣的亲戚，成分有问题，这些年我一直压着他，就是打算将来把他留给你用。"[①]

上述提到的人中，高欢没有一个看走眼的。用侯景，高欢有目的；铲侯景，高欢有后手。这是一个多么可怕的人啊！

高欢正月初八走人，侯景正月十三就正式造反归附西魏了，颍州刺史司马世云举全城响应，侯景随后控制了豫州刺史高元成、襄州刺史李密、广州刺史暴显等。

但西兖州刺史邢子才发现了侯景的阴谋，他不仅抓了侯景的接管军，还向东部各州散发檄文提前预警。[②]

高澄派司空韩轨督各路军马讨伐侯景。

二月，侯景遣使来投降南梁表示："请允许我率豫、广、郧、荆、襄、兖、南兖、济、东豫、洛、阳、北荆、北扬等关东十三州前来归附，齐、徐这几州我去封信就能归附的事，等河南全部安定后咱们再图谋燕赵。"

侯景的上市招募相当诱人，按理来讲八十四岁早已无欲无求的萧老居士突然来激情了。

这一年的正月十七，萧衍梦见中原各地牧守纷纷献地来降，整个颅内高潮，各衙门举行了年后大庆。

这件事最开始是萧衍跟自己的宠臣中书舍人朱异说的，他还说：

----

① 《资治通鉴·梁纪十五》：库狄干（《北齐书》《北史》中为"厍狄干"，全书正文统一用"厍狄干"）鲜卑老公，敕律金敕勒老公，并性遒直，终不负汝。可朱浑道元、刘丰生，远来投我，必无异心。潘相乐本作道人，心和厚，汝兄弟当得其力。韩轨少戆，宜宽借之。彭乐心腹难得，宜防护之。堪敌侯景者，唯有慕容绍宗，我故不贵，留以遗汝。

② 《资治通鉴·梁纪十六》：遣军士二百人载仗暮入西兖州，欲袭取之，刺史邢子才觉之，掩捕，尽获之，因散檄东方诸州，各为之备，由是景不能取。

"我这人很少做梦，只要做了就会梦想成真。"

二月，侯景的招股书送到了。萧衍觉得太神奇了！更神奇的是，侯景的快递单号上盖的就是正月十七的戳。[①]

关于侯景来投这事，朝堂上有反对派表示："咱们这些年一直跟北面关系不错，现在接纳叛乱之臣不合适。"

萧衍表示："有理，但如果得到侯景的话到时连塞北都能沐浴在我的佛光之下了，机会难得，要知道变通。"

退朝后萧衍有点儿犹豫，自言自语道："几十年了，国家治理得这么好，现在突然送来这么大的礼，这事合理吗？要是因此造成混乱，将来后悔哪里还来得及？"

朱异知道这是萧衍需要一个心理自洽的理由，从他自己说这辈子梦想成真开始就已经表态了，于是对萧衍道："这是天意！要不怎么可能砸下来这么大的福报？您这是拯救苍生，可不能因为犹豫就冷落了天下处于水深火热中的百姓。"

萧衍觉得这个台阶好，又一想前面那梦，再结合自己"时来天地皆同力"的五十年，决定给侯景注资。萧衍任命侯景为大将军，封河南王，都督河南、河北诸军事，大行台，承制如邓禹故事。

三月初三，梁武帝萧衍为了这次大福报决定再次舍身同泰寺。

三月初九，庙里的萧衍派司州刺史羊鸦仁督兖州刺史桓和、仁州刺史湛海珍等率三万人支援悬瓠给侯景运粮。

四月初十，梁朝再次捐款一亿为萧衍赎身。萧衍注资了人生中最后一笔"福报"。

四月二十一，程序走完，萧衍回宫大赦天下，改年号为"太清"。

此时侯景已经击败了东魏方面的第一波讨伐，从虎牢退守颍川等待南梁方面的支援。

---

① 《南史·侯景传》：及和至，校景实以正月乙卯日定计，帝由是纳之。

面对侯景的撤退，韩轨率军包围了颍川，侯景随后把东荆、北兖州、鲁阳、长社四城割让给了西魏，向西魏求救。

此时已经是尚书左仆射的于谨建议："侯景老辣，奸诈难测，不如厚其爵位再看看他的表现。"

荆州刺史王思政则认为时不我待，赶紧去救，于是带着万余步骑从鲁阳向阳翟（今河南禹州）进发。王思政的这次"主观能动性"，某种意义上决定了他的结局。

王思政已经冲出去了，宇文泰只能跟上，有枣没枣打三竿子，加侯景大将军兼尚书令，派李弼和赵贵率兵一万赴颍川。

当时，侯景担心自己跟西魏眉来眼去这事让萧衍生气专门去信解释，萧衍大气表示将在外君命有所不受，你设奇谋、建大业，这事以后都不用说，浪费纸，这习惯要改。

六月，看到李弼这些猛男要出虎牢关了，韩轨率军回了邺城。

侯景想趁机抓了李弼和赵贵吃掉他们的军队，但被赵贵看出来了，打算反诱侯景，被李弼摁住了。①

李弼认为，还是要注意政治影响，侯景是主动归降的，在没有反迹的情况下要谨慎。

此时南梁的援军已经到了汝水，侯景随后去了悬瓠，王思政接手了颍川，李弼率军回了长安。

侯景上来就赔了，不久再次找西魏请求援兵打算赚回来，但西魏朝中对侯景的人品进行了分析，说高欢刚死他就反了，所谋者大，不会为西魏尽忠的。

宇文泰随后召侯景入朝。与此同时王思政还迅速控制了侯景的七

---

① 《资治通鉴·梁纪十六》：侯景欲因会执弼与贵，夺其军；贵疑之，不往。贵欲诱景入营而执之，弼止之。

州十二镇。①

面对侯景这种老流氓，根本就不是信任的事。你投诚我欢迎，我先把力所能及能控制的全拿到手，然后一步步逼你做个好人。你真的投诚最好，你不能投诚我也先把你的威胁控制到最小范围。对于你这种暴力老流氓，信任的程度是有限的。

看到西面不像南面好糊弄，宇文泰让自己去长安，侯景果断推辞，给宇文泰写了封信道："我耻于跟在高澄那小子后面，又怎么可能跟大兄弟你比肩呢？"②

宇文泰迅速止损，将之前授给侯景的使持节、太傅、大将军、兼尚书令、河南大行台、都督河南诸军事都给了王思政。

侯景觉得这个世界只有高欢比自己强，现在他死了，自己已经天下无敌，宇文泰这小辈他看不上眼。

真的如此吗？为什么人家上来就把你这个老流氓给坑了呢？

高欢给你的地方，叫中原，那是四战之地、千里平原。自古以中原为根据地杀出来的只有一个人，他叫曹操。你有曹操的诸曹、夏侯吗？你有荀彧的颍川股份吗？你有曹操以宗教为纽带统领的青州兵吗？

无论是东魏还是西魏，最终都能一步步挤死你。

此时来看看北面，高澄在四月回到邺城坐镇，等六月李弼这些人回军后才又回到晋阳，这时候才正式为高欢发表。

七月，高澄正式接班，成为使持节、大将军、都督中外诸军、录尚书事、大行台、渤海王。

八月二十，高欢终于入土为安了，高澄先把高欢虚葬在了漳水之

---

① 《资治通鉴·梁纪十六》：王思政亦觉其诈，密召贺兰愿德等还，分布诸军，据景七州、十二镇。

② 《资治通鉴·梁纪十六》：景果辞不入朝，遗丞相泰书曰："吾耻与高澄雁行，安能比肩大弟！"

西；又在成安鼓山石窟的佛寺旁秘密挖了个墓穴把他爹的尸体埋了，并杀了所有工匠保密。

整整晾了八个多月，高欢终于下葬了，这已经不是尸体招苍蝇的问题了。

历史记载中也没看到高欢有什么盗墓的历史，为什么高澄葬他这么紧张害怕呢？我依旧保持原来的态度：誓言不可乱发。反正高欢后代这些子孙的精神多少都有点儿问题。

举头三尺有神明，对誓言多些敬畏。

此时萧衍已经官方下令大举北伐，高澄鉴于此，派人给侯景递话："你们全家现在都好好的，只要你回头，我永远保你担任豫州刺史，而且会把你家人还给你，你的所有文武部下我都既往不咎。"

高澄给侯景递了狠招，是用还人质的方式来诱惑侯景的一次虚情假意。只给好处，没有义务，只需要你口头表态就能换回家人。但你得先表态投降，你表态了我就能做文章，比如缓三个月再给家人，只要你侯景降了，你跟萧衍间的合作关系就被离间了。

结果他根本糊弄不了侯景，侯景走这一步时就都推算好了，邺城的妻子儿女肯定全得死，不可能再有别的选项。

侯景回道："当年刘邦找项羽要'煮爹汤'，榜样的力量是无穷的，天下我自己能打，用不着你来赐，再说你杀我家人跟我有什么关系呀！"[①]

写到这里我都替萧衍发愁，北面都是炼蛊炼出来的毒王，是四万八千妖怪的狮驼岭，你那些"温室大棚菜"可怎么办呢！

侯景不上当，陈元康于是劝高澄去找慕容绍宗，说那是你爹给你

---

① 《资治通鉴·梁纪十六》：景使王伟复书曰："今已引二邦，扬旌北讨，熊豹齐奋；克复中原，幸自取之，何劳恩赐！昔王陵附汉，母在不归，太上囚楚，乞羹自若，矧伊妻子，而可介意！脱谓诛之有益，欲止不能，杀之无损，徒复坑戮，家累在君，何关仆也！"

留的锦囊。

高澄道："我不是不想用慕容绍宗，但我跟他没交情，怕一喊他，他也成了惊弓之鸟。"

陈元康道："这个您别担心，慕容绍宗知道我是您心腹，最近又给我送礼了，我为了安抚他已经无可奈何地受贿了，并回信厚谢了他，保证没问题。"①

陈元康这次确实是为国受贿。大家别笑，这里面有深意。

为什么要说皇帝身边的侍中很厉害呢？

举个例子，皇帝对一项工作表达重视时不用把话说明了，多和大臣开几次会，多问几个该项工作的问题，多几句批示，这事就足够下面人拼命工作了。

皇帝的反应一定不能激烈，始终要保持引而不发的状态。皇帝拍了桌子波及面就太大了，就没有余地了，这事最终很难讲会变成什么样子。

真要是到了皇帝拍桌子瞪眼睛的地步，通常有两种情况：要么是皇帝的权力已经下不去了，他已经被架空没有力量了；要么是被拍桌子的一方要出大事了，是基本上会被连根拔起级别的大事。

权力是要通过皇帝的一个个动作、一层层关系进行层层放大的，从古至今都是如此。

陈元康为什么必须得收慕容绍宗的礼？因为陈元康是高欢的大丞相功曹，主掌机要。等高澄接班后，陈元康又无缝对接了，成为高澄身边的人。

此时是权力过渡时期，属于特殊敏感期，陈元康的态度隐然就代表着高澄的意思。

从慕容绍宗的角度看，陈元康要是不收他的礼，就意味着他危险

———————————

① 《资治通鉴·梁纪十六》：元康曰："绍宗知元康特蒙顾待，新使人来饷金；元康欲安其意，受之而厚答其书，保无异也。"

了，他就会自己找别的出路；陈元康收了他的礼，就意味着至少他是安全的。为了国家社稷，陈元康收礼太不容易了！

就这样，慕容绍宗成了东南道行台，加开府，转封燕郡公，高澄派他与高岳、潘乐一同救彭城。

开始侯景听说韩轨来的时候评价说"这个吃猪肠子的能干什么"，等听说高岳要来的时候他说"兵精人普通"，总之诸将没一个能被他看上眼的。

但当听说慕容绍宗要来的时候，侯景敲打着马鞍叹道："谁教给高澄那小子让慕容绍宗来的，高王难道是假死吗？"[①]

"高神通"知道你这个"侯毒物"在他死后要抢《九阴真经》，已经提前备好预案了。

历史，是最伟大的编剧。

---

① 《资治通鉴·梁纪十六》：及闻绍宗来，叩鞍有惧色，曰："谁教鲜卑儿解遣绍宗来！若然，高王定未死邪？"

四、老僧入魔

547年八月，萧衍下令北伐。

萧渊明等率众十万顿兵寒山（今江苏徐州东南），与侯景掎角掘泗水灌彭城。

慕容绍宗率众十万南下据橐驼岘（今江苏徐州北），杨侃劝萧渊明趁慕容绍宗远道而来人困马乏打他个立足未稳，萧渊明不听。

慕容绍宗来了之后，萧渊明就不出战了。几十年没打仗了，上来就是国与国之间的大赛，比较紧张。看到主将畏战，杨侃率其部曲单独驻扎到了堰坝上。

十一月十三，慕容绍宗率军来战。他安排部下埋伏后用自己做诱饵，用诈败之计大胜梁军，俘虏萧渊明及胡贵孙、赵伯超等将，梁军死伤数万，只有杨侃撤了出来。

战报传来后，萧衍害怕了，差点儿从龙椅上摔下来，宦官张僧胤赶紧扶住老头，萧衍开始预感到了什么，叹道："难道我梁朝要成为西晋了吗？"

侯景退围谯城，但没攻打下来于是退攻城父，这回攻下来了。

十二月初九，侯景请求立一个元氏宗室北上，既是兴灭继绝的功德，又方便当政治符号去北伐立功。

侯景之所以这么做，是因为高澄已经把东魏的末代皇帝孝静帝元善见扣起来准备走过户手续了。

孝静帝美容仪，膂力过人，据说能夹着石狮子飞过宫墙，所谓"东魏静帝，美容仪，膂力过人，能挟石狮子逾宫墙，射无不中；好文学，从容沈雅。时人以为有孝文风烈，大将军澄深忌之"。

《魏书》是北齐修的，别看对这位末代皇帝夸了一大堆，但从一句"能挟石狮子逾宫墙"就看出来史官有多缺德了。这样子的人哪里是皇帝，这都成飞贼了，脑子还有毛病。

高欢时代拿孝静帝还是很当回事的，到了高澄这里就一切都免了，他经常问眼线："那大傻子比之前怎么样？脑残程度好点儿了没？你得当好牢头啊！"

高澄把话说得这么明了，邺城方面开始对孝静帝进行精神摧残，孝静帝打猎的时候旁边人就喊："皇帝不要让马跑起来呀！大将军要怪罪的！"高澄曾陪孝静帝喝酒，他举杯对孝静帝说："我提一杯敬敬皇帝。"看到高澄毫无君臣之礼，孝静帝怒道："自古无不灭之朝，朕这一生活着还有何意义！"

高澄怒道："什么朕、朕的，狗脚朕！"骂完不解气还让崔季舒打了孝静帝三拳，这才拍拍衣服走人。

这是中国史上的著名镜头，来欣赏下史料原文吧：

澄怒曰："朕？朕？狗脚朕！"使崔季舒殴帝三拳，奋衣而出！

孝静帝不堪其辱，与祠部郎中元瑾、长秋卿刘思逸、华山王元大器、淮南王元宣洪、济北王元徽等密谋杀了高澄。

这事很快露馅了，高澄率兵入宫，见了孝静帝后不拜而坐，并问了史上废帝事件中最具反讽的一句话："陛下何故要谋反？"

高澄把孝静帝关了禁闭囚禁在含章堂里，把孝静帝一党煮死于闹市。

这件事给了侯景一个北伐的政治理由。十二月十二，萧衍安排了太子舍人元贞为咸阳王北上。

慕容绍宗率军来战侯景，此时侯景带着数千辆辎重、数千匹马，以及士卒四万人退守涡阳（今安徽亳州蒙城县）。

慕容绍宗率十万大军鸣鼓长驱而进，顺风势摆阵等侯景决战。

侯景关了营垒等风停了才带兵出来，慕容绍宗对部下说道："侯景诡计多端，喜欢袭人背后，赶紧加强后军防备。"

他的反应还是慢了，侯景已派了一队披短甲、持短刀的兵士，从背后袭击了慕容绍宗，他们专门砍人脚和马腿，东魏军因而溃败，慕容绍宗坠马，刘丰生受伤，显州刺史张遵业被俘虏。

慕容绍宗和刘丰生逃往谯城（今河南商丘夏邑县），裨将斛律光、张恃显责怪他们，慕容绍宗道："我征战一生，没遇到过侯景这样的对手，你们去试试吧！"

慕容绍宗还算厚道，在他们临走前告诫道："不要渡涡水，因为过去了你们就回不来了。"

斛律光等随后也大败而回，慕容绍宗问道："今天你们表现怎么样？还怪我吗？"

侯景的兵法是从尔朱荣处学的，授业恩师是慕容绍宗，但据说侯景天赋异禀，学兵法没多久就开始反过来指导慕容绍宗了，所谓"初学兵法于荣部将慕容绍宗，未几绍宗每询问焉"。

论打仗，慕容绍宗其实不是侯景的对手，但他之所以会被高欢选中，是因为这个人很稳。虽然他平不了侯景，但他也不至于让侯景扩大胜势。

当年韩陵之战后尔朱氏联军大败，尔朱兆打算率轻骑西逃，最后是慕容绍宗成为中流砥柱，命人竖将旗、吹号角，召聚逃散的士卒，整顿军容后与尔朱兆撤回晋阳。慕容绍宗在这种大溃败情况下帮尔朱兆续了命。

慕容绍宗不用击败侯景，只要能僵住他，那么侯景的军心、后勤等问题就都会暴露出来了。

侯景之所以狂，在于放眼东魏已是无敌，东魏只要几战大败后就会自己四分五裂。但慕容绍宗能拖住他，时间，是侯景最大的敌人。

慕容绍宗随后就开始拖着侯景，一直拖到年底侯景没有粮了，司马世云投降了慕容绍宗。

按理讲侯景也考虑到了粮食问题，他效忠萧衍最大的战略考量就是后勤问题。但打到这个时候，国力的差距出现了。

在战争时期，南朝的市场经济开始让萧衍惊出冷汗。

当时侯景所处的位置属于主场作战，从长江运到涡阳的粮道很顺畅。相反，慕容绍宗远没有侯景条件好，此时正值冬季，北国水量不足，粮道远没有南方条件好。（见图 13-1）

但是，侯景先断粮了。

对南朝来说，给侯景提供军粮跟北朝慕容绍宗耗下去属于送分题，但在萧衍一朝这却成为极其艰巨的任务。

原因我们前面讲了，南梁在萧衍的货币宽松和监管缺失下已经极其依赖市场化运作，尤其首都建康地区还极其奢靡，第三产业和寺庙产业比重极高，粮食储备根本不够，自身都养不活，只能靠各地输血。[1]

一个多月前萧渊明大败后将后勤全折进去了，粮食储备本就不够，建康在短期之内根本没办法给侯景重新筹措粮草。

有人可能会有疑问，不是市场经济吗？不是梁朝的经济发达吗？怎么弄点儿粮食还叫个事呢？他们可以去买啊。

问题就在这里，他们买不到粮食。粮食储备是国家的命脉，已经

---

[1] 《资治通鉴·梁纪十八》：高祖之末，建康士民服食、器用、争尚豪华，粮无半年之储，常资四方委输。

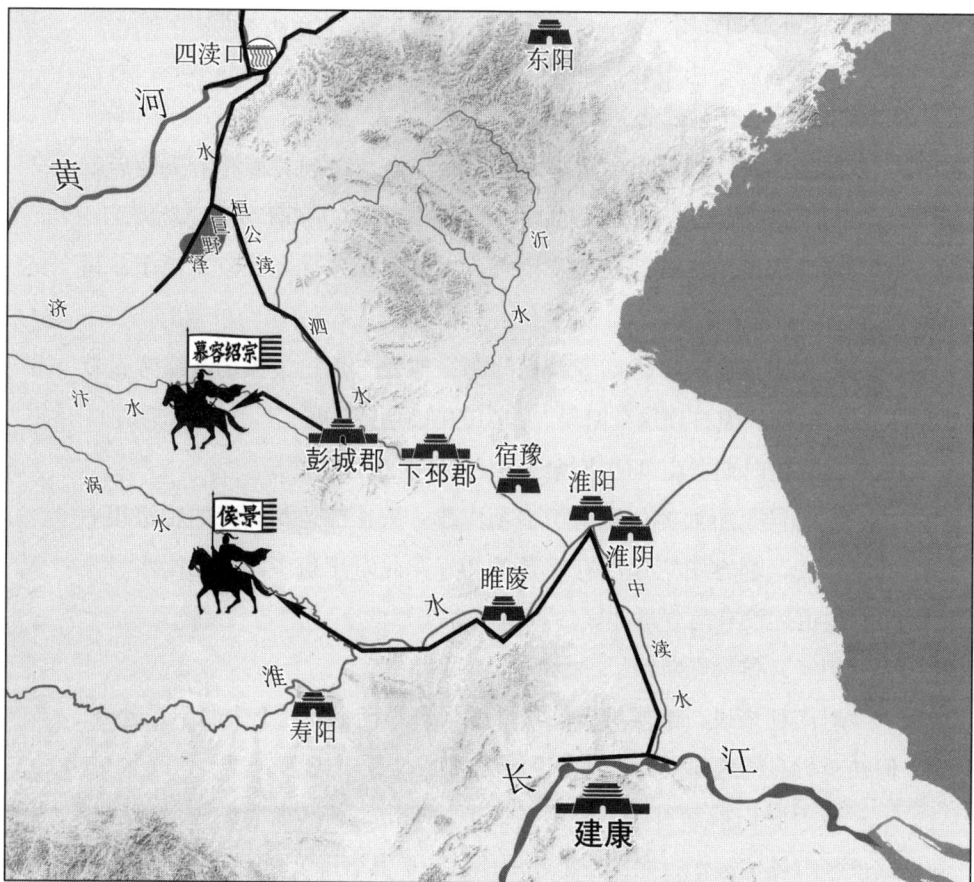

图 13-1　侯景与慕容绍宗粮道对比图

不单纯是经济问题了。

尤其在古代，粮食不是像咱们现在这样几乎"无限"供应的，那个年代没有化肥，每年能产出的粮食就那么多，越是经济发达的地方就越不产粮，再加上大量的寺庙侵占了大量劳动力，导致南朝的粮食自给风险本就相当大。

只不过因为这几十年都没有大规模战争，导致即便粮食安全问题始终像在走钢丝，但其可怕性却并没有显现出来。

梁朝高度发达的市场经济和货币供应会调节生产出刚好够全国吃的粮食，剩下的劳动力和生产力则都去充斥第三产业和寺庙产业了。

侯景的突然出现导致南朝突然间粮食紧缺了，萧渊明刚刚大败又进一步耗干了军粮储备，剩余的粮食缺口不是有钱就能马上买到的。它需要梁朝挤出第三产业的人口去种粮食以应对激增的缺口，但这中间有个时间差。市场这只看不见的手是有滞后性的。

粮食对于国家的生死安危跟现金流对公司一样重要，只要你一口气缓不过来，当场就得死在那里。

更重要的是，当粮食缺口增加百分之二十的时候，仅仅是价格上升百分之二十那么简单吗？最终的结果很可能上涨一百倍。

因为百分之二十的缺口意味着最终直到百分之二十的人买不起粮食退出竞价，粮价才会停止上涨。

一升粮食七八万钱的市场马上就要出现了。很快建康就将体会到有钱都买不到粮食是一个什么样的恐怖场景。

548年正月初七，慕容绍宗率五千精骑袭击侯景，侯景做战前动员时对军兵们说："你们的家属都被高澄杀了！"

慕容绍宗会出战，是因为他从叛逃过来的司马世云那里得到了破局点，侯景之所以能控制住军队还有这么高的战斗力其实就是在用同仇敌忾这招。于是，慕容绍宗隔着很远就大喇叭般地广播道："你们的家人都平安无事，如果你们现在回头，官职和勋爵会像从前一样给你们！"为了证明，慕容绍宗还披头散发向北斗星起誓。[1]

与慕容绍宗僵持的这段时间已经让被侯景裹挟了一年的士兵们耐心耗尽了，他们发现侯景根本没有打回河北，他们也不愿意南渡长江投奔萧梁。在看到慕容绍宗发誓后，仗着冬天水浅，侯景大军全面崩溃，

---

① 《资治通鉴·梁纪十七》：绍宗遥呼曰："汝辈家属并完，若归，官勋如旧。"被发向北斗为誓。

开始疯狂北渡涡水，河水都被败兵们断流了。

侯景最终和几个心腹骑马从硖石渡过了淮河，收拢败兵，发现只剩下八百人了。

东魏追兵始终追得不紧不慢，所谓"昼夜兼行，追军不敢逼"，侯景也知道慕容绍宗是个明白人，于是派人对慕容绍宗说："我要是被抓了，你还有什么用？"

追军不过分逼近，说明慕容绍宗本意就是把侯景往江南赶，不想动他。

狡兔死走狗烹，被摁住了十多年的慕容绍宗根本舍不得杀侯景。慕容绍宗还指望着侯哥帮他封侯拜相呢！

侯景之所以送过去这句"明白话"，就是把这事挑明了，好让高澄一生气弄死慕容绍宗，给自己减少一个未来的对手。智力比拼在这个时代已经趋近极致。

正月十二，羊鸦仁在侯景败后放弃悬瓠城回到了义阳，殷州刺史羊思达也弃项城而逃。

侯景战败后不知去投奔哪里，正好此时鄱阳王萧范被任命为南豫州刺史还没来上任，马头戍主刘神茂素来不被监州事韦黯所容，听说侯景来到后前来迎接，侯景问道："寿阳离此不远，城池险固，我前往投奔韦黯会接纳我吗？"

刘神茂回道："韦黯虽然占据寿阳但他只是个监州罢了，您要是到了寿阳近郊，韦黯一定会出来迎接，趁机会抓了他就得了，随后慢慢启奏皇上，肯定不会被责罚的。"萧衍的软弱已经闻名到了被边境一个戍主摸透了的地步。

正月二十，侯景夜至寿阳城下。

韦黯是韦睿之子，以为贼盗来了披上铠甲登上了城墙，侯景派手下人告诉韦黯道："河南王侯景战败前来投奔，快开城门。"

韦黯说："没圣旨，开不了。"

侯景随后派寿阳人徐思玉进城拜见韦黯道："河南王是朝廷所看重的人，现在他失利前来怎么能不接纳呢？"

韦黯道："我的任务是守寿阳，河南王败了跟我有什么关系？"

徐思玉道："你现在不开门，等魏军追来河南王被杀后你怎么回复朝廷？"

韦黯最终被说服了，正月二十一，韦黯开城门迎侯景。侯景入城后即派其将分别掌控了四个城门，随后抓了韦黯准备杀了他。他吓唬完韦黯后拍手大笑，摆酒宴开派对。

侯景进寿阳这件事，是此时南朝武备荒废的一个缩影。

侯景想进城没问题，但他被信任的程度应该是有限的。

首先，作为守城之将怎么确定来的是不是侯景？

其次，韦黯怕侯景被魏兵杀了追责自己，这事其实解决方法也很简单，他只让侯景一个人进城就行了。侯景不同意就不让他进，韦黯写报告时可以写给他机会了，他自己心虚，而自己要以国家安危为重。看到侯景一个人进城且没什么问题，此时再让外面的侯景士兵交出武器分批进城，缴枪后先安排到驿馆，然后向萧衍汇报，听候皇帝的下一步安排。

侯景不过八百人，韦黯则是堂堂淮南第一重镇寿阳的守将，但他不仅被侯景控制了四个城门，而且自己也被侯景扣下了。你有一丁点儿战备意识吗？你裁了你爹韦睿的名头啊！

正月二十二，侯景将自己的败报传回建康，请求革职贬官，萧衍没追究什么，在侯景这个立足未稳可以随意拿捏的时刻，萧衍并没有调动他。

侯景跟北面闹翻了，只能依附你了，你根本不用担心他反水，你应该跟宇文泰学，调他来中央，来跟你一起念经呀！

结果萧衍任命侯景为南豫州牧镇寿阳，原来准备去接手寿阳的鄱阳王萧范被改为了合州刺史镇合肥。

光禄大夫萧介上表进谏说："恶人是不会变的，吕布杀了丁原后最终董卓也死了，狼子野心是不会被驯服的，侯景对高欢如此，对您也会如此，现在他是败军之将，不过是个边境常人，您不能因为这个人去破坏睦邻友好的两国关系，我是咱们皇族遗老，我说这话都是忠心啊！"萧衍听了很感动，但不理他。

东魏那边高澄多次派人送国书请求和梁朝恢复睦邻友好关系，高澄表示如果萧衍不忘旧好，他也不会违背先王意愿与梁为敌，他会立刻送还俘虏，并且将侯景家人送过去。

被俘虏的萧渊明派省事夏侯僧辩向萧衍递了奏疏给高澄做背书，萧衍看到侄子的奏疏后哭了，拿到朝堂商议这事。①

朱异作为萧衍的心腹一看皇帝这表情就明白了，于是马上递台阶，认为该见坡就下。

萧衍也觉得自己这回草率了，念经念得好好的，欲望考验来临后意志还是不坚定，还是得修，于是让人给萧渊明回信道："我已经知道高大将军待你不错，我很欣慰，我会派使者去重新建立外交关系。"②去年的军事行动把萧衍给打怕了，他根本就打不起。

紧急士兵动员需要人口，紧急战争动员需要粮食，而这两样萧衍都没有。

等夏侯僧辩回去复命路过寿阳的时候被侯景扣下了，侯景一问情况他就全招了。③

侯景随后给萧衍写了封信，大意就是高家内心比毒酒还毒，北方早已天怒人怨，高澄侥幸打赢了涡水之战是老天要让他恶贯满盈。北魏的强大只不过是在以前的天监初年，但钟离之战在您的英明领导下他

---

① 《资治通鉴·梁纪十七》：渊明乃遣省事夏侯僧辩奉启于上，称"勃海王弘厚长者，若更通好，当听渊明还。"上得启，流涕，与朝臣议之。

② 《资治通鉴·梁纪十七》：异等固执宜和，上亦厌用兵，乃从异言，赐渊明书曰："知高大将军礼汝不薄，省启，甚以慰怀。当别遣行人，重敦邻睦。"

③ 《资治通鉴·梁纪十七》：僧辩还，过寿阳，侯景窃访知之，摄问，具服。

们被杀得片甲未回，当年您都能打败他们，现在他们弱了怎么还能讲和？当年楚国伍子胥投奔吴国然后灭了楚，陈平离开项羽后也灭了楚，我是跟他们一样的人。如果我死了对国家有益那么我万死不辞，我只是怕千百年后史书上给您留污点呀！

侯景又写信给朱异并送给他三百两黄金，但朱异收钱后却根本没把侯景的折子递上去。①

二月十七，萧衍派外交官去高澄那里吊丧。

侯景再次给萧衍去信："臣与高氏的关系已经无法调和，现在仰凭您的威灵以期雪耻，结果您又与高氏讲和了，您让我怎么办呢？我乞求您北伐高氏，扬我大梁皇威！"

萧衍回信道："我与你君臣大义已定，哪里会有赢了就接纳你，败了就抛弃你的道理？现在高澄来求和，国家该怎样进退自有国家制度，你别操心了。"

侯景又启奏道："我现在蓄粮聚众喂马藏戈，不日就可北伐收复河北，我不能师出无名，所以希望陛下为我做主。现在陛下仍然重视边境，南北再次友好，只怕我这条命早晚死在高澄手上。"

萧衍回信道："我是天子，怎么会说话不算话？你肯定能体会我的心，别再说了。"

侯景已经把话说得很明白了，谁都别装了，你下一步就要把我卖了，我们北面这些年一直都是这么做的。你别发誓，我什么样胡扯的话都听过，当年高欢发誓的时候说的比唱的都好听。

最丑陋的是，萧衍的经都白念了。

萧衍一边说着"朕为万乘之主，岂可失信于一物"，一边准备卖了侯景。不怪侯景不信，萧衍说的话也完全不能信。

侯景假造了一封邺城书信，信中请求用萧衍的侄子萧渊明交换侯

---

① 《资治通鉴·梁纪十七》：景又致书于朱异，饷金三百两；异纳金而不通其启。

景，萧衍打算同意。①

你不是"岂有成而相纳，败而相弃"吗？你不是"朕为万乘之主，岂可失信于一物"吗？你说你这个老家伙说话算话吗？你还不如高欢呢！你修佛可是活活修了半辈子的啊！

你这琴棋书画医卜星象奇门五行无一不精地修了一辈子，但你越修魔障越重，到最后你已经不认识自己了。你对不起佛祖！连你都这样，别人谁还会尊重你的信仰呢？

眼看萧衍要食言，舍人傅岐说："侯景山穷水尽无路可走归降我朝，舍弃为不祥，况且他身经百战，怎么可能束手就擒。"

谢举和朱异都说："侯景就一个败军之将，一个使者就能把他召来。"萧衍拍板同意，给邺城回信道："我侄子早上回来，侯景晚上就给你快递过去。"②

侯景对身边人道："我就知道萧衍薄情寡义！"至此，侯景开始谋划对萧衍下手。

大家说这事能完全怪侯景吗？萧衍好意思怪后世瞧不起他吗？

侯景将寿阳城所有男子全部编为士兵，停止收取赋税田租，将所有女人都分给了将士们。北面乱了这么多年，侯景太知道流民军怎么组织了。

就在这个关键时刻，为祸岭南七年的李贲之乱被平定了。萧衍任命居功至伟的交州司马陈霸先为西江督护、高要太守，督七郡诸军事。

南朝最后一位帝王在这个关键时间段完成了自己的"岭南剿匪记"剧本，在萧衍说话还算数的最后时刻拿到了这个官位，接下来就是等着侯景"帮"他解锁下一个时代了。

---

① 《资治通鉴·梁纪十七》：景乃诈为邺中书，求以贞阳侯易景，上将许之。

② 《资治通鉴·梁纪十七》：谢举、朱异曰："景奔败之将，一使之力耳。"上从之，复书曰："贞阳旦至，侯景夕返。"

侯景知道萧衍的心思后开始更加疯狂地提要求找碴儿，要求娶王家或谢家的闺女为妻。

萧衍说："那都是特需内供，你出身不够，从朱家、张家及以下的家族挑吧。"

侯景怒道："好！好！好！我将来要让她们给我做奴！"

被安排北上的元贞知道侯景准备造反了，赶紧逃出寿阳把这事汇报给了萧衍，萧衍只是任命元贞为始兴内史，没再追究。[①]

侯景知道自己的这点儿实力根本不可能打过长江，当年拓跋焘那么牛也不过是兵临瓜州而还，他需要寻找可以从内部攻破的破局点。很快他发现了一个合适的人选——萧衍的侄子、萧宏的第三子临贺王萧正德。

当年萧衍还没生儿子时收养了萧正德为嗣，等萧衍的长子萧统出生后他就让萧正德回归了本宗。萧衍登基称帝后，立了自己儿子为太子，萧正德相当不爽，甚至"每形于言"，直接表现出来。

他这样就是不知道自己姓什么了，萧统是萧衍亲生的儿子，萧衍没宰了他这个有政治威胁的人就算很厚待他了，他有什么好不平衡的？

525年北魏已经大乱之时，心里极度不平衡的萧正德叛国。

萧正德说自己是南梁被废的太子，想要投机一把，结果与他家有世仇的萧鸾之子萧宝夤此时在北魏已经成了某方面军的将领，他向元诩上奏道："哪有伯父做天子、父亲做扬州刺史而抛弃骨肉至亲远投他国之人，这样的人宰了算了！"

萧正德一看情况不对，又逃回建康给他二大爷萧衍认错了。

此时萧衍早已相信因果的力量，否则不会给这孩子惯成这样，他认为这都是自己欠萧正德的，这辈子还了就完了，看看，萧正德不是又

---

① 《资治通鉴·梁纪十七》：贞惧，逃归建康，具以事闻；上以贞为始兴内史，亦不问景。

回来了吗？于是他选择继续姑息养奸。

到了萧衍末年，萧正德已经官居侍中、抚军将军，置佐史，封临贺郡王，是邑两千户又加左卫将军的禁军高官了。

按理讲，像萧正德这种对皇统传承有极大威胁的、有叛国底案的人根本不可能存在于高级政治台面上，但萧正德毕竟是前皇子，叛国后皇帝都没追究他反而继续为他加官进爵。

老子反动儿混蛋，萧正德亲爹把萧衍闺女都给睡了，还想谋杀萧衍，结果什么处罚也没有。

萧正德穿上了真正的皇帝新衣，所有人都知道他的想法，但萧衍身边的人谁都没办法去把这事挑明了，毕竟皇帝本人都没说什么。

萧正德仗着这层防护罩贪婪残暴，不守法令，阴养死士，储备物资，随时等着国家有变。[1]

侯景派跟萧正德相识的徐思玉给他送了一封信，信上说："现在天子年岁已高，奸臣乱国，很快就会出现灾祸，您才是国家储君却中途被废，四海都对您归心，侯景不才，想为您效劳。"

萧正德大喜："这是我感动了上天，赐给我了侯景啊！"

萧正德回信道："咱们双'贱'合璧，里应外合，什么缺德事干不成！你抓紧开始，我等不了啦！"

镇合肥的萧范知道侯景已经在寿阳扩军备战了，于是向皇帝密报侯景要反，但当时萧衍已经将朝事全都委托给了朱异，朱异觉得侯景没这个本事。[2]

大家千万别觉得都是朱异在祸国。朱异之所以能混到这个位置掌

---

① 《资治通鉴·梁纪十七》：临贺王正德，所至贪暴不法，屡得罪于上，由是愤恨，阴养死士，储米积货，幸国家有变。

② 《资治通鉴·梁纪十七》：鄱阳王范密启景谋反。时上以边事专委朱异，动静皆关之，异以为必无此理。

机要长达三十多年，是因为他对萧衍的无条件完全服从，所谓"异居权要三十余年，善窥人主意曲，能阿谀以承上旨，故特被宠任"。

所有的事都是萧衍的心思给个表情让朱异表达出来而已，朱异只是他的脏手套。

萧衍回信道："侯景孤单一人如婴儿，他拿什么反？"①

萧范再次上书："我们不早动手会祸及苍生的。"

萧衍回信："朝廷自有处分，你别担心了。"

萧范还是请求以合肥之众讨伐侯景，萧衍没同意，于是朱异作为传话筒对萧范的使者道："鄱阳王竟不允许朝廷养一个食客！"②萧衍说了"不须汝深忧"后，朱异便不再给萧衍呈递萧范的奏疏了。

侯景邀请同驻边境的羊鸦仁一同反叛，羊鸦仁抓了侯景的信使后汇报给了朝廷。朱异道："侯景仅仅数百人，能有什么作为？"不久侯景的信使就被释放了。侯景此后更加肆无忌惮，要求杀了诬陷他的羊鸦仁。③

随后侯景又要求把江西淮南之地割给他都督，如果不同意他就率兵马杀过长江，到时候朝廷受辱，就算是三公这样高等的大臣也顾不上吃饭了。④

萧衍回信道："普通家庭养食客都没那么多抱怨，我就你这一个

① 《资治通鉴·梁纪十七》：上报范曰："景孤危寄命，譬如婴儿仰人乳哺，以此事势，安能反乎！"

② 《资治通鉴·梁纪十七》：范复请以合肥之众讨之，上不许。朱异谓范使曰："鄱阳王遂不许朝廷有一客！"

③ 《资治通鉴·梁纪十七》：景邀羊鸦仁同反，鸦仁执其使以闻。异曰："景数百叛虏，何能为！"敕以使者付建康狱，俄解遣之。景益无所惮，启上曰："若臣事是实，应罹国宪；如蒙照察，请戮鸦仁！"

④ 《南史·侯景传》："请乞江西一境，受臣控督；如其不许，即领甲临江，上向闽、越。非唯朝廷自耻，亦是三公盰食。"

食客却收到那么多抱怨，这是我的过失啊！"此后萧衍开始更多地赏赐侯景。①

萧衍为什么一再纵容侯景？朱异没那么大的胆子，他这辈子都是萧衍的喉舌。萧衍之所以这么干，就是要让侯景疯狂后自取灭亡。他要让所有人都看到，自己对侯景仁至义尽，他要的是体面。他见识过战争，他知道侯景无论怎样都不可能打过长江。

已经两百年没有人能打过长江了，苻坚和拓跋焘都没戏，区区一个侯景？开玩笑。

萧衍要立自己菩萨皇帝的人设，他要等侯景可笑地自取灭亡，他要在青史上潇洒地写完最后一笔。

侯景确实没那么厉害，但很遗憾，此时的南国也是两百年来最弱的。长江从来没那么保险，长江之所以有用，是江南人不想让江北人过来。

淝水之战时的江南全民族同仇敌忾萧衍他有吗？拓跋焘兵临瓜步时，厚道的刘义隆想到的第一件事是什么还记得吗？他杀了江州可能存在隐患的弟弟刘义康避免祸起萧墙。萧衍知道他现在有多少漏洞吗？

经过数月的准备，548 年八月初十，侯景以清君侧、诛朱异等奸佞的名义在寿阳起兵，此时他的兵力已达八千。

萧衍听说后笑道："侯景能做出些什么事？我折根树枝就能抽死他！"随后萧衍下令悬赏，能杀侯景之人封两千户，授给一州刺史的官职。②

---

① 《资治通鉴·梁纪十七》：上使朱异宣语答景使曰："譬如贫家，畜十客、五客，尚能得意；朕唯有一客，致有忿言，亦朕之失也。"益加赏赐锦彩钱布，信使相望。

② 《南史·侯景传》：武帝闻之，笑曰："是何能为，吾以折箠答之。"乃敕：斩景者不问南北人同赏封二千户兼一州刺史；其人主帅欲还北不须州者，赏以绢布二万，以礼发遣。

萧衍成竹在胸地笑了，但他笑不了多久了。

上一个打过长江的人，叫苏峻，也是八千人。

苏峻靠这八千人闹腾了整整一年，要不是他自己喝多了在战场上给对手送了人头，陶侃、温峤、郗鉴、庾亮的"复仇者联盟"不知道还要推诿扯皮多久。

事实上，只要北兵过了长江，南面就相当容易出现自我毁灭的启动程序。

造反前，侯景请求皇帝赐锦万匹给他的官兵做战袍，最终萧衍给他送去了青布。①

十年前，曾有童谣唱道：青丝白马寿阳来。

侯景骑白马，麾下尽青袍！

---

① 《南史·侯景传》：景涡阳之败，求锦，朝廷所给青布，及是皆用为袍，采色尚青。

五、废奴的魔鬼，造孽的善人

548 年八月十六，萧衍下诏，任合州刺史萧范为南道都督，北徐州刺史萧正表为北道都督，司州刺史柳仲礼为西道都督，西豫州刺史裴之高为东道都督，以第六子萧纶率中央军并持节都督众军讨伐侯景。

侯景听说萧衍要来讨伐他之后向参谋王伟问策，王伟道："官军人多，我们人少，现在最好放弃淮南专心东进，直袭建康，萧正德是我们的内应，到时天下不难平定，兵贵神速，赶紧上路！"

侯景让自己的表弟王显贵守寿阳城，九月二十五，侯景诈称游猎随后声称要打合肥，实际上扑南谯州（治所在桑根山下，即今安徽滁州全椒县西北）而去。

侯景八月初十誓师造反，萧衍八月十六官宣讨贼，九月二十五侯景才出兵，兵贵神速了半天，整整一个半月，双方都没什么反应。

侯景一直拖着情有可原，因为他要等萧衍的讨伐大军上路后，他再乘虚而入去"偷桃"，但他这样做也有巨大风险，一个半月的时间足以让国家机器马力全开。

更大的问题出在萧衍这边，萧衍下达讨伐诏命后官军一直磨磨蹭蹭，那四路都督都没有对侯景进行封锁，都在等萧纶的中央军，萧纶更是拖了近两个月，直到侯景渡江后才刚刚军至钟离。这是有证据的，所谓"邵陵王纶行至钟离，闻侯景已渡采石"。

侯景之所以扑谯州，是因为他早早发现了这个漏洞，或者说南梁的漏洞太多了。

谯州刺史萧泰是萧衍九弟萧恢之子，之前任中书舍人，建康斗富规模太凶，钱不够花专门行贿后到谯州来敛财了。他上任后就开始滥用民力大功率贪赃枉法，导致整个谯州人心思乱。[①]

在萧衍的"佛光"沐浴下，整个南梁已经将做官全面市场化了。毕竟当官的时候即便贪污上亿，退休后也不够几年的花费，由奢入俭太难了。

反正皇帝是我三伯父，我六伯父造反都没事，我贪点儿钱已经是太对得起他了。

萧泰光顾着挣钱了，团队建设都没搞好，结果侯景来了以后谯州助防董绍先开城投降了。

打合肥容易被绊住，萧衍的水军还容易支援过来，眼下的目的是直捣建康，无论是民心还是开城的内应，南谯州都是侯景南下选好的路线。（见图 13-2）

十月十三，萧衍听说南谯州失守后派外甥王质率三千人马沿江防卫。

同日，侯景进攻历阳，太守庄铁遣其弟庄均夜袭侯景军营，庄均直接死那里了，庄铁之母担心自己这个儿子也折了，劝庄铁投降。

十月二十，庄铁举城投降，并对侯景道："国家承平日久，人们都忘了怎么打仗了，听说您起兵后朝野内外震骇，现在应该迅速掏心建康，如果让朝廷有防备的话，朝廷只派千人弱兵守在采石矶，就算您有

---

① 《资治通鉴·梁纪十七》：先为中书舍人，倾财以事时要，超授谯州刺史。至州，遍发民丁，使担腰舆、扇、伞等物，不限士庶；耻为之者，重加杖责，多输财者，即纵免之，由是人皆思乱。

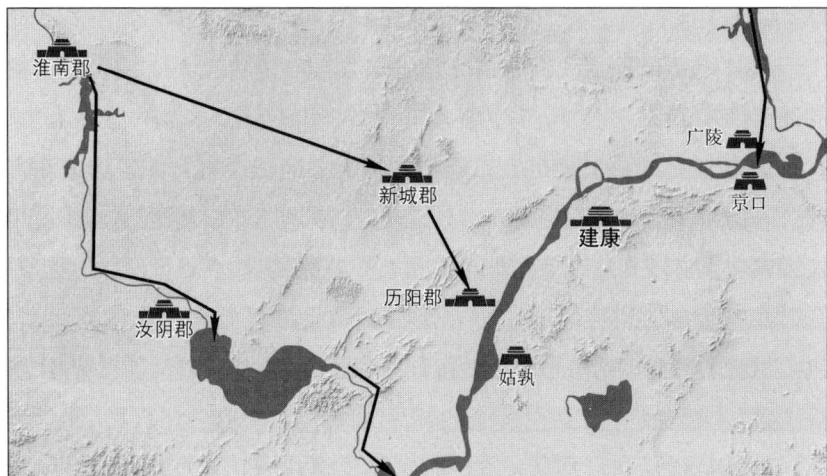

图 13-2　侯景南下示意图

精锐百万也过不了这道长江了。"

采石矶，即今安徽马鞍山市南长江东岸采石街道，为牛渚山突出而成，江面狭小，形势险要，自古为江防重地，当年孙策曾经被绊在这里一年。

长江有天险不假，但无奈此时建康城里都是草包。

上一次建康被苏峻的北兵蹂躏，他们也是从历阳出发的，苏峻过江捅了建康的后面。当时庾亮担忧陶侃打他，于是就有了对温峤说的那句著名的"不可越雷池一步"。

时隔两百多年，历史又一次重演了，唯一的区别，是忠臣远没有上次那么多。

历阳投降后，萧衍问杨侃讨伐侯景之策，杨侃道："侯景反迹早就出现了，现在不顾一切南下的目的就是为了直扑建康，应急据采石矶堵住他渡江之路，让之前的讨伐大军继续袭击寿阳，侯景进退不得，乌合之众，自然瓦解。"

此时各地战报已经传来，侯景的思路已经清晰可见，但以朱异为首的人依旧认为侯景根本没有渡江的心思。

其实这个争论已经无所谓了，因为侯景不会再给他们扯皮的时间了，准确地说，是萧衍接下来的神奇骚操作给侯景送了礼。

侯景拿下历阳的第二天，即十月二十一，萧衍任命把造反写在脑门上的萧正德为平北将军、都督京师诸军事，屯军于丹阳郡。

萧正德紧接着就派了几十艘大船西下，说是去运芦苇的，其实是接侯景过江的。[①]

侯景万事俱备，只是担心江对岸的王质，于是派间谍去探查情况。

萧衍再次送出大礼。

就在这几天，陈庆之的儿子临川太守陈昕向萧衍启奏，担心王质水军轻弱不顶事，应该派重兵守采石矶。你行你上，萧衍决定任陈昕为云旗将军，替换王质守采石矶，任命王质为丹阳尹。[②]

萧衍做出了毁灭性的任命，因为"质去采石，而昕犹未下渚"！陈昕还没来得及接防，萧衍的胆小鬼外甥王质收到消息后就第一时间跑了。

这个王质出身琅邪王氏，他参婆了萧衍的同母妹，他胆小怯懦了一辈子，保命功夫是一绝，后面侯景杀过来再次不战而崩，然后落发为僧藏了起来。后来他和他哥哥王通又端了陈霸先的饭碗。

虽说王质这种人即便没有调令大概率看见侯景渡江也会逃跑，但稻草人到了这时候也叫人，只要有人在这里杵着就能给陈昕这种主动请战的人争取时间。

---

① 《资治通鉴·梁纪十七》：戊申，以临贺王正德为平北将军，都督京师诸军事，屯丹杨郡。正德遣大船数十艘，诈称载荻，密以济景。

② 《资治通鉴·梁纪十七》：景将济，虑王质为梗，使谍视之。会临川大守陈昕启称："采石急须重镇，王质水军轻弱，恐不能济。"上以昕为云旗将军，代质戍采石，征质知丹杨尹事。

侯景的哨探过了长江后惊了，这个古来兵家必争的江防重镇居然一个人都没有！随后哨探把南岸已经空了的情况汇报给侯景，侯景还不信，让哨探折下江东树枝为证，证实后侯景大喜："我这事成了！"

十月二十二，侯景带着八千兵、数百匹马顺利渡过长江到达采石矶，没遇到一丁点儿抵抗。[①]

侯景分军袭姑孰（今安徽马鞍山当涂县）抓了淮南太守萧宁，随后挺进慈湖。

南津校尉江子一率千余水军想拦住侯景，结果江子一的副将董桃生家住长江北，率其部开船溃逃，江子一只能率余众徒步回了建康。直到当天晚上，建康才收到消息，全城紧急戒严。

到了这个时候，太子萧纲坐不住了，全副武装去见萧衍问怎么办，萧衍道："这都是你的事，问我干什么？现在你是总指挥！"[②]萧衍真是甩锅之神。此时建康人心惶惶，已经动员不出临时兵力了。[③]

萧纲仍然不知道萧正德是最危险的人，居然把朱雀门留给他守。[④]

萧纲赦免了东西冶、尚方钱署及建康城的囚犯为兵，命第四子萧大临驻新亭，命萧衍七弟萧秀之子萧推守卫东府，命萧大春守卫石头，命轻车长史谢禧、始兴太守元贞守白下。

最核心的台城，萧纲任命长子扬州刺史萧大器为都督城内诸军事，任杨侃为军师将军助萧大器守台城，韦黯修台城城墙率兵驻台城六门与右卫将军柳津等分守宫城诸门及朝堂，将各官署仓库里的钱全部聚集于德阳堂充军需。

---

① 《南史·侯景传》：乃自采石济，马数百匹，兵八千人，都下弗之觉。

② 《资治通鉴·梁纪十七》：太子见事急，戎服入见上，禀受方略，上曰："此自汝事，何更问为！内外军事，悉以付汝。"

③ 《资治通鉴·梁纪十七》：太子乃停中书省，指授军事，物情惶骇，莫有应募者。

④ 《资治通鉴·梁纪十七》：朝廷犹不知临贺王正德之情，命正德屯朱雀门。

十月二十三，侯景军至板桥，遣徐思玉拜见萧衍，观察城内虚实。

萧衍派中书舍人贺季和主书郭宝亮随徐思玉到板桥来见侯景，贺季问："你现在到底想干什么？"侯景没控制住，表示想称帝。

身边的王伟赶紧上前说："朱异这些人祸国殃民，我们就是锄奸来的。"但侯景已经说了实话，最终扣了贺季只打发郭宝亮一个人回宫复命。

此时城外百姓纷纷涌入建康城，全城大乱，军人争相进入武库自取兵器，城内已经失去秩序，最终是杨侃砍了几人才稳定住了秩序。

这一年已是梁朝建立后的第四十七年，半个世纪一直没有战乱，和前两个朝代每隔几年建康就开打不同，整个江东都很少见到兵器盔甲，此时朝中老将都死干净了，年轻将领则都被萧纶带走去讨伐侯景了，当年北魏投诚过来的杨侃已经成为总指挥。[①]

十月二十四，侯景进逼，萧纲命庾信断开浮桥以挫侯景军锋，但朱雀门总指挥萧正德说："百姓看到断开浮桥一定会非常惊恐，现在要安抚百姓。"无脑萧纲同意了。怪不得萧正德心里面不爽，一个没脑子的人当太子谁心里也不舒服。

没多久侯景率军赶到，庾信紧急断开浮桥，刚撤了一艘大船就看到侯景的士兵戴着铁面具冲过来了，随后官军都吓跑了。[②]

南塘游军沈子睦是萧正德同党，迅速连接了浮桥让侯景渡河。

萧正德率军在张侯桥迎侯景，双方胜利会师，萧正德流下了欣慰

---

① 《资治通鉴·梁纪十七》：是时，梁兴四十七年，境内无事，公卿在位及闾里士大夫罕见兵甲，贼至猝迫，公私骇震。宿将已尽，后进少年并出在外，军旅指捴，一决于侃，侃胆力俱壮，太子深仗之。

② 《资治通鉴·梁纪十七》：俄而景至，信帅众开桁，始除一舼，见景军皆著铁面，退隐于门。

的眼泪。①

紧接着萧大春丢了石头城逃奔京口，谢禧和元贞等扔了白下，侯景派于子悦接手石头城。

由于萧正德还是萧衍亲自任命的都督京师诸军事，所以侯景迅速突破建康外城兵临台城。几乎是一瞬间，侯景距离萧衍仅仅就只剩一堵城墙了。

十月二十五，侯景围城，他的黑色战旗视觉冲击力极强。侯景派人向城内射进一封书信，信上说："我为清君侧而来，您杀了朱异这些人我就收兵北归。"

萧衍问萧纲："有这事吗？"

萧纲说："有。"

萧衍准备杀了朱异。

老年痴呆的表现背后是怯懦的灵魂。连萧纲都看出来了，他对他爹说："这只是侯景的借口，杀了朱异也没用，还会被后世耻笑，等事平后再杀也不晚。"萧衍同意。②

侯景展开了第一轮攻城，上来是火烧城门，被杨侃从门上凿洞灌水浇灭了。

侯景又命人砍东掖门，门都要被砍坏了，杨侃再次凿门露出孔，用槊刺杀了砍门之人保住了城门。

侯景把东宫的几百歌女分给了手下，由于东宫靠近台城，侯景命士兵登上东宫城墙向台城内射箭。（见图 13-3）

---

① 《资治通鉴·梁纪十七》：正德帅众于张侯桥迎景，马上交揖，既入宣阳门，望阙而拜，歔欷流涕，随景渡淮。

② 《资治通鉴·梁纪十七》：太子曰："贼以异等为名耳；今日杀之，无救于急，适足贻笑将来，侯贼平诛之未晚。"上乃止。

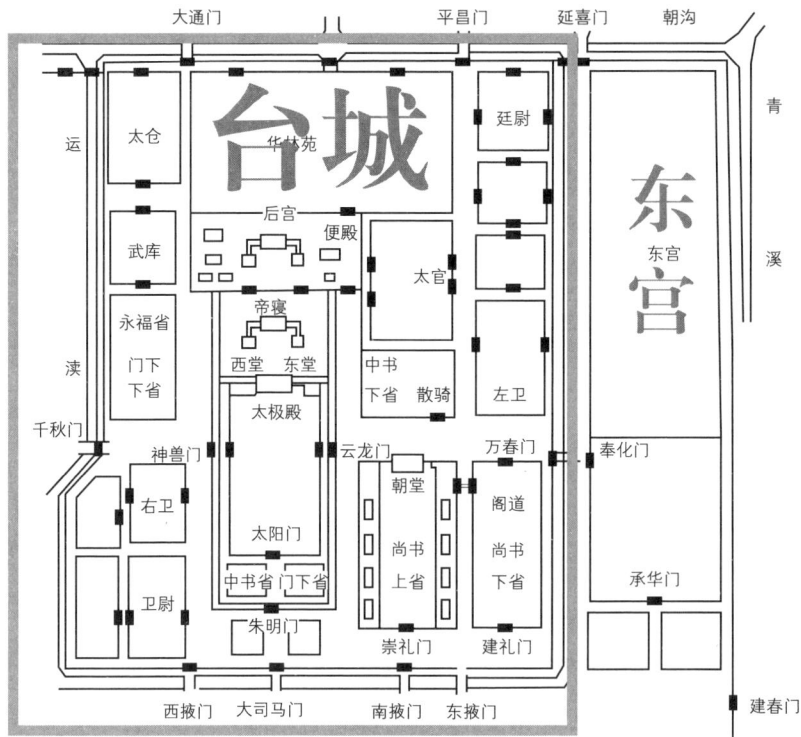

图 13-3　台城图

　　入夜，侯景在东宫摆宴奏乐，萧纲命人火烧东宫，这个文人太子的图书馆被全部烧毁。侯景摆宴雅兴被扫，随后你烧我也烧，派人去烧了城西马厩、士林馆、太府寺。

　　十月二十七，侯景做了几百个木驴来打台城，杨侃安排城上投石击碎。

　　侯景又改制了一种防石头的尖颈木驴，杨侃又做了简易燃烧弹火烧群驴。

　　侯景又造了十多丈的高楼战车，想推过去居高临下射箭掌控空权，但杨侃表示这个不用担心，地上壕沟的土虚，战车太重一定会倒塌。一会儿，等侯景军的战车推过来后果然倒掉了。

台城的攻防战，成了侯景和杨侃两个北将的擂台。

侯景打不动，蚁附攻城损失很多，于是筑长围准备困死台城。

十一月初一，萧衍杀了一匹白马在太极殿前祭祀蚩尤。[1] 灵者为先的信仰是刻在中国人骨子里的。到了这个份上，萧衍也不念经了，背叛了一生的信仰，开始杀生祭祀凶神了。

他最后的谢幕，有点儿像小丑。

城外的萧正德在仪贤堂即皇帝位，任侯景为丞相，并把自己闺女嫁给了侯景，又将全部财产拿出来做了军需。

侯景不再攻打台城，而是在台城前安营扎寨分兵两千攻打东府，但三天还没攻打下来，于是侯景亲自率兵来打，矢石雨下，军官许伯众投降引侯景军登城。

十一月初四，东府城破。

侯景派卢晖略率数千人持长刀驱赶城内文武官员裸体而出，随后全部杀掉，死了三千多人。[2] 侯景将裸尸拉到杜姥宅做京观，向台城喊道："不投降就是这个下场！"

侯景兵戴铁面具，军执黑旗，裸体辱杀，侯景在不断冲击台城内众人脆弱的神经，同时声称萧衍已经死了。

十二月初五，萧衍被逼得颤颤悠悠亲自巡城稳定军心。

侯景刚到建康时，以为很快就能攻克建康，所以当初军纪相当严格，不侵犯百姓。等到此时，发现死活拿不下台城，军心开始离散，侯景开始给"人性注射毒品"，纵兵抢粮祸害百姓，所有的财物和男女全

---

① 《资治通鉴·梁纪十七》：十一月，戊午朔，刑白马，祀蚩尤于太极殿前。

② 《南史·侯景传》：城陷，景使其仪同卢晖略率数千人持长刀夹城门，悉驱城内文武保身而出，使交兵杀之，死者三千余人。

部被抓到了军营，整个秦淮北岸成为地狱。①

由于侯景开始军纪严明，百姓真的以为侯景不会有问题，结果被温水煮了青蛙，百姓迎来了最惨烈的结局。

侯景的破坏性掠夺，使整个建康地区的米价一升达到了七八万钱，人相食，饿死者一大半。②

十二月初八，侯景在城东、城西堆起两座土山，驱逼百姓攻城，无论贵贱此时只要被抓到了就全被拉了壮丁，百姓哭嚎声惊天动地，由于没见过"魔鬼"，被恐吓后连逃匿都不敢，十天时间，侯景聚众数万。③

侯景再次攻城，但依旧被城内士兵浴血奋战击退，随后侯景思考了一下阶级成分。

城外的百姓已经被裹挟成了流民，眼下城中还有可以争取的一个群体，于是侯景扔出了超级大招——免奴为民！

第一批政策红利者是朱异的奴仆，侯景第一时间任其为仪同三司，并把朱异家的资产都赏赐给了他。这个奴仆骑好马、穿锦袍，在台城下诱降道："朱异做了五十年的官才做到了中领军，我刚投降侯王就已经仪同三司了！"④

前文我们说过，整个南北朝社会阶级矛盾最大化的时候是梁朝末

---

① 《南史·侯景传》：初，景至便望克定建邺，号令甚明，不犯百姓。既攻不下，人心离沮，又恐援军总集，众必溃散，乃纵兵杀掠，交尸塞路。富室豪家，恣意裒剥，子女妻妾，悉人军营。

② 《资治通鉴·梁纪十七》：又食石头常平诸仓既尽，军中乏食；乃纵士卒掠夺民米及金帛子女。是后米一升至七八万钱，人相食，饿死者什五六。

③ 《南史·侯景传》：又筑土山，不限贵贱，昼夜不息，乱加殴棰，疲羸者因杀以填山，号哭之声动天地。百姓不敢藏隐，并出从之，旬日间众至数万。

④ 《南史·侯景传》：朱异家黥奴乃与其侪逾城投贼，景以为仪同，使至阙下以诱城内，乘马披锦袍诟曰："朱异五十年仕宦，方得中领军。我始事侯王，已为仪同。"

期。在萧衍对贵族史无前例的罕见纵容下，在南梁贵族们极度奢靡的优越生活下，阶级矛盾被侯景一把火点燃了。

三天之内，台城里数以千计的奴仆都出城投奔了侯景，侯景全部重赏并分配到了自己的军中，群奴人人感恩皆愿为侯景而死。[①]

史上最黑色幽默的叛乱，上演了。

一饮一啄，莫非前定。

萧衍啊萧衍，你让我深信因果。

---

① 《资治通鉴·梁纪十七》：景募人奴降者，悉免为良；……于是三日之中，群奴出就景者以千数，景皆厚抚以配军，人人感恩，为之致死。

六、孩童抱金，人皆魔鬼；韦陀立侧，魔皆圣贤

十二月初七，杨侃去世，台城失去了主心骨。

侯景此时已经暴打台城一个多月了，一个问题凸显出来：朝廷之前不是安排了讨伐大军吗？带领讨伐大军的萧纶哪里去了？

之前督诸军的萧纶到了钟离后听说侯景已经从采石渡江，随后"日夜兼程"回军建康，舰队从广陵渡江时天空刮起大风，十之一二的人马被吹入了"滚滚长江东逝水"里。

眼看长江起波涛，萧纶与萧大春等萧氏宗亲、前谯州刺史赵伯超、武州刺史萧弄璋等率步骑三万从京口走陆道支援建康。

侯景派军队到江乘阻击萧纶，赵伯超对萧纶建议："从黄城大路走一定会遇敌，不如走小路直插钟山，出其不意兵临广莫门，建康之围必解。"

萧纶采纳了这个建议，但他们夜里行军走错路了，多走了二十多里，直到十二月二十三日早晨才在蒋山安营扎寨。至此时间段闭环，萧纶回援了两个月。

十月二十二，侯景已经到达采石矶，萧纶行军至钟离时就知道了。随后萧纶"昼夜兼道，旋军入援"，这么短又顺流而下的水路外加刘裕用不上两天就能走完的步道，他整整走了两个月零一天。

为什么会这样，萧纶你爹都要死了你却慢慢地走？因为萧纶是萧衍第六子，台城里的太子萧纲是他目前唯一还活着的兄长。

萧纶做梦都盼着侯景打进台城，无论弄不弄死他爹和他兄长，他再出现都将成为众望所归。萧纶的小心思是：老而不死我可以帮他死，但我需要一个理由。

就是这点儿算计，让他把六百里的水路加一百里的步道走了两个月零一天。

无奈杨侃坏事，居然抵抗了那么久，萧纶再不出现实在说不过去了，终于硬着头皮出现了。

侯景很害怕，将妇女和财宝全部运进了石头城，准备好了船只想逃，同时分兵三路打萧纶，都战败了。[①] 一是上山攻坚有难度，二是侯景本人都打算跑了，怎么可能有士气。

此时蒋山寒冷，有积雪，萧纶将队伍带下山驻于爱敬寺，侯景布阵于覆舟山北。

十二月二十八，萧纶进军到玄武湖畔与侯景摆开阵势，两人对峙半天没打，时近黄昏，侯景约明日再战，萧纶同意。

萧纶之子萧骏看到侯景退兵以为对面要逃跑，率军来赶，结果孤军深入被侯景反杀，萧骏逃奔萧纶军营，赵伯超看情况不对率军撒丫子逃跑，侯景乘胜追击，梁军随之全面崩溃，萧纶收集了不到一千残兵逃进了天保寺，被侯景一把大火再次烧跑路。[②] 侯景笑纳了萧纶的所有军资。

---

① 《资治通鉴·梁纪十七》：景见之大骇，悉送所掠妇女、珍货于石头，具舟欲走。分兵三道攻纶，纶与战，破之。

② 《资治通鉴·梁纪十七》：安南侯骏见景军退，以为走，即与壮士逐之；景旋军击之，骏败走，趣纶军。赵伯超望见，亦引兵走，景乘胜追击之，诸军皆溃。纶收余兵近千人，入天保寺；景追之，纵火烧寺。纶奔朱方。

萧纶的雄心很大，布局很深，无奈自己水平太菜，一把输没了筹码下了牌桌。

萧纶入援后，南兖州刺史萧会理（萧衍第四子萧绩的长子）自广陵率兵入援建康。

十二月二十九日夜，淮南的援兵也来了，萧范（萧衍九弟萧恢的长子）派其长子萧嗣与西豫州刺史裴之高、建安太守赵风举等援军驻扎于蔡洲（今江苏南京西江心洲）等待上游的各路人马。

理论上来讲，此时除了道远的益州和广州，各地藩镇已经都出马了。之所以说是理论上，是因为西部世界叫喊勤王的声音挺大，但就是看不见动静。

都督荆、雍、湘等九州诸军事的荆州刺史萧绎（萧衍第七子）听说侯景包围台城后就写檄文派人送给他所督的湘州刺史萧誉（已故太子萧统次子）、雍州刺史萧詧（已故太子萧统第三子）、江州刺史萧大心（太子萧纲次子）、郢州刺史萧恪（萧衍八弟萧伟的长子）等派兵救援建康，他自己更是早在十二月中旬就派出了长子萧方等、竟陵太守王僧辩、司马吴晔、天门太守樊文皎等一众人马出发救驾。雷声很大，但雨点很小。

因为荆州、雍州、湘州、江州四镇从利益角度来讲跟萧纶一样，目前都是侯景的拉拉队。（见图13-4）

对于湘州刺史萧誉和雍州刺史萧詧来讲，他们的爹是前太子，无奈他们的爷爷老而不死是为贼，把他们的爹熬死了，他们的继承权也就没了。

目前他们的大哥萧欢也死了，这也就意味着，如果建康的皇帝萧衍、太子萧纲、太子世子萧大器要是被侯景弄死了，萧誉就具有继承权了。

对于江州的萧大心来讲也是如此，他是萧纲次子，他也盼望侯景把他爷爷、爹爹、哥哥弄死。

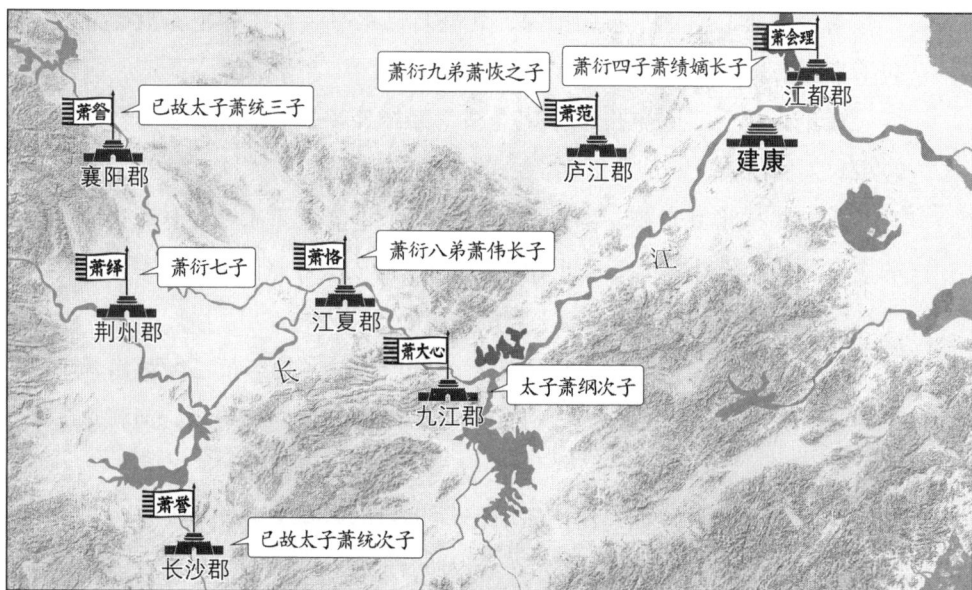

图 13-4　萧梁宗室分布图

对于萧绎来讲更是如此，目前他们哥几个算上他还有三人，太子萧纲、六哥萧纶、八弟萧纪。萧纪目前守益州被他堵着，只要侯景帮他弄死了建康这些人，他就有资格继承皇位了。

这些萧衍的亲人们后来在侯景破城的时候依旧在路上。[①]

其实就算没有侯景，就萧衍这样的布置，等他死后南国也会变成互杀的修罗场。只不过他到时候可以在坟里面抱怨儿孙不争气，但现在丢脸的是他了。

眼看诸军渐至，侯景把秦淮河南岸的所有居民全部赶到北岸，烧毁了他们的房屋，建邺区和雨花台区的房产受到了巨大损失。

太子的嫡系、韦睿之孙韦粲率兵五千与马百匹，也带着江州刺史

---

① 《资治通鉴·梁纪十八》：湘东王绎军于郢州之武城，湘州刺史河东王誉军于青草湖，信州刺史桂阳王慥军于西峡口，托云俟四方援兵，淹留不进。

萧大心派出的两千兵前来救援，到南州时，他的表弟司州刺史柳仲礼也率一万多步骑到了横江。

十二月三十日夜，韦粲、柳仲礼及宣猛将军李孝钦、前司州刺史羊鸦仁、南陵太守陈文彻等诸军会聚驻扎于新林。

不久宣城内史杨白华遣其子杨雄率郡里士兵赶来，此时援军已达十多万，和侯景沿秦淮河立栅相持。①

淮南诸军都到了，下面需要推举一个头领。

韦粲提议推表弟柳仲礼任大都督，但裴之高自认年龄和官位都是最高的，耻于居柳仲礼之下，所以韦粲的提议多日没有确定。②

一天，韦粲在大会上高声道："我之所以推柳司州，因其久捍边疆，曾为侯景所惮，且兵马精锐，无出其前。若论位次和年龄，他还在我之下，我都没说什么，为了国家才这样推举，大家不要再争论了，现在贵在团结，如果人心散了，大事去矣！裴公是朝中旧德老臣了，怎么能挟私情以阻大计！"

韦粲当着大伙的面发完牢骚后单船行至裴之高军营道："现在两宫危急，敌人气焰滔天，我们做臣子的应当勠力同心，怎么能内耗呢？你要是不同意，我们就先拼个高下吧！"

裴之高流泪道歉，最终诸军推柳仲礼为大都督。

韦粲为什么死活要让柳仲礼当盟主呢？不仅因为柳仲礼理论上力量最强，而且因为他是太子的人。

太子萧纲最开始做雍州刺史的时候，柳仲礼之父柳津为长史，等萧纲成为太子后，柳津也跟着回建康了，雍州的精兵就全都留给柳仲

---

① 《资治通鉴·梁纪十七》：宣城内史杨白华遣其子雄将郡兵继至，援军大集，众十余万，缘淮树栅，景亦于北岸树栅以应之。

② 《资治通鉴·梁纪十七》：粲议推仲礼为大都督，报下流众军；裴之高自以年位，耻居其下，议累日不决。

礼了。①

当年贺拔胜在汉水以北随便扫荡，最终只有柳仲礼阻住了颓势，还专门被萧衍派人画了像。

从战斗意愿来讲，柳仲礼也是毋庸置疑的鹰派，之前侯景在寿阳搞阴谋的时候柳仲礼守义阳，当时这在边境都是公开的秘密了，于是他请求率兵灭了侯景，只是被摁下了。②

能救建康的，理论上只有韦粲带来的五千兵和柳仲礼带来的一万兵，因为他们和建康的利益一致，都是太子的党羽。但是，韦粲也得罪了剩下的淮南诸军。韦粲一抢盟主，相当于上来就把功劳给抢了，后面谁还愿意卖命呢？

不过，这不重要。因为自古联军就那么回事，各有各的算盘。当年群雄讨董卓怎么样？粮食一吃完，各自拍拍屁股都走人了。董卓死不死不重要，董卓滚不滚很重要。实力不能损耗在讨董卓上，筹码要在后面瓜分关东时才能一张张打出去。

古今同理。

理论上来讲，韦粲得不得罪别人都不重要，因为本来救建康就是他自己的事，但很遗憾，萧衍的大运在去年就已经离他而去了。他这辈子的所有幸运都已经用光了。

目前整个联军中唯一一个真心想救他的韦粲，或者说韦氏一门，被历史编剧提前带走了。

549 年正月初一清晨，柳仲礼率新亭之军迁往秦淮河岸，这天大雾，韦粲作为先锋军到了青塘时已过半夜，军营外的栅栏工事还没来得

---

① 《南史·柳津传》：初，简文帝为雍州刺史，津为长史。及简文入居储宫，津亦得侍从。仲礼留在襄阳，马仗军人悉付之。抚循故旧，甚得众和。

② 《南史·柳津传》：初，侯景潜图反噬，仲礼先知之，屡启求以精兵三万讨景，朝廷不许。

及合拢就被侯景望见，侯景迅速率精锐过河来打。

韦粲派军主郑逸迎击，又命刘叔胤率水军断侯景归路，刘叔胤临战胆怯不敢前进，没能拖住侯景，郑逸阻击失败，侯景乘胜攻进韦粲军营，韦粲率韦氏子弟血战，最终与其子韦尼及三个弟弟韦助、韦警、韦构，以及堂弟韦昂等数百亲戚力战殉国。[①] 韦粲带着全族精忠报国，韦氏满门英烈。

无论是开国时钟离的高光，还是收尾时青塘的惨烈，南梁这半个世纪的国运里，脊梁姓"韦"。

开战时柳仲礼在吃饭，听说韦粲被围后迅速披甲率百余亲兵救援，在青塘和侯景激战，斩敌数百，被逼进秦淮河的敌军又淹死了一千多。柳仲礼眼看就要一槊扎死侯景，这时叛将支伯仁从后面挥刀砍中了柳仲礼肩膀，柳仲礼骑的马陷入泥中，被骑将郭山石救援后幸免于难。[②]

此战柳仲礼重伤差点儿丧命，侯景也吓得再也不敢渡秦淮河来招惹援军。[③]

此战让柳仲礼看明白了联军是个什么东西。韦粲被围的时候，只有他去救援了，剩下的十几万大军一个帮忙的都没有。

也确实，盟主你当着，我们凭什么要死着人点缀你的功劳簿？现在丢人现眼了吧？不够你能的！韦粲闹腾得那么凶，上来就死了吧！

柳仲礼失去了韦粲这个主心骨，此战重伤之后活明白了，你们都

---

① 《资治通鉴·梁纪十八》：粲使军主郑逸逆击之，命刘叔胤以舟师截其后，叔胤畏懦不敢进，逸遂败。景乘胜入粲营，左右牵粲避贼，粲不动，叱子弟力战，遂与子尼及三弟助、警、构、从弟昂皆战死，亲戚死者数百人。

② 《资治通鉴·梁纪十八》：仲礼方食，投箸被甲，与其麾下百骑驰往救之，与景战于青塘，大破之，斩首数百级，沈淮水死者千余人。仲礼槊将及景，而贼将支伯仁自后斫仲礼中肩，马陷于淖，贼聚槊刺之，骑将郭山石救之，得免。

③ 《资治通鉴·梁纪十八》：仲礼被重疮，会稽人惠斾吮疮断血，故得不死。自是景不敢复济南岸。

不出手我也耗着，再也不提出战的事了。

549年正月初四，祸国的朱异在羞愧愤恨中死去。

萧衍很伤感，追封朱异为尚书右仆射。他还算厚道，毕竟是他用了三十多年的脏手套。

但是，萧衍这么做不合时宜。他现在需要贬斥朱异以提振军心，朱异当一辈子脏手套了不差这一回。萧衍完美地避开了所有正确选项。

此时的台城急需打气。

台城中虽然粮食和钱都不缺，但缺柴、盐和草料。由于没草料，台城中的马开始被杀了吃掉，而由于没有盐，台城内的人开始大量生病。

大家看看建康的战略储备，堂堂一国之都，仅仅被围了二个月就扛不住了，盐对于江东很叫事吗？早干什么去了呢？

侯景从八月初十就造反了，十月二十四兵临城下，中间两个多月的时间可以战备，萧衍就这么不当回事吗？

兵者，国之大事，死生之地，存亡之道，不可不察！萧衍，你对佛经佛塔恭敬，你对社稷和万民却满是傲慢。

正月十二，萧正表举北徐州军民投降了东魏，东魏徐州刺史高归彦迅速派部队接管了钟离。

侯景留下守寿阳的王显贵在萧范合肥方面军的攻打下已经丢了外城，最终也投降了东魏。

淮河一线沦陷。

正月二十七，萧嗣、萧确、羊鸦仁、柳敬礼、李迁仕、樊文皎等率军渡过秦淮河。

援军攻打并焚烧了东府前面的栅栏开辟了滩头阵地，部分援军移屯到了青溪之东。李迁仕和樊文皎率五千精兵单独突进，所向披靡，打到菰首桥东时，被宋子仙伏击，樊文皎战死，李迁仕逃回。

难得的愣头青被打灭，战场再度陷入僵局。（见图13-5）

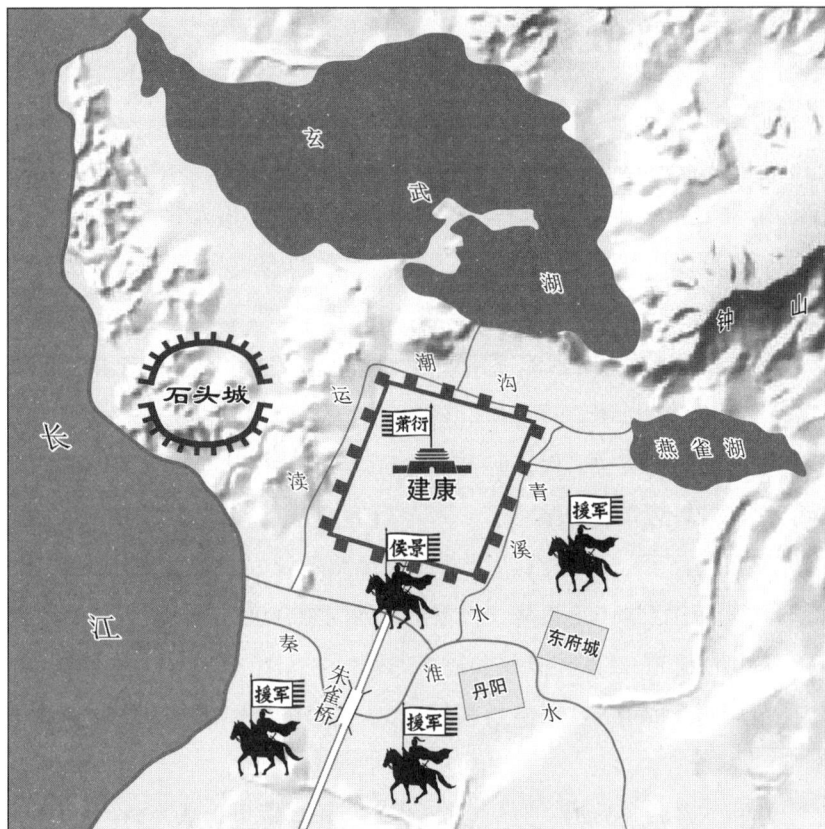

图 13-5　援军与侯景对峙图

所谓的盟军此时矛盾重重。

之前打光了队伍的萧纶此时和东扬州刺史萧大连率领会稽兵又回到了战场，但此时的柳仲礼仿佛变了个人，神情傲狠看不起诸将，萧纶按部将求见主帅的礼节来找他都得等好久，因此他与萧纶及萧大连结下了深仇大怨。[①] 萧大连又和萧纶之子萧确有矛盾，诸军互相猜疑，不再

---

① 《资治通鉴·梁纪十八》：仲礼神情傲狠，陵蔑诸将，邵陵王纶每日执鞭至门，亦移时弗见，由是与纶及临城公大连深相仇怨。

提打仗的事。①

援军刚到时，本来建康百姓和侯景叛军都有想投诚的意思，结果看到援军跟侯景一样纵兵抢劫而且不再提救援台城的事，纷纷断了念想。② 即便各怀心思推诿扯皮，但此时局面对侯景依然相当不利。

由于援军到来后勤被断，侯景也扛不住了，援军控制了东府城，里面有足以供应部队一年的军粮，侯景又听说荆州还有部队要来，开始害怕了。③

王伟建议："台城不能迅速攻克，援军越来越多，我们无粮，如果假装求和的话可以缓解其攻势，东府城的米够我们吃一年的，趁求和时我们把米搬进石头城，援军必定不敢动，我们趁机休息，等对方懈怠后再打他们，必然夺取台城。"

侯景同意了，派任约、于子悦至台城下拜表求和，乞求回寿阳。萧纲觉得城中已经无力再战，找萧衍求他同意合议。

萧衍愤怒道："跟侯景议和还不如死！"

萧纲再三请求道："侯景围城已久，援军都不出战，暂时和他讲和吧。"

萧衍犹豫很久后道："你自己考虑吧，不要留下千载笑柄。"

萧纲同意了和解。

侯景随后开始了漫天要价来试探台城的底线。

侯景第一轮要价是要求长江西面四州割给他，并要让萧纲嫡长子相送，他才能渡江。

---

① 《资治通鉴·梁纪十八》：大连又与永安侯确有隙，诸军互相猜阻，莫有战心。

② 《资治通鉴·梁纪十八》：援军初至，建康士民扶老携幼以候之，才过淮，即纵兵剽掠。由是士民失望，贼中有谋应官军者，闻之，亦止。

③ 《资治通鉴·梁纪十八》：侯景众亦饥，抄掠无所获；东城有米，可支一年，援军断其路。又闻荆州兵将至，景甚患之。

面对这个丧权辱国的要求，中领军傅岐坚决反对，但萧衍最终还价派萧大器之弟萧大款去做人质，又下令各路援军不得再前进，并颁布诏书：善兵不战，止戈为武，任侯景为大丞相，统江西四州诸军事，照旧任豫州牧、河南王。

二月十三，萧衍在西华门外设神坛，派仆射王克、上甲侯萧韶、吏部郎萧瑳与侯景派出的于子悦、任约、王伟同登神坛立盟。柳津来到西华门外与侯景遥遥相对，双方杀牲歃血为盟。[1]

南国的"大棚菜们"就这样和侯景立了贻笑千古的盟约。他们也不看看这些年北面那些誓言都成什么样了？

侯景的请求要是在北国会被当成笑话够全城守军乐一宿的，顺便激发下士气，外面这些人熬不住了服软了，兄弟们挺起士气呀！

立完盟后，侯景根本不解除包围，而是开始修铠甲和兵器，同时扔出了第二轮讨价还价：没船走不了，担心南岸援军赶他，萧大款当人质不行，我必须要萧大器。总之没完没了地提各种要求拖时间，萧纲依旧好说好听地哄着。[2]

二月十四，前南兖州刺史南康王萧会理、前青冀二州刺史湘潭侯萧退、西昌侯世子萧彧率众合三万军至马卬洲据白下。侯景已经被四面包围。

侯景随后在萧衍和萧纲的配合下完成了史诗级的被包围大逆转。

侯景再次上奏折道："您下诏让白下诸军去秦淮南岸，他们在那里堵着，妨碍我渡江。"在这个最该要价的关头，萧纲命萧会理将部队从

---

① 《资治通鉴·梁纪十八》：己亥，设坛于西华门外，遣仆射王克、上甲侯韶、吏部郎萧瑳与于子悦、任约、王伟登坛共盟。太子詹事柳津出西华门，景出栅门，遥相对，更杀牲歃血为盟。

② 《资治通鉴·梁纪十八》：既盟，而景长围不解，专修铠仗，托云"无船，不得即发"，又云"恐南军见蹑"，遣石城公还台，求宣城王出送；邀求稍广，了无去志。太子知其诈言，犹羁縻不绝。

白下城转移到江潭苑。①

侯景又启奏道:"我又刚收到了信,说寿阳和钟离已经被高澄拿走了,我现在没有地方立足,请求皇上把广陵和谯州借给我,等我夺了寿阳再还你。"萧纲继续同意。

二月十七,梁大赦天下,萧纲就差给他侯爷爷磕头了。

二月二十四,又歇了一周后,侯景上奏折道:"萧纶之子萧确和赵威方总骂我,您赶紧让他们入城,我马上走。"②被玩成狗的萧衍父子继续热脸贴侯景的冷屁股。

二月二十五,萧衍任萧确为广州刺史、赵威方为盱眙太守,派吏部尚书张缵去召回萧确。萧确屡奏萧衍,坚决不进台城,萧衍不许。

萧确先派赵威方进城,自己想南奔荆、江二镇,这时候萧纶对他儿子流泪说道:"你快进去吧,皇上都立盟约了,你不能破坏啊!"③

此时,台城使者周石珍和法生正在萧纶处,萧确对他们说:"侯景说撤军却根本不解长围,他的意图显而易见。皇上让我进城能有什么好处!"

周石珍说话很官方:"圣旨如此,你哪能推辞。"

萧确不理他,萧纶愤怒地对赵伯超道:"你替我把他杀了,提着他的脑袋进城!"

内战内行的赵伯超挥腰刀斜眼看萧确道:"我认识您,刀不认识。"

萧确最终无奈流泪入台城。

---

① 《资治通鉴·梁纪十八》:景虑其自白下而上,启云:"请北军聚还南岸,不尔,妨臣济江。"太子即勒会理自白下城移军江潭苑。

② 《资治通鉴·梁纪十八》:庚戌,景又启曰:"永安侯确、直阁赵威方频隔栅见诟云:'天子自与汝盟,我终当破汝。'乞召侯及威方入,即当引路。"

③ 《资治通鉴·梁纪十八》:确先遣威方入城,因欲南奔。邵陵王纶泣谓确曰:"围城既久,圣上忧危,臣子之情,切于汤火,故欲且盟而遣之,更申后计。成命已决,何得拒违!"

在半个多月的时间里，台城和援军眼看着侯景稳稳当当地把东府的军粮运到了石头城。

在被包围的状态下，在粮道完全被控制的情况下，世界战争史上的罕见笑话在549年的秦淮河畔出现了。

萧纶为什么没皮没脸要砍了他鹰派的儿子？他的想法是：

1.台城里面的人已经快吓死了，如果侯景此时翻脸，将来各路诸侯会把锅扣在我脑袋上。

2.我知道侯景不会走，台城里面的人为什么还不死？你们都死了我就是第一顺位继承人，我这一出表演还能落下个忠孝的好名声！

各路援军就差帮着侯景扛米了，因为台城里面已经下令什么都不追究了，谁也不想触这个霉头。

侯景在搬米过程中彻底看出了援军的虚实，所谓"侯景运东府米入石头，既毕，王伟闻荆州军退，援军虽多，不相统一"。都在看戏，都在保存实力，原来我侯景才是全村的希望！

侯景上书罗列萧衍十大过。具体就不说了，大体就是说萧衍这五十年的执政就是个大傻瓜。

萧衍看完后羞惭愤怒，三月初一，萧衍在太极殿前设立祭坛，禀告天地，以侯景违盟约，举烽火擂鼓呐喊再战。

最开始台城被围时有男女十多万人，全副武装的将士有两万多，此时仅有四千多人，满城都是死尸。[1]

外面的人不救，萧衍，你难道不能自救吗？他有这样的军力，却宁可憋死在城里，也不组织出去跟侯景开战。

柳仲礼此时满屋子妓女，终日置酒作乐，诸将请战他都不搭理。柳

---

① 《资治通鉴·梁纪十八》：初，闭城之日，男女十余万，擐甲者二万余人；被围既久，人多身肿气急，死者什八九，乘城者不满四千人，率皆羸喘。横尸满路，不可瘗埋，烂汁满沟。而众心犹望外援。

仲礼这个盟主的话这么有用吗？大家仅仅是缺少个不出战的理由而已。

柳仲礼为什么顶着雷死活不出战呢？在《南史》他的本传中也给了解释："景尝登朱雀楼与之语，遗以金环。是后闭营不战，众军日固请，皆悉拒焉。"侯景已经对柳仲礼封官许愿。

柳仲礼的算计很现实：虽然我是太子的人，但指着我自己是很难消灭侯景的，别家都不出手，我不能把自己的家底打光了，还是等着侯景先弄死没皮没脸的台城靠谱，这满世界的干什么什么不行、吃什么什么没够的萧家王爷们的美好生活我也想过一过。

跟皇位没有关系的萧衍之兄萧懿的孙子萧骏劝萧纶道："你得出兵啊！台城要是真出事了你还怎么在这世上立足！"萧纶也不听。[①] 萧纶眼下太希望侯景打进台城了，怎么可能出兵。

柳津登城楼对柳仲礼道："你的君王与父亲正在受难，你不使劲，将来人们会怎么评价你！"柳仲礼不理他爹。[②]

萧衍向柳津问计，柳津道："陛下您有萧纶这样的儿子，我有柳仲礼这样的儿子，贼平不了！"

三月初三，没有皇位纠葛的萧会理与羊鸦仁、赵伯超等驻军于东府城北，约定晚上渡江再打一把。

等到了拂晓，羊鸦仁等还未到约定地点，此时侯景军已经发现了他们，侯景派宋子仙来攻，赵伯超望风而逃，被放了鸽子的萧会理惨败，战死淹死者有五千人。很明显，萧会理被耍了。这些人嘴上说的都很好听，但谁都不愿意来。

侯景挖开玄武湖引水灌城，随后昼夜不停全力攻城。他根本不担

---

① 《资治通鉴·梁纪十八》：安南侯骏说邵陵王纶曰："城危如此，而都督不救，若万一不虞，殿下何颜自立于世！今宜分军为三道，乘贼不意攻之，可以得志。"纶不从。

② 《资治通鉴·梁纪十八》：柳津登城谓仲礼曰："汝君父在难，不能竭力，百世之后，谓汝为何！"仲礼亦不以为意。

心在被半包围的状态下被从后部偷袭，他打得相当无忧无虑。

萧衍在高高的台城中亲眼看着自己养了半个世纪的萧家子弟与士兵眼睁睁看着自己被围攻。

造反派在四方被围的情况下打出了史诗级的主场感，在中国历史上这也是独一份了。

三月十二，黎明之前，董勋和熊昙朗从台城西北楼引侯景之众登城。

之所以这样，是因为萧纶嫡长子萧坚屯驻太阳门，仗都打到这个份上了，他每天仍然不是赌博就是喝酒，根本不体恤将士和百姓死活，其书佐董勋、熊昙朗非常痛恨他。①

之前萧衍父子对侯景的软弱也让台城的最后一口气泄了。

堵缺口的萧确发现时已经晚了，死战不能退敌，于是启奏萧衍："城已陷落。"

萧衍最终没有丢掉最后的体面，静卧道："还能一战吗？"

萧确道："没戏了。"

萧衍叹了口气道："从我这儿得到的，又从我这儿失去，没什么可遗憾的。"

这话听起来很大气，但细细思量，萧衍，你这个佛弟子对得起你曾得到过的和正在失去的吗？你对他们，从没有尽过责任。

萧衍把一切都看明白了，对萧确道："你快走，告诉你爹，不要考虑我和太子。"

萧衍默认了老六对自己的背叛，快整军弄死我和你哥吧，只要能把侯景干掉，不要让我贻笑千古！很遗憾，他高估了老六的号召力，也低估了侯景的政治头脑。

---

① 《资治通鉴·梁纪十八》：于是景决石阙前水，百道攻城，昼夜不息。邵陵世子坚屯太阳门，终日蒱饮，不恤吏士，其书佐董勋、熊昙朗恨之。

没多久，侯景派王伟来文德殿拜见萧衍，萧衍道："把侯景喊来吧。"

侯景带了五百多全副武装的甲士来到太极东堂，叩拜萧衍后被引到三公之座，萧衍淡然道："围城日久，你劳苦功高啊。"

侯景被萧衍镇住了，不敢正视萧衍，汗流满面，萧衍又道："你是哪州人，敢到这里来，妻儿还在北方吗？"

侯景继续沉默。

任约在旁代替侯景回道："臣侯景的妻儿都被高氏杀光了，我单身一人投靠了陛下。"

事后侯景对王僧贵道："我征战一生，刀枪箭雨心绪如常，从未害怕，今天看到了萧衍，心中不由自主害怕，天威难犯恐怕就是这意思吧，我不能再见他了！"[①]

萧衍问道："当初你渡江时有多少人？"

侯景终于开口了，回道："千人。"

萧衍又问："围台城有多少人？"

侯景道："十万人。"

萧衍最后问："现在呢？"

侯景道："率土之内，莫非己有！"

萧衍不再说话。

萧衍把侯景镇住的同时，侯景的大脑在急速思考反击的话，终于在最后的几句问答中杀人诛心。

侯景最后一剑封喉："你这辈子的福报白修，率土之内，都归我有！我的天下是你的子民帮助得来的！"

侯景将萧衍和萧纲保护了起来，辜负了做梦都想当皇帝的萧正德。

---

① 《资治通鉴·梁纪十八》：景退，谓其厢公王僧贵曰："吾常跨鞍对陈，矢刃交下，而意气安缓，了无怖心；今见萧公，使人自慑，岂非天威难犯！吾不可以再见之。"

萧正德在城破后第一件事就想宰了萧衍，但被侯景拦住。

很遗憾，你现在已经没有用了，但萧衍这爷俩却大大地有用。杀了萧衍父子，就给了外面援军口实。现在我该挟天子令诸侯了。

侯景换了两宫侍卫，将整个台城抢尽，把朝臣王侯都关到了宫内的永福省，矫诏大赦，自加大都督中外诸军、录尚书事。

三月十四，侯景派萧大款带上萧衍诏书去解散外面的援军。

柳仲礼召集众将开了最后一次推诿扯皮大会，萧纶对柳仲礼道："现在我们就听将军您的了！"柳仲礼看着萧纶不说话。[①]

萧纶在最后时刻，做着皇帝的梦却依旧不敢振臂一呼。

裴之高、王僧辩对柳仲礼道："将军您拥众百万却致台城沦陷，现在正应当死战，还有什么可说的！"柳仲礼继续沉默，诸军看他这个样子，最终散去。[②]

各路藩王各还本镇，萧纶逃往会稽。

柳仲礼与其弟柳敬礼、羊鸦仁、王僧辩、赵伯超在战士们的愤恨谩骂中开营门向侯景投降。

没错，你没看错，后面大名鼎鼎的王僧辩此时投降了侯景，上原文："仲礼及弟敬礼、羊鸦仁、王僧辩、赵伯超并开营降，军士莫不叹愤。"

本来平定并非难事的侯景之乱，在各方将领的机关算尽中，建康存者百不余一。

公元 6 世纪东方世界最繁荣的经贸文化中心变成了人间炼狱、末日妖窟。操刀手，仅仅是当初萧衍本以为折根树枝就能抽死的八千北兵。

---

① 《资治通鉴·梁纪十八》：己巳，景遣石城公大款以诏命解外援军。柳仲礼召诸将议之，邵陵王纶曰："今日之命，委之将军。"仲礼熟视不对。

② 《资治通鉴·梁纪十八》：裴之高、王僧辩曰："将军拥众百万，致宫阙沦没，正当悉力决战，何所多言！"仲礼竟无一言，诸军乃随方各散。

三月十五，朝廷下诏各镇牧守回到岗位，侯景扣下柳敬礼和羊鸦仁，派最大的功臣柳仲礼返回司州，王僧辩回归竟陵。毕竟西面的那些皇位争夺者后面还都需要制衡。

东徐州刺史湛海珍、北青州刺史王奉伯投降东魏，青州刺史明少遐、山阳太守萧邻弃郡而逃，东魏迅速推进，成了大赢家。

侯景任命前临江太守董绍先为江北行台，派他带萧衍敕令召南兖州刺史萧会理回朝。

三月二十七，连日又饥又累带着不到两百人的董绍先来到广陵。

幕僚们劝兵马强盛的萧会理杀了董绍先，"侯景这是想除掉你们这些宗室然后篡位，等四方拒绝他必然完蛋！我们应守住广陵与魏联合，静观时局以待其变"。

萧会理一向懦弱，将全城交给了董绍先，单马回了建康。

三月二十八，侯景遣于子悦等率领几百弱兵向东夺取吴郡，新城县戍主戴僧逖拥精兵五千，劝太守袁君正道："贼兵乏粮，十天都扛不过去，我们闭关防守能饿死他们！"

吴郡大族的陆映公担心赢不了侯景将来被侯景怪罪而抢了自己的产业，于是和当地土豪去劝袁君正投降，所谓"土豪陆映公恐不能胜而资产被掠，皆劝君正迎之"。

袁君正也是个软蛋，喜迎侯师，于子悦一进城就扣了袁君正，纵兵大肆掠夺。

软弱至此，整个江东都跟傻子一样，等着叛军踹开自家的房门，强奸女人，抢掠财富，砍掉人头。

侯景想让宋子仙任司空，萧衍道："三公是要调和阴阳的，宋子仙是个什么东西！"

侯景又请求两位同党出任便殿主帅，萧衍继续不同意。

侯景心虚于萧衍的神仙气概，于是逼萧纲做他爹的工作。萧纲哭着进来，萧衍道："谁让你来的？社稷有灵则还能恢复，天命若失哭又有何用！"诸藩已走，萧衍这个不听话的也到站了，侯景随后给萧衍断了粮。

549年五月初二，八十六岁的梁武帝躺在净居殿被活活饿死，临终想要碗蜜水，都没人搭理。他咳嗽了两声，咽气了。

这个脱离了低级趣味的人，终于死了。

此时的南国，别翻译了，都能看得懂：

> 时江南连年旱蝗，江、扬尤甚，百姓流亡，相与入山谷、江湖，采草根、木叶、菱芡而食之，所在皆尽，死者蔽野。富室无食，皆鸟面鹄形，衣罗绮，怀珠玉，俯伏床帷，待命听终。千里绝烟，人迹罕见，白骨成聚，如丘陇焉。

后世将此江南浩劫称为"侯景之乱"。看过这一战后，诸君是否还觉得此四字概括得精准？

侯景在北方二十余年，于尔朱荣、高欢手下皆是重臣良将，所镇之处百姓安居，专制河南十余年边境无事。侯景到南国两年多，就将这里的承平盛世祸害成了乱世魔窟。

大魔高欢用此心高之贼，为社稷功德。善士萧衍留此败北之将，为南国梦魇。

见三岁孩童抱金砖于闹市，世人皆魔鬼；遇笑脸弥勒旁立护法韦陀，群魔皆圣贤。

第 **14** 战

最后的三国

一、不是每个好机会，你都需要参与的

什么叫财务自由？从概念上来讲，当你的被动收入可以源源不断覆盖你的日常支出时，你就自由了，你不必再为生活去出卖自己的时间。

接下来我们再思考一个问题，时间节省下来之后做什么用？单纯地想不干什么就不干什么吗？将时间都消耗在游戏打牌上吗？

有这种思维模式的人本质上永远不会自由。因为有这种思维模式的人永远不会有源源不断的被动收入去覆盖自己的支出。即便是那些继承了海量财富的人。

财富这东西是妖魔，当你没有降魔的能力时你很快就会被这个妖魔吞噬。财富是认知的变现，凭运气挣来的，最终会凭实力亏出去。因为他们的思维模式并不足以支撑他们的自由。

对于那些"自由"了的人，时间节省下来做什么用呢？

从单纯意义上来讲，时间是不值钱的，很多人只是一辈子将一天重复过了三万次。

从准确意义上来讲，值钱的应该是注意力。你的注意力高度聚焦于你所专注的事业上，从而远远地拉开你和竞争者的差距，然后获得超额利润去帮你实现"自由"。你"自由"后节省下来的更多时间让你有更专注的注意力去进一步思考优化自己的模型和事业。

这是一个正向循环。所以说，归根结底，值钱的是注意力。

人的精力、时间都是恒定的，将越多的注意力关注在自己的主业上，就越容易在竞争中走上正循环。那些浪费你注意力的林林总总的事情，都是需要警惕的。

一个年入一亿的人，每天去家门口餐厅固定包厢吃没有菜单主厨做什么就吃什么的米其林不叫陷入了消费陷阱，不叫奢侈浪费。因为他的注意力更值钱。

你通过远小于你被动收入的价格买到了高质量的、不用挑选的、节省注意力的一顿餐，很可能这顿餐还帮你谈了笔交易，这是一笔极其正确的交易。

一个年入一万的人，每天吃顿麦当劳都可能不是件正确的事。因为一顿麦当劳可能把他明天的菜钱吃没了，他会很敏感菜钱涨了几毛钱，从而根据各种菜的价格去斟酌自己的晚餐。

同样是吃顿饭，哪怕富人餐餐万元，但消耗的意志力和注意力也很可能比普通人餐餐十元要少得多。

再往深里说，美食、美女不会对富人存在巨大的诱惑，因为这些对他们来说并不稀缺，通常来感觉了他们才会注意这些，但这些不会让他们朝思暮想。

普通人则对所有可望不可即的东西都充满幻想。这种幻想同样会消耗掉你巨大的注意力。

所以说现在各种各样的精神鸦片不仅抢占了你的时间，还在不断给你本就薄弱的意志力增加负重。

当你的注意力被柴米油盐这些每天睁眼就有的一件件小事，以及美食、美女那些海市蜃楼消耗掉了的时候，你自然就没有时间、精力及珍贵的注意力去思考那些可以帮你跨越阶层的事情。

所以说，注意力并不像时间那样对于每个人都是公平的。它不是你想有就有，想聚焦就能聚焦的。

富翁和常人即便都活到八十岁，即便时间上是相同的，但二者一生的注意力堪称天差地别。

前者生活中的琐碎的事情都能被优质地外包出去，他本人能够节省下来整块的时间去思考优化自己的系统；后者则一辈子都被生存的烟火所笼罩，没精力去思考如何打破这层"陷阱循环"。

在大量的注意力被无端消耗后，在品尝大量的无助和痛苦后，人的意志力会迅速达到低谷，从而需要"安抚"，需要"甜食"，需要获得那些马上就能享受到的快感。

扶贫组织曾研究过大量非洲贫穷家庭样本，这些家庭因为资源有限，每件事都需要消耗大量的注意力去抉择，导致他们可能不会有多余的意志力去在意仅需十八美分购买的消毒剂，就能保证家庭一个月的干净水源从而远离痢疾，但他们却会将珍贵的脱贫资源用在购买电视机、垃圾食品这种"安慰性"商品上。

贫困家庭得到扶贫补贴后绝大多数不会将其用在改善对于生活真正重要的东西上，比如学习或者扩大再生产，而是会用于买酒、买肉、买手机，哪怕后面会挨饿。

不是他们的"劣根性"，而是他们的注意力已经被生活摩擦得没有意志再去思考未来了。

绝大多数人是在"受罪的一生"中不断转圈，在每天累死累活后晚上的一瓶啤酒加两集肥皂剧的安慰下周而复始地过完自己的一生。

这是一个陷阱，这是一个即便你意识到但也很难跳出来的陷阱。

跳出这个陷阱意味着，你要在负担累死累活的现有生活的同时抵制住需要安抚的心灵，用强大的意志力和注意力挖出一口新的井，从而逃出现在的陷阱循环。

阶层的跃迁，需要对注意力进行开源节流。任何可能消耗你注意力的无用事情都是你的敌人。

比如乔布斯多少年就那一套装束，我现在也是一款合适的衣服买十件、一款合适的皮鞋买五双，然后好几年不再买衣服，每天就那一身，根本不琢磨穿什么搭配什么。

每天上班有两条路，哪怕时间一样，我也永远走有高速多绕十公里的那一条，因为塞车、拥堵及眼观六路要消耗掉大量的注意力。从一个个细节里，我用节省出来的注意力写出了这套系列书。

接下来我说点儿进阶内容。

注意力的杀手仅仅是抖音里的扭腰扭胯吗？仅仅是带货主播的"买它买它"吗？

我们来说说注意力被正事绑架的情况。

假如你已经是一个成功人士了，你手中有可支配的一亿资产，你现在看到了一个收益很好、风险极低、周期十年的项目，我们是要像巴菲特说的那样将所有鸡蛋放一个篮子里，然后看好这个篮子吗？

千万别听这种"半句话"，因为再好的机会也不值得你押上全部资源。所谓押上全部筹码的人，都是暴发户，都不是"老钱"。"老钱"之所以能成为"老钱"，是因为它们都会给自己留出防止动作变形的冗余资源。

当你在一个项目上"打光所有子弹"后，你会变得患得患失！你会将自己的大量注意力全部投放在这个项目上，这样就会动作变形，你的眼光会越来越窄，心态会越来越畸形。

每一个产业都有周期，都有起落涨跌，理论上来讲上海哪怕平均水准的房子拿在手上十年也一定会跑赢周期稳赚的，理论上来讲股指基金拿在手里十年也会稳稳跑赢各种基金经理的。

但为什么以此投机的人大多数的结局都差强人意呢？因为一个人知道这个周期很简单，但让他稳稳当当等上十年很难。

为什么你等上十年很难，有的人等上十年却很简单？因为你押的是全部，别人押的是部分。

即便你身家上亿，但当你将这一个亿的全部身家投入一个基金后，它每周的涨跌你都会在意，中间哪怕出现一次反方向波动，你都会担心自己是不是遇到了黑天鹅事件。

恐怖的蔓延会让你寝食难安，你的所有动作都会因此变形，巨大的注意力绑架反而会让你看不清局面。

但当你仅将十分之一身家的一千万投入一个研究好的周期后，你只需要在日历上设置一个远期的闹钟。这一千万永远投在里面也没关系，因为它仅仅是十分之一。通常这样才会理性思考，才会真正落袋为安。

人干任何事业，都要给自己留量。尤其在自己已经摆脱原始注意力陷阱后，当自己已经有了筹码后更应如此。

再好的年景也要给自己留足让自己"不在乎"的底牌。不为别的，只为原有的投资、思考、产业的动作能够不变形。手里的余量、手里的预备队，不是浪费，是让你心安的必要砝码。

别挑战人性。

曹操在官渡之战最后一刻献祭了一切，最终在最后一秒赢得了胜利，但那是赌命。不是每个人都有曹操的运气的。

赶时间的时候总会堵车，而多留出来的半个小时车程，则是让你注意力最优化配置的必要浪费。

本战过后，中国历史上最后的三国时代诞生。

南梁倒下后，最大的利益获得者是西魏，两川和荆襄就此全部划入了西魏版图。

宇文泰在高欢死后积攒了大量的"冗余资源"，但他并没在每个历史关头每把不落地进行投资，最终动作不变形地派自己的外甥收获了最大的果实。

高洋由于先天的不足，在所有历史关头都用尽了自己的全部资源，虽然吃到了强扭的瓜，但他最终在短短时间内就变成严重心理疾病患者了。

无论是侯景、南梁诸王还是王僧辩，都是在一系列的内耗与倾轧中牌越打越少，动作越打越变形，最终被最晚入局的百年岭南精华陈霸先一杆清盘。

这一战，我们讲的都是这个引言。

公元 549 年五月二十七，侯景为萧衍发丧，太子萧纲继位。

现世报的萧正德对侯景说话不算数非常愤怒，写密信召合肥的萧范带兵来攻侯景。

侯景是你这智商能算计的人吗？你要是有脑子当初就不该理侯景，就该明白你这辈子就没有当皇帝的命！你最高的价码在接侯景过了秦淮河之后就已经没了。你有多少兵？你的兵有多大的战斗力？你有多大的政治影响力呢？整个南朝都会唾弃你这个引狼入室之人！挺简单的结局你当初都看不明白，你现在能算计那个"鬼难拿"侯景？

萧正德的信被侯景扣了，他在萧衍死了还不到一个月就被侯景勒死。

五月二十八，侯景下诏免除在南为奴的北方人奴籍，数以万计的北奴被侯景收到了自己的身边。[1] 这是侯景能收割的最后一波红利了。他再没有能借的力了。

此时整个建康已经残了，而他需要养活这架暴力机器下的一张张嘴。三吴就此成了牺牲品。

六月，宋子仙占据吴郡。

八月，侯子鉴等攻打吴兴。

十月，吴兴降。

由于免奴为兵的阶级矛盾，侯景的部队在江东没干什么人事，这对于当时的东扬州刺史萧大连来讲其实是天时地利人和俱在了。东部百

---

[1] 《资治通鉴·梁纪十八》：壬午，诏北人在南为奴婢者，皆免之，所免万计；景或更加超擢，冀收其力。

姓苦于侯景暴行纷纷表示愿意为他效力，会稽郡更是物产丰富、土地肥沃，还有数万军兵，兵器粮食堆积如山，但萧大连却天天只知道喝酒。[①]

当初，萧大连带着四万人去救援，却眼睁睁看着他爷爷和他爹被侯景围在台城而什么表示都没有。台城破后，萧大连回来继续喝酒，把军权给了司马留异。

十二月，宋子仙向会稽发起进攻，萧大连弃城逃跑，留异率众投降。萧大连打算逃往鄱阳，结果被留异当导游在信安活捉后押送去了建康。

至此三吴被侯景占领，南逃至会稽的公侯们开始越过南岭逃往广州。

在这个过程中，侯景手下开府仪同三司级别的官员开始数不胜数。因为开府就可以有自己的小团队，仪同三司就有和三公一样的待遇，所以那时官职开始大量贬值。

而官职贬值是一个政权崩塌的前兆，这意味着你的本钱越来越少，你只能开出越来越大的空头支票去笼络人。

在建康心理博弈战中一步未错多智近妖的侯景后面会做出越来越多的"失智"行为。他还是那个他，但他的动作无可奈何地一步步变形了。

在侯景统一三吴的过程中，萧衍的第七子荆州刺史萧绎在统一西部。他眼前最大的敌人就是把自己夹在中间的南边湘州的萧誉和北边雍州的萧詧。

萧誉他爹萧统是前太子，但很遗憾，死早了。541年，萧誉长兄萧欢也死了。

至此，萧誉理论上是长房长孙了，在继承权上是很有说服力的。所以萧誉最大的梦想，就是侯景弄死他爷爷和他二叔。侯景围城那么久，萧誉

---

① 《资治通鉴·梁纪十八》：南郡王大连为东扬州刺史。时会稽丰沃，胜兵数万，粮仗山积，东土人惩侯景残虐，咸乐为用，而大连朝夕酣饮，不恤军事。

的援军直到台城陷落的时候才到青草湖（今安徽安庆望江县东北）。[①]

当然，萧绎的表现更差，他爬到武汉就彻底不走了。

这两人都巴不得建康沉没。

萧誉骁勇善战得士卒拥戴，萧绎作为都督西部九州诸军事声称讨伐侯景时曾派人去督导湘州的粮食军马。当时萧誉就不听指挥了，回他七叔道："各有各的军府，你凭什么管我？"使者往返多次，萧誉就是不给粮食与人马。

萧衍死后，攘外必先安内，萧绎和萧誉这两个人都觉得自己是继承有希望的前假勤王选手，开始真刀真枪地拿出自己的筹码进行生死搏杀。

萧绎派自己不待见的长子萧方等去讨伐，结果被萧誉率军七千杀得大败，萧方等军败溺死，萧方矩收余众回了江陵。

萧绎随后命令竟陵太守王僧辩和信州刺史鲍泉攻打湘州，让他们带上自己的兵马粮食赶紧上路，王僧辩认为他在竟陵的部下还没有到齐希望再等等，于是亲自和鲍泉来到江陵向萧绎汇报。

王僧辩是原北魏颍川郡守王神念之子，王神念一直跟随元澄，但孝文帝死后元澄这个汉化的宗室急先锋被打入了冷宫，王神念的后台倒了。

508 年正月，王神念在钟离之战后趁势据颍川郡投降南梁，王僧辩就是这个时候跟他爹过来的。

王神念后来一路做到右卫将军，在 525 年病逝。死得有点儿早，没给他儿子使上什么劲。

王僧辩起家时就跟着萧绎了，以后萧绎走到哪里他跟到哪里，做了军事武官，萧绎为丹阳尹时他是府行参军，萧绎出镇会稽时他又兼了

---

① 《梁书·河东王誉传》：未几，侯景寇京邑，誉率军入援，至青草湖，台城没，有诏班师，誉还湘镇。

中兵参军，萧绎出镇荆州时他依旧是中兵参军，萧绎征为护军将军时王僧辩兼府司马，萧绎去了江州时他还是司马，萧绎到荆州做刺史时，王僧辩为贞毅将军府谘议参军事，赐食千人，代替了柳仲礼成为竟陵太守，改号雄信将军。

这样一位跟了萧绎一辈子的军事武官，作为萧绎派往建康的面子工程，在侯景拿下台城后马上就将所有军资送礼求降了，最后被侯景安抚派回了竟陵。①

萧绎怎么可能不知道王僧辩做了什么事，看到他行动不坚决，于是先下手为强，派数人捆了他，在王僧辩睪嘴后还砍了他一剑，并且抓了王氏一门。

549 年八月，被吓坏了的鲍泉单独率兵马讨伐湘州并击败了萧誉的阻击，包围了湘州治所长沙。

眼看情况不妙，萧誉向自己的兄弟雍州刺史萧詧告急，萧詧率步兵两万骑兵两千，打算讨伐江陵以救湘州。

雍州军要袭江陵，几十年军事都靠王僧辩的萧绎无可奈何地派遣手下去狱中向王僧辩问计，全家都被扣眼看要死的王僧辩迅速给了一堆方案，萧绎随后放他出来并安排为城内都督。

九月初三，萧詧至江陵，刚要进攻就遇上了大雨，平地积雨四尺，士气有些低落。

萧绎与雍州军的新兴太守杜崱的哥哥杜岸有交情，就搞起了策反。

九月十三，杜崱率全族归降萧绎，萧绎将雍州作为空头支票开出，杜岸随后带五百骑兵去袭击襄阳。萧詧听说后连夜跑回去保襄阳，江陵之围解除了。

---

① 《梁书·王僧辩传》：属侯景反，王命僧辩假节，总督舟师一万，兼粮馈赴援。才至京都，宫城陷没，天子蒙尘。僧辩与柳仲礼兄弟及赵伯超等，先屈膝于景，然后入朝。景悉收其军实，而厚加绥抚。未几，遣僧辩归于竟陵，于是倍道兼行，西就世祖。

萧詧跟萧绎撕破脸后开始担心未来，于是派使者向西魏求援，请求做西魏的附庸。[1]

很快萧詧又听说萧绎拉来了"不动如山"柳仲礼来攻打他，于是赶紧把媳妇和嫡子全送给了宇文泰表示自己归附的真心。

狼，就这么被引入室了。

一旦襄阳成了附庸，那么整个随枣通道就通了，不必再担心襄阳方面的截击，西魏就能占据这个要道从而配合桐柏山脉将东魏拦在外面。就此提前锁定又乱又弱的"西梁女国"。（见图 14-1）

看到萧詧都表降到这种程度了，宇文泰派杨忠为都督三荆等十五州诸军事，镇穰城（今河南南阳邓州市）南下占便宜。

之前柳仲礼跟王僧辩一样被安排回了西梁地界，走的时候侯景抓着柳仲礼的手深情说道："天下之事就在将军了，将来郢州往西都是你的！"

等柳仲礼来到江陵的时候，发现萧家的三王内战已打得如火如荼，萧詧也率雍州兵前来了，萧绎随后也给柳仲礼开出了空头支票让他担任雍州刺史，而柳仲礼作为看戏专业户当然不会被糊弄，就在那里静静地观察。[2]

过了段时间，胜负分出来了，萧詧被杜家背叛后狂奔逃走，柳仲礼北上襄阳去占便宜。结果，南国战斗力第一强的柳仲礼在捏萧詧这个软柿子的时候意料之外的事情发生了。

萧詧此时已经喊来了北方外援。

柳仲礼这个南国第一猛男碰上了杨忠这个北国第一猛男，场面比

---

[1]《资治通鉴·梁纪十八》：詧既与湘东王绎为敌，恐不能自存，遣使求援于魏，请为附庸。

[2]《南史·柳仲礼传》：及至江陵，会岳阳王詧南寇，湘东王以仲礼为雍州刺史，袭襄阳。仲礼方观成败，未发。

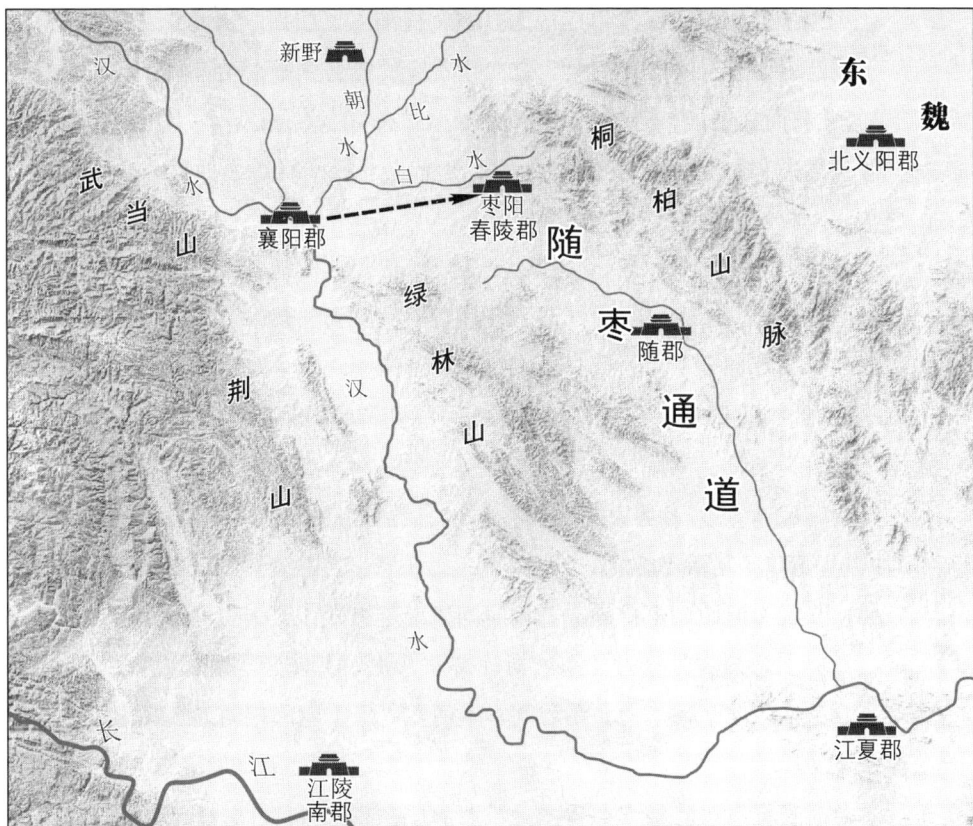

图 14-1　随枣通道示意图

较一边倒。杨忠率两千骑兵打崩溃了有万人精兵的柳仲礼，杨忠作为总指挥再次陷阵冲锋，柳仲礼当场被擒，全军被暴打后投降，柳氏全族被俘。[①]

　　那边东魏也在占便宜，东魏朝廷派潘乐等率兵五万袭司州，拿下了柳仲礼的老窝义阳，至此东魏尽有淮南之地。

----

　　① 《南史·柳仲礼传》：岳阳王督告急于魏，魏遣大将杨忠援之。仲礼与战于漴头，大败，并弟子礼没于魏。《周书·杨忠传》：于是选骑二千，衔枚夜进，遇仲礼于漴头。忠亲自陷陈，擒仲礼，悉俘其众。

杨忠全俘柳军后汉水以东成为真空，被纳入了西魏版图。

杨忠乘胜至石城想进逼江陵，萧绎赶紧遣舍人庾恪游说杨忠道："萧詧伐叔而魏助他，这怎么能让天下归心呢？"

杨忠暂停，萧绎又遣舍人王孝祀等把儿子萧方略送去西魏作为人质求和，西魏同意了。

萧绎与杨忠立盟，约定西魏以石城为封疆，梁国以安陆为国界，并做西魏的附庸送人质过去，双方互通贸易，永为邻邦。

杨忠率兵回朝。

西魏在此牢牢地打进了一根楔子，此后南国西部东魏再伸不进手了。

就萧家这个崽卖爷田不心疼的节奏，吞并整个"西梁女国"只是时间问题了。（见图 14-2）

宇文泰有时间南下掠地，却没时间搭理王思政。

此时王思政在长社城（今河南许昌长葛市东），已经被东魏围攻一年了。见正面攻坚打不动，东魏刘丰生便在洧水上建起拦河堰提高水位灌城。

此时长社城已经被水灌得多处城墙崩塌，高岳将部队分成十几梯队车轮战进攻，王思政淡定地在箭石横飞中与士兵同甘共苦，指挥作战。[1]

在王思政被花样攻了一年后，宇文泰终于派援兵了，他派了赵贵督率东南各州军前来救援。

结果赵贵借口长社以北已成泽国，部队到了穰城走不了了。[2] 这是活生生地见死不救。

---

[1] 《资治通鉴·梁纪十八》：堰洧水以灌之，城多崩颓，岳悉众分休迭进。王思政身当矢石，与士卒同劳苦。

[2] 《资治通鉴·梁纪十八》：太师泰遣大将军赵贵督东南诸州兵救之，自长社以北，皆为陂泽，兵至穰，不得前。

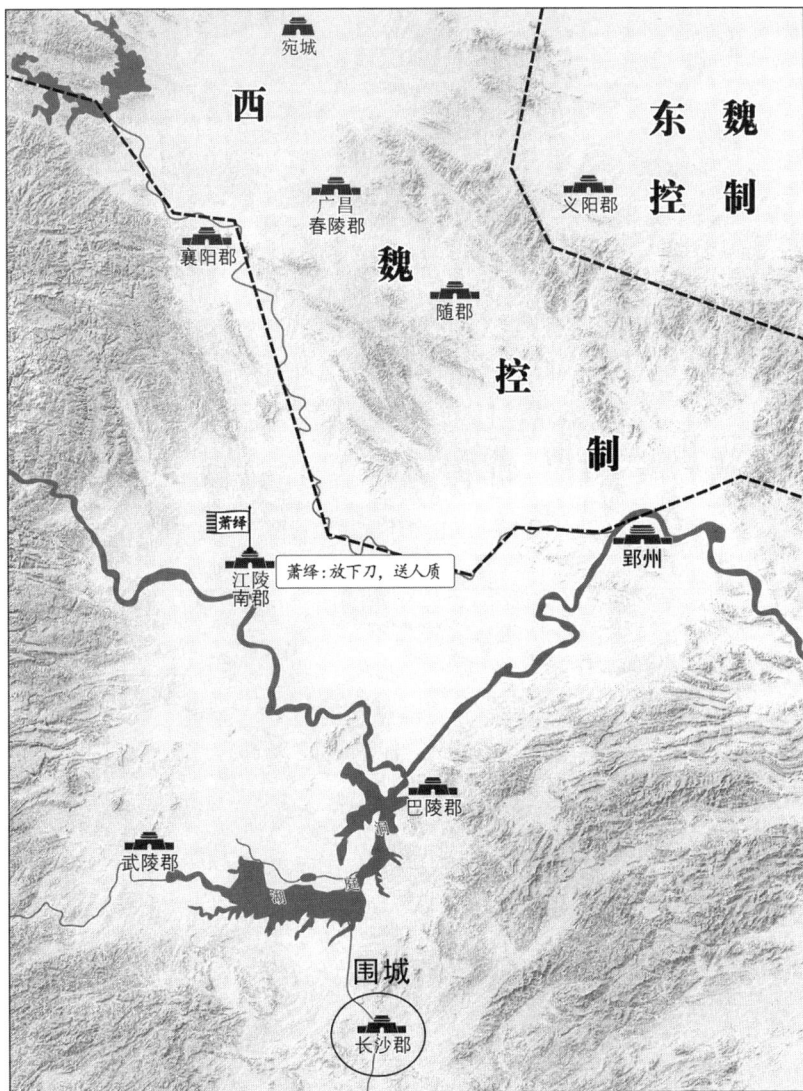

图 14-2　杨忠拿下随州图

我们来看看地图。（见图 14-3）

其实西魏的真实意图是什么呢？将头探入中原的王思政成了战略弃子，整个西部世界才是战略目标。（见图 14-4）

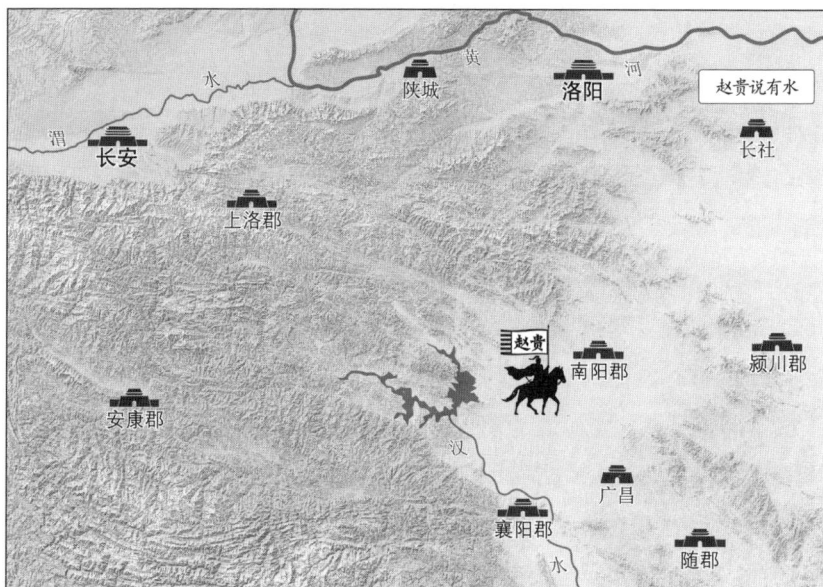

图 14-3　赵贵不救援位置图

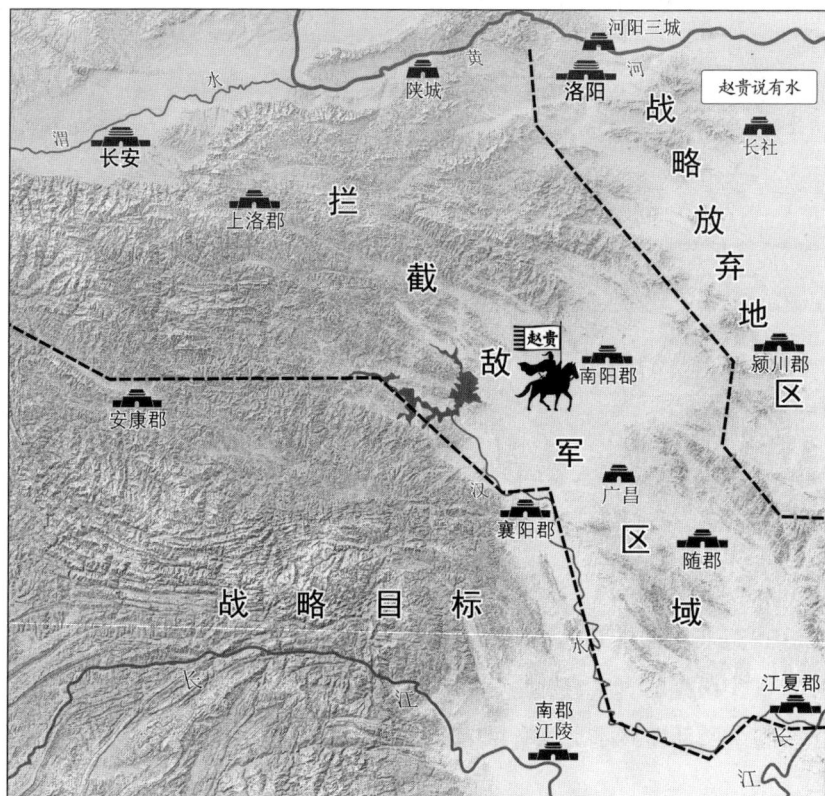

图 14-4　西魏战略构想

王思政为什么会被抛弃呢？大家先别着急骂赵贵、宇文泰不是东西，这事怪王思政自己。

最开始侯景叛东魏，王思政在长安朝堂上还没做决定的第一时间就响应进入了颍川。①

从西魏朝堂的角度来看，王思政你小子这是想干什么？你跟侯景有什么来往？你为什么那么积极？但王思政已经杀出去了，西魏就这样被绑架介入了东魏的内乱纷争中。

由于王思政跟侯景和东魏的交界在第一线，后来宇文泰在给王思政书信中写道："淅州刺史崔猷水平很高，有应变之才，有什么事你可以跟他商量下。"②

崔猷是博陵崔氏出品，属于军事文官，是宇文泰的心腹。③

王思政最开始驻扎于襄城，后来想把长社定为行台治所，于是派使者魏仲向太师宇文泰请求批准，但因为宇文泰说了什么事他得问问崔猷，于是也给崔猷写了封信。④

崔猷回信道："襄城控制京洛，实为战略要地，有什么变故的话咱们很容易接应，而颍川既邻近东魏，又无山川之险，敌人很容易就能直插城下。咱们不如把大部队驻扎在襄城作为行台，再从颍川置州，派良将镇守，这样里外都牢固了，人心也容易安定，就算有什么突发情况也

---

① 《周书·王思政传》：十三年，侯景叛东魏，拥兵梁、郑，为东魏所攻。景乃请援乞师。当时未即应接。思政以为若不因机进取，后悔无及。即率荆州步骑万余，从鲁关向阳翟。思政入守颍川。

② 《周书·崔猷传》：十四年，侯景据河南归款，遣行台王思政赴之。太祖与思政书曰："崔宣猷智略明赡，有应变之才，若有所疑，宜与量其可不。"

③ 《周书·崔猷传》：二年，正除黄门，加中军将军。擒窦泰，复弘农，破沙苑，猷常以本官从军典文翰。

④ 《周书·崔猷传》：思政初顿兵襄城，后欲于颍川为行台治所，遣使人魏仲奉启陈之。并致书于猷论将移之意。

不用担心。"①

　　其实我们在河阳三城时就讲过，只要河阳打不下来，西魏理论上就拿不住颍川，就没法往中原伸手。（见图14-5）

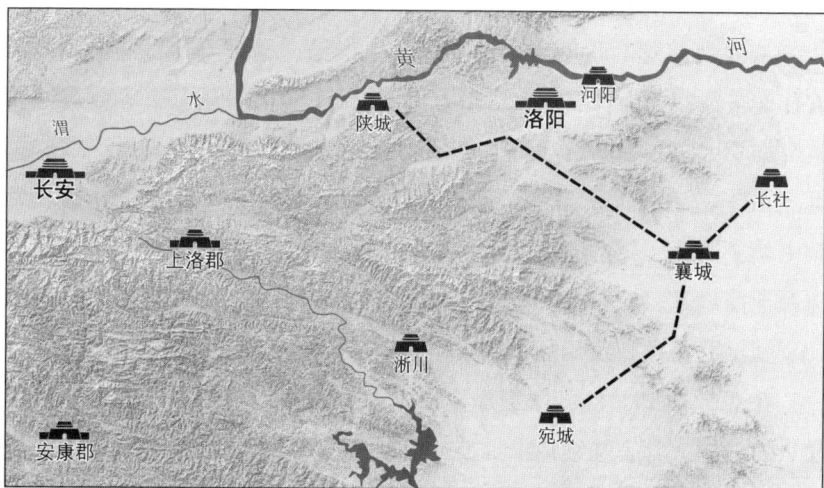

图 14-5　王思政移驻长社示意图

　　即便从驻防襄城的角度来讲，如果当地筹不足粮的话，粮道只能是从陕城和宛城走陆运，效率极低，更不要说更远的长社了。

　　崔猷浙州的治所在修阳县（今河南南阳西峡县），离王思政其实也不近，但从这个位置可以看出来，宇文泰之所以让他跟崔猷沟通，也是因为王思政的情报线基本上不太可能走北面的陕城线，崔猷的位置处于长安和中原之间，崔猷久在宇文泰身边，他的意见也基本代表着宇文泰的意见，能够更快一些帮助王思政去应变。

_____

　　① 《周书·崔猷传》：猷复书曰："夫兵者，务在先声后实，故能百战百胜，以弱为强也。但襄城控带京洛，实当今之要地，如有动静，易相应接。颍川既邻寇境，又无山川之固，贼若充斥，径至城下。辄以愚情，权其利害，莫若顿兵襄城，为行台治所，颍川置州，遣郭贤镇守。则表里胶固，人心易安，纵有不虞，岂能为患。"

王思政驻扎的襄城属于在洛阳盆地和南阳盆地的交界处，是枢纽位置，根本没必要强加难度东移到长社。这从战略的角度来讲百害无一利。

王思政可以派手下一员将领顶在前面去守长社，他在襄城坐镇，敌方绝对不可能绕过长社来打他，他在襄城可以源源不断地等到后方援兵与粮草，然后等东魏围城日久士气疲敝再去支援。

作为河南总指挥的王思政如果驻扎在长社，上来就会被东魏围了，这就很尴尬了。

东魏以优势兵力围城，然后等着围点打援，他这么大的官，西魏救是不救呢？

本来物流成本就是噩梦，王思政这个总指挥还轻易就能被东魏控制，宇文泰会怎么想呢？

宇文泰听到王思政的汇报后直接就下令按照崔猷的策略去做，结果王思政再三请求并约定："敌人如果水攻的话一年内不用救我，陆战的话三年内不用救我。"[①]话都说到这个份上了，再加上王思政在外面带兵，宇文泰只能同意。

自从侯景表态投诚后，长安的宇文泰就已经有点儿控制不住王思政的意思了。而且王思政从来不贪污，也不给家里置产业，连家里人在合法的园子里种树致富都被王思政大骂，他还让人把树都给拔了。[②]这在宇文泰看来，实在是太可怕了。

王思政当初为了表示效忠拿命去赌咒发誓，现在他还不贪财，他到底图什么呢？侯景跳反后他跟个疯子一样，侯景丢人现眼后他还跟个

---

① 《周书·崔猷传》：仲见太祖，具以启闻。太祖即遣仲还，令依猷之策。思政重启，求与朝廷立约：贼若水攻，乞一周为断；陆攻，请三岁为期。限内有事，不烦赴援。过此以往，惟朝廷所裁。

② 《周书·王思政传》：思政常以勤王为务，不营资产。尝被赐园地，思政出征后，家人种桑果。及还，见而怒曰："匈奴未灭，去病辞家，况大贼未平，何事产业！"命左右拔而弃之。故身陷之后，家无畜积。

疯子一样，他心底在盘算什么？他越跟宇文泰扯大事业宇文泰越不踏实，他总得聊点儿基因学上的玩意儿啊！

从长安的角度来看，王思政已经是第二个侯景了。这个人赌性重，还没人能约束他。况且就算想救他也很难，因为此时东魏围点打援之势已成，得出动多大规模的兵马去救呢？

小规模救不了，大规模救不起——陆运物流根本耗不起。

王思政成了弃子。

赵贵就是个背锅的，在穰城进兵不前的那个理由是最高层的决断，所以他事后什么批评都没有。

王思政内心的真正想法谁都不知道，他是单纯的战略眼光短没想到那一步呢，还是另有深意所谋者大呢？无论怎样，他的结局，从开始就已注定。

不过，他在谢幕前带走了东魏两员大将。

一辈子说什么什么都对、劝谁谁不听的慕容绍宗在刚刚高光打跑侯景后就耻辱地赴死了。生得压抑，死得憋屈。

长社城陷落在即，慕容绍宗与刘丰生一起到拦河堰前视察，看见东北方尘土飞扬于是到船上躲避。结果暴风来了，固定船的绳子被刮断，船朝着长社城飘过去了。[①]

城上西魏军一看船被吹过来了，赶紧用长钩钩住船并弓弩乱发，慕容绍宗知道没什么戏了，投水而死。

以这种弓弩乱发的程度，慕容绍宗大概率是被射死在了水中。刘丰生也投水了，只不过没死在水里，而是被城上的西魏军钩上来弄死了，更惨。

东魏军失去慕容绍宗后士气大跌，不再进攻长社，眼看王思政将

---

① 《资治通鉴·梁纪十八》：燕郡景惠公慕容绍宗与刘丰生临堰视之，见东北尘起，同入舰坐避之。俄而暴风至，远近晦冥，缆断，飘船径向城。

要创造奇迹。

这个时候陈元康对高澄道："你辅政以来还没有军功，虽然击败了侯景但那不是外贼，眼下长社城就差最后一脚了，赶快亲征。"

高澄同意了，亲率步骑十一万攻打长社城。

此时长社城中已经没有盐了，人人痉挛浮肿，西北面城墙也已经被水泡垮了，高澄向城中宣布：活捉王思政的人封侯，但如果王思政受伤了，王思政身边的所有人都得被杀！

强弩之末的王思政要以死报国，他大哭着向西而拜，准备自刎。

这时都督骆训说："为了兄弟们的命，您不能死啊！"大伙抓了王思政投降了。他们没有想到，跟着王思政没能得到任何好处。

王思政当初入城时是八千人，此时仅剩三千，高澄将这些兵卒打散分拨到远处，把那些督帅关到了各郡地牢，没几年他们都死了，只单纯将王思政作为广告名片高规格地养了起来。

王思政谢幕后不久，高澄也到了自己人生中的最后一站。

一个改变历史的厨子上场了。据那厨子事后回忆，那天自己被一股隐藏于幕后的神秘力量推动了……

二、"厨子不偷，五谷不收"的深层含义

武定七年（549）八月初八，东魏孝静帝立太子，在这个喜气祥和的吉祥日子里，东魏大将军高澄被自家厨子刺杀于邺城东柏堂，年二十九岁。

来，我们先回到案发现场。

之前，高澄抓了和陈庆之齐名的南梁名将兰钦之子兰京，让他当自己的厨子。兰钦曾多次托关系请求赎回兰京，但高澄不答应。兰京自己也多次提出离职请求，高澄派监厨薛丰洛杖责教训道："再废话我就宰了你！"[①]兰京随后发展了六个同党准备杀死高澄。

高澄住在邺城北的东柏堂，很宠幸琅邪公主，为了自己跟公主谈事方便经常把侍卫派到外面去。[②]

549年八月初八，高澄与散骑常侍陈元康、吏部尚书侍中杨愔、黄

---

① 《北齐书·文襄帝纪》：初，梁将兰钦子京为东魏所虏，王命以配厨。钦请赎之，王不许。京再诉，王使监厨苍头薛丰洛杖之，曰："更诉当杀尔。"

② 《北齐书·文襄帝纪》：时王居北城东柏堂莅政，以宠琅邪公主，欲其来往无所避忌，所有侍卫，皆出于外。

门侍郎崔季舒打发走身边人商量改朝换代和百官安排的事。[①]

兰京这时候送来吃的，高澄拒绝了并对众人道："昨夜我梦见这个奴才拿刀砍我，回头我得想着宰了他。"[②]这话也不知道为什么非当着人家面说。

兰京马上就回厨房拿了一把刀，又端着盘子回来了。

高澄怒道："我没喊吃饭，你进来干什么？"

兰京抽刀扑过来道："我进来宰了你！"

高澄躲闪的时候崴脚了，钻到床下，然后兰京及其同党掀开床杀了他。

此时高洋正在城东双堂，听到这消息后面不改色地立即指挥部队杀了兰京等人，再稳稳当当出来道："大将军没什么事，受了点儿轻伤。"[③]

这是《北齐书·文襄帝纪》中记载的高澄的死亡全过程，里面疑点重重。

1. 高澄确实狂，但并不傻，他为什么要当面说肯定要杀人的话？

2. 高洋事后为何能迅速控制住局面？

3. 高澄这孩子人际关系的边界感极差，被身边人刺杀是迟早的事，但问题来了，为什么是这个时候？或者说为什么会发生在邺城？

高澄在高欢死后，已经将自己的主场转换到了重兵驻扎的晋阳了。

对所有的疑问，我们一点点来破案，先来看看高澄这些年的履历。

534年，十四岁加使持节、尚书令、大行台、并州刺史。

537年，十七岁入朝辅政，加领左右、京畿大都督。

---

① 《北齐书·文襄帝纪》：将欲受禅，与陈元康、崔季舒等屏斥左右，署拟百官。

② 《北齐书·文襄帝纪》：京将进食，王却，谓诸人曰："昨夜梦此奴斫我，宜杀却。"

③ 《北齐书·文襄帝纪》：时太原公洋在城东双堂，入而讨贼，脔割京等，皆漆其头。秘不发丧，徐出言曰："奴反，大将军被伤，无大苦也。"

540年，二十岁加大将军，领中书监，摄吏部尚书。

547年，二十七岁接班，持节、大将军、都督中外诸军、录尚书事、大行台、渤海王。

正月，高欢死，秘不发丧。同月，侯景反，遣司空韩轨率众讨伐。

四月，高澄从晋阳来到邺城稳定局面。

五月，在邺城调整重要岗位，以开府仪同三司库狄干为太师，录尚书事孙腾为太傅，汾州刺史贺拔仁为太保，司徒高隆之录尚书事，司空韩轨为司徒，青州刺史尉景为大司马，领军将军可朱浑元为司空，仆射高洋为尚书令、领中书监。

注意这里他二弟高洋的岗位，高洋被任命为尚书令、领中书监。尚书令和中书监都是高澄之前总摄邺城的关键政务岗位。

当年高澄被高欢正式授权的时候，是将高澄安排为中书监，将门下省所有事全集权于中书。[1]

六月，侯景南退，韩轨班师，随后高澄回晋阳。临走前，高澄将自己在邺城的关键权力交给了高洋——京畿大都督。[2]

京畿大都督手握邺城兵权，早在537年孝静帝就罢免了六州大都督，其事务由京畿府管辖，后面高演和高俨的政变靠的都是京畿兵，这个职位之前一直是高澄亲自把控的。

七月，**魏帝诏高澄为使持节、大丞相、都督中外诸军、录尚书事、大行台、渤海王**，高澄推辞。

同月，高洋被任命摄理军国。[3]注意，这是个相当重要的任命，它

---

① 《资治通鉴·梁纪十四》：欢欲损夺其权，故以澄为大将军、领中书监，移门下机事总归中书，文武赏罚皆禀于澄。

② 《资治通鉴·梁纪十六》：高澄将如晋阳，以弟洋为京畿大都督，留守于邺，使黄门侍郎高德政佐之。

③ 《北齐书·文襄帝纪》：壬寅，魏帝诏太原公洋摄理军国，遣中使敦喻。

明确了高洋在邺城的一把手地位。

我们来看看高洋的履历。

535年，十岁的高洋授散骑常侍、骠骑大将军、仪同三司、左光禄大夫，封太原郡开国公。

543年，十八岁的高洋加侍中，正式进入最高层。

544年，十九岁的高洋转尚书左仆射、领军将军。

547年，二十二岁的高洋接过了他哥哥高澄之前在邺城的核心岗位——尚书令、中书监、京畿大都督，还被下诏"摄理军国，遣中使敦谕"，负责邺城的全面工作。高澄看不上的这个弟弟一直在悄悄地积蓄着实力。

对高澄来讲，当年他爹对他放权有多无可奈何，如今他去晋阳接班对他弟弟高洋放权就有多无可奈何。

八月，高澄传达高欢遗令，请减国邑分封将督，当月在邺城朝见皇帝，固辞丞相之命。也就是在这个月，孝静帝密谋"造反"，高澄将其同党当街煮死。

九月初七，高澄回晋阳。

548年正月，侯景在涡阳被慕容绍宗击败，当月高澄以胜利者姿态面对邺城。

二月，萧衍遣使请和修书吊丧。高澄回晋阳，之后这一年高澄都在晋阳。

549年四月，慕容绍宗死的同月，东魏皇帝诏高澄为相国、齐王，绿綟绶，赞拜不名，入朝不趋，剑履上殿，食冀州之渤海、长乐、安德、武邑，瀛州之河间五郡，邑十五万户，余官如故。

注意，这一次有一个关键调整，高澄从渤海王变成了齐王。

高澄因渤海古为齐之地，所以将二字王上调成了一字王。自古都是一字王比二字王尊贵，二字王是没法称帝的，高澄的这个调整说明他要走"换房本"的程序了。

四月二十二，高澄朝于邺城，再次推让封赏。

五月，高澄率众十余万自邺城赴颍川。

六月，王思政被搞定，高澄西向洛阳，从河阳北上。

七月，高澄回晋阳。

七月底，高澄来到邺城，要求孝静帝立太子。高澄要行废立之事了。

八月初八，孝静帝立皇太子，当日高澄被杀。[1]

我们再回顾下高澄主政的这两年半在邺城待了多久及来邺城的目的。

547年，四至六月，高澄稳定朝局，安排高洋接班邺城，侯景南退后回晋阳发丧，此时邺城兵权还在手中，临走前才给的高洋。

八至九月，在邺城传达高欢遗令，铲除孝静帝同党。

548年，一至二月，侯景被击败，高澄来邺城赏百官。

549年，四月二十二，兵临邺城，随后率兵南下平王思政。

七月将大部队带回晋阳后，高澄于当月底来到邺城，十余日后出事。

高澄主政的两年零八个月在邺城总共也没待多久，每次都是专门办事来去匆匆，为什么就那么巧在邺城出了事？一个厨子想暗杀主人是个多难的事吗？在晋阳就做不了吗？

要知道兰京杀高澄的时候他的那几个同党都参与了，所谓"贼党去床，因而见杀"，这说明那几个人也是高澄的家奴。

因为平时对下人的恶劣表现，围绕在高澄身边的下人形成了一个"屠澄者联盟"，兰京杀高澄属于激情杀人，当时那些同伙就都上了，说明这个联盟就在高澄身边，所以这个"贴身"的刺杀小分队是没必要必须在一年也待不了两次的邺城下手的，在晋阳其实更方便。

高澄本传的内容要顾忌皇家的体面，虽然并不体面。这肯定属于

---

[1] 《魏书·孝静纪》：八月辛卯，诏立皇子长仁为皇太子。齐文襄王薨于第，秘不发丧。

一面之词。

我们来看看补充内容。

高澄被刺案发现场和他一起密谋的有散骑常侍陈元康、吏部尚书侍中杨愔、黄门侍郎崔季舒三人，最终保护高澄而死的只有一人——陈元康。

在《北齐书·陈元康传》中，这段遇刺的过程相当有意思："世宗家苍头奴兰固成先掌厨膳，甚被宠昵。先是，世宗杖之数十，吴人性躁，又恃旧恩，遂大忿恚，与其同事阿改谋害世宗。"

翻译下：兰固成（也就是兰京，固成是字）是高澄的厨子，很受宠爱，有一次被高澄打了数十杖，兰固成性躁，又恃旧恩，相当愤怒，与其同事阿改准备谋害高澄。

在《北史·陈元康传》中，又有一点儿改动，兰固成的这个"同事"阿改，是他的弟弟，所谓"文襄家仓头兰固成掌厨，与其弟阿改，谋害文襄"。

高澄打了厨子，随后厨子怀恨在心肯定是事实，和高澄本传中的记载没有出入，但这个厨子"甚被宠昵"这事没说。

在高澄本传中，兰京是"王命以配厨"，在《陈元康传》中，兰京是"掌厨膳"，还"甚被宠昵"。

前者是炊事班工作人员，具体工作不详；后者是大师傅，做饭好吃。一个南朝的贵公子当大师傅？

况且在兰钦的传中并没有兰京这个儿子，也没有这个莫名其妙的"阿改"。就算兰京这个贵公子天赋异禀做饭超神，但高澄再狂妄也不至于让一个敌国名将之子当一个随时可以下毒毒死自己的厨子的。

所以高澄本传中的那个兰京的身份首先就存疑。如果这个身份是假的，那么史书中为什么要把脏水泼到南梁名将之子身上呢？为什么这个刺杀者不能是个普通的家奴呢？大概率是因为背后有人希望离真相越远越好。

我们接着看，这个参与谋杀计划的阿改并不是高澄的工作人员，反而是高洋的保镖。

两人的计划是阿改一听见东柏堂的叫声，马上就杀了高洋，所谓"阿改时事显祖，常执刀随从，云若闻东斋叫声，即以加刃于显祖"。

明明是杀高澄，为什么同时要杀了高洋？是为了让高洋这个邺城总指挥无法报仇从而方便逃跑吗？

兰京杀高澄严密计划，阿改杀高洋仅仅是听见叫声就砍？为什么"云若闻东斋叫声，即以加刃于显祖"？万一那天高澄突然发疯又玩什么虐待了呢？阿改砍了高洋后还活得了吗？高洋身边可永远有一大票人的。这个阿改为了掩护兰京宁愿把自己搭进去？所以这个计划是很无厘头的。至少史书中的记载很无厘头。

阿改的作用，只可能是兰京通过他从高洋那里获得邺城的布防情况方便撤退，此外没有任何用处。

事后这个阿改并没有任何下落和记载，只是说高澄遇害当天，孝静帝初建东宫准备禅位给儿子，下一步就是高澄准备废了他儿子走禅位的程序，群官拜表后高洋出东止车门做了别的事，他还没回来高澄就被弄死了。[①]

史官表面上想给高洋撇清关系，证明按照贼人计划，他们兄弟是都要被杀掉的，高洋也是受害者，只不过运气好。但是，这却恰恰露出了马脚。

因为这意味着，高洋身边的护卫阿改作为刺杀同党和高澄身边的兰京是能通上话的。这也就意味着高洋能够通过阿改把很多希望传递的信息传递给兰京。

别信高澄本传中那堆激情杀人的说辞，兰京这个厨子为什么不

---

① 《北齐书·陈元康传》：是日，值魏帝初建东宫，群官拜表。事罢，显祖出东止车门，别有所之，未还而难作。

在晋阳杀高澄呢？为什么一定要在邺城？为什么要选在魏帝立太子这一天？

因为邺城不是高澄的地盘，因为高澄在东柏堂将侍卫都派出去了，因为这一天焦点都在魏帝立太子上，他大概率认为这一天暗杀后他能全身而退。

那么他是如何得知这些消息并进行计划的呢？那个之前在高洋身边此后没有踪迹的"阿改"有着极大的嫌疑。

再来看高洋此后的反应，高洋正在城东双堂，听到这消息后迅速指挥部队杀了兰京等人，然后稳稳当当出来说大将军没什么事只受了点儿轻伤。

高澄在城北，高洋在城东，谁去给高洋报的信？高洋又是如何第一时间赶到现场灭口了犯罪嫌疑人并封锁消息的？

如果没有高澄遇险的确切消息，高洋率兵突然来到高澄的私密会所，对于高澄来讲这就是开战了，对于已经谨慎地装了十多年的高洋来讲不太可能。

这也就意味着高洋是明确得到了高澄遇害的消息，随后从城东带兵飞速来到城北，然后封锁了消息。他极大概率知道他哥要被暗杀并早有预案。

此时无外患的外部局势，无论是高澄被杀的地点，还是高澄被杀的方式，这一切的一切，实在是太巧了。

也许兰京暗杀高澄并不是高洋授意的，但兰京的这个计划高洋极大概率知道并且一直在背后推波助澜。高洋已经忍他哥太久了。

前面说过他哥哥当众侮辱他，他也天天像傻子似的在那里装着。高澄对他的侮辱不单单是语言侮辱那么简单，高澄还绿了他。

后来高洋这样回忆："当年我哥祸害了我媳妇，我今天得还回去！"[1]

---

[1] 《北史·文襄敬皇后元氏传》：及天保六年，文宣渐致昏狂，乃移居于高阳之宅而取其府库，曰："吾兄昔奸我妇，我今须报。"

高洋每天退朝就回家闭门不出，在家静坐，就算对妻子儿女也没什么话，有时候在家光脚跳操跑动，他媳妇问他这是干什么？高洋道："我这是哄你玩呢。"其实他是在锻炼身体。[1]

这样的一个人，这样一个当初在高欢面前快刀斩乱麻的人，前面那么多的凑巧，真的单单是凑巧吗？

高澄极大概率是在自己一次次的不谨慎中，被弟弟高洋"选中"了时间和地点，由替罪羊完成了暗杀。

当然，高洋再怎么机关算尽，高澄自己不去得罪那个厨子，他自己的小团体铁板一块，高洋如何有心计也弄不死他。

前面我们讲冯太后时说过，老太后对于饭里的虫子一笑了之，连孝文帝骂厨子都拦着。这恩情厨子能记一辈子。

说一千道一万，一个合格的、铁心的、通过审核的厨子其实是稀缺品。

三百六十行里，只有厨子偷东西会被美化，叫"厨子不偷，五谷不收"。大家知道为什么吗？

这就是聪明的精英们给自己找个台阶下，对厨师这个行业手脚不干净的个别人进行心里安慰：你偷就偷了，我是疼你的，咱得把饭做好。因为厨师虽然看着不起眼，但却掌握着精英们的生死。说到底是你更值钱，你得罪他的成本太高。

高澄之所以会死，就是不知道每次肆意妄为得罪人的潜在成本有多大。

什么样的女人你得不到！你非要你爹的"车"，非强迫你弟媳妇干什么！

他死在兰京手上只是表象，兰京能有六个他身边的同党这是相当能说明问题的。

---

① 《资治通鉴·梁纪十八》：每退朝还第，辄闭阁静坐，虽对妻子，能竟日不言。或时袒跣奔跃，夫人问其故，洋曰："为尔漫戏。"其实盖欲习劳也。

洪武十一年（1378），朱元璋的二儿子秦王朱樉回西安就藩的路上觉得厨子做的饭难吃，就把厨子打了一顿。

朱元璋的眼线遍天下，马上给他儿子就此事专门写了心法："厨子哪是能打的？往嘴里放的东西都是跟命相关的，你看你能的！"

后来他家老三也打过厨子，朱元璋又去指示了："我逮谁收拾谁，这辈子扒皮抽筋了那么多人，唯独我那厨子二十三年来我一句狠话没敢说过！"①

凡是"贴身"的关系，尽量都往一辈子上走。无论得罪还是更换，你再培养一个的成本太高。

高洋在他哥出事后迅速控制了邺城，当夜召来大将军督护唐邕，叫唐邕部署将校们去镇压四方，唐邕很快分配、安排完毕，从此深得高洋器重。②

高洋这是为了"镇压四方"吗？不，高洋这是怕核心人员出事。他分散军队力量减少聚集，就是防止高澄被杀的怒火发酵蔓延烧到自己这个最大既得利益者身上。

八月初十，高洋以立太子之名大赦天下。什么事都不追究了，这事盖棺定论。

高澄的死讯渐渐透露出来后，孝静帝认为这是天意，皇权可能要回来了。

八月十一，高洋来到昭阳殿拜见孝静帝，身后跟着八千全副武装的士兵，登上台阶的就有二百多人，每人都随时准备拔刀的造型，所谓"从甲士八千人，登阶者二百余人，皆攘袂扣刃，若对严敌"。

---

① 《明史·晋王枫传》：吾帅群英平祸乱，不为姑息。独膳夫徐兴祖，事吾二十三年未尝折辱。怨不在大，小子识之。

② 《北史·唐邕传》：文襄崩，事出仓卒，文宣部分将校，镇压四方，夜中召邕支配，造次便了。帝甚重之。

看看高洋对麾下京畿兵的指挥效果："皆攘袂扣刃，若对严敌。"

其实高澄进了邺城后，高洋就已经具备政变上位的客观条件了。只不过他明着抢会有巨大后患，但高澄死了就稳妥了。

高洋叫传奏者向孝静帝转报道："我有点儿家事，要回趟晋阳。"随后他拜了拜皇帝离开。孝静帝被吓蒙了，目送高洋叹道："看来我是白日做梦了。"

高洋留下原来"四贵"的高岳、高隆之、司马子如和他的嫡系侍中杨愔守邺城，其余勋贵跟随自己去晋阳。

注意这个杨愔，他是后面高洋一朝的核心成员，他是高澄被杀当天成功在现场逃脱的。他当年是高洋的府司马，这些年一直在邺城。①

高澄为什么会喊他密谋呢？因为他是负责官员升降的吏部尚书，改朝换代的位置调配需要他执行决议。

但此时邺城的一把手是谁呢？杨愔这些年一直在邺城跟谁走得近呢？为什么他能够出逃成功呢？

我们可以再结合前文细品。

晋阳勋贵一向轻视高洋，毕竟之前没有隶属关系，等高洋抵达晋阳后，满朝官员看到高洋文武双全，神采不凡，言辞敏锐周到，所有人都惊了。②

最佳演员在这里！

高澄之前的政令有不便者，全被高洋改了。所谓的"政令有不便者"，就是高澄这几年严刑峻法得罪勋贵的那些条例。

---

① 《北齐书·杨愔传》：神武见之悦，除太原公开府司马，转长史，复授大行台右丞，封华阴县侯，迁给事黄门侍郎，妻以庶女……舆疾还邺。久之，以本官兼尚书吏部郎中。武定末，以望实之美，超拜吏部尚书，加侍中。

② 《资治通鉴·梁纪十八》：晋阳旧臣、宿将素轻洋；及至，大会文武，神彩英畅，言辞敏洽，众皆大惊。

史书对高澄的最后总评是："文襄嗣膺霸道，威略昭著。内除奸逆，外拓淮夷，摈斥贪残，存情人物。而志在峻法，急于御下，于前王之德，有所未同。"

他爹高欢为了约束那些打天下的勋贵，搞了很多运动，这也给了高洋一个收买勋贵的余地。

高洋在晋阳以宽厚之姿控制、收买了那些勋旧重兵，并没有遭到反噬。[①]

至此，高洋彻底完成夺权。

高澄死后四个月，550年正月，高洋为高澄发丧，随后成为使持节、丞相、都督中外诸军事、录尚书事、大行台、齐郡王，食邑一万户。

注意，高洋心安理得地接受，完全没有他父兄的三辞三让。他哥到死都是大将军，他上来就接了他爹的丞相班。

三月，高洋由齐郡王进封齐王，食冀州之渤海、长乐、安德、武邑，瀛州之河间五郡，邑十万户。他继续没有推辞。

紧接着，高洋准备完成他哥马上要走的那一步了。

高洋跟他妈汇报这事，他妈说："你父兄龙虎样的英才尚且北面事君，你怎么不照照镜子？"

虽说娄氏是个颜控，当年因为高欢长得帅所以倒贴，自己生了六个儿子，除了高洋外都是帅哥，这个貌丑的儿子从来没被她看在眼里，但这句话还有另一种意思，就是你凭什么功业称帝呢？你爹主政十四年都没把这事放到议程上，你哥哥那么狂的人，尚且做了两年半的大将军不提丞相茬，你此时才二十四岁，谁会心服呢？你有大把的时间去夯实权力大厦。

但高洋等不了了，他已经压抑太多年了，想当"祖宗"的冲动已

---

① 《北齐书·文宣帝纪》：乃赴晋阳，亲总庶政，务从宽厚，事有不便者咸蠲省焉。

经控制不住了。

高洋通过铸铜像进行占卜成功，于是让段韶去征求高车大佬斛律金的意见，斛律金来求见高洋，坚决认为此事不可，并以为高洋做占卜的宋景业搞封建迷信为由请求杀了他。

高洋与诸勋贵一起在娄氏面前商讨此事，娄氏道："我儿子懦直，必无此心，高德政是唯恐天下不乱的小人，都是他教唆的！"

晋阳高层全体不同意。

高洋随后派高德政去自己的邺城大本营观察百官意向，高德政出发后还没返回高洋就率军东进至平都城（今山西晋中和顺县西）制造声势，随后又一次召集诸位勋贵一起商议，但没一个人敢搭茬。[①]

高德政至邺城，暗示百官改朝换代之事，同样没有响应者，大佬司马子如亲自至辽阳（今山西晋中左权县）迎接高洋，固言不可。[②]

高洋就此闷闷不乐地回了晋阳。

高洋的心情都挂在脸上了，他身边的徐之才和宋景业等心腹就开始天天说天命在他，赶紧接着呀，今天日子就挺好呀！

高洋让术士李密占卜称帝之事，烧龟甲后得到了大横之兆。李密说："这是汉文帝登基前龟甲上出现的裂纹。"

高洋又让宋景业用筮草占卜，结果得乾卦，随后又变化为鼎卦。宋景业说："乾卦为君主之象，鼎卦是说五月就将天下易鼎！"

在占卜天团让高洋坚定信心后，高洋再次从晋阳出发了。

这次高洋发了狠，谁说也不听，邺城留守的杨愔提前收到了高洋发狠的文书，于是召集太常卿邢邵商定礼仪制度，命秘书监魏收起草加

---

① 《资治通鉴·梁纪十九》：洋以人心不壹，遣高德政如邺察公卿之意，未还；洋拥兵而东，至平都城，召诸勋贵议之，莫敢对。

② 《资治通鉴·梁纪十九》：高德政至邺，讽公卿，莫有应者。司马子如逆洋于辽阳，固言未可。

九锡、禅让、劝进诸文，控制东魏宗室让诸王入北宫留宿东柏堂。

五月初五，高洋抵达邺城。

五月初六，高洋迅速进相国，总百揆，封冀州之渤海、长乐、安德、武邑，瀛州之河间、高阳、章武，定州之中山、常山、博陵，共十郡，邑二十万户，加九锡，殊礼，齐王如故。

五月初十，高洋在邺城南郊即皇帝位，大赦天下，改年号"天保"。

自高洋加九锡到受禅仅仅时隔四天，堪称史上最着急的禅让结束了，比后面侯景都猴急。

高洋追尊高欢为献武皇帝（后来改为神武皇帝），庙号太祖（后改高祖）；追尊他哥哥高澄为文襄皇帝，庙号世宗。他这么做寓意着自己的帝位是从父兄手中接过的，但他作为开国之主，确确实实是没有任何功业和德行进行背书的。

高洋后面不长的一生都在玩命地证明自己的功业，西面武川疯子们不好打，他就玩了命地跟北面的突厥、契丹、柔然、山胡死战。

他父兄十七年来一直对北境保持克制，联络北境削弱西魏，高欢甚至当了柔然的女婿就为了专心致志对付最可怕的敌人，但到了高洋一朝这些都一边待着去了。

高洋为了显示自己的武勇、树立自己的军威，在一次次北上讨伐中"亲逾山岭，为士卒先；露头袒膊，昼夜不息，行千余里，唯食肉饮水，壮气弥厉"，胜仗打了一大堆，但从国家战略层面来讲，意义有多大呢？

北境各民族都跟北齐成了世仇，突厥更是始终跟宇文氏联合打他们高家，当年汉武帝大一统跟匈奴死战都把国家打穷了，更别提高洋了。就这样，高洋把北境得罪光了之后负了一大堆债。

为了防范北方少数民族隔三岔五地骚扰他，高洋修筑了三段长城，将西河总秦成到渤海都给连了起来，筑长城三千余里，其规模之大仅次于秦、汉长城。

这个在高欢、高澄时代不会发生的巨大支出就此出现在并不是主要矛盾的北境了。

高洋因为自己的"没有条件创造条件"透支了北齐的大量国力和战略能动性，他本人也随着对勋贵们的不信任和"自觉德薄"慢慢往心理疾病上发展了，后面会跟随他家的集体遗传病事迹一起讲述。

相对于高洋的用尽所有资源越来越疑神疑鬼，宇文泰则在一生之敌高欢离去后紧抓内部生产建设，积攒了大量"现金"筹码。

高洋称帝后宇文泰作为"魏臣"必须要东伐。但是仅因为听说高洋军容严整强盛，宇文泰就感叹道："这是高欢没死啊！"随后又因为大雨牲畜多死班师回朝了。宇文泰扯了一大堆理由，其实就是不想打而已。

在这段时间里，宇文泰紧抓内部建设，大名鼎鼎的安定公宇文泰、广陵王元欣、赵郡公李弼、陇西公李虎、河内公独孤信、南阳公赵贵、常山公于谨、彭城公侯莫陈崇的八柱国系统就是在这个时候出台的。

前文我们提到的二十四军的府兵制也是在这个时间段正式成型的。

在"女王的棋局"那一战中我们就详细讲过，一个好的制度成型需要时间的打磨，需要资源的收买过渡。

宇文泰在这段时间不声不响地完成了后面北周与隋唐裂变扩张的真正基础，将其彻底固定为成型的制度，并且迎来了"西梁女国"半卖半送的亡国大酬宾。

力量不足时，不要强上。还是那句话，不是每个好机会，你都需要参与。

大家不要学高洋打光所有的冗余资源，多琢磨宇文泰的现金流储备。

东西魏的最终分野，从高洋接班后就开启了。

三、岭南代表队入场

看完高洋接班后，我们再来看看此时的萧家内战。

萧绎在对西魏一系列耻辱性妥协后打发走了北兵，但他很快发现宇文泰根本没拿他当回事，而是在雍州立了他侄子萧詧。

宇文泰在随枣通道楔进钉子将东魏隔绝后，想让谄媚的萧詧给萧衍发丧继承帝位，但萧詧没这胆子，最终宇文泰派使者册封萧詧为梁王，萧詧随后建台省，置百官。

萧绎对西魏爷爷喊着、人质送着，不过是为了以时间换空间，但自己这边的长沙战事却没有一点儿进展，鲍泉久围却不能攻下，萧绎愤怒地派王僧辩代替鲍泉为都督，也就在这个时候，萧绎收到了他六哥萧纶的来信。

侯景拿下台城后，萧纶一路辗转逃到江夏，郢州刺史萧恪要将郢州让给他，萧纶不肯接受，萧恪最终推举萧纶为假黄钺、都督中外诸军事，承制置百官。

萧恪是萧衍八弟萧伟的长子，再怎么打继承权也轮不到他，所以他选择烧冷灶，看上了实力弱的萧纶，如果投资成功，将来自己就是个大股东。

至此，萧绎、萧誉、萧纶、萧詧四人在原本被刘宋拆分前都是荆州的残山剩水之间展开了权力的游戏。

萧纶想救萧誉，从武汉去长沙也就是一趟水路的事，但他的兵和粮都不足，于是他写信给萧绎说："天时地利比不上人和，咱们都是实在亲人，怎么能自相残杀？你解了湘州之围吧！"

萧绎当然不会搭理他，心想："你都称制设百官了，还跟我扯什么兄弟亲人之情，我解了围让你勾搭他再来灭我吗？"

萧绎复信，逐条陈述萧誉罪大恶极。

萧纶收到信看完哭了，对手下说了心里话："湘州陷落后，我就该灭亡了。"

王僧辩急攻长沙，550年三月初二破城，砍了萧誉传首江陵，随后萧绎终于给他爹发丧了。

萧绎去年就知道他爹死了的消息，不过因为长沙还没打下来，于是一直封锁消息。

萧绎用檀木雕了萧衍的像安放在百福殿里早请示晚汇报，依旧采用太清四年年号。萧绎不承认他建康的哥哥，他自己要当皇帝。

三月二十七，萧绎下令讨伐侯景，传檄远近。

萧绎嘴炮打得见高不见远，又是半年没动静，但萧纶在大修铠甲军械声称讨伐侯景时，萧绎激动了。

八月十七，萧绎派王僧辩和鲍泉等率一万水军讨伐侯景，顺便迎萧纶回江陵，声称要把湘州给他。

王僧辩军至鹦鹉洲，郢州司马刘龙虎等开始私下给王僧辩送人质了，萧纶知道这件事后派兵打跑了刘龙虎，随后给王僧辩去了封书信："将军去年杀你主之侄，今年伐你主之兄，这不合适吧！"王僧辩送书给萧绎，萧绎说别搭理他，继续打他。

九月十四，萧纶哭了一大通，说自己根本没称帝的心思，萧绎是小人，然后率军逃跑，半路又被投靠萧绎的裴之高、裴畿父子给抢了，萧纶与手下乘轻舟奔武昌涧饮寺躲藏。

萧纶就这么点儿可笑的实力，也不知道他哪里来的自信称制置百官的。最终萧纶投奔北齐，做了北齐的"儿皇帝"梁王。

萧绎任原郢州刺史萧恪为尚书令，任世子萧方诸为郢州刺史，王僧辩为领军将军。

在萧绎成为"荆州小霸主"的时候，侯景已经给自己封了个史上最牛的将号——宇宙大将军！

550年十月，侯景自加宇宙大将军、都督六合诸军事，以诏文呈上。萧纲惊道："将军里还有宇宙之号吗？"傻小子，你不知道的事多了。

侯景在萧衍死后的一年多的生活，可以说既荒淫又暴力，一场建康围城战把本就羸弱的行政系统打烂了，他已经无法通过传统方式征收赋税养活自己的暴力机器了，所以只能去各地"借"。

但是，他的部队本就是北兵为主，还加入了收编的大量北奴，对富裕的三吴地区天生自带阶级愤怒。这一"借"，就容易"借"出人命。

侯景为了控制自己的队伍只能随波逐流，让士兵放开抢、随便杀，对诸将也是一个态度："城打下来就屠了，使天下知我威名！"所以麾下诸将每次战胜专以烧杀淫掠为能，杀人如草芥。[①]

二百五十年来，自东晋渡江后三吴就是天下富庶之最，不管天下乱成什么样子，三吴本土始终有力量自保。但萧衍统治的这几十年下来三吴本土也跟着成空架子了，人们忘战太久了，根本无法抵抗侯景，整个江东人口在侯景的兵祸下已经快空了。[②]

---

① 《资治通鉴·梁纪十九》：景性残酷，于石头立大碓，有犯法者捣杀之。常戒诸将曰："破栅平城，当净杀之，使天下知吾威名。"故诸将每战胜，专以焚掠为事，斩刈人如草芥，以资戏笑。由是百姓虽死，终不附之。

② 《资治通鉴·梁纪十九》：自晋氏渡江，三吴最为富庶，贡赋商旅，皆出其地。及侯景之乱，掠金帛既尽，乃掠人而食之，或卖于北境，遗民殆尽矣。

551 年，将整个三吴劫掠完的宇宙大将军侯景亲自率军西上，他把太子萧大器带在军中作为人质，留王伟守建康。

闰三月，侯景带着自己的"蝗虫军"西进，军队从建康出发，兵船从石头城到新林头尾相连。

闰三月二十九，侯景的军队抵达西阳（今湖北黄冈东），与徐文盛军对峙，双方沿长江两岸筑垒。

闰三月三十，徐文盛大破侯军先锋，射死了侯景的右丞厍狄式和。

因为水战不是己方强项，侯景开始走别的路子。

十五岁的萧绎世子、郢州刺史萧方诸经常欺负郢州行事鲍泉，甚至经常拿他当马骑。

萧方诸仗着徐文盛军在前面顶着自己根本不设防，每天就是喝酒蹦迪，郢州守备空虚这事被侯景听说了。

侯景虽然水路被绊着，但陆路距离郢州城却不到一百二十里。

四月初二，侯景派宋子仙和任约率精骑四百偷袭郢州。

四月初三，大风疾雨，天色阴沉，郢州城里已经有人远远望见骑兵，急忙报告鲍泉有敌情。鲍泉不信，认为是自己人的队伍。

直到这些骑兵到城下了鲍泉才发现不对，但城门已经来不及关上了，宋子仙抓了鲍泉和郢州司马虞豫送到了侯景处，侯景听说郢州得手后趁着顺风扬帆逆流而上直奔郢州。

四月初四，侯景进郢城，徐文盛军惧而溃散。

无奈之下，萧绎只能再次祭出王僧辩为大都督，率巴州刺史淳于量、定州刺史杜龛、宜州刺史王琳、郴州刺史裴之横东伐侯景。

四月初五，王僧辩军于巴陵（今湖南岳阳）。

侯景派丁和领五千人守夏口，宋子仙率兵一万为先锋进逼巴陵，又另派任约挥师直逼江陵，自己率大军水陆两栖出发。

王僧辩依城固守，偃旗息鼓，静若无人。

四月十九，侯景派兵来到巴陵城下问道："城内守将是谁？"

城内士兵回答："是王领军。"

侯军高声喝问："何不早降？"

王僧辩派人回道："大军但向荆州，此城自当非碍。僧辩百口在人掌握，岂得便降？"王僧辩回答得相当艺术。

他在跟自己曾经投降过的"心上人"说："我一族都在人家手上，身不由己啊！"

一会儿传令兵又回来了，道："我王已至，王领军何不出来与王相见？"王僧辩不答。

侯景此时面临着抉择：是绕过巴陵打江陵，还是打掉巴陵再打江陵。

王僧辩说的那句话到底有什么玄机？他真的不会管江陵的死活吗？

其实此时侯景还有一条路可以选，即北上扬水直插江陵。当年萧衍就是在扬水和汉水间来回穿插吓唬萧颖胄的。

侯景最终选择了正面攻坚，他认为王僧辩不难打，打掉巴陵后江陵自然就会投降，于是开始攻城。

由于侯景这一年多在江东"破栅平城，当净杀之，使天下知吾威名"的名气太大了，巴陵城里众志成城，矢石如雨下，抵抗意志极其坚决，侯景士卒死者甚众。

王僧辩在侯景蚁附攻城不利后还多次遣轻兵出战，多次得手。愤怒的侯景披甲在城下督战，王僧辩则坐着轿子奏鼓乐巡城。

侯景随后起长栅绕城，大列船舰，以楼船攻水城西南角，于舰上投掷燃烧弹烧水栅，结果风势不利，自焚而退，水上攻坚也宣告失败。

六月初二，胡僧与陆法和击败并逮捕了分袭江陵的任约，此时侯景昼夜不停地攻打巴陵已经一个多月了，军中粮尽，疫情出现，人员死伤过半。[1]

侯景看到势头不对，于六月初三烧营帐连夜逃跑。在离开前，侯景任

---

① 《资治通鉴·梁纪二十》：侯景昼夜攻巴陵，不克，军中食尽，疾疫死伤太半。

丁和为郢州刺史，留宋子仙等率兵两万守郢城，又派别将支化仁镇鲁山。

侯景打算以退为进，在当年绊住萧衍的景点挽回劣势。有本事你们再来打我，我也给你们来个防守反击！

侯景没有考虑到的是，守城最好是他这个宇宙大将军自己守。他的军队士气已经在这一个多月的攻坚不克后沉入谷底了，他的手下还有没有心气守城呢？

但侯景又分身乏术不可能守这里。因为刚刚大败，他得赶回更重要的建康坐镇，毕竟萧纲还留在那里呢。

天时、地利、人和、钱粮、兵源等所有资源在他从寿阳南下的这两年多里都已经被榨干了。已经没有任何冗余资源的侯景禁不起一次失败，因为他没有牌了。没有牌就注定他怎么选都是错。

六月十八，王僧辩军至汉口瞬间攻下了鲁山。

六月十九，王僧辩攻打郢州，很快攻克外城斩首一千，宋子仙退守内城。王僧辩在城四周起土山猛攻。

六月二十二，守了三天就打退堂鼓的宋子仙请降希望回建康，王僧辩假装同意，还给了他一百艘船。宋子仙天真了，准备上船走。

王僧辩趁着城内战斗意志不强，命杜龛率精兵一千爬上城墙袭击宋子仙，水军主帅宋遥也率楼船进攻，宋子仙边战边逃至白杨浦被彻底击溃，他被周铁虎活捉后送到江陵砍了头。

至此，侯景覆灭已成定局。

就在王僧辩打下郢州取得了对侯景的决定性转折后，一支观望了很久的势力出手了：岭南一哥陈霸先率兵从南康（今江西赣州）北上。

南康平时难通赣江，因江中有怪石成二十四滩，但就在这个时候江水位却暴涨好几丈，三百里航道瞬间通畅，陈霸先扬帆起航。[1]

---

[1] 《资治通鉴·梁纪二十》：陈霸先引兵发南康，赣石旧有二十四滩，会水暴涨数丈，三百里间，巨石皆没，霸先进顿西昌。

我们该说说这个南朝的最后开国之君了。

陈霸先，据他自己说是颍川陈氏之后。这就跟萧家说自己是萧何之后一样，大家应该能理解，最后的门阀时代了，这些人要脸面。

四十八年前，即 503 年，陈霸先出生于当时中国最富裕的地方之一，吴兴长城下若里。

这个出生后就已经沐浴在萧衍佛光下的太湖男孩长大后却拿了个刘裕的套餐。据史书记载，陈霸先倜傥有大志，不喜欢从事生产，却喜欢读兵书，武艺高强，身长七尺五寸，垂手长过膝盖，额头中央隆起，有帝王之相，明达果断，是吴兴地区的焦点人物。

越是佛国，越需要护法的金刚，但萧衍没福报，没遇到这孩子。

陈霸先跟刘裕的发迹时段都一样，寒门子弟在固化的时代是挣脱不出来的，他们都是三十多岁以后才在风起云涌中迎来了时代的召唤。

大同初年，萧衍的十一弟萧憺之子萧暎任吴兴太守，就此发掘了陈霸先这块好材料。

540 年，萧暎任广州刺史，带着三十八岁的陈霸先去岭南，让他做了自己的中兵参军。

萧暎安排陈霸先募兵，陈霸先凑了一千人后被安排驻守宋隆郡，在此地陈霸先平定了当地叛乱，不久被任命为西江督护、高要郡守。

541 年，交州土豪李贲发起叛乱，赶跑了交州刺史萧谘。

542 年春，萧衍听说后遣将讨伐交州。

讨伐了两年，官军根本都没进入交州。544 年正月，李贲仿梁制自称越帝。

萧衍又命新州刺史（治所今广东云浮新兴县）卢子雄、高州刺史（治所今广东阳江）孙冏出兵讨伐，孙冏等还是不动地方，结果萧衍愤怒了，将这两人扣广州后宰了。

卢子雄旧将杜天合与杜僧明等就此兵变包围了广州城。

陈霸先听说这事后率三千精兵前来救主，一战打崩了叛军杀了杜天合，杜僧明等随后投降了陈霸先。

萧衍听说这事后对陈霸先给予了高度肯定并封子爵作为表彰，还命人画了陈霸先的画像回来看相。[①]

544年冬，萧暎在广州病亡。

545年，陈霸先护丧返回建康，走到大庾岭时，萧衍下诏命陈霸先为交州司马，领武平（今越南永安）太守，随新任交州刺史杨蒨去交州讨伐李贲。

陈霸先随后奉旨扩编，广召将士，备办军资。杨蒨对军事一窍不通，将军权全部给了陈霸先经略。

陈霸先率军出发后，在西江会合了定州（治所今广西桂平古城）刺史萧勃。萧勃懒得远征，知道将士们也懒得远征，于是贿赂杨蒨。

杨蒨召集诸将问策，陈霸先说："交趾叛变完全是宗室在当地太过分了，导致叛乱遍及数州历时数年，眼下定州刺史萧勃又一次只顾眼前利益，不顾国家大计，我不听他那套！"

寒门子弟对于机会的渴望太强烈了，也只有这份冲动才能砸开一道道锁链爬出来！陈霸先继续率兵前进。

545年六月，陈霸先军至交州，李贲率军数万于苏历江口立城栅抵抗官军。陈霸先率军大破李贲战阵，李贲退守嘉宁城。

546年正月，梁军攻陷嘉宁城，李贲再次出逃并成功逃奔屈獠洞蛮族。陈霸先只得率军深入不毛之地。

546年九月，李贲在屈獠界设营寨大造船舰阻陈霸先于典澈湖。众军有些忌惮，停在湖口不敢进。陈霸先对诸将道："仗打一年多了，我师已老，将士疲劳，持久对峙恐非良计，且我们孤军无援进入对方的地盘，如果一战不捷，咱们就得全交代在这里。现在他们已经被咱们

---

① 《陈书·高祖纪》：梁武帝深叹异焉，授直阁将军，封新安子，邑三百户，仍遣画工图高祖容貌而观之。

打残，眼下都是乌合之众，正当在此时摧垮他们，此后不会再有如此良机了。"

诸将没人搭理他，情形跟四年后的秦淮河畔一模一样。

好在老天爷给加了变量，当夜江水暴涨七丈，大水冲入了典澈湖中，不必再从湖口攻坚了。陈霸先紧抓战机带领自己的兵马率先进入，随后众军也跟着来了，李贲军大溃。①

547 年，李贲被屈獠斩杀，传首京师。

李贲的哥哥李天宝逃入九真，与当地首领李绍隆重新聚拢剩余两万兵马杀了南梁德州刺史陈文戒进围爱州，结果被陈霸先斩草除根。

至此，陈霸先终于完成了这出堪比丞相诸葛亮定南蛮难度的越南"剿匪记"。

548 年三月，萧衍加封陈霸先为振远将军、西江督护、高要太守、督七郡诸军事。这一年，侯景已经进寿阳了。

在自己说话还算的最后时刻，萧衍给予了四十六岁才在尸山血海中搏杀出来的陈霸先一个关键的任命。

在此次南下深入贼巢的平叛过程中，陈霸先成为整个岭南众望所归的军事一哥。陈霸先也在这两年多的浴血搏杀中积攒了远非岭北所能企及的战力和韧性。

萧衍死后，陈霸先打算讨伐侯景，侯景派人诱劝广州刺史元景仲许诺奉其为主，元景仲同意后阴谋算计陈霸先。②此时的陈霸先已经不是他能算计的了。

陈霸先听说后与成州刺史王怀明等在南海郡集结部队，随后传檄

---

① 《陈书·高祖纪》：是夜江水暴起七丈，注湖中，奔流迅激。高祖勒所部兵，乘流先进，众军鼓噪俱前，贼众大溃。

② 《资治通鉴·梁纪十八》：西江督护陈霸先欲起兵讨侯景，景使人诱广州刺史元景仲，许奉以为主，景仲由是附景，阴图霸先。

声讨元景仲，说其与叛贼勾结，朝廷已经任命萧勃为广州刺史了。

元景仲部属们听说后纷纷逃散，元景仲上吊自杀，陈霸先迎来定州刺史萧勃镇广州。

不久，前高州刺史兰裕与其诸弟煽动始兴等十郡攻打监衡州事欧阳頠，萧勃派陈霸先去救援。陈霸先再次搞定，被萧勃任命为监始兴郡事。

陈霸先不想永远在岭南做个山大王，于是集结郡中豪杰欲讨侯景，郡人侯安都、张偲等各率千余人投靠了他。陈霸先遣主帅杜僧明率两千人屯兵岭上观天下之变，萧勃派人劝他道："侯景骁雄，天下无敌，前者援军十万，士马精强，犹不能克，君以区区之众，又能怎样呢？现在听说萧家王侯已经开始了内战，您是外人，不如先暂留在始兴养自己的声势，这样才能稳如泰山。"

陈霸先道："我受国恩，之前闻侯景渡江时就想赴援，结果被元景仲和兰裕阻拦，如今京都覆没，君辱臣死，我这条命算什么！您是皇亲国戚，派我去救国对您是好的，您怎么还能拦着我呢？"

陈霸先派使者走小路到江陵投诚了目前看起来赢面最大的萧绎。[1]

看到陈霸先不听话，萧勃想了后招。当时南康土豪蔡路养起兵占了郡城，萧勃派心腹谭世远任曲江县令，与蔡路养结盟遏制陈霸先。[2]

550年正月，陈霸先率军从始兴出发抵达大庾岭。

陈霸先来到的这个大庾岭，是珠江水系和赣江水系的分水岭，南北水路就此横断。

蔡路养率军两万于南野（南康南）拒战，其妻侄萧摩诃才十三岁，单骑出战却无人敢挡，杜僧明的战马被伤后，陈霸先将自己的马给了杜

---

① 《资治通鉴·梁纪十八》：乃遣使间道诣江陵，受湘东王绎节度。

② 《资治通鉴·梁纪十八》：时南康土豪蔡路养起兵据郡，勃乃以腹心谭世远为曲江令，与路养相结，同遏霸先。

僧明，杜僧明上马复战最终大破蔡路养，陈霸先收了萧摩诃，乘胜进驻南康。

陈霸先接受了萧绎封的明威将军、交州刺史、南野县伯。此后近一年半时间，陈霸先与响应侯景的高州刺史李迁仕在南康一带展开了拉锯战，最终在551年三月擒斩李迁仕。

陈霸先想参与北面的大事业，早早就给萧绎去了信并当了萧绎的官，但却并没有着急带着股本走灵渠进入湘江去与萧绎会师。（见图14-6）

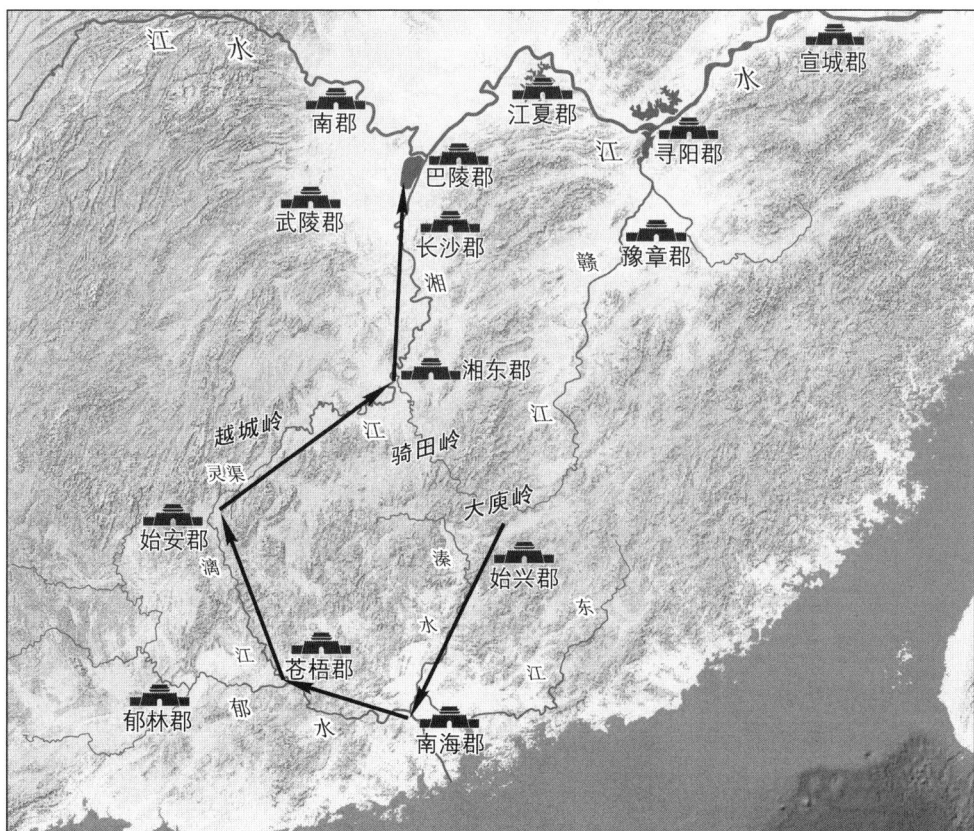

图14-6　陈霸先入长江假想图

自古走水路从广东入长江只有这条路，但陈霸先选择了另外一条。他选择了翻越大庾岭。

陈霸先在不断积攒着实力，不断将岭南的物资搬越大庾岭，不断观望大局势。

551年三月陈霸先就已经打掉了自己最后一个对手，此时侯景刚刚出发西进，但陈霸先要看子弹再飞一会儿。

六月初二，侯景败退建康。

六月底，在盛夏的江水暴涨中，四十九岁的陈霸先鲤鱼跃龙门地从赣江进入江州。

八月，王僧辩攻下湓城，陈霸先率杜僧明等将及南川豪帅共五万人准备与他会合，屯驻在巴丘（今江西吉安峡江县巴邱镇）。

此时整个岭北已经打残，北面都在传颂岭南陈霸先的威名，听说这个大玩家入局了，王僧辩害怕了。[①] 很快，他将更加害怕。因为在连年征战中，长江沿线已经无粮，而陈霸先此时手中却有五十万石军粮，他直接大手一挥十分豪气地分出了三十万石粮草接济了王僧辩。[②]

北人南下，为六朝盛衰之总纲。

当北魏一朝搞定了胡汉融合，当北人不再南下了，六朝也就到了即将落下帷幕的时候了。

但在这个最后时刻，在西梁诸王内耗，侯景元气大伤，在整个南方都已油尽灯枯的灭亡前夕，岭南拿着自己的百年积淀上了牌桌。

四十九岁的陈霸先带领杜僧明、侯安都、欧阳頠、萧摩诃等一大批成名立万于广东的靓仔们，即将代表岭南进行中国史上的第一次大型汇报演出。

---

① 《梁书·王僧辩传》：先是，陈霸先率众五万，出自南江，前军五千，行至湓口。霸先倜傥多谋策，名盖僧辩，僧辩畏之。

② 《陈书·高祖纪》：时西军乏食，高祖先贮军粮五十万石，至是分三十万以资之。

四、冗余与效率

551 年八月，王僧辩接到萧绎命令在寻阳原地休整，待诸军汇集。这给了侯景喘最后一口气的机会。

最开始侯景认为南方人怯弱容易收拾，打算等拿下中原后再称帝。结果巴陵之战后他手下大量的猛将都战死了，侯景担心自己也活不长了，于是决定死前过把做皇帝的瘾。[①] 王伟也劝他，战败后必须废帝以显示权威。

于是萧纲被废，禅位给了萧欢之子萧栋。

萧纲禅位后也没闲着，进行了最后的文学创作，由于没有侍者和纸张，萧纲写了满墙的悲伤诗文。十月初二夜，萧纲在人生最后一次大醉后被杀。

在文化圈里，当年曹操、曹丕、曹植号称三曹，萧衍、萧统、萧纲、萧绎则号称四萧。

四萧都是当时的顶级文化人，但他们的结局和后世的风评与三曹相差很远。他们差在哪里了呢？

---

① 《资治通鉴·梁纪二十》：初，景既克建康，常言吴儿怯弱，易以掩取，当须拓定中原，然后为帝。……及景自巴陵败归，猛将多死，自恐不能久存，欲早登大位。

曹操在马上征战了一辈子，在生命的最后一刻坐镇洛阳顶着狂暴期的关羽；曹丕的文学成就更是不输四萧中的任何一个，与此同时他剑术通神，骑射如飞。

男人，头脑和体魄是都需要强壮的。民族，是需要血性的。一个人满嘴锦绣文章不假，但那是为好好讲道理时用的。有些文化人书读迂腐了以后通常意识不到，"好好讲道理"是一种奢侈。因为这世界从来不让人好好讲道理。

文明做事始终有个前提——武力的保障。是我的大粗胳膊让你乖乖坐下来听我讲道理，而不是我一通道理让你乖乖坐下来。

那么疑问来了，在日常生活中，不是傻子才打架吗？不是打架就是打钱吗？不是什么事都要冷静坐下来好好商量吗？这么想就是格局小了。

我们生活在由人民子弟兵保卫下的伟大祖国，我们背后有强大的国家让我们有福气踏踏实实做个文明人。世界哪有那么多道理可讲，满眼望去都是侯景。当你吃饱了，后面又有飞机大炮作为后盾，然后你输出的文化价值才有意义。

正如萧纲写的那满墙诗句，侯景只会笑笑，骂一句"傻瓜"，然后接着去作恶。也正如东道行台刘神茂听说侯景败了，然后才"爱国"，响应江陵了。

十一月，侯景派赵伯超、谢答仁等出兵讨伐刘神茂。

刘神茂的三吴联军战斗力一如既往地弱，他原本打算趁乱入股，但没想到王僧辩歇了，自己成替身了。侯景这艘烂船也有三斤钉，东部投机者们被打败，刘神茂被抓到建康。

十一月初九，侯景加九锡，置百官。

十一月十九，萧栋禅让于侯景，侯景于南郊即皇帝位。

552年二月，萧绎命王僧辩等东击侯景。

陈霸先率甲士三万，携强弩五千张，乘舟舰两千从豫章出发，出溢口在白茅湾与王僧辩会合，双方筑坛歃血盟誓。

二月底，诸军发寻阳，船舰排数百里，盟军一路开到芜湖，侯景守将张黑弃城逃走。

此时侯子鉴守姑孰和南州以抗西军，侯景派史安和等率两千兵前去助战后下诏表示："兄弟们坚持住，我后脚就到，我会亲自坐镇姑孰。"又派人告诫侯子鉴道："西军善水战，勿与争锋。任约就败在这上面了，你想办法跟他们在陆上打一仗，必能打败他们，你可以在岸上结营，引船上岸以待之。"侯子鉴随后舍舟登岸闭门不出。

王僧辩有陈霸先的支持也根本不怕跟他耗着，在芜湖停兵十几天。

侯景党徒大喜，告诉侯景说："西军怕了要逃跑，要是不出击就让他们跑了。"侯景命侯子鉴做好水战准备。

具体过程不讲了，总之侯子鉴觉得王僧辩要跑，随后被人调动上了船，然后淹死了好几千人，侯子鉴只身逃脱收拾残兵逃回建康。

侯景听说后吓哭了，拉被子躺下缓了缓，很久才起来叹道："这个混蛋，把老子给坑了！"[1]

三月十二，王僧辩督率各路水兵抵达张公洲。

三月十三，盟军趁涨潮进入秦淮河，挺进至禅灵寺前。

侯景命人收集秦淮河的大小船只与出海巨舰，装满石头沉入江里堵塞住秦淮河口，然后指挥军队沿秦淮河防线自石头城到朱雀航筑了十几里长的防线。

王僧辩向陈霸先问计，陈霸先道："石头城是制高点，必须拿下，诸军要是害怕，我率军去北岸登陆。"

三月十四，陈霸先在石头城西抢滩登陆扎营筑栅，其他军随后也登陆成功连筑八垒，一直延伸到石头城东北，形成包围之势。

---

[1] 《南史·侯景传》：景闻之大惧涕下，覆面引衾卧，良久方起，叹曰："咄叱！咄叱！误杀乃公。"

侯景担心退路被截断，亲率侯子鉴等也在石头城东北筑起五垒扼守大路，然后刨了王僧辩他爹的墓，剖棺焚尸表达愤怒。

具体的地图就不画了，打强弩之末也不必细说，前面建康城防已经画得太多了。

三月十九，王僧辩向招提寺北进军，侯景率一万步兵、八百铁甲骑兵严阵以待。

陈霸先对王僧辩道："他现在跟咱们孤注一掷了，我众贼寡，当年葛荣就是那么被他抓的。咱们把兵都散开，别跟他玩会战。"

侯景冲击王僧志军阵，王僧志退兵引诱，陈霸先派徐度率两千弩手横截其后，侯景看情形不对赶紧撤退。陈霸先与王琳、杜龛等随后以铁骑冲击，王僧辩大军跟进，侯景兵败退回，石头城守将卢晖投降，王僧辩入据石头城。

副将戴冕、曹宣等随后攻破侯景所设五垒，但很快侯景再次率军杀回，将五垒悉数夺回。

陈霸先大怒，亲自率兵攻击，与侯景的最后精兵展开了白刃战，侯景亲率一百多骑兵扔了槊执短刀，左右冲击陈霸先军阵，冲不动，侯景军的战斗意志崩溃，陈霸先最终击败侯景的最后抵抗一路追至西明门。[1]

侯景回城后准备逃跑，王伟劝他做最后一战，自古哪里有逃跑的天子？

侯景叹道："我当年败贺拔胜、破葛荣，扬名河朔，渡江平台城、降柳仲礼如反掌，现在是老天要亡我！"

把责任推给老天后侯景把自己在江东生的两个儿子装到皮囊里挂在马上，与房世贵等百余骑东走去吴郡投奔谢答仁。

在侯景走后，王僧辩没有约束麾下军士，建康又一次开始了地狱

---

[1] 《资治通鉴·梁纪二十》：景与霸先殊死战，景帅百余骑，弃槊执刀，左右冲陈；陈不动，众遂大溃，诸军逐北至西明门。

模式，本就剩余不多的建康百姓再次遇到了强奸抢劫大队，所谓"剽掠居民。男女裸露，自石头至于东城，号泣满道"。

当夜乱兵大火烧了太极殿及东西堂，宝器、羽仪、辇辂无遗，台城里面成为废墟。

三月二十，王僧辩调五千精兵追击侯景，侯景在一败再败后与身边的亲信几十人乘一只小船逃跑打算去山东，侯景想致敬慕容德在山东半岛东山再起。

由于人多船小，侯景把两个儿子推到水中淹死了。[①] 两个婴儿能占多大地方？

侯景出卖了自己最后的资源，打光了最后一张可怜的牌。他觉得自己的举动能团结住最后的这几十人，"你们看我连孩子都不要，在座的每一位对我都很重要"。

他没想到，他的舅哥羊鹍会趁他睡着后将船开回了京口。

船开回胡豆洲时，侯景睡醒发现方向不对，羊鹍对侯景说："我们为大王出过不少力，现在到了这个地步一事无成，最后想借你的头换点儿富贵。"

侯景被羊鹍用长矛刺死，羊鹍又把盐装入他肚子里将他做成标本送回了建康。

王僧辩把侯景的脑袋送回了江陵，砍下他的手，派谢葳蕤送到北齐，把侯景尸体扔在市集上，肉被建康百姓抢走吃掉，当初他宠爱的萧纲之女溧阳公主也分了一杯羹。

除了被推入河里的两个孩子外，侯景还有五个儿子留在北齐，高澄把他长子的脸扒皮后用油锅烹了，其他四个儿子全部阉割为奴，后来高洋做了个噩梦后将这四子也全都下了油锅。

侯景兵败时随身带着传国玉玺。这块历经沧桑的石头在当年冉闵

---

① 《资治通鉴·梁纪二十》：景与腹心数十人单舸走，推堕二子于水。

败后被东晋"搞国际援助"时拿了回来，此后的燕、秦、魏都声称自己的传国玉玺是真的。

侯景命侍中赵思贤掌管并交代说："如果我死了就把它扔到江里去，别让吴儿又得到它。"赵思贤最终将传国玉玺辗转送回了邺城。这块魔石还将继续见证这周而复始的"谁强谁弱总成空，傀儡棚中搬弄"。

五月十一，侯景的首级送到江陵，被挂在市集示众三天之后做成了标本，跟当年的王莽头一样永久存放在了武库。[①]

古时的人认为恶人的头颅可以辟邪。侯景的恶魔脑袋那是相当值钱。

侯景被有文化的萧绎定义为王莽一样的人，也意味着萧绎拿自己当了汉朝中兴的刘秀。梦想是好的，但他这个读书破万卷的文化人却远没有刘秀当年兜底整个时代的战斗力。

且不说刘秀的那些战神记录，当年刘秀刚创业时骑着牛就敢上战场，而萧绎却连马都爬不上去。他除了出卖自家人之外，没有任何核心竞争力。

前面侯景军逼江陵之时，萧绎为了向西魏求援，命令梁秦二州刺史萧循把汉中割让给西魏，召他回江陵。

萧循是萧衍九弟萧恢的第十七子，对他堂哥的这个操作比较蒙，心想"你自己裸贷却把我给扒光抵押了"，于是不同意。

宇文泰也不说废话了，直接派达奚武、赫连达等率三万军去打汉中，又派大将军王雄兵发子午谷打上津。

萧循派人向益州的萧纪求援，萧纪派潼州刺史杨乾运去救援。

萧纪在蜀地已经十七年了，内修耕桑盐铁之政，外通商贾远方之

---

① 《资治通鉴·梁纪二十》：戊寅，侯景首至江陵，枭之于市三日，煮而漆之，以付武库。

利，充分发挥了天府之国的经济潜力，他的军备完整，光马就攒了八千匹。

到这时候，拥有最强实力的萧纪直接不装了。552年四月初八，萧纪即皇帝位，改年号为"天正"。

杨乾运率军至剑门北，达奚武在白马把杨乾运暴打，并把斩获的首级列于南郑城下大骂萧循。

萧循被挑逗，大怒出兵交战，被达奚武打败，随后投降。西魏抓了男女两万人口回了长安，至此，剑门以北全部纳入西魏版图。[①]

刚刚称帝的萧纪根本志不在北，汉中不是重点，重点是姓萧的只能有一个皇帝！由于萧纪已经在蜀称帝了，552年十一月，萧绎也在江陵即了皇帝位。萧纪开始跟他哥争夺到底。

之前萧纪也声称要讨伐侯景，但当时萧绎给他弟弟写信说："蜀地你可得镇住了，别乱动，咱们是刘备、孙权，各安其界，情比鲁卫，常通书信联络哈。"

萧纪当时收拢了三万兵让他的世子萧圆照接受萧绎指挥东下，但萧绎根本不信，萧圆照率军至巴水时，萧绎就授给他信州刺史，命其屯兵白帝城，不许继续东下了。

当时东面一片混沌，萧纪也就选择了继续观望。

萧绎称帝后，萧纪以讨伐侯景为由出兵东下。

萧绎听说后在木板上画上萧纪的图像亲自往上面钉钉子搞巫蛊，与此同时又把侯景的俘虏押送到萧纪那里告诉他侯景已平。

面对外患，萧绎再次用老套路给西魏写信：宇文爷爷您收了我弟弟吧。

宇文泰兴奋地说："取蜀制梁，在此一举！"但是没人愿意去。[②]

---

① 《资治通鉴·梁纪二十》：乃受循降，获男女二万口而还，于是剑北皆入于魏。

② 《资治通鉴·梁纪二十一》：太师泰曰："取蜀制梁，在兹一举。"诸将咸难之。

只有宇文泰的外甥尉迟迥认为没问题，宇文泰问他怎么打，尉迟迥说："蜀地已经和中原分离一百多年了，所恃不过其地险要，忘战久矣，眼下我们铁骑昼夜兼行去偷袭，必定战无不胜。"这话是正确的废话，跟没说一样。

553年三月，宇文泰命尉迟迥督开府元珍、乙弗亚、俟吕陵始、叱奴兴、綦连雄、宇文升等六军，率领一万两千甲士和一万匹马，南下伐蜀。注意，这场战役花的是宇文泰的私房钱。

尉迟迥是他外甥，那六个将领跟其他武川大佬们没有任何隶属关系，甚至名不见经传，连史书都没有记载。

自古伐蜀都是"诸将咸难之"，而且那地方天高皇帝远，打下来了宇文泰也不一定会放心，邓艾、钟会的例子就是前车之鉴，而且守蜀还将远离长安权力核心圈，所以没人搭理这茬。

宇文泰也不矫情，直接派外甥拿私房钱打。

高欢死后宇文泰攒下的巨大资源盈余让他在这个时候收割起来极其丝滑，后面会细分析。

553年四月，萧纪军队抵达巴郡，听说西魏有动静于是派前梁州刺史谯淹回师救蜀。

因为后方有了隐患，军中将士们都担心自己家小被西魏"三光"，所以军心思归，但萧纪依旧认为"攘外必先安内"，必须先弄死他哥哥后再谈外敌的事。

他觉得自己有剑阁天险根本不必担心，但他不知道的是此时的潼州刺史杨乾运已经被宇文泰收买了。[1] 西魏轻易突破了剑阁。

五月十三，尉迟迥进军到涪水，杨乾运献潼州投降。尉迟迥分军守潼州后一路挺进成都。

---

[1] 《资治通鉴·梁纪二十一》：魏太师泰密赐乾运铁券，授骠骑大将军、开府仪同三司、梁州刺史。

此时大军都被萧纪带走了，成都守军不满一万，军械和粮草也都被调往前线了。六月，尉迟迥围成都城。[①]

萧纪军至西陵，然后走不动了。

萧绎已经在峡口修了两座城堡，还运来很多大石头填江并拉上铁索拦江。

萧绎给萧纪去信："你回去吧，我平了侯景天下归心，你别争了。"萧纪不同意。

这个时候王僧辩诸军已经开始西上救援，萧绎再次给萧纪去信："你走吧，咱们是兄弟啊！"萧纪还是不同意。

又过了段时间，萧纪被绊住日久突破不过去，再加上听说西魏深入后方成都已经危险了，于是派人去找萧绎求和。这时萧绎看出来萧纪不行了，而且王僧辩们都回援了，于是他开始不同意了。

七月十一，萧纪战败被杀，太子萧圆照等兄弟三人被押往江陵，萧绎取消了萧纪的族籍，另赐姓饕餮氏。这个文化人啊。

尉迟迥包围成都近两个月后，八月初八，成都投降。尉迟迥令官吏百姓都各安其业，只没收奴婢和仓库货物赏赐将士，军纪被控制得很好。

那么问题来了。西魏可从来不是什么文明部队，打汉中和后面打江陵都跟流氓团伙一样，为什么尉迟迥在蜀地能够极其克制，军纪极棒？答案是没有内耗。

自尉迟迥以下，这支部队本质上是宇文泰的私兵，是帮宇文泰来打新地盘的，并不存在和其他"本国势力"争抢的情况。

要是独孤信、赵贵、李虎这些人都同意伐蜀可就坏了，很可能每个大佬都得派参股部队，等打下成都后整个蜀地就惨了。

前面打汉中的时候，达奚武、王雄、赫连达这三个"二十四大将军"

---

① 《资治通鉴·梁纪二十一》：时成都见兵不满万人，仓库空竭，永丰侯拀婴城自守，迥围之。

级别的人出场，最终的结局就是将汉中的所有人口打包拉回关中了。

后面灭萧绎的时候也是一样，于谨、杨忠、宇文护等大柱国上阵，最终还是打包了十多万人口回长安。

如果是全体高层同意的开战，那就意味着不是你派了你的嫡系去就能不花钱堵别人的嘴了。

到了柱国、大将军的级别，就已经不是各方面势力都完全听命于宇文泰的了，里面有着方方面面复杂的关系，人也不会永远是当初那个单纯的少年的。

赵贵是当年拥立宇文泰的铁杆，但宇文泰知道赵贵后来打算搞掉他的家产时是和谁联手的吗？是与他同辈分的独孤信。

杨忠这些年一直被宇文泰拉拢着，但他知道杨忠儿子娶的是谁的闺女吗？是杨忠老上级独孤信的闺女。

独孤信有七个闺女，其中三个天下知名：一个嫁给了宇文泰的儿子，一个嫁给了杨坚，一个嫁给了李渊他爹。此外人家还有四个闺女呢，只不过史书没有记载而已，但可能嫁得差吗？

宇文泰防独孤信防了一辈子，但他阻碍得了独孤信成为柱国大将军吗？

宇文泰自己也有十三个闺女，也是遍地撒网地嫁给了贺拔岳、李弼、于谨、赵贵、若干惠等这些大佬的儿子用于编织关系。

为什么后来宇文家的江山被杨忠的儿子撬走了呢？因为人与人之间的关系永远是在变的，是需要不断投入资源去维系的。

这世道没有永远不变的事。

宇文泰很明白，打的是国家层面的仗不假，西魏有大量余力去南面占便宜不假，但方方面面都需要去收买、去安抚，不可能打完仗最后都让自己接管了，要和大家一起分享才行。灭蜀则不同，你们本来就都不同意，是我宇文泰慧眼独具。

整个益州战后被授权给尉迟迥独家代理，尉迟迥被任命为大都督，督益、潼等十二诸州军事，益州刺史。

自剑阁以南尉迟迥得到了完全的授权，所有的人事权和财政权他一个人说了算，所谓"自剑阁以南，得承制封拜及黜陟。迥乃明赏罚，布恩威，绥缉新邦，经略未附，夷夏怀而归之"。

蜀地百姓之所以没经历与江陵、江东百姓一样的悲惨遭遇，是因为宇文泰此时的超级资源储备。

此时西魏的国力强大，积攒着大把现金流，北面、东面都没有损耗，灭蜀甚至没有派一个柱国级大佬坐镇，于谨和李弼这种铁杆始终在宇文泰身边拱卫他，他仅用一个小辈分的尉迟迥，用点儿私房钱就把事平了。

如果宇文泰跟高洋一样，北面跟游牧民族结了仇，就需要派大佬级别的人始终坐镇北面，得派谁去呢？

肯定得是自己最信任的人，于谨弄不好就得常年镇在北面，同时带走大量嫡系部队。整个西魏都得往北面投钱，更不要说黄土高坡本就是物流噩梦，时间长了，"独孤信们"就会给他找碴儿。

再遇到南面这种好机会，如果面对满朝文武的不同意，宇文泰就没有底气再派他外甥南下。

南北两线开战，万一陷里面呢？万一蜀道难打成烧钱战了呢？

还是那句话，当用尽所有资源后，你的所有动作都会变形。你要为小概率的各种风波伤神费力。更不要说在这乱世，你不知道会有什么天灾人祸会增加你的成本，你需要冗余的资源帮你躲过天灾。

灭蜀的胜利和体面，看上去丝滑顺畅，其实背后是宇文泰"手有余粮心不慌"：尉迟迥全折里面我也不怕，他不行我再派于谨，李弼还在我身边呢，我在长安始终是占据绝对优势，独孤信敢跟我瞪眼？

不是所有的钱都最高效率运转赚得就最多，一个意外你资金链也许就崩了。不是所有的时间一点儿都不浪费能办的事就最大，一场病你这辈子也许就都叠进去了。体内永远留一股含而不吐的真气，是你抵御外邪的最关键法宝。

我们之前讲乾卦的时候说过，龙行九天之时，切忌自满，切忌独占，切忌自毁长城，飞龙升腾到极致之时势必孤寂无助，龙有灾祸之困，也就是乾卦的第六重境界，"亢龙有悔，盈不可久也"。核心在"亢"。

"飞龙在天"之时，一定要时时刻刻警惕适可而止，要斗罢艰险再出发，要敢于自我革命，要加强自我净化、自我完善、自我革新、自我提升，始终保持同老百姓的血肉联系，而不是升于极致后的过分之"亢"。

飞龙者，手握权柄，雷霆万钧，但事不可做绝，势不可用尽。你的雷霆万钧一旦全打出去了，你的弱点就暴露出来了。凡事太尽，缘分势必早尽。

当年刘裕伐关中，三千里兴兵讨虎狼群伺之国，为"亢龙有悔"，为"其势用尽"。"亢龙"尚且如此，更不要说侯景和萧绎这种"瘸龙"了。

天地本不全，万物亦应合此不全之奥妙，用势穷尽非天理之数，非人力所能及哉。

至此，天下一统的最难板块已经提前被西魏拿到手了。

我们再来看看此时"西梁女国"内耗锦标赛冠军萧绎的家底账本。

自巴陵至建康的长江以北地区已经全部被东西魏占领，荆州地界北边尽头是武宁，西边尽头是硤口，岭南被萧勃占据，此时萧绎手里控制的民户不到三万。[1] 不到三万户，也就是不到十五万人。

萧绎灭掉侯景赢得皇位的最终代价，是对西魏的极致谄媚。他手里不仅没有牌了，他还做了个傻选择。

---

[1] 《资治通鉴·梁纪二十》：侯景之乱，州郡太半入魏，自巴陵以下至建康，以长江为限，荆州界北尽武宁，西拒硤口，岭南复为萧勃所据，诏令所行，千里而近，民户著籍，不盈三万而已。

安了内的萧绎开始面临是否迁都建康的抉择，其领军将军胡僧、太府卿黄罗汉、吏部尚书宗懔、御史中丞刘毅等纷纷劝谏不可："建康王气已尽，北面就是敌虏，如果有什么不测后悔就来不及了。况且自古就相传荆州的小洲满百时就会出天子，现在枝江又生出了一个新洲，荆州之洲已满百，所以您龙登九五正是应验了呀！"

龙飞就不要想了，云梦泽在缩小，江汉平原在进一步扩大，江陵的独特地理优势即将东移给武汉了。

当中国这片最大的湿地湖泽群逐渐退去，江陵这座伴随我们整个秦汉乱世纪的荆州名城也将渐渐退出历史舞台。

萧绎让百官讨论这件事，黄门侍郎周弘正、尚书右仆射王褒又说入建康才是藩王变真皇的跃龙门，还是回建康定都吧。

荆州帮说："周弘正这些都是东边人，可别搭理他们。"

周弘正道："西面人想定都西边难道就是妙策？"

是否定都建康这件事参会者达到了五百人，最终萧绎下令投票决定。同意去建康的露左胳膊，结果以多半数通过。

但萧绎不想离开荆州，因为建康此时已经被祸害残了，他找术士杜景豪占卜吉凶，显示不能走。于是萧绎下定决心，留在江陵。

其实萧绎应该看看地图的，在西魏的帮助下萧绎虽然终于赢得了皇位之战，但此时西部世界已经被掏空了。江陵此时相当危险，他在三个方向上都已经被西魏包围了。尤其襄阳已经归西魏了，导致随枣通道也被西魏控制，西魏现在可以三个方向堵他，他跑都不好跑。

江陵位于江北，如果西魏长驱直入，就萧绎那个军力，拿什么跟西魏拼呢？

侯景之乱时，门阀贵族损失大半，幸存的都来了江陵，但最后到底是没躲过灭亡的命运。

伴随着萧绎的这个决定，旧时王谢的堂前燕，注定要飞到寻常百姓家了。

五、六柱国与满八旗

宇文泰灭蜀后，事情开始慢慢发生质变。

554年正月，宇文泰根据"周制"作九命之典重新定义内外官爵，以一品官为九命，以此类推九品官为一命。他又改了州郡县名字：改东雍为华州、北雍为宜州、南雍为蔡州、华州为同州等，共改了四十六个州名，以及一百零六个郡名、二百三十个县名。

深谙权力之道的人都会明白冠名权的意义。宇文泰在强烈地暗示："这天下是我打下来的，我这个当爹的有权给儿子们起名字。"

三十岁的西魏傀儡皇帝元钦看到这个情形下定决心展开最后一搏，准备暗杀宇文泰，临淮王元育、广平王元赞再三哭劝，元钦不听。

皇帝的身边是宇文泰的几个女婿，清河公李基（李远之子）、义城公李晖（李弼之子）、常山公于翼（于谨之子）都被任命为武卫将军分管宫廷宿卫部队。这样的配置，元钦能搞得了什么密谋？

很快元钦的小秘密就被宇文泰的女婿天团发现了，元钦先被废后被毒死，换其弟元廓做了傀儡皇帝。

借着这个东风，宇文泰也给皇室当了把爹，命帝室重新恢复拓跋姓氏，原来被孝文帝改姓的各种胡姓也纷纷改了回来。

北魏当初的代人联盟统国三十六，大姓九十九，宇文泰此次"大改名运动"把麾下功高者封为三十六姓，次功者为九十九姓，所率领的军团也跟着从此改姓，所谓"所将士卒亦改从其姓"。

注意这个"所将士卒亦改从其姓"，配合西魏的"六柱国"辖"二十四大将军"的这个套路，西魏就此建立起了一个归属感极强的系统。

无论你是哪个民族的，只要属于一个军府，跟了一个大首领的姓，从此就都是自己人，是抢粮、抢钱、抢地盘的共同体。

我们最早看到这招是在什么时候呢？那还是二百年前的"杂胡"首领石勒。

石勒之所以最终走出了"杂胡"联盟的羯族道路，与最开始从并州被拐卖到河北有着巨大的关系。

当年西晋配享太庙之首的石苞曾孙石朴在天下大乱后跟胡人"同是天涯沦落人"了，因为和石勒同姓，两人又都是被拐卖到河北的，所以被石勒引为宗室，后来位至司徒。

石朴虽然是标准的汉人，但因为与石勒有着共同的"河北受难"经历，所以成了石勒的铁杆。

所谓的"俱出河北"，代表着一种新的地域联系和共同记忆，这种"河北友情"已超越籍贯、门第甚至民族的界限，成为整个石勒集团凝聚人心的重要纽带。

拜八王之乱中司马腾的大规模人口拐卖操作所赐，河北当时出现了超越一切的阶级情感。这种利用共同苦难凝聚团结部下的思路，后来成为石勒搭建统治结构的重要法宝。

它给石勒打开了一个新思路和新大门：无论什么民族，哪怕是汉族，我都能够通过改姓对他们进行同化和吸收。

这个世界貌似是分民族的，但它更是分阶级的。全世界受苦的人可有太多了！

石勒海纳百川，普发"羯族证"吸揽了大量的汉人，比如冉闵他爹冉良最开始是跟拐卖石勒的乞活军混的。因为小小年纪就勇冠三军，石勒专门命石虎收编冉良为养子并改其名为石瞻，等冉良生出冉闵后，冉闵"骁猛多力，攻战无前"比他爹还猛，于是又被石虎当成亲孙子一样抚慰。

汉人，甚至仇人，都能无障碍地被赐"石姓"，入"羯族"，其他"杂胡"进入羯族就更不叫个事了。

两晋时我们说过，"五胡"中，后赵建国后羯族人口的激增其实是由大量的冀、并"杂胡"撑起来的，整个北境的"杂胡"被石勒构成了以河北为根据地，以羯为名的"杂胡联盟"。

石勒当年能够普发"羯族证"团结一切"杂胡"有着时代的特殊背景，宇文泰则一步步走得比石勒稳得多。

在宇文泰改姓前，"六柱国体系"的骨干军官们已经经历了大量开国战斗，邙山大败后，宇文泰的中央军兵员大损，高欢带来的巨大压力导致宇文泰根本没时间临时从没打过仗的平民中征集兵员，而是无可奈何地将手伸向了关陇各地豪族的乡兵。

宇文泰第一时间广募关陇豪族的力量进行兵员补充，至此真正意义上的关陇贵族集团开始正式登上历史舞台。

关陇的各地豪族如京兆韦氏，河东柳氏、裴氏、薛氏，武功苏氏等高门大姓从此大量进入了西魏中央军系统。

西魏此后由六军慢慢扩充成了十二军乃至最后的二十四军，其领导层还是之前的那些早期功臣，但中下层的大量毛细血管已经开始融入了强烈的关陇基因。

武川贵族集团渐渐迭代为关陇贵族集团，外地大臣和本地豪强渐渐融合为一个整体。

前面的工作是上层的融合，这次改姓则是帮底层的兄弟们完成了归属感的思想统一。以"六柱国系统"打造联盟，从而彻底消除了各民族之间的隔阂。

一千多年后，在白山黑水之间，有一个民族抄了宇文泰的作业。

虽然方法与时俱进，有所变种，但其核心思路都是一样的。这个民族随后迸发出了让整个东方世界颤抖的战斗力，这就是女真的"八旗"制度。

宇文泰在灭蜀后加速改革，奔着改朝换代绝尘而去。换房本需要灭国的军功，眼下就有个极软的烂柿子。

554年三月，宇文泰派侍中宇文仁恕出使江陵，通知萧绎西魏换皇帝了。

据说刚好北齐的使者也到了江陵，据说萧绎对宇文仁恕的规格不如对北齐使者高，据说萧绎还要求按过去的版图来划定边境线，言辞挺傲慢。

宇文泰道："古人有言，天之所弃，谁也没戏，说的就是萧绎啊！"其实，这就是个欲加之罪。因为就在去年年底，萧绎担心被西魏攻击刚刚给宇文泰加大了送礼的节奏。

荆州刺史长孙俭曾多次陈述灭梁方略，宇文泰把长孙俭召入朝堂问策。

长孙俭说："江陵位于江北，离我们边境不远，观南梁形势不欲东下，而萧家骨肉相残老百姓已经很厌恶他们了。我们荆州军资器械储积已久，若您派大军南讨别担心后勤问题，既然我们已经拿下蜀地就更该趁势平定江汉，抚而安之收其赋税以供军国，再平天下那就是席卷之势啊！"

宇文泰听到了想听的：后勤没问题。随后，他命长孙俭回荆州继续秘密准备。

梁朝旧臣马伯符听说了这件事，派密使给萧绎示警。散骑郎庾季才也对萧绎道："天象示警，江陵不祥，您赶紧挪地方吧，就算西魏入侵也只是丢了荆湘。"

萧绎也是看得懂天文的，知道荆州有灾，长叹道："祸福在天，哪里是避就能避开的。"

554 年十月，西魏派柱国大将军常山公于谨、中山公宇文护、大将军杨忠率兵五万灭梁。此时的萧绎正在举办《老子》精神宣传活动，作为主讲人对文武百官宣传《老子》精神。

十月初十，武宁太守宗均报告西魏即将入侵，萧绎召百官商议对策。

领军胡僧、太府卿黄罗汉和侍中王琛都认为西魏不会南侵，萧绎于是派王琛出使西魏，暂停《老子》的学习并宣布内外戒严。

王琛走至石梵（今湖北天门东南）未见魏军，驰书报黄罗汉说哪里有什么敌情！

十月十七，萧绎又恢复讲《老子》，百官穿着军装听。也不知道他哪里来的那么大的瘾。

十月十八，萧绎派主书李膺去建康召王僧辩为大都督、荆州刺史回援江陵，命陈霸先移兵驻守扬州。

十月二十一，萧绎夜登凤皇阁，焦虑踱步叹息道："客星冲犯翼宿、轸宿，看来大事必败。"就这样，萧绎乖乖地在江陵等来了西魏大军。

十一月初一，魏军渡过汉水，于谨命宇文护和杨忠率精骑只用一天时间就闪电占领了江津，切断了萧绎的东归之路。[1]

十一月初四，西魏大军已经来到了距江陵四十里的黄华。

十一月初五，魏军兵临江陵城下。

十一月十五，梁军军营栅栏失火，烧毁了几千家民房和二十五座城楼，萧绎亲临烧毁的城楼视察，远望魏军渡江涌来，四顾叹息。

十一月十七，于谨军围城，江陵内外断绝。

十一月十八，萧绎巡视城防并作诗，群臣对诗。[2]

---

① 《资治通鉴·梁纪二十一》：癸未，魏军济汉，于谨令宇文护、杨忠帅精骑先据江津，断东路。

② 《资治通鉴·梁纪二十一》：是夜，帝巡城，犹口占为诗，群臣亦有和者。

十一月二十六，王褒、胡僧、朱买臣、谢答仁等相继出城迎战，但都败退回城。

萧绎给王僧辩写了封信："我忍着不死就是在等你，快来吧！"

萧绎引以为傲的人质计划不知什么时候出现了一个漏洞，王僧辩此时身边有一个儿子王颙。哪怕身边只有一根苗，也不再忍你这个暴躁易怒之主了！

萧绎当年怎么对他爹的，此时他的众将就是怎么对他的：没有一个人来救他。

魏军在年底展开了全面攻城，领军将军胡僧中流矢而亡，军心崩溃，有叛者打开西门迎魏军，萧绎带着他的太子、王褒、谢答仁、朱买臣等退至金城自保。

最后时刻，萧绎入东竹殿命舍人高善宝把自己收藏的古今书籍十四万卷全部烧毁，自己准备跳到火里自杀但被左右拦住。萧绎又用宝剑砍柱，剑也折断了，随后长叹道："文武之道，今天晚上全完了。"①

当年始皇帝收拢天下图书被项羽一把火烧了，后来经西汉一朝的恢复，到了王莽覆灭时再次被赤眉军毁掉大半，万幸刘秀中兴，自己也是个儒家的读书种子，各地又纷纷献上藏书，东汉末年，献帝逃跑时七十余车藏书毁于战火，后来东晋东渡时只有三千余卷书籍，刘裕灭掉后秦又从后秦图书馆打包回来了四千卷古书。在这一代代的艰难积攒下，到了梁代，文化始大成，萧衍藏书六万卷，萧绎藏书八万卷。

侯景打台城时，萧纲火烧东宫把自己那数百橱书都烧了；侯景被灭后，萧绎又千里迢迢地把他爹的六万余卷藏书全拉到了江陵。拉来的目的，就是给他陪葬。大量的上古典籍因为这个自私软弱之人就此失传。

萧绎烧书后出降，西魏军随后紧急抢救，但这些书籍最终大半被

---

① 《资治通鉴·梁纪二十一》：帝入东阁竹殿，命舍人高善宝焚古今图书十四万卷，将自赴火，宫人左右共止之。又以宝剑斫柱令折，叹曰："文武之道，今夜尽矣！"

毁仅剩四千余卷，事后西魏审判萧绎，问他为什么要焚书。

他回道："我读书万卷才导致了今天的下场，所以都把它烧了！"[1]

萧绎还打算让数千死囚给他陪葬，当时有司启奏希望赦免囚徒而战，萧绎不同意并下令全部处死，只不过因为城破没来得及实施。[2]作为一个失败者，萧绎在以奇丑无比的姿势进行报复：毁灭所能控制的一切，给自己失败的人生进行殉葬。

于谨逼萧绎写信招降王僧辩，萧绎拒绝了。

使者说："你觉得你说的还算吗？"

萧绎道："就因为我早就说的不算了，所以王僧辩也不会听我的。"既然你那么明白，也没什么活着的必要了。萧绎被于谨弄死了。

拿下江陵后，梁王萧詧的部将尹德毅劝他："魏人贪婪残暴，现在魏之精锐尽聚于此，若殿下设宴请于谨等前来，预伏武士干掉他们，再分命诸将袭击他们的营垒一个也别让他们跑。然后您再抚慰江陵百姓，对百官因才而授，王僧辩及其党羽您写封信就能归附于您，到时候您回建康登基，这是多好的机会啊！天予不取，反受其咎啊！"

萧詧面对这个天真的想法表示魏人对他很好，他不能背德。

宇文泰随后立萧詧为梁主，给了他荆州界内不过三百里的地方，拿走了他的雍州之地，让他住在江陵东城，又安排防主率兵居西城，名为助防，实为监管。

萧詧随后有点儿遗憾没有采用尹德毅之策。

别遗憾了，就凭你杀得了那群老狐狸？萧氏一门祸国至此，做什么都没意义了。更何况，你根本没那个血性。

于谨虏走江陵男女十余万人，收其府库珍宝，得宋浑天仪、梁日

---

[1] 《资治通鉴·梁纪二十一》：帝曰："读书万卷，犹有今日，故焚之！"

[2] 《资治通鉴·梁纪二十一》：及魏师围城，狱中死囚且数千人，有司请释之以充战士；帝不许，悉令棓杀之。

晷表、魏相风乌、铜蟠螭趺及诸多政权象征法物北上回了长安。

无论贵贱，江陵百官及百姓被没为奴婢者十余万。

自东晋渡江后两个半世纪了，在哪个朝代都当爷的门阀贵族们终于没能在这次劫难中逃掉。侯景之乱中贵族集团已经损失大半，幸存者一路辗转来到了江陵，至此被全部打包团灭。在去长安的路上魏军将弱小者全部杀掉，人马踩踏及冻死者又有十之二三，只有极少数人活着到了关中。

二百年前，一身戎装的桓温被刘惔骂为老贼，桓温怒斥道："我若不为此，卿辈哪得坐谈！"如今"老贼"不在了，坐谈的士大夫们也都为奴做娼去了。

556 年正月初一，西魏行周礼，建"天、地、春、夏、秋、冬"六官，宇文泰为太师、天官大冢宰，李弼为太傅、地官大司徒，赵贵为太保、春官大宗伯，独孤信为夏官大司马，于谨为秋官大司寇，侯莫陈崇为冬官大司空，其余百官皆仿周礼。

早在大统中期苏绰还活着的时候，宇文泰就想完完全全地按照周朝制度建立中央政权了，但当时没改革动，在占领整个西部中国后，宇文泰终于推动了自己的改革。[①]

宇文泰虽然把姓都改成了"胡姓"，但方方面面都在看齐周礼。他要做中华的正统。

接下来，他要走改朝换代的最后几步了。

在这之前，他还有一件事要做——接班人的问题。准确地说，是独孤信的问题。

宇文泰之前娶了孝武帝的妹妹冯翊公主为正妻，生了嫡子宇文觉，宇文觉十五岁时，娶了西魏皇帝元宝炬之女晋安公主为妻。

---

① 《周书·文帝纪》：初，太祖以汉魏官繁，思革前弊。大统中，乃命苏绰、卢辩依周制改创其事，寻亦置六卿官，然为撰次未成，众务犹归台阁。至是始毕，乃命行之。

宇文泰更早之前还生了个庶长子宇文毓，宇文毓二十三岁时，娶了独孤信长女为妻。

在这群大佬中，独孤信永远是宇文泰最害怕的存在。

自540年起，独孤信就被宇文泰扔在陇右了。在长达十年的时间里独孤信只下过一次陇山，就是当年的邙山之战。宇文泰不放心独孤信这个上一次的长跑冠军在大后方举办第二届冲刺大赛，于是将他调回了邙山前线。

独孤信在陇右干得有声有色，完全没有抱怨被挤出了核心圈，他将陇右打造成了模范地区，这块最爱闹暴乱的地方不仅不闹了，老百姓的日子还过好了，而且还吸纳了数万家流民。①

独孤信原名叫独孤如愿，本来是挺诗意的名字，但宇文泰最爱给人当爹，看到陇右治理得那么好，就给独孤如愿改名成了独孤信。②

在这期间独孤信还先后去岷州、凉州平叛，他到了就平定叛乱，大拳头一点儿没受宇文泰挖墙脚的影响。

548年，到哪儿都放光的西北王独孤信进位柱国大将军，因守洛阳、破岷州、平凉州等功增封，五个儿子都封了侯。

独孤信在陇右多年乞求还朝，宇文泰始终不许，最终在550年宇文泰才让独孤信东征下陇山，随后回朝做了尚书令。③

别看独孤信多年在外，但他和李弼是第二梯队，都是548年就加封的柱国大将军。

赵贵、于谨和侯莫陈崇都是549年，李虎垫底，是550年。

---

① 《周书·独孤信传》：先是，守宰阁弱，政令乖方，民有冤讼，历年不能断决。及信在州，事无壅滞。示以礼教，劝以耕桑，数年之中，公私富实。流民愿附者数万家。

② 《周书·独孤信传》：寻除陇右十州大都督、秦州刺史。……太祖以其信著遐迩，故赐名为信。

③ 《周书·独孤信传》：信在陇右岁久，启求还朝，太祖不许……十六年，大军东讨，信率陇右数万人从军，至崤阪而还。迁尚书令。

最关键的是独孤信又能干又能生，六个儿子七个闺女打造出了一个巨大的姻亲关系网。由于独孤信的存在，宇文泰的庶长子宇文毓这个年龄具有巨大优势的独孤家女婿慢慢成为武川集团分头押注的存在。

宇文泰在这一年三月决定正式确立继承人并当着百官的面赤裸裸地向独孤信开炮："我想立嫡子为世子，但担心大司马对此有疑心，该怎么办呢？"①

我们之前说过，做上司的，说话要尽量说一句留三句，要引而不发，不能上来就杀伤性太大，因为权力要去层层放大。

结果宇文泰上来开炮那么猛，这就相当于开战了。

宇文泰的心腹尚书左仆射李远当然明白是怎么回事，怒吼道："从来立世子看的都是嫡出，有什么可疑虑的？要是担心独孤信我现在就宰了他！"然后他拔刀就站起来了。②

宇文泰赶紧站起来道："不至于不至于！"独孤信也赶紧表忠心，李远这才把刀收起来。③

宇文泰很不体面地将宇文觉立为太子。

为什么宇文泰这事处理得如此不体面？极大可能是因为独孤信的魅力和势力实在太大，不说这么决绝就会有缓和的余地。宇文泰不想给独孤信一丁点儿空间。

宇文泰死后，他这辈子的好兄弟赵贵就找独孤信联盟了。宇文护杀赵贵时眼都不带眨的，但杀作为同党的独孤信时可没杀动，后来还是费了好大劲拐了好大弯才给独孤信逼自杀的。

---

① 《资治通鉴·梁纪二十二》：泰将立嗣，谓公卿曰："孤欲立子以嫡，恐大司马有疑，如何？"

② 《资治通鉴·梁纪二十二》：众默然，未有言者。尚书左仆射李远曰："夫立子以嫡不以长，略阳公为世子，公何所疑！若以信为嫌，请先斩之。"遂拔刀而起。

③ 《资治通鉴·梁纪二十二》：泰亦起，曰："何至于是！"信又自陈解，远乃止。

退朝后，李远拜谢独孤信道："今天碰见这种大事不得不喊杀你，别往心里去。"

独孤信也拜谢李远道："亏了您才把这事定下来。"

宇文泰防备了独孤信一辈子，最终老天自有剧本，他定完继承人后没过半年就在北上巡边的路上突发疾病，并且病情急剧恶化。他到寿数了。

宇文泰这一年刚刚五十岁，假如再给他十年时间，中国的历史走向可能会完成一个"从周到周"的千年大循环。英雄的阳寿，是历史的最大变量。

他的长子宇文毓当初是如何成为独孤信女婿的已经无法知道了，但如果宇文毓娶的不是独孤信的闺女，宇文泰也不至于这么急急忙忙地确定接班人。一切都可以等改朝换代后再说，宇文泰此时此刻也就会有更多回旋的余地，他可以传位给自己二十三岁的庶长子宇文毓。

由于宇文觉年纪太小了，宇文泰派驿马传令急召侄子宇文护，宇文护赶到后宇文泰对他说："我几个儿子都还年幼，外寇很强，天下之事就委托你了，你要完成我的遗志。"

十月初四，宇文泰崩于云阳。

十月初五，十五岁的世子宇文觉继位，接班为太师、柱国、大冢宰镇守同州。

宇文护当时四十四岁，虽然被宇文泰倚重，但威望毕竟不够，老臣都想执政，根本不服他，于是宇文护找来了宇文泰的铁杆嫡系大佬于谨，时年六十四岁在八柱国中岁数最大的于谨说："你别管了，到时我跟那群老家伙拼了，你一定不能退让！"①

---

① 《资治通鉴·梁纪二十二》：中山公护，名位素卑，虽为泰所属，而群公各图执政，莫肯服从。护问计于大司寇于谨，谨曰："谨早蒙先公非常之知，恩深骨肉，今日之事，必以死争之。若对众定策，公必不得让。"

第二天，西魏选新领袖，于谨上来就定调道："魏本来都完蛋了，要不是安定公宇文泰迎纳并辅佐了魏，国家就没有今天的局面，现在安定公过早离开了我们，他的世子虽然还小，但中山公宇文护是他一向看重的侄子，现在接受了顾命之托，军国大事按理应归中山公决断！"①

于谨言辞神色严厉，众人都不敢说什么。

宇文护接着于谨的话说："辅政是我的家事，我虽然平庸愚昧，但现在又怎么敢推辞呢！"

于谨作为宇文泰的平辈，之前宇文护见面时是要对于谨跪拜的，这次选举大会于谨却带头跪了宇文护，就此群臣被于谨绑架拜了宇文护。②由于宇文护辅政西魏是没有合法性的，纯属黑帮强上，于是加速了改朝换代。

十二月十七，宇文觉被封为周公。

十二月三十，魏恭帝下诏禅位于周公宇文觉。

557年正月初一，宇文觉即天王位，柴燎告天，追封宇文泰为文王，封魏恭帝为宋公，以木德承魏水，行夏立法。

魏正式成为过去。

从拓跋珪那迷雾般的破案开国往事开始，我们没想到，这个国祚竟然陪伴我们走了这么久。这个中国历史上最长乱世中存在感最强的国祚，至此终于写完了它的最后一笔。

百年梦魇轮回的子立母死，飞龙在天设立六镇的拓跋焘，史上最伟大的女政治家文明太后，最强潜伏者的乱世祸根孝文帝，功比孟德祸比董卓的尔朱荣，还有给这乱世收尾的绝代双骄。

———————

① 《资治通鉴·梁纪二十二》：明日，群公会议，谨曰："昔帝室倾危，非安定公无复今日。今公一旦违世，嗣子虽幼，中山公亲其兄子，兼受顾托，军国之事，理须归之。"

② 《资治通鉴·梁纪二十二》：谨素与泰等夷，护常拜之，至是，谨起而言曰："公若统理军国，谨等皆有所依。"遂再拜。群公迫于谨，亦再拜，于是众议始定。

强权与血性，从头到尾贯穿了这个朝代。中国这次三百年的民族融合也在北魏一朝趋于大成。

宇文泰拿下了武川集团的最终创业果实并由宇文护继承执政后，很多人不服。

不过没关系，宇文泰给他侄子留下了足够多的冗余资源，为的就是应对这种突发状况的平稳过渡。北周的江山是稳的，除非"阳寿"来添乱。

此时此刻我们来看看华夏的东南，江左六朝的最后一朝也吹响了绝地反击的号角。

在整个江东都已油尽灯枯之际，陈霸先一脚蹬死了花架子的王僧辩，当北齐在王僧辩一党的领路下复制了侯景入梁之势的剧本后，陈霸先让所有人彻底明白了一件事：侯景之乱是人祸。

岭南的小伙子们在一次次硬桥硬马的对掌中将北齐军震进了长江，生猛倔强地挤上了最后的牌桌。

六、京口的最后轮回

萧绎在注定沉没的江陵始终没有往江东逃，很大程度上是因为王僧辩。因为侯景是王僧辩组团灭的，江东是王僧辩打下来的。

而自己维系和王僧辩关系的纽带不过是王家百余口的人质，难道自己要带着这百余口去江东吗？到时候自己还做得了主吗？自己当初可是差点儿一剑把王僧辩砍死，还是给自己留点儿最后的体面吧。

萧绎卖了最后一个亲戚后也打光了最后一张牌。怎么选，都是错。

西魏吞并江陵后，王僧辩和陈霸先等共奉十二岁的江州刺史萧方智为太宰，承梁制，在建康登梁王位。

西魏吞梁后不久，北齐眼热了。准确地说，史上功德最薄的开国之君高洋想玩把面子工程，他要兴灭继绝。

555年正月二十，北齐立萧渊明为梁朝新主，南下之前高洋先派了殿中尚书邢子才给王僧辩送了一封信，表示你们立的那个年龄太小，我立的这个是萧衍之侄，年龄比较大。

高洋当然知道仅凭这个不可能有效，于是派上党王高涣带兵送萧渊明回南方即位。

二月初四，萧渊明也写信给王僧辩要求来接他，王僧辩回信道："我手里的才合法，你要是来帮忙的我欢迎，你要是来称帝的，我不答应。"

三月，萧渊明至东关，晋州刺史萧惠以州降之。

三月初六，北齐攻克东关，杀了裴之横，俘虏了几千人。

大家还记得这个东关在哪里吗？它是三国时的老景点了，东关一破北面的水军就能南下进入长江。

刚刚西面被灭国，东边又打破了东关，被北方神秘力量震撼的王僧辩胆怯了，出屯姑孰，准备迎接萧渊明。[①]

王僧辩胆怯，跟他现在的实力分散也有着很大关系，后面会详细说。

当你的资源都使在刀刃上时，就意味着你禁不起波动，你的动作会变形，比如眼前的丧权辱国。

王僧辩遣使奉启于萧渊明，定君臣之礼，以儿子王显及显母刘氏、侄子王世珍为人质，又遣别使奉表于齐。[②]王僧辩派左民尚书周弘正至历阳奉迎，要求以萧方智为皇太子，萧渊明同意了。

三月二十一，王僧辩派龙船备法驾迎萧渊明，萧渊明和高涣在长江北盟誓。

三月二十二，萧渊明从采石矶渡长江，北齐军随后北返。

三月二十七，萧渊明即皇帝位，改换年号为"天成"，立萧方智为皇太子，任命王僧辩为大司马，陈霸先为侍中。

王僧辩的丧权辱国让另一个大佬陈霸先很不爽，或者说陈霸先已经不爽很久了。

之前拥立萧方智的时候，王僧辩成了中书监、录尚书事、骠骑大将军、都督中外诸军事，拿到了所有权力，陈霸先之前就是南徐州刺史，拥立之后仅进位司空领了个虚衔。王僧辩把陈霸先看作了一个京口

---

① 《资治通鉴·梁纪二十二》：王僧辩大惧，出屯姑孰，谋纳渊明。

② 《资治通鉴·梁纪二十二》：王僧辩遣使奉启于贞阳侯渊明，定君臣之礼，又遣别使奉表于齐，以子显及显母刘氏、弟子世珍为质于渊明。

看门的。

三吴被王僧辩跑马圈地，其弟王僧智为吴郡太守，其心腹杜龛为南豫州刺史，张彪为东扬州刺史。

侯瑱原为镇合肥的萧范手下，在萧范死后跟了王僧辩，随王僧辩讨侯景时多次担任先锋，现在成了江州刺史。

徐嗣徽的堂弟徐嗣先是王僧辩的外甥，靠着这层关系徐嗣徽成了谯秦二州刺史。

王僧辩在连年战乱后已经虚汗连连，没有多少实力了，此时为了占据所有值钱的地方还把本就薄弱的力量都派了出去，比如抢占吴兴的杜龛和会稽的张彪是王僧辩麾下最能干的两个心腹。[1]

王僧辩只把一个穷哈哈的老区给了陈霸先，让他盯着对岸的广陵。

王僧辩心很高，但他有这个实力吗？他知道陈霸先屯兵的那个京口是什么地方吗？

京口虽然因为不再有北人南下在刘宋晚期就已经没落了，但是，这个南朝的火种基地仅仅是因为人口的原因才开启了一个时代吗？

当初郗鉴选择京口的关键原因在于离建康近，而且控制着通往三吴的运河。（见图14-7）

京口离建康太近了，当年刘裕的江山是怎么打下来的？

王僧辩最开始在江州会盟讨侯景时对陈霸先相当畏惧，后来两人关系处得不错，他还专门跟陈霸先做了儿女亲家，只是赶上王僧辩母亲过世所以没有成婚。

王僧辩对陈霸先推心置腹，他哥、他儿子多次劝他提防陈霸先，但王僧辩不听。王僧辩认为通过打感情牌就能控制住这个大佬。

你怎么这么幼稚呢，陈霸先手下是有兄弟的，他的兄弟们也是要

---

[1] 《南史·张彪传》：及侯景平，王僧辩遇之甚厚，引为爪牙，与杜龛相似，世谓之张、杜。

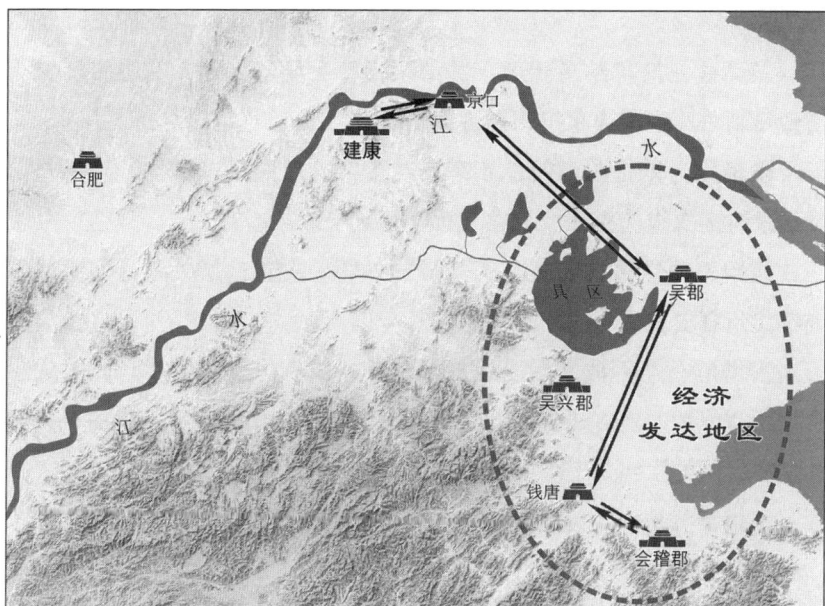

图 14-7　京口位置图

吃饭的。你把自己的嫡系都给封了，岭南兄弟们的功勋你貌似没考虑。大伙把脑袋别裤腰带上翻越五岭创事业，最后就占领了个京口？陈霸先要是不弄死你，他这个大哥就活不下去。

等王僧辩迎萧渊明为帝时，陈霸先派使者苦苦劝阻，使者往返多次，但王僧辩不听。

陈霸先从王僧辩的丧权辱国中看出了他的虚弱，王僧辩的动作变形也给了陈霸先一个完美的政治借口。陈霸先开始密备锦彩金银为军资赏赐之物。

九月，有消息称北齐军队进行大调动，已经到达了寿阳将要向南进犯，王僧辩派记室江旰通知陈霸先让他有所戒备。陈霸先把江旰扣在了京口，借这个机会准备袭击王僧辩。

九月二十五，陈霸先召集部将侯安都、周文育、徐度和杜稜一起密谋策划。

来看看这几个人。

侯安都是始兴土豪，在侯景之乱时拉起了一支三千人的队伍投奔了陈霸先，随后成为陈霸先麾下猛将。

周文育，新安寿昌县（今浙江建德）人，自幼丧父贫苦，精通水性，新安郡游泳冠军，能征善战，之前是跟陈庆之混的，后来跟了南江督护卢安兴征战南蛮，因功封为南海县令，后来跟卢氏打广州时被陈霸先击败，随后被陈霸先收服。

徐度，世居京师，少倜傥，不拘小节。长大后嗜酒好赌博，始兴内史萧介南下时徐度跟着做了武官，估计是为了躲赌债。结果上了战场赌徒变了杀星，率士卒征诸山洞，以骁勇闻名。陈霸先打越南时厚礼招附他，随后将他收服。

这哥三个都是在岭南混出来的，之前做土霸王做得很爽，来了京口后很不爽，所以高度拥护陈霸先。

杜稜则认为这事有难度。杜稜是吴郡钱塘人，家族世为县中大姓，到他这一代家势破落混不出名堂，后来到岭南跟了萧暎，萧暎死后跟了陈霸先做了他的心腹。

文官干不了玩命的活儿，随后陈霸先的反应很绝，他认为虽然杜稜是跟随自己多年的心腹，但不好意思，他谁也不信，他差点儿把杜稜勒死，最后把人关了起来，直到出发时才把杜稜拉出来一起走。[①]

陈霸先将前面储备的金银布帛都赐给了将士们，命侄子陈昙朗留镇京口，派徐度、侯安都率水军直逼石头城，陈霸先自己率步骑从江乘出发会合。直到此时全军还以为是去抵抗北齐。

九月二十七，侯安都率舟舰准备奔袭石头城，陈霸先控制人马暂时没有行动。因为侯安都带着水军并不和自己一起行动，陈霸先要最后

---

① 《陈书·杜稜传》：高祖惧其泄己，乃以手巾绞稜，稜闷绝于地，因闭于别室。军发，召与同行。

试他一次。

侯安都非常恐惧，追着陈霸先骂道："今天造反这事已经箭在弦上不得不发，失败了咱们都得死，你以为留在后面就能不被砍头吗？"[①]

陈霸先笑道："小侯生我气了。"

就此最后的统一思想工作做完，陈霸先水陆两栖冲王僧辩奔袭而去。

侯安都行至石头城北弃船上岸，石头城北和山冈高坡相连，城墙并不高峻，侯安都披甲执长刀先登而入，一路杀进王僧辩卧室，陈霸先也率军从石头城南面杀入。[②]

陈霸先教科书级别的保密工作让王僧辩死都不知道怎么死的。

陈霸先见到王僧辩后骂道："我有何罪你要和北齐讨伐我？北齐来犯，你现在全无戒备，到底什么意思？"王僧辩被问得有点儿蒙，当夜王氏父子被杀。

灭侯景之前，王僧辩的联军已经成叫花子了，当他接受陈霸先那三十万石军粮的时候就应该明白，这是一股他不可能控制的力量。

强大的生命力自岭南喷涌而出，陈霸先和他手下饥渴的小伙子们注定要拿到匹配自己价值的位置。

此时此刻王僧辩没有任何跟陈霸先议价的筹码，因为北人不再南下，因为三吴一片荒芜，更不要说他在政治上给了陈霸先理由。

王僧辩手里就那几张牌，他想要的还那么多，这也就注定他会被匹配到一个符合他实力的结局。

萧渊明退位，萧方智复皇帝位，陈霸先成了尚书令、都督中外诸

---

① 《资治通鉴·梁纪二十二》：安都大惧，追霸先骂曰："今日作贼，事势已成，生死须决，在后欲何所望！若败，俱死，后期得免斫头邪？"

② 《资治通鉴·梁纪二十二》：安都至石头城北，弃舟登岸。石头城北接冈阜，不甚危峻，安都被甲带长刀，军人捧之，投于女垣内，众随而入，进及僧辩卧室；霸先兵亦自南门人。

军事、车骑将军、扬南徐二州刺史，拿走了王僧辩的一切。

九月二十八，陈霸先发檄文通告中外，罗列王僧辩的罪过，声明所讨伐者只有王僧辩父子兄弟，其余亲党，一概不问。

与此同时陈霸先通报北齐：王僧辩阴图篡逆所以被杀，新的梁统治层仍称臣于齐，永为藩国。

陈霸先在争取时间和一切可以利用的力量。他很清楚，整个江东还得再打一遍。

不过局面的走向远远出乎于陈霸先的预料，他的对手不仅仅是王僧辩跑马圈地的那些余党。

王僧辩死后，其党杜龛据吴兴反，义兴太守韦载率其部响应，王僧辩之弟吴郡太守王僧智也反了。

杜龛仰仗王僧辩的权势一向对陈霸先很不友好，他作为陈霸先老家的父母官在吴兴常常针对陈霸先的宗族，双方矛盾半公开化，等陈霸先要算计王僧辩的时候提前密派侄子陈蒨潜回长城县立栅以防备杜龛。

陈蒨，也就是后面的陈文帝靠着几百兵卒顶住了杜龛派来的五千军几十天，给陈霸先争取了大量的时间。

陈霸先派周文育去攻打义兴不利，于是留侯安都和杜稜守卫建康，亲自率军攻打义兴，又派宁远将军裴忌助他攻王僧智于吴郡。

裴忌选取精兵自钱塘星夜直扑吴郡，夜至城下，鼓噪攻城，王僧智以为大军至，乘轻舟逃往吴兴。

十月三十，韦载投降，陈霸先平定义兴后迅速收兵回建康，派周文育去救援长城县的能干侄子。他没空去亲自救陈蒨了，因为北齐已经杀过来了。

时任谯秦二州刺史的徐嗣徽在王僧辩被杀后献出了谯秦二州投靠北齐，等陈霸先东讨义兴时，徐嗣徽率精兵五千偷袭建康并一举拿下了石头城。

江北的北齐军在他投诚后极其惊喜地发现，他们不仅获得了渡江据点历阳和江南水军，甚至还得到了如大礼包般赠送的石头城。北齐军紧急动员开始迅速过江打算一举平定江南。

十一月十三，北齐派安州刺史翟子崇、楚州刺史刘士荣、淮州刺史柳达摩领兵一万，在胡墅（今江苏南京长江北岸，南对石头城）运米三万石、马一千匹进入石头城。就这样，北兵又一次进入了石头城。

侯景之势又一次上演了。

陈霸先向韦载问策，韦载道："齐军如果分兵先控制了通往三吴的道路然后掠地江东咱们就完了，现在咱们可以在秦淮南岸沿着侯景旧垒筑城以便打通东路粮道，然后分兵断了他们的粮道，这样他们顶多能撑十天。"[1]

翻译下韦载的话：如果齐军从京口突破，他们就会和王僧辩的余党勾搭上，那么二吴就完了，到时候就成了东西包围之势；但如果他们从历阳方向来则不用担心，一条长江水路、一条沿江陆路，封锁这两条路就憋死他们了。

粮运成为陈霸先的主攻点。

十二月初六，陈霸先派侯安都夜袭胡墅，烧了北齐的一千多艘战船，又命周铁虎率水军切断了北齐的粮道，抓了北徐州刺史张领州，获其粮草数千石，又在朱雀航修复侯景故垒派杜棱驻防。

由于水路被封锁，齐军的物流线只能从长江南岸的陆道输送，齐军在秦淮河南岸修了两座营栅与陈霸先对峙。[2]（见图14-8）

徐嗣徽等攻冶城，陈霸先领铁骑精甲自出西明门袭击齐军，齐军被打崩溃了，徐嗣徽留柳达摩等守石头城，自己率亲属心腹去往采石矶声称接应北齐援军。他看出来情形不对先跑了。

---

① 《资治通鉴·梁纪二十二》：霸先问计于韦载，载曰："齐师若分兵先据三吴之路，略地东境，则时事去矣。今可急于淮南因侯景故垒筑城，以通东道转输，分兵绝彼之粮运，则齐将之首旬日可致。"霸先从之。

② 《陈书·高祖纪》：齐人又于仓门水南立二栅以拒官军。

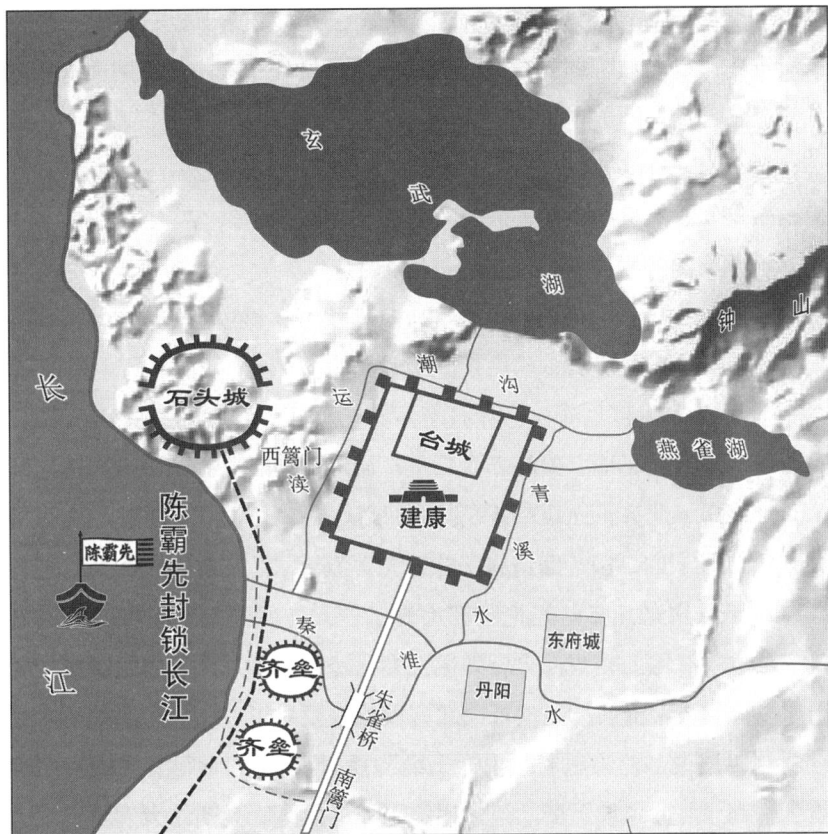

图 14-8 陈霸先封锁长江与齐军对峙图

十二月初七，侯安都袭击秦郡，攻破了徐嗣徽的老家，抓了好几百人然后抄了他的家。侯安都把徐嗣徽的琵琶和鹰都快递给他了，还送了封信说："小老弟，怕你寂寞，给你这玩意儿排解下。"徐嗣徽大惊失色。

十二月初十，陈霸先在冶城对面铺浮桥，率军渡河后猛攻齐军两寨，柳达摩等渡秦淮河摆阵，被陈霸先率军猛攻暴打还放火烧了营寨，齐军大败，争相上船，掉入水中淹死者有上千人，石头城中最后的船只被陈霸先全部缴获。

至此秦淮南岸被陈霸先拿下，齐军水、陆两条粮道全部被截断。

当天徐嗣徽等带领北齐的水、步军万余人打算支援石头城，但由于秦淮南岸已经被陈霸先夺回，陈霸先派兵堵住了江宁，徐嗣徽等水陆兵停于江宁浦口不敢前进。

陈霸先一看对方害怕了，马上派侯安都率水军袭击并取得大胜，徐嗣徽等驾小船逃跑，陈霸先尽收其军资器械。

至此，北齐军的所有支援都被打掉了。

十二月十三，陈霸先四面包围攻打石头城，城中已经断水了。[①]当天打下石头城东北小城，随后夜战不收兵。

此时北齐军和陈霸先已经打了一个多月了，虽然占据了石头城和采石矶两块渡江要地，但陈霸先的水军始终能切断北齐的物流，还控制了秦淮南岸，北齐正面攻坚还是打不过陈霸先。

十二月十四，柳达摩请和于陈霸先，但要求陈霸先交出人质。

由于萧家这几年已经把脸都丢光了，北齐看到南军不仅不投降而且还敢进攻，因此相当恼火，即便己方已经是强弩之末了居然还能喊的出口要陈霸先交人质。事实证明北齐要流氓要对了。

当时据说"建康虚弱，粮运不继"，因此朝臣们觉得北齐爷爷们给脸了，都想赶紧就坡下驴，请求用陈霸先的侄子陈昙朗作为人质。[②]

人如果跪久了，就站不起来了。建康虚弱吗？看看陈霸先把北齐打的。粮运不继吗？看看陈霸先缴获的北齐军资有多少。

陈霸先没有跟这些站不起来的灵魂讲道理，他要利用北齐的压力统筹这片残山剩水，毕竟自己是刚刚政变上的位。

陈霸先道："现在满朝诸贤都希望讲和，如果我不同意，大家就会说我爱侄子不爱国家，我决定牺牲我侄子。但是因为我知道北齐人说话

---

① 《资治通鉴·梁纪二十二》：己未，霸先四面攻石头，城中无水，升水直绢一匹。

② 《资治通鉴·梁纪二十二》：时建康虚弱，粮运不继，朝臣皆欲与齐和，请以霸先从子昙朗为质。

从来不算，他们绝对会认为咱们软弱，到时候还会再来，等到时候你们得跟我一条心死战到底！"①

陈霸先把陈昙朗、永嘉王萧庄及丹阳尹王冲之子王珉作为人质与北齐在石头城立盟，允许其回军。

陈霸先在对北齐示弱，也是在收满朝文武的心：你们非得投降，跟当年萧衍一样，好，我听你们的，我要让你们看看现实世界是什么样子。

十二月十五，陈霸先在石头城南门列阵送齐军北归。

556年正月，周文育等消灭了吴兴的杜龛。

二月，陈霸先派轻兵袭击会稽干掉了王僧辩的心腹东扬州刺史张彪，然后派周文育为南豫州刺史攻打一直在观望的王僧辩原下属江州刺史侯瑱，又派侯安都和周铁虎率水军在梁山立营栅以防备江州。

投降主义永远是让人看不起的，北齐在上一次战败后迅速决定卷土重来。在三个月的时间里，北齐在合肥集结了十万重兵，并在巢湖征集和建造舰船。

三月二十三，齐军派萧轨、厍狄伏连、尧难宗、东方老等与任约、徐嗣徽合兵十万南下伐梁。齐军进入长江直指梁山，陈霸先骁将黄丛率兵击败齐军先锋，烧其前军船舰，齐军退保芜湖。

陈霸先紧急召回了攻打湓城的周文育，集中力量跟侯安都守梁山。

四月十三，陈霸先入梁山巡抚诸军。

侯安都率轻骑兵袭击了历阳的北齐行台司马恭，获得大胜，俘获了一万多人。

五月，齐军想召回前梁帝萧渊明假意退兵，陈霸先也不说不答应，反正萧渊明迅速就"病"死了。

---

① 《资治通鉴·梁纪二十二》：霸先曰："今在位诸贤欲息肩于齐，若违众议，谓孤爱昙朗，不恤国家，今决遣昙朗，弃之寇庭。齐人无信，谓我微弱，必当背盟。齐寇若来，诸君须为孤力斗也！"

五月初十，齐军出芜湖。

五月二十二，北齐军至秣陵旧治所，陈霸先急调周文育屯方山，徐度守马牧，杜稜守朱雀航南。齐军这次打算实打实地跟陈霸先做陆战对决。

三天后，陈霸先调诸将收缩回建康，率宗室王侯及朝臣将帅在大司马门外白虎阙下刑牲告天，以齐人背盟为由宣战。

五月二十九，齐军从方山挺进倪塘，不时有齐的游击骑兵出现于建康周边。

陈霸先还是老思路，密调三千精锐配合沈泰渡长江，在瓜步袭击了北齐行台赵彦深，缴获战船一百余艘，陈粮万斛，切断了北齐的北岸给养。

陈霸先率军在白城与齐军展开会战，交锋前陈霸先一方是逆风而且风很急，陈霸先道：“军不可逆风而进。”

周文育道：“军情紧急，没时间拘泥古法了！”然后亲自扛着一把槊带队冲锋了。

就在接阵后，风向突然转变，周文育猛冲杀伤了数百齐军，局势被逆转。①

随后侯安都与徐嗣徽在耕坛南会战，侯安都同样以突击队长的身份冲锋，仅率十二个骑兵就冲破了徐嗣徽的阵地，活捉了北齐仪同三司乞伏无劳。②齐军觉得南人不善陆战，但岭南小伙子们刷新了他们的认知。

六月初一，齐军潜至钟山，侯安都与齐将王敬宝战于龙尾，军主张纂战死。

六月初四，齐军到了幕府山，陈霸先派遣别将钱明率水军出江乘

---

① 《资治通鉴·梁纪二十二》：“事急矣，何用古法！”抽槊上马先进，风亦寻转，杀伤数百人。

② 《资治通鉴·梁纪二十二》：侯安都与嗣徽等战于耕坛南，安都帅十二骑突其陈，破之，生擒齐仪同三司乞伏无劳。

再次袭击齐军的粮运，缴获了齐军的船和米。此时齐军已经断粮开始杀牲口充饥了。

六月初七，齐军越过钟山，陈霸先与众军分别屯兵游苑东及覆舟山北，阻断齐军会合。

六月初九，齐军至玄武湖西北准备占据北郊坛，陈霸先又率军自覆舟东转移到坛北与齐军相对。

当夜大雨雷电，平地积水一丈多，齐军泡在了泥里，做饭都得把锅挂起来烧，但台城及潮沟北由于地势高所以无水，梁军每天换着班跟齐军在泥里对峙。①

六月十二，天放晴，陈霸先决定展开决战，天一亮就兵发幕府山与吴明彻、沈泰等众军首尾一起冲锋，纵兵大战，侯安都自白下城引兵横截齐军之后，齐军大败。梁军斩杀数千敌人，齐军践踏而死者不计其数，徐嗣徽及弟徐嗣宗被生擒，后被斩首传视全军。

梁军在江乘、摄山、钟山等地相继获胜，俘虏了北齐萧轨、东方老、王敬宝等将帅共四十六人，齐军逃窜到长江边，用芦苇扎筏子想渡过长江，但到了江心时苇筏就被江水冲散了，浮尸沿江漂到京口塞满江岸。②

六月十七，由于北齐背盟在先，陈霸先尽展铁腕将俘将都杀了，自此以开国两战之威打出了此后三十年的和平。

北人南下，为六朝盛衰之总纲。

当北方解决了胡汉融合的问题，当参加过北方残酷擂台赛的骁勇们不再南下，南朝的武力支柱就注定会崩塌。

---

① 《陈书·高祖纪》：其夜大雨震电，暴风拔木，平地水丈余，齐军尽夜坐立泥中，悬鬲以爨，而台中及潮沟北水退路燥，官军每得番易。

② 《陈书·高祖纪》：其江乘、摄山、钟山等诸军相次克捷，虏萧轨、东方老、王敬宝、李希光、裴英起等将帅凡四十六人。其军士得窜至江者，缚获筏以济，中江而溺，流尸至京口，翳水弥岸。

跟侯景台城对打的是杨侃，萧绎手中的内战王牌是王僧辩，当灾难浩劫来临之时，南梁的解题凭借却依旧是二十多年前六镇之乱最后一波南下的北将。

在侯景之乱后，南朝本已经不再具有裂土一方的资格了。

但是！

西起于灵渠，东到赣州的大庾岭、骑田岭、越城岭、萌渚岭、都庞岭组成了分隔南国南北的五岭山脉，这一道道分水岭让赣江和湘江无可奈何地中断，让南国保留了最后的冗余资源。

侯景之乱为岭南的崛起提供了契机。当整个长江沿线乃至三吴地区都已全部残破时，以陈霸先为核心，侯安都、周文育、杜僧明、徐度、杜稜、欧阳頠、萧摩诃等骁勇南将被凝聚起来，他们凭借岭南雄厚的经济实力和人口积淀，趁侯景乱梁之际汹涌澎湃地冲过了五岭，打破了前面五朝由扬州、荆州、雍州主导的政治格局，成了南北归一之前的最后倔强。

557 年十月初六，梁敬帝禅让，五十五岁的陈霸先称帝，改元"永定"，国号陈。

京口这个南朝一头一尾的起义源头与火种之地，在完成它的最后历史使命后即将永远地退出历史舞台。

用李白的诗悼念下京口吧："故人西辞黄鹤楼，烟花三月下扬州。孤帆远影碧空尽，唯见长江天际流。"

广陵即将抢走南边京口的所有风头，因为南北归一的不可阻挡之势已经出现。

宇文氏手里攥着一把牌，高洋打空了北齐的牌，陈霸先开国消耗了南国最后的牌。

古老的华夏大地即将再次合拢了！

它已经等待太久了！

第 **15** 战

东西合拢

一、天赋与福地

你知道自己的天赋吗？

多年前，加拿大作家马尔科姆·格拉德威尔曾经提出"一万小时定律"。他说人们眼中的天才之所以卓越非凡，并非天才的天资超人一等，而是他付出了持续不断的努力，一万小时的锤炼是任何人从平凡变成世界级大师的必要条件。

当然，这个说法有些绝对，时间不一定非得是一万小时，这跟注意力和练习的质量有关系。对于不能累加技能优势、得不到足够反馈的练习，一万小时也不会起效果，摊煎饼就算摊两万小时也成不了御厨。

这种"一万小时定律"准确地说叫作"刻意练习"，它有三个重点：

1. 训练的过程一定是艰难的，是在不断突破舒适圈的，是把一个个动作拆解出来进行系统训练的。

2. 你要有一个高质量的教练，他能够带给你趋利避害的经验，他能够对你的动作有及时的专业的指导。

3. 你要有足够的时间和意志力去通过"一万小时"的考验，成为人上人。

当你得到了这个秘籍后，你现在去找个好教练然后就只剩下"Just

Do It"了吗？照着上面三点做你就一定能成功了吗？

那么接下来又一个问题来了，为什么那么多的人、那么内卷的世界，最终成功的人却那么少？

老话说"行百里者半九十"，一百里的路程走到九十里其实才相当于走了一半，大多数人会倒在最后的十里，这是为什么呢？

为什么有的人有足够的意志力和注意力支撑他走完这一万个小时，而绝大多数人没有？因为没人跟他说"打造能量系统"和"判断天赋差异"的规律。

一个人做成一项事业，无论前路有多少磨难和阻碍，只要是他做成了的，必然是因为有着源源不断的能量来源对他进行助力的。虽然前面有着巨大的消耗，但背后却一定是有根输入能量的电线始终在支持着他。

当人们观看乔丹和科比训练时，他们通常会生出一种感慨：有这种意志力和对胜利的渴望做什么都能做成世界第一。然后很多人就会以此激励自己、教育孩子，做什么都认准一条路，板凳坐得十年冷，拼了命地努力，一定能拼出个未来。

这是真的吗？

这种单纯强调一不怕苦、二不怕死的口号都是毒鸡汤。因为它不具备可持续性。

乔丹和科比不会告诉你的是：他们最开始之所以爱上篮球并玩命努力，是因为他们的篮球天赋可以让他们在赛场上轻松获得别人没有的荣誉感，会有自己掌控赛场上所有人和观众们的成就感，这种感觉太爽了。

为了持续获得这种"爽"，他们夜以继日地打磨技术，一次又一次地站到球场上进行枯燥的训练。因为每练一周就会有一场学校的篮球联赛对他们进行测验，成熟的学校联赛机制让他们可以定期得到球技的正向反馈和社会层面的心理满足，然后一步步走向职业赛道。在他们进入

NBA（美国男子职业篮球联赛）后，他们的每一分努力最终都会更大程度地放大到自己的商业价值上，从而源源不断地得到更多物质和精神上的能量回馈。

尤其当他赢过之后，那种巨大的能量回馈会让他再也无法继续过普通人的日子。他只会越来越努力，因为得到的能量反馈溢出了，因为他已经上瘾了。

赢的背后，是"传奇般的海量物质和精神反馈"，这种感觉能够驱使他一次又一次体验"成功是成功之母"。

他们的成功，是其巨大努力和强大意志在"过人天赋"和"成熟赛道"共同加持下的产物。

当你要选择事业的方向时请考虑以下两点：

1. 它是不是你的天赋。

天赋将决定你会消耗最少的意志力获得最多的优越满足。

你能够比别人更快上手，比别人花更少的精力得到更多产出的方向都是你的天赋。

孩子们为什么会偏科？为什么学得越好的学科越不用督促？因为那种优越感，会让人减少意志力的损耗，会让人自然而然地走向专注。

高考是有限博弈，是设定好的规则，所以抑制人性；人生是无限博弈，越是贴合人性走得越省力，走得越长远。

多想想当年偏科的自己，重拾当年让自己不待扬鞭自奋蹄的兴奋道路。

天赋的选择有多事半功倍呢？

我们还是用打篮球举例。如今 NBA 技术最全面的中锋恩比德十五岁才开始打篮球，仅仅三年后他就被 NBA 以探花身份选走了；史上技术最全的中锋奥拉朱旺也是十五岁才接触的篮球，他之前是校足球队门将，有次篮球队比赛人不够被拉了壮丁，结果第一次上场就降维打击似的把对面一个队都虐了；连续七次入选 NBA 最佳防守阵容一阵、连续七年获得 NBA 篮板王的罗德曼是十九岁的时候才接触的篮球，他看着跟"非正常人类"一样，但他的篮球智商却高到秒懂复杂的三角进攻。

我是学计算机专业的，这个专业的逻辑思维能力让我受益终身，但我从上专业课的第二天起就知道自己不是从事计算机行业的这块料。准确地说，当年我觉得我们系走这条路能走出来的就那两三个人。

很多同学都很努力，然后当个普通的"码农"，我们系那个老天爷赏饭吃的有天赋的人不是很努力却总能收获很多。

随着自己年岁越大，见识越多，我越来越发现那些走出不寻常轨迹的人都是一群很努力、很辛苦但又很有天赋的人。

2. 能不能慢慢摸索出一条不断正反馈的赛道。

是否技能水平有反馈？即你是否能从各种层面的反馈中知道自己是在提高。

是否精神领域有满足？即你是否能够得到虚荣心的满足，得到竞争的优势，得到社会层面的尊重，得到自我实现的欣慰。

是否物质层面有回馈？说破大天如果这事不挣钱前面那一大堆都是胡扯。

你要围绕上面三点去进行制度化的打造。

再次总结：你的天赋和一条能量正反馈的赛道。

伟大的事业注定是要历经九九八十一难的，干出一番事业从来不容易，也从来没有短时间内就能搞定的，容易就都厉害了。这世界注定是幂律分布的，那些"少数人"之所以站到了最后的制高点，在于他选了条"耗能"少的方向，在于他背后有源源不断的能量注入。

这个世界上从来没有"努力就一定能获得成功"这回事。这是典型的前半句话。很多人因为不知道背后的玄机，努力了半天却找不到正反馈和能量输入，然后努力不下去了。这不是能力问题，其实更多是缘分问题。

原因是你不知道背后的"玄机"，没人跟你说过一条长久赛道是怎样打造的，但这却常会被自己或身边人很粗暴地定义为"咬不住牙""对自己不够狠""配不上成功"……

一个人做成一项事业要源源不断输入的能量有以下三项：

1. 自我实现的精神满足。

2. 外部肯定的社会地位。

3. 安身立命的物质来源。

无论是漂亮妞的媚眼还是大别墅的钥匙，无论是"老师""您"的尊称还是闭眼前的欣慰，林林总总，包罗万象，都出于上面三项。

《新约·马太福音》里有一句话："凡有的，还要加倍给他，叫他多余；没有的，连他所有的也要夺过来。"这句话，是对"天赋"和"赛道"的粗暴解释。

抛开那些比较玄学的东西，其实就是想告诉大家，一个人总会有顺和不顺的感受，要牢牢跟着顺的感受走。

比如有的人强项就是做网红，非要做实体产业就是行业"冥"灯。如果做网红能火，那就聚焦于这个赛道，可以转变形式，但别换赛道。千万别觉得自己干什么都能干起来，还是那句话："凡有的，还要加倍给他，叫他多余；没有的，连他所有的也要夺过来。"

我们回想一下自己的人生，总会有自己"时来天地皆同力"的天赋。我们要思考下，总结下，然后跟着自己的长板走。只要短板不致命，补什么短板！人生总共才多少年？我们要充分发挥自己的长板，做到一枝独秀！

人有命，事业有命，国祚也有命。万事万物注定不会五行占全、好事占尽，注定有短板、有缺憾、有命门。不要一而再再而三地在自己一再折戟的地方较劲，这和傻努力是一样的。

有的时候你会发现，你被"同一块石头"绊倒的姿势和理由是各种各样的，无论你准备得多么用心，总会有意想不到的情况出现。它注定是你的灾星，不以你的意志为转移。

高欢的河阳三城从兴建的第一天起，带给武川集团的就是无尽的遗憾。

战无不胜的武川群雄们自成团起就无坚不摧，一路向西后龙行大海，但他们每次东行到了河阳、邙山就总会英雄气短，哪怕"全明星"参战，最好的结局也无非先胜后败。

并州河东，从高欢起家的第一天开始就是尔朱荣给他画下的监牢，他离开这地方东进就能鲤鱼跃龙门，但他每次只要西行必然吃瘪，来到了河东更是从头到尾无论土豪还是百姓全方位水土不服，最后更是气死在了玉壁。

上一战的总纲，是君子厚积薄发，资源用尽后必然动作变形；这一战的总纲，是君子审时度势，别在对手的英雄景点一条道走到黑。

永远打造自己的优势项目，打造自己的英雄景点，别总在经常摔跟头的地方跟自己较劲。不断地重复那些胜利的、幸运的符号和资产是一种智慧。当年救过你的命，此后还会救你的命；当年就百般阻挠困苦，此后只会比从前磨难更多。

比如，河阳和邙山。

公元557年正月，宇文泰死后两个月，北周建立。

二月，赵贵、独孤信两位顶级大佬谋反。

赵贵和独孤信跟宇文泰是同辈分的，所以对于宇文护执政很不爽。[1]赵贵谋划干掉宇文护，被独孤信制止了。

这一对比就品出了水平高低，于谨都那样发话了，赵贵此时动手就等于直接引发内战了。

此时李虎已死，宇文泰的两个铁杆柱国嫡系——李弼六十四岁、于谨六十五岁，事实上李弼还有九个月阳寿，赵贵你再等等。而且李弼

---

① 《资治通鉴·陈纪一》：周楚公赵贵、卫公独孤信故皆与太祖等夷，及晋公护专政，皆怏怏不服。

在宇文护的上位中并没有任何表态，比他们都小的侯莫陈崇也没有动静。独孤信的意思是静观其变，我们不爽，其他人大概率也不爽。

赵贵没听独孤信的，他的仓促政变被宇文盛和宇文丘兄弟告发了。这对兄弟不是出自武川集团，他们的曾祖、祖、父三代都是沃野镇军主。

消息最早是从宇文丘这里走漏的，宇文丘把赵贵的阴谋"预告"给了他哥宇文盛。[①] 宇文丘当时是辅国将军、大都督，大概率是赵贵的军事部下。

赵贵在搞阴谋时忘了一件事，宇文丘他哥宇文盛此时虽然出外为盐州刺史（治所在今陕西榆林定边县），虽然这兄弟两个的籍贯都不是武川集团，但是宇文盛起家时是宇文泰的帐内将。[②]

宇文盛收到宇文丘的密报后从盐州赶回长安将此事汇报给了宇文护。

二月十八，赵贵上朝，宇文护把他抓起来杀了，然后罢了独孤信的官。

赵贵当时就被杀了，但独孤信并不好杀，他盘根错节的势力太大。即便如此，挠头的宇文护还是在一个月后逼独孤信自杀了。[③]

独孤信虽然死了，但他家的势力一直都在。

隋朝建立后他的七闺女独孤伽罗跟杨坚号称"二圣"，另外几乎是杨坚这辈子最重要帮手的高颎，其父高宾是独孤信的僚佐。

后面杨坚建隋的关键几步，都跟死去多年的独孤信有关系。如果

---

① 《周书·宇文丘传》：预告赵贵谋，拜车骑大将军、仪同三司，进爵安义县侯，邑一千户。

② 《周书·宇文盛传》：盛志力骁雄。初为太祖帐内，从破侯莫陈悦，授威烈将军，封渔阳县子，邑三百户。

③ 《资治通鉴·陈纪一》：周晋公护以赵景公独孤信名重，不欲显诛之，己酉，逼令自杀。

他不是独孤信的女婿，他就跃不过那道"龙门"。

宇文护的铁腕和专权引起了连锁反应，司会李植和军司马孙恒在宇文泰一朝时久居权要，在宇文护执政后担心失去未来，于是秘密让小团体里的乙弗凤、张光洛、贺拔提、元进等游说小皇帝宇文觉道："宇文护自诛赵贵以来威权日盛，谋臣宿将都争着去依附他，大小政事都由宇文护决定，以臣等看来，他将来会成为不忠之臣，希望您早点儿想办法解决。"

十六岁的宇文觉性格比较刚，对他爹留给他的这个辅政堂哥同样不满，他觉得乙弗凤说得有理。

乙弗凤等又说道："以先王的圣明，还委任李植、孙恒辅助朝政，现在您要是靠他们当左右手何愁不能亲政！况且宇文护常说自己现在辅陛下是行周公之事，当年周公摄政七年，以您的英明神武，还用等他七年吗？"

宇文觉被鼓动后开始在后园训练起了武士，"数将武士于后园讲习，为执缚之势"，密谋起了"擒鳌拜"。

宇文护听说了这件事，于是任命李植为梁州刺史、孙恒为潼州刺史，都给打发出去了。

后来，宇文觉不断跟宇文护提"想李植这些人了，你给我喊回来吧"。

宇文护把话挑明了道："天下至亲不过兄弟，兄弟间不互相信任难道要信外人吗？太祖以陛下年龄尚小顾命托臣以后事，您喊的那些人都是坏人啊！"

宇文护哭了很久，但宇文觉根本没被感动，继续表示："把李植给我喊回来。"由此看出来了知子莫若父，大家知道宇文泰为什么要让宇文护辅政了吧？他走得太急，儿子岁数小没脑子。

宇文觉这孩子就是在福窝里长大的。他生于542年，父辈创业最难的那段时期都过去了，他脑子能记事的时候宇文泰已经神功大成，所以他从小作为政治家的"磨难课"都没上过，不知道世事的险恶，自身又没有天赋，装都不会装，就剩下被人当枪使了。

小皇帝赤裸裸的表现等于直接摊牌了，他的同党们越来越害怕，准备紧急政变。其中有个叫张光洛的看出来这几块料没有未来，就把他们当作投名状交给宇文护了。①

宇文护把这件事告诉了柱国贺兰祥和小司马尉迟纲（两人都是宇文泰外甥）。自家亲戚们议了议，觉得情况很严重。

小皇帝忍都不会忍，刚上位几个月就闹成这样，李植这些人都是外人，咱们才是实在亲戚！如果宇文护倒下，接下来就该是我们了！小圈子集体商量后觉得还是废了宇文觉这个傻小子吧。

于是宇文护遣总领禁兵的尉迟纲入宫召乙弗凤等议事，等这些人出了宫就都被宇文护扣下了，随后解散了小皇帝的宿卫兵，派贺兰祥把小皇帝幽于旧邸。

宇文护召集公卿哭诉道："先帝创业艰难，宇文觉这个小皇帝自即位以来荒淫无度，亲近小人，疏忌骨肉，现在又打算诛杀所有的大臣重将，若真让他得手了，社稷必致倾覆，先帝长子宁都公宇文毓年龄和德行都很好，仁孝圣慈，四海归心，我现在打算废昏立明，大家觉得怎么样？"

群臣都表示"这是你们的家事，你们家定就成"。

小皇帝宇文觉就此被废，同党全部被杀，事件的主角李植和他爹李远都被从外镇喊了回来。

由于李远是宇文泰的铁杆，宇文护还是打算给他点儿面子的，因此把李远喊来道："您儿子有覆灭社稷的阴谋，您把他带走，让他体面

---

① 《周书·晋荡公护传》：凤等益惧，密谋滋甚。遂克日将召群公入宴，执护诛之。光洛具以其前后谋告护。

地走了吧。"[1]

结果，李植回去后跟他爹李远辩解说自己没参与这事。第二天，李远带着儿子又来了。

宇文护怒了："不信我是不是？"

宇文护把小皇帝喊来当面跟李远父子对质，李植无话可说了。[2]

于是宇文护杀了李植，并逼李远自杀，李植的弟弟李叔谐、李叔谦、李叔让全部被株连，李远的弟弟李穆被免官。

李远一门被连根拔起了。当年李远立宇文觉有多凶猛，此时的下场就有多悲哀。

一个多月后，宇文护杀了宇文觉。

宇文护辅政后接连杀了赵贵、独孤信、李远乃至小皇帝宇文觉，彻底夯实了自己的威望。

宇文护之所以着急废了宇文觉，是因为这孩子"杀意"已露，而且他是宇文泰的嫡长子。这孩子被旧有势力裹挟后会迅速膨胀出新的势力，赵贵和独孤信的势力会迅速靠拢过去，到时候自己将死无葬身之地。

但是，由于事态紧急宇文护不得不废了宇文觉，也就此埋下了一个巨大的隐患：下一个皇帝挑谁来当？

其实宇文护应该帮宇文觉出现"意外"的，废了宇文觉和"意外"死去的宇文觉是两个概念。

宇文觉已经生出了儿子宇文康，宇文护如果帮宇文觉"意外"死了，他就有足够的合法性去名正言顺地长远辅政下去，但现在他废了皇帝，也就废了皇子的合法性，他这样就没办法扶出生不久的宇文康即

---

① 《周书·李远传》：既至京师，护以远功名素重，犹欲全宥之。乃引与相见，谓之曰："公儿遂有异谋，非止屠戮护身，乃是倾危宗社。叛臣贼子，理宜同疾，公可早为之所。"

② 《周书·李远传》：乃召入，仍命远同坐，令帝与植相质于远前。植辞穷。

位了。

本来宇文护还可以选宇文觉的弟弟，但他必须得是宇文泰的嫡子。很遗憾，宇文泰跟他的正妻只生了宇文觉这么一个嫡子。

最终，宇文护只能选宇文泰的庶长子，独孤信的女婿，二十四岁的宇文毓即位。

宇文毓都二十多岁了，宇文护还怎么辅政？而且，宇文毓还有一个性格特点：他不会装糊涂。

558年正月，上位仅仅两个多月的宇文毓在刚刚封了宇文护为太师后，马上立了独孤信的长女做王后。[1]

人事即政治，她爹是宇文护逼死的，你有必要这么着急地刺激宇文护吗？你要是真聪明，真爱她，就不该提王后的事。三个多月后，独孤后离奇病逝。宇文毓没有细琢磨这种"凑巧"的含义。

559年正月，宇文护上表归政，宇文毓居然同意了，开始亲理政务。[2]宇文护交政不交枪，"军旅之事，护犹总焉"，随后开始了等待。

宇文毓已经明确要把他踢一边去了，以宇文护的狠辣，他在等什么呢？他在等宇文毓的儿子降生。他吸取了上次仓促废帝的教训。

这一年的八月十四，宇文毓以称天王不足以威天下为由，改称皇帝，追尊父亲宇文泰为文皇帝，大赦天下，年号"武成"。宇文毓亲政后就迅速晋级做了皇帝，满满的立威拉山头姿态。

宇文护在559年等来了想要的结果，宇文毓在这一年先后生了三个儿子。

560年四月，宇文护派自己早就埋下的棋子——膳部中大夫李安下

---

[1] 《周书·明帝纪》：二年春正月乙未，以大冢宰、晋公护为太师。辛亥，亲耕籍田。癸丑，立王后独孤氏。

[2] 《周书·明帝纪》：武成元年春正月己酉，太师、晋公护上表归政，帝始亲览万机。

毒害死了宇文毓。① 厨子近来戏份不少。

这次宇文护早早就想好了后招：上次废宇文觉太仓促，结果立了你这个大聪明，这次我毒死你这个不会装糊涂的，然后立你一岁的儿子，我接着辅政；你有三个儿子，不会都夭折，我后面二十年都不用再废脑子想谁当皇帝的事了。

其实细琢磨下，独孤氏被立为王后不久就死了，她真的是病死的吗？古时候年轻女子的死亡原因通常是难产，但史书并没有提及任何独孤后有孕的事。独孤后生下接班人是宇文护所不能接受的，所以早早就"病"死了。

宇文毓之所以被多给了一年时间，不过是宇文护在等那三个孩子办完出生证。

宇文护的算盘打得很好，但毒药并没有立即要了宇文毓的命，宇文毓这个不会装糊涂的聪明人看穿了宇文护的心思，克制住了流传自己基因的欲望，临死之前口授遗诏五百余字并最终立了接班人："朕子年幼，未堪当国，鲁公是我好兄弟，宽仁大度，海内共闻，能弘扬我大周的一定是此子也！"

宇文护你个乱臣贼子！老子放弃自己子孙的皇位权力！四弟，靠你了！宇文毓死前立了自己的四弟，时年十八岁的宇文邕。

宇文邕是宇文毓执政这两年的特殊发现，所有的朝廷大事他多与这个兄弟商量，这孩子城府极深，不问他时他从来不说，但只要他说了就永远都说在关键上。②

短短两年多的时间，算上北魏的皇帝，宇文护废两帝杀三帝，排

---

① 《周书·晋荡公护传》：有李安者，本以鼎俎得宠于护，稍被升擢，位至膳部下大夫。至是，护乃密令安因进食于帝，加以毒药。帝遂寝疾而崩。

② 《资治通鉴·陈纪二》：鲁公幼有器质，特为世宗所亲爱，朝廷大事，多与之参议；性深沈，有远识，非因顾问，终不辄言。世宗每叹曰："夫人不言，言必有中。"

面拉满，威风至极。

但是，北周皇帝对宗室的态度在这个开国的过程中融入了强烈的不信任基因。最终，这个强烈基因也决定了北周被外人篡权的结局。

两位哥哥拿生命给宇文邕蹚出来了一条满是鲜血的道路。十八岁的宇文邕开始比谁都会装糊涂。

561年正月初一，北周改换年号为"保定"。这时宇文邕明文发布表示对宇文护的肯定，然后宇文邕任大冢宰宇文护为都督中外诸军事，命地官、春官、夏官、秋官、冬官五府全部隶属于天官府，事情无论大小都要先汇报给宇文护。①

不久宇文邕又表示宇文护功德太大了，是周公再世，命宇文护可以在自家祭祀老祖先宇文肱。②

563年正月，侯莫陈崇跟宇文邕巡视原州，宇文邕突然在夜里回到长安，人们私下开始议论纷纷，侯莫陈崇对他的亲信说："我听算命的说宇文护今年不吉利，皇帝突然回长安估计是宇文护死了。"③

侯莫陈崇后来被卖了，他的亲信嘴不严把这话传开了，然后宇文邕在大德殿召集百官公开责骂侯莫陈崇妖言惑众。④

当夜，宇文护派兵围了侯莫陈崇家，侯莫陈崇这个万人敌自杀保全家平安。

侯莫陈崇死后，宇文邕下诏："大冢宰晋国公是我的兄长，是百官

---

① 《资治通鉴·陈纪二》：春，正月，戊申，周改元保定。以大冢宰护为都督中外诸军事；令五府总于天官，事无巨细，皆先断后闻。

② 《周书·晋荡公护传》：或有希护旨，云周公德重，鲁立文王之庙，以护功比周公，宜用此礼。于是诏于同州晋国第，立德皇帝别庙，使护祭焉。

③ 《资治通鉴·陈纪三》：周梁躁公侯莫陈崇从周主如原州。帝夜还长安，人窃怪其故，崇谓所亲曰："吾比闻术者言，晋公今年不利，车驾今忽夜还，不过晋公死耳。"

④ 《资治通鉴·陈纪三》：或发其事。乙酉，帝召诸公于大德殿，面责崇，崇惶恐谢罪。

之首，今后所有诏诰及百司文书不得再称晋国公的名字。"①

兄长的两条命让宇文邕一夜成熟，极致的诌媚姿势也使宇文护开始有时间琢磨让自己功德更进一步的军功。

此时此刻的东方世界，史上倒贴最成功的娄昭君的丈夫和四个儿子已经全部做了或被追封成了皇帝，北齐太庙里已经有了神武皇帝高欢、文襄皇帝高澄、文宣皇帝高洋、孝昭皇帝高演四个人的牌位，而且再过两年，武成皇帝高湛也要搬进来了。北齐的太庙里比较好笑，整个就是娄昭君一家的家庭聚会。

更可笑的是，貌似已经迭代了这么多轮，但此时北齐才开国十三年，却尽显亡国之相。宇文护似乎即将摘走这个时代的果实。

但很遗憾，烂船还有三斤钉，"北齐三杰"暴发了怀朔帮最后的勇烈，宇文护又脑子有钢管回不过来弯地选择了邙山。

---

① 《周书·晋荡公护传》：三年，诏曰："大冢宰晋国公，智周万物，道济天下，所以克成我帝业，安养我苍生。况亲则懿昆，任当元辅，而可同班群品，齐位众臣！自今诏诰及百司文书，并不称公名，以彰殊礼。"护抗表固让。

二、倔强侠义的随国公，虽死犹生的独孤信

我们来看看北齐这十多年的情况。

高洋在位这些年，总体来讲跟关中的关系处得相当客气。

高洋再疯癫也没跟北周玩命，这个聪明人知道自己需要巨大的军功来证明自己改朝换代的合法性，但他根本就不去惹动不动就指挥官兵冲锋的武川集团。相比之下，更好拿捏的北方游牧民族算是倒了霉，已经起了势头的契丹被高洋打得退下历史舞台一百年，柔然更是被他和突厥联合挤对得灭了族。

据《隋书》记载，突厥本是柔然的炼铁奴，其部在金山南麓（今阿尔泰山），因金山形似战盔兜鍪，俗呼兜鍪为"突厥"，故以此为名。突厥部落中大部分都是铁勒人（高车、丁零的另一种称呼）。

550年突厥击败铁勒部，合并了其五万余落，势力逐渐强盛后开始跟柔然开战。

面对这个后起之秀，宇文泰早在551年就与新兴的突厥和亲，嫁过去了一个西魏公主进行友好往来，高洋则在554年给柔然兴灭继绝搞

面子工程时把突厥打了一顿。①

很快，高洋收拾了突厥还不过瘾，又转道进攻山胡，杀了数万人。②

高洋成为北境之王不假，但那些挨了打的部落对他很有看法，动不动就报复一下。为了善后，高洋在短短五年时间里修建了仅次于汉唐的长城。

552年，自黄栌岭起长城，北至社平戍，四百余里，立三十六戍。

555年，发民夫一百八十万人筑长城，发寡妇以配军士筑长城，自幽州北夏口至恒州九百余里。

556年，自西河总秦戍筑长城东至于海，东西长三千余里被高洋连了起来，十里一戍，其要害置州镇共二十五所。

557年，在长城内筑重城，自库洛拔（今山西忻州代县与朔州朔县交界处）而东至于坞纥戍（今山西大同灵丘县西南）四百余里建了第二道防御网。

大家看看高洋的折腾劲儿。历史上不是只有高洋一朝修长城，边境关系不会随着他死了就修复了，从此修建长城成为常态。

563年，高洋死后四年，斛律光率步骑两万筑勋掌城于轵关西，筑长城二百里，置十三戍。

565年已经到了齐后主时代，因为一年多前突厥发动了二十万兵民毁长城，第二年又几次用兵大掠幽、恒，所以斛律羡以北虏屡犯边塞为由又一次大搞基建，自库堆戍东距于海两千余里，凡有险要或斩山筑城，或断谷起障，并置立戍逻五十余所。总之北齐的国力和成本在北面

---

① 《北齐书·文宣帝纪》：十二月己未，突厥复攻茹茹，茹茹举国南奔。癸亥，帝自晋阳北讨突厥，迎纳茹茹。乃废其主库提，立阿那瑰子庵罗辰为主，置之马邑川，给其禀饩缯帛。亲追突厥于朔州，突厥请降，许之而还。

② 《北齐书·文宣帝纪》：五年春正月癸巳，帝讨山胡，从离石道。遣太师、咸阳王斛律金从显州道，常山王演从晋州道，掎角夹攻，大破之，斩首数万，获杂畜十余万，遂平石楼。

耗费太多了。

在高洋他爹高欢时代，主政十四年在北境都没花过钱，高欢本人更是本着辛苦我一个幸福千万家的觉悟亲自娶了柔然公主，为了事业那是很拼的。

到了高洋这里，北面不能有人跟他对眼神，如果有，那么有一个算一个全都打，一个不顺眼就飞踹过去。打完之后再盖全世界最宏大的基建去善后。

他的皇位确实是稳了，结果却是他在北面打了一通，把草原给突厥人清理了出来，然后突厥踏踏实实地与北周来打他了。这一切的一切，都是为了给高洋这个一刻也等不了的史上开国功德最薄君主的上位做合理性买单。

如果说高洋真有功绩的话，能说的只有一项，就是为了夺他哥的风头编创了《北齐律》。说到底，还是为了证明他比谁都强的称帝合法性。

高澄当年主持了《麟趾格》的修撰，高洋称帝的第一年就以《麟趾格》"未精"之由命群臣议造齐律，直到564年才完成。

《北齐律》在法典体例、篇章结构、律文内容等方面均有创新，是中国历史上承上启下的一部法典，确定了名例、禁卫、婚户、擅兴、违制、诈伪、斗讼、贼盗、捕断、毁损、厩牧、杂律十二篇的法典体例，认真总结了历代越来越多的法条，经过大规模的精简后合并为十二篇九百四十九条。

《北齐律》首创性地将《刑名》和《法例》合并为《名例》，作为总纲放在了律典第一篇，进一步突出了法典总则的地位，此后的一千多年直到清朝，法典的首篇均为《名例律》。《北齐律》还创新性地将十条最严重的罪名集中置于律首，也就是后世大名鼎鼎的"十恶不赦"中的"十恶"（反逆、大逆、叛、降、恶逆、不道、不敬、不孝、不义、内乱）。

说完他的"事功"后，该说说他的生活了。

咱们这一系列书很少讲古代那些花边新闻，但北齐还是要专门提一提的，因为高家的黑暗能量实在超乎想象。

高洋在皇位坐稳后，开创了他家心理疾病的先河。

关于高洋的残忍的描写有很多，比如"帝既残忍，有司讯囚，莫不严酷，或烧犁耳，使立其上，或烧车钉，使以臂贯之，既不胜苦，皆至诬伏"，这并不新鲜，很多暴君都如此，但高洋的心理疾病程度有点儿特殊。

他疯出了一种境界。

比如尚书左仆射崔暹去世后高洋前去吊丧，到了之后还哭了一通，按理讲高洋做得很漂亮了，但高洋看见崔暹媳妇后问："想你们家崔暹吗？"崔暹遗孀以为皇帝要关怀家属生活解决实际困难于是赶紧说特别想，谁料高洋说那你亲自去看他吧，一剑把崔暹遗孀砍了，还把脑袋顺墙头就扔了出去。[1]

高洋有个极其宠爱的嫔妃，每天如胶似漆守在一起，但有一天他喝多了突然想起来她曾经跟过高岳，于是当场就把这个嫔妃杀了，还当着一群人将她肢解，拿骨头做了琵琶。[2]

你说他疯吧，他脑子清楚得很，之前所有得罪过他的人全都不得好死。你说他不疯吧，大冬天里他天天光着屁股、穿着女装去街边视察，看见高塔护卫一不注意他嗖一下就蹦上去了，想寻刺激了就调一群妇女进宫跟他和亲信们胡来。

高洋他妈娄太后本来就不待见他，看到他天天疯成这样，有一次

---

① 《资治通鉴·陈纪一》：尚书左仆射崔暹卒，齐主幸其第哭之，谓其妻李氏曰："颇思暹乎？"对曰："思之。"帝曰："然则自往省之。"因手斩其妻，掷首墙外。

② 《北齐书·显祖文宣帝纪》：所幸薛嫔，其被宠爱，忽意其经与高岳私通，无故斩首，藏之于怀。于东山宴，劝酬始合，忽探出头，投于栖上。支解其尸，弄其髀为琵琶。一座惊怖，莫不丧胆。

拿手杖打骂高洋，高洋道："我把你这老东西嫁给胡人你信不信？"

高洋格局宏大啊！

高洋有一次喝多了把小榻带他妈一起举了起来，他妈直接就掉地上了，他酒醒以后觉得自己怎么这个德行打算自焚，吓得他妈赶紧原谅他，反正就是娘俩后来抱着哭，高洋发誓戒酒，然后不到十天接着喝。①

559 年，高洋也许是感觉到了命不久矣，有一天他突然问了北魏宗室元韶一个问题："汉光武帝刘秀为什么能中兴？"

脑子被堵塞的元韶道："刘家没被杀绝。"

高洋随后就下诏将前朝宗室全部干掉，元氏被按着户口本前后杀害了七百二十一人，而且还是虐杀，婴儿都要被扔向空中拿矛穿死，事后元氏宗室的尸体全部被抛入漳河。

559 年十月，在常年喝酒、冬天光屁股、"导演三级片"等一系列伤害元气行为的过度摧残下，高洋以三十四岁的"高寿"死了，十五岁的太子高殷即位。

娄昭君的第三个儿子高演在高洋死前是大司马录尚书事，很有政治才华。② 高洋是个疯子，但不是傻子，他死前对高演说："这皇位你夺就夺了，但给我的儿子们留条命。"

560 年三月，高演在老娘娄昭君的鼎力帮助下打掉了高洋临终前的托孤部署，具体政变过程不讲了，因为他命也不长，完全就是因果报应的典型。

---

① 《北史·显祖文帝纪》：太后尝在北宫，坐一小榻，帝时已醉，手自举床，后便坠落，颇有伤损。醒悟之后，大怀惭恨，遂令多聚柴火，将入其中。太后惊惧，亲自持挽。又设地席，令平秦王高归彦执杖，口自责疏，脱肘就罚。敕归彦："杖不出血，当即斩汝。"太后涕泣，前自抱之，帝流涕苦请，不肯受于太后。太后听许，方舍背杖，笞脚五十，莫不至到。衣冠拜谢，悲不自胜，因此戒酒。一旬，还复如初。

② 《北齐书·孝昭帝纪》：文宣以尚书奏事，多有异同，令帝与朝臣先论定得失，然后敷奏。帝长于政术，剖断咸尽其理，文宣叹重之。

560 年八月，高演称帝，废高殷为济南王并跟侄子约定永不相害。

但在 561 年九月，高演还是把侄子弄死了。①

弄死侄子后，背弃了高洋父子两代约定的高演在日夜内疚下也疯了，总能看见鬼，总说他哥哥带着他政变打掉的那些人找他索命，随后他媳妇就在宫里大办法事驱鬼，用火炬整夜围着皇宫防止鬼入侵。总之杀了他侄子后，高演就日夜和高洋"人鬼情未了"地斗法。

十月，高演外出打猎散心，他的马莫名其妙失控把他给扔下来摔断了肋骨，然后他就不行了。

高演死前本来已立了自己儿子为太子，突然想到自己的一生，于是改主意立了同母弟，也就是娄昭君的第四子高湛为帝，高演还给他兄弟写了封遗书："皇位给你了，好好对待我的家人，别学我这现世报。"

至此，娄昭君作为史上最牛孵化器已经把丈夫和四个儿子全部搞上市了。

高湛做了皇帝后，高家的死亡循环并没有结束，三年后由于出现"白虹贯日"和"赤星"等不祥天象，高湛杀了高演的太子高百年挡灾。②

高湛的精神也不太正常，他让手下暴打高百年，还像牵狗一样拉着高百年一边绕堂走一边继续暴打，高百年奄奄一息求饶表示愿意给高湛做奴，高湛看着苦苦哀求的侄子，冷静地砍了他的脑袋扔到池子里，随后指挥手下把高百年埋在了后花园。③

高氏这一窝子最可怕的就是那种莫名其妙的虐杀。他家不仅兄弟

---

① 《北齐书·孝昭帝纪》：及舆驾在晋阳，武成镇邺。望气者云邺城有天子气。帝常恐济南复兴，乃密行鸩毒。济南不从，乃扼而杀之。

② 《北齐书·孝昭六王传》：河清三年五月，白虹围日再重，又横贯而不达。赤星见，帝以盆水承星影而盖之，一夜盆自破。欲以百年厌之。

③ 《北齐书·孝昭六王传》：遣左右乱捶击之，又令人曳百年绕堂且走且打，所过处血皆遍地。气息将尽，曰："乞命，愿与阿叔作奴。"遂斩之，弃诸池，池水尽赤，于后园亲看埋之。

间杀出了风格，连通奸都通出了高度。

先来说高澄，高澄搞别人媳妇就不说了，单说他家的自产自销环节。在高欢生前高澄就私通了他爹的妾室郑大车，在高欢死后又为了跟柔然保持友好关系接手了那个嫁给高欢的柔然公主，还贴身指导了弟媳妇高洋之妻李祖娥。

高洋上位后立刻就对高澄之妻展开报复，他还跟自己小姨子多次私通，后来打算正式收编，就把小姨子的丈夫喊宫里来当箭靶射了一百多箭，最可怕的是他随后还在丧礼上逼迫小姨子。[①]

高洋杀完人，还要诛鬼的心。高洋为了寻求刺激甚至创办了"色情工作室"，所谓"征集淫妪，悉去衣裳，分付从官，朝夕临视"。

到了高湛这里，他检阅了高洋之妻李祖娥，还恐吓他嫂子：你要是表现不好我就宰了你儿子。

李祖娥后来怀孕生了个闺女，由于羞愧亲手掐死了这个女儿，作为报复高湛先是杀了李祖娥之子高绍德，然后将李祖娥装进编织袋扔进了水沟，李祖娥侥幸没死，被迫出家为尼。

高湛将他看得上眼的高洋的女人全部收编，他自己的皇后也没给他丢脸，成为史上最淫乱的皇后。

高湛的皇后胡氏先是跟太监玩游戏，后来又找了高湛宠信的和士开。[②]胡氏后来又跟沙门昙献在皇宫里私通。[③]胡氏在北齐亡国后依旧

---

① 《北史·显祖文宣帝纪》：魏乐安王元昂，后之姊婿。其妻有色，帝数幸之，欲纳为昭仪。召昂令伏，以鸣镝射一百余下，凝血垂将一石，竟至于死。后帝自往吊哭，于丧次逼拥其妻。

② 《北齐书·武成胡后传》：初武成时，后与诸阉人褻狎。武成宠幸和士开，每与后握槊，因此与后奸通。

③ 《资治通鉴·陈纪四》：齐胡太后出入不节，与沙门统昙献通，诸僧至有戏呼昙献为太上皇者。齐主闻太后不谨而未之信，后朝太后，见二尼，悦而召之，乃男子也。于是昙献事亦发，皆伏诛。

将淫乱进行到底，所谓"齐亡入周，恣行奸秽"。

古往今来中原王朝乱到他们家这种程度的，算是前无古人后无来者了。

如果说高澄、高洋、高演（高洋后期的录尚书事）这三个人只是没有德，但政务能力还没问题的话，那么到了高湛这里，他开始对朝政彻底大撒把了。

高湛将朝政都交给亲信处理，自己基本不再过问，三四天上一次朝，随便批两个奏折就又浪去了。①

北齐朝野开始失去之前对高洋的那种恐惧和敬畏。整个国家的官僚机构开始报复性地混乱反弹。

最开始北齐高洋在位的时候，北周每到冬天都要把北境结冰的黄河凿开，担心高洋这位大哥打游牧民族不过瘾顺着赵武灵王之路蹚过来。等到了高湛时代，轮到北齐每年冬天凿冰了。②

563年九月，宇文护看到北齐国事衰弱，联合突厥展开了对关东的第一波军事打击。

北周朝堂开会商议要与突厥共同伐齐，大臣们都说："北齐地半天下，国富兵强，从漠北入并州极为险阻，且大将斛律光不是一般人，北路一定得用十万兵才行。"③

时年五十七岁的老战神杨忠道："获胜在和不在众，一万骑足够了。斛律光在我眼里就是个小崽子，我打死他！"④

---

① 《资治通鉴·陈纪三》：于是委赵彦深掌官爵，元文遥掌财用，唐邕掌外、骑兵，信都冯子琮、胡长粲掌东宫。帝三四日一视朝，书数字而已，略无所言，须臾罢人。

② 《资治通鉴·陈纪三》：初，齐显祖之世，周人常惧齐兵西渡，每至冬月，守河椎冰。及世祖即位，嬖幸用事，朝政渐紊，齐人椎冰以备周兵之逼。

③ 《周书·杨忠传》：时朝议将与突厥伐齐，公卿咸曰："齐氏地半天下，国富兵强。若从漠北入并州，极为险阻，且大将斛律明月未易可当。今欲探其巢窟，非十万不可。"

④ 《周书·杨忠传》：忠独曰："师克在和不在众，万骑足矣。明月竖子，亦何能为。"

杨忠不要十万要一万，这事很有玄机，后面会细说。

563年十月二十七，杨忠率万余骑兵与突厥会合由北路出击，北周又派大将军达奚武率三万步骑从河东出发由南路出平阳，约在晋阳会师。①

杨忠率军北上自什贲（今内蒙古鄂尔多斯杭锦旗什拉召）渡黄河，随后一路东进回了趟武川老家，过故宅、祭先人、赏将士，席卷二十余镇，一路乘胜突破了陉岭（今山西忻州代县西北句注山）隘口。

直到山西高原门户洞开后，突厥的三个可汗才率十万骑兵前来会师。②

十二月十九，杨忠留下杨纂守灵丘阻击可能从河北方向来的北齐救兵，自己率联军从恒州分三路南下，高湛紧急从邺城赶往晋阳，斛律光率三万步兵驻守平阳。

十二月二十九，杨忠的联军已经逼近晋阳，此时高湛胆怯，准备跑路。③

赵郡王高睿、河间王高孝琬勒住他的马劝道："不能跑啊！咱们先试试，不行再说！"高湛同意了，命禁卫军受高睿节度，由并州刺史段韶总揽晋阳全局。

564年正月初一，高湛登晋阳北城，此时齐军在"北齐三杰"之首段韶的整顿下军容严整，突厥首领埋怨杨忠道："你们说齐国乱了我们才来的，现在我看齐军眼中冒光，怎么打呀？"

此时大雪已经下了数十天了，整个北境千余里大雪深数尺，杨忠来到晋阳后风雪依旧惨烈，齐军精锐以逸待劳鼓噪而出，突厥一看直接

---

① 《资治通鉴·陈纪三》：戊子，遣忠将步骑一万，与突厥自北道伐齐，又遣大将军达奚武帅步骑三万，自南道出平阳，期会于晋阳。

② 《资治通鉴·陈纪三》：周杨忠拔齐二十余城。齐人守陉岭之隘，忠击破之。突厥木杆、地头、步离三可汗以十万骑会之。

③ 《北齐书·段韶传》：突厥从北结阵而前，东距汾河，西被风谷。时事既仓卒，兵马未整，世祖见如此，亦欲避之而东。

跑了，引兵上了西山不肯参战。①

周军被盟友卖了后脸色都变了，杨忠道："万事在人为，剩下看老天，别拿人多人少当回事。"由于大雪马跑不动，杨忠亲率七百精锐步兵作战，战损近半后掩护队伍撤出了战场，后来等了段时间看达奚武没到于是班师，北齐也没敢追。②

突厥那边早就跑了，引兵出塞纵兵大掠，把北齐自晋阳以北七百余里的人畜都抢走了。

南面平阳方向率三万主力的达奚武则根本没动静，斛律光给他写了一封信：鸿雁已飞，张网的还在那里傻等着呢。然后达奚武就撤了。③

杨忠此次伐齐纵横数千里，为了体现杨忠这一战的含金量我们来看下地图，实线是杨忠，虚线是达奚武。（见图 15-1）

带着一万人的队伍，自长安出发走四千里一路突进了太原，然后再回来。

此战后，作为深入敌后打到晋阳还全身而退的老战神，宇文邕遣使在夏州慰劳杨忠，等杨忠回了长安更是厚加宴赐打算提拔他为太傅，但宇文护因为杨忠不依附自己为难他，封他为总管泾豳灵云盐显六州诸军事、泾州刺史，把他踢出中央了。④

杨忠的老上级是独孤信，在宇文泰死后，眼光老辣的独孤信相中了杨忠的嫡长子杨坚。杨忠也欣然同意，和老上级结了亲家。

---

① 《资治通鉴·陈纪三》：时大雪数旬，南北千余里，平地数尺。《周书·杨忠传》：是时大雪数旬，风寒惨烈，齐人乃悉其精锐，鼓噪而出。突厥震骇，引上西山不肯战。

② 《周书·杨忠传》：众皆失色。忠令其众曰："事势在天，无以众寡为意。"乃率七百人步战，死者十四五。以武后期不至，乃班师。齐人亦不敢逼。

③ 《周书·达奚武传》：武至平阳，后期不进，而忠已还，武尚未知。齐将斛律明月遗武书曰："鸿鹤已翔于寥廓，罗者犹视于沮泽也。"武览书，乃班师。

④ 《周书·杨忠传》：高祖遣使迎劳忠于夏州。及至京师，厚加宴赐。高祖将以忠为太傅，晋公护以其不附己，难之，乃拜总管泾豳灵云盐显六州诸军事、泾州刺史。

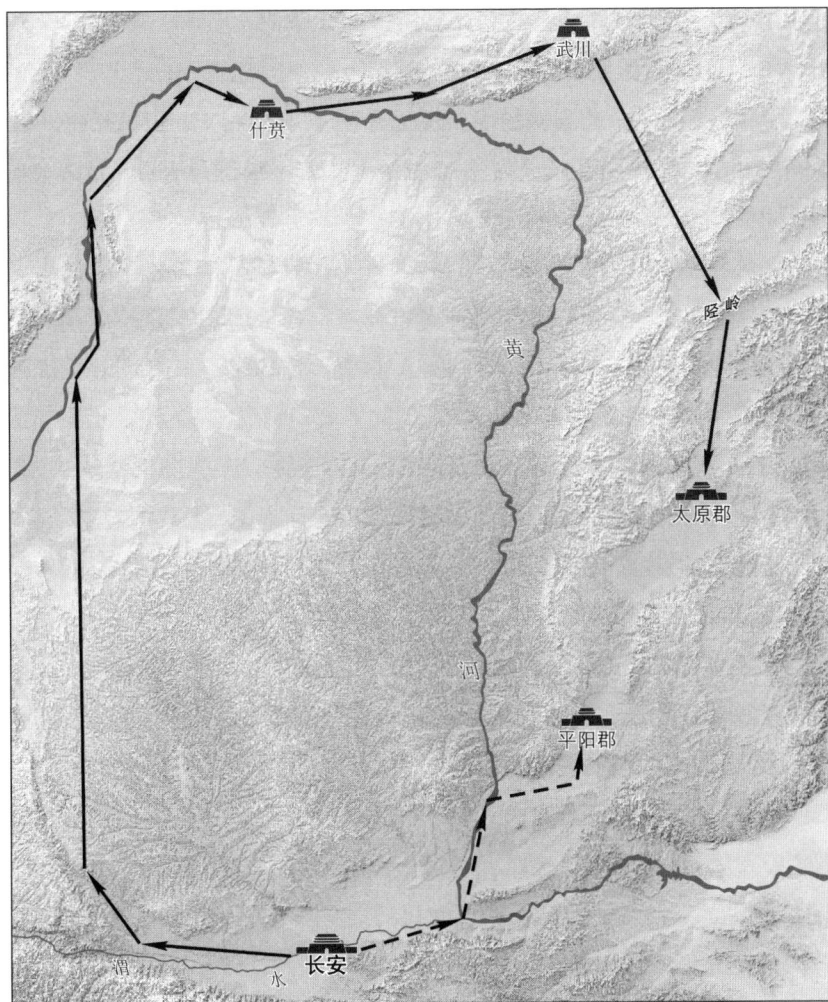

图 15-1　杨忠北伐图

独孤信和杨忠都信佛，杨坚生于佛寺，出生后不久就被一个尼姑抱养躲灾，小名"那罗延"（佛语金刚力士之意），独孤信的七闺女起名独孤伽罗（伽罗意为沉香木），他们将这两个用经文起名字的孩子牵线成了一对。

后来独孤信被宇文护逼死，独孤氏作为政治犯家族受到巨大牵连，但杨忠没让小两口离婚，杨坚自己还情比金坚地甚至连一个妾都不要，小两口一心一意谋发展，专心致志搞建设，连生了五儿五女。

独孤伽罗在三十二岁的时候就已经生了十个孩子，以几乎一年半生一个的速度证明了两个人的爱情。杨坚这辈子的所有子嗣都是跟独孤伽罗生的。

多少政治选手见风使舵，落井下石，亲家倒台后逼着子女离婚撇清关系的太多了，但杨忠没有。当年独孤信连家人都不要西来投奔关中，就只带了杨忠一个人。这份感情杨忠始终都记得。国士待我，国士报之，侠义！

宇文护曾对杨忠示好，打算收揽杨坚为腹心，杨忠直接给否了，还告诫儿子："两个婆婆之间的媳妇最难当，你不能去！"①

因为不拥护宇文护，杨忠被分派了很多"要命"的工作，比如深入敌后迎司马消难。

558年，当时高洋离死还有一年多，已经疯魔大成，把所有看得上的女人全推倒了，把所有想杀的男人全杀了，大冬天光屁股走，看见高塔秒变猴儿，反正活得比较"单纯"。

北豫州刺史司马消难是司马子如之子，就是当初也绿了自己爹的那位，他娶的是高洋的妹妹，两口子感情不好，被媳妇控告生活不和谐，再加上堂弟之子任尚书左丞的司马瑞与御史中丞毕义云关系不好，连带着司马消难也被迫害了。

眼看着混不下去的节奏，司马消难密派亲信向北周请降。

作为重要的政绩，宇文护派达奚武和杨忠率领五千骑兵去迎接司马消难来降，他们需要从小路驰入北齐境内五百里。但这中间出了问题，杨忠前后三次派使者与司马消难联络都没有联系上。到了距离虎牢

①《资治通鉴·陈纪四》：晋公护欲引以为腹心。坚以白忠，忠曰："两姑之间难为妇，汝其勿往！"坚乃辞之。

三十里的地方，达奚武怀疑情况有变想撤，杨忠道："咱们武川男人字典里没有退字！"①

杨忠自带一千骑兵连夜赶到虎牢城下，达奚武认为有诈于是亲自赶来带走了几百骑兵，杨忠命自己的亲兵原地不动，最终虎牢开了门，投降是真的，杨忠随后派人通知了达奚武。②

北齐镇城伏敬远控制着两千甲士据守虎牢东城举烽火示警，达奚武把虎牢抢了然后带着司马消难及其部属先撤，杨忠以三千骑殿后。

撤至洛南，周军解鞍休息，这时齐军追到了洛北。

杨忠对将士们道："把心稳住了，把饭都吃饱了，咱们现在处在死地之境，齐军怕我们拼命，一定不敢渡河来追。"就这样，杨忠踏踏实实地带回了这三千骑兵。

战后达奚武感叹："我自以为是天下健儿，今天算是服了，武川第一勇烈是杨忠！"杨忠因此功进位柱国大将军。③

达奚武话虽然那么说，但他心里却很不爽。所以达奚武在河东一枪不放，一点儿牵制不做，放任杨忠在北境自生自灭。但杨忠还是在暴风雪中全身而退了。

说回此战前，杨忠为何在朝廷一致认为要出兵十万的时候高调宣布一万人就够？

当时杨忠是食邑万户的随国公、大司空、武川头号战神，无论是威望还是能力，不存在指挥不动军队的问题。

真实的原因是，晋阳自高欢时代起就是北齐集团军第一重镇，无

---

① 《资治通鉴·陈纪一》：周遣柱国达奚武、大将军杨忠帅骑士五千迎消难，从间道驰入齐境五百里，前后三遣使报消难，皆不报。去虎牢三十里，武疑有变，欲还，忠曰："有进死，无退生！"

② 《资治通鉴·陈纪一》：独以千骑夜趣城下。城四面峭绝，但闻击柝声。武亲来，麾数百骑西去，忠勒余骑不动，俟门开而入，驰遣召武。

③ 《周书·杨忠传》：武叹曰："达奚武自是天下健儿，今日服矣！"进位柱国大将军。

论怎样都不是一万人就能千里奔袭拿下的。杨忠征战一生不是妄人，真要是想打不会只带一万人，因为十万人大概率就能把晋阳打下来了，但打下来了宇文护在执政期间就有了巨大的军功加持，而杨忠早就因为独孤信被杀而明确不站队了，此时如果拿下晋阳对自己没有任何好处。

但如果他带着十万大军打不下晋阳就该承担责任了，他就会倒下。所以杨忠只带一万人，一路突进晋阳城下，然后再一路突回来。这样一来，杨忠无功无过而宇文护什么也没得着。

没拿下杨忠是宇文护执政过程中最大的损失，影响极其深远，此战过后，北周和北齐双方统治者各自得到了以下结论：

1. 宇文护明白了突厥方面的力量指不上，顶多就是个小流氓放放血的级别，达奚武和杨忠这种老将军也不会给自己卖命，军功这事得他自己上。

2. 杨忠一路突击到晋阳的表现让高湛极度恐惧，开始对宇文护的要求服软，宇文护也因此剧烈膨胀。同时，杨忠的战力也让整个北齐高层达成了一个共识：突厥不算什么，北周才是心腹巨患。

这一切的一切，催生出了后面那场邙山之战。

独孤信虽然死了，但他依旧以其巨大的影响力把时代带往隋唐的轨道。

三、兰陵王入阵

当初宇文泰等武川群雄追随贺拔岳入关时，大量武川人质都被尔朱荣留在晋阳了，世间事变化太快，后来这些人质落在了高欢的手上，其中包括宇文护他妈阎氏。

宇文护当权后曾派人到北齐去找过，但始终没有头绪。

杨忠千里大奔袭的试探性动作打完，宇文护准备发动二次攻势，联合突厥再打北齐，高湛听说后害怕了，许诺送回宇文护他妈以求和，还先把他姑姑给送回来当了定金。

此时突厥已经有十多万人打进了幽州，进长城大抢了一通后退去。眼看形势这么好，宇文护蹬鼻子上脸继续去信表示赶紧送还我妈！

当时段韶驻军于塞下抵抗突厥，高湛派黄门徐世荣传宇文护书信问段韶意见，段韶说："周人反复，本无信义，既然为母请和却不遣使节，只是送封信来算怎么回事？我们要是凭一封信就把他妈送回去了，他们会看不起咱们的，不如先答应着，等他们和好的表现做出来后再把他妈送回去也不晚。"

但高湛已经听不进去了，这个没出息的软骨头在杨忠走了以后曾抱着斛律光哭了一通。①

宇文护几封信吓得高湛赶紧把他妈给护送过去了。

阎氏回到北周后举朝欢腾，大赦天下，宇文护把所有能找到的好东西都给他妈送来了，宇文邕作为一国之君更是给足面子，每到年节带头行家人礼，给阎氏的待遇古往今来没见过。②

被送回来的阎氏间接成了宇文邕的恩人。

1. 他谄媚的姿势让宇文护很满意。

2. 宇文护对北齐进行了误判，觉得这就是个纸糊的房子一踹就倒，准确地说整个北周都开始沉浸在了轻敌的氛围里。

北齐的软弱让北周和突厥都疯了一样地准备趁火打劫。突厥抢了一通幽州后屯兵塞北，又往回喊人打算扩大抢劫规模，并派使者找北周表示："你赶紧出兵啊，咱约好啦！"

564年闰九月二十，突厥再度劫掠幽州。

据说宇文护那边在妈妈被送来后是准备给北齐面子的，但是为了与突厥的"友谊"，"不得已"征调了整个府兵二十四军和左右厢禁卫军，以及秦、陇、巴、蜀地方军和羌胡雇佣军共二十万人来伐北齐。③

宇文护要说再派杨忠带一万兵去转一圈糊弄糊弄，这是他"不得已"。但他把能动员的兵力全动员了，这是"不得已"？

说实话，宇文护这事做得很不地道。

但是因为这一年北齐有灾，整个太行山以东发大水，饿死的人不

---

① 《资治通鉴·陈纪三》：光见帝于晋阳，帝以新遭大寇，抱光头而哭。任城王湝进曰："何至于此！"乃止。

② 《周书·晋荡公护传》：护与母睽隔多年，一旦聚集，凡所资奉，穷极华盛。每四时伏腊，高祖率诸亲戚，行家人之礼，称觞上寿。荣贵之极，振古未闻。

③ 《资治通鉴·陈纪三》：晋公护新得其母，未欲伐齐；恐负突厥约，更生边患，不得已，征二十四军及左右厢散隶秦、陇、巴、蜀之兵并羌、胡内附者，凡二十万人。

计其数。^①宇文护认为高湛之所以那么怕，是因为被天灾和突厥给弄神经了，所以"有便宜不占王八蛋"，在一系列利好情况下，宇文护孤注一掷了。

北周伐北齐有两条路，一条是从河东顺汾河而上打晋阳，一条是通过豫西通道打河阳三城。

从河东走一路都有水路，而且玉壁大神韦孝宽这些年在边境把民心笼络得相当棒，这地方一直是北周福地。豫西通道则一言难尽，陕城以西是圣地，陕城以东自打有记忆以来就都是惨痛回忆。

按理讲，北周从河东出兵跟突厥南北夹击是上选。但是，对于宇文护来讲，要是能在他叔叔宇文泰都折了两次的邙山由他把北齐灭了，他是不是名为守成实为开创也得当个祖？这房本是不是得换给他？看高湛吓成那样，他得挑战高难度！

564 年十月，周军四路大军伐齐。

1. 宇文护率主力出潼关，遣尉迟迥率精兵十万为前锋直扑洛阳。

2. 大将军权景宣率荆州兵出豫州。

3. 少师杨标出轵关。

4. 杨忠率部去接应突厥继续攻打北路。

宇文护屯军弘农，尉迟迥攻围金墉城，宇文宪、达奚武、王雄等营于邙山，北周军势浩大。

北齐派了兰陵王高长恭和大将军斛律光救援洛阳，率军过河桥来到邙山扎营，但畏周兵之强没敢轻举妄动。

高湛对段韶道："谁都指望不上了，现在我想派您去救洛阳之围，但突厥在北也得盯着，您觉得怎么办？"

段韶道："北虏侵边就是个疥癣，顶多苦一苦百姓，如今西贼来侵才是要命的病，让我南下吧。"

---

① 《资治通鉴·陈纪三》：是岁，齐山东大水，饿死者不可胜计。

高湛说："我也是这么想的，北面顾不上了，爱抢抢吧，您快南下。"

段韶随后督一千精骑从晋阳迅速南下，五天便渡过了黄河，与斛律光和高长恭会合了。

之所以北齐在高洋死后又挺了十多年，是因为北齐第一代的创业成员们生了几个能顶梁的二代。

二代主要是三个人：段荣长子、娄昭君的外甥段韶，高车大佬斛律金长子斛律光，高澄之子高长恭。这三个人史称"北齐三杰"。

1. 段韶资历最老，是当年参加过高欢开国韩陵之战的老元勋了，他辈分虽小，但其实应该算是第一代创业成员，亲随高欢经历了风风雨雨，当年邙山之战高欢差点儿被贺拔胜捅死的时候，就是被段韶救的。[①]

以史上遗言精华著称的高欢死之前对高澄说道："这一大群亲戚都指不上，军队的事你只能和段韶商量。"[②]

段韶在高欢死后外总军旅，入参机密，功勋高又是外戚，名望倾朝野；他长于计略，善于御众，深得将士之心，对敌作战时人人争先；又雅性温慎，有宰相之风，是北齐三杰之首。

2. 斛律光他爹是高车大佬斛律金，他本人是高澄亲信、禁军将军，高洋时代跟着北上征战有功，后来是北齐修建长城的重要包工头，所谓"唯仗威刑。版筑之役，鞭挞人士，颇称其暴"，是杀人赶工期的可怕甲方，苦一苦百姓的典型代表。

斛律光性格少言刚急，严于御下，治兵督众从来都是军法从事，出征后军营未定自己就不休息，常常铠甲一穿就是一天，永远谨慎如临

---

① 《北齐书·段韶传》：从高祖御周文帝于邙山。高祖身在行间，为西魏将贺拔胜所识，率锐来逼。韶从傍驰马引弓反射，一箭毙其前驱，追骑慑惮，莫敢前者。

② 《北齐书·段韶传》：高祖疾甚，顾命世宗曰："段孝先忠亮仁厚，智勇兼备，亲戚之中，唯有此子，军旅大事，宜共筹之。"

大敌，自参军以来行军布阵从未失律，行军杀敌常为士卒先，士卒皆争为之死。

3. 高长恭继承了高家的帅气颜值，与潘安、卫玠、宋玉（也有版本说嵇康）合称我国古代四大美男子。

宋玉是战国颜值代表，嵇康、潘安、卫玠这三人都是诞生在西晋一朝，商业互捧的嫌疑更高，高长恭则是自卫玠死（312 年）后两百多年来的第一帅哥，是自东晋立国后纵观南北的唯一入选人物，绝对是帅出高度了。

高长恭男人女相，音容皆美，作为将领勤于军事，每次得到封赏，即便是些瓜果也必与将士共享。因貌美觉得不能威慑敌人，高长恭专门给自己刻了面具，打仗时就戴上。[①]

北齐三杰合体之时，周军已经筑土山挖地道连攻金墉城三十天了。

当年高澄的小弟独孤永业此时为行台尚书，一直在洛阳地区驻防，自从周军来到后就主动放弃洛阳，跟洛州刺史段思文凝聚力量守金墉城了。独孤永业为段韶的到来争取了关键的一个月。

宇文护命诸将挖沟堑断河阳路阻止北齐援军，然后亲率主力一同攻打洛阳，诸将以为齐兵一定不敢出城，顶多派点儿侦察兵而已。[②]

十二月初八清晨，段韶率帐下两百骑兵与诸军共登邙阪观周军形势，至大和谷时遇到了周军，段韶迅速派传令兵驰告诸营汇集兵马，自己与诸将结阵以待。[③]

段韶为左军，高长恭为中军，斛律光为右军，与周军对峙。

---

① 《教坊记》：大面出北齐。兰陵王长恭性胆勇，而貌若妇人。自嫌不足以威敌，乃刻木为假面，临阵著之。

② 《资治通鉴·陈纪三》：周人为土山、地道以攻洛阳，三旬不克。晋公护命诸将堑断河阳路，遏齐救兵，然后同攻洛阳；诸将以为齐兵必不敢出，唯张斥候而已。

③ 《北齐书·段韶传》：韶旦将帐下二百骑与诸军共登邙阪，聊观周军形势。至大和谷，便值周军，即遣驰告诸营，追集兵马。仍与诸将结阵以待之。

段韶遥喊道："宇文护幸得其母，不怀恩报德还来犯我疆土，什么意思？"

周军道："天遣我来，别说废话了！"

段韶曰："天道赏善罚恶，派你们送死来了！"

周军以步兵在前上山逆战，段韶且退且引，等周军爬山爬累了之后，下马率众军下山冲击周军开战。[1] 由此也看出来此时周军的轻敌心态极其严重。

对方在高处，仰攻自古属于"天克"，更不要说在邙山上打很难组成军阵，会极大降低战斗力，也不知周军哪来的自信。

等段韶率军冲下来短兵相交后周军大溃，中军直接就被高长恭打崩了，摔落溪谷而死的非常多。[2]

中军大胜的高长恭随后率五百骑兵突入周军围洛阳的军阵中，直接插到了金墉城下。城上人不知道这个面具人是谁，高长恭摘了面具表示咱们大军到了。[3]

要知道此时围金墉城的是宇文护的十几万大军，但高长恭硬生生地打穿了军阵冲进去了，后来齐后主采访高长恭："你入阵这么深，要是出事了可怎么办？"[4]

高长恭的神兵天降是此次周齐会战的关键转折点，被打蒙了的宇文护以为退路已经被截死了，于是迅速解了金墉之围也加入逃跑的行

---

[1] 《北齐书·段韶传》：周军仍以步人在前，上山逆战。韶以彼徒我骑，且却且引，待其力弊，乃遣下马击之。

[2] 《北齐书·段韶传》：短兵始交，周人大溃。其中军所当者，亦一时瓦解，投坠溪谷而死者甚众。

[3] 《资治通鉴·陈纪三》：兰陵王长恭以五百骑突入周军，遂至金墉城下。城上人弗识，长恭免胄示之面，乃下弩手救之。

[4] 《北齐书·兰陵武王孝瓘传》：芒山之捷，后主谓长恭曰："入阵太深，失利悔无所及！"

列，所谓"齐兵数万，奄出军后，诸军恇骇，并各退散"。

由于高长恭此战实在太过于凶猛，而且临阵摘面具这造型实在太拉风，摘了面具后那么帅的一张脸又实在太戏剧化，北齐此战后根据高长恭指挥突骑冲锋的样子自发创作了《兰陵王入阵曲》。①

该曲在不断修订后成为戴着面具指挥击刺的男子独舞，曲调悲壮浑厚，气势磅礴。

这首曲子诞生后迅速成为当世第一大流行歌曲，后来更是牛到了在隋朝被选入宫廷舞曲。

虽说这首曲子的背景是宇文护的丢脸之战，但到底杀的是隋唐君主的先辈们，隋朝官方欣赏怎么打败他们前辈的，直到唐玄宗李隆基时代才被下诏禁演了。

后来这首曲子随着时代变迁渐渐褪去了武曲本色，本来激昂慷慨汹涌澎湃的战歌居然变成了软舞的曲儿……

在盛唐时代，梦想把小日子过得不错的日本人先后向唐朝派出十几次遣唐使团，把能学习的好东西都学回去了。

日本是幸运的，盛唐的开放气象让他们学习了太多精髓，其中就包括这首《兰陵王入阵曲》。

伟大的艺术是有生命力的，《兰陵王入阵曲》进入日本后一直为日本人所喜爱，日本古代五月五的赛马节会、七月七的相扑节会、皇家的重大活动宴会，甚至天皇即位，《兰陵王入阵曲》都是固定表演曲目。（如今这首千古名曲已经在华夏复活。）

高长恭这次冲阵堪称挽救北齐的级别，因为即便周军邙山遭遇战的先锋输了，对北周来讲其实事态也没有糟糕到不可收拾的地步。

宇文护这次是倾国而来，既然齐军的主力已经下了邙山，那就堂

---

① 《旧唐书·音乐志》：尝击周师金墉城下，勇冠三军，齐人壮之，为此舞以效其指麾击刺之容，谓之《兰陵王入阵曲》。

堂正正打一场吧，毕竟河阳道是被挖沟阻断了的，齐军的增援并不能那么快顶上来，段韶和周军完全就是场遭遇战，鹿死谁手尚未可知。

但现在周军被这一次遭遇战就给打残了，完全是因为被高长恭不要命的冲锋给打蒙了，随后开始了大溃败，全军大冲刺逃跑，能扔的都扔了，从邙山到谷水这三十里中都是军资器物。

即便如此，宇文邕的异母弟齐公宇文宪和达奚武、王雄这两位老将军依旧能稳住阵脚，高长恭的中军敢死队胜利的同时，斛律光则被王雄击溃了，老将军王雄直接冲散了斛律光军阵，斛律光左右也被冲散了，只剩下一奴一箭。①

眼见离斛律光不到一丈，王雄手按长矛道："我惜你之才不杀你，只生擒你去见天子。"②

王雄比较自信自己的单挑手段，觉得捆了斛律光不叫事，但他没注意斛律光还有最后一支箭。

斛律光突发冷箭，一箭把王雄爆头了，王雄凭最后的意志强撑着骑马逃回了军营没有被俘虏，但当夜死于军中。

王雄死后，宇文宪依旧不气馁，抚慰激励部下收军准备隔日再战，达奚武道："洛阳军散，人情震骇，现在要是不能连夜走，等明天就走不了了！我打仗三十多年，经验太足了，在这里跑过好几回。你还年轻没见过，不能就这么一不怕苦二不怕死啊！"

当夜宇文宪和达奚武回军，此时已经拿下豫州的权景宣的南路军也弃州撤军了，至此邙山之战收官。

此战北周其实输的主要是钱，人没怎么赔，毕竟近二十万人的装

---

① 《资治通鉴·陈纪三》：王雄驰马冲斛律光陈，光退走，雄追之。光左右皆散，唯余一奴一矢。

② 《资治通鉴·陈纪三》：雄按槊不及光者丈余，谓光曰："吾惜尔不杀，当生将尔见天子。"

备都扔给人家了，但好在跑得快，从《北齐书》对诸将的记载中，没看见杀敌的重大战果。

高湛本传中，作为最高指挥者的记载是："壬戌，太师段韶大破尉迟迥等，解洛阳围。"

《段韶传》中仅记载了"其中军所当者，亦一时瓦解，投坠溪谷而死者甚众"，也就是说遭遇战中的投溪谷者甚众。

《斛律光传》中记录的算是比较多的："斩捕首虏三千余级，迥、宪仅而获免，尽收其甲兵辎重，仍以死者积为京观。"连杀带俘是三千多人，拿死人筑了京观。

《北齐书·兰陵武王孝瓘传》则没有具体战损记录："芒山之败，长恭为中军，率五百骑再入周军，遂至金墉之下，被围甚急，城上人弗识，长恭免胄示之面，乃下弩手救之，于是大捷。武士共歌谣之，为《兰陵王入阵曲》是也。"

此战过后，北周开始阶段性反思。

北周从上到下都弥漫着一股轻敌的情绪，不仅是在洛阳战场，连从轵关率万人出兵的杨摽都飘了，这位老将军完整地经历了武川集团由弱变强的全过程，此时已经守河东东大门二十多年了，曾深入敌境三百余里的建州做钉子，这次居然轻敌到了深入敌境不设防备的地步，最终兵败投降。[1]

不过还是有冷静派的，比如杨忠。

此战杨忠再次被宇文护派到了北边跟突厥人一组，而且连军粮都不给派了，毕竟二十万大军走的是同样烧钱的豫西通道，让杨忠自己想

---

[1] 《周书·杨摽传》：其年，大军围洛阳，诏摽率义兵万余人出轵关。然摽自镇东境二十余年，数与齐人战，每常克获，以此遂有轻敌之心。时洛阳未下，而摽深入敌境，又不设备。齐人奄至，大破摽军。摽以众败，遂降于齐。

办法。^①

杨忠也没矫情，直接在突厥收起了保护费。

他先是召集稽胡部落的酋长来吃饭，饭吃到一半时河州刺史王杰率士兵敲战鼓兴奋汇报道："大冢宰已经平定洛阳，准备和突厥共同讨伐稽胡这些不老实的人！"过了一会儿突厥演员也就位了，汇报道："我们首领已经打破并州，留兵马十余万在长城下，让我问您稽胡这些人服不服，不服咱们就打他！"稽胡酋长们都吓坏了，杨忠安慰了一番，然后收了保护费，解决了军粮问题。^②

上一次还跟北齐比画比画，这次杨忠直接吃了两个月牛肉干，等来宇文护战败的情报后撤了。

宇文护这次想露把大脸，结果丢了大脸，战后与诸将谢罪，宇文邕慰劳表示千万别当回事。

宇文邕安慰的面皮背后，是激动的灵魂。宇文护这场大败，又给他争取了几年时间。

打赢北齐保卫战不久的高湛为了"应天象"，于四月二十四传位于皇太子高纬。

高湛又浪了三年，568年十二月，高湛在三十三岁"高龄"作死了，十三岁的高纬真正掌权。北齐来到了齐后主时代，此时离北齐灭亡还有八年。

齐后主高纬的后台很硬，据他妈说有一夜做梦在海里坐着个大玉

---

① 《周书·杨忠传》：是岁，大军又东伐，晋公护出洛阳，令忠出沃野以应接突厥。时军粮既少，诸将忧之，而计无所出。

② 《周书·杨忠传》：忠曰："当权以济事耳。"乃招诱稽胡诸首领，咸令在坐。使王杰盛军容，鸣鼓而至。忠阳怪而问之。杰曰："大冢宰已平洛阳，天子闻银、夏之间生胡扰动，故使杰就公讨之。"又令突厥使者驰至而告曰："可汗更入并州，留兵马十余万在长城下，故遣向公，若有稽胡不服，欲来共公破之。"坐者皆惧，忠慰喻而遣之。于是诸胡相率归命，馈输填积。

盆，光顾着看浪了，然后一个没留神太阳公公钻进了她的裙子，然后就怀孕了。[①] 高纬委实来头不小。

同样是这一年，北周老战神杨忠病逝。

杨忠感觉身体不好后就回到了长安，不管是多不想和杨忠说话，宇文护照样要一次次跟宇文邕来到老战神的病床前虚伪地表示慰问。

让当世最有权势的人一肚子恶心却不得不虚情假意地赔笑背后，是杨忠传奇一生的赫赫战功：

是陈庆之洛阳惨案的参与者；

是独孤信千人平定荆州的麾下第一猛将；

是萧衍深感惊奇的文德主帅；

是手撕猛兽的宇文泰第一保镖；

是河桥之战率五壮士守卫河桥的再世张飞；

是邙山之战先登陷阵因功封母的骠骑大将军；

是带两千人就打崩南朝第一猛将柳仲礼，并逼降萧绎的随枣通道杀神；

是灭江陵时的大象克星[②]；

是深入敌境五百里接回司马消难的武川第一勇烈；

是不依附宇文护而带万人纵横四千里，在北齐第一重镇来去自如的老将军。

武川集团的战神有很多，无论是八柱国还是十二大将军，比如像侯莫陈崇和李弼这种永远喊弟兄们跟我冲的大神，这些人的战斗力究竟谁是第一名其实很难讲，但是杨忠在星光熠熠的武川群雄中有一点是独一档的。

这位"美髭髯，身长七尺八寸，状貌瑰伟，武艺绝伦"的美髯公，

---

① 《北齐书·后主纪》：母曰胡皇后，梦于海上坐玉盆，日入裙下，遂有娠。

② 《周书·杨忠传》：及于谨伐江陵，忠为前军，屯江津，遏其走路。梁人束刃于象鼻以战，忠射之，二象反走。

是这个时代的关羽关二爷。

面对宇文护这个杀赵贵、独孤信、侯莫陈崇三位柱国级大臣，杀拓跋廓、宇文觉、宇文毓三位皇帝，让宇文邕极致谄媚的威风一把手的示好和拉拢，杨忠根本不理。

对老上级宇文泰，杨忠对得起他名字里的这个"忠"！对老大哥独孤信，杨忠善待其遗孤，对得起当年以国士待他的那个"义"！

三国已经离去三百多年了，忠和义这两个字太罕见了。现在，终于有个堂堂正正的威武汉子给华夏大丈夫们做个榜样了。这位倔强随国公的一生风骨被所有人看在眼里。

父亲杨忠和老丈人独孤信两位顶级大佬的浑厚内功传给了随国公杨坚。

青史几行名姓，北邙无数荒丘，前人播种后人收！

五年后，当宇文邕拿回政权后，在这满朝贵戚中，宇文邕为皇太子宇文赟挑选了杨坚的长女杨丽华为皇太子妃。

宇文邕对杨忠的忠义给予了最高规格的肯定。这种肯定，也伴随着杨忠和独孤信的浑厚政治遗产最终开启了隋唐。

四、曹爽的另一种人生结局

宇文护邙山丢脸后，老实了四年多。

568 年年底，高湛死了。

569 年九月，宇文护再次出手了，派齐公宇文宪和柱国李穆领兵去宜阳附近筑崇德等五城。

忍了好几年，宇文护还是咽不下当年那口气，在哪里跌倒非得在哪里爬起来，他又奔洛阳来了。结果他这次连洛阳的边都没贴上。

569 年十二月，宇文宪围困宜阳，断绝了宜阳的粮道。

570 年正月，斛律光率步骑三万救宜阳，在鹿卢交道上，斛律光披甲执锐身先士卒率军杀了周军的先锋部队两千多人，双方随后相持百日，斛律光置筑统关、丰化两城以通宜阳之路，随后撤军。

宇文宪等追击，双方在安邺再次交战，周军又败，斛律光俘虏了北周开府宇文英，又斩首三百多周军。

宇文宪不认输，继续命令宇文桀及其大将军梁洛都、梁景兴、赵士彦等率步骑三万于鹿卢交塞断要路，结果再次被斛律光暴打，梁景兴临阵被杀。

北周跟北齐在宜阳争夺了很久却没有结果，这时勋州刺史韦孝宽对部下说："得失不在宜阳，两国为了这个地方劳师动众这么久根本没必要。对方并非没有高人，北齐如果放弃崤东来争汾北，我们一定会丢失领土的，现在应该迅速在华谷和长秋修筑城池以断绝对方走这步棋的心思，如果让北齐把炮楼修到咱们门口，再往前打就难了。"

韦孝宽画了地形图跟宇文护打了呈报件。

宇文护对使者说："韦公子孙虽多，但数不满百，汾北筑城派谁守呢？"这事就不了了之了。

韦孝宽这时已经六十二岁了，在玉壁怼死高欢后跟于谨去打了一趟江陵，宇文泰死后，韦孝宽官拜小司徒，宇文毓时代，韦孝宽升麟趾殿学士，但很遗憾，韦孝宽这辈子就没有做中央官的命。560 年宇文邕即位后以韦孝宽在玉壁之功于玉壁置勋州，任韦孝宽为勋州刺史。

前面我们讲过，韦孝宽身上独孤信的痕迹太重了，宇文邕为了对宇文护表示"我绝不结党"，表现"绝不让你费一丁点儿脑子"的极致乖巧，给韦孝宽戴了顶高帽子，然后又给打发回玉壁去了。

韦孝宽也不是不想靠拢，宇文护他妈就是韦孝宽作为边境代表在多次外交谈判后谈回来的。[①]

560 年闰九月，韦孝宽因为把宇文护他妈谈回来了进位柱国大将军，随后宇文护迅速伐齐，结果韦孝宽派其长史辛道宪劝阻不可，宇文护不理。[②]

在宇文护看来，韦孝宽是在阻止他的军功，是根深蒂固的反动势力在耽误他更进一步。本来就不是自己人，还不来站队，双方刚刚建立起的关系破裂了。

---

①《周书·韦孝宽传》：齐人遣使至玉壁，求通互市。晋公护以其相持日久，绝无使命，一日忽来求交易，疑别有故。又以皇姑、皇世母先没在彼，因其请和之际，或可致之。遂令司门下大夫尹公正至玉壁，共孝宽详议。孝宽乃于郊盛设供帐，令公正接对使人，兼论皇家亲属在东之意。使者辞色甚悦。时又有汾州胡抄得关东人，孝宽复放东还，并致书一牒，具陈朝廷欲敦邻好。遂以礼送皇姑及护母等。

②《周书·韦孝宽传》：时晋公护将东讨，孝宽遣长史辛道宪启陈不可，护不纳。

就这样，韦孝宽一年又一年地在玉壁晒着太阳，一年又一年地看着自己的预算从来不被批准。

571年，盖长城出身的基建狂魔斛律光率众在河东修筑了平陇、卫壁、统戎等镇戍十三所，韦孝宽率万余步骑与其会战于汾北。这回韦孝宽也没打过斛律光。

斛律光得胜还军后又率五万步骑出平阳道，攻克了姚襄戍和白亭城戍，获其城主仪同、大都督等九人，俘虏数千。

二月，宇文护又一次派宇文宪督诸将东拒北齐军，北齐则同时加码了段韶和高长恭去对战。

三月，宇文宪自龙门渡河，斛律光退保华谷，宇文宪攻下了北齐新筑的五城后与段韶等形成对峙。

四月，北周派宇文纯趁北面开战攻下了宜阳等九城，高纬又赶快命斛律光率五万步骑南下救火。

五月，宇文护派中外府参军郭荣在姚襄城南（今山西临汾吉县西北黄河东岸）、定阳城（今山西临汾吉县）西筑城，段韶带领齐兵袭击，打败了这里的周军。

六月，段韶与高长恭包围定阳城。

这段时间，双方打得都没章法，北周顽固争的宜阳位于南崤道。北周出中原的路被卡死是因为水路不通。

黄河的渡口所谓"盖自东而西，横亘几千五百里，其间可渡处约以数十计，而西有陕津，中有河阳，东有延津"，自三门峡往东，下一个靠谱的渡口只有河阳。

因为北齐河阳三城的人造"三门峡"拦住了水路，导致黄河水道无法使用，所以北周只能走陆运去沟通中原。

上一次宜阳具有战略枢纽作用的时候还是秦并天下，天下之中的韩国卡着这地方做查大车的买卖，这都多少年没上热搜了，为什么前面好几百年都没人打呢？因为没必要。

包括宇文护上一次倾国来战，他不是第一时间直扑河阳，而是挖断了河阳路死打金墉城，这金墉城你打下来又能怎样？金墉城打下来前面还有虎牢关，你接着啃吗？北齐河北的援兵能源源不断地派过来，你怎么守？你这峡道的物流线守得起吗？当年河桥之战时洛阳还在宇文泰手里，河桥一败不是照样土崩瓦解了？其实韦孝宽之前的上书代表了很多北周大佬的心声。

河阳三城那地方已经经历三十年的试错了，无论是宇文泰带着武川全明星还是宇文护趁北齐国势衰微来攻打，每次都是功败垂成。

宇文护，你在那地方纯属浪费时间。要么你就自己再带大军去找回面子，但你又优柔寡断地只派宇文宪去仨瓜俩枣打一棒子，那孩子去了就是给斛律光刷军功的，北周的脸都被丢光了。

对于北齐来讲也是一个意思，那劲儿都浪费了。

河东地区最关键的地方是玉壁。

当年高欢两次往死里攻这个地方，就是因为王思政当初在玉壁设卡的思路和高欢当年打造河阳三城一样，都是奔着运输线去的。

段韶此时围的这个定阳，在这个位置。（见图 15-2）

这地方前不着村，后不着店，对大局根本没影响。双方都在根本不重要的地方瞎耽误工夫。

从战略角度来讲，此时距离当年高欢和王思政互建"神堡垒"的眼光水准差的不是一星半点。

如果说都为了刷军功，单纯打着玩还好说，但段韶在打定阳时得病了。

七月，齐军屠定阳外城，段韶在病榻上对高长恭道："此城三面重涧险阻，并无出路，只有东南一处有破绽，城内周军若突围，一定会选这里，要派精兵守在这个地方。"

最终在段韶的几乎是"遗计"下，高长恭抓获了定阳城中的全部突围军，俘虏了北周的汾州刺史杨敷。

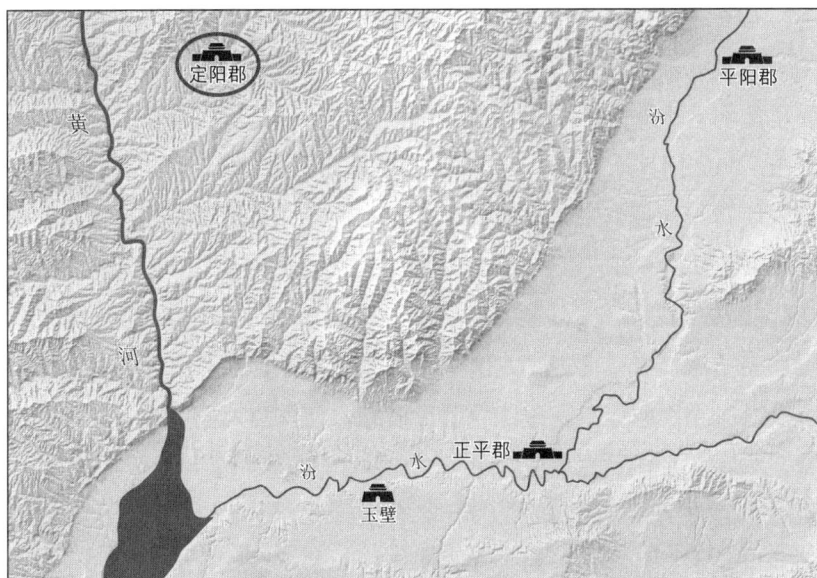

图 15-2　定阳位置图

此战之后，北齐三杰之首的段韶病逝。

北齐如果打下玉壁，大神段韶还算死得其所，打这么个地方却把自己的顶梁柱搭进去了，北齐撑门面的权力结构就此开始崩塌。

同月，斛律光顺利救下宜阳，随后做了个"看不懂"的操作：战后他并没有带兵回晋阳，而是带着兵去了邺城。整个邺城快被他吓死了。

此时斛律光的女儿做了齐后主高纬的皇后，子弟皆封侯为将。他的长子斛律武都娶了义宁郡长公主，任骠骑大将军及梁兖二州刺史加太子太保；他的次子斛律须达任中护军、开府仪同三司，不久前死了，死后中护军由他的第三子斛律世雄接班；他的弟弟斛律羡是骠骑大将军都督幽州刺史，行台尚书令，北境大闸，在边境筑城设险，养马练兵，修水利、劝农耕，威震突厥，被称为"南可汗"。

斛律光是并州一把手，他弟弟是幽州一把手，全族勋贵、手握重兵、军功无二的斛律光跟当年高欢在晋阳逼走元修时的状态已经差不多了。

尤其北齐三杰之首的段韶刚刚死了，在邺城来看，斛律光已经失去了控制。斛律光在一系列的胜利后带着队伍直接去了邺城，后主赶紧下令斛律光把兵给解散了！

斛律光对他的皇帝女婿说兄弟们有大功，还没犒劳呢，现在就都散了下回仗就不好打了，并秘密通表请使宣旨慰劳诸军，然后根本不停继续前进。[1]

朝廷派使者速度迟了，斛律光已经率军走到邺城西北五里的紫陌桥，此时才刚刚停下。这让后主很愤怒，急令舍人把斛律光喊进了邺城，然后宣劳散兵。

齐后主高纬迟钝口吃，没什么自信，有社交恐惧症，从来不喜欢见朝臣，不是特别亲近的人从来不说话，不愿意别人看他，即便是三公、尚书令这种级别的大臣跟他汇报工作也都是跪那里说点儿紧要的事然后赶紧走，多待会儿皇帝尴尬癌就犯了。

小皇帝本就没自信，现在这个老丈人又那么咄咄逼人。

斛律光带兵回邺城的消息被在玉壁晒太阳的韦孝宽知道了，韦孝宽私下编造了两个谣言传到邺城：百升飞上天，明月照长安（斛律光字明月）；高山不推自崩，槲木不扶自举（高家马上就要崩，斛律光这大木头要长成参天大树了）。这两个谣言以独特的韵律和劲爆的政治花边迅速成为邺城的流行歌曲。[2]

段韶一死，斛律光已经没有人可以制约了，北齐的权力结构肉眼可见地即将出现政治风暴。

---

[1]《北齐书·斛律光传》：光以为军人多有勋功，未得慰劳，若即便散，恩泽不施，乃密通表请使宣旨，军仍且进。

[2]《资治通鉴·陈纪五》：周勋州刺史韦孝宽密为谣言曰："百升飞上天，明月照长安。"又曰："高山不推自崩，槲木不扶自举。"令谍人传之于邺，邺中小儿歌之于路。

在这之前，北周独掌朝政十六年的宇文护走到了人生尽头。

这些年他做得相当棒，很好地完成了当年宇文泰的托孤目的：熬死创业的老一辈，让我的儿子坐稳皇位。

虽说过程中出现了很多变数，有两个孩子成了炮灰，但与此同时独孤信、赵贵、侯莫陈崇也都成了炮灰。

因为武川集团盘根错节，北周的"司马懿"其实从来不少，但这些年宇文护很克制，很少盲目动作，准确地说也就打了邙山那一次大牌，别看六个柱国级大佬有三个是死在他手里的，但他这些年却从没有出现一次被"高平陵之变"的机会。

他并没有为了功业的更进一步而一再动武，他不动，就没有破绽，所有潜在的不服势力就都没法动。宇文护看住了这份家业，但时间对于他来讲却越来越不利。

他在老去，他已经六十岁了，他身边的铁杆势力也在离去，当年和他一起废帝的贺兰祥与尉迟纲都已经死了，而且最关键的是，他和皇帝是一个生态位的。

这跟弄死尔朱荣后，他手下的亲信会跟尔朱兆和尔朱世隆立场鲜明地站队不一样。因为"元"和"尔朱"是两个姓，他和皇帝却都姓"宇文"，他的那些亲戚跟宇文邕也是亲戚，忠于他和忠于皇帝之间有着很多可转圜的余地。

他看护的是宇文氏的基业，而宇文邕已经三十岁了，虽然宇文邕是傀儡，但毕竟做皇帝十三年了，看上去不显眼，但权威已经开始潜移默化地影响朝臣们。

他在的时候，当然诸方势力会继续听话，但无论是朝臣还是宗室，看宇文邕注定比看他的儿子们要亲切。宇文护要是有一天不在了，三十岁的宇文邕对他反倒清算时，各方面势力会怎样呢？

卫公宇文直是宇文邕的同母弟，之前和宇文护的关系相当近；在沌口战败后被罢免官职，从此恨上了宇文护，倒向了他哥哥。①宇文邕就此启动了杀宇文护的计划。

572年三月十八，宇文护从同州回长安，宇文邕在文安殿接见他，然后照常请宇文护到含仁殿参见太后，并对他说："太后岁数越来越大，酒却越来越能喝，我说话不好使，哥你帮着劝劝。"说着还从怀里拿出《酒诰》递给宇文护，让宇文护拿着《酒诰》去劝老太太。②

宇文邕每次在宫中见宇文护时都行兄弟之礼，太后给宇文护赐座，宇文邕就站一边陪着。这次像往常一样，宇文护进殿后老太后赐座，宇文邕站边上，然后宇文护拿出《酒诰》开始有感情地朗读。

在宇文护读到一半时，宇文邕突然拿玉笏（王公上朝时所执的玉制手板）把宇文护一棒子抢地上去了，然后命太监何泉用御刀砍他，何泉当时已经吓傻了，这时候躲在门内的宇文直冲出来砍死了宇文护。③

宇文邕整整十三年的潜伏让宇文护早已放松了警惕，就这样，宇文邕和他的"小宝"杀死了宇文护。

宇文邕迅速召见宫伯长孙览等大臣，宣布宇文护已经被处死，命令拘捕宇文护的儿子柱国谭公宇文会、大将军莒公宇文至、崇业公宇文静、正平公宇文乾嘉，以及宇文护心腹一党的柱国侯龙恩、大将军侯万寿、大将军刘勇、中外府司录尹公正、袁杰、膳部下大夫李安等人。这

---

① 《周书·文帝诸子传》：性浮诡，贪狠无赖。以晋公护执政，遂贰于帝而昵护。及沌口还，愠于免黜，又请帝除之，冀得其位。

② 《周书·晋荡公护传》：七年三月十八日，护自同州还。帝御文安殿，见护讫，引护入含仁殿朝皇太后。先是帝于禁中见护，常行家人之礼。护谒太后，太后必赐之坐，帝立侍焉。至是护将入，帝谓之曰："太后春秋既尊，颇好饮酒。不亲朝谒，或废引进。喜怒之间，时有乖爽。比虽犯颜屡谏，未蒙垂纳。兄今既朝拜，愿更启请。"因出怀中酒诰以授护曰："以此谏太后。"

③ 《资治通鉴·陈纪五》：护既入，如帝所戒读《酒诰》；未毕，帝以玉自后击之，护踣于地。帝令宦者何泉以御刀斫之，泉惶惧，斫不能伤。卫公直匿于户内，跃出，斩之。

些人当天在殿中全部被处死。

长孙览是当年宇文觉的亲信，宇文毓即位后把他送给了宇文邕做好朋友。[①]

虽说有这层关系，但长孙览此时为宫伯，也就是禁军长官，能坐这个位置跟宇文护的关系不可能差，宇文邕也并没有提前和他密谋，这说明双方的关系其实比较表面。

长孙览平时肯定更听宇文护的指挥，但宇文护死后，长孙览迅速倒向了宇文邕去帮他杀宇文护一家。

因为在本质上，这样并不太牵扯后续的站队问题，反正效忠的都是宇文氏，可以解释，有后路。这种人有很多，比如宇文护死后，宇文邕召自己的五弟齐公宇文宪。

这些年宇文宪深受宇文护重用，位居大司马兼小冢宰、雍州牧，是宇文护团队的核心成员。[②]

很明显，宇文护自从被宇文毓遗诏传位于弟阴了一把后又升级了一个补丁。

万一哪天宇文邕不听话了，即便你学你哥宇文毓托孤给弟弟，但你下一顺位继承权的五弟也已经被我控制了。你死了无论你传位给儿子还是弟弟，我都手有余粮心不慌。

宇文护想办的事，通常就让宇文宪跟他哥去说，这些年双方难免会出现意见分歧，但宇文宪始终是那个和事佬，不扩大矛盾。[③]

宇文邕知道自己这个弟弟是能争取的，随后给他安排了一件非常

---

① 《隋书·长孙览传》：魏大统中，起家东宫亲信。周明帝时，为大都督。武帝在藩，与览亲善。《北史·长孙览传》：明帝以览性质淳和，堪为师表，使事鲁公，甚见亲善。

② 《资治通鉴·陈纪五》：大司马兼小冢宰、雍州牧齐公宪，素为护所亲任，赏罚之际，皆得参预，权势颇盛。

③ 《资治通鉴·陈纪五》：护欲有所陈，多令宪闻奏，其间或有可不，宪虑主相嫌隙，每曲而畅之，帝亦察其心。

重要的事，派他去宇文护府邸收兵符及诸文籍。

宇文护世子宇文训为蒲州刺史，当夜，宇文邕遣柱国宇文盛乘车传征宇文训，行至同州宇文训被赐死。

大家还记得这个宇文盛吗？他就是当年举报赵贵投诚宇文护的那位，现在他去杀宇文护的儿子也没有丝毫的犹豫。

宇文护的长史叱罗协、司录冯迁和所有亲信都被革职除名，宇文邕随后翻阅了宇文护的所有来往信件，将所有劝宇文护篡位的及其他党羽全部诛杀。宇文邕终于拿回了所有权力。

宇文护被杀后没多久，同年六月，邺城上演了一出一模一样的政变。斛律光进宫后被高纬派刘桃枝和三个力士拿弓弦活活勒死，高纬下诏称斛律光要造反，杀掉了他的儿子斛律世雄和斛律恒伽，随后又遣使去兖州杀了斛律光的长子斛律武都，遣中领军贺拔伏恩乘驿车去幽州抓了他的弟弟斛律羡。

贺拔伏恩一行到幽州后，城门官报告斛律羡："使者身穿衣甲，马身有汗，请赶紧关城门。"

斛律羡说："怎么可以因为怀疑天子来使而不让进城呢？"大意的斛律羡出城迎接使者后就被砍了。

临刑前斛律羡叹道："富贵如此，女为皇后，满家公主，出入都是三百兵跟随，满盈至此，怎能不败啊！"

他的五个儿子斛律伏护、斛律世达、斛律世迁、斛律世辨、斛律世酉也都被处死。

八月初一，高纬把皇后斛律氏废为庶人。

至此，斛律氏一门被彻底打倒。

斛律光被弄死后，高纬将矛头瞄准了北齐三杰的最后一位，兰陵王高长恭。

当年邙山之战后，高纬问高长恭道："你这冲得太猛了，入阵这么深，真出什么意外怎么办？"

高长恭道："这是咱们的家事，哪里顾得上考虑那么多。"

这个出生入死的能干宗室说出这种话本来应该是段君臣佳话的，但高纬不开心了。你说"家事"，什么意思？^①谁跟你一家子！

这个时候《兰陵王入阵曲》已经成为北齐军歌，高长恭他爹又是高澄，血缘实在太近，再加上北周进入了权力重组阶段双方边境无事，于是在573年五月，高纬用毒酒毒死了高长恭。

尔朱荣时代，群魔都在锁妖塔里老老实实地拥护与效力尔朱荣；宇文泰、高欢时代，双方各带猛男顶级攻防杀得你来我往。

定海神针在大圣手里，是如意金箍棒；在小妖怪眼中，则是随时能压塌房的凶器。

顶级的美人在凡夫那里永远过不了日子，因为他看谁都觉得不怀好意，别人随便聊会儿天都得把他活活吓死。

北齐国祚传到这个时候，也确确实实该亡了。

在静静地等德不配位的高纬自毁长城的同时，宇文邕也在酝酿另一件事，他蛰伏这些年已经想明白了开刀的方向。

573年十二月初二，宇文邕自己作为主裁判，召群臣和僧、道展开大辩论，最终给出了官方定调：儒第一，道第二，佛第三。^②

574年五月十七，"三武灭佛"的第二"武"——北周武帝宇文邕开始灭佛。

准确地说宇文邕除了儒家之外谁都砍，把佛、道都定义成邪教了，把佛、道的经典和塑像全部销毁，取缔僧、道行业全部还俗，将所有他不认可的祭祀全部取缔。^③

---

① 《北齐书·高长恭传》：帝嫌其称家事，遂忌之。

② 《资治通鉴·陈纪五》：癸巳，周主集群臣及沙门、道士，帝自升高坐，辨三教先后，以儒为先，道为次，释为后。

③ 《资治通鉴·陈纪五》：丙子，周禁佛、道二教，经、像悉毁，罢沙门、道士，并令还俗。并禁诸淫祀，非祀典所载者尽除之。

五月二十九，北周建通道观以统一儒家为圣贤之教。

宇文邕之所以对宗教下狠手，是因为宗教和他抢人口、财富。在北周的境内，此时有一万座寺庙。

别看这些年北国的东西方打得你来我往，但整个北国的宗教产业却没受到一点儿影响，比北魏末年的寺庙还多。

当年在北魏大力崇佛的胡太后的推动下，北方的寺庙已经发展成了一个经济体，寺院手中有着大量捐赠或兼并来的土地，而且兼并速度极其惊人。

举个例子，北魏末年，仅在二十多年的时间里，洛阳就有三分之一的民居被寺院侵夺了。[①]

寺院有大量的土地吸纳劳动力，有大量的现金进行民间借贷，有大量的资本进行囤积居奇，当时寺庙的高利贷生意已经做成了顶级当铺。[②]

东西魏对峙的时候，已经成了气候的寺院经济发展速度进一步加快，所谓"凡厥良沃悉为僧有，倾竭府藏充佛福田"。

如果说当年拓跋焘的第一次大规模灭佛，有着消除不安定因素的考虑，那么此次宇文邕的灭佛、灭道，则是导向相当明确的"求兵于僧众之间，取地于塔庙之下"。佛像融化后可以变成铜钱，僧、道还俗后可以变成户籍。

与北周形成鲜明对比的是，此时东面的高纬继续着胡太后当年的思路，国家只要出现灾异寇盗就去庙里求神拜佛。

他在生活方面则是继续他爹的奢靡之风，他的后宫皆宝衣玉食，

---

① 《魏书·释老志》：自迁都以来，年逾二纪，寺夺民居，三分且一……非但京邑如此，天下州、镇僧寺亦然。侵夺细民，广占田宅，有伤慈矜，用长嗟苦。

② 《魏书·释老志》：但主司冒利，规取赢息，及其征责，不计水旱，或偿利过本，或翻改券契，侵蠹贫下，莫知纪极。细民嗟毒，岁月滋深。

一条裙子的价格能值万匹绢帛，各种各样的时装被制造出来，早上穿过的新衣服晚上就成旧的了，宫室园林修建得壮丽到了极点，整个邺城的工匠没有一刻能休息的，全力给他搞生产。[①]

他在政治上宠信奸佞，陆令萱、穆提婆、高阿那肱、韩长鸾等主政，宦官邓长、陈德信、胡人何洪珍等参预机要，官爵开始明码标价；他的奴仆可以轻易地开府封王；宦官、胡人、歌手、巫师被封王者上百人，开府者千余人，仪同者不计其数，领军将军居然能有二十个，侍中有数十人，甚至他的狗、马、猎鹰也有仪同和郡君的封号，他的斗鸡甚至被封为开府，更可笑的是这些动物还能获得相应的俸禄。

当时北齐的地方官已经基本上全是买卖人了，老百姓被祸害得已经快活不下去了。[②]

北齐三杰已死，国家已经烂透了，战争还没开打，貌似就已经结束了。

但是，宇文邕的灭齐过程却并没有那么顺利，因为他又一脑门子撞河阳去了！

---

① 《资治通鉴·陈纪六》：承世祖奢泰之余，以为帝王当然，后宫皆宝衣玉食，一裙之费，至直万匹；竞为新巧，朝衣夕弊。盛修宫苑，穷极壮丽；所好不常，数毁又复。百工土木，无时休息。

② 《资治通鉴·陈纪六》：既而府藏空竭，乃赐二三郡或六七县，使之卖官取直。由是为守令者，率皆富商大贾，竞为贪纵，民不聊生。

五、功成不必为我的苍凉之歌

574年五月，宇文邕把佛、道的寺庙抢了以扩充国力。

没本的买卖最好做，宇文邕抢了寺庙之后效果立竿见影。当年年底，宇文邕为了彻底使府兵皇权化，在全军范围内发钱收买人心，而且大规模提高将士待遇，改军士为侍官。

这次提高待遇不仅仅是在原有军队基础上，宇文邕还招募了大量百姓为兵，除县籍为军籍，以优厚的条件激发好男要当兵的热情。[①] 这是宇文邕在拿回权力后短短三年内就大规模伐齐的关键。

关于伐齐，宇文邕继续了自己的保密属性，始终只跟齐王宇文宪、内史王谊和安州总管于翼三人策划。

575年七月二十四，宇文邕突然在大德殿召集各军将领，通知伐齐。在大会上，明白人宇文邕将焦点瞄准了整个中原大锁的开关——河阴。[②]

---

① 《隋书·食货志》：改军士为侍官，募百姓充之，除其县籍。是后夏人半为兵矣。

② 《周书·武帝纪》：帝曰："太祖神武鹰运，创造王基，兵威所临，有征无战。唯彼伪齐，犹怀跋扈……今欲数道出兵，水陆兼进，北拒太行之路，东扼黎阳之险。若攻拔河阴，兖、豫则驰檄可定。然后养锐享士，以待其至。但得一战，则破之必矣。王公以为何如？"

七月二十五，宇文邕下诏征讨北齐，任柱国陈王宇文纯（宇文泰第九子）、荥阳公司马消难、郑公达奚震（达奚武之子）为前三军总管；越王宇文盛（宇文泰第十二子）、周昌公侯莫陈琼（侯莫陈崇弟）、赵王宇文招（宇文泰第七子）为后三军总管；此外，齐王宇文宪（宇文泰第五子）率两万人进军黎阳，随公杨坚、广宁公薛迥率三万水军从渭水入黄河，梁公侯莫陈芮（侯莫陈崇子）率两万人守太行道，申公李穆（李远弟）率三万人守河阳道，常山公于翼（于谨子）率两万人进军陈州、汝州。

　　出征前内史上士宇文弼和遂伯下大夫鲍宏等都建议："北齐建国已经传了几代了，虽说无道，但藩镇之任尚有其人。河阳冲要，精兵所聚，咱们祖祖辈辈打了太多次了，对方的防守反击都有经验了，咱们还是走河东道吧，出汾曲往北打晋阳。"

　　宇文邕的心理和宇文护一样：越是艰险越向前，都弄不下来对吧，我打一个给你们看！前面那些仗都没打对，而我是做了功课的，得使劲往死里打河阴。

　　七月三十，宇文邕亲率六万禁卫军直扑河阴。

　　北周陆军入北齐境内军纪严明，严禁砍树踏庄稼，犯者斩首，宇文邕则坐船直接来到老景点，亲自进攻河阴大城。

　　八月二十五，周军取得了在邙山战场上的最高级别战果，河阴大城被攻克。[1]

　　河阴浮桥此时已毁，北齐的援军过不来了。[2]

　　唯一遗憾的是宇文邕暴打南城烧毁河桥之前，北齐的永桥城大都督傅伏趁夜进入中潬城进行驻防，随后北周连续围城二十天都没打下来。

---

① 《资治通鉴·陈纪六》：丁未，周主攻河阴大城，拔之。
② 《北齐书·后主纪》：是月，周师入洛川，屯芒山，攻逼洛城，纵火船焚浮桥，河桥绝。

中潭城几乎就是防御上的一个神奇存在。

北周根本没法在它周围上攻城器材，因为运不过来，而且中潭洲不大，运过来也没有地方施展，真要是想攻坚来打，只能指望用楼船从四周开打，但是由于黄河的航道到了三门峡后水流会突然九十度大转向，与此同时还有鬼门、神门、人门三岛突然出现，导致北周不可能从关中带过来特别大的船。

事实上后面宇文邕撤退的时候就把来时的船都烧了，因为顺流而下的时候都是勉勉强强，逆流则根本过不了三门峡。

看到拿不下中潭城，宇文邕亲自来打镇守金墉城的北齐洛州刺史独孤永业，但跟当年宇文护一样，还是没打动。

战局进入僵持阶段。

虽然北周没打下来中潭城，但只要河阴大城拿下来了，就相当于成功一大半了，因为黄河水路已经通了。

退一步来讲，即便中潭城拿不下来，北周也已经有了个南路的支点，自三门峡到河阴有了登陆点，把中潭城到南城的浮桥一烧，水路照样畅通无阻。

九月，北齐右丞相高阿那肱率军从晋阳到达河阳，但这时候已经没什么用了，因为他过不来。

如果想要支援金墉城里的独孤永业，就得从别的渡口抢渡，或者从陆路走虎牢关。更关键的是北周先锋宇文宪已经进围洛口，收其东西二城，完成了对洛口的控制，金墉城成为瓮中之鳖。

眼下宇文邕只要再加把劲把金墉城打下来，就能完成对洛水和伊水乃至整个洛阳盆地的彻底掌控。届时陕城的桥头堡就能往前挪到金墉城，同时由于黄河水道已通，物流成本降下来了，北周也能将手伸进中原了。

但是，就在这种形势一片大好的情况下，河阴邙山对北周的诅咒开始发威。从关中出来仅一个月的宇文邕突然生病了，病得还不轻。北周随后迅速放弃了所有战果烧船撤退，一副赶回长安交代后事的样子，所谓"至河阳，会周主有疾，辛酉夜，引兵还"。

此时北周不只把河阳南城拿下来了，而且宇文宪、于翼、李穆这些人在各自战场上所向披靡已经拿下了三十多座城，但最终都因为宇文邕的突然暴病放弃了。[①]

这是北周四十年来最好的一次机会，但冥冥中的神秘力量对宇文邕说："我不同意！"北齐因此续了五百天的命。

回去后，宇文邕恢复了健康。被命运拿捏后的宇文邕在 576 年正月来到了河东，召集关中与河东诸军围猎。[②] 这个信号不同寻常。

576 年十月，宇文邕召集群臣道："去年我病得不是时候，本来看齐军都跟小孩打架一样了，更何况他们朝政昏乱，百姓凄惨，天予不取，恐贻后悔，打河阴属于踹他后背但并没有掐住他脖子，这次我准备掐他脖子去，咱们去打晋阳，然后东下打邺城！"

终于，北周换方向了，向着自己的福地——河东方向进发了，而且一走河东，什么都顺了。

因为北齐后主高纬在两个月前来到晋阳"旅游"，此时还没走，正在祁连池打猎。

整个灭齐之战的唯一主角，宇文邕的"天赐上将"出场了。你说这"福地"和"凶地"是闹着玩的吗？运气这东西，很重要。

北周一路势如破竹，来到了当年高欢梦想开始的地方——晋州平阳（今山西临汾）。

高纬听说后，调动十万晋阳军准备御驾亲征。

[①] 《资治通鉴·陈纪六》：齐王宪、于翼、李穆，所向克捷，降拔三十余城，皆弃而不守。

[②] 《周书·武帝纪》：五年春正月癸未，行幸同州。辛卯，行幸河东涑川，集关中、河东诸军校猎。

十月十九，北齐军队刚刚聚集在晋祠，而此时宇文邕已经屯兵汾曲，主力围攻平阳。宇文宪进兵攻克了洪洞、永安两城，准备再往前突击，但齐军焚桥守险，周军先锋无法再进，随后双方对峙于永安（今山西霍州）。

我们来看看战略图，看看双方的反应速度。（见图15-3）

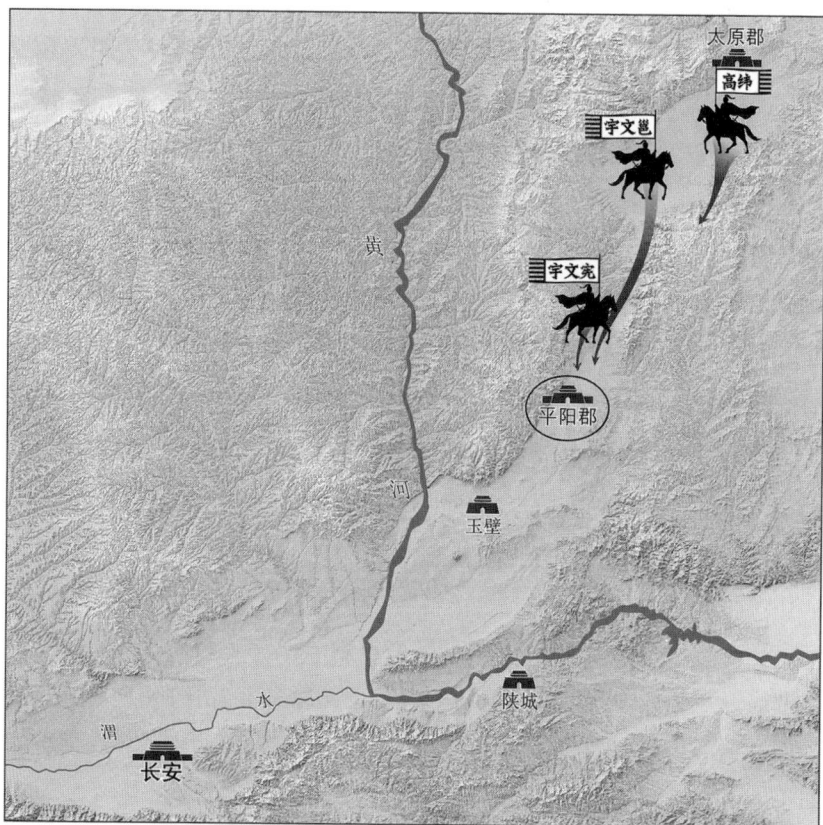

图 15-3　北周北伐推进示意图

十月二十五，宇文邕已经从汾曲到了平阳城下督战，北齐的行台左丞侯子钦出城向北周投降，这一天，高纬刚刚从晋阳南下。

十月二十七，防守北城的晋州刺史崔景嵩向北周请降，北周派出了几十个特种兵进城接应，并与崔景嵩一同去暗杀平阳城总指挥尉相贵，平阳内乱后城破，尉相贵及八千甲兵被俘。[①]

短短十天，并州南部第一重镇平阳易主。

十月二十九，北周任上开府仪同大将军梁士彦为晋州刺史，留一万精兵镇守平阳。这是一次相当英明的任命。

梁士彦是宇文邕亲自提拔扩充到自己队伍中的军官，提拔的原因仅是听说这个小伙子比较猛。梁士彦之前被从扶风郡守提拔为九曲镇将历练，这次伐齐宇文邕把他给调回来了。因为梁士彦还没立什么功勋，他急需证明自己以报答皇帝的这份信任。

十月三十，北齐军列阵而行，上鸡栖原与宇文宪对峙，至夜不战，周军敛阵而退。

十一月初四，高纬率大军到了平阳。

宇文邕因北齐军队刚刚集结士气正高，打算回去避其锋芒。大臣们说不能走啊，打死他！但宇文邕永远主意大，就是不听，带队走了。

宇文邕留了宇文宪殿后，宇文宪杀了北齐的勇将贺兰豹子等追兵，渡过汾水在玉壁追上了宇文邕，随后宇文邕从大部队里拨了六万人给宇文宪驻扎于涑水以做援军。[②]（见图 15-4）

宇文邕这是什么意思呢？

由于平阳是北齐内部出了叛徒才被迅速拿下的，所以城防并没有在前面的攻城中受到多少破坏，宇文邕的想法是：我把平阳送给你北齐去打，甚至我大幅度撤退以骄你兵让你往前冲，入河东的两条路都给你堵死了，一个汾水玉壁，一个闻喜隘道，我胆怯了，请北齐放马来打。

宇文宪率军驻扎在涑水作为援军，平阳城的情况如果不好他随时

---

① 《资治通鉴·陈纪六》：壬申，晋州刺史崔景嵩守北城，夜，遣使请降于周，王轨帅众应之。未明，周将北海段文振，杖槊与数十人先登，与景嵩同至尉相贵所，拔佩刀劫之。城上鼓噪，齐兵大溃，遂克晋州，虏相贵及甲士八千人。

② 《周书·齐炀王宪传》：高祖又令宪率兵六万，还援晋州。宪遂进军，营于涑水。

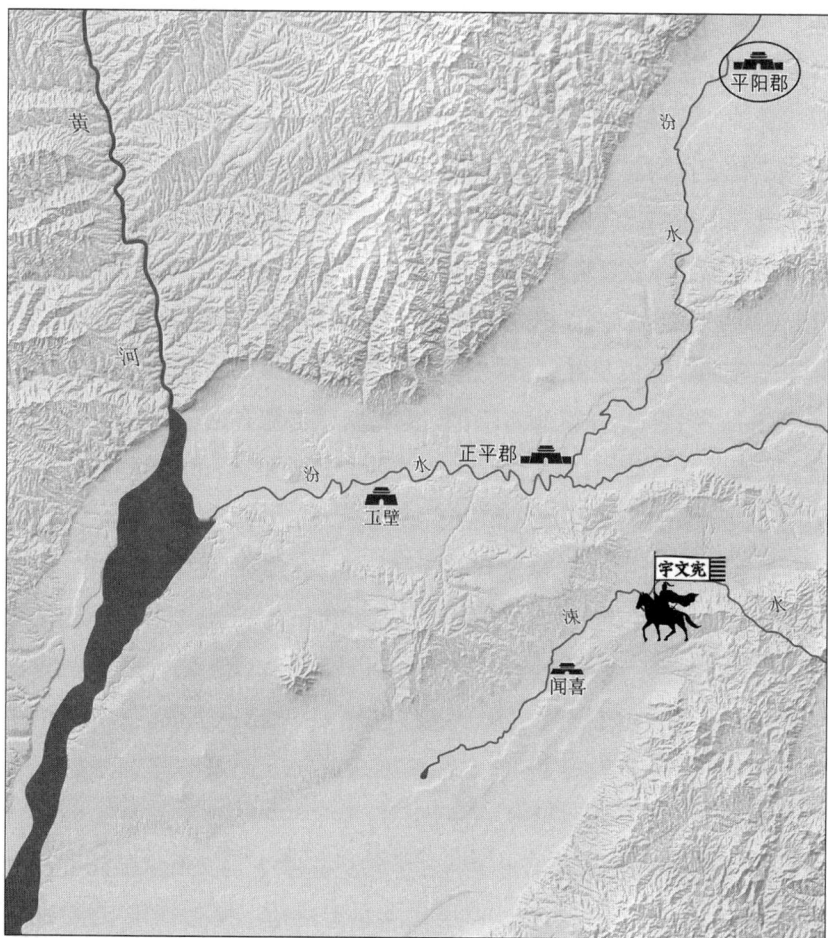

图 15-4 宇文宪屯兵位置

可以出去支援，后面一度传来情报说平阳已经丢了，宇文宪赶紧去支援，到了蒙坑后听说仍然没问题，于是又撤回去了。[①]

---

① 《资治通鉴·陈纪六》：周主使齐王宪将兵六万屯涑川，遥为平阳声援。《周书·齐炀王宪传》：齐主攻围晋州，昼夜不息。间谍还者，或云已陷。宪乃遣柱国越王盛、大将军尉迟迥、开府宇文神举等轻骑一万夜至晋州。宪进军据蒙坑，为其后援，知城未陷，乃归涑川。

其实宇文邕的算盘打得并不好，但他主意太大，也不跟任何人商量，没人知道他的真正想法。他这样虽然能够保证不泄密，但官兵们不一定能够理解，未战先退士气很容易受影响，而且平阳城也远没有那么耐打，宇文宪听到的情报也不是不准，平阳城的防守曾一度被冲垮，只是最终很幸运又被保住了而已。

齐军重新围困了平阳后昼夜攻城，城里形势相当危急，城墙和城楼都被夷平了，突破口的残存城墙只有一人高，双方开始直接短兵相接，战马都用上攻城战了，周军外援不至，军心甚是不安。[①]

梁士彦慷慨自若地对将士们道："兄弟们，如果今天战死的话，我一定死在大家前面！"仗着这股子烈劲，周军击退了北齐的进攻，并在三天内动员所有能动员的人力修好了城墙。[②]

但修好了也没用，因为此时齐军又成功地挖了地道，城墙下陷了十多米又塌了，就在齐军乘势准备杀进城内之时，高纬却下令暂停，他要喊他的冯淑妃来观看破城的场景。结果就在冯淑妃上妆的时候，周军又用木头紧急做了城墙，堵住缺口，保住了平阳。[③]

还是那句话，运气这东西很重要。但这运气在河阳邙山，北周就是得不到。

十一月十八，宇文邕回长安，献俘于太庙。

消息不断传来，梁士彦守平阳远没有独孤永业守金墉城那么稳当，"病危通知书"下好几次了，宇文邕再托大就该丢脸了，他不能第二次

---

① 《资治通鉴·陈纪六》：齐师遂围平阳，昼夜攻之。城中危急，楼堞皆尽，所存之城，寻仞而已。或短兵相接，或交马出入，外援不至，众皆震惧。

② 《资治通鉴·陈纪六》：梁士彦慷慨自若，谓将士曰："死在今日，吾为尔先。"于是勇烈齐奋，呼声动地，无不一当百。齐师少却，乃令妻妾、军民、妇女，昼夜修城，三日而就。

③ 《资治通鉴·陈纪六》：齐人作地道攻平阳，城陷十余步，将士乘势欲入。齐主敕且止，召冯淑妃观之。淑妃妆点，不时至，周人以木拒塞之，城遂不下。

御驾亲征又什么收获都没有。

十一月十九，宇文邕再次下诏：我还得打。

十一月二十二，任性的宇文邕又从长安出发了。

十二月初三，宇文邕军至高显，派宇文宪率大军支援平阳。

十二月初四，宇文邕亲至平阳。

十二月初六，诸军全部汇集，周军共八万人兵临城下设置了东西二十余里的战阵。

此时北齐已经在平阳城南挖了一条壕沟，从乔山连接到汾水，齐军列阵于战壕北。①

宇文邕派宇文宪前去观阵探敌情，宇文宪回来后高调向皇帝哥哥请战，表示齐兵松松垮垮，他代表广大将士申请杀敌后再吃饭！宇文邕给予了高度赞许。

宇文宪退下后，他的内史柳虬对他说："北齐军势大，您怎么能这么轻视？"

宇文宪道："宪受委前锋，情兼家国，扫此逋寇，事等摧枯。商周之事，公所知也，贼兵虽众，其如我何！"宇文宪的意思是他们就算人多我不吃饭也能打死他们！

他的口气跟当初的宇文护一样，但他一下子就把北周给坑了。

宇文邕战前搞了士气动员，亲自骑马来到阵前进行大阅兵，边走边喊各单位指挥官名字，将士们高喊皇帝万岁。②

但是宇文邕一看齐军挖的那道长沟，紧急下令打住。（见图 15-5）

双方都是大兵团骑兵冲阵，那道壕沟马可不过去，如果继续往前

---

① 《资治通鉴·陈纪六》：先是，齐人恐周师猝至，于城南穿堑，自乔山属于汾水；齐主大出兵，陈于堑北。

② 《资治通鉴·陈纪六》：周主乘常御马，从数人巡陈，所至辄呼主帅姓名慰勉之。将士喜于见知，咸思自奋。

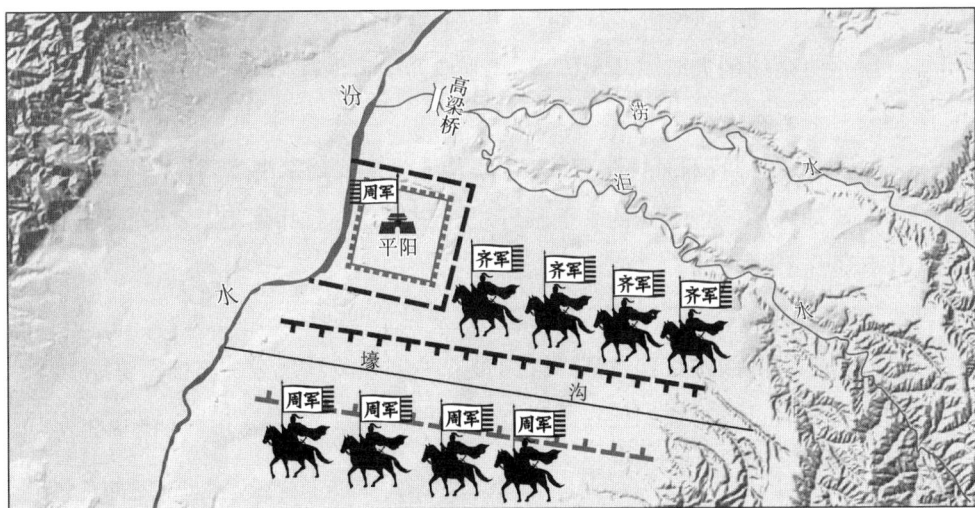

图 15-5　周齐对峙图

走阵形就都乱了。

由于那道壕沟，双方自早上一直对峙到了下午三点多。① 周军可是没吃早点的。一天不吃饭，士气不知道还能有多少。

不过没关系，幸运会再次眷顾北周。"关键先生"高纬这时问高阿那肱还打不打。

高阿那肱道："咱们军队人数虽多，但能战者不过十万，生病的、受伤的、后勤的及围平阳城的又去了三分之一，当年神武皇帝打玉壁的时候，对方援军来了我军就撤了，现在我们哪比得上那时候的战斗力，不如撤兵退守高梁桥。"

这其实不是个坏意见，因为北齐眼下还在包围着平阳城，摊薄了北齐的军力，不如阻河为据，把平阳城让过去收缩力量与北周对峙。

安吐根则表示："一群小贼，我把他们都追赶到汾水里！"

---

① 《资治通鉴·陈纪六》：周主欲薄齐师，碍堑而止，自旦至申，相持不决。

面对两种不同说法，高纬有点儿犹豫。

这时高纬的太监团队集体道："他是天子咱也是天子，他能远来我们为何要示弱？"

高纬道："特别对！"于是填了壕沟主动来找周军决战。①

高纬纯属吃饱了撑的。他临阵填沟不仅消耗官兵体力，而且他的阵脚还乱了。

宇文邕大喜，等北齐工程队施工完毕后立即命诸军出击。

双方军队刚刚接阵，高纬继续带着冯淑妃骑马观战，东面军阵刚刚有点儿后退，冯淑妃便害怕道："咱们打败了！"其亲信穆提婆道："咱快走吧！快走吧！"②

高纬随后和冯淑妃奔高梁桥逃跑。

奚长劝高纬道："军阵半进半退是作战时太常见的情况了，咱们现在军阵完整，没有损伤，陛下离开这里又到哪里找安全的地方？您现在只要跑了军心就崩了，您赶紧回去提振军心！"③

很快武卫将军张常山也从后面赶过来道："军阵相当完整，围城的大军也都没动，您快回去吧。您要是不信，可以先派个太监去看看。"④

高纬最终被穆提婆等拉走了，北齐随后大败被杀一万余人，军资器械，在数百里间被丢弃得跟一座座小山似的。

十二月初七，宇文邕进入平阳，因为将士疲敝，就想要撤军了。

---

① 《资治通鉴·陈纪六》：诸内参曰：彼亦天子，我亦天子。彼尚能远来，我何为守堑示弱。齐主曰："此言是也。"于是填堑南引。

② 《资治通鉴·陈纪六》：兵才合，齐主与冯淑妃并骑观战。东偏少却，淑妃怖曰："军败矣！"录尚书事城阳王穆提婆曰："大家去！大家去！"

③ 《资治通鉴·陈纪六》：开府仪同三司奚长谏曰："半进半退，战之常体。今兵众全整，未有亏伤，陛下舍此安之！马足一动，人情骇乱，不可复振。愿速还安慰之！"

④ 《资治通鉴·陈纪六》：武卫张常山自后至，亦曰："军寻收讫，甚完整。围城兵亦不动。至尊宜回。不信臣言，乞将内参往视。"

这时刚在平阳防守立功的梁士彦勒住宇文邕的马头道："今齐师败散，军心浮动，咱们再踹一脚他就完了！"

宇文邕被劝动，率诸军北上追击，但此时诸将已经被他满世界乱跑弄烦了，纷纷请示西归。宇文邕再次任性："你们要是不去我自己上！"绑架了诸将跟他北上晋阳。

十二月初十，高纬败归晋阳，留安德王高延宗、广宁王高孝珩守晋阳，自己已经准备放弃并州了。

十二月十二，宇文邕与宇文宪会师于介休，此时晋阳已经门户洞开。

北齐开府仪同三司韩建业举城投降，被北周任命为上柱国，封郇公，晋阳的开府仪同三司贺拔伏恩等宿卫近臣三十余人也投降周军，宇文邕各有封赏。当夜，高纬准备逃跑，但诸将不从。

十二月十三，北周兵临晋阳。

高纬此时已经任安德王高延宗为相国、并州刺史，总辖山西军事，对他说："并州我送给哥哥了，我要走了，拜拜。"

高延宗道："咱们为了国家社稷能不能不走？我出去为你死战，保证打败周军！"

穆提婆说："天子大计已定，安德王不得阻挠！"

说得貌似挺硬气，但实际上高纬差点儿连晋阳都出不去了，他已经被高延宗控制了，他是趁夜杀了城防官逃出晋阳的，所谓"诏除安德王延宗为相国，委以备御，延宗流涕受命。帝乃夜斩五龙门而出"。

皇帝是不能乱御驾亲征的，一崩毁所有，此时并州已经有人要帮他体面了。

高纬说"并州我送给哥哥了"是为了稳住高延宗。高延宗就是个翻版的高洋。

高延宗是高澄的第五子，从小被高洋抚养，因为他长得和高洋很像，于是深受高洋的喜爱。他十二岁的时候高洋已经是二级心理疾病患者了，他让高延宗往他肚脐尿尿，尿完就抱，然后道："就爱这小子！"①

高延宗长大后做定州刺史时在城楼上大便，然后让人在底下张嘴接着，还蒸人屎肉龙让人吃，吃得不好看都得被打一顿。②

他确实是他爹高澄的儿子，在等他生命中的兰京。

后来他三哥被高湛弄死了，高延宗大哭，拿草人扎了高湛的样子狂鞭道："为什么杀我哥！"被人告发后他差点儿被高湛打死。

到了高纬时代，高纬弄死他四哥高长恭时，高延宗继续给他哥上书抱不平，泪流满纸。

前面平阳大战之时，只有高延宗率军在逆势中打得所向披靡，诸军大败只有他没受损失。③ 妥妥高洋的翻版。

这个熊孩子更像是在装傻，在城头拉大便被誉为家族脑残，但因此能真性情地给两个哥哥申诉，能有治军之力而不被谗毙。

高洋之所以爱这个孩子，也许是看出来了这孩子是个翻版的他。别人笑我太疯癫，我笑别人看不穿。

平阳大败后，"战神"高延宗已经成了晋阳的指望，高纬虽然混蛋，但却不傻，到底还是遛了。

陪他玩了多年的穆提婆扭头投奔了北周。宇文邕任穆提婆为柱国、宜州刺史，下诏：只要弃暗投明，全部有赏。

一看穆提婆这样的人投降都能有官当，北齐官吏相继开始向北周投降。

---

① 《北齐书·安德王延宗传》：延宗幼为文宣所养，年十二，犹骑置腹上，令溺己脐中，抱之曰："可怜止有此一个。"

② 《北齐书·安德王延宗传》：为定州刺史，于楼上大便，使人在下张口承之。以蒸猪糁和人粪以饲左右，有难色者鞭之。

③ 《北齐书·安德王延宗传》：及大战，延宗以麾下再入周军，莫不披靡。诸军败，延宗独全军。

当时还愿意一战的并州将领们纷纷请求高延宗道："你不当天子我们就不干了。"高延宗于十二月十四即皇帝位。

周军围困晋阳，高延宗命莫多娄敬显和韩骨胡守城南，和阿干子和段畅守城东，自率一军守城北。

谁也没想到，撑起高家最后门面的，是这个一直不被人待见的高延宗。高延宗身体肥胖，常因为身材被人嘲笑，结果上了战场跟高洋一样秒变"霹雳飞猪"，晋阳保卫战中高延宗挥舞长矛敏捷如飞，所向无前。[1]

战斗打得相当惨烈，和阿干子和段畅的东军打到傍晚率千骑投降了周军，宇文邕随后攻入东门打入晋阳。

也不知道宇文邕是怎么想的，他进去后第一件事就烧了佛寺表达了自己的宗教态度。[2]

别管你有多膈应，正打仗呢，你装也得装装呀，先留着呀，不知道是不是得罪了晋阳佛寺里的护法，宇文邕刚烧了佛寺就遇险了。

宇文邕入晋阳玩火只带了千余骑兵，随后命诸军绕城置阵，当夜，高延宗率军冲破了北周军阵，杀入了东门，给宇文邕来了个瓮中捉鳖。[3]

周军大乱，夺门而逃，自相踩踏，被杀了一千多人，基本全军覆没。[4]

在左右军兵已经走投无路之际，是承御上士张寿牵着马头，贺拔

---

① 《资治通鉴·陈纪六》：延宗素肥，前如偃，后如伏，人常笑之。至是，奋大槊往来督战，劲捷若飞，所向无前。

② 《北齐书·高延宗传》：进兵焚佛寺门屋，飞焰照天地。

③ 《周书·武帝纪》：帝乘胜逐北，率千余骑入东门，诏诸军绕城置阵。至夜，延宗率其众排阵而前。

④ 《北齐书·高延宗传》：延宗与敬显自门入，夹击之，周军大乱，争门相填压，齐人后斫刺，死者二千余人。

伏恩用鞭子抽马艰难地从死人堆中把宇文邕抢出来的，他们还差点儿被齐军俘虏，最终是靠着投降北周的皮子信在前面带路，才在晋阳城东曲折狭隘的道路中于四更天艰难逃出。①

宇文邕经此一战吓坏了，决定撤军，诸将也都说快走吧，结果宇文忻怒道："陛下自克晋州乘胜至此，高纬已经跑了，关东响震，自古行兵未有今天之盛，昨日已经破城，因为将士轻敌才微有不利，这真不叫事。大丈夫当死中求生，败中取胜！现在我军破竹之势已成，怎么能在这时候放弃呢？"

宇文宪和王谊也劝说不能走。降将段畅等又说城内已经空虚，就差最后一脚了。

此时齐军确实已经到了强弩之末，高延宗以为已经杀了宇文邕，齐军获得了久违的大胜，全军都喝躺下了，高延宗已经醉到无法发号施令。②

宇文邕勒马停止后撤，吹响集结号，在十二月十七日清晨再次攻打晋阳东门，这次终于彻底打垮了高延宗，晋阳城破。

十二月十八，宇文邕大赦天下，削除齐制，收揽北齐文武群臣。

十二月二十二，宇文邕把晋阳宫中珍宝及宫女两千人赏赐给了将士，又给立功者赐封官爵。

十二月二十九，宇文邕向邺城杀去。

此时邺城在象征性地做最后抵抗，高纬发出重赏，诏令以募战士，然后自己不出钱，广宁王高孝珩请求："派任城王高湝率幽州兵入井陉

---

① 《资治通鉴·陈纪六》：周主左右略尽，自拔无路。承御上士张寿牵马首，贺拔伏恩以鞭拂其后，崎岖得出。齐人奋击，几中之。城东道厄曲，伏恩及降者皮子信导之，仅得免，时已四更。

② 《资治通鉴·陈纪六》：延宗谓周主为乱兵所杀，使于积尸中求长鬣者，不得。时齐人既捷，入坊饮酒，尽醉卧，延宗不复能整。

关扬言伐并州，独孤永业率洛州兵入潼关扬言伐长安，臣率京畿兵出滏口鼓行逆战，敌闻南北都有战事，必然撤兵。"高纬没有动作。

高孝珩又请求将宫女和珍宝赏赐将士，高纬很不开心。

总之亡国在即，邺城中达官显贵出降的车队都连上了，流水的皇帝铁打的门阀，河北大族们早就看明白了，邺城里最后的忠君派说了很多，高纬全都没搭理。

国之将亡，必有妖孽，他当初要听得进去就不至于落到现在这地步了。

高纬做出的唯一行动，就是听神棍说天下当有革易便将皇位禅让给太子，自己做了太上皇。

577年正月初三，高纬带队从邺城奔济州，准备向南逃去陈朝。

正月初九，北齐幼主也从邺城向东逃跑。

正月十五，周军到了邺城城外的紫陌桥。

正月十九，周军包围邺城，烧邺城西门，击败了慕容绍宗之子慕容三藏后拿下邺城，北齐王公以下皆降。

正月二十，宇文邕入邺城。齐洛州刺史独孤永业的降表也在同一时间送到了邺城。

至此，这道阻碍了武川集团两代人的河阳"三门峡"终于易主。

河阳和河东，凶宅与福地，玄之又玄。

正月二十五，尉迟勤抓住了逃跑的高纬，宇文邕将齐国宗室打包回了长安。

正月二十七，宇文邕下诏：齐之东山、南园、三台，并可毁撤，瓦木诸物，可用者悉以赐民，占了的山园之田各还其主。

高纬舍不得分的东西，宇文邕都帮他分了。

北周得到了五十州、一百六十二郡、三百八十县，以及三百零三万两千五百户百姓。

跟在晋阳时一样，宇文邕迅速下令在整个河北、并州、河南进行灭佛运动，毁寺庙四万座，强迫三百万僧尼还俗。

当时北齐掌握的国家户口共三百万，也就是一千五百万人左右，而宗教人口达到了在编人口的五分之一。

自 6 世纪开篇，北魏末代的皇帝、太后们对宗教的错误引导后，宇文邕将局面清盘，整个北国彻底编户齐民。

四月初三，宇文邕至长安，将最高战利品高纬扔在最前面，列其王公于后，车舆、旗帜、器物等战利品跟在后面，备大驾，布六军，奏凯乐，献俘于太庙，长安皆称万岁。

四月初六，宇文邕封高纬为温公，北齐诸王三十余人皆受封爵，然后宇文邕使用"精神强暴大法"与齐国君臣饮酒，命令高纬跳舞，高延宗悲痛到屡次服毒，但都被控制住了。

玩凌辱不让人看还有什么意思，想死也不是这个时候。

等宇文邕玩够了，577 年十月，高纬被诬告与他的老朋友宜州刺史穆提婆谋反，高纬与高延宗等北齐宗室数十人及高纬原来身边的那堆亲信不分老少全部被赐死。

同年，北周开始推行《刑书要制》：凡盗窃一匹赃物，以及闾正、里正、族正、保长、党长隐满五个丁口、一百亩地以上的，都处死。

宇文邕的铁腕再次瞄准人口。谁跟我抢人口，都得死！

十二月二十二，宇文邕去并州亲自将并州的四万户军民迁徙到关中，随后废除了并州宫室和六府。

谁也没想到这个尔朱荣时代的霸府符号被当初千人武川小分队的后人终结了。

晋阳不要哭泣，四十年后会有一位李大爷身披金甲圣衣，脚踏七彩唐云，带着几个牛儿子来到你身边。关于他那几个牛儿子，我们有好多故事要说。

578 年五月二十三，宇文邕亲自率军征讨突厥，派柱国原公宇文姬愿、东平公宇文神举等领兵，分五路并进。

如今北境已经合为一体了，突厥不再是我们北周的朋友，打的就是突厥！没有永远的朋友，只有永远的利益。

刚出征四天，五月二十七，宇文邕再次神奇暴病。

他之前身体不好不可能御驾亲征，但这次重病和当年河阴东征一样，发病迅速且剧烈。很遗憾，这次他没能挺过来。

五月三十，宇文邕下诏所有军队停止行动，派驿使到长安召宗师宇文孝伯前来，宇文邕握住了这个和他同年同月同日生的好兄弟之手道："都托付给你了！"当夜，宇文邕授宇文孝伯司卫上大夫总管宿卫兵，命其乘驿马回长安以备非常。

六月初一，宇文邕回到长安的当夜病逝，时年三十六岁。

宇文邕生性节俭，常穿布袍，睡觉时盖布被，后宫不过十余人，每逢行军作战永远深入军队中，亲自下马穿越山谷，能受常人受不了的苦，抚将士有恩，明察果断，用法严峻，三军将士畏其威而乐为之死。

他的一生，是儒家意义上不世出的圣主，虽然主政仅六年时间，但是他合拢了东西世界，清理了社会毒瘤，让官府从简，灭齐后诏告：天子的露寝、会义、崇信、含仁、云和、思齐诸殿皆是宇文护专政时所为，穷尽壮丽，规格高于太庙的全部毁撤，雕饰装修的材料都赐给贫民，所有的工程修造项目一切从简，并州和邺城诸堂宫殿壮丽者全按这个规章制度来！

宇文邕将一片生机勃勃的土地清整了出来。

两晋南北朝三百年的中国史上最长乱世至此即将彻底解决胡汉融合问题，这最后的大高潮，起于文明太后，成于宇文泰和宇文邕父子。

北境各族在长达三百年的互杀中不断消耗着人口，汉人再次成为人口的最大基数。经过三百年的互杀乃至融合后，汉民族在西晋末年的萎靡后重新站了起来，适应了骑马与搏杀，北境其他各族则在进入中原长达三百年的过程中学会了种地和汉语。

文明太后的户籍制度开始帮助天下统一，尔朱荣将北魏由孝文帝进行的汉化改革的边缘拉了回来，武川和怀朔在宇文泰和高欢的绝代双骄对决中纷纷拾起了文明太后的国家操作系统，最终，宇文邕这个极致的隐忍者和极致的奉献者更是"功成不必为我"地得罪了宗教，不怕任何报复地以一己之力带走了那些钻宗教空子的贪婪蛀虫们，西北刚猛杀伐之气冲刷了一切，为下一个恢宏的时代奠定了基础！

在杀戮、掠夺、徙民、编户的三百年血泪大融合后，眼下"汉胡合一"还差最后一件事：将关陇集团的姓氏从宇文泰赐的鲜卑姓改回到占人口比重最大化的汉姓。

姓氏，是使民族模糊的最后一关。

这件事，上天自有安排。

第 *16* 战

南北归一

一、隋炀的"前世"，被史书埋没的鬼才教父

我对游戏投入的时间不多，属于天生没瘾的那种人，就小升初那阵子玩过几个游戏，现在回想下，真是个个经典。

其中有一个游戏叫《富甲天下》，以三国为背景，是大富翁游戏的一种变种。

这个游戏的核心关窍就是想尽办法占领最好的城市，然后把最厉害的武将和最多的士兵放进去，敌人只要路过属于玩家的城池就只能乖乖地交保护费，直到最后被挤对破产。

我印象最深的是洛阳城。这是整个游戏中独一档的超级大城，保护费超级高，对手只要经过，就得交钱，要是不想掏钱，就得通过单挑、野战、攻城的方式与洛阳城所属玩家对战，赢了免单，输了则要交双份。

我通常在这种超级大城放上关二爷关羽和丞相诸葛亮，或者夏侯渊和贾诩，别的玩家谁来谁死。打这种游戏，琢磨明白关窍后就知道了核心胜负点在哪里，可以迅速通关。

通关的秘籍在于三个锦囊妙计。

游戏里的锦囊妙计有各种作用，有加士气的，有恢复体力的等，但这都是锦上添花，对于我来说，真正有用的只有三种。

1. 暗度陈仓，让自己自由地去想去的地方。

2. 以逸待劳，让自己原地多待一回合。

3. 故步自封，让其他玩家在原地多待一回合。

这三种锦囊一定要多攒一些一起使用，使用又分两种情况：

一种情况是敌人拥有洛阳，我就用五个"以逸待劳"或者"暗度陈仓"，反正就是不离开洛阳城，连续跟敌人四次野战不断消耗对方兵力，让对方在短时间内大量失血，随后我攻城拿下对方的钱袋子。

另一种情况是敌人到了我的洛阳，他的大量武将都去攻占别的城，此时他的实力虚弱，我就来三四个回合的"故步自封"让他离不开，被天价保护费勒索，反复面对关羽和诸葛亮，最终被我挤对致死。

所有的大富翁游戏，除了教会我们"便宜永远没好货，永远要在好地段投入资源"外，归根结底就是一个核心：处心积虑地"趁你病，要你命"。

在中国历史上，出现过几次大富翁游戏的经典画面，比如司马懿装死设计曹爽，比如拓跋珪阴他舅爷爷慕容垂，比如南北归一前夜的杨坚矫诏。

历史不是游戏，但历史之神有时候会随机甩出几个"锦囊"，从而被处心积虑的权力游戏玩家换了人间。

公元 578 年六月初二，二十岁的宇文赟即位。

据说这孩子刚上位就开始放肆奢侈纵欲，他爹出殡时他一点儿伤心的表情都没有，还摸着自己曾经被他爹责罚的杖痕道："他死得太晚了！"然后迅速检阅了他爹的后宫，看着顺眼的都收归了自己。[①]

这个即位后仅活了两年的小皇帝据说做了很多混蛋的事，很多罪过和后面的隋炀帝一样。

---

① 《资治通鉴·陈纪七》：宣帝初立，即逞奢欲。大行在殡，曾无戚容，扪其杖痕，大骂曰："死晚矣！"阅视高祖宫人，逼为淫欲。

比如杨广在他爹死前就忍不住了，也推倒了他爹后宫中本就没几个的女人，杨坚临咽气前，杨广还助推了一把，让杨坚走得更快一些。

虽然杨广是亡国之君，但是他被扣的这种屎盆子却明显侮辱了读者的智商。他是正经八百地挤掉他哥登上太子之位的，他也是在杨坚晚年"心理疾病式"的敏感中平稳上位的，这是一位在当上太子后天天什么都不掺和，只知道看书抄经的表演艺术家。这样一个人，等不了那几天？

杨广之所以看起来在各个方面都是混蛋，是因为后面的既得利益者希望他混蛋。

因为后面的李家和杨家本是同根生，孕育于同一个姓氏的子宫，打断了骨头连着筋，李家不能说大隋多么的不合法，他们只能污化杨广这个人有多么的混蛋。

同理，宇文赟也是如此。

史书中找了很多素材来证明这孩子从生下来就混蛋，比如最大的"太子黑"王轨，多次劝宇文邕废了太子。最可笑的一次是王轨有一回为皇帝祝寿时居然撸宇文邕的胡子，然后说："多可爱的主公啊，就是孩子傻了点儿。"宇文邕听了还很爽。①

王轨的表现都快成手撕鬼子了，他撸宇文邕？别再让宇文邕把他撸出火星子吧。

宇文赟确实在女人问题上表现不好，但他在他爹死后仅仅活了两年，混蛋又能混蛋到哪里去？史书中很多描写都是夸大其词，而且从他短暂两年的执政表现中，我们能够得出惊人的发现：宇文赟是个政治鬼才。

宇文赟在他爹那里接受着世上最严苛的教育和监督，每次朝见进

---

① 《周书·王轨传》：后轨因内宴上寿，又捋高祖须曰："可爱好老公，但恨后嗣弱耳。"高祖深以为然。

退与群臣无异，冬练三九，夏练三伏，陪着他爹连轴转，所谓"周主遇太子甚严，每朝见，进止与群臣无异，虽隆寒盛暑，不得休息"。

因为他喜欢喝酒，他爹断了东宫的酒水供应，只要有过错，他爹的大棒子就抡过来了，一边打他，他爹还要恐吓他："自古被废的太子不知道有多少，我没有别的儿子了吗？"他爹连佛祖都敢砍，更别提他了。

整个东宫被他爹安排了无数"人形摄像头"，所有的言语动作都要被上奏到他爹那里，关键是在这样的监视下，宇文赟这些年的表现相当好，没被他爹抓住什么把柄。[①]

这样的一个人，会在他爹死后迅速"阅视高祖宫人，逼为淫欲"？和杨广一样，这个小皇帝之所以混蛋是因为后面的既得利益者希望他混蛋。

因为他们本质上都是武川集团的根，都是关陇集团的身，打断了骨头连着筋，必须是这个人本身极度恶劣混蛋，才能证明改天换地的政治合法性。

我们来看看整个南北朝最被忽略的政治鬼才——"北周刘骏""年轻教父"宇文赟。

宇文赟确确实实和他爹的关系不太好，但这更多是源于宇文邕巨大的权力控制欲。

王轨是宇文邕灭宇文护的心腹，之所以后面成为最大的"太子黑"，是因为 576 年二月，宇文邕命十八岁的宇文赟巡西土讨吐谷浑，然后派了王轨和宇文孝伯两个心腹同去监军。宇文赟其实已经把所有权力都交给王轨这些人了，只是在军中宇文赟和他的太子小团队出现失德之事被王轨打了小报告，然后宇文邕把宇文赟打了一顿，双方从此结下

---

① 《资治通鉴·陈纪六》：乃敕东宫官属录太子言语动作，每月奏闻。太子畏帝威严，矫情修饰，由是过恶不上闻。

了梁子。①

这所谓的"失德"是什么呢？其实就是年轻的太子没考虑到更深一层的人情世故。

虽然"军中进取，皆委轨等"，但此次西征，宇文赟的心腹郑译论功为最，赐爵开国子，邑三百户。

这倒不是抢了王轨和宇文孝伯风头那么简单的事，而是在宇文邕看来：我这个皇帝已经派了监军，你这个太子还敢把你的嫡系郑译报成一等功，你是要趁着军功立山头吗？装都不装吗？我还没死呢！

随后王轨打了一个太子搞小团体的报告送过去，郑译这些人就被敏感的宇文邕罢免了。

装了十三年的宇文邕不允许任何一股势力再让自己过曾经的生活，他在用王轨敲打太子。

因为深知一朝天子一朝臣，王轨明白自己已经与宇文赟撕破了脸，所以在废太子这事上相当拼命。准确地说王轨撕咬所有的太子党羽，他不仅说太子不配当社稷之主，还说太子的老丈人杨坚有反相。结果，王轨每次骂太子时都深表认同的宇文邕，在遇到杨坚被泼大粪时就"不悦了"。②

史书这样写可笑不可笑？因为杨坚是大隋的皇帝，所以宇文邕被史官安排听不得这种话了。

王轨在宇文赟上位后就被宇文赟弄死了，据说"天下知与不知，无不伤惜"。这就更可笑了，天下知道他是谁啊！

---

① 《周书·王轨传》：宣帝之征吐谷浑也，高祖令轨与宇文孝伯并从，军中进取，皆委轨等，帝仰成而已。时宫尹郑译、王端等并得幸帝。帝在军中，颇有失德，译等皆预焉。军还，轨等言之于高祖。高祖大怒，乃挞帝，除译等名，仍加捶楚。帝因此大衔之。

② 《资治通鉴·陈纪六》：王轨骤言于帝曰："皇太子非社稷主。普六茹坚貌有反相。"帝不悦，曰："必天命有在，将若之何！"

这就跟宇文赟一秒也等不了地收他爹后宫一样，都是为了突出这孩子极度混蛋，这样后面那位的上位才显得合理合法顺应天意。

给宇文赟泼的脏水，对古往今来的读者起到了巨大的误导作用。这孩子不是那种蠢人，他的每一步动作都有着极强的政治目的。他在用他的政治生涯治愈自己的童年。

559年，宇文赟出生于同州，那一年关中风起云涌，赵贵、独孤信、李远乃至继位不到一年的小皇帝宇文觉先后被宇文护所杀，当时他爹宇文邕出镇同州，随后被不会装糊涂的宇文毓调进了朝堂。

560年四月，宇文赟的伯父宇文毓也被宇文护弄死了，他爹成了皇帝。

按理讲天下再没有比这更人的馅饼了，但宇义赟在慢慢长大的过程中发现他爹很不开心，或者说没人能看得出来那张深沉的脸背后想的是什么。

他发现他爹对所有人都没有表情，除了一个人。他爹每当看到那个叫宇文护的老头，就笑得那么假，笑得那么认真。他爹明明是天下的老大，是皇帝，但在家族聚会的时候，却总要站在那个老头的旁边伺候着。

宇文赟自己也与生俱来地夹着尾巴做人，直到十四岁那年，宇文赟突然听说了一件事，他爹在无数次边上站着之后终于抢出了那一棒子。当夜整个长安被大清洗，那个坏老头的子孙和同党全部被诛杀。

宇文赟明白了两件事：

1.他爹虽然笑得那么认真，但对那个老头却有着天下最大的怨恨。

所有的宗亲都是最可怕的人，他们拿到权力后会死死地占住这个位置，哪怕他爹宇文邕是名正言顺的皇帝，也依然要整整忍耐十三年。

2.要么不做，要么做绝。

坏老头被灭门的第二个月，宇文赟被他爹通知到太庙，他被立为皇太子。他终于转正了。如果他爹再忍十年，他这个皇太子也要再忍十年，毕竟他爹都是被随时替换的存在。

当皇帝，一定要大权独揽，才能当出味道。

他爹很快又给他上了一课。他爹为他挑选的东宫地址，是他六叔也就是跟他爹共同杀掉坏老头的宇文直的宅子。

那么大的长安，为什么要逼有大功的六叔搬家？后来宇文赟慢慢明白了，这是他爹要逼死这个兄弟。

六叔宇文直之所以会倒向他爹，就是因为那个坏老头有一次得罪了他，然后两人之前穿一条裤子的关系就变成了处心积虑的怨恨关系。

他爹言传身教地告诉他：这种人是要"帮"他死的，喂不喂得熟另说，破坏力太大了。

他爹先是把宇文直希望做的大司马一职给了宇文宪，又逼宇文直把房子让给他，后来甚至还在打猎的时候在大庭广众之下因为走乱队列当众鞭打宇文直。后来确确实实如宇文邕所愿，宇文直反了，但场面并不美好。

宇文邕幸云阳宫，安排尉迟运和长孙览留守，宇文直作乱率党羽袭肃章门，长孙览直接跑了，尉迟运当值，宇文直率兵突然杀到，尉迟运无暇命令手下，只好亲自去关宫门，在与宇文直一党争门的时候尉迟运手指被砍伤，万幸早一步关上了宫门。宇文直开始纵火烧门，尉迟运在宫里也烧门，反正就是谁也别进来，随后组织了留守兵卒击溃了宇文直。

那天要是没有威猛抢门的尉迟运，宇文直几乎就得手了。① 宇文直如果得手，他这个监国的太子下场就很难讲。

当天宇文赟就体会到了人生百态，所有人都跑了，只有皇甫绩一个人来到了他身边。②

---

① 《周书·尉迟运传》：是日微运，宫中已不守矣。

② 《隋书·皇甫绩传》：卫剌王作乱，城门已闭，百僚多有遁者。绩闻难赴之，于玄武门遇皇太子，太子下楼执绩手，悲喜交集。

宇文护是他爹的堂兄弟，宇文直是他爹的亲兄弟。在宇文赟的幼小心灵里，姓宇文的哪有好人？

宇文邕死后，宇文赟要做的第一件事，就是要弄死他能干的叔叔宇文宪。这个叔叔在宇文护时代是大司马，灭齐的时候又是急先锋，功勋卓著，太可怕了。

宇文赟的做法很艺术，他对他爹的心腹、托孤来保护自己的宇文孝伯说："帮我做了宇文宪，我给你封个大官。"

宇文孝伯表示："先帝遗诏不许滥诛骨肉，齐王是陛下叔父，功高德茂，社稷重臣，陛下若无故害之，则臣为不忠之臣，陛下为不孝之子。"

宇文孝伯你不干可以说个不干，但你拿我爹遗诏说我不孝是什么意思？

由于之前两人的关系就不和谐，巨大的恐惧向宇文赟袭来：宇文孝伯不帮自己干掉宇文宪，他会不会和宇文宪有什么勾结？毕竟北周的皇位一直是在兄弟之间传承，谁说他继承大统后就坐稳皇位呢？

宇文孝伯不同意后，宇文赟迅速展开了 B 计划，要么不做，要么做绝，既然已经透露了消息，就一定要下手，晚一步死的就是自己。

宇文赟找到了于谨之子于智，跟心腹郑译等密谋后派于智到宇文宪家转了一圈，然后诬告宇文宪造反。

六月二十八，宇文宪被召进皇宫绞死，随后召宇文宪下属的官吏进行检举揭发，制造证据。

之后宇文赟又杀了上大将军王兴、上开府仪同大将军独孤熊、开府仪同大将军豆卢绍等宇文宪的死党。

随后的半年，宇文赟的具体表现史书并无太多记载，但进入 579 年正月，在宇文赟喜气洋洋过新年时，大臣乐运用车拉着棺材到了朝堂，面陈宇文赟八条大过：

1. 以为"大尊比来事多独断，不参诸宰辅，与众共之"。

你做什么事都独断专行，不经过关陇集团的批准。

2."搜美女以实后宫，仪同以上女不许辄嫁，贵贱同怨"。

你满世界找美女充实后宫，还冻结了仪同以上官员女儿的户口本，不许出嫁。

3."大尊一入后宫，数日不出，所须闻奏，多附宦官"。

你经常数日不见群臣，呈报件都得由宦官递进去。

4."下诏宽刑，未及半年，更严前制"。

刚即位时下诏放宽刑罚，不到半年全改回来了，还比以前更严厉，你的威严大幅度受损。

5."高祖斫雕为朴，崩未逾年，而遽穷奢丽"。

对比一下，你爹一辈子追逐朴实无华的快乐，死了还不到一年你就奢靡腐化了。

6."徭赋下民，以奉俳优角抵"。

你居然让百姓供养戏子，成何体统！

7."上书字误者，即治其罪，杜献书之路"。

给你的上书只要有了错别字就被治罪，你这是绝了言路。

8."玄象垂诫，不能谘诹善道，修布德政"。

天象已经示警了，你还不改！

你要是不改这八"过"，你家的日子长不了。

大正月拉着棺材说的这八件事，其实合起来就是一件事：你小子太专权了。

这八条里其实关键就四条：

1.事多独断，不参诸宰辅。你小子不考虑大佬们的感受。

2.仪同以上女不许辄嫁。你小子限制贵族圈子的联姻，阻碍了我们阶层固化的速度，说不定憋什么坏呢！

3.所须闻奏，多附宦官。你身边人的权力太大了。

4.下诏宽刑，未及半年，更严前制。

宇文赟最开始没想明白法律的伟大意义，等琢磨明白后派了大量的心腹去监视与控制群臣。[1]

乐运之所以在宇文赟登基仅仅半年后就如此激动，是因为整个关陇贵族集团已经感觉到自己的权力被夺走了。

一般来讲，普通小皇帝面对这种政治打击会怎么办？基本操作就是杀杀人、骂骂街、写写文搞搞反驳，也就这意思，我们来看看宇文赟是怎么做的。

首先宇文赟并没有杀乐运，没有把他塑造成含冤忠臣给关陇贵族们收集借口，而是请他吃了顿饭然后免了他的官。

紧接着正月十二，宇文赟东巡。

正月二十八，宇文赟到了洛阳，然后在洛阳立鲁土宇文阐为皇太子。

注意，宇文赟立皇太子的动作没在长安，而是在洛阳。他这是在用重大政治事件为洛阳赋能。

随后宇文赟就露出了此行的真正目的。二月，宇文赟下诏以洛阳为东京，调潼关以东各州的士兵修建洛阳宫，日均服役人数不能少于四万人。他把相州的邺城六府全挪到了洛阳。[2]

紧接着他又下诏：洛阳旧都现在修复了，当年的洛阳户口都回来，此外想来洛阳定居的人，各地方官不得阻拦。这一招后面杨广和武则天都用过。

我不在你们的老巢跟你们废话，我要单独再开一条赛道。长安是你们的，但整个天下都是我的，反正皇帝只有一个，我今后逐步东迁，

---

① 《资治通鉴·陈纪七》：欲为威虐，慑服群下。乃更为《刑经圣制》，用法益深，大醮于正武殿，告天而行之。密令左右伺察群臣，小有过失，辄行诛谴。

② 《资治通鉴·陈纪七》：周下诏，以洛阳为东京；发山东诸州兵治洛阳宫，常役四万人。徙相州六府于洛阳。

离你们这些关陇大佬远点儿。

这还没完，宇文赟在洛阳将手伸向了他爹的嫡系——王轨、宇文孝伯、宇文神举和尉迟运。

这些人跟自己的矛盾早就公开化了，只要有反对派想趁机搞事，一定会通过这几个人的，他们是敌对势力的排头兵和马前卒，必须要打掉。在长安，这些人容易狗急跳墙，必须到了洛阳自己才好下手。

宇文赟在洛阳第一个杀的，是多次劝他爹废了自己的王轨。王轨在灭齐后被安排为徐州总管对战南陈，这本来是个建功立业的好岗位，没想到宇文邕突然崩了。远离朝堂的王轨被宇文赟杀了。

王轨死后，他的同党尉迟运吓坏了，私下跟宇文孝伯商量该怎么办。

宇文孝伯说："我们都是有家的人，又是武帝的背景，没法子了，你请求出镇试试吧。"

本来宇文赟唯一担心的就是尉迟运，因为他手里有禁军，[1] 所以，他要到洛阳动手清除尉迟运。结果尉迟运自己请求出为秦州总管，这回宇文赟彻底没顾忌了。

宇文孝伯刚给别人出完主意，没想到就轮到了自己。

宇文孝伯是宇文邕死前安排的总管宿卫兵马事的司卫上大夫。[2]

尉迟运的"司武上大夫"，可以理解为西汉的"卫尉"，负责护卫宫门。宇文孝伯的"司卫上大夫"，可以理解为西汉时的"郎卫"，负责护卫宫殿，是皇帝的贴身禁卫军。

宇文赟即位后的第一件事，就是明升暗降，将宇文孝伯升为了小

---

[1] 《周书·尉迟运传》：宣政元年，转司武上大夫，总宿卫军事。高祖崩于云阳宫，秘未发丧，运总侍卫兵还京师。

[2] 《周书·宇文孝伯传》：帝执其手曰："吾自量必无济理，以后事付君。"是夜，授司卫上大夫，总宿卫兵马事。

冢宰让他交出宿卫兵，并让他杀宇文宪。①

宇文赟的意思是宇文孝伯必须干点儿"脏事"才能完成一朝天子一朝臣的转变，但宇文孝伯说了一堆的大道理，表明了不合作的态度，随后宇文赟对宇文孝伯也很客气，毕竟尉迟运手里还握着禁军。宇文赟上位半年后的578年九月，稽胡反叛，宇文赟命宇文孝伯为行军总管随越王宇文盛征讨。

宇文孝伯此时已出征回来，刚给尉迟运出完主意，他就被赐死了。

赐死宇文孝伯的同时，宇文赟又迅速派使者去并州把毒酒给了宇文神举，尉迟运到了秦州后也"忧"死了。②

电影《教父》被誉为电影史上的神作，教父的儿子迈克·柯里昂在父亲被枪击后杀了两个人，自己也坐稳了第二代"教父"的位子。实际上这样的剧本我们中国一千五百年前就由一个二十岁的小伙子导演过了。

但事情还没完，二月二十，宇文赟将皇位传给了七岁的皇太子宇文阐，大赦天下，改年号为"大象"，自称天元皇帝，居住的地方称"天台"，他儿子住的地方叫"正阳宫"，天子冕十二旒，宇文赟自创二十四旒，所有皇帝的仪仗全部翻倍。③

宇文赟这是想做什么呢？他有两个心思。

1. 跟当年北魏皇帝拓跋嗣早早传位给拓跋焘的思路一样，他要提前确定儿子皇位的正统性，毕竟北周开国前几位皇帝都是在兄弟间传承的，这样容易被钻空子。

2. 实际上宇文赟并没有当什么太上皇，而是开创了一种新思路——

---

① 《周书·宇文孝伯传》：宣帝即位，授小冢宰。帝忌齐王宪，意欲除之。谓孝伯曰："公能为朕图齐王，当以其官位相授。"

② 《资治通鉴·陈纪七》：时宇文神举为并州刺史，帝遣使就州鸩杀之。尉迟运至秦州，亦以忧死。

③ 《资治通鉴·陈纪七》：辛巳，周宣帝传位于太子阐，大赦，改元大象，自称天元皇帝，所居称"天台"，冕二十四旒，车服旗鼓皆倍于前王之数。

他要当天皇。

宇文赟开始对臣下自称天，自比上帝，想见他需要斋戒三天，不能听见"天、高、上、大"之称，全部得避讳。[①]

他恢复佛像和道像后，甚至与佛祖和道祖并排南坐受长安百姓瞻仰。[②] 他这个"天元皇帝"，与佛祖和道祖是同一个级别。

他爹抢了佛、道去富国强兵，他则用佛、道给自己背书搞试点。一个拿宗教当钱袋子，一个拿宗教当过桥梯，这对父子都是实用至上小达人。

二月底，他将邺城的《石经》迁到洛阳，诏令：河阳、幽、相、豫、亳、青、徐七州的总管，都受东京六府的管辖，就此彻底明确了洛阳的功能属性。

三月，一套组合拳打完，宇文赟回长安了。

两个月后，宇文赟以襄国郡为赵国，济南郡为陈国，武当、安富二郡为越国，上党郡为代国，新野郡为滕国，分别食邑一万户，让赵王宇文招、陈王宇文纯、越王宇文盛、代王宇文达、滕王宇文逌这五个宇文泰仅存的儿子全部去了各自的封国。[③]

在长安，宇文赟已经唯我独尊，宇文氏宗亲和之前的反对势力已经被全部清洗完毕。

---

① 《资治通鉴·陈纪七》：每对臣下自称为天，用樽、彝、珪、瓒以饮食。令群臣朝天台者，致斋三日，清身一日。既自比上帝，不欲群臣同己，常自带绶，冠通天冠，加金附蝉，顾见侍臣弁上有金蝉及王公有绶者，并令去之。不听人有"天""高""上""大"之称，官名有犯，皆改之。改姓高者为"姜"，九族称高祖者为"长祖"。

② 《资治通鉴·陈纪七》：初复佛像及天尊像，天元与二像俱南面坐，大陈杂戏，令长安士民纵观。

③ 《资治通鉴·陈纪七》：五月，以襄国郡为赵国，济南郡为陈国，武当、安富二郡为越国，上党郡为代国，新野群为滕国，邑各万户；令赵王招、陈王纯、越王盛、代王达、滕王逌并之国。

九月，宇文赟以上柱国、郧国公韦孝宽为行军元帅，率行军总管杞国公宇文亮、郕国公梁士彦南下伐陈。老将军韦孝宽终于迎来了自己施展拳脚的舞台。

宇文赟启用了一辈子不被重视的韦孝宽，这孩子糊涂吗？

十一月，韦孝宽攻下寿阳，宇文亮克黄城，梁士彦拿下广陵，南陈本来趁着北齐亡国之际搞过一次"太建北伐"，结果现在硬茬来了，之前收的土地又都给吐出去了。

由于江陵的例子在前，十二月初八，南兖州、北兖州、晋州，以及盱眙、山阳、阳平、马头、秦、历阳、沛、北谯、南梁等九郡百姓纷纷南渡长江，北周就此将边境推到了长江边上。

南陈眼看着到了最后的时刻。

580年正月，宇文赟下诏江左诸州新附民免税二十年，这是吞食天下的大手笔。江南已经岌岌可危。

二月，宇文赟在军功大胜后改制书为天制，他的敕书叫天敕。他马上就是天皇了。

三月，宇文赟又搞了个五后并立，分别是天元皇后杨丽华、天元帝后朱满月、天中皇后陈月仪、天左皇后尉迟炽繁、天右皇后元乐尚。

这孩子确确实实在女人身上没少下功夫，还比较铺张浪费，但这其实顶多叫缺点，而且从政治家的角度来讲，这孩子相当厉害。二十二岁的天子牢牢地控制住了这个帝国。

很多人拿他有五个皇后这事做文章，说他是色中饿鬼。其实后宫女人那么多，他为什么立了这五个人？

王姬给他生了宇文衍、皇甫姬给他生了宇文术，怎么这两个生儿子的人没被立成皇后呢？因为这两人不配，宇文赟立五个皇后完全是政治动作。

天元皇后杨丽华，背后是杨坚；天元帝后朱满月，生了长子宇文阐；天中皇后陈月仪，武川侯莫陈氏出品；天左皇后尉迟炽繁，尉迟迥的孙女；天右皇后元乐尚，北魏宗室背景。

只有生下皇长子的朱满月是没有背景的，剩下四个都有来头。

宇文赟通过让五个皇后并驾齐驱来平衡外戚间的关系，既能够大量吸收外戚力量为自己所用，也能防止外戚一家独大，从而保证自己绝对的统治地位。

他这样做是因为他已经察觉到危险了。

宇文泰生了十三个儿子，庞大的皇子团队和超出一般水准的成才率让北周的国祚一直稳如泰山。无论关陇集团如何盘根错节，八柱国中的宇文氏一直是毋庸置疑的绝对基石存在，拥有最大比例的控股权。

但是，在宇文赟这个年轻教父用他极妖的手腕击垮所有宗室的同时，一股野蛮生长的力量已经看准了北周国祚的死穴：宇文赟身边已经没有宗室能够帮他了。

关陇贵族门阀的第一档，是宇文、元、独孤、赵、于、二李、侯莫陈这八柱国，所谓"太祖位总百揆，督中外军。魏广陵王欣，元氏懿戚，从容禁闱而已。此外六人，各督二大将军，分掌禁旅，当爪牙御侮之寄。当时荣盛，莫与为比。故今之称门阀者，咸推八柱国家云"。

"位总百揆，督中外军"的宇文泰后人将最大创业成果拿走后，"各督二大将军，分掌禁旅，当爪牙御侮之寄。当时荣盛，莫与为比"的"此外六人"，一直在蛰伏着。

在宇文赟唯我独尊、一家独大的背后，一个人已经看准了北周此时的死穴。

宇文氏的家族史只让你看到了宗室的劣根性。女婿，你的火候使过头了。

二、580年五月初五，杨坚那神秘的脚丫子……

　　宇文赟死前不久曾经出过这么一件事。宇文赟喜怒无常经常找杨丽华的麻烦，杨丽华不卑不亢但也不服软，宇文赟要将她赐死。杨丽华的母亲独孤伽罗听说后赶紧进宫向宇文赟求情，磕头磕到流血，总算把闺女给救了下来。[①]

　　宇文赟为什么要找杨丽华的麻烦呢？因为她爹杨坚是四辅之首大前疑，地位尊崇，很受宇文赟的猜忌。有一次他发怒后对杨丽华道："我非灭了你家不可！"然后他下令杨坚进宫，并对左右道："杨坚要是脸上变色，你们马上杀了他。"最后杨坚靠着面瘫活着走出来了。[②]

　　这段记载是否真实很难讲。因为凭脸色杀人这事太荒诞，而且后面我们一步步揭晓谜底，杀杨坚可没那么轻松。

　　我们来看看杨坚的履历吧。

---

　　① 《资治通鉴·陈纪八》：天元昏暴滋甚，喜怒乖度，尝谴后，欲加之罪。后进止详闲，辞色不挠，天元大怒，遂赐后死，逼令引诀，后母独孤氏诣阁陈谢，叩头流血，然后得免。

　　② 《资治通鉴·陈纪八》：后父大前疑坚，位望隆重，天元忌之，尝因忿谓后曰："必族灭尔家！"因召坚，谓左右曰："色动，即杀之。"坚至，神色自若，乃止。

杨坚出生后那堆玄幻事件就不说了，据史书记载："为人龙颜，额上有五柱入顶，目光外射，有文在手曰王。长上短下，沈深严重。初入太学，虽至亲昵不敢狎也。"

翻译下，杨坚有着"帝王套餐"的长上短下身材加威严脸，大脑门子五柱隆起根指眉心。他长得有点儿像龙王爷。

陈叔宝曾经让使臣画下杨坚的相貌，结果看了一眼就把画扔了，大呼我可不要见到他。

554 年，杨坚十四岁时由京兆尹薛善辟为功曹。

仅仅一年后，十五岁的杨坚就以勋授散骑常侍、车骑大将军、仪同三司，封成纪县公。

556 年，十六岁的杨坚已经迁骠骑大将军并加开府了。十六岁，就开府有班底了！

这个大长身子小短腿的人后来被独孤信相中，觉得这头上有犄角的孩子实在非凡，就将七闺女独孤伽罗嫁了过去，随后小两口展开了轰轰烈烈的大生产运动。

宇文毓即位后，杨坚任右小宫伯成了禁军武官，进封大兴郡公。

宇文邕即位后杨坚迁左小宫伯，由于宇文邕对宇文护的极致谄媚，被杨坚他爹杨忠驳了面子的宇文护把杨坚踢出了禁军序列，二十岁的杨坚出为隋州（今湖北随州）刺史。

后来杨坚回了长安，原因是他的母亲病了，据说杨坚三年昼夜不离母亲左右，是长安纯孝好青年。这段时间杨坚始终在夹着尾巴做人，因为他爹杨忠不让他去宇文护那边上班。

宇文护动不了杨坚功勋卓著的爹，就总想找借口杀了杨坚，局面一度相当危险，只是因为有人帮着说话杨坚才得以幸免。[①]

---

① 《隋书·高祖帝纪》：宇文护执政，尤忌高祖，屡将害焉，大将军侯伏侯寿等匡护得免。

杨坚母亲的那场病对他实在太重要了，三年重病再守三年丧，没多久杨忠又走了，杨坚接着守孝，完美地躲过了宇文护大半的执政期，不仅远离了政治风波，道德标杆的名声也始终让宇文护没有理由对他下手。

572 年，宇文护被打倒，杨坚守得云开见月明，他爹的人品和智慧让他开始收割这个时代。宇文邕在封宇文赟为皇太子后，就聘了他这个"反宇文护标杆"的长女杨丽华为皇太子妃，益加礼重。

隋唐，就这样开篇了。三十二岁的杨坚就此迎来了自己的十年大运。

宇文邕第一次大规模伐齐时看上去是倾国出动，实际上主力就是宇文邕打河桥的六万人，其中杨坚率三万水军破齐军于河桥，足见杨坚在宇文邕心中的位置。

第二年，杨坚再次随宇文邕平齐，进位柱国，与宇文宪破任城王高湝于冀州，任定州总管，后来为转亳州总管（治所在今安徽亳州）。

宇文邕死后，杨坚彻底起飞。

他的好女婿看所有宇文的人都不顺眼，就爱跟老丈人喝酒，上来就把他征拜为上柱国、大司马。

大司马这个职位手握二十四军兵权的执行权，虽说还是北周皇帝宇文赟拥有最高指挥权，但大司马的权力也一直是相当大的。

最早这个大司马是独孤信担任，宇文护接班后的第一件事就是把独孤信明升暗降，提拔成了大宗伯，自己当了大司马。

宇文护弄死赵贵和独孤信后自己做了大冢宰，把大司马给了宇文泰的外甥，即跟他一起合谋废帝的贺兰祥。

贺兰祥死后宇文护将这个职位给了宇文泰的另一个外甥尉迟迥，再后来给了紧密靠拢表现积极的宇文宪。

宇文护被一棒子打死后，宇文邕第一时间调整高级将领岗位，将宇文宪调离大司马岗位，任命陆通为大司马。

这个陆通性格温和恭谨，是著名的老实人，而且在就任大司马的当年就死了，后来宇文邕的七弟宇文招接任大司马，灭齐后这个位置给了侯莫陈崇之子侯莫陈芮。

这个位置，一直是很多人梦寐以求的。

别看就是个执行者，动不动兵都得北周皇帝批准，但这个大司马还是有很多隐性权力的，这就类似于司马师做中护军掌握中下武官人事任免，然后短短三年时间就能阴养三千死士一样，皇权无法收走大司马的全部权力。

宇文直帮宇文邕杀了宇文护后心心念念的岗位就是这个"总知戎马，得擅威权"的大司马。①

宇文赟上位初期谁也信不过，就信老丈人，直接把杨坚安排为大司马。杨坚就此做了关陇集团的最高武官，成为军界的一把手。

半年后的579年正月，宇文赟又搞出了一个新玩意儿，叫"四辅"，任命他叔叔越王宇文盛为大前疑、尉迟迥为大右弼、李穆为大左辅、杨坚为大后承。②

宇文盛是皇叔身份，作为宗室代表肯定得排进去；六十多岁的尉迟迥在当年灭蜀时就已经排在杨坚他爹杨忠的前面了；七十多岁的李穆早在邙山之战后就被宇文泰赐以十次不死的铁券，即便他二哥李远一门被宇文护灭族，李穆都能顺利过关。

宇文赟把杨坚跟这三人放一起，纯属是给杨坚抬声望与地位了。杨坚被尊为大后承之后，又做了大司武。这就更厉害了。

这个大司武就是"司武上大夫"，总宿卫军事，也就是尉迟运原来

---

① 《周书·文帝诸子传》：及护诛，帝乃以齐王宪为大冢宰。直既乖本望，又请为大司马，意欲总知戎马，得擅威权。

② 《资治通鉴·陈纪七》：置四辅官：以大冢宰越王盛为大前疑，相州总管蜀公尉迟迥为大右弼，申公李穆为大左辅，大司马随公杨坚为大后承。

所在的岗位。[1]

"司武上大夫"已经是禁军中的超级大佬了，在这个岗位上杨坚认识与收编了很多禁军中的关键人物，所谓"时高祖为大司武，赟知高祖为非常人，深自推结"。

没过多久，579年六月，大前疑宇文盛被宇文赟踢走去了封国，杨坚直接从最后一位的大后承跨过了尉迟迥和李穆转成了大前疑。女婿每集权一步，杨坚这个老丈人就往权力中心挤一步。

宇文赟每次出巡，杨坚永远是坐镇长安的，所谓"每巡幸，恒委居守"，两人着实过了一段蜜月期。

至少在580年二月时，杨氏一门还是没问题的，因为这时候杨丽华被封为了天元大皇后，还是后宫之首。

但到了三月，五后并立被宇文赟搞出来了。

宇文赟因为不信任宗室所以只能指望外戚，但他速度太快了，杨坚填补得也太快了，宇文赟感觉到了权力失衡，开始迅速拉来其他外戚，开始拿老丈人开刀，开始找杨丽华的各种麻烦。

用外戚这招没错，其实霹雳手段也没问题，问题在于杨坚的背景。

用外戚，本质上来讲就是用个脏手套，给他权力，让他帮帝王杀人，等他杀完了人帝王再杀他收揽美名。

宇文赟要是用个没背景的外戚当自己的脏手套，集权完成后再杀了他做替罪羊，一切都会很美好，因为没背景的外戚只能指望皇帝给他赋能，其实跟太监只能依靠皇帝一样。

但杨坚已经不仅仅是外戚那么简单了，他是八柱国之一的独孤信的女婿，他爹杨忠在名将如云的武川群雄中是公认的第一勇烈，军功打出来的万户侯，宇文护都动不了的战神一样的存在。

宇文赟拿杨坚当外戚，关陇集团却没有那么简单地定义杨坚。

---

① 《周书·尉迟运传》：宣政元年，转司武上大夫，总宿卫军事。

随后的两个月，风起云涌。

五月初五，杨坚被任命为扬州总管，皇帝命其南下伐陈。

"据说"这个工作是杨坚争取来的。注意这个"据说"。

内史上大夫郑译是杨坚的同学，因为杨坚长得像龙王于是倾心结交，杨坚觉得宇文赟要害死他，于是找了老同学的门路，说："我想出镇你是清楚的，帮我留心啊。"①

这里要专门介绍下郑译，这是位关键人物。

郑译的堂祖父郑文宽娶了宇文泰的小姨子平阳公主，平阳公主无子，于是宇文泰下令把郑译过继给郑文宽，有这层关系，郑译从小就跟宇文泰诸子一起玩。②

到了宇文邕即位，郑译开始作为左侍上士与另一个同样很重要的后面剧情中的关键人物刘昉常在宇文邕身边。③不过此时没什么用，因为宇文护的天官府总揽一切。

等宇文邕站起来后，郑译被派到了太子宇文赟身边，转为太子宫尹。

在这段时间里，宇文赟经常被王轨等攻击，在宇文邕命宇文赟西征吐谷浑后，宇文赟对郑译道："秦王是我爹的爱子，王轨是我爹的宠臣，这次西行恐怕我要做扶苏了吧。"

郑译说："别想那么多，咱们别露破绽。"

前面我们说过，那次战役后太子一党被王轨给阴了，郑译成为替罪羊被开除。

---

① 《资治通鉴·陈纪八》：内史上大夫郑译，与坚少同学，奇坚相表，倾心相结。坚既为帝所忌，情不自安，尝在永巷，私于译曰："久愿出藩，公所悉也，愿少留意！"

② 《隋书·郑译传》：译从祖开府文宽，尚魏平阳公主，则周太祖元后之妹也。主无子，太祖令译后之。由是译少为太祖所亲，恒令与诸子游集。

③ 《隋书·郑译传》：周武帝时，起家给事中士，拜银青光禄大夫，转左侍上士。与仪同刘昉恒侍帝侧。

注意，郑译是有宇文邕和宇文赟双料背景的。宇文邕之所以把他"杀鸡儆猴"，其实是把真正想留的人给了儿子。

等宇文邕死后，宇文赟给郑译超拜开府、内史下大夫、封归昌县公，邑一千户，委以朝政，后又迁内史上大夫，进封沛国公，邑五千户。

这个内史上大夫在职能上相当于中书令，掌机密和皇帝诏书的撰写与宣读，权力极重，但后来郑译飘了，贪污的时候贪到了宇文赟身上，拿修洛阳的建材给自家装修，被宇文赟除名。后来好兄弟刘昉帮他说了好话给了台阶，郑译才又被宇文赟招了回来。[①]

很快宇文赟打算灭陈，这次宇文赟派了郑译去，然后郑译请求宇文赟派 名元帅主持大局，宇文赟问："你觉得谁合适？"

郑译说："想定江东，非外戚重臣不能镇抚，可以派杨坚为寿阳总管督军事。"宇文赟同意了，以杨坚为扬州总管，派郑译发兵会于寿阳。

结果杨坚在这个即将出发的日子里突然表示脚丫子疼，走不了了。这个说法，来自《隋书·高祖帝纪》："大象二年五月，以高祖为扬州总管，将发，暴有足疾，不果行。"

杨坚这个级别的大臣，脚丫子疼不疼其实不重要，谁也没指望他拿脚移动。而且按照前面宇文赟迫害他的紧急程度，得到这个任命后哪怕让人背着也得赶紧走啊！他不是要避祸吗？

仅仅六天后宇文赟就不行了，杨坚其实根本没必要说自己脚丫子疼，因为作为帝国重臣，奉旨南下这么大的事，在家里收拾几天行李，交代一下家事总是能给出时间的。

杨坚给这六天自己没有出京专门官宣了个脚丫子疼的理由，其实大有深意。要是内科病或者严重的外科病，他后面那一连串的霹雳夺

---

① 《隋书·郑译传》：译颇专权，时帝幸东京，译擅取官材，自营私第，坐是复除名为民。刘昉数言于帝，帝复召之，顾待如初，诏领内史事。

权就显得处心积虑了。脚丫子疼对于请病假的朝廷官员实在是个伟大借口，因为一点儿不耽误年富力强的人做事情，但真能当个不出场的借口。

紧接着，事情的时间线出现了两种说法。

《周书·宣帝纪》是这么说的：

> 五月己丑（初五），以上柱国、大前疑、随国公杨坚为扬州总管。
>
> 甲午夜（初十），帝备法驾幸天兴宫。
>
> 乙未（十一），帝不豫，还宫。诏随国公坚入侍疾。
>
> ……
>
> 丁未（十三），追赵、陈、越、代、滕五王入朝。
>
> 己酉（十五），大渐。御正下大夫刘昉，与内史上大夫郑译矫制，以随国公坚受遗辅政。是日，帝崩于天德殿。

《隋书·高祖帝纪》是这么说的：

> 大象二年五月，以高祖为扬州总管，将发，暴有足疾，不果行。
>
> 乙未（十一），帝崩。时静帝幼冲，未能亲理政事。内史上大夫郑译、御正大夫刘昉以高祖皇后之父，众望所归，遂矫诏引高祖入总朝政，都督内外诸军事。周氏诸王在藩者，高祖悉恐其生变，称赵王招将嫁女于突厥为词以征之。
>
> 丁未（十三），发丧。
>
> 庚戌（十六），周帝拜高祖假黄钺、左大丞相，百官总己而听焉。以正阳宫为丞相府，以郑译为长史，刘昉为司马，具置僚佐。

宇文赟的死亡时间出现了巨大出入。更关键的是，按《周书》的说法，杨坚在宇文赟死前四天就已经入宫了。

谁说的可信呢？

记载宇文赟的儿子孝静帝的《周书·静帝纪》是这么说的：

> 二年夏五月乙未（十一），宣帝寝疾，诏帝入宿于露门学。
>
> 己酉（十五），宣帝崩，帝入居天台，废正阳宫。大赦天下，停洛阳宫作。
>
> 庚戌（十六），上天元上皇太后尊号为太皇太后。

《周书》说是五月十五崩的，《隋书》非说宇文赟五月十一就崩了。事情开始充满了趣味性。

我们再看看《北史·宣帝纪》的说法：

> 五月甲午，帝备法驾幸天兴宫。
>
> 乙未，帝不念，还宫。诏扬州总管、隋公杨坚入侍疾。
>
> 丁未，追赵、越、陈、代、滕五王入朝。
>
> 己酉，大渐。御正下大夫刘昉与内史上大夫郑译矫制以隋公杨坚受遗辅政。是日，帝崩于天德殿，时年二十二。

《北史》跟《周书》的说法一致。

我们再来看看关键的《北史·高祖文帝纪》：

> 大象二年五月，以帝为扬州总管，将发，暴足疾而止。
>
> 乙未，周宣不念。时静帝幼冲，前内史上大夫郑译、御正大夫刘昉以帝皇后之父，众望所集，遂矫诏引帝入侍疾，

因受遗辅政，都督内外诸军事。帝恐周氏诸王在藩生变，称
赵王招将嫁女于突厥为词以征之。

己酉（十五），周宣崩。

《北史》把杨坚卖了，宇文赟就是五月己酉（十五）死的。

后来郑译的墓志铭出土了，《隋书》又被抽了大嘴巴，郑译作为死
者本人按理讲不会糊弄鬼，他的墓志铭是这样记载这段往事的：

大象二年，隋高祖自以外戚之重，每以安危为念，常思
外任，以事托公。会帝命公南征，公因奏请隋国公为元帅，
未发之间，主上遘疾，公乃奏留高祖。

这句话也对上了《周书》中的那句："乙未，帝不豫，还宫。诏随
国公坚入侍疾。"

杨坚可不是什么在宇文赟死后，由郑译、刘昉等密谋后被临时推
出来的，他是在五月十一，宇文赟刚刚不行的时候就入了宫！

《隋书》不仅被推翻，它还删了那句关键的"诏随国公坚入侍疾"。

杨坚无论是闹喊脚丫子疼，还是删了那句"诏随国公坚入侍疾"，
实际上就一个目的：撇清自己上位的处心积虑。我是被"皇袍加身"
的，我太无辜了。

接下来，我们来根据多方史料来揭示事情的真相。

五月初五，上柱国、大前疑、随国公杨坚为扬州总管，杨坚说他
脚丫子疼。

《隋书·高祖帝纪》的那句"暴有足疾，不果行"，其实有点儿间
接把杨坚卖了。这个"暴"，是突然的意思。连起来读，就是刚要走，
杨坚突然说他脚丫子不行了。

五月甲午（初十）夜，宇文赟备法驾幸天兴宫。注意！甲午夜，

宇文赟还大半夜去天兴宫玩呢，谁在要死的前一夜还换房子住？

580 年五月甲午夜，注定充满了不可告人的秘密。

紧接着第二天，即五月十一，宇文赟在天兴宫已经不行了，赶紧回宫，随后就诏杨坚入宫侍疾，这就是要托孤的意思了。

宇文赟不行的第一现场出现了两个人：刘昉和颜之仪。

刘昉的名字在前面出现过，他是郑译的死党，其父刘孟良是大司农，跟随元修入的关，被宇文泰任命为东梁州刺史。宇文邕时代刘昉跟郑译一样，本来都是宇文邕的人，然后被安排入侍皇太子，由此搭上了太子的车。当时，刘昉和颜之仪两人都深受宇文赟的信任。[①]

御正和内史是北周六官制度中重要的官职，其职责主要是起草诏令、参与决策，理解成南朝宋帝刘骏那时的中书舍人集团就成。

《刘昉传》是这么说的：五月十一那天，宇文赟病情急剧恶化，已经病到要死的地步了，召刘昉和颜之仪入内，但此时宇文赟已经说不出话了，刘昉见宇文赟张不开嘴了，迅速找了同党郑译商量，喊来杨坚辅政。[②]

在《颜之仪传》中，直接来到了刘昉和郑译的矫诏环节，颜之仪不签字，提出应该由宇文泰现存儿子中年纪最长的赵王宇文招辅政，但刘昉不废话，直接替颜之仪签了字。[③]

---

① 《隋书·刘昉传》：及宣帝嗣位，以技佞见狎，出入宫掖，宠冠一时。授大都督，迁小御正，与御正中大夫颜之仪并见亲信。

② 《隋书·刘昉传》：及帝不念，召昉及之仪俱入卧内，属以后事。帝喑不复能言。昉见静帝幼冲，不堪负荷。然昉素知高祖，又以后父之故，有重名于天下，遂与郑译谋，引高祖辅政。

③ 《周书·颜之仪传》：宣帝崩，刘昉、郑译等矫遗诏，以隋文帝为丞相，辅少主。之仪知非帝旨，拒而弗从。昉等草诏署记，逼之仪连署。之仪厉声谓昉等曰："主上升遐，嗣子冲幼，阿衡之任，宜在宗英。方今贤戚之内，赵王最长，以亲以德，合膺重寄。公等备受朝恩，当思尽忠报国，奈何一旦欲以神器假人！之仪有死而已，不能诬罔先帝。"于是昉等知不可屈，乃代之仪署而行之。

为什么颜之仪能够被忽略？因为此时此刻杨坚已经统一了宇文赟的"中书舍人集团"，包括内史大夫韦謩，[①] 御饰大夫柳裘，[②] 御正下大夫皇甫绩。[③]

　　五月十三，杨坚喊来了之前被宇文赟踢出去的五个叔叔。

　　他为什么要喊这五个人？因为这五个王都是宇文泰的儿子，政治旗帜高，影响大，杨坚担心后面他要做的这事会因为这五个王振臂一呼而被破坏。[④] 这也成为后面杨坚能够顺利蛇吞象的关键。

　　从头到尾，杨坚的动作都像是高度精密的齿轮，他那脚丫子真的有病吗？

　　五月十五，宇文赟马上就要咽气，郑译等人正式发布杨坚辅政的诏书。[⑤]

　　这一天，风起云涌。

　　刘昉和郑译矫诏的同时，颜之仪也没有放弃，他与宦官谋划，想让大将军宇文仲辅政。[⑥]

　　当时宇文仲已在宫中了，郑译听说后赶快率杨惠及刘昉、皇甫绩、柳裘闯入大殿，宇文仲与颜之仪见到郑译这些人后都蒙了，犹豫了一会

---

　　① 《隋书·韦謩传》：韦謩者，京兆人也。仕周内史大夫。高祖以謩有定策之功，累迁上柱国，封普安郡公。

　　② 《隋书·柳裘传》：宣帝即位，拜仪同三司，进爵为公，转御饰大夫。及帝不念，留侍禁中，与刘昉、韦謩、皇甫绩同谋，引高祖入总万机。

　　③ 《隋书·皇甫绩传》：宣政初，录前后功，封义阳县男，拜畿伯下大夫，累转御正下大夫。宣帝崩，高祖总己，绩有力焉。

　　④ 《资治通鉴·陈纪八》：坚恐诸王在外生变，以千金公主将适突厥为辞，征赵、陈、越、代、滕五王入朝。

　　⑤ 《周书·宣帝纪》：己酉，大渐。御正下大夫刘昉，与内史上大夫郑译矫制，以随国公坚受遗辅政。是日，帝崩于天德殿。

　　⑥ 《隋书·郑译传》：既而译宣诏，文武百官皆受高祖节度。时御正中大夫颜之仪与宦者谋，引大将军宇文仲辅政。

儿想跑，但都被杨坚给抓了。①

至此，杨坚的所有底牌全部露了出来。

上面多出来的新名字，那个开府杨惠，原名杨雄，是杨坚族子，时为"右司卫上大夫"。司卫上大夫就是宇文邕死前授予宇文孝伯的总宿卫兵马事的岗位。②

杨坚本人是大司武，也就是司武上大夫。他的族子杨惠，是右司卫上大夫。杨家已经把整个禁军打通了。

从最开始，就只可能诏杨坚入宫侍疾。从最开始，就只可能是杨坚能够辅政。

杨坚之前为什么让郑译弄来那个南下的活儿然后马上脚丫子疼？因为这样他能避嫌：皇帝不是他害死的。

在这件事之前，杨坚曾经和灭齐时一起擒高湝定河北的好朋友宇文庆说过这么一段话："我女婿没积德，我看他的相也是个短命的样子，再加上法令严苛，纵情声色透支身体，我看他活不久了。现在他把诸侯都派去藩国，宗室根本已经不坚固，羽翼也剪了，又怎么能长远呢？相州尉迟迥、郧州司马消难、益州王谦这三个人一定会作乱，不过他们都不足为虑。"没多久，杨坚说的这些全都应验了。③

---

① 《隋书·郑译传》：仲已至御坐，译知之，遽率开府杨惠及刘昉、皇甫绩、柳裘俱入。仲与之仪见译等，愕然，逡巡欲出，高祖因执之。

② 《周书·宇文孝伯传》：是夜，授司卫上大夫，总宿卫兵马事。又令驰驿入京镇守，以备非常。

③ 《隋书·宇文庆传》：初，上潜龙时，尝从容与庆言及天下事，上谓庆曰："天元实无积德，视其相貌，寿亦不长。加以法令繁苛，耽恣声色，以吾观之，殆将不久。又复诸侯微弱，各令就国，曾无深根固本之计。羽翮既剪，何能及远哉！尉迥贵戚，早著声望，国家有衅，必为乱阶。然智量庸浅，子弟轻佻，贪而少惠，终致亡灭。司马消难反覆之虏，亦非池内之物，变成俄顷，但轻薄无谋，未能为害，不过自窜江南耳。庸、蜀崄隘，易生艰阻，王谦愚蠢，素无筹略，但恐为人所误，不足为虞。"未几，上言皆验。

《隋书·宇文庆传》中收录了这段"未几，上言皆验"的阿谀奉承的文字，显示杨坚的料事如神。但这段话怎么看怎么像杨坚已进行了精密的布局。

无论是宇文赟寿命不长，还是羽翼已剪，又或是杨坚夺权后第一时间派去替换尉迟迥和王谦的手段，杨坚啊杨坚，你的女婿真的是病死的吗？

五月十五，北周官方通报天下，宇文赟过早地离开了北周百姓，享年二十二岁，六岁的静帝入天台，废正阳宫之名，停建洛阳宫。

杨坚做的第一件事，就是废了洛阳宫。他在高调表态，宣布他就待在长安和关陇贵族们在一起。

五月十六，杨坚辅政的静帝下诏尊杨皇后为皇太后，朱皇后为帝太后，剩下的陈后、元后、尉迟后全部出家为尼，拜杨坚假黄钺、左丞相，百官全部听命于左丞相，以正阳宫为丞相府，以郑译为长史，刘昉为司马，俱置僚佐。

从最开始，杨坚就废了尉迟迥的孙女。从最开始，杨坚就清醒地知道必须要消灭尉迟迥。

杨坚受命辅少主，总知内外兵马事，整个长安的禁卫军就此全部宣誓了对杨坚的效忠。[①]

单纯一个皇帝文件就能如此厉害吗？因为在过去的两年里，杨坚做过大司马统外兵马事，又做过大司武统内兵马事，他的族子杨惠还是司卫上大夫，所以一个官方任命，就"诸卫既奉敕并受高祖节度"了。

最开始郑译、刘昉私下算盘是让杨坚做大冢宰的，郑译自摄大司马，刘昉为小冢宰，但这个时候杨坚开始"卸磨杀驴"：你们这两个依附皇帝的权力附庸在帮我矫诏后就已经失去了绝大多数价值了。

---

① 《隋书·李德林传》：刘昉、郑译初矫诏召高祖受顾命辅少主，总知内外兵马事。诸卫既奉敕，并受高祖节度。

大司马和小冢宰这种高官从来都是皇室和勋贵的,这两个人成分不够格,如果任命了他们会激起关陇集团的抵触和不满。杨坚在李德林的建议下单独开了条赛道,不再做什么天官总揽六府的大冢宰去辅政,他做了丞相、假黄钺、都督内外诸军事,任命郑译为相府长史带内史上大夫,任命刘昉为丞相府司马,牢牢地攥住了这两个人。①

这个丞相岗,也暴露了杨坚的全部野心。他不要再端北周的碗了,上一个丞相是宇文泰在西魏时的官职。

遗诏宣布当天,事出突然,群臣都迷茫了。此时杨坚做大司武时的嫡系部下司武上士卢贲带着禁兵前来,宣布大家都要去丞相府,也就是原来的东宫正阳宫。百官有点儿手足无措,杨坚道:"想要求富贵的人跟我走!"

百官三三两两商议,有的愿意跟,有的不愿意跟,但杨坚是个体面人,考虑的是他全都要,此时卢贲已经将所有禁兵带过来站台了,百官就此没人敢提反对的事。②

当夜,杨坚召见了掌天文历法的太史中大夫庾季才,假惺惺地问道:"我才能平庸得到辅佐重任,你帮我看看天意如何。"

庾季才道:"天道精微,难可意察,从人事的角度来讲此时大局已定,况且就算我说不行,您还能回头吗?"

普六茹坚沉默很久后道:"确实如此。"得用用杨坚的鲜卑名字了,再不用就用不上了。

陪伴他左右、大事永远必掺和的独孤伽罗总结性发言:"老普六

---

① 《隋书·李德林传》:郑译、刘昉议,欲授高祖冢宰,郑译自摄大司马,刘昉又求小冢宰。高祖私问德林曰:"欲何以见处?"德林云:"即宜作大丞相、假黄钺、都督内外诸军事。不尔,无以压众心。"及发丧,便即依此。以译为相府长史,带内史上大夫,昉但为丞相府司马。译、昉由是不平。

② 《资治通鉴·陈纪八》:坚潜令贲部伍仗卫,因召公卿,谓曰:"欲求富贵者宜相随。"往往偶语,欲有去就,贲严兵而至,众莫敢动。

茹！大事已经势如骑虎，下不来了！干吧！"①

另一个世界，独孤信和杨忠碰了下杯，独孤信道："老杨，我给女婿留了一步棋，老韦该上了。"

杨忠道："大哥您走了之后，我也给两个孩子攒了挺大人缘，老李也该表态了。"

---

① 《资治通鉴·陈纪八》：坚默然久之，曰："诚如君言。"独孤夫人亦谓坚曰："大事已然，骑虎之势，必不得下，勉之！"

三、独孤信与杨忠的政治遗产

580 年六月，宇文泰仅剩的五个儿了，赵王宇文招、陈王宇义纯、越王宇文盛、代王宇文达、滕王宇文逌全部到了长安。

时间刚刚好，计划极其精准，杨坚的事业已经成功一半了。

杨坚开始着手处理最大的威胁——相州总管尉迟迥，这个当年平蜀的宇文泰外甥此时位高望重。

杨坚派尉迟迥的儿子魏安公尉迟惇持诏书召尉迟迥回长安出席国丧，与此同时又命韦孝宽为相州总管去邺城把尉迟迥替回来。

杨坚居然使得动北周"图腾"——韦孝宽。玉壁战神的表态开始让整个关陇集团谨慎。

韦孝宽这辈子，虽然是北周的国家级战斗功臣，"高欢快乐城"城主，但一直郁郁不得志。

他三十八岁时就在玉壁城下克死高欢了，当时他对自己的人生期许是很高的。但他没想到的是，后面三十年他会把玉壁坐穿。

三十年来，他多次上书为伐齐建言献策，老骥伏枥的熊熊火焰澎湃燃烧，但无论是宇文护还是宇文邕，都没拿这位老臣当回事。宇文护甚至连韦孝宽想在汾北建几座要塞都要阴阳怪气。

宇文邕第一次宣布伐齐时，韦孝宽洋洋洒洒地写了灭齐三策，情真意切，但宇文邕视而不见。

韦孝宽心灰意冷提出退休，宇文邕表示玉壁需要你，活一天就给我看一天的门。

玉壁的名字挺好听，但作为要塞的地方从来都是经济差劲风景还不好。韦孝宽这三十年一直在玉壁，都快待吐了。

577年，宇文邕终于从河东出兵了，作为整个河东最有影响力的将领，老当益壮的韦孝宽请求作为先锋，宇文邕在夸奖玉壁城防后继续是老态度：玉壁很重要，除了你没人能守好。[1]

直到平齐大局已定后，宇文邕才把韦孝宽从玉壁调出参战，而且在平定晋州后又迅速让他回玉壁了。[2]

韦孝宽就像是那个时代的"余则成"，仅用间谍就弄死了北齐的"支柱"斛律光，再没有人比他更懂北齐了，但整个北周平齐之战，他作为资格最老的人却只能从头看到尾。

为什么？因为宇文邕要独占灭齐的荣光，韦孝宽的影响力太大，如果让他参与灭齐注定会分走皇帝的光辉。

按理讲也能理解，毕竟这个隐忍天子太需要这个军功来立威了，但老将军韦孝宽为北周戍边了三十年，如今玉壁成景点了，作为皇帝你不应该对老将军厚道点儿吗？

然而，在平齐后大军凯旋之际，宇文邕路过玉壁时却对韦孝宽展开了诛心："都说老人多智慧，但我带小伙子们就平定了北齐，你觉得怎么样？"[3]

---

[1]《周书·韦孝宽传》：五年，帝东伐，过幸玉壁。观御敌之所，深叹羡之，移时乃去。孝宽自以习练齐人虚实，请为先驱。帝以玉壁要冲，非孝宽无以镇之，乃不许。

[2]《周书·韦孝宽传》：及赵王招率兵出稽胡，与大军犄角，乃敕孝宽为行军总管，围守华谷以应接之。孝宽克其四（有版本写为"西"）城。武帝平晋州，复令孝宽还旧镇。

[3]《周书·韦孝宽传》：及帝凯还，复幸玉壁。从容谓孝宽曰："世称老人多智，善为军谋。然朕唯共少年，一举平贼。公以为何如？"

这话说得真不厚道。宇文邕这是踩功勋卓著为国戍边了一辈子的老将军来显示自己的优越感。

韦孝宽道:"我现在老了,只有一颗诚心,当年我年轻的时候,也曾给国家出过力。"①

宇文邕炫耀成功,大笑后允许韦孝宽可以回长安,任命他做了大司空,不过很快又把他踢延州(今陕西延安)去了。马上就七十岁的韦孝宽,又被皇帝支"南泥湾"去了。

整个天下都快被北周拿下了,那么多新领地等着去维护,却把他扔这里来了。这三十年来,没有人比韦孝宽更明白什么叫不是自己人的待遇。

这一切的一切,不过是因为我跟独孤信是好兄弟,不过是因为我年轻时跟独孤信是一条战线上的。就因为这个,我就要被宇文泰、宇文护、宇文邕三代安排在玉壁"蹲监狱"吗?

尤其是宇文邕,我和你有何仇怨?你为了立自己的威名,你为了证明自己远超前人,你为了证明你作为总指挥灭了北齐这些都没问题,但你为何要诛我的心?就因为我把宇文护他妈谈判谈回来了?

在宇文护时代,你作为皇帝都装了十三年的孙子,我是一个边将,能有什么选择?

人活得长是真好啊!我活得长可以亲眼看到宇文泰祖孙三代一个个死在我前面,我活得长可以看到当年老哥哥独孤信的女婿一把攥住宇文氏的咽喉,让宇文氏为他人作嫁衣裳。

杨坚上门的那句"韦叔"刚一喊出来,韦孝宽就拍胸脯了:"小坚子你别说了,老头子我去!"

七十二岁的韦孝宽再次奔赴邺城。他走到朝歌时,尉迟迥派大都督贺兰贵持他的亲笔信来迎接,韦孝宽留下贺兰贵开始套话。作为当年

①《周书·韦孝宽传》:孝宽对曰:"臣今衰耄,唯有诚心而已。然昔在少壮,亦曾输力先朝,以定关右。"

晋西南的最大间谍头子，韦孝宽看出来尉迟迥要对杨坚不利，于是称病慢行，并派人以买药之名到相州观察动静。

走到汤阴时，韦孝宽的侄子韦艺被尉迟迥派来了，此时韦艺任魏郡太守，是尉迟迥的同党，他最初没有告诉他叔叔实情，但韦孝宽看出了端倪，大怒，就要砍了韦艺，韦艺这才说了所有密谋。

韦孝宽开始往回飞奔，此时他距离邺城仅仅不到八十里了。

七十多岁的韦孝宽一边跑一边毁了沿途经过的所有桥梁，还将所有驿站的马匹全部收缴带走。[①]韦孝宽不仅抢了马，还对各地驿官说："蜀公尉迟迥很快就要到达，赶快备酒宴招待。"

尉迟迥听说韦孝宽跑了，派仪同大将军梁子康带数百骑兵猛追，但每到一个驿站就被招待一顿大酒，驿站又没有马匹可以替换，于是韦孝宽在他眼皮底下成功逃脱。

韦孝宽一边跑，身边人一边劝他："洛阳现在虚弱没有防备，河阳是关键核心，守备都是关东的鲜卑人，尉迟迥要是先把河阳拿下了咱们这仗就没法打了。"韦孝宽随后迅速进入河阳城准备守好这里。

此时河阳城里有八百鲜卑兵，家都在邺城，看到韦孝宽身边没什么人，于是打算抓了韦孝宽响应尉迟迥。[②]

练体魄的永远拼不过玩脑子的，老狐狸韦孝宽先派人去洛阳命东京官司调河阳鲜卑兵去洛阳领赏，等这些鲜卑兵到了洛阳就都被扣下了。

在韦孝宽退保河阳的同时，杨坚命破六韩裒去邺城向尉迟迥表态自己没有异图，又暗中把自己的亲笔信给相州总管府长史晋昶等人，让他们看准时机拿下尉迟迥。

---

① 《周书·韦孝宽传》：孝宽审讦其状，乃驰还。所经桥道，皆令毁撤，驿马悉拥以自随。

② 《周书·韦孝宽传》：河阳城内旧有鲜卑八百人，家并在邺，见孝宽轻来，谋欲应迥。

这次行动并不缜密，尉迟迥得知后杀了晋昶和破六韩衷正式起兵，尉迟迥自称大总管，承制置百官，当时赵王宇文招已经入朝，留小儿子在封国，尉迟迥把他接来当了政治旗帜。

尉迟迥率所统辖的相、卫、黎、洺、贝、赵、冀、瀛、沧诸州，与侄子尉迟勤所统辖的青、齐、胶、光、莒等州结成了联盟，由此河北山东有数十万人反杨坚。

此外，中原的荥州刺史邵公宇文胄、申州刺史李惠、东楚州刺史费也利进、潼州刺史曹孝远各据所统州，徐州总管司录席毗罗据兖州，前东平郡守毕义绪据兰陵，这些人纷纷响应尉迟迥。

宇文赟给儿子选的老丈人郧州总管司马消难也响应了尉迟迥，并举郧、随、温、应、土、顺、沔、儇、岳九州和鲁山等八镇投降南陈，派其子入建康为人质请求南陈援助。

双方撕破脸后，杨坚任韦孝宽为行军元帅，任梁士彦、元谐、宇文忻、宇文述、崔弘度、杨素、李询等人为行军总管统军从关中发兵讨伐尉迟迥；又命郑州总管王谊为行军元帅率辖区军队讨伐司马消难；命梁御之子梁睿为益州总管去替换王谦。

王谦是邙山被爆头的老将军王雄之子，也是宇文邕给儿子留下的保险，当年随宇文赟讨吐谷浑时有功，后来又参与了平齐，随后被封为了益州一把手。

尉迟迥、司马消难、王谦这三个人是早早就被杨坚料定不会合作的三方诸侯。

果不其然，梁睿走到汉中后就传来了王谦起兵攻始州的消息，杨坚随后命梁睿为行军元帅，率行军总管于义、张威、达奚长儒、梁升、石孝义等统步骑二十万南下平叛。

河北、青徐、兖豫、四川一时间全乱了，尉迟迥派使者招附大左辅、并州总管李穆。在一定程度上，李穆的态度决定了最终的结局。

乱的那几个地方看上去闹得挺凶，但其实除了四川外都是千里平原，没有什么是一通突骑冲不过去的，战斗力最强的府兵都在杨坚手里，而且眼下河阳三城也在杨坚手里，粮道畅通，收复中原很轻松，只要打垮了尉迟迥，中原不过是传檄而定。

关键处是在天下屋脊的山西。

如果李穆投靠了尉迟迥，那么相当于恢复了北齐之势，杨坚就需要对河东和洛阳两路进行防备。如果李穆倒向了杨坚，那么尉迟迥就没办法倾巢出动南下洛阳，他始终要防备着太行八陉。

井陉、滏口陉、白陉、太行陉这四条陉被晋阳总控，自古晋阳就是整个山西高原的枢纽。（见图16-1）

面对这个能改变历史走向的选择，七十一岁的李穆抓了尉迟迥的使者送给了杨坚。

尉迟迥的儿子尉迟谊时任朔州刺史，也被李穆第一时间北上抓获，逮捕押送去了长安。

当时李穆之子李荣认为并州是天下精兵所聚之地，劝李穆响应尉迟迥，李穆坚决地否了他儿子的提议。

杨坚派柳裘和李穆的另一个儿子左侍上士李浑到并州陈说利害关系的时候，李穆直接给杨坚送了一条十三镮金带表明态度。[1]

十三镮金带本是天子的配置，李穆却把这条金带献给了杨坚。跟上司做十件好事也不如一起做一件坏事踏实，没有什么把柄比这个更意味着双方绑到一条战船上了。

杨坚收到后非常高兴，派李浑到韦孝宽那里告诉他李穆的态度。[2]

七十二岁的韦孝宽和七十一岁的李穆，就是杨坚的两个爹（杨忠

---

① 《资治通鉴·陈纪八》：坚使内史大夫柳裘诣穆，为陈利害，又使穆子左侍上士浑往布腹心。穆使浑奉尉斗于坚，曰："愿执威柄以匡安天下。"又十三镮金带遗坚。

② 《资治通鉴·陈纪八》：十三镮金带者，天子之服也。坚大悦，遣浑诣韦孝宽述穆意。

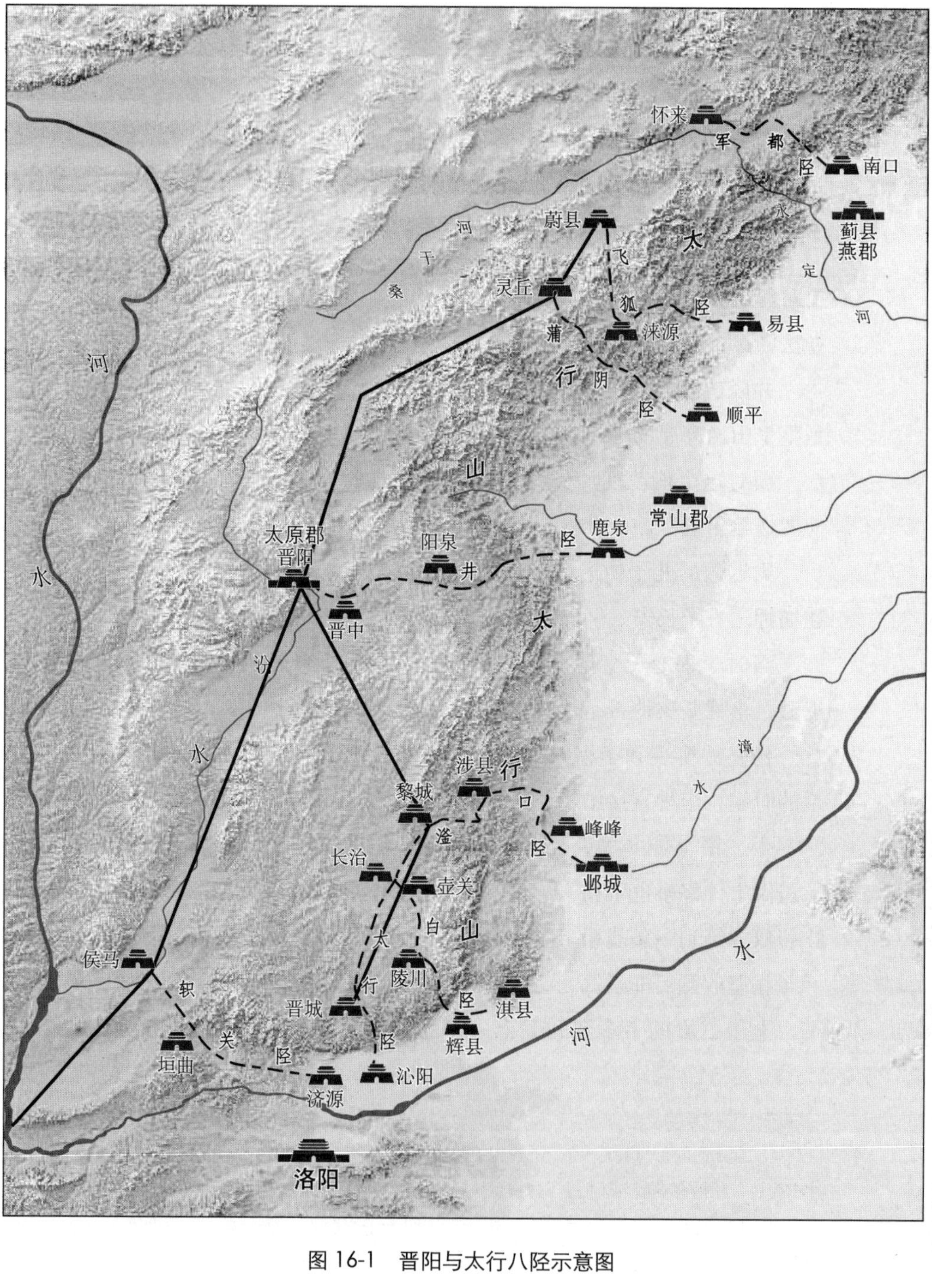

图16-1　晋阳与太行八陉示意图

和独孤信）给他的最大遗产。韦孝宽是玉壁战神，李穆是北周太祖宇文泰的铁杆，这两位老资格的将领都站队杨坚了，整个关中瞬间被镇住了。

比如当时任怀州刺史的李穆的侄子李崇，原本打算响应尉迟迥，后来听说自己家族话事人站队杨坚后叹道："我全家端的都是宇文氏的饭碗，现在国家有难，竟然不去帮一把，还有什么脸面立于天地呢？"然后李崇一边骂街一边宣誓效忠杨坚。①

李穆不是宇文泰的铁杆嫡系吗？不是当年在邙山救下宇文泰拥有十次免死铁券之人吗？为什么他会如此选择呢？因为当年李远父子被杀时，李穆作为李远之弟也被牵连了，宇文护把他也给罢免了。宇文护打击面太宽，他给北周埋下太多雷了。

不会装糊涂的宇文毓即位后，又将李穆给弄了回来，不过待遇可远没有原来那么好了，拜骠骑大将军、开府仪同三司、大都督、安武郡公、直州刺史。

听起来好像排面挺大，但这个配置，不过是杨坚十六岁时的待遇。② 李穆相当于功勋卓著了大半辈子，又被打回去回炉创业了。

李穆再次回到高级台面，是跟着当年同在宇文泰相府时的好哥们杨忠四千里奔袭晋阳。③

杨坚创业成功后封赏李穆时官方透露了两家的关系："公既旧德，且又父党。敬惠来旨，义无有违。"您是咱们关陇集团的老人，又是我

---

① 《资治通鉴·陈纪八》：穆兄子崇，为怀州刺史，初欲应迥；后知穆附坚，慨然太息曰："阖家富贵者数十人，值国有难，竟不能扶倾继绝，复何面目处天地间乎！"不得已亦附于坚。

② 《隋书·高祖文帝纪》：十五，以太祖勋授散骑常侍、车骑大将军、仪同三司，封成纪县公。十六，迁骠骑大将军，加开府。

③ 《周书·李穆传》：三年，从随公杨忠东伐。还，拜小司徒，迁柱国大将军，别封一子郡公，邑二千户。

爹的好兄弟。

本来宇文泰当年的关系随着他的离世已经被后人败光了，而关陇集团的人还是出了名的高寿，要是没被杀死，他们都往六七十岁活，一大群老臣都在看着宇文氏折腾。

三个柱国级大佬让宇文护弄死了，我们信佛宇文邕却灭佛，我们关陇集团的意见宇文赟说不听就不听还自称为"天"。现在宇文氏丢脸了吧！眼下杨坚掌权了，我们跟尉迟迥可没什么交情。

尉迟迥的联络信还传到了江陵，西梁迎来了千载难逢的机会，诸将纷纷劝说梁主萧岿起兵联合尉迟迥，但这时派去长安朝贡的柳庄回来了，对大家说了这么一段话："当年袁绍、刘表、王凌、诸葛诞都是汉魏大才，他们据要地、握强兵，却最终都败了，因为曹操和司马氏挟天子以令诸侯。尉迟迥已经很老了，而司马消难和王谦又是极普通之人，都没有匡时济世的才干。北周将相，大多数只为自己打算，竞相效忠于杨坚，在我看来尉迟迥等终会被消灭，随公杨坚必会覆灭北周，我们还是保境息民以观其变吧。"

那句"周朝将相，多为身计"其实相当能说明此时的局面。

韦孝宽和李穆这两个资历最老的大臣的鲜明立场给杨坚带来了太多的加分。从关陇集团的角度来讲，此时唯一要做的，就是低调地顺从。只要没把大旗亮出来，无论杨坚是赢还是被推翻，哪朝他们都是当爷的。

七月，韦孝宽在河阳与朝廷大军会合了，尉迟迥派薛公礼等围逼怀州，被韦孝宽派兵击破。韦孝宽率军至怀县永桥城（今河南焦作武陟县大虹桥乡），此城位置冲要，城防牢固，属于小铁蛋级别，已经被尉迟迥派兵控制，各将领认为此城挡路，请求先攻下这个小城。

老辣的韦孝宽道："这座城虽小但比较坚固，如果没打下来，就会影响我军士气。我们现在已经突破了敌军主力，城里这点儿兵力根本起不了什么作用。"他下令绕过永桥城，带领军队直接去了武陟。

尉迟迥派其子魏安公尉迟惇率军十万进至武德，屯军于沁水东岸，恰逢沁水暴涨，韦孝宽与尉迟惇两军隔水相持。

在双方对峙之时，搞间谍出身的韦孝宽身边长史李询悄悄给杨坚去了一份密报：梁士彦、宇文忻、崔弘度这三个人都收尉迟迥的钱了，军心现在很不稳。[①]

杨坚开始担心，与郑译商量临阵换将。

这个时候李德林说道："您与诸将皆国家贵臣，此前还没驯服他们，现在正是挟辅政之威驯服他们的好机会，如果怀疑前面所派诸将，又怎知道后面再派去的就都能放心呢？况且受贿这事虚实难明，要是现在把那三个将军扣了，则自郧公韦孝宽以下全军莫不惊疑，临敌易将也是以前燕国、赵国失败的原因，依下官之见，您马上派一个心腹之人去前线，这个人要明于智略平素为诸将所信服，让他去观察这件事的真假，那些军官就算收了钱也一定不敢有什么动作，要是他们真叛乱了，再让特使动手也不晚。"

杨坚大呼有理，随后调整思路让与自己从小一起上学的好哥们少内史崔仲方去前线节度诸军。

崔仲方对杨坚说："真不是我不去，现在我爹在山东那边，我这身份去了不合适。"

杨坚又命刘昉和郑译去，这两人都说没做过大将，而且家中老娘岁数大了去不了。杨坚很不高兴，从此开始彻底边缘化这两个人。而且由于这两个人的推脱，使其他想去的人也不好意思张嘴了。

就在为难之际，丞相府司录高颎请求承担这个任务。杨坚大喜，也只有高颎能不看刘昉和郑译的脸色。

高颎之前一直跟宇文宪，十七岁时就被宇文宪引为记室，之后一

---

① 《资治通鉴·陈纪八》：孝宽长史李询密启丞相坚云："梁士彦、宇文忻、崔弘度并受尉迟迥饷金，军中恇恇，人情大异。"

路成长，因平齐之功拜开府。

杨坚拿到大权后，高颎属于第一波被杨坚抓在手里的人才，杨坚知道他强干习兵多谋，于是派杨惠去招揽，高颎当即表态："我是杨家的人了，就算这事没成，被灭族也认了！"从此被杨坚任命为相府司录。[1]

高颎有才是不假，但杨坚为什么第一时间就找了他？高颎又为什么这么义无反顾？

因为高颎他爹高宾是独孤信的老下属，后来甚至跟着改姓了独孤，独孤信被杀家眷徙蜀后，独孤伽罗依然以父辈的关系与高家来往，所谓"背齐归周，大司马独孤信引为僚佐，赐姓独孤氏。及信被诛，妻子徙蜀。文献皇后以宾父之故吏，每往来其家"。

看看那句"文献皇后以宾父之故吏，每往来其家"，独孤信死后，虽然儿子们都受到了牵连，但其政治影响力逐渐被这几个嫁出去的闺女继承了。

独孤伽罗为什么能参与杨坚的所有政事？为什么能和杨坚一起被称为"二圣"？因为有太多的"高颎"是靠独孤伽罗这根线牵着的。

独孤信的孩子中，独孤伽罗最特殊。独孤信晚年续弦娶了清河崔氏崔彦珍之女，只生了独孤伽罗一个孩子。独孤伽罗外祖家那头还牵着清河崔氏。

杨坚派去讨平司马消难的行军总管崔彦穆，是独孤伽罗她妈妈的叔叔，之前官至小司徒，职业生涯中曾做过督十一州诸军事的安州总管和督七州诸军事的金州总管这样的地方大员。

这些都成了杨坚能够换房本的关键助力。

---

① 《隋书·高颎传》：高祖得政，素知颎强明，又习兵事，多计略，意欲引之入府，遣邗国公杨惠谕意，颎承旨欣然曰："愿受驱驰。纵令公事不成，颎亦不辞灭族。"于是为相府司录。

得益于北魏的"恒代之遗风"，这个时代的高门之女一个个都是"谁说女子不如男"，独孤信的闺女们开始以夫家的身份抛头露面，独孤信的政治影响力全部被他的女儿们继承下来了。

这在传统的汉文化时代是不可想象的，通常家族男丁被灭了，这一族也就消失了，但这三百年南北融合的包容气象，让女子在这个时代绽放出了最飒爽的英姿。

高颎到了沁水前线后开始建桥，尉迟惇从上游放火筏打算烧桥，被高颎提前布置的栅栏拦住。

双方军阵有二十余里，战线极长，尉迟惇眼看无法阻挡北周浮桥，就打算在对方渡河到一半时再袭击，于是率军后撤给北周留出空地准备再反扑，结果却被韦孝宽抓住了破绽。有场战役叫淝水之战，尉迟惇你不知道吗？

韦孝宽趁敌军后撤之际迅速率军擂鼓齐进，大军过河后高颎下令烧毁浮桥背水一战，"淝水之战"被复制成功，尉迟惇在军队被府兵打垮后单骑而逃，韦孝宽乘胜追至邺城。

八月十七，尉迟迥率全军十三万人在邺城城南布阵，尉迟迥的侄子尉迟勤也率军五万从青州赶来增援，他自己还亲率三千骑兵抢先来到邺城。

六十五岁的尉迟迥身穿甲胄，亲临战阵，亲军一万多人皆绿巾锦袄号"黄龙兵"，这些黄龙兵都是关中人，为了尉迟迥全力战斗，打败了韦孝宽。

眼看大军不利，行军总管宇文忻玩了阴招。

当时的情况是，尉迟迥为了展示自己的民心所向，当天居然从邺城放出数万百姓来观战，也不知道这些看热闹的心怎么就那么大。宇文忻道："形势万急，我不讲武德了！"随后出动了预备队向观战百姓疯狂扫射，"观光团"开始崩盘，互相推搡践踏，呼声震天，宇文忻赶紧趁势大喊："尉迟迥败啦！"

韦孝宽的败军因此重振军心，掉头回来再战，尉迟迥军于是大败退回了邺城，韦孝宽围城，李询与贺娄子干先登，邺城城破。

崔弘度的妹妹早先嫁给了尉迟迥的儿子，邺城被攻破后，尉迟迥登上城楼做最后抵抗，崔弘度从龙尾道追上去，尉迟迥弯弓搭箭打算射他，崔弘度摘掉头盔道："您还认识我吗？如今我们各为国事，不能徇私，但即便如此，我特地遏住乱兵不许对您侵侮，事已至此，您该给自己留下体面，还等什么呢？"

尉迟迥扔掉弓箭，大骂杨坚后自杀。

这边崔弘度之弟崔弘升砍了尉迟迥的人头，那边在邺城小城中做最后抵抗的尉迟迥士卒则被韦孝宽全部活埋于游豫园，尉迟勤等尉迟氏一族逃往青州半路被郭衍率兵追获。

尉迟迥兵败后"树倒猢狲散"，关东被韦孝宽分兵相继讨灭平定，司马消难逃到了南陈，杨坚把相州治所迁移到安阳，彻底拆毁了邺城，又把相州分割为了毛州与魏州。

至此，邺城这座三国时代就叱咤风云的河北第一名城退出了历史舞台。

从这个操作，就能看出来杨坚的为人：他信奉的是斩草除根。

十月底，孤掌难鸣的益州王谦战败后被梁睿斩首，益州平定。

王谦起兵时其部下曾为他出了上、中、下三策：上策，亲率精锐，直指散关，打长安；中策，出兵梁、汉，跟中原反坚者联盟会师；下策，坐守剑南，发兵自卫。

王谦的思路，和当年钟会一样，想当刘备。但他真不是那块料。

据说长安的杨坚在这段平叛的时间里很危险。

据说宇文毓之子雍州牧毕王宇文贤和赵、陈、越、代、滕五王密谋除掉杨坚，事情败露后杨坚灭了宇文贤一门，但没追究五王的责任。

据说赵王宇文招随后又打算谋杀杨坚，邀杨坚去他家喝酒，然后埋伏了一大群刀斧手，杨坚的保镖元胄还反复示警杨坚，但杨坚就铁了心去喝酒，最后紧要关头刀斧手都出动了，元胄一个人架着杨坚离去，后又转身堵住了门等杨坚跑出大门才追过来。

为了避免有人说我胡编，在这里列一下原文：

> 周赵王招知高祖将迁周鼎，乃要高祖就第。赵王引高祖入寝室，左右不得从，唯杨弘与胄兄弟坐于户侧。赵王谓其二子员、贯曰："汝当进瓜，我因刺杀之。"及酒酣，赵王欲生变，以佩刀子刺瓜，连啖高祖，将为不利。胄进曰："相府有事，不可久留。"赵王诃之曰："我与丞相言，汝何为者！"叱之使却。胄瞋目愤气，扣刀入卫。赵王问其姓名，胄以实对。赵王曰："汝非昔事齐王者乎？诚壮士也！"因赐之酒，曰："吾岂有不善之意邪？卿何猜警如是！"赵王伪吐，将入后阁，胄恐其为变，扶令上坐，如此者再三。赵王称喉干，命胄就厨取饮，胄不动。会滕王逌后至，高祖降阶迎之，胄与高祖耳语曰："事势大异，可速去。"高祖犹不悟，谓曰："彼无兵马，复何能为？"胄曰："兵马悉他家物，一先下手，大事便去。胄不辞死，死何益耶？"高祖复入坐。胄闻屋后有被甲声，遽请曰："相府事殷，公何得如此？"因扶高祖下床，趣而去。赵王将追之，胄以身蔽户，王不得出。高祖及门，胄自后而至。赵王恨不时发，弹指出血。

我绝对相信五王想杀了杨坚并付诸了行动，但我不太相信是这么个杀法。这里描写的是《三国演义》里的刘备和赵云。

杨坚是玩蛇吞象的操盘手，他能谨慎到斩草除根，把邺城给拆了，就是为了防止今后的隐患，他会在那种紧张的局势下去宇文招家表演傻子？

为了给杨坚弄死宇文氏找苦大仇深的理由，这完全没问题，但这理由实在不太合适。

无论怎样，宇文泰所剩五子赵王宇文招、陈王宇文纯、越王宇文盛、代王宇文达、滕王宇文逌在 580 年的秋冬相继被杨坚灭门。

十一月二十五，刚刚结束平叛的韦孝宽去世了。

韦孝宽这辈子，从三十岁认识了独孤信，人生开始发生翻天覆地的变化，他们共号"联璧"，他们共镇洛阳，他们共战河桥，从此韦孝宽一切的一切，都和这个风度翩翩的武川第一帅哥独孤信牢牢地绑定在了一起。

宇文泰捧他，宇文护淡他，宇文邕诛他心，直接或者间接的原因都是独孤信。韦孝宽的临终一战，无论是对宇文泰，还是对独孤信，都有交代。

韦孝宽对宇文泰：我是大周纯臣，一生戍边献策，临死为大周铲除了尉迟迥这个反贼，然后我就见你来了，后面的事我不知道啊。

韦孝宽对独孤信：你女婿，就是我女婿。

"城南韦杜，去天尺五"，韦氏至此迎来了家族的全盛时代，所谓"自唐已来，氏族之盛，无逾于韦氏"，有唐一代韦家一共出了十七位宰相，势冠全唐。

帮了杨家，就是帮了李家。

杨忠之子杨坚的五儿五女全部出于独孤信的第七女，李虎之子李昞的四儿一女全部出于独孤信的第四女。

独孤家的女儿都继承了独孤信的美貌，都继承了独孤信的政治能量，也都拴住了自家男人保住了这份政治遗产。

独孤信可真会生闺女……

独孤信可真会挑女婿……

四、回来了，国家机器回来了！

580 年十二月十二，杨坚下令在西魏时改姓鲜卑姓氏的人都恢复原来的姓氏。民族融合的最后一关，终于打通了。

三百年前，你姓刘，我也姓刘，但你是匈奴人，我是中山人，你是草原屠各王子，我是中山靖王之后。三百年后，你姓刘，我也姓刘，我们都是河北人，我们都是华夏人。

在三百年血泪大融合的杀戮、掠夺、徙民、编户、同姓后，无论是普六茹氏还是侯莫陈氏，几代之后都变成了一个民族——汉族。

十二月十三，大丞相杨坚为相国，总百揆，去都督中外、大冢宰之号，进爵为王，以安陆等二十郡为随国，赞拜不名，备九锡之礼。

杨坚只接受了王爵和十郡，其余推辞不受。

581 年，北周改年号为"大定"。

二月初四，随王杨坚受相国、百揆、九锡，建随国台省置官。

二月初六，进封随王妃独孤氏为王后，随王世子杨勇为太子。

看天象的庚季才劝杨坚应该在这个月的甲子日顺应天命改朝换代，以李穆为首的勋贵们也一再劝进，平定内乱仅仅过了两个月，杨坚忍不住了。

二月十四，甲子，北周静帝命杞公宇文椿捧册书，大宗伯赵煚捧着那块历经沧桑的传国玉玺禅位于杨坚。

杨坚大赦天下，改年号为"开皇"，于南郊祭天，杨坚因"随"有走之意，恐不吉，遂去"辶"，定国号为"隋"。

真要是不吉利，就不会让杨坚成事。实践是检验真理的唯一标准，别瞎动自己的冠军阵容。

小内史崔仲方劝杨坚废了北周的六官制度，恢复汉魏旧制，杨坚批准。

隋设置三师（太师、太傅、太保）和三公（太尉、司徒、司空）为荣誉虚衔；设置五省掌政事，即内侍省、秘书省、门下省、内史省和尚书省。

内侍省是管太监和后宫的，秘书省掌书籍历法，这两个省都是散编，真正重要的是剩下三省，即内史省（后改中书省）掌决策，门下省掌审议，尚书省掌执行——这就是后来被唐朝继承的"三省"制。

尚书省下设吏、礼、兵、都官、度支、工六部，每部设尚书总管本部政务。

吏部，掌管全国官吏的任免考核和升降调动。

礼部，掌管祭祀、礼仪和外交。

兵部，掌管全国武官的选拔调动和兵籍军械。

都官，掌管全国的刑律断狱。

度支，掌管全国的土地户籍和赋税财政收支。

工部，掌管全国的工程、水利、交通基建。

后来度支演变为户部，都官演变为邢部。

上面的"三省"，再加上"吏、户、礼、兵、刑、工"六部，合起来就是教科书里大名鼎鼎的三省六部制。

这个"三省"啊，其实就那么回事，我们看看下面这张图。（见图16-2）

这些设置和流程看上去讨论挺充分的，但本质上还是皇帝一个人定，一切只是个过场罢了，唐初就出了政事堂，但六部的概念从此夯实了，后面的王朝沿用了一千三百多年。

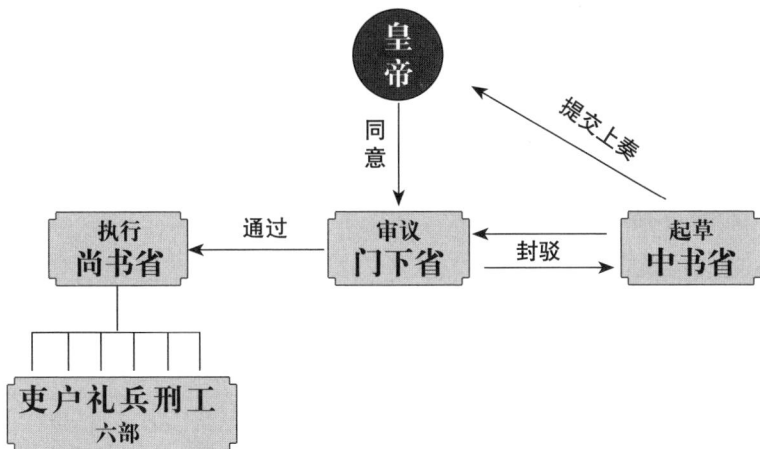

图 16-2　三省六部图

　　二月十九，杨坚封北周静帝为介公，原北周宗室诸王一律降爵改封为公。没过多久，杨坚将整个北周宗室斩尽杀绝：

　　周文帝（宇文泰）子，除宋公震、谯王俭、冀公通先卒，卫王直先以罪诛外，赵王招、陈王纯、越王盛、代王达、滕王逌皆被杀，而并杀招子员、贯、干铣、干铃、干鉴等，纯子谦、让、议等，盛子忱、悰、恢、懫、忻等，达子执、转等，逌子祐、裕、礼、禧等，而震子实，俭子干恽，通子绚，亦被杀，于是周文帝子孙尽矣。

　　孝闵帝（宇文觉）一子康先死，其子湜亦被杀，于是孝闵子孙又尽矣。

　　明帝（宇文毓）子毕王贤、酆王贞皆被杀，贤子宏义、恭道、树娘等，贞子德文等亦被杀，于是明帝子孙亦尽矣。

　　武帝（宇文邕）子汉王赞、秦王贽、曹王允、道王充、蔡王兑、荆王元皆被杀，赞子道德、道智、道义等，贽子靖智、靖仁等亦被杀，余本无子，于是武帝子孙尽矣。

　　宣帝（宇文赟）子静帝既为隋文所害，余子邺王衎、郢王术皆幼而被杀，于是宣帝子孙又尽矣。

其宗室内，宇文胄以起兵应尉迟迥被杀，又宇文洽、宇文椿及子道宗、本仁、邻武、子礼、献等，宇文众及子仲和、熟伦等，皆被杀。唯宇文洛以疏属幼年，得封介国公，以为隋宾，未几，又毙之。

于是宇文之宗族，亦无在者。

杨坚是按户口本杀的，把宇文氏杀了个干干净净。

无论是邺城，还是宇文氏，包括后面的建康城，杨坚不允许一丁点儿"王气"的存在。夺人国祚，杀人后裔，这与杀降无异。

宇文氏既然已经把天下让给了你，你就应该给他们一个体面的谢幕。

夺国还灭前朝满门的，有萧道成，有高洋，如今加上了杨坚。他们一个得国二十四年，一个得国二十八年，杨坚比他们稍微长了一点点。

你家信佛，应知万事有因果。凡事太尽，缘分势必早尽。

作为皇后，独孤伽罗贵盛而谦恭，雅好读书，具有高度的政治眼光，经常与杨坚观点相同。每次杨坚临朝，独孤伽罗都会跟他一起坐车到朝堂，到大门口才停，然后派宦官观察杨坚的临朝表现，觉得哪里不合适了夫妻两人回去就开会，杨坚退朝后两个人再一起回宫，宫中把他们称为"二圣"。

独孤伽罗貌似挺霸道的，但其实她是中国历史上的贤后典范，礼部曾上奏："按《周礼》规定，百官妻子爵位品级的封赏应该由皇后发布，请依古制行事。"

独孤伽罗说："如果我这样做，那么妇人干政这种风气可能从此开始盛行，所以我不能开这个头。"

大都督崔长仁是独孤伽罗的表兄弟，犯法应当斩首，杨坚打算给媳妇面子赦免他，但独孤伽罗说："国家之事，怎么能徇私呢？"就这样，崔长仁被处死了。

由于自己曾经的历史，杨坚对外戚极度不放心，独孤伽罗也从来不让杨坚为难，她的兄弟都是普通的将军、刺史岗，从不给娘家人要待遇。

姓独孤的确实都被防住了。但独孤信当年生了七个闺女，那一盆盆"泼出去的水"，杨坚和独孤伽罗这对模范夫妻却没有防住。

据说原北周上柱国窦毅的女儿得知杨坚篡周后，气得捶胸顿足道："我只恨自己不是男子不能救舅舅家的大难！"窦毅和宇文泰之女襄阳公主急忙捂住她的嘴说："别乱说，这可是灭族之祸！"

这丫头为什么这么说呢？或者说史官为什么要让这丫头这么说呢？又或者说后世为什么要把这段记录下来了呢？因为这丫头后来嫁给了李渊。

581年三月，杨坚以上开府仪同三司贺若弼为吴州总管，镇广陵；以和州刺史韩擒虎为庐州总管，镇庐江。灭陈团队搭建成功，杨坚开始布局天下一统。

这一年，杨坚四十一岁。

这个年富力强的年龄段很重要，由于对身体和寿命有着足够的信心，杨坚开始将眼光聚焦于内，轰轰烈烈的开皇之治启动了。

当初苏绰为宇文泰打造国家税收系统时，因创业初期国用不足，所以制定的税制很重，推行以后苏绰自己慨叹："我定的重税犹如张满的弓，这只能作为权宜之计，不是和平时期能用的方法，将来谁能把这弓松下来呢？"

杨坚喊来了苏绰之子苏威，任其为度支尚书，苏威牢牢记住了他爹当年的话，奏请减轻徭役，一切从简，杨坚全部批准。减税的同时，杨坚开始统一货币。

之前北周和北齐官方铸造的钱币有四种，再加上民间各种各样的私造钱币，轻重不同，币值混乱，杨坚下令重铸五铢钱。新铸钱使用的技术相当高级，背面、正面、钱身、钱孔边缘都有凸起轮廓，每一千枚重四斤二两。杨坚下令禁止使用古钱和私钱，在各关口放置新五铢钱样品，凡发现和样品不符合的钱币，一律没收销毁。

混乱了三百年的币值，终于统一了。

除税法和货币之外，杨坚还同时启动了刑法改革。

从法律角度来讲，与北齐相比，北周的法令条文烦琐不得要领，但由于政治原因，北周不承认这一点。北齐是被北周灭掉的国，它能有什么好法吗？

杨坚则没有这个政治压力，他下令高颎、郑译、杨素等在北齐旧律的基础上改定了《开皇律》。

《开皇律》比《北齐律》的条数减少了近一半，死刑种类只留下斩和绞两种，废除了上古时代至今的五马分尸和枭首示众等恐怖杀人方式，并进一步废除了宫刑、鞭刑等伤人肢体的酷刑，以笞、杖、徒、流、死五刑为基本的刑罚手段较前朝进行了大规模减轻，所谓"其余以轻代重，化死为生，条目甚多，备于简策。杂格、严科，并宜除削"。

这套《开皇律》后来换了个名字做了做修改就成了《唐律》，《开皇律》中规定的各项基本制度均被《唐律》直接继承，后来又被宋、明、清各朝所沿用。

这套上承汉律源流、下开唐律先河的《开皇律》，为我国封建法律的定型做出了极为宝贵的贡献，它的母体基本就是《北齐律》。

北齐那几个皇帝确实不好，但《北齐律》却是整个两晋南北朝刑法的最高智慧汇总，而如果没有杨坚这次换房本，律法方面大概率会因为政治原因出现大规模倒退。

千万别以为事物的发展会永远向前。好东西就一定会留传下来吗？我们拿马上要兴建的大兴城来举例吧。

杨坚当了皇帝以后嫌长安宫城的规模小，而且据说宫里面总闹妖怪。估计是杨坚担心被宇文氏的冤魂索命。

杨坚向大臣们透露了这件事，没多久看天象的庾季才就上奏了："我仰观天象，低头看图，发现必须要迁都，况且自汉至今已经八百多年了，这里的水都咸了，您赶紧迁都。"

杨坚装傻道："这么神嘛？"

太师李穆也作为百官代表上表请求迁都，杨坚道："既然天道出了征兆，太师又是众望所归，你们都这么请求，那就建新都吧。"

582 年六月，杨坚正式下诏任命左仆射高颎为营建新都大监，将作大匠刘龙、太子左庶子宇文恺为副监，太府少卿张煲为监丞，开始营建新都。到了 583 年三月，新都已基本建成宫室，从杨坚决策建都到迁都只用了十个月的时间。

仅仅十个月，当时世界上规模最大的城市——大兴城拔地而起，它的规模是汉长安城的二点四倍、今西安城的七点五倍。

除了外郭城垣还来不及建成外，大兴城内的其他宫城、宫殿、官署、坊里、住宅、两市、寺院，以及龙首、清明、永安等城市引水渠道多已建成，修建速度和质量令人叹为观止，我国的古代建筑工艺在营建大兴城时堪称达到了巅峰。

古代这个建筑速度和今天钢筋混凝土的建筑速度比起来都不逊色，但千万别以为这是偷工减料。

后来，李世民赏赐给魏徵的正堂就是拆了一个此时的宫殿修建而成的，当时仅用五天就由拆到建给盖好了。这个正堂不仅建得快，质量还千年有保障，到今天仍然屹立不倒。当年的大殿说拆就能拆，拆完重新装上，质量照样千年有保障。

唐宋的建筑速度和质量对于现代人的认知来讲一直是个谜，直到 20 世纪我国建筑界泰斗梁思成、林徽因夫妇破解了《营造法式》，一切才真相大白。

通过这个建筑史上的重大突破，人们明白了过去的中国人是怎样又好又快地完成建筑的。

《营造法式》里说："凡构屋之制，皆以材为祖。"这里的"材"，是标准材，它的比例关系是木建筑施工技术的核心密码。

一座建筑中就算有成百上千个部件，不管这些部件形状、大小怎么变化，标准材的比例都是一样的。

我们可以理解为，当时的建材全是比例一定的乐高积木。人们根本不用去专门生产什么特殊的材料，这样生产速度就起来了。

而且建材比例科学合理，标准材截面的高宽比必须是三比二，与现代建筑的力学计算相符，受力更均匀合理，所以至今有很多唐宋古建筑依然坚挺屹立。

也因此，建筑整体的尺寸，不管是横宽、进深、高度、坡度，都是标准材的倍数或者分数，这样建造速度就起来了。

但是，到了清代时，不仅谈不上比例一致的标准材了，而且建筑比例也由科学的三比二变成了六比五，甚至五比四，接近正方形。

那时的建筑学出现了大倒退。

过去那种又好又快又科学的建筑失传了，唐宋到明清，中国历史经历了很多大变化，比如说蒙古人鞭挞世界，很多像《营造法式》这样的技术书籍和那些口传心授的匠人传统和智慧都没能流传下来，相当于核心技术失传了。

梁思成开始看这本书的时候，发现里面有大量的行业术语，就像天书，根本无法理解。但他非常幸运地在天津蓟州的独乐寺中，发现了一座保存极为完好的辽代木构观音阁。这座观音阁的结构和书中的那些天书一样的术语是可以对应上的。

菩萨保佑，巨匠出世，梁思成先生和林徽因女士对照《营造法式》和观音阁的建筑一点一点地反推书中的密码术语，最终让这些失传的中华神迹重现人间。

所以千万别以为一切进步都是理所应当。

杨坚除了对宇文氏斩草除根这事做得不地道之外，总体来说他是终结三百年乱世、实现大融合的一个伟大的政治总结家。

583 年，杨坚展开了精简官僚机构的专项整治行动，河南道行台后部尚书杨尚希上奏："我发现当今郡县设置成倍多于古代。有的地方不到百里却同时设置了好几个县，有的户口不满一千却分属两郡辖管。官僚冗员过多，成本太高了，应该裁撤多余官僚，合并过小的郡县。"

杨坚随后将郡改为州，直接减少了一级行政单位，即将原来比较混乱的地方官制从州、郡、县三级精简为州、县两级，直接撤销了五百多个郡级单位，同时裁撤淘汰了大量的冗官，节省了巨大的政府开支，提高了行政效率。

与此同时杨坚下令九品以上的官员一律由中央任免，由吏部掌握，禁止地方官就地录用僚佐，每年各地官员都要接受吏部考核以决定奖惩、升降。至此，中央和地方由朝廷一把抓了。

千万别以为这是轻描淡写的一段话，改制从来都是顶级难度的事，有疑惑的读者可以看看前面的文明太后改革。

584年，杨坚又开展了关中漕运治理专项。

因去年营建新都把关中吃空了，杨坚下诏西起蒲州、陕州，东至卫州、济州，沿黄河十三州招募丁壮运米，又在卫州建造黎阳仓、陕州建造常平仓、华州建造广通仓，由水路依次转运潼关以东和晋、汾二州的粟米供给长安。

结果在漕运天下粮食给关中输血的过程中发现渭河出问题了，河里沙子多且河床深浅不定，粮食运不过来，渭水跟长安一样，都是用久了老化了。

《西游记》里的八河都总管、司雨大龙神、关中龙王一把手是泾河龙王，而不是出于这条横贯关中的渭河是有历史原因的。

584年六月，杨坚诏太子左庶子宇文恺率水工凿渠，引渭水自大兴城东至潼关三百余里开凿了广通渠，彻底打通了关中的血管。杨坚不仅给后来的李家把房盖好了，而且连物流大动脉都给修出来了。

这一年，杨坚要求隋朝官员无论公私文章都要实实在在说话，老老实实办事，不要引经据典虚无缥缈。

浮华艳丽的文字都是贵族集团搞出来的鄙视链，现在都要免除。泗州刺史司马幼之因文表华艳被当成典型交有司治罪，抓一做百。

585 年，杨坚开始清查全隋的户口。

因为当时民间多向官府谎报年龄以逃避赋税徭役，比如山东地区因为北齐的弊政，准确地说是以四姓为首的门阀习气在户口登记和租调征收方面经常偷奸耍滑。于是杨坚下令在全国范围内逐户逐人进行核实，如果出现户口不实，虚报年龄的，里正和党长一律远配边州，堂兄弟以下仍然一起过日子的大族必须分家居住自立门户。

这次隋朝全国户籍大普查，共清查出了一百六十四万人口。

高颎又与时俱进地请求实行"输籍法"并做全国推广。输籍法规定每年正月初五由县令派人进行普查，令百姓或五百家或三百家为一团，根据定样标准划分户等上下，重新规定征岁差役与应纳税额写成定簿。

输籍法的核心是在每年的大清查中将输籍额及每户所承担的情况公开化，让百姓们知道输籍法是"轻税"的，比做豪族的"隐户"受到的剥削更少。

由于国家规定的赋税、力役数量低于豪强地主对佃农的剥削量，许多原来主动依附豪强的农民纷纷脱离地主向官府申报户口，成为国家的编户。

通过输籍法每年一次的大筛查，再配合对基层官员的考核，隋朝的人口账本被制度化地整顿。

文明太后含笑九泉。

586 年，杨坚命崔仲方发丁十五万，在朔方以东缘边险要的地方筑数十城，夯实北境防线，启动了灭陈的基础建设。

587 年，杨坚再发十万人修长城解决北患问题，在扬州开山阳渎以通漕运。这条沟通江淮的运河再次得到了修整。广陵地区即将迎来隋朝的扶持了。

减租降税、宽减刑法、统一货币、精简政府、整治户籍，维修漕运……几乎所有能想到的国家机器的改良与修整，杨坚都全方位深耕了一遍，南北归一已经做好了所有制度建设和物质准备。

此时此刻，隋朝全国各地每年上调给关中的各类物资经由各种运河和驿路源源不断地送往长安，所谓"诸州调物，每岁河南自潼关，河北自蒲坂，输长安者相属于路，昼夜不绝者数月"。

整个华夏的经络已经通了。

587年八月，杨坚征梁主及其群臣二百余人入朝。

九月，留守江陵的萧岩、萧瓛不愿归降隋朝，派遣都官尚书沈君公向陈朝的荆州刺史陈慧纪请求归附，随后带领西梁文武及百姓共十万人投奔南陈。杨坚就坡下驴，废了西梁。

当时的南北形势，一面是百年罕见的大政治家，一面则是传统意义的南朝亡国套餐。这一年，奢靡纵欲的陈后主又在皇宫光昭殿前修建了临春、结绮、望仙三阁，阁高数十丈，连延数十间，窗户、壁带、悬楣、栏杆等都是用沉香木和檀木制成，装饰以金玉，点缀以珠翠，外施珠帘，内有宝床，宫廷奢侈品之瑰丽近古所未有，每当有微风吹过，香闻数里，阁下积石为山，引水为池，建康美景盖世无双，奇花异草四季清香。

陈后主每天不理政务专开"建康盛宴"，安排诸位妃、嫔和一群有文化的宠臣赋诗谱曲，再挑千余宫女练习歌唱定期表演，最著名的就是那首《玉树后庭花》：

> 丽宇芳林对高阁，新妆艳质本倾城。
> 映户凝娇乍不进，出帷含态笑相迎。
> 妖姬脸似花含露，玉树流光照后庭。

这首诗如果让杨坚看见，肯定得抽死陈后主。

此时此刻，长安已就全方位花式吊打陈后主陈叔宝进行了深入讨论并充分交换了意见，江南也出现了很多亡国前的征兆。针对这些征兆，陈叔宝把自己"卖"到寺里为奴以祈求消灾，又在建康造大皇寺，建七级浮屠，才建了一半，塔就被火烧塌了。[①]

历史不重复，但真相似。上面这个画面，在四十年前出现过。

北人南下，为六朝盛衰之总纲。

东晋能在江左立足，在于"五胡"更迭下避难江左的人口涌入。

刘宋取代东晋的底蕴，在于京口气吞万里如虎的北府兵。

南齐取代刘宋的核心，在于青徐豪族南下被利用，做了萧道成的嫁衣裳。

南梁取代南齐的根本，在于雍州豪族终于做好了准备，全方位武装了萧衍的战衣。

南梁崩塌后陈霸先又拖了四十年，个过是因为他带着五岭之南积攒了百年的赌本，抓住最后的机会上了时代牌桌。

纵观上述南朝五朝，除南陈为南人北上外，朝代更迭的凭借，都是北人南下之力。

一旦北人停止南下，一旦北国能够调理北方纷争之气，做好兼容并包，那么南北对峙的大乱世，也就到头了。

当各族正式融合；

当南北正统不再疑惑；

当黄河与长江再次联通；

当户籍账本重新出现于朝堂；

当凛冬的寒风变成春晓的梦想；

南北归一所需要的天时地利与人和，也就成熟了。

回来了，强汉开疆的那股子精气神全回来了！

588年三月戊寅，杨坚官宣伐陈。

---

① 《资治通鉴·陈纪十》：时江南妖异特众，临平湖草久塞，忽然自开。帝恶之，乃自卖于佛寺为奴以厌之。又于建康造大皇寺，起七级浮图；未毕，火从中起而焚之。

五、大梦醒，三百年尘埃落定

279 年，司马炎在充满了末日气息的前夜，发倾国之兵，大军分六路伐吴。

此时的东吴国主是狂躁型患者孙皓，为人主而无道，东吴国力屡弱，但即便如此，西晋门阀代表们仍然死活不同意伐吴，急得司马炎几乎把吃奶的劲都使出来了。

好在司马炎的两位门阀皇亲紧紧地站在了他这边，尤其是羊祜，在重病的情况下依旧以"功成不必有我"的姿态推荐了杜预。后来杜预在平吴战场上虽然没费多少脑子，但全程却要殚精竭虑熬尽了精神防着贾充。

杜预的上书一封又一封地送到洛阳，反复重申："就差最后一脚了，一定踹完啊！"

上一次西晋灭吴搞了那么大阵仗，再加上北齐被陈霸先挤对那几回，导致杨坚一直认为打过长江特别有难度，特别有仪式感。

杨坚上位后励精图治，武装到牙齿，其实也是为了让天下一统落下最漂亮的收尾。

杨坚不仅自己玩了命地打通全国经络，还时不时地给南陈放放血。

高颖曾给杨坚献计："长江以北天气冷，庄稼收得晚，我们每年在他们收庄稼的时候声称去打江南，南陈肯定会征集人手沿江布防，这样他们就会耽误农时。等南陈集结好军队后咱们就解散队伍退回，如此反复，他们非神经不可。咱们跟他们玩狼来了的游戏，玩死他！"

杨坚好开心。

高颎表示陛下你忍住，更可乐的还在后面呢。高颎说："南边天热潮湿没有地窖，他们的粮食都放在茅竹搭的窝棚里存着，我们每年派间谍烧他们的粮食，烧完他们再修，修完我们再烧，千锤百炼嘛！① 就咱们这个方法，没几年南陈的财政就得垮。"

杨坚猛夸高颎是个小机灵鬼，南陈于是开始慢性失血。

崔仲方又上书道："如今应该自武昌以下，在蕲、和、滁、方、吴、海等州增派精兵做秘密部署，在益、信、襄、荆、基、郢等州立刻安排建造舟船做好水战准备。虽然南陈在流头、荆门、延州、公安、巴陵、隐矶、夏首、蕲口、溢城等地都有水军，但最终还是会在汉口、峡口集结跟我们进行水战决战。如果南陈断定我们是在效仿西晋灭吴，以为我们的重点是在上游，他们就会派其精兵前去支援，那么我军下游诸将就可以择时渡江；如果他们拥众自保，那么我军上游诸军就可以鼓行而进，不管怎么样南陈都死定了。"南陈别说反抗了，崔仲方的这个建议是要让对方连喊一嗓子的机会都没有。

杨坚任命杨素为信州总管去永安主持造船工作，所建造的最大战舰名为"五牙"。这种战舰能容纳八百个战士，甲板上起了五层楼，高百余尺，左右前后安置六个拍竿并高五十尺，这种拍竿就是一个长杆前面绑个大锤子，平时绑起来，战舰旁边如果出现敌舰就松开拍竿上的绳子放下大锤子，用重力势能转化为动能把对方的船砸沉。

除非敌方用一群小船围攻上船贴身肉搏，否则这种船只要开出峡

---

① 《资治通鉴·陈纪十》：又，江南土薄，舍多茅竹，所有储积皆非地窖。若密遣行人因风纵火，待彼修立，复更烧之，不出数年，自可财力俱尽。

口就是无敌的存在。而且杨素也考虑到了这个问题，他命人建造了能容纳百人的"黄龙舰"及各种配置小船为主舰做全方位护航。

总之围绕灭陈，杨坚用尽了全力。实际上灭陈这件事他想复杂了。

晋灭吴的背景是晋武帝司马炎和他弟弟司马攸当时正在争权，这个过继给司马师的"好弟弟"和司马炎那个蠢到极致的儿子让他头疼了一辈子。

晋灭吴的难度主要在于政治，司马炎真要是想打能把吴主孙皓打三亚去。杨坚则没有这个困扰。

588年三月初九，杨坚官宣伐陈。杨坚派使者把檄书送到陈朝，历数陈后主二十条大罪，然后让人抄写了三十万份发到江南搞传单攻势。

最开始，大臣们还想"悄悄地进村"，杨坚则直接反驳了这种意见，表示"我是替老天惩罚他，不需要悄悄进行"。①

杨坚从一开始的态度就是：这富裕仗我们八辈子没打过，这回就敞开当回地主！

杨坚三月下令伐陈后先是光明正大地使用精神压力恐吓南陈，然后直到这年十月底，靴子才终于落下来了。

588年十月二十八，杨坚去太庙把出师伐陈的事跟杨忠做了汇报，随后任命晋王杨广、秦王杨俊、清河公杨素分别为东部战区、中部战区、西部战区最高指挥官出兵伐陈。

杨广从寿阳南下，杨俊从襄阳南下，杨素自永安向东进发，荆州刺史刘仁恩出江陵，蕲州刺史王世积出蕲春，庐州总管韩擒虎出庐江，吴州总管贺若弼出广陵，青州总管燕荣出东海。隋朝此次南伐，东接沧海，西至巴、蜀，旌旗舟楫横亘数千里，总管级别的军官被杨坚一口气派出了九十个，兵卒一共五十一万八千人，最高总指挥是晋王

---

① 《资治通鉴·陈纪十》：人请密之，隋主曰："吾将显行天诛，何密之有！"使投其柿于江，曰："若彼惧而能改，吾复何求！"

杨广。[①]（见图 16-3）

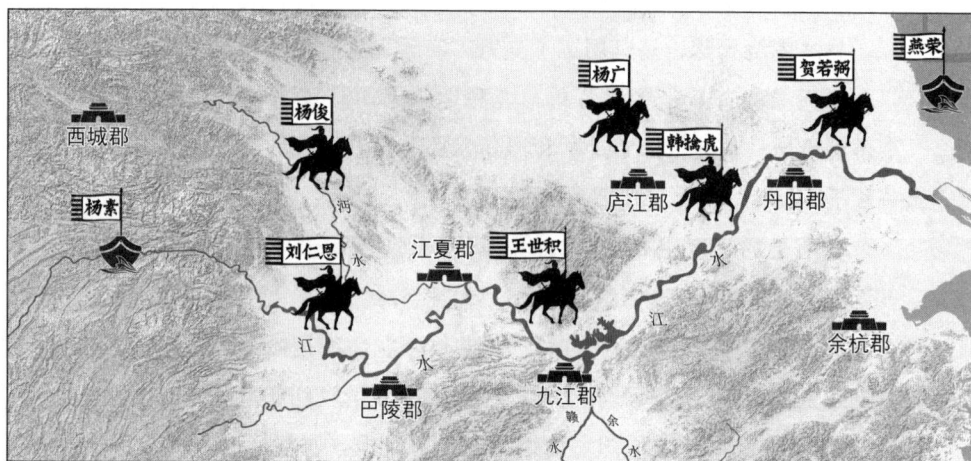

图 16-3　隋灭陈示意图

隋灭陈之战从一开始就是大炮打蚊子，一开战就已经全线推进到长江边上了，看看图 16-3 就知道南陈已是满眼的绝望。

十二月上旬，杨素首先率舟师自巴东郡东下三峡，在长江上游发起作战。杨素水军至流头滩时，陈将戚欣以青龙舰百余艘、屯兵数千人守狼尾滩，杨素亲率黄龙舰数千艘夜袭，成功突破，俘虏陈军后又全部慰劳释放宣传大隋的好。

陈南康内史吕忠肃屯岐亭据守巫峡，在北岸凿岩以铁锁三条横江拦住隋军去路，杨素与刘仁恩登陆作战先攻其栅，吕忠肃军夜溃，杨素毁掉了拦江锁继续前进。

吕忠肃退据荆门的延洲（今湖北枝江附近长江中），打算凭借荆门山险再次布置防线，杨素派出四艘"五牙"战舰直接拿拍竿击碎了十余艘陈舰，俘虏两千余人，再次大破吕忠肃。

---

① 《资治通鉴·陈纪十》：凡总管九十，兵五十一万八千，皆受晋王节度。

至此峡口最后一道防线被突破，自夷陵向东过荆门、虎牙两山后江面豁然宽广，水流减缓，船只行驶不再高危，地势也开始变得一马平川，南陈无险可守了。

南陈荆州战区开始放弃抵抗，驻安蜀城（今湖北宜昌宜都西北长江南岸）的信州刺史顾觉和守公安（今湖北公安西北）的陈慧纪烧毁了积聚的粮草，率军三万、战船千余艘顺流东撤企图入援建康，但被从汉水下来的中部战区总指挥秦王杨俊阻于汉口，此时巴陵以东已经没有陈军了，陈湘州刺史、晋熙王陈叔文也投降了杨素。

杨素率主力沿江东下与杨俊会师于汉口，随后就不再有动作了。据说杨俊和杨素这两个指挥官被南陈猛将周罗睺在汉口绊住一个多月。实际上，这是隋军两位指挥官的主观意愿。

杨俊手下的崔弘度请战，但杨俊以上天有好生之德为由不答应。①杨素也瞬间熄火，不越汉口一步。

杨素在前面最难打的峡口地区打得极其凶猛，而且杨素的"航母"过了虎牙后放眼长江已经无敌，根本不可能被绊在汉口，他应该直接顺流而下掏心建康去。

他们之所以这样做，是因为在拖住南陈的荆州兵不能去增援建康后，他们的任务就到此为止了。灭陈这项工作根本轮不到他们，他们也都是聪明人。

灭陈总负责人是东边的晋王杨广，总指挥是杨坚的左右手高颎。杨坚的意思很明确——要捧杨广。

杨坚在长子杨勇和次子杨广之间选择谁做接班人相当犹豫。

杨勇这孩子好学，也厚道，但有点儿真性情，史书中点明了，这

---

① 《隋书·秦孝王俊传》：陈将周罗睺、荀法尚等，以劲兵数万屯鹦鹉洲，总管崔弘度请击之。俊虑杀伤，不许。

孩子不会装糊涂。①

有一次杨勇穿了奢侈品级别的蜀铠，被见微知著的杨坚看见了，老爷子很不高兴，随后告诫杨勇："天道无亲，唯德者居之，咱们家这天下是你爹我节俭勤政坐住的，观历代帝王就没有奢华而得长久的，你是未来的天下之主，若不上称天心，下合人意，怎么承宗庙之重，居百姓之上？我昔日的旧衣服可都留着呢，时不时我就拿出来看看，以此来警诫自己。我现在赐你把刀，你应该明白我是什么意思。"②

"今以刀子赐汝，宜识我心"，这话有两层意思。

1. 表面上，杨坚是让杨勇拿刀把那奢侈品毁了。

2. 实际上，杨坚是警告杨勇再有奢侈的想法，就看看这把刀，刀是什么意思他应该清楚。

告诫的意味已经很明显了，紧接着这年冬至，百官朝见杨勇，杨勇高高兴兴地接受朝贺，这让杨坚感受到了巨大危机。他专门下诏停了今后的太子朝见，并口气极重地说道："礼有等差，君臣不杂，爰自近代，圣教渐亏，俯仰逐情，因循成俗。皇太子虽居上嗣，义兼臣子，而诸方岳牧，正冬朝贺，任土作贡，别上东宫，事非典则，宜悉停断。"

杨勇这孩子天生就不会装糊涂，而且还不招他妈妈独孤伽罗的喜欢。

杨勇有不少妃子，比如最宠爱的云昭训姿色娇美，是杨勇还没当上太子时在民间遇到的，两人没举行婚礼就生下了长子杨俨；等杨坚给他娶了正妻后，这小子依旧在别的妃子那里流连忘返。

这其实也能理解，太子也是人嘛，但杨坚家的家风比较特殊。他

---

① 《隋书·房陵王勇传》：勇颇好学，解属词赋，性宽仁和厚，率意任情，无矫饰之行。

② 《隋书·房陵王勇传》：吾昔日衣服，各留一物，时复看之，以自警戒。今以刀子赐汝，宜识我心。

家最忌讳宠爱小妾，杨坚最爱标榜的就是"我十个孩子都是跟正妻生的"，独孤伽罗最恨的就是庶出，结果杨勇跟他所有的妾都有孩子，杨勇的前三个孩子杨俨、杨裕、杨筠都是跟云昭训生的。

杨勇在这方面不仅有悖于杨家的家风，而且对于未来的皇位继承其实也存在着重大隐患。

杨坚和独孤伽罗老两口再去看老二杨广，都觉得这孩子怎么这么可爱！

杨广活脱脱就是杨坚的翻版，为人好学有城府，还有贵人面向加分，他爹是大脑门子上有五个柱子，他是两个柱子，而且他爹不喜欢什么他就不喜欢什么，他从来不听流行歌曲，杨坚视察他家时发现乐器都落满了灰，给杨坚乐的呦。①

史书中说："上尤自矫饰，当时称为仁孝。"杨广会装。

杨广在男女问题上也坚决向老两口看齐，天天就跟他爹妈给他选的萧妃一心一意搞生产，生的三男两女都是嫡出。

在杨广十三岁的时候他爹杨坚就已经登顶成功创立隋朝了，他哥哥杨勇被册封为皇太子，杨广随后用了近二十年时间一步步挤死了他哥哥，又在杨坚晚年的极度猜忌中平稳地度过了四年。就算杨广是装的，也装成真的了。

杨广更像是宇文邕的翻版，只不过最后玩脱了、失败了。

从理论上来讲，灭陈就是走个过场，属于送过来的功劳和名望。

杨坚如果真的对太子满意，就一定会让太子做这个灭陈总负责人来收割名望方便将来接班。

杨坚对这个接受朝贺控制不住自己欲望的老大并不满意，他在有

---

① 《隋书·炀帝纪》：上好学，善属文，沉深严重，朝野属望。高祖密令善相者来和遍视诸子，和曰："晋王眉上双骨隆起，贵不可言。"既而高祖幸上所居第，见乐器弦多断绝，又有尘埃，若不用者，以为不好声妓，善之。

意培养节俭寡欲的老二跟他哥竞争，既确保自己的位置稳定，也方便自己择优选择接班人。

我们再来看看中西部战区的两个指挥官。

杨俊是杨坚第三子，从小就崇佛，曾经跟他爹请愿当和尚，他大哥、二哥的事有多敏感他比谁都清楚。

杨素出身弘农杨氏，比起普六茹他们家也说自己老家是弘农，杨素的家世比较清晰。杨素跟杨坚属于心照不宣的亲戚关系，之前杨素跟宇文护混。

看到这句大家就应该知道后面的剧情了，杨素他爹杨敷在宇文邕发动政变除掉宇文护之前不久的那次北齐打河东过程中兵败被俘，后来死在了邺城，宇文邕不给杨敷待遇，杨素亲自给他爹争待遇差点儿被宇文邕砍了。①

宇文氏太多的死结都在宇文护这里了，后来虽然君臣关系缓和，杨素还在灭齐中英勇作战，但梁子早就结下了，等杨坚上位后杨素迅速就投靠过来。

杨素这次是戴罪立功。因为之前他媳妇比较狠，玩了把大义灭亲。也不知是虚假报案还是杨素胸有大志，总之他们两口子打架时据说杨素怒吼："将来我要是做了天子，你肯定不是皇后！"然后他媳妇就把他给举报了。②

杨素被杨坚免了职，好在杨坚要灭陈，杨素一个劲儿地建言献策，最终又搭上了这条船。

杨素此时已经立下了平定荆湘的战功，他再猛就该出事了，会让

---

① 《隋书·杨素传》：武帝亲总万机，素以其父守节陷齐，未蒙朝命，上表申理。帝不许，至于再三。帝大怒，命左右斩之。

② 《隋书·杨素传》：其妻郑氏性悍，素忿之曰："我若作天子，卿定不堪为皇后。"郑氏奏之，由是坐免。

杨坚猜忌他是真想当天子吗?

从一开始,灭陈就只能由杨广这路摘桃,吃斋念佛的老三杨俊和戴罪立功的杨素都很明白这一点。

589 年正月初一,建康欢度春节,大雾弥漫,空气质量极差,后主陈叔宝睡到下午四点半才醒。[①]

这一天,贺若弼和韩擒虎兵分两路分别从广陵和历阳渡江作战。

为了筹备这次渡江,贺若弼之前用老马买了很多陈朝的船并将船藏了起来,而在表面上,贺若弼弄来五六十艘破船放在港口装样子,他这么做相当给边境陈军倒爷省心,陈朝国有资产流失得非常隐蔽。

贺若弼安排沿江驻防军每次换班时一定要在广陵集合,随后大列旗帜,营幕遍野,让陈军以为隋兵要过来了赶紧发兵防备,但每次都扑个空,后来知道对方是江防轮换从而习以为常。

贺若弼还经常安排沿江打猎,弄得人马喧噪,反正就是天天闹出动静让陈军心烦意乱。等到隋军真正渡江这一天时,陈军根本就没有发觉。

韩擒虎倒是没搞这么多障眼法,他带着五百人自横江夜渡采石矶,采石矶守将都喝多了,被韩擒虎兵不血刃拿下。

正月初二,南陈采石镇戍将徐子建飞报朝廷隋军渡江。

正月初三,陈叔宝召集百官商议。

在这里,我们没有提到史书中陈叔宝内部政务有多么懈怠,朝臣有多么钩心斗角,因为已经没什么意义了。隋朝不是临时凑局占便宜的北齐,这是一支武装到牙齿的五十万大军,看看贺若弼那处心积虑的劲儿,淮河缓冲区都没了,仅剩一条长江的建康没有任何机会。

正月初四,陈叔宝下诏表示要御驾亲征,并给出了强力金钱激励

---

① 《资治通鉴·隋纪一》:春,正月,乙丑朔,陈主朝会群臣,大雾四塞,入人鼻,皆辛酸,陈主昏睡,至晡时乃寤。

计划，还紧急调动了和尚、尼姑、道士奔赴战场。

正月初六，贺若弼攻克京口，俘虏了南徐州刺史黄恪。贺若弼军令严肃，秋毫不犯，甚至有军士在民间买酒都被砍了。贺若弼将所俘获的六千余人全部释放，又给粮又给路条让他们回家宣传隋军仁义之师政策，于是建康以东望风披靡。

正月初七，韩擒虎只用半天就攻下了姑孰城，俘其守将樊巡，江南豪族素闻这个对面已经坐镇七年的猛将威名，来拜韩擒虎军门者昼夜不绝。

贺若弼和韩擒虎开始东西两向齐头并进夹攻建康，沿江诸戍望风尽走，正月十六，贺若弼进据钟山，屯兵白土冈之东；杨广遣总管杜彦与韩擒虎合军，率两万步骑屯于新林，合围之势已成。

据说贺若弼最开始攻京口时，萧摩诃请求率兵对战，陈叔宝不同意。

等贺若弼至钟山，萧摩诃又说："贺若弼悬军深入垒堑未坚，出兵掩袭一定能打败他。"陈叔宝不同意。

陈叔宝召萧摩诃和任忠在内殿商议军事，任忠说："兵法曰客贵速战，主贵持重。现在国家兵、粮充足应该固守台城，沿秦淮河立栅，不跟隋军打，而是分兵截断江路让他们内外隔绝。请您给臣一万精兵加三百艘金翅船，去下江径掩六合打杨广一次，隋军必定以为杨广渡江将士已被俘获，士气自然受挫，然后我再宣称要去徐州阻断他们的归路，则隋军不击自走，等春水涨起来，我们上游的援军一定能来救援。"陈叔宝还是不同意。

第二天，不知想起什么了，陈叔宝道："兵久不决可烦死我了，叫萧摩诃打他们去！"一直很保守的陈叔宝突然做了这个动作，打乱了杨广的节奏。

正月二十，陈军在白土冈摆开阵势，南北战阵长达二十里。

贺若弼本来率领轻骑登上钟山观望形势，结果发现陈军已经摆开阵势，于是将杨广的会战嘱咐抛在了脑后，冲下山与所部七位总管率八千兵也摆好战阵直接就与陈军打了起来。

陈中领军鲁广达率先带着部下冲阵，一度将贺若弼军冲退，但很快贺若弼顶住了鲁广达，并分军北突南陈诸将，猛攻陈军中最弱的孔范部，孔范刚一交兵军阵就散了，陈军开始崩溃，被贺若弼军杀死了五千多人。

任忠驰马进入台城，见到陈叔宝后说了陈军不利的战况，然后告诉他好自为之还是撤吧。

陈叔宝命令他募兵再战，任忠却说："陛下赶紧准备船只逃往上游吧，我会舍命护送。"

陈叔宝听了很感动，下令宫女收拾行李等任忠护送他离开却一直没等来，他派人一打听才知道任忠已经率部下去韩擒虎那里投降了。

韩擒虎听说贺若弼不按套路出牌先打上了，于是赶紧带着五百精骑往建康赶。他担心去晚了就什么都没了。

南陈朱雀航的守军听说韩擒虎军到了直接就都下班了，任忠给韩擒虎带路直接杀进朱雀门，还有些陈军想进行抵抗，任忠道："我都投降了，你们别冒傻气。"

陈军全部逃散，韩擒虎从一口枯井中把陈叔宝拎了出来，南陈亡国。

此时贺若弼率军进至乐游苑，还在与鲁广达的残兵交战，打到黄昏鲁广达才最终投降。

入夜，贺若弼率军焚烧北掖门进入台城，此时才知道韩擒虎已抓住了陈叔宝。

与三百年前的王浑、王濬争功一样，贺若弼当时就跟韩擒虎翻脸了："你摘我的桃！"贺若弼大怒拔刀命令陈朝前吏部尚书蔡徵起草降书，又下令陈叔宝乘骡车再投降一次，但都没成功。毕竟，投降两次的排场只有胜利方的最高统治者能享受，贺若弼算老几。[1]

正月二十二，杨广进入建康，先将陈叔宝的奸佞宠臣施文庆、沈客卿等全部斩首来安慰三吴百姓。隋灭陈后共得到了三十个州、一百个郡、四百个县，杨广又收缴南陈地图和户籍，封存国家府库，金银财物一点儿都没动，大大收获了一波好名声。

形象工程搞完，杨广第一件事是办贺若弼。他觉得这个人太可恨了！本来自己指挥东西夹击灭陈然后亲自受降的完美画面，就这样被贺若弼给搅了。我爹投那么多钱是为了捧我，你算老几啊？

杨广以贺若弼先期决战让大军蒙受损失为由，将贺若弼给逮起来了，[2] 开始拿因贺若弼而死了很多人这事做文章，"本来在我的指挥下能兵不血刃体体面面地赢，结果让他弄得一点儿也不体面"，杨广开始从大局观层面把灭陈之功往自己身上揽。

杨坚听说后担心逼反了贺若弼，赶紧打圆场给杨广下诏："你们都有功，都没错，都回来。"

随着杨广拆除建康城，这个七颠八倒往事知多少的六朝风流地被全部毁改为耕田，华夏大地就此南北归一。

再回首，恍然如梦。

三百四十年前，司马懿指洛水为誓，整个世道开始随着他家的一步步登顶陷入末日循环，后来在他家史无前例的全族大混战中，华夏民族被裹挟着走向了黑暗深渊。

在八王之乱中，司马诸王亲手废掉了一条又一条雄踞华夏的神龙，随后"师华长技以制华"的北境各族开始肆虐神州，北境开始一次又一次尝试着将灵魂注入华夏的躯壳。小冰期下，凛冬已至，长城尽毁，中

---

[1] 《资治通鉴·隋纪一》：既而耻功在韩擒虎后，与擒虎相诟，挺刃而出；欲令蔡征为叔宝作降笺，命乘骡车归己，事不果。

[2] 《资治通鉴·隋纪一》：广以贺若弼先期决战，违军令，收以属吏。

国历史上，时间跨度最长、程度最剧烈、民族维度最宽广的三百年大动乱就此拉开序幕。

永嘉之乱、石虎暴虐、冉闵屠羯、前燕南下、苻坚霸北、慕容复国、拓跋建魏，"五胡"云扰中原，纵横三百余年。

三百一十年前，从上到下都充满着奢靡固化的西晋王朝在日薄西山前启动了灭吴程序，最终在华夏的天运下，王濬楼船下益州，金陵王气黯然收。

司马炎随后的散养江东使整个大江之南开始自我生出基础的保护力，中华民族在末日前夕得到了江左的挪亚方舟。

之所以说是华夏的天运，是因为江东作为末日穹顶实在太合适了。它太富裕了，各有各的本土利益要考虑，富裕安定之地更多诞生的是大豪族，而非大政治家。

政治家的本质是什么呢？就是抓住人的弱点和利益诉求，在眼前和长远的角度上来回切换做文章，最终让人们定期出人、出钱去为他买单。

"散装的江东"成为华夏的穹顶，"王与马"渡江后，在周家三定江南为首的末日拯救行动中，陶侃、周访等一个个南国将才撑起了将倾的华夏大厦。312年，剿灭晋锐横扫江汉的杀神石勒顿兵葛陂，胡马造船准备渡江，江东群雄齐聚寿春为保卫文明而战。

门阀政治在大江之南成功站住脚，使北方和南方在千年未有之大变局中都得到了难得的反省时间。

南北两条线的三百年平行不相交，使中华文明成功挺过了凛冬长夜，大江南北最终在文化、艺术、科技上收获了双丰收的大融合。

中华文明不断档，中华文化大升华，中华民族大融合！

琅邪王氏、颍川庾氏在"京口之父"高平郗氏的坐镇下，将门阀明枪转为暗战，立足江左的东晋在走过早期王敦和苏峻的两次混战后迎来了给4世纪南方撑腰的南国守护神——桓大司马桓温。没有桓温，那些门阀贵族如何能安坐享受，即"我若不为此，卿辈安得座谈"？

373年，桓温病重，早已无敌的他此时最大的对手，是他自己的那颗心。

桓温死前考虑到自己的世子桓熙能力有限，最终选了弟弟桓冲当接班人。这个一生持重的奇男子在人生的最后时刻，依旧选择了理智的克制，而且还有克制的能力。

他这辈子从生到死，都牢牢地掌握着自己的人生选择权，然后几乎一辈子没走错一步棋。

桓温死前知荣知辱的一整套克制安排，使东晋开始进入权力重新博弈划分阶段。南方罕见地开始了同舟共济，集中力量办大事。

此时北方的前秦上升迅猛兵势浩大，桓家如果改朝换代则各门阀注定分崩离析，百姓将失去统一华夏的正统符号信仰，中原民族的文明之光很有可能就此熄灭。

上苍在中华民族最危险的时间段，安排了这个修心了一辈子的奇男子坐镇南国，桓温用自己的人生智慧拉开了淝水之战的序幕。

上一次江南的众志成城，是永嘉大乱后石勒兵临淮河，在"江左管夷吾"王导的长袖善舞下，散装的江东捍卫了华夏的尊严。

历史的车轮滚滚向前，七十年的血雨腥风过去后，北境的滔天巨浪再次汹涌而来。

当年带着亡国灭种之恨、背着流离失所之苦的南逃北人们，此时在江东已经繁衍数代，岁月的沧桑不仅没有带走那份苦难的伤痛，反而让那些远离桑梓无法落叶归根的流亡者们越来越清晰地记忆起南下逃亡路上的累累白骨，记忆起宗族国家的血海深仇。

几十年过去了，京口作为整个两晋南北朝的存亡点如今已经完成了气质升华——酒可饮、兵可用！

桓大司马用一生时间经营着整个南方中国，这位一生实干不犯错的南国柱石极其可贵地给这条千里江防注入了精干务实之气。

华夏民族面对扑来的史上最汹涌浪潮，自夷陵到京口，这条千里江防开始展现出全华夏的同仇敌忾。

寿阳，八公山。

刘牢之在淝水畔呐喊："北府军，冲锋！"

从投鞭断流到风声鹤唳，八千满怀血海深仇的小伙子冲向了对岸，有气吞万里如虎之势的北府兵开始第一次走向前台。

又过了十多年，北方混战重组，当年桓大司马留下的那个孩子打入了建康，拓跋珪吞下了舅爷爷的遗产即将清盘秦岭淮河之北，南方气吞万里如虎的刘裕也开始颠覆百年固化的大江之南。

刘老虎刘裕一拳打出了南国的两百年格局，给南国留下了足够的时间等待北国解决胡汉融合。

上苍给北魏连开七张皇长子彩票，经过"五胡"大乱百年后，拓跋氏开始重新寻找文明之光。上苍掀开了百年前盖住的一张牌：去西北，去凉州！

当年在司马家崩坏世道、华夏沦丧的时候，前凉张氏在胡马南渡的超级大乱世中，在中国北方充斥着兵灾与毁灭情况下，极大程度地保存了中华文明的大量文化和礼仪制度。张氏为中华民族大融合及再次一统，几乎是提供了最为关键的文化输出，在时间紧任务重的大局势下为汉文明打造了末日方舟。

大量儒家经典在此传承，大量古籍经文在此保留，前凉成为当时中国北方甚至是整个中国儒家文化的最高峰。

很难想象，如果前凉在公元 4 世纪初就落入诸胡之手，最终历史的走向会是怎样。如果没有前凉张氏，对于我们国家民族信仰中相当关键的两大支柱——儒家和佛法，很可能将无法在这关键的时间点完成融合与相互塑造，最终无法嵌入中华民族的文化基因中。

富庶的河西走廊在这个关键节点成为中华民族的关键灯塔。

拓跋焘吞并北凉后带回了三万人。这三万人开始在平城开枝散叶，后面让北魏升华的那些底子，无论是教学体系、典籍经卷、礼乐正统、刑律政纲，还是集大成者的户籍土地改革，从硬件到软件都是凉州百年的精华所在。

秦凉诸州西北一隅之地，其文化上续汉魏、西晋之学风，下开魏齐、隋唐之制度，承前启后，继绝扶衰，五百年间延绵一脉。

大西北的百年精华在迁入平城四十年后，被一个"东北大姨"于5世纪末在全国范围内推广开了。

这个汉家姑娘明明做的是中国历史上难度级别最高的事业，却做得大音希声、大象无形。基因里的汉密码让冯太后着眼于最根本的问题：人口及管理人口的操作系统。这成为后面隋唐能屹立于世界的密码。

自东汉崩盘后，时隔三百年，终于有一个政权对华夏大地再次做了土地人口普查。

上苍已经厌倦了乱世剧本，在5世纪中期将这个神奇的女孩派下界来，完成了中国历史上绝大多数男人没有能力也没有见识的改革。

5世纪的平城时代，以特殊的水土、环境、文化最终酝酿出文明太后这个两千年来最特殊的不让须眉的巾帼。

孝文帝在冯太后的教育下变成了一个城府相当可怕的少年。这样隐忍的少年，在真正掌权后都表现出了极度的报复和反弹，元宏、高洋、宇文赟，各有自家王朝的一把辛酸泪。

眼看全面汉化要走偏，眼看"四姓"又一次变成毒瘤，眼看北魏又要走上绝路，又要变成西晋门阀的翻版，上苍大吼一声"够了"！

当年人上人的六镇此时是北魏愤怒的守夜人，上天掀开了盖住的最后三张牌：秀容、怀朔、武川。尔朱荣缝合了北境，绝代双骄拾起了文明太后的遗产。

当宇文泰接手武川大旗的时候，他不知道上天对他的极致考验即将来临。

秦并天下根基在于商鞅变法，商鞅之所以能够成功变法，是因为秦国的落后与阻力小。

八百年后，中国第二帝国时代的珍珑棋局开篇，老天自填一子：关中大旱，人相食，死者十之七八。

天地不仁，以万物为刍狗。上天通过大旱杀掉了宇文泰的一大片棋子后，局面开始豁然开朗。关中已经悄然完成了审核，剩下的都是骨干和金子；关中也彻底变成了商鞅变法的环境土壤，大量无主荒地出现，弱小的本土力量让宇文泰开始成为毋庸置疑的领袖。

随后的半个世纪，高寿凶猛的武川集团雄霸了这个时代，在宇文邕和杨坚的励精图治下整个天下重归一统。在杀戮、掠夺、迁徙、编户、汉姓的三百年血泪后，汉民族和"五胡"乃至"百夷"融为一体，贺六浑是渤海高，普六茹变回了弘农杨，你不再是你，我不再是我，我们都是同文同种的华夏人。

北人南下，为六朝盛衰之总纲。

只要北人还在南下，只要汉民族不点头，江左穹顶就永远不会倒塌。

之所以北人不再南下，是因为拓跋姓了元，是因为鲜卑成了汉，是因为无论文化还是礼乐，无论习俗还是姓氏，我们都已经成为一家。

像这样的两晋南北三百年的超级大乱世后的超级大融合，纵观世界历史都是极难找到的一个孤本，永远不要认为"天下大势分久必合"是一种必然。历史证明，大量的文明被野蛮消灭，大量的民族在一次倒下后永远没有再站起来，华夏是孤本，中国是孤例，华夏文明是四大古文明中唯一没有断档并延续至今的文明。

每当文明出现危机，每当国家面临覆灭，温柔乡的太湖畔就会出现"周玘"，流亡民中会选出"祖逖"，东极尽头的京口会诞生"刘裕"，这片土地总会自发诞生出中华军魂。

如果祖国遭到了侵犯，热血男儿当自强！喝掉这碗家乡的酒，壮士一去不复还！请永远相信这片土地，请永远相信这个民族。他们永远有信念，他们永远靠自己，这片土地信仰的永远是灵者为先。人这辈子最灵验的，除了自己，还有谁呢？

无论是佛法还是道法，在这三百年中都走完了关键的中国化之路。

鸠摩罗什大师在人生的最后十年翻译了三百余卷经藏典籍，为我国的文化信仰大厦做出了不可磨灭的贡献，他还极大助力了儒、释、道三家融合的关键理论建设。佛法在疯狂发展后经历两次灭佛大法难，信仰的发展角度也由此被每一代的主持方丈们深思，中国没有发展出"赎罪券"，这三百年自有深意。

作为道教"减毒"后传播的极其重要的关键人物，葛洪不仅全面总结了晋以前的道教神仙理论，而且将道教的修炼法术和儒家纲常思想进行了结合，渐渐将清规戒律和世俗纲常结合在一起，表示修仙要积德。虽然东晋末年五斗米教仍然爆发出了毁灭社会的破坏力，但东晋之后葛洪的思想开始慢慢被上层建筑接受吸收，在社会中成为主流，道教也结束了自黄巾起义开始的那种毁灭万物的超强破坏力，成为维护社会良性发展的重要补充。

佛与道，儒与玄，在三百年间都得到了反思与升华，都做到了特色中国化。佛门不再是胡教，佛祖穿上了汉人服饰；道门不再纯修仙，它与人间烟火和谐为一体。

南北融合后，佛、道、儒各自拿出了自己三百年的璀璨精华。

北国灌注了精悍刚强之气、万族融合之基，胡汉三百年混杀融合后，都变成了大隋人，都变成了大唐人，都变成了华夏人，一个个"虽强必戮、虽远必诛"的国家操作系统重新回归于中央政权的手中。

南国拿出了三百年经济大开发的大美江南，当年的荒蛮烟瘴之地在一代代北人南下的过程中早已得到了充分的开发，河道纵横天生适合商业交换的土地上开发出了相当高的经济成熟度。高度发达的上层经济又开始反哺艺术，无论是王羲之的字、顾恺之的画，还是一代代文人墨客酩酊大醉后的"永和九年，岁在癸丑"，南朝在极繁荣的经济下，艺术和文化得到了空前的发展。

萧衍一生并非一无是处，他的选材考试演化成了科举制度，即将影响后世一千三百余年，他的七言诗随着南国的文脉走入长安，当南国独有的瑰丽文辞和雄浑的北国刚强之气结合后，变成了诗仙李白的"飞流直下三千尺，疑是银河落九天"，变成了愤懑李贺的"男儿何不带吴钩，收取关山五十州"。

一手提笔一手拔剑的武健潇洒开始成为最炫民族风，一切的一切相继都成了后面隋唐那些气象万千的写实照相机。

萧绎的焚书和科举的兴起开始让整个时代意识到书籍复制的伟大意义，雕版印刷术开始成形，文化即将在全阶层铺开。杭州湾的越窑青瓷也在这三百年中酝酿成熟，中国有史以来最具核心竞争力的出口硬通货已经做好准备随大唐的气象走向天下万邦，河北的邢窑和定窑，河南的钧窑，乃至闻名天下的景德镇窑，都即将在唐初于全国开枝散叶。瓷器、蜀锦、茶叶——华夏三大件至此也全部成型，开始让世界惊诧于神秘的东方魔力。

豪杰千年往事，渔樵一曲高歌。

乌飞兔走疾如梭，眨眼风惊雨过。

妙笔龙韬虎略，英雄铁马金戈。

争名夺利竟如何，必有收因结果。

开皇十八年（599）即戊午年，十二月戊午，一个男孩在武功出生，这个孩子的出生地似乎就已经预示了他一生的命运。

戊土生于天寒地冻，极需阳火暖身为用，午马至阳至烈，当这个孩子骑上马背的时候，七十二路烟尘便会通通熄灭。

一幅崭新的画卷即将在这个史上最强的突击杀神兼殿后狂魔手下徐徐展开，一个气度恢宏气象万千的时代就要来了！